ADMINISTRATIVE LAW

행정쟁송법

정승윤 저

BOOK STEALER

머리말

본서는 행정소송의 쟁점 중심으로 소송요건, 본안, 판결 순으로 구성되어 있다. 제1편 행정소송의 영역에서 행정소송의 종류, 청구의 병합, 소의 변경, 관할 등, 제2편 행정행위에서 취소소송의 대상인 처분(대상적격)에서 가장 큰 비중을 차지하고 있는 행정행위 전반 등, 제3편에서 행정행위 이외 처분으로 등장하는 행정입법, 행정계획, 재결 등, 제4편에서 대상적격 이외 원고적격, 피고적격, 협의의 소의 이익, 제소기간, 필요적 행정심판전치주의 등이 기술되어 있다. 1-4편이 주로 항고소송의 소송요건이 기술되어 있다면, 5편 위법심사의 척도에서 법규명령과 행정규칙, 위법심사의 기준시점 및 법령심사 등이, 6편 위법심사의 강도에서 재량행위와 행정법의 일반적 원칙, 절차·형식의 위법, 위법심사의 범위와 방식 등 본안(위법)이 기술되어 있다. 7편에서 행정소송의 마지막 부분인 판결, 임시조치로서 가구제, 항고소송이 아닌 당사자소송 등, 제8편에서 행정심판이 기술되어 있다. 그리고 2016년 12월 31일까지 선고된 대법원 판례와 헌법재판소의 결정 중 행정쟁송법을 학습함에 있어 참고할 가치가 있다고 여겨지는 내용들을 본문뿐만 아니라 각주와 미주에 다양한 형태로 수록하였다.

본서 출판에 많은 분의 도움을 얻었는데, 모든 분들을 밝혀 감사를 표현해야 마땅한 도리이지만, 오히려 무례가 될 수 있기에 사죄와 함께 생략한다. 끝으로 본서가 행정쟁송법을 공부하는 학습자뿐만 아니라 행정쟁송업무를 담당하는 실무자에게도 도움이 되었으면 하는 작은 소망과 함께 개선할 점과 잘못된 점을 질책해 주셨으면 하는 작은 바람을 덧붙인다.

2017년 2월

연구실에서

목차 Contents

제1편 행정소송의 영역

제2편 행정행위

제3편 기타 대상적격

제4편 기타 소송요건

제5편 위법심사의 척도

제6편 위법심사의 강도

제7편 판결과 가구제

이 QR 코드를 스캔하면

정비사업조합 · 주택재개발(정비사업)조합 내용을 열람하실 수 있습니다.

행정쟁송법 구성

제1편 행정소송의 영역

제1장 행정소송의 종류, 청구의 병합, 소의 변경 등
제2장 행정소송의 제외 영역 ① – 통치행위
제3장 행정소송의 제외 영역 ② – 공사법의 구별, 정부계약, 국유재산

제2편 행정행위

제1장 – 행정행위, 사실행위
제2장 – 내부행위, 중간행위, 예비(사전)결정, 부분허가, 확약, 부관 및 직권취소와 철회
제3장 – 거부처분, 부작위

제3편 기타 대상적격

제1장 – 행정입법, 행정입법부작위, 헌법소원
제2장 – 행정계획, 계획재량(위법성)
제3장 – 재결, 소청 및 교원소청심사위원회

제4편 기타 소송요건

제1장 원고적격
제2장 피고적격 – 행정청, 공법인, 공무수탁사인, 권한의 위임·위탁·대리·내부위임 및 대행

제5편 위법심사의 척도

제1장 법규명령과 행정규칙, 위법 판단의 기준시점
제2장 법령심사, 위헌·위법 법령과 처분

제6편 위법심사의 강도

제1장 불확정개념과 판단여지, 재량행위와 행정법의 일반원칙, 인·허가제도
제2장 절차·형식의 위법, 하자의 치유, 행정절차법, 환경영향평가의 하자
제3장 위법심사의 범위, 위법심사의 방식

제7편 판결과 가구제

제1장 판결의 효력과 집행, 재심, 소송참가
제2장 집행정지
제3장 당사자소송 – 국가배상소송, 손실보상소송

제8편 행정심판

제1장 행정심판의 종류
제2장 행정심판 절차
제3장 행정심판의 재결, 가구제 등

[부록] 행정심판법과 행정소송법 조문 비교표

제1편

행정소송의 영역

제 1 장

행정소송의 종류, 청구의 병합, 소의 변경 등

행정소송의 종류와 관계

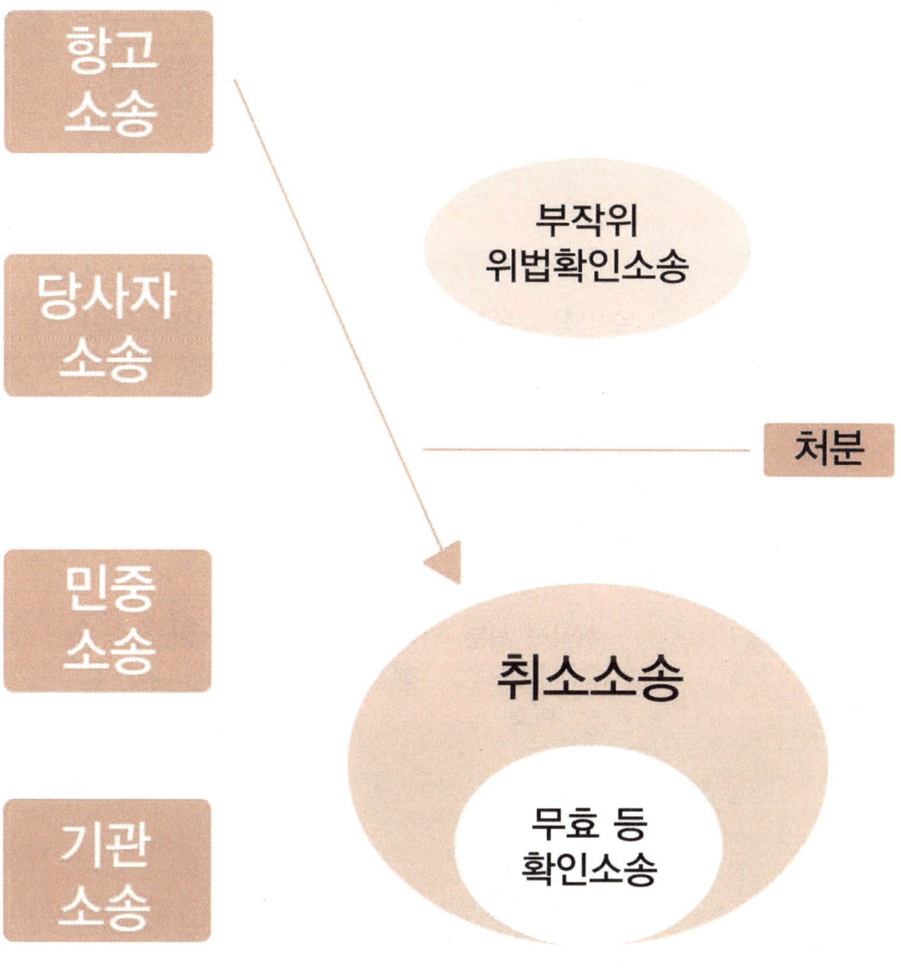

취소소송의 종류

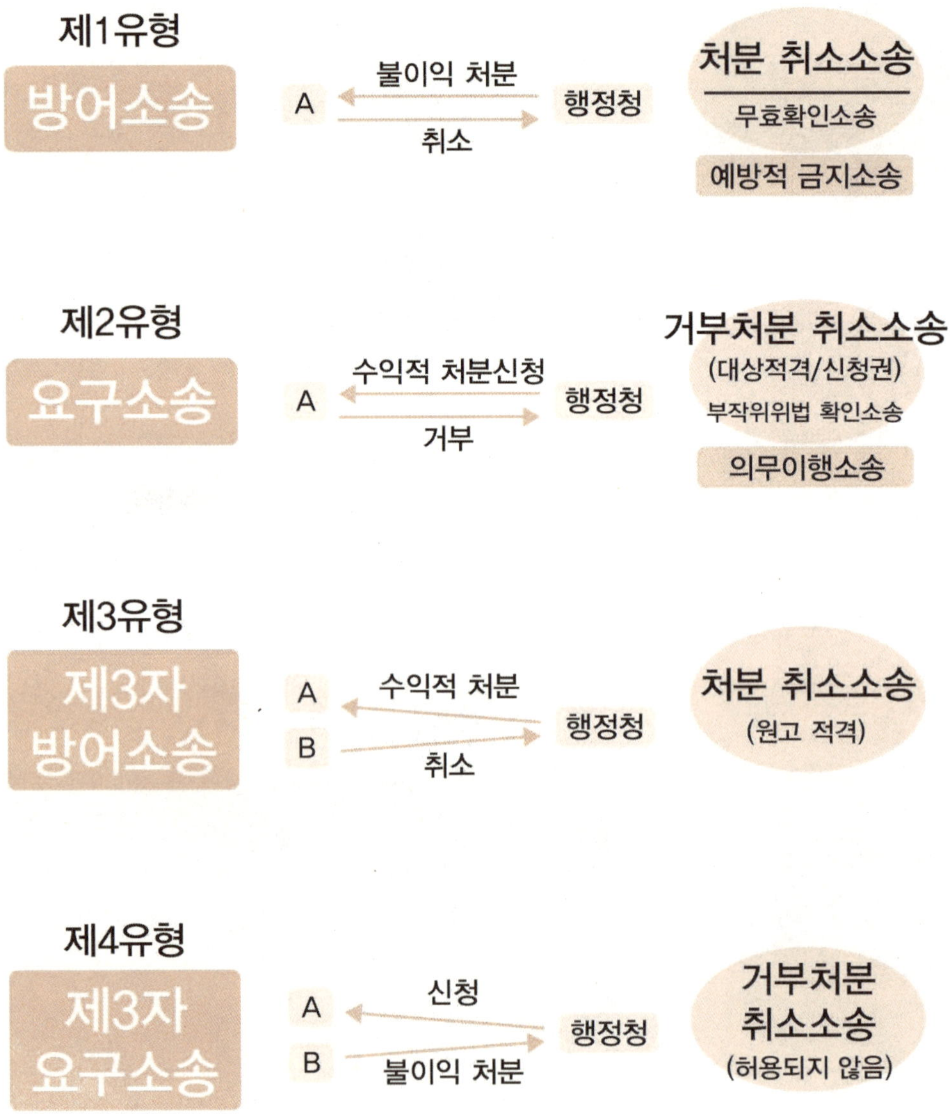
제1유형
방어소송
A
불이익 처분
취소
행정청
처분 취소소송
무효확인소송
예방적 금지소송
제2유형
요구소송
A
수익적 처분신청
거부
행정청
거부처분 취소소송
(대상적격/신청권)
부작위위법 확인소송
의무이행소송
제3유형
제3자
방어소송
A
B
수익적 처분
취소
행정청
처분 취소소송
(원고 적격)
제4유형
제3자
요구소송
A
B
신청
불이익 처분
행정청
거부처분
취소소송
(허용되지 않음)

소의 병합

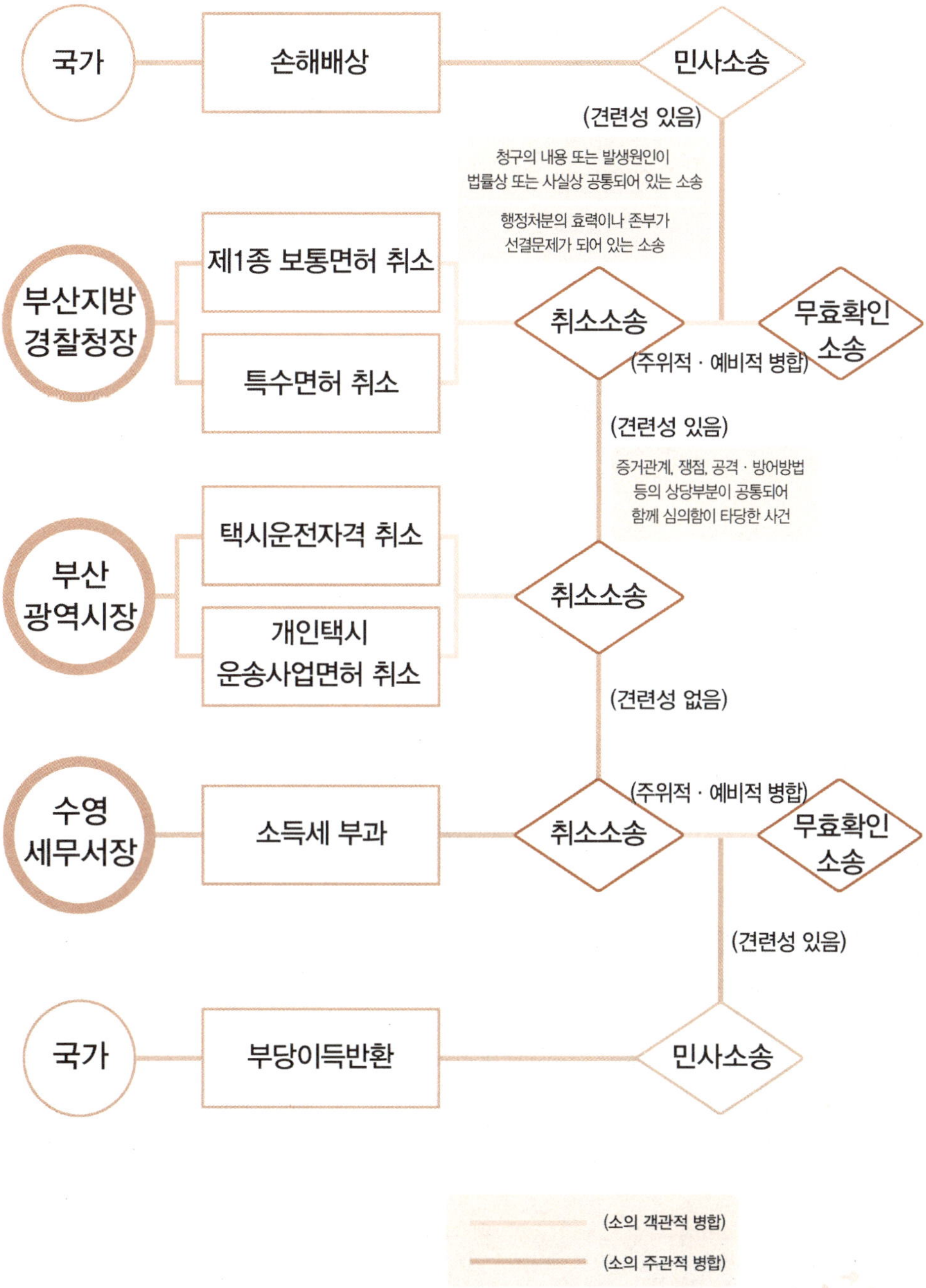
국가
손해배상
민사소송
(견련성 있음)
청구의 내용 또는 발생원인이
법률상 또는 사실상 공통되어 있는 소송
행정처분의 효력이나 존부가
선결문제가 되어 있는 소송
부산지방
경찰청장
제1종 보통면허 취소
특수면허 취소
취소소송
무효확인
소송
(주위적 · 예비적 병합)
(견련성 있음)
증거관계, 쟁점, 공격 · 방어방법
등의 상당부분이 공통되어
함께 심의함이 타당한 사건
부산
광역시장
택시운전자격 취소
개인택시
운송사업면허 취소
취소소송
(견련성 없음)
(주위적 · 예비적 병합)
수영
세무서장
소득세 부과
취소소송
무효확인
소송
(견련성 있음)
국가
부당이득반환
민사소송
(소의 객관적 병합)
(소의 주관적 병합)

행정소송의 흐름

원고
소장 작성
법원
제출
관할법원
• 인지액 · 송달료 납부
법원
심사 송달
피고
답변서 작성
법원
제출

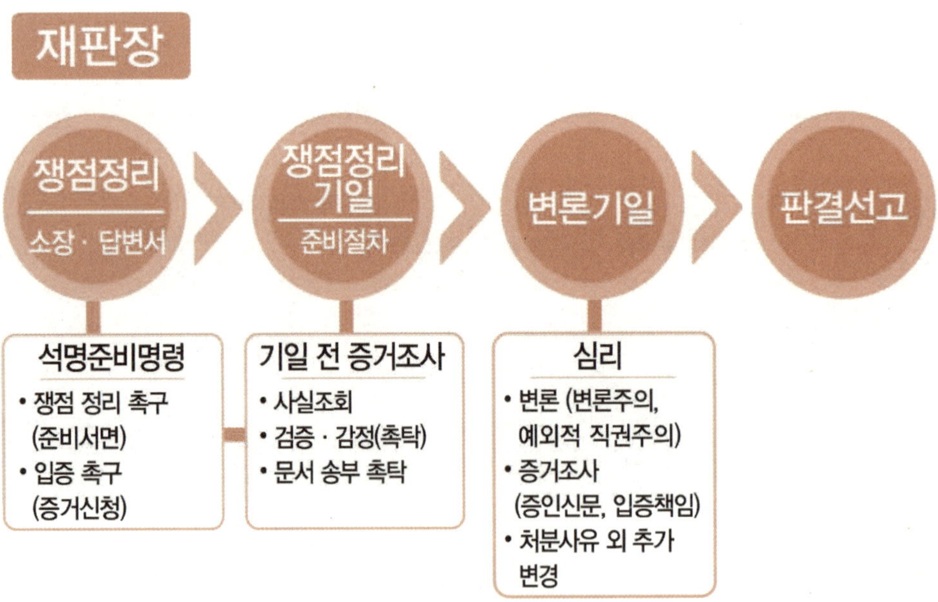
재판장
쟁점정리
소장 · 답변서
쟁점정리 기일
준비절차
변론기일
판결선고
석명준비명령
• 쟁점 정리 촉구 (준비서면)
• 입증 촉구 (증거신청)
기일 전 증거조사
• 사실조회
• 검증 · 감정(촉탁)
• 문서 송부 촉탁
심리
• 변론 (변론주의, 예외적 직권주의)
• 증거조사 (증인신문, 입증책임)
• 처분사유 외 추가 변경

취소소송의 구조

- 소송요건
  - 대상 적격
  - 원고 적격
  - 피고 적격
  - 협의의 소의이익
  - 제소기간
  - 필요적 행정심판 전치주의
- 위법
  - 실체의 위법
    - 사실의 포섭여부
    - 재량심사
  - 절차 · 형식의 위법
  - 위법의 효과
  - 법령 심사

소장

소 장	표제(소장)
원 고 나억울(680815-1231234) 서울 서초구 서초동 123-89 우편번호 : 145-090 전화번호 : 010-123-1234 전자우편 : dreami2001@hanmail.net 소송대리인 변호사 명변론 부산 연제구 거제동 145-89 전화 : 051) 234-2345 팩스 : 051) 234-2346	① 원고(원고적격)
피 고 부산지방경찰청장	② 피고(피고적격)
자동차운전면허취소처분 취소 청구의 소	③ 사건의 표시
청구취지 1. 피고가 2009. 7. 3. 원고에게 한 2009. 7. 25 자 자동차운전면허 (1종 보통 부산 92-663634-12 호)의 취소처분을 취소한다. 2. 소송비용은 피고의 부담으로 한다. 라는 판결을 구합니다.	④ 청구취지(대상적격)
청구원인 1. 행정처분에 이르게 된 경위 2. 처분이 위법한 이유(사실과 관계법령) 3. 결론	⑤ 청구 원인(위법)
입증방법 1. 행정처분통지서(갑제1호증)	⑥ 입증방법
첨부서류 1. 위 입증서류 사본2부 2. 영수필확인서 및 영수필통지 각1부 3. 송달료납부서 1부 4. 소송위임장 1부 5. 소장 부본 1부	⑦ 첨부서류
2009. 9. 1. 원고의 소송대리인 변호사 명변론 (인)	⑧ 제소일(제소기간)
부산지방법원 귀중	⑨ 관할법원(관할)

쟁점정리

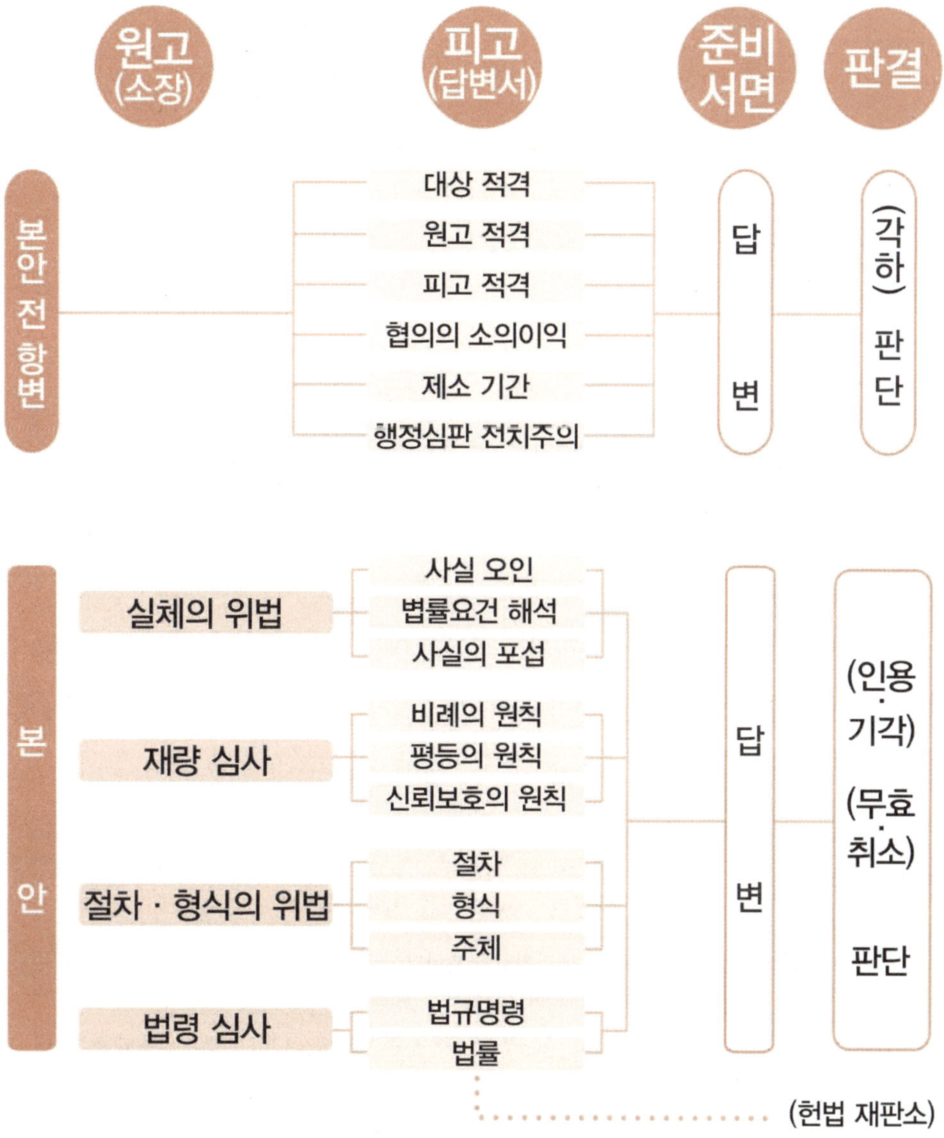
원고 (소장)
피고 (답변서)
준비서면
판결
본안 전 항변
대상 적격
원고 적격
피고 적격
협의의 소의이익
제소 기간
행정심판 전치주의
답 변
(각하) 판단
본 안
실체의 위법
사실 오인
볍률요건 해석
사실의 포섭
재량 심사
비례의 원칙
평등의 원칙
신뢰보호의 원칙
절차 · 형식의 위법
절차
형식
주체
법령 심사
법규명령
법률
답 변
(인용 · 기각)
(무효 · 취소)
판단
(헌법 재판소)

제 1 장

행정소송의 종류, 청구의 병합, 소의 변경 등

1. 행정소송의 의의

가. 행정소송의 개념

행정소송이란, 행정사건에 대하여 이루어지는 법원에 의한 정식쟁송절차를 의미한다. 따라서 법원이 아닌 헌법재판소에 의하여 이루어지는 헌법소원 및 기타 행정기관에 의하여 이루어지는 행정심판과 구별된다.

나. 행정소송의 종류

제3조(행정소송의 종류) 행정소송은 다음의 네가지로 구분한다.

1. 항고소송: 행정청의 처분등이나 부작위에 대하여 제기하는 소송
2. 당사자소송: 행정청의 처분등을 원인으로 하는 법률관계에 관한 소송 그 밖에 공법상의 법률관계에 관한 소송으로서 그 법률관계의 한쪽 당사자를 피고로 하는 소송
3. 민중소송: 국가 또는 공공단체의 기관이 법률에 위반되는 행위를 한 때에 직접 자기의 법률상 이익과 관계없이 그 시정을 구하기 위하여 제기하는 소송
4. 기관소송: 국가 또는 공공단체의 기관상호간에 있어서의 권한의 존부 또는 그 행사에 관한 다툼이 있을 때에 이에 대하여 제기하는 소송. 다만, 헌법재판소법 제2조의 규정에 의하여 헌법재판소의 관장사항으로 되는 소송은 제외한다.

제4조(항고소송) 항고소송은 다음과 같이 구분한다.

1. 취소소송: 행정청의 위법한 처분등을 취소 또는 변경하는 소송
2. 무효등 확인소송: 행정청의 처분등의 효력 유무 또는 존재여부를 확인하는 소송
3. 부작위위법확인소송: 행정청의 부작위가 위법하다는 것을 확인하는 소송

행정소송법 제3조와 제4조는 행정소송에 대해 '항고소송, 당사자소송, 민중소송, 기관소송'의 4종류로, 항고소송을 '취소소송, 무효등 확인소송, 부작위위법확인소송'의 3종류로 규정하고 있다. 행정소송은 크게 국민의 권리 또는 이익을 보호하고 공법상의 권리관계에 관한 분쟁을 해결하기 위한, 즉 주관적 권리 · 이익의 보호를 목적으로 하는 주관적 소송과 개인의 권익구제가 아닌 순수 행정작용의 적법성 확보를 위한 객관적 소송으로 나뉘어 지는데, 항고소송과 당사자소송이 전자에, 민중소송과 기관소송이 후자에 속한다. 그러나 항고소송이 국민의 권리 구제를 주된 목적으로 하는 주관적 소송이라고 하더라도 더불어 행정작용 위법상태의 배제를 하는 것을 내용으로 하기 때문에 행정통제적 기능을 가지고, 이러한 행정소송의 공익적 특수성으로 인하여 민사소송과 다른 특수한 규정들이 존재한다[1].

1) 취소소송

가) 의의

취소소송이란, 행정소송 중 가장 대표적인 소송으로 행정청의 위법한 처분 등을 취소 또는 변경하는 소송이다. 취소소송의 성격에 관하여 논란이 있으나, 판례와 통설은 행정법관계의 안정과 행정의 원활한 운영 등을 위하여 행정처분이 비록 위법하더라도 당연 무효가 아닌 이상, 정당한 권한을 가진 기관에 의하여 취소되기 전까지 일응 유효한 것으로 취급되는 특수한 효력인 공정력을 배제하여 처분의 효력을 실효시키기 위한 소송, 즉 형성의 소로 보고 있으며, 소송물도 처분 등의 실체적 · 절차적 위법성 일반으로 보고 있다. 따라서 판례와 통설에 따르면 행정소송법 제4조에 규정된 '위법한 행정처분 등을 – 변경하는 소송'에서의 '변경'의 의미는 적극적 변

1) 제1조(목적) 이 법은 행정소송절차를 통하여 행정청의 위법한 처분 그 밖에 공권력의 행사 · 불행사등으로 인한 국민의 권리 또는 이익의 침해를 구제하고, 공법상의 권리관계 또는 법적용에 관한 다툼을 적정하게 해결함을 목적으로 한다.

경까지 포함된다는 견해도 있으나 일부취소를 의미하고, 처분을 적극적으로 변경하는 형성소송은 허용되지 않는다.

나) 무효를 선언하는 의미의 취소소송

이상에서 살펴보았듯이 취소소송은 하자가 있으나 일단 유효한 행정처분의 효력을 판결로서 배제하는 소송이기 때문에 처음부터 무효인 행정처분의 무효 확인을 구하는 무효등 확인소송과 구별된다. 그러나 취소사유인 하자와 무효사유인 하자의 구별이 상대적일 뿐만 아니라 구별이 용이하지 않고, 소를 제기하는 당사자의 의도가 행정처분의 효력이 취소든 무효든 상관없이 행정처분의 효력을 부인하여 권리를 구제받는 데 있고, 취소의 하자 중에 보다 중대한 하자만이 무효가 되는 것에 불과하여 대(大)가 소(小)를 포함하기 때문에 설령 행정처분의 하자가 취소의 정도를 넘어 무효에 이를지라도 행정처분의 무효등 확인소송이 아니라 취소소송을 제기하여도 된다[2]. 이러한 취소소송을 통상 **무효를 선언하는 의미의 취소소송**이라 하는데, 형식상 취소소송에 속하는 이상 제소기간 등 취소소송으로서의 소송요건을 갖추어야 한다(1).

2) 무효등확인소송

무효등확인소송이란, 행정청의 처분 등의 효력 유무 또는 존재 여부를 확인하는 소송이다. 여기에는 처분등 무효확인소송, 처분등 유효확인소송, 처분등 실효확인소송, 처분등 부존재확인소송, 처분등 존재확인소송이 포함되지만, 행정청에게 일정한 의무 있음의 확인을 구하는 소송은 포함되지 않는다. 무효 또는 부존재인 행정처분 등이 외형상 존재함으로써 행정청이 유효한 처분으로 오인하여 집행할 우려 등이 있기 때문에 처분 등의 무효 또는 부존재를 선언받을 필요가 있고, 반대로 유효하게 존재하는 처분 등을 관계 행정청이 마치 무효 또는 부존재인 것처럼 주장하면서 후속 처분을 할 우려 등이 있기 때문에 처분 등의 유효 또는 존재를 확인받을 실익이 있다. 무효등확인소송의 소송물은 처분 등의 유 · 무효 또는 존재 · 부존재이고, 청구취지만으로 소송물의 동일성이 특정된다(2). 무효등 확인소송의 성질에 관하여 확인소송설, 항고소송설, 준항고소송설 등의 대립이 있으나, 적극적으로 처분 등의 효력을 소멸시키거나 부여하는 것이 아니라 처분 등의 존부 또는 효력 유무를 확인 · 선언하는 데 지나지 않는다는 점에서 확인소송

---

2) 행정청이 하자의 중대 · 명백을 이유로 행정처분의 무효를 선언해야 하는 경우에도 처분의 무효를 선언하지 않고 직권취소할 수 있다고 보아야 한다.

에 속하지만, 처분 등으로 인한 현재 법률관계의 확인을 구하는 것이 아니라 처분 등의 존부 또는 효력 자체를 확인의 대상으로 한다는 점에서 항고소송의 성질을 아울러 가지고 있다고 보아야 한다(3).

3) 부작위위법확인소송

부작위위법확인소송이란, 행정청의 부작위가 위법하다는 것을 확인하는 소송이다. 판례와 통설에 따르면 행정청이 당사자의 신청에 대하여 상당한 기간 내에 신청을 인용하는 등의 적극적 처분 또는 각하하거나 기각하는 등의 소극적 처분을 하여야 할 법률상 응답의무가 있음에도 불구하고 응답하지 아니하는 경우, 이러한 부작위가 위법하다는 것을 확인함으로써 행정청으로 하여금 신속히 응답하게 하여 부작위 또는 무응답이라는 소극적 위법상태를 제거하는 것을 목적으로 하는 소송이다. 이처럼 부작위위법확인소송은 '원고의 신청을 인용하지 않음이 위법하다.'는 확인을 구하는 소송이 아니라, '행정청이 아무런 응답(신청을 인용하는 처분이든 기각하는 처분이든 관계없음.)하지 않음이 위법하다.'는 확인을 구하는 소송이고, '부작위로 인한 현재 법률관계'를 확인하는 소송이 아니라 '부작위의 위법'을 확인하는 소송이라는 점에서 확인소송(4)과 항고소송의 성질을 가진다고 보아야 한다.

4) 법정외 항고소송(무명항고소송)

행정소송법 제4조에 규정된 항고소송 이외의 항고소송을 법정외 항고소송(무명항고소송)이라고 한다. 이러한 항고소송에는 현재 행정소송법의 개정과 맞물려 논의되고 있는 의무이행소송(행정청에 일정한 의무 있음의 확인을 구하는 의무확인소송, 일정한 작위를 구하는 급부소송, 처분의 적극적 변경을 구하는 형성소송 등이 포함됨.), 예방적 부작위소송(위법한 공권력의 행사를 사전 저지하는 것을 목적으로 행정청이 일정한 공권력을 행사하지 말 것을 구하는 금지소송, 행정청에 어떤 행정행위를 하지 않을 의무 있음의 확인을 구하는 부작위의무확인소송, 행정청에 어떤 처분을 할 권한 없음의 확인을 구하는 권한부존재확인소송 등이 포함됨.), 불이익배제소송(소음 등을 이유로 공공시설의 사용금지를 구하는 소송) 등이 있다. 현행 행정소송법에서 제4조에 규정된 종류 이외의 항고소송을 금하는 명시적 규정이 없기 때문에 법정외 항고소송이 인정된다는 견해가 다수이지만, 행정심판법 제4조에 의무이행심판이 명시적으로 규정되어 있으나 행정소송법 제4조에 의무이행소송 대신 부작위위법확인소송이 규정되어 있는 점 등에 비추어 법정외 항고소송이 허용되지 않는다는 것이 현재 확립된 판례[3])의 태도이다. 일본은 2004. 6. 9. '행정사건소송법의 일부를 개정하는 법률'을 공포(5)하면서 명시적으로 의무이행소송과 금지소송을 도입하였는데[4]), 도입 전부터 판례는 '재량의 여지가 없을 정도로 행정청의 권한 · 의무의 존재가 일의적으로 명백하여야 할 뿐만 아니라 사후에 처분의 효력을 다투는 것으로는 회복하기 어려운 중대한 손해를 입을 우려가 있어 사전구제를 인정하지 않는 것이 현저히 상당하지 않은 특별한 사정이 있으며, 다른 적절한 구제방법이 없을 것'을 요건으로 하여 극히 예외적 · 보충적으로 의무화소송과 예방적 부작위소송을 인정하고 있었다.

5) 당사자소송

가) 의의

당사자소송이란, 행정청의 처분 등을 원인으로 하는 법률관계에 관한 소송 그 밖의 공법상의 법률관계에 관한 소송으로서 그 법률관계의 한쪽 당사자를 피고로 하는 소송이다. 당사자소송에서는 행정청의 처분 등을 원인으로 하더라도 처분 등의 효력 자체가 소송의 대상이 아니라 그로 인한 법률관계 자체가 소송의 대상이 되고, 처분 등을 행한 행정청이 아니라 법률관계의 권리주체를 피고로 하는 점에서 항고소송과 다르다. 당사자소송의 소송물은 대립하는 대등 당사자 간의 공법상 권리 또는 법률관계 자체이고, 이러한 형태의 소송을 실질적 당사자소송이라 한다. 판례상 [**공법상 금전급부소송**] 석탄가격안정지원금 청구소송(6), 광주민주화운동관련자 보상 등에 관한 법률에 의한 보상금청구소송(7), 퇴직연금 결정 후 퇴직연금청구소송(8), 퇴역연금 결정 후 퇴역연금청구소송(9) 및 손실보상금청구소송[5]), [**공법상 신분 또는 지위확인소송**] 공무

---

3) 행정청의 부작위에 대하여 적극적으로 일정한 행위를 요구하는 의무이행소송은 허용되지 않는다 [대판 1989. 9. 12. 87누868 - 어업권회복등록절차를 이행하라는 청구, 1989. 5. 23. 88누8135 - 건물 철거 등의 시정을 명하고 이에 따른 대집행절차를 이행하라는 청구, 1995. 3. 10. 94누14018 - 검사에게 압수물 환부를 이행하라는 청구]. 행정청이 일정한 적극적인 처분을 하지 못하도록 금지를 구하는 예방소송인 이른바 금지소송이나 부작위의무확인소송 또는 행정청에게 일정한 적극적인 처분을 하여야 할 법적 의무가 있음의 확인을 구하는 작위의무확인소송도 허용되지 않는다 [대판 1987. 3. 24. 86누182 - 준공검사를 하여서 안된다는 청구, 1989. 1. 24. 88누3314 - 애국지사의 사망일시금 및 유족생계부조수당지급 의무를 확인하는 청구, 1992.11.10. 92누1629 - 이주대책수립 의무를 확인하는 청구, 2006. 5. 25. 2003두11988 - 국민건강보험공단이 보건복지부장관의 고시를 적용하여 요양급여비용을 결정해서 안된다는 청구 등]. 대법원은 이런 형태의 청구들을 모두 부적법 각하하고 있다.

4) 가의무부과와 가금지 제도도 함께 도입되었다.

5) 징발법 제19조, 제24조의 2와 같이 법령에서 전심절차를 거쳐 보상금지급청구소송을 제기하도록 규정되어 있는 경우

원지위확인소송[6], 농지개량조합직원 지위확인소송(10), 재개발조합을 상대로 한 조합원 자격 유무 확인을 구하는 소송(11), 연금수혜대상자 확인소송(12), 방송수신료통합징수권한부존재확인소송[7], 훈장수여와 수여된 훈장의 종료 확인을 구하는 소송(13), [공법상 계약에 관한 소송] 시립무용단원의 해촉에 관한 소송(14), 지방전문직공무원채용계약 해지에 관한 소송(15) 등이 있다[8]. 한편, 판례는 공법상 원인에 의한 부당이득금반환 청구소송[9], 국가배상법상 국가 등을 상대로 한 손해배상청구소송(16)을 민사소송으로 보고 있지만, 대부분의 학자들은 공법상 당사자소송으로 보고 있다.

나) 형식적 당사자소송

형식적 당사자소송이란, 처분이나 재결을 원인으로 하는 법률관계에 관한 소송으로서 원인이 되는 처분 등에 불복하여 소송을 제기함에 있어 처분청이 아니라 법률관계의 한쪽 당사자를 피고로 하는 소송을 말한다. 처분 등의 효력에 관한 다툼이라는 점에서 항고소송의 실질을 가지나, 행정청을 피고로 하지 않고 실질적 이해관계를 가진 자를 피고로 한다는 점에 특색이 있다. 통설에 따르면 이러한 형태의 소송은 일반적으로 허용되지 않지만, 개별법에서 특별한 규정이 있는 경우에만 허용된다. 보상금증감에 관한 소송(공익사업을 위한 토지 등의 취득 및 보상에 관한 법률 제85조 제2항), 특허무효심판청구에 관한 심결 취소소송 등의 당사자계 특허소송(특허법 제187조 단서 등 참조)[10] 등이 있다.

및 소방기본법 제25조 제4항과 법령에서 보상금 결정방법과 불복절차를 전혀 규정하지 않은 경우 손실보상금지급청구는 공법상 당사자소송에 의한다. 대판 2006. 5. 18. 2004다6207(전원)은 '구 하천법 등에서 하천구역으로 편입된 토지에 대한 손실보상청구소송을 공법상 당사자소송에 의해야 한다.'고 판시하고 있다.

6) 임용결격사유가 있는 공무원, 퇴직한 공무원의 신분관계에 대한 다툼. 대판 1998. 10. 23. 98두12932

7) 대판 2008. 7. 24. 2007다25261 '수신료의 법적 성격, 한국방송공사의 수신료 강제징수권의 내용 등에 비추어 보면 수신료 부과행위는 공권력의 행사에 해당하므로, 한국전력공사가 한국방송공사로부터 수신료의 징수업무를 위탁받아 자신의 고유 업무와 관련된 고지행위와 결합하여 수신료를 징수할 권한이 있는지 여부를 다투는 이 사건 쟁송은 민사소송이 아니라 공법상의 법률관계를 대상으로 하는 것으로서 행정소송법 제3조 제2호에 규정된 당사자소송에 의하여야 한다고 봄이 상당하다.'고 판시하고 있다.

8) 판례에 따르면 공무원연금 지급거부소송(대판 1996. 12. 6. 96누6417), 의료보호비용지급거부소송(대판 1999. 11. 26. 97다42250), 민주화운동관련자 명예회복 및 보상 등에 관한 법률에 의한 보상금지급거부소송(대판 2008. 4. 17. 2005두16185), 1980년 해직공무원보상 등에 관한 특별조치법에 의한 보상금지급거부(대판 1990. 9. 25. 90누592) 등은 항고소송의 대상이 된다.

9) 조세의 오납액이나 초과납부액에 대하여 국세기본법상의 환급 신청 거부가 처분인지 여부에 대하여 다툼이 있으나 판례는 처분이 아니라고 보고 있기 때문에 이미 납부한 세금에 대하여 부과처분이 무효임을 이유로 반환청구하는 조세과오납금환급소송을 제기하여야 한다. 판례는 '조세과오납금환급소송의 성격에 대하여 민사상 부당이득금반환청구로서 민사소송절차에 따라야 한다.'고 판시하고 있다(대판, 1995. 4. 28. 94다55019).

10) 특허소송은 심사관의 특허거절결정(특허법 제62조) 등에 관한 특허심판원의 심결에 대한 취소소송인 사정계(결정계) 소송과 특허무효, 권리범위확인 등에 관한 특허심판원의 심결에 대한 불복소송인 당사자계 소송으로 나뉜다. 특허법

6) 민중소송

민중소송이란, 국가 또는 공공단체의 기관이 법률에 위반되는 행위를 한 경우 직접 자기의 법률상 이익과 관계없이 그 시정을 구하기 위하여 제기하는 소송이다. 개인의 권리구제보다 행정법규의 적정한 집행을 보장하기 위하여 일반인에게 소송을 제기할 수 있게 한 예외적인 특수한 행정소송이기 때문에 법률이 정한 경우와 법률이 정한 자만이 제기할 수 있다. 국민투표법상 국민투표무효소송, 공직선거및선거부정방지법상 선거무효소송, 당선무효소송, 지방자치법상 주민소송 등이 있다.

7) 기관소송

기관소송이란, 국가 또는 공공단체의 기관 상호간 그 권한의 존부 또는 행사에 관하여 다툼이 있는 경우 국가 기관 등이 제기하는 소송이다. 다만, 헌법재판소법 제2조에 의하여 헌법재판소의 관장사항으로 되어 있는 소송, 즉 국가기관 상호간, 국가와 지방자치단체 간, 지방자치단체 상호간의 쟁의에 관한 사항은 법원의 관할 대상이 아니기 때문에 제외된다[11]. 원칙적으로 행정기관 사이의 주관쟁의 또는 기타의 권한에 관한 쟁의는 원래 당해 기관의 공통의 상급기관이 있을 때에는 상급기관에 의하여 행정적으로 해결되어야 하고, 법원의 권한에 속하지 않는다. 그러나 예외적으로 기관쟁의의 적당한 해결기관이 없는 경우나 공정한 제3자의 판단이 요구되는 경우 등 특별히 법률이 법원에의 제소를 인정하는 경우가 있는데, 이처럼 개별 법률에 특별한 규정이 있는 경우에 한하여 인정되고 그 법률에 정한 자만이 제기할 수 있는 소송이 기관소송이다. 현재 지방지치법상 지방의회의 재의결에 대한 지방자치단체장이나 감독청의 소송, 자치사무 등에 관한 감독청의 명령이나 처분의 취소 또는 정지에 대한 지방자치단체장의 소송, 기관위임사무에 관한 위임청의 이행명령에 대한 지방자치단체장의 소송, 지방교육자치에 관한 법률상 시·도의회의 재의결에 대한 교육감 또는 감독청의 소송, 자치사무 등에 관한 감독청의 명령이나 처분의 취소 또는 정지에 대한 교육감의 소송 등이 있다. 각 법은 모두 대법원에 직접 제소하도록

제187조 '특허법 제133조 1항 등의 규정에 의한 특허의 무효심판 등에 대한 소제기에 있어서는 그 청구인 또는 피청구인을 피고로 하여야 한다.', 제191조 '보상금 또는 대가에 관한 불복의 소에 있어서는 보상금 또는 대가를 지급할 관서 또는 출원인을 피고로 하여야 한다.'

11) 헌법재판소의 권한쟁의심판 대상 중 국가기관 상호간의 권한쟁의를 실질적 기관소송으로 보고 있다.

규정하고 있다[12].

> 제45조(소의 제기) 민중소송 및 기관소송은 법률이 정한 경우에 법률에 정한 자에 한하여 제기할 수 있다.
>
> 제46조(준용규정) ① 민중소송 또는 기관소송으로써 처분등의 취소를 구하는 소송에는 그 성질에 반하지 아니하는 한 취소소송에 관한 규정을 준용한다.
>
> ② 민중소송 또는 기관소송으로써 처분등의 효력 유무 또는 존재 여부나 부작위의 위법의 확인을 구하는 소송에는 그 성질에 반하지 아니하는 한 각각 무효등 확인소송 또는 부작위위법확인소송에 관한 규정을 준용한다.
>
> ③ 민중소송 또는 기관소송으로서 제1항 및 제2항에 규정된 소송외의 소송에는 그 성질에 반하지 아니하는 한 당사자소송에 관한 규정을 준용한다.

다. 행정소송 상호간의 관계

1) 취소소송과 무효등확인소송 간의 관계

가) 병렬관계

취소소송과 무효등확인소송은 동일한 처분을 다투지만 보충 관계에 있는 것이 아니라 서로 병렬관계에 있기 때문에 행정청의 처분 등에 불복하는 자는 소송요건을 고려하여 목적을 가장 효과적으로 달성할 수 있는 소송 방법을 선택할 수 있다. 판례에 따르면 취소소송과 무효등확인소송은 양립할 수 없는 관계이기 때문에 취소소송과 무효등확인소송을 예비적으로 병합하여 제기할 수 있지만[13] 단순병합이나 선택적 병합의 형태로 제기할 수 없다고 판시하고 있다[14].

나) 포용관계

취소소송과 무효등확인소송은 동일한 행정처분에 대하여 동일한 위법을 이유로 행정처분의 효력의 배제를 구하는 점에서 동일하고, 위법과 무효의 구별도 위법의 정도 등에 따른 상대적 차이에 불과하기 때문에 실제에 있어서 서로 포용성을 가진다. 즉, 처분의 취소를 구하는 당사

---

12) 기관소송을 동일한 행정주체에 속하는 기관 상호간의 소송으로 한정하는 견해에 의하면 지방의회재의결에 대한 감독청의 소송, 감독청의 감독처분에 대한 지방자치단체장의 소송 등은 기관소송이 아니라 특수한 소송 또는 항고소송으로 본다.

13) 통상은 무효확인소송을 주위적 청구로, 취소소송을 예비적 청구로 병합 제기하지만 소송요건의 구비 여부 등이 문제될 때에는 취소소송을 주위적 청구로, 무효확인소송을 예비적 청구로 구할 수도 있다.

14) 대판 1999. 8. 20. 97누6889 【환지계획등무효확인및취소】 행정처분에 대한 무효확인과 취소청구는 서로 양립할 수 없는 청구로서 주위적 · 예비적 청구로서만 병합이 가능하고 선택적 청구로서의 병합이나 단순 병합은 허용되지 아니한다.

자의 청구에는 엄밀한 의미의 취소뿐만 아니라 무효확인의 취지가 포함되어 있다고 보아야 하고, 무효확인의 청구에는 취소의 청구가 포함되어 있을 수 있다. 따라서 당사자가 취소소송을 제기하였지만 처분의 위법이 취소사유를 넘어 무효사유에 해당하면 처분을 취소하는 원고 전부승소의 판결을 하여야 한다(이른바, 무효를 선언하는 의미의 취소소송). 반대로 무효등확인소송을 제기하였으나 처분의 위법이 단지 취소사유에 불과할 경우에는 취소소송의 소송요건을 갖추었으면 무효가 아니면 취소라도 구하는 취지인지를 석명하여 처분의 취소를 구하지 않음이 명백하지 않은 이상 취소소송으로 변경하도록 한 후 취소의 판결을 하여야 한다[15].

2) 부작위위법확인소송과 기타 항고소송(취소소송, 무효등확인소송) 간의 관계

부작위위법확인소송과 기타 항고소송은 동일한 처분을 다투는 것이 아니다. 즉, 부작위위법확인소송은 신청에 대하여 행정청의 응답이 없는 경우에 제기되는 소송인 데 반하여, 기타 항고소송은 신청에 대하여 행정청의 처분이든 거부처분이든 응답이 존재하는 경우에 제기되는 소송이다. 이처럼 둘 사이는 양립관계에 있기 때문에 부작위에 대하여 거부처분취소소송을 제기하거나, 거부처분에 대하여 부작위위법확인소송을 제기하면 부적법 각하된다[16]. 현행 제도는 행정청의 위법한 부작위에 대하여 부작위위법확인소송을 제기하도록 하고, 인용판결에 구속력[17]

---

15) 이 경우 소의 변경이 필요 없이 일부 승소의 형식으로 바로 취소판결을 할 수 있다는 견해(『박균성, 제8판 행정법론(상)(박영사, 2009), 361쪽 등』) 및 취소소송과 무효확인소송은 종류를 달리하는 별개의 소송이므로 소의 변경을 요한다는 견해(법원실무제요-행정)가 있다. 대판 1986. 9. 23. 85누838 【사회단체등록취소처분무효확인】 '행정처분의 무효확인을 구하는 청구에는 특별한 사정이 없는 한 그 처분의 취소를 구하는 취지까지도 포함되어 있다고 볼 수는 있으나 위와 같은 경우에 취소청구를 인용하려면 먼저 취소를 구하는 항고소송으로서의 제소요건을 구비한 경우에 한한다.', 대판 1994. 12. 23. 94누477 【수강거부처분취소등】 '일반적으로 행정처분의 무효확인을 구하는 소에는 원고가 그 처분의 취소를 구하지 아니한다고 밝히지 아니한 이상 그 처분이 만약 당연무효가 아니라면 그 취소를 구하는 취지도 포함되어 있는 것으로 보아야 한다.' 등

16) 대판 1996. 1. 26. 95누13326, … 【개별공시지가결정고시거부처분취소】 행정소송법 제4조 제3호에 규정된 부작위위법확인의 소는 행정청이 당사자의 법규상 또는 조리상의 권리에 의한 신청에 대하여 상당한 기간 내에 신청을 인용하는 적극적 처분 또는 각하하거나 기각하는 등의 소극적 처분을 하여야 할 법률상의 응답의무가 있음에도 불구하고 이를 하지 아니하는 경우 부작위가 위법하다는 것을 확인함으로써 행정청의 응답을 신속하게 하여 부작위 또는 무응답이라고 하는 소극적 위법상태를 제거하는 것을 목적으로 하는 제도이므로 행정청이 당사자의 신청에 대하여 거부처분을 한 경우에는 항고소송의 대상인 위법한 부작위가 있다고 볼 수 없어 그 부작위위법확인의 소는 부적법하다.
대판 2009. 7. 23. 2008두10560 【부작위위법확인의소】 당사자가 동일한 신청에 대하여 부작위위법확인의 소를 제기하였으나 그 후 소극적 처분이 있다고 보아 처분취소소송으로 소를 교환적으로 변경한 후 여기에 부작위위법확인의 소를 추가적으로 병합한 경우, 최초의 부작위위법확인의 소가 적법한 제소기간 내에 제기된 이상 그 후 처분취소소송으로의 교환적 변경과 처분취소소송에의 추가적 변경 등의 과정을 거쳤다고 하더라도 여전히 제소기간을 준수한 것으로 봄이 상당하다.

17) 행정소송법 제38조, 제34조에 부작위위법확인판결이 있음에도 불구하고 행정청이 아무런 처분을 하지 아니할 경우 법원이 당사자의 신청에 의하여 결정으로써 상당한 기간을 정하고 행정청이 그 기간 내에 이행하지 아니하는 때에

을 부여하는 방식으로 행정청으로 하여금 적극적 또는 소극적 처분을 하도록 강제한 다음, 다시 처분에 대하여 불만이 있으면 취소소송을 제기하여 목적을 달성하도록 하고 있다. 그래서 부작위위법확인소송 계속 중 행정청이 신청을 거부한 경우라면 거부처분 취소소송으로 변경을 하지 않으면 부작위 상태가 해소되었기 때문에 소의 이익이 없어 부적법 각하된다[18].

3) 항고소송과 당사자소송 간의 관계

가) 취소소송과 당사자소송

행정처분은 비록 흠(하자)이 있더라도 당연 무효의 흠이 아닌 이상, 즉 취소할 수 있는 정도에 불과한 경우 공적 기관에 의하여 취소될 때까지는 일응 유효하기 때문에 법원은 취소소송 이외의 방법으로 효력을 부인할 수 없다. 따라서 파면처분을 당한 공무원은 처분에 비록 흠이 있더라도 취소사유 정도에 불과한 경우 반드시 파면처분 취소소송을 제기하여야 하며, 바로 당사자소송으로 공무원지위확인소송을 제기할 수 없다. 과세처분에 의하여 세금을 납부한 자도 과세처분에 비록 흠이 있더라도 당연 무효가 아닌 이상 반드시 과세처분 취소소송을 제기하여야 하며, 취소소송을 통한 취소 판결 없이 이미 납부한 세금의 반환을 구하는 소송을 제기하면 기각될 수밖에 없다.

나) 무효등확인소송과 당사자소송

처분이 무효인 경우에는 이른바 공정력이 없기 때문에 누구든지 어떠한 방법이든지 처분의 효력을 부인할 수 있다. 예컨대, 공무원 파면처분이 무효인 경우 항고소송으로서 파면처분무효확인소송이 가능할 뿐만 아니라 당사자소송으로서 파면처분이 무효임을 전제로 한 공무원지위확인소송도 가능하고, 과세처분이 무효인 경우 항고소송으로서 과세처분무효확인소송과 당사

는 그 지연기간에 따라 일정한 배상을 할 것을 명하거나 즉시 손해배상을 할 것을 명하는 간접강제 방식을 채택하고 있다.

18) 대판 1990. 9. 25. 89누4758 【교원임용의무불이행위법확인등】
부작위위법확인의 소는 행정청이 국민의 법규상 또는 조리상의 권리에 기한 신청에 대하여 상당한 기간내에 그 신청을 인용하는 적극적 처분 또는 각하하거나 기각하는 등의 소극적 처분을 하여야 할 법률상의 응답의무가 있음에도 불구하고 이를 하지 아니하는 경우, 판결(사실심의 구두변론 종결)시를 기준으로 그 부작위의 위법을 확인함으로써 행정청의 응답을 신속하게 하여 부작위 내지 무응답이라고 하는 소극적인 위법상태를 제거하는 것을 목적으로 하는 것이고, 나아가 당해 판결의 구속력에 의하여 행정청에게 처분 등을 하게 하고 다시 당해 처분 등에 대하여 불복이 있는 때에는 그 처분 등을 다투게 함으로써 최종적으로는 국민의 권리이익을 보호하려는 제도이므로, 소제기의 전후를 통하여 판결시까지 행정청이 그 신청에 대하여 적극 또는 소극의 처분을 함으로써 부작위상태가 해소된 때에는 소의 이익을 상실하게 되어 당해 소는 각하를 면할 수가 없는 것이다.

자소송으로서 부과처분이 무효임을 전제로 한 조세채무부존재확인소송이 가능하다[19].

라. 행정소송 제외 영역

1) 통치행위

통치행위의 개념에 대하여 많은 논란이 있으나, 일반적으로 통치행위라 함은 단순한 법집행 작용이 아니라 국정의 기본방향을 설정하거나 국가적 이해를 직접 그 대상으로 하는 고도의 정치성을 띤 집행부의 행위로서 사법적 심사의 대상이 되기에 부적합한 성질의 행위이고, 비록 그것에 관한 사법부의 재판이 있는 경우에도 그 집행이 곤란한 성질의 행위를 의미한다(17). 따라서 통치행위는 입법, 사법, 협의의 행정이 아닌 고도의 정치적 판단을 요하는 제4의 국가작용이기 때문에 사법심사의 대상에서 제외된다. 이와 같이 재판에서 자유로운 고권행위라는 사법심사의 측면에서 바라보는 통치행위의 개념을 일종의 형식적 의미의 통치행위라고 부른다[20]. 따라서 통치행위에 해당하는 행위는 사법심사의 대상에서 제외되기 때문에, 행정소송의 대상이 아닐 뿐 아니라 헌법재판, 심지어 민사재판, 형사재판 등의 대상이 되지 않는다. 이처럼 통치행위 개념이 사법심사 배제라는 측면에서 발전한 개념이지만, 누가 통치행위를 판단하는가라는 문제에 직면하면 결국 사법부와 헌법재판소가 '당해 행위가 통치행위에 해당하는지, 왜 통치행위에 해당하는지'를 판단할 수밖에 없다[21].

---

19) 당사자소송은 공법상의 법률관계 일반을 대상으로 하는 포괄적인 소송의 성격이므로, 다른 행정소송 특히 항고소송으로 해결이 가능한 경우에는 항고소송만이 가능하고 당사자소송으로는 불가능하다는 견해(무효확인소송 우선), 무효확인소송은 통상의 소송으로는 구제의 목적을 달성할 수 없는 경우에 인정되는 보충적 성격의 소송이므로 당사자소송으로 구제받을 수 있는 경우에는 당사자소송이 우선한다는 견해(당사자소송 우선) 등도 있다『사법연수원 행정구제법 연구(2011), 18쪽』.

20) 『홍정선, 제16판 행정법원론(상)(박영사, 2008), 10쪽』. 통치행위의 개념에 대하여 사법심사의 배제를 전제로 하는 통치행위의 개념설정을 절차법적 개념 접근으로, 통치행위를 최고통치권자인 대통령의 국가지도 작용으로 일반행정·입법·사법과 구별되는 제4의 국가작용으로 보면서 사법심사의 배제를 전제로 하지 않는 통지행위의 개념 설정을 실체법적 개념 접근으로 구별하는 견해도 있다『김용섭, 통치행위에 대한 재검토, 고황법학 3권, 88쪽』.

21) 헌법재판소는 통치행위의 개념을 사법심사 배제를 전제로 하지 않은 실체적 개념으로 파악하여 통치행위 중 기본권 관련성이 있는 경우 등에는 헌법소원심판의 대상이 된다고 판시하고 있다. 즉, 고도의 정치적 성격을 띠는 행위를 통치행위로 보면서 그 중 사법심사의 대상이 되는 행위와 사법심사의 대상이 되지 않는 행위가 있다고 보는 입장이다.

2) 민사소송사건

가) 행정소송사건과 민사소송사건의 구분

행정소송은 공법상의 법률관계를 대상으로 하고, 민사소송은 사법상의 법률관계를 대상으로 하기 때문에 민사소송사건은 행정소송의 영역에서 제외된다. 이처럼 법률관계의 성질이 공법관계인지 사법관계인지 여부에 따라 소송의 종류가 정해지는데, 법률관계를 구별하는 기준에 대하여 주체설(국가 · 공공단체 상호간이나 이들과 사인간의 관계는 공법관계이고, 사인간의 관계는 사법관계라는 설), 성질설 · 권력설(불평등한 법률관계이면 공법관계이고, 평등관계이면 사법관계라는 설), 이익설(공익보호를 목적으로 하는 법률관계가 공법관계이고 사익보호를 목적으로 하는 법률관계가 사법관계라는 설), 생활관계설(국민으로서의 생활관계가 공법관계이고, 인류로서의 생활관계가 사법관계라는 설), 귀속설 · 신주체설(공권력의 담당자 지위로서의 권리의무가 귀속되는 관계가 공법관계이고, 누구에게나 권리 또는 의무가 귀속되는 관계가 사법관계라는 설) 등의 대립이 있다[22]. 공법관계와 사법관계의 구분 자체가 역사적 산물일 뿐만 아니라 상대적이어서 하나의 기준에 의하여 확연히 구분될 수 없는 성질이기 때문에 종합적으로 고려해서 판단해야 한다는 복수기준설이 현재의 통설이다.

나) 독립관계

민사소송법과 행정소송법은 일반법과 특별법의 관계가 아니라 상호 독립된 개별 소송절차법이다. 즉, 각 법에 의하여 행정소송사건은 원칙적으로 전속관할인 행정법원[23]에서 접수 · 처리해야 하고, 민사소송사건은 일반법원에서 접수 · 처리해야 한다. 따라서 행정소송사건이 일반법원에 접수 · 심리되는 경우, 민사소송사건이 행정법원에 접수 · 심리되는 경우 법원은 소의 대상이 아니기 때문에 소를 각하해야 한다. 다만, 민사소송법 제34조 제1항과 행정소송법 제7조에 의하여 잘못 제소된 민사소송사건과 행정소송사건을 관할 법원으로 상호 이송하여 처리하고 있다[24].

---

22) 구별부인설도 있다. 공법이든 사법이든 모두 법률상 권리 · 의무 관계라는 점에서 구별되지 않는다는 견해인데, 현행 법체계에 반하기 때문에 학설에 문제가 있다.

23) 현행 행정소송법과 법원조직법에 의하여 행정법원을 설치하여 1심을 담당하도록 규정하고 있으나, 서울특별시를 관할하는 서울행정법원만 설치되어 있을 뿐, 나머지 지역은 행정법원이 설치될 때까지 해당 지방법원의 본원(예외, 춘천지방법원 강릉지원)이 행정법원의 권한에 속하는 사건을 관할하고 있다.

24) 동일한 법원에서 사건 전담에 따라 담당 재판부를 바꾸는 것은 사무분담의 문제로서 이송이 아니고, 행정법원이 설치되지 않은 지역에서 지방법원 본원이 행정법원의 역할까지 겸하고 있으므로 민사 전담 재판부와 행정 전담 재판부 사이의 사건 이전도 사무분담의 문제일 뿐 이송이 아니다. 따라서 행정법원이 설치되지 않은 지역에서 지방법원 본원 민사합의부가 행정소송사건을 처리하였다고 할지라도 관할 위반 문제가 생기지 않기 때문에 전속관할 위반을 이유(절대적 상고이유)로 한 상고를 제기할 수 없다.

한편, 절차면에서 행정소송이 민사소송과 유사하기 때문에 행정소송법은 민사소송법, 민사소송규칙 등 민사소송에 관한 각종 관련 법규를 준용하고 있다[25]. 그러나 이러한 준용 규정에도 불구하고 행정소송은 사적 자치의 영역을 다루는 민사소송과는 달리, 공법상의 법률관계를 다루면서 개인의 권리구제와 함께 행정의 적정한 운영이라는 기능을 아울러 수행하기 때문에 행정소송법에 민사소송과 다른 별도의 규정이 있는 경우는 물론, 그러한 규정이 없더라도 성질상 민사소송의 관련 규정을 그대로 준용할 수 없는 경우가 있다. 즉, 행정소송법이 직권소송참가, 직권심리, 사정판결 등 민사소송과는 다른 특별한 규정을 두고 있는 경우뿐만 아니라 그러한 특별규정이 없는 경우에도 성질상 민사소송법의 규정이 그대로 적용될 수 없는 것(예를 들면, 청구의 포기 · 인낙 · 화해 등)이 있다. 특히 민사소송의 지배원리인 당사자처분권주의를 그대로 적용할 수 없고 실체적 진실발견에 중점을 둔 직권주의적 요소를 고려할 수밖에 없다.

3) 헌법소원사건

헌법소원은 공권력의 작용에 의해 헌법상 보장된 기본권을 침해당한 경우 헌법재판소에 직접 권리 구제를 신청하는 제도를 의미하는데(18), 헌법소원사건은 헌법재판소법 제68조 제1항 단서 보충성의 원칙에 따라 행정소송의 영역에서 제외된다. 헌법소원은 헌법 제111조 제1항 제5호, 헌법재판소법 제68조에 의해서 인정되고, 헌법재판소 제68조 제1항에 의한 기본권 침해에 대한 구제 기능을 하는 헌법소원과 제68조 제2항에 의한 규범통제 기능을 하는 헌법소원 2종류가 있다. 그 중 전자 **권리구제형 헌법소원**은 행정소송과 밀접한 관련성이 있는데, '공권력의 행사 또는 불행사로 인하여 헌법상 보장된 기본권을 침해받은 자'가 제기하는 헌법소원과 '처분 등으로 인하여 법률상 이익을 침해받은 자'가 제기하는 행정소송은 권리구제 영역에서 중첩적으로 제기될 수 있다. 이런 문제를 해결하기 위하여 헌법재판소법은 제68조 제1항 단서에 '다른 법률에서 구제절차가 있는 경우에는 그 절차를 모두 거친 후 심판청구를 하여야 한다.'고 보충성을 헌법소원의 요건으로 규정한다[26]. 따라서 법원의 재판이 헌법소원의 대상에서 제외된다는 점을 함께 고려하면 헌법소원의 영역 사건은 행정소송의 대상이 아닌 경우로 한정되고, 결과

---

25) 행정소송법 제8조 제2항 '행정소송에 관하여 이 법에 특별한 규정이 없는 사항에 대하여는 법원조직법과 민사소송법의 규정을 준용한다.'

26) 헌법소원의 적법요건은 소원의 대상(공권력의 행사 또는 불행사의 존재), 청구인능력과 청구인 적격(침해된 기본권 및 청구인과의 법적 관련성 - 자기 관련성, 직접성, 현재성), 보충성, 청구기간, 권리보호이익과 심판이익 등이 있다.

적으로 헌법소원사건은 행정소송의 영역에서 제외된다[27].

실무상 처분형 헌법소원으로서 공권력의 불행사, 권력적 사실행위, 행정소송의 대상이 아닌 판단작용 등이 있고, 대부분 법령을 대상으로 한 헌법소원이 큰 비중을 차지하고 있다. 행정소송 영역과 관련된 헌법소원을 살펴보면 ㉠ **행정입법**과 관련하여 재판에 부수된 행정입법의 위헌 심사는 대법원이 최종적으로 심사할 권한을 가지지만, 구체적인 법집행작용 없이 직접·현실적으로 기본을 침해하는 법규명령은 헌법소원의 대상이 되고, 행정규칙의 경우 원칙적으로 헌법소원의 대상이 되지 않지만 법령의 효력을 가진 행정규칙이나 행정의 자기구속의 원리 등을 매개로 하여 대외적 구속력을 가지는 행정규칙은 헌법소원의 대상이 된다[28]. ㉡ **행정입법부작위**와 관련하여 부진정입법부작위(행정청이 행정입법하였지만 일부를 누락하여 불충분하게 입법된 경우)는 행정입법을 대상으로 적극적인 헌법소원을 제기해야 하지만, 진정입법부작위(행정청이 행정입법할 법적 의무가 있음에도 불구하고 상당한 기간이 경과하도록 행정입법하지 않은 경우)는 헌법소원의 대상이 된다[29]. ㉢ **행정계획**과 관련하여 통상 행정계획은 국민에게 사전 정보를 제공하는 사실상 행정준비행위에 불과하기 때문에 공권력의 행사가 아니어서 헌법소원의 대상이 아니지만, 예외적으로 행정계획이 국민의 기본권에 직접 영향을 미치고, 향후 법령의 뒷받침에 의하여 그대로 실시될 것이 확실히 예상되어, 그로 인하여 기본권 침해가 발생한 때에는 헌법소원의 대상이 된다[30]. ㉣ 행정청의 **사실행위**와 관련하여 헌법소원이 넓게 인정되고 있는데 권력적 사실행위는 대부분 헌법소원의 대상이 된다. 그러나 행정청의 처분이나 거부처분, 부작위는 원칙적으로 행정소송의 대상이기 때문에 헌법소원의 대상이 아니다. 한편, 법률[31]이나 입법부작위 등에 대한 심판은 법률에 대한 심판으로서 헌법재판소의 전권사항이기 때문에 행정소송의 영역이 아니다.

---

27) 실무적으로 행정소송의 대상이 아닌 경우 보충적으로 헌법소원을 통한 권리구제를 고려해야 한다.

28) 처분적 법규명령, 대외적 구속력을 가진 행정규칙에 대하여 종래 법원이 행정소송의 대상인 처분으로 보지 않았으나, 현재 법원은 처분의 개념을 넓게 파악하여 처분성을 인정하고 있다. 따라서 행정입법에 관한 헌법소원과 행정소송은 사실상 중첩적으로 심판 가능하다. 나아가 자치입법인 조례의 경우도 동일하다.

29) 행정입법부작위가 행정소송법상 부작위위법확인소송의 대상인 부작위에 해당하는지 여부에 대하여 논란이 있지만, 판례는 부정하고 있다(대판 1992. 5. 8. 91누11261).

30) 헌결 1992. 10. 1. 92헌마68 [서울대학교의 1994년도 대학입학고사 주요 요강에 대한 헌법소원]

31) 법률은 법률의 구체적 집행·적용 작용 없이 직접적 현실적으로 기본권을 침해하는 경우 예외적으로 헌법소원의 대상이 된다.

2. 관련청구의 병합

> 제10조(관련청구소송의 이송 및 병합) ② 취소소송에는 사실심의 변론종결시까지 관련청구소송을 병합하거나 피고외의 자를 상대로 한 관련청구소송을 취소소송이 계속된 법원에 병합하여 제기할 수 있다.
>
> 제15조(공동소송) 수인의 청구 또는 수인에 대한 청구가 처분등의 취소청구와 관련되는 청구인 경우에 한하여 그 수인은 공동소송인이 될 수 있다.
>
> 제38조(준용규정) ① …제10조, 제13조 내지 제17조 …의 규정은 무효등 확인소송의 경우에 준용한다.
>
> ② … 제10조 … 제13조 내지 제19조…의 규정은 부작위위법확인소송의 경우에 준용한다.
>
> 제44조(준용규정) ① 제14조 내지 제17조…조의 규정은 당사자소송의 경우에 준용한다.
>
> ② 제10조의 규정은 당사자소송과 관련청구소송이 각각 다른 법원에 계속되고 있는 경우의 이송과 이들 소송의 병합의 경우에 준용한다.
>
> <제10조 ① 취소소송과 다음 각호의 1에 해당하는 소송(이하 "관련청구소송"이라 한다) …
>
> 1. 당해 처분등과 관련되는 손해배상 · 부당이득반환 · 원상회복등 청구소송
>
> 2. 당해 처분등과 관련되는 취소소송>

가. 의의

1) 행정소송법상 관련청구의 병합

소송경제와 판결의 모순, 저촉의 방지를 위하여 하나의 절차 내에서 수개의 청구를 함께 심리, 재판하는 것을 **청구의 병합**이라 한다. 하나의 소로써 수개의 청구를 하거나(청구의 객관적 병합), 수인이 공동으로 원고가 되거나 수인을 공동피고로 하여(청구의 주관적 병합) 소를 제기하는 청구의 병합은 민사소송뿐만 아니라 행정소송에서도 인정된다. 특히 행정소송법 제10조 제2항과 제15조에서 관련청구의 객관적 · 주관적 병합에 관한 특별규정을 두어 민사소송에서는 인정되지 않는 서로 다른 소송절차에 의한 청구의 병합을 인정하고 있다.

2) 민사소송법상 청구의 병합과의 관계

행정소송법 제10조 제2항과 제15조는 청구의 객관적 · 주관적 병합에 관하여 '관련되는 청구인 경우에 한하여 … 공동소송인이 될 수 있다.'고 제한적으로 규정하고 있다. 이로 인하여 민사소송법의 준용에 의한 병합이 허용되는지 여부에 관하여 논란이 있는데 관련청구가 아닌 경우에는 병

합할 수 없다는 견해도 있지만, 행정소송법 제10조 제2항과 제15조는 민사소송에서 허용되지 않는 서로 다른 절차에 의한 소송의 병합을 행정소송에서 가능하게 하는 특별규정이기 때문에 민사소송법에 의한 청구의 병합요건이 충족되는 한 허용된다는 견해가 실무의 태도이다[32].

민사소송에서는 소의 객관적 병합에 있어서 수개의 청구가 동종의 소송절차에 의하여 심판될 수 있으면 각 청구 사이의 견련 관계가 원칙적으로 요구되지 않으며, 주관적 병합에 있어서도 소송의 목적되는 권리나 의무가 수인에 대하여 공통된 때, 동일한 사실상 · 법률상 원인에 기인하는 때, 소송의 목적인 권리나 의무가 동종이며 사실상 · 법률상 동종의 원인에 기인한 때라는 주관적 요건이 충족되면 가능하다. 그러나, 행정소송법에서는 관련청구의 객관적 병합이나 주관적 병합의 경우에 있어서 수개의 청구가 동종의 소송절차에 의하여 심판될 수 없는 경우라도 좋으나 청구 사이의 관련성이 요구된다.

나. 관련청구 병합의 태양

1) 관련청구의 객관적 병합

취소소송의 원고는 관련된 청구를 원시적으로 병합하여 제소하거나 사실심 변론종결시까지 언제나 추가적으로 병합하여 제소할 수 있다(행정소송법 제10조 제2항 전단). 이러한 병합에는 민사소송과 마찬가지로 단순병합, 선택적 병합, 예비적 병합[33]이 있다. 취소소송의 병합에 관한 규정은 다른 종류의 행정소송 즉, 취소소송 이외의 항고소송 및 당사자소송, 객관적 소송에도 준용된다(19).

---

32) 소송 중 소의 병합 - 청구 병합의 특수한 형태로서 소송 중 소의 병합 가운데 중간확인의 소는 행정소송법상 관련청구소송의 범주에 포섭되므로 허용된다. 반소는 항고소송의 경우 허용되지 않지만 당사자소송이나 관련청구로 민사상의 청구가 병합된 경우에는 허용된다. 독립당사자참가는 항고소송의 피고가 행정청이고 행정청이 아닌 원고를 상대로 한 청구가 포함되기 때문에 허용되지 않는다는 견해도 있지만 긍정하는 견해가 실무의 태도이다.

33) 대판 2016. 7. 27. 2015두46994 국가유공자 등 예우 및 지원에 관한 법률(이하 '국가유공자법'이라 한다)과 보훈보상대상자 지원에 관한 법률(이하 '보훈보상자법'이라 한다)은 교육훈련 또는 직무수행의 성격을 기준으로 국가의 수호·안전보장 또는 국민의 생명·재산 보호와 직접적인 관련이 있는 직무수행이나 교육훈련 중 사망하거나 상이를 입은 사람은 국가유공자로, 국가의 수호·안전보장 또는 국민의 생명·재산 보호와 직접적인 관련이 없는 직무수행이나 교육훈련 중 사망하거나 상이를 입은 사람은 보훈보상대상자로 구분하면서 신청과 등록 절차를 일원화하였다. 이와 같이 국가유공자법과 보훈보상자법은 사망 또는 상이의 주된 원인이 된 직무수행 또는 교육훈련이 국가의 수호·안전보장 또는 국민의 생명·재산 보호와 직접적인 관련이 있는지에 따라 국가유공자와 보훈보상대상자를 구분하고 있으므로, 국가유공자 요건 또는 보훈보상대상자 요건에 해당함을 이유로 국가유공자 비해당결정처분과 보훈보상대상자 비해당결정처분의 취소를 청구하는 것은 동시에 인정될 수 없는 양립불가능한 관계에 있고, 이러한 두 처분의 취소청구는 원칙적으로 국가유공자 비해당결정처분 취소청구를 주위적 청구로 하는 주위적·예비적 관계에 있다.

2) 관련청구의 주관적 병합

취소소송의 원고는 취소소송의 상대방 이외의 자를 대상으로 한 관련청구를 원시적으로 취소소송과 병합하여 제소하거나 취소소송이 계속된 법원에 추가적으로 병합하여 제기할 수 있고, 수인의 원고가 처음부터 공동원고로 관련청구를 병합하여 제소할 수 있다(행정소송법 제10조 제2항 후단, 제15조). 이러한 병합소송에는 민사소송과 마찬가지로 통상의 공동소송, 고유필수적 공동소송, 유사필수적 공동소송 등이 있다.

3) 주관적 · 예비적 병합

종래에는 소의 주관적 · 예비적 병합의 허용 여부에 대하여 다툼이 있었고[34], 판례는 부정적으로 보았다(20). 현재는 개정된 민사소송법 제70조에서 소의 주관적 · 예비적 병합이 허용되기 때문에 행정소송에서도 허용된다. 특히, 사정판결의 경우 행정소송법 제28조 제3항에 따른 구제방법 청구의 병합 제기는 행정청을 피고로 한 주위적 처분취소청구가 사정판결에 의하여 기각되는 경우에 대비하여 예비적으로 국가 · 지방자치단체를 피고로 한 손해배상청구를 병합하여 제기하도록 한 것으로 전형적인 청구의 주관적 · 예비적 병합 형태이다.

다. 관련청구 병합의 요건

1) 주된 청구인 행정사건에 관련청구를 병합할 것

행정사건에 관련 민사사건이나 행정사건을 병합하는 방식이고 민사사건에 행정사건을 병합할 수 없지만, 행정사건 상호간에는 어느 쪽으로 병합하여도 상관없다. 병합되는 각 청구는 관련청구이어야 하는데 취소소송에 ㉠ 당해 처분 등과 관련되는 손해배상, 부당이득반환, 원상회복 등 청구소송, 또는 ㉡ 당해 처분 등과 관련되는 취소소송(21), 또는 그 밖의 항고소송이나 당사자소송(22) 등이 관련청구로 병합될 수 있다.

---

34) 부정설은 예비적 당사자에 대한 청구의 당부는 일차적 당사자에 대한 청구의 판단결과에 의하여 결정되므로 그 지위가 심히 불안정 · 불이익하여 당사자 공평의 원칙에 반하고, 병합관계의 유지나 통일적 재판이 곤란함을 들어 2차적 당사자에 대한 소는 각하되어야 한다는 주장이다. 긍정설은 행정소송에 있어서 적어도 주위적 청구 및 예비적 청구의 피고가, 국가나 공공단체와 같은 행정주체와 그 행정기관으로서 실질적으로 양자의 일체성이 인정되는 경우에는 청구의 객관적 병합과 실제에 있어서 동일하므로 소송경제나 원고의 편의를 위하여 또 피고의 지위를 현저히 불안하게 할 염려도 없다는 주장이다.

2) 주된 청구인 행정사건이 사실심 계속 중일 것

병합은 원시적으로 또는 후발적으로 모두 가능한데, 후발적 병합의 경우 주된 청구인 행정사건이 사실심 변론종결 전이어야 한다. 즉, 고등법원이 1심인 경우일 뿐만 아니라 항소심으로 고등법원에 사건이 계속 중인 경우에도 하급심의 사물관할에 속하는 새로운 청구를 추가적으로 병합하여 제기할 수 있다. 항소심에서 병합하는 경우 당사자의 심급의 이익과 관련하여 당사자의 동의를 요하는지 여부가 문제될 수 있지만, 명문의 규정이 없는 이상 동의는 필요하지 않다고 해석된다(23).

3) 각 청구가 적법요건을 갖출 것

주된 청구인 행정사건이 적법해야 한다. **주된 청구가 소송요건을 갖추지 못하여 부적법 각하해야 될 경우에는 병합된 관련 민사청구도 각하해야 한다는 견해가 판례의 태도**[35]이지만, 행정소송법이 직권에 의한 병합과 이송도 가능하도록 규정하고 있는 점에 비추어 관련청구가 독립하여 적법한 요건을 구비하고 있는 경우라면 별개의 독립된 소로 취급해서 재판하거나 관할 법원으로 이송해야 한다는 견해도 있다. 다만, 판례(24)는 '취소소송 등을 제기한 당사자가 당해 처분 등에 관계되는 사무가 귀속되는 국가 또는 공동단체를 상대로 당사자소송을 관련청구

---

35) 대판 2011. 9. 29. 선고 2009두10963 【영업권보상】 【피고 한국토지주택공사】 행정소송법 제44조, 제10조에 의한 관련청구소송 병합은 본래의 당사자소송이 적법할 것을 요건으로 하는 것이어서 본래의 당사자소송이 부적법하여 각하되면 그에 병합된 관련청구소송도 소송요건을 흠결하여 부적합하므로 각하되어야 한다. <서울행정법원에 원고들이 한국토지주택공사를 상대로 주된 청구로 영업손실보상금 청구(공법상 당사자소송)을 제기한 후 관련 청구로 주위적으로 '피고가 원고들에 대하여 한 생활대책용지 수급대상자 선정신청 거부처분을 각 취소한다', 제1예비적으로 '피고가 원고들을 성남시 분당구 삼평동에서 시행하는 택지개발사업의 생활대책대상자로 선정하지 않고 있는 것이 위법임을 확인한다', 제2예비적으로 '원고들은 피고가 성남시 분당구 삼평동에서 시행하는 택지개발사업의 생활대책대상자임을 확인한다'는 취지의 생활대책대상자 선정 관련 청구를 제기한 사안에서 주된 청구인 손실보상금청구소송을 구 공익사업을 위한 토지 등의 취득 및 보상에 관한 법률 제34조, 제50조 등에 규정된 재결절차를 거치지 않았다는 이유로 각하하는 경우 병합된 관련청구인 생활대책대상자 선정 관련청구소송도 각하해야 함.> 대판 1997. 3. 14. 선고 95누13708 【농지조성비등부과처분취소】 【피고 농어촌진흥공사】 행정소송법 제10조에 의한 관련청구소송의 병합은 본래의 취소소송이 적법할 것을 요건으로 하는 것이므로, 본래의 취소소송이 부적법하여 각하되면 그에 병합된 청구도 소송요건을 흠결한 부적합한 것으로서 각하되어야 한다. <서울행정법원에 농어촌진흥공사를 상대로 농지조성비 부과처분 취소소송과 이미 납부한 농지조성비의 반환을 구하는 청구소송(부당이득금반환청구소송)을 병합하여 제기한 사안에서 주된 청구인 취소소송을 대상적격 결여를 원인으로 각하하는 경우 병합된 관련청구인 부당이득금반환청구소송도 각하해야 함.> 대판 1980. 4. 22. 선고 78누90 【공작물설치허가처분취소】 【피고 청도군수】 행정소송법 제7조에 의한 관련소송의 병합은 본래의 소송인 행정소송이 적법한 것을 요건으로 하는 것이므로 행정소송이 부적법하여 각하되면 그에 병합된 청구도 각하되어야 한다. <행정청이 원고의 의무불이행을 이유로 공작물설치허가를 취소하자 이에 원고가 대구고등법원에 주위적으로 공작물설치허가취소처분 취소소송과 예비적으로 허가취소로 인한 손해배상 및 부당이득반환청구 소송을 병합하여 제기한 사안에서 주된 청구인 취소소송을 행정청이 허가취소 후 직접 공사를 시행하여 공작물을 이미 설치하였기 때문에 허가취소처분의 취소를 구할 권리보호의 이익이 이미 상실되었다는 이유로 각하하는 경우 병합된 관련청구인 손해배상 및 부당이득반환청구도 각하해야 함.>

로서 후발적으로 병합하여 제기한 경우에 취소소송 등이 부적법하더라도 행정소송법 제21조 제1항에 의한 소 종류의 변경 허가신청으로 볼 수 있으므로 청구의 기초에 변경이 없는 한 병합 제기 당시 유효한 소 변경허가신청이 있는 것으로 보아 처리해야 한다.'고 판시하고 있다.

병합하는 관련청구도 전치절차, 출소기간, 당사자적격 등 소송형태에 따른 소송요건을 모두 구비하여야 한다. 병합하여 제기된 소가 관련청구로서의 요건을 갖추지 못한 경우에는 다른 소송요건을 모두 구비하여 행정사건과 분리하여 독립된 소로서 재판할 수 있거나 관할 법원으로 이송하여 구제할 수 있는 경우가 아닌 한 부적법 각하해야 한다.

4) 피고가 동일할 필요는 없다.

행정청을 피고로 하는 취소소송에 국가를 피고로 하는 손해배상청구를 병합하는 경우와 같이 관련청구의 피고는 원래 소송의 피고와 동일할 필요는 없다. 원고는 원시적으로 수인의 피고를 상대로 관련청구를 병합하여 제기할 수 있을 뿐만 아니라 후발적으로 사실심 변론종결시까지 피고 이외의 자를 상대로 관련청구를 병합하여 제기할 수도 있다(민사소송에서는 피고의 추가적 병합이 불가능하다). 그러나 원고가 피고를 추가할 수 있을 뿐 제3자가 후발적으로 원고로 추가되는 즉, '**원고의 추가적 병합**'은 불가능하다. 다수의 원고들이 단일 또는 다수의 피고에 대한 각자의 관련청구를 병합하고자 할 때에는 처음부터 공동소송인이 되는 길밖에 없다[36].

라. 관련청구의 병합 절차와 심리

1) 절차

원시적으로 관련청구를 병합하여 제기할 경우에는 관련청구까지 포함된 소장을 법원에 제출하면 되고, 후발적으로 관련청구를 병합 제기할 경우에는 '**병합신청**', '**소변경신청**' 등 병합신청서를 제출하면 된다. 새로운 피고를 추가하는 경우에도 동일하다. 한편, 이미 계속 중인 사건의 변론 병합은 재판부의 변론 병합 결정이 있어야 하는데, 변론 병합 결정은 동일 재판부에 계속되어 있는 수개 소의 변론 및 재판을 1개의 소송절차로 결합하여 심판하는 법원의 소송지휘권에 속하는 결정이

36) 다만, 민사소송법 제70조의 준용에 의하여 원고를 예비적으로 또는 선택적으로 추가 병합하는 것은 가능하다고 해석된다『행정구제법 2009, 사법연수원, 203쪽』.

다[37]. 동일 법원 내 수개의 재판부에 계속된 관련사건 사이의 병합은 재배당절차를 거친 후 변론을 병합하게 된다. 관련사건이 수개의 법원에 계속되어 있는 경우에 바로 변론을 병합할 수 없지만, 이송절차를 통하여 동일 법원으로 사건을 옮긴 후 병합 절차를 거쳐 병합할 수 있다.

2) 심리

병합요건 심리와 관련하여, 병합요건이 구비되지 않았음에도 불구하고 이를 간과한 채 병합하여 재판한 경우 이러한 절차상 위법은 판결의 결과에 영향을 미친 때에 해당되지 않는다. 실체 심리와 관련하여 청구가 병합된 때에는 통상 동일한 기일에 공동으로 변론과 증거조사를 실시하지만 법원이 필요하다고 인정한 때에는 변론을 분리하여 심리하거나 일부판결을 할 수도 있다. 그러나 청구의 선택적·예비적 병합과 필수적 공동소송의 경우에는 변론을 분리할 수 없을 뿐만 아니라 가능한 한 병합한 채 동시에 판결을 선고해야 한다[38]. 한편, 민사소송에서는 동종의 소송절차가 아닌 한 병합이 인정되지 않지만 행정소송에서는 본래 민사소송절차에 따라야 할 손해배상, 부당이득반환청구가 병합될 수 있기 때문에 직권증거조사와 같은 행정소송절차상의 특칙을 병합되는 민사소송에도 적용해야 하는지 여부가 문제된다. 모두 행정소송절차에 따라야 한다는 견해도 있지만, 심리가 공통되는 부분, 예컨대 행정처분의 위법성부분은 행정소송법을 그대로 적용해야 하지만 심리가 공통되지 않는 손해배상액의 산정과 같은 부분은 민사소송절차를 따라야 한다는 견해가 다수이다.

---

37) 변론 병합은 법원의 소송지휘권에 속하는 사항이므로 당사자에게 신청권이 없고 신청이 있더라도 직권발동을 촉구하는 의미에 불과하므로 조서에 기재할 필요도 없으며(조서의 편의적 기재사항) 그에 대한 가부를 결정할 필요도 없다.

38) 예비적 병합 관련 대판 2000. 11. 16. 98다22253 [1] 청구의 예비적 병합이란 병합된 수개의 청구 중 주위적 청구(제1차 청구)가 인용되지 않을 것에 대비하여 그 인용을 해제조건으로 예비적 청구(제2차 청구)에 관하여 심판을 구하는 병합형태로서, 이와 같은 예비적 병합의 경우에는 원고가 붙인 순위에 따라 심판하여야 하며 주위적 청구를 배척할 때에는 예비적 청구에 대하여 심판하여야 하나 주위적 청구를 인용할 때에는 다음 순위인 예비적 청구에 대하여 심판할 필요가 없는 것이므로, 주위적 청구를 인용하는 판결은 전부판결로서 이러한 판결에 대하여 피고가 항소하면 제1심에서 심판을 받지 않은 다음 순위의 예비적 청구도 모두 이심되고 항소심이 제1심에서 인용되었던 주위적 청구를 배척할 때에는 다음 순위의 예비적 청구에 관하여 심판을 하여야 하는 것이다. [2] 예비적 병합의 경우에는 수개의 청구가 하나의 소송절차에 불가분적으로 결합되어 있기 때문에 주위적 청구를 먼저 판단하지 않고 예비적 청구만을 인용하거나 주위적 청구만을 배척하고 예비적 청구에 대하여 판단하지 않는 등의 일부판결은 예비적 병합의 성질에 반하는 것으로서 법률상 허용되지 아니하며, 그럼에도 불구하고 주위적 청구를 배척하면서 예비적 청구에 대하여 판단하지 아니하는 판결을 한 경우에는 그 판결에 대한 상소가 제기되면 판단이 누락된 예비적 청구 부분도 상소심으로 이심이 되고 그 부분이 재판의 탈루에 해당하여 원심에 계속중이라고 볼 것은 아니다. [3] 원고의 주위적 청구 중 일부를 인용하고 예비적 청구를 모두 기각한 제1심판결에 대하여 피고가 불복 항소하자 항소심이 피고의 항소를 받아들여 제1심판결을 취소하고 그에 해당하는 원고의 주위적 청구를 기각하는 경우, 항소심은 기각하는 주위적 청구 부분과 관련된 예비적 청구를 심판대상으로 삼아 판단하여야 한다고 한 사례.

3. 소의 변경

가. 의의

소의 변경이란, 소송 계속 중 소의 종류, 당사자[39], 소송물(청구취지와 청구원인) 등의 전부 또는 일부를 변경하는 것을 의미한다. 소의 동일성이 유지되면서 이루어지는 단순한 공격·방어방법의 변경과 구별된다. 민사소송에서는 청구의 기초의 변경이 없는 범위 내에서 소송물의 변경만 허용되나, 행정소송에서는 피고의 변경을 포함한 소의 종류의 변경과 소송목적물의 변경이 따르는 처분변경으로 인한 소의 변경까지 허용된다.

나. 소의 종류의 변경

제21조(소의 변경) ① 법원은 취소소송을 당해 처분등에 관계되는 사무가 귀속하는 국가 또는 공공단체에 대한 당사자소송 또는 취소소송외의 항고소송으로 변경하는 것이 상당하다고 인정할 때에는 청구의 기초에 변경이 없는 한 사실심의 변론종결시까지 원고의 신청에 의하여 결정으로써 소의 변경을 허가할 수 있다.

② 제1항의 규정에 의한 허가를 하는 경우 피고를 달리하게 될 때에는 법원은 새로이 피고로 될 자의 의견을 들어야 한다.

③ 제1항의 규정에 의한 허가결정에 대하여는 즉시항고할 수 있다.

④ 제1항의 규정에 의한 허가결정에 대하여는 제14조제2항 · 제4항 및 제5항의 규정을 준용한다.

<제14조(피고경정) ② 법원은 제1항의 규정에 의한 결정의 정본을 새로운 피고에게 송달하여야 한다. ④ 제1항의 규정에 의한 결정이 있은 때에는 새로운 피고에 대한 소송은 처음에 소를 제기한 때에 제기된 것으로 본다. ⑤ 제1항의 규정에 의한 결정이 있은 때에는 종전의 피고에 대한 소송은 취하된 것으로 본다.>

제37조(소의 변경) 제21조의 규정은 무효등 확인소송이나 부작위위법확인소송을 취소소송 또는 당사자소송으로 변경하는 경우에 준용한다.

제42조(소의 변경) 제21조의 규정은 당사자소송을 항고소송으로 변경하는 경우에 준용한다.

---

39) 당사자의 변경 즉, 소송승계와 임의적 당사자 변경, 원고의 변경과 피고의 변경 등에 대하여 별도로 규정되어 있으므로 통상 소의 변경이란 청구의 변경, 즉 소송물의 변경으로 종전의 청구를 변경하는 교환적 변경과 종전의 청구를 새롭게 추가하는 추가적 변경을 의미한다. 이때 소송물은 청구취지와 청구원인에 의하여 특정되기 때문에 소의 변경은 청구취지 또는 청구원인의 변경을 의미한다. 한편 청구취지의 정정이란 청구취지의 기재에 착오가 있는 경우 등에서 청구취지를 바로잡는 것을 의미하기 때문에 청구의 변경과 구별된다(대결 2000. 9. 26. 99두646).

1) 의의

행정소송 종류의 다양성으로 인하여 국민들이 행정소송의 종류를 잘못 선택할 가능성이 높기 때문에 행정구제 차원에서 행정소송법은 민사소송의 소 변경에 대한 특례로서 피고의 변경을 포함하는 소의 종류의 변경을 인정하고 있다. 이때 변경은 '교환적 변경'을 의미하고, 추가적 변경은 행정소송법 제10조 제2항 관련 청구의 병합으로 처리하게 된다.

2) 변경 형태

가) 항고소송 간의 변경

취소소송, 무효등확인소송, 부작위위법확인소송 상호간의 변경이 허용된다(25). 따라서 거부처분이 존재함에도 불구하고 부작위위법확인소송을 제기한 경우 거부처분 취소소송으로 변경할 수 있다.

나) 항고소송과 당사자소송 간의 변경

항고소송, 당사자소송 상호간의 변경이 허용된다(26). 이러한 소의 변경은 행정청과 국가·지방자치단체 사이의 피고 변경이 수반된다[40].

---

40) 대판 1992. 12. 24. 92누3335 【보상금지급결정취소】 【광주민주화운동관련자보상심의위원회, 대한민국】 '[1] 광주민주화운동관련자보상등에관한법률 제15조 본문의 규정에서 말하는 광주민주화운동관련자보상심의위원회의 결정을 거치는 것은 보상금 지급에 관한 소송을 제기하기 위한 전치요건에 불과하다고 할 것이므로 위 보상심의위원회의 결정은 취소소송의 대상이 되는 행정처분이라고 할 수 없다. [2] 같은 법에 의거하여 관련자 및 유족들이 갖게 되는 보상 등에 관한 권리는 헌법 제23조 제3항에 따른 재산권침해에 대한 손실보상청구나 국가배상법에 따른 손해배상청구와는 그 성질을 달리하는 것으로서 법률이 특별히 인정하고 있는 공법상의 권리라고 하여야 할 것이므로 그에 관한 소송은 행정소송법 제3조 제2호 소정의 당사자소송에 의하여야 할 것이며 보상금 등의 지급에 관한 법률관계의 주체는 대한민국이다. [3] 취소소송 등을 제기한 당사자가 당해 처분 등에 관계되는 사무가 귀속되는 국가 또는 공공단체에 대한 당사자소송을 행정소송법 제10조 제2항에 의하여 관련 청구로서 병합한 경우 위 취소소송 등이 부적법하다면 당사자는 위 당사자소송의 병합청구로서 같은 법 제21조 제1항에 의한 소 변경을 할 의사를 아울러 가지고 있었다고 봄이 상당하고, 이러한 경우 법원은 청구의 기초에 변경이 없는 한 당초의 청구가 부적법하다는 이유로 병합된 청구까지 각하할 것이 아니라 병합청구 당시 유효한 소변경청구가 있었던 것으로 받아들여 이를 허가함이 타당하다. [4] 취소소송을 제기하였다가 나중에 당사자 소송으로 변경하는 경우에는 행정소송법 제21조 제4항, 제14조 제4항에 따라 처음부터 당사자 소송을 제기한 것으로 보아야 하므로 당초의 취소소송이 적법한 기간 내에 제기된 경우에는 당사자소송의 제소기간을 준수한 것으로 보아야 할 것이다.'

원심은 보상심의위원회의 결정에 대하여 취소소송의 인정됨을 전제로 대한민국을 피고로 보상금 등의 지급을 구하는 소송을 추가적으로 병합한 것이 행정소송법 제10조 제2항 소정의 피고 이외의 자를 상대로 한 관련 청구소송을 취소소송이 계속된 법원에 병합하여 제기한 것으로서 적법하다고 판단하였다. 그러나 대법원은 행정소송법 제10조 제2항에서 인정되는 관련청구소송의 병합은 당초의 취소소송 등이 적법함을 전제로 하는데 보상심의위원회의 결정이 항고소송의 대상이 되는 행정처분이 아니기 때문에 취소소송이 부적법하고 관련 청구도 부적법해서 각하해야 되지만, 취소소송의 대상인 당해 처분 등에 관계되는 사무가 귀속되는 국가 또는 공공단체에 대한 당사자소송을 행정소송법 제10조 제2항에 의하여 관련청구로서 병합 제기하는 것은 행정소송법 제21조 제1항에 의한 소 변경할 의사를 아울러 가지고 있었다고 봄이 상당하여 병합청구 당시 유효한 소변경청구가 있었던 것으로 받아들여 허가함이 타당하

3) 요건

가) 사실심 변론종결 전일 것

나) 청구의 기초에 변경이 없을 것

신·구 청구 간의 관련성이 있어야 한다. 관련성 판단 기준에 대하여 사실적 분쟁이익 자체가 동일한 경우(이익설), 사실이 공통적이거나 사실자료가 공통인 경우(사실설), 재판자료가 공통되고 이익관계도 공통된 경우(병용설) 등의 대립이 있다[41].

다) 소 변경이 상당하다고 인정될 것

상당성 유무는 구체적 사안에서 소송자료의 이용가능성, 당사자의 이익, 소송경제, 소송의 지연 여부, 새로운 피고에 입히는 불이익의 정도, 공익 등을 종합적으로 고려해 결정된다.

라) 변경되는 소가 적법할 것

예컨대, 당사자소송을 취소소송으로 변경하는 경우 행정심판 전치주의, 제소기간 등 소송요건이 구비되어야 하고, 제소기간은 당사자소송 제기시를 기준으로 판단한다.

4) 절차

가) 신청과 의견청취

신청은 소송 계속 중 소제기의 성격을 지니기 때문에 문서로서 소변경신청서를 제출해야 하고(27), 이런 신청서는 소장에 해당되기 때문에 지체 없이 상대방에게 송달해야 한다(28). 법원은 허가 결정에 앞서 새로이 피고로 될 자의 의견을 들어야 하고(29), 의견을 듣지 않고 한 소변경허가결정은 위법하지만, 신·구청구 피고의 이의가 없으면 이의권의 상실로 그 흠이 치유된다. 반드시 원고의 신청이 있어야 되고 직권에 의한 소변경이 허용되지 않지만, 분쟁의 합리적 해결이라는 측면에서 법원에 적극적 석명의무가 있다.

다고 판시하였다. 따라서 병합한 피고 대한민국에 대한 청구는 소 변경에 해당하고, 광주보상법 제15조 제2항에 의하여 보상금 지급에 관한 소송의 제소기간은 결정서 정본을 송달받은 날로부터 60일 이내이지만, 동 기간 내에 항고소송을 제기하였다가 나중에 당사자소송으로 변경하는 경우에는 행정소송법 제21조 제4항, 제14조 제4항에 따라 처음부터 당사자소송을 제기한 것으로 보아야 하므로 당초의 항고소송이 적법한 기간 내에 제기되었으므로 당사자소송의 제소기간도 준수한 것으로 보아야 한다고 판시하였다.

41) 통설은 법원에 계속되는 취소소송에 의하여 구제받으려는 원고의 법률상 이익이 동일한 경우로 보고 있다.

나) 법원의 결정

법원의 허가결정이 반드시 필요하고[42], 허가결정을 피고에게 고지해야 하고 새로운 피고에게 허가결정의 정본을 송달해야 한다(30). 소변경 신청요건이 구비되지 않은 경우라면 법원은 불허가결정해야 한다.

다) 불복

허가결정에 대하여 신·구청구의 피고는 모두 즉시 항고할 수 있다(31). 불허가결정에 대하여 원고는 독립해 불복할 수 없고 종국판결에 대한 상소로써 다투어야 한다(32).

5) 허가결정의 효과

소변경이 확정되면 구소는 취하되고 신소가 계속된 것으로 간주된다. 민사소송법상 소의 교환적 변경에서는 피고가 본안에 관하여 응소한 경우 피고의 동의가 없는 한 구소 취하의 효력이 생기지 않는다는 견해가 다수이지만, 행정소송법 제21조상 소의 교환적 변경에서는 구소 취하 간주로 구소 피고가 당연 탈퇴된다. 피고경정을 수반하는 경우 새로운 피고에 대한 소송은 처음 소를 제기한 때에 제기된 것으로 간주된다(33). 소 변경 신청서 송달시를 기준으로 하는 민사소송법상 소 변경에 대한 특칙이다. 피고가 변경되지 않으면 종전의 소송절차가 유효하고, 소송자료도 원용 없이 신청구에 인계되지만 피고가 변경되면 종전의 소송결과에 대한 원용이 필요하다.

다. 처분변경으로 인한 소의 변경

> 第22조(처분변경으로 인한 소의 변경) ① 법원은 행정청이 소송의 대상인 처분을 소가 제기된 후 변경한 때에는 원고의 신청에 의하여 결정으로써 청구의 취지 또는 원인의 변경을 허가할 수 있다.
> ② 제1항의 규정에 의한 신청은 처분의 변경이 있음을 안 날로부터 60일 이내에 하여야 한다.
> ③ 제1항의 규정에 의하여 변경되는 청구는 제18조제1항 단서의 규정에 의한 요건을 갖춘 것으로 본다.
> 제38조(준용규정) ① …제22조…의 규정은 무효등 확인소송의 경우에 준용한다.
> 제44조(준용규정) ① …제22조 …의 규정은 당사자소송의 경우에 준용한다.

---

42) 민사소송법상 소변경은 소변경허가 결정은 불필요하고, 불허가 결정만 요구된다.

1) 의의

행정소송 계속 중 처분청, 감독청, 재결청 등이 소송의 대상인 처분을 변경하는 경우 소송의 목적물이 변경되고 청구의 기초가 변경되기 때문에 민사소송법상 청구의 변경이 불가능하지만, 행정소송법은 원고의 책임 없는 사유로 인한 무용한 절차의 반복을 피하기 위하여 **처분의 변경으로 인한 소의 변경**을 특별히 인정하고 있다[43].

2) 요건

가) 처분의 변경이 있을 것

나) 소 변경 기간 내일 것

원고가 당해 처분의 변경이 있음을 안 날로부터 60일 이내에 소의 변경신청을 하여야 한다[34]. 변경된 처분에 대하여 행정심판청구가 있는 때는 행정소송법 제 20조를 유추하여 재결서의 정본을 송달받은 날로부터 60일의 소 변경 신청기간을 기산한다[35].

다) 기타

소 변경의 일반적 요건으로서 구청구가 사실심 변론종결 전이어야 하고 변경되는 신청구가 적법해야 한다. 다만, 변경 전의 처분에 대하여 행정심판절차를 거쳤으면 변경된 처분에 대하여도 행정심판전치요건을 갖춘 것으로 본다[36].

3) 절차

가) 신청

직권에 의한 소변경이 인정되지 않기 때문에 반드시 원고의 신청이 필요하다.

나) 법원의 결정

법원은 허가결정 또는 불허가 결정을 해야 한다.

---

43) 처분변경으로 인한 소의 변경은 취소소송, 무효등확인소송, 당사자소송에서 인정되지만(행정소송법 제22조, 제38조 제1항, 제44조 제1항), 부작위위법확인소송에서 인정되지 않는다. 따라서 부작위위법확인소송 중 행정청이 거부한 경우 거부처분취소소송으로 변경할 수 있는지 여부에 대하여 부정하는 견해, 행정소송법 21조의 소의 종류의 변경에 의하여(청구의 기초가 동일하다고 봄) 가능하다는 견해 및 행정소송법 22조의 처분변경으로 인한 소의 변경을 유추하여 가능하다는 견해 등의 대립이 있다.

4) 불복, 효과

소의 종류의 변경과 동일하다.

라. 민사소송법에 의한 소의 변경

1) 의의

행정소송법상 소의 변경 규정은 민사소송법상 소의 변경을 배척하는 취지가 아니기 때문에 행정소송법 제8조 제2항에 따라 민사소송법에 의한 소의 변경이 가능하다(37).

2) 처분의 변경 없는 소(청구)의 변경

민사소송법 제262조, 제263조에 의하여 소송절차를 현저히 지연시키지 않는 이상 청구의 기초가 바뀌지 아니하는 한도 안에서 변론 종결 전까지 청구의 취지 또는 원인을 변경하는 소의 변경이 가능하다[44].

3) 민사소송과 행정소송 사이 소의 종류의 변경

처분이 위법임을 이유로 한 처분취소소송과 국가배상소송 또는 처분이 무효임을 이유로 한 무효확인소송과 부당이득반환청구소송 등과 같이 민사소송과 행정소송 사이 소의 종류의 변경이 가능한지 여부에 대하여 부정설과 긍정설의 대립이 있다. 판례는 수소법원에 관할권이 있는 경우 민사소송을 행정소송으로 변경할 수 있다고 판시하고 있는데[45], 판례의 취지를 살펴보면

---

44) 민사소송법 제262조(청구의 변경) ① 원고는 청구의 기초가 바뀌지 아니하는 한도 안에서 변론을 종결할 때(변론 없이 한 판결의 경우에는 판결을 선고할 때)까지 청구의 취지 또는 원인을 바꿀 수 있다. 다만, 소송절차를 현저히 지연시키는 경우에는 그러하지 아니하다. ② 청구취지의 변경은 서면으로 신청하여야 한다. ③ 제2항의 서면은 상대방에게 송달하여야 한다. 제263조(청구의 변경의 불허가) 법원이 청구의 취지 또는 원인의 변경이 옳지 아니하다고 인정한 때에는 직권으로 또는 상대방의 신청에 따라 변경을 허가하지 아니하는 결정을 하여야 한다.

대판 1999. 11. 26. 99두9407 【택지초과소유부담금부과처분취소】 [2] 행정소송법 제21조와 제22조가 정하는 소의 변경은 그 법조에 의하여 특별히 인정되는 것으로서 민사소송법상의 소의 변경을 배척하는 것이 아니므로, 행정소송의 원고는 행정소송법 제8조 제2항에 의하여 준용되는 민사소송법 제235조에 따라 청구의 기초에 변경이 없는 한도에서 청구의 취지 또는 원인을 변경할 수 있다. [3] 하나의 행정처분인 택지초과소유부담금 부과처분 중 일부의 액수에 대하여만 불복하여 전심절차를 거치고 그 후 다시 행정소송에서 위 액수에 관하여만 부과처분의 취소를 구하하였다가 택지소유상한에관한법률이 헌법에 위반된다는 헌법재판소의 결정에 따라 그 청구취지를 부과처분 전부의 취소를 구하는 것으로 확장하였다고 하더라도, 이는 동일한 처분의 범위 내에서 청구의 기초에 변경이 없이 이루어진 소의 변경에 해당하여 적법하다.

45) 대판 1999. 11. 26. 97다42250 【진료비】 【피고 전주시】 [1] 구 의료보호법(1995. 8. 4. 법률 제4974호로 개정되기 전의 것) 제1조, 제4조, 제6조, 제11조, 제21조, 같은법 시행령(1997. 2. 19. 대통령령 제15279호로 개정되기 전의 것)

관할권이 있는 경우뿐만 아니라 없는 경우도 가능하고, 민사소송을 행정소송으로 변경하는 경우뿐만 아니라 행정소송을 민사소송으로 변경하는 경우도 가능하다고 해석된다.(38) 이때 당사자의 변경이 필요한 경우라면 행정사건이 전속관할사건임을 고려하면 민사소송법 제260조[46]에 따라 1심법원 변론종결전까지 피고결정 절차를 거쳐야 되고, 행정소송법 제21조를 참조하여 '원고가 피고를 잘못 지정한 것이 분명한 때'에 해당된다고 보아 피고경정이 허용된다. 나아가 행정소송법 제21조를 고려해 제소기간 준수 여부에 대한 판단은 소의 변경으로 인한 이송시점이 아니라 처음 소를 제기한 시점을 기준으로 해야 된다[47].

제17조 제1항, 제2항, 제21조, 같은법시행규칙(1997. 9. 1. 보건복지부령 제55호로 개정되기 전의 것) 제28조, 제29조에 따른 의료보호의 목적, 의료보호대상자의 선정절차, 기금의 성격과 조성방법 및 운용절차, 보호기관의 심사결정의 내용과 성격, 진료기관의 보호비용의 청구절차 등에 비추어 볼 때, 진료기관의 보호기관에 대한 진료비지급청구권은 계약 등의 법률관계에 의하여 발생하는 사법상의 권리가 아니라 법에 의하여 정책적으로 특별히 인정되는 공법상의 권리라고 할 것이고, 법령의 요건에 해당하는 것만으로 바로 구체적인 진료비지급청구권이 발생하는 것이 아니라 보호기관의 심사결정에 의하여 비로소 구체적인 청구권이 발생한다고 할 것이므로, 진료기관은 법령이 규정한 요건에 해당하여 진료비를 지급받을 추상적인 권리가 있다 하더라도 진료기관의 보호비용 청구에 대하여 보호기관이 심사 결과 지급을 거부한 경우에는 곧바로 민사소송은 물론 공법상 당사자소송으로도 지급 청구를 할 수는 없고, 지급거부 결정의 취소를 구하는 항고소송을 제기하는 방법으로 구제받을 수밖에 없다. [2] 행정소송법 제7조는 원고의 고의 또는 중대한 과실 없이 행정소송이 심급을 달리하는 법원에 잘못 제기된 경우에 민사소송법 제31조 제1항을 적용하여 이를 관할 법원에 이송하도록 규정하고 있을 뿐 아니라 관할 위반의 소를 부적법하다고 하여 각하하는 것보다 관할 법원에 이송하는 것이 당사자의 권리 구제나 소송경제의 측면에서 바람직하므로, 원고가 고의 또는 중대한 과실 없이 행정소송으로 제기하여야 할 사건을 민사소송으로 잘못 제기한 경우 수소법원으로서는 만약 그 행정소송에 대한 관할도 동시에 가지고 있는 경우라면, 행정소송으로서의 전심절차 및 제소기간을 도과하였거나 행정소송의 대상이 되는 처분 등이 존재하지도 아니한 상태에 있는 등 행정소송으로서의 소송요건을 결하고 있음이 명백하여 행정소송으로 제기되었더라도 어차피 부적법하게 되는 경우가 아닌 이상, 원고로 하여금 항고소송으로 소 변경을 하도록 하여 그 1심법원으로 심리 · 판단하여야 한다.

46) 민사소송법 제260조(피고의 경정) ① 원고가 피고를 잘못 지정한 것이 분명한 경우에는 제1심 법원은 변론을 종결할 때까지 원고의 신청에 따라 결정으로 피고를 경정하도록 허가할 수 있다. 다만, 피고가 본안에 관하여 준비서면을 제출하거나, 변론준비기일에서 진술하거나 변론을 한 뒤에는 그의 동의를 받아야 한다. ② 피고의 경정은 서면으로 신청하여야 한다. ③ 제2항의 서면은 상대방에게 송달하여야 한다. 다만, 피고에게 소장의 부본을 송달하지 아니한 경우에는 그러하지 아니하다. ④ 피고가 제3항의 서면을 송달받은 날부터 2주 이내에 이의를 제기하지 아니하면 제1항 단서와 같은 동의를 한 것으로 본다.

47) 대판 1996. 2. 15. 94다31235(전원) 【수분양권존재확인등】 【피고 동소문구역 주택개량재개발조합】 항고소송으로 제기하였어야 할 소를 민사소송으로 제기하였다 하더라도 그 항소심 법원이 항고소송에 대한 관할을 동시에 가지고 있다면, 당사자 권리구제나 소송경제의 측면에서 항고소송에 대한 제1심 법원으로서 사건을 심리 · 판단하여야 한다. 본건은 행정소송법에 행정소송의 1심이 고등법원으로 규정되어 있던 시절에 관한 판례이다.

4. 관할과 이송

가. 관할

1) 행정법원 전속관할

행정소송법과 법원조직법[48]은 행정소송법상 항고소송과 당사자소송 및 다른 법률에 의하여 행정법원의 권한에 속하는 사건의 1심을 행정법원이 담당하도록 규정하고 있다[49]. 행정법원은 3심제로 처리되는 행정사건의 1심을 담당하는 전문법원으로서 일반법원일 뿐이고, 행정법원의 구별은 법원 간 업무분담의 문제로서 구성원인 판사의 자격 · 신분 등은 일반 지방법원과 동일하다[39]. 행정법원이 설치되지 아니한 지역에서는 행정법원이 설치될 때까지 해당 지방법원의 본원(행정부)과 춘천지방법원 강릉지원이 행정법원의 권한에 속하는 사건을 관할하도록 규정되어 있다[40]

대륙법계국가인 프랑스와 독일은 공사법구별을 전제로 사법법원과 구별되는 별도의 행정법원을 특별법원으로 설치하여, 행정사건을 원칙적으로 행정법원의 관할로 규정하고 있다. 이에 반하여 공사법의 구별이 없는 영미법계국가인 영국과 미국은 행정사건을 통상의 사법재판소에서 재판하도록 하고 있다. 우리나라는 대륙법계처럼 공사법구별을 전제로 하면서도 영미법계처럼 행정사건을 사법재판소에서 재판하도록 하는 절충형 법제도를 취하고 있다[50].

행정사건이 행정법원의 전속관할[51]인지 여부에 대하여 논란이 있지만, 전문법원을 설치한 입법취지에 비추어 성질상 행정사건은 행정법원의 전속관할에 속하고, 행정법원의 관할에 속하

---

48) 1998. 3. 1.부터 개정 시행됨(이전에는 2심제로 고등법원에서 행정사건을 처리함.).

49) 법원조직법 제40조의 4. 한편 민중소송 및 기관소송의 재판관할은 소송을 인정하는 개별법률에 관할에 관하여도 특별규정을 두고 있다. 예컨대, 공직선거법, 국민투표법, 지방자치법 등에 의하여 대통령 · 국회의원 · 도지사(특별시장 · 광역시장 포함)의 선거무효 또는 당선무효소송은 대법원, 지방의회의원 또는 자치구 · 시 · 군의 장의 선거무효 또는 당선무효소송의 관할은 고등법원으로 규정되어 있고, 국민투표무효소송, 지방의회의 의결무효소송, 지방자치단체장 · 교육장의 주무부장관이나 상급지방자치단체장의 감독처분에 대한 이의소송의 관할법원은 대법원으로 규정되어 있다.

50) 우리 헌법 제27조 제1항 '모든 국민은 헌법과 법률이 정한 법관에 의하여 재판을 받을 권리를 가진다', 제101조 '사법권은 법관으로 구성된 법원에 속하고, 법원은 최고법원인 대법원과 각급 법원으로 조직된다.'는 규정 등에 따라 특별법원으로 군사법원에 관한 규정만을 두고 있기 때문에 행정사건도 민사 · 형사사건과 함께 헌법과 법률이 정한 법관으로 구성된 일반법원의 권한에 속하고, 최고법원인 대법원이 최종심이 되어야 한다. 다만, 대법원 산하 각급 법원의 하나로서 행정사건만을 전담하는 행정법원의 설치는 구성원인 법관의 신분과 자격 등이 헌법과 법률에 의하여 보장되는 이상, 전문법원으로서 가정법원, 특허법원 등과 같이 법원간의 업무분담의 차원에서 가능하다.

51) 가사소송법 제2조는 가사사건이 가정법원의 전속관할임을 명문으로 규정하고 있는데 반하여 행정소송법에는 행정사건이 행정법원의 전속관할에 속함을 밝히는 규정이 없다.

는 사건을 지방법원이나 가정법원이 재판한 경우에는 전속관할 위반으로 절대적 상고이유가 된다[52]. 다만, 행정법원이 설치되지 않아 지방법원본원이 행정법원의 역할을 하는 지역의 경우 지방법원본원이 행정사건으로 취급하여야 함에도 불구하고 민사사건으로 접수하여 처리하더라도 단순한 사무분담의 문제일 뿐 관할위반의 문제가 아니기 때문에 이후 행정소송법이 정한 절차에 따라 심리하지 않은 경우 절차위반의 문제가 발생할 뿐 전속관할위반이라 할 수는 없다[53].

2) 토지관할

제9조(재판관할) ① 취소소송의 제1심 관할법원은 피고의 소재지를 관할하는 행정법원으로 한다.

② 제 1항에도 불구하고 다음 각 호의 어느 하나에 해당하는 피고에 대하여 취소소송을 제기하는 경우에는 대법원 소재지를 관할하는 행정법원에 제기할 수 있다.

1. 중앙행정기관, 중앙행정기관의 부속기관과 합의제행정기관 또는 그 장
2. 국가의 사무를 위임 또는 위탁받은 공공단체 또는 그 장

③ 토지의 수용 기타 부동산 또는 특정의 장소에 관계되는 처분등에 대한 취소소송은 그 부동산 또는 장소의 소재지를 관할하는 행정법원에 이를 제기할 수 있다.

제38조(준용규정) ① 제9조, …의 규정은 무효등 확인소송의 경우에 준용한다.

② 제9조, …의 규정은 부작위위법확인소송의 경우에 준용한다. <개정 1994.7.27>

제40조(재판관할) 제9조의 규정은 당사자소송의 경우에 준용한다. 다만, 국가 또는 공공단체가 피고인 경우에는 관계행정청의 소재지를 피고의 소재지로 본다.

---

52) 대판 2009. 10. 15. 2008다93001 행정소송법상 당사자소송은 행정법원의 전속관할에 속한다.

53) 행정법원이 민사사건을 처리할 수 있는지 여부에 대하여 논란이 있다. 행정소송법 제10조 제2항 관련 청구의 병합 규정에 의하여 행정법원은 행정사건과 병합하여 관련 민사사건을 처리할 수 있음을 명시하고 있는데, 관련청구의 병합 규정에 의하여 행정사건이 병합하여 제기된 민사청구에 한하여 행정사건만 취하되거나 각하되는 경우라도 당사자의 편의와 소송 경제를 위하여 처리할 수 있지만, 민사사건으로 독립하여 제기된 경우에는 처리할 수 없다는 견해『행정구제법 2009, 사법연수원, 21~22쪽』도 있었다. 이후 대판 2013. 2. 28. 선고 2010두22368 사건에서 처리할 수 있다고 판시하고 있다. "구 공익사업을 위한 토지 등의 취득 및 보상에 관한 법률(이하 '구 공익사업법') 제91조에 규정된 환매권은 상대방에 대한 의사표시를 요하는 형성권의 일종으로서 재판상이든 재판 외이든 위 규정에 따른 기간 내에 행사하면 매매의 효력이 생기는 바, 이러한 환매권의 존부에 관한 확인을 구하는 소송 및 구 공익사업법 제91조 제4항에 따라 환매금액의 증감을 구하는 소송 역시 민사소송에 해당한다. 기록에 의하면, 이 사건 소 중 주위적 청구는 구 공익사업법 제91조에 따라 환매권의 존부 확인을 구하는 소송이고, 예비적 청구는 같은 조 제4항에 따라 환매대금 증액을 구하는 소송임을 알 수 있으므로, 위 각 소송은 모두 민사소송에 해당한다고 보아야 한다. 따라서 원심이 위 각 소송을 모두 행정소송법 제3조 제2호에 규정된 당사자소송이라고 판단한 부분에는 공법상 당사자소송에 관한 법리를 오해한 잘못이 있다. 그런데 기록에 의하면, 민사소송인 이 사건 소가 서울행정법원에 제기되었는데도 피고는 제1심법원에서 관할위반이라고 항변하지 아니하고 본안에 대하여 변론을 한 사실을 알 수 있는바, 공법상의 당사자소송 사건인지 민사사건인지 여부는 이를 구별하기가 어려운 경우가 많고 행정사건의 심리절차에 있어서는 행정소송의 특수성을 감안하여 행정소송법이 정하고 있는 특칙이 적용될 수 있는 점을 제외하면 심리절차면에서 민사소송절차와 큰 차이가 없는 점 등에 비추어 보면, 행정소송법 제8조 제2항, 민사소송법 제30조에 의하여 제1심법원에 변론관할이 생겼다고 봄이 상당하다."

가) 항고소송의 토지관할

① 보통재판적

항고소송의 제1심 관할법원은 피고의 소재지를 관할하는 행정법원이다. 다만, 중앙행정기관, 중앙행정기관의 부속기관과 합의제 행정기관 또는 그 장 및 국가의 사무를 위임 또는 위탁받은 공공단체 또는 그 장이 피고인 경우에는 대법원 소재지의 행정법원(서울행정법원)도 관할법원이 된다[54]. 그런데 행정법원이 설치되지 아니한 지역에서 행정법원의 권한에 속하는 사건은 행정법원이 설치될 때까지 해당 지방법원본원의 관할로 규정되어 있으므로, 행정법원이 설치된 서울 및 부칙에 따른 춘천지방법원 강릉지원을 제외하면 피고의 소재지를 관할하는 지방법원본원이 항고소송의 제1심 관할법원이 된다.

② 특별재판적

토지의 수용 기타 부동산 또는 특정의 장소에 관계되는 처분 등에 대한 취소소송은 그 부동산 또는 장소의 소재지를 관할하는 행정법원에도 제기할 수 있다[41]. 2개 이상의 관할구역에 걸쳐 있는 경우에는 어느 구역을 관할하는 법원이라도 모두 관할을 가진다. 그리고 사무소·영업소 소재지의 특별재판적 등 민사소송법이 정한 특별재판적에 관한 규정은 행정사건에 준용된다.

나) 당사자소송의 토지관할

당사자소송의 재판관할은 취소소송에 관한 규정이 준용된다[42]. 따라서 보통재판적은 피고의 소재지를 관할하는 행정법원이지만 당사자소송은 항고소송과 달리 국가 · 공공단체 기타 권리주체를 피고로 하고, 국가나 공공단체가 피고인 때에는 당해 소송과 구체적인 관계가 있는 관계 행정청의 소재지를 피고의 소재지로 의제하기 때문에 관계 행정청의 소재지를 관할하는 행정법원이 된다[43]. 다만 관계 행정청이 중앙행정기관, 중앙행정기관의 부속기관과 합의제 행정기관 또는 그 장인 경우, 국가의 사무를 위임 또는 위탁받은 공공단체인 경우에는 대법원 소재지의 행정법원도 관할법원이 된다[44]. 물론 목적물 소재지의 특별재판적도 준용된다[45].

---

54) 2014. 5. 20 행정소송법(법률 12596호) 개정 전에도 '중앙행정기관 또는 그 장'이 피고인 경우에는 대법원 소재지의 행정법원만 관할법원이었다. 따라서 세종시, 과천시에 소재하는 중앙행정기관 또는 그 장이 피고인 경우에는 반드시 서울행정법원에 취소소송을 제기해야 했다. 그러나 법 개정으로 현재는 세종시의 경우에는 대전지방법원 , 과천시의 경우에는 수원지방법원에 취소소송을 제기할 수도 있다.

다) 토지관할의 성질

행정소송법은 제소의 편의를 위하여 항고소송이나 당사자소송의 토지관할을 전속관할로 규정하지 아니함으로써 임의관할임을 간접적으로 밝히고 있다(46). 따라서 항소심에서 관할위반을 주장할 수 없고(47), 민사소송법 제29조 당사자의 합의에 의한 합의관할이나 민사소송법 제30조 변론관할도 발생할 수 있는데, 행정법원이나 지방법원본원(춘천지원 강릉지원 포함)에 대한 합의관할이나 변론관할이 가능하지만 전속관할이 없는 지방법원지원에 대하여는 불가능하다.

3) 사물관할

행정법원의 심판권은 판사 3인으로 구성된 합의부에서 행한다(48). 다만, 합의부가 단독판사가 재판할 것으로 결정한 사건은 단독판사가 재판할 수 있다(49). 통상 지방법원 본원의 경우 전자는 행정부로, 후자는 재정단독(행정단독)판사로 불린다.

4) 심급관할

종래 행정소송법은 항고소송과 당사자소송의 1심법원을 고등법원으로 규정함으로써 행정사건을 2심제로 운영하였지만, 1998. 3. 1.부터 시행된 현행 행정소송법은 지방법원급인 행정법원을 1심법원으로, 그 항소심을 고등법원, 상고심을 대법원으로 규정함으로써 3심제를 채택하고 있다[55]. 그러나 개별법규(예컨대 보안관찰법 제23조, 독점규제 및 공정거래에 관한 법률 제55조, 약관의 규제에 관한 법률 제30조의2, 하도급거래 공정화에 관한 법률 제27조 등)가 서울고등법원을 제1심으로 규정함으로써 2심제를 채택하고 있는 경우도 있다.

나. 이송

1) 의의

사건의 이송이란, 어느 법원에 일단 계속된 소송을 그 법원의 재판에 의하여 다른 법원에 이전하는 것을 말한다. 법원 간의 이전이므로 동일 법원 내 담당재판부의 이전(재배당)은 사무분담

---

55) 1심이 지방법원 재정단독판사 사건일지라도 항소심은 고등법원이 된다(민사소송과 구별됨).

의 문제로 이송과 구별된다[56].

2) 이송의 태양

가) 관할위반으로 인한 이송

제7조(사건의 이송) 민사소송법 제34조제1항의 규정은 원고의 고의 또는 중대한 과실없이 행정소송이 심급을 달리하는 법원에 잘못 제기된 경우에도 적용한다.
<민사소송법 제34조(관할위반 또는 재량에 따른 이송) ① 법원은 소송의 전부 또는 일부에 대하여 관할권이 없다고 인정하는 경우에는 결정으로 이를 관할법원에 이송한다.>

관할은 소송요건의 하나이기 때문에 관할을 위반하여 소송이 제기된 경우라면 부적법 각하된다. 이렇게 관할위반의 제소가 모두 부적법 각하된다면 제소기간의 경과로 다시 제소할 수 없는 경우가 발생하는 등 권리구제에 중대한 장애가 발생할 수 있다. 그래서 행정소송법은 민사소송법 제34조 제1항을 준용하여 소송의 전부 또는 일부가 관할에 속하지 아니함을 인정한 때에는 **결정으로 관할법원에 이송**하도록 규정하고 있다. 민사소송법 제34조 제1항은 원래 관할권 없는 지방법원에 소를 제기한 경우만을 상정한 것으로 지방법원에 제소하여야 할 사건을 고등법원이나 대법원에 제소한 경우에는 그 적용이 없다고 해석하는 견해도 있기 때문에 행정소송법 제7조는 원고에게 고의나 중대한 과실이 없는 한 행정소송이 심급을 달리하는 법원에 제기된 경우에도 이송하도록 특별히 규정하고 있다[57]. 또한, 행정사건을 민사사건으로 오인하여 일반 지방법원에 제소한 경우에도 고의 또는 중대한 과실이 있거나 행정소송으로서의 소송요건을 결하였음이 명백한 경우를 제외하고는 각하할 것이 아니라 관할 행정법원에 이송해야 한다(50).
제소 시부터 관할을 위반한 경우뿐만 아니라 소의 변경 등으로 인하여 소송계속 중 관할 위반이 발생한 경우에도 이송해야 한다.

---

56) 행정법원이 설치되지 아니한 지역에서 지방법원이 행정법원의 역할까지 겸하는 경우, 민사사건을 담당하는 재판부와 행정사건을 담당하는 재판부 간의 사건 이전도 사무분담의 문제일 뿐 이송에 속하지 않는다.

57) 오늘날 법원실무는 민사소송법 제34조에 대해 지방법원사건을 고등법원이나 대법원에 제소한 경우 또는 지방법원사건을 가정법원에 제소한 경우에도 적용되는 것으로 넓게 해석하고 있으므로 행정소송법 제7조가 불필요하거나 오히려 행정소송의 이송을 다른 소송의 경우보다 더 제약하는 규정이 되어 당초의 취지에 반하는 결과가 초래되었다. 따라서 행정소송법 제7조에 규정된 이송의 소극적 요건 · 요소인 '원고의 고의 또는 중대한 과실'을 엄격하고 제한적으로 해석해야 된다.

나) 편의에 의한 이송

① 민사소송법 제35조의 준용에 의한 이송

> 제8조(법적용예) ② 행정소송에 관하여 이 법에 특별한 규정이 없는 사항에 대하여는 법원조직법과 민사소송법 및 민사집행법의 규정을 준용한다.
>
> <민사소송법 제35조(손해나 지연을 피하기 위한 이송) 법원은 소송에 대하여 관할권이 있는 경우라도 현저한 손해 또는 지연을 피하기 위하여 필요하면 직권 또는 당사자의 신청에 따른 결정으로 소송의 전부 또는 일부를 다른 관할법원에 이송할 수 있다. 다만, 전속관할이 정하여진 소의 경우에는 그러하지 아니하다.>

법원은 그 관할에 속한 소송에 관하여 현저한 손해 또는 지연을 피하기 위한 필요가 있는 때에는 직권 또는 당사자의 신청에 의하여 소송의 전부나 일부를 관할법원에 이송할 수 있다[51].

② 관련청구소송의 이송

> 제10조(관련청구소송의 이송 및 병합) ① 취소소송과 다음 각호의 1에 해당하는 소송(이하 "관련청구소송"이라 한다)이 각각 다른 법원에 계속되고 있는 경우에 관련청구소송이 계속된 법원이 상당하다고 인정하는 때에는 당사자의 신청 또는 직권에 의하여 이를 취소소송이 계속된 법원으로 이송할 수 있다.
>
> 1. 당해 처분등과 관련되는 손해배상 · 부당이득반환 · 원상회복등 청구소송
> 2. 당해 처분등과 관련되는 취소소송
>
> ② 취소소송에는 사실심의 변론종결시까지 관련청구소송을 병합하거나 피고외의 자를 상대로 한 관련청구소송을 취소소송이 계속된 법원에 병합하여 제기할 수 있다.
>
> 제38조(준용규정) ① … 제10조 …의 규정은 무효등 확인소송의 경우에 준용한다.
>
> ② … 제10조 …의 규정은 부작위위법확인소송의 경우에 준용한다.
>
> 제44조(준용규정) ② 제10조의 규정은 당사자소송과 관련청구소송이 각각 다른 법원에 계속되고 있는 경우의 이송과 이들 소송의 병합의 경우에 준용한다.

㉮ 취지

소송경제를 도모하고 서로 관련되는 사건 간의 모순·저촉되는 판결을 피하기 위하여 행정소송에서 관련청구소송을 처음부터 병합하여 제소하거나 후발적으로 추가 병합하여 제소할 수 있다[52]. 행정소송법은 같은 종류의 소송 상호간뿐만 아니라 소송의 종류 또는 피고를 달리하는 소송들도 관련청구인 이상 병합을 인정하기 때문에 처분의 취소 · 무효를 구하는 항고소송에 당

해 처분 등에 관련되는 손해배상 · 부당이득반환 · 원상회복 등 민사소송이나 당사자소송을 병합할 수 있다. 관련청구소송이 병합되지 아니하고, 다른 법원에 계속 중일 경우 당사자의 신청 또는 직권으로 관련청구소송을 주된 청구소송이 계속된 법원에 이송하여 병합심리할 수 있도록 규정하고 있다(53). 이때의 이송은 병합심리할 수 있도록 하기 위한 이송이지만, 이송받은 법원이 기속되어 반드시 병합해야 하는 것은 아니다.

㉯ 요건

ⓐ 서로 다른 사실심 법원에 계속되고 있을 것

주된 소송이 항소심에 계속 중이고, 관련청구소송이 1심법원에 계속 중일 경우 관련청구소송을 이송할 수 있는지 여부에 대하여 관련청구소송 당사자의 심급의 이익과 관련하여 부정하는 견해도 있지만, 사실심변론종결 전까지 관련청구소송의 추가적 병합제기가 가능한 이상 이를 부정할 이유가 없다는 견해가 다수이다. 반대로 주된 사건이 1심법원에 계속 중이고 관련청구소송이 항소심에 계속 중인 경우 관련청구소송을 1심법원으로 이송함은 허용되지 않는다고 보아야 한다.

ⓑ 관련청구소송일 것

이송하려는 소송이 주된 청구소송과 관련청구소송이어야 한다. **관련청구소송**이란 1) 당해 처분 등과 관련되는 손해배상 · 부당이득반환 · 원상회복 등 청구소송[58], 2) 당해 처분 등과 관련되는 행정소송[59]을 말한다(54). 주된 청구와 원 · 피고가 동일하여야 하는 것은 아니다(55).

ⓒ 이송함이 상당하다고 인정될 것

민사소송법 제35조에 의한 이송과 달리 반드시 현저한 손해 또는 지연을 피하기 위한 필요가 있는 경우가 아니더라도 상당한 이유가 있으면 이송할 수 있다. 어떤 경우에 상당하다고 할 수

---

58) 청구의 내용 또는 발생 원인이 법률상 또는 사실상 공통되어 있는 소송, 행정처분의 효력이나 존부 유무가 선결문제가 되어 있는 소송 등을 말하는 것으로, 당사자소송일 수도 있고 민사소송일 수도 있으며, 국가 또는 공공단체나 제3자를 피고로 하는 소송일 수도 있다. 행정처분 취소소송과 그 위법한 행정처분으로 인하여 손해를 입었음을 이유로 국가배상을 구하는 소 등이 전형적인 예이다.

59) 개방적 · 보충적 규정으로 증거관계, 쟁점, 공격 · 방어방법 등의 상당부분이 공통되어 함께 심리함이 타당한 사건을 말한다. 함께 심리 · 판단함으로 인한 효용과 그로 인한 절차지연, 심리의 복잡화 등의 폐해를 비교 · 형량하여 결정하여야 한다. 관련청구에 속하는 예로, 수인이 각각 별도로 제기한 동일처분 등의 취소(무효확인)를 구하는 소, 경원자(경원자)에 대한 면허처분의 취소(무효확인)를 구하는 소와 자신에 대한 면허거부처분의 취소(무효확인)를 구하는 소, 특정 행정목적 달성을 위하여 일련의 절차를 이루는 처분으로 위법이 승계되는 처분 등의 취소를 구하는 소, 원처분취소의 소와 재결취소의 소(재결취소의 소에서는 원처분의 위법을 주장할 수 없으므로 원처분취소의 소와 재결취소의 소에서 동일한 위법사유가 쟁점이 될 수는 없으나, 각 소송의 결과는 다른 소송의 운명에 영향을 미친다.) 등이 있다.

있는지는 이송제도의 취지에 비추어 개별적으로 판단할 수밖에 없다. 예컨대, 주된 청구가 이미 변론 종결될 무렵에 이른 반면 관련청구소송은 상당한 심리를 요한다고 판단되는 경우는 이송함이 상당하다고 할 수 없다.

ⓓ 관련청구소송을 주된 청구소송 계속법원에 이송할 것

관련민사사건 등을 행정사건 계속법원에 이송해야 되고 반대로 행정사건을 민사사건 계속법원에 이송해서는 안 된다. 관련청구소송의 이송에 관한 규정은 취소소송, 무효등확인소송, 부작위위법확인소송 및 당사자 소송에 모두 적용되기 때문에 항고소송 간 또는 항고소송과 당사자소송이 관련청구일 경우 어느 소송을 주된 청구로 보아야 하는지 여부가 문제되는데, 일률적으로 말할 수 없고 처분의 내용과 위법사유, 심리정도 등을 종합하여 판단할 수밖에 없다.

ⓔ 이송받을 법원에 관련청구소송의 관할이 있을 필요는 없다

원래 행정법원에 관할이 없는 민사사건까지 관련청구소송으로 행정법원에 이송할 수 있음에 비추어, 이송받을 법원에 관련청구소송의 관할이 있어야 되는 것이 아니라고 봄이 상당하다. 물론 전속관할을 위반해서는 안 된다.

3) 절차

가) 관할위반으로 인한 이송

관할위반을 이유로 한 이송에는 민사소송법 제34조가 적용 또는 준용되기 때문에 법원이 직권으로 이송하고, 당사자의 신청권은 인정되지 않는다. 따라서 관할위반을 이유로 한 이송신청이 있더라도 이는 직권발동을 촉구하는 의미에 지나지 않는다.

나) 편의에 의한 이송

편의에 의한 이송은 민사소송법 제35조 준용에 의한 이송이든 관련청구의 이송이든 당사자의 신청 또는 직권에 의해 이루어지기고, 이송 신청은 원 · 피고 외에도 소송에 참가한 제3자나 행정청도 할 수 있다. 이때 신청이 있으면 법원은 독립된 신청사건으로 처리해야 한다.

다) 불복

이송결정 및 이송신청 각하결정에 대하여 즉시항고로 **불복**할 수 있다[56]. 다만, 관할위반으로 인한 이송신청은 당사자에게 신청권이 없고 단지 직권발동을 촉구하는 의미밖에 없기 때문에

법원의 이송 신청 기각결정에 대하여 불복할 수 없다(57).

4) 효과

가) 기속력

이송결정이 확정되면 이송받은 법원을 기속한다. 따라서 이송받은 법원은 다시 이송한 법원으로 반송하거나 다른 법원으로 전송할 수 없다(58). 다만, 이러한 기속력은 이송받은 법원이 이송한 법원과 같은 심급의 법원이거나 그 보다 하급법원인 경우에만 인정되고, 그보다 상급법원인 경우에는 인정되지 않기 때문에 이송받은 상급법원은 사건을 관할법원으로 이송할 수 있다(59).

나) 이송 전 소송행위의 효력

이송결정이 확정되면 소송은 처음부터 이송받은 법원에 계속된 것으로 본다. 따라서 제소기간은 처음 소장 접수시를 기준으로 하고, 이송 전에 행한 소송행위(예컨대, 당사자의 자백, 증거신청, 증거조사 등)는 이송 후에도 당사자의 원용 등 별다른 조치가 없어도 그대로 그 효력을 유지한다[60].

60) 반대설 있음. <민사소송법 제40조(이송의 효과) ① 이송결정이 확정된 때에는 소송은 처음부터 이송받은 법원에 계속된 것으로 본다.>

제 2 장

행정소송의 제외 영역 ① – 통치행위

통치행위

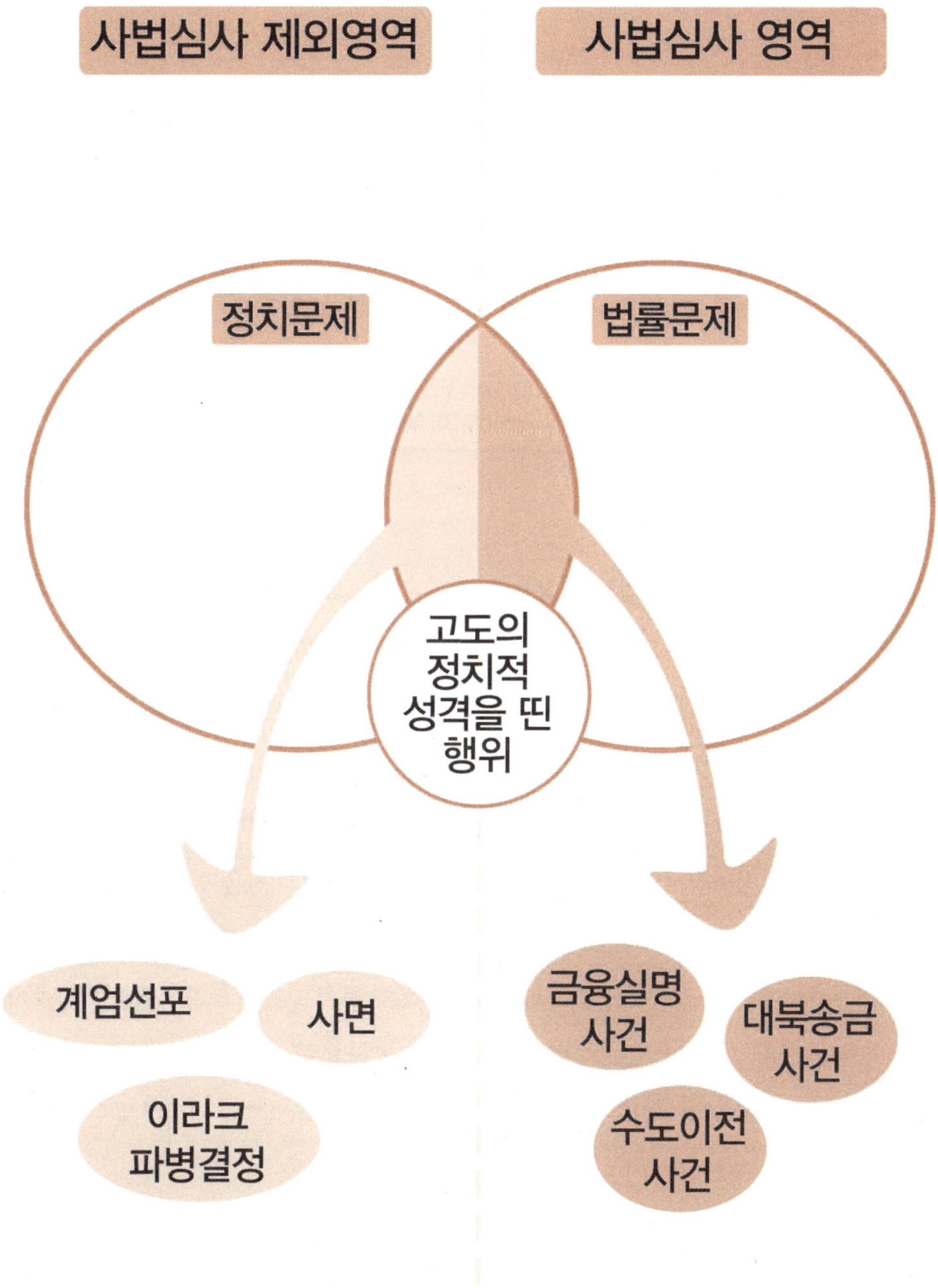
사법심사 제외영역
사법심사 영역
정치문제
법률문제
고도의 정치적 성격을 띤 행위
계엄선포
사면
이라크 파병결정
금융실명 사건
대북송금 사건
수도이전 사건

제 2 장

행정소송의 제외 영역 ① - 통치행위

1. 통치행위의 의의

일반적으로 **통치행위**란, 단순한 법집행 작용이 아니라 국정의 기본방향을 설정하거나 국가적 이해를 직접 그 대상으로 하는 고도의 정치성을 띤 집행부의 행위로서 사법적 심사의 대상이 되기에 부적합한 성질의 행위이고, 비록 그것에 관한 사법부의 재판이 있는 경우에도 그 집행이 곤란한 성질의 행위를 의미한다[60]. 즉, 입법·사법·협의의 행정이 아닌 고도의 정치적 판단을 요하는 제4의 국가작용으로 사법심사의 대상에서 제외되는 행위를 의미한다. 이처럼 재판에서 자유로운 고권행위라는 사법심사의 측면에서 바라보는 통치행위의 개념을 일종의 형식적 의미의 통치행위라고 부른다. 그러나 사법심사의 배제라는 절차법적 개념 접근방식과 달리 실체법적 개념으로 접근하여 통치행위를 사법심사의 배제를 전제로 하지 않는 최고통치권자의 국가지도 작용으로서 일반행정, 입법, 사법과 구별되는 제4의 국가작용으로 보는 견해도 있다[61]. 이 중에는 통치행위를 절대적 통치행위와 상대적 통치행위로 구별해서 고도의 정치성을 띤 집행부의 행위일지라도 헌법이 국회의 승인 또는 동의를 얻도록 하고 있거나 헌법 또는 법률에 내용과 절차 등 요건이 구체적으로 규정되어 있거나 국민의 기본권 보장에 중대한 영향을 미치는 행위를 상대적 통치행위로, 헌법이나 법률에 내용이나 효력을 규제하는 규정이 없는 경우에는 대통령이 재량에 따라 자유롭게 할 수 있으므로 그 결과에 대한 사법적 통제가 허용되지 아니할 뿐만 아니라 기본권 보장과도 직접 관련되지 않는 행위를 절대적 통치행위로 구분하는 견해도 있다. 헌법재판소(62)는 '대통령의 긴급재정경제명령은 국가긴급권의 일종으로서 고도의 정치적 결단에 의하여 발동되는 행위이고 그 결단을 존중하여야 할 필요성이 있는 행위라는 의미에서 이른바 통치행위에 속한다고 할 수 있으나, 통치행위를 포함하여 모든 국가작용은 국민의 기본권적 가치를 실현하기 위한 수단이라는 한계를 반드시 지켜야 하는 것이고, **헌법재판소는 헌법의 수호와 국민의 기본권 보장을 사명으로 하는 국가기관**이므로 비록 고도의 정치적 결단에 의하여 행해지는 국가작용이라고 할지라도 그것이 **국민의 기본권 침해와 직접 관련되는 경우에는 당연히 헌법재판소의 심판대상이 된다**.'고 판시하여 실체법적 의미의 통치행위 개념을 채택하고 있다. 그러나 통치행위는 종래 행정법이론의 산물에 속하는 것으로 특별권력관계론, 자유재량행위론과 더불어 행정재판의 대상이 되지 않은 행위의 개념에서 출발하였고, 오늘날 법치주의의 발전에 따라 특별권력관계의 개념이 사실상 폐기되고 자유재량행위가 행정재판의 대상이 되는 개념으로 변경되었지만, 통치행위는 행정재판의 제외 영역이란 개념으로 유용한 점에 비추어 통치행위 개념을 형식적 의미로 파악하는 것이 타당하다. 즉, 통치행위 중 사법심사의 대상이 되는 행위는 법적으로 다른 공법행위와 별다른 차이가 없으므로 굳이 이를 통치행위의 영역에 포함시킬 실익이 없다. 따라서 **통치행위는 사법심사의 대상에서 제외되는 행위**로서 행정소송의 대상이 아닐 뿐 아니라 헌법재판, 심지어 민사재판[61], 형사재판[62] 등의 대상이 되지 않는 행위로 보아야 한다. 다만, '누가 통치행위라고 판단할 수 있는가'라는 문제에 직면하면 결국 최종판단기관인 사법부와 헌법재판소가 '당해 행위가 통치행위에 해당하는지 여부 및 왜 통치행위에 해당하는지'를 판단할 수밖에 없다.

---

61) 국가배상책임을 물을 수 있는지 여부에 대하여 논란이 있다. '통치행위라도 국가배상법상의 요건을 갖춘 경우 국가배상책임을 물을 수 있으며, 국가배상의 위법성(법령위반) 요건은 통치행위가 법에 근거를 두지 않았다면 위법성이 인정될 수 있다.'는 긍정하는 견해와 '통치행위가 법원의 심리에서 배제되기 때문에 통치행위로 인하여 손해를 입게 된 자가 통치행위의 위법성을 주장할 방법이 없다.'는 부정하는 견해가 있다.

62) 선전포고나 강화, 국가긴급권의 발동, 정부해산, 수상임면, 의원징계, 의회소집 등 고도의 정치적 행위의 경우 과거에는 형사책임을 묻기 어려웠으나, 최근에는 헌법이나 법률에 위반되는 경우라면 형사 책임을 묻는 추세에 있다. 대법원의 1997.4.17. 96도3376 판결에서 '대통령의 비상계엄의 선포나 확대 행위는 고도의 정치적 · 군사적 성격을 지니고 있는 행위라 할 것이므로, 그것이 누구에게도 일견하여 헌법이나 법률에 위반되는 것으로서 명백하게 인정될 수 있는 등 특별한 사정이 있는 경우라면 몰라도, 그러하지 아니한 이상 그 계엄선포의 요건 구비 여부나 선포의 당 · 부당을 판단할 권한이 사법부에는 없다고 할 것이나, 비상계엄의 선포나 확대가 국헌문란의 목적을 달성하기 위하여 행하여진 경우에는 법원은 그 자체가 범죄행위에 해당하는지의 여부에 관하여 심사할 수 있다.'고 판시하여 대통령의 비상계엄의 선포·확대와 관련하여 형사 책임을 묻고 있다. 이는 국가긴급권 발동행위에 대해 형식적 의미의 통치행위 개념의 입장에 따라 통치행위로 보지 않거나, 실체적 의미의 통치행위 개념의 입장에 따라 상대적 통치행위로 본 것으로 해석된다.

2. 인정 근거

통치행위를 부정하는 견해도 있지만 다수설과 판례는 긍정하고 있다. 인정 근거에 대하여 자유재량설(합목적설), 권력분립설(내재적 한계설), 사법자제설, 독자성설 등의 대립이 있는데 헌법재판소는 '국방 및 외교에 관련된 고도의 정치적 결단을 요하는 문제로서 헌법과 법률이 정한 절차를 지켜 이루어지는 이상, 대통령과 국회의 판단이 존중되어야 하고 사법적 기준만으로 이를 심판하는 것은 자제되어야 한다.'고 판시(63)하여 일응 **사법자제설**의 입장이다. 부정설은 실질적 법치주의가 확립되고 국민의 재판청구권이 일반적으로 인정되어 있으며 행정소송상 개괄주의가 채택된 현대국가에서 법률적 판단의 대상이 될 수 있는 국가작용은 모두 사법심사의 대상이 되어야 하기 때문에 법적 근거 없이 일정 국가작용을 사법심사에서 배제하는 것은 인정될 수 없다는 견해이다. 즉, 헌법이 권력분립주의와 법치주의를 채택하여 권력남용의 억제와 기본권보장을 헌법재판소와 법원에 맡긴 이상 비록 고도의 정치성을 띤 국가행위 또는 국가적 이해를 직접 대상으로 하는 국가행위라고 할지라도 행위의 합헌성 · 합법성에 관한 문제는 헌법재판소와 법원에 의한 사법심사의 대상이 되어야 하는 것이 헌법의 취지에 부합한다는 입장이다. **재량행위설**은 통치행위가 국가최고기관의 정치적 재량에 의해 결정되고 기본적으로 정치적 합목적성만이 문제되기 때문에 법적 판단의 대상이 될 수 없다는 견해이다. **내재적 제약설**(권력분립설)은 헌법에 법치국가원리뿐만 아니라 국민주권의 원리와 권력분립의 원리 등 여러 원리가 복합적으로 존재하기 때문에 법치국가원리도 내재적 한계가 있을 수밖에 없고, 정치적으로 중요한 의미를 가지는 행위의 당부는 국민주권원리에 의하여 국민의 의사에 바탕을 두고 해결해야지 법원에 의하여 해결할 것이 아니며, 또한 권력분립원리상 국회와 정부의 권한으로 되어 있는 고도의 정치성을 띤 국가행위는 정치적 책임이 없는 사법부가 관여할 것이 아니라는 견해이다. **사법자제설**은 통치행위도 일종의 집행행위인 것은 사실인 만큼 법률문제를 포함하는 이상 법원의 사법심사 대상이 되는 것이 당연하지만, 법원이 사법심사하지 않는 것은 현실적인 합리성을 고려하여 법원 스스로 자제하기 때문이라는 견해이다. 즉, 사법권은 정치적으로 독립해야 하는데, 정치적 책임을 지지 않는 법원이 명백한 정치적 결정을 함으로써 초래될지도 모르는 위험을 미연에 방지해야 하기 때문에 법원이 소위 '정치문제'인 통치행위에 간섭하지 않는 것이 좋다는 입장이다.

3. 인정 기준과 영역

헌법재판소 판시의 사법자제설은 '구체적 사안에서 사법부가 법의 영역으로 판단하는 것보다 오히려 정치의 영역으로 남겨두는 것이 타당하다고 판단할 경우 사범심사를 자제한다.'는 의미이기 때문에 어떤 행위가 통치행위에 해당되는지 여부에 대한 판단 기준을 일반적 · 통일적으로 제시하지 못하였다는 비판이 있다. 학설과 판례에 따르면 고도의 정치성, 기본권관련성, 권력분립의 원리, 사법부의 기관적 · 기능적 한계 등이 판단기준으로 제시되지만, 어떤 행위가 통치행위에 해당되는지 여부는 최종적으로 사법부 판단의 몫이다. 즉, 특정 행위의 통치행위성 여부는 구체적 사안에 따라 판단될 수밖에 없으며 통상 대통령의 사면에 관한 권한, 국군통수에 관한 권한, 외교에 관한 권한, 비상 국가긴급권에 대한 권한 등이 통치행위의 영역에서 논의되고 있다.[63) 판례는 서훈취소가 통치행위에 해당되지 않는다고 판시하고 있다[64).

---

63) 통치행위 목록에 관하여 ① 미국은 정치문제로서 법률의 의회통과 합헌성 여부, 의회의 의원 자격에 과한 판정, 대통령선거인 선출방법의 결정에 관한 주의 결정, 헌법수정 발의에 관한 주의회 승인의 효력, 내란 포함 전쟁의 개시와 종료, 모병·포로 처리에 관한 대통령의 결정, 국가·정부·교전단체의 승인, 조약의 체결·비준·해석에 관한 제 문제 등 ② 프랑스는 통치행위로서 헌법개정안의 발의거부, 의회 해산, 정부의 법률안 제출 거부·제출 지연 및 제출된 법률안의 취소, 법률의 공포행위 등 [김승대, 헌법학강론(법문사, 2010) 330~334쪽 참조]
헌법 제64조 '② 국회는 의원의 자격을 심사하여, 의원을 징계할 수 있다. ③ 의원을 제명하려면 국회재적의원 3분의 2 이상의 찬성이 있어야 한다. ④ 제2항과 제3항의 처분에 대하여는 법원에 제소할 수 없다.'에 따른 국회의 의원에 대한 자격심사와 징계가 통치행위에 해당되는지 여부 및 사법심사의 대상이 되는지 여부 등에 대하여 논란이 있다. 우선, 헌법 제64조 제4항과 관련하여 통치행위의 종류를 대통령의 통치행위와 국회의 통치행위로 구별하면서 본 조항을 국회의 통치행위에 대하여 명문으로 규정한 것으로 이해하는 견해와 국가 원수로서의 대통령의 행위만이 통치행위에서 문제될 뿐이고 본 조항은 국회의 자율권에 근거한 것으로 통치행위와 별개로서 국회의 통치행위를 부정하는 견해 등의 대립이 있다. 헌법소원심판의 대상이 되는지 여부에 대하여 논란이 있는데, 위 조항이 '법원'에 제소할 없다고 규정한 점에 비추어 '헌법재판소'에 헌법소원을 제기할 수 있다고 해석하면서 국회의원의 기본권을 침해하는 경우에 해당하는 경우 헌법소원으로 다툴 수 있다는 일부 헌법학자들의 주장이 있다(정종섭. 헌법학원론, 891쪽 등). 그러나 국회의원의 자격심사와 징계는 행정소송법상 처분성을 지니기 때문에 항고소송의 대상이 되지만, 1962년 개정 헌법 제64조 제4항(국회의 자유권)에서 법원 제소 금지를 규정함으로써 항고소송의 대상에서 제외시켰다. 위 조항이 헌법재판소제도가 없던 시절에 도입된 점 등을 고려하면 법원에 행정소송의 제기할 수 없을 뿐만 아니라, 헌법재판소에 헌법소원심판 청구할 수 없다고 해석된다. 그러나 지방의회의 의원에 대한 자격심사와 징계는 전형적인 처분이므로 행정소송의 대상이 된다(대판 1993. 11. 26. 93누7341 등).

64) 대판 2015. 4. 23. 2012두26920 【독립유공자서훈취소처분의취소】 [1] 구 상훈법(2011. 8. 4. 법률 제10985호로 개정되기 전의 것) 제8조는 서훈취소의 요건을 구체적으로 명시하고 있고 절차에 관하여 상세하게 규정하고 있다. 그리고 서훈취소는 서훈수여의 경우와는 달리 이미 발생된 서훈대상자 등의 권리 등에 영향을 미치는 행위로서 관련 당사자에게 미치는 불이익의 내용과 정도 등을 고려하면 사법심사의 필요성이 크다. 따라서 기본권의 보장 및 법치주의의 이념에 비추어 보면, 비록 서훈취소가 대통령이 국가원수로서 행하는 행위라고 하더라도 법원이 사법심사를 자제하여야 할 고도의 정치성을 띤 행위라고 볼 수는 없다.
[2] 구 상훈법 제8조 제1항 제1호에서 정한 서훈취소사유인 '서훈공적이 거짓임이 판명된 경우'에 서훈 수여 당시 드러나지 않은 사실이 새로 밝혀졌고 그 사실이 서훈 심사 당시 밝혀졌더라면 당초 조사된 공적사실과 새로 밝혀진 사실을 전체적으로 평가했을 때 서훈대상자의 행적을 서훈에 관한 공적으로 인정할 수 없음이 객관적으로 뚜렷한 경우가 포함되는지 여부(적극)

제 3 장

행정소송의 제외영역 ②
– 공사법의 구별, 정부계약, 국유재산

조달청 입찰절차

[물품구매]

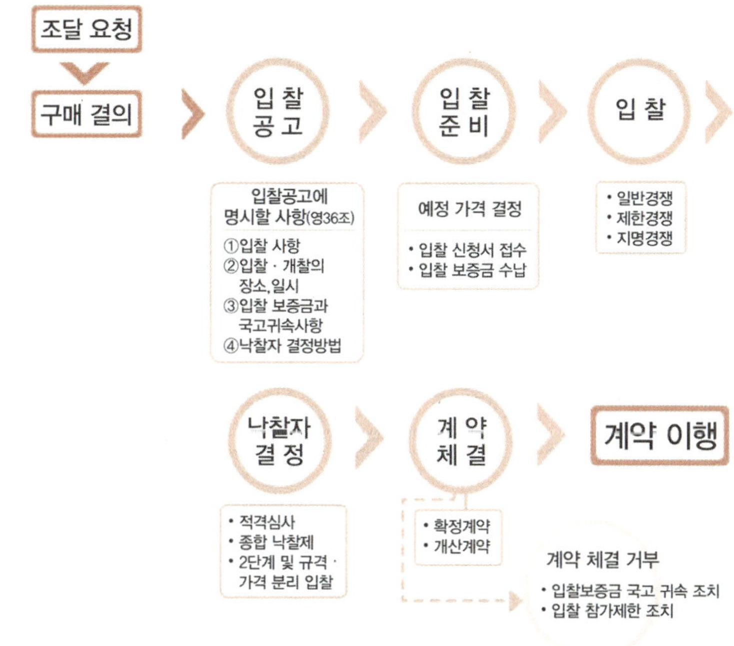

[시설공사]

국유재산의 분류

행정재산

- **공용재산**
  국가가 직접 사무용, 사업용 또는 공무원 주거용으로 사용하는 재산 (예: 청사, 관사, 학교 등)
- **공공용재산**
  국가가 직접 공공용으로 사용하는 재산 (예: 도로, 제방, 하천, 구거, 유지, 항만 등)
- **기업용재산**
  정부기업이 직접 사무용, 사업용으로 사용하는 재산 (예: 우편, 우체국, 양곡, 조달 등)
- **보존용재산**
  국가가 보존하는 재산 (예: 문화재, 사적지 등)

일반재산

- 행정재산 외의 모든 재산 (매각, 대부 대상 재산)

공물의 종류

목적
- 공공용물
- 공용물
- 공적보존물(공용제한)

소유권자
- 국유
- 공유
- 사유

소유와 관리주체
- 자유
- 타유

성립과정
- 인공
- 자원

국유재산의 관리체계

국유재산의 관리기관

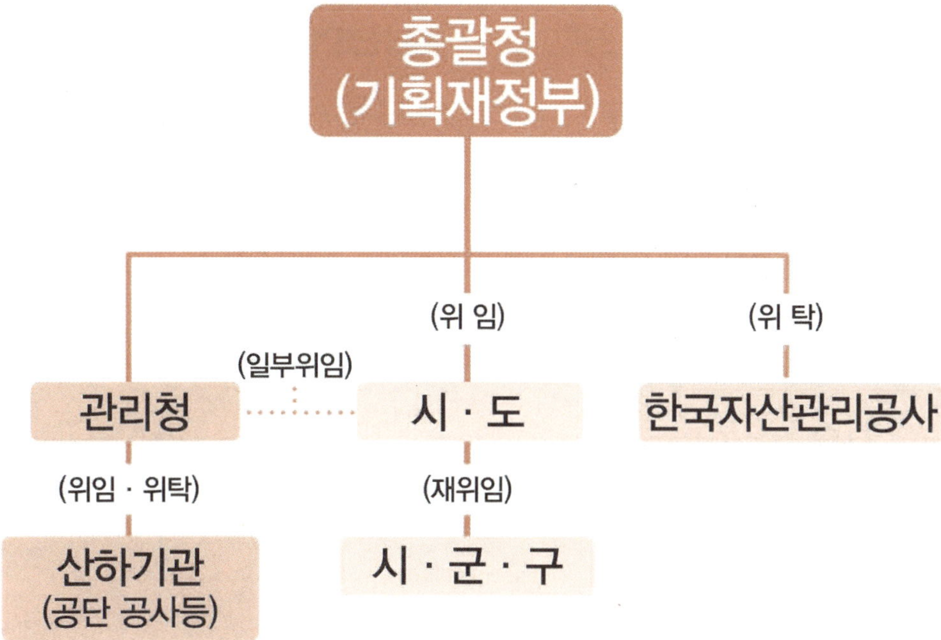

총괄청
(기획재정부)

- 총괄, 조정, 감독, 관리계획 등 법제도 운용
- 일반재산 관리 · 처분 총괄

관리청
(중앙관서)

- 소관 행정재산 관리
- 소관 특별회계, 기금의 일반 재산 관리 관리 · 처분

공물의 법률관계

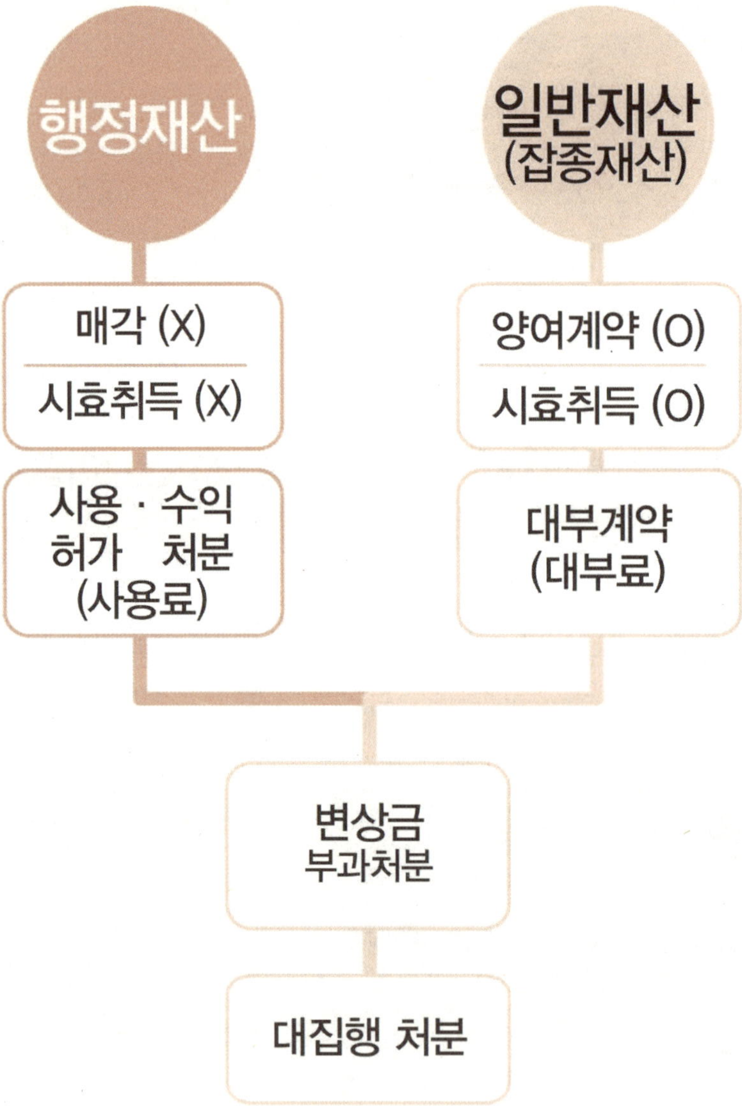
행정재산
일반재산
(잡종재산)
매각 (X)
시효취득 (X)
양여계약 (O)
시효취득 (O)
사용 · 수익
허가 처분
(사용료)
대부계약
(대부료)
변상금
부과처분
대집행 처분

공물의 시효취득

자주
평온
공연
20년간
점유
행정재산
(공용지정)
일반재산
(공용폐지)
형태적 요소
(자연, 인공, 공물)
형태적 요소 소멸
의사적 요소
(자연공물, 공용물)
묵시적 공용폐지

제 3 장

행정소송의 제외영역 ②
– 공사법의 구별, 정부계약, 국유재산

1. 공사법의 구별

행정주체가 관여하는 법률관계는 행정의 주체라는 지위에서 맺는 공법관계와 일반 국민과 대등한 관계에서 맺는 사법관계로 구성되고, 공법관계는 권력관계와 관리관계[65]로 구성된다. 이 중 공법관계는 공법이 적용되고 이에 대한 법률분쟁은 주로 행정소송을 통해서 해결해야 되지만, 사법관계는 사법이 적용되고 이에 대한 법률분쟁은 주로 민사소송을 통해서 해결해야 된다. 현행법체계에서 공법관계를 민사소송으로 제기하거나 사법관계를 행정소송으로 제기하면 각하되기 때문에 원칙적으로 공법관계는 행정소송을, 사법관계는 민사소송을 제기해야 한다[66]. 나아가 공법관계에 적용할 법률규정이 없는 경우 사법관계의 법률규정이 직접 적용되지

---

65) 관리관계 대신 '공법상 비권력관계, 단순고권행정법관계'로 나누어야 한다는 견해가 있다. 관리관계라는 개념이 종래 일본의 통설에 따른 표현으로서 사법상 관리의 개념과 구별되지 않고, 관리관계는 본질적으로 사법관계와 다르지 않다고 보고 있다『홍정선, 제17판 행정법원론(상)(박영사, 2009) 117쪽』.

66) 대판 2012. 3. 15. 선고 2011다17328 【사해행위취소등】 【원고 화순군】 【피고 뜨락영농조합법인 외 2인】 보조금의 예산 및 관리에 관한 법률은 제30조 제1항에서 중앙관서의 장은 보조사업자가 허위의 신청이나 기타 부정한 방법으로 보조금의 교부를 받은 때 등의 경우 보조금 교부결정의 전부 또는 일부를 취소할 수 있도록 규정하고, 제31조 제1항에서 중앙관서의 장은 보조금의 교부결정을 취소한 경우에 취소된 부분의 보조사업에 대하여 이미 교부된 보조금의 반환을 명하여야 한다고 규정하고 있으며, 제33조 제1항에서 위와 같이 반환하여야 할 보조금에 대하여는 국세 징수의 예에 따라 이를 징수할 수 있도록 규정하고 있으므로, 중앙관서의 장으로서는 반환하여야 할 보조금을 국세체

않고, 공법원리에 맞게 유추 또는 수정되어 적용된다. 이처럼 공법관계와 사법관계의 구별을 전제로 법체계가 운영되고 있지만[67], 구체적 사안에서 당해 법률관계가 공법관계인지 사법관계인지 불분명한 경우가 많다. 이러한 경우 법률관계를 판단하기 위한 기준이 필요한데, 공법관계와 사법관계를 구별하는 기준에 대하여 많은 견해의 대립이 있다. 법률관계 구별의 기준에 대하여 **주체설**(국가 · 공공단체 상호간이나 이들과 사인간의 관계는 공법관계이고, 사인간의 관계는 사법관계라는 견해[68]), **성질설 · 권력설**(불평등한 법률관계이면 공법관계이고, 평등관계이면 사법관계라는 견해[69]), 이익설(공익보호를 목적으로 하는 법률관계가 공법관계이고 사익보호를 목적으로 하는 법률관계가 사법관계라는 견해[70]), **생활관계설**(국민으로서의 생활관계가 공법관계이고, 인류로서의 생활관계가 사법관계라는 견해[71]), **귀속설 · 신주체설**(공권력의 담당자 지위로서의 권리의무가 귀속되는 관계가 공법관계이고, 누구에게나 권리 또는 의무가 귀속되는 관계가 사법관계라는 견해[72]) 등의 대립

납처분의 예에 의하여 강제징수할 수 있고, 위와 같은 중앙관서의 장이 가지는 반환하여야 할 보조금에 대한 징수권은 공법상 권리로서 사법상 채권과는 성질을 달리하므로, 중앙관서의 장으로서는 보조금을 반환하여야 할 자에 대하여 민사소송의 방법으로는 반환청구를 할 수 없다고 보아야 한다. <지방자치단체의 피고 영농조합법인에 대한 보조금 반환 청구는 지방자치단체가 보조금법에 의한 중앙관서의 장의 권한을 위임받은 자로서 피고 법인에 대한 보조금 교부결정을 취소하였으니 보조금법 제31조 제1항에 의하여 이미 교부된 보조금의 반환을 구하는 것이고, 피고 2에 대한 보조금반환청구 부분은 피고 법인이 보조금 교부결정 취소에 따라 반환하여야 할 보조금에 대하여 피고 법인의 조합원으로서 그 출자지분 비율 상당의 책임이 있다는 것이므로 공법상의 권리인 보조금법 제31조 제1항에 의하여 반환하여야 할 보조금의 징수권과 관련된 것으로서 민사소송으로 소구할 수 없음(각하).> 대판 2012. 4. 26. 선고 2010도5693【강제집행면탈】보조금의 예산 및 관리에 관한 법률'(이하 '보조금관리법'이라 한다) 제30조 제1항, 제31조 제1항에 의한 보조금 교부결정취소 및 보조금 반환명령은 행정처분이고 그 처분이 있어야 반환의무가 발생하므로, 반환받을 보조금에 대한 징수권은 공법상 권리로서 사법상 채권과는 성질을 달리한다. 따라서 보조금관리법 제33조에서 '반환하여야 할 보조금에 대하여는 국세징수의 예에 따라 이를 징수할 수 있다'고 규정한 것은 보조금의 반환에 대하여는 국세체납처분의 예에 따라 강제징수할 수 있도록 한 것뿐이고, 이를 민사집행법에 의한 강제집행과 국세체납처분에 의한 강제징수 중에서 선택할 수 있도록 허용한 규정이라고 볼 것은 아니다.

67) 현행법상 공사법 구별의 실익은 쟁송수단에서 행정소송과 민사소송을 구별하는 문제, 행정절차법을 적용하는 문제, 강제집행에서 행정강제와 민사집행법에 의한 강제를 구별하는 문제, 손해전보와 관련하여 국가배상 · 손실보상과 사법상 손해배상을 구별하는 문제, 법리에서 공법원리(비례의 원칙, 평등의 원칙, 기본권 구속의 원리 등)와 사법원리(사적 자치 등)를 적용하는 문제 등이 있다. 특히, 공법상 당사자소송과 민사소송의 구별은 행정법원과 민사법원 사이의 전속관할위반문제로서 절대적 상고이유가 된다.

68) 적어도 한 쪽 당사자가 행정주체인 법률관계는 공법관계, 양 당사자 모두가 사인인 법률관계는 사법관계라는 견해인데, 오늘날 한쪽 당사자가 행정주체라고 하더라도 국고행정의 경우에는 사법관계로 보기 때문에 주체설을 주장하는 학자는 없다.

69) 복종설, 종속설이라고도 한다. 행정주체가 우월적 지위가 주어지는 지배복종관계인 법률관계는 공법관계이고, 양 당사자가 대등한 관계는 사법관계라는 견해인데, 오늘날 비권력적인 공법관계가 인정되고 있기 때문에 학설에 문제가 있다.

70) 공익의 보호와 관련있는 법률관계는 공법관계이고, 사익에 관한 법률관계는 사법관계라는 견해인데, 공법이 반드시 공익보호만을 목적으로 하지 않고 사익도 동시에 보호하는 경우가 있기 때문에 학설에 한계가 있다.

71) 인간의 정치적 생활관계 또는 단체적 생활관계는 공법관계이고, 민사적 또는 개인적 생활관계는 사법관계라는 견해인데, 생활관계를 구별할 수 있는 명확한 기준이 없기 때문에 문제가 있다.

72) 공권력의 담당자의 지위를 갖는 자에게만 권리 또는 의무를 귀속시키는 법률관계는 공법관계이고, 누구에게나 권리 또는 의무를 귀속시키는 법률관계는 사법관계라는 견해인데, 공권력 담당자는 공법관계를 전제로 하는 개념이기 때문에 학설에 문제가 있다.

이 있다[73]. 그러나 공법관계와 사법관계의 구분 자체가 역사적 산물일 뿐만 아니라 상대적이어서 하나의 기준에 의하여 확연히 구분될 수 없기 때문에 종합적으로 고려해서 판단해야 한다는 **복수기준설이 현재의 통설이다**[74].

2. 정부계약과 관련된 법률문제

가. 사법관계(국고행정)로서의 정부계약

공행정주체가 사법관계의 한쪽 당사자로서 법률관계를 맺을 수 있고, 이러한 공행정주체의 사법상 작용을 넓은 의미의 국고작용이라고 한다. 넓은 의미의 국고작용은 협의의 국고작용과 행정사법작용으로 구별되는데, 행정사법작용은 사법형식에 의해 직접적으로 공적 임무를 수행하는 활동을 의미하고, 협의의 국고작용은 간접적으로 공적 임무를 수행하는 일반 사경제 활동을 의미한다. 그리고 협의의 국고작용은 국가가 고객의 입장에서 행하는 조달행정과 국가가 기업의 입장에서 행하는 영리활동으로 구별된다. 이와 같은 국고작용은 모두 사법이 적용되고, 국가 또는 지방자치단체가 체결하는 정부계약(행정조달계약, 공공계약)은 사인의 지위에서 행하는 국고행정의 일환으로 법적 성격이 원칙적으로 사법상 계약에 불과하다. 이러한 정부계약을 규율하고 있는 '국가를 당사자로 하는 계약에 관한 법률'은 국가와 사인 간의 계약관계에서 관계 공무원이 지켜야 할 계약사무 처리에 관한 필요한 사항을 규정한 국가의 내부규정에 불과하다[75].

---

73) 구별부인설도 있다. 공법이든 사법이든 모두 법률상 권리·의무 관계라는 점에서 구별되지 않는다는 견해인데, 현행 법체계에 반하기 때문에 학설에 문제가 있다.

74) 최근 2단계이론이 많은 지지를 받고 있는데 기본적 결정은 공법관계로, 기본적 결정의 구체화 결정은 사법관계로 보는 견해이다. 이에 따르면 조달계약이나 이용관계계약에 있어서 행정청의 낙찰결정이나 이용허가 결정은 공법관계로 행정소송의 대상이나, 계약 내용에 관한 결정이나 이용조건에 관한 결정은 사법관계로 민사소송의 대상이라는 견해이다. 이에 행정법관계의 통일적 규율을 해친다고 부정하는 견해도 있다.

75) 판례는 '국가(또는 지방자치단체)를 당사자로 하는 계약에 관한 법률'상의 요건과 절차를 거치지 않고 체결한 국가(또는 지방자치단체)와 사인 간의 사법상 계약 또는 예약의 효력을 무효로 판시하고 있다. 대판 2010. 11. 11. 선고 2010다59646 【부당이득반환】 【피고 서울특별시 노원구】 구 공유재산 및 물품 관리법(2008. 12. 26. 법률 제9174호로 개정되기 전의 것) 제14조 제1항, 제28조 제1항 등의 규정에 의하여 특별시장·광역시장 또는 도지사로부터 공유재산 관리의 권한을 위임받은 시장·군수 또는 구청장이 공유재산인 잡종재산을 대부하는 행위는 지방자치단체가 사경제 주체로서 상대방과 대등한 위치에서 행하는 사법상의 계약이다(대법원 2000. 2. 11. 선고 99다61675 판결 참조). 한편, 지방자치단체를 당사자로 하는 계약에 관한 법률 제14조 제1항, 제2항은 지방자치단체의 장 또는 계약담당자가 계약을 체결하고자 하는 경우에는 계약의 목적·계약금액·이행기간·계약보증금·위험부담·지체상금 그 밖에 필

나. 입찰참가자격제한

대법원은 국가를 당사자로 하는 계약에 관한 법률에 의한 중앙관서의 장(예, 조달청장)의 입찰참가제한조치를 처분으로 판시하였지만, 공기업의 입찰참가제한조치를 사법상 의사통지에 불과하여 처분이 아니라고 판시하였다[76]. 우선 국가[77] 또는 지방자치단체[78]의 입찰참가제한조

요한 사항을 명백히 기재한 계약서를 작성하여야 하며, 그 지방자치단체의 장 또는 계약담당자와 계약상대자가 계약서에 기명·날인 또는 서명함으로써 계약이 확정된다고 규정하고 있다. 그러므로 지방자치단체가 사경제의 주체로서 사인과 사법상의 계약을 체결함에 있어서는 위 규정에 따른 계약서를 따로 작성하는 등 그 요건과 절차를 이행하여야 하고, 설사 지방자치단체와 사인 간에 사법상의 계약이 체결되었다 하더라도 위 규정상의 요건과 절차를 거치지 아니한 계약은 그 효력이 없다(대법원 2009. 9. 24. 선고 2009다52335 판결 등 참조). 대판 2009. 12. 24. 선고 2009다51288 【손해배상(기)등】 【피고 금산군】 구 지방재정법(2005. 8. 4. 법률 제7663호로 전부 개정되기 전의 것) 제63조는 지방자치단체를 당사자로 하는 계약에 관하여 이 법 및 다른 법령에서 정한 것을 제외하고는 '국가를 당사자로 하는 계약에 관한 법률'의 규정을 준용한다고 규정하고 있고, 이에 따른 준용조문인 국가를 당사자로 하는 계약에 관한 법률 제11조 제1항, 제2항에 의하면 지방자치단체가 계약을 체결하고자 할 때에는 계약의 목적, 계약금액, 이행기간, 계약보증금, 위험부담, 지체상금 기타 필요한 사항을 명백히 기재한 계약서를 작성하여야 하고, 그 담당공무원과 계약상대자가 계약서에 기명·날인 또는 서명함으로써 계약이 확정된다고 규정하고 있는바, 위 각 규정의 취지에 의하면 지방자치단체가 사경제의 주체로서 사인과 사법상의 계약을 체결함에 있어서는 위 법령에 따른 계약서를 따로 작성하는 등 그 요건과 절차를 이행하여야 하고, 설사 지방자치단체와 사인 사이에 사법상의 계약 또는 예약이 체결되었다 하더라도 위 법령상의 요건과 절차를 거치지 않은 계약 또는 예약은 그 효력이 없다. 대판 2004. 1. 27. 선고 2003다14812 【소유권이전등기등】 【피고 서울특별시】 구 지방재정법(1988. 4. 6. 법률 제4006호로 전문 개정되기 전의 것) 제52조의5는, 지방자치단체를 당사자로 하는 계약에 관하여 이 법 및 다른 법령에서 정한 것을 제외하고는 예산회계법 제6장(계약)의 규정을 준용한다고 규정하고 있고, 이에 따른 준용조문인 구 예산회계법(1989. 3. 31. 법률 제4102호로 전문 개정되기 전의 것) 제70조의6 제1항, 제2항은 각 중앙관서의 장 또는 그 위임을 받은 공무원이 계약을 하고자 할 때에는 계약의 목적, 계약금액, 이행기간, 계약보증금, 위험부담, 지체상금 기타 필요한 사항을 명백히 기재한 계약서를 작성하여 그 담당공무원과 계약상대자가 계약서에 기명날인함으로써 계약이 확정된다고 규정하고 있으며, 구 지방재정법시행령(1978. 12. 26. 대통령령 제9224호로 개정되기 전의 것) 제58조 제1호에 의하여 준용되는 구 예산회계법시행령(1983. 3. 28. 대통령령 제11081호로 개정되기 전의 것) 제75조는 계약서에는 담당공무원이 반드시 기명날인하여야 한다고 규정하고 있는바, 위 각 규정의 취지에 의하면 지방자치단체가 사경제의 주체로서 사인과 사법상의 계약을 체결함에 있어서는 위 법령에 따른 계약서를 따로 작성하는 등 그 요건과 절차를 이행하여야 할 것이고, 설사 지방자치단체와 사인 간에 사법상의 계약 또는 예약이 체결되었다 하더라도 위 법령상의 요건과 절차를 거치지 아니한 계약 또는 예약은 그 효력이 없다.

76) 대판 1999. 11. 26. 99부3, 대결 1995. 2. 28. 94두36 등 [한국토지공사의 입찰참가자격제한]

77) 국가를 당사자로 하는 계약에 관한 법률 제27조(부정당업자의 입찰참가자격 제한) 제1항 '각 중앙관서의 장은 경쟁의 공정한 집행 또는 계약의 적정한 이행을 해칠 염려가 있거나 기타 입찰에 참가시키는 것이 부적합하다고 인정되는 자에 대하여서는 2년 이내의 범위에서 대통령령이 정하는 바에 따라 입찰참가자격을 제한하여야 하며, 이를 즉시 다른 중앙관서의 장에게 통보하여야 한다. 이 경우 통보를 받은 다른 중앙관서의 장은 대통령령이 정하는 바에 의하여 해당자의 입찰참가자격을 제한하여야 한다.', 같은 법 시행령 제76조 제7항, 제8항 '각 중앙관서의 장은 입찰참가자격을 제한받은 자에 대하여 당해 제한기간 내에는 그 관서에서 집행하는 모든 입찰에 참가할 수 없도록 하여야 한다. 각 중앙관서의 장은 「지방자치단체를 당사자로 하는 계약에 관한 법률」 또는 「공공기관의 운영에 관한 법률」에 따른 입찰참가자격제한을 한 사실을 통보받거나 지정정보처리장치에 게재된 자에 대하여도 입찰에 참가할 수 없도록 할 수 있다. 다만, … 사유로 입찰참가자격제한을 받은 자에 대하여는 반드시 제한하여야 한다.'고 규정되어 있는바, 중앙관서의 장의 입찰참가제한조치는 당해 관서뿐만 아니라 다른 관서 및 지방자치단체, 공공기관까지 입찰을 제한하는 법적 효력이 발행한다.

78) 지방자치단체를 당사자로 하는 계약에 관한 법률 제31조(부정당업자의 입찰 참가자격 제한) 제1항 '지방자치단체의 장은 대통령령으로 정하는 바에 따라 경쟁의 공정한 집행 또는 계약의 적정한 이행을 해칠 염려가 있거나 그 밖에 입찰에 참가시키는 것이 부적합하다고 인정되는 자에 대하여는 제32조에 따른 계약심의위원회의 심의를 거쳐 2년 이내의 범위에서 입찰 참가자격을 제한하여야 한다. 다만, 대통령령으로 정하는 사유가 있는 경우에는 계약심의위원회의 심의를 거치지 아니하고 입찰 참가자격을 제한할 수 있다.', 제2항 '제1항에 따라 입찰 참가자격을 제한받은 자는 그

치는 국가 또는 지방자치단체가 시행하는 모든 입찰을 제한하는 효력이 발생하기 때문에 처분으로 보아야 한다. 그런데 공공기관[79]의 입찰참가제한조치도 일정한 범위 내에서 입찰을 제한하는 효력이 발생하도록 법령이 개정되었다. 즉 1999. 2. 5. 법률 제5812호로 개정되기 이전에는 당시의 정부투자기관관리기본법 제20조(64)에 입찰참가자격제한조치에 관한 규정이 없음에도 불구하고 투자기관회계규정에 입찰참가자격제한조치를 규정하였기 때문에 법적 구속력이 없어 처분이 아니었다. 하지만, 이후의 정부투자기관관리기본법 제20조(65)에 입찰참가자격제한조치를 규정하였고 이에 근거한 투자기관회계규정(66)에 의한 입찰참가자격제한조치가 법적 구속력을 발생시키기 때문에 처분으로 보아야 한다(67). 공공기관의 입찰참가자격제한조치가 처분인지 여부에 대한 명시적 대법원 판례[80]는 없지만, 처분임을 전제로 한 서울고등법원 판결(68)과 헌법재판소 결정[81]이 있다.

제한기간 동안 각 지방자치단체에서 시행하는 모든 입찰에 대하여 참가자격이 제한된다. 다른 법령에 따라 입찰 참가자격의 제한을 받은 자도 또한 같다.'고 규정되어 있는바, 국가를 당사자로 하는 계약에 관한 법률과 동일하게 법적 효력이 발생한다.

79) 2007. 1. 19. 정부투자기관관리기본법이 폐지되고, 공공기관의 운영에 관한 법률이 제정되었다. 공공기관의 운영에 관한 법률 제39조(회계원칙 등) ② 공기업·준정부기관은 공정한 경쟁이나 계약의 적정한 이행을 해칠 것이 명백하다고 판단되는 사람·법인 또는 단체 등에 대하여 2년의 범위 내에서 일정기간 입찰참가자격을 제한할 수 있다. ③ 제2항의 규정에 따른 입찰참가자격의 제한기준 등에 관하여 필요한 사항은 기획재정부령으로 정한다. 공기업 · 준정부기관 계약사무규칙 제15조(부정당업자의 입찰참가자격 제한) ① 기관장은 경쟁의 공정한 집행이나 계약의 적정한 이행을 해칠 우려가 있거나 입찰에 참가시키는 것이 부적합하다고 인정되는 자로서 「국가를 당사자로 하는 계약에 관한 법률 시행령」 제76조 제1항 각 호의 어느 하나에 해당되는 계약상대자 또는 입찰참가자(계약상대자 또는 입찰참가자의 대리인, 지배인, 그 밖의 사용인을 포함한다.)에 대하여는 1개월 이상 2년 이하의 범위에서 그 입찰참가자격을 제한하여야 한다. ② 제1항에 따른 입찰참가자격의 제한에 관한 기간, 제한기간의 가감, 그 밖에 필요한 사항은 「국가를 당사자로 하는 계약에 관한 법률 시행규칙」 제76조에서 정하는 바에 따른다.

80) 대결 2010. 11. 26. 2010무137 【부정당업자제재처분효력정지】 수도권 매립지 관리공사가 갑에게 입찰참가자격을 제한하는 내용의 부정당업자제재처분을 하자, 갑이 제재처분의 무효확인 또는 취소를 구하는 행정소송을 제기하면서 제재처분의 효력정지신청을 한 사안에서, 수도권매립지관리공사는 행정소송법에서 정한 행정청 또는 그 소속기관이거나 그로부터 제재처분의 권한을 위임받은 공공기관에 해당하지 않으므로, 수도권매립지관리공사가 한 위 제재처분은 행정소송의 대상이 되는 행정처분이 아니라 단지 갑을 자신이 시행하는 입찰에 참가시키지 않겠다는 뜻의 사법상의 효력을 가지는 통지에 불과하므로, 갑이 수도권매립지관리공사를 상대로 하여 제기한 위 효력정지신청은 부적합함에도 그 신청을 받아들인 원심결정은 집행정지의 요건에 관한 법리를 오해한 위법이 있다고 한 사례. [수도권매립지관리공사는 공공기관의 운영에 관한 법률 제5조 제4항에 의한 '기타공공기관'에 해당되고, 기타공공기관은 같은 법 제39조 제2항에 의한 입찰참가자격제한조치를 할 수 없기 때문에 처분성이 부정됨.] <제39조 (회계원칙 등) ②공기업·준정부기관은 공정한 경쟁이나 계약의 적정한 이행을 해칠 것이 명백하다고 판단되는 사람·법인 또는 단체 등에 대하여 2년의 범위 내에서 일정기간 입찰참가자격을 제한할 수 있다. 제5조(공공기관의 구분) ① 기획재정부장관은 공공기관을 공기업·준정부기관과 기타공공기관으로 구분하여 지정하되, 공기업과 준정부기관은 직원 정원이 50인 이상인 공공기관 중에서 지정한다.>

81) 헌재 2005. 4. 28. 2003헌바40 【정부투자기관관리기본법제20조 제2항등위헌소원】 [1] 정부투자기관이 계약을 체결함에 있어서 공정한 경쟁 또는 계약의 적정한 이행을 해칠 것이 명백하다고 판단되는 자에 대하여 일정기간 입찰참가자격을 제한할 수 있도록 한 정부투자기관관리기본법 제20조 제2항은 입찰참가자격제한의 핵심적 · 본질적 요소라고 할 수 있는 자격제한기간을 특정하지 않은 채 단지 '일정기간'이라고만 규정하여 입찰참가자격 제한기간의 상한을 정하지 않고 있는바, 이는 자격제한사유에 해당하는 자로 하여금 위 조항의 내용만으로 자격제한의 기간을 전혀 예측할

3. 국유재산과 관련된 법률문제

가. 국유재산의 의의

광의의 국유재산은 국가가 소유하는 재산으로 현금을 비롯하여 토지 · 건물 등의 부동산, 자동차 · 비품 등의 동산, 지상권 · 저당권 등의 물권, 대출금 등의 채권, 특허권 등의 지적 재산권, 유가증권 등을 총칭하며, 국가재산이라고도 부른다. 협의의 국유재산은 이 중 국유재산법 제5조에 규정된 부동산 전부, 동산의 일부, 용익물권, 광업권, 유가증권, 지적재산권 및 부동산신탁의 수익권 등을 의미하며, 통상 이를 국유재산이라 부른다. 이러한 국유재산은 다시 국유재산법 제6조에 의해 행정재산(공용재산, 공공용재산, 기업용재산, 보존재산), 일반재산[69]으로 구분된다[70]. 또한, 공유재산및물품관리법[71]에서 지방자치단체 소유의 재산인 공유재산도 국유재산법과 동일하게 규정하고 있다.

나. 행정재산의 목적외 사용 · 수익

일반적으로 공물의 사용은 국민이 자유롭게 공물의 용법에 따라 사용하는 자유사용(일반사용), 행정청의 허가를 받은 후 공물의 용법에 따라 사용하는 허가사용, 행정청의 특허를 받은 후 공물을 독점적으로 사용하는 특허사용[82]이 있고, 사용관계가 법령과 행정행위에 의하여 정해지는 경우 이외 관습법에 의하여 정해지는 관습법상의 사용[83]이 있다. 사용권의 성격과 관련하

수 없게 하고 동시에 법집행당국의 자의적인 집행을 가능하게 하는 것이므로 위 법률조항은 명확성의 원칙에 위반된다. [2] 정부투자기관관리기본법 제20조 제3항 중 '입찰참가자격의 제한기간을 재정경제부령으로 정하도록 한 부분'은 정부투자기관의 입찰참가자격제한처분권한을 규정한 정부투자기관관리기본법 제20조 제2항에서 자격제한기간의 상한을 정하지 않은 채 '일정기간'이라고 불명확하게 규정함으로 말미암아 하위법령인 재정경제부령에 자격제한기간을 전적으로 모두 위임한 것과 같은 결과를 초래하게 되었으므로 포괄위임금지원칙에 위반된다. [3] 계약을 체결함에 있어서 공정한 경쟁 또는 계약의 적정한 이행을 해칠 것이 명백하다고 판단되는 자가 정부투자기관의 계약에 관여함에 따라 발생할 우려가 있는 공적 폐해를 예방하고, 정부투자기관이 추구하는 공적 목표 달성을 위한 계약의 충실한 이행을 확보하기 위해서는 위와 같은 부정당업자의 입찰참가자격을 제한하는 법규정이 반드시 필요한데, 헌법재판소가 자격제한기간을 정한 입법형식에 잘못이 있다는 이유로 단순위헌결정을 통하여 입찰참가자격제한의 근거가 되는 규정 및 자격제한기간을 하위법령에 위임한 규정의 효력을 소멸시킨다면, 위와 같은 부정당업자에 대한 입찰참가자격을 제한하는 근거규범이 존재하지 않게 됨으로써 그러한 부정당업자에 대한 입찰참가자격제한을 할 수 없게 되어 정부투자기관이 추구하는 공적 목표 달성을 위한 계약의 충실한 이행확보 및 부정당업자의 계약 관여에 따라 발생할 공적 폐해의 예방이 불가능하게 되는 결과를 초래함으로써 위헌적인 이 사건 법률조항을 존속시킬 때보다 단순위헌의 결정으로 인하여 더욱 헌법적 질서와 멀어지는 법적 상태가 초래될 우려가 있기 때문에 위 법률조항을 대체할 합헌적 법률을 입법할 때까지 일정 기간 동안 위헌적인 법규정을 존속하게 하고 또한 잠정적으로 적용하게 할 필요가 있다고 한 사례.

82) 예 : 도로점용허가, 유수 · 토지점용허가, 공유수면점용허가, 공유수면매립허가

83) 예 : 관개용수권, 유수권, 음용용수권, 관행어업권(입어권)

여 자유사용은 통상 공물의 설치·폐지로 인하여 누리는 반사적 이익으로 보지만, 예외적으로 인접주민의 고양된 자유사용은 특정한 경우 공권의 성격도 가지고 있다. 그리고 허가사용은 공물경찰상의 허가이든 공물관리상의 허가이든 강학상 허가의 성격을 지니므로 허가거부의 경우 신청권·공권이 존재하기 때문에 거부처분을 다툴 수 있으나, 제3자가 받은 허가의 경우 불허가로 누리는 이익이 금지로 인한 반사적 이익으로서 공권·원고적격이 없다. **특허사용**은 강학상 특허로서 공물사용에 관한 독점적 권리를 설정해주기 때문에 특허받은 권리는 공권으로 제3자의 특허에 대하여 다툴 수 있고, 특허신청거부의 경우 통상 관계 법령 또는 조리상 공물의 사용에 관한 청구권이 존재하기 때문에 신청권·원고적격이 있다고 해석된다.

국유재산 중 행정재산인 **공용재산과 공공용재산**은 그 사용가치를 통하여 그 자체가 직접적으로 국가행정목적에 제공되는 강학상 공물이다. **행정재산**은 국유재산법 등에 의해 처분이 금지되고[84], 시효취득의 대상이 되지 않는다[85]. 다만 국유재산법 등은 용도 또는 목적에 장애가 없는 범위 안에서 행정재산의 사용 또는 수익을 허가할 수 있도록 규정하고 있는데[86], 이와 같

84) 행정재산은 용도폐기 전에는 처분이 불가능하다. 국유재산법 제27조(처분의 제한) ① 행정재산은 처분하지 못한다. 제40조(용도폐지) ① 관리청은 대통령령으로 정하는 기준에 따라 행정재산의 용도를 폐지한다.

대판 1995. 11. 14. 94다50922 【토지소유권이전등기】 '[1] 유지에 대한 매립 면허를 받아 이를 매립함에 있어 그 중 일부를 저수지로 조성하여 국가에 기부채납한 경우, 그 부분 토지는 공유수면이었던 토지의 일부가 원래의 수면 형태로 남아 있는 것에 불과하여 공유수면성을 상실하지 아니한다. [2] 원래 공공용에 제공된 행정재산인 공유수면이 그 이후 매립에 의하여 사실상 공유수면으로서의 성질을 상실하였더라도 당시 시행되던 국유재산법령에 의한 용도폐지를 하지 않은 이상 당연히 잡종재산으로 된다고는 할 수 없다. [3] 행정재산은 사법상 거래의 대상이 되지 아니하는 불융통물이므로 비록 관재 당국이 이를 모르고 매각하였다 하더라도 그 매매는 당연무효라 아니할 수 없으며, 사인간의 매매계약 역시 불융통물에 대한 매매로서 무효임을 면할 수 없다.'고 판시하고 있다. 공유재산 및 물품관리법 제19조(처분 등의 제한) ① 행정재산은 대부·매각·교환·양여·신탁 또는 대물변제하거나 출자의 목적으로 하지 못하며, 이에 사권을 설정하지 못한다.

85) 국유재산법 제7조(국유재산의 보호) ② 행정재산은 「민법」 제245조에도 불구하고 시효취득의 대상이 되지 아니한다. 공유재산 및 물품관리법 제6조(공유재산의 보호) ② 공유재산은 「민법」 제245조에도 불구하고 시효취득의 대상이 되지 아니한다. 다만, 일반재산의 경우에는 그러하지 아니하다. 종전에는 잡종재산(현재 일반재산)에 대한 취득시효 금지를 규정하고 있었으나, 헌결 1991. 5. 13. 89헌가97로 위헌 선고되었다. 헌법재판소 다수의견은 '국유잡종재산은 사경제적 거래의 대상으로서 사적 자치의 원칙이 지배되고 있으므로 시효제도의 적용에 있어서도 동일하게 보아야 하고, 국유잡종재산에 대한 시효취득을 부인하는 동규정은 합리적 근거없이 국가만을 우대하는 불평등한 규정으로서 헌법상의 평등의 원칙과 사유재산권 보장의 이념 및 과잉금지의 원칙에 반한다.'고 판시하였다. 소수의 반대의견은 '국유의 부동산은 전체 국민의 복리를 위하여 특히 보호하여야 할 기본적인 국가재산이므로 국유재산의 사유화로 인한 잠식을 방지하고 국유재산관리의 효율성을 도모하기 위하여 취득시효제도를 배제하여야 한다.'고 판시하였다.

86) 국유재산법 제30조(사용허가) ① 관리청은 다음 각 호의 범위에서만 행정재산의 사용허가를 할 수 있다. 1. 공용·공공용·기업용 재산 : 그 용도나 목적에 장애가 되지 아니하는 범위 2. 보존용재산 : 보존목적의 수행에 필요한 범위 ② 제1항에 따라 사용허가를 받은 자는 그 재산을 다른 사람에게 사용·수익하게 하여서는 아니 된다. 공유재산 및 물품관리법 제20조(사용·수익허가) ① 지방자치단체의 장은 행정재산에 대하여 그 목적 또는 용도에 장애가 되지 아니하는 범위에서 사용 또는 수익을 허가할 수 있다.

은 행정재산의 사용·수익허가[87]의 법적 성격에 대하여 행정행위설, 사법상 법률행위(계약)설, 이원적 법률관계설 등의 대립이 있다. **행정행위설**은 행정재산의 사용·수익에 대하여 관리청의 허가를 받도록 되어 있고, 관리청이 상대방의 귀책 등을 이유로 허가를 일방적으로 취소·철회할 수 있으며 사용료 징수를 조세체납처분절차에 의하도록 하고 있다는 점을 근거로 한다. **사법상 법률행위설**은 행정재산의 사용·수익이 오로지 수익자의 사적 이익을 위한 것이고 관리청과 사인 사이에 우열관계 내지 상하관계가 존재한다고 보기 어렵다는 점을 근거로 한다. **이원적 법률관계설**은 국유재산법에 의하여 사용·수익관계의 발생·소멸 및 사용료 징수관계는 공법관계이지만 나머지 법률관계는 그 실질이 사법상 임대차관계와 같기 때문에 사법관계로 보아야 한다는 점을 근거로 한다. 판례(72)는 행정처분(특허)으로 보고 있는데, 분쟁의 원인이 되는 국유재산이 행정재산인 경우(예컨대 행정재산에 대한 사용료 부과처분 등)에 행정소송의 대상이 된다고 판시하고 있다. 한편, 사인이 공공시설을 건설하여 국가 등에 기부채납한 후 건설비용과 이윤 등을 회수할 수 있도록 당해 공물을 일정기간 동안 무상으로 사용·수익할 수 있도록 허가받는 형태로 기부채납된 행정재산의 사용허가의 법적 성격에 관하여, 기부채납과 이에 따른 사용·수익 허가는 일체로서 사법상 계약으로 보아야 한다는 사법상 법률행위설, 기부채납 완성 후는 국유재산법이 적용되기 때문에 행정재산의 목적외 사용·수익 허가와 동일하게 보아야 한다는 행정행위설 등의 대립이 있으나, 판례는 행정행위(특허)로 보고 있다(73).

다. 일반재산의 대부, 매각 등

국유재산 중 **일반재산**(종전의 잡종재산)은 특정 행정목적에 제공되지 아니하고 그 경제 가치에 터 잡아 재정적 수익목적에 제공됨으로써 간접적으로 공공의 목적에 이바지하는 재산으로 수익

87) 사용·수익 허가의 취소와 철회에 대한 법적 성격도 포함한다. 국유재산법 제36조에서 행정재산의 사용·수익허가의 취소와 철회를 규정하고 있는데, 종전 공유행정재산의 경우 지방재정법에서 잡종재산의 계약의 해제 조항을 준용하고 있어 공유재산의 사용·수익허가의 성격에 대하여 논란이 있었으나, 현재 공유재산및물품관리법에서 국유재산법과 동일하게 사용·수익허가의 취소와 철회 규정을 도입하였다. 제36조(사용허가의 취소와 철회) ① 관리청은 행정재산의 사용허가를 받은 자가 다음 각 호의 어느 하나에 해당하면 그 허가를 취소하거나 철회할 수 있다. 1. 거짓 진술을 하거나 부실한 증명서류를 제시하거나 그 밖에 부정한 방법으로 사용허가를 받은 경우 2. 사용허가 받은 재산을 제30조 제2항을 위반하여 다른 사람에게 사용·수익하게 한 경우 3. 해당 재산의 보존을 게을리하였거나 그 사용목적을 위배한 경우 4. 납부기한까지 사용료를 납부하지 아니하거나 제32조 제2항 후단에 따른 보증금 예치나 이행보증조치를 하지 아니한 경우 5. 관리청의 승인 없이 사용허가를 받은 재산의 원래 상태를 변경한 경우 ② 관리청은 사용허가한 행정재산을 국가나 지방자치단체가 직접 공용이나 공공용으로 사용하기 위하여 필요하게 된 경우에는 그 허가를 철회할 수 있다. ③ 제2항의 경우에 그 철회로 인하여 해당 사용허가를 받은 자에게 손실이 발생하면 그 재산을 사용할 기관은 대통령령으로 정하는 바에 따라 보상한다. 제37조(청문) 관리청은 제36조에 따라 행정재산의 사용허가를 취소하거나 철회하려는 경우에는 청문을 하여야 한다.

재산 또는 재정재산이라고도 불린다. 따라서 일반재산은 공물이 아니기 때문에 매매 등 일반 거래의 대상이 되고(74), 일반재산의 관리 · 처분은 국유재산법상 특별한 규정이 없는 한 일반적으로 사법이 적용된다. 특히, 현행법은 일반재산에 대한 대부를 허용하고 있는데, 이러한 일반재산의 대부(75)는 국가 이외의 자에게 대부계약에 의하여 국유재산을 사용 · 수익할 수 있게 하는 것으로 민법상 임대차 또는 사용대차에 해당한다. 따라서 대부의 법적 성격은 국가가 사경제적 주체로서 상대방과 대등한 입장에서 행하는 사법상 법률행위로 보아야 하고, 분쟁의 원인이 되는 국유재산이 일반재산인 경우(예컨대, 잡종재산에 대한 대부료 부과처분 등)에는 행정소송의 대상이 아니라 민사소송의 대상이 된다[88].

라. 변상금부과

국유재산법 제72조는 국유재산을 대부 또는 사용 · 수익 허가 받지 아니한 채 점유하거나 사용 · 수익하는 경우 무단점유자에게 대부료 또는 사용료의 100분의 120에 해당하는 변상금을 부과 · 징수하도록 규정하고 있다(76). 이러한 변상금징수권의 법적 성격과 관련해서 판례는 사법상 채권과 다른 공법상 권리이기 때문에 행정재산이든 잡종재산이든 변상금 부과조치를 모두 처분으로 보고 있다[89]. 한편, 국유재산의 무단 점유자에게 변상금을 부과하지 않고 민사소송으로 손해배상청구나 부당이득반환청구할 수 있기 때문에[90], 관리청은 변상금 부과처분권 또는 민사상 청구권을 선택적으로 행사할 수 있다.

---

88) 대판 1984. 12. 11. 84다카557 '귀속재산처리법에 의한 관재기관의 매각행위는 행정처분으로서 법 제22조의 규정 취지에 비추어 매수자가 그 매각대금을 완납하면 소유권은 이전등기를 필요로 하지 아니하고 자동적으로 매수인에게 이전된다.'고 판시하여 귀속재산의 매각은 잡종재산의 매각과 달리 행정처분으로 보고 있다.

89) 대판 2005. 11. 25. 선고 2003두7194 【도로사용변상금부과처분취소】 도로법의 제반 규정에 비추어 보면, 같은 법 제80조의2의 규정에 의한 변상금 부과권한은 적정한 도로관리를 위하여 도로의 관리청에게 부여된 권한이라 할 것이지 도로부지의 소유권에 기한 권한이라고 할 수 없으므로, 도로의 관리청은 도로부지에 대한 소유권을 취득하였는지 여부와는 관계없이 도로를 무단점용하는 자에 대하여 변상금을 부과할 수 있다. 대법원 1998. 9. 22. 선고 98두7602 판결 【대부계약거부등처분취소】 국유재산의 무단점유 등에 대한 변상금 징수의 요건은 국유재산법(1994. 1. 5. 법률 제4968호로 개정된 것) 제51조 제1항에 명백히 규정되어 있으므로 변상금을 징수할 것인가는 처분청의 재량을 허용하지 않는 기속행위이고, 여기에 재량권 일탈·남용의 문제는 생길 여지가 없다.

90) 대판 1992. 4. 14. 91다42197 '국유재산법 제51조 제1항에 의한 국유재산의 무단점유자에 대한 변상금부과는 대부나 사용·수익 허가 등을 받은 경우에 납부하여야 할 대부료 또는 사용료 상당액 외에도 그 징벌적 의미에서 국가측이 일방적으로 그 2할 상당액을 추가하여 변상금을 징수토록 하고 있으며 그 체납시에는 국세징수법에 의하여 강제징수토록 하고 있는 점 등에 비추어 보면 그 부과처분은 관리청이 공권력을 가진 우월적 지위에서 행하는 것으로서 행정처분이라고 보아야 하고, 그 부과처분에 의한 변상금징수권은 공법상의 권리로서 사법상의 채권과는 그 성질을 달리하므로 국유재산의 무단점유자에 대하여 국가가 민법상의 부당이득금반환청구를 하는 경우 국유재산법 제51조 제1항이 적용되지 않는다.'고 판시하였다.

마. 대집행

국유재산법 제74조(불법시설물의 철거)는 '정당한 사유 없이 국유재산을 점유하거나 이에 시설물을 설치한 경우에는 「행정대집행법」을 준용하여 철거하거나 그 밖에 필요한 조치를 할 수 있다.'고 규정하고 있다(77). 정당한 사유 없는 점유의 의미에 대하여 처음부터 불법으로 점유한 경우만을 의미한다는 견해와 처음에 점유권원이 있었지만 이후 권원이 사라진 경우를 포함한다는 견해 등의 대립이 있으나, 판례는 후자의 입장에서 '국·공유재산의 사용·수익 허가가 철회된 경우 사용·수익자의 국·공유재산의 점유가 정당한 사유 없는 점유에 해당된다.'고 판시하고 있다(78). 철거와 그 밖에 필요한 조치의 의미에 대하여 행정대집행법상 대집행의 대상이 되는 철거와 같은 대체적 작위의무에 한정된다는 견해와 비대체적 작위의무인 점유이전까지 포함된다는 견해 등의 대립이 있으나, 판례는 전자의 입장에서 '점유이전이 대집행의 대상이 아니라 민사집행의 대상이 된다.'고 판시하고 있다(79). 국유재산의 의미에 대하여 일반재산을 제외하는 견해도 있지만, 판례는 '모든 국유재산을 포함한다.'고 판시하고 있다(80). 따라서 일반재산의 대부계약이 해지된 경우 원상회복(81)을 위해 행정대집행을 이용해서 지상건축물을 철거할 수 있다(82). 행정대집행절차가 인정되는 공법상 의무 이행을 민사소송의 방법으로 공작물의 철거, 수거 등을 구할 수 없기 때문에 관리청은 행정대집행 대신 민사소송으로 아무런 권한 없이 국유재산에 설치한 시설물에 대한 철거 소송을 제기할 수 없다[91].

바. 도로의 사용관계

국유재산의 사용관계 중 특수한 형태로서 도로의 사용관계가 있다. 도로라고 함은 현실적으로 불특정 다수의 사람 또는 차마의 통행을 위하여 공개·제공된 장소 및 이에 부속된 시설을 의미하고, 도로교통법상 도로란 도로법에 의한 도로[92], 유료도로법에 의한 유료도로, 사실상의 도

91) 대판 2000. 5. 12 선고 99다18909, 대판 2009. 6. 11 선고 2009다1122
"[1] 아무런 권원 없이 국유재산에 설치한 시설물에 대하여 행정청이 행정대집행을 할 수 있음에도 민사소송의 방법으로 그 시설물의 철거를 구하는 것은 허용되지 않는다.
[2] 아무런 권원 없이 국유재산에 설치한 시설물에 대하여 행정청이 행정대집행을 실시하지 않는 경우, 그 국유재산에 대한 사용청구권을 가지고 있는 자는 청구권을 보전하기 위하여 국가를 대위하여 민사소송의 방법으로 시설물의 철거를 구하는 이외에는 이를 실현할 수 있는 다른 절차와 방법이 없어 그 보전의 필요성이 인정되므로, 국가를 대위하여 민사소송으로 그 시설물의 철거를 구할 수 있다." "한편 토지의 인도 청구 부분은 행정대집행의 방법으로 실현할 수 없으므로 민사소송의 방법으로 토지의 언도를 구할 수 있다."

92) 도로법 제2조 제1항 제1호, 제2항에서 '도로란 일반인의 교통을 위하여 제공되는 도로로서 터널, 교량, 도선장, 도로

로를 총괄한다. 통상 도로는 노선인정, 도로구역결정고시, 사용개시의 절차를 거쳐 제공되는데[93], 제공된 도로의 사용형태는 자유사용과 도로법 제40조 제1항에 의한 특별사용이 있다. 즉, **자유사용**이란 도로의 용법과 목적에 맞게 일반인이 통행, 교통을 위하여 도로를 자유롭게 사용하는 형태를 의미하고, **특별사용**이란 도로관리청의 점용허가를 받은 후 사용하는 형태를 의미한다. 학설은 특별사용에 있어서 강학상 허가사용과 특허사용이 포함된 형태로 해석하고 있는데, 허가사용이란 상대적 금지를 일정한 요건에서 사용할 수 있도록 허용하는 경우를 의미하고, 특허사용이란 도로에 대하여 독점적 배타적 사용권을 설정하여 주는 경우를 의미한다. 특별사용 형태가 되면 사용자는 점용료를 납부하거나 변상금을 납부해야 하는데, 현실적으로 도로의 사용형태가 점용허가를 요하는 특허사용인지 허가가 필요 없는 자유사용인지 불분명한 경우가 많다. 이는 도로법 제40조에 규정된 도로의 '점용'이라 용어가 불분명하기 때문인데, **도로의 점용**이란 일반 공중의 교통에 공용되는 도로에 대하여 이러한 일반사용과는 별도로 도로의 **특정 부분을 유형적·고정적으로 특정한 목적을 위하여 사용**하는 형태를 의미하고, 특별사용이 반드시 독점적인 것이 아니라 자유사용과 병존이 가능하다고 해석된다[94]. 따라서 도로점용에 대

용 엘리베이터 및 도로와 일체가 되어 그 효용을 다하게 하는 시설이나 공작물로서 대통령령으로 정하는 것과 도로의 부속물을 포함한다.'고 규정하고, 제2조 제1항 제4호에서 '도로의 부속물이란 도로 구조의 보전과 안전하고 원활한 도로교통의 확보, 그 밖에 도로의 관리에 필요한 시설 또는 공작물로서 다음 각 목의 어느 하나에 해당하는 것을 말한다. 가. 도로 원표(원표), 이정표, 수선 담당 구역표, 도로 경계표와 도로표지 나. 도로의 방호 울타리, 가로수 또는 가로등으로서 도로 관리청이 설치한 것 다. 도로에 연접하는 자동차 주차장 및 도로 수선용 재료 적치장과 이들 시설을 종합적으로 관리하는 도로관리사업소로서 도로 관리청이 설치한 것 라. 도로에 관한 정보 제공 장치, 기상 관측 장치 또는 긴급 연락시설로서 도로 관리청이 설치한 것 마. 그 밖에 대통령령으로 정한 것'이라 규정하고, 시행령 제2조(도로의 부속물)에서 '대통령령으로 정한 것이란 도로 관리청이 설치한 다음 각 호의 것을 말한다. 1. 도로상의 방설시설(방설시설) 또는 제설시설 2. 도로에의 토사유출이나 낙석을 방지하기 위한 시설 3. 운전자의 시선을 유도하기 위한 시설 4. 유료도로상의 통행료 징수 및 관리용 시설 5. 도로의 이용증진을 위하여 설치한 휴게시설(화물자동차 운전자를 위하여 국도에 설치한 휴게시설을 포함한다.) 및 대기실 6. 도로의 관리를 위한 통신시설 7. 공동구 8. 지하도 또는 육교 9. 방음시설(방음림을 포함한다.) 10. 교통량 측정시설 및 교통관제시설 11. 도로반사경·과속방지시설·미끄럼방지시설 및 차량단속시설'이라고 규정하고 있다. 이상에 살펴 본 바와 같이 도로법상의 도로란 '불특정 다수의 사람 또는 차마의 통행을 위하여 공개·제공된 장소 및 이에 부속된 일체의 시설'이라고 해석된다.

93) 공용지정의 시기와 관련하여 다수설과 판례는 도로구역의 결정고시시점으로 보고 있다. 대판 2000. 4. 25. 2000다348 도로와 같은 인공적 공공용 재산은 법령에 의하여 지정되거나 행정처분으로 공공용으로 사용하기로 결정한 경우 또는 행정재산으로 실제 사용하는 경우의 어느 하나에 해당하여야 행정재산이 되는 것이며, 도로는 도로로서의 형태를 갖추어야 하고, 도로법에 따른 노선의 지정 또는 인정의 공고 및 도로구역의 결정·고시가 있는 때부터 또는 도시계획법 소정의 절차를 거쳐 도로를 설치하였을 때부터 공공용물로서 공용개시행위가 있는 것이며, 토지에 대하여 도로로서의 도시계획시설결정 및 지적승인만 있었을 뿐 그 도시계획사업이 실시되었거나 그 토지가 자연공로로 이용된 적이 없는 경우에는 도시계획결정 및 지적승인의 고시만으로는 아직 공용개시행위가 있었다고 할 수 없어 그 토지가 행정재산이 되었다고 할 수 없다.

94) 대판 1998. 9. 22. 96누7342 【도로점용료부과처분취소】 [1] 도로법 제40조에 규정된 도로의 점용이라 함은 일반공중의 교통에 공용되는 도로에 대하여 이러한 일반사용과는 별도로 도로의 지표뿐만 아니라 그 지하나 지상 공간의 특정 부분을 유형적·고고정적으로 특정한 목적을 위하여 사용하는 이른바 특별사용을 뜻하는 것이므로, 허가없이 도로를 점용하는 행위의 내용이 위와 같은 특별사용에 해당할 경우에 한하여 도로법 제80조의2의 규정에 따라 도로점용

한 점용료부과처분이나 변상금부과처분의 적법·위법 여부는 사용형태가 '도로의 점용'에 해당되는지 여부에 따라 결정된다.[95)]

료 상당의 부당이득금을 징수할 수 있다. [2] 도로의 특별사용은 반드시 독점적·고배타적인 것이 아니라 그 사용목적에 따라서는 도로의 일반사용과 병존이 가능한 경우도 있고, 이러한 경우에는 도로점용 부분이 동시에 일반공중의 교통에 공용되고 있다고 하여 도로점용이 아니라고 말할 수 없다. [3] 지하 1층, 지상 17층의 상가아파트 건물이 도로 상하의 공간에 설치되어 있고, 지상 1층 공간에는 일정 간격으로 지주가 배열되어 있으며, 그 사이로 형성된 터널형 공간 부분의 중앙으로 차도가 설치되어 있고, 양쪽에 주차장 및 옥외출입계단이 설치되어 있는 경우, 위 도로는 주로 위 건물의 사용을 위한 사람과 차량의 통행 및 주차 등을 위하여 사용되고 있고 지방자치단체장은 단지 건물 소유자의 독점적, 배타적 지배를 방해하지 않는 범위 내에서 일반의 차량통행, 보행 및 주차 등을 위하여 이를 사용하고 있음에 불과하다는 이유로 건물 소유자가 도로를 특별사용하고 있다고 인정한 사례.

대판 2002. 10. 25. 2002두5795 【도로점용허가신청반려처분취소】 도로법 제40조 제1항에 의한 도로점용은 일반공중의 교통에 사용되는 도로에 대하여 이러한 일반사용과는 별도로 도로의 특정부분을 유형적·고정적으로 특정한 목적을 위하여 사용하는 이른바 특별사용을 뜻하는 것이고, 이러한 도로점용의 허가는 특정인에게 일정한 내용의 공물사용권을 설정하는 설권행위로서, 공물관리자가 신청인의 적격성, 사용목적 및 공익상의 영향 등을 참작하여 허가를 할 것인지의 여부를 결정하는 재량행위이다. 대판 1999. 5. 14. 98두17906 【부당이득금부과처분취소】 차도와 인도 사이의 경계턱을 없애고 인도 부분을 차도에서부터 완만한 오르막 경사를 이루도록 시공하는 방법으로 건물 앞 인도 부분에 차량 진출입통로를 개설하여 건물에 드나드는 차량들의 편익에 제공함으로써, 일반의 보행자들이 인도 부분을 불편을 감수하면서 통행하고 있는 경우, 인도 부분이 일반공중의 통행에 공용되고 있다고 하여도 도로의 특별사용에 해당한다고 한 사례.

95) 대판 1995. 2. 3. 94누3766 【도로점용료부과처분취소】 【피고 서울특별시 강남구청장】 [1] 도로점용허가가 상대방의 신청에 의하여 행하여지는 쌍방적 행정행위인점, 그리고 건물소유자가 도로점용허가를 받아 건물과 지하도를 연결하는 지하연결통로를 설치하여 이를 관리청에 기부채납하기로 하였다면 특별한 사정이 없는 한 건물소유자로서는 지하연결통로를 완공할 때까지 점용할 의사로도로점용허가를 신청한 것으로 봄이 상당한 점 등에 비추어 보면, 지하연결통로를 설치하여 이를 기부채납하기 위하여 도로점용허가를 받은 경우 허가 자체에 점용기간이 명백히 정해져 있다는 등의 사정이 없는 한 그 점용기간은 지하연결통로 완공시까지로 봄이 상당하다. [2] 지하연결통로 완공 후의 지하도 전체 중 확장부분은 지하 전철역에서지상의 대로로 나가는 일반시민들이 주로 이용하고 이에 곁들여 건물에 출입하는 사람들이 이를 이용하고 있으며, 그 건물에 출입하는 사람들로 인하여 일반시민들이 본래의 사용보다 불편함을 감수하면서 이를 이용하는 것으로는 보이지 아니하고 그 구조 또한 주로 일반인의 이용을 위한 것으로 보이므로 건물소유자가 이를 특별사용하는 것으로 볼 수 없고, 한편 연장부분은 주로 위 건물에 출입하는 사람들이 이를 이용하고 일반시민의 이용을 제한하지 않는 것에 불과한 것으로 보이므로 건물소유자가 위 연장부분만을 특별사용하는 것으로 보아야 한다고 한 사례. <사안 : 원고가 서울특별시로부터 서울시 지하철2호선의 선릉역 옆에 건물을 신축하면서 지하 선릉역과 건물의 지하층을 연결하는 지하연결통로를 설치하기 위하여 지하 선릉역에서 지상의 도로로 연결되는 기존지하도의 폭을 넓힘으로써 확장(확장부분)하고, 길이를 건물의 지하층 입구까지 연장(연장부분)하여 기부채납하는 조건으로 지하공작물(연결통로)설치허가를 받고 완공하여 기부채납하였는데, 행정청이 기존 지하도부분과 확장부분 및 연장부분 전체를 건물의 출입을 위하여 특별사용하는 것으로 보고 도로점용료를 부과하자 이에 취소소송을 제기함. 원심 : 지하공작물설치허가 당시 지하연결통로 완공 후의 기간에 대해서도 계속적인 도로점용허가를 받은 것으로 보아야 하기 때문에 지하연결통로의 특별사용 여부에 관계없이 점용기간 중의 도로점용료를 납부할 의무가 있음(청구기각). 대법원 요지와 해설 : 건물과 지하도를 연결하는 지하연결통로를 설치하여 기부채납하기 위하여 도로점용허가를 받은 경우 그 점용기간은 지하연결통로 완공시까지로 봄이 상당하기 때문에 도로점용허가는 지하연결통로 완공시에 점용기간의 만료로 인하여 실효되었다 할 것이고, 지하연결통로를 완공하여 기부채납한 후에도 계속하여 이를 특별사용하고 있는지 여부를 가려 부과처분의 적법 여부를 판단해야 됨. 연장부분은 주로 원고 소유 건물에 출입하는 사람들이 이용하고 일반시민의 이용을 제한하지 않는 것에 불과하기 때문에 특별사용으로 보아야 함(일부 청구인용).>

제2편

행정행위

제 1 장

행정행위, 사실행위

대상적격

- 처분
  - 행정 행위
    - 내부행위
    - 중간행위
    - 사실행위
  - 행정 입법
  - 행정 계획
  - 거부 처분

- 재결
  - 행정심판법상 재결
  - 특별행정심판법상 재결

행정행위와 처분

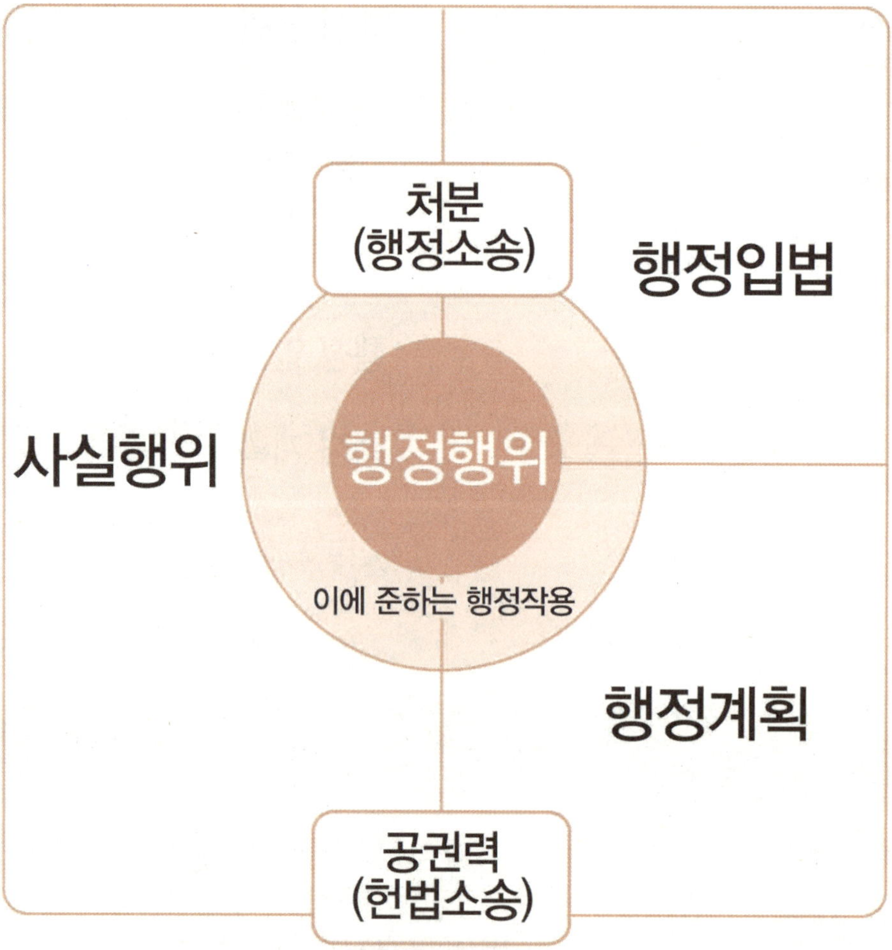

행정행위의 종류

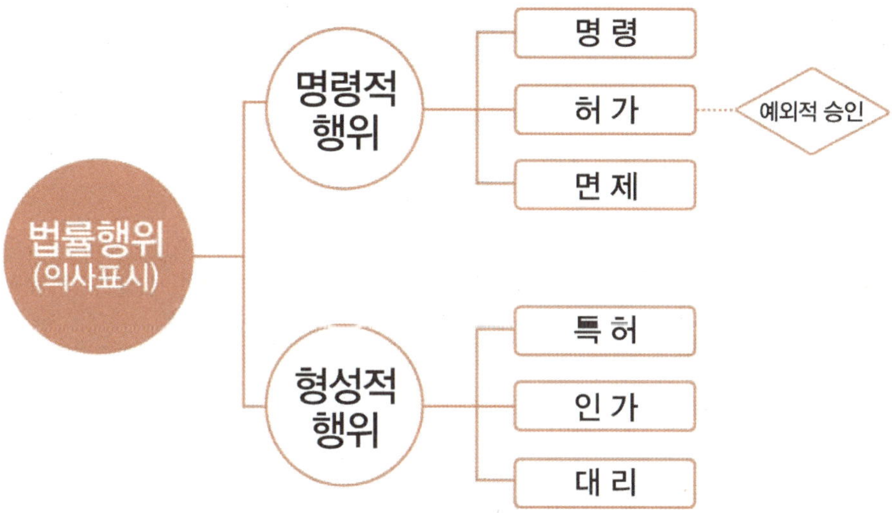
법률행위
(의사표시)
명령적
행위
명 령
허 가
예외적 승인
면 제
형성적
행위
특 허
인 가
대 리

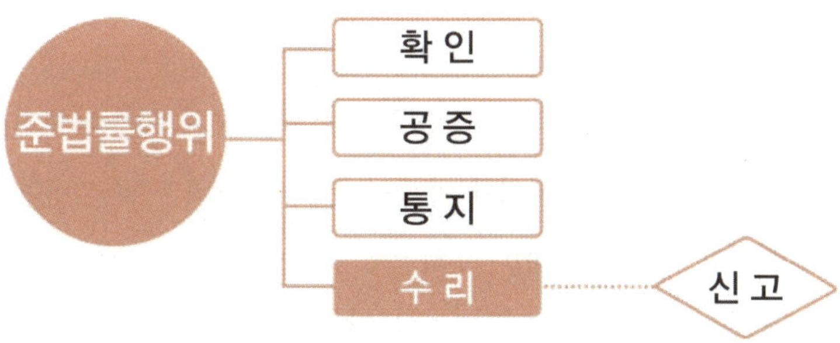
준법률행위
확 인
공 증
통 지
수 리
신 고

제 1 장

행정행위, 사실행위

1. 처분

가. 의의

> 제2조(정의) ① 이 법에서 사용하는 용어의 정의는 다음과 같다.
> 1. "처분 등"이라 함은 행정청이 행하는 구체적 사실에 관한 법집행으로서의 공권력의 행사 또는 그 거부와 그 밖에 이에 준하는 행정작용(이하 "처분"이라 한다) 및 행정심판에 대한 재결을 말한다.

처분이란, 행정소송법 제2조 제1항 제1호에 의하면 '**행정청이 행하는 구체적 사실에 관한 법집행으로서의 공권력의 행사 또는 그 거부와 그 밖에 이에 준하는 행정작용**[96)]'을 의미한다. 행정소송법 제3조는 항고소송을 행정청의 처분 등이나 부작위에 대하여 제기하는 소송, 당사자소송을 행정청의 처분 등을 원인으로 하는 법률관계에 관한 소송이라고 규정하고 있는데, 이처럼 행정소송에서 가장 중요한 개념이 처분이다.

---

96) '처분 등'은 처분과 행정심판 재결을 포함하는 개념이다.

나. 대상적격

행정소송법 제3조에 취소소송과 무효등확인소송의 대상이 처분으로 규정되어 있기 때문에 처분인지 여부는 대상적격에 관한 문제로 소송요건이 된다[97]. 따라서 소송상 다투어지고 있는 행정청의 행위가 취소소송의 대상인 처분이 아닌 경우에는 국민이 권리침해 내지 중대한 불이익을 받더라도 본안심리에 들어가 보지도 못하고 요건심리의 단계에서 각하됨으로써 소송의 문전에서 배척당하게 된다. 이처럼 처분성 여부는 국민의 재판받을 권리와 관련하여 매우 중요한 소송요건이기 때문에 법원은 당사자의 자백에 상관없이 당사자들이 다투지 아니하더라도 존부에 관하여 의심이 있는 경우에 직권으로 심리·판단해야 한다[98]. 처분성 내지 대상적격의 문제는 취소소송 등에 의한 권리구제의 제1관문이 된다.

2. 행정행위

가. 의의

행정행위란, 강학상 발전된 개념으로서 최협의로 '**행정청이 법 아래서 구체적 사실에 대한 법집행으로서 행하는 권력적 단독행위로서 공법행위**'를 의미하는데, 통설에 따르면 법적 행위로서 의사표시 또는 이에 준한 정신작용(판단·인식·관념 등)의 표시를 주된 요소로 하고, 외부에 대하여 직접적으로 일정한 법률효과를 발생케 하는 행위를 의미한다. 이때 '**직접적인 법적 효과**'란, 행정청의 행위에 의하여 국민의 권리의무가 창설·박탈되거나 범위가 확정되는 등 기존의 권리상태의 변동 또는 일반적 법상태의 구체화가 직접 야기되는 경우를 말하고, 법적 효과는 실체법상의 권리의무에 한하지 않고 절차법상의 권리의무에 구체적 영향을 미치는 경우도 포함한다. 그리고 행정행위는 주된 구성 요소의 성격에 따라 의사표시를 요소로 하는 **법률행위적 행정행위**(명령적 행위로서 명령, 허가, 면제와 형성적 행위로서 특허, 인가, 대리)와 정신작용의 표시를 요소로 하는 **준법률행위적 행정행위**(확인, 공증, 통지, 수리) 등으로 구분된다. 결국 행정행위는 행정청의 의사표시 또는 정신작용을 요소로 하는 표시행위와 이에 일정한 효과가 주어지는 법

---

97) 광의의 소의 이익.

98) 소송요건은 직권조사사항이고 자백의 대상이 되지 않는다.

적 행위라고 할 것이다. 가령 행정청이 국민에게 의사·판단·인식 등 표시행위를 하더라도 이에 법률상 일정한 효과가 부여되지 않으면 행정행위가 아니다. 특히 판단·인식·관념 등 행위자의 정신작용의 발현을 요소로 하고 법에 정한 바에 따라 효과가 발생하는 준법률행위적 행정행위는 직접적인 법적 효과가 발생하는지 여부에 따라 처분성이 결정된다.

나. 행정행위와 처분의 관계

종래 취소소송이 행정행위의 효력을 배제하기 위하여 발전된 소송이라는 점에서 보면 행정행위가 취소소송의 대상인 처분에 해당한다는 점은 의문의 여지가 없다. 그런데 쟁송법상 처분 개념과 실체법상 행정행위 개념의 관계에 대하여 여러 견해가 존재한다. 쟁송법상 처분이 실체법상 행정행위를 의미한다는 견해(일원설, 실체법상 개념설), 쟁송법상 처분이 실체법상 행정행위와 별도의 개념이라는 견해(이원설, 쟁송법상 개념설) 등의 대립이 있다. **일원설**(실체법상 개념설)은 '**처분 = 행정행위**'로 보고, 취소소송의 성격에 대해 위법을 소급적으로 제거하는 형성소송으로 파악한다. **이원설**[99](쟁송법상 개념설)은 '**처분 = 행정행위 + α** (권력적 단독행위 이외 공권력의 행사 및 이에 준하는 행정작용)'로 보지만, 취소소송의 성격에 대해 형성소송이라는 견해와 확인소송이라는 견해 등의 대립이 있다. 한편, 판례는 항고소송의 대상인 처분을 원칙적으로 실체법상 행정행위로 파악하지만, 예외적으로 행정쟁송의 목적과 국민의 권익의 구제 등을 고려하여 사실행위 등도 포함된다고 해석하고 있다. 예컨대, 대판 2002. 7. 26. 2001두3532 '[1] 항고소송의 대상이 되는 행정처분이라 함은 원칙적으로 행정청의 공법상 행위로서 특정 사항에 대하여 법규에 의한 권리의 설정 또는 의무의 부담을 명하거나 기타 법률상 효과를 발생하게 하는 등으로 일반 국민의 권리 의무에 직접 영향을 미치는 행위를 가리키는 것이지만, 어떠한 처분의 근거나 법적인 효과가 행정규칙에 규정되어 있다고 하더라도, 그 처분이 행정규칙의 내부적 구속력에 의하여 상대방에게 권리의 설정 또는 의무의 부담을 명하거나 기타 법적인 효과를 발생하게 하는 등으로 그 상대방의 권리 의무에 직접 영향을 미치는 행위라면, 이 경우에도 항고소

---

99) 이원설 중 형식적 행정행위론이 있는데, 형식적 행정행위를 '실체법상 행정행위가 아니지만 국민의 권익에 사실상 지배력이 미치는 행위'로 파악하면서, 형식적 행정행위도 항고소송의 대상이 된다는 견해이다. 이러한 형식적 행정행위의 개념은 항고소송의 대상을 행정행위로 제한하면서 행정행위의 개념을 넓히려는 견해이지만, 항고소송의 대상을 행정행위로 제한하지 않고 쟁송법상 처분을 인정하는 견해에 의하면 형식적 행정행위라는 개념을 인정할 실익이 사실상 없다. 일본에서 주로 육교, 쓰레기장 등 공공시설의 설치행위에서 형식적 행정행위를 주로 언급하고 있다.

송의 대상이 되는 행정처분에 해당한다. [2] 행정규칙에 의한 불문경고조치가 비록 법률상의 징계처분은 아니지만 위 처분을 받지 아니하였다면 차후 다른 징계처분이나 경고를 받게 될 경우 징계감경사유로 사용될 수 있었던 표창공적의 사용가능성을 소멸시키는 효과와 1년 동안 인사기록카드에 등재됨으로써 그 동안은 장관표창이나 도지사표창 대상자에서 제외시키는 효과 등이 있다는 이유로 항고소송의 대상이 되는 행정처분에 해당한다.'고 판시하고 있다[100]. 판례에 따르면 '권력적 단독행위 이외 공권력의 행사 및 이에 준하는 행정작용'의 범위[101]는 국민의 권리의무에 미치는 영향과 권리구제의 필요성 등을 종합적으로 고려해서 결정될 수밖에 없다.[102]

---

100) 동지, 대판 2012. 9. 27. 선고 2010두3541 "행정규칙에 근거한 처분이라도 상대방의 권리의무에 직접 영향을 미치는 경우 항고소송의 대상이 되는 행정처분에 해당하는지 여부(적극)" [1] 항고소송의 대상이 되는 행정처분이란 원칙적으로 행정청의 공법상 행위로서 특정 사항에 대하여 법규에 의한 권리 설정 또는 의무 부담을 명하거나 기타 법률상 효과를 발생하게 하는 등으로 일반 국민의 권리의무에 직접 영향을 미치는 행위를 가리키는 것이지만, 어떠한 처분의 근거가 행정규칙에 규정되어 있다고 하더라도, 그 처분이 상대방에게 권리 설정 또는 의무 부담을 명하거나 기타 법적인 효과를 발생하게 하는 등으로 상대방의 권리의무에 직접 영향을 미치는 행위라면, 이 경우에도 항고소송의 대상이 되는 행정처분에 해당한다고 보아야 한다. 한편 행정청의 어떤 행위가 항고소송의 대상이 될 수 있는지는 추상적·일반적으로 결정할 수 없고, 구체적인 경우 행정처분은 행정청이 공권력 주체로서 행하는 구체적 사실에 관한 법집행으로서 국민의 권리의무에 직접적으로 영향을 미치는 행위라는 점을 염두에 두고, 관련 법령의 내용과 취지, 행위의 주체·내용·형식·절차, 그 행위와 상대방 등 이해관계인이 입는 불이익과의 실질적 견련성, 그리고 법치행정 원리와 당해 행위에 관련한 행정청 및 이해관계인의 태도 등을 참작하여 개별적으로 결정해야 한다. [2] 독점규제 및 공정거래에 관한 법률 제22조의2 제1항, 구 독점규제 및 공정거래에 관한 법률 시행령(2009. 5. 13. 대통령령 제21492호로 개정되기 전의 것) 제35조 제1항, 구 부당한 공동행위 자진신고자 등에 대한 시정조치 등 감면제도 운영고시(2009. 5. 19. 공정거래위원회 고시 제2009-9호로 개정되기 전의 것, 이하 '고시'라 한다) 등 관련 법령의 내용, 형식, 체제 및 취지를 종합하면, 부당한 공동행위 자진신고자 등에 대한 시정조치 또는 과징금 감면 신청인이 고시 제11조 제1항에 따라 자진신고자 등 지위확인을 받는 경우에는 시정조치 및 과징금 감경 또는 면제, 형사고발 면제 등의 법률상 이익을 누리게 되지만, 그 지위확인을 받지 못하고 고시 제14조 제1항에 따라 감면불인정 통지를 받는 경우에는 위와 같은 법률상 이익을 누릴 수 없게 되므로, 감면불인정 통지가 이루어진 단계에서 신청인에게 그 적법성을 다투어 법적 불안을 해소한 다음 조사협조행위에 나아가도록 함으로써 장차 있을지도 모르는 위험에서 벗어날 수 있도록 하는 것이 법치행정의 원리에도 부합한다. 따라서 부당한 공동행위 자진신고자 등의 시정조치 또는 과징금 감면신청에 대한 감면불인정 통지는 항고소송의 대상이 되는 행정처분에 해당한다고 보아야 한다.

101) 행정행위와 처분의 개념 비교

	실체법상 행정행위	쟁송법상 처분
㉠	행정청이 법 아래서	행정청이 행하는
㉡	구체적 사실에 대한	구체적 사실에 관한
㉢	법집행으로서 행하는	법집행으로서
㉣	권력적 단독행위인 공법행위	공권력의 행사 또는 거부
㉤		그 밖에 이에 준하는 행정작용

102) [행정청의 행위가 항고소송의 대상이 되는지 여부의 판단 기준] 대판 2007. 6. 14. 2005두4397, 대판 2010.11.18. 2008두167(전원) 행정청의 어떤 행위가 항고소송의 대상이 될 수 있는지의 문제는 추상적·일반적으로 결정할 수 없고, 구체적인 경우 행정처분은 행정청이 공권력의 주체로서 행하는 구체적 사실에 관한 법집행으로서 국민의 권리의무에 직접적으로 영향을 미치는 행위라는 점을 염두에 두고, 관련 법령의 내용과 취지, 그 행위의 주체·내용·형식·절차, 그 행위와 상대방 등 이해관계인이 입는 불이익과의 실질적 견련성, 그리고 법치행정의 원리와 당해 행위에 관련한 행정청 및 이해관계인의 태도 등을 참작하여 개별적으로 결정하여야 한다.

3. 사실행위

사실행위의 개념·범위는 일정하지 않을 뿐만 아니라, 행정상의 사실행위는 이질적인 행위를 포괄하는 집합개념이어서 일률적으로 법적 성질을 논하기 어렵다. 일반적으로 **사실행위**란 법적 행위에 대한 구별 개념으로서 '**행정주체가 실력으로써 의사를 실현하는 사실상의 활동**'을 의미하며, 행위로 말미암아 구체적인 법적 효과가 발생하는 것이 아니라 행위 자체로서 일정한 사실상태의 변경이 초래되는 경우를 의미한다. 사실행위에는 국민의 신체·재산에 대하여 물리력을 행사하는 강제작용인 철거 등과 같은 **권력적 사실행위**도 있고, 정신작용에 의해 이루어지는 주의·권고 및 비정신작용에 의해 이루어지는 공공시설의 설치·폐지, 공공토목공사 등과 같은 **비권력적 사실행위**도 있다. 이중 단수조치와 같은 권력적 사실행위의 처분성은 통상 수인의무를 수반하는 행정행위, 합성행위로서 긍정되나[103] 단전조치에 대한 회신, 심야방송 자제요청 등과 같은 비권력적 사실행위의 처분성은 학설상 다툼[104]이 있지만 판례에 따르면 부정된다[105].

---

103) [권력적 사실행위의 처분성에 대하여] 적극설은 권력적 사실행위가 수인하명과 집행행위의 합성행위로 보아 수인의무의 배제를 위하여 취소소송의 제기를 허용해야 한다고 주장하고, 소극설은 사실행위는 직접 법적 효과를 발생하지 않는 행위이므로 법적 효력을 소멸시키기 위한 소송제도인 취소소송을 활용할 수는 없고, 이른바 결과제거청구권을 바탕으로 한 이행소송(당사자소송)을 제기하여야 한다고 주장한다. 판례는 재산압류처분(대판 1969. 4. 29. 69누12, 대결 1967. 5. 29. 67마311, 대판 1973. 8. 31. 73누72), 공매처분(대판 1959. 12. 30. 4290행상216, 1967. 12. 18. 67누124, 1974. 5. 28. 74누96, 1984. 9. 25. 84누201 등), 체납처분과 단수처분(대판 1979. 12. 28. 79누218, 1976. 2. 24. 75누128 등), 미결수용 중인 자에 대한 이송처분(대결 1992. 8. 7. 92두30), 접골사자격증의 반납을 지시하고 이를 회수한 행위(대판 1979. 10. 10. 79누193)에 대해 처분성을 긍정하였다. 그리고 대판 1994. 8. 26. 94누3223은 관할 동장의 주민등록직권말소행위를 항고소송의 대상이 되는 행정처분임을 전제로 본안을 판단하고 있다.

104) [비권력적 사실행위의 처분성에 대하여] 항고소송을 확인소송으로 보는 입장에서는 처분성을 긍정하나, 형성소송으로 보는 입장에서는 처분성을 부정한다. 일본의 이원설 입장에서 미행, 육교설치 등과 같이 수인의무를 수반하지 않는 비권력적 사실행위를 형식적 행정행위 개념으로 분류하여 처분성을 긍정하는 견해도 있다.

105) 판례는 정신적인 사실작용인 주의·권고·호의적 중재·조정·희망의 표시·알선·지도 등에 대하여 사인의 권리의무에 직접의 법적 효과를 발생시키는 것이 아니라는 이유로 처분성을 부정하고 있다.

① 권고적 행위(권고·권장·권유·촉구) : 동장이 담장공사의 신청서에 첨부되어야 할 서류가 미비되었다고 그 보완을 요망하고 그 서류의 보완시까지 담장공사를 중지하여 달라는 취지의 담장공사중지공문(대결 1974. 12. 26. 74두5), 선원법 제109조에 의한 진정서처리결과통보라는 형식으로 해운관청이 선박소유자에게 한 퇴직금지급지시행위(대판 1980. 10. 14. 78누379), 세무서가 주류회사에 대하여 특정인과 주류거래를 일정기간 중지할 것을 요구한 행위(대판 1980. 10. 27. 80누395), 관광안내업체에 대한 보험요율의 일률적용 통지행위(대판 1982. 9. 14. 82누161), 구청장이 도시재개발구역내 건물소유자에게 보낸 건물 자진철거 요청의 지장물철거촉구공문(대판 1989. 9. 12. 88누8883), 택시운송사업자에 대한 사업용자동차의 증차를 수반하는 자동차운송사업계획의 변경인가신청을 권유하는 내용의 결정통보(대판 1993. 9. 24. 93누11999)

② 단순한 사실행위 : 애국지사유족확인신청을 반송한 원호처장의 조치(대판 1984. 9. 25. 83누570), 지적을 일정기간 봉쇄하는 조치(대판 1986. 1. 21. 85누228), 국가보훈처장 및 문교부장관이 저작보급한 각종 책자와 독립기념관의 전시물 등에서 독립운동가의 활동상을 잘못 기술하거나 전시·배치한 행위(대판 1990. 11. 23. 90누3553)

사실행위 중 행정지도가 특히 중요한데, **행정지도**란 행정기관이 그 소관사무의 범위 안에서 일정한 행정목적을 실현하기 위하여 특정인에게 일정한 행위를 하거나 하지 않도록 지도 · 권고 · 조언 등을 하는 행정작용을 의미한다(83). 이러한 행정지도는 아무런 법적 효과를 발생시키지 않는 비권력적 사실행위이기 때문에 법규에 근거가 있는 경우에도 처분이 아니다. 따라서 행정지도를 대상으로 직접적으로 다툴 수 없고, 행정지도 불응을 이유로 부담적 행정행위[106]가 취해진 경우처럼 행정지도를 전제로 후속처분이 행하여진 경우에 그 후의 처분을 대상으로 행정지도의 위법성을 간접적으로 다툴 수 밖에 없다(84).

4. 행정행위의 종류

가. 법률행위적 행정행위

1) 명령적 행위

국민에 대한 특정한 의무부과 · 자유제한 또는 의무해제 · 자유회복을 내용으로 하는 행위.

가) 명령(하명)

작위 · 부작위(금지) · 급부 · 수인[107]을 명하는 행정행위.

---

③ 호의적 연기 · 유예행위 : 선행된 원상부구명령 및 계고처분에 의한 원상부구의무이행기한의 유예행위(대판 1981. 10. 13. 80누158), 계고기일 연기통보 · 제2차계고서의 발송(대판 1983. 7. 26. 83누1, 1991. 1. 25. 90누5962, 1991. 1. 29. 90누7661, 1994. 10. 28. 94누5144 - 대집행착수시기의 유예), 경찰서장에 의한 자동차사용정지명령의 집행시기변경(대판 1988. 9. 13. 88누6061 - 집행시기의 유예), 토지구획정리사업시행 인가신청기간의 연기 혹은 재지정처분(대판 1984. 3. 27. 83누634), 행정관청이 노동조합에 대하여 자료제출요구를 한 뒤 이에 불응하자 2, 3차로 다시 제출요구를 한 경우에서의 2, 3차 자료제출요구(대판 1994. 2. 22. 93누21156 - 제출독촉, 제출기한의 연기통지)

④ 주의 · 경고 : 유흥음식점업의 소관관서인 시장이 음식점허가에 부쳐진 영업시간을 준수할 것을 지시한 행위(대판 1982. 12. 28. 82누366 - 새로운 의무를 부과하는 것이 아니라 이미 허가조건에 부쳐진 사항의 이행을 지시 · 경고하는 것이라 할 것이니 이에 불과한 시장의 주간영업행위 금지지시는 행정처분이라고 할 수 없음.), 소속 장관이 공무원에게 서면을 한 경고(대판 1991. 11. 12. 91누2700 - 근무충실에 관한 권고행위 내지 지도행위로서 처분성 없음.)

⑤ 공공시설의 설치 · 폐지, 공공토목공사와 같은 비정신적 사실행위 : 건설부장관이 행한 국립공원지정처분에 따라 공원관리청이 행한 경계측량 및 표지의 설치(대판 1992. 10. 13. 92누2325), 구청장이 타인 소유의 토지에 나무를 식재한 행위(대판 1979. 7. 24. 79누173). [판례에 따르면 쓰레기소각장 설치행위나 횡단보도설치공사 등의 처분성도 인정하기 어려울 것이나, 현대 급부행정의 영역이 확대됨에 따라 취소소송의 존재 목적, 기능 등에 비추어 처분성을 긍정해야 한다는 견해가 유력하게 주장되고 있다.]

106) 허가의 취소, 신청의 각하, 보조금 지급거부 등.

107) 수인명령은 강제접종결정 등이 있다.

① 작위명령

어업면허를 받은 자가 면허구역 밖에 한 석축시설에 대한 면허권자의 철거지시(85), 시장·군수의 건축물철거명령(86), 노동조합규약의 변경보완시정명령(87), 감독관청의 노동조합법상의 서류제출명령(88), 지방병무청장의 병역처분(89), 광주직할시장의 광주직할시 북구 의료보험조합 운영위원회에 대한 해산명령(90) 등.

② 부작위명령

군수의 산업기지개발사업 실시자에 대한 공사중지 통보행위(91), 도지사의 채광계획변경명령·작업중지명령(92), 공정거래위원회의 시정명령(93), 한국환경산업기술원장의 연구개발 중단 조치 및 연구비 집행중지 조치(94) 등.

③ 급부명령

국세·관세 및 지방세 등에 대한 부과처분, 도시계획법에 의거한 환지청산금부과처분(95), 수익자에게 시가지계획사업 집행비용을 부담케 하는 처분(96), 토지개량조합의 사업시행구역결정이나 조합비부과 등의 처분(97), 지방자치단체의 수도료 부과징수행위(98), 국유재산무단점유자에 대한 변상금부과처분(99), 지방자치단체의 토지무단점유자에 대한 변상금납부통지(100), 지방자치단체의 공공시설에 관한 사용료 부과처분(101), 대집행비용납부명령(102), 자동차운송사업자에 대한 사업정지명령에 갈음한 과징금부과처분(103) 등.

나) 허가

법규에 의한 일반적인 상대적 금지를 특정한 경우에 해제하여 적법하게 일정한 사실행위 또는 법률행위를 할 수 있게 하는 행정행위[108)] – 양곡가공업허가(104), 공중목욕장업허가(105), 석탄가공업허가(106), 유기장업허가(107), 대중음식점영업허가(108), 유흥접객업허가(109), 주점의 영업허가(110), 허가사항의 변경허가(111), 광천음료수제조업허가(112), 건설업면허(113), 한의사면허(114), 석유판매업 허가(115), 약종상 영업허가(116), 어업허가, 주류판매업면허, 은행업인가, 신

108) 허가는 통상 직업선택의 자유(영업, 자격 등)와 재산권 관련 분야에서 공익을 위한 잠정적 금지를 법상 요건을 구비한 경우에 원칙적으로 해제하여 자유를 회복시켜주는 형태로서 일반적 상대적·예방적 금지의 해제를 의미하지만, 예외적 승인(허가)은 사회적 유해한 행위의 금지를 법상 요건을 구비한 경우에 예외적으로 해제하는 형태로서 억제적 금지의 해제를 의미한다. 따라서 일반적으로 허가는 법령에 특별한 규정이 없는 한 기속행위로 해석되지만, 예외적 승인은 실질적 권리의 확대를 초래하기 때문에 재량행위로 해석된다. 학교보건법 제6조 제1항 단서에 의한 학교환경위생정화구역 내 금지해제(대판 96누8253, 대판 2009두17643), 개발제한구역내 건축허가(대판 98두17593), 토지보상법 제9조에 의한 타인 토지에의 출입허가 등이 예외적 승인에 해당되는데, 그 법적 성격에 대하여 허가의 일종으로 보는 견해, 특허 또는 면제로 보는 견해, 독립된 법개념으로 보는 견해 등의 대립이 있다.

탁업인가 및 건축허가(117), 사설묘지허가(118) , 산림형질변경허가(119), 토지형질변경허가(120), 입목의 벌채·굴채 허가(121), 산림훼손 허가(122), 토사채취허가(123), 기부금품모집 허가(124) 등.

다) 면제

법령에 의하여 일반적으로 부과되어 있는 작위의무 · 급부의무 등을 특정한 경우에 해제하는 행정행위 – 관세의 면제처분(125), 방위소집면제처분 · 병역면제처분(126) 등.

2) 형성적 행위

국민에게 특정한 권리 · 능력 · 포괄적 법률관계 기타의 법률상의 힘을 발생 · 변경 · 소멸시키는 행정행위.

가) 특허

직접 상대방을 위하여 권리 · 능력 · 포괄적 법률관계를 발생 · 변경 · 소멸시키는 행위.

① 강학상 특허

광업허가(127), 광업권 설정허가(128), 어업면허, 공유수면매립면허(129), 하천구역 내에서의 골재용 사리채취허가(130), 하천점용허가(131), 하천부지점용허가(132), 공유수면 점용·사용허가, 도로점용허가 및 자동차운송사업의 면허(133), 개인택시운송사업면허[109] , 특허기업(공기업)의 특허[버스운송사업면허, 전기사업면허, 도시가스사업허가, 통신사업허가, 국제항공운송사업면허, 폐기물처리업면허] 등.

② 특정한 재산권에 대하여 수용권을 설정해 주는 행위[110]

토지수용을 위한 사업인정(134), 도시계획사업의 실시계획인가 · 변경인가(135), 택지개발사업시행자에 대한 택지개발계획승인(136), 재개발사업시행인가(137), 산업기지개발 사업실시계획승인(138) 등.

③ 공법상 신분관계를 설정 · 변경 · 소멸시키는 행위

공무원 임용, 지방의회의 의원징계의결(139), 감사원의 징계요구에 의한 징계처분(140), 국가나 지방자치단체에 근무하는 청원경찰에 대한 징계처분(141), 공립유치원 교사에 대한 해임처

---

109) 대판 1998. 2. 13. 97누13061 시외버스운송사업면허를 받은 노선의 기점, 경유지 또는 종점을 변경함으로써 원래 면허받은 노선을 벗어나게 되는 사업계획변경인가처분은 실질적으로 새로운 여객자동차운송사업의 면허에 해당한다(대판 1991. 5. 28. 90누1359, 1991. 5. 28. 90누4457).

110) 수용재결은 기업자가 보상금을 지급하는 것을 조건으로 그 토지에 관한 권리를 취득하고 피수용자는 그 권리를 상실함을 결정하는 형성행위이다.

분[111], 개방대학생에 대한 입학취소처분(142), 국립교육대학생에 대한 퇴학처분(143), 공립고등학교 학생에 대한 퇴학처분(144), 사립학교교원에 대한 교원소청심사위원회의 결정[112] 및 귀하허가(145), 체류자격 변경허가[113], 공법인 설립행위(146) 등.

나) 인가(보충행위)

타인을 위하여 그 행위의 효력을 보충·완성하는 행위[114] – 문교부장관의 교육재단법인이사취임인가(147), 재단법인의 정관변경과 이사임면에 대한 인가(148), 재단법인의 이사 및 감사의 임명에 대한 인가(149), 학교법인의 임원에 대한 취임승인(150), 이사회소집승인(151), 어업협동조합의 임원 선출에 관한 행정청의 인가(152), 농촌근대화촉진법 부칙 제9조 제2항에 의한 도지사의 농지개량조합 총회의결에 갈음하는 승인행위(153) 및 자동차운송사업양도양수계약에 대한 인가(154), 하천공사에 관한 권리의무 양도양수계약에 대한 허가처분(155), 중소기업 창업사업계획의 승인(156), 도시재개발법 제41조에 의한 주택개량재개발조합의 관리처분계획에 대한 행정청의 인가(157), 토지거래허가, 외환거래인가, 지방자치단체의 채무부담행위에 대한 승인, 해고제한법에 따른 대량해고에 대한 노동청의 승인 등.

다) 대리

타인을 대신하여 행하는 행위 – 감독청에 의한 공법인의 정관작성행위 또는 임원의 임명행위, **토지수용위원회의 수용재결**, 공매처분, 행려병자 또는 사자에 대한 유류품처분 등.

---

111) 대판 1991. 5. 10. 90다10766 교육부장관의 권한을 재위임 받은 공립교육기관의 장에 의하여 공립유치원의 임용기간을 정한 전임강사로 임용되어 지방자치단체로부터 보수를 지급받으면서 공무원복무규정을 적용받고 사실상 유치원교사의 업무를 담당하여 온 유치원교사의 자격이 있는 자를 해임한 사례.

112) 대판 1993. 2. 12. 92누13707 종전에는 사립학교 교원이 학교법인의 해임처분에 대하여 교원지위 향상을 위한 특별법에 따라 교육부 내의 교원징계재심위원회에 재심청구를 한 경우 재심위원회의 결정.

113) 대판 2016. 7. 14. 2015두48846 【체류기간연장등불허가처분취소】
출입국관리법 제10조, 제24조 제1항, 구 출입국관리법 시행령(2014. 10. 28. 대통령령 제25669호로 개정되기 전의 것) 제12조 [별표 1] 제8호, 제26호 (가)목, (라)목, 출입국관리법 시행규칙 제18조의2 [별표 1]의 문언, 내용 및 형식, 체계 등에 비추어 보면, 체류자격 변경허가는 신청인에게 당초의 체류자격과 다른 체류자격에 해당하는 활동을 할 수 있는 권한을 부여하는 일종의 설권적 처분의 성격을 가지므로, 허가권자는 신청인이 관계 법령에서 정한 요건을 충족하였더라도, 신청인의 적격성, 체류 목적, 공익상의 영향 등을 참작하여 허가 여부를 결정할 수 있는 재량을 가진다. 다만 재량을 행사할 때 판단의 기초가 된 사실인정에 중대한 오류가 있는 경우 또는 비례·평등의 원칙을 위반하거나 사회통념상 현저하게 타당성을 잃는 등의 사유가 있다면 이는 재량권의 일탈·남용으로서 위법하다.

114) 인가는 기본행위와 인가행위로 구성되는데, 기본행위에 따라 단체형성적 법률행위(단체의 설립, 기관의 구성, 단체에서의 의사형성 등)에 개입하는 형태로서 일방적·계속적 법률행위에 대한 인가과 토지거래허가(일본의 경우 특허기업의 운임·요금 인가) 등과 같은 쌍방적·일시적 법률행위에 대한 인가 등으로 구별된다. 인가에 대한 판례는 협의의 소의 이익에 관하여 '기본행위의 하자를 원인으로 인가처분의 취소를 구하는 경우에 소의 이익이 없다'고 판시하고 있다.

나. 준법률행위적 행정행위

1) 확인행위

특정한 사실 또는 법률관계에 관하여 의문이 있는 경우에 공권적으로 존부 또는 정부를 판단(인정 · 확정 · 선언)하는 행위[115].

가) 재결

행정심판위원회의 재결[116], 감사원의 변상판정에 대한 재심판정(158), 휴업기간 중의 수당지급에 관한 지방노동위원회의 승인이나 그 승인을 취소하는 중앙노동위원회의 재심처분(159), 노동쟁의발생신고에 대한 노동위원회의 적부판정(160), 국공립학교교원에 대한 교원소청심사위원회의 결정(종전, 교원징계재심위원회의 재심결정)(161) 등.

나) 기타

건물의 사용검사처분 · 준공처분(162), 입시불합격처분(163), 2종 교과용도서에 대한 검정처분(164), 토지구획정리조합의 환지예정지지정처분(165), 산업재해보상보험법상 장해등급결정(166), 소득세법상 소득금액 결정, 도로·하천구역결정, 발명의 특허 등[117].

2) 공증행위

증명하는 사실에 공적 증거력을 부여하는 행위 중 법률에 의하여 일정한 법률효과가 부여되는 경우[118]. 이때 **법률효과가 부여되는 경우**란 국민의 권리의무에 직접적인 효과를 미치는 경

115) 실정법상 용어로 재결 · 결정 · 사정 · 인정 · 검정 · 특허 등으로 혼용되고 있다.

116) 재결은 행정소송법 제19조 단서에 따른 위법심사의 특수성으로 인하여 행정소송법 제2조에 다른 행정행위와 달리 독립된 항고소송의 대상으로 규정되어 있다. 한편, [해난심판원의 재결과 관련하여] 판례는 해난심판원의 원인규명재결에 대해 행정청의 행정처분이 아니기 때문에 행정소송의 대상이 아니라고 판시하고 있지만(대판 1977. 7. 26. 76후16, 1994. 6. 24. 93추182 등), 해난심판원의 징계재결이나 권고재결과에 대해 행정소송의 대상이 되는 행정처분이라고 판시하고 있다(대판 1978. 9. 26. 77후21 등).

117) 당선인결정, 시험합격자 결정, 도산등사실불인정, 국가유공자등록, 민주화운동과련자인정.

118) 행정청 또는 그 소속기관의 공증행위는 증명하는 사실에 공적 증거력을 부여하는 것으로서 행정처분에 속하므로 공증행위의 취소 또는 변경을 구하려면 행정소송을 제기해야 한다(대판 1957. 7. 20. 4290민상287). 그러나 공증에 의한 증거력은 반증에 의하여 공증행위의 취소 없이 증거력이 번복될 수 있다. 한편, 대판 2012. 6. 14. 선고 2010두19720 【공정증서무효등확인】 【피고 법무법인 성실】 행정소송 제도는 행정청의 위법한 처분, 그 밖에 공권력의 행사·불행사 등으로 인한 국민의 권리 또는 이익의 침해를 구제하고 공법상 권리관계 또는 법률 적용에 관한 다툼을 적정하게 해결함을 목적으로 하는 것이므로, 항고소송의 대상이 되는 행정처분에 해당하는지는 행위의 성질·효과 이외에 행정소송 제도의 목적이나 사법권에 의한 국민의 권익보호 기능도 충분히 고려하여 합목적적으로 판단해야 한다. 이러한 행정소송 제도의 목적 및 기능 등에 비추어 볼 때, 행정청이 한 행위가 단지 사인 간 법률관계의 존부를 공적으로 증명하는 공증행위에 불과하여 그 효력을 둘러싼 분쟁의 해결이 사법원리에 맡겨져 있거나 행위의 근거 법률에서 행정소송 이외의 다른 절차에 의하여 불복할 것을 예정하고 있는 경우에는 항고소송의 대상이 될 수 없다

우를 의미하고[119] 행정사무집행상의 편의나 사실증명의 자료를 얻기 위하여 하는 경우에는 취소소송의 대상인 처분이 아니다[120].

가) 일반적인 공증행위

부동산등기, 선거인명부에의 등록, 광업원부에의 등록, 특허청장의 상표사용권 설정등록행위[121], 자동차운송알선사업등록처분(167), 농지소재지관서의 농지매매증명(168), 재산증명(169),

---

고 보는 것이 타당하다. <법무법인의 공정증서 작성행위가 항고소송의 대상이 되는 행정처분인지 여부(소극)>

119) 대판 2013. 10. 24. 선고 2011두13286 【토지대장말소처분취소】 【피고 남양주시 풍양출장소장】 "토지대장은 토지에 대한 공법상의 규제, 개발부담금의 부과대상, 지방세의 과세대상, 공시지가의 산정, 손실보상가액의 산정 등 토지행정의 기초자료로서 공법상의 법률관계에 영향을 미칠 뿐만 아니라, 토지에 관한 소유권보존등기 또는 소유권 이전등기를 신청하려면 이를 등기소에 제출해야 하는 점 등을 종합해 보면, 토지대장은 토지의 소유권을 제대로 행사하기 위한 전제요건으로서 토지 소유자의 실체적 권리관계에 밀접하게 관련되어 있으므로, 이러한 토지대장을 직권으로 말소한 행위는 국민의 권리관계에 영향을 미치는 것으로서 항고소송의 대상이 되는 행정처분에 해당한다. (원심 : 토지대장말소행위를 처분이 아니라는 이유로 소를 각하함.)"

120) 대판 2011. 1. 27. 선고 2008두2200 【사업자등록명의변경처분취소】 【피고 구로세무서장】 부가가치세법상의 사업자등록은 과세관청으로 하여금 부가가치세의 납세의무자를 파악하고 그 과세자료를 확보하게 하려는 데 제도의 취지가 있는바, 이는 단순한 사업사실의 신고로서 사업자가 관할세무서장에게 소정의 사업자등록신청서를 제출함으로써 성립하는 것이고, 사업자등록증의 교부는 이와 같은 등록사실을 증명하는 증서의 교부행위에 불과한 것이다. 나아가 구 부가가치세법(2006. 12. 30. 법률 제8142호로 개정되기 전의 것) 제5조 제5항에 의한 과세관청의 사업자등록 직권말소행위도 폐업사실의 기재일 뿐 그에 의하여 사업자로서의 지위에 변동을 가져오는 것이 아니라는 점에서 항고소송의 대상이 되는 행정처분으로 볼 수 없다. 이러한 점에 비추어 볼 때, 과세관청이 사업자등록을 관리하는 과정에서 위장사업자의 사업자명의를 직권으로 실사업자의 명의로 정정하는 행위 또한 당해 사업사실 중 주체에 관한 정정기재일 뿐 그에 의하여 사업자로서의 지위에 변동을 가져오는 것이 아니므로 항고소송의 대상이 되는 행정처분으로 볼 수 없다. <과세관청이 사업자등록을 관리하는 과정에서 위장사업자의 사업자명의를 직권으로 실사업자의 명의로 정정하는 행위가 항고소송의 대상이 되는 행정처분인지 여부(소극)> 대판 2000. 12. 22. 선고 99두6903 【사업자등록말소처분취소】 【피고 구로세무서장】 부가가치세법상의 사업자등록은 과세관청으로 하여금 부가가치세의 납세의무자를 파악하고 그 과세자료를 확보케 하려는 데 입법취지가 있는 것으로서, 이는 단순한 사업사실의 신고로서 사업자가 소관 세무서장에서 소정의 사업자등록신청서를 제출함으로써 성립되는 것이고, 사업자등록증의 교부는 이와 같은 등록사실을 증명하는 증서의 교부행위에 불과한 것이며, 부가가치세법 제5조 제5항에 의하면 사업자가 폐업하거나 또는 신규로 사업을 개시하고자 하여 사업개시일 전에 등록한 후 사실상 사업을 개시하지 아니하게 되는 때에는 과세관청이 직권으로 이를 말소하도록 하고 있는데, 사업자등록의 말소 또한 폐업사실의 기재일 뿐 그에 의하여 사업자로서의 지위에 변동을 가져오는 것이 아니라는 점에서 과세관청의 사업자등록 직권말소행위는 불복의 대상이 되는 행정처분으로 볼 수가 없다. <부가가치세법상 과세관청의 사업자등록 직권말소행위가 항고소송의 대상이 되는 행정처분인지 여부(소극)> 부가가치세법상 사업자 등록은 자기완결적 신고에 대한 등록, 신고필증 교부로서 사실행위이기 때문에, 등록 말소도 처분에 해당되지 않는다.(동지, 박균성, 전게서 155쪽)

121) 대판 1991. 8. 13. 선고 90누9414 【상표사용권설정등록처분취소】 【피고 특허청장】 [1] 행정소송의 대상이 되는 행정처분에 해당하는지의 여부는 그 행위의 성질 · 효과 이외에 행정소송제도의 목적이나 사법권에 의한 국민의 권익보호의 기능도 충분히 고려하여 합목적적으로 판단하여야 할 것인바, 행정소송제도의 목적에 비추어 볼 때 행정처분이 단지 사인간의 법률관계의 존부를 공적으로 증명하는 공증행위에 불과하여 그 효력을 둘러싼 분쟁의 해결이 사법원리에 맡겨져 있고, 위법한 행정처분의 취소가 국민의 권익구제나 분쟁의 근본적인 해결을 위한 적절한 수단이 되지 못하는 경우에는, 취소소송의 대상이 되지 아니한다고 보아야 할 것이다. [2] 구 상표법(1990.1.13. 법률 제4210호로 전문개정되기 전의 것) 제29조 제1항, 제3항, 제31조 제1항, 제2항, 구 상표등록령(1990.8.28. 대통령령 제13085호로 개정되기 전의 것) 제6조, 제7조, 제10조, 구 특허등록령(1990.8.28. 대통령령 제13082호로 개정되기 전의 것) 제34조 1항의 규정내용을 종합하면, 상표사용권설정등록신청서가 제출된 경우 특허청장은 신청서와 그 첨부서류만을 자료로 형식적으로 심사하여 그 등록신청을 수리 할 것인지의 여부를 결정하여야 되는 것으로서, 특허청장의 상표사용권설정등록행위는 사인간의 법률관계의 존부를 공적으로 증명하는 준법률행위적 행정행

건설업면허증 및 건설업면허수첩의 재교부(170) 등122).

나) 공부 기재행위

종전 판례에 따르면 지적도123), 임야도124), 임야대장(171), 건축물대장125) 등을 포함하여 공부의 등록·등재, 등록·등재사항의 변경(정정), 말소·삭제행위, (직권)분필·분할행위, 경계선변경(정정)행위, 복구·조제행위 등에 대하여 직접 국민의 권리변동에 영향을 미치지 않는다는 이유로 처분성이 부정되었지만, 현재 판례에 따르면 지적공부(토지대장이나 지적도, 임야대장이나 임야도 등)와 가옥대장 및 건축물관리대장의 일부 기재행위 등에 대하여 간접적으로 권리관계에 영향을 미친다는 이유로 처분성이 인정되고 있다.

위임이 분명하다. [3] 특허청장이 일단 등록신청을 수리하여 상표사용권설정등록을 완료하여 버린 경우에는, 설사 등록상표를 사용할 자인 등록권리자가 구 특허등록령 제15조 제1항을 위반하여 단독으로 상표사용권설정등록을 신청하는 등 등록신청절차에 하자가 있어, 구 특허등록령 제34조 제1항 제2 내지 제9 각 호의 1에 해당하는 등록신청의 불수리사유가 있었다고 하더라도 상표권자가 민사소송절차를 통하여 사용권자를 상대로 위와 같은 사유를 들어 상표사용권설정등록 말소등록절차의 이행을 청구할 수 있을 뿐, 행정소송절차를 통하여 특허청장을 상대로 그 등록처분의 취소를 청구할 수는 없다고 보아야 한다. <특허청장이 불수리사유가 있는 등록신청을 수리하여 상표사용권 설정등록을 완료한 경우, 상표권자가 행정소송절차를 통하여 그 등록처분의 취소를 청구할 수 있는지 여부(소극)>

122) 판례는 의료법 시행 전에 종전의 규정에 의하여 자격을 받은 소위 유사의료업자는 시술행위를 업으로 할 수 있으되 소정 기간 내에 시장 또는 도지사의 자격증 갱신발급을 받아야 하는 것이며 시장 또는 도지사의 이 침사자격증 갱신발급행위는 유사의료업자의 자격을 부여 내지 확인하는 것이 아니라 특정한 사실 또는 법률관계의 존부를 공적으로 증명하는 소위 공증행위에 속하는 행정행위라고 판시하였다(대판 1977. 5. 24. 76누295). 그러나 법무부장관이 변호사법에 의하여 행한 변호사명부의 등록취소는 변호사의 신분 또는 자격을 상실하고 있다는 사실을 공적으로 증명하는 행위일 뿐 변호사의 신분을 상실케 하는 행위가 아님을 이유로 처분성을 부정하였다(대판 1974. 5. 14. 74누2).

123) 대판 2002. 4. 26. 2000두7612 【지적정리요청거부처분취소】 【피고 고양시장】 지적공부에 기재된 일정한 사항을 변경하는 행위는 행정사무집행의 편의와 사실증명의 자료로 삼기 위한 것으로, 이로 인하여 당해 토지에 대한 실체상의 권리관계에 변동을 가져오는 것이 아니고, 토지 소유권의 범위가 지적공부의 기재만에 의하여 증명되는 것도 아니므로, 지적도의 경계를 현재의 도로경계선에 따라 정정해 달라는 지적정리 요청을 거부하는 내용의 회신은 항고소송의 대상이 되는 행정처분이라고 할 수 없다. 동지, 대판 1990. 5. 8. 90누554, 대판 1995. 12. 12. 95누9747.

124) 대판 1989. 11. 28. 89누3700 【임야도작성처분등에대한변경】 【피고 전주시장】 임야도를 정정하는 행위는 행정사무상의 편의와 사실증명의 자료로 삼기 위한 것이고 실체상의 권리관계에 변동을 가져오는 것은 아니므로 이를 행정소송의 대상이 되는 행정처분이라고 할 수 없다(소관청이 직권으로 토지에 대한 임야도의 경계와 면적을 정정하자 이에 임야도작성처분 취소소송을 제기한 사안).

125) 대판 1989. 12. 12. 89누5348 【건축물관리대장일부정정신청거부처분취소등】 【피고 대구직할시 남구청장】 건축물대장에 일정한 사항을 등재하거나 등재된 사항을 변경하는 행위는 행정사무집행의 편의와 사실증명의 자료로 삼기 위한 것이고 그 등재나 변경등재행위로 인하여 당해 건축물에 대한 실체상의 권리관계에 어떤 변동을 가져오는 것은 아니므로 소관청이 그 등재사항에 대한 정정신청을 거부한 것을 가리켜 항고소송의 대상이 되는 행정처분이라고 할 수 없다(건축물대장상의 용도를 주택 및 창고에서 우사로 직권 변경하자 이에 취소소송을 제기한 사안). 동지, 대판 2001. 6. 12. 2000두7777, 대판 1995. 5. 26. 95누3428.

① 처분성이 부정되는 경우

하천대장[126], 측량성과도[127], 공무원연금카드[128], 자동차운전면허대장[129], 운전면허행정처분처리대장[130], 온천관리대장[131] 등[132]

126) 대판 1982. 7. 13. 81누129 【하천지목변경처분무효확인】 【피고 서울특별시장】 하천대장은 하천에 관한 행정사무집행의 원활을 기하기 위하여 하천관리청이 그 현황과 관리사항을 기재하여 작성 보관하는 것이니, 특정 토지를 하천대장에 기재한다 하여 그 토지에 관한 권리의 창설이나 설정, 취득, 변경 및 소멸의 효력이 발생한다 할 수 없으므로 하천대장에의 기재는 하천구역의 지정처분이라 할 수 없다.

127) 대판 1993. 12. 14. 93누555 【지적측량오류정정부작위위법확인】 【피고 하남시장】 측량성과도는 지적법상 토지의 신규등록이나 등록전환, 분할 및 지적공부의등록사항에 대한 정정신청을 하는 때에 그 신청서에 첨부하여야 하는 것으로서, 토지나 임야에 관한 사실상태의 파악을 목적으로 작성되는 것에 불과하고 그 등재사항의 변경으로 인하여 당해 토지에 대한 실체상의 권리관계에 변동을 가져오는 것은 아니므로 소관청이 그 등재사항에 대한 정정신청을 거부한 것을 가리켜 항고소송의 대상이 되는 행정처분이라고 할 수 없다.

128) 대판 1980. 2. 12. 79누121 【퇴직일시금지급처분취소】 소급기여금 납부에 관한 공무원연금카드상의 기록에 대한 정정행위는 소원법상의 소원 또는 공무원연금법상의 심사청구의 대상이 되는 독립된 행정처분이 아니다.

129) 대판 1991. 9. 24. 91누1400 【운전경력증명서상의기록삭제신청거부처분취소】 【피고 서울특별시 남부경찰서장】 운전경력증명서상의 기재행위 역시 당해 운전면허 취득자에 대한 자동차운전면허대장상의 기재사항을 옮겨 적는 것에 불과할 뿐이므로 운전경력증명서에 한 등재의 말소를 구하는 소는 부적법하다(교통사고가 본인의 과실에 의하여 일어난 것이 아님에도 불구하고 운전경력증명서상에 등재되었다는 이유로 취소소송이 제기된 사안에서 비록 운전면허취득자 가운데 제1종 대형운전면허시험에 응시하고자 하는 자가 도로교통법 제70조 제6호의 규정에 의한 운전경험기간의 증명을 받고자 하거나 운전자 등이 운전경력, 교통사고기록 등의 증명을 받고자 하는 때에는 자동차운전면허대장에 기재된 사항을 기준으로 하여 작성한 운전경력증명서를 발급하도록 되어있을 지라도 기재내용의 말소를 구하는 소송은 부적법하다.).

130) 대판 1994. 8. 12. 94누2190 【자동차운전면허정지처분취소】 【피고 관악경찰서장】 운전면허 행정처분처리대장상 벌점의 배점은 도로교통법규 위반행위를 단속하는 기관이 도로교통법시행규칙 별표 16의 정하는 바에 의하여 도로교통법규 위반의 경중, 피해의 정도 등에 따라 배정하는 점수를 말하는 것으로 자동차운전면허의 취소, 정지처분의 기초자료로 제공하기 위한 것이고 그 배점 자체만으로는 아직 국민에 대하여 구체적으로 어떤 권리를 제한하거나 의무를 명하는 등 법률적 규제를 하는 효과를 발생하는 요건을 갖춘 것이 아니어서 그 무효확인 또는 취소를 구하는 소송의 대상이 되는 행정처분이라고 할 수 없다(운전면허 행정처분처리 대장상에 기재된 벌점 90점의 배점의 취소를 구하는 사안).

131) 대판 2000. 9. 8. 98두13072 【온천발견신고자명의변경신고수리불가처분취소】 【피고 경상북도지사】 구 온천법(1999. 1. 18. 법률 제5627호로 개정되기 전의 것) 제17조 제1항, 제2항, 제18조의 규정내용을 종합하면 온천지구 또는 온천공보호구역이 아닌 지역에서 온천을 발견한 자는 관할 시장·군수에게 이를 신고하여야 하고, 시장·군수가 수온·수량·수질 등을 검사한 결과 당해 온천이 개발·이용될 가능성이 있어 온천발견신고를 수리한 자에 대하여 토지의 굴착이나 온천의 이용을 우선하여 허가하거나 온천이용시설의 설치비용 중 일부를 보조 또는 융자 알선하는 등의 혜택을 부여할 수 있는바, 온천법령이 온천발견자의 지위승계나 명의변경에 관하여 아무런 규정을 두고 있지 아니할 뿐 아니라 온천의 탐사를 유인할 목적에서 같은 법 제17조 제2항의 규정에 의하여 당초의 온천발견신고가 수리된 자에게 부여되는 위 혜택의 성질상 발견된 온천공에 대한 권리의 양도 등에 수반하여 당연히 이전되는 것은 아니라고 해석되며, 온천관리대장에 온천발견자의 성명을 등재하는 행위는 행정사무집행상의 편의를 위한 것에 불과하여 이로써 당초 온천발견자의 온천발견신고에 대한 수리를 취소하고 새로운 온천발견신고를 수리하는 것과 같은 법률효과를 발생한다고 할 수 없으니 온천발견자 명의변경을 항고소송의 대상이 되는 공권력의 행사 또는 이에 준하는 행정작용으로 볼 수 없다(본건은 A가 자신의 소유 토지에서 3개의 온천공을 발견하고 온천발견신고를 하자, 시장이 이를 수리하였고, 이후 동업자들과 함께 온천의 개발 및 운영을 목적으로 B회사를 설립하여 온천공 및 그와 관련된 권리 일체를 회사에 출자하였고, 다시 C에게 권리를 양도하였다. 이로 인하여 B회사와 C 사이 권리 분쟁 중인데, C가 시장에게 A로부터 권리를 양도받았다는 이유로 위임장과 양도양수계약서를 제출하면서 온천발견자 명의변경신청을 하였으나, 시장이 B회사가 권리를 주장하고 있을 뿐만 아니라 C 사이에 명의개서절차이행청구의 소가 계속 중이므로 소송의 판결 후에 신고의 수리절차를 이행하겠다는 취지의 회신(원처분)을 하자, C가 도지사에 대하여 시장의 신고 수리 거부처분이 부당하다는 이유로 원처분의 취소를 구하는 행정심판을 청구하였다. 도지사가 C가 A로부터 진정한 의사에 기하여 적법하게 온천발견자의 지위를 승계하였고, C와 B회사 사이의 명의개서절차이행의 소가 신고의 수리를 함에 있어 고려할 것이 아니라는 이유로 원처분을 취소하고 신고를 수리하라는 결정(재결)하였고, 이에 따라 시장이 신고를 수리하자, B회사가 도지사를 상대로 재결 취소소송을 제기한 사안).

132) 광업원부(등록행위), 어업권원보(도지사의 어업권 설정 및 소멸에 관한 등록행위), 선적증서원부(말소등록), 육군병

② 처분성이 인정되는 경우

건축물관리대장상 건축주명의변경(172)(토지대장상 소유자 명의 변경신청 거부행위는 처분성이 부정됨)(173), 건축물관리대장상 용도변경(174), 건축물관리대장상 건축물표시변경[133], 지적공부상 지목변경(175), 지적공부상 토지면적변경[134], 지적도상 토지분할(176) 등

3) 통지행위

특정인 또는 불특정다수인에 대하여 특정한 사실을 알리는 행위 중 법률에 의하여 일정한 법률효과가 부여되는 경우. 법적 효과가 발생하지 않는 단순한 사실의 통지·통고·독촉·경고 등은 처분이 아니고[135], 특정한 공법적 행위의 1단계로서 행위의 유효요건에 지나지 아니하는 표시행위[136]는 통지와 구별되는 행위로서 행정처분이 아니다[137].

원의 입원기록부(작성행위), 변호사명부(법무부장관이 변호사법에 의하여 행한 변호사명부의 등록취소), 사찰명부(전통사찰의 등록말소신청을 거부한 회신) 등.

133) 대판 2009. 1. 30. 선고 2007두7277 【건축물표시변경신청불가처분취소】 【피고 부산광역시 사하구청장】 구 건축법(2005. 11. 8. 법률 제7696호로 개정되기 전의 것) 제14조 제4항의 규정은 건축물의 소유자에게 건축물대장의 용도변경 신청권을 부여한 것이고, 한편 건축물의 용도는 토지의 지목에 대응하는 것으로서 건물의 이용에 대한 공법상의 규제, 건축법상의 시정명령, 지방세 등의 과세대상 등 공법상 법률관계에 영향을 미치고, 건물소유자는 용도를 토대로 건물의 사용·수익·처분에 일정한 영향을 받게 된다. 이러한 점 등을 고려해 보면, 건축물대장의 용도는 건축물의 소유권을 제대로 행사하기 위한 전제요건으로서 건축물 소유자의 실체적 권리관계에 밀접하게 관련되어 있으므로, 건축물대장 소관청의 용도변경신청 거부행위는 국민의 권리관계에 영향을 미치는 것으로서 항고소송의 대상이 되는 행정처분에 해당한다.

134) 대판 2011. 8. 25. 선고 2011두3371 【지적공부등록사항정정반려처분취소】 【피고 화성시장】 평택~시흥 간 고속도로 건설공사 사업시행자인 한국도로공사가 고속도로 건설공사에 편입되는 토지들의 지적공부에 등록된 면적과 실제 측량 면적이 일치하지 않는 것을 발견하고 구 지적법(2009. 6. 9. 법률 제9774호 측량·수로조사 및 지적에 관한 법률 부칙 제2조 제2호로 폐지, 이하 '구 지적법'이라 한다) 제24조 제1항, 제28조 제1호에 따라 토지소유자들을 대위하여 토지면적등록 정정신청을 하였으나 화성시장이 이를 반려한 사안에서, 반려처분은 공공사업의 원활한 수행을 위하여 부여된 사업시행자의 관계 법령상 권리 또는 이익에 영향을 미치는 공권력의 행사 또는 그 거부에 해당하는 것으로서 항고소송 대상이 되는 행정처분에 해당한다고 본 원심판단을 정당하다고 한 사례.

135) 판례는 '행정권 내부에서의 행위나 알선, 권유, 사실상의 통지 등과 같이 상대방 기타 관계자들의 법률상 지위에 직접적인 변동을 일으키지 아니하는 행위는 항고소송의 대상이 되지 아니한다.'고 판시하면서(대판 1993. 10. 26. 93누6331), 사실의 통지·관념의 통지·사실행위 등에 대하여 통지로서의 처분성을 부정하고 있다.

136) 법령·조약의 공포, 재결의 고지, 요식행위의 문서의 교부·송달 등.

137) 법률 제3782호 하천법 중 개정 법률 부칙 제2조의 규정에 의한 하천편입토지의 보상에 관한 규정 제4조에 의한 관리청의 토지조서 작성 및 고시는 이미 하천에 편입된 토지를 알려 그 보상청구를 촉구하는 데 불과한 것이지 이로써 당해 토지가 하천구역에 편입되거나 하천구역에 편입된 것으로 인정(지정)받게 되는 것도 아니고, 또 이로 인하여 권리의 발생이나 의무의 부담 등 새로운 법률상의 효과를 가져오는 것도 아니므로 이를 행정소송의 대상이 되는 행정처분으로 볼 수 없다(대판 1992. 6. 9. 91누10497).

가) 처분성이 인정되는 경우

대집행의 계고처분(177), 납입고지(178)와 독촉[138] 등[139]

나) 처분성이 부정되는 경우

① 사실의 통지

건설부장관의 공유수면매립면허 실효통지(179), 영업정지처분을 하면서 그 처분명령서의 지시사항란에 무허가건축물을 철거하라는 내용을 기재한 행위(180), 신고납부하는 취득세 및 등록세의 수령확인통지(181), 직위해제된 자에 대한 당연퇴직의 발령통지(182), 당연퇴직 확인처분(183), 정년퇴직 인사발령(184), 취득세의 자진납부신고서나 납부자용고지서의 교부행위(185), 수도사업자의 급수공사신청자에 대한 급수공사비 납부통지(186) 등

② 관념의 통지[140]

재무부장관의 법인세법 등의 적용에 관한 질의에 대한 회답의 통지(187), 라벤다 꽃가루가 상품분류상 1208에 해당한다는 관세청장의 의견표명을 기재한 회신(188), 청원에 대한 심사처리결과의 통지 유무(189), 취득세 및 등록세의 면제신청을 거부하는 취지의 회신(190), 진정을 거부하는 국가기관의 민원회신이라는 통지(191), 행정 각 부처의 장 등이 일반국민의 소관 법령의 해석에 관한

---

138) 대판 2009. 12. 24. 선고 2009두14507 【이행강제금부과처분취소】 【피고 부산광역시 금정구청장】 구 건축법(2008. 3. 21. 법률 제8974호로 전부 개정되기 전의 것) 제69조의2 제6항, 지방세법 제28조, 제82조, 국세징수법 제23조의 각 규정에 의하면, 이행강제금 부과처분을 받은 자가 이행강제금을 기한 내에 납부하지 아니한 때에는 그 납부를 독촉할 수 있으며, 납부독촉에도 불구하고 이행강제금을 납부하지 않으면 체납절차에 의하여 이행강제금을 징수할 수 있고, 이때 이행강제금 납부의 최초 독촉은 징수처분으로서 항고소송의 대상이 되는 행정처분이 될 수 있다. <건축법상 이행강제금 납부의 최초 독촉이 항고소송의 대상이 되는 행정처분에 해당하는지 여부(적극)> 대판 1999. 7. 13. 선고 97누119 【부당이득금납부독촉고지처분취소】 【피고 의료보험연합회】 구 의료보험법(1994. 1. 7. 법률 제4728호로 전문 개정되기 전의 것) 제45조, 제55조, 제55조의2의 각 규정에 의하면, 보험자 또는 보험자단체가 사기 기타 부정한 방법으로 보험급여비용을 받은 의료기관에게 그 급여비용에 상당하는 금액을 부당이득으로 징수할 수 있고, 그 의료기관이 납부고지에서 지정된 납부기한까지 징수금을 납부하지 아니한 경우 국세체납절차에 의하여 강제징수할 수 있는바, 보험자 또는 보험자단체가 부당이득금 또는 가산금의 납부를 독촉한 후 다시 동일한 내용의 독촉을 하는 경우 최초의 독촉만이 징수처분으로서 항고소송의 대상이 되는 행정처분이 되고 그 후에 한 동일한 내용의 독촉은 체납처분의 전제요건인 징수처분으로서 소멸시효 중단사유가 되는 독촉이 아니라 민법상의 단순한 최고에 불과하여 국민의 권리의무나 법률상의 지위에 직접적으로 영향을 미치는 것이 아니므로 항고소송의 대상이 되는 행정처분이라 할 수 없다. <구 의료보험법 제45조, 제55조, 제55조의2에 기하여 보험자 또는 보험자단체가 의료기관에게 부당이득금 또는 가산금의 납부를 독촉한 후 다시 동일한 내용의 독촉을 한 경우, 후에 한 동일한 내용의 독촉이 항고소송의 대상이 되는 행정처분인지 여부(소극)>

139) '관할 구청장이 주택개량재개발사업구역내 세입자 중 공공용지의취득및손실보상에관한특례법시행규칙 제30조의 규정에 해당하는 세입자에 대하여 영구임대아파트의 입주권부여대상자가 아니라고 한 통보는 세입자를 영구임대아파트의 입주권부여대상에서 제외시키는 행정처분을 한 것이다.'라고 판시하였다(대판 1993. 2. 23. 92누5966).

140) '단순히 접수한 서면에 대한 회신의 형식으로 그 서면상의 사항에 대한 인식을 위한 관념의 통지에 불과하고 법적인 규제를 하려는 성질의 것이 아닌 이상 이를 행정처분이라고 할 수 없다.'고 판시하였다(대판 1966. 10. 25. 65누23).

질의에 대하여 하는 회신(192), 액화석유가스용기충전소 현대화시설연기요청에 대한 회신(193), 원고의 질병은 업무외의 질병으로 산재보험법상의 보상을 받을 수 없다는 뜻이 담긴 진정종결회시(194), 상훈대상자를 결정할 권한이 없는 국가보훈처장이 기포상자에게 훈격재심사계획이 없다고 한 회신(195), 폐천부지 교환신청에 대한 관계당국의 민원사무처리규정에 따른 회신(196) 등

4) 수리행위

수리란 타인의 행위를 유효한 행위로서 받아들이는 수동적 의사행위를 의미한다. 통상 법령에서 신고[141] 요건의 구비 여부를 심사한 후 행정청의 결정에 의해 법률효과가 발생되도록 규정하고 있는 경우라면 이때 행정청의 결정이 수리가 되며, 사인의 공법행위인 신고는 행정요건적 신고(또는 수리를 요하는 신고)가 된다. 이와 달리 법령에서 법률요건을 구비한 신고가 이루어지면 법률효과가 발생되도록 규정하고 있는 경우[142]라면 신고 이후에 이루어지는 행정청의 조치는 사실행위인 접수가 되며, 신고는 자체완성[143]적 신고(수리를 요하지 않는 신고)가 된다. 따라

---

141) 신고란 사인의 공법행위로서 '사인의 행정청에 대한 일정한 사실·관념의 통지로서 공법적 효과가 발생하는 행위'를 의미한다. 신고로서 통상 행위의 적법성을 회복시키는 등 법적 효과가 발생하는데, 이러한 법적 효과가 발생하지 않는 신고는 사실행위로서의 신고일 뿐 공법행위인 신고에 포함되지 않는다.

142) 수리를 요하는 신고와 수리를 요하지 않는 신고의 구별에 관하여 대판 1993.7.6. 자 93마635 결정 【과태료처분에대한이의】에서 다음과 같이 판시하고 있다. 이하 본문 내용. 2. 체육시설의설치·이용에관한법률 제18조는 체육시설업자는 체육시설의 이용자로 부터 이용료 또는 관람료를 받고자 할 때에는 미리 시·도지사에게 신고하여야 하고, 이를 변경하고자 할 때에도 같다고 규정하고, 같은 법 제24조 제1항 제8호는 제18조의 규정에 의한 신고를 하지 아니하고 이용료 또는 관람료를 징수하거나 신고내용에 위반하여 징수한 자에 대하여 50만 원 이하의 과태료를 처한다고 규정하고 있으므로, 이 사건의 경우에 있어서는 회사가 같은 법 제18조에 따른 신고를 하지 아니하고 변경된 이용료를 징수하거나 신고한 내용에 위반하여 징수한 경우에 과태료에 처할 수 있다고 할 것이다. 3. 그런데 같은법 시행령 제11조는 체육시설업자가 법 제18조의 규정에 의하여 체육시설의 이용료 또는 관람료의 징수신고를 하거나 신고한 내용을 변경하고자 할 때에는 그 신고서를 시·도지사에게 제출하여야 한다고 규정하고(제1, 2항), 시,도지사는 이 신고를 받을 때에 그 제1 내지 3호의 사항을 참작하여 신고한 이용료 또는 관람료가 심히 부당하다고 판단될 때에는 이를 조정하여야 하고(제3항), 신고서의 서식은 문화체육부령으로 정하도록 규정하였으며(제4항), 같은법시행규칙 제15조는 위의 신고서 및 변경신고서는 그 별지의 제17호 서식 및 제18호 서식에 의하도록 규정하였는바, 그 신고서의 서식에 의하면 이는 신고인이 같은 법 제18조와 같은법시행령 제11조 제1항 또는 제2항의 규정에 의하여 신고하는 내용이고, 이 신고서는 처리기관이 접수 - 검토, 조정 - 수리 - 통보하는 것으로 되어 있다. 4. 행정청에 대한 신고는 일정한 법률사실 또는 법률관계에 관하여 관계행정청에 일방적으로 통고를 하는 것을 뜻하는 것으로서 법에 별도의 규정이 있거나 다른 특별한 사정이 없는 한 행정청에 대한 통고로서 그치는 것이고 그에 대한 행정청의 반사적 결정을 기다릴 필요가 없는 것이므로, 회사가 한 이 사건 변경신고서는 그 신고자체가 위법하거나 그 신고에 무효사유가 없는 한 이것이 경기도지사에게 제출하여 접수된 때에 신고가 있었다고 볼 것이고, 경기도지사의 수리행위가 있어야만 신고가 있었다고 볼 것은 아니며, 위 시행령 제11조 제3항이 시,도지사는 이 신고를 받은 때에 그 이용료 또는 관람료가 심히 부당하다고 판단될 때에는 이를 조정하여야 한다고 규정하였다고 하여도 이는 신고 후의 조치를 규정한 것이라고 볼 것이고, 위 시행규칙 소정의 서식에 접수 - 검토, 조정 - 수리 - 통보로 되어 있는 것도 신고서의 접수 후의 처리절차를 규정한 것에 지나지 않는다고 볼 것이고, 시·도지사가 신고서를 접수, 검토, 조정의 절차를 거쳐 수리하는 때에 비로소 신고가 있었다고 해석할 것은 아니다.

143) 허가업 신고서에 대한 반려는 허가(법률행위적 행정행위)에 대한 거부처분으로서 수리거부와 구별된다.

서 후자의 경우 신고에 의해서 법률효과가 발행하기 때문에 비록 행정청의 조치가 수리라고 표현되더라도 이는 사실행위인 접수에 불과하고, 신고에 대한 반려조치는 원칙적으로 사실행위에 불과하기 때문에 처분성이 부정된다[144]. 그리고, 행정요건적 신고이든 자체완성적 신고이든 수리와 접수 이후 등록 또는 신고필증을 교부하는 사안에서 자체완성적 신고의 경우 등록이나 신고필증은 신고사실을 확인하는 사실행위에 불과하기 때문에 등록말소 또는 신고필증 교부거부의 처분성이 부정되지만(197), 행정요건적 신고의 경우 등록말소 또는 신고필증 교부거부의 처분성을 긍정하는 견해도 있지만 판례는 신고필증의 교부거부의 처분성을 부정하고 있다[145]. 한편, 수리는 일반적으로 타인의 행위를 유효한 행위로 판단하고 법령에 의하여 처리할 의사로서 수령하는 수동적 행위, 즉 '효과의사의 표시'가 아닌 '판단의 표시'로 이해되기 때문에 준법률행위적 행정행위이고, 이는 '효과의사의 표시'인 법률행위적 행정행위인 허가와 구별된다[146]. 따라서 수리가 신고 요건의 구비 여부에 대한 판단 작용을 의미할 뿐 허가와 달리 행정청의 의사표시를 포함하지 않기 때문에, 행정청은 수리 여부의 결정에 있어 형식적 요건을 심사할 수 있을 뿐 실질적 요건을 심사할 수 없다(198).

가) 행정요건적 신고와 수리

행정요건적[147] 신고와 수리로 구성되기 때문에 신고서 반려행위의 처분성이 인정된다. ① 석유사업법상 주유소(석유판매업)등록신청 수리와 수리거부(대판 98두7503), ② 수산업법상 신고어업의 신고(대판 99다37382-손실보상금 소송), ③ 장사등에관한법률상 납골당 설치신고서 반려(대판 2008두22631, 2009두6766), ④ 건축법상 건축주명의변경신고 수리거부(대판 91누4911), ⑤ 구

---

144) 판례도 자체완성적 신고에 대한 수리행위가 필요하지 않는다고 판시하고 있다(대판 1967. 9. 19. 67누71, 1968. 4. 30. 68누12). 한편, 행정절차법 제40조에 규정된 신고는 수리를 요하지 않는 신고에 관한 규정이나, 내용에 반하지 않는 이상 수리를 요하는 신고에도 유추적용될 수 있다.

145) 대판 2011. 9. 8. 선고 2009두6766 【납골당설치신고수리처분이행통지취소】 납골당설치 신고가 '수리를 요하는 신고'인지 여부(적극) 및 수리행위에 신고필증 교부 등 행위가 필요한지 여부(소극) "구 장사 등에 관한 법률 제14조 제1항, 구 장사 등에 관한 법률 시행규칙 제7조 제1항 [별지 제7호 서식] 을 종합하면, 납골당설치 신고는 이른바 '수리를 요하는 신고'라 할 것이므로, 납골당설치 신고가 구 장사법 관련 규정의 모든 요건에 맞는 신고라 하더라도 신고인은 곧바로 납골당을 설치할 수는 없고, 이에 대한 행정청의 수리처분이 있어야만 신고한 대로 납골당을 설치할 수 있다. 한편 수리란 신고를 유효한 것으로 판단하고 법령에 의하여 처리할 의사로 이를 수령하는 수동적 행위이므로 수리행위에 신고필증 교부 등 행위가 꼭 필요한 것은 아니다."

146) 통설은 수리와 허가를 구별하지만, 수리와 허가의 구별을 부정하는 견해에서는 등록제를 규정하고 있는 경우에 등록요건에 관한 형식적 심사와 실질적 심사 여부는 법령의 해석 · 적용에 관한 문제에 불과하기 때문에 수리를 실질적으로 허가제와 동일한 의미를 지닌다고 본다.

147) 행위요건적, 수리를 요하는 등으로 다양하게 표현되고 있다.

사회단체등록에관한법률상 사회단체등록거부[148](대판 87누308, 전원), ⑥ 구 정기간행물의등록등에 관한 법률상 등록[149](헌결 93헌바51), ⑦ 주민등록법상 전입신고 수리거부(대판 2006두17850,

---

148) 대판 1989. 12. 26. , 87누308 (전원) 다수의견은 사회단체등록에관한법률에 의한 등록신청의 법적 성질에 대하여 사인의 공법행위로서의 신고이고 등록은 당해 신고를 수리하는 것을 의미하는 준법률행위적 행정행위라 할 것이니 법 제4조 제1항의 형식요건의 불비가 없는 데도 불구하고 등록을 거부당한 신고인은 위와 같은 거부처분의 취소를 구할 이익이 있다고 판시하였다. 이에 반하여 소수의견은 종전 대법원 판결과 동일하게 처분을 부정하였고, 종전 판례는 사회단체의 등록을 단순한 사실상태에 불과하고 법률적 효과를 발생하는 행정처분이 아니라거나(대판 1964. 7. 23. 64누72), 사회단체등록거부처분은 아무런 권리침해를 주지 않는다 하여 이에 대하여 행정소송을 제기할 소익이 없다고 판시하였다(대판 1967. 7. 18. 65누172, 1974. 12. 10. 74누89).

149) [구 정기간행물의 등록에 관한 법률상 등록이 허가·검열에 해당하는지 여부에 대하여] 헌결 1997. 8. 21. 93헌바51(부정) [2] 헌법 제21조 제2항에서 정하는 허가나 검열은 행정권이 주체가 되어 사상이나 의견 등이 발표되기 이전에 예방적 조치로서 그 내용을 심사·선별하여 발표를 사전에 억제하는 제도를 뜻한다. 그런데, 정기간행물의등록등에관한법률 제7조 제1항이 정한 등록사항은 정기간행물의 외형적이고 객관적인 사항에 한정되어 있으므로 위 규정이 정기간행물의 내용을 심사·선별하여 정기간행물을 사전에 통제하기 위한 규정이 아님이 명백하다. 따라서 위 규정은 헌법 제21조 제2항이 정하는 허가나 검열에 해당되지 아니한다. [3] 정기간행물의등록등에관한법률 제7조 제1항은 국가가 정기간행물의 실태에 관한 정보를 관리하고, 이를 바탕으로 언론·출판의 건전한 발전을 도모하기 위한 장·단기 계획을 수립하고 시행하는데 필요한 참고자료를 획득할 수 있도록 한다는 목적을 가지는 바, 그 입법목적의 정당성이 인정되고, 등록사항이 정기간행물의 외형에 관한 객관적 정보에 한정되어 있고, 등록제를 규정하여 정기간행물의 발행요건에 관하여 실질적 심사가 아니라 단지 형식적 심사에 그치도록 하고 있으므로, 입법목적의 달성을 위하여 필요최소한 범위에서 언론·출판의 자유를 제한하는 것으로서 헌법 제37조 제2항의 과잉금지원칙에 위반된다고 볼 수 없다. [4] 어떤 행정법규 위반행위에 대하여 이를 단지 간접적으로 행정상의 질서에 장해를 줄 위험성이 있음에 불과한 경우(단순한 의무태만 내지 의무위반)로 보아 행정질서벌인 과태료를 과할 것인가, 아니면 직접적으로 행정목적과 공익을 침해한 행위로 보아 행정형벌을 과할 것인가, 그리고 행정형벌을 과할 경우 그 법정형의 형종과 형량을 어떻게 정할 것인가는 당해 위반행위가 위의 어느 경우에 해당하는가에 대한 법적 판단을 그르친 것이 아닌 한 그 처벌내용은 기본적으로 입법권자가 제반사정을 고려하여 결정할 그 입법재량에 속하는 문제이다. 정기간행물의등록등에관한법률 제7조 제1항을 위반한 자들은 정기간행물을 등록하지 아니하고 정기간행물을 발행함으로써 정기간행물의 발행질서를 교란하고 국가의 정책수립을 방해하는 자로서 사회질서를 훼손하였다는 사회적 비난을 면하기 어려운 자들이므로, 이들에 대하여 1년 이하의 징역 또는 500만 원 이하의 벌금에 처할 것을 규정하고 있는 정기간행물의등록등에관한법률 제22조 제3호가 헌법상 평등의 원리에 반한다거나, 입법목적의 달성에 필요한 정도를 일탈하여 위헌이라고 인정하기는 어렵다. [재판관 이재화, 재판관 조승형의 반대의견] [4] 정기간행물의등록등에관한법률 제7조 제1항의 입법목적은 정기간행물의 객관적·외형적 사항을 등록하게 함으로써 정기간행물의 실태파악이라는 행정편의를 위하여 참고자료를 수집하고자 함에 있다. 그 입법목적에 비추어 정기간행물의등록등에관한법률 제22조 제3호가 정하는 처벌규정은 행정질서벌을 부과하는 방법으로 충분히 입법목적을 달성할 수 있음에도 불구하고, 사회적 비난이 포함되어 있는 행정형벌인 징역형이나 벌금형을 부과하여 과다하게 국민의 기본권을 제한하고 있다고 인정되므로 결국 헌법 제37조 제2항의 과잉금지원칙에 위반되어 위헌이다.

[등록제를 규정한 구 음반·비디오물및게임에 관한 법률의 위헌 여부에 대하여] 대판 2002. 5. 10. 2000도5727 (부정) 구 음반·비디오물및게임물에관한법률(2001. 5. 24. 법률 제6473호로 전문 개정되기 전의 것, 이하 같다.)에서, 위 법에 따른 등록을 하게 되면 같은 법 제18조, 제21조에 규정한 바와 같이 시·도지사가 지정한 종합게임장이 아닌 경우에는 18세 이용가의 게임물을 제공할 수 없게 되는 등 각종 규제를 받게 됨에도 불구하고, 등록을 하지 않는 경우 폐업조치 등 행정처분과 형사처벌의 불이익을 가할 수 있도록 하여 사실상 등록을 강제하고 있다 할지라도, 이와 같이 같은 법에서 음반·비디오물·게임물 유통관련업자가 되고자 하는 자에게 등록의무를 부과한 것은 음반·비디오물 및 게임물산업의 진흥을 촉진하고 음반·비디오물 및 게임물의 질적 향상을 도모하기 위하여 주무행정관청이 유통관련업자의 실태를 파악하여 영업질서를 건전하게 유지하도록 하기 위한 것이므로, 같은 법상의 등록제도는 법률의 제정목적, 등록사항, 규제내용 등에 비추어 볼 때 과잉금지의 원칙에 위반하여 헌법상 보장된 영업의 자유를 과도하게 제한하는 위헌법률이라고 볼 수는 없다.

2008두10997), ⑧ 세무사법상 세무사등록신청 반려(대판 2012두1105), ⑨ 구 체육시설의 설치 · 이용에 관한법률상 골프장회원권모집계획승인(대판 2006두16243), ⑩ 건축법상 건축관계자 변경신고 수리(대판 2010두2296), ⑪ 재개발조합설립 인가신청에 대한 행정청의 조합설립인가처분 후 구 도시 및 주거환경정비법 시행령 제27조 각 호에서 정한 경미한 사항의 변경에 대한 행정청의 변경인가(대판 2009두4555), ⑫ 의료법상 의료유사업소개설신고 반려(대판 2011두21560), ⑬ **건축법상 인·허가 의제가 수반되는 건축신고 수리거부**[150](대판 2010두14954, 전원), ⑭ 사실증명의 첨부 없는 광업출원인 주소변경계의 수리(199), ⑮ 자동차운송알선사업자의 사업장소 이전신고 수리(200), 및 골프장회원권모집계획서의 수리[151] 등이 있다. 특히 판례는 **영업자 지위의**

150) 대판 2011.1.20. 2010두14954(전원) 【건축(신축)신고불가취소】 【피고 용인시 기흥구청장】 [1] [다수의견] 건축법에서 인·허가의제 제도를 둔 취지는, 인·허가의제사항과 관련하여 건축허가 또는 건축신고의 관할 행정청으로 그 창구를 단일화하고 절차를 간소화하며 비용과 시간을 절감함으로써 국민의 권익을 보호하려는 것이지, 인·허가의제사항 관련 법률에 따른 각각의 인·허가 요건에 관한 일체의 심사를 배제하려는 것으로 보기는 어렵다. 왜냐하면, 건축법과 인·허가의제사항 관련 법률은 각기 고유한 목적이 있고, 건축신고와 인·허가의제사항도 각각 별개의 제도적 취지가 있으며 그 요건 또한 달리하기 때문이다. 나아가 인·허가의제사항 관련 법률에 규정된 요건 중 상당수는 공익에 관한 것으로서 행정청의 전문적이고 종합적인 심사가 요구되는데, 만약 건축신고만으로 인·허가의제사항에 관한 일체의 요건 심사가 배제된다고 한다면, 중대한 공익상의 침해나 이해관계인의 피해를 야기하고 관련 법률에서 인·허가 제도를 통하여 사인의 행위를 사전에 감독하고자 하는 규율체계 전반을 무너뜨릴 우려가 있다. 또한 무엇보다도 건축신고를 하려는 자는 인·허가의제사항 관련 법령에서 제출하도록 의무화하고 있는 신청서와 구비서류를 제출하여야 하는데, 이는 건축신고를 수리하는 행정청으로 하여금 인·허가의제사항 관련 법률에 규정된 요건에 관하여도 심사를 하도록 하기 위한 것으로 볼 수밖에 없다. 따라서 인·허가의제 효과를 수반하는 건축신고는 일반적인 건축신고와는 달리, 특별한 사정이 없는 한 행정청이 그 실체적 요건에 관한 심사를 한 후 수리하여야 하는 이른바 '수리를 요하는 신고'로 보는 것이 옳다. [대법관 박시환, 대법관 이홍훈의 반대의견] 다수의견과 같은 해석론을 택할 경우 헌법상 기본권 중 하나인 국민의 자유권 보장에 문제는 없는지, 구체적으로 어떠한 경우에 수리가 있어야만 적법한 신고가 되는지 여부에 관한 예측 가능성 등이 충분히 담보될 수 있는지, 형사처벌의 대상이 불필요하게 확대됨에 따른 죄형법정주의 등의 훼손 가능성은 없는지, 국민의 자유와 권리를 제한하거나 의무를 부과하려고 하는 때에는 법률에 의하여야 한다는 법치행정의 원칙에 비추어 그 원칙이 손상되는 문제는 없는지, 신고제의 본질과 취지에 어긋나는 해석론을 통하여 여러 개별법에 산재한 각종 신고 제도에 관한 행정법 이론 구성에 난맥상을 초래할 우려는 없는지의 측면 등에서 심도 있는 검토가 필요한 문제로 보인다. 그런데 다수의견의 입장을 따르기에는 그와 관련하여 해소하기 어려운 여러 근본적인 의문이 제기된다. 여러 기본적인 법원칙의 근간 및 신고제의 본질과 취지를 훼손하지 아니하는 한도 내에서 건축법 제14조 제2항에 의하여 인·허가가 의제되는 건축신고의 범위 등을 합리적인 내용으로 개정하는 입법적 해결책을 통하여 현행 건축법에 규정된 건축신고 제도의 문제점 및 부작용을 해소하는 것은 별론으로 하더라도, '건축법상 신고사항에 관하여 건축을 하고자 하는 자가 적법한 요건을 갖춘 신고만 하면 건축을 할 수 있고, 행정청의 수리 등 별단의 조처를 기다릴 필요는 없다'는 대법원의 종래 견해(대법원 1968. 4. 30. 선고 68누12 판결, 대법원 1990. 6. 12. 선고 90누2468 판결, 대법원 1999. 4. 27. 선고 97누6780 판결, 대법원 2004. 9. 3. 선고 2004도3908 판결 등 참조)를 인·허가가 의제되는 건축신고의 경우에도 그대로 유지하는 편이 보다 합리적인 선택이라고 여겨진다.

151) 대판 2009. 2. 26. 2006두16243 【골프장회원권모집계획승인처분취소】 【피고 충청북도지사】 [1] 구 체육시설의 설치·이용에 관한 법률(2005. 3. 31. 법률 제7428호로 개정되기 전의 것) 제19조 제1항, 구 체육시설의 설치·이용에 관한 법률 시행령(2006. 9. 22. 대통령령 제19686호로 개정되기 전의 것) 제18조 제2항 제1호 (가)목, 제18조의2 제1항 등의 규정에 의하면, 위 법 제19조의 규정에 의하여 체육시설의 회원을 모집하고자 하는 자는 시·도지사 등으로부터 회원모집계획서에 대한 검토결과 통보를 받은 후에 회원을 모집할 수 있다고 보아야 하고, 따라서 체육시설의 회원을 모집하고자 하는 자의 시·도지사 등에 대한 회원모집계획서 제출은 수리를 요하는 신고에서의 신고에 해당하며, 시·도지사 등의 검토결과 통보는 수리행위로서 행정처분에 해당한다. [2] 행정처분으로서의 통보에 대하

승계 신고 및 수리와 관련해서 ① 식품위생법상 영업자 지위승계신고 수리(대판 2000도2050), ② 구 액화석유가스안전및사업관리법 제7조 제2항에 의한 액화가스충전사업 양수인의 지위승계 신고 수리(대판 91누11544), ③ 산림법상 채석허가 양수(대판 2001두6289), ④ 관광진흥법에 의한 사업양수에 의한 지위승계신고의 수리[152] ⑤ 평생교육법에 의한 학력인정 학교형태의 평생교육시설 설치자 변경 신청의 수리[153] 등에서 수리를 요하는 신고로 판시하고 있다[154].

여는 그 직접 상대방이 아닌 제3자라도 그 취소를 구할 법률상의 이익이 있는 경우에는 원고적격이 인정되는바, 회사가 정하는 자격기준에 준하는 자로서 입회승인을 받은 회원은 일정한 입회금을 납부하고 회사가 지정한 시설을 이용할 때에는 회사가 정한 요금을 지불하여야 하며 회사는 회원의 입회금을 상환하도록 정해져 있는 이른바 예탁금회원제 골프장에 있어서, 체육시설업자 또는 그 사업계획의 승인을 얻은 자가 회원모집계획서를 제출하면서 허위의 사업시설 설치공정확인서를 첨부하거나 사업계획의 승인을 받을 때 정한 예정인원을 초과하여 회원을 모집하는 내용의 회원모집계획서를 제출하여 그에 대한 시·도지사 등의 검토결과 통보를 받는다면 이는 기존회원의 골프장에 대한 법률상의 지위에 영향을 미치게 되므로, 이러한 경우 기존회원은 위와 같은 회원모집계획서에 대한 시·도지사의 검토결과 통보의 취소를 구할 법률상의 이익이 있다고 보아야 한다.

152) 대판 2007. 6. 29. 2006두4097 【거부청구등취소청구】 【피고 충남도지사】 [1] 구 관광진흥법(2002. 1. 26. 법률 제6633호로 개정되기 전의 것) 제8조 등 관계 규정의 형식이나 체재 또는 문언 등을 종합하여 보면, 관광사업의 양도·양수에 의한 지위승계신고에 대하여는 적법·유효한 사업양도가 있고, 양수인에게 구 관광진흥법 제7조 제1항 각 호의 결격사유가 없는 한 행정청이 다른 사유를 들어 수리를 거절할 수 없다고 할 것이므로, 위 신고의 수리에 관한 처분을 재량행위라고 볼 수 없다. [2] 구 관광진흥법에 따른 관광사업의 양도·양수에 관한 협약에 대하여 파산관재인이 해지권 등을 행사할 수 있는 경우, 위 해지권 행사 여부에 따른 양도·양수협약의 유동적 상태가 해소될 때까지 위 협약에 따른 지위승계신고의 수리를 보류하는 처분을 할 수 있다고 한 사례.

153) 대판 2003. 4. 11. 선고 2001두9929 【학교설치자변경신청서반려처분취소】 【피고 대구광역시 교육감】 "학력인정 학교형태의 평생교육시설 설치자 변경 신청의 법적 성질 및 그 신청을 수리하기 위한 요건" [1] 국민의 적극적 행위신청에 대하여 행정청이 그 신청에 따른 행위를 하지 않겠다고 거부한 행위가 항고소송의 대상이 되는 행정처분에 해당하는 것이라고 하려면, 그 신청한 행위가 공권력의 행사 또는 이에 준하는 행정작용이어야 하고, 그 거부행위가 신청인의 법률관계에 어떤 변동을 일으키는 것이어야 하며, 그 국민에게 그 행위발동을 요구할 법규상 또는 조리상의 신청권이 있어야만 한다. [2] 평생교육법은 평생교육시설 설치자의 지위승계를 명문으로 금지하지 아니하고 있고 그 지위승계를 금지하여야 할 합리적인 필요성도 인정된다고 할 수 없으므로, 같은 법이 설치자의 지위승계절차에 관한 명문규정을 두지 않고 있다고 하여 그 지위의 승계를 금지하는 취지라고 해석되지는 아니하고, 또한 같은 법은 제8조, 제20조 제4항, 제29조 등에서 평생교육시설 설치자의 법적 지위에 관하여 규정하고 있을 뿐만 아니라 현실적으로 설치자의 지위승계를 허용하여야 할 필요성도 있다고 할 것이므로 법규에 따른 적법성과 타당성의 요건을 구비하는 한 설치자의 지위승계가 허용된다고 보아야 할 것이고, 따라서 법규상 내지 조리상으로 신청인에게 학력인정 학교형태의 평생교육시설 설치자 명의의 변경을 요구할 권리가 있다고 할 것이며, 이러한 신청에 대한 거부처분은 신청인의 법률관계에 영향을 주는 것으로서 항고소송의 대상이 된다. [3] 평생교육법 제20조 제2항, 제3항, 같은법시행령 제10조 제1항, 고등학교이하각급학교설립·운영규정 제7조 등에 비추어 학력인정 학교형태 평생교육시설의 설치자 변경 신청은 종전 설치자에 갈음하는 새로운 설치자에 대한 학교형태의 평생교육시설의 등록 및 학력인정시설 지정의 신청이라는 실질을 가지고 있으므로, 현행 평생교육법령하에서 학력인정시설의 설치자 변경 신청을 수리하기 위하여는 설치자가 그 교사 및 교지의 소유권자이어야 한다는 위 법령의 규정에 따른 요건을 갖추어야 하는 것이다.

154) 판례는 승계의 대상이 허가영업 또는 수리를 요하는 신고영업이면 수리, 승계의 대상이 수리를 요하지 않는 신고영업이면 접수로 해석하고 있지만, 이와 달리 승계의 대상이 허가영업이면 허가, 승계의 대상이 수리를 요하는 신고영업이면 수리, 승계의 대상이 수리를 요하지 않는 신고영업이면 접수로 해석하는 학설도 있다. 한편, 판례는 영업자지위 승계의 수리에 대하여 양도인에 대한 영업허가 취소 와 양수인에 대한 권리설정이라는 법적 성격을 지니기 때문에 양도인에게 행정절차법이 적용된다고 판시하고 있다(2001두7015). 나아가 양도인에 대한 허가취소처분소송에서 사실상 양수인에 대한 원고적격을 긍정하고(2001두6289), 양도양수계약의 하자를 원인으로 한 지위승계신고수리처분 무효확인소송에서 협의의 소의 이익을 긍정하고 있다(2005두3554).
대판 2012. 12. 13. 선고 2011두29144 【유원시설업허가처분등취소】 【피고 부천시원미구청장】
[1] 구 관광진흥법(2010. 3. 31. 법률 제10219호로 개정되기 전의 것) 제8조 제4항에 의한 지위승계신고를 수리하는

나) 자체완성적 신고와 접수

① 신고서 반려행위의 처분성이 부정되는 경우

자체완성적 신고[155]와 사실행위인 접수로 구성되기 때문에 신고서 반려행위가 처분성이 부정되는 경우[156]로서 ① 도로운송차량법상 2륜소형자동차 사용신고 수리(85누329), ② 구 체

허가관청의 행위는 단순히 양도·양수인 사이에 이미 발생한 사법상 사업양도의 법률효과에 의하여 양수인이 그 영업을 승계하였다는 사실의 신고를 접수하는 행위에 그치는 것이 아니라, 영업허가자의 변경이라는 법률효과를 발생시키는 행위이다. 그리고 구 체육시설의 설치·이용에 관한 법률(2010. 3. 31. 법률 제10219호로 개정되기 전의 것) 제20조, 제27조의 각 규정 등에 의하면 체육시설업자로부터 영업을 양수하거나 문화체육관광부령으로 정하는 체육시설업의 시설 기준에 따른 필수시설을 인수한 자가 관계 행정청에 이를 신고하여 행정청이 수리하는 경우에는 종전 체육시설업자는 적법한 신고를 마친 체육시설업자의 지위를 부인당할 불안정한 상태에 놓이게 되므로, 그로 하여금 이러한 수리행위의 적법성을 다투어 법적 불안을 해소할 수 있도록 하는 것이 법치행정의 원리에 맞는다. [2] 행정절차법 제21조 제1항, 제22조 제3항 및 제2조 제4호의 각 규정에 의하면, 행정청이 당사자에게 의무를 과하거나 권익을 제한하는 처분을 할 때에는 당사자 등에게 처분의 사전통지를 하고 의견제출의 기회를 주어야 하며, 여기서 당사자란 행정청의 처분에 대하여 직접 그 상대가 되는 자를 의미한다. 한편 구 관광진흥법(2010. 3. 31. 법률 제10219호로 개정되기 전의 것, 이하 같다) 제8조 제2항, 제4항, 구 체육시설의 설치·이용에 관한 법률(2010. 3. 31. 법률 제10219호로 개정되기 전의 것, 이하 '구 체육시설법'이라 한다) 제27조 제2항, 제20조의 각 규정에 의하면, 공매 등의 절차에 따라 문화체육관광부령으로 정하는 주요한 유원시설업 시설의 전부 또는 체육시설업의 시설 기준에 따른 필수시설을 인수함으로써 유원시설업자 또는 체육시설업자의 지위를 승계한 자가 관계 행정청에 이를 신고하여 행정청이 수리하는 경우에는 종전 유원시설업자에 대한 허가는 효력을 잃고, 종전 체육시설업자는 적법한 신고를 마친 체육시설업자의 지위를 부인당할 불안정한 상태에 놓이게 된다. 따라서 행정청이 구 관광진흥법 또는 구 체육시설법의 규정에 의하여 유원시설업자 또는 체육시설업자 지위승계신고를 수리하는 처분은 종전 유원시설업자 또는 체육시설업자의 권익을 제한하는 처분이고, 종전 유원시설업자 또는 체육시설업자는 그 처분에 대하여 직접 그 상대가 되는 자에 해당한다고 보는 것이 타당하므로, 행정청이 그 신고를 수리하는 처분을 할 때에는 행정절차법 규정에서 정한 당사자에 해당하는 종전 유원시설업자 또는 체육시설업자에 대하여 위 규정에서 정한 행정절차를 실시하고 처분을 하여야 한다.

155) 자기완결적, 자족적, 수리를 요하지 않는 등으로 다양하게 표현되고 있다.

156) 외형상 나타나는 수리행위는 단순한 사실행위로서의 '접수'에 불과하고, 신고필증은 사인이 일정한 사실을 행정청에 알렸다는 사실을 확인해 주는 의미가 있을 뿐 신고의 적법성이나 유효성을 확인해 주는 의미가 없으며, 외형상 공부에 등록되었다고 할지라도 아무런 법적 의미가 없다. 한편, 수리를 요하지 않는 신고의 경우 법률효과가 법률요건을 구비한 신고가 이루어진 경우에 발생하기 때문에 요건이 구비한 신고는 행정청에 의해 반려되었다고 할지라도 유효하기 때문에 신고에 따른 영업행위도 적법하다. ① 의료법상 의원 개설신고(84도2953 - 형사판결), ② 체육시설의 설치 · 이용에관한법률상 골프장이용료변경 신고(93마635[1])-과태료사건), ③ 수산업법상 수산제조업[김가공업] 신고 수리거부(98다57419, 57426-손실보상금소송), ④ 주택건설촉진법상 신고대상인 건축물의 건축행위[대문설치]에 대한 신고(97누6780 - 위법성), ⑤ 구 축산물가공처리업법상 축산물판매업 신고(2009다97925), ⑥ 호적법 혼인신고(91므344 - 이혼사건), ⑦ 체육시설의 설치 · 이용에관한법률상 신고체육시설인 당구장업 신고(97도3121 - 형사판결) [동 판례의 반대해석으로 체육시설의 설치 · 이용에관한법률상 등록체육시설 신고는 수리를 요하는 신고로 해석된다. <참고, 체육시설의 설치 · 이용에 관한 법률 제10조(체육시설업의 구분 · 종류) ① 체육시설업은 다음과 같이 구분한다. 1. 등록 체육시설업 : 골프장업, 스키장업, 자동차 경주장업 2. 신고 체육시설업 : 요트장업, 조정장업, 카누장업, 빙상장업, 승마장업, 종합 체육시설업, 수영장업, 체육도장업, 골프 연습장업, 체력단련장업, 당구장업, 썰매장업, 무도학원업, 무도장업>] [한편, 체육시설의 설치 · 이용에관한법률상 신고체육시설 당구장업 신고에서 학교보건법상 별도의 요건을 갖추어야 적법한 신고가 된다고 판시하고 있는데(90누8350), 동 판례에 따라 - 당구장업 신고서 반려처분에 대한 처분성을 긍정한 판례로 해석하는 견해도 있다.] [볼링장업을 등록체육시설로 보아 수리를 요하는 신고로 본 판례(94누6062) 및 이에 대하여 신고체육시설로 보아야 한다는 비판이 있음『홍정선, 행정법 특강(박영사, 2011) 113쪽』] 동 판례들을 자체완결적 신고서에 대한 반려행위의 처분성을 부정하는 판례로 해석하는 견해도 있지만, 엄밀한 의미에서 자체완결적 신고에 대한 판례로 해석된다.

육시설의 설치 · 이용에관한법률상 착공계획서 신고 수리[157](99두10292)[158] 등이 있다. 그리고 사실상 신고[159]이기 때문에 신고서 반려행위가 처분성이 부정되는 경우로서 ① 건축법상 담장설치신고서반려처분(94누9962), ② 주택건설촉진법 및 공동주택관리령상 옥외운동시설 용도변경[테니스장－배드민턴장] 신고수리(99두455), ③ 장사등에관한법률상 납골시설의 부대시설 설치신고서 반려[160](2004두4031) 등이 있다.

② 신고서 반려행위의 처분성이 인정되는 경우

자체완성적 신고에 불과하지만 예외적으로 처분성이 인정되고 있는 경우로서 ① 건축법상 건축신고 수리거부[161](2008두167, 전원), ② 건축법상 착공신고서 반려[162](2010두7321) 등이 있

---

157) 본건은 골프장 사업계획승인을 받은 자의 사업시설 착공계획서 수리에 대한 인근 주민의 취소 청구 사건으로 수리가 사실행위인 접수에 불과하기 때문에 처분성이 없다는 이유로 각하되었다.

158) 대판 2008두167(전원)에 의해 폐기전 '건축신고' 수리
대판 1999. 10. 22. 선고 98두18435 【증축신고수리처분취소】 【피고 성북 제2동장】 [폐기됨] "구 건축법 제9조 제1항에 의하여 신고를 함으로써 건축허가를 받은 것으로 간주되는 경우에는 건축을 하고자 하는 자가 적법한 요건을 갖춘 신고만 하면 행정청의 수리행위 등 별다른 조치를 기다릴 필요 없이 건축을 할 수 있는 것이므로, 행정청이 위 신고를 수리한 행위가 건축주는 물론이고 제3자인 인근 토지 소유자나 주민들의 구체적인 권리 의무에 직접 변동을 초래하는 행정처분이라 할 수 없다."

159) 사실상 신고, 사실행위인 신고란 법령에서 신고 의무를 규정하지 않는 경우에 이루어진 신고, 즉 자유로운 행위임에도 불구하고 신고가 이루어진 경우의 신고를 의미한다. 따라서 신고, 접수에 의해 법률효과가 발행하지 않기 때문에 신고서 반려행위도 처분성이 부정된다.

160) 동 판례에서 장사등에관한법률상 납골탑 자체 설치신고서 반려는 수리를 요하는 신고라는 이유로 반려행위의 처분성을 긍정하고 있다.

161) 대판 2010. 11. 18. 2008두167(전원) 【건축신고불허(또는반려)처분취소】 구 건축법(2008. 3. 21. 법률 제8974호로 전부 개정되기 전의 것) 관련 규정의 내용 및 취지에 의하면, 행정청은 건축신고로써 건축허가가 의제되는 건축물의 경우에도 그 신고 없이 건축이 개시될 경우 건축주 등에 대하여 공사 중지 · 철거 · 사용금지 등의 시정명령을 할 수 있고(제69조 제1항), 그 시정명령을 받고 이행하지 않은 건축물에 대하여는 당해 건축물을 사용하여 행할 다른 법령에 의한 영업 기타 행위의 허가를 하지 않도록 요청할 수 있으며(제69조 제2항), 그 요청을 받은 자는 특별한 이유가 없는 한 이에 응하여야 하고(제69조 제3항), 나아가 행정청은 그 시정명령의 이행을 하지 아니한 건축주 등에 대하여는 이행강제금을 부과할 수 있으며(제69조의2 제1항 제1호), 또한 건축신고를 하지 않은 자는 200만 원 이하의 벌금에 처해질 수 있다(제80조 제1호, 제9조). 이와 같이 건축주 등은 신고제하에서도 건축신고가 반려될 경우 당해 건축물의 건축을 개시하면 시정명령, 이행강제금, 벌금의 대상이 되거나 당해 건축물을 사용하여 행할 행위의 허가가 거부될 우려가 있어 불안정한 지위에 놓이게 된다. 따라서 건축신고 반려행위가 이루어진 단계에서 당사자로 하여금 반려행위의 적법성을 다투어 그 법적 불안을 해소한 다음 건축행위에 나아가도록 함으로써 장차 있을지도 모르는 위험에서 미리 벗어날 수 있도록 길을 열어 주고, 위법한 건축물의 양산과 그 철거를 둘러싼 분쟁을 조기에 근본적으로 해결할 수 있게 하는 것이 법치행정의 원리에 부합한다. 그러므로 건축신고 반려행위는 항고소송의 대상이 된다고 보는 것이 옳다(종전 대판 1967. 9. 19. 67누71, 대판 1995. 3. 14. 94누9962, 대판 1995. 3. 14. 94누9962, 대판 1999. 10. 22. 98두18435 등을 폐기함.). 본 판결에 따르면 건축신고는 수리를 요하지 않는 자족적 신고임에도 불구하고 예외적으로 처분성이 인정되지만, 신고의 효과는 여전히 신고시에 발생된다.

162) 대판 2011. 6. 10. 2010두7321 【착공신고서처리불가처분취소】 구 건축법(2008. 3. 21. 법률 제8974호로 전부 개정되기 전의 것)의 관련 규정에 따르면, 행정청은 착공신고의 경우에도 신고 없이 착공이 개시될 경우 건축주 등에 대하여 공사중지 · 철거 · 사용금지 등의 시정명령을 할 수 있고(제69조 제1항), 시정명령을 받고 이행하지 아니한 건축물에 대하여는 당해 건축물을 사용하여 행할 다른 법령에 의한 영업 기타 행위의 허가를 하지 않도록 요청할 수 있으며(제69조 제2항), 요청을 받은 자는 특별한 이유가 없는 한 이에 응하여야 하고(제69조 제3항), 나아가 행정청은

는데, 전자의 경우 대판 2010두14954에 의해 건축법상 인 · 허가 의제가 수반되는 건축신고를 적극적으로 수리를 요하는 신고로 판례 변경하였다.

시정명령의 이행을 하지 아니한 건축주 등에 대하여는 이행강제금을 부과할 수 있으며(제69조의2 제1항 제1호), 또한 착공신고를 하지 아니한 자는 200만 원 이하의 벌금에 처해질 수 있다(제80조 제1호, 제9조). 이와 같이 건축주 등으로서는 착공신고가 반려될 경우, 당해 건축물의 착공을 개시하면 시정명령, 이행강제금, 벌금의 대상이 되거나 당해 건축물을 사용하여 행할 행위의 허가가 거부될 우려가 있어 불안정한 지위에 놓이게 된다. 따라서 착공신고 반려행위가 이루어진 단계에서 당사자로 하여금 반려행위의 적법성을 다투어 법적 불안을 해소한 다음 건축행위에 나아가도록 함으로써 장차 있을지도 모르는 위험에서 미리 벗어날 수 있도록 길을 열어 주고, 위법한 건축물의 양산과 철거를 둘러싼 분쟁을 조기에 근본적으로 해결할 수 있게 하는 것이 법치행정의 원리에 부합한다. 그러므로 행정청의 착공신고 반려행위는 항고소송의 대상이 된다고 보는 것이 옳다.

제 2 장

내부행위, 중간행위, 예비결정, 사전허가, 확약, 부관 및 직권취소와 철회

부관

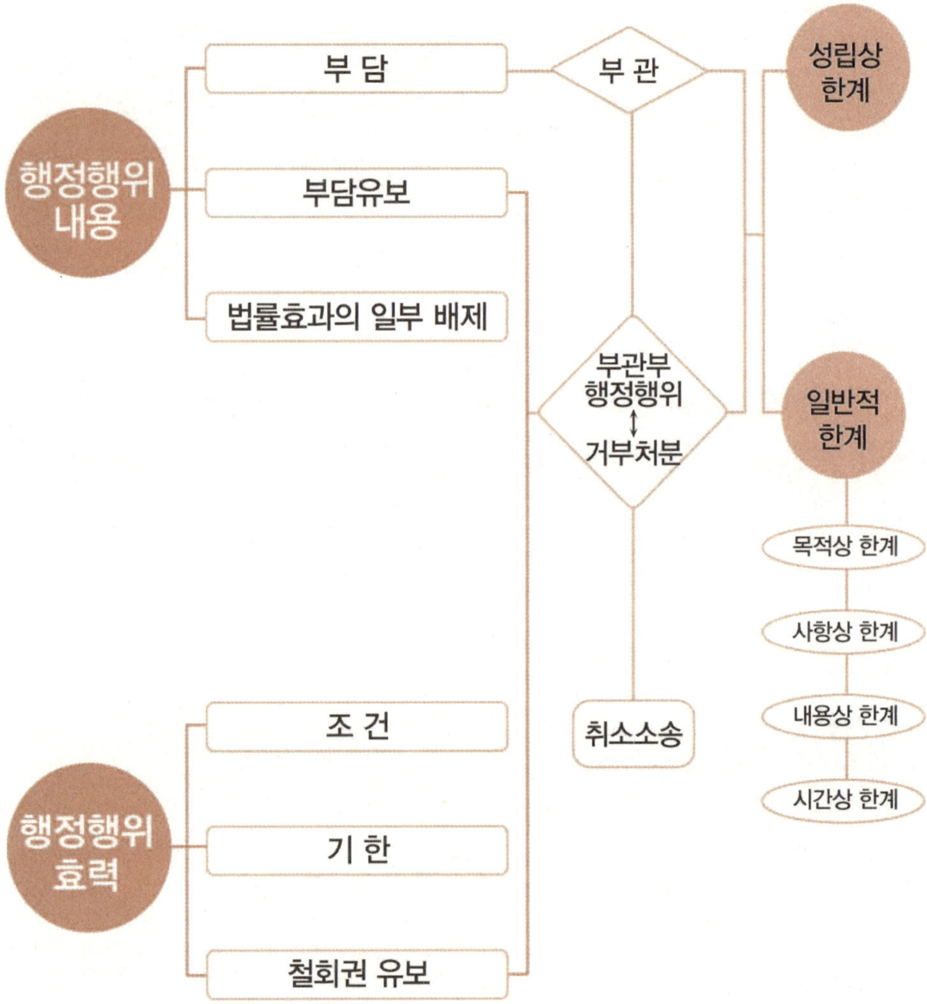
부 담
부 관
성립상 한계
행정행위 내용
부담유보
법률효과의 일부 배제
부관부 행정행위 ↕ 거부처분
일반적 한계
목적상 한계
사항상 한계
내용상 한계
시간상 한계
조 건
취소소송
행정행위 효력
기 한
철회권 유보

위법 부관에 대한 취소 소송

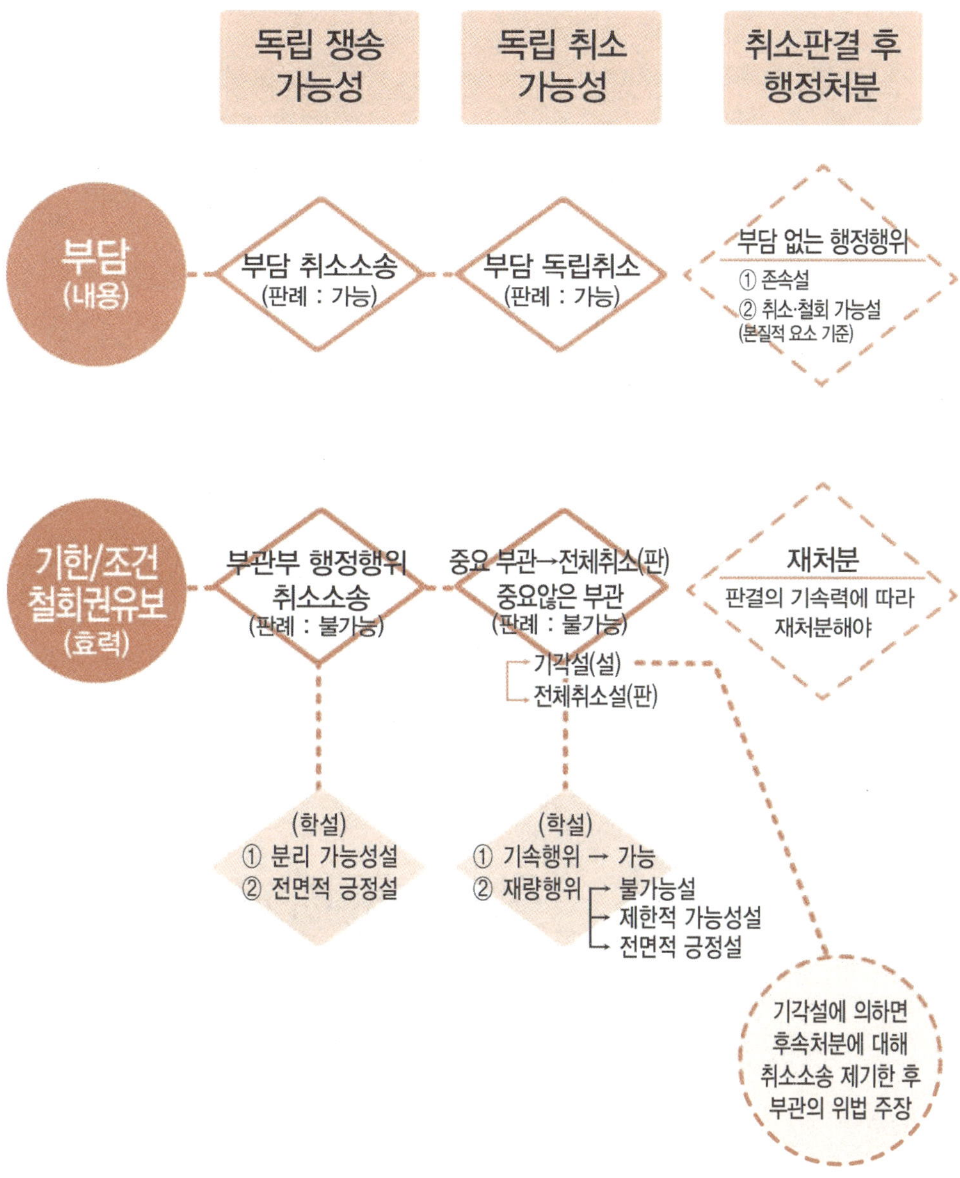

취소 · 철회

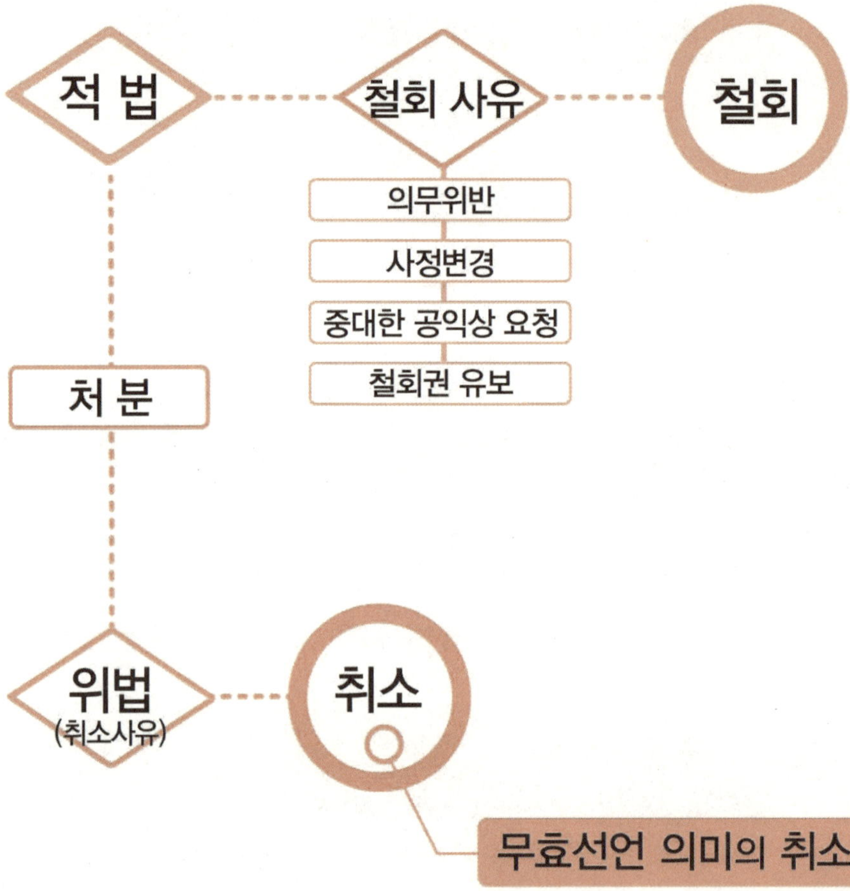

부담 불이행

주택건설사업 계획승인

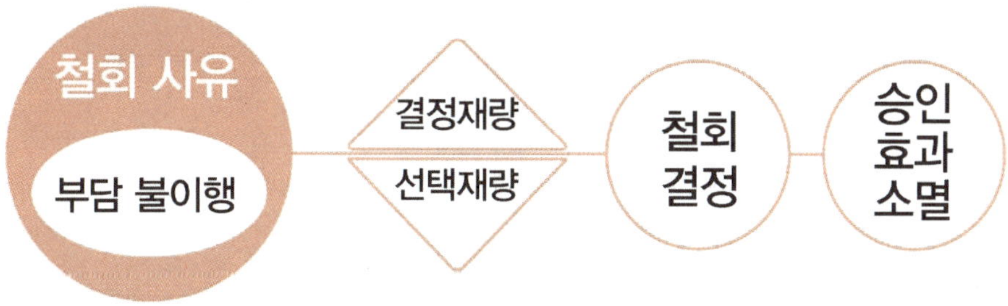

사용검사 승인 신청

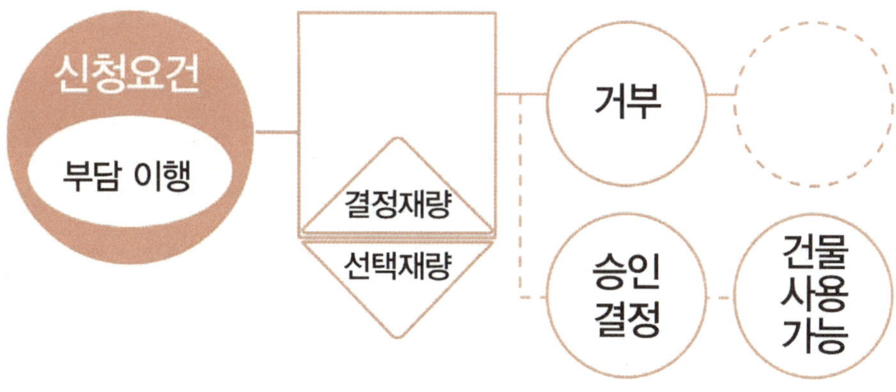

제 2 장

내부행위, 중간행위, 예비(사전)결정, 부분허가, 확약, 부관 및 직권취소와 철회

1. 내부행위, 중간행위

행정처분은 행정청의 의사결정에 기초하여 외부에 표시되어야 성립하기 때문에 적어도 외부적으로 인식될 수 있는 표상을 구비해야 한다. 그러나 행정처분으로서의 외관을 갖추고 있다고 할지라도 행정청의 내부행위에 불과한 경우에는 행정처분이 아니다. 즉, 행정기관의 내부적 행위 ① 행정기관의 결정이 오직 행정기관의 내부적 사무처리절차인 경우[163] 또는 ② 행정청의 공권력 행사가 아직 외부에 표시되지 않고 내부적인 의사결정의 단계에 머무르고 있는 경우(201)에는 원칙적으로 사인의 권리의무에 직접 영향을 미치지 않기 때문에 취소소송의 대상인 행정처분이 아니다. 또한, 행정기관 상호간의 행위도 행정청의 내부적 행위로서 항고소송의 대상이 되는 행정처분이라고 할 수 없다. 즉, ① 행정기관 상호간의 협의 · 동의 · 촉탁[164],

163) 도로교통법시행규칙의 운전면허행정처분기준에 따른 벌점부과 및 사고기록처분(대판 1994. 8. 12. 94누2190, 1994. 9. 13. 94누6611 면허의 취소 또는 정지의 행정처분을 하기 위한 내부적 절차) 등에 대하여 처분성을 부정하였다.

164) 외환은행장이 수입허가의 유효기간 연장을 승인하고자 할 때 무역거래법시행규칙(폐) 제10조 제3항에 의하여 상공부장관과 하는 협의(대판 1971. 9. 14. 71누99), 농림부장관과 재무부장관 사이에서 국유재산(간척지)을 그 소관 관재당국에 이관하는 협정(대판 1963. 3. 28. 4294행상114), 과학기술처장관의 주무부장관에 대한 국산신기술제품

② 상급행정기관의 하급행정기관에 대한 동의 · 승인 · 지시 · 통달[165], ③ 하급행정기관의 상급행정기관에 대한 진달 · 신청 · 보고[166] 등은 내부행위로서 국민의 권리의무에 법률적 영향을 미치지 아니하므로 취소소송의 대상이 아니다. 이처럼 내부행위를 직접 다툴 수 없고, 내부행위에 기한 구체적 외부행위가 이루어질 때 내부행위의 하자를 이유로 외부행위를 다투어야 한다[167].

일정한 법률효과가 연속된 수개의 행위에 의하여 비로소 완성되는 경우 일련의 절차를 구성하는 행정청의 중간단계의 행위는 명문의 규정이 없는 이상 항고소송의 대상이 되는 행정처분이 아니다. 일련의 절차적 과정에 있는 **중간단계의 처분에 대하여 쟁송의 제기를 인정하는 명**

보호기간에 관한 요청(대판 1989. 9. 12. 88누12028) 등.

165) 상급청의 하급청에 대한 지시(대판 1965. 6. 29. 64누136), 내무부장관의 서울특별시장에 대한 '대행측량사는 지적협회장의 업무지시 등을 받지 아니하고는 지적측량을 할 수 없다.'는 내용의 지시(대판 1967. 4. 25. 66누56), 행정청의 외부에 대한 질의회답통지와 하부기관에 대한 지시(대판 1962. 6. 20. 67누61), 경제기획원장관이 정부투자기관관리기본법 제21조에 의한 예산편성지침통보(대결 1993. 4. 12. 93두2, 1993. 9. 14. 93누9163), 대학입시기본계획 내의 내신성적산정지침(대결 1994. 9. 10. 94두33) 등. 대판 2011. 9. 29. 선고 2010두26339 【지원금지급신청반려처분취소】 【피고 지식경제부장관 외 1인】 [1] 수도권 소재 갑 주식회사가 본사와 공장을 광주광역시로 이전하는 계획하에 광주광역시장에게 구 '지방자치단체의 지방이전기업유치에 대한 국가의 재정자금지원기준'(2010. 1. 4. 지식경제부 고시 제2009-335호로 개정되기 전의 것) 제7조에 따라 입지보조금 등 지급을 신청하였고 이에 따라 광주광역시장이 지식경제부장관에게 지급신청을 하였는데, 이후 지식경제부장관이 광주광역시장에게 갑 회사가 지원대상요건을 충족하지 못한다는 이유로 반려하자 광주광역시장이 다시 갑 회사에 같은 이유로 반려한 사안에서, 국가균형발전 특별법 제19조 제1항, 제3항, 국가균형발전 특별법 시행령 제17조 제2항, 제3항 등 관련 규정들의 형식 및 내용에 의하면, 지식경제부장관에 대한 국가 보조금 지급신청권은 해당 지방자치단체장에게 있고, 지방이전기업은 해당 지방자치단체장에게 국가 보조금 지급신청을 할 수 있을 뿐 지식경제부장관에게 국가 보조금 지급을 요구할 법규상 또는 조리상 신청권이 있다고 볼 수 없다는 이유로, 지식경제부장관의 반려회신은 항고소송 대상이 되는 행정처분에 해당하지 않고, 광주광역시장의 반려처분은 항고소송 대상이 되는 행정처분에 해당한다고 한 사례.

166) 교육공무원법상 총학장의 대학교원 임용제청과 철회(대판 1989. 6. 27. 88누9640, 1991. 6. 25. 91다1134, 1993. 7. 27. 93누2209, 1993. 7. 27. 93누2315) 등. 대판 2009. 12. 10. 선고 2009두14231 【명예전역거부처분취소】 【피고 해군참모총장외 1인】 [1] 군인사법 제53조의2 제6항의 위임을 받은 군인 명예전역수당지급 규정 제6조 제1항, 제3항의 각 규정에 의하면, 각 군 참모총장은 군인 명예전역수당 지급신청을 받아 이를 심사하고 수당지급대상자를 선정하여 국방부장관에게 추천하며, 국방부장관은 각 군 참모총장으로부터 수당지급대상자의 추천을 받아 수당지급대상자를 최종적으로 심사·결정하도록 규정되어 있다. 이 규정에 따라 각 군 참모총장이 수당지급대상자 결정절차에 대하여 수당지급대상자를 추천하거나 신청자 중 일부를 추천하지 아니하는 행위는 행정기관 상호간의 내부적인 의사결정과정의 하나일 뿐 그 자체만으로는 직접적으로 국민의 권리·의무가 설정, 변경, 박탈되거나 그 범위가 확정되는 등 기존의 권리상태에 어떤 변동을 가져오는 것이 아니므로 이를 항고소송의 대상이 되는 처분이라고 할 수는 없다. [2] 군인사법 제53조의2 제1항, 군인 명예전역수당지급 규정 제2조 제1항, 제2항, 제6조 제2항, 제3항의 각 규정과 명예전역수당 지급업무 처리지침 제1항, 제7항의 각 규정 내용 등을 종합하여 보면, 국방부장관이 수당지급대상자로 결정하거나 배제하는 행위는 20년 이상 근속한 군인들 중 정년 전에 자진하여 전역하는 사람의 신청을 받아 심사한 후 그 지급대상자 및 지급액 등을 결정할 수 있는 재량행위에 해당한다고 보아야 한다. [3] 군인사법 등 관련 법령이 각 군 참모총장의 추천에 따라 국방부장관이 최종적으로 군인 명예전역수당 지급대상자를 결정하도록 규정하고 있는 이상 각 군 참모총장의 추천거부행위에 실체상·절차상의 위법사유가 존재하는 경우 그 위법사유를 이유로 국방부장관의 거부처분의 취소를 구할 수 있다. <각 군 참모총장이 '군인 명예전역수당 지급대상자 결정절차'에서 국방부장관에게 수당지급대상자를 추천하거나 신청자 중 일부를 추천하지 않는 행위는 내부행위로서 항고소송의 대상이 되는 처분이 아님>

167) 대판 2009. 12. 10. 2009두14231 하자의 승계와 상관없이 다툴 수 있다.

문의 규정이 있거나 또는 최종단계의 처분에 대하여서만 소송의 제기를 인정하는 규정이 있을 때에는 규정에 따라 해결하면 되지만, 아무런 명문의 규정이 없을 경우 일련의 단계적·중간적 처분 자체를 대상으로 항고소송을 제기할 수 있는지 여부에 대하여 논란이 있다. 원칙적으로 종국처분에 선행하는 각 중간단계의 처분에 대한 제소를 허용하면 행정과정에의 사법권의 개입을 필요 이상으로 허용하는 결과가 되기 때문에 법률에서 쟁송을 인정하는 취지의 특별한 정함이 없는 한 법률상 효력이 모두 발생하는 상태인 최종단계의 행위만이 항고소송의 대상이 된다[168]. 그러나 중간단계의 처분 자체가 고유한 불이익처분으로서 법률상 효과를 수반하는 때에는 중간단계의 처분에 대한 제소도 가능하다고 보아야 하는데, 판례는 토지수용절차에서의 사업인정, 행정대집행절차에서의 계고처분, 보험자 또는 보험자단체가 의료기관에게 한 부당이득금 또는 가산금 납부의 최초 독촉[169], 이행강제금 납부의 최초 독촉[170], 등과 같은 중간단계의 처분에 대한 제소를 긍정하고 있다[171].

---

168) 중간행위와 최종행위의 구별에 관하여 대판 2009. 12. 24. 선고 2009두12853【방산물자지정취소처분취소】【피고 방위사업청장】 방위사업법 제35조 제1항에서 방산업체로 지정되기 위해서는 방산물자를 생산하고자 하는 자이어야 한다고 규정하고 있고, 같은 법 시행령 제42조에서 방산업체의 시설기준에 관하여 방산물자의 생산에 필요한 일반시설 및 특수시설, 품질검사시설, 기술인력 등의 인적, 물적 시설을 갖출 것을 요건으로 하고 있는 점에 비추어, 방산물자 지정이 취소되는 경우 당해 물자에 대한 방산업체 지정도 취소될 수밖에 없다고 보아야 한다. 그렇게 되면 방위사업법에서 규정하는 방산물자 등에 대한 수출지원(제44조)을 받을 수 없을 뿐 아니라 방산업체로서 방위사업법에 따라 누릴 수 있는 각종 지원과 혜택을 상실하게 되고, 국가를 당사자로 하는 계약에 관한 법률 시행령 제26조 제1항 제6호 (다)목에서 규정한 '방위사업법에 의한 방산물자를 방위산업체로부터 제조·구매하는 경우' 수의계약에 의할 수 있는 지위도 상실하게 되므로, 결국 방산물자 지정취소는 당해 방산물자에 대하여 방산업체로 지정되어 이를 생산하는 자의 권리의무에 직접 영향을 미치는 행위로서 항고소송의 대상이 되는 행정처분에 해당한다. <방산물자 지정 · 취소는 방산업체 지정 · 취소와는 그 대상, 지정·취소권자, 지정·취소 절차, 지정·취소 사유가 별도로 독립되어 있어 방산물자 지정·취소 행위가 행정기관 상호간의 사전적 · 내부적인 행위에 불과한 것이라고 할 수 없다.> 한편, 대판 2010. 9. 9. 선고 2010다39413 【손해배상(기)】 【피고 대한민국】은 '방위사업법이 규정하고 있는 방산물자 지정 및 지정취소 처분이 재량행위'라고 판시하고 있다.

169) 대판 1999. 7. 13. 97누119【부당이득금납부독촉고지처분취소】【피고 의료보험연합회】구 의료보험법(1994. 1. 7. 법률 제4728호로 전문 개정되기 전의 것) 제45조, 제55조, 제55조의2의 각 규정에 의하면, 보험자 또는 보험자단체가 사기 기타 부정한 방법으로 보험급여비용을 받은 의료기관에게 그 급여비용에 상당하는 금액을 부당이득으로 징수할 수 있고, 그 의료기관이 납부고지에서 지정된 납부기한까지 징수금을 납부하지 아니한 경우 국세체납절차에 의하여 강제징수할 수 있는바, 보험자 또는 보험자단체가 부당이득금 또는 가산금의 납부를 독촉한 후 다시 동일한 내용의 독촉을 하는 경우 최초의 독촉만이 징수처분으로서 항고소송의 대상이 되는 행정처분이 되고 그 후에 한 동일한 내용의 독촉은 체납처분의 전제요건인 징수처분으로서 소멸시효 중단사유가 되는 독촉이 아니라 민법상의 단순한 최고에 불과하여 국민의 권리의무나 법률상의 지위에 직접적으로 영향을 미치는 것이 아니므로 항고소송의 대상이 되는 행정처분이라 할 수 없다. <통지행위>

170) 대판 2009. 12. 24. 2009두14507 구 건축법(2008. 3. 21. 법률 제8974호로 전부 개정되기 전의 것) 제69조의2 제6항, 지방세법 제28조, 제82조, 국세징수법 제23조의 각 규정에 의하면, 이행강제금 부과처분을 받은 자가 이행강제금을 기한 내에 납부하지 아니한 때에는 그 납부를 독촉할 수 있으며, 납부독촉에도 불구하고 이행강제금을 납부하지 않으면 체납절차에 의하여 이행강제금을 징수할 수 있고, 이때 이행강제금 납부의 최초 독촉은 징수처분으로서 항고소송의 대상이 되는 행정처분이 될 수 있다. <통지행위>

171) 중간행위 중 산업재해보상법상 장해보상금 결정의 기준이 되는 장해등급결정(대판 2010. 4. 29. 2010두795, 대판

한편, 소위 특별권력관계 내부행위의 처분성에 관하여 논란이 있다. 종전 이론에 따르면 특별권력관계란 국가와 시민 사이에 당연히 성립되는 일반권력관계와 달리 행정의 일정영역(공법상 근무관계, 영조물 이용관계, 특별감독관계, 공법상 사단관계 등)에서 성립되는 권력관계로서 정부가 개별적인 법률의 근거 없이도(법률유보의 원칙 배제론) 행정상 포괄적 명령권과 징계권을 행사할 수 있고(특별명령론), 이러한 행위가 사법심사의 대상이 되지 않는다(사법심사 배제론). 현재 특별권력관계에 대하여 긍정하는 절대적 구별설, 제한적 범위 내에서 긍정하는 상대적 구별설[172], 부정설 등이 있지만 판례와 다수설은 법률상 분쟁이면 사법심사가 전적으로 가능하다는 부정설의 입장이다. 따라서 특별권력관계 내부행위가 기관구성원으로서 하급자에게 발하여진 때에는 내부업무상의 지시로 행정처분이 아니지만, 독자적인 인격으로서 하급자에게 발하여진 때에는 행정처분이 된다. 즉, 상관이 부하공무원에게 한 직무상 명령, 내부업무지시, 직무평가 등은 행정처분이라 할 수 없지만 공무원의 개인적 권리영역을 침해하는 징계처분, 전보 등은 행정처분이라 할 것이다. 또한 특정인의 권익을 제한하는 내용을 갖는 지시는 실질적인 면에서 행정처분과 동일하기 때문에 처분성이 긍정된다[173].

2. 다단계 행정행위 중 예비결정, 부분허가 및 확약

행정과정 속에서 행정행위가 그에 선행되는 동의·의결·승인 또는 행정계획·일반처분 등 행위의 복합으로 이루어지는 경우, 이러한 다단계행정행위(또는 복합행위)의 처분성에 대하여 논란이 있다. 종래에는 행정청의 공익목적이 단순한 하나의 공법행위에 의하여 이루어지지 않고

1995. 2. 14. 94누12982, 대판 2002. 4. 26. 2001두8155 등), 근로기준법상 평균임금 결정(대판 2002. 10. 25. 2000두9717 등), 공무원연금법상 재직기간 합산(대판 2009. 3. 26. 2009두416, 대판 2002. 11. 8. 2001두7695 등) 등에 대한 처분성을 긍정한다. <확인행위>

172) 특별권력관계의 내부행위 즉, 특별권력관계의 질서유지에 관한 내부적 기율에 속하는 문제는 법원의 심사권이 미치지 않는다고 보고 특별권력관계의 외부행위 즉, 내부적 기율의 범위를 초과하여 일반 법질서에 있는 사안으로서 법률상의 지위에 관한 것에 한하여 재판권이 미친다고 본다. 따라서 단순한 경영수행관계, 즉 공무원의 지위 또는 학교 수업에서의 학생의 지위에 관계되는 조치는 행정처분이 아니지만, 공무원의 임명·면직 학교의 입학·제적 등 공무원·학생 등의 기본관계에 속하는 행정청의 조치는 행정처분이라고 본다.

173) 법원도 신분관계와 관련된 징계처분, 면직처분, 퇴학처분, 제명처분 등에 대하여 전면적 사법심사를 긍정하고 있다. 대판 1992. 2. 25. 89누2219 【제명처분취소】 【피고 서울대학교 자연과학대학장】 총학생회의 농촌봉사활동 지원요구를 둘러싸고 야기된 이른바 서울대학교 총장실 난입, 기물파괴 등 사태와 관련하여 3학년에 재학 중인 총학생회 간부에 대한 제명처분이 그 관여한 것으로 인정되는 범위의 내용, 정도 등에 비추어 교육적 견지에서 너무 가혹하여 징계권을 남용한 위법이 있다고 본 사례.

공법행위나 사법행위 등 성질을 달리하는 다수 행위의 절차적 발전을 거쳐서 완성되는 다단계 행정행위에서 최종행위만 행정행위로서 처분성이 있고 선행행위들은 내부행위로서 처분성이 없다고 보는 경향이 있었다. 그러나 골프장·스키장과 같은 체육시설, 원자력발전소·공업단지와 같은 산업시설을 건설하는 경우처럼 많은 시간과 노력이 요구되고, 그 과정에서 행정당국과 사업자, 주민, 기타 이해관계인 간의 이해가 복잡하게 얽혀 있는 다단계행정행위의 법적 하자를 최종단계에서 논하게 되면 해결 곤란한 법률문제가 야기될 수 있기 때문에 중간단계에서 법적 하자를 다툴 수 있게 할 필요가 있다. 일반적으로 다단계행정과정의 요소를 이루는 각 단계의 행정작용을 확약·확언, 예비결정(사전결정), 부분허가(부분승인) 등으로 나누어 처분성을 고찰하는데, 판례는 예비결정(사전결정), 부분허가(부분승인)에 대하여 행정행위로서 처분성을 긍정하지만, 확약·확언에 대하여 처분성을 부정하고 있다.

우선 확약·확언에 관하여 살펴보면 **확언**은 '행정주체가 일정한 행정작용을 행하거나 행하지 않겠다는 내용의 공법상 일방적인 자기구속의 의사표시'를 의미하고, **확약**은 확언의 대상이 특정 행정행위의 발령이나 불발령에 관한 내용인 경우로서 '행정청이 국민에 대한 관계에 있어서 자기구속을 할 의도로써 장래에 향하여 일정한 작위 또는 부작위를 약속하는 의사표시'를 의미한다. 종래부터 내인가, 내허가, 일차허가, 일차면허 등의 이름으로 확약의 법리가 시행되고 있는데, 이런 확약의 처분성에 대하여 학설은 일반적으로 행정행위의 일종으로 처분성을 긍정하지만 판례는 처분성을 부정하고 있다[174]. 판례에 따르면 확약은 처분이 아니기 때문에 확약에 대한 취소소송이 아닌 확약에 이은 본 행정행위에 대한 취소소송을 제기해야 하고, 특히 본 행정행위가 확약의 내용에 배치되면 신뢰보호의 원칙 위반 등을 주장하여 다툴 수 있을 뿐이다[175].

---

174) 대판 1995. 1. 20. 94누6529 수산업법상 어업우선수위결정을 확약이 아니라 사전결정(예비결정)으로 보면서 본 판결을 비판하는 견해도 있다.

175) 확약의 효력이 본 행정행위에 영향을 미치는지 여부에 대하여 구속력을 긍정하는 견해와 구속력을 부정하는 견해 등의 대립이 있다. 한편, 확약의 취소·철회와 관련하여 확약의 처분성을 부인하는 견해에 따르면 취소·철회에 대한 항고소송이 허용되지 않는다고 해석되지만, 처분성을 긍정하는 견해에 따르면 취소·철회에 대한 항고소송이 허용된다고 해석된다. 확약이 반드시 법적 근거가 필요한지 여부에 대하여 본 행정행위에 근거해서 확약할 수 있다는 견해가 다수이고, 현행법상 민원사무처리에 관한 법률 제19조의 사전심사 결정을 확약으로 보는 견해도 있다. 민원사무처리에 관한법률 제19조(사전심사의 청구) ① 민원인은 대규모의 경제적 비용이 수반되는 민원사항의 경우 행정기관의 장에게 정식으로 민원서류를 제출하기 전에 약식서류로 사전심사를 청구할 수 있다. ② 행정기관의 장은 제1항의 규정에 의하여 사전심사가 청구된 민원사항이 다른 행정기관의 장과의 협의를 거쳐야 하는 사항인 경우에는 미리 그 행정기관의 장과 협의하여야 한다. ③ 행정기관의 장은 사전심사 결과를 민원인에게 통보하여야 하며, 가능하다고 통보한 민원사항에 대하여는 민원인의 귀책사유 또는 불가항력 그 밖에 특별한 사유로 이를 이행할 수 없는 경우를 제외하고는 사전심사 결과 통보시 적시하지 아니한 다른 이유를 들어 거부하는 등의 방법으로 민원사항을 처리하여서는 아니된다.

예비결정(사전결정)은 '종국적 행정행위를 하기에 앞서 종국적인 행정행위에 요구되는 여러 요건 중에 개별적인 몇몇 요건에 대한 결정'을 의미한다. 예비결정은 본 결정(또는 종국결정)이 유보되어 있기 때문에 법률 효과가 확정적이지 않지만 예비결정의 구속력으로 인하여 본 결정시 예비결정의 내용과 상충되는 결정을 할 수 없다는 점에서 처분성이 긍정된다. 예비결정이 본 결정(또는 행정행위)을 구속하는지 여부에 대한 견해의 대립이 있지만, 판례는 예비결정이 행정청의 사전조치이기 때문에 신뢰보호의 원칙이 적용된다고 판시하여 사실상의 구속력을 인정하고 있다[176].

부분허가(부분승인)는 '단계화된 행정절차에서 일부에 대하여 행하는 종국적인 승인·허가'를 의미하고, 종국적인 결정이라는 점에서 처분성이 긍정된다. 판례와 통설은 원자력법상 사전부지승인을 사전적인 부분 건설허가의 성격이 있다는 이유로 부분허가로 보고 있다. 이와 같은 부분허가는 종국적 결정이기 때문에 후행하는 처분을 구속하는 효력을 가진다[177].

---

176) 예비결정(사전결정)의 효력이 본 행정행위에 영향을 미치는지 여부에 대하여 구속력을 긍정하는 견해(사전결정된 내용에 반하는 처분을 할 수 없고, 다만 사전처분에서 결정되지 않은 내용에 대하여만 처분할 수 있다.)와 구속력을 부정하는 견해(사전결정이 행정청의 선행행위에 불과하고 신뢰보호의 원칙에 위반되지 않으면 사전결정에 반하는 본 처분도 할 수 있다.) 등의 대립이 있다.

대판 1998. 5. 8. 98두4061 【폐기물처리업허가신청에대한불허가처분취소】 【피고 해운대구청장】 [1] 일반적으로 행정상의 법률관계 있어서 행정청의 행위에 대하여 신뢰보호의 원칙이 적용되기 위하여는 ① 행정청이 개인에 대하여 신뢰의 대상이 되는 공적인 견해표명을 하여야 하고, ② 행정청의 견해표명이 정당하다고 신뢰한 데에 대하여 그 개인에게 귀책사유가 없어야 하며 ③ 그 개인이 그 견해표명을 신뢰하고 이에 어떠한 행위를 하였어야 하고, ④ 행정청이 위 견해표명에 반하는 처분을 함으로써 그 견해표명을 신뢰한 개인의 이익이 침해되는 결과가 초래되어야 하며, 어떠한 행정처분이 이러한 요건을 충족할 때에는, 공익 또는 제3자의 정당한 이익을 현저히 해할 우려가 있는 경우가 아닌 한, 신뢰보호의 원칙에 반하는 행위로서 위법하게 된다. [2] 폐기물처리업에 대하여 사전에 관할 관청으로부터 적정통보를 받고 막대한 비용을 들여 허가요건을 갖춘 다음 허가신청을 하였음에도 다수 청소업자의 난립으로 안정적이고 효율적인 청소업무의 수행에 지장이 있다는 이유로 한 불허가처분이 신뢰보호의 원칙 및 비례의 원칙에 반하는 것으로서 재량권을 남용한 위법한 처분이라고 본 사례. [3] 행정처분이 위법한 때에는 이를 취소함이 원칙이고 그 위법한 처분을 취소·변경함이 도리어 현저히 공공의 복리에 적합하지 않은 경우에 극히 예외적으로 위법한 행정처분의 취소를 허용하지 않는다는 사정판결을 할 수 있으므로 사정판결의 적용은 극히 엄격한 요건 아래 제한적으로 하여야 하고, 그 요건인 현저히 공공복리에 적합하지 아니한가의 여부를 판단함에 있어서는 위법·부당한 행정처분을 취소·변경하여야 할 필요와 그 취소·변경으로 인하여 발생할 수 있는 공공복리에 반하는 사태 등을 비교·교량하여 그 적용 여부를 판단하여야 한다. [4] 폐기물처리업에 대한 불허가처분의 취소가 현저히 공공복리에 적합하지 아니하는 때에 해당한다고 볼 수 없어 사정판결을 할 대상이 되지 아니한다고 인정한 사례.

대판 1999. 5. 25. 99두1052 【종합토지세등부과처분취소】 【피고 서울특별시 서대문구청장】 주택건설촉진법 제33조 제1항의 규정에 의한 주택건설사업계획의 승인은 상대방에게 권리나 이익을 부여하는 효과를 수반하는 이른바 수익적 행정처분으로서 행정처분의 요건에 관하여 일의적으로 규정되어 있지 아니한 이상 행정청의 재량행위에 속하고(대법원 1997. 3. 14. 96누16698 판결, 1997. 2. 11. 96누6295 판결 등 참조), 그 전 단계인 같은 법 제32조의4 제1항의 규정에 의한 주택건설사업계획의 사전결정이 있다하여 달리 볼 것은 아니다. 따라서 피고가 이 사건 주택건설사업에 대한 사전결정을 하였다고 하더라도 사업승인 단계에서 그 사전결정에 기속되지 않고 다시 사익과 공익을 비교형량하여 그 승인 여부를 결정할 수 있다고 판단한 원심의 조치는 정당하고, 거기에 소론과 같은 위법이 있다고 할 수 없다. 한편, 종국적 사전결정과 잠정적 사전결정를 구별하여 잠정적 사전결정에 대하여 구속력을 부인하는 견해도 있다『박균성, 제8판 행정법론(상)(박영사, 2009), 420쪽』.

177) 대판 1998. 9. 4. 97누19588 [4] 원자력법 제11조 제3항 소정의 부지사전승인제도는 원자로 및 관계 시설을 건설하고자 하는 자가 그 계획중인 건설부지가 원자력법에 의하여 원자로 및 관계 시설의 부지로 적법한지 여부 및 굴착공

가행정행위는 '사실관계나 법률관계의 계속적인 심사를 유보한 상태에서 당해 행정법관계의 권리와 의무를 잠정적으로 확정하는 행위'를 의미하는데, 법적 효과가 잠정적일지라도 확정적으로 발생한다는 점에서 처분성이 긍정된다[178]. 그러나 가행정행위는 본행정행위에 대한 행정청의 사전조치가 아니기 때문에 부분허가처럼 본행정행위를 사실상 구속하는 효력이 없을 뿐만 아니라 예비결정처럼 신뢰보호의 원칙도 적용되지 않는다[179].

이처럼 처분성이 긍정되는 예비결정(사전결정), 부분허가(부분승인), 가행정행위 등과 같은 다단계행정행위의 요소를 이루는 각 단계의 행정작용에 대한 항고소송은 최종 행정행위가 이루어지면 일반적으로 소의 이익이 없기 때문에 각하되고, 각하를 피하려면 처분 변경을 이유로 소를 변경해야 한다(202).

3. 부관

부관의 개념에 관하여 종전에는 행정행위의 효과를 제한하기 위하여 주된 의사표시에 부가된 종된 의사표시라고 보았지만, 현재에는 행정행위의 효과를 제한 또는 보충하기 위하여 주된

사 등 일정한 범위의 공사(이하 '사전공사'라 한다)를 할 수 있는지 여부에 대하여 건설허가 전에 미리 승인을 받는 제도로서, 원자로 및 관계 시설의 건설에는 장기간의 준비·공사가 필요하기 때문에 필요한 모든 준비를 갖추어 건설허가신청을 하였다가 부지의 부적법성을 이유로 불허가될 경우 그 불이익이 매우 크고 또한 원자로 및 관계 시설 건설의 이와 같은 특성상 미리 사전공사를 할 필요가 있을 수도 있어 건설허가 전에 미리 그 부지의 적법성 및 사전공사의 허용 여부에 대한 승인을 받을 수 있게 함으로써 그의 경제적·시간적 부담을 덜어 주고 유효·적절한 건설공사를 행할 수 있도록 배려하려는 데 그 취지가 있다고 할 것이므로, 원자로 및 관계 시설의 부지사전승인처분은 그 자체로서 건설부지를 확정하고 사전공사를 허용하는 법률효과를 지닌 독립한 행정처분이기는 하지만, 건설허가 전에 신청자의 편의를 위하여 미리 그 건설허가의 일부 요건을 심사하여 행하는 사전적 부분 건설허가처분의 성격을 갖고 있는 것이어서 나중에 건설허가처분이 있게 되면 그 건설허가처분에 흡수되어 독립된 존재가치를 상실함으로써 그 건설허가처분만이 쟁송의 대상이 되는 것이므로, 부지사전승인처분의 취소를 구하는 소는 소의 이익을 잃게 되고, 따라서 부지사전승인처분의 위법성은 나중에 내려진 건설허가처분의 취소를 구하는 소송에서 이를 다투면 된다. 사전부지승인을 사전결정과 부분허가의 결합으로 보는 견해도 있다『박균성, 전게서, 417쪽』. <부지사전 승인제도는 통상 원자력 발전소의 건설에서 최초 계획 단계에서 건설허가와 운영허가를 거쳐 현실적 운영까지 최소 7년 이상의 기간이 필요하고, 그 중에서도 부지선정기간이 매우 길기 때문에 원자력 발전소의 부지로서 적당한 부지를 미리 승인하여 건설허가 시 부지의 부적적성을 이유로 불허되지 않도록 하는 제도이다.>

178) 통상 소득세법상 제110조에 의한 소득액 신고에 따른 잠정적 세액 결정, 관세법 제39조상 잠정 세액의 결정, 국가공무원법 제73조의 3에 의한 직위해제 등을 가행정행위로 보고 있고, 석유사업법 제11조에 의한 석유정제업 등의 조건부 등록, 먹는물관리법 제9조의2에 의한 샘물개발의 가허가 등에 대하여 확약이라는 견해와 가행정행위라는 견해 등의 대립이 있다『박균성, 전게서, 411쪽』. 확약은 본 행정행위가 이루어진 경우와 동일·유사한 법적 상태가 존재하지 않지만, 가행정행위는 본 행정행위가 이루어진 경우와 동일·유사한 법적 상태가 존재한다는 점에서 차이가 있으므로 위 조건부 등록이나 가허가로 인하여 본 행정행위가 이루어진 경우와 동일하게 석유, 물 등 생산, 유통 등을 할 수 있기 때문에 가행정행위로 해석된다.

179) 가행정행위가 선행조치라고 하더라도 보호가치 있는 신뢰가 있다고 보기 어려울 것이다. 가정행정행위는 반드시 법적 근거가 있어야 할 수 있는지 여부에 대하여 근거가 필요하다는 견해(소극설)와 본 행정행위에 의해 가능하다는 견해(적극설, 다수설) 등의 대립이 있다.

행정행위에 부가된 종된 규율로 보고 있다. 종전 개념에 의하면 부관은 법률행위적 행정행위에 한하여 법률효과를 제한하기 위하여 부가될 수 있었지만, 현재 개념에 의하면 부관은 준법률행위적 행정행위에도 법률효과를 보충하기 위하여 부가될 수 있다. 부관의 종류에는 행정행위의 효력과 관련하여 **조건**[180], **기한**[181], **철회권(취소권) 유보**[182] 등이 있고, 행정행위의 내용과 관

---

180) 행정행위의 효력 발생·소멸이 장래의 불확실한 사실의 성부에 의존케 하는 부관. 정지조건과 해제조건이 있으며 행정행위의 특징(불확실성, 불확정 상태의 배제)상 조건이 부가되는 경우는 매우 드물다.

181) 행정행위의 효력 발생·소멸이 장래에 발생하는 확실한 사실에 의존케 하는 부관으로서 시기와 종기, 확정기한과 불확정 기한 등이 있다. 한편, 기한 중에는 존속기간이 아닌 갱신기간으로 해석되기도 하는데, 판례는 허가 자체의 존속기간과 허가 조건의 존속기간을 구별하고 있다(대판 1995.11.10. 94누11866 【옥외광고물등표시허가연장거부처분취소】 【피고 서울특별시 영등포구청장】 [1] 행정행위인 허가 또는 특허에 붙인 조항으로서 종료의 기한을 정한 경우 종기인 기한에 관하여는 일률적으로 기한이 왔다고 하여 당연히 그 행정행위의 효력이 상실된다고 할 것이 아니고 그 기한이 그 허가 또는 특허된 사업의 성질상 부당하게 짧은 기한을 정한 경우에 있어서는 그 기한은 그 허가 또는 특허의 조건의 존속기간을 정한 것이며 그 기한이 도래함으로써 그 조건의 개정을 고려한다는 뜻으로 해석하여야 할 것이다. 대판 2004. 3. 25. 2003두12837 【개발제한구역내행위허가(기간연장)신청불허가처분취소】 【피고 하남시장】 [2] 일반적으로 행정처분에 효력기간이 정하여져 있는 경우에는 그 기간의 경과로 그 행정처분의 효력은 상실되며, 다만 허가에 붙은 기한이 그 허가된 사업의 성질상 부당하게 짧은 경우에는 이를 그 허가 자체의 존속기간이 아니라 그 허가조건의 존속기간으로 보아 그 기한이 도래함으로써 그 조건의 개정을 고려한다는 뜻으로 해석할 수 있지만, 이와 같이 당초에 붙은 기한을 허가 자체의 존속기간이 아니라 허가조건의 존속기간으로 보더라도 그 후 당초의 기한이 상당 기간 연장되어 연장된 기간을 포함한 존속기간 전체를 기준으로 볼 경우 더 이상 허가된 사업의 성질상 부당하게 짧은 경우에 해당하지 않게 된 때에는 관계 법령의 규정에 따라 허가 여부의 재량권을 가진 행정청으로서는 그 때에도 허가조건의 개정만을 고려하여야 하는 것은 아니고 재량권의 행사로서 더 이상의 기간연장을 불허가할 수도 있는 것이며, 이로써 허가의 효력은 상실된다. [3] 개발제한구역 내 개발행위 허가에 대한 재량권을 가진 행정청이 그 허가기간 연장 신청을 불허가하였다고 하여 재량권을 일탈·남용한 것이라고 볼 수 없다고 한 사례.) 허가 자체의 존속기간은 기한의 도래로서 주된 행정행위의 효력이 당연 소멸된다(대판 2011. 7. 28. 2011두5728 【손실보상금】 어업에 관한 허가 또는 신고의 경우에는 어업면허와 달리 유효기간연장제도가 마련되어 있지 아니하므로 그 유효기간이 경과하면 그 허가나 신고의 효력이 당연히 소멸하며, 재차 허가를 받거나 신고를 하더라도 허가나 신고의 기간만 갱신되어 종전의 어업허가나 신고의 효력 또는 성질이 계속된다고 볼 수 없고 새로운 허가 내지 신고로서의 효력이 발생한다고 할 것이다.). 따라서 허가 자체의 존속기간이 만료된 경우 재허가 여부는 행정청의 재량행위로서 거부 결정이 가능하다. 그러나 허가조건의 존속기간은 유효기간이 도과하기 전 당사자의 갱신청구가 있으면 재허가 자체를 거부할 수 없고, 다만 허가의 내용과 기간을 다시 정할 수 있다. 이때 갱신청구는 반드시 유효기간 도과 전에 이루어져야 되고, 기간 도과 후의 갱신청구는 새로운 허가신청으로 본다(대판 94누11866 [2] 종전의 허가가 기한의 도래로 실효한 이상 원고가 종전 허가의 유효기간이 지나서 신청한 이 사건 기간연장신청은 그에 대한 종전의 허가처분을 전제로 하여 단순히 그 유효기간을 연장하여 주는 행정처분을 구하는 것이라기 보다는 종전의 허가처분과는 별도의 새로운 허가를 내용으로 하는 행정처분을 구하는 것이라고 보아야 할 것이어서, 이러한 경우 허가권자는 이를 새로운 허가신청으로 보아 법의 관계 규정에 의하여 허가요건의 적합 여부를 새로이 판단하여 그 허가 여부를 결정하여야 할 것이다. 대판 2007.10.11. 2005두12404 【보전임지전용허가취소처분무효확인】 【피고 용인시장】 일반적으로 행정처분에 효력기간이 정하여져 있는 경우에는 그 기간의 경과로 그 행정처분의 효력은 상실되고, 다만 허가에 붙은 기한이 그 허가된 사업의 성질상 부당하게 짧은 경우에는 이를 그 허가 자체의 존속기간이 아니라 그 허가조건의 존속기간으로 보아 그 기한이 도래함으로써 그 조건의 개정을 고려한다는 뜻으로 해석할 수는 있지만, 그와 같은 경우라 하더라도 그 허가기간이 연장되기 위하여는 그 종기가 도래하기 전에 그 허가기간의 연장에 관한 신청이 있어야 하며, 만일 그러한 연장신청이 없는 상태에서 허가기간이 만료하였다면 그 허가의 효력은 상실된다. 대결 2005. 1. 17. 2004무48 【집행정지】 당초의 신기술 보호기간 만료 후에 신기술 보호기간 연장신청을 거부한 경우, 그 거부처분의 효력정지를 구할 법률상 이익이 없음). 허가의 갱신에서 책임이 승계된다(대판 1982.7.27. 81누174 【영업허가취소처분취소】 【피고 서울특별시장】 유료직업 소개사업의 허가갱신은 허가취득자에게 종전의 지위를 계속 유지시키는 효과를 갖는 것에 불과하고 갱신 후에는 갱신 전의 법위반사항을 불문에 붙이는 효과를 발생하는 것이 아니므로 일단 갱신이 있은 후에도 갱신 전의 법위반사실을 근거로 허가를 취소할 수 있다.)

182) 일정한 요건(후발적 사유의 발생 등) 하에서 행정행위를 철회하여 그 효력을 소멸시킬 수 있음을 정한 부관. 철회 사

련하여 **부담**[183], **부담 유보**[184], **법률효과의 일부 배제**[185] 등이 있다[186]. 이러한 부관에 대하여 독립하여 항고소송을 제기할 수 있는지 여부 및 부관부 행정행위에 대하여 어떤 형태로 항고소송을 제기해야 하는지 여부에 대한 의견이 분분하다. 판례와 통설은 대상적격과 관련하여 부담[187]에 한하여 독립하여 항고소송을 제기할 수 있는데 이 경우 진정일부 취소소송을 제기해야 하고, 기타 부관[188]에 대하여 독립하여 항고소송을 제기할 수 없기 때문에 부관부 행정행위에 대하여 항고소송을 제기해야 한다는 입장이다[189]. 한편, 본안에서 부관만 독립하여 취소할 수 있는지 여부에 대하여도 의견이 분분하나, 판례와 통설은 부담에 한하여 독립하여 취소할 수 있고, 기타 부관의 경우 부관부 행정행위 전체를 취소해야 한다는 입장이다[190]. 또한 취소 가능성의 기준에 대하여 부관의 위법성을 기준으로 하는 견해, 재량행위와 기속행위를 구분하는 견해, 중요성(본질적 요소)을 기준으로 하는 견해, 일부취소법리를 유추하는 견해 등의 대립이 있지만, 판례는 위법성을 기준으로 부관이 위법하면 부담 또는 부관부 행정행위를 취소할 수 있다는 입장이다. 그리고 부관의 위법성을 판단하는 기준에 관하여 우선, **부관의 가능성**(성립상 한계)과 관련하여 법률상 명문의 규정이 없는 경우 판례와 다수설에 따르면 재량행위와 법률행위적 행

유가 구체적 개별적 나열된 경우와 단순한 철회권이 유보된 경우가 있으며, 사유발생시 당연 효력 소멸되는 해제조건과 달리 반드시 행정청의 철회권 행사로 효력 소멸된다.

183) 행정행위의 주된 내용에 부가하여 상대방에게 작위·부작위·급부·수인 의무를 부과하는 부관(하명의 성격). 행정행위의 효력 발생·소멸에 관한 것이 아니라 행정행위의 내용에 관한 것으로 부담의 존재가 주된 행정행위의 성립에 의존할 뿐 상대적 독립성이 인정된다. 정지조건은 조건 성취부터 효력 발생하고, 조건 미성취되면 효력 발생하지 않지만, 부담은 처음부터 효력이 발생하고, 부담 불이행하면 철회사유가 되거나 강제집행 대상이 될 뿐이다. 부관의 필요성, 행정청의 객관화된 의사, 행정관행을 종합적으로 판단해야 하지만 한계 영역의 경우에는 부담으로 해석해야 한다.

184) 행정청이 행정행위를 발하면서 사후적으로 부담을 설정·변경·보완할 수 있는 권리를 유보하는 부관. 행정행위의 사후변경의 유보, 보충권의 유보(독일, 행정절차법)로도 불리며, 철회권의 유보 형태로 보는 소수 견해도 있지만 독립된 부관으로 보는 견해가 다수이다.

185) 행정행위로 법률효과의 일부를 배제하는 부관. 내용상 제한(주된 행정행위 내용을 직접 제한)으로 보는 소수 견해도 있지만 다수설과 판례는 부관으로 보고 있다. 영업구역 설정과 관련하여 행정행위의 지역적 한계 설정으로 내용상 제한으로 보는 소수 견해도 있지만, 다수설과 판례는 법률효과의 일부 배제로서 부관으로 보고 있다.

186) 법정 부관은 법률·법규명령에 의하여 직접 부과되는 경우로서 부관이 아니다. 또한 수정 부담(수정 허가)도 당사자의 신청 내용과 다르게 허가·승인하는 경우로서 새로운 행정행위일 뿐 부관이 아니다.

187) 부담유보도 포함.

188) 조건, 기한, 철회권 유보 및 법률효과의 일부 배제(다수, 판례). 한편, 수정부담은 부관이 아니기 때문에 항상 전체 행정행위에 대한 취소소송을 제기해야 됨.

189) 분리가능성과 독립성을 기준으로 분리가능한 부관 중 처분성이 있으면 진정일부취소소송을, 처분성이 없으면 부진정일부취소소송을, 분리가능성이 없으면 전체 행정행위에 대한 취소소송을 제기해야 한다는 견해, 모든 부관에 대하여 독립하여 진정일부취소송 형태의 항고소송을 제기 할 수 있다는 견해, 모든 부관에 대하여 독립하여 부진정일부취소소송 형태의 항고소송을 제기할 수 있다는 견해도 있다.

190) 기타 부관에 대한 독립쟁송 가능성을 인정하는 소수 견해에 따르면 기타 부관도 독립하여 취소할 수 있다고 보고 있다.

정행위에 부가된 부관은 적법하지만[191] 기속행위와 준법률행위적 행정행위에 부가된 부관은 위법하다[192]. 나아가 **부관의 일반적 한계**(부종성과 행정행위에서 오는 한계)와 관련하여 목적상 한계(주된 행정행위의 목적에 반하지 않아야 됨.), 사항상 한계[193](주된 행정행위와 사항적 통일성이 있어야 됨.), 내용상 한계(명확성, 실현 가능성, 행정법의 일반 원칙에 부합해야 됨.), 시간상 한계(사후 부관[194], 판례와 다수설에 따르면 법률의 규정, 부담 유보, 상대방의 동의 및 사정변경 등이 있어야 됨[195].) 등을 일탈한 부관은 위법하다.

위법한 기부채납부담의 이행으로 행해진 소유권이전등기의 효력에 대하여 기부채납부담과 소유권이전등기의 원인인 증여계약(사법관계인 기부채납)과 별개이고 위법·무효인 기부채납부담의 이행이 증여계약상 동기의 착오에 불과하여 취소할 수 없기 때문에 소유권이전등기 말소를 청구할 수 없지만, 중요부분의 착오가 되는 경우라면 증여계약의 취소를 원인으로 소유권이전등기를 구할 수 있다는 견해(판례(203))와 소유권이전등기가 공법상 법률관계인 기부채납의 이행으로 이루어진 것이기 때문에 기부채납이 무효가 되거나 취소되면 부당이득을 이유로 소유권이전등기 말소를 청구할 수 있다는 견해(204) 등의 대립이 있다.

4. 직권취소와 철회

가. 직권취소

직권취소란, 행정청이 유효한 행정행위에 대해 성립 당시의 하자(위법, 부당[196])를 원인으로 소급

---

191) 대판 2007. 7. 12. 2007두6663【사업시행인가처분일부취소】【피고 서울특별시 서초구청장】[3] 주택재건축사업시행의 인가는 상대방에게 권리나 이익을 부여하는 효과를 가진 이른바 수익적 행정처분으로서 법령에 행정처분의 요건에 관하여 일의적으로 규정되어 있지 아니한 이상 행정청의 재량행위에 속하므로, 처분청으로서는 법령상의 제한에 근거한 것이 아니라 하더라도 공익상 필요 등에 의하여 필요한 범위 내에서 여러 조건(부담)을 부과할 수 있다.

192) 기속행위에 행정요건 충족적 부관이 가능하고, 준법률행위적 행정행위에도 개별적으로 검토하여 부관이 가능한 경우가 있다는 소수 견해도 있다.

193) 부당결부금지의 원칙.

194) 행정행위를 발한 후 새로운 부관을 추가(사후부관)하거나 이미 붙여진 부관을 변경·보충(부관의 사후변경)할 수 있는지 여부. 사후부관에 부관의 사후변경을 포함시키는 견해와 사후부관과 부관의 사후변경을 구별하는 견해가 있다.

195) 제한적 긍정설의 입장이다. 이에 반하여 사후부관이 부종성에 반한다는 이유로 부정하는 견해, 부담에 한하여 가능하다는 견해, 주된 행정행위에 부수된 권한으로 당연히 가능하다는 견해 등이 있다.

196) 사실은폐, 불법행위 등 당사자에게 귀책사유가 있는 경우에 주로 문제된다.

적으로 효력을 소멸시키는 행정행위를 의미한다[197]. 행정행위의 취소는 직권취소와 쟁송취소로 구성되고[198], 직권취소는 처분청[199] 또는 감독청[200]에 의해서 취소되는 경우를 의미한다[201]. 직권취소의 형식·기간 등에 별다른 규정이 없는 이상 행정청이 언제든지[202] 직권으로 취소의 의사를 표시하면 족하지만, 직권취소가 상대방에게 불이익한 경우에는 행정절차법에 규정된 절차·형식을 준수해야 한다[203]. 취소의 효력은 원칙적으로 처분시로 소급하지만 예외적으로 행정청이 효력을 장래로 제한할 수 있다. 그리고 분리가능한 처분의 경우 일부 취소도 할 수 있다. 처분이 취소되면 일반적으로 처분의 상대방은 원상회복 의무를 부담하고, 행정청은 상대방의 손실을 보상할 의무를 부담한다.

한편, 직권취소 자체가 위법한 경우에 있어서 위법한 직권취소가 무효인 경우라면 원처분이 계속 존속하는 것으로 해석되지만, 취소사유에 불과한 경우라면 처분의 상대방은 쟁송을 통해서 직권취소의 취소를 구할 수 있고, 쟁송을 통해 직권취소가 취소되면 원처분이 부활한다. 그러나 행정청이 직권취소를 다시 직권취소할 수 있는지 여부 및 직권취소가 취소되면 원처분이 부활하는지 여부에 대한 견해의 대립이 있다. 우선 직권취소의 취소가 가능하고 원처분이 부활한다는 견해(적극설, 직권취소와 쟁송취소의 효과가 동일하다는 점), 직권취소의 취소가 불가능하고 원처분이 부활하

---

197) 통상 취소·철회는 그 대상인 행정행위의 성격과 동일한 법적 성격을 지니기 때문에 행정행위로서 처분성이 문제되지 않고, 본안에서 취소· 철회의 적법·위법 여부가 문제된다.

198)

	직권취소	쟁송취소	
		취소재결	취소판결
취소권자	처분청, 감독청	재결청	법원
인정 근거	행정의 적법성 회복	국민의 권익 구제 + 행정의 위법 시정	
취소 사유	위법, 부당	위법, 부당	위법
법적 근거	특별한 법적 근거 불요	행정심판법	행정소송법
절차 개시	행정청의 직권 개시	법에 따른 당사자의 신청, 청구	
취소 형식	행정행위	재결	판결
대상 행정행위	수익적 + 부담적	부담적 + 복효적 행정행위	
취소 제한	제한 없음※	제한 없음. 다만 사정재결, 사정판결	
취소 내용	적극적 변경	적극적 변경	소극적 변경
취소 기간	제한 없음※	행정심판법 18조	행정소송법 20조
취소 효과	소급효※, 불가변력 없음	소급효 + 불가변력 발생	

199) 법치행정의 원리상 행정행위 발령 근거에 부당·위법을 시정할 권능이 포함되어 있기 때문에 명문의 규정이 없어도 취소 가능하다는 견해(법적 근거 불요설)가 다수·판례의 견해이다.

200) 명문의 규정이 있는 경우는 당연 가능하지만, 명문의 규정이 없는 경우 부정하는 견해와 긍정하는 견해(취소가 감독권에 기한 사후적·교정적 통제 수단이라는 점을 고려) 등의 대립이 있다.

201) 통상 취소라 함은 직권취소를 일컫는다.

202) 소송 진행 중이라도 가능하다.

203) 사전통지, 청문절차, 문서주의, 처분이유의 고지, 불복방법의 고지 등.

지 않는다는 견해(소극설, 직권취소로 원처분이 소멸하였기 때문에 회복시킬 처분이 존재하지 않는다는 점 및 원 행정행위와 동일한 행정행위를 반복하면 된다는 점), 원칙적으로 직권취소의 취소가 불가능하고 원처분이 부활하지 않지만 예외적으로 수익적 행위는 원상회복이 필요한 경우가 있기 때문에 직권취소의 취소가 가능하고 원처분이 부활한다는 견해(절충설) 등이 있다. 판례는 절충설의 입장에서 침익적 행정행위에 대한 직권취소의 직권취소는 불가능하며 원처분도 부활하지 않고, 수익적 행정행위에 대한 직권취소의 직권취소는 가능하고 원처분이 부활한다는 입장이다[204].

나. 철회

철회란, 행정청이 유효한 행정행위에 대해 성립 후 발생한 사유를 원인으로 장래를 향해 효력을 소멸시키는 행정행위를 의미한다. 철회는 쟁송철회가 없다는 점에서 취소와 차이가 있고, 하자없는 행정행위의 효력을 후발적 사유로 장래를 향해 소멸시킨다는 점에서 직권취소와 구별된다[205]. **명문의 규정이 없는 경우**라도 처분청[206] 또는 감독청[207]이 행정행위성립 후 발생한 사유를 이유로 직접 이를 철회할 수 있다 할 것이다. 다만 판례로 침익적 행정행위와 수익적 행정행위를 구별하여 침익적 행정행위를 자유롭게 철회할 수 있지만, 철회권이 유보된 경우[208], 의무위반이 있는 경우[209], 사정변경이 있는 경우[210], 중대한 공익상의 요청이 있는 경우[211] 등 철회사유가 있어야 수익적 행정행위를 철회할 수 있다는 입장이다. 나아가 판례는 철회사유가 있

204) 대판 1996. 10. 25. 95누141900, 1967. 10. 23. 67누126 등. 판례는 수익적 행정행위에 있어서 이해관계에 있는 3자가 있으면 직권취소의 직권취소가 위법하다고 보고 있다.

205)

	직권취소	철회
사유	원시적 하자	후발적 하자
인정 취지	위법성 시정	합리적 공익상 필요
주체	처분청, 감독청	처분청
법적 근거	불필요	학설 대립, 판례 불필요
효과	원칙적 소급효 긍정	장래효, 소급효 부정

206) 법치행정의 원리에 의해서 현재의 법과 사실관계를 합치시킬 필요가 있기 때문에 원 처분의 수권 규정에 철회권능이 포함되어 있고, 명문의 규정이 없어도 취소 가능하다는 견해(법적 근거 불요설)가 다수설과 판례의 입장이다.

207) 반드시 명문의 규정이 필요하다.

208) 법규에 의한 유보 또는 부관에 의한 유보.

209) 법규 위반 또는 부담 불이행.

210) 사실관계의 변경 또는 근거 법령의 변경.

211) 공공의 이익에 대한 중대한 침해를 방지 또는 제거할 필요가 있는 경우.

더라도 신뢰보호의 원칙 또는 비례의 원칙 등에 위반되면 철회가 위법하다는 입장이다[212]. 철회의 형식·기간 등에 별다른 규정이 없는 이상 행정청이 언제든지[213] 철회의 의사를 표시하면 족하지만, 철회가 상대방에게 불이익하면 행정절차법에 규정된 절차·형식을 준수해야 한다[214]. 철회의 효력은 원칙적으로 장래를 향해서만 발생한다. 그리고 분리가능한 처분의 경우 일부 철회도 할 수 있다. 처분이 철회되면 일반적으로 처분의 상대방은 원상회복 의무를 부담하고, 행정청은 상대방의 손실을 보상할 의무를 부담한다.

한편, 철회 자체가 위법한 경우가 있어서 위법한 철회가 무효인 경우라면 원처분이 계속 존속하는 것으로 해석되지만, 취소사유에 불과한 경우라면 처분의 상대방은 쟁송을 통해서 철회의 취소를 구할 수 있고, 쟁송을 통해 철회가 취소되면 원처분이 부활한다. 행정청이 철회를 직권취소할 수 있는지 여부 및 철회가 직권취소되면 원처분이 부활하는지 여부에 대하여 직권취소의 직권취소와 동일하게 소극설, 적극설, 절충설의 대립이 있지만, 판례는 절충설의 입장이다(205).

마지막으로 침익적 처분의 상대방[215] [216] 또는 복효적 처분의 제3자[217]가 행정청에 처분의

212) 상대방의 귀책사유로 인하여 제재수단으로서 이루어지는 철회의 경우 신뢰보호의 원칙이 적용되지 않지만, 비례의 원칙은 적용된다.

213) 실권의 법리 등에 의하여 철회의 기간이 제한될 수 있다.

214) 사전통지, 청문절차, 문서주의, 처분이유의 고지, 불복방법의 고지 등.

215) 철회청구(신청)권을 부정한 사례 : 대판 1997. 9. 12. 96누6219 【토지형질변경행위변경허가신청반려처분취소】 【피고 서울특별시 강남구청장】 도시계획법령이 토지형질변경행위허가의 변경신청 및 변경허가에 관하여 아무런 규정을 두지 않고 있을 뿐 아니라, 처분청이 처분 후에 원래의 처분을 그대로 존속시킬 필요가 없게 된 사정변경이 생겼거나 중대한 공익상의 필요가 발생한 경우에는 별도의 법적 근거가 없어도 별개의 행정행위로 이를 철회·변경할 수 있지만 이는 그러한 철회·변경의 권한을 처분청에게 부여하는 데 그치는 것일 뿐 상대방 등에게 그 철회·변경을 요구할 신청권까지를 부여하는 것은 아니라 할 것이므로, 이와 같이 법규상 또는 조리상의 신청권이 없이 한 국민들의 토지형질변경행위 변경허가신청을 반려한 당해 반려처분은 항고소송의 대상이 되는 처분에 해당되지 않는다.

216) 철회청구(신청)권을 조리상 긍정한 사례 : 대판 1997. 12. 26. 96누17745 【공사중지해제거부처분취소】 【피고 서울특별시 강남구청장】 국민의 신청에 대하여 한 행정청의 거부행위가 취소소송의 대상이 되기 위하여는 국민이 그 신청에 따른 행정행위를 하여 줄 것을 요구할 수 있는 법규상 또는 조리상의 권리가 있어야 하는 것인데, 지방자치단체장이 건축회사에 대하여 당해 신축공사와 관련하여 인근 주택에 공사로 인한 피해를 주지 않는 공법을 선정하고 이에 대하여 안전하다는 전문가의 검토의견서를 제출할 때까지 신축공사를 중지하라는 당해 공사중지명령에 있어서는 그 명령의 내용 자체로 또는 그 성질상으로 명령 이후에 그 원인사유가 해소되는 경우에는 잠정적으로 내린 당해 공사중지명령의 해제를 요구할 수 있는 권리를 위 명령의 상대방에게 인정하고 있다고 할 것이므로, 위 회사에게는 조리상으로 그 해제를 요구할 수 있는 권리가 인정된다고 한 사례. 동지, 대판 2007. 5. 11. 2007두1811 【공사중지명령처분취소】 【피고 포천시장】 지방자치단체장이 공장시설을 신축하는 회사에 대하여 사업승인 내지 건축허가 당시 부가하였던 조건을 이행할 때까지 신축공사를 중지하라는 명령을 한 경우, 위 회사에게는 중지명령의 원인사유가 해소되었음을 이유로 당해 공사중지명령의 해제를 요구할 수 있는 권리가 조리상 인정된다.

217) 직권취소청구(신청)권을 부정한 사례 : 대판 2006. 6. 30. 2004두701 【복구준공통보등취소신청거부처분취소】 【피고 강화군수】 [1] 국민의 적극적 행위신청에 대한 행정청의 거부행위가 항고소송의 대상이 되는 행정처분에 해당하기 위하여는 국민이 행정청에 대하여 그 행위발동을 요구할 법규상 또는 조리상의 신청권이 있어야 한다. [2] 산림법령에는 채석허가처분을 한 처분청이 산림을 복구한 자에 대하여 복구설계서승인 및 복구준공통보를 한 경우 그 취소신청과 관련하여 아무런 규정을 두고 있지 않고, 원래 행정처분을 한 처분청은 그 처분에 하자가 있는 경우

직권취소 또는 철회를 청구(신청)할 권리가 일반적으로 있는지 여부에 대하여 종래 판례와 다수설은 부정하는 견해를 취했지만[218], 최근 대법원 판결은 속칭 새만금사건에서 복효적 처분에 대한 제3자의 취소(강학상 철회)신청 거부처분에 대하여 위법 여부를 판단함으로써 신청권을 인정하고 있다[219].

에는 원칙적으로 별도의 법적 근거가 없더라도 스스로 이를 직권으로 취소할 수 있지만, 그와 같이 직권취소를 할 수 있다는 사정만으로 이해관계인에게 처분청에 대하여 그 취소를 요구할 신청권이 부여된 것으로 볼 수는 없으므로, 처분청이 위와 같이 법규상 또는 조리상의 신청권이 없이 한 이해관계인의 복구준공통보 등의 취소신청을 거부하더라도, 그 거부행위는 항고소송의 대상이 되는 처분에 해당하지 않는다고 한 사례.

218) 제3자의 취소 또는 철회청구권을 부정하였지만, 행정청이 취소 또는 철회할 의무를 부담한다고 보고 있다.

219) 대판 2006. 3. 16. 2006두330(전원) '반대의견 중 구 농림수산부장관이 환경영향평가 대상지역 주민으로부터 위 공유수면매립면허처분 등을 취소해 달라는 신청을 받았음에도 필요한 처분을 하지 아니한 채 이를 거부한 것은 재량권을 일탈 · 남용한 것으로 위법하다.

제 3 장

거부처분, 부작위

대상적격 2

- **거부처분**
  - 신청 + 거부의 의사표시
  - 처분에 대한 적법한 신청
    (신청이 공권력의 행사 또는 이에 준하는 행정작용)
    (거부가 실체상의 권리관계에 직접적 변동을 일으키거나 실체상 권리 행사에 중대한 지장을 초래)
  - 신청권
    (법률상, 조리상)

- **부작위**
  - 신청 + 무응답, 상당기간의 경과
  - 처분에 대한 적법한 신청
  - 신청권

제 3 장

거부처분, 부작위

1. 거부처분

가. 의의

행정소송법 제2조 제1항 제1호에 규정된 항고소송의 대상인 거부처분이란, 개인이 행정청에 대하여 공권력을 행사하여 줄 것을 신청한 경우에 그 신청에 따르는 공권력행사를 거부하는 것을 내용으로 하는 소극적 행정처분을 의미한다[220]. 거부처분은 현재의 법률상태에 아무런 변동을 가져오지 않는 소극적 처분이라는 점에서 부작위와 동일하나, 외관상 행정청의 일정한 표시행위가 존재한다는 점에서 부작위와 다르다. 통상 일정한 행정처분을 구하는 국민의 신청에 대한 행정청의 응답은 신청의 불수리, 수리, 반려, 각하, 기각(불허가·불인가), 인용(허가·인가·확인) 및 신청에 대하여 어떠한 응답이 없음으로써 거부처분으로 간주되는 경우 등이 있는데[221], 이와 같은 부작위상태를 소멸시키는 행정청의 일정한 처분 중 거부처분은 처분을 위한 의사결정이 어떠한 형식으로든 행정청의 권한 있는 자에 의하여 외부로 표시되고, 신청이 거부 내지

---

220) 대판 1984. 10. 23. 84누227 '거부처분이란 행정청이 국민의 어떤 신청을 받고서 그 신청에 따르는 내용의 행위를 하여 그에 대한 만족을 주지 아니하고 형식적 요건의 불비로 그 신청을 각하하거나 또는 이유가 없다고 하여 신청된 내용의 행위를 하지 않을 뜻을 표시하는 행위를 말한다.'

221) 절차적 거부처분은 행정청이 신청내용의 당부를 판단하지 않고 신청절차·형식의 불비 등 신청 자체의 부적법을 이유로 거부하는 처분을 의미하고 불수리·각하·반려 등이 있다. 실체적 거부처분은 수리된 신청에 대하여 행정청이 실체적 요건을 판단하여 요건의 흠결을 이유로 거부하는 처분을 의미하고, 불허가·불인가 등 소위 기각처분 등이 있다.

각하되었다는 취지가 신청인에게 오해 없이 정확하게 전달되어 이를 알 수 있는 상태에 놓여진 경우[222]에 한하여 인정된다(206) [223]. 한편 판례는 일관되게 통상의 경우 행정청이 국민의 신청을 거부하더라도 형식상 신청 전의 법률상태가 계속되고 신청인의 법적 지위에 아무런 변동이 없기 때문에 처분이라 할 수 없지만, 신청인에게 법규상 또는 조리상 어떠한 행정행위를 발급하여 줄 것을 요구할 권리(신청권)가 있는 경우 거부행위가 신청인의 신청권을 침해하거나 신청의 실체에 관하여 적법 여부의 판단이 내려져 동일한 조건하에 신청인이 의도한 처분을 발급받을 수 없는 등 불이익을 발생시키기 때문에, 즉 거부행위가 신청인의 권리나 법적 이익에 영향을 주는 법률효과를 발생시키기 때문에 행정처분이 된다고 판시하고 있다[224]. 환언하면 판례는 거

---

222) 교사임용에 대하여 교육공무원법(1990.12.31. 법률 제4304호) 부칙 제2항의 규정에 의하면 구법 하에서의 우선채용 대상자도 1993년까지는 일정한 범위 안에서 교사로 우선 채용될 여지가 있는 것이므로, 도교육감이 1991.3.1. 교사를 신규임용 함에 있어 구법 하에서의 우선임용대상자였던 자를 우선임용하지 아니하고 공개전형에 의하여 선발된 사람들을 교사로 신규임용하였다 하더라도 별도의 임용거부처분을 아니한 이상 그에 대한 거부처분이 있는 것으로 볼 수 없고[대판 1993. 8. 24. 92누8248], 교사임용후보자들 중 임용된 후순위자보다 선순위인 누락된 자에 대하여 별도의 임용거부처분을 하지 아니한 이상 그에 대한 거부처분이 있는 것으로 보아야 하는 것은 아니다. [대판 1991. 10. 8. 91누2168 [1] 행정구제로서의 항고소송은 법규상 신청인의 어떠한 신청에 대하여 행정청으로 하여금 일정한 기간 내에 어떠한 행정처분을 하여야 할 의무를 과하고 있음에도 행정청이 그 기간이 도과하도록 적극적이거나 소극적인 처분을 하지 아니함으로써 행정청의 이러한 부작위가 신청인의 신청에 대한 거부처분을 한 것으로 간주되는 등의 특별한 경우를 제외하고는 권한있는 행정청에 의하여 결정된 내부적인 의사가 명시적 또는 묵시적인 방법으로 외부로 표시됨으로써 취소를 구할 행정처분이 존재하게 된 경우에 허용되는 것이라 할 것이다. [2] 구 교육공무원법(1988.4.6. 법률 제4009호) 제11조 제1항, 구 교육공무원임용령 제9조 제1항, 제2항, 제10조 제1항, 제2항, 구 교사임용후보자명부작성규칙(문교부령) 제5조 제1항, 제2항에 의하면, 교사의 임용권자가 교사임용신청이 있으면 소정의 임용후보자명부를 작성하여 그 명부의 고순위자순으로 채용예정인원의 3배수의 범위 안에서 재량에 따라 임용 또는 임용제청을 하면 되는 것이고, 반드시 그 명부의 고순위자 순으로 임용하여야 하는 것은 아니어서 채용예정인원의 3배수의 범위 안에 있는 임용후보자들 중 선순위자를 임용하지 아니한 채 후순위자를 임용하였다고 하더라도 임용에서 누락된 선순위자에 대하여 별도의 임용거부처분을 하지 아니한 이상 그에 대한 거부처분이 있는 것으로 간주하여야 할 것은 아니다. [3] 위 '나'항의 경우 임용권자가 임용후보자들의 임용을 보류하고 있고, 그것이 종국적인 처분을 일시 연기하는 의사결정으로서의 보류처분인 경우에는 대외적으로 종국적인 효력을 발생하지 아니하여 취소소송의 대상이 되는 거부처분이라고 할 수 없고 위 보류처분 때문에 임용후보자들이 불이익을 받고 있다는 것만으로는 이를 거부처분으로 간주할 수 없다.]

223) 2차 신청에 대한 거부행위의 처분성과 관련하여 판례(대판 1992. 10. 27. 92누1643)는 '신청에 대한 거부처분이 있은 후 다시 한 신청이 새로운 신청을 한 취지라면 그에 대한 거부처분도 새로운 거부처분으로 보아야 한다.'고 판시하였다. 그리하여 ① 원고가 피고 서울시장에게 도축작업장사용수수료승인신청을 하였다가 거절처분을 받은 후 다시 농림수산부장관에게 같은 수수료승인신청을 하여 이를 이첩받은 피고가 종전과 동일한 사항임을 확인한 다음 그 승인이 불가하다는 회신을 한 경우, 피고의 위 2차회신은 위 1차 거절처분 이후의 원고의 새로운 수수료승인신청에 대하여 또다시 이를 거부한 처분으로 봄이 상당하다고 하였고(대판 1991. 6. 11. 90누10292 : 동일한 사항에 대한 중복처분이라거나 단순히 종전의 거절처분이 있음을 알리는 사실의 통지에 불과한 것이라고는 할 수 없다.), ② 원고가 이주자택지공급신청을 하여 피고로부터 택지공급대상자가 되지 아니한다는 내용의 서면통지를 받고 다시 '가옥소유사실이의신청서'라는 제목으로 이 사건 가옥의 소유·점유관계 및 등기관계를 자세히 언급하고 증거자료까지 첨부하여 원고가 택지공급대상자에 해당함을 주장하면서 피고에게 택지공급을 해 줄 것을 신청한 경우 이에 대한 거절의 의사표시는 독립한 새로운 거부처분으로 보아야 한다고 하였으며(대판 1992. 10. 27. 92누1643), ③ 종전의 산업재해요양보상급여취소처분이 불복기간의 경과로 인하여 확정되었더라도 요양급여청구권이 없다는 내용의 법률관계까지 확정된 것은 아니며 소멸시효에 걸리지 아니한 이상 다시 요양급여를 청구할 수 있고 그것이 거부된 경우 이는 새로운 거부처분으로서 위법여부를 소구할 수 있다고 하였다(대판 1993. 4. 13. 92누17181)고 판시하고 있다. * 본서 제6편 제3장 1. 수개의 처분 참조.

224) 대판 1984. 10. 23. 84누227 등. 국민의 신청에 대한 행정청의 거부처분이 항고소송의 대상이 되는 행정처분이 되기

부처분의 처분성을 신청권의 침해라는 법적 효과에서 구하고 있기 때문에 신청권이 없는 신청에 대한 거부행위가 행정처분이 아니라는 입장이다. 따라서 판례상 항고소송의 대상인 거부처분이 되기 위해서는 ① 신청인의 신청과 행정청의 거부표시 이외 ② 신청이 처분에 대한 신청이어야 하고, ③ 신청인에게 신청할 권리가 있어야 하는데[225], 판례는 ②와 ③과 관련해서 '신청한 행위가 공권력의 행사 또는 이에 준하는 행정작용'이어야 하고, '그 거부행위가 신청인의 법률관계에 어떤 변동을 일으키는 것'이어야 하며, '그 국민에게 그 행위발동을 요구할 법규상 또는 조리상 신청권'이 있어야 하는바, 여기에서 '신청인의 법률관계에 어떤 변동을 일으키는 것'이라는 의미는 '신청인의 실체상의 권리관계에 직접적인 변동을 일으키는 것은 물론, 그렇지 않다 하더라도 신청인이 실체상의 권리자로서 권리를 행사함에 중대한 지장을 초래하는 것'도 포함한다고 판시하고 있다[대판 2004. 2. 22. 2003두9015(전원) 참조].

나. 처분 등에 대한 적법한 신청

항고소송의 대상인 거부처분이 되려면 신청인의 신청 내용이 '**처분**'이어야 한다[226]. 즉, 신청 대로 이루어진 결정이 처분이여야 하기 때문에 신청의 내용은 원칙적으로 '**공권력의 행사 또는 이에 준하는 행정작용**'이고, 그 거부행위가 '**신청인의 법률관계에 어떤 변동을 일으키는 것**'이어야 한다. 판례는 각종 신고 · 등록 등에 대한 수리거부와 관련하여 유선 및 도선업에 의한 유선업의 경영신고와 그 신고 사항의 변경신고(207), 사회단체등록에관한법률에 의한 사회단체등록신청(208), 의료법상 의원의 개설 · 개설장소이전 등의 신고(209), 농어촌발전특별조치

위하여는 국민이 행정청에 대하여 그 신청에 따른 행정행위를 해줄 것을 요구할 수 있는 법규상 또는 조리상의 권리가 있어야 하는 바, 도시계획법상 주민이 도시계획 및 그 변경에 대하여 어떤 신청을 할 수 있음에 관한 규정이 없을 뿐만 아니라, 도시계획과 같이 장기성 · 종합성이 요구되는 행정계획에 있어서는 그 계획이 일단 확정된 후에 어떤 사정의 변동이 있다고 하여 지역주민에게 일일이 그 계획의 변경을 청구할 권리를 인정해 줄 수도 없는 이치이므로 도시계획시설변경신청을 불허한 행위는 항고소송의 대상이 되는 행정처분이라고 볼 수 없다.

225) 신청권을 요구하는 판례의 태도에 대하여 신청권을 형식적 신청권(신청에 대한 응답의무)으로 보아 찬성하는 견해도 있고, 신청권을 권리에 관한 문제로서 원고적격으로 보아 반대하는 견해 등도 있다. 판례에 따르면 거부처분의 처분성을 인정하기 위한 전제요건이 되는 신청권의 존부는 구체적 사건에서 신청인이 누구인가를 고려하지 않고 관계법규의 해석에 의하여 일반 국민에게 그러한 신청권을 인정하고 있는가를 살펴 추상적으로 결정되는 것이고, 신청인이 그 신청에 따른 단순한 응답을 받을 권리를 넘어서 신청의 인용이라는 만족적 결과를 얻을 권리를 의미하는 것은 아니다. 따라서 국민이 어떤 신청을 한 경우에 그 신청의 근거가 된 조항의 해석상 행정발동에 대한 개인의 신청권을 인정하고 있다고 보여지면 그 거부행위는 항고소송의 대상이 되는 처분으로 보아야 할 것이고, 구체적으로 신청인이 그 신청에 따른 단순한 응답을 넘어서 신청의 인용이라는 만족적 결과를 얻을 권리가 있는가 하는 점은 본안에서 판단하여야 할 사항이다.

226) 공유수면 점유기간연장 거부처분(대판 1982. 2. 23. 81누7)에 대하여 처분성을 인정하고 있다.

법의 규정에 부합하는 농지전용신고(210), 공업배치및공장설립에관한법률 소정의 형식적 요건을 갖춘 공장설립신고(211) 등에 대하여 처분성을 긍정하고 있다[227].

그러나 판례는 신청한 내용이 '처분'이 아닌 경우 거부처분이 아니기 때문에 각하하는데, 특히 사법행위에 대한 신청 거부와 관련하여 산림청의 국유림 무상양여신청 거부행위(212), 공유재산매각신청에 대한 거부행위(213), 서울시 구청장의 가로판매점 배정 불허의 의사표시(214) 등에 대하여 처분성을 부정하지만, 기부채납한 부동산을 일정기간 무상사용한 후에 한 사용허가기간 연장신청의 거부 행위[228]에 대하여 처분성을 긍정한다. 또 청원·진정의 거부와 관련해서도 처분성을 부정한다[229].

한편, 신청 내용이 처분이 아닌 경우라도 신청 내용이 '공권력의 행사 또는 이에 준하는 행정작용'이고, 그 거부행위가 '**신청인이 실체상의 권리자로서 권리를 행사함에 중대한 지장을 초래하는 것**'도 거부처분에 포함된다. 즉, 신청의 내용에 따른 결정이 처분이 아닌 경우라도 예외적으로 신청에 대한 거부행위가 항고소송의 대상되는 사례도 있다. 예컨대, 대법원은 토지분할신청의 거부행위(215), 환지등기촉탁신청의 거부행위(216), 특허청장의 직권에 의하여 불법·착오로 소멸된 실용신안권 회복등록신청의 거부행위(217), 건축계획심의신청의 거부행위(218), 토지매수신청의 거부행위[230] 등에 대하여 처분성을 긍정하고 있다.

---

227) 수리를 요하는 신고로서 판례는 본안에서 '신고를 받은 행정청은 관계법령 소정의 형식적(절차적) 요건에 하자가 없는 한 이를 수리하여야 한다고 하여 실질적인 이유를 들어 그 신고 등의 수리를 거부할 수 없다.'고 판시하고 있다.

228) 대판 1994. 1. 25. 93누7365 등은 처분성을 부정하였지만, 대판 2001. 6. 15. 99두509 등에서 사용수익허가처분으로 보아 처분성을 긍정하고 있다.

229) 청원이나 진정을 수리한 국가기관이 이를 받아들여 구체적인 조치를 취할 것인지 여부는 자유재량으로서, 이로써 청원자나 진정인의 권리의무 그 밖의 법률관계에는 하등의 영향을 미치지 아니한다(청원 - 대판 1990. 5. 25. 90누1458, 진정 - 대판 1991. 8. 9. 91누4195). 청원이나 진정을 할 절차적인 권리 자체는 인정된다 하더라도 수리기관은 이에 대한 응답을 함으로써 권리실현이 완결되는 것이고 청원자나 진정인에게 그 청원이나 진정에 따른 처분을 신청할 권리는 없고, 국가기관의 진정 자체에 대한 응답의무는 있다고 할 수 있으나 그 진정이 특정처분을 요구하는 것일 경우에도 전혀 처분의무가 없다.

230) 대판 2009. 9. 10. 선고 2007두20638 【토지매수신청거부처분취소】 【피고 금강유역환경청장】 국민의 적극적 신청행위에 대하여 행정청이 그 신청에 따른 행위를 하지 않겠다고 거부한 행위가 항고소송의 대상이 되는 행정처분에 해당하는 것이라고 하려면, 그 신청한 행위가 공권력의 행사 또는 이에 준하는 행정작용이어야 하고, 그 거부행위가 신청인의 법률관계에 어떤 변동을 일으키는 것이어야 하며, 그 국민에게 그 행위발동을 요구할 법규상 또는 조리상의 신청권이 있어야 한다(대법원 1998. 7. 10. 선고 96누14036 판결, 대법원 2007. 10. 11. 선고 2007두1316 판결 등 참조). 그리고 거부처분의 처분성을 인정하기 위한 전제요건이 되는 신청권의 존부는 구체적 사건에서 신청인이 누구인가를 고려하지 않고 관계 법규의 해석에 의하여 일반 국민에게 그러한 신청권을 인정하고 있는가를 살펴 추상적으로 결정되는 것이고, 신청인이 그 신청에 따른 단순한 응답을 받을 권리를 넘어서 신청의 인용이라는 만족적 결과를 얻을 권리를 의미하는 것은 아니라고 할 것이므로, 국민이 어떤 신청을 한 경우에 그 신청의 근거가 된 조항의 해석상 행정발동에 대한 개인의 신청권을 인정하고 있다고 보이면 그 거부행위는 항고소송의 대상이 되는 처분으로 보아야 할 것이고, 구체적으로 그 신청이 인용될 수 있는가 하는 점은 본안에서 판단하여야 할 사항이다(대

다. 신청권

신청권이란, 구체적 사건에서 신청인이 누구인지를 고려하지 않고 관계 법규의 해석에 의해 일반 국민에게 신청권을 인정하고 있는지 여부를 살펴 추상적으로 결정되고, 신청인이 신청에 따른 응답을 받을 권리를 넘어 신청의 인용이라는 만족적 결과를 얻을 권리가 있는지 여부에 따라 결정되는 것이 아니다[219]. 신청권이 인정되면 신청에 대한 거부행위가 거부처분으로서 항고소송의 대상이 되기 때문에 본안에서 신청 내용대로 처분이 발급되어야 함에도 불구하고 거부되었는지 여부를 심리·판단해야 한다. 신청권은 법령상 신청권뿐만 아니라 조리상 신청권도 인정되는데, 허가와 인가의 경우 법령에 신청 규정이 존재하기 때문에 별다른 문제가 되지 않지만 특허의 경우 법령에 신청 규정이 없을 때 조리상 신청권이 문제된다.

공무원임용과 관련하여 검사임용거부행위에 대하여 '법령상 검사임용신청 및 그 처리제도에 관한 명문의 규정이 없다 하더라도 조리상 임용권자는 임용신청자들에게 임용 여부의 응답을 해 줄 의무가 있고, 임용신청자로서도 임용 여부의 응답을 받을 권리가 있다고 할 것이며, 응답할 것인지 여부조차도 임용권자의 편의재량사항이라고는 할 수 없다. 검사의 임용에 있어서 임용권자가 임용 여부에 관하여 어떠한 내용의 응답을 할 것인지는 자유재량에 속하는 것이나, 임용신청자에게는 재량권의 한계일탈이나 남용이 없는 적법한 응답을 요구할 권리가 있다.'고 판시함으로써 조리상 신청권을 긍정하고 있다[220]. 국·공립교원의 임용지원신청에 대한 거부행위 등에 대하여 관계법령이나 조리상 신청권이 없기 때문에 신청은 행정청의 직권발동을 촉구하는 데 지나지 않아 거부처분이 아니라고 판시하고 있지만[231], 대학교원의 신규채용에 있어서 유일한 면접심사 대

법원 1996. 6. 11. 선고 95누12460 판결 참조). 그런데 구 금강수계 물관리 및 주민지원 등에 관한 법률(2007. 12. 27. 법률 제8806호로 개정되기 전의 것, 이하 '법'이라 한다) 제8조 제1항, 제2항, 구 법 시행령(2008. 12. 24. 대통령령 제21187호로 개정되기 전의 것) 제9조 제1항 내지 제3항은, 금강수계 중 상수원 수질보전을 위하여 필요한 지역의 토지 등을 국가에 매도하고자 하는 자는 유역환경청장 등에게 일정한 서류를 제출하여 매수신청을 하고 유역환경청장 등은 매수우선순위에 따라 그 매수 여부를 결정하여 토지 등의 소유자에게 이를 통보하여야 하며, 그 매수가격은 공익사업을 위한 토지 등의 취득 및 보상에 관한 법률의 예에 의하여 산정하여야 한다고 규정하고 있는바, 앞서 본 법리와 위와 같은 관계규정의 내용 및 법 제8조의 토지 등의 매수제도는 환경침해적인 토지이용을 예방하여 상수원의 수질개선을 도모함과 아울러 상수원지역의 토지이용규제로 인한 토지 등의 소유자의 재산권 침해에 대해 보상하려는 것을 목적으로 하는 것으로서 손실보상을 대체하는 성격도 있는 점, 위 규정에 따른 매수신청에 대하여 유역환경청장 등이 매수거절의 결정을 할 경우 토지 등의 소유자로서는 재산권에 대한 제한을 피할 수 없게 되는데, 위 매수거절을 항고소송의 대상이 되는 행정처분으로 보지 않는다면 달리 이에 대하여는 다툴 방법이 없게 되는 점 등에 비추어 보면, 유역환경청장 등의 매수 거부행위는 공권력의 행사 또는 이에 준하는 행정작용으로서 항고소송의 대상이 되는 행정처분에 해당한다고 봄이 상당하고, 구체적으로 원고의 매수신청 인용 여부에 대하여는 본안에서 심리 후 판단하여야 할 사항이다.

231) 대학 상근강사의 정규교원 임용신청 거부처분에 대하여 대판 1990. 9. 25. 89누4758은 '상근강사제도는 국가공무원법상의 시보임용제도에 의하여 조건부로 채용된 공무원이고, 그 시보임용 내지 조건부채용시 장차 소정의 조건부

상자로 선정된 임용지원자에 대한 교원신규채용 중단조치가 항고소송의 대상이라고 판시하여 신청권을 긍정하고 있다[232]. 한편, 임용기간이 만료된 국·국립교원의 재임용신청 거부행위에 대하여 종전 판례는 신청권을 부정하였지만(221) 변경된 판례는 신청권을 긍정하고 있다[233].

이주대책·공영아파트분양 등과 관련하여 판례는 이주대책상의 특별공급신청에 대한 거부행위[234], 지방자치단체가 주택공급에관한규칙 제15조 제1항 제5호에 해당함을 사유로 특별분양을 신청한 자에게 입주권부여를 거부한 행위[235], 관할 구청장이 세입자에게 재개발구역내 건립되는 영구임대아파트의 입주권 부여대상자가 아니라고 통보한 행위[236], 공공용지의취득및손실

채용기간 중 근무성적이 양호하여 적격판정을 받는 것을 조건으로, 특별한 사정이 없는 한 시보임용기간의 종료와 더불어 바로 정규공무원으로 임용될 권리를 취득하고 임용권자는 이에 대응하는 법률상의 의무를 부담한다.'고 판시하여 신청권을 긍정하고 있다.

232) 대판 2004. 6. 11. 2001두7053 그러나 교육공무원법 12조 의한 특별채용하는 경우에는 임용지원자에게 자신의 임용을 요구할 법규상 또는 조리상 권리가 없다(대판 2004. 4. 15. 2004두11626)

233) 대판 2004. 4. 22. 2000두7735(전원) 【교수재임용거부처분취소】 【피고 서울대학교 총장】 기간제로 임용되어 임용기간이 만료된 국·공립대학의 조교수는 교원으로서의 능력과 자질에 관하여 합리적인 기준에 의한 공정한 심사를 받아 위 기준에 부합되면 특별한 사정이 없는 한 재임용되리라는 기대를 가지고 재임용 여부에 관하여 합리적인 기준에 의한 공정한 심사를 요구할 법규상 또는 조리상 신청권을 가진다고 할 것이니, 임용권자가 임용기간이 만료된 조교수에 대하여 재임용을 거부하는 취지로 한 임용기간만료의 통지는 위와 같은 대학교원의 법률관계에 영향을 주는 것으로서 행정소송의 대상이 되는 처분에 해당한다. 대판 2012. 4. 12. 선고 2011두22686 【재임용거부처분취소결정취소】 【피고 교원소청심사위원회】 [1] 사립학교법 제53조의2 제4항 내지 제8항은 사립대학교육기관의 교원에 관한 임면권자의 재임용심의 신청 여부의 사전 통지의무 및 당해 교원의 재임용심의 신청권, 임면권자의 재임용 거부사실 및 거부사유의 사전 통지의무, 객관적 기준에 의한 재임용심의와 당해 교원의 재임용심의절차에서의 의견진술 및 제출권, 재임용거부 시 이에 대한 불복방법 등을 명문으로 규정하고 있는바, 위 규정들에 비추어 보면, 기간제로 임용되어 정상적으로 임용기간이 만료하는 사립대학교육기관의 교원은 임면권자에게 학생교육, 학문연구, 학생지도에 관한 사항에 대한 평가 등 객관적인 사유로서 학칙이 정하는 사유에 근거하여 사립학교법이 정하는 절차에 따라 재임용 여부에 관하여 합리적이고 공정한 심사를 해 달라고 요구할 법률상의 신청권을 가진다고 보아야 한다. [2] 사립학교법이 제53조의2로 사립대학교육기관 교원의 임면에 관하여 규정하면서 이와는 별도로 제54조의4로 일정한 사유의 경우에만 1년 이내의 기간을 정하여 임용하되 기간이 만료하면 당연히 퇴직하는 기간제교원을 둘 수 있다고 규정하고 있는 점, 당사자의 합의에 의하여 재임용심사신청권을 배제할 수 있도록 한다면 사립학교법 제53조의2 제4항 내지 제8항의 규정 취지를 잠탈할 우려가 큰 점 등을 고려하면, 사립대학교육기관의 교원에 대하여 재임용심사신청권을 보장한 사립학교법 제53조의2 제4항 내지 제8항은 강행규정으로 보는 것이 타당하다. [3] 학교법인 갑이 자신이 설립·운영하는 을 사립대학교 소속 전임강사로서 비정년트랙(non tenure track) 교원에 해당하는 丙 등에 대하여 별도의 재임용심사절차를 거치지 않은 채 교원인사위원회를 개최하여 丙 등을 기간만료로 면직할 것을 의결한 후 계약기간 만료를 통지한 사안에서, 재임용심사절차를 배제하거나 포기하기로 하는 내용의 임용계약과 을 대학교 비정년트랙 교원 임용규정은 무효라는 이유로, 갑 법인이 전임강사로 비정년트랙 교원에 해당하는 丙 등에 대하여 사립학교법 제53조의2 제4항 내지 제7항에서 정한 재임용심사절차를 이행하지 않은 채 면직처분을 한 것은 사실상 재임용거부처분에 해당하는 것으로서 위법하다고 본 원심판단을 정당하다고 한 사례. <기간제로 임용되어 정상적으로 임용기간이 만료하는 사립대학교육기관의 교원이 임면권자에게 사립학교법이 정하는 절차에 따른 재임용 심사를 요구할 법률상 신청권을 갖는지 여부(적극)>

234) 대판 1992. 11. 27. 92누3618 이주대책은 공공사업에 협력한 자에게 특별공급의 기회를 요구할 수 있는 법적인 이익을 부여하고 있어 그들에게는 특별공급신청권이 인정된다.

235) 대판 1992. 1. 21. 91누2649, 1992. 1. 21. 91누2656 특별공급을 받을 권리와는 다른 개념인 특별공급신청권이 인정된다.

236) 대판 1993. 2. 23. 92누5966 도시재개발법 제20조 제3항, 서울시 주택개량재개발사업업무지침 소정의 세입자가 관할 구청장에게 영구임대주택 입주권을 신청하게 되면 관할 구청장으로서는 세입자에게 입주권을 부여할 의무를 진다.

보상등에관한특례법 소정의 이주대책에 따른 이주대책대상자 선정신청에 대한 사업시행자의 제외 또는 거부행위(222) 등에 대하여 신청권을 인정하고 있다[237].

건축물관리대장 등 각종 공부기재와 관련하여 건축주명의변경신고에 대한 수리거부행위[238], 토지분할신청에 대한 거부행위[239], 지적공부의 지목변경신청 반려행위[240], 건축물관리대장의 용도변경신청 거부행위[241], 지적도등본교부신청 거부행위[242], 측량성과도의 교부거부행위나 교부신청 반려행위[243], 건축물관리대장발급거부행위[244] 등에 대하여 신청권을 긍정하지만[245], 다른 경우에는 신청권을 부정하고 있다[246]. 그리고 건축물대장 작성신청 거부행위에

---

237) 대판 1993. 5. 11. 93누2247, 1989. 4. 25. 88누5389, 1992. 10. 27. 91누3871 등에서는 '도시정비사업으로 철거되는 무허가건물의 소유자들 중 철거보상 협의에 응한 자들에 대하여 시영아파트 특별분양혜택을 부여하도록 한 서울특별시의 '철거민에대한시영아파트특별분양개선지침'은 서울시 내부에 있어서의 행정지침에 불과하고 지침 소정의 사람에게 공법상의 분양신청권이 부여되는 것이 아니라 할 것이므로 서울시의 시영아파트에 대한 분양불허의 의사표시는 항고소송의 대상이 되는 행정처분으로 볼 수 없다.'고 판시하였는데, 이는 법규의 효력이 없는 행정규칙 등에 근거한 신청권을 부정한 판례이다.

238) 대판 1992. 3. 31. 91누4911 건축주명의변경신고에관한건축법시행규칙 제3조의2의 규정은 단순히 행정관청의 사무집행의 편의를 위한 것에 지나지 않는 것이 아니라, 허가대상건축물의 양수인에게 건축주의 명의변경을 신고할 수 있는 공법상의 권리를 인정함과 아울러 행정관청에게는 그 신고를 수리할 의무를 지게 한 것이다.

239) 대판 1992. 12. 8. 92누7542 : 1993. 3. 23. 91누8968 : 1994. 1. 11. 93누18228 지적법 제17조 제1항, 같은 법 시행규칙 제20조 제1항 제1호의 규정에 의하여 1필지의 일부가 소유자가 다르게 되거나 토지소유자가 필요로 하는 때 토지의 분할을 신청할 수 있도록 되어 있는 것이다.

240) 대판 2004. 4. 22. 2003두9015(전원) 구 지적법(2001. 1. 26. 법률 제6389호로 전문 개정되기 전의 것) 제20조, 제38조 제2항의 규정은 토지소유자에게 지목변경신청권과 지목정정신청권을 부여한 것이다. 종전 대판 1993. 6. 11. 93누3745 등에서 신청권을 부정하였는데, 위 판례로 인하여 폐기되었다.

241) 대판 2009. 1. 30. 2007두7277 구 건축법(2005. 11. 8. 법률 제7696호로 개정되기 전의 것) 제14조 제4항의 규정은 건축물의 소유자에게 건축물대장의 용도변경신청권을 부여한 것이다.

242) 대판 1992. 5. 26. 91누5952 지적법 제12조 제1항은 일반국민에게 지적공부의 열람과 등본의 교부신청을 할 권리 있음을 규정한 것이다.

243) 대판 1994. 1. 14. 93누19023 지적 관계법령을 살펴보아도 지적 소관청은 측량성과도를 교부함에 있어 대행법인의 측량성과의 정확성 이외에 다른 사항을 검사·확인하는 등 실질심사를 하도록 되어 있지 아니하므로, 토지소유자가 측량성과도 교부신청을 하여 온 경우에는 위 측량성과도의 정확성을 확인할 수 있는 이상 측량성과도를 교부하여 줄 의무가 있다.

244) 대판 1992. 4. 14. 91누5556 : 1992. 12. 22. 92누7276 건축물관리대장등본의 교부는 민원사무처리규정 제2조 제2항 제3호에 해당하는 민원사항으로서 민원인의 신청이 있으면 행정청으로서는 정당한 사유가 있는 경우를 제외하고는 즉시 이를 처리하여야 할 법령상의 의무를 부담하고 있다.

245) 판례는 각종 공부의 정정과 관련하여 본안에서 '관계 법령이 소관 행정청에 건축주명의변경신청, 토지분할신청, 지적도등본·측량성과도·건축물관리대장등본 교부신청 등의 내용에 대하여 실질심사를 하도록 규정하고 있지 아니하므로 신청내용이 법령에 위배되는 경우 또는 신청취지가 불분명하거나 명백한 오류가 있는 등의 경우가 아닌 이상 그 신청내용에 따라 이를 수리하여 분할·교부하여 줄 의무가 있다.'고 보고 있다.

246) 판례는 조세 분야와 관련하여 법인세 감액수정신고거부(대판 1987. 1. 20. 83누571 : 1987. 9. 8. 85누565 : 1988. 11. 8. 87누479 : 1989. 1. 31. 85누883 납세자의 법인세과세표준 수정신고에 대해 과세관청은 이를 조사·경정할 의무가 있다.), 압류재산매각대금배분청구거부(대판 1992. 12. 22. 92누7580 체납처분절차에서 압류재산에 관계되는 담보권자의 우선변제권을 보호하기 위하여 세무서장에 대하여 압류재산의 매각대금을 압류 전후를 불문하고 위 법 소정의 담보권자에게 우선순위에 따라 배분할 공법상의 의무를 부과하고 있다.) 등 신청권을 인정하였다.

대하여도 신청권을 긍정하고 있다[247].

직권취소[248] · **철회**(변경 포함)와 관련하여 공사중지해제거부행위[249], 설계변경허가신청거부행위[250] 등에 대하여 신청권을 인정하지만, 토지형질변경행위 변경허가신청 반려행위[251], 복구준공통보등 취소신청거부행위[252], 불가쟁력이 발생한 부담변경신청 거부행위[253] 등에 대하

---

247) 대판 2009. 2. 12. 2007두17359【건축물대장기재신청서반려처분취소】구 건축법(2005. 11. 8. 법률 제7696호로 개정되기 전의 것, 이하 '구 건축법'이라 한다) 제29조 제2항, 구 건축물대장의 기재 및 관리 등에 관한 규칙(2007. 1. 16. 건설교통부령 제547호로 전문 개정되기 전의 것, 이하 '구 건축물대장규칙'이라 한다) 제1조, 제5조 제1항, 제2항, 제3항의 각 규정에 의하면, 구 건축법 제18조의 규정에 의한 사용승인(다른 법령에 의하여 사용승인으로 의제되는 준공검사·준공인가 등을 포함한다)을 신청하는 자 또는 구 건축법 제18조의 규정에 의한 사용승인을 얻어야 하는 자 외의 자는 건축물대장의 작성 신청권을 가지고 있고, 한편 건축물대장은 건축물에 대한 공법상의 규제, 지방세의 과세대상, 손실보상가액의 산정 등 건축행정의 기초자료로서 공법상의 법률관계에 영향을 미칠 뿐만 아니라, 건축물에 관한 소유권보존등기 또는 소유권이전등기를 신청하려면 이를 등기소에 제출하여야 하는 점 등을 종합해 보면, 건축물대장의 작성은 건축물의 소유권을 제대로 행사하기 위한 전제요건으로서 건축물 소유자의 실체적 권리관계에 밀접하게 관련되어 있으므로 건축물대장 소관청의 작성신청 반려행위는 국민의 권리관계에 영향을 미치는 것으로서 항고소송의 대상이 되는 행정처분에 해당한다.

한편, 판례는 건축물대장 합병행위와 건축물대장 직권말소행위에 대한 처분성도 긍정한다. 대판 2009. 5. 28. 2007두19775【건축물대장합병처분무효확인】소유권·전세권 및 임차권의 등기 외에 가압류등기가 마쳐져 있어 건축물대장을 합병할 수 없는 건물에 대하여 근거 법령을 잘못 해석하여 건축물대장을 합병한 사안에서, 그 하자가 중대하고 객관적으로 명백하여 당연무효라고 한 사례. 대판 2010. 5. 27. 2008두22655【건축물관리대장말소처분취소】건축물대장은 건축물에 대한 공법상의 규제, 지방세의 과세대상, 손실보상가액의 산정 등 건축행정의 기초자료로서 공법상의 법률관계에 영향을 미칠 뿐만 아니라, 건축물에 관한 소유권보존등기 또는 소유권이전등기를 신청하려면 이를 등기소에 제출하여야 하는 점 등을 종합해 보면, 건축물대장은 건축물의 소유권을 제대로 행사하기 위한 전제요건으로서 건축물 소유자의 실체적 권리관계에 밀접하게 관련되어 있으므로, 이러한 건축물대장을 직권말소한 행위는 국민의 권리관계에 영향을 미치는 것으로서 항고소송의 대상이 되는 행정처분에 해당한다.

248) 직권취소 신청권 유무는 불가쟁력이 발생한 경우에 특히 실익이 크다.

249) 대판 1997. 12. 26. 96누17745 : 2007. 5. 11. 2007두1811 지방자치단체장이 공장시설을 신축하는 회사에 대하여 사업승인 내지 건축허가 당시 부가하였던 조건을 이행할 때까지 신축공사를 중지하라는 명령을 한 경우, 위 회사에게는 중지명령의 원인사유가 해소되었음을 이유로 당해 공사중지명령의 해제를 요구할 수 있는 권리가 조리상 인정된다.

250) 대판 1994. 6. 24. 93누23480 설계도서 등과 다른 위법시공을 하였다 하더라도 그 건축이 건축관계 실체법규에 저촉되지 않는 경우라면, 그에 맞추어 설계변경허가를 받음으로써 설계도서와 시공상태가 불일치하는 위법상태를 시정할 수 있다 할 것이고, 그와 같은 설계변경허가신청이 있을 경우 행정청으로서는 위법시공 후의 사후신청이라는 이유만으로 이를 거부할 수 없다.

251) 대판 1997. 9. 12. 96누6219 도시계획법령이 토지형질변경행위허가의 변경신청 및 변경허가에 관하여 아무런 규정을 두지 않고 있을 뿐 아니라, 처분청이 처분 후에 원래의 처분을 그대로 존속시킬 필요가 없게 된 사정변경이 생겼거나 중대한 공익상의 필요가 발생한 경우에는 별도의 법적 근거가 없어도 별개의 행정행위로 이를 철회·변경할 수 있지만 이는 그러한 철회·변경의 권한을 처분청에게 부여하는 데 그치는 것일 뿐 상대방 등에게 그 철회·변경을 요구할 신청권까지 부여하는 것은 아니다.

252) 대판 2006. 6. 30. 2004두701 산림법령에는 채석허가처분을 한 처분청이 산림을 복구한 자에 대하여 복구설계서승인 및 복구준공통보를 한 경우 그 취소신청과 관련하여 아무런 규정을 두고 있지 않고, 원래 행정처분을 한 처분청은 그 처분에 하자가 있는 경우에는 원칙적으로 별도의 법적 근거가 없더라도 스스로 이를 직권으로 취소할 수 있지만, 그와 같이 직권취소를 할 수 있다는 사정만으로 이해관계인에게 처분청에 대하여 그 취소를 요구할 신청권이 부여된 것으로 볼 수는 없다.

253) 대판 2007. 4. 26. 2005두11104【주택건설사업계획승인처분일부무효등】원고들의 이 사건 신청은 제소기간 경과로 이미 불가쟁력이 생긴 이 사건 사업계획승인상의 부관에 대해 그 변경을 요구하는 것으로서, 구 주택건설촉진법(2003. 5. 29 법률 6916호로 전문 개정되기 전의 것) 등 관련 법령에서 그러한 변경신청권을 인정하는 아무런 규정

여 신청권을 부정하고 있다.

행정계획과 관련하여 택지개발예정지구내 수용토지의 종전소유자가 낸 개발계획 또는 실시계획 승인의 취소신청에 대하여 건설부장관의 거부행위[254], 도시계획변경신청 거부행위[255] 등에 대하여 신청권을 부정하고 있지만[256], 국토이용계획변경승인거부처분[257], 도시계획시설변경입안제안거부처분[258] 등에 대하여 신청권을 긍정하고 있다.

기타 최근 판례에서 건축법에 의한 건축계획심의 신청에 대한 거부행위[259]에 대하여 신청권

도 두고 있지 않을 뿐 아니라, 나아가 관계 법령의 해석상으로도 그러한 신청권이 인정된다고 볼 수 없다. 대판 1990. 4. 27. 89누6808 【어업허가사항변경신청불허가처분취소】 '나아가 이 부관을 삭제하여 등선과 운반선을 사용할 수 있도록 하여 달라는 내용의 원고의 이 사건 어업허가사항변경신청을 불허가한 피고의 처분 역시 위법하다고 보아야 할 것이다.' 고 판시하여 부관부 행정행위에 있어서 불가쟁력이 불생하지 않은 경우 부관 변경 신청 거부에 대하여 처분성을 긍정하고 있다.

254) 대판 1990. 9. 28. 89누8101 택지개발촉진법 제23조 제1항은 건설부장관으로 하여금 시행자를 감독하기 위한 것일 뿐 시행지구 내 토지소유자에게 지정 · 승인의 취소를 요구할 권리를 부여한 것이 아니다.

255) 대판 1994. 1. 28. 93누22029 도시계획의 변경을 신청할 조리상의 권리도 없다.

256) 도시계획시설변경과 관련하여 종전에는 지역주민의 도시계획시설결정 변경신청에 대한 거부통지(대판 1984. 10. 23. 84누227), 도시계획시설인 공원조성계획 취소신청의 거부행위(대판 1989. 10. 24. 89누725), 행정청이 인가된 도시계획사업(도로개설)실시계획의 변경인가를 거부한 행위(대판 1993. 5. 25. 92누2394) 등에 대하여 처분성을 부정하였지만, 현재에는 계획변경신청권을 인정하고 있다.

257) 대판 2003. 9. 23. 2001두10936 구 국토이용관리법(2002. 2. 4. 법률 제6655호 국토의계획및이용에관한법률 부칙 제2조로 폐지)상 주민이 국토이용계획의 변경에 대하여 신청을 할 수 있다는 규정이 없을 뿐만 아니라, 국토건설종합계획의 효율적인 추진과 국토이용질서를 확립하기 위한 국토이용계획은 장기성 · 종합성이 요구되는 행정계획이어서 원칙적으로는 그 계획이 일단 확정된 후에 어떤 사정의 변동이 있다고 하여 그러한 사유만으로는 지역주민이나 일반 이해관계인에게 일일이 그 계획의 변경을 신청할 권리를 인정하여 줄 수는 없을 것이지만, 장래 일정한 기간 내에 관계 법령이 규정하는 시설 등을 갖추어 일정한 행정처분을 구하는 신청을 할 수 있는 법률상 지위에 있는 자의 국토이용계획변경신청을 거부하는 것이 실질적으로 당해 행정처분 자체를 거부하는 결과가 되는 경우에는 예외적으로 그 신청인에게 국토이용계획변경을 신청할 권리가 인정된다.

258) 대판 2004. 11. 12. 2004두5669 : 2005. 4. 15. 2004두11626 : 2005. 2. 25. 2004두4032 : 2004. 4. 28. 2003두1806 구 도시계획법(2002. 2. 4. 법률 제6655호 국토의계획및이용에관한법률 부칙 제2조로 폐지)은 도시계획의 수립 및 집행에 관하여 필요한 사항을 규정함으로써 공공의 안녕질서를 보장하고 공공복리를 증진하며 주민의 삶의 질을 향상하게 함을 목적으로 하면서도 도시계획시설결정으로 인한 개인의 재산권행사의 제한을 줄이기 위하여, 도시계획시설부지의 매수청구권, 도시계획시설결정의 실효에 관한 규정과 아울러 도시계획 입안권자인 특별시장 · 광역시장 · 시장 또는 군수로 하여금 5년마다 관할 도시계획구역 안의 도시계획에 대하여 그 타당성 여부를 전반적으로 재검토하여 정비하여야 할 의무를 지우고, 도시계획입안제안과 관련하여서는 주민이 입안권자에게 '1. 도시계획시설의 설치 · 정비 또는 개량에 관한 사항 2. 지구단위계획구역의 지정 및 변경과 지구단위계획의 수립 및 변경에 관한 사항'에 관하여 '도시계획도서와 계획설명서를 첨부'하여 도시계획의 입안을 제안할 수 있고, 위 입안제안을 받은 입안권자는 그 처리결과를 제안자에게 통보하도록 규정하고 있는 점 등과 헌법상 개인의 재산권 보장의 취지에 비추어 보면, 도시계획구역 내 토지 등을 소유하고 있는 주민으로서는 입안권자에게 도시계획입안을 요구할 수 있는 법규상 또는 조리상의 신청권이 있다.

259) 대판 2007. 10. 11. 2007두1316 【건축허가신청불허가처분취소】 【피고 창원시장】 [1] 국민의 적극적 행위 신청에 대하여 행정청이 그 신청에 따른 행위를 하지 않겠다고 거부한 행위가 항고소송의 대상이 되는 행정처분에 해당하는 것이라고 하려면, 그 신청한 행위가 공권력의 행사 또는 이에 준하는 행정작용이어야 하고, 그 거부행위가 신청인의 법률관계에 어떤 변동을 일으키는 것이어야 하며, 그 국민에게 그 행위발동을 요구할 법규상 또는 조리상의 신청권이 있어야 하는바, 여기에서 '신청인의 법률관계에 어떤 변동을 일으키는 것'이라는 의미는 신청인의 실체상의 권리관계에 직접적인 변동을 일으키는 것은 물론, 그렇지 않다 하더라도 신청인이 실체상의 권리자로서 권리를 행사함에 중대한 지장을 초래하는 것도 포함한다. [2] 건축계획심의신청에 대한 반려처분이 항고소송의 대상이 되는

을 긍정하고 있다.

2. 구별되는 개념

가. 무하자재량행사청구권

무하자재량행사청구권이란, 재량행위에 있어서 행정청에 대하여 하자없는 결정을 구할 권리를 의미한다. 재량행위의 발급을 구하는 요구소송, 즉 재량행위 발급신청에 대한 거부처분취소소송과 관련하여 원고적격[260]을 긍정하는 근거로 무하자재량행사청구권을 제시하는 견해가 있다. 즉, 무하자재량행사청구권만으로 원고적격을 인정할 수 있다는 견해[261]와 무하자재량행사청구권의 개념을 인정할 필요가 있지만 그것만으로 원고적격이 인정될 수 없다는 견해 등의 대립이 있다[262]. 행정소송의 발전 과정에 따른 역사적 관점에서 보면 종래 취소소송의 대상이 기속행위로 한정되던 때 원고적격은 개인적 공권이 있는 경우로 한정되었지만, 취소소송의 대상이 재량행위까지 확대되자 원고적격 문제를 종전 개인적 공권 개념만으로 해결할 수 없게 되었다. 이에 재량행위 취소소송의 원고적격을 해결하기 위해 종전 특정행위청구권과 다른 무하자재량행사청구권을 개인적 공권의 내용에 포함시키게 되었다. 즉, 기속행위의 경우에는 개인이 특정행위의 발급을 요구할 수 있는 공권이 있고, 재량행위의 경우에는 개인이 행정청에 하자없는 재량권의 행사를 요구할 수 있는 무하자재량행사청구권이 있기 때문에 원고적격이 인정된다는 것이다. 이처럼 무하자재량행사청구권은 재량행위에서 국민에게 행정청에 특정 행정행위의 발급을 청구할 수 있는 권리가 인정된다는 의미가 아니라 재량행위에서도 공권이 성립될 수 있

행정처분에 해당한다고 한 사례. [3] 구 건축법(2007. 1. 3. 법률 제8219호로 개정되기 전의 것) 제4조 제1항이 건축위원회를 반드시 설치하여야 한다고 규정하고 있는 취지는 건축허가행정의 공정성·전문성을 도모하려는 데 있는 것으로 보이므로, 건축계획심의신청을 받은 행정청으로서는 해당 건축물에 대한 건축허가가 불가능함이 객관적으로 명백하지 아니한 이상 건축위원회의 심의에 회부하여야 하고, 구 건축법 시행령(2005. 7. 18. 대통령령 제18951호로 개정되기 전의 것) 제5조 제4항은 '판매 및 영업시설 등의 용도에 쓰이는 바닥면적 합계가 5,000㎡ 이상인 건축물 등의 구조안전·피난 및 소방에 관한 사항' 등을 지방건축위원회의 심의대상으로 규정하고 있을 뿐이고, 건축허가를 신청하려고 하는 사람은 먼저 건축계획심의절차를 거친 후 다른 요건을 갖추어 건축허가를 신청할 수도 있으므로, 위 심의대상이 아닌 사유를 들어 건축계획심의신청을 반려하는 것도 허용되지 아니한다.

260) 판례에 따르면 신청권으로 볼 수 있다. 판례에 따르면 무하자재량행사청구권은 재량행위에 대한 취소소송에서 원고적격과 관련하여 논해지고, 거부처분취소소송에서 신청권과 논해지게 된다.

261) 독자성 긍정설(절차적·형식적 권리설, 이분설, 형식적 권리설, 실체적 권리설)로 분류된다.

262) 독자성 부인설로 분류된다.

다는 의미에 불과하다. 결국 무하자재량행사청구권은 재량행위에서 인정되는 개인적 공권의 일반적 특성을 관념화한 것에 불과하기 때문에 반대로 무하자재량행사청구권이 원고적격에서 요구되는 법률상 이익 또는 판례상 거부처분에서 요구되는 신청권을 긍정하는 역할을 하거나 기준을 제시하는 역할을 하지는 못한다. 무하자재량행사청구권은 개인적 공권의 다른 이름에 불과하고, 절차법상 인정되는 권리가 아니라 실체법상 권리 개념이지만 권리의 구체적 내용이 없는 형식적 권리 개념일 뿐만 아니라, 구체적 권리가 침해되지 않도록 하자없는 재량권 행사를 요구하는 종된 권리 개념에 불과하다. 결국 재량행위에서 원고적격의 존부[263]는 구체적인 사안에 따라 헌법이나 법령 등의 해석을 통해서 결정될 수밖에 없다.

나. 행정개입청구권

행정개입청구권이란, 개인이 자기의 이익을 위해 타인에게 행정권의 발동을 청구하는 권리를 의미한다. 내용상 구체적 행위를 요구하는 청구권이라는 점에서 무하자재량행사청구권과 다르지만, 행정개입청구권이 모든 행정행위에서 인정되는 것은 아니라는 점과 행정개입청구권의 존부가 구체적인 사안에 따라 헌법이나 법령 등의 해석을 통해서 결정될 수밖에 없다[264]는 점은 무하자재량행사청구권과 동일하다. 법률상 명문의 규정이 없는 경우에 부정하는 견해와 긍정하는 견해 등의 대립이 있지만, 일반적으로 기속행위뿐만 아니라 재량행위에 있어서도 재량권이 0(또는 1)으로 수축된 경우에 행정청을 상대로 제3자에게 불이익처분을 하거나 행정규제를 하도록 요구할 수 있는 권리가 발생한다고 보고 있다. 한편, 제3자가 행정행위의 발급을 구하는 요구소송, 즉 제3자의 행정행위 발급신청에 대한 거부처분 취소소송과 관련하여 제3자에게 원고적격[265]이 인정되는지 및 인정의 근거가 무엇인지 여부에 대한 논란이 있는데, 원고적격을 인정하는 근거로 행정개입청구권을 제시하는 견해가 있다. 그러나 행정개입청구권이 실체적 청구권으로 원고적격에 요구되는 법률상 이익 또는 판례상 거부처분에서 요구되는 신청권과 다르기 때문에 원고적격을 인정할 수 있는 직접적 근거가 될 수는 없다. 판례는 제3자의 행정권 발동신청 거부처분 취소소송 형태에 대하여 행정소송법상 인정되지 않는 의무이행소송 형태로 보거나 신청권이 없다는 이유로 부정하고

263) 거부처분에 있어서 판례상 신청권으로 볼 수 있다.

264) 현행법상 명문으로 행정개입청구권을 규정하고 있는 경우가 거의 없다.

265) 판례에 따르면 신청권으로 볼 수 있다.

있다. 행정감독권의 발동을 구하는 신청과 관련하여 은행감독원장의 조사거부[266], 하도급공정거래화에관한법률 소정의 위반사실 신고에 대한 공정거래위원회의 조치거부[267], 시외완행버스업체들이 구청장에게 시외버스 공용정류장 운영회사에 대하여 자동차정류장법 제20조에 따른 사업개선명령을 내리도록 신청한 것을 거부한 경우[268] 등에 대하여 처분성을 부정하고 있다[269].

3. 부작위

> 제2조(정의) ① 이 법에서 사용하는 용어의 정의는 다음과 같다.
> 2. "부작위"라 함은 행정청이 당사자의 신청에 대하여 상당한 기간 내에 일정한 처분을 하여야 할 법률상 의무가 있음에도 불구하고 이를 하지 아니하는 것을 말한다.

행정소송법 제2조 제1항 제2호에 규정된 항고소송의 대상인 부작위란, '행정청이 당사자의 신청에 대하여 상당한 기간 내에 일정한 처분을 하여야 할 법률상 의무가 있음에도 불구하고 이를 하지 아니하는 것'을 의미한다[270]. 부작위는 권리상태의 변동이 없다는 점에서 거부처분과 동일하지만, 행정청의 의사결정이 없거나 의사결정이 외부로 표시되지 않았다는 점에서 차이가 있다. 따라서 부작위는 거부처분과 유사하게 처분에 대한 신청과 부작위, 신청권의 존재 등을 성립요건으로 하는데, 구체적으로 ① 당사자의 처분에 대한 적법한 신청이 있을 것, ② 상당한 기간이 경과할 것 및 행정청이 아무런 처분도 하지 않을 것, ③ 당사자의 법령에 의한 신청에 대하여 행정청에 일정한 처분을 할 법률상 의무가 있을 것 등을 요건으로 한다. 우선 당사자의 처분에 대한 신청이 있어야 하는데, 신청의 내용이 처분이 아닌 경우에는 부작위가 아니다. 당사

---

266) 대판 1982. 7. 28. 82누231 국민에게 은행감독원에 대하여 금융기관에 대한 감독권행사 등을 요구할 구체적인 청구권이 없다.

267) 대판 1989. 5. 9. 88누4515 신고가 직권발동을 촉구하는 단서의 제공에 불과하다.

268) 대판 1991. 2. 26. 90누5597 감독권 발동촉구에 불과하다.

269) 판례는 신청권 문제로 파악해서 처분성을 부정하고 있다.

270) 법령상 개인의 신청이 있은 후 일정한 기간이 경과하여도 행정청이 그에 대한 아무런 결정도 하지 아니하는 경우에는 그 처리기간이 도과함으로써 당해 신청이 거부된 것으로 의제하는 경우(예, 국세기본법 제65조 제5항)는 부작위에 해당하는 것이 아니라 '거부처분'으로 보기 때문에(간주거부), 부작위위법확인소송이 아니라 거부처분취소소송을 제기하여야 한다.

자가 신청한 내용은 처분이면 족하기 때문에 수익적 처분이든 규제권발동과 같은 침익적 처분이든 상관없다. 신청한 내용이 적법해야 하는지 여부에 관하여 견해의 대립이 있지만, 신청내용의 적법성 여부에 대한 판단이 명확치 아니할 뿐만 아니라 본안에서 결정될 문제이므로 부적법한 내용의 신청이라도 신청의 내용이 처분이면 족하다. 둘째 행정청이 일정한 처분을 하여야 할 '상당한 기간'이 지났음에도 불구하고 적극적 처분이든 소극적 처분이든 불문하고 행정청의 처분으로 볼만한 외관 자체가 존재하지 아니하는 상태가 존재해야 한다. 어느 정도의 기간을 상당한 기간으로 볼 것인가에 관하여 일률적으로 말할 수 없지만, 당해 처분의 성질·내용·동종 사안에 대한 종전의 처리경험 기타 법령의 규정 등을 종합적으로 참작하여 '상당한 기간'을 결정해야 한다. 처분의 외관이 존재하지 않아야 부작위가 성립하기 때문에 외관적 존재가 있는 무효인 행정처분은 부작위가 아니라 처분으로서 취소소송 또는 무효확인소송의 대상이 된다[271]. 그리고 행정청의 부작위가 존재하더라도 법령의 규정에 의하여 거부처분으로 간주되는 '간주거부'의 경우도 부작위위법확인소송이 아닌 거부처분취소소송의 대상이 된다. 마지막으로 당사자의 법령에 의한 신청에 대하여 행정청에 일정한 처분을 하여야 할 법률상 의무가 있어야 한다. 본 내용에 따라 행정청의 의무에 대응하는 신청인의 신청권이 부작위의 요건인지 여부에 대하여 논란이 있지만[272], 판례는 명시적으로 신청권을 부작위의 성립요건으로 보고 있다[273]. 신청권이란 거부처분에서 살펴본 바와 같이 법령이 당사자가 행정청에 대하여 일정한 신청을 할 수 있음을 명문으로 규정한 경우뿐만 아니라 법해석상 당해 규정이 특정인의 신청을 전제로 하는

271) 대판 1992. 9. 11. 91누8807, 1992. 4. 28. 91누8753, 1990. 12. 11. 90누1266 '행정소송법 제4조 제3호에 규정된 부작위위법확인의 소는 행정청이 당사자의 신청에 대하여 상당한 기간 내에 일정한 처분을 하여야 할 법률상 의무가 있음에도 불구하고 이를 하지 아니하는 경우에 그 부작위가 위법하다는 것을 확인함으로써 행정청의 응답을 신속하게 하여 부작위 내지 무응답 이라고 하는 소극적인 위법상태를 제거하는 것을 목적으로 하는 것인 만큼, 당사자의 신청에 대한 행정청의 처분이 존재하지 아니하는 경우에 허용되는 것이고, 행정청이 당사자의 신청에 대하여 거부처분을 한 것으로 보여 질 때에는 그 거부처분에 대하여 취소소송을 제기하여야 하는 것이지 행정처분의 부존재를 전제로 한 부작위위법확인의 소는 제기할 수 없는 것이다.'고 판시하고 있다.

272) 신청권 유무를 대상적격으로 보는 견해(판례), 신청권 유무를 원고적격으로 보아야 한다는 견해, 원고적격은 일정한 처분을 신청한 것으로 족하고 신청권 유무는 본안에서 판단해야 할 사안으로 보는 견해 등이 있다.

273) 대판 1990. 5. 25. 89누5768, 1992. 10. 27. 92누5867, 1993. 4. 23. 92누17099, 1992. 6. 9. 91누11278 등 '행정청이 국민으로부터 어떤 신청을 받고서도 그 신청에 따르는 내용의 행위를 하지 아니한 것이 항고소송의 대상이 되는 위법한 부작위가 된다고 하기 위하여는 국민이 행정청에 대하여 그 신청에 따른 행정행위를 해 줄 것을 요구할 수 있는 법규상 또는 조리상의 권리가 있어야 하며, 이러한 권리에 의하지 아니한 신청을 행정청이 받아들이지 아니하였다고 해서 이 때문에 신청인의 권리나 법적 이익에 어떤 영향을 준다고 할 수 없으므로 위법한 부작위라고 할 수 없다.'고 판시하고, '부작위위법확인소송을 통하여 원고가 구하는 행정청의 응답행위는 행정소송법 제2조 제1항 제1호 소정의 처분에 관한 것이라야 하므로, 당사자가 행정청에 대하여 그러한 행정행위를 하여 줄 것을 요구할 수 있는 법규상 또는 조리상의 권리를 갖고 있지 아니하면 …그 부작위위법확인의 소는 부적법하다고 할 것이다.'고 판시하여 법규상 또는 조리상의 신청권에 의한 신청을 요건으로 보고 있다.

것이라고 인정되는 경우도 포함된다. 한편 행정청의 법률상 의무와 관련하여 통상 기속행위의 경우에는 특정한 행위를 할 의무이고, 재량행위의 경우에는 어떤 행위를 할 의무이지만, 판례는 행정청의 의무를 '응답의무'로 보고 있다. 따라서 본조의 '일정한 처분'은 신청의 내용을 들어주는 인용처분이나 신청을 들어주지 아니하는 거부처분(각하처분 또는 기각처분)을 의미한다.

4. 구체적 사례

가. 임용거부, 재임용거부

공무원법상 공무원이란, 행정조직의 인적 구성요소로서 사법상 근로자와 다른 공무원법상 특별한 권한을 가지고 특별한 의무를 부담하는 자를 의미한다. 공무원은 국가공무원과 지방공무원으로, 경력직 공무원(일반직, 특정직)과 특수경력직 공무원(정무직, 별정직)으로 구별되고, 국가공무원법과 지방공무원법은 원칙적으로 경력직 공무원에 한하여 적용된다(223). 공무원 관계 발생 원인으로서의 임명행위에 대하여 종래 단독행위설, 쌍방적 행정행위설, 공법상 계약설 등의 대립이 있었으나, 현재의 판례와 통설은 공무원이 되려는 자의 신청이나 동의를 요하는 행정행위라는 쌍방적 행정행위설의 입장이다. 따라서 임명직 공무원 신분의 발생, 소멸 등 신분관계에 대한 다툼은 원칙적으로 항고소송의 대상이다. 한편, 임용거부와 부작위, 재임용거부와 부작위에 대한 항고소송이 제기된 경우 거부처분과 부작위의 개념 · 요건과 관련하여 국민에게 공무원 임명 신청권이 있는지 여부에 대한 논란이 있다. 이에 대해 종전 판례는 신청권을 부정하였지만 현재 판례에서는 헌법상 공무담임권 등에 비추어 신청권을 긍정하고 있다. 이때의 신청권에 대하여 임명행위가 공무원의 신분을 설정하는 행정행위로서 특허의 성격을 지니는 재량행위이기 때문에 무하자재량행사청구권으로 해석하는 견해도 있지만, 이미 살펴본 바와 같이 신청권이 무하자재량행사청구권과 다른 개념이기 때문에 타당한 견해가 아니다. 한편, 2012. 12. 11. 개정전 국가공무원 등에는 공무원 관계 발생 원인으로서 임명행위 외 채용계약이 있었는데, 계약직 공무원의 채용의 경우 공법상 계약에 의해서 이루어졌다[274]. 계약직 공무원의 지위 발생, 소멸 등 신분관계에 대한 다툼은 원칙적으로 공법상 당사자소송의 대상이 된다.

---

274) 종전에는 경력직 공무원으로 기능직, 특수경력직 공무원으로는 계약직, 고용직이 있었지만 법 개정으로 모두 삭제되었다.

임명행위 등에 의하여 성립된 공무원의 근무관계의 법적 성질에 관하여 사법상 근로계약설, 공법상 계약관계설, 공법상 법정근무관계설 등 논란이 있지만, 통설은 법령에 의해 규정되는 공법상 법률관계로 이해하는 법정근무관계설의 입장이다. 종래 공무원의 근무관계에 대해 '특별권력관계'로 공무원의 기본권 제한이 법률의 근거 없이 가능하고, 징계 등 불이익처분에 대한 사법적 통제가 배제·제한되는 것으로 이해하였지만, 현재 행정목적을 달성하기 위한 특별한 행정법관계로 특수한 법적 규율을 위해서 반드시 법령의 근거가 필요한 것으로 보고 있다.

나. 정보공개청구소송

정보공개청구소송이란 공공기관의 정보공개에 관한 법률(이하, 정보공개법)에 따라 정보를 보유관리하고 있는 공공기관에 정보의 공개를 청구한 국민이 공공기관을 상대로 정보비공개결정의 취소 등을 구하는 소송을 의미한다[275]. 정보공개법 제20조(행정소송) 제1항 '청구인이 정보공개와 관련한 공공기관의 결정에 대하여 불복이 있거나 정보공개 청구 후 20일이 경과하도록 정보공개 결정이 없는 때에는 행정소송법에서 정하는 바에 따라 행정소송을 제기할 수 있다.'는 규정에 따라 공공기관의 정보비공개결정에 대하여 제기된 항고소송을 의미한다[276].

정보비공개결정은 행정소송의 대상이 되기 때문에 행정소송법상 항고소송을 제기해야 한다[277]. 항고소송의 대상인 거부처분에 해당되려면 '신청과 거부의 의사표시, 처분에 대한 적법

275) 공개청구된 공개대상정보와 관련있는 제3자가 제기하는 행정소송의 성격에 대하여 정보공개결정에 대한 취소소송으로 보는 견해와 제3자의 정보비공개신청 거부에 대한 취소소송으로 보는 견해 등의 대립이 있는데, 이와 같은 제3자의 소송은 정보공개청구소송과 구별된다. 정보공개법 제21조(제3자의 비공개 요청 등) ① 제11조제3항에 따라 공개 청구된 사실을 통지받은 제3자는 그 통지를 받은 날부터 3일 이내에 해당 공공기관에 대하여 자신과 관련된 정보를 공개하지 아니할 것을 요청할 수 있다. ② 제1항에 따른 비공개 요청에도 불구하고 공공기관이 공개 결정을 할 때에는 공개 결정 이유와 공개 실시일을 분명히 밝혀 지체 없이 문서로 통지하여야 하며, 제3자는 해당 공공기관에 문서로 이의신청을 하거나 행정심판 또는 행정소송을 제기할 수 있다. 이 경우 이의신청은 통지를 받은 날부터 7일 이내에 하여야 한다. ③ 공공기관은 제2항에 따른 공개 결정일과 공개 실시일 사이에 최소한 30일의 간격을 두어야 한다.

276) 정보비공개결정 등에 대한 불복방법으로 이의신청, 행정심판, 행정소송이 있다. 정보공개법 제18조(이의신청) ① 청구인이 정보공개와 관련한 공공기관의 비공개 결정 또는 부분 공개 결정에 대하여 불복이 있거나 정보공개 청구 후 20일이 경과하도록 정보공개 결정이 없는 때에는 공공기관으로부터 정보공개 여부의 결정 통지를 받은 날 또는 정보공개 청구 후 20일이 경과한 날부터 30일 이내에 해당 공공기관에 문서로 이의신청을 할 수 있다. ②~③ (생략) ④ 공공기관은 이의신청을 각하(却下) 또는 기각(棄却)하는 결정을 한 경우에는 청구인에게 행정심판 또는 행정소송을 제기할 수 있다는 사실을 제3항에 따른 결과 통지와 함께 알려야 한다. 제19조(행정심판) ① 청구인이 정보공개와 관련한 공공기관의 결정에 대하여 불복이 있거나 정보공개 청구 후 20일이 경과하도록 정보공개 결정이 없는 때에는 「행정심판법」에서 정하는 바에 따라 행정심판을 청구할 수 있다. 이 경우 국가기관 및 지방자치단체 외의 공공기관의 결정에 대한 감독행정기관은 관계 중앙행정기관의 장 또는 지방자치단체의 장으로 한다. ② 청구인은 제18조에 따른 이의신청 절차를 거치지 아니하고 행정심판을 청구할 수 있다.

277) 헌결 2001. 2. 22. 2000헌마620 【수사기록사본교부거부처분위헌확인】 공공기관의정보공개에관한법률 제6조,

한 신청 및 신청권'이 필요한데, 국민의 정보공개청구에 대한 공공기관의 거부결정은 정보공개결정이 처분이라는 점을 비추어 정보공개 신청이 공권력의 행사일 뿐만 아니라 정보공개거부가 실체상의 권리관계에 직접적 변동을 일으키거나 실체상 권리관계에 중대한 지장을 초래하는 경우에 해당되며, '정보공개법 제5조 제1항 '모든 국민은 정보의 공개를 청구할 권리를 가진다.'는 조항에 비추어 법령상 신청권이 인정되기 때문에 거부처분에 해당된다. 그러나 외국인의 정보공개청구에 대한 공공기관의 거부결정은 정보공개법 제5조 제2항, 시행령 제3조 "1. 국내에 일정한 주소를 두고 거주하거나 학술・연구를 위하여 일시적으로 체류하는 사람 2. 국내에 사무소를 두고 있는 법인 또는 단체"에 한하여 신청권이 인정된다고 해석되기 때문에 위 범위에 속하는 외국인에 한하여 거부처분에 해당된다[278].

이처럼 정보공개법은 당사자능력 중 원고능력을 국민과 대통령령으로 정한 범위의 외국인으로 규정하고 있는데, 이때 국민에는 자연인은 물론 법인, 권리능력 없는 사단・재단도 포함되고, 법인, 권리능력 없는 사단・재단 등의 경우에는 설립목적을 불문한다[279].

거부처분의 경우 대상적격에서 신청권이 있을 뿐만 아니라 당사자능력이 있으면 거부의 상대방인 신청자에게 원칙적으로 원고적격이 인정된다. 판례는 '정보공개청구권이 법률상 보호되는 구체적인 권리[280]이므로 청구인이 공공기관에 대하여 정보공개를 청구하였다가 거부처분을 받은 것 자체가 법률상 이익의 침해에 해당한다'고 판시하고 있다[281]. 그리고 피고적격은 신청을 받아 정보비공개결정한 공공기관에 있고, 정보공개법 제2조 제3호(224)상 공공기관에 해당되는지 여부 즉, 정보공개대상기관인지 여부는 본안 문제가 된다. 다만, 공공기관이 공개를 구하는 정보를 보유・관리하고 있지 아니한 경우 정보공개거부처분의 취소를 구할 법률상의 이익이 없기 때문에 부적법 각하된다[282].

제9조, 제18조에 의하여 국민에게 불기소사건기록의 열람, 등사를 청구할 권리 내지 법에 정하여진 절차에 따라 그 허가여부의 처분을 행할 것을 요구할 수 있는 법규상의 지위가 부여되었으므로 경찰서장의 수사기록사본교부거부처분은 행정소송의 대상이 된다 할 것이므로 직접 헌법소원심판의 대상으로 삼을 수 없다.

278) 범위에 속하지 않는 외국인의 정보공개청구에 대한 공공기관의 거부결정은 항고소송의 대상이 아니기 때문에 부적법 각하된다. 그러나 신청권을 원고적격으로 보는 견해에 따르면 대상적격이 인정되지만, 원고능력과 원고적격이 부정되기 때문에 부적법 각하된다.

279) 대판 2003. 12. 12. 2003두8050 【사본공개거부처분취소】

280) 정보공개청구권은 자기와 직접적인 이해관계를 가지는 개별적 정보공개청구권 및 자기와 직접적 이해관계가 없는 일반적 정보공개청구권으로 구별되는데, 정보공개법상 정보공개청구권은 양자를 포함한다.

281) 대판 2003. 12. 12. 선고 2003두8050 【사본공개거부처분취소】 등

282) 대판 2006. 1. 13 2003두9459 【행정정보비공개결정처분취소】 동지, 대판 2014. 6. 12. 2013두4309 판결 '정보

정보공개의 대상은 공공기관이 보유・관리하고 있는 각종 정보가 되는데(225), 이때 정보란 공공기관이 직무상 작성 또는 취득하여 관리하고 있는 문서(전자문서를 포함한다. 이하 같다)·도면·사진· 필름·테이프·슬라이드 및 그 밖에 이에 준하는 매체 등에 기록된 사항을 말한다(226). 원본뿐만 아니라 사본도 포함되고[283], 이미 공개된 정보도 포함[284]된다.

정보공개의 범위는 정보공개법 제9조 제1항 단서 각호 비공개대상정보에 해당되지 않는 이상 원칙적으로 공공기관이 보유·관리하는 정보는 공개 대상이 된다[285]. 비공개대상정보는 '1. 다른 법률 또는 법률에서 위임한 명령(국회규칙·대법원규칙·헌법재판소규칙·중앙선거관리위원회규칙·대통령령 및 조례로 한정한다)에 따라 비밀이나 비공개 사항으로 규정된 정보 2. 국가안전보장·국방·통일·외교관계 등에 관한 사항으로서 공개될 경우 국가의 중대한 이익을 현저히 해칠 우려가 있다고 인정되는 정보 3. 공개될 경우 국민의 생명·신체 및 재산의 보호에 현저한 지장을 초래할 우려가 있다고 인정되는 정보 4. 진행 중인 재판에 관련된 정보와 범죄의 예방, 수사, 공소의 제기 및 유지, 형의 집행, 교정(矯正), 보안처분에 관한 사항으로서 공개될 경우 그 직무수행을 현저히 곤란하게 하거나 형사피고인의 공정한 재판을 받을 권리를 침해한다고 인정할 만한 상당한 이유가 있는 정보 5. 감사·감독·검사·시험·규제·입찰계약·기술개발·인사관리에 관한 사항

공개제도는 공공기관이 보유·관리하는 정보를 그 상태대로 공개하는 제도라는 점 등에 비추어 보면, 정보공개를 구하는 자가 공개를 구하는 정보를 행정기관이 보유·관리하고 있을 상당한 개연성이 있다는 점을 입증함으로써 족하다 할 것이지만, 공공기관이 그 정보를 보유·관리하고 있지 아니한 경우에는 특별한 사정이 없는 한 정보공개거부처분의 취소를 구할 법률상의 이익이 없다.' 대판 2004. 12. 9. 2003두12707 '정보공개제도는 공공기관이 보유·관리하는 정보를 그 상태대로 공개하는 제도로서 공개를 구하는 정보를 공공기관이 보유·관리하고 있을 상당한 개연성이 있다는 점에 대하여 원칙적으로 공개청구자에게 증명책임이 있다고 할 것이지만, 공개를 구하는 정보를 공공기관이 한 때 보유·관리하였으나 후에 그 정보가 담긴 문서등이 폐기되어 존재하지 않게 된 것이라면 그 정보를 더 이상 보유·관리하고 있지 아니하다는 점에 대한 증명책임은 공공기관에게 있다.'

283) 대판 2006. 5. 25. 2006두3049 【사건기록등사불허가처분취소】 공공기관의 정보공개에 관한 법률상 공개청구의 대상이 되는 정보란 공공기관이 직무상 작성 또는 취득하여 현재 보유·관리하고 있는 문서에 한정되는 것이기는 하나, 그 문서가 반드시 원본일 필요는 없다.

284) 대판 2010. 12. 23. 2008두13101 【정보공개거부처분취소】 공개청구의 대상이 되는 정보가 이미 다른 사람에게 공개되어 널리 알려져 있다거나 인터넷 등을 통하여 공개되어 인터넷검색 등을 통하여 쉽게 알 수 있다는 사정만으로는 소의 이익이 없다거나 비공개결정이 정당화될 수 없다.

285) 대판 2009. 12. 10. 2009두12785 국민의 '알권리', 즉 정보에의 접근·수집·처리의 자유는 자유권적 성질과 청구권적 성질을 공유하는 것으로서 헌법 제21조에 의하여 직접 보장되는 권리이고, 그 구체적 실현을 위하여 제정된 공공기관의 정보공개에 관한 법률도 제3조에서 공공기관이 보유·관리하는 정보를 원칙적으로 공개하도록 하여 정보공개의 원칙을 천명하고 있고, 위 법 제9조가 예외적인 비공개사유를 열거하고 있는 점에 비추어 보면, 국민으로부터 보유·관리하는 정보에 대한 공개를 요구받은 공공기관으로서는 위 법 제9조 제1항 각 호에서 정하고 있는 비공개사유에 해당하지 않는 한 이를 공개하여야 하고, 이를 거부하는 경우라 할지라도 대상이 된 정보의 내용을 구체적으로 확인·검토하여 어느 부분이 어떠한 법익 또는 기본권과 충돌되어 위 각 호의 어디에 해당하는지를 주장·증명하여야만 하며, 여기에 해당하는지 여부는 비공개에 의하여 보호되는 업무수행의 공정성 등의 이익과 공개에 의하여 보호되는 국민의 알권리의 보장과 국정에 대한 국민의 참여 및 국정운영의 투명성 확보 등의 이익을 비교·교량하여 구체적인 사안에 따라 개별적으로 판단하여야 한다.

이나 의사결정 과정 또는 내부검토 과정에 있는 사항 등으로서 공개될 경우 업무의 공정한 수행이나 연구 · 개발에 현저한 지장을 초래한다고 인정할 만한 상당한 이유가 있는 정보[286]. 다만, 의사결정 과정 또는 내부검토 과정을 이유로 비공개할 경우에는 의사결정 과정 및 내부검토 과정이 종료되면 제10조에 따른 청구인에게 이를 통지하여야 한다. 6. 해당 정보에 포함되어 있는 성명 · 주민등록번호 등 개인에 관한 사항으로서 공개될 경우 사생활의 비밀 또는 자유를 침해할 우려가 있다고 인정되는 정보. 다만, 다음 각 목에 열거한 개인에 관한 정보는 제외한다. 가. 법령에서 정하는 바에 따라 열람할 수 있는 정보 나. 공공기관이 공표를 목적으로 작성하거나 취득한 정보로서 사생활의 비밀 또는 자유를 부당하게 침해하지 아니하는 정보 다. 공공기관이 작성하거나 취득한 정보로서 공개하는 것이 공익이나 개인의 권리 구제를 위하여 필요하다고 인정되는 정보 라. 직무를 수행한 공무원의 성명 · 직위 마. 공개하는 것이 공익을 위하여 필요한 경우로서 법령에 따라 국가 또는 지방자치단체가 업무의 일부를 위탁 또는 위촉한 개인의 성명 · 직업 7. 법인 · 단체 또는 개인(이하 "법인등"이라 한다)의 경영상 · 영업상 비밀에 관한 사항으로서 공개될 경우 법인 등의 정당한 이익을 현저히 해칠 우려가 있다고 인정되는 정보. 다만, 다음 각 목에 열거한 정보는 제외한다. 가. 사업활동에 의하여 발생하는 위해(危害)로부터 사람의 생명 · 신체 또는 건강을 보호하기 위하여 공개할 필요가 있는 정보 나. 위법 · 부당한 사업활동으로부터 국민의 재산 또는 생활을 보호하기 위하여 공개할 필요가 있는 정보 8. 공개될 경우 부동산 투기, 매점매석 등으로 특정인에게 이익 또는 불이익을 줄 우려가 있다고 인정되는 정보' 등이 있다[287].

---

286) 대판 2003. 8. 22. 2002두12946 【정보공개거부처분취소】 [1] 공공기관의정보공개에관한법률상 비공개대상정보의 입법 취지에 비추어 살펴보면, 같은 법 제7조 제1항 제5호에서의 '감사·감독·검사·시험·규제·입찰계약·기술개발·인사관리·의사결정과정 또는 내부검토과정에 있는 사항'은 비공개대상정보를 예시적으로 열거한 것이라고 할 것이므로 의사결정과정에 제공된 회의 관련 자료나 의사결정과정이 기록된 회의록 등은 의사가 결정되거나 의사가 집행된 경우에는 더 이상 의사결정과정에 있는 사항 그 자체라고는 할 수 없으나, 의사결정과정에 있는 사항에 준하는 사항으로서 비공개대상정보에 포함될 수 있다. [2] 공공기관의정보공개에관한법률 제7조 제1항 제5호에서 규정하고 있는 '공개될 경우 업무의 공정한 수행에 현저한 지장을 초래한다고 인정할 만한 상당한 이유가 있는 경우'라 함은 같은 법 제1조의 정보공개제도의 목적 및 같은 법 제7조 제1항 제5호의 규정에 의한 비공개대상정보의 입법 취지에 비추어 볼 때 공개될 경우 업무의 공정한 수행이 객관적으로 현저하게 지장을 받을 것이라는 고도의 개연성이 존재하는 경우를 의미한다고 할 것이고, 여기에 해당하는지 여부는 비공개에 의하여 보호되는 업무수행의 공정성 등의 이익과 공개에 의하여 보호되는 국민의 알권리의 보장과 국정에 대한 국민의 참여 및 국정운영의 투명성 확보 등의 이익을 비교·교량하여 구체적인 사안에 따라 신중하게 판단되어야 한다. [3] 학교환경위생구역 내 금지행위(숙박시설) 해제결정에 관한 학교환경위생정화위원회의 회의록에 기재된 발언내용에 대한 해당 발언자의 인적사항 부분에 관한 정보는 공공기관의정보공개에관한법률 제7조 제1항 제5호 소정의 비공개대상에 해당한다고 한 사례.

287) 비공개대상정보에 대한 증명책임(공공기관) : 대판 2003. 12. 11. 2001두8827 공공기관의정보공개에관한법률 제1조, 제3조, 제6조는 국민의 알권리를 보장하고 국정에 대한 국민의 참여와 국정운영의 투명성을 확보하기 위하여 공공기관이 보유·관리하는 정보를 모든 국민에게 원칙적으로 공개하도록 하고 있으므로, 국민으로부터 보유·관리하는 정보에 대한 공개를 요구받은 공공기관으로서는 같은 법 제7조 제1항 각 호에서 정하고 있는 비공개사유에 해당하

비공개대상정보와 공개대상정보가 혼합되어 있는 경우에는 공공기관은 분리가능한 공개대상정보를 부분 공개해야 하고, 공공기관이 전부비공개결정한 경우라면 법원은 분리가능한 공개대상정보에 대한 일부 취소 판결을 선고해야 한다[288]. 정보공개법 제14조(부분 공개) '공개 청구한 정보가 제9조제1항 각 호의 어느 하나에 해당하는 부분과 공개 가능한 부분이 혼합되어 있는 경우로서 공개 청구의 취지에 어긋나지 아니하는 범위에서 두 부분을 분리할 수 있는 경우에는 제9조제1항 각 호의 어느 하나에 해당하는 부분을 제외하고 공개하여야 한다.'고 규정하고 있는데, 공개청구의 취지에 어긋나지 아니하는 범위 안에서 비공개대상 정보에 해당하는 부분과 공개가 가능한 부분을 분리할 수 있다고 함은, 이 두 부분이 물리적으로 분리가능한 경우를 의미하는 것이 아니고 당해 정보의 공개방법 및 절차에 비추어 당해 정보에서 비공개대상 정보에 관련된 기술 등을 제외 내지 삭제하고 그 나머지 정보만을 공개하는 것이 가능하고 나머지 부분의 정보만으로도 공개의 가치가 있는 경우[289]를 의미한다[290].

공개란 공공기관이 이 법에 따라 정보를 열람하게 하거나 그 사본 · 복제물을 제공하는 것 또는 전자정부법 제2조 제10호에 따른 정보통신망을 통하여 정보를 제공하는 것 등을 의미(227)하기 때문에 정보공개의 방법은 정보에 대한 열람, 사본·복제물 제공, 전자적 정보 제공 등이 있

지 않는 한 이를 공개하여야 할 것이고, 만일 이를 거부하는 경우라 할지라도 대상이 된 정보의 내용을 구체적으로 확인·검토하여 어느 부분이 어떠한 법익 또는 기본권과 충돌되어 같은 법 제7조 제1항 몇 호에서 정하고 있는 비공개사유에 해당하는지를 주장·입증하여야만 할 것이며, 그에 이르지 아니한 채 개괄적인 사유만을 들어 공개를 거부하는 것은 허용되지 아니한다.

288) 일부 취소 판결문 예시 : 1. 피고가 2005. 9. 28. 원고에 대하여 한 별지 제1목록 기재 정보[전체정보]에 관한 사본교부의 방법에 의한 정보공개거부처분 중 별지 제2목록 기재 정보의 공개를 거부하는 부분[비공개정보대상]을 제외한 나머지 부분[공개대상정보]을 취소한다. 2. 원고의 나머지 청구를 기각한다.

289) 서울행법 2009. 7. 22. 선고 2009구합4739 【정보비공개처분취소】 정보공개의 취지에 비추어 볼 때, 공공기관의 정보공개에 관한 법률 제9조 제1항 제6호에서 정한 비공개대상정보에 해당하는 협의회 참석자 명단을 제외한 협의회 개최 일시, 장소 등만을 공개하는 것은 특별히 그 공개의 가치가 인정된다고 보기 어려우므로, 정보의 각 부분이 물리적으로 분리 가능하다고 하더라도 이를 분리하여 부분공개를 명할 필요성은 없다고 한 사례. <청구기각>

290) 대판 2003. 3. 11. 2001두6425 법원이 행정청의 정보공개거부처분의 위법 여부를 심리한 결과 공개를 거부한 정보에 비공개대상정보에 해당하는 부분과 공개가 가능한 부분이 혼합되어 있고 공개청구의 취지에 어긋나지 아니하는 범위 안에서 두 부분을 분리할 수 있음을 인정할 수 있을 때에는, 위 정보 중 공개가 가능한 부분을 특정하고 판결의 주문에 행정청의 위 거부처분 중 공개가 가능한 정보에 관한 부분만을 취소한다고 표시하여야 한다. 대판 2004. 12. 9. 2003두12707 사본출력물의 공개방법과 절차에 비추어 정보공개처리대장에서 청구인에 관한 사항을 제외하고 그 나머지 정보만을 공개하는 것이 가능할 뿐 아니라 나머지 부분의 정보만으로도 공개의 가치가 있다고 볼 여지가 있다고 한 사례, <일부 취소>.대판 2009. 12. 10. 2009두12785 법원이 행정기관의 정보공개거부처분의 위법 여부를 심리한 결과 공개를 거부한 정보에 비공개사유에 해당하는 부분과 그렇지 않은 부분이 혼합되어 있고, 공개청구의 취지에 어긋나지 않는 범위 안에서 두 부분을 분리할 수 있음을 인정할 수 있을 때에는 공개가 가능한 정보에 국한하여 일부취소를 명할 수 있다. 이러한 정보의 부분 공개가 허용되는 경우란 그 정보의 공개방법 및 절차에 비추어 당해 정보에서 비공개대상정보에 관련된 기술 등을 제외 혹은 삭제하고 나머지 정보만을 공개하는 것이 가능하고 나머지 부분의 정보만으로도 공개의 가치가 있는 경우를 의미한다.

다. 정보공개를 청구하는 자가 공공기관에 대해 정보공개의 방법을 선택하여 정보공개청구를 한 경우라면 공개청구를 받은 공공기관이 특별한 사정이 없는 한[291] 청구대로 공개해야 한다. 즉, 공개방법을 선택할 재량권이 공공기관에 부여된 것으로 볼 수 없기 때문[292]에 공공기관이 사본 교부 형태로 정보공개청구를 받았음에도 불구하고 열람을 허용한 경우하면 위법한 사본공개거부처분이 된다[293].

---

291) 정보공개법 제13조(정보공개 여부 결정의 통지) ② 공공기관은 청구인이 사본 또는 복제물의 교부를 원하는 경우에는 이를 교부하여야 한다. 다만, 공개 대상 정보의 양이 너무 많아 정상적인 업무수행에 현저한 지장을 초래할 우려가 있는 경우에는 정보의 사본·복제물을 일정 기간별로 나누어 제공하거나 열람과 병행하여 제공할 수 있다. <사본 또는 출력물의 교부의 방법에 의하여 공개하여 줄 것을 청구한 이상, 피고로서는 법 제13조 제2항에 규정된 사유가 있음을 입증하지 못하는 한 원고가 선택한 공개방법에 따라 이 사건 정보를 공개하여야 한다.> 제15조(정보의 전자적 공개) ① 공공기관은 전자적 형태로 보유 · 관리하는 정보에 대하여 청구인이 전자적 형태로 공개하여 줄 것을 요청하는 경우에는 그 정보의 성질상 현저히 곤란한 경우를 제외하고는 청구인의 요청에 따라야 한다. ② 공공기관은 전자적 형태로 보유 · 관리하지 아니하는 정보에 대하여 청구인이 전자적 형태로 공개하여 줄 것을 요청한 경우에는 정상적인 업무수행에 현저한 지장을 초래하거나 그 정보의 성질이 훼손될 우려가 없으면 그 정보를 전자적 형태로 변환하여 공개할 수 있다. ③ 정보의 전자적 형태의 공개 등에 필요한 사항은 국회규칙·대법원규칙·헌법재판소규칙·중앙선거관리위원회규칙 및 대통령령으로 정한다.

292) 대판 2003. 12. 12. 2003두8050 판결 【사본공개거부처분취소】 공공기관의정보공개에관한법률 제2조 제2항, 제3조, 제5조, 제8조 제1항, 같은법시행령 제14조, 같은법시행규칙 제2조 [별지 제1호 서식] 등의 각 규정을 종합하면, 정보공개를 청구하는 자가 공공기관에 대해 정보의 사본 또는 출력물의 교부의 방법으로 공개방법을 선택하여 정보공개청구를 한 경우에 공개청구를 받은 공공기관으로서는 같은 법 제8조 제2항에서 규정한 정보의 사본 또는 복제물의 교부를 제한할 수 있는 사유에 해당하지 않는 한 정보공개청구자가 선택한 공개방법에 따라 정보를 공개하여야 하므로 그 공개방법을 선택할 재량권이 없다고 해석함이 상당하다.

293) 판결 예시 : 피고가 2005. 9. 28. 원고에 대하여 한 "2007년부터 2008년까지 원고의 개인 정보를 열람한 내역(담당자, 담당부서, 조회사유, 열람일자)"에 대한 정보에 관한 사본교부의 방법에 의한 정보공개거부처분을 취소한다. 피고가 2017. 1. 7. 원고에게 한 서울중앙지검 2016형제175 사건 수사보고, 피의자신문조서, 진술조서, 범죄경력조회, 기록목록 등 서류에 대한 열람, 등사 불허가 처분을 취소한다.

제3편

기타 대상적격

제 1 장

행정입법, 행정입법부작위, 헌법소원

행정 입법

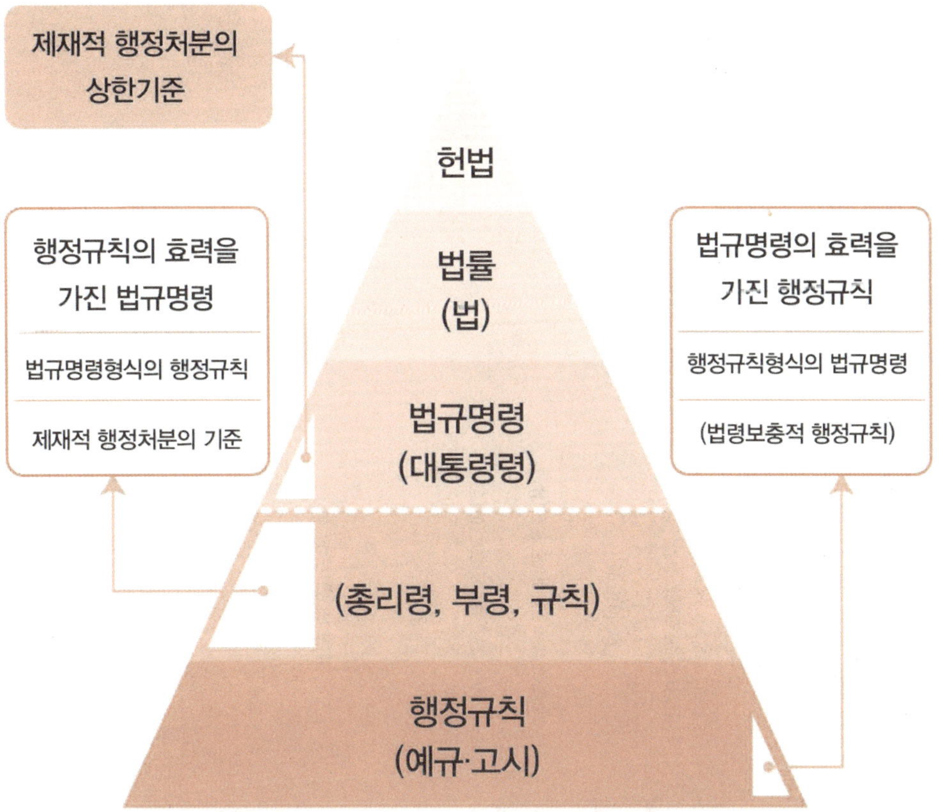
제재적 행정처분의
상한기준
헌법
행정규칙의 효력을
가진 법규명령
법규명령형식의 행정규칙
제재적 행정처분의 기준
법률
(법)
법규명령의 효력을
가진 행정규칙
행정규칙형식의 법규명령
(법령보충적 행정규칙)
법규명령
(대통령령)
(총리령, 부령, 규칙)
행정규칙
(예규·고시)

행정 입법 취소소송

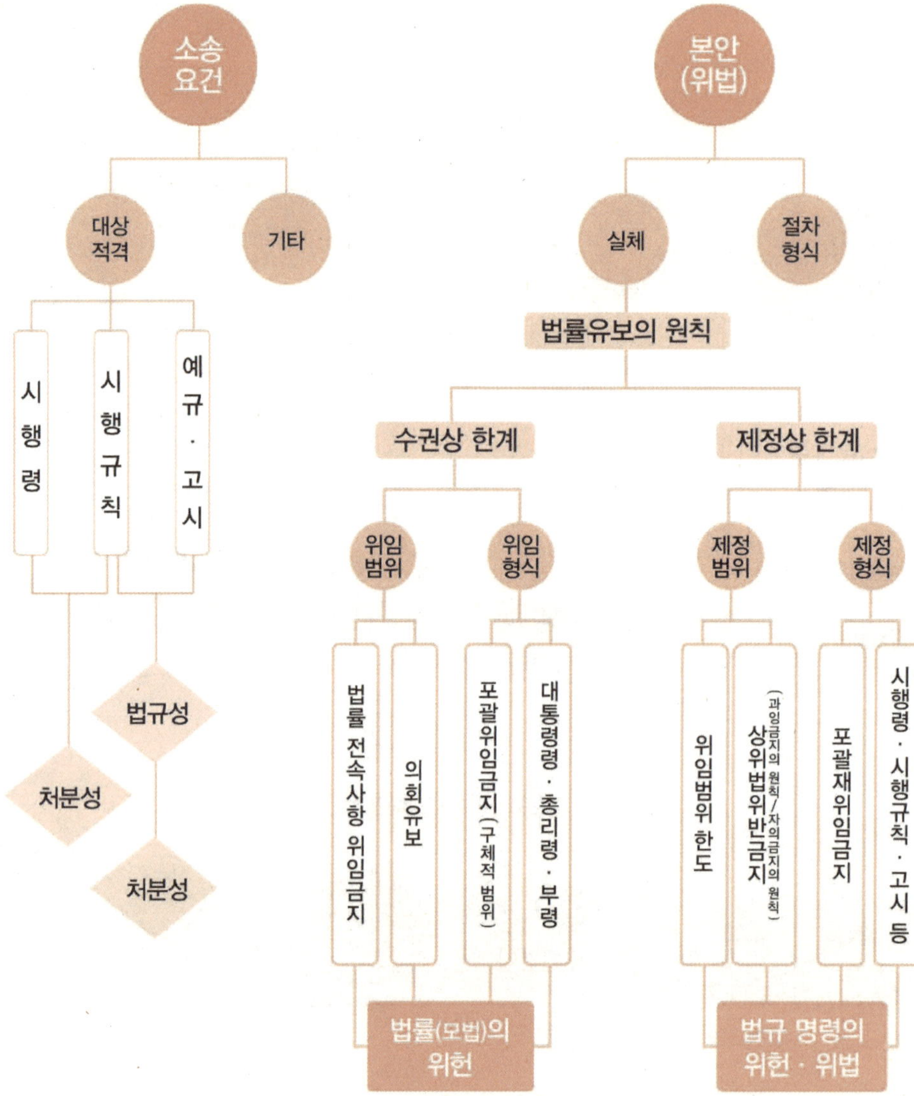
소송 요건
대상 적격
기타
시행령
시행규칙
예규·고시
처분성
법규성
처분성
본안 (위법)
실체
절차 형식
법률유보의 원칙
수권상 한계
제정상 한계
위임 범위
위임 형식
제정 범위
제정 형식
법률 전속사항 위임금지
의회유보
포괄위임금지(구체적 범위)
대통령령·총리령·부령
위임범위 한도
상위법위반금지 (과잉금지의 원칙/자의금지의 원칙)
포괄재위임금지
시행령·시행규칙·고시 등
법률(모법)의 위헌
법규 명령의 위헌·위법

건강보험제도

현물 급여	요양급여 건강검진
현금 급여	요양비 장재비 본인부담액 보상비 장애인 보장구 급여비

고시	
의료 행위	건강보험행위 급여 · 비급여 목록표 및 그 상대가치 점수
약제	약제 급여 · 비급여 목록 및 급여 상한금액표
치료 재료	치료재료 급여 · 비급여 목록 및 급여 상한금액표

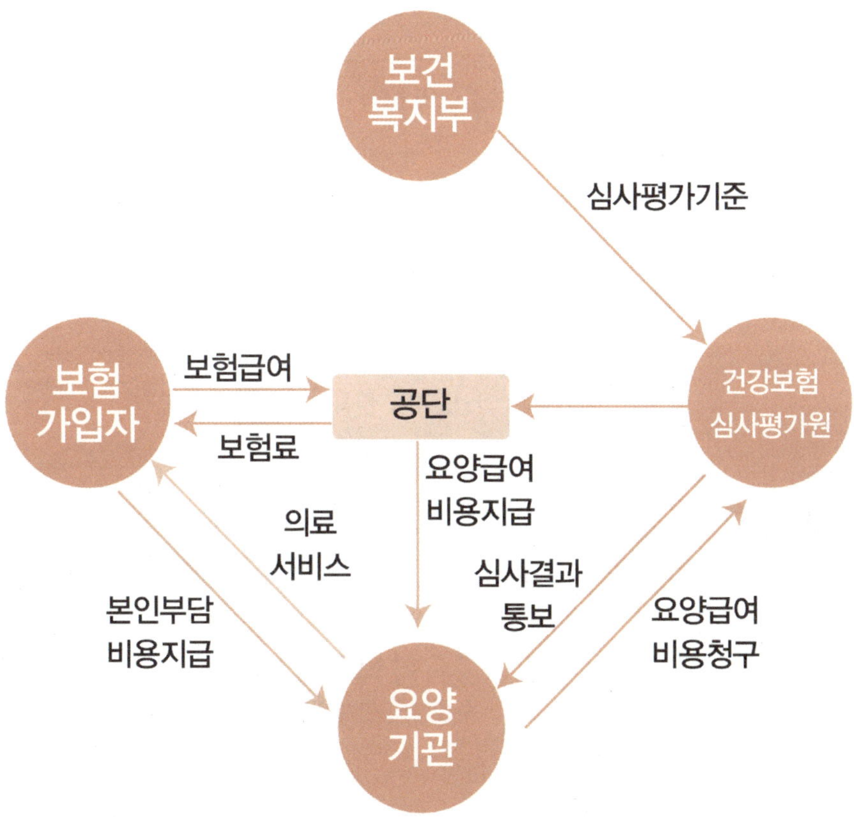

권리구제형 헌법소원

- 적법요건
  - 공권력의 행사 또는 불행사
  - 청구인 능력 / 청구인 적격
    - 자기 관련성
    - 현재 관련성
    - 직접 관련성
  - 피청구인 적격
  - 권리 보호 이익, 심판 이익
  - 청구기간
  - 보충성의 원칙

- 위헌
  - 내용의 위헌
    - 객관적 헌법규범
    - 과잉금지의 원칙/자의금지의 원칙
  - 형식의 위헌
    - 수권상의 한계/명확성의 원칙

제 1 장

행정입법, 행정입법부작위, 헌법소원

1. 행정입법

가. 의의

행정입법이란, 행정주체가 일반추상적인 규범을 정립하는 작용 또는 그에 따라 정립된 규범을 의미한다. 행정입법에는 법령상의 수권에 근거하여 행정권이 정립하는 규범으로서 국민과의 관계에서 일반구속적인 규범인 **법규명령**과 행정조직 내부 또는 특별한 공법상의 법률관계 내부에서 그 조직과 활동을 규율하는 일반추상적인 명령으로서 법규적 성질을 갖지 않는 **행정규칙**이 있다[294]. 대체로 법규명령은 헌법 제75조·제76조에 의해 대통령령(시행령), 총리령, 부령(시행규칙) 등의 형태로 규정되고, 행정규칙은 훈령, 고시, 예규 등의 형태로 규정된다.

나. 처분성(행정입법에 대한 추상적 규범통제Ⅰ)

행정규칙은 국민과 법원을 구속하는 법적 효력이 없기 때문에 원칙적으로 재판의 대상이 되거나 재판의 척도가 되지 않는다. 즉 행정규칙은 위헌·위법 여부와 상관없이 법적 구속력이 없

---

294) 『홍정선, 제16판 행정법원론(상)(박영사, 2008), 197쪽』, 『장태주, 행정법개론, 321쪽』 법규명령과 행정규칙의 구별과 관련하여 다수설은 법률의 수권과 대외적 법규성 여부를, 소수설은 법률의 수권 여부를 기준으로 한다.

기 때문에 사법심사의 대상이 되지 않는다. 그러나 **법규명령**은 법적 구속력이 있고, 사법심사의 척도가 되기 때문에 사법심사의 대상이 된다. 다만, 현행 헌법이 헌법 제107조 제2항에서 '명령[295)]· 규칙[296)]이 헌법이나 법률에 위반되는지 여부가 재판에 전제가 된 경우에는 대법원은 이를 최종적으로 심사할 권한을 가진다.'고 규정함으로써 법규명령은 재판에 전제가 된 경우에 한하여 위헌·위법 여부를 심사받게 된다[297)]. 현행 헌법은 법규명령 자체에 대한 위헌·위법 여부를 심사하는 추상적 규범통제제도를 채택하지 않고, 특정 사건을 재판할 때 그 사건에 적용되는 법규명령의 위헌·위법 여부를 심사하는 **구체적 규범통제제도**를 채택하고 있다. 이처럼 법규명령 자체를 직접 다투는 소송이 허용되지 않을 뿐만 아니라 법규명령은 행정입법으로서 처분이 아니기 때문에 법규명령에 대한 항고소송은 부적법 각하된다. 그러나 대통령령·총리령·부령 등 법규명령의 형태를 취하지만 실질적으로 행정행위의 개념징표인 관련자의 개별성과 규율사건의 구체성을 가짐으로써 행정행위의 성질을 갖는 법규명령을 **처분적 법규명령**이라 하고, 이러한 처분적 법규명령은 행정소송법상 처분성을 지니기 때문에 예외적으로 **항고소송의 대상**이 된다[298)]. 법규명령이 집행행위를 매개하지 않고 직접적으로 국민의 권리·의무에 변동을 가져오는 경우라도 법령의 규정에 의하여 바로 법적 효력이 발생하는 경우에는 공법상 당사자소송으로 다투어야 하고, 구체적 사실을 규율하고 있는 경우에만 처분적 법규명령으로서 항고소송으로 다툴 수 있는데, 이러한 범위 내에서 법원에 의한 법규명령에 대한 추상적 규범통제가 인정된다.

구체적 규범통제방식에서 선결문제로서 법규명령이 위헌·위법으로 판단되면 법원은 당해 법규명령을 무효로 처리하게 된다. 그런데 추상적 규범통제방식에서 법규명령이 위헌·위법으

---

295) 행정입법으로서 법규명령인 대통령령·총리령·부령 등을 의미한다.

296) 법규명령인 국회규칙·대법원규칙·헌법재판소규칙·중앙선거관리위원회규칙 및 자치법규인 조례와 규칙을 의미한다. 그러나 행정입법으로서 행정규칙은 포함되지 않는다. 한편 법률에 근거한 감사원규칙, 공정거래위원회규칙, 금융감독위원회규칙, 방송위원회규칙, 중앙노동위원회규칙 등의 법적 성격과 관련하여 법규명령설과 행정규칙설의 대립이 있다.

297) 행정입법으로서의 법규명령뿐만 아니라 자치입법으로서의 조례와 규칙도 동일하다.

298) 대판 1953. 8. 19. 53누37 거제군의 위치를 정하고 있는 대통령이 위법하다며 취소를 구한 사안에서 '원래 대통령령은 법령의 효력을 가진 것으로서 행정소송법상 행정처분이라 볼 수 없다고 해석함이 타당할 것임으로 … 행정소송의 목적물이 될 수 없을 것이다. 물론 법령의 효력을 가진 명령이라도 그 효력이 다른 행정행위를 기다릴 것 없이 직접적으로 또 현실적으로 그 자체로서 국민의 권리훼손 기타 이익침해의 효과를 발생케 하는 성질의 것이라면 행정소송법상 처분이라 보아야 할 것이고, 따라서 그에 관한 이해관계자는 그 구체적 관계사실과 이유를 주장하여 그 명령의 취소를 법원에 구할 수 있을 것'이라고 판시하여 처분성을 인정하였다. 다만 본건에서 대통령령에 의한 권리침해사실을 다투지 않고 법령의 적법 여부만을 다투어 협의의 소익이 없다는 이유로 각하되었다.

로 판단되는 경우에 법원이 무효와 별도로 행정처분과 동일하게 취소할 수 있는지 여부에 대하여 견해의 대립이 있다. 법규명령에 대한 취소소송제도가 존재하지 않는다는 점 또는 행정행위 하자론과 법규명령 하자론이 전혀 다른 관점에서 논해져야 한다는 점 등으로 무효만 인정하는 견해와 법규명령의 처분성을 항고소송의 대상인 처분과 달리 볼 이유가 없다는 점 등으로 취소를 인정할 수 있다는 견해 등이 있다.

다. 공권력의 행사(행정입법에 대한 추상적 규범통제Ⅱ)

현행 헌법은 제111조 제6호에서 '법률이 정하는 헌법소원에 관한 심판'을 헌법재판소의 관장사항으로 규정하고, 헌법재판소법 제68조 제1항에서 법원의 재판을 제외한 모든 공권력의 행사·불행사를 헌법소원의 대상으로 규정하고 있기 때문에 법규명령이 헌법소원의 대상인지 여부에 대한 논란이 있다. 이미 살펴본 바와 같이 현행 헌법이 헌법 제107조 제2항에서 법규명령에 대한 최종 심사권을 대법원에 부여하였기 때문에 헌법 제111조 제6호에 규정된 헌법소원의 대상에 법규명령이 제외된다는 견해와 헌법 제107조 제2항은 법규명령이 재판에 전제된 경우에 법원에 법규명령의 위헌·위법 여부에 대한 심사권을 부여한 것에 불과하기 때문에 법규명령이 재판에 전제가 되지 않으면서 국민의 기본권을 직접 침해하고 있는 경우라면 헌법 제111조 제6호에 규정된 헌법소원의 대상이라는 견해 등이 있다. 현재 실무는 후자의 입장에서 국민의 기본권을 직접 침해하고 있는 법규명령[299]에 대한 헌법소원을 허용하고 있고, 이러한 범위 내에서 헌법재판소에 의한 법규명령에 대한 추상적 규범통제가 인정된다.

법규명령이 헌법 제107조 제2항과 헌법 제111조 제6호 중 어느 조항에 해당되는지 여부를 판단하는 중요한 척도는 '**기본권 침해의 직접성**'인데, 집행행위를 매개하지 않고 법규명령 자체가 자유의 제한, 의무의 부과, 권리 또는 법적 지위의 박탈 등 법적 효과를 발생시키는 경우에 법규명령이 헌법소원의 대상이 된다(228). 집행행위가 존재하는 경우라도 집행행위를 대상으로 하는 구제절차가 없거나 구제절차가 있더라도 권리구제의 기대가능성이 없고 다만 기본권침해를 당한 청구인에게 불필요한 우회절차를 강요하는 것밖에 되지 않는 경우에는 당해 법규명령을

299) 법규명령뿐만 아니라 법규명령 효력을 가진 행정규칙과 법률도 동일하다. 한편 헌법재판소는 '행정규칙이 평등의 원칙, 신뢰보호의 원칙 등을 매개로 하여 구속력을 가지는 경우 심판의 대상인 공권력의 행사에 해당한다.'고 판시하여 일부 행정규칙에 대한 추상적 규범통제를 긍정하고 있다. 헌법재판소 2007.8.30. 2004헌마670 등.

직접 헌법소원 대상으로 삼을 수 있다(229). 즉, 법규범이 집행행위를 예정하고 있더라도 법규범의 내용이 집행행위 이전에 이미 국민의 권리관계를 직접 변동시키거나 국민의 법적 지위를 결정적으로 정하는 것이어서 국민의 권리관계가 집행행위의 유무나 내용에 의하여 좌우될 수 없을 정도로 확정된 상태라면 그 법규범은 권리침해의 직접성이 인정된다(230). 한편, 헌법재판소법 제68조 제1항 단서에 '**헌법소원은 다른 법률에 구제절차가 있는 경우에는 그 절차를 거친 후에 심판청구를 하여야 한다**.'고 보충성을 규정하고 있다. 처분적 법규명령에 대한 항고소송과 국민의 기본권을 직접 침해하는 법규명령에 대한 헌법소원의 관계에서 국민의 권리관계를 변동시키는 법규명령이 예정하고 있는 집행행위가 기속행위여서 기본권 침해의 직접성도 인정되고 처분성도 인정되는 경우라면 원칙적으로 보충성에 의하여 행정소송의 대상이고, 헌법소원의 대상이 아니다[300]. 그러나 법규명령의 처분성 인정 여부가 불분명한 경우뿐만 아니라 의문이 있는 경우라면 법원의 구제절차 없이 바로 헌법소원심판을 청구할 수 있다는 헌법재판소 결정에 따르면 헌법소원의 대상도 된다고 해석된다.

라. 위헌 · 위법성

1) 수권상 한계

법규명령에 대한 위임을 정하는 수권법률을 제정할 때 준수해야 할 한계를 의미하고, 수권상 한계를 일탈하면 법률의 위헌 문제가 발생한다. 즉, **수권상 한계**는 수권하는 법률에 관한 문제로서 헌법재판소가 한계의 일탈 여부를 판단하게 된다.

포괄적 위임의 금지 : 헌법 제75조와 제95조는 구체적 범위를 정하여 위임하도록 규정하고 있는바, 이 때 구체적이란 규율대상이 특정(구체성, 한정성)되어야 할 뿐만 아니라 규율기준도 명확(명확성)하여야 함을 의미한다. 이 때 특정성과 명확성의 정도는 헌법 제40조 '입법권은 국회에 속한다.'를 고려하여 유기적으로 해석해야 한다. 법률유보의 원칙과 관련하여 다수설과 판례인 본질적 사항유보설에 의하면 의회에 유보되어 있는 본질적 사항에 대한 위임은 허용되지 않고, 본질적 사항인지 여부는 기본권과 관련해서 판단해야 하는데, 기본권 관련 사항은 특정성과

---

300) 공권력의 행사는 행정처분과 달리 '구체적 사실'에 관한 것을 요하지 않기 때문에 법규명령이 집행행위의 개입 없이 기본권을 침해하는 경우라면 헌법소원의 대상이 된다.

명확성의 정도를 엄격하게 해석해야 한다. 다만, 입법기술 관련 전문적·기술적인 사항은 특정성과 명확성의 정도를 완화해서 해석한다. 헌법재판소도 '법률에서 구체적으로 범위를 정하여 위임받은 사항'을 '법률에 이미 대통령령으로 규정하게 된 내용 및 범위의 기본사항이 구체적으로 규정되어 있어서 누구라도 당해 법률로부터 대통령령에 규정될 내용의 대강을 예측할 수 있어야 함을 의미하는 것'이고, '그 예측 가능성은 당해 조항 및 관련법 조항 전체를 유기적·체계적·종합적으로 판단해야 한다.'고 판시하고 있다(231). 한편, 민주적 정당성과 관련하여 주민대표기관 등 민주적 정당성을 가진 기관에 위임하는 경우에는 특정성과 명확성이 더욱 완화되는데 조례가 대표적인 경우다[301].

국회전속 입법사항의 위임금지 : 죄형법정주의와 관련하여 처벌규정의 위임이 금지(헌법 제13조)되고, 조세법률주의와 관련하여 조세의 세목과 세율에 관한 사항(헌법 제59조)의 위임이 금지되어 있다. 또, 국적의 취득요건은 국회에서 정해야 하고(헌법 제2조), 행정조직 법정주의와 관련하여 정부조직도 국회에서 정해야 한다(헌법 제96조). 이 경우 모든 내용을 반드시 법률로 정해야 한다는 의미가 아니라, 일정한 범위에서 구체적 범위를 정하여 위임이 가능한데, 가령 예를 들면 죄형법정주의와 관련하여 구성요건의 구체적 기준을 정한 경우에 세부사항의 위임이 가능하고, 형벌의 종류와 상한을 정한 경우에 기준사항의 위임이 가능하다.

2) 제정상 한계

수권법률에 의하여 법규명령을 제정할 때 준수해야 할 한계를 의미하고, 제정상 한계를 일탈하면 법규명령의 위헌·위법 문제가 발생한다. 즉, 제정상 한계는 수권받은 법규명령에 관한 문제로서 대법원이 한계의 일탈 여부를 판단하게 된다[302].

---

301) 『홍정선, 행정법원론(상), 207쪽』 조례의 경우에는 포괄적 위임도 가능하다고 해석하고 있다. 동지, 대판 2006. 9. 8. 2004두947.

302) 법률에 하자가 있는 경우 헌법재판소의 위헌 결정 이외 '한정위헌, 한정합헌, 헌법불합치' 등 변형결정에 따라 당해 법률의 효력이 다양하게 설정된다. 그러나 법규명령에 하자가 있는 경우 법원의 위헌·위법 판단 이외 헌법재판소와 같은 변형 판단이 존재하기 때문에 위헌·위법한 법규명령이 항상 무효인지 여부에 논란이 있다. 특히, 법규명령의 내용이 제정한 한계를 일탈하고 있는 경우뿐만 아니라 법규명령이 주체, 절차, 형식 등에 관한 규정을 위반하여 정립된 경우 당해 위헌·위법한 법규명령을 모두 무효로 해석하게 되면 법적 안정성을 해칠 우려가 있다. 따라서 중대명백설의 입장에 따라 경미한 위법은 취소 사유로, 중대명백한 위법은 무효 사유로 보아야 할 것이다. 이러한 견해에 대해 현행법이 법규명령의 취소를 규정하고 있지 않다는 점을 이유로 법규명령의 적법요건에 흠이 있으면 위법하고, 위법한 법규명령은 무효라고 하는 견해도 있다『홍정선, 행정법원론(상), 212쪽 등』. 법원은 법규명령의 추상적 규범통제와 관련하여 취소소송을 인정하고 있다.

상위법 위반 금지 : 법규명령은 수권의 범위 내에서 제정되어야 하고, 모법에서 수권되지 않은 입법사항을 스스로 제정할 수 없다. 또 규정의 내용도 상위법에 저촉되지 않아야 하는데[303], 행정법의 일반원칙인 비례의 원칙, 평등의 원칙 등에 위반되면 행정입법에 관한 재량권행사의 일탈·남용으로 위법이 된다.

포괄적 재위임 금지 : 수권법률이 위임형식을 명시하고 있음에도 불구하고 법규명령이 전면적으로 재위임하는 것은 위임한 법률 그 자체의 내용을 임의로 변경하는 결과를 가져오기 때문에 허용되지 않는다. 다만, 위임받은 사항에 관하여 합리적인 범위 내에서 세부적 사항을 보충적으로 재위임하는 것은 허용된다[304].

2. 행정입법부작위

가. 처분성

행정입법부작위란, 행정청이 법규명령 등을 제정·개정 또는 폐지할 법률상 의무가 있음에도 불구하고 법규명령 등을 제정·개정 또는 폐지하지 않는 것을 의미한다. 행정입법부작위를 행정소송법상 부작위위법확인소송 등 항고소송으로 다툴 수 있는지 여부 또는 행정입법부작위의 처분성을 긍정할 수 있는지 여부에 대하여 견해의 대립이 있다. 처분적 법규명령이 항고소송의 대상이 되는 것과 마찬가지로 처분적 법규명령에 대한 입법부작위도 처분성을 긍정할 수 있기 때

---

303) 하위법령의 의미를 해석하는 방법 : 대판 2016. 6. 10. 2016두33186 '하위법령은 그 규정이 상위법령의 규정에 명백히 저촉되어 무효인 경우를 제외하고는 관련 법령의 내용과 입법 취지 및 연혁 등을 종합적으로 살펴서 의미를 상위법령에 합치되는 것으로 해석하여야 한다.'

304) 대판 2015. 1. 15. 2013두14238 위임명령은 법률이나 상위명령에서 구체적으로 범위를 정한 개별적인 위임이 있을 때에 가능하고, 여기에서 구체적인 위임의 범위는 규제하고자 하는 대상의 종류와 성격에 따라 달라지는 것이어서 일률적 기준을 정할 수는 없지만, 적어도 위임명령에 규정될 내용 및 범위의 기본사항이 구체적으로 규정되어 있어서 누구라도 당해 법률이나 상위법령으로부터 위임명령에 규정될 내용의 대강을 예측할 수 있어야 하나, 이 경우 그 예측가능성의 유무는 당해 위임조항 하나만을 가지고 판단할 것이 아니라 그 위임조항이 속한 법률의 전반적인 체계와 취지 및 목적, 당해 위임조항의 규정형식과 내용 및 관련 법규를 유기적·체계적으로 종합하여 판단하여야 하며, 나아가 각 규제 대상의 성질에 따라 구체적·개별적으로 검토함을 요한다.
또한 법률에서 위임받은 사항을 전혀 규정하지 않고 재위임하는 것은 복위임금지 원칙에 반할 뿐 아니라 위임명령의 제정 형식에 관한 수권법의 내용을 변경하는 것이 되므로 허용되지 않으나 위임받은 사항에 관하여 대강을 정하고 그 중의 특정사항을 범위를 정하여 하위법령에 다시 위임하는 경우에는 재위임이 허용된다.
이러한 법리는 조례가 지방자치법 제22조 단서에 따라 주민의 권리제한 또는 의무부과에 관한 사항을 법률로부터 위임받은 후, 이를 다시 지방자치단체장이 정하는 '규칙'이나 '고시' 등에 재위임하는 경우에도 마찬가지이다.

문에 행정입법부작위위법확인소송이 가능하다는 견해가 있지만[305], 판례는 행정입법이 추상적인 법규범으로서 처분이 아니므로 행정입법부작위도 성질상 부작위위법확인소송의 대상이 되는 부작위가 아니라고 판시하여 부정하고 있다[306].

나. 공권력의 불행사

행정입법부작위는 입법부작위와 마찬가지로 공권력의 불행사로 인한 헌법소원의 대상이 된다. 일반적으로 입법부작위에 진정입법부작위와 부진정입법부작위가 있는데, 헌법소원의 대상인 입법부작위는 진정입법부작위를 의미한다. 진정입법부작위란 입법의무가 있음에도 불구하고 전혀 입법을 하지 않는 경우로서 입법권의 불행사를 의미하고, 부진정입법부작위란 입법을 하였으나 입법의 내용·범위·절차 등에서 불완전·불충분한 경우로서 입법행위의 결함을 의미하는데, 후자인 부진정입법부작위는 이미 제정된 법률이나 법규명령이 헌법소원의 대상일 뿐 입법부작위위헌확인심판의 대상이 아니다. 따라서 진정행정입법부작위만이 헌법소원의 대상이 되고, 부진정행정입법부작위는 결함이 있는 법규명령이 헌법소원의 대상이 되기 때문에 공권력 불행사로 인한 헌법소원의 대상이 아니다. 한편, 진정입법부작위에서 국회의 입법의무는 헌법에서 기본권보장을 위해서 법령에 명시적으로 입법을 위임한 경우 또는 헌법 해석상 특정인에게 구체적인 기본권이 생겨서 이를 보장하기 위한 행위의무 내지 보호의무가 발생한 경우에 인정되는데, 행정청의 행정입법의무도 이와 동일하게 법률에서 명시적으로 행정입법을 위임한 경우 또는 법률 해석상 작위의무가 발생한 경우에 긍정할 수 있다.

---

305) 처분성을 긍정하는 견해에 따르면 행정청의 입법의무 또는 신청권의 존부가 문제되는데 행정입법부작위가 입법의무가 존재하는 경우를 전제로 하는 개념인 만큼 입법의무와 신청권이 존재한다고 해석되고, 통상 법률에 의해서 위임된 경우 또는 법률 해석상 작위의무가 발생한 경우에 인정된다. 그리고 이러한 입법의무의 불이행으로 인하여 법률상 이익이 침해받고 있는 자가 신청한 경우라면 원고적격이 긍정된다.

306) 대판 1992. 5. 8. 91누11261 【행정입법부작위처분위법확인】 【피고 대통령】 원고는 안동지역댐 피해대책위원회 위원장으로서 안동댐 건설로 인하여 급격한 이상기후의 발생 등으로 많은 손실을 입어 왔는바, 특정다목적댐법 제41조에 의하면 다목적댐 건설로 인한 손실보상 의무가 국가에게 있고 같은 법 제42조에 의하면 손실보상 절차와 그 방법 등 필요한 사항은 대통령령으로 규정하도록 되어 있음에도 피고가 이를 제정하지 아니한 것은 행정입법부작위에 해당하는 것이어서 그 부작위위법확인을 구한다고 주장하나, 행정소송은 구체적 사건에 대한 법률상 분쟁을 법에 의하여 해결함으로써 법적 안정을 기하자는 것이므로 부작위위법확인소송의대상이 될 수 있는 것은 구체적 권리의무에 관한 분쟁이어야 하고 추상적인 법령에 관하여 제정의 여부 등은 그 자체로서 국민의 구체적인 권리의무에 직접적 변동을 초래하는 것이 아니어서 행정소송의 대상이 될 수 없으므로 이 사건 소는 부적법하다고 판단하였다.

3. 권리구제형 헌법소원

제68조(청구 사유) ① 공권력의 행사 또는 불행사로 인하여 헌법상 보장된 기본권을 침해받은 자는 법원의 재판을 제외하고는 헌법재판소에 헌법소원심판을 청구할 수 있다. 다만, 다른 법률에 구제절차가 있는 경우에는 그 절차를 모두 거친 후에 청구할 수 있다. <헌법재판소법>

가. 의의

헌법소원에는 공권력의 행사 또는 불행사로 인하여 기본권이 침해된 경우에 기본권을 침해받은 자가 제기하는 **권리구제형 헌법소원**(헌법재판소법 제68조 제1항에 의한 헌법소원)과 법원에 위헌법률심판제청을 신청하였지만 기각된 경우에 제청신청한 자가 제기하는 **위헌심사형 헌법소원**(헌법재판소법 제68조 제2항에 의한 헌법소원)이 있는데, 후자는 실질적으로 위헌법률심판절차와 동일한 실질을 지니기 때문에 통상 헌법소원이란 전자를 의미한다[307]. 법령이 권리구제형 헌법소원의 대상인 경우(법령소원)에 법률의 위헌성을 다툰다는 점에서 후자의 헌법소원과 유사한 면이 있지만, 기본권침해 등을 요건으로 한다는 점에서 차이가 있다. 헌법소원사건에서 적법요건과 본안을 순차로 심리한 후 적법요건이 흠결된 경우에는 각하결정을, 적법요건이 갖추어진 경우에는 본안에 대한 기각이나 인용결정을 하는데, 행정입법이나 행정입법부작위 등이 권리구제형 헌법소원의 대상이 되는 점 등을 고려해서 이하 권리구제형 헌법소원의 적법요건 등을 살펴보기로 한다.

나. 대상

1) 공권력의 행사

공권력의 행사란, 입법권·사법권·행정권을 행사하는 모든 국기기관 및 그 권한을 위임받은 공공단체 등의 고권작용을 의미한다. 공권력의 행사 중 법원의 재판은 헌법재판소법 제68조 제1항에 의해 제외되지만, 예외적으로 헌법재판소의 한정위헌결정 등 변형결정에 의하여 위헌으로 선언된 법률을 적용한 재판은 헌법소원의 대상이 된다. 헌법소원의 본질 등에 비추어 헌

307) 헌법소원의 사건부호가 초기에는 '헌마'였지만, 1990년도부터 위헌심사형 헌법소원은 '헌바'로 구별되었다.

법(232)이나 헌법재판소의 재판[308]도 제외된다고 해석되고, 공권력의 행사가 아닌 사법상 행위[309] 및 사법심판의 대상에서 제외되는 통치행위(233) 등도 제외된다. 입법작용 중 법률과 법률의 효력을 갖는 조약 등[310], 명령 · 규칙 · 조례 등은 공권력의 행사에 해당되지만, 행정규칙은 행정조직 내부에만 효력이 미치고 대외적 구속력이 없기 때문에 종래 공권력의 행사에 해당되지 않는다고 보았다. 하지만, 최근 평등의 원칙(행정의 자기구속의 원칙) · 신뢰보호의 원칙 등을 매개로 하여 대외적 구속력이 인정되는 경우에는 공권력의 행사에 해당된다고 보고 있다. 행정작용 중 행정계획은 구속적인 경우[311]에는 공권력의 행사에 해당되지만 비구속적인 경우[312]에는 해당되지 않고, 사실행위는 권력적 · 구속적 행위로서 기본권의 침해가 있는 경우[313]에 공권력의 행사에 해당되지만 비권력적 · 비구속적인 경우[314]에는 해당되지 않고, 내부행위나 준비행위[315] 및 법원의 재판을 거친 처분은 원칙적으로 해당되지 않는다[316].

---

308) 헌재 1989. 7. 24. 89헌마141 헌법재판소의 재판 이외 행정작용은 공권력의 행사에 해당한다.

309) 헌재 2006. 11. 30. 2005헌마855 [한국방송공사의 군미필자 응시자격 제한], 헌재 2006. 7. 27. 2005헌마307 [한국감정평가협의회의 토지보상평가지침 제정], 헌재 2005. 2. 24. 2004헌마442 [한국증권거래소의 상장법인에 대한 주권상장폐지확정결정] , 헌재 2002. 3. 28. 2001헌마464 한국토지공사에서 출자한 한국토지신탁회사의 인사상 차별과 해고], 헌재 1994. 2. 24. 93헌마213 [공공용지의 취득 및 손실에 관한 보상 특례법상 토지 등의 협의취득에 따른 보상금 지급행위], 헌재 1992. 11. 12. 90헌마160 [하천법상 폐천부지 교환행위] 등.

310) 헌재 2006. 2. 23. 2005헌마268 [대한민국과 미합중국간의 미합중국군대의 서울지역으로부터의 이전에 관한 협정 등에 관한 위헌확인], 헌재 2001. 3. 21. 99헌마139 [대한민국과 일본국 간의 어업에 관한 협정비준 등에 관한 위헌확인], 헌재 1996. 2. 29. 93헌마186 [긴급재정경제명령에 대한 위헌확인] 등.

311) 구속적 행정계획 - 헌재 1992. 10. 1. 92헌마68 [서울대학교 1994학년도 신입생선발 입시안], 헌재 2003. 6. 26. 2002헌마402 [다가구주택의 가구 수를 3가구로 제한하는 도시설계지침] 등.

312) 비구속적 행정계획 - 헌재 2000. 6. 1. 99헌마538 [건설부장관의 개발제한구역제도 개선 방안], 헌재 1997. 7. 16. 97헌마70 [전국 대학에 대한 1996학년도 대학입시기본계획] 등.

313) 권력적 · 구속적 사실행위 - 헌재 2002. 7. 18. 2000헌마327 [유치장 내 신체과잉수색행위 위헌확인], 헌재 2006. 6. 29. 2004헌마826 [마약범죄혐의자에 대한 항문 내 검사 위헌확인], 헌재 2003. 6. 26. 2003헌마87 [교육인적자원부장관의 국 · 공립대학 총장들에 대한 학칙시정요구], 헌재 2001. 7. 19. 2000헌마546 [유치장 내 화장실 설치 및 관리행위 위헌확인], 헌재 1999. 5. 27. 97헌마137 [미결수용자에 대한 재소자용 수의 착용처분 위헌확인] 등.

314) 비권력적 · 비구속적 사실행위 - 헌재 2004. 8. 26. 2003헌마505 [혈액제재조사위원회의 역학조사 위헌확인], 헌재 2003. 2. 27. 2002헌마106 [선거관리위원회위원장의 선거법위반행위에 대한 중지촉구 등 위헌확인] 등.

315) 내부행위 또는 준비행위 - 헌재 2003. 11. 27. 2003헌마694 [대통령 신임투표를 국민투표에 붙이는 행위, 대통령 재신임 국민투표실시계획, 대통령 재신임을 국민투표에 붙이는 결정 취소 등 위헌확인], 헌재 1994. 8. 31. 92헌마174 [정부의 국회에 법률안 제출행위] , 헌재 2002. 1. 31. 2001헌마228 [예산기획처장관의 2001년도 정부투자기관 예산편성지침] 등

316) 다만 헌법재판소는 '헌법재판소의 한정위헌결정 등 변형결정에 의하여 위헌으로 선언된 법률을 적용한 재판이 예외적으로 헌법소원의 대상으로 허용되어 재판이 취소되는 경우에는 원래의 행정처분에 대한 헌법소원심판 청구를 인용하는 것이 상당하다(헌재 1997. 12. 24. 헌마172, 173).'고 판시하고 있는바, 이 경우 원래의 행정처분이 헌법소원의 대상이 된다.

2) 공권력의 불행사

공권력의 불행사란, 단순한 불행사 또는 부작위만으로 부족하고, 공권력을 행사해야 할 헌법상 의무가 있음에도 불구하고 의무를 위반하여 공권력을 행사하지 않은 경우를 의미한다. 일반적으로 부작위는 진정부작위와 부진정부작위로 구별되는데, 헌법소원의 대상인 공권력의 불행사는 진정부작위를 의미하고, 부진정부작위는 공권력의 행사를 대상으로 헌법소원을 제기해야 한다. 이와 같은 공권력의 불행사에는 입법부작위, 행정부작위, 사법부작위 등이 있는데, 이중 입법부작위는 위 2.에서 살펴본 바와 같고, 행정부작위는 헌법 명문이나 해석상 행정청의 작위의무가 도출되는 경우가 드물 뿐만 아니라 작위의무가 처분인 경우에 행정소송법상 부작위위법확인소송이 허용되기 때문에 헌법소원의 대상이 되는 사례가 거의 없다[317]. 사법부작위는 헌법상 신속한 재판을 받을 권리와 관련하여 재판지연이 문제되지만 현재 법원의 소송절차에서 해결해야 한다고 보기 때문에 헌법소원의 대상이 되는 경우가 거의 없다[318].

다. 청구인능력과 청구인적격

1) 청구인능력

청구인능력이란, 공권력의 행사 또는 불행사로 인하여 헌법상 보장된 기본권을 침해받을 수 있는 자, 즉 기본권의 주체를 의미한다. 자연인[319] 중 대한민국 국적을 가진 국민은 원칙적으로 청구인능력을 가지지만, 외국인과 무국적자는 천부인권·자연권적 성격의 기본권에 한하여 청구인능력을 가지고 국가내적 성격의 기본권에서 가지지 못한다. 법인 중 사법인뿐만 아니라 비법인 사단과 재단(234) 및 법인인 노동조합과 비법인 노동조합(235), 정당(236) 등은 청구인능력을 가지지만, 단순한 내부기관(237)은 가지지 못한다. 기본권의 수범자인 국가뿐만 아니라 지방자치단체 등 공법인은 원칙적으로 청구인능력을 가지지 못하지만[320], 예외적으로 특정 공익 목적

317) 행정부작위 긍정 - 헌재 1989. 9. 4. 88헌마22 [공권력에 의한 재산권침해에 대한 헌법소원. 토지조사서·임야조사서 등 열람·복사·신청을 불응한 사안으로 이후 공공기관의 정보 공개에 관한 법률 제정으로 행정소송의 대상이 되었음.]. 부정 - 헌재 1995. 7. 21. 94헌마136 [공정거래위원회의 고발권 불행사 위헌확인], 헌재 2005. 5. 30. 2001헌마708 [공용수용 부작위처분 취소], 1996. 11. 28. 92헌마237 [부산광역시장의 도로예정지 미수용 위헌확인] 등

318) 재판지연 위헌확인 - 헌재 1999. 9. 16. 98헌마75, 헌재 1998. 5. 28. 96헌마46, 헌재 1994. 6. 30. 93헌마161 등

319) 태아와 사자의 경우 일정 범위 내에서 기본권의 주체로 인정되는 경우가 있다.

320) 헌재 1994. 12. 29. 93헌마120 등 [국가기관, 국회도농위원회, 국회의원, 지방자치단체, 지방자치단체의 장, 지방자치단체의 의결기관, 교육위원, 농지개량조합 등]

달성 범위 내에서 인정되는 경우가 있다[321].

2) 청구인적격

청구인적격이란, 공권력의 행사 또는 불행사로 인하여 헌법상 보장된 기본권을 침해받은 자, 즉 기본권의 주체 중 직접·현실적으로 자기의 기본권을 침해받은 자를 의미한다. 기본권이란 헌법에 의하여 보장된 개인의 주관적 공권을 의미하고 제도적 보장에 의하여 누리는 반사적 이익과 구별된다. 그리고 여러 견해의 대립이 있지만, 기본권의 침해와 청구인 사이의 일정한 법적 관련성이 요구되는데, 침해된 기본권의 주체가 청구인이어야 하고(자기 관련성), 헌법소원의 대상인 공권력의 행사 또는 불행사가 청구인의 기본권을 직접 침해하여야 하며(직접 관련성), 나아가 청구인의 기본권이 현재 침해당하고 있거나 침해가 확실히 예견되어야 한다(현재 관련성).

라. 피청구인적격

피청구인적격이란, 청구인의 기본권을 침해한 공권력을 담당하는 기관을 의미한다. 통상 청구인이 지목한 기관이 되지만, 헌법재판소는 직권으로 청구인의 주장에 상관없이 공권력에 대하여 정당하게 책임져야 할 기관을 피청구인으로 확정할 수 있다. 따라서 헌법소원심판청구서에 피청구인이 특정되지 않아도 부적법 각하되지 않는다.

마. 보충성의 원칙

보충성의 원칙이란, 다른 법률에 규정된 구제절차를 거친 후에 헌법소원을 청구해야 한다는 의미로서, 헌법소원이 다른 권리구제절차의 보충적 지위를 지니기 때문이다. 헌법재판소법 제68조 제1항 단서에 '다만, 다른 법률에 구제절차가 있는 경우에는 그 절차를 모두 거친 후가 아니면 청구를 할 수 없다.'고 규정되어 있는데, 본조와 재판을 헌법소원의 대상에서 제외한 제68조 제1항 본문에 의해 항고소송의 대상이 되는 처분은 원칙적으로 헌법소원의 대상이 아니다. 그러나 예외적으로 법률상 구제절차가 없는 경우와 사전구제절차를 경유하도록 할 기대가능성

321) 헌재 1992. 10. 1. 92헌마68 [서울대학교의 1994학년도 신입생선발입시안에 대한 헌법소원, 서울대학교의 학문의 자유와 대학의 자율권이라는 기본권 주체성 인정]

이 없는 경우에는 보충성의 원칙이 적용되지 않는다.

바. 기타 – 권리보호이익과 심판이익, 청구기간의 준수, 대리인 선임

1) 권리보호이익과 심판이익

권리보호의 이익이란, 헌법소원이 주관적 권리구제제도라는 특질에 기인해서 헌법소원에 의하여 구제되는 현실적 이익을 의미하는데, 권리보호의 이익이 없으면 심판청구는 무용한 청구로서 부적법하다. 통상 기본권 침해가 계속되는 한 권리보호의 이익이 인정되고 침해가 소멸되면 권리보호의 이익도 소멸하지만, 후자의 경우에도 침해행위가 반복될 위험성이 있는 등 부수적 이익이 있으면 권리보호의 이익이 인정된다. 헌법소원이 헌법질서의 수호·유지를 위한 객관소송이라는 특질도 지니기 때문에 권리보호의 이익이 없는 경우일지라도 기본권침해의 반복 위험성, 헌법질서의 수호·유지에 긴요한 사항에 대한 헌법적 해명의 필요성 등이 있으면 심판의 이익이 인정된다[322].

2) 청구기간

다른 법률에 의한 구제절차를 거쳐야 하는 경우에는 구제절차에서 최종통지를 받은 날로부터 30일 이내에, 구제절차를 거치지 않는 경우에는 기본권 침해의 사유가 있음을 안 날로부터 90일 이내, 기본권 침해의 사유가 발생한 날로부터 1년 이내 각 헌법소원심판을 청구해야 한다. 법령에 대한 헌법소원에서 법령의 시행과 동시에 기본권을 침해받는 경우에는 법령의 시행 사실을 안 날로부터 90일 이내, 시행된 날로부터 1년 이내 청구해야 하지만, 법령 시행 후 비로소 법령에 해당하는 사유가 발생하여 기본권을 침해받은 경우에는 사유가 발생하였음을 안 날로부터 90일 이내, 사유가 발생한 날로부터 1년 이내에 청구해야 한다. 청구기간이 도과되더라도 정당한 사유가 있는 경우에는 추완이 인정된다. 한편, 공권력의 불행사를 대상으로 하는 경우에는 청구기간의 제한 규정이 허용되지 않는다.

---

322) 헌재 1992. 1. 28. 91헌마111, 헌재 2002. 2. 28. 2001헌마207, 1999. 5. 27. 97헌마 137, 98헌마5 [미결수용자의 기결수용 복장 착용에 대한 헌법소원에서 청구인이 석방된 경우] 등.

3) 대리인 선임

청구인이 사인인 경우에는 변호사 강제주의가 채택되어 있기 때문에 청구기간 내 변호사를 선임해야 한다. 헌법소원심판 청구와 동시에 국선변호인 선임을 신청하였으나 기각된 경우에는 선임을 신청한 날로부터 선정하지 않는다는 통지를 받은 날까지 청구기간에 산입하지 않는다.

사. 결정

1) 심판절차종료선언

청구인의 사망, 청구의 취하 등으로 심판절차의 종료 여부가 불분명한 경우에 절차의 종료를 선언하는 종국결정을 의미한다.

2) 각하결정

청구요건을 갖추지 못하여 부적법한 경우에 각하결정을 한다.

3) 기각결정

청구가 이유 없는 경우에 기각결정을 한다. 법령에 대한 헌법소원인 경우에도 합헌 등의 판단을 표시하지 않고, 기각의 취지만을 표시한다.

4) 인용결정

청구가 이유 있는 경우에는 '피청구인의 … 공권력의 행사는 청구인의 … 기본권을 침해하므로 이를 취소한다.'는 취소결정 또는 '피청구인의 … 공권력의 불행사는 청구인의 … 기본권을 침해하므로 위헌임을 확인한다.'는 위헌확인결정을 한다. 통상 위헌확인결정은 공권력의 불행사 및 공권력의 행사로 인한 침해행위가 종료되었으나 심판의 이익이 있는 경우에 이루어진다. 공권력의 행사 또는 불행사가 위헌인 법률 또는 법률의 조항에 기인한 것이라고 인정될 때에는 부수적으로 위헌임을 선언할 수 있다(부수적 위헌결정, 부수적 규범통제). 한편, 법령에 대한 헌법소원은 침해된 기본권을 표시하지 않으며 '… 법령이 헌법에 위반된다.'는 위헌결정을 하는데, 단순위헌뿐만 아니라 한정합헌, 헌법불합치 결정 등 변형결정도 가능하다. 인용결정은 모든 국가기관과 지방자치단체를 기속하고, 피청구인은 인용결정 취지에 따라 새로운 처분을 해야 한다.

제 2 장

행정계획, 계획재량(위법성)

도시 · 군관리계획

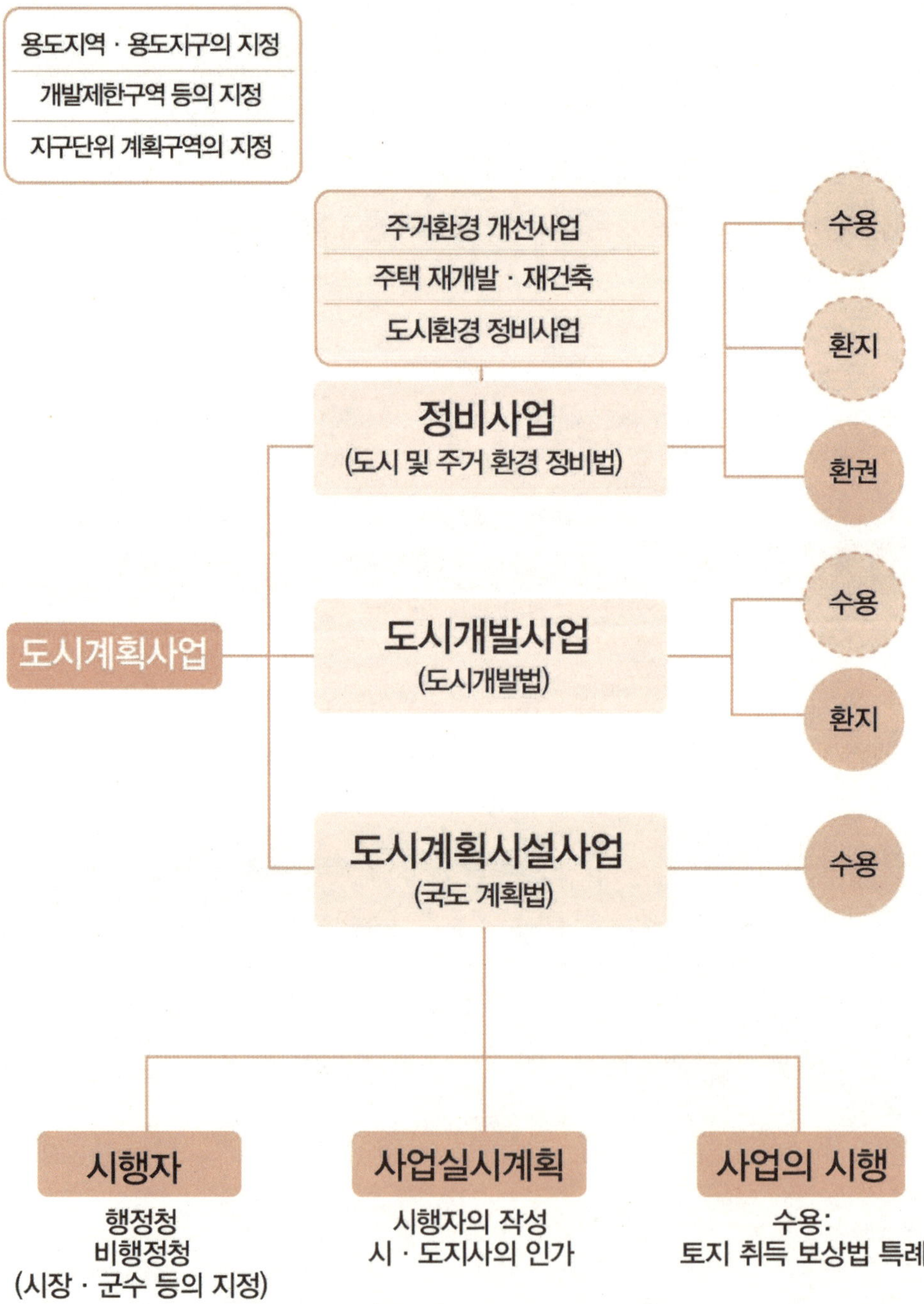

용도지역 · 용도지구의 지정
개발제한구역 등의 지정
지구단위 계획구역의 지정
주거환경 개선사업
주택 재개발 · 재건축
도시환경 정비사업
정비사업
(도시 및 주거 환경 정비법)
수용
환지
환권
도시계획사업
도시개발사업
(도시개발법)
수용
환지
도시계획시설사업
(국도 계획법)
수용
시행자
행정청
비행정청
(시장 · 군수 등의 지정)
사업실시계획
시행자의 작성
시 · 도지사의 인가
사업의 시행
수용:
토지 취득 보상법 특례

도시 · 군관리계획 취소소송

- 소송요건
  - 대상적격
    - 도시 · 군관리계획
      - 용도지역, 용도지구, 용도구역의 지정 또는 변경
      - 기반시설의 설치, 정비, 개량
      - 도시 개발사업, 정비사업
      - 지구단위계획 구역의 지정, 변경 지구 단위 계획
    - 거부처분 (계획보장청구권 또는 계획취소, 철회 신청권)
  - 기타

- 본안(위법)
  - 실체 — 계획재량 — 형량 명령 위반
    - 형량의 해태
    - 형량의 흠결
    - 형량의 위배
  - 절차

도시·군관리계획의 입안·결정

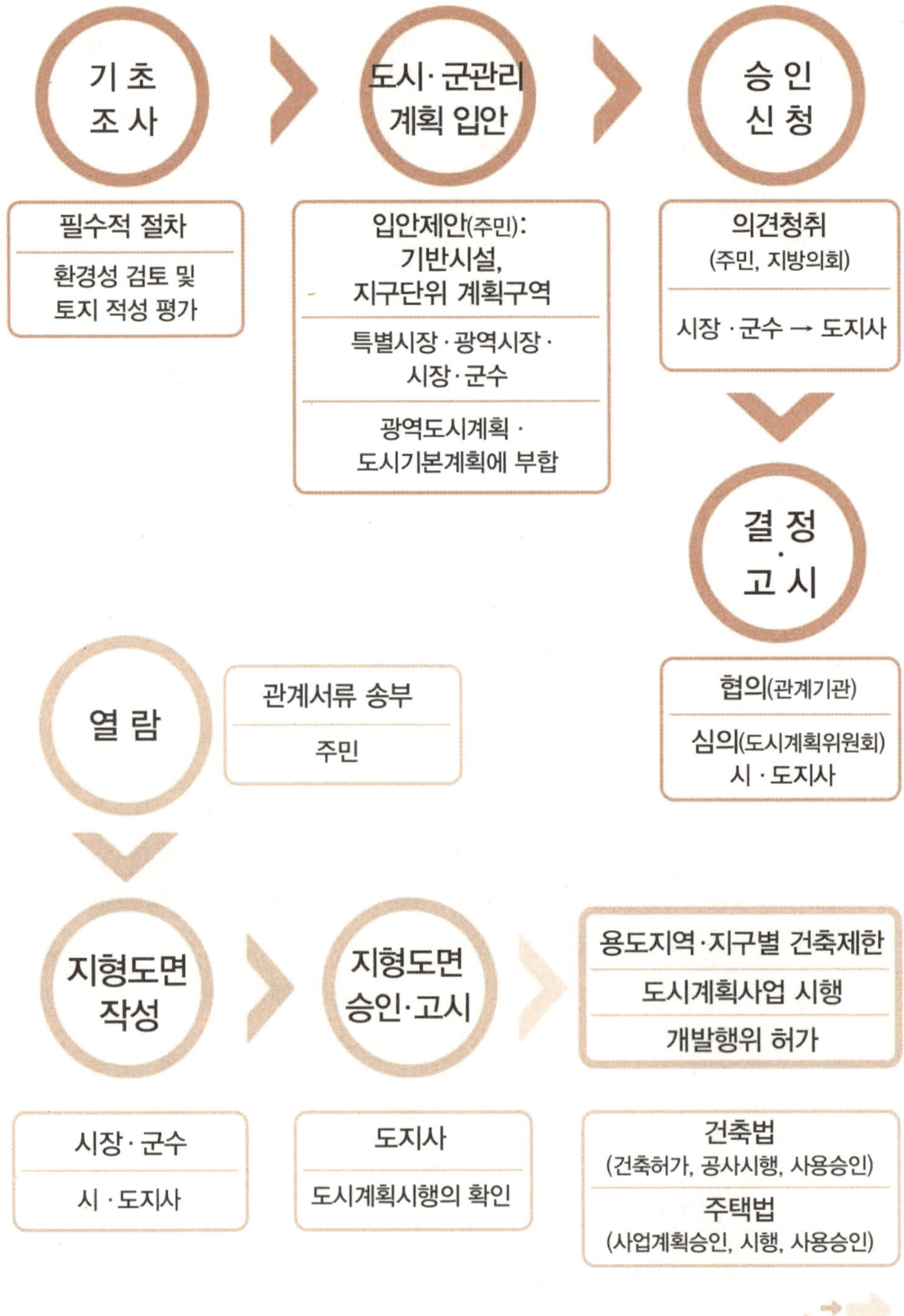

제 2 장

행정계획, 계획재량(위법성)

1. 행정계획

가. 의의

행정계획이란, 행정주체가 일정한 행정활동을 위한 목표를 설정하고, 상호관련성 있는 행정수단의 조정과 종합화의 과정을 통하여 그 목표로 정한 장래의 시점에 있어서의 보다 좋은 질서를 실현할 것을 목적으로 하는 활동기준 또는 그 설정행위를 의미한다[323].

나. 처분성

행정계획의 법적 성격과 관련하여 입법행위설, 행정행위설, 혼합행위설, 독자성설 등 견해의 대립이 있다. 특히 도시 · 군관리계획의 법적 성격에 대하여 도시 · 군관리계획이 행정의 기준이 되는 일반적 · 추상적인 성질을 지니고 도시 · 군관리계획 자체가 특정한 개인의 권리를 제한하거나 의무를 부과하지 않기 때문에 입법행위로 보아야 한다는 견해(입법행위설), 도시 · 군관리계획결정이 고시되면 도시 · 군관리계획 구역 안 토지의 형질변경금지 등 권리행사에 제한이 발생

---

323) 1996. 11. 22. 96누8567 등 판례는 '행정계획이라 함은 행정에 관한 전문적 · 기술적 판단을 기초로 하여 도시의 건설 · 정비 · 개량 등과 같은 특정한 행정목표를 달성하기 위하여 서로 관련되는 행정수단을 종합 · 조정함으로써 장래의 일정한 시점에 있어서 일정한 질서를 실현하기 위한 활동기준으로 설정된 것'이라고 판시하고 있다.

하기 때문에 행정처분으로 보아야 한다는 견해(행정행위설), 도시 · 군관리계획이 행정입법이나 행정행위도 아닌 독자적 행위형식이지만 도시 · 군관리계획의 구속력과 항고소송의 권리구제기능 등을 고려하여 처분성을 판단하면 족하다는 견해(독자성설) 등의 대립이 있다. 구 도시계획법 제12조에 의한 도시계획[324]의 법적 성격과 관련하여 원심 법원은 입법행위로 보아 처분성을 부정하였지만, 대법원은 '도시계획결정이 고시되면 도시계획구역안의 토지나 건물 소유자의 토지형질변경, 건축물의 신축, 개축 또는 증축 등 권리행사가 일정한 제한을 받게 되는바 이런 점에서 볼 때 고시된 도시계획결정은 특정 개인의 권리 내지 법률상의 이익을 개별적이고 구체적으로 규제하는 효과를 가져 오게 하는 행정청의 처분'으로 판시하여 처분성을 긍정하고 있다[325]. 이처럼 행정계획의 처분성 여부에 대하여 논란이 심하지만, 다수설은 행정계획의 종류와 내용이 다양하고 상이하기 때문[326] [327]에 행정계획의 처분성을 획일적으로 결정할 수 없고, 개별 행정계획을 구체적·개별적으로 검토하여 처분성 여부를 결정할 수밖에 없다는 입장이다[328]. 즉, 개별 행정계획이 취소소송의 대상이 되는지 여부는 당해 행정계획이 국민의 권리를

324) 국토의계획및이용에관한법률은 2002. 2. 4. 법률 제6655호로 제정되어, 2003년 1월 1일부터 시행되었고, 국토이용관리법 및 도시계획법은 폐지되었다. 종전 도시계획법상 도시계획은 국토의계획및이용에관한법률상 도시관리계획으로 대체되었다.

325) 대판 1982. 3. 9. 80누105 아래 참조 ; 서울고등법원 1980.1.29. 79구416 판결은 '구 도시계획법 제12조에 의한 건설부장관의 도시계획결정은 도시계획사업의 기본이 되는 일반적 추상적인 도시계획의 결정으로서 이와 같은 일반계획의 결정이 있었던 것만으로는 특정 개인에게 어떤 직접적이며 구체적인 권리의무 관계가 발생한다고는 볼 수 없다 할 것이므로 항고소송의 대상이 되는 행정처분은 아니라고 봄이 상당하고, 원고의 이 소는 결국 행정소송의 대상 이 될 수 없는 사항을 그 대상으로 삼은 부적법한 소라 하여 이를 각하한다.'고 판시하였다.

326) 행정계획에는 종합계획 · 부분계획, 장기계획 · 중기계획 · 단기계획, 상위계획 · 하위계획, 구속적계획 · 비구속적계획 및 내용에 따라 국토계획 · 경제계획 · 예산계획 · 환경계획 · 교육계획 등이 있다.

327) 국토기본법 6조 1. 국토종합계획 : 국토전역을 대상으로 하여 국토의 장기적인 발전방향을 제시하는 종합계획 2. 도종합계획 : 도의 관할구역을 대상으로 하여 당해 지역의 장기적인 발전방향을 제시하는 종합계획 3. 시군종합계획 : 특별시 · 광역시 · 시 또는 군(광역시의 군을 제외한다.)의 관할구역을 대상으로 하여 당해 지역의 기본적인 공간구조와 장기발전방향을 제시하고, 토지이용 · 교통 · 환경 · 안전 · 산업 · 정보통신 · 보건 · 후생 · 문화 등에 관하여 수립하는 계획으로서 국토의계획및이용에관한법률에 의하여 수립되는 도시계획 4. 지역계획 : 특정한 지역을 대상으로 특별한 정책목적을 달성하기 위하여 수립하는 계획 5. 부문별계획 : 국토전역을 대상으로 하여 특정부문에 대한 장기적인 발전방향을 제시하는 계획 (시군종합계획(도시 · 군계획) = 도시 · 군기본계획 + 도시 · 군관리계획) 등이 있다. 도시 · 군계획(특별시 · 광역시 · 시 또는 군(광역시의 관할구역 안에 있는 군을 제외한다. 이하 같다.)의 관할구역에 대하여 수립하는 공간구조와 발전방향에 대한 계획)에도 광역도시계획(광역계획권의 장기발전방향을 제시하는 계획), 도시 · 군기본계획(특별시 · 광역시 · 시 또는 군의 관할구역에 대하여 기본적인 공간구조와 장기발전방향을 제시하는 종합계획으로서 도시관리계획수립의 지침이 되는 계획), 도시 · 군관리계획(특별시 · 광역시 · 시 또는 군의 개발 · 정비 및 보전을 위하여 수립하는 토지이용 · 교통 · 환경 · 경관 · 안전 · 산업 · 정보통신 · 보건 · 후생 · 안보 · 문화 등에 관한 계획) 등이 있다.

328) 『홍정선, 제17판 행정법원론(상)(박영사, 2009), 256쪽』 개별검토설 또는 복수성질설이라고 부른다. 대결 2011. 4. 21. 자 2010무111(전원) 【집행정지】 【피신청인 국토해양부장관 외 1인】 원심이 인정한 사실과 기록에 의하면, 국토해양부, 환경부, 문화체육관광부, 농림수산식품부가 합동으로 2009. 6. 8. 발표한 '4대강 살리기 마스터플랜'(이하 '이 사건 정부기본계획'이라고 한다)은 한강, 낙동강, 금강, 영산강 등 4대강 정비사업의 목표로서 '기후변화

제한하거나 의무를 부담시키는 법적 효력을 지니는지 등을 종합적으로 고려해서 결정될 수밖에 없다[329].

다. 법률유보

다양한 행정계획의 수립과 집행 등에 법적 근거가 있어야 하는지 여부에 대하여 견해의 대립이 있다. 구속적 행정계획은 국민의 권리를 제한하는 등 침익적 효과가 발생하기 때문에 반드시 법률의 근거가 있어야 되지만, 비구속적 행정계획은 법률유보의 원칙과 관련하여 조직법적 근거가 있으면 족하다는 견해(침해유보설), 국민의 이익에 중대한 영향을 미치는 사안이면 작용법적 근거도 필요하다는 견해(중요사항유보설) 등의 대립이 있다.

2. 행정계획 관련 청구권

가. 계획보장청구권

행정계획이 장래의 행정 방향을 제시하는 기능을 가지기 때문에 국민들은 행정계획에 터잡아 각종 활동을 하게 되는데, 이러한 신뢰를 보호하기 위하여 국민에게 인정된 권리가 계획보장청구권이다. 이러한 계획보장청구권은 계획의 존속보장을 요구하는 권리와 계획의 가치보장을 요구하는 권리 등을 포함하는데, 전자에는 계획의 폐지 · 변경 금지를 요구하는 계획존속청구권, 계획에 따라 행정하도록 요구하는 계획준수청구권, 계획을 집행하도록 요구하는 계획집행청구권,

---

대비, 자연과 인간의 공생, 국토 재창조, 지역균형발전과 녹색성장 기반 구축' 등을 제시하고, 그 사업을 4대강 본류에서 시행하는 '본 사업', 섬진강과 주요 지류 국가하천에서 시행하는 '직접 연계사업', 수변경관 등을 활용하는 '연계사업'으로 구분하는 한편, 정책방향으로 '기후변화에 능동적인 대처, 수자원 확보의 다변화, 신개념 하도관리 및 지역맞춤형 대책 적용, 하천공간을 자연과 인간이 어우러진 복합공간으로 적극 활용, 수질개선 및 하천생태계 건강성 회복' 등 5가지를 설정함과 아울러, 이에 따른 과제별 추진계획, 소요재원과 연차별 투자 등 투자계획, 보상·준설토 처리·환경평가·공사 중 환경영향 관리 등 사업시행 방안 등을 밝힌 것이고, 국토해양부장관 소속 '4대강 살리기 추진본부'가 2009. 8. 24. 발간·배포한 '4대강 살리기 마스터플랜 최종보고서'는 이 사건 정부기본계획과 관련하여 '물 관리의 현황과 정책방향, 과제별 추진계획, 강별 추진계획, 투자계획, 사업시행방안, 향후 계획' 등에 관한 구체적 설명과 자료를 담은 것으로서, 그 내용이 설계·시공 등 과정에서 조정될 수 있는 것임을 알 수 있다. 그렇다면 앞서 본 법리에 비추어, 이 사건 정부기본계획 등은 4대강 정비사업과 그 주변 지역의 관련 사업을 체계적으로 추진하기 위하여 수립한 종합계획이자 '4대강 살리기 사업'(그 중 한강 부분을 '이 사건 사업'이라고 한다)의 기본방향을 제시하는 계획으로서, 이는 행정기관 내부에서 사업의 기본방향을 제시하는 것일 뿐, 국민의 권리·의무에 직접 영향을 미치는 것은 아니라고 할 것이어서 행정처분에 해당하지 아니한다.

329) 판례에 따르면 도시관리계획, 사업시행계획, 관리처분계획 등 구속적 행정계획에 대하여 처분성을 긍정하고 있다.

계획의 폐지·변경으로 인한 불이익을 방지하기 위하여 경과조치 또는 적응조치를 요구할 수 있는 경과규율청구권·적응지원청구권 등이 있고, 후자에는 계획의 미집행 또는 계획의 폐지·변경으로 인하여 불이익을 받은 자에 대한 손실보상청구권 등이 있다[330]. 행정계획보장청구권을 개인적 공권으로 인정할 수 있는지 여부에 대하여 견해의 대립이 있지만, 통설은 행정계획이 공익을 실현하기 위한 행정과정으로 이해되기 때문에 특정인의 사익보호를 위하여 사인에게 행정계획과 관련된 적극적인 행위를 요구할 수 있는 청구권을 일반적으로 긍정하기 곤란하다는 입장이다.

나. 계획취소·변경청구권

행정계획은 현재를 기준으로 미래를 예측하여 수립·결정되기 때문에 시간의 경과에 따라 현실과의 괴리가 발생할 수 있는데, 이로 인하여 발생한 불이익을 시정하기 위하여 국민에게 인정된 권리가 **계획취소(해제)·변경청구권**이다[331]. 이러한 계획취소·변경청구권을 개인적 공권으로 일반적으로 인정할 수 있는지 여부에 대하여 견해의 대립이 있지만, 판례상 행정행위의 철회·변경신청권이 일반적으로 인정되지 않는 것처럼 행정계획의 취소·변경신청권도 인정되지 않는다[332] [333]. 그러나 예외적으로 법률상 또는 조리상 인정되는 경우가 있는데, 판례는 일정한

---

330) 『홍정선, 전게서, 271쪽』 계획보장청구권을 행정계획의 폐지나 변경된 경우 이로 인한 손실을 보상할 수 있는 청구권으로 이해하고 있다.

331) 계획취소·변경청구권은 이미 수립·결정된 계획의 존재를 전제로 하는데, 계획청구권은 사안이 행정주체에 대하여 일정 영역에서 계획 수립을 요구하는 권리로서 계획의 미존재를 전제로 하는 점에서 차이가 있다. 이러한 계획청구권은 일반적으로 인정되지 않는다『홍정선, 전게서, 274쪽』.

332) 예컨대, 개발제한구역 해제 신청의 경우에 있어서 개발제한구역 내 토지소유자에게 법령상 또는 조리상 해제신청권이 인정되지 않는다. 개발제한구역의지정및관리에관한특별조치법 제3조(개발제한구역의 지정 등) ① 국토해양부장관은 … 필요가 있다고 인정되면 개발제한구역의 … 해제를 도시관리계획으로 결정할 수 있다. ② 개발제한구역의 … 해제의 기준은 대상 도시의 인구·산업·교통 및 토지이용 등 경제적·사회적 여건과 도시 확산 추세, 그 밖의 지형 등 자연환경 여건을 종합적으로 고려하여 대통령령으로 정한다. 제4조(개발제한구역의 지정 등에 관한 도시관리계획의 입안) ① 개발제한구역의 … 해제에 관한 도시관리계획은 해당 도시지역을 관할하는 특별시장·광역시장·특별자치도지사·시장 또는 군수가 입안한다.

333) 이미 사업이 시행된 토지에 대한 도시계획시설결정의 취소·해제청구권이 부정됨. 헌재 2002. 5. 30. 2000헌바58, 2001헌바3 【도시계획법 제 12조 등 위헌소원, 도시계획법 제 41조 등 위헌소원】 도시계획시설결정은 광범위한 지역과 상당한 기간에 걸쳐 다수의 이해관계인에게 다양한 법률적·경제적 영향을 미치는 것이 되어 일단 도시계획시설사업의 시행에 착수한 뒤에는 시행의 지연에 따른 손해나 손실의 배상 또는 보상을 함은 별론으로 하고, 그 결정 자체의 취소나 해제를 요구할 권리를 일부의 이해관계인에게 줄 수는 없는 것이다. 그러므로 심판대상조항들에 대하여 위헌취지 결정을 한다고 하더라도 이에 따라 새로이 개정될 법은 도시계획결정의 성질상 도시계획사업이 시행되고 있지 아니한 토지들에 대하여 취소청구권 또는 해제청구권을 부여할 수 있을 뿐이지 이미 사업이 시행된 토지에 대하여는 그 취소나 해제를 요구할 권리를 부여할 수 없다. 그렇다면 도시계획사업의 시행으로 인한 토지수용에 의하여 이미 이 사건 토지에 대한 소유권을 상실한 청구인은 도시계획결정과 토지의 수용이 법률에 위반되어 당연

행정처분을 신청할 수 있는 법률상 지위에 있는 자의 국토이용계획변경신청을 거부하는 것이 실질적으로 당해 행정처분을 거부하는 결과가 되는 경우(238), 도시 · 군계획구역 내 토지소유자인 주민이 도시 · 군계획입안을 신청하는 경우(239) 등에 있어서 계획취소·변경신청권을 긍정하고 있다[334]. 특히 국토의계획및이용에관한법률 제26조는 '1. 기반시설의 설치·정비 또는 개량에 관한 사항, 2. 지구단위계획구역의 지정 및 변경과 지구단위계획의 수립 및 변경에 관한 사항 등'에 관하여 주민(이해관계자를 포함)이 도시 · 군관리계획입안권자에게 도시 · 군관리계획의 입안을 제안할 수 있도록 규정하고 있는데, 판례는 이를 근거로 행정계획취소·변경신청권을 긍정하고 있다(240).

3. 계획재량과 형량명령

계획법률은 법률요건에서 목표와 고려할 이익만 규정하고, 법률효과에서 수단과 방법의 선택에 광범한 재량권을 부여하고 있다. 이처럼 광범하게 부여된 재량권을 **계획재량**이라고 하는

무효라고 볼만한 특별한 사정이 보이지 않는 이상 이 사건 토지에 대한 도시계획결정의 취소를 청구할 법률상의 이익을 흠결하여 당해소송은 적법한 것이 될 수 없고 나아가 우리 재판소의 위헌 결정에 의하여, 사업이 시행되지 아니한 토지의 소유자에게 취소청구권이나 해제청구권을 부여하는 새로운 입법이 이루어진다고 하더라도, 이미 도시계획시설사업이 시행되어 토지수용까지 이루어진 경우에는 이러한 규정들이 적용될 수 없는 것이므로 심판대상조항들의 위헌 여부는 재판의 전제가 되지 않는다.

334) 계획변경청구권은 실질적으로 계획변경신청 거부처분에서 문제되고, 판례에 따르면 신청권이 거부처분의 개념 요소이기 때문에 원고적격(청구권)이 아니라 대상적격(신청권)의 문제가 된다. <본서 '제2편 제3장 3. 신청권' 참조> 대판 2010. 7. 22. 2010두5745 【도시관리계획입안제안신청반려처분취소】 【피고 울산광역시 울주군수】 [1] 구 국토의 계획 및 이용에 관한 법률(2009. 2. 6. 법률 제9442호로 개정되기 전의 것) 제139조 제2항 및 이에 근거하여 제정된 지방자치단체 조례에 따라 광역시장으로부터 납골시설 등에 대한 도시관리계획 입안권을 위임받은 군수는 관할구역 도시관리계획의 입안권자이므로, 도시관리계획 구역 내 토지 등을 소유하고 있는 주민의 납골시설에 관한 도시관리계획의 입안제안을 반려한 군수의 처분은 항고소송의 대상이 되는 행정처분에 해당한다고 한 사례. <피고는 관할구역인 이 사건 신청부지에 대한 도시관리계획의 입안권자이고, 원고는 도시관리계획구역 내 토지 등을 소유하고 있는 주민으로서 본건 납골시설에 관한 도시관리계획의 입안을 요구할 수 있는 법규상 또는 조리상의 신청권이 있다고 할 것이고, 본건 납골시설이 도시계획시설로 결정될 수 없는 시설에 해당한다 하더라도 이는 본안에 관한 판단에서 고려되어야 할 사항일 뿐임. 산지관리법 및 동법 시행령의 관련규정과 동법 시행규칙 제18조 제1항의 규정에 의하면 전용하고자 하는 산지의 규모가 3만㎡ 이하이어야만 산지전용허가가 가능한데 면적이 107,495㎡에 이르는 본건 신청부지에 대하여는 산지전용허가 자체가 허용될 수 없다는 거부처분사유에 대하여 원심은 산지관리법 시행규칙 제18조 제3항 제3호에 의하면 국토계획법에 의한 도시관리계획에 따라 도시계획시설 등을 설치하기 위하여 산지를 전용하는 경우에는 같은 조 제1항에 따른 면적제한을 적용받지 않는다는 이유로 처분이 재량권 일탈·남용으로 위법하다고 판단하였지만, 본건 납골시설이 도시계획시설규칙 제142조 제3호 소정의 '일반의 사용에 제공하는 봉안시설'에 해당하지 않다는 이유로 원심을 파기함.> 대판 2012. 1. 12. 선고 2010두5806 【완충녹지지정의해제신청거부처분의취소】 【피고 고양시장】 <완충녹지지정의 해제를 내용으로 하는 도시관리계획 입안제안을 반려한 처분 / 행정주체가 구체적인 행정계획을 입안·결정할 때 가지는 형성의 자유의 한계에 관한 법리가 주민의 입안 제안 또는 변경신청을 받아들여 도시관리계획결정을 하거나 도시계획시설을 변경할 것인지를 결정할 때에도 동일하게 적용되는지 여부(적극)>

데, 요건 – 효과 형식의 조건적 규범구조에서 부여된 행정재량과 달리 목적 – 수단 형식의 목적적 규범구조에서 부여된 계획재량은 광범한 형성의 자유가 인정된다. 이러한 계획재량의 위법성 판단은 독일에서 발전한 형량명령 준수 여부를 기준으로 한다[335]. **형량명령의 준수**란 행정계획을 함에 있어서 비교 형량해야 할 관련이익의 조사단계, 중요도에 따른 관련이익의 평가단계, 협의의 비교형량에 따른 결정단계에서 계획관계자의 모든 이익을 정당하게 형량해야 함을 의미하고, 만약 형량의 해태[336](이익을 형량하지 않은 경우), 형량의 흠결(고려대상을 누락하거나 무관한 사항을 고려한 경우), 형량의 위배[337](객관성과 비례성을 결여한 경우) 등 형량하자가 있으면 행정계획은 위법으로 평가된다[338].

---

335) 『홍정선, 전게서, 266쪽』 계획재량과 행정재량의 관계에 대하여 국내 다수설은 양자 모두 행정청의 선택의 자유를 부여하는 점에서 질적으로 동일하지만, 재량의 범위에서 차이가 있다는 점에서 양적으로 차이가 있고, 계획재량에서의 형량명령이란 협의의 비례의 원칙의 적용일 뿐이라고 보고 있다. 대판 2011. 2. 24. 2010두21464 【부산 · 진해경제자유구역명지지구개발사업실시계획승인취소】 【피고 지식경제부장관】 행정계획이란 행정에 관한 전문적·기술적 판단을 기초로 하여 특정한 행정목표를 달성하기 위하여 서로 관련되는 행정수단을 종합·조정함으로써 장래의 일정한 시점에 일정한 질서를 실현하기 위한 활동기준을 설정하는 것이다. 그런데 관계 법령에는 추상적인 행정목표와 절차만을 규정하고 있을 뿐 행정계획의 내용에 관하여는 별다른 규정을 두고 있지 아니하므로, 행정주체는 구체적인 행정계획을 입안·결정할 때 비교적 광범위한 형성의 자유를 가진다. 다만 행정주체가 갖는 이와 같은 형성의 자유는 무제한적인 것이 아니라 그 행정계획에 관련되는 자들의 이익을 공익과 사익 사이에서는 물론이고 공익 상호간과 사익 상호간에도 정당하게 비교·교량하여야 한다는 제한이 있으므로, 행정주체가 행정계획을 입안·결정함에 있어서 이익형량을 전혀 행하지 아니하거나 이익형량의 고려 대상에 마땅히 포함시켜야 할 사항을 누락한 경우 또는 이익형량을 하였으나 정당성과 객관성이 결여된 경우, 그 행정계획결정은 형량에 하자가 있어 위법하게 된다. 전게 대판 2010두5806 [1] 행정주체가 구체적인 행정계획을 입안·결정할 때에 가지는 비교적 광범위한 형성의 자유는 무제한적인 것이 아니라 행정계획에 관련되는 자들의 이익을 공익과 사익 사이에서는 물론이고 공익 상호 간과 사익 상호 간에도 정당하게 비교교량하여야 한다는 제한이 있는 것이므로, 행정주체가 행정계획을 입안·결정하면서 이익형량을 전혀 행하지 않거나 이익형량의 고려 대상에 마땅히 포함시켜야 할 사항을 빠뜨린 경우 또는 이익형량을 하였으나 정당성과 객관성이 결여된 경우에는 행정계획결정은 형량에 하자가 있어 위법하게 된다. 이러한 법리는 행정주체가 구 국토의 계획 및 이용에 관한 법률(2009. 2. 6. 법률 제9442호로 개정되기 전의 것) 제26조에 의한 주민의 도시관리계획 입안 제안을 받아들여 도시관리계획결정을 할 것인지를 결정할 때에도 마찬가지이고, 나아가 도시계획시설구역 내 토지 등을 소유하고 있는 주민이 장기간 집행되지 아니한 도시계획시설의 결정권자에게 도시계획시설의 변경을 신청하고, 결정권자가 이러한 신청을 받아들여 도시계획시설을 변경할 것인지를 결정하는 경우에도 동일하게 적용된다고 보아야 한다. [2] 갑 등이 자신들의 토지를 도시계획시설인 완충녹지에서 해제하여 달라는 신청을 하였으나 관할 구청장이 이를 거부하는 처분을 한 사안에서, 위 토지를 완충녹지로 유지해야 할 공익상 필요성이 소멸되었다고 볼 수 있다는 이유로, 위 처분은 갑 등의 재산권 행사를 과도하게 제한한 것으로서 행정계획을 입안·결정하면서 이익형량을 전혀 하지 않았거나 이익형량의 정당성·객관성이 결여된 경우에 해당한다고 본 원심판단을 정당하다고 한 사례.

336) 또는 조사의 흠결(조사의무를 이행하지 않아 이익형량을 하지 않은 경우).

337) 또는 평과의 과오(공 · 사익을 잘못 평가한 경우) 및 형량불비례(비례성을 결한 경우).

338) 『이재강, 도시계획시설결정과 계획재량, 재판실무연구(광주지방법원, 1998), 525쪽』 이하. 독일의 판례는 형량에 하자가 있는 경우를 '형량이 전혀 이루어지지 않은 경우, 사리에 따라 형량에 포함되어야 할 이익이 비교형량에서 빠진 경우, 관련된 사익의 의의를 잘못 본 경우, 계획에 관련된 공익을 조화시킴에 있어서 개개의 공익의 객관적 비중이 비례축을 벗어난 경우'로 보고 있으며, 학설은 계획의 1차적 단계에서는 계획에 필요한 모든 자료를 수집하거나 조사하는데 이러한 과정에서 계획주체에 의해 현존 또는 미래적 공익과 사익의 존재여부의 조사에서 안전성을 기하여야 하는 의무가 있기 때문에 어떤 관련 이익이 전혀 조사되지 않았거나 확인되지 못하였을 때(조사의 탈락 · 결함), 계획주체는 계획지침 및 구체적 상황에 따라 중요한 모든 이해를 비교 형량하여야 하는데 비교 형량이 전혀

4. 도시 · 군관리계획

가. 의의

도시 · 군관리계획이란, 특별시 · 광역시 · 특별자치시 · 특별자치도 · 시 또는 군의 개발 · 정비 및 보전을 위하여 수립하는 토지 이용, 교통, 환경, 경관, 안전, 산업, 정보통신, 보건, 후생, 안보, 문화 등에 관한 ㉮ 용도지역 · 용도지구의 지정 또는 변경에 관한 계획 ㉯ 개발제한구역, 도시자연공원구역, 시가화조정구역, 수산자원보호구역의 지정 또는 변경에 관한 계획 ㉰ 기반시설의 설치 · 정비 또는 개량에 관한 계획 ㉱ 도시개발사업이나 정비사업에 관한 계획 ㉲ 지구단위계획구역의 지정 또는 변경에 관한 계획과 지구단위계획 등을 의미한다(국토계획및이용에관한법률 제2조 제4호).

나. 처분성

국토계획에 대하여 국토기본법은 '국토종합계획, 도종합계획, 시군종합계획, 지역계획, 부문별계획'으로 구분하여 규정하고 있고, 국토계획및이용에관한법률은 '광역도시계획, 도시 · 군기본계획, 도시 · 군관리계획'으로 구분하여 규정하고 있다. 국토계획 중 도시 · 군관리계획을 제외한 나머지 계획은 기본적인 공간구조와 장기발전방향을 제시하는 종합계획으로서 행정계획을 입안하는 기관을 구속하지만 국민을 직접 구속하지 않기 때문에 항고소송의 대상이 되지 않는다[339]. 그러나 도시 · 군관리계획은 종전 도시계획법상 도시계획에 해당하는 것으로 국민에 대한 직접적인 구속력을 갖기 때문에 항고소송의 대상이 된다[340].

없었거나 불안전하게 형량이 있었던 경우(형량의 탈락 · 결함, 이익형량의 결여 · 부족), 계획주체가 개개의 공적, 사적 이해의 내용과 의의를 적절하게 판단하여 평가하지 못한 경우(이익의 평가과오, 이익형량의 오평가), 개개의 이해는 계획지침과 상호 관련하여 평가되어야 하는데, 계획에 의하여 영향을 받을 이해 간의 조정이 개개의 이해의 객관적 중요성과 비례하지 않는 방향으로 행하여 진 때(형량상의 불평등, 이익형량의 불균형)로 체계화하고 있다.

339) 대판 2002. 10. 11. 2000두8226 참조. 도시기본계획의 법규성을 부인하고 있다.

340) 가. 용도지역 및 용도지구의 지정 또는 변경에 따라 해당지역 내의 토지소유자 등은 건축물 건축에 있어서 용도(단독주택, 공동주택, 업무시설, 근린생활시설, 종교시설, 의료시설 등) 및 형태(높이, 용적률, 건폐율, 공지율 등)상의 제한을 받는다(국토계획법 제76조, 제77조, 제78조, 제84조, 건축법 제8조 제4항).

나. 개발제한구역으로 지정된 구역 내에서는 그 지정목적에 위배되는 건축물의 건축 및 용도변경, 공작물의 설치, 토지의 형질변경, 죽목의 벌채, 토지의 분할, 물건을 쌓아놓는 행위 또는 도시계획사업의 시행 등을 할 수 없다(국토계획법 제80조, 개발제한구역의지정및관리에관한특별조치법 제11조).

다. 도시계획시설계획이 수립된 지역에서는 도시기반시설 설치 목적에 맞지 않은 건축물의 건축 또는 토지의 형질변경이 금지된다.

다. 입안 · 결정절차

1) 주민의 입안 제안(241)

2) 입안권자(242)(특별시장 · 광역시장[341] 및 시장 · 군수) : 기초조사(환경성 검토와 토지적성 평가), 주민과 지방의회의 의견청취, 입안

3) 결정권자(특별시장 · 광역시장의 직접 결정 및 시장 · 군수의 신청에 의한 도지사 결정) : 도시계획위원회의 심의, 결정, 관보 고시(243)(5일 후 효력 발생), 주민 열람

4) 지형도면작성(특별시장 · 광역시장의 직접 작성 및 시장 · 군수의 작성에 의한 도지사의 승인) : 작성과 승인, 고시, 도시계획사항의 확인(토지이용계획확인서 발급(244))

라. 용도지역 · 용도지구 및 용도구역의 지정 · 변경에 관한 계획

1) 용도지역 · 용도지구 및 용도구역제

지역 · 지구 · 구역제란, 토지를 공간적으로 구분하여 토지의 용도와 형태를 규제하는 제도를 의미하는데, 도시 · 군관리계획으로 용도지역(245) · 용도지구(246) 및 용도구역(247)의 지정 · 변경에 관한 계획이 결정된다. 토지가 용도지역 · 용도지구 · 용도구역으로 지정되면 건축물의 용도, 건폐율과 용적률, 높이 등에 대한 용도와 형태제한이 발생할 뿐만 아니라 개발행위 등에 대한 제한도 발생한다. 일반적으로 용도지역에서의 행위제한은 건축물 그 밖의 시설의 용도, 종류 및 규모 등의 제한, 건폐율의 제한, 용적률의 제한 등이 있고, 용도지구에서의 행위제한은 건축물 그 밖의 시설의 용도, 종류 및 규모 등의 제한에 있어서 용도, 건폐율, 용적률, 높이뿐만 아니라 건축물의 형태, 색채, 대지의 최소너비, 대지 안의 공지, 대지 안의 조경 등에 대한 제한 등이 있고, 용도구역에서의 행위제한은 개발행위허가와 건축물의 건축제한 규정에도 불구하고 특정 행위에 대한 제한과 허가(예외적 승인)를 요하도록 하고 있다(248).

라. 지구단위계획은 소규모 지역에 대하여 용도지역의 세분 및 변경, 기반시설의 배치와 규모, 도로로 둘러싸인 일단의 지역 또는 계획적인 개발 · 정비를 위하여 구획된 일단의 토지의 규모와 조성계획, 건축물의 용도제한 · 형태제한, 건축물의 배치 · 형태 · 색채와 건축선에 관한 계획, 환경관리계획 또는 경관계획, 교통처리계획 등을 규정함으로써 개별 필지별로 건축허가 요건에 관한 상세한 내용을 담고 있다(국토계획법 제52조 제1항). 대상지역의 토지소유자 등은 이에 따른 건축제한을 받는다(국토계획법 제54조).

341) 조례에 의하여 구청장에게 권한이 위임된 경우 입안권자는 구청장이 된다.

2) 용도지역·용도지구 및 용도구역의 종류

용도지역[342]은 '도시지역(주거지역[343], 상업지역[344], 공업지역[345], 녹지지역[346]), 관리지역(보전관리지역, 생산관리지역, 계획관리지역), 농림지역, 자연환경보전지역' 등으로 구분된다. **용도지구**[347]는 '경관지구(자연경관지구, 수변경관지구, 시가지경관지구), 미관지구(중심지미관지구, 역사문화미관지구, 일반미관지구), 고도지구(최고고도지구, 최저고도지구), 방화지구, 방재지구, 보존지구(문화자원보존지구, 중요시설물보존지구, 생태계보존지구), 시설보호지구(학교시설보호지구, 공용시설보호지구, 항만시설보호지구, 공항시설보호지구), 취락지구(자연취락지구, 집단취락지구), 개발진흥지구(주거개발진흥지구, 산업개발진흥지구, 유통개발진흥지구, 관광·휴양개발진흥지구, 복합개발진흥지구, 특정개발진흥지구), 특정용도제한지구, 그 밖에 대통령령이 정하는 지구(위락지구, 리모델링지구)' 등으로 구분되고, 필요한 지역에 지정되며 둘 이상의 용도지구가 지정될 수 있다. **용도구역**[348]은 '개발제한구역[349], 도시자연공원구역, 시가화조정구역, 수산자원보호구역' 등으로 구

---

342) 국토계획및이용에관한법률 제2조 제15호. '용도지역'이라 함은 토지의 이용 및 건축물의 용도·건폐율(건축법 제47조의 건폐율을 말한다. 이하 같다.)·용적률(건축법 제48조의 용적률을 말한다. 이하 같다.)·높이 등을 제한함으로써 토지를 경제적·효율적으로 이용하고 공공복리의 증진을 도모하기 위하여 서로 중복되지 아니하게 도시관리계획으로 결정하는 지역을 말한다.

343) 전용주거지역(제1종 전용주거지역, 제2종 전용주거지역), 일반주거지역(제1종 일반주거지역, 제2종 일반주거지역, 제3종 일반주거지역) 등으로 세분된다.

344) 중심상업지역, 일반상업지역, 근린상업지역, 유통상업지역 등으로 세분된다.

345) 전용공업지역, 일반공업지역, 준공업지역 등으로 세분된다.

346) 보전녹지지역, 생산녹지지역, 자연녹지지역 등으로 세분된다.

347) 국토계획및이용에관한법률 제2조 제16호. '용도지구'라 함은 토지의 이용 및 건축물의 용도·건폐율·용적률·높이 등에 대한 용도지역의 제한을 강화 또는 완화하여 적용함으로써 용도지역의 기능을 증진시키고 미관·경관·안전 등을 도모하기 위하여 도시관리계획으로 결정하는 지역을 말한다.

348) 국토계획및이용에관한법률 제2조 제17호. '용도구역'이라 함은 토지의 이용 및 건축물의 용도·건폐율·용적률·높이 등에 대한 용도지역 및 용도지구의 제한을 강화 또는 완화하여 따로 정함으로써 시가지의 무질서한 확산방지, 계획적이고 단계적인 토지이용의 도모, 토지이용의 종합적 조정·관리 등을 위하여 도시관리계획으로 결정하는 지역을 말한다.

349) 국토계획및이용에관한법률 제38조 이외 '개발제한구역의지정및관리에관한특별조치법'이 별도로 존재한다. 개발제한구역에서의 행위제한은 용도지역·지구보다 강화되어 있기 때문에 손실보상의 문제가 발생하고, 손실보상의 내용이 경계이론과 분리이론에 따라 차이가 있지만 법에서는 분리이론에 터잡은 토지매수청구권을 규정하고 있다. 제17조(토지매수의 청구) ① 개발제한구역의 지정에 따라 개발제한구역의 토지를 종래의 용도로 사용할 수 없어 그 효용이 현저히 감소된 토지나 그 토지의 사용 및 수익이 사실상 불가능하게 된 토지(이하 '매수대상토지'라 한다.)의 소유자로서 다음 각 호의 어느 하나에 해당하는 자는 국토해양부장관에게 그 토지의 매수를 청구할 수 있다. 1. 개발제한구역으로 지정될 당시부터 계속하여 해당 토지를 소유한 자 2. 토지의 사용·수익이 사실상 불가능하게 되기 전에 해당 토지를 취득하여 계속 소유한 자 3. 제1호나 제2호에 해당하는 자로부터 해당 토지를 상속받아 계속하여 소유한 자.
한편, 법은 개발제한구역을 개발하자는 자에게 보전부담금을 부과·징수하도록 규정하고 있다. 21조(개발제한구역 보전 부담금) ① 국토해양부장관은 개발제한구역의 보전과 관리를 위한 재원을 확보하기 위하여 다음 각 호의 어느 하나에 해당하는 자에게 개발제한구역 보전부담금(이하 '부담금'이라 한다.)을 부과·징수한다. 1. 해제대상지역 개발사업자 중 제4조 제6항에 따라 복구계획을 제시하지 아니하거나 복구를 하지 아니하기로 한 자 2. 제12조 제1항

분되고 동일 지역에 중복 지정될 수 없다.

3) 개발행위 허가제

개발행위 허가제란, 일정한 개발행위에 대하여 사전에 허가를 받도록 하는 제도를 의미하는데, 현행 국토법은 전국 모든 지역의 개발행위(도시계획사업에 의한 행위를 제외)에 대하여 특별시장·광역시장·시장 또는 군수의 사전 허가를 받도록 규정하고 있다. 개발행위란, ① 건축법 제2조 제1항 제2호에 따른 건축물의 건축 또는 공작물(인공을 가하여 제작한 시설물, 건축법 제2조 제1항 제2호에 따른 건축물을 제외한다.)의 설치 ② 토지의 형질 변경(절토·성토·정지·포장 등의 방법으로 토지의 형상을 변경하는 행위와 공유수면의 매립, 경작을 위한 토지의 형질 변경은 제외한다.) ③ 토석의 채취(흙·모래·자갈·바위 등의 토석을 채취하는 행위. 다만, 토지의 형질변경을 목적으로 하는 것을 제외한다.) ④ 토지 분할(건축법 제57조에 따른 건축물이 있는 대지는 제외. 녹지지역·관리지역·농림지역 및 자연환경보전지역 안에서 관계법령에 따른 허가·인가 등을 받지 아니하고 행하는 토지의 분할, 건축법 제57조 제1항에 따른 분할제한면적 미만으로의 토지의 분할, 관계 법령에 의한 허가·인가 등을 받지 아니하고 행하는 너비 5m 이하로의 토지의 분할) ⑤ 녹지지역·관리지역 또는 자연환경보전지역 안에서 건축물의 울타리 안(적법한 절차에 의하여 조성된 대지에 한한다.)에 위치하지 아니한 토지에 물건을 1개월 이상 쌓아놓는 행위 등을 의미한다[350]. 개발행위 허가의 법적 성격에 대하여 자연적 자유에 속한 개발행위를 공공의 안녕과 질서 유지를 위하여 제한하고 있기 때문에 요건을 갖춘 경우에는 반드시 허가해야 한다고 보는 견해(기속행위설), 토지이용의 합리화라는 공익 목적을 달성하기 위하여 개발행위가 원칙적으로 금지되지만 요건을 갖춘 경우에만 예외적으로 허가될 수 있다고 보는 견해(재량행위설), 일의적으로 기속행위와 재량행위로 구별할 수 없고 법령의

단서 또는 제13조에 따른 허가(토지의 형질변경 허가나 건축물의 건축 허가에 해당하며, 다른 법령에 따라 제12조 제1항 단서 또는 제13조에 따른 허가가 의제되는 협의를 거친 경우를 포함한다.)를 받은 자. 제25조(부담금의 부과·징수 및 납부 등) ① 국토해양부장관은 제22조에 따른 내용을 통보받으면 지체 없이 부담금을 부과하여야 하며 제4조 제4항에 따른 복구를 하지 아니한 자에 대하여는 제21조 제1항 제1호에 따른 부담금을 지체 없이 부과하여야 한다. ⑥ 국토해양부장관은 납부의무자가 독촉장을 받고 지정된 기한까지 부담금과 가산금을 내지 아니하면 해당 결정이나 허가를 취소하게 하거나 국세 체납처분의 예에 따라 부담금과 가산금을 징수할 수 있다.

매수청구와 부담금에 대하여 특별 행정심판제도를 마련하고 있다. 제27조(이의신청) ① 다음 각 호의 어느 하나에 해당하는 자는 「공익사업을 위한 토지 등의 취득 및 보상에 관한 법률」에 따른 중앙토지수용위원회에 이의신청을 할 수 있다. 1. 제18조에 따라 통보받은 매수 여부에 관한 결정 또는 매수가격에 이의가 있는 자 2. 제21조에 따른 부담금의 부과·징수에 대하여 이의가 있는 자 ② 제1항에 따른 이의신청에 대하여는 「행정심판법」 제6조 및 제6조의 2에도 불구하고 중앙토지수용위원회가 심리·의결하여 재결한다.

350) 국토의 계획 및 이용에 관한 법률 제56조 제1항.

문언과 제반 사정을 고려하여 판단해야 한다는 견해(기속·재량행위 병존설) 등의 대립이 있는데[351], 판례는 구 도시계획법상 토지형질변경허가를 재량행위로 판시하였다[352]. 한편, 개발행위로 인한 기반시설의 부족 사태 등을 해결하기 위하여 개발밀도관리구역 지정(249) 및 기반시설부담구역 지정(250)과 기반시설설치비용 부과(251) 제도 등이 있다.

마. 지구단위계획구역의 지정 또는 변경에 관한 계획과 지구단위계획

지구단위계획이란, 도시계획 수립대상 지역안의 일부에 대하여 토지이용을 합리화하고 그 기능을 증진시키며 미관을 개선하고 양호한 환경을 확보하며, 당해 지역을 체계적·계획적으로 관리하기 위하여 수립하는 도시·군관리계획을 의미하는데, 도시·군관리계획으로 지구단위계획구역(252) 및 지구단위계획(253)이 결정된다. 이러한 지구단위계획구역은 행위제한이 강화되는 용도구역과 달리 건축제한 등이 완화되는데, 제1종지구단위계획[353]과 제2종지구단위계획[354]으로 구분된다.

바. 도시·군계획시설설치에 관한 계획[355]

도시·군계획시설이란, 기반시설 중 도시·군관리계획으로 결정된 시설을 의미하는데, 여기

---

351) 제58조(개발행위허가의 기준) ① 특별시장·광역시장·시장 또는 군수는 개발행위허가의 신청 내용이 다음 각 호의 기준에 맞는 경우에만 개발행위허가를 하여야 한다. 1. 용도지역별 특성을 고려하여 대통령령으로 정하는 개발행위의 규모에 적합할 것 2. 도시관리계획의 내용에 어긋나지 아니할 것 3. 도시계획사업의 시행에 지장이 없을 것 4. 주변지역의 토지이용실태 또는 토지이용계획, 건축물의 높이, 토지의 경사도, 수목의 상태, 물의 배수, 하천·호소·습지의 배수 등 주변환경이나 경관과 조화를 이룰 것 5. 해당 개발행위에 따른 기반시설의 설치나 그에 필요한 용지의 확보계획이 적절할 것

352) 대판 1999. 2. 23. 98두17845 【토지형질변경불허가처분취소】 [1] 도시계획법 제4조 제1항 제1호, 같은법 시행령 제5조의2, 토지의형질변경등행위허가기준등에관한규칙 제5조의 규정의 형식이나 문언 등에 비추어 볼 때, 형질 변경의 허가가 신청된 당해 토지의 합리적인 이용이나 도시계획사업에 지장이 될 우려가 있는지 여부와 공익상 또는 이해관계인의 보호를 위하여 부관을 붙일 필요의 유무나 그 내용 등을 판단함에 있어서 행정청에 재량의 여지가 있으므로 그에 관한 판단 기준을 정하는 것 역시 행정청의 재량에 속하고, 그 설정된 기준이 객관적으로 합리적이 아니라거나 타당하지 않다고 볼 만한 특별한 사정이 없는 이상 행정청의 의사는 가능한 한 존중되어야 할 것이다.

353) 토지이용을 합리화·구체화하고, 도시 또는 농·산·어촌의 기능의 증진, 미관의 개선 및 양호한 환경을 확보하기 위하여 수립하는 계획

354) 계획관리지역 또는 개발진흥지구를 체계적·계획적으로 개발 또는 관리하기 위하여 용도지역의 건축물 그 밖의 시설의 용도·종류 및 규모 등에 대한 제한을 완화하거나 건폐율 또는 용적률을 완화하여 수립하는 계획

355) 도시계획사업은 기반시설의 설치·정비 또는 개량에 관한 계획과 도시개발사업이나 정비사업에 관한 계획 등 도시관리계획으로 이루어지는데, 도시개발사업이나 정비사업에 관한 계획은 개별법이 있어 여기서 다루지 않았다. 한편, 도시계획시설사업은 국토법에 따라 수용의 방식으로 실시되고, 도시개발사업은 도시개발법에 따라 수용 또는 환지의 방식으로 실시되고, 정비사업은 도시 및 주거환경정비법에 따라 수용, 환지 및 환권의 방식으로 실시된다.

서 **기반시설**이란, ① 도로 · 철도 · 항만 · 공항 · 주차장 등 교통시설 ② 광장 · 공원 · 녹지 등 공간시설 ③ 유통업무설비, 수도 · 전기 · 가스공급설비, 방송 · 통신시설, 공동구 등 유통 · 공급시설 ④ 학교 · 운동장 · 공공청사 · 문화시설 및 공공 필요성이 인정되는 체육시설 등 공공 · 문화체육시설 ⑤ 하천 · 유수지 · 방화설비 등 방재시설 ⑥ 화장장 · 공동묘지 · 납골시설 등 보건위생시설 ⑦ 하수도 · 폐기물처리시설 등 환경기초시설 중 대통령령으로 정한 시설을 의미한다.

도시 · 군계획시설은 도시 · 군계획시설 결정 · 고시(254), 단계별 집행계획, 시행자지정(시장 · 군수 또는 시행자로 지정된 개발업자), 실시계획 작성 · 인가신청(공고 · 열람, 의견제출, 관계기관의 협의 등), 실시계획 인가[356] · 고시(시 · 도지사), 사업시행(토지의 수용 · 사용 방식(255)), 준공검사, 공공시설의 귀속(256) 등의 절차를 거쳐 관리청에 귀속된다. 한편, 도시 · 군계획시설사업은 수용(257)의 방식으로 이루어지기 때문에 결정에 따른 토지 소유자의 불이익을 구제하기 위해 매수청구제도(258)와 실효제도(259) 등이 있다.

356) 도시계획시설사업에 관한 실시계획을 인가하기 위한 요건과 인가 요건을 갖추지 못한 인가처분(무효) :
대판 2015. 3. 20. 2011두3746 【토지수용재결처분취소등】 [1] 구 국토의 계획 및 이용에 관한 법률(2005. 12. 7. 법률 제7707호로 개정되기 전의 것, 이하 '국토계획법'이라 한다) 제2조 제6호 (나)목, 제43조 제2항, 구 국토의 계획 및 이용에 관한 법률 시행령(2005. 12. 28. 대통령령 제19206호로 개정되기 전의 것) 제2조 제1항 제2호, 제3항, 구 도시계획시설의 결정·구조 및 설치기준에 관한 규칙(2005. 12. 14. 건설교통부령 제480호로 개정되기 전의 것) 제56조 등의 각 규정 형식과 내용, 그리고 도시계획시설사업에 관한 실시계획의 인가처분은 특정 도시계획시설사업을 구체화하여 현실적으로 실현하기 위한 것인 점 등을 종합하여 보면, 행정청이 도시계획시설인 유원지를 설치하는 도시계획시설사업에 관한 실시계획을 인가하려면, 실시계획에서 설치하고자 하는 시설이 국토계획법령상 유원지의 개념인 '주로 주민의 복지향상에 기여하기 위하여 설치하는 오락과 휴양을 위한 시설'에 해당하고, 실시계획이 국토계획법령이 정한 도시계획시설(유원지)의 결정·구조 및 설치의 기준에 적합하여야 한다.
[2] 구 국토의 계획 및 이용에 관한 법률(2005. 12. 7. 법률 제7707호로 개정되기 전의 것) 제88조 제2항, 제95조, 제96조의 규정 내용에다가 도시계획시설사업은 도시 형성이나 주민 생활에 필수적인 기반시설 중 도시관리계획으로 체계적인 배치가 결정된 시설을 설치하는 사업으로서 공공복리와 밀접한 관련이 있는 점, 도시계획시설사업에 관한 실시계획의 인가처분은 특정 도시계획시설사업을 현실적으로 실현하기 위한 것으로서 사업에 필요한 토지 등의 수용 및 사용권 부여의 요건이 되는 점 등을 종합하면, 실시계획의 인가 요건을 갖추지 못한 인가처분은 공공성을 가지는 도시계획시설사업의 시행을 위하여 필요한 수용 등의 특별한 권한을 부여하는 데 정당성을 갖추지 못한 것으로서 법규의 중요한 부분을 위반한 중대한 하자가 있다.

제 3 장

재결, 소청 및 교원소청심사위원회

공무원 신분관계

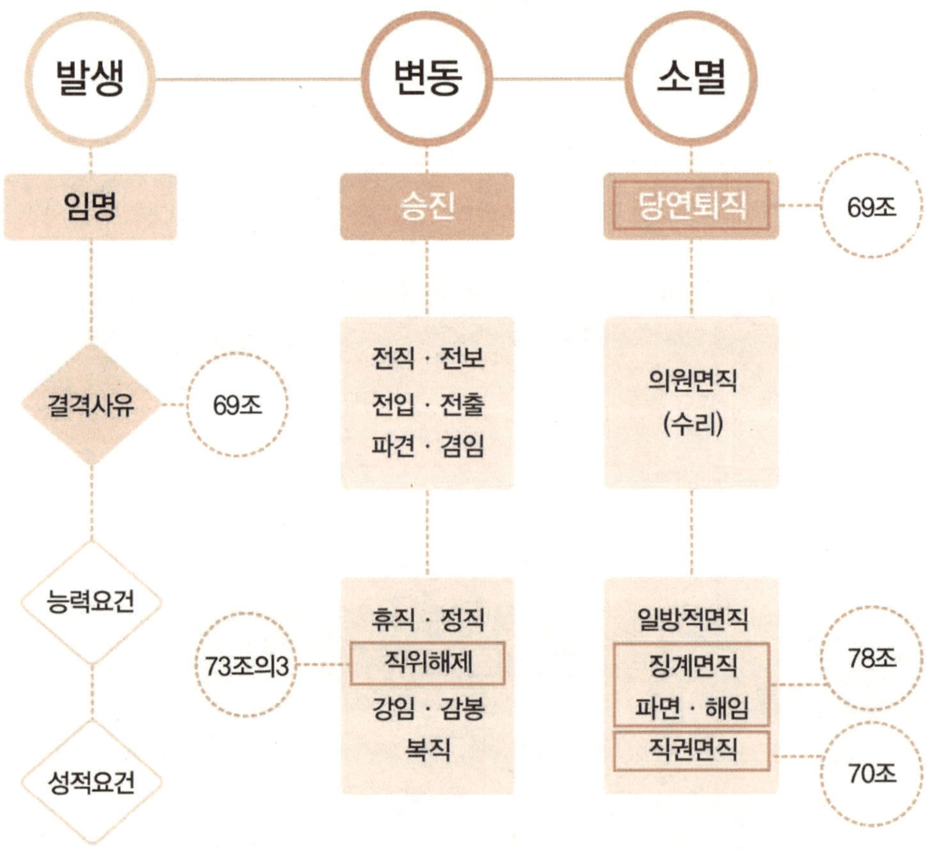
발생
변동
소멸
임명
결격사유
69조
능력요건
성적요건
승진
전직 · 전보
전입 · 전출
파견 · 겸임
휴직 · 정직
직위해제
73조의3
강임 · 감봉
복직
당연퇴직
69조
의원면직
(수리)
일방적면직
징계면직
파면 · 해임
78조
직권면직
70조

공무원 징계와 불복

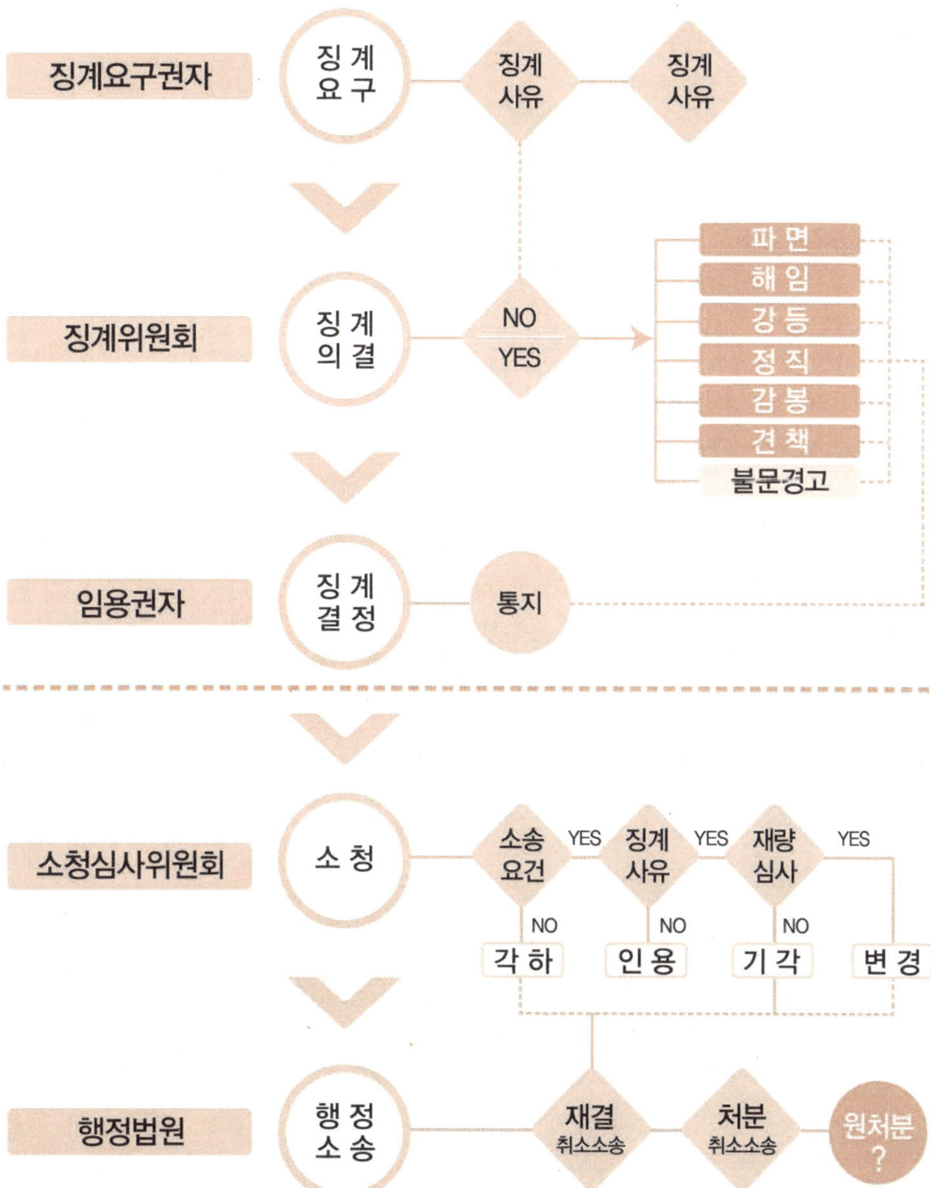

징계요구권자
징 계 요 구
징계 사유
징계 사유
징계위원회
징 계 의 결
NO
YES
파 면
해 임
강 등
정 직
감 봉
견 책
불문경고
임용권자
징 계 결 정
통지
소청심사위원회
소 청
소송 요건
YES
징계 사유
YES
재량 심사
YES
NO
NO
NO
각 하
인 용
기 각
변 경
행정법원
행 정 소 송
재결 취소소송
처분 취소소송
원처분 ?

교원소청심사위원회

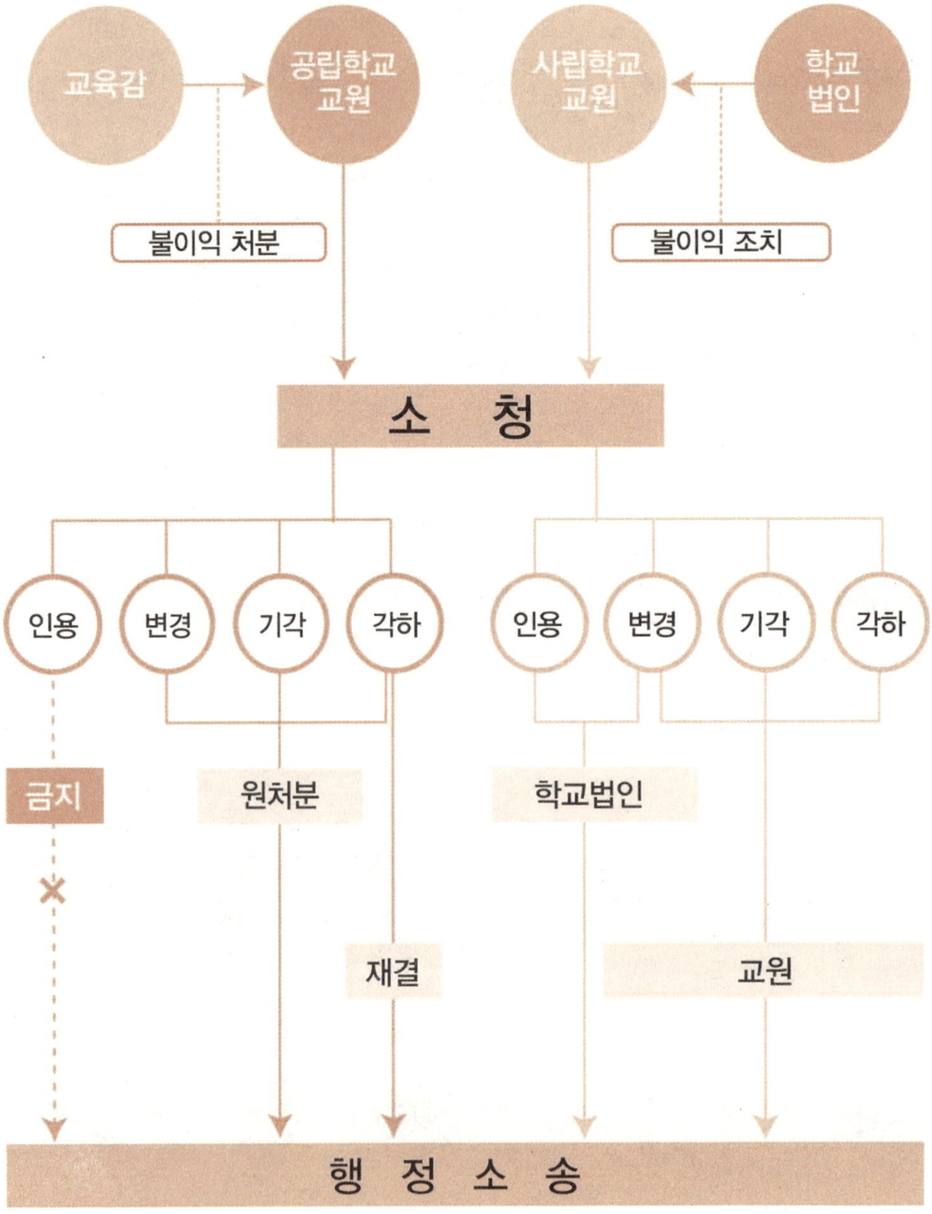

교육감
공립학교 교원
사립학교 교원
학교 법인
불이익 처분
불이익 조치
소 청
인용
변경
기각
각하
인용
변경
기각
각하
금지
원처분
학교법인
재결
교원
행 정 소 송

제 3 장

재결, 소청 및 교원소청심사위원회

1. 재결

행정소송법은 제4조에서 재결을 처분과 함께 항고소송의 대상으로 규정하고 있는데, 재결을 대상으로 한 취소소송을 **재결취소소송**이라고 한다. 이때 **재결**이란, 행정심판에 대한 재결, 즉 행정심판 청구사건에 대한 심리의 결과에 따라 최종적인 법적 판단 및 판단행위를 의미한다[357]. 그리고 이때 **행정심판**이란, 행정심판법의 규정에 의한 형식적 의미의 행정심판에 한하지 아니하고, 특별법 등에 의한 불복절차에 따라 행정기관이 재결청이 되는 모든 행정쟁송을 의미한다.

---

357) 재결은 행정법상의 법적 분쟁에 대하여 행정심판위원회(종전, 재결청)가 판단·확정하는 행위이기 때문에 확인행위의 성질을 가진다. 또한 재결은 심판청구의 제기를 전제로 한 행정심판위원회의 판단작용이라는 점에서 법원의 판결과 성질이 비슷하기 때문에 준사법행위에 해당한다. 한편, 재결이라는 용어를 사용하고 있으나 재결이 아니라 '처분'인 경우가 있는데, 대표적인 사례가 최초 토지수용위원회의 재결이다. 토지수용위원회의 재결은 협의가 불성립하거나 또는 협의가 불가능한 경우(권리자 또는 그 소재의 부명)에 행하는 토지수용의 종국적인 절차인 바, 그것은 수용권 자체의 행사가 아니라 기업자에게 부여된 수용권의 구체적인 내용을 결정하고 그 실행을 완성시키는 것으로서, 기업자가 보상금을 지급할 것을 조건으로 토지 등에 대한 권리를 상실하게 되는 것을 결정하는 형성적 행정처분이며, 민사소송에 있어서의 형성판결과 같은 성질을 가진다. 따라서 토지수용에 있어서 수용재결은 그 명칭(재결)에도 불구하고 실질적으로는 행정청(토지수용위원회)의 공권력의 행사작용으로서, 항고소송의 대상인 처분(즉, 원처분)에 해당하고, 이러한 수용재결에 대한 이의신청 절차로서 행한 중앙토지수용위원회의 이의재결만이 실질적 의미의 재결에 해당된다.

2. 원처분주의와 재결주의

> 제19조(취소소송의 대상) 취소소송은 처분등을 대상으로 한다. 다만, 재결취소소송의 경우에는 재결 자체에 고유한 위법이 있음을 이유로 하는 경우에 한한다.
>
> 제38조(준용규정) ② …제20조의 규정은 부작위위법확인소송의 경우에 준용한다.

재결이 원처분과 함께 항고소송의 대상으로 규정되어 있지만, 원처분과 재결에 대한 항고소송을 제한 없이 허용하게 되면 판결의 저촉과 소송경제에 반하는 등 문제가 발생한다. 그래서 원처분과 재결 사이에서 항고소송의 순서나 심리의 범위 등을 제한할 필요가 있는데, **원처분주의**란 원처분과 재결에 대한 항고소송이 허용되지만 원처분취소소송에서 원처분의 하자만 주장할 수 있고 재결취소소송에서 원처분의 하자가 아닌 재결에 고유한 하자만 주장할 수 있는 제도를 말하고, **재결주의**란 원처분취소소송이 금지되고 재결취소소송만 허용되지만 재결 자체의 위법뿐만 아니라 원처분의 위법까지 주장할 수 있는 제도를 말한다. 행정소송법은 제19조 단서, 제38조에서 '**재결 자체에 고유한 위법이 있음을 이유로 하는 경우에 한하여 재결을 취소소송의 대상으로 할 수 있다.**'고 규정함으로써 원처분주의를 채택하고 있다[358].

원처분주의가 적용되는 재결취소소송에서는 원처분의 위법을 다툴 수 없고, 재결 자체의 위법만 다툴 수 있는데, **재결 자체에 고유한 위법**이란 원처분의 하자 유무와 관계없이 재결 자체에 주체·절차·형식 및 내용상의 위법이 있는 경우를 의미한다[359]. **주체·절차·형식의 위법**이란 권한없는 기관에 의해 재결이 이루어진 경우, 행정심판위원회의 구성원에 결격이 있거나 정족수에 흠결이 있는 경우, 행정심판법상 절차를 위반한 경우, 구두로 재결하거나 재결서에 주요 사항이나 이유가 누락된 경우 등을 의미한다[360]. 한편, **내용의 위법**이란 재결의 판단이 틀린 경우를 의미하는데 재결자체의 고유한 위법에 포함된다는 견해와 포함되지 않는다는 견해의 대립

---

358) 원처분주의와 재결주의에 대한 선택은 입법정책의 문제이지만, 재결주의는 재결을 기다려 비로소 소를 제기할 수 있다는 점에서 권리구제에 충실하지 못하다는 비판 및 재결의 위법과 원처분의 위법을 아울러 다투는 경우의 심리판단의 순서, 판결의 구속력의 범위 등 곤란한 문제가 발생할 수 있다는 비판이 있다. 우리나라 행정소송법은 원칙적으로 원처분주의를 채택하고 있지만, 개별 법률이 재결주의를 예외적으로 채택하고 있는 경우도 있다.

359) 행정소송법 제38조 제1항, 제2항 취소소송 이외의 무효등확인소송과 부작위위법확인소송에도 준용된다.

360) 주체·형식·절차의 하자를 이유로 재결이 취소되면 무효인 주체의 하자가 있는 경우를 제외하고 원처분에 대한 행정심판절차가 부활하기 때문에 판결의 취지에 따라 다시 재결해야 한다.

이 있지만, 판례는 포함된다는 입장이다.

행정심판청구인의 관계에 있어서 ① 각하재결[361]에 내용상 위법이 있는 경우라면 심판청구가 부적법하지 않음에도 불구하고 실체심리를 하지 아니한 채 각하하여 행정심판청구인의 실체심리를 받을 권리를 박탈하였기 때문에 원처분에 없는 재결 자체의 고유한 하자에 해당된다. 이때 재결취소소송에서 재결이 취소되면 원처분에 대한 행정심판절차가 부활하기 때문에 행정심판에서 다시 본안을 심리한 후 기각 또는 인용 여부를 판단해야 한다[362]. ② **인용재결**에 내용상 위법이 있는 경우라면 행정심판청구인이 종국적 만족을 얻었기 때문에 재결의 위법을 이유로 재결취소소송을 제기할 실익이 없다. ③ **기각재결**[363]에 내용상 위법이 있는 경우라면 기각재결이 원처분의 정당성을 유지하는 재결이기 때문에 재결 자체의 고유한 하자가 있다고 할 수 없다. 따라서 재결취소소송이 아닌 원처분취소소송을 제기해야 한다[364]. 나아가 ④ **일부 인용재결이나 변경(수정)재결**에 내용상 위법이 있는 경우라면 일부 원처분의 정당성을 유지하는 재결이기 때문에 재결자체의 고유한 하자가 있다고 할 수 없다[365]. 이때 심판의 대상은 원칙적으로 일부 기각재결의 성격을 지니기 때문에 일부 취소되고 남은 처분이나 변경된 처분을 원처분으로 다투어야 하고, 일부 인용재결이나 변경재결을 다투어서는 안된다[366]. 즉, 공무원에 대한 파면처

---

361) 행정심판의 제기요건이 결여된 경우 : 행정심판의 대상이 아닌 행위에 대하여 행정심판이 제기된 경우, 청구인적격이 없는 경우, 피청구인적격이 없는 경우, 행정심판의 대상이 된 처분이나 부작위가 심판청구의 계속 중 기간의 경과·처분의 집행 그 밖의 사유로 효력이 소멸한 경우, 행정심판제기기간을 경과하여 행정심판이 청구된 경우, 행정심판청구가 부적법하여 행정심판법 제23조에 의하여 보정을 명하였음에도 불구하고 보정기간 내 보정되지 않는 경우, 특별한 규정이 없음에도 불구하고 이미 재결의 대상이 되었던 동일한 처분이나 부작위에 대하여 다시 행정심판이 제기된 경우 등.

362) 대판 2001. 7. 27. 99두2970 【용화집단시설지구기본설계변경승인처분취소】 행정소송법 제19조에 의하면 행정심판에 대한 재결에 대하여도 그 재결 자체에 고유한 위법이 있음을 이유로 하는 경우에는 항고소송을 제기하여 그 취소를 구할 수 있고, 여기에서 말하는 '재결 자체에 고유한 위법'이란 그 재결자체에 주체·절차·형식 또는 내용상의 위법이 있는 경우를 의미하는데, 행정심판청구가 부적법하지 않음에도 각하한 재결은 심판청구인의 실체심리를 받을 권리를 박탈한 것으로서 원처분에 없는 고유한 하자가 있는 경우에 해당하고, 따라서 위 재결은 취소소송의 대상이 된다.

363) 본안심리결과 행정심판청구가 이유 없는 경우.

364) 대판 1996. 2. 13. 95누8027 【개별토지가격결정처분취소】 '행정처분에 대한 행정심판의 재결에 이유모순의 위법이 있다는 사유는 재결처분 자체에 고유한 하자로서 재결처분의 취소를 구하는 소송에서는 그 위법사유로서 주장할 수 있으나, 원처분의 취소를 구하는 소송에서는 그 취소를 구할 위법사유로서 주장할 수 없다.' 원처분취소소송에서 재결의 내용상 하자를 위법사유로 주장한 사안.

365) 대판 1993. 8. 24. 93누5673 【소청결정취소】 '항고소송은 원칙적으로 당해 처분을 대상으로 하나, 당해 처분에 대한 재결 자체에 고유한 주체·절차·형식 또는 내용상의 위법이 있는 경우에 한하여 그 재결을 대상으로 할 수 있다고 해석되므로, 징계혐의자에 대한 감봉 1월의 징계처분을 견책으로 변경한 소청결정 중 그를 견책에 처한 조치는 재량권의 남용 또는 일탈로서 위법하다는 사유는 소청결정 자체에 고유한 위법을 주장하는 것으로 볼 수 없어 소청결정의 취소사유가 될 수 없다.' 재결 자체에 대한 재량권의 일탈·남용을 주장한 사안.

366) 법원실무제요 112쪽. 재결을 대상으로 재결취소소송을 제기해야 한다는 견해, 적극적 변경재결이면 재결취소소송

분이 소청절차를 거쳐 정직처분으로 감경된 경우에 원처분청을 상대로 수정된 정직처분을 원처분으로 보아 취소소송을 제기해야 하고, 재결청을 상대로 재결인 정직처분 취소소송을 제기해서는 안 된다. 판례도 제재적 행정처분에 대하여 일부 인용의 처분명령재결이 이루어져 재결의 취지에 따라 처분청이 처분을 변경한 경우에 취소소송의 대상이 변경처분이 아닌 변경된 내용의 원처분이라고 보면서 제소기간의 준수 여부도 원처분과 재결시를 기준으로 판단해야 한다고 판시하고 있다[367]. 한편, 재결 자체의 고유한 위법이 없음에도 재결취소소송이 제기된 경우에 행정소송법 제19조 단서를 소극적 소송요건으로 해석해서 각하해야 한다는 견해와 위법사유에 대한 주장 제한으로 해석해서 기각해야 한다는 견해의 대립이 있지만, 판례(260)는 재결 자체의 위법 여부가 본안 판단사항이기 때문에 기각해야 한다고 판시하고 있다.

행정심판청구인이 아닌 제3자와의 관계에 있어서 제3자효를 수반하는 행정행위에 대한 재결이 문제되는 경우 (일부)인용재결로 인하여 비로소 불이익을 받은 자라면 재결을 대상으로 항고소송을 제기할 수 있다[368]. 이러한 인용재결 취소소송의 성격에 대하여 행정소송법 제19조 단서에 규정된 재결 자체에 고유한 하자가 있는 재결취소소송으로 해석하는 견해와, 인용재결을 제3자의 관계에서 원처분과 독립된 새로운 처분으로 보아 행정소송법 제19조 본문에 규정된 처분취소소송으로 해석하는 견해의 대립이 있지만, 판례는 후자의 입장[369]에서 인용재결취소소

을 제기해야 하고 일부 취소재결이면 원처분취소소송을 제기해야 한다는 견해 등도 있다.

367) 일부 처분취소재결, 일부 처분변경재결, 일부 처분재결은 형성력이 발생하는 형성재결이기 때문에 재결 효력이 발생하는 즉시 감축이나 변경된 원처분을 상대로 소를 제기하여야 한다. 그러나 일부 처분취소명령재결, 일부 처분변경명령재결, 일부 처분명령재결은 형성력이 없는 이행재결로서 원처분이 변경되지 않고, 재결의 기속력에 따른 처분청의 감축이나 변경처분이 이루어지면 비로소 원처분의 변경효력이 발생하기 때문에 심판의 대상을 재결에 따른 감축이나 변경된 원처분으로, 제소기간의 기준시점을 재결서 송달일로부터 90일로 해석하는 견해는 문제가 있다. [대판 2007. 4. 27. 2004두9302 심판의 대상을 원처분으로 제소기간의 기준시점을 재결시로 해석하는 견해와 심판의 대상을 이행재결에 따른 처분청의 처분으로 제소기간의 기준시점을 처분시로 해석하는 견해(『박균성, 제8판 행정법론(상)(박영사, 2009), 987쪽』) 등의 대립이 있음.]

368) 법원실무제요 113쪽. 일부인용재결이나 수정재결로 인하여 비로소 권리·이익을 침해받은 자(재결로 인하여 원처분보다 더욱 불리하게 된 자)가 있다면, 그는 일부인용재결이나 수정재결로 인하여 권리·이익을 침해받았음을 이유로 그 재결에 대하여 다툴 수 있다고 보아야 한다. 그러나 각하재결이나 기각재결은 원처분을 유지하는 재결이고, 각하재결이나 기각재결에 의하여 권리가 침해되는 것이 아니기 때문에 재결을 다투면 소의 이익이 없고 원처분을 다투어야 한다.

369) 예를 들면, 특정인에 대한 건축허가에 대하여 인근 주민들이 취소를 구하는 행정심판을 청구하여 건축허가를 취소한다는 인용재결이 있을 경우의 건축주, 반대로 건축주가 제기한 건축허가 취소처분의 취소를 구하는 행정심판이 받아들여진 경우의 인근 주민 등이 있다. 이와 같이 원처분으로 피해를 입지 않았으나 재결로 인하여 비로소 피해를 입게 된 행정처분의 상대방이나 제3자는 원처분에 대하여 불복할 이유가 없고, 재결을 대상으로 불복할 수밖에 없다. 이러한 경우 소송의 대상이 된 인용재결은 원처분과는 내용을 달리하는 것이기 때문에 인용재결의 취소를 구하는 소는 원처분에는 없는 재결 자체의 위법을 주장하는 셈이 되고, 이러한 인용재결은 항고소송의 대상이 된다. 대판 1995. 6. 13. 94누15592 [1] 이른바 복효적 행정행위, 특히 제3자효를 수반하는 행정행위에 대한 행정심판청구에 있어서 그 청구를 인용하는 내용의 재결로 인하여 비로소 권리이익을 침해받게 되는 자(예컨대, 제3자가 행정심판

송에서 인용재결의 하자뿐만 아니라 원처분의 하자도 심리·판단해야 한다고 판시하고 있다(261). **인용재결**[370]은 재결청이 직접 처분을 취소·변경하거나 처분하는 형성재결과 처분청에 대하여 처분의 취소·변경을 명령하는 (이행)명령재결의 두 종류가 있다[371]. 이중 취소재결 등과 같은 **형성재결**의 경우 재결 외에 그에 따른 행정청의 별도의 처분이 존재하지 않기 때문에 재결 자체가 항고소송의 대상이 되고[372], 이때 인용재결이 취소되면 원처분이 소급적으로 부활한다. 행정심판의 대상이 아니기 때문에 각하재결해야 함에도 불구하고 취소재결이 이루어져서 재결 취소소송을 제기된 경우에 각하해야 한다는 견해와 취소해야 한다는 견해 등의 대립이 있지만 판례는 후자의 입장이다(262). 그리고 취소명령재결 등과 같은 **이행명령재결**의 경우 재결 외에 그에 따른 행정청의 처분이 존재하기 때문에 취소명령재결과 취소처분 중 어느 것을 다투어야 하는지 여부에 관하여 취소명령재결의 기속력에 비추어 취소명령재결에 대한 취소판결이 있어야 취소처분에 대한 취소판결이 가능하다는 견해, 취소명령재결이 내부적 행위에 불과하다고 보아 취소처분만 취소소송의 대상이라는 견해, 취소명령재결과 취소처분 양자 모두 대상이라는 견해 등의 대립이 있다. 재결에 따른 처분이 있어야 비로소 구체적 권리·이익을 침해받는다는 점에 주안을 두면 행정청의 취소처분을 소송의 대상으로 해야 하고, 재결에 따른 행정청의 취소처분이 재결의 기속력에 의한 부차적인 처분에 지나지 않을 뿐만 아니라 행정청의 의사가 아닌 재결청의 의사에 따라 이루어진 취소처분에 대한 다툼의 방어도 재결청이 수행함이 적절하다는

청구인인 경우의 행정처분 상대방 또는 행정처분 상대방이 행정심판청구인인 경우의 제3자)는 재결의 당사자가 아니라고 하더라도 그 인용재결의 취소를 구하는 소를 제기할 수 있으나, 그 인용재결로 인하여 새로이 어떠한 권리이익도 침해받지 아니하는 자인 경우에는 그 재결의 취소를 구할 소의 이익이 없다. [2] 처분상대방이 아닌 제3자가 당초의 양식어업면허처분에 대하여는 아무런 불복조치를 취하지 않고 있다가 도지사가 그 어업면허를 취소하여 처분상대방인 면허권자가 그 어업면허취소처분의 취소를 구하는 행정심판을 제기하고 이에 재결기관인 수산청장이 그 심판청구를 인용하는 재결을 하자 비로소 그 제3자가 행정소송으로 그 인용재결을 다투고 있는 경우, 수산청장의 그 인용재결은 도지사의 어업면허취소로 인하여 상실된 면허권자의 어업면허권을 회복하여 주는 것에 불과할 뿐 인용재결로 인하여 제3자의 권리이익이 새로이 침해받는 것은 없고, 가사 그 인용재결로 인하여 그 면허권자의 어업면허가 회복됨으로써 그 제3자에 대하여 사실상 당초의 어업면허에 따른 효과와 같은 결과를 초래한다고 하더라도 이는 간접적이거나 사실적·경제적인 이해관계에 불과하므로, 그 제3자는 인용재결의 취소를 구할 소의 이익이 없다.

370) 제3자를 수반하는 행정행위에 대한 인용재결을 원처분으로 제3자가 다투는 경우에 문제된다.

371) 행정심판법 제32조 제3항. 형성재결은 취소재결, 변경재결, 처분재결이 있고, (이행)명령재결은 취소명령재결, 변경명령재결, 처분명령재결이 있다. 의무이행재결(처분재결과 처분명령재결)에 있어서 위법판단의 시점을 처분(부작위)시를 기준으로 하는 견해(처분시설)와 재결시를 기준으로 하는 견해 등의 대립이 있고, 처분재결과 처분명령재결의 관계와 관련하여 행정심판위원회의 재량에 의한 선택이 가능하다는 견해, 처분재결은 처분청만 가능하다는 견해, 원칙적으로 처분명령재결을 하고 예외적으로 처분재결해야 한다는 견해 등의 대립이 있는데 처분권과 재량권을 존중하는 차원에서 기속행위든 재량행위든 처분명령재결하는 것이 타당하다(실무관행).

372) 처분청이 취소재결에 따라 변경된 처분의 내용을 다시 관계인에게 통지하는 경우가 있는데, 이 경우의 통지는 법률적인 효력이 없는 사실행위로서의 통지에 불과하고, 처분청을 상대로 취소소송을 제기하면 각하된다.

점을 고려하면 재결을 소송의 대상으로 해야 한다. 그런데, 대법원은 '재결청이 취소심판의 청구가 이유 있다고 인정하여 처분청에게 처분을 취소할 것을 명하면, 처분청으로서는 그 재결의 취지에 따라 처분을 취소하여야 하는 것이지만, 그렇다고 하여 그 재결의 취지에 따른 취소처분이 위법할 경우, 그 취소처분의 상대방이 이를 항고소송으로 다툴 수 없는 것이 아니다.'라고 판시하여 취소명령재결과 재결에 따른 행정청의 취소처분 양자 모두를 취소소송의 대상으로 보고 있다[373].

한편, 특별법에 의하여 재결주의를 채택하고 있는 경우가 있는데, 감사원법 제40조 제2항에 의한 감사원의 변상판정에 대한 재심의판정[374], 노동조합및노동관계조정법 제85조에 의한 중앙노동위원회의 재심판정[375], 특허법 제186조, 제189조, 실용신안법 제35조, 의장법 제75조, 상표법 제86조 등에 의한 특허심판원의 심결, 지방해양안전심판원의 재결에 대한 중앙해양심판원의 제2심 재결, 대한변호사협회 변호사징계위원회의 결정에 대한 법무부 변호사징계위원회의 결정 등은 반드시 재결을 대상으로 항고소송을 제기해야 하며 원처분을 대상으로 항고소송을 제기하면 각하된다. 종전 토지수용과 관련하여 판례는 '토지수용에 관한 행정소송은 중앙토지수용위원회를 피고로 하여 그 위원회의 재결(이의신청에 대한 재결)에 대하여 제기하여야 한다(263)', '중앙토지수용위원회의 이의신청에 대한 재결이 아닌 수용재결은 행정소송의 대상이 될 수 없어 이에 대한 취소청구 부분은 부적법한 것으로서 각하해야 한다(264).', '토지수용법 제73조 내지 제75조의2 규정들을 종합하면 토지수용에 관한 행정소송에 있어서는 중앙토지수용

373) 대판 1993. 9. 28. 92누15093 취소명령재결만 존재하는 경우라면 취소명령재결에 대하여 취소소송을 제기하면 족하다. 그러나 취소명령재결과 취소처분이 동시에 존재하는 경우라면 원칙적으로 제3자에게 처분의 효력이 발생하는 취소처분이 취소소송의 대상이라고 보아야 할 것이고, 취소명령재결에 대하여 별도의 취소판결이 없더라도 판결에 저촉되는 범위 내에서 효력이 상실되고, 취소명령재결에 불가쟁력이 발생한다고 하여도 달리 볼 것이 아니다. 그러나 취소명령재결에 대하여 취소판결이 선고된 경우라면 취소명령재결의 취소로 인하여 취소처분의 효력이 상실되지 않기 때문에 행정청이 취소처분을 다시 직권취소해야 하고, 행정청이 직권취소하지 않으면 취소처분에 대한 취소소송을 제기해야 할 것이다.

374) 대판 1984. 4. 10. 84누91 감사원의 변상판정 : 감사원법 제36조, 제40조는 회계관계직원에 대한 감사원의 변상판정에 대하여 감사원에 재심의 청구를 할 수 있도록 하고, 그 재심의 판정에 대하여 감사원을 당사자로 하여 행정소송을 제기하도록 함으로써 원처분인 변상판정이 아닌 재심판정을 소송의 대상으로 하도록 하고 있다.

375) 대판 1995. 9. 15. 95누6724 노동위원회의 처분 : 노동위원회법 제26조, 제27조에 지방노동위원회나 특별위원회의 처분에 대하여 불복하고자 하는 자는 관계법령에 특별한 규정이 있는 경우를 제외하고는 지방노동위원회나 특별노동위원회가 행한 처분의 통지를 받은 날로부터 10일 이내에 중앙노동위원회에 재심을 신청하여야 하고, 중앙노동위원회의 판정에 대한 소는 중앙노동위원회 위원장을 피고로 하여 판정서정본의 송달을 받은 날로부터 15일 이내에 제기하도록 규정되어 있는바(노동조합및노동관계조정법 제85조에 같은 취지로 규정되어 있다.), 지방노동위원회 등의 원처분은 소송의 대상이 아니고, 그에 대한 행정심판재결에 해당하는 중앙노동위원회의 재심판정만이 소송의 대상이 된다고 해석된다.

위원회의 이의신청에 대한 재결에 대하여 불복이 있을 때 제기할 수 있으므로, 중앙토지수용위원회의 이의신청에 대한 재결이 아닌 중앙토지수용위원회의 수용재결은 행정소송의 대상으로 삼을 수 없다(265).'고 판시하여, 수용재결은 항고소송의 대상이 될 수 없고 중앙토지수용위원회의 이의재결만 항고소송의 대상이 될 수 있다고 보았다. 그러나 현재 공익사업을위한토지등의취득및보상에관한법률 제85조 제1항 등의 개정으로 원처분주의가 명시적으로 채택되었기 때문에 원칙적으로 수용재결이 항고소송의 대상이 되고, 이의재결은 재결 자체에 고유한 위법이 있는 경우에 한하여 항고소송의 대상이 된다. 재결주의가 채택된 경우에는 반드시 행정심판절차를 경유해야 하고(필요적 전치주의), 행정소송법 제19조 단서의 제한이 없으므로 재결취소소송에서 재결고유의 하자뿐만 아니라 원처분의 하자까지 주장할 수 있다[376]. 그리고 기각재결이 취소되면 원처분에 대한 행정심판이 부활되기 때문에 행정심판에서 판결 취지에 따라 원처분의 적법 여부 등을 다시 심리·판단해야 하고, 인용재결이 취소되면 원처분이 소급적으로 부활한다. 한편, 판례는 재결주의가 작용되는 사건에서 원처분이 당연 무효인 경우에는 재결에 대한 항고소송을 제기할 수 있을 뿐만 아니라 원처분무효확인소송도 제기할 수 있다고 판시하고 있다[377].

3. 공무원에 대한 불이익처분과 소청

소청제도란 행정기관인 소청심사위원에서 공무원의 불이익처분에 대한 법률분쟁을 심리·재결하는 구제절차를 의미하고, 소청이란 공무원인 징계처분 기타 그 의사에 반한 불이익한 처분에 대한 불복신청을 의미한다. 이때 소청제도는 행정심판의 일종이지만, 행정심판법과 달리 국가공무원법 제9–16조와 지방공무원법 제13–21조 등에서 국가공무원, 지방공무원은 불이익처분에 대하여 소청심사위원회의 심사·결정을 거치지 않으면 행정소송을 제기할 수 없도록 필

---

376) 법원도 재결의 고유한 하자뿐만 아니라 원처분의 하자까지 심리, 판단해야 한다.

377) 대판 1993. 1. 19. 91누8050(전원) 【토지수용재결처분취소】 '[1] 토지수용에 관한 중앙 또는 지방토지수용위원회의 수용재결이 그 성질에 있어 구체적으로 일정한 법률효과의 발생을 목적으로 하는 점에서 일반의 행정처분과 전혀 다를 바 없으므로 수용재결처분이 무효인 경우에는 그 재결 자체에 대한 무효확인을 소구할 수 있다. [2] 토지수용법 제73조 내지 제75조의2의 각 규정과 관련하여, 중앙 또는 지방토지수용위원회의 수용재결에 대하여 불복이 있는 자는 중앙토지수용위원회에 이의신청을 하고, 중앙토지수용위원회의 이의재결에도 불복이 있으면 수용재결이 아닌 이의재결을 대상으로 행정소송을 제기하도록 해석·적용한 것은 어디까지나 토지수용에 관한 재결이 위법 부당함을 이유로 그 취소를 소구하는 경우에 한하는 것이지, 수용재결 자체가 당연무효라 하여 그 무효확인을 구하는 경우에까지 그와 같이 해석할 수는 없다.' 토지수용이 법령 개정 전에는 재결주의가 적용되었다.

요적 전치주의를 채택하고 있다.

소청사항은 처분의 상대방인 공무원의 의사에 반한 불리한 처분이면 족하고, 구체적으로 징계처분[378](파면, 해임, 강등, 정직, 감봉, 견책)과 기타 불이익한 처분(직권면직, 의원면직, 직권정직, 의원휴직거부, 복직거부, 직위해제, 강임, 전입과 전출, 전보, 불문경고 및 임용취소, 보수감액, 호봉정정거부, 명예퇴직거부 등) 및 부작위 등[379]인데, 이때 처분과 부작위는 행정심판법에 규정된 심판의 대상인 처분과 부작위의 개념과 동일하다[380]. 통상 소청사항에 대한 심리는 ① 불이익처분에 필요한 법률요건의 포섭 여부 ② 불이익처분에 대한 재량권의 일탈·남용 여부[381] ③ 불이익처분에 필요한 절차법의 준수 여부[382] 등으로 진행되는데, 특히 징계처분이나 직권면직, 직권정

---

378) 징계사유 : 국가공무원법 78조 1항에 공무원이 재직 중 ① 국가공무원법 및 동법에 의한 명령에 위반하였을 때 ② 직무상 의무를 위반하거나 직무를 태만하였을 때 ③ 직무 내외를 불문하고 체면 또는 위신을 손상시키는 행위를 한 때 등을 징계사유로 규정하고 있다. 특히 국가공무원법 제7장 제55조-66조에 규정된 공무원의 의무 즉, 선서의무(55조), 법령준수의무와 성실의무(56조), 복종의 의무(57조), 직장이탈금지의무(58조), 친절공정의 의무(59조), 비밀엄수의 의무(60조), 청렴의 의무(61조), 외국정부의 영전수여 허가받을 의무(62조), 품위유지의 의무(63조), 영리업무 및 겸직금지의무(64조), 정치운동의 금지의무(65조), 집단행동의 금지의무(66조) 및 공직자윤리법상 재산등록·공개의무, 선물신고의무, 공직자병역사항신고법상 병역사항신고의무, 부패방지법상 부패방지, 청렴의무 등을 위반하는 행위가 징계사유에 해당된다. 징계절차 : 징계사유가 발생하면 공무원의 고의·과실을 불문하고 징계요구권자는 사유 발생일로부터 2년(금품수수, 공금횡령 3년)내에 징계위원회에 징계를 요구해야 한다. 징계위원회(제1중앙징계위원회, 제2중앙징계위원회, 보통징계위원회, 인사위원회, 특별징계위원회)가 징계혐의자의 심문 등을 거친 후 징계 여부와 정도를 결의한다. 징계권자(임용권자)가 징계위원회의 결의에 따라 징계처분사유설명서를 교부하는 방법으로 징계를 실시한다. 이러한 징계권자의 징계처분은 의결기관인 징계위원회의 결정에 기속되지만, 징계위원회의 징계 결정이 재량행위이기 때문에 법원은 징계권자의 징계처분에 대하여 재량권의 일탈·남용 여부를 심리할 수 있다.

379) 교원의 경우 재임용거부, 학과이동, 수업금지, 수업시수배제 등도 포함된다.

380) 『박윤흔, 최신 행정법 강의(하)(박영사, 2004), 239쪽』 소청을 인사행정의 개선을 위한 제도로 파악하여 소청의 대상을 행정심판의 대상인 처분과 부작위보다 넓게 해석하고 있다.

381) 대판 2010. 6. 24. 2010두3770 【면직처분무효확인】 【피고 문화체육관광부장관】 [1] 임용권자가 국가공무원 중 별정직공무원을 직권면직하는 경우 자의는 허용되지 않고 객관적이고도 합리적인 근거를 갖추어야 하지만, 별정직공무원은 특정한 업무를 담당하기 위하여 별도의 자격 기준에 따라 임용되는 공무원으로서 법령에서 별정직으로 지정하는 공무원인 점, 국가공무원법상 보수, 복무 등에 관한 일부 규정만 적용될 뿐 제70조(직권면직)의 규정이 적용되지 않는 점 등에 비추어 보면, 별정직공무원을 직권면직할 때 객관적이고도 합리적인 근거를 갖추었는지의 여부는 당해 직무를 별정직공무원에게 담당하게 한 제도의 취지, 직무의 내용과 성격, 당해 별정직공무원을 임용하게 된 임용조건과 임용과정, 직권면직에 이르게 된 사정 등을 종합적으로 고려해서 판단하여야 한다. [2] 문화체육관광부 소속 홍보자료제작과장직으로 재직하던 별정직공무원을 조직개편에 따라 직권면직한 사안에서, 임용하게 된 조건과 과정, 조직개편과 홍보체제 정비로 담당업무가 달라지고 이로 인하여 직권면직에 이르게 된 사정 등을 종합하여 볼 때, 임용권자가 행정관련 업무의 비중이 높은 홍보자료제작과장에 별정직공무원으로서 주로 간행물 제작 업무만을 담당해 온 사람보다는 행정능력을 갖춘 일반직공무원이 적합하다고 판단한 후, 문화체육관광부와 그 소속기관 직제 시행규칙을 개정하여 위 공무원을 면직시켰던 것으로 보이므로, 위 면직처분은 객관적이고도 합리적인 근거에 의하여 이루어진 것으로서 재량권을 일탈하였거나 남용하지 않았다고 본 원심판결을 수긍한 사례.

382) 대판 2012. 6. 28. 2011두20505 【징계처분취소】 【피고 서산경찰서장】 [1] 공무원징계령 제7조 제6항 제3호에 의하면, 공무원에 대한 징계의결을 요구할 때는 징계사유의 증명에 필요한 관계 자료뿐 아니라 '감경대상 공적 유무' 등이 기재된 확인서를 징계위원회에 함께 제출하여야 하고, 경찰공무원 징계양정 등에 관한 규칙 제9조 제1항 제2호 및 [별표 10]에 의하면 경찰청장의 표창을 받은 공적은 징계양정에서 감경할 수 있는 사유의 하나로 규정되어 있다. 위와 같은 관계 법령의 규정 및 기록에 비추어 보면, 징계위원회의 심의과정에 반드시 제출되어야 하는 공적(功績) 사항이 제시되지 않은 상태에서 결정한 징계처분은 징계양정이 결과적으로 적정한지 그렇지 않은지와 상관

직, 직위해제 등의 사안에서 처분사유에 적시된 사실이 국가공무원법이나 지방공무원법에 규정된 법률요건에 포섭되는지 여부가 중요 쟁점이 된다[383].

공무원은 처분사유 설명서를 받은 날 또는 처분이 있음을 안 날로부터 30일 이내 소청심사위원회에 심사를 청구해야 한다. 이때 소청심사위원회는 공무원에 따라 상이한데, 행정부 소속 국가공무원 경력직 공무원[384] 중 일반직 공무원과 일부 특정직 공무원(외무공무원, 경찰공무원, 소방공무원, 국가정보원, 대통령경호실 등)은 인사혁신처 소속 소청심사위원회에서, 나머지 일부 특정직 공무원(교원[385], 군인과 군무원[386])은 별도의 위원회에서, 지방공무원 경력직 공무원 중 지방직 교육직렬 일반직 공무원은 교육소청심사위원회에서, 나머지 일반직 공무원과 기능직 공무원 및 특정직 공무원(소방직)은 각 시·도 지방공무원 소청심사위원회에서, 입법부 소속 공무원은 국회사무처 소청심사위원회에서, 사법부 소속 공무원은 법원행정처 소청심사위원회에서, 헌법재판소 소속 공무원은 헌법재판소사무처 소청심사위원회에서, 중앙선거관리위원회 소속 공무원은 중앙선거관리위원회사무처 소청청심사위원회에서 관장한다. 소청심사위원회는 사법절차에 준하여 증거조사 등을 통하여 사건을 심리한 후 60일 이내 재적의원 2/3출석과 출석의원 과반수의 합의로 결정해야 하고, 결정은 행정심판의 재결과 동일하게 행정청을 기속한다. 한편, 소청 결과에 대하여 불복하는 경우 공무원은 법원에 행정소송을 제기할 수 있다. 이때 불복의

없이 법령이 정한 징계절차를 지키지 않은 것으로서 위법하다. [2] 경찰공무원인 갑이 관내 단란주점내에서 술에 취해 소란을 피우는 등 유흥업소 등 출입을 자제하라는 지시명령을 위반하고 경찰공무원으로서 품위유지의무를 위반하였다는 이유로 경찰서장이 징계위원회 징계 의결에 따라 갑에 대하여 견책처분을 한 사안에서, 위 징계처분은 징계위원회 심의과정에서 반드시 제출되어야 하는 공적(功績) 사항인 경찰총장 표창을 받은 공적이 기재된 확인서가 제시되지 않은 상태에서 결정한 것이므로, 징계양정이 결과적으로 적정한지와 상관없이 법령이 정한 절차를 지키지 않은 것으로서 위법하고 이와 같은 취지의 원심판단은 정당하다고 한 사례.

383) 징계처분 뿐 아니라 기타처분 중 직권면직, 직권정직, 직위해제, 강임 등도 법령에 구체적으로 처분사유가 규정되어 있다. 예컨대 직권면직 사유는 ① 폐직이나 과원이 된 경우 ② 휴직 후 미복직한 경우 ③ 직위해제, 대기명령 후 능력 또는 근무성적 향상이 어려운 경우 ④ 전직시험 3회 불합격자 중 직무수행능력이 부족한 경우 ⑤ 병역을 기피하거나 탈영한 경우 ⑥ 직무에 요구되는 자격증 효력이 상실되거나 면허가 취소된 경우 등으로 규정되어 있다(국가공무원법 제70조). 직위해제 사유는 ① 직무수행능력이 부족하거나 근무성적이 불량한 경우 ② 징계의결 요구 중인 경우 ③ 형사사건으로 기소(약식기소 제외)된 경우 등으로 규정되어 있다(국가공무원법 제73조의3 제1항). 강임 사유는 ① 직제 또는 정원의 변경이나 예산의 감소 등으로 인하여 직위가 폐지되거나 강등되어 과원이 된 경우 ② 본인의 동의가 있는 경우 등으로 규정되어 있다(국가공무원법 제73조의4 제1항). 이러한 사유가 없음에도 불구하고 불이익한 처분이 행해지면 당해 처분은 법률요건에서 포섭되지 않은 경우로서 위법이 된다. 한편, 이러한 사유가 있더라도 통상 불이익 처분이 재량행위이기 때문에 법률효과에서 재량권의 남용·일탈이 있으면 위법이 된다.

384) 국가공무원 등 특수경력직, 지방공무원 등 특수경력직은 원칙적으로 소청대상에 포함되지 않음.

385) 교원소청심사위원회

386) 장교와 준사관은 국방부 중앙군인사소청심사위원회와 항고심사위원에서, 부사관은 각군 본부의 군인사소청심사위원회와 항고심사위원회에서, 군무원은 국방부 군무원인사소청심사위원회와 항고심사위원에서 관장한다.

대상은 일반 행정심판과 동일하게 원처분이고, 소청심사위원회의 결정은 고유한 위법이 있는 경우에 한하여 항고소송의 대상이 된다. 따라서 소청심사위원회의 기각결정은 원처분을 대상으로 항고소송을 제기해야 하고, 일부취소나 변경결정은 일부취소나 변경된 원처분을 대상으로 항고소송을 제기해야 한다.

4. 사립학교 교원에 대한 징계 등의 특수성

국공립학교 교원은 공무원이기 때문에 불리한 처분에 대하여 특별행정심판절차인 소청과 행정소송을 통하여 권리를 구제받을 수 있지만, 사립학교 교원은 공무원이 아니기 때문에 원칙적으로 소청절차나 행정소송절차에 의한 권리구제의 대상이 아니다. 즉, **사립학교 교원**은 학교법인 또는 사립학교 경영자에 의하여 사법상 계약인 근로계약·고용계약에 의하여 임명되기 때문에 원칙적으로 사립학교 교원에 대한 학교법인의 불이익한 처분은 학교법인을 상대로 한 민사소송절차를 통해 구제받아야 한다. 그러나 사립학교 교원도 국공립학교 교원과 동일하게 공교육의 주체로서 공교육업무를 담당하고 있기 때문에 교원지위향상에관한특별법은 교원이라면 누구든지 **교원소청심사위원회**에 권리구제를 신청할 수 있도록 특별히 규정하고 있다. 따라서 국공립학교 교원이든 사립학교 교원이든 누구든지 소청제도를 통하여 권리구제를 받을 수 있다. 다만, 교원소청심사위원회 결정의 법적 성격에 대하여 대법원은 국공립학교 교원에 대한 교원소청심사위원회의 결정을 재결로, 사립학교 교원에 대한 교원소청심사위원회의 결정을 원처분으로 해석하고 있다. 따라서 행정소송의 대상은 행정소송법상 원처분주의에 따라 국공립학교 교원의 경우에는 학교장이나 교육감 등의 원처분이 되고, 사립학교 교원의 경우에는 교원소청심사위원회의 결정이 된다[387]. 한편, 사립학교 교원은 소청과 행정소송을 통한 권리구제 방안

387) 대판 2012두12297 교원소청심사위원회 결정의 기속력 범위 및 징계처분을 받은 사립학교 교원의 소청심사청구에 대하여 교원소청심사위원회가 징계사유 자체가 인정되지 않는다는 이유로 징계처분을 취소하는 결정을 하고, 그에 대하여 학교법인 등이 제기한 행정소송 절차에서 심리한 결과 징계사유 중 일부 사유는 인정된다고 판단되는 경우, 법원은 위원회의 결정을 취소하여야 한다. 대판 2013. 7. 25. 2012두12297 '교원소청심사위원회(이하 '위원회'라 한다)의 결정은 처분청에 대하여 기속력을 가지고 이는 그 결정의 주문에 포함된 사항뿐 아니라 그 전제가 된 요건 사실의 인정과 판단, 즉 처분 등의 구체적 위법사유에 관한 판단에까지 미친다. 따라서 위원회가 사립학교 교원의 소청심사청구를 인용하여 징계처분을 취소한 데 대하여 행정소송이 제기되지 아니하거나 그에 대하여 학교법인 등이 제기한 행정소송에서 법원이 위원회 결정의 취소를 구하는 청구를 기각하여 위원회 결정이 그대로 확정되면, 위원회 결정의 주문과 그 전제가 되는 이유에 관한 판단만이 학교법인 등 처분청을 기속하게 되고, 설령 판결 이유에서

이외 민사상 지위확인 소송을 통해 권리를 구제받을 수도 있고, 양자를 임의적으로 선택할 수도 있다.

위원회의 결정과 달리 판단된 부분이 있더라도 이는 기속력을 가질 수 없다. 그러므로 사립학교 교원이 어떠한 징계처분을 받아 위원회에 소청심사청구를 하였고, 이에 대하여 위원회가 그 징계사유 자체가 인정되지 않는다는 이유로 징계양정의 당부에 대해서는 나아가 판단하지 않은 채 징계처분을 취소하는 결정을 한 경우, 그에 대하여 학교법인 등이 제기한 행정소송 절차에서 심리한 결과 징계사유 중 일부 사유는 인정된다고 판단이 되면 법원으로서는 위원회의 결정을 취소하여야 한다. 이는 설령 인정된 징계사유를 기준으로 볼 때 당초의 징계양정이 과중한 것이어서 그 징계처분을 취소한 위원회 결정이 결론에 있어서는 타당하다고 하더라도 마찬가지이다. 위와 같이 행정소송에 있어 확정판결의 기속력은 처분 등을 취소하는 경우에 그 피고인 행정청에 대해서만 미치는 것이므로, 법원이 위원회 결정의 결론이 타당하다고 하여 학교법인 등의 청구를 기각하게 되면 결국 행정소송의 대상이 된 위원회 결정이 유효한 것으로 확정되어 학교법인 등도 이에 기속되므로, 위원회 결정의 잘못은 바로잡을 길이 없게 되고 학교법인 등도 해당 교원에 대한 적절한 재징계를 할 수 없게 되기 때문이다.'

제4편

기타 소송요건

제 1 장

원고적격

법률상 이익이 있는 자(원고적격1)

법률상 이익의 침해(원고적격2)

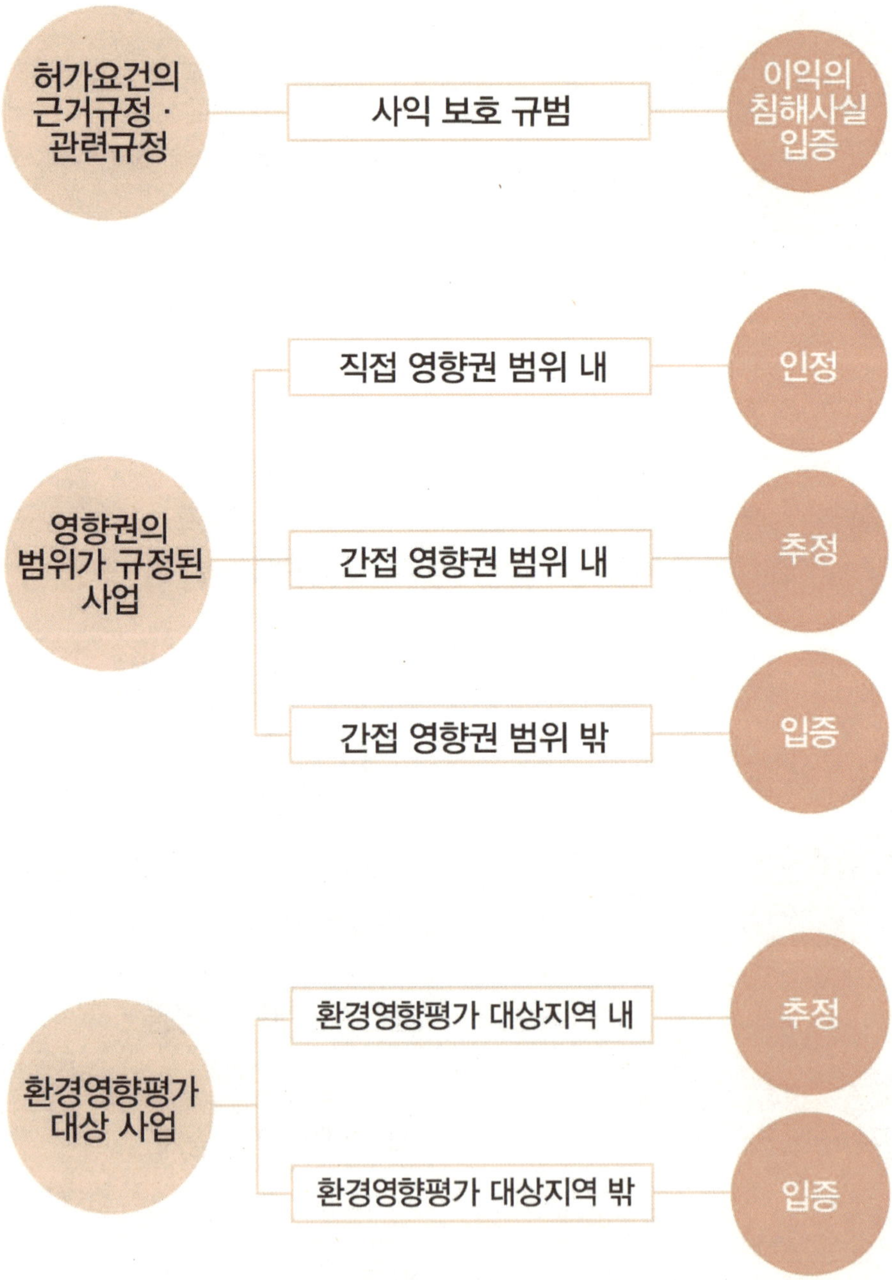

제 1 장

원고적격

1. 원고적격

> 제12조(원고적격) 취소소송은 처분등의 취소를 구할 법률상 이익이 있는 자가 제기할 수 있다.
>
> 제35조(무효등 확인소송의 원고적격) 무효등 확인소송은 처분등의 효력 유무 또는 존재 여부의 확인을 구할 법률상 이익이 있는 자가 제기할 수 있다.
>
> 제36조(부작위위법확인소송의 원고적격) 부작위위법확인소송은 처분의 신청을 한 자로서 부작위의 위법의 확인을 구할 법률상 이익이 있는 자만이 제기할 수 있다.

당사자적격이란[388] 특정한 소송사건에서 당사자로서 소송을 수행하고 본안판결을 받기에

---

388) 소송에서 주체가 될 수 있는 능력인 당사자능력과 개별·구체적 사건에서 소송을 수행하고 본안판결을 받을 수 있는 능력(자격)인 당사자적격은 구별된다. 즉, 당사자능력이란 자기의 이름으로 재판을 청구하고 또는 재판을 받을 수 있는 자격으로 소송법상의 권리능력을 의미한다. 현재 민사소송상의 당사자능력자만이 항고소송과 당사자소송의 원고가 될 수 있기 때문에 자연인·법인·비법인 사단이나 재단은 원고가 될 수 있지만, 민사소송상의 당사자능력이 없는 법인의 기관이나 행정청 등은 원고가 될 수 없기 때문에, 항고소송의 피고인 행정청은 반소를 제기할 수 없다. 항고소송의 피고적격에 관한 규정은 실체법상의 권리능력이 없는 행정청에 당사자능력을 부여한 특별규정이다. 한편, 당사자적격이란 당사자능력을 전제로 특정한 소송사건에서 당사자로서 소송을 수행하고 본안판결을 받기에 적합한 자격을 의미하고, 본안판단을 구하는 것을 정당화시킬 수 있는 이익 내지 필요, 즉 넓은 의미에서의 소의 이익 개념에 포함된다. 따라서 대결 2006. 6. 2. 2004마1148, 1149 일명 천성산 도롱뇽 사건판결은 원고적격이 아닌 당사자능력에 관한 결정이다. 대법원은 '도롱뇽이 천성산 일원에 서식하고 있는 도롱뇽목 도롱뇽과에 속하는 양서류로서 자연물인 도롱뇽 또는 그를 포함한 자연 그 자체로서 소송을 수행할 당사자능력을 인정할 수 없다.'고 한 원심의 판단을 수긍하였다.

적합한 자격을 의미하고[389], 그 중 항고소송의 원고적격이란[390] 항고소송에서 원고가 될 수 있는 자격을 의미한다. **원고적격**은 소송요건의 하나이기 때문에 법원은 당사자의 주장 여부에 상관없이 직권으로 조사한 후 원고적격이 없으면 소를 각하해야 한다[391]. 행정소송법은 제12조에서 **취소소송의 원고적격**을 '처분 등의 취소를 구할 법률상 이익이 있는 자'로 규정하고 있으며, 제35조에서 **무효등확인소송의 원고적격**을 '효력이나 존재 여부의 확인을 구할 법률상 이익이 있는 자'로 규정하고 있고, 제36조에서 **부작위위법확인소송의 원고적격**을 '처분을 신청한 자로서 부작위의 위법의 확인을 구할 법률상 이익이 있는 자'로 규정하고 있다. 이때 '… 있는 자'란, 일반적으로 권리의무의 주체인 자연인과 법인을 의미한다. 항고소송이 행정청의 처분을 다투는 소송이라는 점에서 행정주체인 국가 또는 지방자치단체에 항고소송의 원고적격이 인정되는지 여부에 대하여 논란이 있는데, 지방자치단체가 공법인으로서 자신의 권리(자치사무)를 침해받은 경우 또는 국가가 지방자치단체의 자치사무로 인하여 권리를 침해받은 경우 원고적격이 인정된다[392]고 보는 견해가 유력하다(266). 이와 관련하여 지방자치단체장이 자치사무의 처분에 대하

389) 헌법상 모든 국민은 재판을 받을 권리를 가지고 있기 때문에 법률에 특별한 규정이 없더라도 법률상 쟁송인 한 제소가 가능하여야 할 것이나 아무런 법적 가치가 없는 제소까지도 허용한다면, 법원으로서는 사건의 홍수 속에서 보호할 가치가 있는 소송조차 적정하게 심판할 수 없을 뿐만 아니라 피고도 부당하게 강요된 응소에 시달리는 폐단이 있어 이를 막기 위하여 인정된 제도이다. 당사자적격은 본안판단을 구하는 것을 정당화시킬 수 있는 이익 내지 필요, 즉 넓은 의미에서의 소의 이익 개념에 포함되는 것으로, 당사자의 측면에서 본 주관적 이익이라는 점에서 좁은 의미의 소의 이익인 권리보호의 자격과 권리보호의 필요 내지 이익과 관념상 구별된다. 그러나 양자는 서로 밀접하게 관계되어 있어 그 한계가 분명하지 아니하고, 특히 확인의 소에 있어서는 당사자적격과 권리보호의 이익이 불가분의 관계에 있다.

390) 당사자소송은 처분 등을 원인으로 하는 법률관계 기타 공법상의 법률관계에 관한 소송으로서 대등한 당사자 사이의 소송이므로 항고소송에 있어서와 같은 원고적격에 관한 제한은 없고, 일반 민사소송의 원고적격에 관한 규정이 그대로 준용된다(행정소송법 제8조 제2항). 한편, 민중소송이나 기관소송은 당사자의 권익보호를 목적으로 하는 것이 아니라 법규의 정당한 적용을 확보하려는 데 목적이 있는 것으로, 개별법에 의하여 특별한 규정이 있는 경우에 한하여 인정되는 것으로서, 개별 법률에 의하여 특별히 정한 자에 한하여 제기할 수 있다(행정소송법 제45조).

391) 대판 2007. 4. 12. 2004두7924 '행정처분의 직접 상대방이 아닌 제3자라 하더라도 당해 행정처분으로 인하여 법률상 보호되는 이익을 침해당한 경우에는 그 처분의 취소나 무효확인을 구하는 행정소송을 제기하여 그 당부의 판단을 받을 자격, 즉 원고적격이 있고, 여기에서 말하는 법률상 보호되는 이익은 당해 처분의 근거 법규 및 관련 법규에 의하여 보호되는 개별적·직접적·구체적 이익을 말하며, 원고적격은 소송요건의 하나이므로 사실심 변론종결시는 물론 상고심에서도 존속하여야 하고 이를 흠결하면 부적법한 소가 된다.'

392) 국가의 행정기관은 당사자능력이 없기 때문에 원고적격이 없다. 그리고 국가가 지방자치단체의 기관위임사무에 대하여 다투는 소송은 자신의 사무를 다투기 때문에 부적법하다.

대판 2007. 9. 20. 2005두6935 【국토이용계획변경신청거부처분취소】 【원고 대한민국, 충북대학교 총장】 【피고 충청남도 연기군수】 대법원은 '건설교통부장관은 지방자치단체의 장이 기관위임사무인 국토이용계획 사무를 처리함에 있어 자신과 의견이 다를 경우 행정협의조정위원회에 협의·조정 신청을 하여 그 협의·조정 결정에 따라 의견불일치를 해소할 수 있고, 법원에 의한 판결을 받지 않고서도 행정권한의 위임 및 위탁에 관한 규정이나 구 지방자치법에서 정하고 있는 지도·감독을 통하여 직접 지방자치단체의 장의 사무처리에 대하여 시정명령을 발하고 그 사무처리를 취소 또는 정지할 수 있으며, 지방자치단체의 장에게 기간을 정하여 직무이행명령을 하고 지방자치단체의 장이 이를 이행하지 아니할 때에는 직접 필요한 조치를 할 수도 있으므로, 국가가 국토이용계획과 관련한 지방자치

여 행정심판의 피청구인이 되어 인용재결을 받은 경우 지방자치단체장이 인용재결의 취소 또는 무효확인을 구하는 항고소송을 제기할 수 있는지 여부에 대하여 긍정설과 부정설의 대립이 있지만, 헌법재판소는 재결청의 자치사무에 대한 직접처분을 권한쟁의심판의 대상으로 보고 있다[393]. 원고적격에서는 **'법률상 이익이 있는'**이란 개념의 해석이 가장 중요한데, 이에 대하여 여러 견해의 대립이 있다.

2. 법률상 이익

법률상 이익의 의미는 취소소송의 본질을 어떻게 파악하느냐에 따라 다른데, 특히 행정처분의 직접 상대방이 아닌 제3자의 법률상 이익의 의미에 대하여 많은 이견이 있다. 즉, 행정처분의 직접 상대방이 그 처분의 취소를 구할 수 있는 점[394]에 대하여 이론이 없지만(상대방이론), 처분의 취소를 구할 수 있는 제3자의 범위에 대하여 견해의 대립이 있다. ① 권리를 침해받은 자만이 원고가 될 수 있다는 권리 구제설(권리 회복설), ② 권리뿐만 아니라 법률에 의하여 보호되는 이익을 침해받은 자도 원고가 될 수 있다는 법률상 (보호)이익(구제)설, ③ 소송법적 관점에서 실체법상 보호되고 있지 않더라도 재판상 보호할 가치가 있는 이익을 침해받은 자도 원고가 될 수 있다는 보호가치 있는 이익 구제설, ④ 개인의 이익침해 여부와는 관계없이 처분의 위법을 주장하는 모든 자에 대하여 원고적격을 인정하여야 한다는 적법성 보장설 등이 있다. 판례는 **'법률상의 이익**은 **당해 처분의 근거 법률에 의하여 보호되는 직접적이고 구체적인 이익**이 있는 경우를 말하고, 다만 공익보호의 결과로 국민 일반이 공통적으로 가지는 추상적·평균적·일반적 이익과 같이 간접

단체의 장의 기관위임사무의 처리에 관하여 지방자치단체의 장을 상대로 취소소송을 제기하는 것은 허용되지 않는다.'는 이유로 주위적 청구를 각하하고, '원고 충북대학교 총장은 원고 대한민국이 설치한 충북대학교의 대표자일 뿐 항고소송의 원고가 될 수 있는 당사자능력이 없어 부적법하다.'는 이유로 예비적 청구도 각하하였다.

393) 헌결 1999. 7. 22. 98헌라4 : 자치사무에 대하여 지방자치단체장이 인용재결에도 불구하고 이행하지 않자 재결청이 직접 직접처분한 사안으로 헌법재판소는 권한쟁의 심판의 대상이 된다고 판시하고 있다. 대판 97누15432 【지하수이용허가처분중부관취소】 【피고 건설교통부장관】 【원고 제주도지사】 지방자치단체장의 행정심판 인용재결에 대한 원고적격을 긍정하고 있다.

394) 불이익처분의 상대방을 의미하고, 수익처분의 상대방은 원고적격이 없다. 대판 1995. 5. 26. 94누7324, 대판 1995. 8. 22. 94누8129 【유람선선착선장부잔교설치공원사업시행허가처분취소】 【피고 국립공원관리공단 이사장】 [1] 행정처분에 있어서 불이익처분의 상대방은 직접 개인적 이익의 침해를 받은 자로서 원고적격이 인정되지만 수익처분의 상대방은 그의 권리나 법률상 보호되는 이익이 침해되었다고 볼 수 없으므로 달리 특별한 사정이 없는 한 취소를 구할 이익이 없다.

적·사실적·경제적 이해관계를 가지는데 불과한 경우에는 포함되지 않는다.'고 판시하여 법률상(보호)이익(구제)설을 따르고 있다[395]. 제3자 소송[396]인 경원자소송, 경쟁자소송(경업자소송), 인인소송(이웃소송) 등에서 제3자의 원고적격을 인정하는 범위는 위 견해에 따라 다르게 나타난다[397].

한편, 통설과 판례에 따른 법률상 (보호)이익(구제)설 내에서도 법률상 이익에 대한 보호규범과 피보호이익의 범위에 따라 견해가 다시 나누어진다. 보호규범에 의하여 보호되는 피보호이익의 범위에서 통상 개인의 이익으로 한정하지만, 단체의 이익을 포함시키는 소수 견해[398]가 있다. 보호규범의 범위에서 ① 처분의 근거가 되는 법률의 규정과 취지로 한정하는 견해, ② 처분의 근거법규뿐만 아니라 관계 법률의 규정과 취지까지 포함시키는 견해, ③ 근거법규와 관계법규 이외 헌법상 기본권규정까지 고려해야 한다는 견해(다수설), ④ 기타 민법이나 절차규정까지 포함시켜야 한다는 견해 등이 있다. 판례는 처분의 근거법규 및 관계법규에 의해 보호되는 개인적 이익만을 법률상 이익으로 보고 있다(267). 그리고 이러한 법률상 이익이 처분에 의해 직접 침해되고 있거나 직접 침해될 것이 확실히 예견되는 경우[399] 원고적격이 인정된다[400].

---

395) 판례는 근거법규와 관련법규에 의하여 보호되는 개별적·직접적·구체적 이익이 있는 경우를 의미하고, 일반적·간접적·추상적 이익이 있는 경우를 제외하고 있다. 법률상 이익과 대비되는 반사적 이익과 관련해서 판례는 교수임용에서 학습권 침해를 주장하는 학생(대판 93누8139)과 교권 침해를 주장하는 같은 학과 교수(대판 95누11856) 등에게 원고적격이 없다고 판시하고 있다.

396) 제3자 소송에는 처분으로 인하여 침해되는 제3자의 법률상 이익을 방어하기 위한 처분취소소송 형태의 제3자 방어소송과 제3자의 법률상 이익을 위해서 행정청에 규제권 발동을 신청하는 거부처분취소소송 형태의 제3자 요구소송이 있다. 이중 제3자 요구소송은 소송의 대상이 거부처분이고, 판례는 거부처분에서 신청권을 요구하고 있기 때문에 법률상 이익은 신청권의 존부와 밀접한 관련성이 있다. 제3자 요구소송과 관련하여 대판 1989. 5. 23. 88누8135 판결에서는 원고적격이 없다는 이유로, 대판 1999. 12. 7. 97누17568 판결에서는 신청권이 없기 때문에 대상적격이 없다는 이유로 각하하였다.

397) 소송요건의 존부는 사실심 변론 종결시를 기준으로 판단하기 때문에 원고적격 여부도 사실심 변론종결시를 기준으로 판단해야 하고, 사익보호 목적의 존부와 관련된 법률도 법규의 성립시점이 아니라 판단시점을 기준으로 해석해야 한다.

398) 단체소송과 관련하여 처분이 단체 구성원의 이익을 침해하거나 단체의 설립목적(일반적 공익)에 반하는 경우에 원고적격을 인정해야 한다는 견해가 있지만, 판례는 특별한 사정이 없는 한 원고적격을 부정하고 있다.

399) 대판 2012. 6. 28. 2010두2005 【수정지구공유수면매립목적변경승인처분무효】 【피고 경상남도지사】 재단법인 갑 수녀원이, 매립목적을 택지조성에서 조선시설용지로 변경하는 내용의 공유수면매립목적 변경 승인처분으로 인하여 법률상 보호되는 환경상 이익을 침해받았다면서 행정청을 상대로 처분의 무효 확인을 구하는 소송을 제기한 사안에서, 공유수면매립목적 변경 승인처분으로 갑 수녀원에 소속된 수녀 등이 쾌적한 환경에서 생활할 수 있는 환경상 이익을 침해받는다고 하더라도 이를 가리켜 곧바로 갑 수녀원의 법률상 이익이 침해된다고 볼 수 없고, 자연인이 아닌 갑 수녀원은 쾌적한 환경에서 생활할 수 있는 이익을 향수할 수 있는 주체가 아니므로 위 처분으로 위와 같은 생활상의 이익이 직접적으로 침해되는 관계에 있다고 볼 수도 없으며, 위 처분으로 환경에 영향을 주어 갑 수녀원이 운영하는 쨈 공장에 직접적이고 구체적인 재산적 피해가 발생한다거나 갑 수녀원이 폐쇄되고 이전해야 하는 등의 피해를 받거나 받을 우려가 있다는 점 등에 관한 증명도 부족하다는 이유로, 갑 수녀원에 처분의 무효 확인을 구할 원고적격이 없다고 한 사례.

400) 간접적이거나 추상적인 침해가 아닌 직접적·구체적 침해이어야 한다(대판 2005. 5. 12. 2004두14229 등). 따라서 법

3. 판례의 경향

가. 경원자소송

경원자소송이란 수인의 신청에 대하여 일부 신청자에게 인·허가 등 수익적 처분을 한 경우에 나머지 탈락한 자가 수익적 처분의 하자를 주장하면서 제기하는 처분취소소송이나 처분무효확인소송을 의미한다. 경원관계에서 경원자에 대한 인·허가 등 수익적 처분은 배타적 관계에 있기 때문에 자신을 위해서 타인의 인·허가 등 수익적 처분의 취소를 구할 법률상 이익이 있다[401]. 판례도 경원관계에서 처분의 상대방이 아닌 제3자가 처분의 취소를 구할 법률상 이익이 있다고 판시하고 있다[402].

인이나 비법인 사단에 대한 처분에 대하여 법인의 임원, 구성원, 대주주 및 단체구성에 대한 처분에 대한 그 소속단체 등은 원칙적으로 간접적·사실상 이해관계인에 불과하기 때문에 통상 원고적격이 인정되지 않는다. <예외적으로 대판 2004. 12. 23. 2000두2648 【부실금융기관결정등처분취소】 【피고 금융감독위원회】 [2] 일반적으로 법인의 주주는 당해 법인에 대한 행정처분에 관하여 사실상이나 간접적인 이해관계를 가질 뿐이어서 스스로 그 처분의 취소를 구할 원고적격이 없는 것이 원칙이라고 할 것이지만, 그 처분으로 인하여 궁극적으로 주식이 소각되거나 주주의 법인에 대한 권리가 소멸하는 등 주주의 지위에 중대한 영향을 초래하게 되는데도 그 처분의 성질상 당해 법인이 이를 다툴 것을 기대할 수 없고 달리 주주의 지위를 보전할 구제방법이 없는 경우에는 주주도 그 처분에 관하여 직접적이고 구체적인 법률상 이해관계를 가진다고 보이므로 그 취소를 구할 원고적격이 있다. 동지, 대판 2005. 1. 27. 2002두5313 【은행업무정지등처분무효확인】 [2] 부실금융기관의 정비를 목적으로 은행의 영업 관련 자산 중 재산적 가치가 있는 자산 대부분과 부채 등이 타에 이전됨으로써 더 이상 그 영업 전부를 행할 수 없게 되고, 은행업무정지처분 등의 효력이 유지되는 한 은행이 종전에 행하던 영업을 다시 행할 수는 없는 경우, 은행의 주주에게 당해 은행의 업무정지처분 등을 다툴 원고적격이 인정된다고 한 사례.> 또한, 채무자에 대한 처분 취소소송을 채권자가 대위해서 제기하면 각하되고, 압류부동산을 매수하거나 저당권·가등기담보권을 설정받은 자도 압류처분 취소소송을 제기하면 각하된다. 상호연대납세의무관계 있는 자에 대한 과세처분과 동업자, 수증자에 대한 증여세부과처분과 증여자, 원천징수의무자에 대한 납세고지와 원천납세의무자, 운수회사에 대한 과징금부과처분과 사실상 변상의무 있는 운전자 중앙해양심판원의 재결과 침몰선박의 부보 보험회사 등의 관계에서도 후자는 간접적 이해관계인으로서 원고적격이 없다.

401) 경원관계에서 탈락한 경원자와 자기에 대한 거부처분 취소의 원고적격과 소의이익(긍정) : 대판 2015. 10. 29. 2013두27517 【주유소운영사업자불선정처분취소】 인가·허가 등 수익적 행정처분을 신청한 여러 사람이 서로 경원관계에 있어서 한 사람에 대한 허가 등 처분이 다른 사람에 대한 불허가 등으로 귀결될 수밖에 없을 때 허가 등 처분을 받지 못한 사람은 신청에 대한 거부처분의 직접 상대방으로서 원칙적으로 자신에 대한 거부처분의 취소를 구할 원고적격이 있고, 취소판결이 확정되는 경우 판결의 직접적인 효과로 경원자에 대한 허가 등 처분이 취소되거나 효력이 소멸되는 것은 아니더라도 행정청은 취소판결의 기속력에 따라 판결에서 확인된 위법사유를 배제한 상태에서 취소판결의 원고와 경원자의 각 신청에 관하여 처분요건의 구비 여부와 우열을 다시 심사하여야 할 의무가 있으며, 재심사 결과 경원자에 대한 수익적 처분이 직권취소되고 취소판결의 원고에게 수익적 처분이 이루어질 가능성을 완전히 배제할 수는 없으므로, 특별한 사정이 없는 한 경원관계에서 허가 등 처분을 받지 못한 사람은 자신에 대한 거부처분의 취소를 구할 소의 이익이 있다.

402) 대판 1992. 5. 8. 91누13274 판결 【엘피지충전소허가처분취소】 【피고 고흥군수】 행정소송법 제12조는 취소소송은 처분 등의 취소를 구할 법률상의 이익이 있는 자가 제기할 수 있다고 규정하고 있는바, 인·허가 등의 수익적 행정처분을 신청한 수인이 서로 경쟁관계에 있어서 일방에 대한 허가 등의 처분이 타방에 대한 불허가 등으로 귀결될 수밖에 없는 때(이른바 경원관계에 있는 경우로서 동일대상지역에 대한 공유수면매립면허나 도로점용허가 혹은 일정지역에 있어서의 영업허가 등에 관하여 거리제한규정이나 업소개수제한규정 등이 있는 경우를 그 예로 들 수 있다) 허가 등의 처분을 받지 못한 자는 비록 경원자에 대하여 이루어진 허가 등 처분의 상대방이 아니라 하더라도 당해 처분의 취소를 구할 당사자적격이 있다 할 것이고, 다만 구체적인 경우에 있어서 그 처분이 취소된다 하더라도 허

나. 경쟁자소송(경업자소송)

경쟁자소송(경업자소송)이란 영업상 경쟁관계에 있는 자가 다른 영업자에 대한 처분을 다투는 소송을 의미한다. 기존업자가 신규업자에 대한 인·허가 등 수익적 처분을 다툴 수 있는 자격이 있는지 여부에 대하여 다수설과 판례는 기존업자의 권리가 특허라면 인정되지만, 허가라면 인정되지 않는다는 입장이다. 즉, 특허에 의하여 설정된 권리는 법률상 보호되는 이익이기 때문에 신규업자에 대한 새로운 특허로 인하여 기존업자의 경제적 손실 등이 초래되거나 초래될 것이 확실히 예상되는 경우 기존업자의 법률상 이익의 침해로서 원고적격을 인정한다[신규 선박운항업면허와 기존업자(268), 신규 자동차운송사업면허처분과 당해 노선의 기존업자(269), 신규 직행버스정류장설치인가처분과 인근 정류장을 운영하는 기존업자(270), 시외버스 운송사업계획변경인가처분과 노선과 운행계통의 일부가 중복되는 기존 시내버스업자[403], 직행형 시외버스에 대한 사업계획변경인가처분과 노선이 일부 중복되는 기존 고속형 시외버스업자(271), 신규 분뇨영업허가처분과 기본업자[404] 등]. 그러나 허가로 인하여 누리는 이익은 법률에서 금지함으로써

가 등의 처분을 받지 못한 불이익이 회복된다고 볼 수 없을 때에는 당해 처분의 취소를 구할 정당한 이익이 없다고 할것이다. [원심 : 광주고법 90구1563 액화석유가스의안전및사업관리법 등의 관계법령에 의하여 신규로 1개소의 액화석유가스 충전소만을 허가할 수 있는 군내에서 갑과 을이 각각 액화석유가스충전사업 허가신청을 하였다가 갑은 허가를 받았으나 을은 거부당한 경우 을로서는 갑에 대한 허가처분의 취소를 구할 법률상 이익이 있다.] 동지, 대판 98두6272 등.

403) 대판 2002. 10. 25. 2001두4450 【시외버스운송사업계획변경인가처분취소】 【피고 경상남도지사】 [3] 구 여객자동차운수사업법(2000. 1. 28. 법률 제6240호로 개정되기 전의 것) 제6조 제1항 제1호에서 '사업계획이 당해 노선 또는 사업구역의 수송수요와 수송력공급에 적합할 것'을 여객자동차운송사업의 면허기준으로 정한 것은 여객자동차운송사업에 관한 질서를 확립하고 여객자동차운송사업의 종합적인 발달을 도모하여 공공의 복리를 증진함과 동시에 업자 간의 경쟁으로 인한 경영의 불합리를 미리 방지하자는 데 그 목적이 있다 할 것이고, 한편 같은 법 제3조 제1항 제1호와 같은법시행령(1999. 7. 23. 대통령령 제16482호로 개정되기 전의 것) 제3조 제1호, 같은법시행규칙(1999. 12. 16. 건설교통부령 제223호로 개정되기 전의 것) 제7조 제3항, 제4항 등의 각 규정을 종합하여 보면, 시내버스운송사업과 시외버스운송사업은 다 같이 운행계통을 정하고 여객을 운송하는 노선여객자동차운송사업에 속하므로, 위 두 운송사업이 면허기준, 준수하여야 할 사항, 중간경유지, 기점과 종점, 운행방법, 이용요금 등에서 달리 규율된다는 사정만으로 본질적인 차이가 있다고 할 수는 없으며, 시외버스운송사업계획변경인가처분으로 인하여 기존의 시내버스운송사업자의 노선 및 운행계통과 시외버스운송사업자들의 그것들이 일부 중복되게 되고 기존업자의 수익감소가 예상된다면, 기존의 시내버스운송사업자와 시외버스운송사업자들은 경업관계에 있는 것으로 봄이 상당하다 할 것이어서 기존의 시내버스운송사업자에게 시외버스운송사업계획변경인가처분의 취소를 구할 법률상의 이익이 있다. 동지, 대판 2010. 6. 10. 2009두10512

404) 대판 2006. 7. 28. 2004두6716 【분뇨등관련영업허가처분취소】 【피고 서울특별시 은평구청장】 [1] 행정처분의 직접 상대방이 아닌 제3자라 하더라도 당해 행정처분으로 인하여 법률상 보호되는 이익을 침해당한 경우에는 그 처분의 취소나 무효 확인을 구하는 행정소송을 제기하여 그 당부의 판단을 받을 자격이 있으며, 여기에서 말하는 법률상 보호되는 이익은 당해 처분의 근거 법규 및 관련 법규에 의하여 보호되는 개별적·직접적·구체적 이익을 말한다. [2] 일반적으로 면허나 인·허가 등의 수익적 행정처분의 근거가 되는 법률이 해당 업자들 사이의 과당경쟁으로 인한 경영의 불합리를 방지하는 것도 그 목적으로 하고 있는 경우, 다른 업자에 대한 면허나 인·허가 등의 수익적 행정처분에 대하여 이미 같은 종류의 면허나 인·허가 등의 수익적 행정처분을 받아 영업을 하고 있는 기존의 업자는 경업자에 대하여 이루어진 면허나 인·허가 등 행정처분의 상대방이 아니라 하더라도 당해 행정처분의 취소를 구할 원고적격이 있다. [3] 구 오수·분뇨 및 축산폐수의 처리에 관한 법률(2002. 12. 26. 법률 제6827호로 개정되기 전의

누리는 반사적 이익이기 때문에 신규업자에 대한 새로운 허가로 인하여 기존업자의 경제적 손실 등이 초래되거나 초래될 것이 확실히 예상되는 경우 기존업자의 사실상 경제적 이익의 침해로서 원고적격을 부정한다[신규 공중목욕장 영업허가와 기존 업자(272), 신규 석탄가공업허가와 기존업자(273), 숙박업구조변경허가와 동종 숙박업자(274), 신규 양곡가공업허가와 기존업자(275), 약사에 대한 한약조제권 부여와 기존 한의사[405] 등]. 다만, 허가라도 근거법규나 관련 법규가 단순히 공익만을 보호하는 것이 아니라 기존업자의 개인적 이익까지 보호하고 있는 경우에는 예외적으로 원고적격이 인정된다[406].

다. 인인소송(이웃소송)

인인소송(이웃소송)이란 어떤 사람에 대한 처분이 이웃하는 사람에게 불이익을 초래하는 경우 이웃하는 사람이 처분을 다투는 소송을 의미한다. 판례는 최초 허가요건규정(근거규정)의 해석을 통해 당해규정이 오로지 공익만을 추구하는 것이 아니라 이웃들의 이익까지 보호하고자 하는 것으로 해석되는 경우에 원고적격을 인정하였다[407]. 최근 환경영향평가법을 근거법규 또

것)과 같은 법 시행령(2003. 7. 25. 대통령령 제18065호로 개정되기 전의 것)상 업종을 분뇨와 축산폐수 수집·운반업 및 정화조청소업으로 하여 분뇨 등 관련 영업허가를 받아 영업을 하고 있는 기존 업자의 이익이 법률상 보호되는 이익이라고 보아, 기존 업자에게 경업자에 대한 영업허가처분의 취소를 구할 원고적격이 있다고 한 사례.

405) 대판 1998. 3. 10. 97누4289【한약조제시험무효확인】【피고 국립보건원장】한의사 면허는 경찰금지를 해제하는 명령적 행위(강학상 허가)에 해당하고, 한약조제시험을 통하여 약사에게 한약조제권을 인정함으로써 한의사들의 영업상 이익이 감소되었다고 하더라도 이러한 이익은 사실상의 이익에 불과하고 약사법이나 의료법 등의 법률에 의하여 보호되는 이익이라고는 볼 수 없으므로, 한의사들이 한약조제시험을 통하여 한약조제권을 인정받은 약사들에 대한 합격처분의 무효확인을 구하는 당해 소는 원고적격이 없는 자들이 제기한 소로서 부적법하다.

406) 대판 1988. 6. 14. 87누873【영업장소이전허가처분취소】【피고 고성군수】갑이 적법한 약종상허가를 받아 허가지역내에서 약종상영업을 경영하고 있음에도 불구하고 행정관청이 구 약사법시행규칙(1969.8.13. 보건사회부령 제344호)을 위배하여 같은 약종상인 을에게 을의 영업허가지역이 아닌 갑의 영업허가지역내로 영업소를 이전하도록 허가하였다면 갑으로서는 이로 인하여 기존업자로서의 법률상 이익을 침해받았음이 분명하므로 갑에게는 행정관청의 영업소이전허가처분의 취소를 구할 법률상 이익이 있다. 대판 1981. 1. 27. 79누433【제분업허가처분취소】【피고 서울특별시장】[1] 양곡관리법등 관계법령에 양곡가공시설물 설치장소에 대한 거리제한의 규정이 없는 이상 시의 예규로써 그 거리를 제한할 수 없다. [2] 양곡가공업 허가는 경찰금지를 해제하는 명령적 행위로서 피허가자에게 독점적 재산권을 취득하게 하는 것이 아니라 간접적으로 사실상의 이익을 부여하는 것에 불과하므로 어떠한 행정처분에 의하여 이미 그 허가를 받은 자의 제분업상의 이익이 감소된다고 하더라도 이는 사실상의 반사적결과일 뿐 동인의 권리가 침해된 것은 아니므로 그 취소를 소구할 법률상 이익이 없다. <거리제한규정이 위헌·위법으로 무효이면 원고적격이 없음.>

407) 대판 1995. 9. 26. 94누14544【상수원보호구역변경처분등취소】【피고 부산광역시장】[2] 상수원보호구역 설정의 근거가 되는 수도법 제5조 제1항 및 동 시행령 제7조 제1항이 보호하고자 하는 것은 상수원의 확보와 수질보전일 뿐이고, 그 상수원에서 급수를 받고 있는 지역주민들이 가지는 상수원의 오염을 막아 양질의 급수를 받을 이익은 직접적이고 구체적으로는 보호하고 있지 않음이 명백하여 위 지역주민들이 가지는 이익은 상수원의 확보와 수질보호라는 공공의 이익이 달성됨에 따라 반사적으로 얻게 되는 이익에 불과하므로 지역주민들에 불과한 원고들에게는 위 상수원보호구역변경처분의 취소를 구할 법률상의 이익이 없다. [3] 도시계획법 제12조 제3항의 위임에 따라 제정된

는 관계법규로 보고 환경영향평가대상 지역주민들의 원고적격을 인정하고 있다[408]. 나아가 환경영향평가 대상지역 밖의 주민이라도 처분으로 인한 수인한도를 넘는 환경피해를 받거나 받을 우려가 있다는 점이 입증되면 원고적격을 인정하고 있다[409]. 대법원 2007두16217 판결에서 '상

도시계획시설기준에관한규칙 제125조 제1항이 화장장의 구조 및 설치에 관하여는 매장및묘지등에관한법률이 정하는 바에 의한다고 규정하고 있어, 도시계획의 내용이 화장장의 설치에 관한 것일 때에는 도시계획법 제12조 뿐만 아니라 매장및묘지등에관한법률 및 같은법시행령 역시 그 근거 법률이 된다고 보아야 할 것이므로, 같은법시행령 제4조 제2호가 공설화장장은 20호 이상의 인가가 밀집한 지역, 학교 또는 공중이 수시 집합하는 시설 또는 장소로부터 1,000m 이상 떨어진 곳에 설치하도록 제한을 가하고, 같은법시행령 제9조가 국민보건상 위해를 끼칠 우려가 있는 지역, 도시계획법 제17조의 규정에 의한 주거지역, 상업지역, 공업지역 및 녹지지역 안의 풍치지구 등에의 공설화장장 설치를 금지함에 의하여 보호되는 부근 주민들의 이익은 위 도시계획결정처분의 근거 법률에 의하여 보호되는 법률상 이익이다. <동지, 대판73누96 · 97, 대판83누59, 대판 90누10360, 대판 94누3964 등> [도시계획법과 건축법상 주거지역 내 연탄공장이나 공설화장장 설치처분으로 인하여 주거의 안녕과 생활환경상의 이익을 침해받을 우려가 있는 주민(대판 73누96·97, 대판 94누14544), 원자력법상 원자로설치허가처분으로 인하여 방사성물질이나 온배수로 인한 환경상 이익을 침해받을 우려가 있는 인근 주민(대판 97누19588) 등은 원고적격이 인정되었다. 그러나 도로용도폐지처분로 인하여 산책로 이용할 이익을 침해당한 인근 주민과 주택건설사업계획승인처분으로 인하여 문화재를 향유할 이익을 침해당한 주민(대판 91누13212), 산림법과 중소기업창원지원법상 산림훼손허가처분과 중소기업창원사업계획승인처분으로 인하여 농경지의 풍수해를 입을 우려가 있는 인근 주민(대판 90누10360), 공장배치및공장설립에관한법률과 산업입지및개발에관한법률상 콘크리트 제조업종의 공장입지 지정승인처분으로 인하여 공해 피해를 입게될 우려가 있는 인근 주민(대판 94누3964) 등은 원고적격이 부정되었다.]

408) 대판 1998. 4. 24. 97누3286 【공원사업시행허가처분취소】 【피고 환경부장관 외 1인】 [1] 조성면적 10만㎡ 이상이어서 환경영향평가대상사업에 해당하는 당해 국립공원 집단시설지구개발사업에 관하여 당해 변경승인 및 허가처분을 함에 있어서는 반드시 자연공원법령 및 환경영향평가법령 소정의 환경영향평가를 거쳐서 그 환경영향평가의 협의내용을 사업계획에 반영시키도록 하여야 하는 것이니 만큼 자연공원법령뿐 아니라 환경영향평가법령도 당해 변경승인 및 허가처분에 직접적인 영향을 미치는 근거 법률이 된다. [2] 환경영향평가에 관한 자연공원법령 및 환경영향평가법령의 규정들의 취지는 집단시설지구개발사업이 환경을 해치지 아니하는 방법으로 시행되도록 함으로써 집단시설지구개발사업과 관련된 환경공익을 보호하려는 데에 그치는 것이 아니라 그 사업으로 인하여 직접적이고 중대한 환경피해를 입으리라고 예상되는 환경영향평가대상지역 안의 주민들이 개발 전과 비교하여 수인한도를 넘는 환경침해를 받지 아니하고 쾌적한 환경에서 생활할 수 있는 개별적 이익까지도 이를 보호하려는 데에 있다 할 것이므로, 위 주민들이 당해 변경승인 및 허가처분과 관련하여 갖고 있는 위와 같은 환경상의 이익은 단순히 환경공익 보호의 결과로 국민일반이 공통적으로 가지게 되는 추상적·평균적·일반적인 이익에 그치지 아니하고 주민 개개인에 대하여 개별적으로 보호되는 직접적·구체적인 이익이라고 보아야 한다. [3] 당해 국립공원 용화집단시설지구개발사업으로 인하여 직접적이고 중대한 환경피해를 입으리라고 예상되는 환경영향평가대상지역 안의 주민에게 환경영향평가대상사업에 관한 변경승인 및 허가처분의 취소를 구할 원고적격이 있다고 한 사례.

409) 대판 2006. 3. 16. 2006두330 (전원) 【정부조치계획취소등】 【피고 농리부장관】 [2] 공유수면매립면허처분과 농지개량사업 시행인가처분의 근거 법규 또는 관련 법규가 되는 구 공유수면매립법(1997. 4. 10. 법률 제5337호로 개정되기 전의 것), 구 농촌근대화촉진법(1994. 12. 22. 법률 제4823호로 개정되기 전의 것), 구 환경보전법(1990. 8. 1. 법률 제4257호로 폐지), 구 환경보전법 시행령(1991. 2. 2. 대통령령 제13303호로 폐지), 구 환경정책기본법(1993. 6. 11. 법률 제4567호로 개정되기 전의 것), 구 환경정책기본법 시행령(1992. 8. 22. 대통령령 제13715호로 개정되기 전의 것)의 각 관련 규정의 취지는, 공유수면매립과 농지개량사업시행으로 인하여 직접적이고 중대한 환경피해를 입으리라고 예상되는 환경영향평가 대상지역 안의 주민들이 전과 비교하여 수인한도를 넘는 환경침해를 받지 아니하고 쾌적한 환경에서 생활할 수 있는 개별적 이익까지도 이를 보호하려는 데에 있다고 할 것이므로, 위 주민들이 공유수면매립면허처분 등과 관련하여 갖고 있는 위와 같은 환경상의 이익은 주민 개개인에 대하여 개별적으로 보호되는 직접적·구체적 이익으로서 그들에 대하여는 특단의 사정이 없는 한 환경상의 이익에 대한 침해 또는 침해우려가 있는 것으로 사실상 추정되어 공유수면매립면허처분 등의 무효확인을 구할 원고적격이 인정된다. 한편, 환경영향평가 대상지역 밖의 주민이라 할지라도 공유수면매립면허처분 등으로 인하여 그 처분 전과 비교하여 수인한도를 넘는 환경피해를 받거나 받을 우려가 있는 경우에는, 공유수면매립면허처분 등으로 인하여 환경상 이익에 대한 침해 또는 침해우려가 있다는 것을 입증함으로써 그 처분 등의 무효확인을 구할 원고적격을 인정받을 수 있다. [3] 헌법 제35조 제1항에서 정하고 있는 환경권에 관한 규정만으로는 그 권리의 주체·대상·내용·행사방법 등이 구체적으로 정립되어 있다고 볼 수 없고, 환경정책기본법 제6조도 그 규정 내용 등에 비추어 국민에게 구체적인 권리를

수원 취수장 인근 공장설립승인처분 취소소송에서 공장설립으로 수질오염 등이 발생할 우려가 있는 물금취수장에서 취수된 물을 수도관을 통해 공급받는 부산광역시 또는 양산시에 거주하는 주민들도 처분의 근거 법규 및 관련 법규에 의하여 개별적·구체적·직접적으로 보호되는 환경상 이익, 즉 법률상 보호되는 이익이 침해되거나 침해될 우려가 있는 주민이다.'라고 판시하여 원고적격을 긍정하였지만, 대법원 2009두2825 판결에서 '환경상 이익에 대한 침해 또는 침해 우려가 있는 것으로 사실상 추정되어 원고적격이 인정되는 사람에는 환경상 침해를 받으리라고 예상되는 영향권 내의 주민들을 비롯하여 그 영향권 내에서 농작물을 경작하는 등 현실적으로 환경상 이익을 향유하는 사람도 포함되지만, 단지 그 영향권 내의 건물·토지를 소유하거나 환경상 이익을 일시적으로 향유하는 데 그치는 사람은 포함되지 않는다.'라고 판시하고 있다.

라. 거부처분

판례에 따르면 제3자의 요구소송형태로 행정청의 처분을 신청한 경우에 신청권이 부정되거나 허용되지 않는 소송이라는 이유로 각하되기 때문에 거부처분에서 원고적격이 문제되지 않는다[410]. 따라서 일반적 요구소송형태에서 나타나는 거부처분은 판례상 거부처분의 대상적격에서 신청권이 요구되고, 신청권이 있는 자의 신청이 거부되면 신청권이라는 법률상 이익이 침해되기 때문에 원고적격도 인정된다[411]. 즉, 거부처분 취소소송에서 신청권 있는 자의 신청이 거부된 경우라면 특별한 사정이 없는 한 대상적격과 원고적격이 동시에 인정된다[412].

부여한 것으로 볼 수 없다는 이유로, 환경영향평가 대상지역 밖에 거주하는 주민에게 헌법상의 환경권 또는 환경정책기본법에 근거하여 공유수면매립면허처분과 농지개량사업 시행인가처분의 무효확인을 구할 원고적격이 없다고 한 사례. <동지, 대판 2009두2825 등>

410) 전게 대판 2006두330 일명, 새만금소송에서 제3자의 원고적격 문제가 신청권과 구별되어 나타났다.

411) 부작위위법확인소송의 원고적격도 동일하다.

412) 신청권을 원고적격의 문제로 보는 견해에 따르면 일반적으로 판례상 신청권이 인정되는 경우는 원고적격이 인정되는 경우가 된다.

4. 개인적 공권과의 관계

종래 개인적 공권은 공법상 법규가 국가 또는 그 밖의 행정주체에 행위의무를 부과할 것(강행규범), 관련 법규가 오로지 공익의 실현을 목표로 하는 것이 아니라 적어도 개인의 이익의 만족에도 기여하도록 정해질 것(사익보호), 규범상 보호되는 이익을 법규상 의무자에게 실현시킬 수 있는 법적 힘이 개인에게 부여될 것(소구가능성) 등 3요소가 있어야 성립된다. 이러한 실체법상 개인적 공권과 소송법상 법률상 이익의 관계에 대하여 양자를 동일하게 파악하는 견해와 법률상 이익을 개인적 공권(권리)과 법률상 보호이익을 포괄하는 개념으로 이해하는 견해 등의 대립이 있다. 전자는 개인적 공권(권리)이 반사적 이익과 구별되는 개념으로 법률상 보호이익의 다른 표현에 불과하다고 보는 입장이다. 후자는 종래 실체법상 인정되는 개인적 공권(권리)과 구별되지만 단순한 반사적 이익이라고 할 수 없는 행정소송을 통해서 구제되어야 할 법상 보호 이익이 존재한다는 입장이다. 개인적 공권 개념의 확대라는 역사적 배경에 비추어 보면 개인적 공권이란 소송법상 구제받을 수 있는 이익이기 때문에 법률상 보호이익과 별다른 차이가 없을 뿐만 아니라 원고적격과 관련하여 반사적 이익과의 구별에서 실익이 있기 때문에 전자의 견해가 타당하다. 종래 개인적 공권의 3요소 중 소구가능성은 현대 국가에서 헌법상 재판청구권이 보장되고 소송제도가 완비되면서 사실상 무익한 요소가 되었다. 그리고 행정청에 의무를 부여하는 강행규범의 존재라는 요소도 종래 행정청에 특정행위의 발령의무가 부여되어 있는 기속행위에 한하여 인정되었지만, 현재 하자 없는 재량권의 행사 의무가 부여되어 있는 재량행위에도 인정되기 때문에 모든 행정행위에 인정되면서 사실상 무익하게 되었다. 결국 개인적 공권은 3요소 중 관련 법규에 사익보호의 목적이 존재하는지 여부가 문제되는데, 관련 법규의 범위에 대하여 ① 당해 처분의 근거가 되는 법률의 규정과 취지만을 고려하는 견해, ② 당해 법률의 규정과 취지 이외 관련 법률의 규정과 취지도 고려하는 견해, ③ 나아가 헌법 기본권 규정까지 고려하는 견해 등의 대립이 있지만, 이는 원고적격에서 법률상 이익의 해석에 관한 내용과 동일하다. 결국 실체법상 개인적 공권이 인정되는 경우와 쟁송법상 원고적격이 인정되는 경우는 일치하게 된다.

5. 건축허가와 인인소송

가. 건축허가와 사용승인

건축물이란, 토지에 정착하는 공작물 중 지붕과 기둥 또는 벽이 있는 것과 이에 부수되는 시설물(이에 부수되는 시설물로서 지하 또는 고가의 공작물에 설치하는 사무소, 공연장, 점포, 차고, 창고 등)을 의미한다(276). 공작물이란, 건축물이 아닌 구조물을 의미하며 원칙적으로 건축법이 적용되지 않지만 일부 공작물의 경우 건축법에서 건축물로 취급해서 시장·군수·구청장에게 축조신고하도록 규정하고 있다(277). 건축이란, 건축물을 신축·증축·개축·재축·이전하는 것을 의미하고, 대수선이란 건축물의 주요 구조부를 증설, 해체, 수선 또는 변경하거나 건물의 외부 형태를 변경하는 것을 의미한다(278). 건축허가란 건축물의 자유로운 건축을 건축법규에 의하여 일반적으로 금지하고, 일정한 요건을 갖춘 경우에 금지를 상대적으로 해제하여 건축·대수선할 수 있도록 해 주는 명령적 행정행위를 의미한다[413]. 건축신고란 건축허가 대상 행위 중 건축법이 정하는 비교적 경미한 행위[414]에 대하여 신고함으로써 건축허가를 받은 것으로 의제되는 경우로서 자기완결적 신고·신고유보부금지의 해제를 의미하지만, 건축신고로서 개발행위허가 의제 등 건축법상 각종 인허가 의제가 수반되는 경우라면 행정청의 수리가 필요하다[415]. 건축허가는 건축허가를 받으려는 자의 허가 신청(279)과 시장·군수·구청장(280)의 허가 결정(281)으로 이루어지는데, 원칙적으로 기속행위이기 때문에 허가요건이 구비된 신청을 허가 거부할 수 없지만, 예외적으로 재량행위인 경우[416] 즉, 위락·숙박시설의 건축이 주거환경 또는 교육환경

---

413) 대판 1997. 3. 28. 96다10638 등. 건축허가는 행정관청이 건축행정상 목적을 수행하기 위하여 수허가자에게 일반적으로 행정관청의 허가 없이는 건축행위를 하여서는 안된다는 상대적 금지를 관계법규에 적합한 일정한 경우에 해제하여 줌으로써 일정한 건축행위를 하여도 좋다는 자유를 회복시켜 주는 행정처분일 뿐 수허가자에게 어떤 새로운 권리나 능력을 부여하는 것이 아니고, 건축허가서는 허가된 건물에 관한 실체적 권리의 득실변경의 공시방법이 아니며 추정력도 없으므로 건축허가서에 건축주로 기재된 자가 건물의 소유권을 취득하는 것은 아니다.

414) 건축법 제9조 제1항 바닥면적의 합계가 85㎡ 이내의 증축·개축 또는 재축 등.

415) '제2편 제1장 4. 행정행위의 종류, 나. 준법률행위적 행정행위, 4) 수리행위' 참조. 전게 대판 2010. 11. 18. 2008두167(전원), 대판 2010두14954(전원) 등

416) 기속행위라는 견해도 있지만, 판례는 예외적 재량행위설의 입장이다. 다만 법령에 규정되지 않은 단순한 공공복리 등을 이유로 건축허가를 거부할 수 없다.

대판 2003. 4. 25. 2002두3201【건축불허가처분취소】【피고 진해시장】건축허가권자는 건축허가신청이 건축법·도시계획법 등 관계 법규에서 정하는 어떠한 제한에 배치되지 않는 이상 당연히 같은 법조에서 정하는 건축허가를 하여야 하고, 중대한 공익상의 필요가 없음에도 불구하고, 요건을 갖춘 자에 대한 허가를 관계 법령에서 정하는 제한사유 이외의 사유를 들어 거부할 수는 없다.

대판 2006. 11. 9. 2006두1227 【건축허가반려처분취소】【피고 서울특별시 용산구청장】'건축허가권자는 건축

등 주변환경을 감안하여 부적합하다고 인정되는 경우라면 건축위원회의 심의를 거쳐 허가를 거부할 수 있다. 건축허가를 받은 자는 허가권자에게 착공신고를 한 후 건축시공을 하여야 하고, 건축을 완료하면 허가권자로부터 사용승인을 받아야 한다. 이때 **사용승인**이란, 건축허가를 받아 건축된 건물이 건축행정에 적합하게 건축허가사항대로 건축되었는지 여부를 확인한 후 사용검사필증(준공검사필증)을 교부하여 줌으로써 허가받은 자로 하여금 건축한 건물을 사용·수익할 수 있게 하는 법률효과를 발생시키는 행위를 의미하고[417] [418], 종전에는 '준공검사'라고 하였으며, 주택법에서는 사용검사라고 하는데, 허가받은 자의 사용승인 신청과 허가권자의 사용승인 결정으로 이루어진다.

나. 불법건축물과 인인소송

건축허가나 사용승인이 건축법규를 위반하여 이루어진 경우 또는 건축물이 건축허가 내용과 달리 건축법규를 위반하여 완공된 경우 등에 있어서 행정청이 위법 건축물에 대하여 시정명령 등 조치를 취하는 것[419]을 별론으로, 이웃주민들이 일조권 등 주거환경권의 침해를 이유로 건축허가나 사용승인 취소를 구할 수 있는지 여부가 문제된다. 제3자인 이웃주민들의 원고적격과

허가신청이 건축법 등 관계 법규에서 정하는 어떠한 제한에 배치되지 않는 이상 당연히 같은 법조에서 정하는 건축허가를 하여야 하고, 중대한 공익상의 필요가 없음에도 불구하고, 요건을 갖춘 자에 대한 허가를 관계 법령에서 정하는 제한사유 이외의 사유를 들어 거부할 수는 없다.', 대판 2004. 6. 24. 2002두3263 '구 도시계획법상의 자연녹지 지역에 위치한 토지 위에 장례식장을 신축하는 내용의 건축허가 신청을 한 경우, 장례식장에 대한 부정적인 정서와 그로 인한 공공시설의 이용 기피 등과 같은 막연한 우려나 가능성만으로 장례식장의 신축이 현저히 공공복리에 반한다고 볼 수 없다는 이유로 위 건축허가신청을 반려한 처분은 위법하다고 판단한 원심판결을 수긍하였다.' 등

417) 대판 1985. 1. 22. 84누515, 1999. 1. 26. 98두15283 등. 건물사용검사처분(준공처분)은 건축허가를 받아 건축된 건물이 건축허가사항대로 건축행정목적에 적합한가 여부를 확인하고 사용검사필증(준공검사필증)을 교부하여 줌으로써 허가받은 자로 하여금 건축한 건물을 사용·수익할 수 있게 하는 법률효과를 발생시키는 데 불과하므로, 지방자치단체장이 철거를 명하는 건물 부분이 건축허가 및 건축신고 내용과 달리 도로법상의 접도구역을 침범하여 건축된 것이라면 비록 그 건물에 대하여 준공검사가 마쳐졌다 하더라도 접도구역을 침범하여 건축된 건물 부분이 적법하게 되는 것은 아니다.

418) 대판 2009. 3. 12. 2008두18052 【건축물사용승인반려처분취소】 【서울특별시 중랑구청장】 [공보불게재] [1] 건축허가를 받게 되면 그 허가를 기초로 하여 일정한 사실관계와 법률관계를 형성하게 되므로, 수허가자가 입게 될 불이익과 건축행정상의 공익 및 제3자의 이익과 허가조건 위반의 정도를 비교·교량하여 개인적 이익을 희생시켜도 부득이하다고 인정되는 경우가 아니면 함부로 그 허가를 취소할 수 없는바, 건축주가 건축허가 내용대로 완공하였으나 건축허가 자체에 하자가 있어서 위법한 건축물이라는 이유로 허가관청이 사용승인을 거부하려면 건축허가의 취소에 있어서와 같은 조리상의 제약이 따르고, 만약 당해 건축허가를 취소할 수 없는 특별한 사정이 있는 경우라면 그 사용승인도 거부할 수 없다. [2] 건축허가 내용대로 완성한 건물에 대하여 대지의 소유·사용권을 확보하지 못하였다는 이유로 사용승인신청을 반려한 사안에서, 수허가자 등이 입게 될 불이익이 건축행정상의 공익 및 제3자의 이익 등에 비하여 지나치게 커서 건물의 사용승인신청을 반려할 수 없다고 한 사례.

419) 위법건축물에 대하여 허가권자는 ㉠ 철거 등의 시정명령을 할 수 있고, 철거명령 등을 이행하지 않는 경우 ㉡ 대집행을 하거나 ㉢ 이행강제금을 부과할 수 있고, ㉣ 관허사업의 제한을 요청할 수 있다(건축법 제79조 제80조).

관련하여 판례는 '근거법규 또는 관련법규에서 개인의 구체적 · 직접적 법률상 이익을 보호하여야 할 뿐만 아니라 나아가 처분에 의해서 구체적 · 직접적 이익을 침해당할 가능성이 있어야 한다.'고 판시하고 있다. 이에 따르면 위법으로 주장되는 건축법상 건축허가 요건 규정의 취지가 건축물의 안전 · 기능 및 미관을 향상시킴으로써 공공복리를 증진시킬 목적뿐만 아니라 인근 건물이나 토지 소유자(이웃주민) 등의 개인적 · 구체적 이익까지 보호하려는 목적이 있는 경우 이웃주민들의 원고적격이 인정된다. 건축법상 건축제한규정 중 ㉠ 일조 등의 확보를 위한 이격거리 제한규정은 이웃 주민들의 일조권 등 주거환경권을 구체적 · 직접적으로 보호하기 위한 규정으로 해석되기 때문에 원고적격이 인정된다[420) 421)]. 그러나 ㉡ 건폐율 제한 규정과 ㉢ 용적률 제한 규정은 한정된 토지를 효율적으로 이용하고 도시과밀화를 억제하여 쾌적한 생활환경을 보호하기 위한 공익규정으로서 인근 주민의 사익보호 규정으로 볼 수 없기 때문에 원고적격이 인정되지 않는다[422)]. 한편 ㉣ 최소대지 면적을 위한 대지의 분할제한 규정, 도로침식의 방지와 교통원활을 위한 건축선제한 규정 등이 인접지 거주자의 이익까지 보호하는 규정인지 여부에 대하여 견해의 대립이 있지만, 대법원이 협의의 소의 이익이 없다는 이유로 소를 각하한 점 및 재판에서 통상 원고적격을 우선적으로 판단한다는 점을 고려하면 판례는 묵시적으로 원고적격을 긍정하고 있다고 해석된다(282) [423)]. 그러나 판례는 이웃주민들이 사용승인의 위법 여부를 다투는

---

420) 대판 1992. 4. 24. 91누11131 【건축허가취소】 '건축허가가 건축법 소정의 이격거리를 두지 아니하고 건축물을 건축하도록 되어 있어 위법하다 하더라도 그 건축허가에 기하여 건축공사가 완료되었다면 그 건축허가를 받은 대지와 접한 대지의 소유자인 원고가 위 건축허가처분의 취소를 받아 이격거리를 확보할 단계는 지났으며 민사소송으로 위 건축물 등의 철거를 구하는 데 있어서도 위 처분의 취소가 필요한 것이 아니므로 원고로서는 위 처분의 취소를 구할 법률상의 이익이 없다.' 본 판결은 협의의 소의 이익에 관한 내용이지만, 건축법상 이격거리를 위하여 한 건축허가에 대한 취소를 구하는 인근주민의 원고적격에 대하여 인근 주민에게 건축허가처분의 취소를 구할 법률상의 이익이 있음을 전제로 한 판결이다. 동지, 『임영호, 환경관계법상 원고적격, 환경법, 사법연수원(2007), 299쪽』

대판 2000. 7. 6. 98두8292 【건축허가취소】 본 판결은 주택건설사업계획승인처분 취소소송에서 건축법 제53조 일조 등의 확보를 위한 건축물의 높이 제한 규정을 위반 여부를 다투는 사안에서 원고적격을 긍정한 후 본안에서 위법 여부를 판단한 판결이다.

421) 서울행정법원 2001. 3. 31. 2000구7222 등은 입주자대표회의의 원고적격을 부정하였고, 서울행정법원 2001. 3. 31. 2000구14633 등은 건축법상 상업지역에서의 건물에 관하여 일조 확보를 위한 높이제한이 없다는 이유로 원고적격을 부정하였고, 서울고법 1997. 12. 22. 97누13308 등은 소송계속 중 피해건물을 양도한 경우에는 사실심 변론종결시까지 소송요건이 구비되지 않은 경우로서 원고적격을 상실하였다고 판시하고 있다.

422) 『윤태호, 불법건축에 대한 인근 주민의 건축허가 등 취소소송에 관한 소고, 재판자료집 108호, 108쪽』 대판 2002. 6. 11. 2002두1556 건축물의 용적률을 제한하고 있는 것은 적당한 도시공간을 확보하여 과밀화를 방지함으로써 도시기능의 조화를 도모하는데 주된 목적이 있는 것이고 이로써 직접 인접지 거주자 등의 개별적 이익을 보호하려는 것은 아니므로, 이 사건 건물의 부지와 인접한 토지에 주택을 소유하고 있을 뿐인 원고로서는 가사 위 건물의 용적률이 법에서 허용하는 한도를 벗어났다고 하더라도 그러한 이유만으로 위 건물에 대한 건축허가의 취소를 구할 법률상의 이익이 있다고 할 수 없다. 동지, 대판 2002. 6. 11. 2002두1656.

423) 기타 ㉤ 건축물의 구조나 용도에 관한 규정 등은 건축물의 안전과 관련된 공익 규정으로 해석되기 때문에 원고적격

경우에 건축법상 사용승인 조항이 제3자 보호규범이 아니라는 이유로 원고적격이 없다고 판시하고 있다[424]. 마지막으로 건축허가 취소소송 등에서 원고적격이 인정되는 경우라도 건축물이 완공되었으면 판례에 따라 협의의 소의 이익이 인정되지 않기 때문에 소는 각하된다[425].

을 인정하기 곤란할 것이다. <대판 97누5602, 대판90누813>

424) 대판 1993. 11. 9. 93누13988 【건축물준공검사처분무효확인】 【피고 서울특별시 은평구청장】 [1] 건물준공처분은 건축허가를 받아 건축된 건물이 건축허가사항대로 건축행정목적에 적합한가의 여부를 확인하고 준공검사필증을 교부하여 줌으로써 허가받은 자로 하여금 건축한 건물을 사용·수익할 수 있게 하는 법률효과를 발생시키는 것에 불과하다. [2] 처분의 무효 등 확인소송이나 취소소송은 처분의 무효 등 확인이나 취소를 구할 법률상 이익이 있는 자만이 제기할 수 있다고 할 것이어서 신축한 건물이 무단증평, 이격거리위반, 베란다돌출, 무단구조변경 등 건축법에 위반하여 시공됨으로써 인접주택 소유자의 사생활과 일조권을 침해하고 있다고 하더라도, 인접건물 소유자들로서는 위 건물준공처분의 무효확인이나 취소를 구할 법률상 이익이 없다. 동지,『임영호, 환경관계법상 원고적격, 환경법(사법연수원, 2007), 302쪽』. <사용승인의 근거법률에 사익보호성이 없다는 점과 사용승인으로서 새로운 법률상 이익의 침해가 없다는 점 등>

425) 대판 2007. 4. 26. 2006두18409 【건축허가취소】 【서울특별시 서초구청장】 [공보불게재] [1] 위법한 행정처분의 취소를 구하는 소는 위법한 처분에 의하여 발생한 위법상태를 배제하여 원상으로 회복시키고 그 처분으로 침해되거나 방해받은 권리와 이익을 보호·구제하고자 하는 소송이므로 비록 그 위법한 처분을 취소한다 하더라도 원상회복이 불가능한 경우에는 그 취소를 구할 이익이 없다 할 것인바, 건축허가에 기하여 이미 건축공사를 완료하였다면 그 건축허가처분의 취소를 구할 이익이 없다 할 것이고(대판 1996. 11. 29. 96누9768 참조), 이와 같이 건축허가처분의 취소를 구할 이익이 없게 되는 것은 건축허가처분의 취소를 구하는 소를 제기하기 전에 건축공사가 완료된 경우(대판 1994. 1. 14. 93누20481 참조)뿐 아니라 소를 제기한 후 사실심 변론종결일 전에 건축공사가 완료된 경우(대판 1987. 5. 12. 87누98 참조)에도 마찬가지이다. [2] 건물 사용승인처분은 건축허가를 받아 건축된 건물이 건축허가사항대로 건축행정 목적에 적합한가 여부를 확인하고 사용승인서를 교부하여 줌으로써 허가받은 자로 하여금 건축한 건물을 사용·수익할 수 있게 하는 법률효과를 발생시키는 것에 불과하고, 건축한 건물이 인접주택 소유자의 권리를 침해하는 경우 사용승인처분이 그러한 침해까지 정당화하는 것은 아닐 뿐만 아니라, 당해 건축물을 건축하는 과정에서 인접주택 소유자가 자신의 주택에 대하여 손해를 입었다 하더라도 그러한 손해는 금전적인 배상으로 회복될 수 있고, 일조권의 침해 등 생활환경상 이익침해는 실제로 위 건물의 전부 또는 일부가 철거됨으로써 회복되거나 보호받을 수 있는 것인데, 위 건물에 대한 사용승인처분의 취소를 받는다 하더라도 그로 인하여 건축주는 위 건물을 적법하게 사용할 수 없게 되어 사용승인 이전의 상태로 돌아가게 되는 것에 그칠 뿐이고, 위반건물에 대한 시정명령을 할 것인지 여부, 그 시기 및 명령의 내용 등은 행정청의 합리적 판단에 의하여 결정되는 것이므로, 건물이 이격거리를 유지하지 못하고 있고, 건축 과정에서 인접주택 소유자에게 피해를 입혔다 하더라도 인접주택의 소유자로서는 위 건물에 대한 사용승인처분의 취소를 구할 법률상 이익이 있다고 볼 수 없다(대판 1996. 11. 29. 96누9768 등 참조).

제 2 장

피고적격 – 행정청, 공법인, 공무수탁사인, 권한의 위임·위탁·대리·내부위임 및 대행

행정주체 · 행정기관

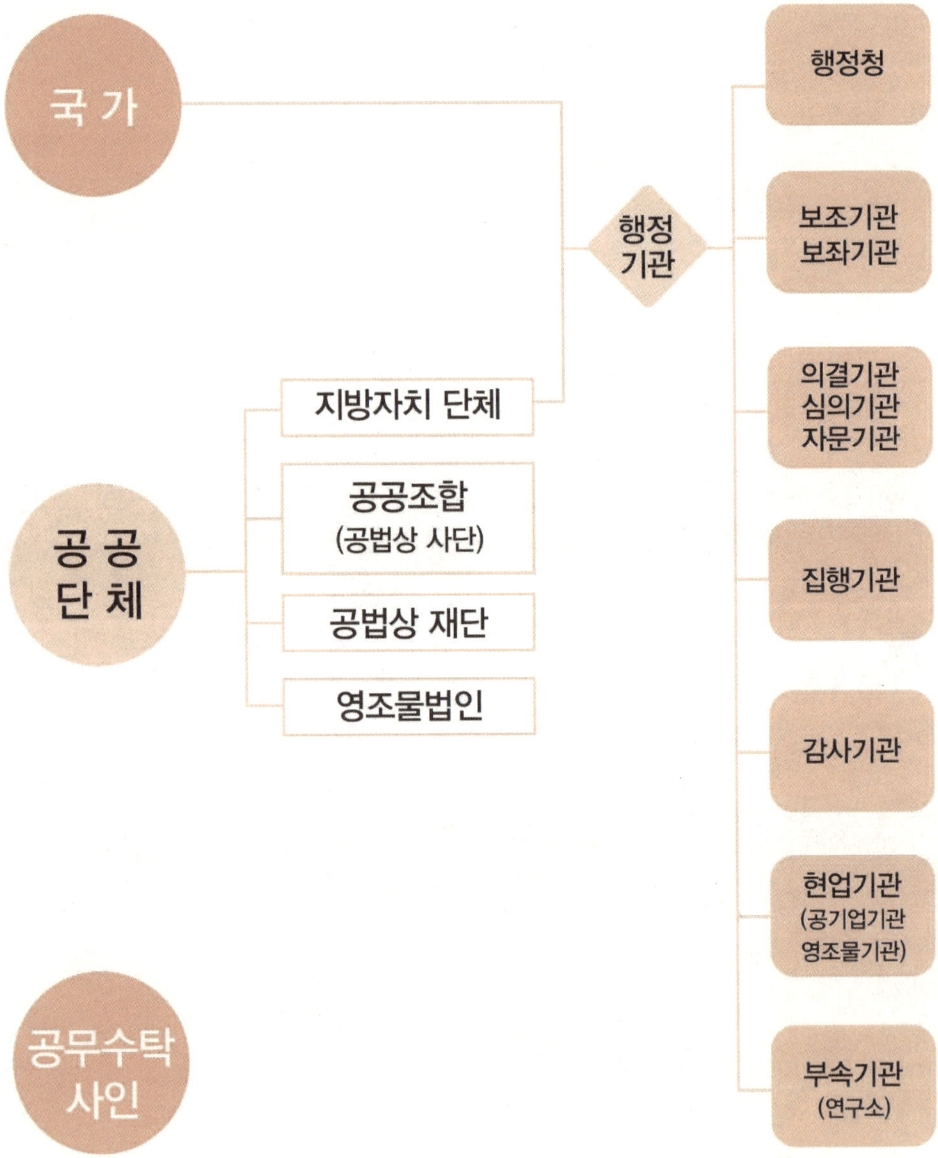
국 가
공 공
단 체
공무수탁
사인
지방자치 단체
공공조합
(공법상 사단)
공법상 재단
영조물법인
행정
기관
행정청
보조기관
보좌기관
의결기관
심의기관
자문기관
집행기관
감사기관
현업기관
(공기업기관
영조물기관)
부속기관
(연구소)

제 2 장

피고적격 – 행정청, 공법인, 공무수탁사인, 권한의 위임 · 위탁 · 대리 · 내부위임 및 대행

1. 행정주체와 행정기관

행정주체란 행정을 행할 권리와 의무를 갖고 자기 이름과 책임으로 행정을 행하는 자를 의미하고, 권리의무의 주체라는 점에서 사법상 자연인과 법인과 동일하다. 행정주체에는 국가, 지방자치단체, 공법상 법인(공공조합, 공법상 재단(283), 영조물법인), 공무수탁사인 등이 있다.

행정조직법상 행정기관이란 행정주체인 국가와 지방자치단체에서 행정권한을 행사하는 행정조직의 구성단위를 의미하고, 권리의무의 주체가 아니라는 점에서 행정주체와 차이가 난다. 행정기관에는 행정(관)청, 보조기관, 보좌기관, 참여기관[426], 집행기관, 감독기관[427], 현업기관[428], 부속기관 등이 있다.

---

426) 의결기관, 자문기관, 심의기관.

427) 감사기관.

428) 공기업기관, 영조물기관.

2. 피고적격

> 제2조(정의) ② 이 법을 적용함에 있어서 행정청에는 법령에 의하여 행정권한의 위임 또는 위탁을 받은 행정기관, 공공단체 및 그 기관 또는 사인이 포함된다.
>
> 제13조(피고적격) ① 취소소송은 다른 법률에 특별한 규정이 없는 한 그 처분등을 행한 행정청을 피고로 한다. 다만, 처분 등이 있은 뒤에 그 처분 등에 관계되는 권한이 다른 행정청에 승계된 때에는 이를 승계한 행정청을 피고로 한다.
>
> ② 제1항의 규정에 의한 행정청이 없게 된 때에는 그 처분 등에 관한 사무가 귀속되는 국가 또는 공공단체를 피고로 한다.
>
> 제38조(준용규정) ① … 제13조…의 규정은 무효등 확인소송의 경우에 준용한다.
>
> ② … 제13조…의 규정은 부작위위법확인소송의 경우에 준용한다.
>
> 제39조(피고적격) 당사자소송은 국가·공공단체 그 밖의 권리주체를 피고로 한다.

가. 의의

당사자능력은 원칙적으로 민사소송법 제51조에 따라 권리의무의 주체에 한하여 인정되고, 예외적으로 민사소송법 제52조에 따라 법인 아닌 사단이나 재단에게 인정된다[429]. **당사자적격**은 당사자능력이 있는 자 중, 소송을 수행하고 본안판단을 받기에 적합한 자에게 인정된다. 행정소송도 행정소송법 제8조 제2항(284)에 의해 민사소송법이 적용되기 때문에 원칙적으로 행정주체에게만 원고·피고가 될 수 있는 당사자능력과 당사자적격이 인정되고, 권리의무의 주체가 아닌 행정기관에게 인정되지 않는다. 그러나 행정소송법 제13조 등(285)은 소송기술상 편의를 도모하기 위하여 항고소송의 피고적격에 한하여 처분을 행한 행정청이 피고가 될 수 있도록 특별히 규정하고 있다[430]. 국가와 지방자치단체의 경우 항고소송의 피고는 행정주체인 국가와 지방자치단체가 아니라 처분에 대하여는 처분행정청, 재결에 대하여는 재결청, 거부처분과 부작위에 대하여는 국민으로부터 처분하여 줄 것을 신청받은 행정청이 피고가 된다. 하지만 항고소

---

429) 민사소송법 제51조(당사자능력·소송능력 등에 대한 원칙) 당사자능력, 소송능력, 소송무능력자의 법정대리와 소송행위에 필요한 권한의 수여는 이 법에 특별한 규정이 없으면 민법, 그 밖의 법률에 따른다. 제52조(법인이 아닌 사단 등의 당사자능력) 법인이 아닌 사단이나 재단은 대표자 또는 관리인이 있는 경우에는 그 사단이나 재단의 이름으로 당사자가 될 수 있다.

430) 행정소송법 제13조, 제38조는 피고적격뿐만 아니라 당사자능력 없는 행정청에 피고능력을 부여하고 있다는 점에서 민사소송법의 특별 규정이다.

기 때문에 통상 피고적격이 없지만[440], 예외적으로 지방의회의원에 대한 징계의결(287)이나 의장에 대한 선출(288) 및 불신임결의(289) 등에 대한 취소·무효확인을 구하는 소송에서 피고로 된다.

나. 권한의 위임 · 위탁 · 대리 · 내부위임 및 대행

법률에 의하여 주어진 행정기관의 권한은 법률상 권한자가 직접 행사하는 것이 원칙이지만, 고도화된 행정의 전문성·기술성·복잡성 및 지방자치단체와 민간의 자율성 확대 등을 원인으로 하급행정기관이나 다른 관련행정기관, 지방자치단체, 공법인, 민간법인·단체에 대폭 위임·위탁되어 있다. 이러한 권한의 위임이나 위탁이 있으면 위임행정청은 위임사무 처리에 관한 권한을 잃고 수임청의 권한이 되기 때문에 수임행정청이 위임받은 권한에 기하여 수임행정청명의로 처분해야 하고, 이 경우 당연히 수임행정청이 정당한 항고소송의 피고로 된다. 그리고 권한의 대리나 내부위임에서는 처분 권한이 이전되지 않기 때문에 대리행정청이나 수임행정청은 처분권한을 가진 원행정청의 이름[441]으로 처분해야 하고, 이 경우 원행정청이 항고소송의 피고로 된다(290). 한편, 이와 같은 방식으로 권한을 행사하지 않은 경우, 즉 권한의 위임·위탁을 받았음에도 불구하고 위임행정청 명의로 수임행정청이 처분한 경우 및 권한의 대리·내부위임임에도 불구하고 대리행정청이나 수임행정청이 자신의 명의로 처분한 경우에 외부적으로 이름이 표시된 자가 항고소송의 피고로 되고, 실체법상 정당한 권한자인지 여부는 본안판단사항일 뿐 피고적격을 정함에 있어 고려할 사항이 아니다. 판례도 '내부위임이나 대리권을 수여받는 데 불과하여 원행정청명의나 대리관계를 밝히지 아니하고는 그의 명의로 처분 등을 할 권한이 없음에도 불구하고, 행정청이 착오 등으로 권한 없이 그의 명의로 처분을 한 경우, 그 처분은 권한이 없는 자가 한 위법한 처분이 될 터이나, 이 경우 피고는 그 처분을 한 행정청이 되어야 한다.'고 판시하고 있다(291).

법령에서 규정된 권한의 '**대행**'은 여러 가지 의미로 사용되는데 첫째, 위임·위탁 유사한 형태를 대행으로 표현하는 경우[442]와 둘째, 대리 유사한 형태를 대행으로 표현하는 경

---

440) 지방의회가 의결한 조례가 자체로서 직접 국민의 권리·의무에 영향을 미쳐 항고소송의 대상이 되는 경우 피고는 조례를 공포한 지방자치단체의 장이고, 지방의회가 될 수 없다(대판 1996. 9. 20. 95누8003).

441) 예를 들면, 대통령 이름으로 처분하여 국무총리가 대리한다는 표시가 있는 경우, 서울시장의 이름으로 처분하면서 부시장이나 국장이 전결한다는 표시가 되어 있는 처분 등.

442) 대행은 위임·위탁처럼 대행기관이 자신의 명의와 책임 하에 권한을 행사하지만, 위임·위탁과 달리 법률적 효과가 마치 본래의 권한자인 행정기관이 그 대행권한을 직접 행사한 것처럼 의제되는 점에서 구별된다. 위임·위탁은 위임 위탁규정에 의하여 일반적으로 위임·위탁기관이 수임·수탁기관에 대하여 지휘·감독권을 행사할 수 있지만, 대행

우[443] 등이 있다[444]. 첫 번째 유형[445]의 대행과 관련하여 판례는 '국세징수법[446]상 세무서장은 압류한 재산의 공매에 전문지식이 필요하거나 기타 특수한 사정이 있어 직접 공매하기에 적당하지 아니하다고 인정되는 때에는 한국자산관리공사로 하여금 이를 대행하게 할 수 있으며, 이 경우의 공매는 세무서장이 한 것으로 보는바, 이에 따라 한국자산관리공사가 하는 공매의 대행은 세무서장의 단순한 대리가 아니라, 권한의 위임에 의한 것으로 보아야 하므로 자산관리공사가 압류된 재산을 공매한 경우에 그 공매처분에 대한 항고소송은 수임청으로서 실제 공매를 행한 자산관리공사를 피고로 하여야 하고, 위임청인 세무서장은 피고적격이 없다.'고 판시하고 있다[447]. 그러나 두 번째 유형의 대행[448]은 대행기관이 피대행기관의 권한을 직접 행사하고 법적

은 관련법령에서 특별히 명문규정을 두지 않는 한 본래의 권한자의 지휘·감독을 받지 않는다.

443) 행정기관이 법령상의 권한을 그 명의와 책임 하에 행사하되 권한의 행사에 따른 실무를 대행기관으로 하여금 행하게 하는 경우이다. 따라서 대행기관이 피대행기관의 권한을 직접 행사한다는 점에서 대리와 차이가 있으나, 권한행사의 법적 효과가 피대행기관이 속한 행정주체에 귀속된다는 점에서 대리와 동일하다. 그리고 대행기관이 피대행기관의 감독을 받지만 종속되지 않고 독자적으로 권한을 행사할 수 있다는 점에서 행정보조나 보조위탁과 구별된다.

444) 헌법과 다수법령에서 대행이라고 표현하고 있으나 강학상 '법정대리'인 경우이다. 예를 들면 소비자기본법 제39조(임원의 직무) ① 원장은 한국소비자원을 대표하고 한국소비자원의 업무를 총괄한다. ② 부원장은 원장을 보좌하며, 원장이 부득이한 사유로 직무를 수행할 수 없는 경우에 그 직무를 대행한다. ④ 원장·부원장이 모두 부득이한 사유로 직무를 수행할 수 없는 때에는 상임이사·비상임이사의 순으로 정관이 정하는 순서에 따라 그 직무를 대행한다.

445) 고속국도법 제6조(관리청의 업무대행) ① 국토해양부장관은 이 법과 도로법 기타 도로에 관한 법률에 규정된 고속국도에 관한 그의 권한의 일부를 대통령령이 정하는 바에 의하여 한국도로공사로 하여금 대행하게 할 수 있다. ② 한국도로공사는 제1항의 규정에 의하여 고속국도에 관한 국토해양부장관의 권한을 대행하는 경우에 그 대행하는 범위 내에서 이 법과 도로법 기타 도로에 관한 법률의 적용에 있어서는 당해 고속국도의 관리청으로 본다. ③ 국토해양부장관은 제1항의 규정에 의하여 한국도로공사로 하여금 업무를 대행하게 한 때에는 대통령령이 정하는 바에 따라 업무대행수수료를 지급할 수 있다.

446) 국세징수법 제61조에서는 세무서장은 압류한 동산·유가증권·부동산·무체재산권과 체납자에게 대위하여 받은 물건을 공매에 붙이도록 규정하고 있다. 다만, 세무서장은 압류한 재산의 공매에 전문지식이 필요하거나 기타 특수한 사정이 있어 직접 공매하기에 적당하지 아니하다고 인정되는 때에는 금융기관부실자산등의효율적처리및한국자산관리공사의설립에관한법률에 의하여 설립된 한국자산관리공사로 하여금 이를 대행하게 할 수 있으며 이 경우의 공매는 세무서장이 한 것으로 본다고 규정하고 있다. 한국자산관리공사가 압류재산의 공매를 대행하는 경우에는 '세무서장'은 '한국자산관리공사'로, '세무공무원'은 '한국자산관리공사의 직원(임원포함)'으로, '공매를 집행하는 공무원'은 '공매를 대행하는 한국자산관리공사의 직원'으로, '세무서'는 '한국자산관리공사의 본점 또는 지점'으로 각각 본다고 명시하고 있다. 세무서장은 한국자산관리공사가 공매를 대행하는 경우에는 일정한 수수료를 지급할 수 있고, 한국자산관리공사의 직원은 형법 기타 법률에 의한 벌칙의 적용에 있어서 이를 세무공무원으로 본다고 규정하고 있다.

447) 대판 1989. 10. 13. 89누1933 【제2차납세의무자지정납부통고처분등무효확인】 '성업공사는 세무서장으로부터 의뢰받은 국세압류재산의 공매에 관하여 세무서장의 지휘감독을 받지 아니하고 자기의 권한으로 공매를 할 수 있으므로 공매처분무효확인소송에 있어서 공매처분을 대행한 성업공사의 피고적격을 긍정한 것은 정당하다.' 동지, 대판 1994. 6. 14. 94누1197, 대판 1996. 9. 6. 95누12026, 1997. 2. 28. 96누1757.

448) 도로교통법 제36조(차의 견인 및 보관업무 등의 대행) ① 경찰서장 또는 시장 등은 제35조의 규정에 의하여 견인하도록 한 차의 견인·보관 및 반환 업무의 전부 또는 일부를 그에 필요한 인력·시설·장비 등 자격요건을 갖춘 법인·단체 또는 개인(법인 등)으로 하여금 대행하게 할 수 있다. ② 제1항의 규정에 의하여 차의 견인·보관 및 반환 업무를 대행하는 법인 등이 갖추어야 하는 인력·시설 및 장비 등의 요건과 그 밖에 업무의 대행에 관하여 필요한 사항은 대통령령으로 정한다. ③ 경찰서장 또는 시장 등은 제1항의 규정에 의하여 차의 견인·보관 및 반환 업무를 대행하게 하는 경우에는 그 업무의 수행에 관하여 필요한 조치와 교육을 명할 수 있다. ④ 제1항의 규정에 의하여 차의 견인·

효과가 피대행기관이 속한 행정주체에 직접 귀속된다는 점에서 피대행기관이 피고로 된다.

마지막으로 **특별법에 의한 예외**가 있는데, 국가공무원법 제16조 제2항 '제1항에 따른 행정소송을 제기할 때에는 대통령의 처분 또는 부작위의 경우에는 소속 장관(대통령령으로 정하는 기관의 장을 포함한다. 이하 같다.)을 피고로 한다.'는 규정, '중앙선거관리위원회위원장의 처분 또는 부작위의 경우에는 중앙선거관리위원회사무총장을 피고로 한다.'는 규정, 법원조직법 제70조 '대법원장이 행한 처분에 대한 행정소송의 피고는 법원행정처장으로 한다.'는 규정, 헌법재판소법 제17조 제5항 '헌법재판소장이 행한 처분에 대한 행정소송의 피고는 헌법재판소사무처장으로 한다.'는 규정 등에 의하여 피고적격이 변경되어 있다.

4. 공법상 법인과 피고적격

공적 임무를 수행하기 위해서 설치된 **공법상 법인**(공법인[449])에는 공공조합(공법상 사단), 공법상 재단, 영조물법인 등이 있다. **공공조합**이란 특정한 공행정 목적을 위해서 일정한 자[450](조합원 또는 사원)로 구성된 공법상 사단법인을 의미하고 의사회, 변호사회, 상공회의소 및 농지개량조합, 재개발정비조합, 재건축정비조합 등이 있다. **공법상 재단**이란 공공 목적을 위하여 출연된 재산을 관리하기 위하여 설립된 공법상 재단법인을 의미하고, 한국연구재단[451] 등이 있다. **영조물법인**이란 공행정 목적을 영속적으로 수행하기 위하여 설립된 인적·물적 결합체로서 법

보관 및 반환 업무를 대행하는 법인 등의 담당임원 및 직원은 「형법」 제129조 내지 제132조의 적용에 있어서는 이를 공무원으로 본다. : 양곡관리법 제24조(업무대행) 농림수산식품부장관은 정부 관리 양곡의 수출·수입·매매·저장·출납·수송 및 가공 및 양곡의 매입약정체결·선금지급 등의 업무를 효율적으로 수행하기 위하여 필요하다고 인정하는 때에는 농림수산식품부장관이 지정하는 기관으로 하여금 당해 업무를 대행하게 할 수 있다.

449) 공법인의 피고 표시는 대한주택공사 / 대표자 사장 ○○○ 등처럼 민사소송과 같이 대표자 또는 대리인을 기재함이 관례이다.

450) 공통의 직업 또는 공통의 신분 등을 가진 자를 의미한다.

451) 대판 2014. 12. 11. 2012두28704 【2단계BK21사업처분취소】 [1] 재단법인 한국연구재단이 갑 대학교 총장에게 연구개발비의 부당집행을 이유로 '해양생물유래 고부가식품·향장·한약 기초소재 개발 인력양성사업에 대한 2단계 두뇌한국(BK)21 사업' 협약을 해지하고 연구팀장 을에 대한 국가연구개발사업의 3년간 참여제한 등을 명하는 통보를 하자 을이 통보 취소를 청구한 사안에서, 을은 위 협약 해지 통보의 효력을 다툴 법률상 이익이 있다고 한 사례 [2] 재단법인 한국연구재단이 갑 대학교 총장에게 연구개발비의 부당집행을 이유로 '해양생물유래 고부가식품·향장·한약 기초소재 개발 인력양성사업에 대한 2단계 두뇌한국(BK)21 사업' 협약을 해지하고 연구팀장 을에 대한 대학자체 징계 요구 등을 통보한 사안에서, 을에 대한 대학자체 징계 요구는 항고소송의 대상이 되는 행정처분에 해당하지 않는다고 한 사례

인격이 부여된 공법상 법인을 의미하며 국립서울대학교, 서울대학교병원, 한국방송공사, 공무원연금관리공단, 국민연금관리공단, 근로복지공단, 농어촌진흥공사, 자산관리공사 등이 있다[452](292). 행정소송법 제13조와 제2조 제4항에 따라 공법인은 공공단체로서 국가나 지방자치단체의 사무를 위임받아 행하는 범위 내에서 행정청으로서 항고소송의 피고가 된다. 현행법상 행정권한을 위임받은 대상이 대표자가 아니라 공법인 자체이기 때문에 처분이 공법인의 이름으로 행하여지면 공공단체이고 공법인의 대표자나 기관이 아니라 공법인이 항고소송의 피고로 된다[453]. 그러나 공법인이 행하는 모든 행위가 행정소송의 대상이 되는 것이 아니고 법령에 의하여 행정권한의 위임 또는 위탁을 받아 행하는 행위만이 행정소송의 대상이 된다. 국가 또는 지방자치단체의 사무가 아닌 공법인의 내부행위나 법령의 근거 없이 자체적으로 행하는 권력적 성격의 행위는 항고소송의 대상이 아니라 민사소송의 대상이 된다. 따라서 행정소송법 제13조 및 제2조 제2항 '국가 또는 지방자치단체의 사무 중 법령에 의하여 행정권한의 위임 또는 위탁을 받은 공법인(공공조합)의 경우 행정청으로서 항고소송의 피고적격이 인정된다.'는 규정은 공법인의 모든 행위가 행정소송의 대상이 아니라 권한을 위임·위탁받은 행위만 행정소송의 대상이 된다는 의미를 포함한다[454]. 따라서 공법적 규율이 존재하는 공법인의 행위는 항고소송의

452) 특별법에 의하여 설립된 한국도로공사, 한국전력공사 등과 같이 사법상 경영의 방식에 의하여 공익 사업을 수행하고 있는 경우 다수설은 특별법이 존재하고 정부의 지휘·감독이 개입하는 점에 비추어 공기업으로 보고 있지만, 소수설은 주식회사에 준하는 형태를 취하는 점에 비추어 한국전력공사를 사기업으로 보고 있다.『박균성, 행정법론(상)(박영사, 2009), 78쪽』 한편, 공공기관은 '기획재정부장관이 국가·지방자치단체가 아닌 법인·단체 또는 기관'을 의미하는데, 공공기관인 영조물 법인은 공공기관의 운영에 관한 법률의 적용을 받게 된다.

453) 지방자치단체를 제외한 공법인은 공법인의 기관이 피고적격을 가지는 사례가 없다.

454) 2014. 5. 20. 개정된 행정소송법 제9조 제2항 '제1항에도 불구하고 다음 각 호의 어느 하나에 해당하는 피고에 대하여 취소소송을 제기하는 경우에는 대법원소재지를 관할하는 행정법원에 제기할 수 있다. 2. 국가의 사무를 위임 또는 위탁받은 공공단체 또는 그 장'는 신설된 규정에 의하면 서울행정법원이 국가사무를 처리하는 모든 공법인의 행정사건 관할권을 가지게 되었다. 그런데 실무상 공법인의 지역본부 또는 지사 등에서 처리한 국가사무에 대한 행정사건은 대부분 지역본부 또는 지사 소재지 관할법원에서 처리되고 있는데, 토지관할이 임의관할이기 때문에 변론관할이 발생하기 때문에 문제가 없는데, 관할 위반을 주장하는 경우에 문제가 된다. 이에 대하여 대결 2011. 8. 16. 2011무67에서 '지역본부 또는 지사 등이 권한을 위임받아 수행한 업무에 관한 처분을 소송의 대상으로 하는 경우에는 그 지점 등 소재지의 관한법원도 관한권을 가진다.'고 판시하였다. 이러한 사례에서 공법인이 피고적격을 가진다는 취지로 대결 2006. 2. 23. 2005부4에서 '[2] 대리권을 수여받은 데 불과하여 그 자신의 명의로는 행정처분을 할 권한이 없는 행정청의 경우 대리관계를 밝힘이 없이 그 자신의 명의로 행정처분을 하였다면 그에 대하여는 처분명의자인 당해 행정청이 항고소송의 피고가 되어야 하는 것이 원칙이지만, 비록 대리관계를 명시적으로 밝히지는 아니하였다 하더라도 처분명의자가 피대리 행정청 산하의 행정기관으로서 실제로 피대리 행정청으로부터 대리권한을 수여받아 피대리 행정청을 대리한다는 의사로 행정처분을 하였고 처분명의자는 물론 그 상대방도 그 행정처분이 피대리 행정청을 대리하여 한 것임을 알고서 이를 받아들인 예외적인 경우에는 피대리 행정청이 피고가 되어야 한다. [3] 근로복지공단의 이사장으로부터 보험료의 부과 등에 관한 대리권을 수여받은 지역본부장이 대리의 취지를 명시적으로 표시하지 않고서 산재보험료 부과처분을 한 경우, 그러한 관행이 약 10년간 계속되어 왔고, 실무상 근로복지공단을 상대로 산재보험료 부과처분에 대한 항고소송을 제기하여 온 점 등에 비추어 지역본부장은 물론 그 상대방등도 근로복지공단과 지역본부장의 대리관계를 알고 받아들였다는 이유로, 위 부과처분에 대한 항고소송의 피고적

대상이 됨과 동시에 공법인이 항고소송의 피고적격을 가지지만, 공법적 규율이 존재하지 않는 공법인의 행위는 사법상 행위에 불과하기 때문에 항고소송은 대상적격이 없어 각하된다[455].

5. 공무수탁사인과 피고적격

공무수탁사인이란, 법률이나 법률에 근거한 행위로 특정한 공적 임무를 자기의 이름으로 수행하도록 권한을 위임받은 사인을 의미한다. 지식과학교육부장관으로부터 교원자격검증과 교원자격 등의 수여 · 재교부 등의 권한을 위탁받은 사립의 대학, 전문대학 및 이에 준하는 각종 학교의 장, 경찰권이 부여된 비행기의 기장과 선박의 선장, 민영교도소 등의 설치운영에 관한 법률에 의하여 교정업무를 수행하는 교정법인 또는 교도소장, 별정우체국의 지정을 받아 체신업무를 수행하는 사인, 공승사무를 수행하는 공증인[456], 공공사업의 시행자로서 토지수용권을 행

격이 근로복지공단에 있다.'고 판시하고 있다.

455) 공법인의 행위 중 국가 또는 지방자치단체의 사무 중 행정권한의 위임 · 위탁을 받은 행위는 행정소송의 대상이 됨과 동시에 피고적격도 인정되지만, 그렇지 않은 행위는 대상적격이 인정되지 않을 뿐만 아니라 피고적격도 인정되지 않는다. 예컨대, 공무원연금공단의 학자금 대부의 경우 공무원연금공단은 공무원의 생활안정에 도움을 주고자 공무원연금기금을 재원으로 '연금대부'를 실시하고, 공무원 본인 및 자녀의 학자금 지원을 위하여 국가 및 지방 자치단체의 재원을 바탕으로 '학자금 대부'를 실시하고 있다. 그 중에서 학자금 대부는 공무원연금법 제72조, 같은 법 시행령 제72조에 따라 국가 또는 지방자치단체의 부담금을 대부재원으로 하여 공무원연금법 적용대상인 현직 공무원 본인과 그 자녀에 대하여 국내 및 해외 대학의 등록금을 무이자로 대부해 주는 것이다.
학자금 대부는 공무원이나 그 자녀의 대학 등록금이 대상이 되고, 여기서 대학이라 함은 학위과정이 인정된 학교이어야 하는데, 해외 등록금을 대부받는 경우 세계 각국의 학제는 우리나라의 그것과 일치하지 않는 관계로 그 대학이 대부대상 학교에 해당하는지 문제되는 경우가 많다. 그리고 대부를 신청하는 공무원의 공단에 대한 채무액이 당해 등록금을 포함하여 퇴직(연금)일시금을 초과하는 경우에는 대부를 받을 수 없고, 또 퇴직(연금)일시금의 1/2를 초과하면 연대보증인을 세워야 한다. 이와 같은 대부대상이 아니거나 대부제한 대장자인 경우에는 착오대부액으로서 소정의 연체료를 가산하여 그 대부액을 일시에 상환하도록 하고 있다.
이와 같은 학자금 대부는 비록 공무원연금법에 근거하여 이루어지고 있지만, 그 법률적 성질은 그 용어가 대부로 되어 있는 점, 대부액의 상환에 대한 강제징수의 규정이 없는 점 등에 비추어 사법상의 소비대차에 해당한다고 볼 것이다. 이렇게 보면, 연금취급기관의 대부 결정은 행정처분이 아니라 소비대차계약의 청약에 대한 승낙이고, 착오대부액의 환수조치도 행정처분이 아니라 사법상의 대부액 상환청구에 해당한다고 볼 것이다. 따라서 학자금대부의 거부행위나 착오대부액 환수고지는 행정처분이 아니므로 항고소송의 대상이 될 수 없다.

456) 대판 2012. 6. 14. 2010두19720 【공정증서무효등확인】 【피고 법무법인 성실】 행정소송 제도는 행정청의 위법한 처분, 그 밖에 공권력의 행사·불행사 등으로 인한 국민의 권리 또는 이익의 침해를 구제하고 공법상 권리관계 또는 법률 적용에 관한 다툼을 적정하게 해결함을 목적으로 하는 것이므로, 항고소송의 대상이 되는 행정처분에 해당하는지는 행위의 성질·효과 이외에 행정소송 제도의 목적이나 사법권에 의한 국민의 권익보호 기능도 충분히 고려하여 합목적적으로 판단해야 한다. 이러한 행정소송 제도의 목적 및 기능 등에 비추어 볼 때, 행정청이 한 행위가 단지 사인 간 법률관계의 존부를 공적으로 증명하는 공증행위에 불과하여 그 효력을 둘러싼 분쟁의 해결이 사법원리에 맡겨져 있거나 행위의 근거 법률에서 행정소송 이외의 다른 절차에 의하여 불복할 것을 예정하고 있는 경우에는 항고소송의 대상이 될 수 없다고 보는 것이 타당하다.

사하는 기업자 또는 공공사업의 시행자로서의 사인 등이 이에 속한다. 일반적 근거법으로 정부조직법 제6조 제3항, 지방자치법 제104조 제3항 등이 있고, 개별적 근거법으로 여객자동차운수사업법, 선원법 등이 있다. 위탁의 대상과 관련하여 국가임무가 위임될 뿐이라는 견해(임무설)와 국가의 법적 권한이 이전된다는 견해(법적 지위설[457]) 등의 대립이 있다. 법적 지위와 관련하여 행정주체가 아닌 행정기관에 불과하기 때문에 국가배상의 주체는 공무수탁사인이 아니라 국가 또는 지방자치단체라는 견해(행정기관설)와 독립된 행정주체일 뿐만 아니라 국가배상의 주체[458]라는 견해(행정주체설[459]) 등의 대립이 있다. 다수설에 따르면 국가와 공무수탁사인의 관계는 공법상 위임관계로서 공법관계이고, 공무수탁사인과 국민의 관계에서 위임·위탁받은 권한의 범위 내에서 공법관계가 된다. 따라서 행정소송법 제13조 및 제2조 제2항 '국가 또는 지방자치단체의 사무 중 법령에 의하여 행정권한의 위임 또는 위탁을 받은 사인의 경우 행정청으로서 항고소송의 피고적격이 인정된다.'는 규정은 공무수탁사인의 행위 중 권한을 위임·위탁받은 행위만 행정소송의 대상이 됨을 의미한다. 따라서 공무수탁된 행위는 항고소송의 대상이 됨과 동시에 공무수탁사인이 항고소송의 피고적격을 가지지만, 공무수탁되지 않은 공무수탁사인의 행위는 사법상 행위에 불과하기 때문에 항고소송은 대상적격이 없어 각하된다.

6. 피고의 변경

가. 의의

피고의 변경이란, 소송계속 중 종래 피고를 대신하여 또는 추가로 새로운 피고가 소송에 가입하는 현상을 의미한다[460]. 피고의 변경은 피고의 동일성이 바뀌기 때문에 당사자의 동일성이 바뀌지 않는 범위 내에서 당사자의 표시만을 정정하는 당사자 표시정정과 구별된다. 피고의 변경에는 소송계속 중 분쟁 주체의 지위가 제3자에게 이전됨에 따라 새롭게 주체가 된 제3자가 피

---

457) 다수설.

458) 다만, 현행 국가배상법이 국가배상의 주체를 '국가와 지방자치단체'로 한정하여 규정하고 있기 때문에 현실적으로 민사상 손해배상 소송을 제기해야 한다.

459) 다수설.

460) 당사자의 변경이라 함은 당사자인 원고, 피고의 변경을 포함하는 개념이다.

고로 되어 소송을 속행하는 소송승계(권한청 변경으로 인한 피고경정) 및 분쟁 주체의 지위의 변경과 상관없이 새롭게 제3자가 소송에 가입하는 임의적 피고의 변경(피고경정)이 있다[461].

나. 권한청의 변경으로 인한 피고경정

권리의무주체인 국가와 지방자치단체가 아니라 행정기관인 행정청이 항고소송의 피고적격을 가지기 때문에 당사자 사이의 승계가 아닌 항고소송의 특유의 소송승계 제도이다[462]. 처분에 대한 항고소송 제기 후 당해 처분 등에 관계되는 권한이 다른 행정청에 승계된 때에는 권한을 승계한 행정청으로 피고를 경정해야 한다(293). 권한을 승계할 행정청이 없는 때에는 당해 처분 등에 관한 사무가 귀속되는 국가 또는 공공단체로 경정해야 한다(294).

다. 잘못 지정한 피고의 경정

> 14조(피고경정) ① 원고가 피고를 잘못 지정한 때에는 법원은 원고의 신청에 의하여 결정으로써 피고의 경정을 허가할 수 있다.
> ② 법원은 제1항의 규정에 의한 결정의 정본을 새로운 피고에게 송달하여야 한다.
> ③ 제1항의 규정에 의한 신청을 각하하는 결정에 대하여는 즉시항고할 수 있다.
> ④ 제1항의 규정에 의한 결정이 있은 때에는 새로운 피고에 대한 소송은 처음에 소를 제기한 때에 제기된 것으로 본다.
> ⑤ 제1항의 규정에 의한 결정이 있은 때에는 종전의 피고에 대한 소송은 취하된 것으로 본다.
> ⑥ 취소소송이 제기된 후에 제13조제1항 단서 또는 제13조제2항에 해당하는 사유가 생긴 때에는 법원은 당사자의 신청 또는 직권에 의하여 피고를 경정한다. 이 경우에는 제4항 및 제5항의 규정을 준용한다.
> <준용규정 : 제38조 ① 무효등확인소송, 제38조 ② 부작위위법확인소송, 제44조 ① 당사자소송>

1) 의의

행정소송의 형태에 따라 피고적격자가 다를 뿐만 아니라 항고소송의 피고적격자는 권리의무의 주체가 아닌 행정청이기 때문에 행정조직의 복잡성으로 인하여 피고를 잘못 지정할 위험성

---

461) 원고의 소송승계는 민사소송법 준용에 의한 포괄승계와 특정승계가 있으며, 임의적 원고의 변경은 원칙적으로 허용되지 않는다.

462) 항고소송 이외 당사자소송에서 권한청의 변경으로 인한 피고경정이 인정되는데, 이는 민사소송상 계쟁물의 양도에 의한 승계의 특수형태로 볼 수 있다.

이 높다. 피고가 잘못 지정된 경우 피고경정을 허용하지 않으면 취소소송처럼 단기 제소기간 등의 제한 등이 있는 경우 권리구제를 받을 수 없게 된다. 이에 행정소송법은 제14조 등[463]에서 민사소송보다 넓게 피고경정을 허용하고 있다[464].

2) 요건

요건은 ① 피고가 잘못 지정되었고[465] ② 사실심 계속 중이면 족하다[466]. 원고의 고의·과실이 없을 것을 요하지 않기 때문에 피고 지정에 원고의 고의나 중과실이 있는 경우에도 피고경정이 허용된다. 신·구 피고의 동의를 요하지 않기 때문에 변론 후에도 기존 피고의 동의[467] 없이 피고경정이 가능하고, 새로운 피고의 동의도 불필요하다. 한편, 신청에 의한 피고경정에서 새로운 피고가 정당한 피고여야 하는지 여부 및 법원에 심사의 권한이 있는지 여부에 관하여 견해의 대립이 있지만, 다수설에 따르면 피고를 정하는 것은 원칙적으로 원고의 권한 및 책임이기 때문에 새로운 피고가 정당한 피고적격자인지 여부와 상관없이 법원은 피고경정을 허가할 수 있다.

3) 절차

가) 신청 : 피고경정은 원고의 신청에 의한다[468]. 신청은 구술 또는 서면으로 가능하고, 구술

---

463) 취소소송 이외의 다른 항고소송이나 당사자소송, 객관적 소송에도 준용된다(행정소송법 제38조, 제44조, 제46조).

464) 피고경정에 관한 민사소송과 행정소송의 주된 차이점은 민사소송의 경우에는 피고가 본안에서 준비서면을 진술하거나, 준비절차에서 진술하거나 변론을 한 후에는 그의 동의가 있는 경우에 한하여 피고경정이 가능한 반면, 행정소송의 경우에는 그러한 제한이 없으며, 민사소송의 경우에는 서면에 의한 신청을 요하나 행정소송에 있어서는 구두신청도 가능하다는 점이다.

465) 피고적격은 소송요건으로 법원의 입장에서 객관적으로 판단할 사항이기 때문에 원고가 피고를 잘못 지정하였음을 이유로 피고경정신청을 하더라도 법원이 원래의 피고가 정당하다고 생각되면 피고경정신청을 배척할 것이다(누구를 피고로 할 것인지는 원고의 권한 및 책임이라는 이유로 피고의 지정이 잘못되어 있지 않음에도 원고가 잘못되었다고 주장하고 경정을 신청할 경우 법원은 이를 거부할 수 없다는 반대 견해도 있다.).

466) 민사소송법은 제1심 계속 중에만 피고의 경정이 허용됨이 명시되어 있는데 비하여, 행정소송법에는 민사소송법과는 달리 제한이 없으므로 행정소송에서의 피고경정이 항소심에서도 가능한지 여부가 문제인바, 피고의 심급이익보호는 민사소송이나 행정소송이나 다르지 않다는 이유 등으로 피고경정이 제1심에서만 허용되고 항소심에서는 허용될 수 없다는 견해도 있으나, 행정소송에서는 제소기간의 제한 등으로 말미암아 피고경정의 필요성이 민사소송에 비하여 높음에 비추어 볼 때, 행정소송법에 명시적으로 제1심에 한정한다는 규정이 없는 이상, 항소심에서의 피고경정도 허용된다고 봄이 상당하다. 대결 2006. 2. 23. 2005부4

467) 피고경정은 구 피고에 대한 소취하의 성질을 가지므로, 민사소송에 있어서는 피고가 본안에서 준비서면을 제출하거나 준비절차에서 진술하거나 변론을 한 후에는 그의 동의가 있는 경우에 한하여 피고경정이 가능하다(민사소송법 제234조의2).

468) 행정소송법 제14조 제1항. 직권에 의하여 할 수 없다는 점에서 권한청의 변경으로 인한 피고경정과 다르다.

에 의할 경우 법원사무관 등의 면전에서 진술하여 그 취지를 조서에 기재한 후 법원사무관 등이 서명날인한다.

나) **법원의 결정** : 법원은 피고경정요건을 심리한 후 피고경정의 요건이 인정되면 피고경정 허가결정을 해야 하고(295), 인정되지 않으면 각하결정을 해야 한다(296). 각하결정은 적절한 방법으로 신청인에게만 고지하면 되지만, 경정허가결정은 결정서에 의해서 당사자 쌍방과 새로운 피고에게 그 정본을 송달해야 한다(297).

다) **불복** : 각하결정에 대하여는 신청인이 즉시항고 할 수 있다(298). 경정허가결정에 대하여 기존 피고는 특별항고로서 불복할 수 있고[469], 새로운 피고는 독립해서 다툴 수 없으며 본안에서 피고적격 여부를 다투어야 한다[470].

4) 피고경정허가결정의 효과

가) 피고경정허가결정이 있으면 새로운 피고에 대한 소송은 처음에 제기한 때에 제기한 것으로 간주된다(299). 제소기간을 준수하지 아니함으로 인한 불이익 등을 배제하기 위한 것이다.

나) 민사소송과 달리 피고의 동의 없이 종전 피고에 대한 소송은 취하된다. 허가법원이 신소에 대한 관할권을 상실하면 관할법원으로 이송해야 한다. 한편 종전의 소송자료는 당연히 새로운 피고에 승계되어 효력이 있다는 설, 피고경정이 동일 행정주체 내 기관 상호간에 이루어진 경우에만 당연히 승계된다는 설, 당사자의 원용이 필요하다는 설 등의 대립이 있는데, 새로운 피고가 종전 피고의 소송행위에 구속될 이유가 없으므로 당사자의 원용이 필요하다고 해석된다.

5) 법원의 피고경정 촉구 석명의무

원고가 피고의 지정을 잘못하였을 경우 법원은 석명권을 행사하여 원고로 하여금 이를 시정할 기회를 주어야 한다[471]. 만일 그러한 기회를 주지 않고 바로 소를 각하하면 위법하다(300).

---

469) 행정소송법 제8조 제2항에 의하여 준용되는 민사소송법 499조에 의한 특별항고가 허용될 뿐이다(대결 1994. 6. 29. 93두48).

470) 특별항고의 대상이 되지 않는다(대결 1994. 6. 29. 93프3).

471) 대판 2016. 10. 13. 2016다221658
행정소송법상 당사자소송에서 원고가 피고를 잘못 지정한 때에는 법원은 원고의 신청에 의하여 결정으로써 피고의

라. 소의 변경에 수반되는 피고경정

항고소송 상호간, 항고소송과 당사자소송 상호간 등 소송형태를 변경하는 소의 변경에 수반하는 피고변경이 허용된다(301). 한편, 청구의 기초에 변경이 없는 범위 내에서 청구취지 및 원인을 변경하는 민사소송법 235조의 준용에 의한 소의 변경에 있어서 피고경정까지 가능한지 여부에 대하여 논란이 있지만, 청구취지 등의 변경과 동시에 또는 청구취지 등을 변경한 후 피고 지정의 잘못을 이유로 행정소송법 14조의 규정에 따라 법원의 허가를 받아 피고경정이 가능하다[472].

경정을 허가할 수 있으므로, 원고가 피고를 잘못 지정한 것으로 보이는 경우 법원으로서는 마땅히 석명권을 행사하여 원고로 하여금 정당한 피고로 경정하게 하여 소송을 진행하도록 하여야 한다.

472) 예를 들면, 징계위원회를 피고로 하여 징계의결의 취소를 구하다가 징계처분의 취소를 구하는 것으로 청구취지를 변경함과 아울러 징계처분권자로 피고를 변경하는 경우 또는 원처분주의에 반하여 재결청을 상대로 재결의 취소를 구하다가 취소의 대상을 원처분으로 바꾼 뒤 피고를 원처분청으로 경정하는 경우.

제 3 장

협의의 소의 이익, 제소기간, 행정심판전치주의

협의의 소의 이익

기준

- 위법한 처분의 효력이 기간의 경과 등의 사유로 소멸된 경우
- 처분의 집행 등으로 인하여 취소판결을 통한 원상회복이 불가능한 경우
- 처분 후 사정 변경으로 권익침해 상태가 해소된 경우

예외

- 처분 등의 효과가 기관의 경과, 처분의 집행, 그 밖의 사유로 인하여 소멸된 뒤에도 그 처분 등의 취소로 인하여 회복되는 법률상 이익이 있는 경우
- 제재적 행정처분의 전력이 후행 제재처분의 가중요건이 되도록 법률에 규정되어 있는 경우

특수한 형태

- 인가처분 취소소송에서의 소의 이익
- 무효 등 확인소송에서의 소의 이익
- 재결 취소소송에서의 소의 이익

제소기간

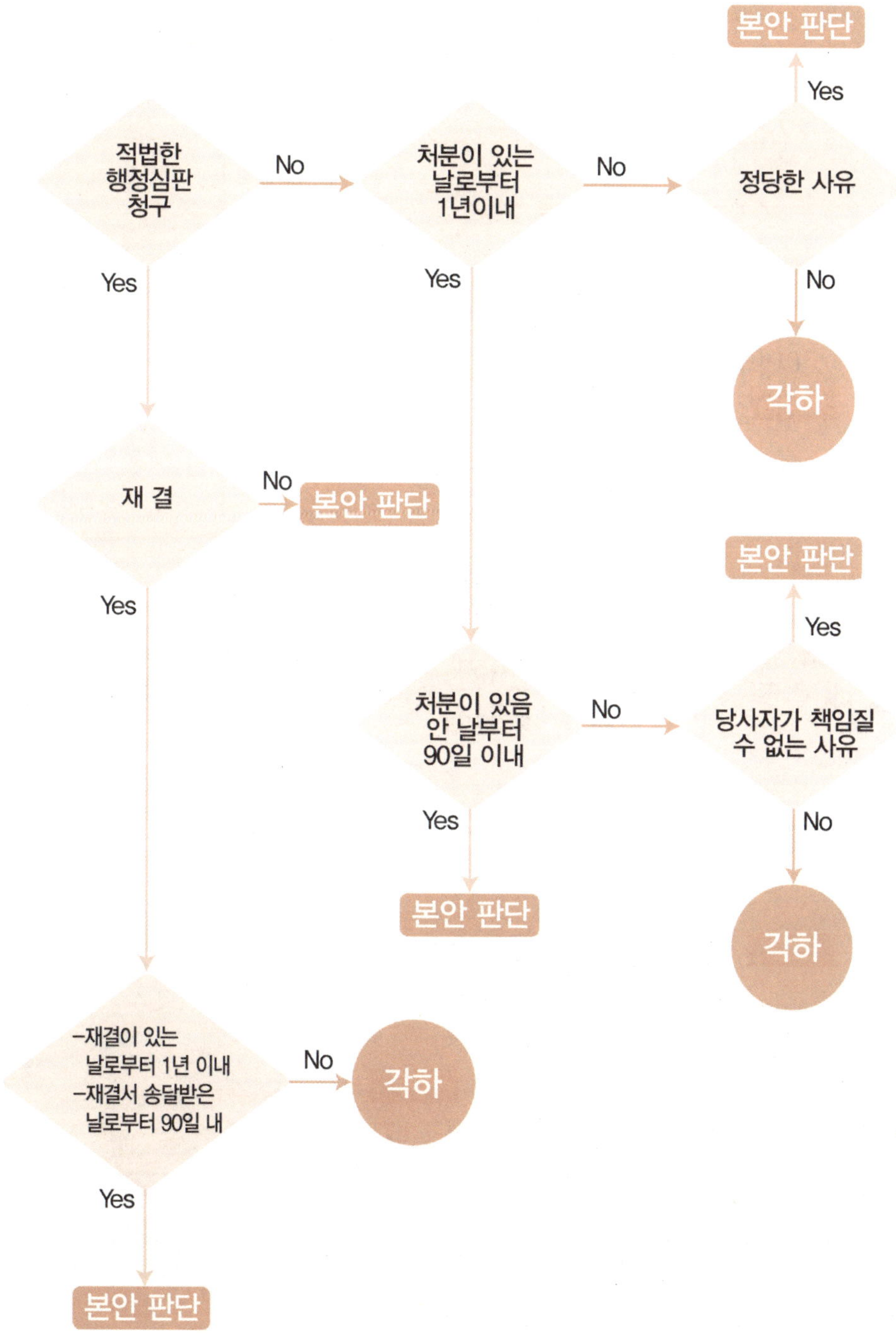
적법한 행정심판 청구
No
처분이 있는 날로부터 1년이내
No
정당한 사유
Yes
본안 판단
No
각하
Yes
재 결
No
본안 판단
Yes
처분이 있음 안 날부터 90일 이내
No
당사자가 책임질 수 없는 사유
Yes
본안 판단
No
각하
Yes
본안 판단
-재결이 있는 날로부터 1년 이내
-재결서 송달받은 날로부터 90일 내
No
각하
Yes
본안 판단

국세 소송(필요적 전치주의)

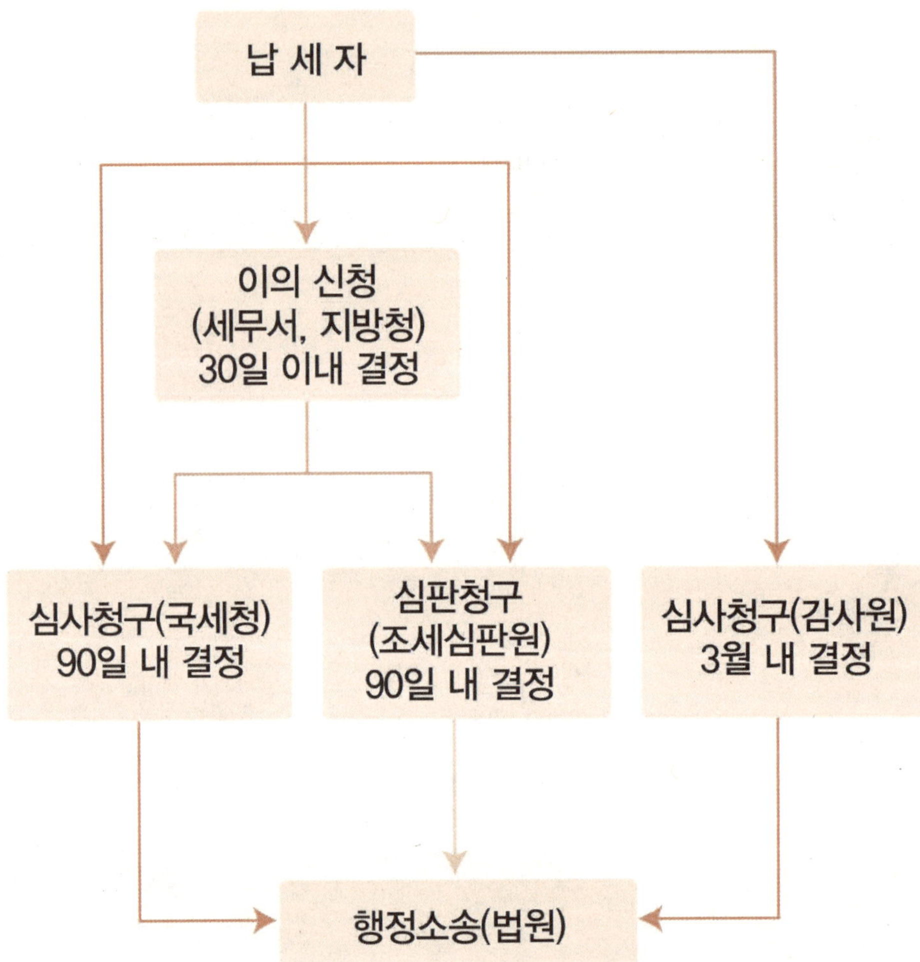

1) 처분이 있음을 안 날로부터 90일 내 청구

2) 결정의 통지를 받은 날로부터 90일 내 청구

지방세 소송(임의적 전치주의)

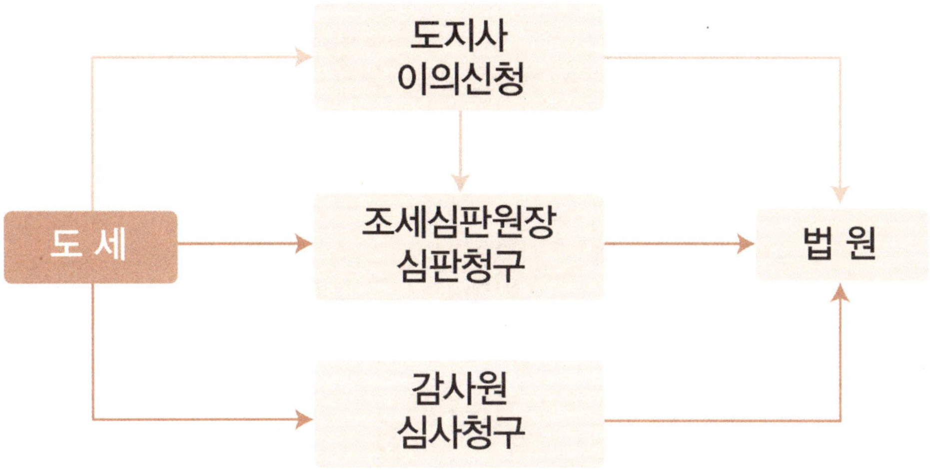

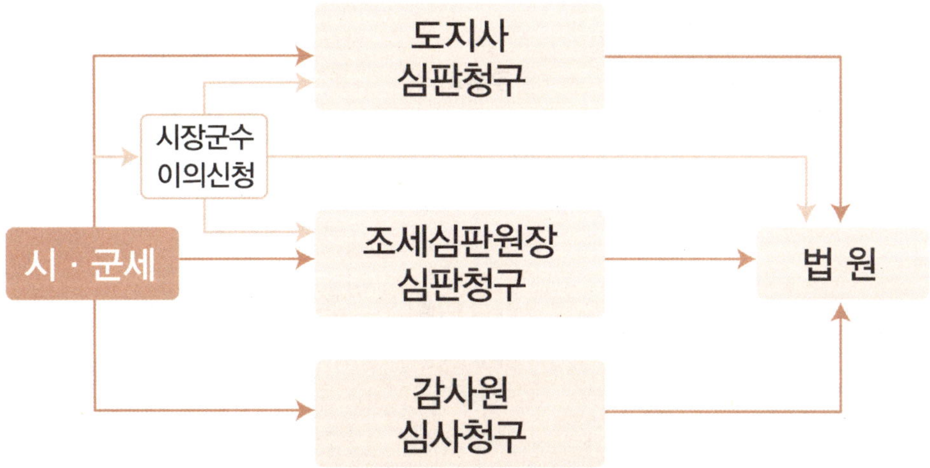

1) 처분이 있음을 안 날로부터 90일 내 청구
2) 임의적 전치 절차

사회보험 · 연금 불복절차

2002두6811 : 제소기간

재결주의(부당해고 및 부당노동행위 구제절차)

피해 당사자

3개월 이내 구제 신청

지방 노동 위원회

불복시 10일 이내 재심신청

중앙 노동 위원회

불복시 15일 이내 행정소송

행정 소송

사 유

① 사용자가 근로자의 단결권, 단체교섭권 · 단체행동권을 침해하거나 이를 이유로 노동조합이나 근로자에게 해고 등 기타 불이익 처분을 한 경우(노조법 제81조)

② 사용자가 정당한 이유없이 해고 · 휴직 · 정직 · 전직 · 감봉 · 기타 징벌을 한 때(근기법제23조)

긴급이행명령(노조법 제85조제5항)

사용자가 중노위의 부당노동행위 구제명령을 이행하지 않고 행정소송을 제기한 경우, 관할법원은 중노위의 신청에 의하여 판결이 확정될 때까지 중노위 구제 명령의 전부 또는 일부를 이행하도록 명령 할 수 있음

제 3 장

협의의 소의 이익, 제소기간, 행정심판전치주의

1. 협의의 소의 이익

> 제12조(원고적격) … 처분 등의 효과가 기간의 경과, 처분 등의 집행 그 밖의 사유로 인하여 소멸된 뒤에도 그 처분 등의 취소로 인하여 회복되는 법률상 이익이 있는 자의 경우에는 또한 같다.

가. 의의

협의의 소의 이익(권리보호의 필요, 이하 소의 이익이라 함)이란 구체적 사안에 있어서 처분에 대한 취소 또는 무효 등을 판단해야 할 구체적 현실적 필요성을 의미하기 때문에 '판단의 구체적 이익 내지 필요성'이라고 부르기도 하고, 원고적격에서 말하는 법률상 이익을 실제적으로 보호할 필요성을 의미하기 때문에 '권리보호의 필요'라고 부르기도 한다. 이러한 소의 이익은 민사소송과 마찬가지로 행정소송에서도 소송요건의 하나이고, 직권조사사항이기 때문에 당사자의 이의가 없더라도 직권으로 조사하여 그 흠결이 밝혀지면 소를 부적법 각하하여야 한다. 사실심 변론종결시는 물론 상고심에서도 존속하여야 하며, 상고심 계속 중 소의 이익이 없어지면 부적법한 소가 되어 직권 각하사유가 된다(302).

나. 근거

국민의 재판청구권을 제한하는 소의 이익이라는 소송요건은 유용성 없는 재판의 청구, 과도한 재판 청구가 금지되어야 한다는 소송경제의 원칙과 신의성실의 원칙에 뿌리를 둔 소권 남용 금지의 원칙에서 발생되었다. 행정소송법 제12조 후문 '처분 등의 효과가 기간의 경과, 처분 등의 집행 그 밖의 사유로 인하여 소멸된 뒤에도 그 처분 등의 취소로 인하여 회복되는 법률상 이익이 있는 자의 경우에는 또한 같다.'는 규정과 관련하여 원고적격에 관한 규정으로 보는 견해(입법상 비과오설, 소수설)와 협의의 소의의 이익에 관한 규정으로 보는 견해(입법상 과오설, 다수설) 등의 대립이 있다. 소수설에 따르면 행정소송법 제12조 후문은 처분의 효력이 소멸된 뒤에도 처분의 존재로 발생한 법적 불이익을 제거하기 위한 처분의 위법성을 확인하는 소송(독일의 계속확인소송)을 규정한 조항이고, 소의 이익은 판례와 학설에 의해서 인정된다. 이에 반하여 다수설에 따르면 행정소송법 제12조 후문은 소의 이익에 대한 규정이고, 이때의 법률상 이익은 원고적격에 말하는 법률상 이익뿐만 아니라 부수적 이익을 포함한다. 다만 부수적 이익의 범위와 관련하여 정신적 이익을 포함한다는 견해, 명예·신용 등의 이익을 포함한다는 견해, 법률상 이익에 한정된다는 견해 등의 대립이 있지만, 판례는 '당해 처분의 근거 법률에 의하여 보호되는 직접적·구체적 이익을 의미하고 간접적·사실적·경제적 이익을 포함하지 않는다.'고 판시하고 있다(303). 어느 견해를 따르든 소의 이익이 소송요건으로서 필요하다는 점에서는 차이가 없다.

다. 판단 기준

일반적으로 원고적격 있는 자가 제기한 소송은 원칙적으로 소의 이익이 인정되지만, 취소판결로 인하여 실현되는 이익이 없는 예외적인 경우에 한하여 소의 이익이 부정된다. 즉, 소의 이익은 추상적 이익이 아닌 소송에 의해서 보호되는 현실적 이익을 의미하고, 취소소송은 위법한 처분 등에 의하여 발생한 위법상태를 배제하여 원상으로 회복시키고 처분으로 침해되거나 방해받은 권리와 이익을 구제하고자 하는 소송이기 때문에 처분 등의 효력이 존속하고 있어야 되고 취소로써 원상회복이 가능해야 소의 이익이 인정된다. 따라서 ① 위법한 처분의 효력이 기간의 경과 등의 사유로 인하여 소멸된 경우[제재적 행정처분 취소소송 계속 중 그 효력기간이 경과한 경우, 원자로부자시전승인처분 취소소송 계속 중 원자로건설허가처분과 같이 다단계 행정행위에서 후행처분이 존재하는 경우(304) 등] ② 처분의 집행 등으로 인하여 취소판결을 통한 원상회복이 불가능하거나 실효성이 없는 경우[대집행계고처분 취소소송 중 철거처분이 완료된 경우(305)(대집행비용납부명령 취소소송은 가능함(306)), 폐업처분 무효확인소송에서 폐업을 위한 조례가 공포되어 의료원이 청산된 경우473) 건축허가나 사용승인처분 취소소송 계속 중 건축공사가 완료된 경우474), 공유수면점용허가취소처분 취소소송 계속 중 점용허가의 유효기간이 만료된 경우(307), 농수산물도매법인지정취소처분 취소소송 계속 중 도매법인지정의 유효기간이 만료된 경우(308), 토석채취허가취소처분 취소소송 계속 중 토석채취 허가 기간이 만료된 경우(309), 광업권취소처분 취소소송 계속 중 광업권 존속기간이 만료된 경우(310), 채광계획인가신청 반려처분 취소소송 계속 중 광업권취소가 유효하게 확정된 경우(311), 불이익처분 취소소송 계속 중 직권취소·철회로 처분의 효력이 소멸된 경우475) 등] ③ 처분 후 사정변경으로 권익침해 상태가

---

473) 대판 2016. 8. 30. 2015두60617 【폐업처분무효확인등】
도지사가 도에서 설치 · 운영하는 을 지방의료원을 폐업하겠다는 결정을 발표하고 그에 따라 폐업을 위한 일련의 조치가 이루어진 후 지방의료원을 해산한다는 내용의 조례를 공포하고 지방의료원의 청산절차가 마쳐진 사안에서, 지방의료원의 설립 · 통합 · 해산은 지방자치단체의 조례로 결정할 사항이므로, 도가 설치 · 운영하는 을 지방의료원의 폐업·해산은 도의 조례로 결정할 사항인 점 등을 종합하면, 도지사의 폐업결정은 행정청이 행하는 구체적 사실에 관한 법집행으로서의 공권력 행사로서 입원환자들과 소속 직원들의 권리 · 의무에 직접 영향을 미치는 것이므로 항고소송의 대상에 해당하지만, 폐업결정 후 을 지방의료원을 해산한다는 내용의 조례가 제정·시행되었고 조례가 무효라고 볼 사정도 없어 지방의료원을 폐업 전의 상태로 되돌리는 원상회복은 불가능하므로 법원이 폐업결정을 취소하더라도 단지 폐업결정이 위법함을 확인하는 의미밖에 없고, 폐업결정의 취소로 회복할 수 있는 다른 권리나 이익이 남아있다고 보기도 어려우므로, 도지사의 폐업결정이 법적으로 권한 없는 자에 의하여 이루어진 것으로서 위법하더라도 취소를 구할 소의 이익을 인정하기 어렵다고 한 사례.

474) 대판 1994. 1. 14. 93누20481 【건축사용검사허가처분취소】 【피고 서울특별시 성북구청장】 [1] 위법한 행정처분의 취소를 구하는 소는 위법한 처분에 의하여 발생한 위법 상태를 배제하여 원상으로 회복시키고 그 처분으로 침해되거나 방해받은 권리와 이익을 보호 구제하고자 하는 소송이므로 비록 그 위법한 처분을 취소한다 하더라도 원상회복이 불가능한 경우에는 그 취소를 구할 이익이 없다. [2] 건축허가가 건축법 소정의 최소대지면적 제한규정을 어긴 것으로서 위법하다 하더라도, 그 건축허가에 기하여 건축공사가 완료되었다면 인접대지의 소유자가 위 건축허가처분의 취소를 받아 위 최소대지면적 제한규정에 맞게 시정할 단계는 지났으며, 위 건축물의 철거를 구하는 데 있어서도 위 건축허가처분의 취소가 필요한 것이 아니므로 인접대지 소유자로서는 위 건축허가처분의 취소를 구할 법률상 이익이 없다. [3] 건물 사용검사처분(준공처분)은 건축허가를 받아 건축된 건물이 건축허가사항대로 건축행정목적에 적합한가 여부를 확인하고 사용검사필증을 교부하여 줌으로써 허가 받은 자로 하여금 건축한 건물을 사용, 수익할 수 있게 하는 법률효과를 발생시키는 것에 불과하고, 건축한 건물이 인접주택 소유자의 권리를 침해하는 경우 사용검사처분이 그러한 침해까지 정당화하는 것은 아닐 뿐만 아니라, 당해 건축물을 건축하는 과정에서 인접주택 소유자가 자신의 주택에 대하여 손해를 입었다 하더라도 그러한 손해는 금전적인 배상으로 회복될 수 있고, 일조권의 침해 등 생활환경상 이익침해는 실제로 위 건물의 전부 또는 일부가 철거됨으로써 회복되거나 보호받을 수 있는 것인데, 위 건물에 대한 사용검사처분의 취소를 받는다 하더라도 그로 인하여 건축주는 그 건물을 적법하게 사용할 수 없게 되어 사용검사 이전의 상태로 돌아가게 되는 것에 그칠 뿐이고, 위반건물에 대한 시정명령을 할 것인지 여부, 그 시기 및 명령의 내용 등은 행정청의 합리적 판단에 의하여 결정되는 것이므로, 건물이 이격거리를 유지하지 못하고 있고, 건축과정에서 인접주택 소유자에게 피해를 입혔다고 하더라도 인접주택 소유자는 그 건물에 대한 사용검사처분의 취소를 구할 법률상 이익이 있다고 볼 수 없다.

475) 대판 2004두6563 [보충역 편입처분과 공익근무요원소집처분 취소소송 계속 중 제2국민역편입처분(직권취소 · 철회)한 경우], 대판 2004두12698 [개발부담금 부과처분 취소소송 계속 중 감액 경정처분한 경우], 대판 2004두5317 [최초 반려처분에 대한 취소소송 계속 중 직권취소와 함께 새로운 신청을 반려한 경우] 등

해소된 경우[치과의사시험 불합격처분 취소소송 계속 중 새로 실시된 의사시험에 합격한 경우(312) 및 사법시험 1차 불합격처분 취소소송 계속 중 새로 실시된 사법시험 1차에 합격한 경우(313)(고등학교 퇴학처분 취소소송 계속 중 고등학교졸업학력검정고시에 합격한 경우(314)에는 소의 이익이 있음), 공익근무요원 소집해제신청 거부처분 취소소송 계속 중 복무만료를 이유로 소집해제 처분을 받은 경우(315)(현역병 입영처분 취소소송 계속 중 현역병으로 입영된 경우(316)에는 소의 이익이 있음), 직위해제처분 취소소송 계속 중 새로운 직위를 부여받거나 새로운 직위해제처분이 이루어진 경우(317)(파면처분 취소소송 계속 중 정년이 도래하거나 사면이 있는 경우(318)에는 소의 이익이 있음) 등] ④ 보다 실효적인 권리구제절차가 있는 경우 등은 소의 이익이 부정된다[476]. 판례는 제재적 행정처분의 효력기관이 경과된 경우 협의 소의 이익을 부정하지만[477], 제재적 행정처분(선행처분)을 받을 것을 가중사유 또는 전제사유로 삼아 장래의 제재적 행정처분(후행처분)을 하도록 정하고 있는 경우 가중사유 또는 전제사유에 관한 규정이 법령의 형식으로 되어 있으면 소의 이익을 긍정하였고[478], 규칙의 형식으로 되어 있으면 대판 1995. 10. 17. 94누14148[479])

---

476) 부작위위법확인소송도 소의 이익이 동일하게 요구되는데, 소송계속 중 부작위 상태가 해소된 경우(행정청의 처분 또는 거부처분이 있는 경우)에는 소의 이익이 없어진다.

477) 대판 1995. 7. 14. 95누4087【부정당업자제재처분취소】【피고 조달청장】[1] 행정처분이 법령이나 처분 자체에 의하여 효력기간이 정하여져 있는 경우에는 그 기간의 경과로 효력이 상실되므로 그 기간 경과 후에는 처분이 외형상 잔존함으로 인하여 어떠한 법률상의 이익이 침해되고 있다고 볼 만한 별다른 사정이 없는 한 그 처분의 취소 또는 무효확인을 구할 법률상의 이익은 없다. [2] 행정명령에 불과한 회계예규에서 부정당업자로 제재받은 후 1년이 경과하지 아니한 자는 국가가 발주하는 공사계약의 연대보증인이 될 수 없게 되었다거나, 입찰참가자격제한을 받고 당해 제한기간 만료 후 1년 이상 경과하지 아니한 자에 대하여는 일정한 공사계약의 계약상대자로서 소정의 선금지급을 받을 수 없게 되었다 하더라도, 이는 사실상·경제상의 불이익에 불과할 뿐 그 취소 또는 무효확인을 구할 법률상의 이익이 있는 것이라고 볼 수 없다. [3] 행정처분 취소소송이 상고심 계속 중 행정처분 효력기간의 경과로 처분의 취소를 구할 소의 이익이 없게 되어 부적법하게 되었다는 이유로 원심판결을 파기, 자판하여 소각하한 사례. 등

478) 대판 1999. 2. 5. 98두13997【감리원업무정지처분취소】【피고 부산지방국토관리청장】건설기술관리법시행령에서 감리원에 대한 제재적인 업무정지처분을 일반정지처분과 가중정지처분의 2단계 조치로 규정하면서 전자의 제재처분을 좀 더 무거운 후자의 제재처분의 요건으로 규정하고 있는 이상, 감리원 업무정지처분에서 정한 업무정지기간이 도과되었다 하더라도 위 처분을 그대로 방치하여 둠으로써 장래 가중된 감리원 업무정지의 행정처분을 받게 될 우려가 있다는 점에서 감리원으로서 업무를 행할 수 있는 법률상 지위에 대한 위험이나 불안을 제거하기 위하여 위 처분의 취소를 구할 법률상 이익이 있다고 보아야 할 것이다.<가중사유가 대통령령으로 규정된 경우>

479) 대판 1995.10.17. 94누14148(전원)【자동차운행정지가처분취소등】【피고 서울특별시 노원구청장】[1] 항고소송에 있어서 소의 이익이 인정되기 위하여는 행정소송법 제12조 소정의 '법률상 이익'이 있어야 하는바, 그 법률상 이익은 당해 처분의 근거 법률에 의하여 보호되는 직접적이고 구체적인 이익이 있는 경우를 말하고 간접적이거나 사실적, 경제적 이해관계를 가지는데 불과한 경우는 여기에 해당되지 아니한다. [2] 규정형식상 부령인 시행규칙 또는 지방자치단체의 규칙으로 정한 행정처분의 기준은 행정처분 등에 관한 사무처리기준과 처분절차 등 행정청 내의 사무처리준칙을 규정한 것에 불과하므로 행정조직 내부에 있어서의 행정명령의 성격을 지닐 뿐 대외적으로 국민이나 법원을 구속하는 힘이 없고, 그 처분이 위 규칙에 위배되는 것이라 하더라도 위법의 문제는 생기지 아니하고, 또 위 규칙에서 정한 기준에 적합하다 하여 바로 그 처분이 적법한 것이라고도 할 수 없으며, 그 처분의 적법 여부는 위 규칙에 적합한지의 여부에 따라 판단할 것이 아니고 관계 법령의 규정 및 그 취지에 적합한 것인지 여부에 따라 개별적 · 구체적으로 판단하여야 한다. [3] [다수의견] 행정처분에 효력기간이 정하여져 있는 경우, 그 처분의 효력 또는

(전원)에서 소의 이익을 부정하였으나 대판 2006. 6. 22. 2003두1684[480](전원) 이후 긍정한다(종

집행이 정지된 바 없다면 위 기간의 경과로 그 행정처분의 효력은 상실되므로 그 기간 경과 후에는 그 처분이 외형상 잔존함으로 인하여 어떠한 법률상 이익이 침해되고 있다고 볼 만한 별다른 사정이 없는 한 그 처분의 취소를 구할 법률상의 이익이 없고, 행정명령에 불과한 각종 규칙상의 행정처분 기준에 관한 규정에서 위반 횟수에 따라 가중처분하게 되어 있다 하여 법률상의 이익이 있는 것으로 볼 수는 없다. [반대의견] 과거에 제재적 행정처분을 받은 전력이 장래 동종의 행정처분을 받게 될 경우에 정상관계의 한 요소로 참작되는 것에 불과하다면 그 장래 받게 될 행정처분에 미치는 영향의 유무 및 정도가 명확하다고 할 수는 없으므로 이는 단순한 사실상의 불이익을 받는 것에 불과할 뿐 이를 법률상의 불이익이라고 할 수는 없으나, 제재적 행정처분을 받은 전력이 장래 동종의 처분을 받을 경우에 가중요건으로 법령에 규정된 것은 아니더라도 부령인 시행규칙 또는 지방자치단체의 규칙 등으로 되어 있어 그러한 규칙의 규정에 따라 실제로 가중된 제재처분을 받은 경우는 물론 그 가중요건의 존재로 인하여 장래 가중된 제재처분을 받을 위험이 있는 경우 선행의 제재처분을 받은 당사자가 그 처분의 존재로 인하여 받았거나 장래에 받을 불이익은 직접적이고 구체적이며 현실적인 것으로서 결코 간접적이거나 사실적인 것이라고 할 수는 없으므로 그 처분을 당한 국민에게는 그 처분의 취소소송을 통하여 불이익을 제거할 현실적 필요성이 존재한다. 또한, 행정소송법 제12조 후문이 규정하는 '처분의 취소로 인하여 회복되는 법률상 이익'의 유무는 원래 항고소송의 목적 · 기능을 어떻게 이해하며 국민의 권익신장을 위하여 어느 범위에서 재판청구권의 행사를 허용할 것인가의 문제와 관련된 것으로서 이를 위 조항에 대한 일의적 · 문리적 · 형식적 해석에 의하여 판별할 수는 없고, 구체적인 사안별로 관계 법령의 규정 및 그 취지를 살펴서 현실적으로 권리보호의 실익이 있느냐를 기준으로 판단되어야 할 것인바, 제재기간이 정하여져 있는 제재적 행정처분에 있어서는 그 처분의 전력을 내용으로 한 가중요건이 규칙으로 규정되어 있는 경우에도 제재기간이 지난 후에 그 처분의 취소를 구할 실질적 이익이 있다.

480) 대판 2006. 6. 22. 2003두1684(전원) 【영업정지처분취소】 【피고 경인지방환경청장】 [1] [다수의견] 제재적 행정처분이 그 처분에서 정한 제재기간의 경과로 인하여 그 효과가 소멸되었으나, 부령인 시행규칙 또는 지방자치단체의 규칙(이하 이들을 '규칙'이라고 한다)의 형식으로 정한 처분기준에서 제재적 행정처분(이하 '선행처분'이라고 한다)을 받은 것을 가중사유나 전제요건으로 삼아 장래의 제재적 행정처분(이하 '후행처분'이라고 한다)을 하도록 정하고 있는 경우, 제재적 행정처분의 가중사유나 전제요건에 관한 규정이 법령이 아니라 규칙의 형식으로 되어 있다고 하더라도, 그러한 규칙이 법령에 근거를 두고 있는 이상 그 법적 성질이 대외적 · 일반적 구속력을 갖는 법규명령인지 여부와는 상관없이, 관할 행정청이나 담당공무원은 이를 준수할 의무가 있으므로 이들이 그 규칙에 정해진 바에 따라 행정작용을 할 것이 당연히 예견되고, 그 결과 행정작용의 상대방인 국민으로서는 그 규칙의 영향을 받을 수밖에 없다. 따라서 그러한 규칙이 정한 바에 따라 선행처분을 받은 상대방이 그 처분의 존재로 인하여 장래에 받을 불이익, 즉 후행처분의 위험은 구체적이고 현실적인 것이므로, 상대방에게는 선행처분의 취소소송을 통하여 그 불이익을 제거할 필요가 있다. 또한, 나중에 후행처분에 대한 취소소송에서 선행처분의 사실관계나 위법 등을 다툴 수 있는 여지가 남아 있다고 하더라도, 이러한 사정은 후행처분이 이루어지기 전에 이를 방지하기 위하여 직접 선행처분의 위법을 다투는 취소소송을 제기할 필요성을 부정할 이유가 되지 못한다. 그러한 쟁송방법을 막는 것은 여러 가지 불합리한 결과를 초래하여 권리구제의 실효성을 저해할 수 있기 때문이다. 오히려 앞서 본 바와 같이 행정청으로서는 선행처분이 적법함을 전제로 후행처분을 할 것이 당연히 예견되므로, 이러한 선행처분으로 인한 불이익을 선행처분 자체에 대한 소송에서 사전에 제거할 수 있도록 해 주는 것이 상대방의 법률상 지위에 대한 불안을 해소하는 데 가장 유효적절한 수단이 된다고 할 것이고, 또한 그 소송을 통하여 선행처분의 사실관계 및 위법 여부가 조속히 확정됨으로써 이와 관련된 장래의 행정작용의 적법성을 보장함과 동시에 국민생활의 안정을 도모할 수 있다. 이상의 여러 사정과 아울러, 국민의 재판청구권을 보장한 헌법 제27조 제1항의 취지와 행정처분으로 인한 권익침해를 효과적으로 구제하려는 행정소송법의 목적 등에 비추어 행정처분의 존재로 인하여 국민의 권익이 실제로 침해되고 있는 경우는 물론이고 권익침해의 구체적·현실적 위험이 있는 경우에도 이를 구제하는 소송이 허용되어야 한다는 요청을 고려하면, 규칙이 정한 바에 따라 선행처분을 가중사유 또는 전제요건으로 하는 후행처분을 받을 우려가 현실적으로 존재하는 경우에는, 선행처분을 받은 상대방은 비록 그 처분에서 정한 제재기간이 경과하였다 하더라도 그 처분의 취소소송을 통하여 그러한 불이익을 제거할 권리보호의 필요성이 충분히 인정된다고 할 것이므로, 선행처분의 취소를 구할 법률상 이익이 있다고 보아야 한다. [대법관 이강국의 별개의견] 다수의견은, 제재적 행정처분의 기준을 정한 부령인 시행규칙의 법적 성질에 대하여는 구체적인 논급을 하지 않은 채, 시행규칙에서 선행처분을 받은 것을 가중사유나 전제요건으로 하여 장래 후행처분을 하도록 규정하고 있는 경우, 선행처분의 상대방이 그 처분의 존재로 인하여 장래에 받을 불이익은 구체적이고 현실적이라는 이유로, 선행처분에서 정한 제재기간이 경과한 후에도 그 처분의 취소를 구할 법률상 이익이 있다고 보고 있는바, 다수의견이 위와 같은 경우 선행처분의 취소를 구할 법률상 이익을 긍정하는 결론에는 찬성하지만, 그 이유에 있어서는 부령인 제재적 처분기준의 법규성을 인정하는 이론적 기초 위에서 그 법률상 이익을 긍정하는 것이 법리적으로는 더욱 합당하다고 생각한다. 상위법령의 위임에 따라 제재적 처분기준을 정한 부령인 시행규칙은 헌법 제95조에서 규정하고 있는 위임명령에 해당하고, 그 내용

전 판례 폐기(319)함.). 그러나 가중사유 규정이 있더라도 가중된 제재처분을 받을 우려가 없어지면 협의 소의 이익이 부정된다[481].

무효등확인소송에서 민사소송처럼 확인의 이익이 요구되는지 여부에 대하여 즉시 확정의 이익이 필요하다는 견해(필요설)와 불필요하다는 견해(불필요설) 등의 대립이 있다. 종전 판례(320)는 '취소소송에서 일반적으로 요구되는 소의 이익 외에, 확인소송의 보충성으로 말미암아 확인의 소가 원고의 법적 지위의 불안 또는 위험을 제거하기 위하여 가장 유효적절한 수단일 경우에만 허용되고, 보다 더 발본색원적인 수단이 있는 경우에는 권리보호의 필요가 부정된다.'고 판시하여 필요설의 입장이었지만, 대판 2008. 3. 20. 2007두6342(전원)[482]에서 '행정처분의 근거 법률에 의하

도 실질적으로 국민의 권리의무에 직접 영향을 미치는 사항에 관한 것이므로, 단순히 행정기관 내부의 사무처리준칙에 지나지 않는 것이 아니라 대외적으로 국민이나 법원을 구속하는 법규명령에 해당한다고 보아야 한다. [2] 환경영향평가대행업무 정지처분을 받은 환경영향평가대행업자가 업무정지처분기간 중 환경영향평가대행계약을 신규로 체결하고 그 대행업무를 한 사안에서, '환경·교통·재해 등에 관한 영향평가법 시행규칙' 제10조 [별표 2] 2. 개별기준 (11)에서 환경영향평가대행업자가 업무정지처분기간 중 신규계약에 의하여 환경영향평가대행업무를 한 경우 1차 위반시 업무정지 6월을, 2차 위반시 등록취소를 각 명하는 것으로 규정하고 있으므로, 업무정지처분기간 경과 후에도 위 시행규칙의 규정에 따른 후행처분을 받지 않기 위하여 위 업무정지처분의 취소를 구할 법률상 이익이 있다고 한 사례.

481) 대판 2000. 4. 21. 98두10080【건축사업무정지처분취소등】【피고 전라북도지사】건축사법 제28조 제1항이 건축사 업무정지처분을 연 2회 이상 받고 그 정지기간이 통산하여 12월 이상이 될 경우에는 가중된 제재처분인 건축사사무소 등록취소처분을 받게 되도록 규정하여 건축사에 대한 제재적인 행정처분인 업무정지명령을 더 무거운 제재처분인 사무소등록취소처분의 기준요건으로 규정하고 있으므로, 건축사 업무정지처분을 받은 건축사로서는 위 처분에서 정한 기간이 경과하였다 하더라도 위 처분을 그대로 방치하여 둠으로써 장래 건축사사무소 등록취소라는 가중된 제재처분을 받을 우려가 있어 건축사로서 업무를 행할 수 있는 법률상 지위에 대한 위험이나 불안을 제거하기 위하여 건축사 업무정지처분의 취소를 구할 이익이 있으나, 업무정지처분을 받은 후 새로운 업무정지처분을 받음이 없이 1년이 경과하여 실제로 가중된 제재처분을 받을 우려가 없어졌다면 위 처분에서 정한 정지기간이 경과한 이상 특별한 사정이 없는 한 그 처분의 취소를 구할 법률상 이익이 없다. 동지, 대판 2008. 2. 29. 2007두16141【미용사자격면허정지처분취소】공중위생관리법 제7조에 의한 면허정지처분을 받은 후 같은 위반행위로 다시 적발되지 않고 1년이 경과하여 실제로 가중된 제재처분을 받을 우려가 없는 경우, 면허정지처분에서 정한 정지기간이 경과한 후 그 처분의 취소를 구할 법률상 이익이 있는지 여부(소극)

482) 대판 2008. 3. 20. 2007두6342(전원)【하수도원인자부담금부과처분취소】【피고 수원시장】행정소송은 행정청의 위법한 처분 등을 취소·변경하거나 그 효력 유무 또는 존재 여부를 확인함으로써 국민의 권리 또는 이익의 침해를 구제하고 공법상의 권리관계 또는 법 적용에 관한 다툼을 적정하게 해결함을 목적으로 하므로, 대등한 주체 사이의 사법상 생활관계에 관한 분쟁을 심판대상으로 하는 민사소송과는 목적, 취지 및 기능 등을 달리한다. 또한 행정소송법 제4조에서는 무효확인소송을 항고소송의 일종으로 규정하고 있고, 행정소송법 제38조 제1항에서는 처분 등을 취소하는 확정판결의 기속력 및 행정청의 재처분 의무에 관한 행정소송법 제30조를 무효확인소송에도 준용하고 있으므로 무효확인판결 자체만으로도 실효성을 확보할 수 있다. 그리고 무효확인소송의 보충성을 규정하고 있는 외국의 일부 입법례와는 달리 우리나라 행정소송법에는 명문의 규정이 없어 이로 인한 명시적 제한이 존재하지 않는다. 이와 같은 사정을 비롯하여 행정에 대한 사법통제, 권익구제의 확대와 같은 행정소송의 기능 등을 종합하여 보면, 행정처분의 근거 법률에 의하여 보호되는 직접적이고 구체적인 이익이 있는 경우에는 행정소송법 제35조에 규정된 '무효확인을 구할 법률상 이익'이 있다고 보아야 하고, 이와 별도로 무효확인소송의 보충성이 요구되는 것은 아니므로 행정처분의 무효를 전제로 한 이행소송 등과 같은 직접적인 구제수단이 있는지 여부를 따질 필요가 없다고 해석함이 상당하다. [대법관 이홍훈의 보충의견] 무효확인소송의 보충성 인정의 문제는 행정소송법 제35조에 규정된 '무효확인을 구할 법률상 이익'의 해석론에 관한 것으로서 행정소송의 특수성, 무효확인소송의 법적 성질 및 무효확인판결의 실효성, 외국의 입법례, 무효확인소송의 남소 가능성 및 권익구제 강화 등의 측면에서 볼 때, 무효확인소송의 보충성을 요구하지 않는 것이 행정소송의 목적을 달성할 수 있고 소송경제 등의 측면에서도 타당하며 항고소송에서 소의 이익을

여 보호되는 직접적이고 구체적인 이익이 있는 경우에는 행정소송법 제35조에 규정된 무효확인을 구할 법률상 이익이 있다고 보아야 하고, 이와 별도로 무효확인소송의 보충성이 요구되는 것은 아니므로 행정처분의 무효를 전제로 한 이행소송 등과 같은 직접적인 구제수단이 있는지 여부를 따질 필요가 없다.'고 판시하여 불요설의 입장으로 변경되었다(종전 판례 폐기(321)함.).

인가처분 취소소송에서 인가처분의 하자를 이유로 인가처분의 취소 또는 무효를 다툴 수 있지만, 기본행위 자체의 하자를 이유로 인가청(감독청)을 상대로 인가처분의 취소를 구하는 것은 특단의 사정이 없는 한 소의 이익이 없어 부적법하다[483]. 이 경우 기본행위의 주체를 상대로 민사소송(항고소송)으로 기본행위의 효력을 다투어야 한다. 그리고 재결취소소송에서 재결 자체

확대하고 있는 대법원 판례의 경향에도 부합한다. <폐기 판례 미주 참조> 대판 2008. 6. 12. 2008두3685 【압류처분등무효확인】 【피고 천안세무서장 외1】 국세청이 국세체납을 이유로 토지를 압류한 후 공매처분한 경우, 그 소유권자는 국가 또는 매수인을 상대로 부당이득반환청구의 소나 소유권이전등기말소청구의 소를 제기하여 직접 위법상태를 제거할 수 있는지 여부에 관계없이 압류처분 및 매각처분에 대한 무효확인을 구할 수 있다고 한 사례

483) 대판 1996. 5. 16. 95누4810(전원) 【법인정관변경허가처분무효확인】 【피고 문화체육부장관】 [1] 민법 제45조와 제46조에서 말하는 재단법인의 정관변경 '허가'는 법률상의 표현이 허가로 되어 있기는 하나, 그 성질에 있어 법률행위의 효력을 보충해 주는 것이지 일반적 금지를 해제하는 것이 아니므로, 그 법적 성격은 인가라고 보아야 한다. [2] 인가는 기본행위인 재단법인의 정관변경에 대한 법률상의 효력을 완성시키는 보충행위로서, 그 기본이 되는 정관변경 결의에 하자가 있을 때에는 그에 대한 인가가 있었다 하여도 기본행위인 정관변경 결의가 유효한 것으로 될 수 없으므로 기본행위인 정관변경 결의가 적법 유효하고 보충행위인 인가처분 자체에만 하자가 있다면 그 인가처분의 무효나 취소를 주장할 수 있지만, 인가처분에 하자가 없다면 기본행위에 하자가 있다 하더라도 따로 그 기본행위의 하자를 다투는 것은 별론으로 하고 기본행위의 무효를 내세워 바로 그에 대한 행정청의 인가처분의 취소 또는 무효확인을 소구할 법률상의 이익이 없다. 대판 1987. 8. 18. 86누152 【이사장취임승인처분무효확인, 이사취임승인처분무효확인】 [1] 사립학교법 제20조 제2항에 의한 학교법인의 임원에 대한 감독청의 취임승인은 학교법인의 임원선임행위를 보충하여 그 법률상의 효력을 완성케하는 보충적 행정행위로서 성질상 기본행위를 떠나 승인처분 그 자체만으로는 법률상 아무런 효력도 발생할 수 없으므로 기본행위인 학교법인의 임원선임행위가 불성립 또는 무효인 경우에는 비록 그에 대한 감독청의 취임승인이 있었다 하여도 이로써 무효인 그 선임행위가 유효한 것으로 될 수는 없다. [2] 기본행위인 사법상의 임원선임행위에 하자가 있다 하여 그 선임행위의 효력에 관하여 다툼이 있는 경우에 민사쟁송으로서 그 선임행위의 취소 또는 무효확인을 구하는 것은 별론으로 하고 기본행위의 불성립 또는 무효를 내세워 바로 그에 대한 감독청의 취임승인처분의 취소 또는 무효확인을 구하는 것은 특단의 사정이 없는 한 소구할 법률상의 이익이 있다고 할 수 없다.

한편, 수리처분 취소소송에서는 원인행위의 하자를 이유로 다툴 수 있는데, 대판 2005. 12. 23. 2005두3554 【채석허가수허가자변경신고수리처분취소】 【피고 화성시장】 사업양도·양수에 따른 허가관청의 지위승계신고의 수리는 적법한 사업의 양도·양수가 있었음을 전제로 하는 것이므로 그 수리대상인 사업양도·양수가 존재하지 아니하거나 무효인 때에는 수리를 하였다 하더라도 그 수리는 유효한 대상이 없는 것으로서 당연히 무효라 할 것이고, 사업의 양도행위가 무효라고 주장하는 양도자는 민사쟁송으로 양도·양수행위의 무효를 구함이 없이 막바로 허가관청을 상대로 하여 행정소송으로 위 신고수리처분의 무효확인을 구할 법률상 이익이 있다. 대판 1993. 6. 8. 91누11544 [1] 액화석유가스의안전및사업관리법 제7조 제2항에 의한 사업양수에 의한 지위승계신고를 수리하는 허가관청의 행위는 단순히 양도, 양수자 사이에 발생한 사법상의 사업양도의 법률효과에 의하여 양수자가 사업을 승계하였다는 사실의 신고를 접수하는 행위에 그치는 것이 아니라 실질에 있어서 양도자의 사업허가를 취소함과 아울러 양수자에게 적법히 사업을 할 수 있는 법규상 권리를 설정하여 주는 행위로서 사업허가자의 변경이라는 법률효과를 발생시키는 행위이므로 허가관청이 법 제7조 제2항에 의한 사업양수에 의한 지위승계신고를 수리하는 행위는 행정처분에 해당한다. [2] 허가관청의 사업양수에 의한 지위승계신고의 수리는 적법한 사업의 양도가 있었음을 전제로 하는 것이므로 사업의 양도행위가 무효라고 주장하는 양도자는 민사쟁송으로 양도행위의 무효를 구함이 없이 막바로 허가관청을 상대로 하여 행정소송으로 위 신고수리처분의 무효확인을 구할 법률상 이익이 있다.

의 고유한 위법이 있음을 이유로 재결취소소송과 원처분 취소소송이 함께 제기된 경우 원처분 취소소송에서 취소판결이 확정되면 재결취소소송을 유지할 소의 이익이 없지만, 원처분 취소소송에서 패소판결이 확정되더라도 행정심판에서 처분의 부당을 이유로 원처분을 취소할 수 있기 때문에 재결취소소송을 유지할 소의 이익이 있다.

2. 제소기간[484)]

제20조(제소기간) ① 취소소송은 처분 등이 있음을 안 날부터 90일 이내에 제기하여야 한다. 다만, 제18조제1항 단서에 규정한 경우와 그 밖에 행정심판청구를 할 수 있는 경우 또는 행정청이 행정심판청구를 할 수 있다고 잘못 알린 경우에 행정심판청구가 있은 때의 기간은 재결서의 정본을 송달받은 날부터 기산한다.

② 취소소송은 처분 등이 있은 날부터 1년(제1항 단서의 경우는 재결이 있은 날부터 1년)을 경과하면 이를 제기하지 못한다. 다만, 정당한 사유가 있는 때에는 그러하지 아니하다.

③ 제1항의 규정에 의한 기간은 불변기간으로 한다.

---

484) 제소기간의 제한은 법적 안정성의 측면에서 인정되는 제도로서 제소기간을 어떻게 정하느냐는 입법정책의 문제이지만, 지나치게 짧은 제소기간은 사실상 헌법이 보장한 재판청구권의 침해로서 위헌의 문제가 발생할 수 있다. 헌재 2002. 11. 28. 2002헌바38 : [다수의견] [1] 토지수용법 제73조 제1항은, 토지수용과 관련된 분쟁의 특수성을 고려하여 수용조치에 대하여 불복하는 때에는 중앙토지수용위원회에 이의신청을 먼저 하게 하여, 신속하게 법률관계를 확정하고 통상의 소송절차보다 간편한 절차로 시간과 비용을 절약하며 토지수용에 관한 행정기관의 전문적인 지식을 활용하도록 하고 있기 때문에 이 조항이 이의신청을 필요적인 전심절차로 한 것은 합리성을 갖춘 것이고 비례의 원칙에도 위반되지 아니하므로 청구인들의 재판청구권을 침해한다거나 평등의 원칙을 위반하는 것이라고 볼 수 없다. [2] 토지수용법 제73조 제2항이 규정하는 1월의 청구기간이 행정심판법의 그것에 비하여 상대적으로 비록 단기이긴 하지만 그렇다고 하여 이것이 청구인들의 재판청구권 행사를 불가능하게 하거나 현저히 곤란하게 할 정도로 짧은 것은 아니어서 청구기간에 관한 입법재량의 한계를 일탈한 것이라고 할 수 없다. 나아가 이 조항이 이 조문 제1항과 함께 추구하는 신속한 권리구제 및 법원 판결의 적정성 보장이라는 공익은 매우 크다고 할 것이므로 이 조항이 비례의 원칙을 위반하거나 청구인들의 재판청구권을 침해하거나 평등의 원칙을 위반한다고는 할 수 없다. [재판관 주선회의 반대의견] [1] 토지수용법 제73조 제1항의 문언적 의미, 중앙토지수용위원회의 심의구조 등을 살펴 볼 때, 중앙토지수용위원회의 수용재결에 대하여 반드시 이의신청을 거쳐 이의재결에 대해서만 행정소송을 제기하도록 해석하는 것은 헌법 제27조 제1항의 재판청구권 및 제3항의 신속한 재판을 받을 권리에 대해 필요한 정도를 넘어 제한하는 것으로서 그 수인이 기대불가능한 과도한 제한이라 아니할 수 없다. 따라서 이 조항을 중앙토지수용위원회의 수용·재결에 대하여 필요적으로 이의신청을 거치도록 해석하는 한 헌법에 위반된다. [2] 중앙토지수용위원회의 조직, 권한, 심의절차, 심의기준 및 실제적인 업무처리의 현실과 통계 등에 비추어 볼 때, 일반적인 행정심판절차에서보다 특별히 전문성을 인정하기 어렵다고 여겨지기 때문에 토지수용의 행정심판에서만 이의신청기간을 지나치게 짧게 정하는 것은 토지수용의 이의신청권자에게만 최소침해의 원칙과 법익균형성의 원칙을 위배하여 수인할 수 없는 과도한 부담을 지우고 있는 것이라 아니할 수 없다. 토지수용법에 따른 토지수용에 관한 처분은 전형적인 행정처분이고, 토지수용법은 사법질서체계와 같은 이종의 법질서체계에 포섭되는 것도 아니며, 동일한 행정법질서체계 내에 있기 때문에 토지수용의 이의신청기간만을 달리 규율할 합리적인 근거를 찾을 수 없다. 따라서 특별히 단기간의 이의신청기간을 설정하고 있는 이 조항은 헌법상 체계정당성의 법리에 어긋난 자의적인 규정으로서 헌법 제11조 및 헌법 제107조 제3항에 위반되어 위헌을 면치 못할 것이다.

제38조(준용규정) ② … 제20조 …의 규정은 부작위위법확인소송의 경우에 준용한다[485].

제41조(제소기간) 당사자소송에 관하여 법령에 제소기간이 정하여져 있는 때에는 그 기간은 불변기간으로 한다.

<민사소송법 제172조(기간의 신축, 부가기간) ① 법원은 법정기간 또는 법원이 정한 기간을 늘이거나 줄일 수 있다. 다만, 불변기간은 그러하지 아니하다. ② 법원은 불변기간에 대하여 주소 또는 거소가 멀리 떨어진 곳에 있는 사람을 위하여 부가기간을 정할 수 있다. ③ 재판장 · 수명법관 또는 수탁판사는 제1항 및 제2항의 규정에 따라 법원이 정한 기간 또는 자신이 정한 기간을 늘이거나 줄일 수 있다.

제173조(소송행위의 추후보완) ① 당사자가 책임질 수 없는 사유로 말미암아 불변기간을 지킬 수 없었던 경우에는 그 사유가 없어진 날부터 2주 이내에 게을리 한 소송행위를 보완할 수 있다. 다만, 그 사유가 없어질 당시 외국에 있던 당사자에 대하여는 이 기간을 30일로 한다. ② 제1항의 기간에 대하여는 제172조의 규정을 적용하지 아니한다.>

가. 행정심판을 청구한 경우

1) 재결서 송달시 기준 : 재결서 송달받은 때와 재결이 있는 날

행정심판재결서정본을 송달받은 날부터 90일, 재결이 있은 날로부터 1년 내에 소를 제기하여야 한다. 이때 재결서정본을 송달받은 날[486]로부터 90일의 기간은 불변기간이고, 재결이

485) 행정소송법상 제소기간의 제한은 원칙적으로 취소소송에만 적용되고, 무효등확인소송에는 적용되지 않는다. 그리고 무효를 선언하는 의미의 취소소송은 형식상 취소소송에 속하므로 제소기간의 제한을 받는다는 견해와 실질상 무효등확인소송이기 때문에 제소기간의 제한을 받지 않는다는 견해가 대립되어 있지만, 판례는 전자의 견해를 취하고 있다. 한편, 부작위위법확인소송은 행정소송법 제38조 제2항에서 제20조(취소소송의 제소기간 규정)를 준용하고 있지만, 부작위상태가 계속되는 한 언제라도 소를 제기할 수 있고 부작위상태가 해소되면 소의 이익이 소멸되는 소송이기 때문에 원칙적으로 제소기간의 제한을 받지 않는다고 보아야 할 것이다『박균성, 제8판 행정법론(상)(박영사, 2009), 1046쪽』. 판례는 행정심판 전치절차를 거친 경우에 제소기간의 제한이 적용된다는 입장이다. 대판 2009. 7. 23. 2008두10560【부작위위법확인의소】 [1] 4급 공무원이 당해 지방자치단체 인사위원회의 심의를 거쳐 3급 승진대상자로 결정되고 임용권자가 그 사실을 대내외에 공표까지 하였다면, 그 공무원은 승진임용에 관한 법률상 이익을 가진 자로서 임용권자에 대하여 3급 승진임용을 신청할 조리상의 권리가 있고, 이러한 공무원으로부터 소청심사청구를 통해 승진임용신청을 받은 행정청으로서는 상당한 기간 내에 그 신청을 인용하는 적극적 처분을 하거나 각하 또는 기각하는 등의 소극적 처분을 하여야 할 법률상의 응답의무가 있다. 그럼에도, 행정청이 위와 같은 권리자의 신청에 대해 아무런 적극적 또는 소극적 처분을 하지 않고 있다면 그러한 행정청의 부작위는 그 자체로 위법하다. [2] 부작위위법확인의 소는 부작위상태가 계속되는 한 그 위법의 확인을 구할 이익이 있다고 보아야 하므로 원칙적으로 제소기간의 제한을 받지 않는다. 그러나 행정소송법 제38조 제2항이 제소기간을 규정한 같은 법 제20조를 부작위위법확인소송에 준용하고 있는 점에 비추어 보면, 행정심판 등 전심절차를 거친 경우에는 행정소송법 제20조가 정한 제소기간 내에 부작위위법확인의 소를 제기하여야 한다. [3] 당사자가 동일한 신청에 대하여 부작위위법확인의 소를 제기하였으나 그 후 소극적 처분이 있다고 보아 처분취소소송으로 소를 교환적으로 변경한 후 여기에 부작위위법확인의 소를 추가적으로 병합한 경우, 최초의 부작위위법확인의 소가 적법한 제소기간 내에 제기된 이상 그 후 처분취소소송으로의 교환적 변경과 처분취소소송에의 추가적 변경 등의 과정을 거쳤다고 하더라도 여전히 제소기간을 준수한 것으로 봄이 상당하다.

486) 재결서정본을 본인이 직접 수령한 경우에 한하는 것이 아니라, 보충송달, 유치송달, 공시송달 등 민사소송법이 정한 바에 따라 적법하게 송달된 모든 경우를 포함한다.

있은 날[487]로부터 1년의 기간은 정당한 사유가 있을 때 연장된다. 그리고 두 기간 중 어느 하나의 기간이 경과되면 제소기간이 경과된 후 제기된 소로서 부적법 각하된다.

2) 행정심판의 청구

필요적이든 임의적이든 법령상 행정심판을 청구할 수 있는 경우[488]뿐만 아니라 법령상 행정심판을 청구할 수 없지만 행정청이 행정심판청구를 할 수 있다고 잘못 고지함으로 인하여 행정심판을 청구한 경우가 포함된다[489]. 그러나 '행정청이 행정심판청구를 할 수 있다고 잘못 알린 경우'에 '이미 제소기간이 지나 불가쟁력이 발생한 후에 행정청이 행정심판청구를 할 수 있다고 잘못 알린 경우'는 포함되지 않기 때문에 그 안내에 따라 청구된 행정심판 재결서 정본을 송달받은 날부터 다시 취소소송의 제소기간이 기산되는 것은 아니다[490]. 또한 행정심판의 재결이

---

487) 재결이 내부적으로 성립한 날을 말하는 것이 아니라 재결의 효력이 발생한 날을 의미한다. 그런데 행정심판재결은 심판청구인에게 재결서의 정본이 송달된 때에 그 효력이 발생하기 때문에 재결이 있은 날이란 결국 재결서정본이 송달된 날을 의미하게 된다. 결국 재결이 있은 날과 재결서정본을 송달받은 날은 통상 동일하고, 재결서정본을 송달받은 날로부터 90일이 경과하면 제소기간은 도과하기 때문에 재결이 있은 날로부터 1년 내라는 제소기간은 거의 무의미하다. 한편, 이의신청을 거쳐 행정소송을 제기하는 경우 이의신청 등에 대한 결정의 한 유형으로 실무상 행해지고 있는 재조사결정에 의한 후속처분이 이루어지면, 취소소송의 대상은 원처분(후속 처분이 감액 결정인 경우)이지만, 심사청구기간이나 심판청구기간 또는 행정소송의 제소기간의 기산점은 후속 처분의 통지를 받은 날로부터 기산한다(대판 2010. 6. 25. 2007두12514 (전원)).

488) 대판 2010. 1. 28. 2008두19987 【개별공시지가결정처분취소】 【피고 용인시 기흥구청장】 부동산 가격공시 및 감정평가에 관한 법률 제12조, 행정소송법 제20조 제1항, 행정심판법 제3조 제1항의 규정 내용 및 취지와 아울러 부동산 가격공시 및 감정평가에 관한 법률에 행정심판의 제기를 배제하는 명시적인 규정이 없고 부동산 가격공시 및 감정평가에 관한 법률에 따른 이의신청과 행정심판은 그 절차 및 담당 기관에 차이가 있는 점을 종합하면, 부동산 가격공시 및 감정평가에 관한 법률이 이의신청에 관하여 규정하고 있다고 하여 이를 행정심판법 제3조 제1항에서 행정심판의 제기를 배제하는 '다른 법률에 특별한 규정이 있는 경우'에 해당한다고 볼 수 없으므로, 개별공시지가에 대하여 이의가 있는 자는 곧바로 행정소송을 제기하거나 부동산 가격공시 및 감정평가에 관한 법률에 따른 이의신청과 행정심판법에 따른 행정심판청구 중 어느 하나만을 거쳐 행정소송을 제기할 수 있을 뿐 아니라, 이의신청을 하여 그 결과 통지를 받은 후 다시 행정심판을 거쳐 행정소송을 제기할 수도 있다고 보아야 하고, 이 경우 행정소송의 제소기간은 그 행정심판 재결서 정본을 송달받은 날부터 기산한다.

489) 대판 2006. 9. 8. 2004두947 [3] 구 하천법(1999. 2. 8. 법률 제5893호로 전문 개정되기 전의 것) 제33조 제3항에 의한 하천점용료 상당액의 부당이득금 부과처분에 대한 행정소송의 전심절차는 특별시·광역시 또는 도의 조례에 별도의 규정이 없는 이상 구 지방자치법(2006. 1. 11. 법률 제7846호로 개정되기 전의 것) 제131조 소정의 이의절차이다. [4] 행정소송법 제20조 제1항에 의하면 취소소송은 원칙적으로 처분 등이 있음을 안 날부터 90일 이내에 제기하여야 하나, 행정청이 행정심판청구를 할 수 있다고 잘못 알려 행정심판의 청구를 한 경우에는 그 제소기간은 행정심판 재결서의 정본을 송달받은 날부터 기산하여야 한다. [5] 하천구역의 무단 점용을 이유로 부당이득금 부과처분과 가산금 징수처분을 받은 사람이 가산금 징수처분에 대하여 행정청이 안내한 전심절차를 밟지 않았다 하더라도 부당이득금 부과처분에 대하여 전심절차를 거친 이상 가산금 징수처분에 대하여도 부당이득금 부과처분과 함께 행정소송으로 다툴 수 있다.

490) 대판 2012. 9. 27. 2011두27247 행정소송법 제20조 제1항은 '취소소송은 처분 등이 있음을 안 날부터 90일 이내에 제기하여야 하나 행정청이 행정심판청구를 할 수 있다고 잘못 알린 경우에 행정심판청구가 있은 때의 기간은 재결서의 정본을 송달받은 날부터 기산한다'고 규정하고 있는데, 위 규정의 취지는 불가쟁력이 발생하지 않아 적법하게 불복청구를 할 수 있었던 처분 상대방에 대하여 행정청이 법령상 행정심판청구가 허용되지 않음에도 행정심판청구

존재하는 경우뿐만 아니라 행정심판을 청구한 경우도 포함된다. 따라서 임의적 전치사건에서 행정심판을 청구한 후 재결을 기다리지 않고 행정소송을 제기한 경우 또는 필요적 전치사건에서 행정심판을 청구한 후 재결을 기다릴 필요가 없어 행정소송을 제기한 경우(322)에는 재결서 정본을 송달받을 때까지는 제소기간이 진행되지 않기 때문에 적법한 소가 된다.

3) 적법한 행정심판의 청구

행정심판의 청구가 적법한 경우에 한하여 적용된다. 즉, 행정심판이 행정심판 청구기간을 지나 청구되는 등 부적법한 경우에는 재결의 송달시를 기준으로 제소기간 준수 여부를 판단해서 안 되고, 행정심판을 청구하지 않은 경우로 보아 처분시를 기준으로 제소기간 준수 여부를 판단해야 한다[491]. 이때 행정심판청구의 적법 여부는 재결청의 판단과 상관없이 법원이 독자적으로 판단해야 한다. 특히 행정심판 청구기간의 준수 여부가 문제되는데, 행정심판법에 따른 일반행정심판절차가 적용되는 처분은 원칙적으로 처분이 있음을 안 날로부터 90일, 처분이 있은 날로부터 180일 내에 제기해야 하고, 개별법에 따른 특별행정심판절차가 적용되는 처분은 개별법에 정한 기간을 준수해야 한다[492]. 한편 개별법이 특별행정심판 청구기간을 규정하면서 동시에 행

를 할 수 있다고 잘못 알린 경우에, 잘못된 안내를 신뢰하여 부적법한 행정심판을 거치느라 본래 제소기간 내에 취소소송을 제기하지 못한 자를 구제하려는 데에 있다. 이와 달리 이미 제소기간이 지남으로써 불가쟁력이 발생하여 불복청구를 할 수 없었던 경우라면 그 이후에 행정청이 행정심판청구를 할 수 있다고 잘못 알렸다고 하더라도 그 때문에 처분 상대방이 적법한 제소기간 내에 취소소송을 제기할 수 있는 기회를 상실하게 된 것은 아니므로 이러한 경우에 잘못된 안내에 따라 청구된 행정심판 재결서 정본을 송달받은 날부터 다시 취소소송의 제소기간이 기산되는 것은 아니다. 불가쟁력이 발생하여 더 이상 불복청구를 할 수 없는 처분에 대하여 행정청의 잘못된 안내가 있었다고 하여 처분 상대방의 불복청구 권리가 새로이 생겨나거나 부활한다고 볼 수는 없기 때문이다.

491) 대판 2011. 11. 24. 2011두18786【과징금부과처분취소】【피고 보건복지부장관】[1] 행정소송법 제18조 제1항, 제20조 제1항, 구 행정심판법(2010. 1. 25. 법률 제9968호로 전부 개정되기 전의 것) 제18조 제1항을 종합해 보면, 행정처분이 있음을 알고 처분에 대하여 곧바로 취소소송을 제기하는 방법을 선택한 때에는 처분이 있음을 안 날부터 90일 이내에 취소소송을 제기하여야 하고, 행정심판을 청구하는 방법을 선택한 때에는 처분이 있음을 안 날부터 90일 이내에 행정심판을 청구하고 행정심판의 재결서를 송달받은 날부터 90일 이내에 취소소송을 제기하여야 한다. 따라서 처분이 있음을 안 날부터 90일 이내에 행정심판을 청구하지도 않고 취소소송을 제기하지도 않은 경우에는 그 후 제기된 취소소송은 제소기간을 경과한 것으로서 부적법하고, 처분이 있음을 안 날부터 90일을 넘겨 청구한 부적법한 행정심판청구에 대한 재결이 있은 후 재결서를 송달받은 날부터 90일 이내에 원래의 처분에 대하여 취소소송을 제기하였다고 하여 취소소송이 다시 제소기간을 준수한 것으로 되는 것은 아니다. [2] 국민건강보험공단이 2009. 9. 2. 국민건강보험법 제85조의2 제1항에 따라 갑에게 과징금을 부과하는 처분을 하여 2009. 9. 7. 갑의 동료가 이를 수령하였는데, 갑이 그때부터 90일을 넘겨 국무총리행정심판위원회에 행정심판을 청구하여 청구기간 경과를 이유로 각하재결을 받았고, 그 후 재결서를 송달받은 때부터 90일 이내에 원처분에 대하여 취소소송을 제기한 사안에서, 행정심판은 갑이 처분이 있음을 안 날부터 90일을 넘겨 청구한 것으로서 부적법하고, 행정심판의 재결이 있은 후에 비로소 제기된 과징금 부과처분에 대한 취소소송 또한 제소기간이 경과한 후에 제기된 것으로서 부적법하다는 이유로 이를 각하한 원심판결을 정당하다고 한 사례.

492) 개별법에서 행정심판 청구기간을 별도로 규정하고 있는 예 : 공시지가에 대한 이의신청(지가공시및토지등의평가에

정소송 제기기간을 별도로 규정하고 있으면 제소기간은 행정소송법에서 정한 기간이 아니라 개별법에서 정한 기간으로 변경된다.

나. 행정심판을 청구하지 않은 경우[493)]

1) 처분시 기준 : 처분이 있은 날로부터 1년

가) 원칙

처분이 있은 날이란, 처분의 효력이 발생한 날 또는 처분을 알 수 있는 상태에 놓아진 날을 의미한다. 처분은 행정기관이 내부적으로 결정한 것만으로 부족하고 외부적으로 표시되어야 효력이 발생하기 때문에(323) 통상 상대방 있는 처분은 상대방에게 도달[494)]한 날이 처분이 있는 날이 된다.

나) 예외 : 정당한 사유가 있는 때

처분이 있은 날로부터 1년이 경과되더라도 정당한 사유가 있으면 제소할 수 있다. 이때 정당한 사유의 존부는 일의적으로 판단될 수 없고 사안에 따라 개별적 · 구체적으로 판단될 수밖에 없지만, 판례는 '불변기간에 관한 민사소송법 제160조(현행, 제173조)의 당사자가 그 책임을 질 수 없는 사유 또는 행정심판법 제18조 제2항의 천재, 지변, 전쟁, 사변 그 밖에 불가항력적인 사유보다 넓은 개념으로 제소기간 도과의 원인 등 여러 사정을 종합하여 지연된 제소를 허용하는 것이 사회통념상 상당하다고 할 수 있는지 여부에 의하여 판단해야 한다.'고 판시하고 있다(324). 행정처분의 상대방이 아닌 제3자는 처분 있음을 알았다고 볼 수 있는 특별한 사정이 없는 한 원칙적으로 제소기간을 지키지 못한 데 정당한 사유가 있다고 해석된다[495)].

관한법률 8조, 10조의3), 광업법상의 처분에 대한 이의신청(광업법 105조), 주민등록사항의 정정 · 말소 등에 대한 이의신청 · 재심청구(주민등록법 17조의3), 보조금교부결정 등에 관한 이의신청(보조금의예산및관리에관한법률 37조), 보안림예정지의 지정 · 해제에 관한 이의신청(산림법 60조), 생활보호결정 등에 대한 이의신청(생활보호법 31조, 33조), 국민연금에 관한 처분에 대한 이의신청 · 심사청구(국민연금법 88조, 90조), 공무원연금결정에 대한 심사청구(공무원연금법 80조), 산업재해보상보험결정에 대한 심사청구 및 재심사청구(산업재해보상보험법 8장), 자동차등록에 대한 이의신청(자동차관리법 28조) 등.

493) 행정심판을 청구하지 않은 경우뿐만 아니라 행정심판을 청구하였으나 부적법한 경우도 포함된다.

494) 도달이란 상대방이 현실적으로 그 내용을 인식할 필요는 없고, 상대방이 알 수 있는 상태에 놓아진 경우를 의미한다.

495) 대판 2008. 2. 1. 2007두20997 위헌결정이 있는 경우 [1] 헌법재판소의 위헌결정으로 교원만이 교원소청심사위원회의 결정에 대하여 소송을 제기할 수 있도록 하였던 구 교원지위향상을 위한 특별법(2007. 5. 11. 법률 제8414호로

2) 처분 등이 있음을 안 날로부터 90일

가) 원칙

처분 등이 있음을 안 날이란 당해 처분이 있은 것을 현실적·구체적으로 안 날을 의미하고 추상적으로 알 수 있었던 날을 의미하는 것이 아니다. 현실적 인식의 정도와 관련하여 판례는 '행정처분이 있음을 앎으로써 족하고 그 구체적 내용이나 위법 여부까지 알아야 하는 것은 아니다.'라고 판시하고 있다(325). 처분이 있음을 안 날은 처분이 있는 날을 전제하기 때문에 판례는 '아직 외부적으로 성립되지 않은 처분이나 상대방 있는 행정처분이 상대방에게 통지되지 않은 경우 등은 비록 원고가 그 내용을 어떠한 경로를 통하여 알게 되었다 하더라도 제소기간이 진행될 수 없다.'고 판시하고 있다(326).

나) 예외 : 당사자가 책임질 수 없는 사유가 있는 때

90일의 제소기간은 불변기간이다(327). 따라서 당사자가 책임질 수 없는 사유로 기간을 준수할 수 없었을 때에는 추완이 허용되고, 사유가 소멸된 때로부터 2주 내에 소를 제기할 수 있다(328). 이때 당사자가 책임질 수 없는 사유란 당사자가 소송행위를 하기 위하여 일반적으로 하여야 할 주의를 다하였음에도 불구하고 기간을 준수할 수 없었던 사유를 의미한다[496]. 이와 관

개정되기 전의 것) 제10조 제3항이 효력을 상실함에 따라 위헌결정 후 개정된 법률이 시행되기 전에라도 학교법인 등 교원소청심사위원회의 결정에 대하여 그 취소를 구할 법률상 이익이 있는 자는 교원이 아니더라도 행정소송법 제12조에 의하여 취소소송을 제기할 수 있게 되었고, 헌법소원심판청구의 직접적 계기가 된 법률관계에 대하여는 심판청구를 인용하여 선고된 위헌결정의 효력이 미친다고 할 것이므로, 헌법소원심판청구의 직접적 계기가 된 당해 결정에 대하여는 그 결정이 위헌결정 이전에 있었다고 하더라도 위헌결정의 효력이 미친다. [2] 행정소송법 제20조가 제소기간을 규정하면서 '처분 등이 있은 날' 또는 '처분 등이 있음을 안 날'을 각 제소기간의 기산점으로 삼은 것은 그때 비로소 적법한 취소소송을 제기할 객관적 또는 주관적 여지가 발생하기 때문이므로, 처분 당시에는 취소소송의 제기가 법제상 허용되지 않아 소송을 제기할 수 없다가 위헌결정으로 인하여 비로소 취소소송을 제기할 수 있게 된 경우, 객관적으로는 '위헌결정이 있은 날', 주관적으로는 '위헌결정이 있음을 안 날' 비로소 취소소송을 제기할 수 있게 되어 이때를 제소기간의 기산점으로 삼아야 한다.

496) 대판 2005. 1. 13. 2004두9951 【해임처분취소】 [1] 행정소송법 제20조 제1항, 제3항에서 말하는 '취소소송은 처분 등이 있음을 안 날부터 90일 이내에 제기하여야 한다.'는 제소기간은 불변기간이고, 다만 당사자가 책임질 수 없는 사유로 인하여 이를 준수할 수 없었던 경우에는 같은 법 제8조에 의하여 준용되는 구 민사소송법(2002. 1. 26. 법률 제6626호로 전문 개정되기 전의 것) 제160조 제1항에 의하여 그 사유가 없어진 후 2주일 내에 해태된 소송행위(제소행위)를 추완할 수 있다고 할 것이며, 여기서 당사자가 책임질 수 없는 사유란 당사자가 그 소송행위를 하기 위하여 일반적으로 하여야 할 주의를 다하였음에도 불구하고 그 기간을 준수할 수 없었던 사유를 말한다. [2] 위헌결정을 선고받은 법률조항의 합헌성을 신뢰했다는 사정이 행정소송법 제8조에 의하여 소제기행위의 추완에 준용되는 민사소송법 제160조 제1항에서 정한 '당사자가 책임질 수 없는 사유'에 해당하지 아니한다고 한 사례(부정). 대판 2012. 3. 15. 2008두4619 【인가취소및해산통보처분취소】 [3] 금융위원회가 갑 상호저축은행 주식회사에 '경영이 건전하지 못하여 공익을 크게 해할 우려가 있다'는 이유로 구 상호저축은행법(2007. 7. 19. 법률 제8522호로 개정되기 전의 것) 제24조 제2항 제2호 및 제6호 규정에 따라 영업인가를 취소하는 처분을 하였는데, 갑 은행이 처분 통지일로부터 90일이 지나서 취소소송을 제기하고 그 직후 선임된 특별대리인이 이를 추인한 사안에서, 갑 은행의 기존 대표이사와 관리인이 취소소송을 제기할 수 없었던 이상 갑 은행이 처분 통지일부터 90일의 제소기간이 지난 후에

련하여 행정심판법 제18조 제5항 불고지·오고지가 당사자가 책임질 수 없는 사유에 해당하는지 여부에 대하여 논란이 있지만 판례는 부정하고 있다[497].

3) 구체적 기준

처분이 있는 날로부터 1년이 경과된 경우 또는 처분이 있음을 안 날로부터 90일이 경과된 경우 양자 중 하나라도 기간이 경과되면 부적법한 소로서 각하된다. 기간의 계산은 행정소송법에 특별한 규정이 없으므로 초일을 산입하지 않는 등 민법의 규정에 따른다.

가) 처분이 송달된 경우

처분이 있음을 안 날이란 현실적으로 알고 있어야 하기 때문에 단순히 행정처분이 유효하게 송달되어 상대방이 알 수 있는 상태에 놓인 것만으로는 부족하지만, 적법한 송달[498]이 있으면 특별한 사정이 없는 한 처분이 있음을 알았다고 사실상 추정된다. 따라서 송달 후 90일을 도과하여 제소한 경우 원고가 특별한 사정이 있어 당시 알지 못하였다는 사정을 입증해야 한다. 명시적 또는 묵시적으로 처분권한을 위임받은 대리인이 송달받은 경우라면 수령시부터 본인도 처

소를 제기하였다고 하더라도 이는 민사소송법 제173조 제1항에 규정된 책임질 수 없는 사유로 말미암아 불변기간을 지킬 수 없었던 경우로서 특별대리인이 선임되어 그 사유가 없어진 날부터 2주 내에 게을리 한 소송행위를 보완할 수 있다고 볼 여지가 있고, 이러한 책임질 수 없는 사유가 존재했는지는 취소소송의 당사자인 갑 은행을 기준으로 살펴야 하므로, 원심은 갑 은행의 특별대리인이 선임된 때부터 2주 내에 소송행위를 적법하게 보완한 것인지를 살펴 갑 은행의 소가 적법한지를 판단했어야 한다는 이유로, 이러한 조치 없이 제소기간이 지났다고 보아 갑 은행의 소를 각하한 원심판결에 제소기간에 관한 법리를 오해한 위법이 있다고 한 사례(긍정).

497) 대판 2001. 5. 8. 2000두6916 [1] 행정소송법 제20조 제1항, 제3항에서 말하는 '취소소송은 처분 등이 있음을 안 날부터 90일 이내에 제기하여야 한다.'는 제소기간은 불변기간이고, 다만 당사자가 책임질 수 없는 사유로 인하여 이를 준수할 수 없었던 경우에는 같은 법 제8조에 의하여 준용되는 민사소송법 제160조 제1항에 의하여 그 사유가 없어진 후 2주일 내에 해태된 제소행위를 추완할 수 있다고 할 것이며, 여기서 당사자가 책임질 수 없는 사유란 당사자가 그 소송행위를 하기 위하여 일반적으로 하여야 할 주의를 다하였음에도 불구하고 그 기간을 준수할 수 없었던 사유를 말한다. [2] 행정청이 법정 심판청구기간보다 긴 기간으로 잘못 알린 경우에 그 잘못 알린 기간 내에 심판청구가 있으면 그 심판청구는 법정 심판청구기간 내에 제기된 것으로 본다는 취지의 행정심판법 제18조 제5항의 규정은 행정심판 제기에 관하여 적용되는 규정이지, 행정소송 제기에도 당연히 적용되는 규정이라고 할 수는 없다. [3] 행정심판과 행정소송은 그 성질, 불복사유, 제기기간, 판단기관 등에서 본질적인 차이점이 있고, 임의적 전치주의는 당사자가 행정심판과 행정소송의 유·불리를 스스로 판단하여 행정심판을 거칠지 여부를 선택할 수 있도록 한 취지에 불과하므로 어느 쟁송 형태를 취한 이상 그 쟁송에는 그에 관련된 법률 규정만이 적용될 것이지 두 쟁송 형태에 관련된 규정을 통틀어 당사자에게 유리한 규정만이 적용된다고 할 수는 없으며, 행정처분시나 그 이후 행정청으로부터 행정심판 제기기간에 관하여 법정 심판청구기간보다 긴 기간으로 잘못 통지받은 경우에 보호할 신뢰 이익은 그 통지받은 기간 내에 행정심판을 제기한 경우에 한하는 것이지 행정소송을 제기한 경우에까지 확대된다고 할 수 없으므로, 당사자가 행정처분시나 그 이후 행정청으로부터 행정심판 제기기간에 관하여 법정 심판청구기간보다 긴 기간으로 잘못 통지받아 행정소송법상 법정 제소기간을 도과하였다고 하더라도, 그것이 당사자가 책임질 수 없는 사유로 인한 것이라고 할 수는 없다.

498) 수령거절 : 처분의 상대방이나 정당한 수령권자가 합리적 이유 없이 처분서의 수령을 거절하거나 수령 후 처분서를 반환한 경우에는 적법하게 송달된 것으로 본다.

분이 있음을 알았다고 추정된다.

나) 처분이 공고 또는 고시된 경우

판례는 행정처분의 효력이 불특정 다수인에게 동시에 발생하기 때문에 제소기간을 일률적으로 정함이 상당한 사안에 대해 '통상 고시 또는 공고에 의하여 행정처분을 하는 경우에는 그 처분의 상대방이 불특정 다수인이고, 그 처분의 효력이 불특정 다수인에게 일률적으로 적용되는 것이므로, 그에 대한 행정심판 청구기간도 그 행정처분에 이해관계를 갖는 자가 고시 또는 공고가 있었다는 사실을 현실적으로 알았는지 여부에 관계없이 고시가 효력을 발생하는 날인 고시 또는 공고가 있은 후 5일이 경과한 날에 행정처분이 있음을 알았다고 보아야 한다.'고 판시하고 있다[499) 500)]. 그러나 행정처분의 효력이 특정인에게 발생하는 사안에 대해 '행정소송법 제20조 제1항 소정의 제소기간 기산점인 처분이 있음을 안 날이라 함은 당사자가 통지 · 공고 기타의 방법에 의하여 당해 처분이 있었다는 사실을 현실적으로 안 날을 의미하는바, 특정인에 대한 행정처분을 주소불명 등의 이유로 송달할 수 없어 관보 · 공보 · 게시판 · 일간신문 등에 공고한 경우에는, 공고가 효력을 발생하는 날에 상대방이 그 행정처분이 있음을 알았다고 볼 수는 없고, 상대방이 당해 처분이 있었다는 사실을 현실적으로 안 날에 그 처분이 있음을 알았다고 보아야 한다.'고 판시하고 있다[501)]. 공고의 효력이 발생한 날을 '처분이 있음을 안 날'로 보는 판례의 태도

---

499) 대판 1995. 8. 22. 94누5694, 대판 2000. 9. 8. 99두11257, 대판 2006. 4. 14. 2004두3847, 대판 2007. 6. 14. 2004두619 【청소년유해매체물결정및고시처분무효확인】 통상 고시 또는 공고에 의하여 행정처분을 하는 경우에는 그 처분의 상대방이 불특정 다수인이고 그 처분의 효력이 불특정 다수인에게 일률적으로 적용되는 것이므로, 그 행정처분에 이해관계를 갖는 자가 고시 또는 공고가 있었다는 사실을 현실적으로 알았는지 여부에 관계없이 고시가 효력을 발생하는 날 행정처분이 있음을 알았다고 보아야 한다. 인터넷 웹사이트에 대하여 구 청소년보호법에 따른 청소년유해매체물 결정 및 고시처분을 한 사안에서, 위 결정은 이해관계인이 고시가 있었음을 알았는지 여부에 관계없이 관보에 고시됨으로써 효력이 발생하고, 그가 위 결정을 통지받지 못하였다는 것이 제소기간을 준수하지 못한 것에 대한 정당한 사유가 될 수 없다.

500) 대판 2006. 4. 14. 2004두3847 【토지수용재결처분취소】 [1] 통상 고시 또는 공고에 의하여 행정처분을 하는 경우에는 그 처분의 상대방이 불특정 다수인이고, 그 처분의 효력이 불특정 다수인에게 일률적으로 적용되는 것이므로, 그 행정처분에 이해관계를 갖는 자는 고시 또는 공고가 있었다는 사실을 현실적으로 알았는지 여부에 관계없이 고시가 효력을 발생하는 날에 행정처분이 있음을 알았다고 보아야 하고, 따라서 그에 대한 취소소송은 그 날로부터 90일 이내에 제기하여야 한다. [2] 국방 · 군사시설사업 실시계획의 고시구역 안에 위치한 토지의 소유자가 부대장에게 발송한 공공용지 손실보상협의 불응통보서와 부동산명도 등의 소송제기 사실통보서의 내용은 위 토지에 대한 부대장의 손실보상협의요청을 거부하면서 그 명도를 구하는 것으로서 위 실시계획의 승인처분의 내용을 다투는 취지라고 볼 수 없고, 위 토지의 소유자가 지방자치단체의 장에게 제출한 토지수용재결 서류공고에 대한 의견서의 내용은 비록 위 실시계획의 승인처분의 위법성을 언급하고 있기는 하나 이는 위 토지에 대한 수용재결신청의 부당성을 위 지방자치단체의 장에게 밝히기 위한 것으로서 이를 가지고 국방부장관에 대한 위 실시계획의 승인처분의 취소를 구하는 취지라고는 볼 수 없으므로, 위 서류들을 제출한 사정만으로는 위 실시계획의 승인처분의 취소를 구하는 행정심판청구가 있었다고 볼 수 없다고 한 원심의 판단을 수긍한 사례.

501) 대판 2006. 4. 28. 2005두14851 【주민등록직권말소처분무효확인】 행정소송법 제20조 제1항 소정의 제소기간 기

를 비판하면서 공고의 효력이 발생한 날을 '처분이 있는 날'로 보아 현실적으로 처분이 있음을 알지 못하는 한 행정심판을 180일 내, 행정소송은 1년 내 제기할 수 있다는 견해도 있다(329).

다) 처분의 상대방이 아닌 제3자의 경우

행정처분의 상대방이 아닌 제3자는 일반적으로 처분이 있는 사실을 알 수 없기 때문에 처분이 있음을 안 날을 기준으로 한 제소기간이 적용되지 않지만, 제3자가 어떤 경로로든 행정처분이 있음을 알았을 때에는 그 때부터 처분이 있음을 안 날을 기준으로 한 제소기간이 적용된다.

라) 소를 변경하거나 병합한 경우

제소기간의 기산점은 원칙적으로 소 제기시를 기준으로 하고, 구 소의 취하와 신 소의 제기 효과가 발생하는 **청구의 교환적 변경**의 경우에는 소 변경시를 기준으로 하고[502], 구 소에 신 소가 추가적으로 병합되는 관련청구의 병합의 경우에도 신 소의 제기시를 기준으로 한다[503]. 그러나 **청구가 변경되지 않는 피고의 경정(330)이나 소의 종류의 변경**(331)의 경우에는 구 소, 변경 전의 소를 기준으로 한다[504]. 또한 변경 후의 청구가 변경 전의 청구와 소송물이 실질적으로 동일하거나 밀접한 관계에 있어 변경 전의 청구에 이미 변경 후의 청구까지 포함되어 있다고 볼

산점인 '처분이 있음을 안 날'이라 함은 당사자가 통지, 공고 기타의 방법에 의하여 당해 처분이 있었다는 사실을 현실적으로 안 날을 의미하는바, 특정인에 대한 행정처분을 주소불명 등의 이유로 송달할 수 없어 관보·공보·게시판·일간신문 등에 공고한 경우에는, 공고가 효력을 발생하는 날에 상대방이 그 행정처분이 있음을 알았다고 볼 수는 없고, 상대방이 당해 처분이 있었다는 사실을 현실적으로 안 날에 그 처분이 있음을 알았다고 보아야 한다.

502) 대판 2004. 11. 25. 2004두7023 【사도개설허가취소신청거부처분취소】 취소소송은 처분 등이 있음을 안 날부터 90일 이내에 제기하여야 하고, 처분 등이 있은 날부터 1년을 경과하면 제기하지 못하며(행정소송법 제20조 제1항, 제2항), 청구취지를 변경하여 구 소가 취하되고 새로운 소가 제기된 것으로 변경되었을 때에 새로운 소에 대한 제소기간의 준수 등은 원칙적으로 소의 변경이 있은 때를 기준으로 하여야 한다.

503) 대판 2004. 12. 10. 2003두12257 【병역처분취소처분취소】 보충역편입처분취소처분의 효력을 다투는 소에 공익근무요원복무중단처분, 현역병입영대상편입처분 및 현역병입영통지처분의 취소를 구하는 청구를 추가적으로 병합한 사안에서 '공익근무요원복무중단처분, 현역병입영대상편입처분 및 현역병입영통지처분은 보충역편입처분취소처분을 전제로 한 것이기는 하나 각각 단계적으로 별개의 법률효과를 발생시키는 독립된 행정처분으로서 하나의 소송물로 평가할 수 없고, 보충역편입처분취소처분의 효력을 다투는 소에 공익근무요원복무중단처분, 현역병입영대상편입처분 및 현역병입영통지처분을 다투는 소도 포함되어 있다고 볼 수는 없다고 할 것이므로, 공익근무요원복무중단처분, 현역병입영대상편입처분 및 현역병입영통지처분의 취소를 구하는 소의 제소기간의 준수 여부는 각 그 청구취지의 추가·변경신청이 있은 때를 기준으로 개별적으로 살펴야 한다.

504) 대판 2005. 12. 23. 2005두3554 【채석허가수허가자변경신고수리처분취소】 하자 있는 행정처분을 놓고 이를 무효로 볼 것인지 아니면 단순히 취소할 수 있는 처분으로 볼 것인지는 동일한 사실관계를 토대로 한 법률적 평가의 문제에 불과하고, 행정처분의 무효확인을 구하는 소에는 특단의 사정이 없는 한 그 취소를 구하는 취지도 포함되어 있다고 보아야 하는 점 등에 비추어 볼 때, 동일한 행정처분에 대하여 무효확인의 소를 제기하였다가 그 후 그 처분의 취소를 구하는 소를 추가적으로 병합한 경우, 주된 청구인 무효확인의 소가 적법한 제소기간 내에 제기되었다면 추가로 병합된 취소청구의 소도 적법하게 제기된 것으로 봄이 상당하다. 취소소송과 무효확인소송은 소송물이 처분의 위법으로 사실상 동일하기 때문에 양자의 병합은 청구의 병합보다 공격방어방법의 추가에 가깝다.

수 있는 특별한 사정이 있는 때에는 당초의 소 제기시를 기준으로 한다[505]. 감액경정처분이 있는 경우(332) 또는 제재적 행정처분이 유리하게 변경된 경우[506] 등은 최초의 처분을 기준으로 하지만, 증액경정처분이 있는 경우 등은 변경된 처분을 기준으로 한다. 다만, 당초의 과세처분에 존재하고 있다고 주장되는 위법사유가 증액경정처분에도 존재하고 있어 당초의 과세처분이 위법하다고 판단되면 증액경정처분도 위법하다고 하지 않을 수 없는 경우, 당초의 과세처분에 대한 전심절차에서 청구의 취지나 이유를 변경하지 아니하였다고 하더라도 증액경정처분에 대한 별도의 전심절차 없이 증액경정처분의 취소를 구할 수 있고, 증액경정처분의 취소를 구하는 소송의 제소기간 준수 여부의 판단 기준은 형식적인 청구취지의 변경 시가 아니라 증액경정처분에 대한 불복의 의사가 담긴 당초의 소 제기 시를 기준으로 판단하여야 한다[507].

---

505) 위 대판 2003두12257 내용 중 원심판단 '보충역편입처분 후 공익근무요원으로 소집되어 근무 중이던 원고가 보충역편입처분을 취소당한 후 뒤이어 공익근무요원복무중단처분, 현역병입영대상편입처분 및 현역병입영통지처분 등을 받았고, 원고는 종전의 보충역 지위를 회복하여 공익근무요원으로 근무한 기간을 인정받기 위하여 이 사건 소를 제기한 것임을 알 수 있으며, 그렇게 하기 위하여는 소제기시에 한 보충역편입처분취소처분의 취소뿐만 아니라 그 후속조치로 이어진 공익근무요원복무중단처분, 현역병입영대상편입처분 등의 취소까지 이루어져야 한다 할 것이므로, 이 사건의 경우 소변경으로 추가된 청구는 소제기시에 한 최초의 청구와 그 소송물이 밀접한 관계에 있어 최초의 청구에 변경 후의 추가청구까지 포함되어 있다고 볼 수 있는 특별한 사정이 있는 경우에 해당한다 할 것이고, 따라서 최초의 소제기시를 기준으로 살피면 추가청구도 제소기간을 준수하였다고 보아야 한다.'(대법원에서 파기됨)

506) 대판 2007. 4. 27. 2004두9302 행정청이 식품위생법령에 따라 영업자에게 행정제재처분을 한 후 그 처분을 영업자에게 유리하게 변경하는 처분을 한 경우, 변경처분에 의하여 당초 처분은 소멸하는 것이 아니고 당초부터 유리하게 변경된 내용의 처분으로 존재하는 것이므로, 변경처분에 의하여 유리하게 변경된 내용의 행정제재가 위법하다 하여 그 취소를 구하는 경우 그 취소소송의 대상은 변경된 내용의 당초 처분이지 변경처분은 아니고, 제소기간의 준수 여부도 변경처분이 아닌 변경된 내용의 당초 처분을 기준으로 판단하여야 한다.' 본건은 당초처분인 2002. 12. 26.자 3월의 영업정지처분에 대하여 행정심판에서 '3월의 영업정지처분을 2월의 영업정지에 갈음하는 과징금부과처분으로 변경하라.'는 일부기각(일부인용)의 이행재결(처분명령재결)이 이루어졌고(2003. 3. 10. 재결서 정본이 원고에게 도달함.), 재결취지에 따라 2003. 3. 13.자 '3월의 영업정지처분을 과징금 560만 원으로 변경한다.'는 변경처분되었지만, 2003. 3. 13.자 과징금부과처분 취소소송이 2003. 6. 12. 제기된 사안인바, 법원은 '후속 변경처분에 의하여 당초부터 유리하게 변경되어 존속하는 2002. 12. 26.자 과징금부과처분의 취소를 구하고 있는 것으로 보아야 할 것이고, 일부기각(일부인용)의 이행재결에 따른 후속 변경처분에 의하여 변경된 내용의 당초처분의 취소를 구하는 이 사건 소 또한 행정심판재결서 정본을 송달받은 날로부터 90일 이내 제기되어야 하는데 원고가 위 재결서의 정본을 송달받은 날로부터 90일이 경과하여 이 사건 소를 제기하였다는 이유로 이 사건 소가 부적법하다. 이에 대하여 처분명령재결에 의하여 처분이 변경되면 변경된 처분을 기준으로 삼아야 한다는 반대 견해도 있다『박균성, 제8판 행정법론(상)(박영사, 2009), 1052쪽』.

507) 대판 2013. 2. 14. 2011두25005 【소득세부과처분취소】 '당초의 과세처분에 존재하고 있다고 주장되는 위법사유가 증액경정처분에도 마찬가지로 존재하고 있어 당초의 과세처분이 위법하다고 판단되면 증액경정처분도 위법하다고 하지 않을 수 없는 경우라면, 당초의 과세처분에 대한 전심절차의 진행 중에 증액경정처분이 이루어졌음에도 불구하고 그대로 전심절차를 진행한 납세자의 행위 속에는 달리 특별한 사정이 없는 한 당초의 과세처분에 대한 심사청구 또는 심판청구를 통하여 당초의 과세처분을 흡수하고 있는 증액경정처분의 취소를 구하는 의사가 묵시적으로 포함되어 있다고 봄이 타당하다. 따라서 이러한 경우에는 설령 납세자가 당초의 과세처분에 대한 전심절차에서 청구의 취지나 이유를 변경하지 아니하였다고 하더라도 증액경정처분에 대한 별도의 전심절차를 거칠 필요 없이 당초 제기한 심사청구 또는 심판청구에 대한 결정의 통지를 받은 날부터 90일 이내에 증액경정처분의 취소를 구하는 행정소송을 제기할 수 있다고 할 것이다. 그리고 납세자가 이와 같은 과정을 거쳐 행정소송을 제기하면서 당초의 과세처분의 취소를 구하는 것으로 청구취지를 기재하였다 하더라도, 이는 잘못된 판단에 따라 소송의 대상에 관한 청구

3. 행정심판전치주의

제18조(행정심판과의 관계) ① 취소소송은 법령의 규정에 의하여 당해 처분에 대한 행정심판을 제기할 수 있는 경우에도 이를 거치지 아니하고 제기할 수 있다. 다만, 다른 법률에 당해 처분에 대한 행정심판의 재결을 거치지 아니하면 취소소송을 제기할 수 없다는 규정이 있는 때에는 그러하지 아니하다.

② 제1항 단서의 경우에도 다음 각호의 1에 해당하는 사유가 있는 때에는 행정심판의 재결을 거치지 아니하고 취소소송을 제기할 수 있다.

1. 행정심판청구가 있은 날로부터 60일이 지나도 재결이 없는 때
2. 처분의 집행 또는 절차의 속행으로 생길 중대한 손해를 예방하여야 할 긴급한 필요가 있는 때
3. 법령의 규정에 의한 행정심판기관이 의결 또는 재결을 하지 못할 사유가 있는 때
4. 그 밖의 정당한 사유가 있는 때

③ 제1항 단서의 경우에 다음 각호의 1에 해당하는 사유가 있는 때에는 행정심판을 제기함이 없이 취소소송을 제기할 수 있다.

1. 동종사건에 관하여 이미 행정심판의 기각재결이 있은 때
2. 서로 내용상 관련되는 처분 또는 같은 목적을 위하여 단계적으로 진행되는 처분중 어느 하나가 이미 행정심판의 재결을 거친 때
3. 행정청이 사실심의 변론종결후 소송의 대상인 처분을 변경하여 당해 변경된 처분에 관하여 소를 제기하는 때
4. 처분을 행한 행정청이 행정심판을 거칠 필요가 없다고 잘못 알린 때

④ 제2항 및 제3항의 규정에 의한 사유는 이를 소명하여야 한다.

<준용 규정 : 제38조 ② 부작위위법확인소송>

가. 원칙 : 임의적 행정심판전치주의

종래 행정소송법은 필요적 행정심판전치주의와 2심제를 채택하였지만, 1994. 2. 27. 법률 제4770호로 개정된 행정소송법 부칙 제1조에 의하여 1998. 3. 1.부터 임의적 행정심판전치주의와 3심제로 바뀌었다[508]. 현행 행정소송법은 취소소송에 관하여 제18조 제1항 본문에서 '취소소송

취지를 잘못 기재한 것이라 할 것이고, 그 제소에 이른 경위나 증액경정처분의 성질 등에 비추어 납세자의 진정한 의사는 증액경정처분에 흡수됨으로써 이미 독립된 존재가치를 상실한 당초의 과세처분이 아니라 증액경정처분 자체의 취소를 구하는 데에 있다고 보아야 할 것이다. 따라서 납세자는 그 소송계속 중에 청구취지를 변경하는 형식으로 증액경정처분의 취소를 구하는 것으로 청구취지를 바로잡을 수 있는 것이고, 이때 제소기간의 준수 여부는 형식적인 청구취지의 변경 시가 아니라 증액경정처분에 대한 불복의 의사가 담긴 당초의 소 제기 시를 기준으로 판단하여야 한다.'

508) 행정심판은 행정기관에 설치된 행정쟁송을 총칭하는 개념으로서 실정법상 행정심판, 이의신청, 심사청구, 심판청구 등을 모두 포함한다.

은 법령의 규정에 의하여 당해 처분에 대한 행정심판을 제기할 수 있는 경우에도 이를 거치지 아니하고 제기할 수 있다.'고 규정하고, 부작위위법확인소송에 관하여 제38조 제2항에서 임의적 행정심판전치주의를 규정하고 있다. 임의적 행정심판전치주의가 적용되는 사건에서 행정심판의 경유 여부는 소송요건이 아니기 때문에 행정심판을 청구하지 않고 바로 행정소송을 제소할 수 있을 뿐만 아니라 행정심판을 청구하였는지 여부를 심리할 필요가 없다. 그럼에도 불구하고 이때의 행정심판은 행정심판의 절차가 비교적 간편하고, 행정처분의 위법뿐만 아니라 부당까지 주장할 수도 있고, 행정소송절차에서 행정심판기록 제출명령제도에 의하여 간편하게 소송자료를 얻을 수 있는 장점이 있기 때문에 국민의 권익구제에 유용한 제도로서 존재가치가 있다.

나. 예외 : 필요적 행정심판전치주의

1) 의의

현행 행정소송법은 제18조 제1항 단서에서 '다만, 다른 법률에 당해 처분에 대한 행정심판의 재결을 거치지 아니하면 취소소송을 제기할 수 없다는 규정이 있을 때는 그러하지 아니하다.'고 규정하여 예외적으로 **필요적 행정심판전치주의**를 채택하고 있다. 따라서 필요적 행정심판전치주의가 적용되는 사건에서 행정심판의 재결 존부(청구 여부가 아님)가 소송요건이기 때문에 행정소송을 제기하기 위해 반드시 행정심판을 청구해야 할 뿐만 아니라 반드시 행정심판의 재결이 존재하는지 여부를 심리해야 한다[509]. 이때의 행정심판은 대량적으로 행하여진 처분이나 전문기술적인 성질을 띤 처분 등에 관하여 행정청의 전문지식을 활용하여 자율적·능률적으로 신속하게 행정처분의 위법을 시정함과 동시에 법원의 부담을 경감하는 장점이 있기 때문에 국민의 권익구제에 유용한 제도로서 존재가치가 있다[510].

---

509) 필요적 전치사건임이 밝혀지면 ① 적법한 재결의 존재 ② 적법한 행정심판이 청구된 사실과 재결이 불필요한 요건의 존재 ③ 행정심판 청구가 불필요한 요건의 존재 중 어느 하나가 소명되어야 소송요건을 갖춘 것으로 볼 수 있다.
대판 2014. 12. 11. 2012두20618 조세행정에 있어서 2개 이상의 같은 목적의 행정처분이 단계적·발전적 과정에서 이루어진 것으로서 서로 내용상 관련이 있다든지, 조세행정소송 계속 중에 그 대상인 과세처분을 과세관청이 변경하였는데 위법사유가 공통된다든지, 동일한 행정처분에 의하여 수인이 동일한 의무를 부담하게 되는 경우에 선행처분에 대하여 또는 그 납세의무자들 중 1인이 적법한 전심절차를 거친 때와 같이, 국세청장과 조세심판원으로 하여금 기본적 사실관계와 법률문제에 대하여 다시 판단할 수 있는 기회를 부여하였을 뿐더러 납세의무자로 하여금 굳이 또 전심절차를 거치게 하는 것이 가혹하다고 보이는 등 정당한 사유가 있는 때에는 납세의무자가 전심절차를 거치지 아니하고도 과세처분의 취소를 청구하는 행정소송을 제기할 수 있다고 할 것이나, 그와 같은 정당한 사유가 없는 경우에는 전심절차를 거치지 아니한 채 과세처분의 취소를 청구하는 행정소송을 제기하는 것은 부적법하다.

510) 필요적 전치주의는 소송경제 측면에서 인정되는 제도로서 어느 범위에서 필요적 전치주의를 채택할 것인지 여부는 입법정책의 문제이지만, 권리구제에 실효성 없는 행정심판 전치주의 강제는 사실상 헌법이 보장한 재판청구권의 침

2) 적용범위

필요적 행정심판전치주의는 처분의 근거가 되는 형식적 의미의 '법률[511]'에서 '행정심판의 재결을 거치지 아니하면 취소소송을 제기할 수 없다.'는 명시적 규정이 있는 경우에 한한다. 현행법상 필요적 행정심판전치주의를 규정하고 있는 법률은 도로교통법(제142조)[512], 국가공무원법(제16조 제2항), 교육공무원법(제53조 제1항)[513], 지방공무원법(제20조의 2), 국세기본법(제56조 제2항)[514], 관세법(제120조 제2항), 선박안전법(제72조(333)) 및 감사원법(제40조)[515], 노동

해로서 위헌의 문제가 발생할 수 있다. 헌재 2000. 6. 1. 98헌바8【산업재해보상보험법제94조 제2항등위헌소원】[1] 헌법 제107조 제3항은 '재판의 전심절차로서 행정심판을 할 수 있다. 행정심판의 절차는 법률로 정하되, 사법절차가 준용되어야 한다.'고 규정하고 있으므로, 입법자가 행정심판을 전심절차가 아니라 종심절차로 규정함으로써 정식재판의 기회를 배제하거나, 어떤 행정심판을 필요적 전심절차로 규정하면서도 그 절차에 사법절차가 준용되지 않는다면 이는 헌법 제107조 제3항, 나아가 재판청구권을 보장하고 있는 헌법 제27조에도 위반된다. 여기서 말하는 '사법절차'를 특징지우는 요소로는 판단기관의 독립성·공정성, 대심적 심리구조, 당사자의 절차적 권리보장 등을 들 수 있으나, 위 헌법조항은 행정심판에 사법절차가 '준용'될 것만을 요구하고 있으므로 위와 같은 사법절차적 요소를 엄격히 갖춰야 할 필요는 없다고 할지라도, 적어도 사법절차의 본질적 요소를 전혀 구비하지 아니하고 있다면 '준용'의 요구에마저 위반된다. [2] 산업재해보상보험법이 규정하고 있는 심사청구·재심사청구의 절차와 여기에 보완적으로 적용되는 행정심판법의 심리절차까지 고려하여 살펴보면, 심사청구·재심사청구의 절차는 전체적으로 대심주의 구조에 가깝도록 배려되어 있다고 할 수 있고, 증거조사신청권 등 당사자의 절차적 권리가 상당히 보장되어 있으며, 재결의 절차와 방식, 재결의 효력 등의 면에서도 사법절차를 준용하고 있다. 재결기관의 독립성·공정성에 관하여 보건대, 재심사청구의 재결기관인 산업재해보상보험심사위원회는 그 구성과 운영에 있어서 심의·재결의 독립성과 공정성을 객관적으로 신뢰할 수 있을만 하고, 심사청구의 경우에도 근로복지공단이 그 재결기관으로 되어 있다는 점만으로 심의·재결의 독립성과 공정성이 본질적으로 배제되어 있다고 하기 어려우며 심사청구에 관한 결정에 불복이 있는 자는 재심사청구의 기회가 보장되어 있다. 그렇다면 전체적으로 볼 때 위 법에서 규정한 심사청구·재심사청구제도는 헌법 제107조 제3항에 위반된다고 할 수 없다. [3] 헌법 제107조 제3항은 행정심판의 절차를 법률로 정하도록 하고 있으므로 입법자는 행정심판을 통한 권리구제의 효율성, 행정청에 의한 자기시정의 개연성, 문제되는 행정심판사항의 특성 등 여러 가지 요소를 감안하여 입법정책적으로 행정심판절차의 구체적 모습을 형성할 수 있다. 산업재해보상업무에는 업무와 재해간의 의학적 인과관계, 신체장해의 정도, 요양의 필요성 등 고도의 의학적·법학적·보험정책적 전문성과 기술성이 요구되어 이에 관한 행정기관의 전문성을 충분히 살릴 필요가 크므로 다른 일반의 행정처분과는 달리 특수한 전심절차를 둔 것에 합리성을 인정할 수 있고, 심사청구·재심사청구제도는 통상의 소송절차에 비하여 간편한 절차에 의해 시간과 비용을 절약하는 가운데 신속하고도 효율적인 권리구제를 꾀할 수 있다는 장점이 있으며, 비록 국민의 재판청구권을 제약하는 측면이 있는 것도 사실이나, 심사청구·재심사청구의 전치로 인한 노고와 시간, 즉 재판청구권의 제약의 정도는 경미한 데 비하여 그로 인하여 달성되는 공익은 매우 크다고 할 것이므로, 심사청구·재심사청구제도가 행정심판절차 형성에 관한 입법형성권의 한계를 벗어나 국민의 재판청구권을 침해하는 제도라고 할 수 없다.

511) 법률 이외 법규명령이나 조례·규칙으로 규정할 수 없는데, 조례에 근거한 처분에 대하여 조례로써 필요적 전치주의를 규정할 수 있다는 견해와 필요적 전치주의가 일종의 재판청구권의 제한으로 국가사무인 사법에 관한 사무이기 때문에 조례로써 규정할 수 없다는 견해(다수) 등의 대립이 있다.

512) 과태료처분과 통고처분은 제외된다.

513) 사립학교교원의 경우 교원지위 향상을 위한 특별법에 의한 교원소청심사위원회의 결정에 대하여 행정소송을 제기해야 하는데, 사립학교교장의 처분이 행정쟁송법상 처분이 아니기 때문에 교원소청심사위원회의 결정이 재결이 아닌 원처분이고, 이 경우의 교원소청은 행정심판이 아니기 때문에 행정심판 전치주의가 적용되는 사례가 아니라 할 것이다.

514) 지방세는 지방세법 제72조 제1항에 의하여 임의적 전치주의로 규정되어 있는데, 종전 필요적 전치주의 규정이 위헌 선고됨으로 인하여 변경되었다.

515) 회계관계직원에 대한 감사원의 변상판정에 대하여 감사원에 재심의를 청구한 후 재심의결정에 대하여 행정소송을 제기하도록 규정하고 있는데, 필요적 전치주의는 행정소송의 대상을 재결로 규정한 재결주의에 수반한 것에 불과하다.

위원회법(제27조 제1항)[516], 특허법(특허법 제186조 제189조, 실용신안법, 디자인보호법, 상표법) 등이 있다. 이중 도로교통법 등의 처분은 행정심판법에 의한 행정심판전치주의 규정과 행정소송법상 제소기간 규정 등이 적용되지만, 공무원 관련 처분, 국세·관세 관련 처분, 노동 관련 처분, 특허 관련 처분 등은 개별법에서 별도로 행정심판기관, 심판청구기간, 행정심판전치주의, 제소기간 등 특별행정심판절차가 마련되어 있기 때문에 개별법이 우선 적용된다(334).

필요적 행정심판전치주의는 **취소소송과 부작위위법확인소송에서만 적용**될 뿐 무효등확인소송이나 공법상 당사자소송에서는 적용되지 않는다. 무효를 선언하는 의미의 취소소송에서 형식이 취소소송이기 때문에 필요적 전치주의가 적용된다는 견해와 실질이 무효등확인소송이기 때문에 적용되지 않는다는 견해 등의 대립이 있지만, 판례는 '취소사유와 무효사유의 구분이 상대적일 뿐만 아니라 본안 판단 사항이지만 필요적 전치주의가 소송요건으로 본안전 판단 사항이라는 점에 비추어 실체에 있어서 무효확인을 구하는 소송이라 하더라도 취소소송의 형식을 취하고 있는 이상 취소소송의 소송요건인 행정심판 전치주의의 요건을 충족해야 한다.'고 판시하고 있다[517]. 처분 등의 직접 상대방이 아닌 제3자의 경우 행정심판 제기기간을 준수하기 어렵다는 이유로 원칙적으로 행정심판 전치주의의 적용이 없다는 견해와 행정심판법 제18조 제3항 단서 행정심판을 처분이 있은 날로부터 180일 이내에 제기할 수 없었던 정당한 사유가 있는 경우에 해당하는 것으로 해석하면 족하기 때문에 행정심판 전치주의가 적용된다는 견해(다수) 등의 대립이 있다.

3) 내용

필요적 행정심판전치주의가 적용되는 사건에서 행정심판재결이 소송요건이기 때문에 통상 먼저 행정심판을 청구하여 재결을 받은 후 행정소송을 제기해야 하고 재결 전 행정소송을 제기하면 부적법한 소가 되지만, 소송요건은 사실심 변론종결시까지 충족되면 족하기 때문에 행정심판을 청구하지 않고 먼저 행정소송을 제기하였더라도 추후 행정심판을 청구하여 변론종결시

---

516) 지방노동위원회와 특별노동위원회의 처분에 대한 중앙노동위원회의 승인·취소·변경 재결에 대하여 행정소송을 제기하도록 규정하고 있는데, 필요적 전치주의는 행정소송의 대상을 재결로 규정한 재결주의에 수반한 것에 불과하다. 과거에는 중앙토지수용위원회의 이의재결에 대하여 행정소송을 제기하도록 재결주의가 규정되어 있었으나, 현재는 지방토지수용위원회 등의 수용재결에 대하여 행정소송을 제기하도록 원처분주의로 변경되었다.

517) 대판 1976. 2. 24. 75누128 : 1990. 8. 28. 90누1892 등 따라서 필요적 전치주의 요건을 갖추지 못한 경우라면 법원은 바로 소를 각하할 것이 아니라 석명권을 행사해서 무효등확인소송으로의 변경을 촉구해야 한다.

까지 전치 요건이 충족되면 하자가 치유되어 적법한 소가 된다[518]. 법령에서 두 단계 이상의 행정심판절차를 규정하면서 명시적으로 두 단계의 행정심판을 모두 요구하는 경우라면 모두 거쳐야 되지만, 명문의 규정이 없는 경우라면 어느 하나의 행정심판만을 거치면 족하다. 필요적 행정심판전치주의 요건을 충족하는 재결인지 여부를 판단함에 특정행정처분에 대한 행정심판재결이 있으면 족하기 때문에 행정심판청구인과 행정소송의 원고가 반드시 동일인이어야 할 필요는 없지만[519], 행정심판의 대상인 처분과 소송의 대상인 처분은 원칙적으로 동일해야 한다(주장이 공통되거나 동일할 필요는 없다[520]). 일단 행정심판재결이 존재하면 재결 등에 따른 처분에 대하여 취소소송을 제기하더라도 다시 행정심판절차를 거칠 필요는 없다.

청구된 행정심판이 적법해야 하고, 행정심판청구가 부적법 각하되거나 보정요구에 불응하여 각하된 경우라면 전치요건이 충족되었다고 볼 수 없다[521]. 부적법한 행정심판에 대하여 행정심

---

518) 대판 1987. 9. 22. 87누176 등 실무상 행정소송과 행정심판을 동시에 제기하는 경우가 빈번하고, 이 경우 법원은 행정심판재결이 없다는 이유로 소를 각하하지 아니하고 재결이 있을 때까지 기다린 후 하자가 치유되면 본안을 판단한다. 한편, 전치주의 충족 여부는 소송요건으로서 직권조사사항이기 때문에 법원은 당사자의 이의가 없더라도 직권으로 조사하여야 하고 불분명한 경우에는 석명권을 행사하여 밝혀야 하지만, 행정심판을 거치지 않고 소를 제기한 당사자에게 전치절차를 거치도록 종용하거나 그 보정을 명하여야 할 필요까지는 없다(대판 1995. 1. 12. 94누9948 등).

519) 대판 1988. 2. 23. 87누704 등 행정소송의 원고가 행정심판청구인과 동일한 지위에 있거나 그 지위를 실질적으로 승계한 경우는 원고 자신이 행정심판을 거치지 아니한 경우에도 그 행정소송은 적법하고 동일한 행정처분에 법률상 이해관계를 갖는 1인이 적법한 행정심판을 거친 경우 다른 이해관계인은 행정심판을 경유함이 없이 바로 소송을 제기할 수 있다 할 것이다.

520) 대판 1996. 6. 14. 96누754 등 행정심판 전치주의는 소송의 제기 전에 행정심판재결을 거칠 것을 요구하는데 그치고 청구인이 행정심판절차에서 주장하지 않았던 위법사유를 소송에서 새로 주장할 수 없도록 하는 취지는 아니다.

521) 행정심판 청구의 형식과 절차와 관련하여 행정심판법 제17조에서 행정심판에 필요한 사항을 기재한 서면을 재결청 또는 처분청에 제출하여야 한다고 규정하고 있지만, 이는 엄격한 형식을 갖춘 서면이 아니라 제목(진정서, 청원서, 이의신청서 등)이나 형식을 불문하고 형식상 불비사항이 있더라도 보정 가능한 이상 위법·부당한 행정처분으로 말미암아 권리·이익이 침해되었음을 주장하면서 처분의 취소 또는 변경을 구하는 취지의 서면이면 족하다(대판 1995. 9. 5. 94누16250 등). 대판 2012. 3. 29. 2011두26886 【도로점용료부과처분취소】 【피고 인천광역시 남동구청장】 [1] 지방자치법 제140조 제3항에서 정한 이의신청은 행정청의 위법·부당한 처분에 대하여 행정기관이 심판하는 행정심판과는 구별되는 별개의 제도이나, 이의신청과 행정심판은 모두 본질에 있어 행정처분으로 인하여 권리나 이익을 침해당한 상대방의 권리구제에 목적이 있고, 행정소송에 앞서 먼저 행정기관의 판단을 받는 데에 목적을 둔 엄격한 형식을 요하지 않는 서면행위이므로, 이의신청을 제기해야 할 사람이 처분청에 표제를 '행정심판청구서'로 한 서류를 제출한 경우라 할지라도 서류의 내용에 이의신청 요건에 맞는 불복취지와 사유가 충분히 기재되어 있다면 표제에도 불구하고 이를 처분에 대한 이의신청으로 볼 수 있다. [2] 갑 주식회사가 관할 구청장의 도로점용료 부과처분에 대하여 지방자치법이 정한 이의신청을 제기하여야 함에도 '행정심판청구서'라는 제목으로 불복신청서를 제출하였다가 행정심판위원회에서 행정심판 대상이 아니라는 이유로 각하결정을 받은 뒤 위 처분에 대한 취소소송을 제기한 사안에서, 비록 표제가 '행정심판청구서'라고 되어 있다 하더라도 갑 회사가 위 서면을 어느 행정청에 접수하였는지, 그리고 서면의 기재 내용이 이의신청 시 기재하여야 할 내용을 포함하고 있는지에 관하여 심리하여 위 서면의 제출을 이의신청으로 선해할 수 있는지 판단하지 아니한 채 행정심판청구가 위법하여 각하된 이상 제소기간은 원처분을 안 날부터 기산하는 것이 타당하다는 이유로 소를 각하한 제1심판결을 유지한 원심판결에 법리오해의 위법이 있다고 한 사례.

판위원회[522)]가 적법한 것으로 오인하고 본안을 판단하였더라도 행정심판 전치의 요건을 충족시켰다고 볼 수 없고(335), 적법한 행정심판에 대하여 행정심판위원회가 부적법한 것으로 오인하여 각하하였더라도 행정심판의 전치 요건을 충족하였다고 보아야 한다(336). 특히 행정심판의 제기기간과 관련하여 원칙적으로 처분이 있음을 안 날로부터 90일, 처분이 있은 날로부터 180일 내에 행정심판을 제기하도록 규정되어 있는 행정심판법 제18조 제1항, 제3항 등이 적용[523)]되는 도로교통법상 처분 등에 관하여 이러한 불복청구기간이 도과된 뒤에 제기된 불복신청을 각하하지 아니하고 본안 판단하였더라도 전치요건이 충족되었다고 볼 수 없다[524)].

4) 완화 [525)]

가) 행정심판을 제기할 필요 없이 행정소송을 제기할 수 있는 경우

ⓐ 동종사건에 대하여 이미 행정심판의 기각재결이 있은 때 [526)]

당해 사건뿐만 아니라 당해 사건과 기본적인 점에서 동질성을 인정할 수 있는 다른 사건(동종사건)에 대한 행정심판의 기각재결이 있은 때도 포함된다(337).

ⓑ 서로 내용상 관련되는 처분 또는 같은 목적을 위하여 단계적으로 진행되는 처분 중 어느 하나가 이미 행정심판의 재결을 거친 때

후행정처분이 선행정처분의 필연적 결과로서 이루어져 선행정처분에 대한 행정심판재결이 있어 후행정처분에 대한 행정심판도 동일한 운명에 처하게 될 관계에 있는 경우 등을 의미하고(338), 대집행계고처분과 대집행영장의 통지나 건축철거명령과 대집행계고처분 등과 같이 원칙적으로 선행정처분과 후행정처분의 행정청은 동일해야 한다(339).

---

522) 종전 행정심판법상 '재결청'을 의미한다.

523) 행정청이 처분을 하면서 심판청구기간을 위 기간보다 길게 잘못 알려 준 경우에는 그 잘못 알린 기간 내에 제기하면 되고, 심판청구기간을 고지하지 아니하였을 때는 180일 내에 청구하면 되는 점이 행정소송의 제소기간과 다른 점이다.

524) 행정심판법이 적용되지 않는 특별행정심판절차도 동일하다.

525) 필요적 전치주의의 폐해를 시정하기 위한 규정으로서 취소소송의 원고를 위한 규정이다. 다만 행정심판법이 적용되는 도로교통법상 처분 등은 본 조항이 적용되지만, 국세·관세 관련 처분 등은 개별법에서 별도의 완화 규정을 두면서 본 조항의 적용을 배제하고 있다. 즉, 1) 재결을 거칠 필요가 없는 경우(법정기한 내 재결의 통지가 없는 경우), 2) 행정심판의 제기가 불필요한 경우 ① 처분이 동일한 때, ② 동일하지는 않지만 관련처분일 때, ③ 처분이 변경될 때, ④ 중간처분에 대하여 전심절차를 거친 경우 등을 별도로 규정하고 있다.

526) ⓐ와 ⓑ는 성질상 당연히 행정심판을 거칠 필요 없는 경우로서 해석상의 의문을 없애기 위해 종래의 통설 및 판례의 태도를 성문화한 것이다.

ⓒ 소송 계속 중이나 또는 변론종결 후에 행정청이 당해 항고소송의 대상인 처분을 변경하여 그 변경된 처분에 대한 항고소송을 제기하는 때

불이익처분에 대하여 재량권남용 등을 이유로 취소판결이 확정되어 행정청이 불이익의 정도를 낮추어 다시 불이익 처분한 경우 등을 의미한다[527].

ⓓ 처분청이 행정심판을 거칠 필요가 없다고 고지한 때

행정심판법 제42조 제1항, 제2항에 의하면 행정청은 서면에 의한 처분을 하는 때에는 그 상대방에게 당해 처분에 대한 행정심판을 제기할 수 있는지의 여부, 제기하는 경우에 심판청구절차 및 청구기간을 알려야 하고, 이해관계인으로부터 당해 처분이 행정심판의 대상이 되는 처분인지 여부와 행정심판의 대상이 되는 경우에 행정심판위원회 및 청구기간에 관하여 알려줄 것을 요구받은 때는 지체 없이 이를 알려주도록 규정되어 있다. 이때 행정청이 착오로 당해 처분에 대하여 행정심판을 제기할 필요가 없는 것으로 고지한 때에는 잘못된 고지인지를 알았는지 여부와 관계없이 행정심판절차를 거칠 필요없이 행정소송을 제기할 수 있다[528]. 판례는 '처분청이 아닌 재결청 소속 행정심판 당당 공무원이 행정심판을 거칠 필요가 없다고 고지한 경우라도 본조를 유추적용하여 행정심판을 제기함이 없이 그 취소소송을 제기할 수 있다.'고 판시하고 있다[529].

나) 행정심판을 제기하였지만 행정심판재결을 기다릴 필요없이 행정소송을 제기할 수 있는 경우[530]

ⓐ 행정심판을 청구한 후 60일을 경과한 때

부당한 지연으로 인한 국민의 불이익을 구제하기 위한 조항으로 행정심판의 청구에 대한 원

527) 행정소송법 제22조 제3항에 따라 사실심 계속 중 소송의 대상인 처분이 행정청에 의하여 변경된 때에는 행정심판을 거칠 필요없이 소를 변경할 수 있고, 본조에 따라 사실심변론종결 후 처분이 변경된 때에도 행정심판을 거칠 필요없이 취소소송을 다시 제기할 수 있다.

528) 서울고등법원 2002. 3. 28. 2001누13036 필요적 전치주의가 적용되는 사건에서 '행정심판을 청구할 수 있다.'는 식으로 고지한 경우도 임의적 전치주의로 보아 행정심판을 거칠 필요가 없다.

529) 대판 1996. 8. 23. 96누4671 등 행정조직상의 형식적인 권한분장에 구애될 것이 아니라, 담당자의 조직상의 지위와 임무, 당해 언동을 하게 된 구체적인 경위 및 그에 대한 행정심판 청구인의 신뢰가능성에 비추어 실질에 의하여 판단하여야 한다.

530) 행정심판 청구조차 필요없다고 보는 견해 [서울고등법원 2001. 7. 19. 2001구6707 불분명하게 규정된 법문(행정심판을 청구할 수 있다.)으로 인하여 필요적 전치사건을 임의적 전치사건으로 오인하여 행정심판을 제기하지 않고 바로 행정소송을 제기한 것이 행정소송법 제18조 제2항 제4호 정당한 사유에 해당하는 때에 해당하여 적법하다.]와 적법한 행정심판 청구에 따른 재결의 존재가 소송요건이 아니라 조문의 체계에 비추어 적법한 행정심판 청구가 소송요건이 된다고 보는 견해 등이 있는데, 어느 견해에 의하든 법원은 행정심판의 재결 없이 판결을 선고할 수 있다.

칙적인 재결기간인 60일이 지나도 재결이 없는 경우에 예외적으로 재결없이 국민은 행정소송을 제기할 수도 있고, 법원은 필요적 행정심판전치주의 관련 소송요건이 구비된 것으로 보고 변론을 종결하고 판결을 선고할 수 있다.

ⓑ 처분의 집행 또는 절차의 속행으로 생길 중대한 손해를 예방하여야 할 긴급한 필요가 있을 때

권리구제수단인 행정소송의 실효성을 확보하기 위한 조항으로 통상 행정소송법 제23조 제2항에 의한 집행정지제도를 통하여 본안판결의 실효성을 확보할 수 있는 경우라면 적용이 적절하지 않지만, 집행정지의 대상이 아닌 거부처분 등과 같은 처분에서 속히 본안판단을 받을 필요가 있는 경우(60일을 기다릴 시간적 여유가 없는 경우 등)라면 적용될 수 있다고 해석된다.

ⓒ 법령의 규정에 의한 행정심판기관이 의결 또는 재결을 하지 못할 사유가 있는 때

일반적으로 예견할 수 없는 경우이지만 만약을 대비한 조항이다.

ⓓ 그 밖의 정당한 사유가 있는 때

재결을 기다려서는 청구의 목적을 달성하는 것이 불가능하거나 현저히 곤란한 경우 등을 의미하고, 사안별로 개별적·구체적 사정을 종합 고려해서 판단해야 한다.

4. 특별행정심판과 소송요건

가. 조세 관련 소송[531) 532)]

국세기본법 또는 세법에 의한 처분으로서 위법 또는 부당한 처분을 받거나 필요한 처분을 받지 못함으로써 권리 또는 이익의 침해를 당한 자는 심사청구(국세청장) 또는 심판청구(조세심판원장)를 하여 그 처분의 취소 또는 변경이나 필요한 처분을 청구할 수 있다(340) [**특별행정심판기관**]. 심사청구와 심판청구는 당해 처분이 있음을 안 날(처분의 통지를 받은 때에는 그 받은 날)부터

531) 국세기본법 제55조, 제56조 등. 관세법 120조 등에서 이의신청(세관장), 심사청구(관세청장 - 관세심사위원회), 심판청구(조세심판원장 - 조세심판관회의, 조세심판관합동회의) 등 국세기본법과 동일하게 규정하고 있다.

532) 지방세의 경우 '도세 이의신청(도지사), 심판청구(조세심판원장).' '시·군세 이의신청(시장·군수), 심사청구(도지사), 심판청구(조세심판원장)'. 임의적 전치주의 채택 : 헌재 2001. 6. 28. 2000헌바30 '지방세 관련 처분에 대한 필요적 전치주의 규정을 위헌 선언.'

90일 이내에 제기하여야 한다(341) [불복기간]. 위법한 처분에 대한 행정소송은 행정소송법 제18조 제1항 본문·제2항 및 제3항의 규정에 불구하고 심사청구 또는 심판청구와 그에 대한 결정을 거치지 아니하면 이를 제기할 수 없다[필요적 행정심판전치주의 채택]. 행정소송은 행정소송법 제20조의 규정에 불구하고 심사청구 또는 심판청구에 대한 결정의 통지를 받은 날부터 90일 이내에 제기하여야 한다[제소기간[533]].

나. 공무원 징계 관련 소송[534]

1) 일반공무원의 경우(342)

징계처분 기타 본인의 의사에 반하는 불이익처분을 받은 국가 또는 지방공무원은 먼저 처분사유설명서를 받은 날, 설명서가 교부되지 않는 경우에는 처분이 있는 것을 안 날로부터 30일 내에 행정안전부에 설치된 소청심사위원회에 심사를 청구해야 한다[535] [특별행정심판기관, 불복기간]. 제75조에 따른 처분, 그 밖에 본인의 의사에 반한 불리한 처분이나 부작위에 관한 행정소송은 소청심사위원회의 심사·결정을 거치지 아니하면 제기할 수 없다[필요적 행정심판전치주의 채택]. 이에 대한 불복으로 제소기간을 별도로 규정하고 있지 않기 때문에 행정소송법 제20조에 의해 소청결정서정본을 송달받은 날로부터 90일 내에 소송을 제기하여야 한다.

---

533) 재결시를 기준으로만 규정하고 있지만, 특별행정심판절차를 거치지 않고 바로 행정소송을 제기할 수 있는 경우가 있는데 이때는 별도의 규정이 없으므로 행정소송법 제20조에 의해 처분이 있는 날로부터 1년, 처분이 있음을 안 날로부터 90일 이내에 제소해야 한다고 해석된다.

534) 지방공무원의 경우 : 지방공무원법 제13조 등에서 공무원의 징계, 그 밖에 그 의사에 반하는 불리한 처분이나 부작위(부작위)에 대한 소청을 심사·결정하기 위하여 시·도에 지방자치단체의 장(특별시·광역시·도 또는 특별자치도의 교육감을 포함)에 따른 임용권자별로(임용권을 위임받은 자는 제외한다.) 지방소청심사위원회 및 교육소청심사위원회를 두도록 규정하고 있다.

535) 처분사유설명서를 교부받은 날 및 교부받지 않은 경우에는 처분이 있음을 안 날만 규정되어 있고, 행정심판법이나 행정소송법상 처분이 있는 날을 기준으로 한 제소기간의 제한이 없다.

2) 공무원인 교원의 경우[536)] [537)]

교육공무원 중 교원이 징계처분과 그 밖에 그 의사에 반하는 불리한 처분에 대하여 불복할 때에는 그 처분이 있었던 것을 안 날부터 30일 이내에 교육과학기술부에 설치된 교원소청 심사위원회에 소청심사를 청구해야 한다[**특별행정심판기관, 불복기간, 필요적 행정심판전치주의 채택**]. 제소기간은 행정소송법이 적용된다.

다. 노동 관련 소송

중앙노동위원회의 처분에 대한 소는 중앙노동위원회위원장을 피고로 하여 처분의 통지를 받은 날부터 15일 이내에 이를 제기하여야 한다(343) [**재결주의의 채택**].

근로기로기준상 부당해고 등에 있어서 노동위원회법에 따른 지방노동위원회(344)의 구제명령이나 기각결정에 불복하는 사용자나 근로자는 구제명령서나 기각결정서를 통지받은 날부터 10일 이내에 중앙노동위원회에 재심을 신청할 수 있다[**특별행정심판기관, 불복기간**]. 중앙노동위원회의 재심판정에 대하여 사용자나 근로자는 재심판정서를 송달받은 날부터 15일 이내에 행정소송법의 규정에 따라 소를 제기할 수 있다(345) [**제소기간**].

노동조합 및 노동관계조정법상 부당노동행위 등에 있어서 지방노동위원회(346) 또는 특별노동위원회의 구제명령 또는 기각결정에 불복이 있는 관계 당사자는 명령서 또는 결정서의 송달을 받은 날부터 10일 이내에 중앙노동위원회에 재심을 신청할 수 있다[**특별행정심판기관, 불복기간**]. 중앙노동위원회의 재심판정에 대하여 관계 당사자는 재심판정서의 송달을 받은 날부터 15일 이내에 행정소송법이 정하는 바에 의하여 소를 제기할 수 있다(347) [**제소기간**].

노동조합 및 노동관계조정법상 중재재정 등에 있어서 지방노동위원회 또는 특별노동위원회의 중재재정에 불복이 있는 관계 당사자는 중재재정서의 송달을 받은 날부터 10일 이내에 중앙

---

536) 교육공무원법 제53조(국가공무원법과의 관계) 제1항 '국가공무원법 제16조 제2항을 교육공무원(공립대학에 근무하는 교육공무원은 제외)인 교원에 적용함에 있어서 동조 제2항의 소청심사위원회는 교원소청심사위원회로 본다.

537) 공무원이 아닌 교원의 경우 : 교원지위향상을 위한 특별법 제9조 제1항, 제10조 제3항 등에서 '교원이 징계처분과 그 밖에 그 의사에 반하는 불리한 처분에 대하여 불복할 때에는 그 처분이 있었던 것을 안 날부터 30일 이내에 심사위원회에 소청심사를 청구할 수 있다. 교원소청심사위원회의 결정에 대하여 교원, 사립학교법 제2조에 따른 학교법인 또는 사립학교 경영자 등 당사자는 그 결정서를 송달받은 날부터 90일 이내에 행정소송법으로 정하는 바에 따라 소송을 제기할 수 있다.'고 규정하고 있는데, 이때 교원소청심사위원회의 결정은 원처분으로 해석되기 때문에 필요적 전치주의나 재결주의가 채택된 것이 아니다.

노동위원회에 재심을 신청할 수 있다[특별행정심판기관, 불복기간]. 중앙노동위원회의 중재재정이나 재심결정에 대하여 관계 당사자는 중재재정서 또는 재심결정서의 송달을 받은 날부터 15일 이내에 행정소송을 제기할 수 있다(348) [제소기간].

라. 토지수용 관련 소송

중앙토지수용위원회 및 지방토지수용위원회의 수용재결에 대하여 이의가 있는 자는 중앙토지수용위원회에 이의를 신청할 수 있고, 이의의 신청은 재결서의 정본을 받은 날부터 30일 이내에 하여야 한다[특별행정심판기관, 불복기간]. 사업시행자·토지소유자 또는 관계인은 수용재결에 대하여 불복이 있는 때에는 재결서를 받은 날부터 60일 이내에, 이의신청을 거친 때에는 이의신청에 대한 재결서를 받은 날부터 30일 이내에 각각 행정소송을 제기할 수 있다(349)[임의적 전치주의, 제소기간].

마. 사회보험·연금 관련 소송

1) 국민연금

국민연금(350) 관련 가입자의 자격, 기준월소득액 및 급여 등에 관한 국민연금공단의 처분에 이의가 있는 자는 국민연금공단(351)에 처분이 있음을 안 날부터 90일 이내에 심사 청구할 수 있다. 국민연금공단의 결정에 대하여 불복해서 보건복지부에 설치된 국민연금재심사위원회에 결정통지를 받은 날부터 90일 이내에 재심사를 청구할 수 있다[특별행정심판기관, 불복기간].

2) 국민건강보험

국민건강보험(352) 관련 가입자 및 피부양자의 자격·보험료 등·보험급여 및 보험급여비용에 관한 공단의 처분에 이의가 있는 자는 국민건강보험공단에, 요양급여비용 및 요양급여의 적정성에 대한 평가 등에 관한 심사평가원의 처분에 이의가 있는 공단·요양기관 기타의 자는 보건복지부에 설치된 건강보험심사평가원에 처분이 있음을 안 날부터 90일 이내, 처분이 있은 날부터 180일 이내에 이의신청할 수 있다. 위 결정에 대하여 불복해서 보건복지부에 설치된 건강보험분쟁조정위원회에 결정이 있음을 안 날부터 90일 이내, 처분이 있은 날부터 180일 이내에 심판청구할 수 있다[특별행정심판기관, 불복기간].

한편, 2011. 1. 1.부터 건강보험 이외 국민연금보험, 산재보험 고용보험료 징수업무(고지, 수납, 체납업무)가 통합적으로 국민건강보험공단으로 이전되었기 때문에 국민연금보험, 산재보험, 고용보험료의 부과처분에 대하여 국민건강보험공단에 이의신청 등으로 불복할 수 있다.

3) 산업재해보상보험

산업재해보상보험(353) 관련 보험급여 · 진료비 · 약제비 등에 관한 결정, 진료계획 변경 조치 등, 보험급여의 일시지급에 관한 결정, 부당이득의 징수에 관한 결정, 수급권의 대위에 관한 결정 등에 관한 근로복지공단 소속 기관의 처분 등에 불복하는 자는 근로복지공단(354)에 결정이 있음을 안 날로부터 90일 이내에 심사 청구를 할 수 있다. 근로복지공단의 결정에 불복하여 고용노동부에 설치된 산업재해보상보험재심사위원회에 결정이 있음을 안 날부터 90일 이내에 재심사 청구할 수 있다[특별행정심판기관(355), 불복기간].

4) 고용보험

고용보험(356) 관련 피보험자격의 취득 · 상실에 대한 확인, 실업급여 및 육아휴직 급여와 산전후휴가 급여 등에 관한 지방노동청장의 처분(원처분)에 이의가 있는 자는 각 지방노동청에 소재한 고용보험심사관에게 확인 또는 처분이 있음을 안 날부터 90일 이내에 심사를 청구할 수 있고, 그 결정에 이의가 있는 자는 고용노동부에 설치된 고용보험심사위원회에 결정이 있음을 안 날부터 90일 이내에 재심사를 청구할 수 있다[특별행정심판기관, 불복기간].

5) 공무원연금

공무원연금(357) 관련 급여에 관한 결정, 기여금의 징수 기타 이 법에 의한 급여에 관한 공무원연금공단의 처분에 이의가 있는 자는 행정안전부에 설치된 공무원연금급여재심위원회에 결정 등이 있은 날부터 180일, 사실을 안 날부터 90일 이내에 심사를 청구할 수 있다[특별행정심판기관, 불복기간].

이상 국민연금(358), 국민건강보험, 산업재해보상보험(359), 고용보험(360) 및 공무원연금 관련하여 행정소송에 관하여 별도의 규정이 없으므로 행정소송법 제18조 제1항 본문이 적용되어 임의적 전치주의로 해석되고, 제소기간은 행정소송법 제20조에 따라 재결시와 처분시 기준이 모두 적용된다.

바. 공정거래 관련 소송

독점규제 및 공정거래에 관한 법률 위반 행위자에 대한 공정거래위원회의 시정명령, 과징금 부과 등은 처분의 통지를 받은 날로부터 30일 이내 이의신청할 수 있고, 공정거래위원회는 이의신청에 대하여 재결을 해야 한다[**특별행정심판기관, 볼복기간**]. 한편, 공정거래위원회의 처분에 대해 처분의 통지를 받은 날 또는 이의신청에 대한 재결서의 정본을 송달받은 날로부터 30일 이내 서울고등법원[538)]에 소를 제기해야 한다[**임의적 전치주의**[539)]**, 제소기간**].

사. 특허 관련 소송

특허·실용신안등록·의장등록·상표등록 등 특허출원에 대한 심사관의 거절결정[540)]에 대하여 불복하여 심판을 청구하고자 하는 자는 심판청구서를 특허심판원장에게 제출해야 하고, 심

538) 불복의 소는 공정거래위원회의 소재지를 관할하는 서울고등법원 전속관할이다.

539) 독점규제 및 공정거래에 관한 법률 제55조. 대판 1999. 12. 20. 99무42 [1] 행정소송법 제18조 제1항은 행정심판과 취소소송과의 관계에 관하여 규정하면서, 1994. 7. 27. 법률 제4770호로 개정되기 이전에는 법령의 규정에 의하여 당해 처분에 대한 행정심판을 제기할 수 있는 경우에는 그에 대한 재결을 거치지 아니하면 취소소송을 제기할 수 없다고 규정하여 이른바 재결전치주의를 택하고 있었으나, 위 개정 후에는 그와 같은 행정심판의 제기에 관한 근거 규정이 있는 경우에도 달리 그 행정심판의 재결을 거치지 아니하면 취소소송을 제기할 수 없다는 규정을 두고 있지 아니하는 한 그러한 행정심판의 재결을 거치지 아니하고도 취소소송을 제기할 수 있는 것으로 규정함으로써 이른바 자유선택주의로 전환하였으므로, 위 개정 조항이 같은 법 부칙(1994. 7. 27.) 제1조에 의하여 1998. 3. 1.자로 시행된 이후에는 법령의 규정에서 단지 행정심판의 제기에 관한 근거 규정만을 두고 있는 처분에 있어서는 위 개정 조항에 따라 그에 대한 행정심판 절차는 당연히 임의적 절차로 전환되었다. [2] 독점규제및공정거래에관한법률은 1999. 2. 5. 법률 제5813호로 개정되기 이전은 물론 그 이후에 있어서도 같은 법 제53조에서 공정거래위원회의 처분에 대하여 불복이 있는 자는 그 처분의 고지 또는 통지를 받은 날부터 30일 이내에 공정거래위원회에 이의신청을 할 수 있다고 규정하고 있을 뿐, 달리 그에 대한 재결을 거치지 아니하면 취소소송을 제기할 수 없다는 규정을 두고 있지 아니하므로, 행정소송법 제18조 제1항 개정 조항이 같은 법 부칙(1994. 7. 27.) 제1조에 의하여 1998. 3. 1.자로 시행된 이후에는 공정거래위원회의 처분에 대하여도 이의신청을 제기함이 없이 바로 취소소송을 제기할 수 있다. [3] 1999. 2. 5. 법률 제5813호로 개정되어 그 부칙 제1항에 의하여 1999. 4. 1.부터 시행된 독점규제및공정거래에관한법률 제54조 제1항은 공정거래위원회의 처분에 대한 불복의 소에 관하여 '그 처분을 송달받은 날부터 30일 이내'라는 제소기간을 신설함으로써 행정소송법 제20조 제1항이 규정하고 있는 '처분 등이 있음을 안 날부터 90일 이내'라는 제소기간에 대한 특례를 규정하고 있으나, 이는 그 시행일인 1999. 4. 1. 이후에 이루어진 처분에 대하여 적용되는 규정일 뿐이라 할 것이어서 그 시행일 이전에 이루어진 처분에 대하여는 위와 같은 행정소송법상의 제소기간이 여전히 적용된다.

540) 특허무효심판청구에 관한 심결 취소소송 중 당사자계 소송은 형식적 당사자소송으로 제기해야 한다.

결로써 심판을 종결한다[특별행정심판기관]. 심결에 대하여 불복하는 경우에는 심결등본을 송달받은 날로부터 30일 이내 특허법원에 소를 제기할 수 있다[재결주의의 채택, 제소기간].

아. 해난 관련 소송

해양사고[541]에 대하여 조사관이 지방해양안전심판원에 심판을 청구하면, 지방해양안전심판원은 해양사고의 원인과 관련자의 징계 등이 포함된 재결을 해야 한다. 지방해양안전심판원의 재결(원인규명재결과 징계재결, 권고재결 등을 포함)에 대하여 불복하는 경우 조사관·해양사고 관련자는 재결서정본을 송달받은 날로부터 14일 이내 중앙해양안전심판원에 2심의 청구를 할 수 있다[특별행정심판기관, 불복기간]. 중앙해양안전심판원의 재결(원인 규명 재결은 행정처분이라 할 수 없기 때문에 징계재결과 권고재결에 한정됨)에 대하여 볼복하는 경우 재결서정본을 송달을 받은 날로부터 30일 이내에 중앙해양심판원장을 피고로 중앙해양안전심판원의 소재지를 관할하는 고등법원[542]에 소를 제기해야 하고, 지방해양안전심판원의 재결에 대하여는 소를 제기할 수 없다(361) [재결주의 채택, 제소기간].

---

541) 해양사고의 조사 및 심판에 관한 법률 제2조 '해양사고'라 함은 해양 및 내수면에서 발생한 다음 각목의 1에 해당하는 사고를 말한다. 가. 선박의 구조·설비 또는 운용과 관련하여 사람이 사망 또는 실종되거나 부상을 입은 사고 나. 선박의 운용과 관련하여 선박 또는 육상·해상시설에 손상이 생긴 사고 다. 선박이 멸실·유기되거나 행방불명된 사고 라. 선박의 충돌·좌초·전복·침몰이 있거나 조종이 불가능하게 된 사고 마. 선박의 운용과 관련하여 해양오염피해가 발생한 사고.

542) 중앙해양안전심판원이 현재 세종특별자치시에 소재하기 때문에 '대전고등법원' 전속 관할이 된다.

제5편

위법심사의 척도

제 1 장
법규명령과 행정규칙, 위법 판단의 기준시점, 법령개정

위법심사의 척도

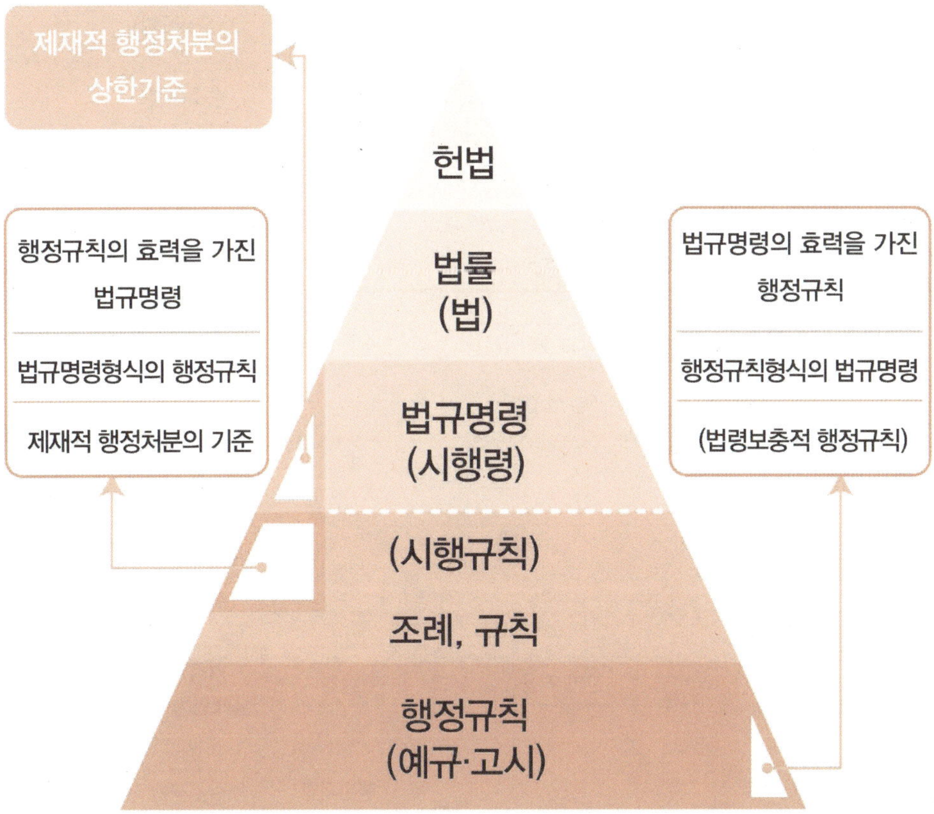
제재적 행정처분의 상한기준
헌법
법률 (법)
법규명령 (시행령)
(시행규칙)
조례, 규칙
행정규칙 (예규·고시)
행정규칙의 효력을 가진 법규명령
법규명령형식의 행정규칙
제재적 행정처분의 기준
법규명령의 효력을 가진 행정규칙
행정규칙형식의 법규명령
(법령보충적 행정규칙)

위법판단의 시점과 법령 개정

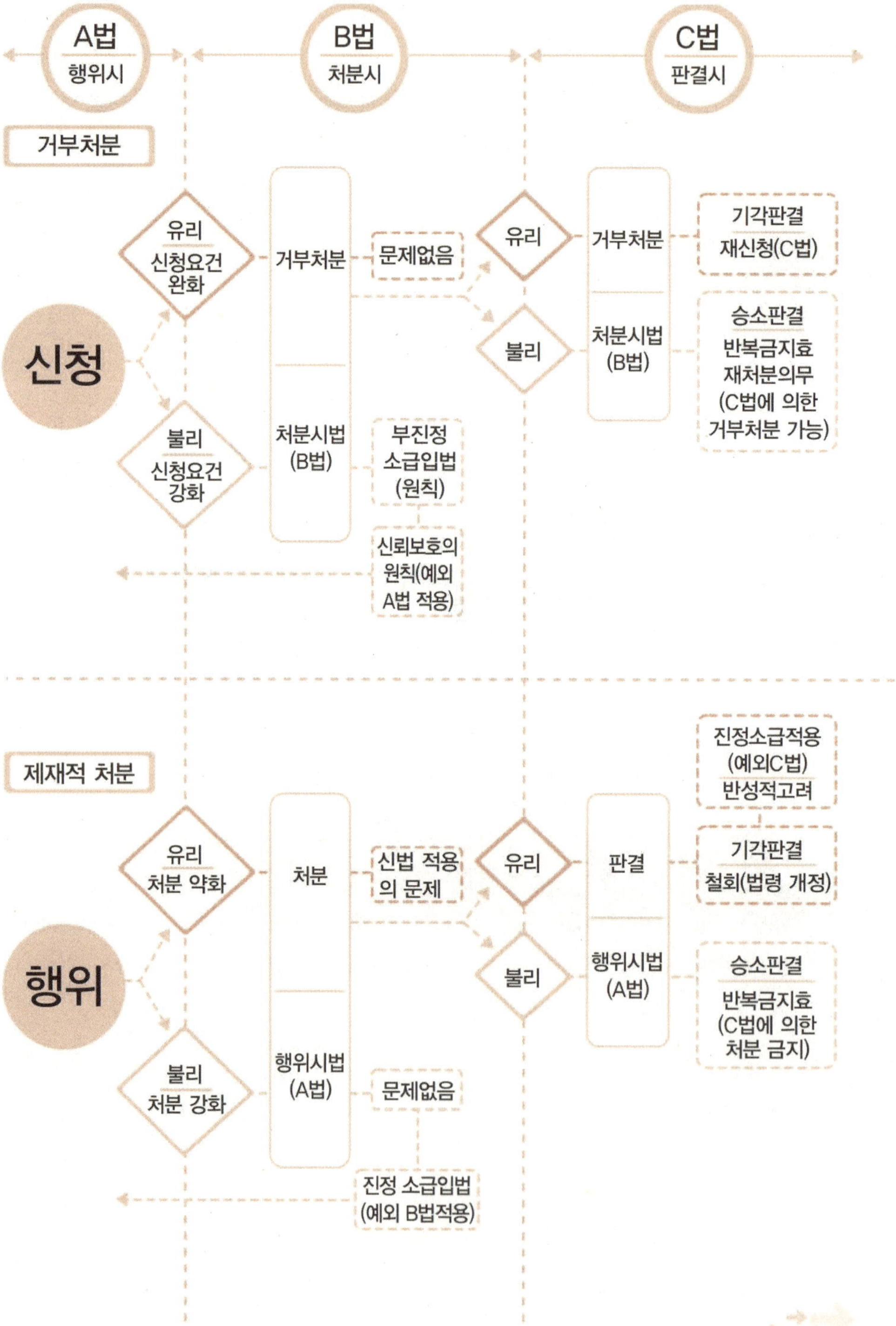

제 1 장

법규명령과 행정규칙, 위법 판단의 기준시점, 법령개정

1. 위법심사의 척도

가. 법규명령

법규명령이란, 법령의 수권에 근거하여 행정권이 정립한 규범으로서 국민과의 관계에서 일반구속적인 규범을 의미한다[543].

법규명령은 법적 효력에 따라 비상명령[544], 법률대위명령[545], 법률종속명령(위임명령[546], 집행명령[547])으로 구분된다. 그리고 제정권자와 형식에 따라 대통령령(362), 총리령과 부령[548],

---

543) 법규명령의 필수적 요소에 대하여 법령의 근거와 법규성을 기준으로 하는 통설과 법령의 근거를 기준으로 하는 소수설 등의 대립이 있다. 법규명령제정은 국민을 구속하는 법규를 정립하는 실질적 입법행위에 속하지만, 행정권에 기하여 정립된다는 점에서 효과적인 행정수행을 위한 행정작용 형식에 속하게 된다.

544) 1972년 헌법에 규정된 긴급조치.

545) 헌법 제76조 긴급명령, 긴급재정 · 경제명령.

546) 법규사항 등을 규율하기 위해 법률 또는 상위 법규명령의 위임에 의하여 제정된 명령.

547) 법률 또는 상위 법규명령의 집행에 필요한 사항을 규율하기 위해 법률 등의 위임 없이(헌법의 위임에 의하여) 제정된 명령.

548) 헌법 제95조, 총리령과 부령 효력의 우열에 대하여 총리령이 우월하다는 견해와 효력이 동일하다는 견해 등의 대립이 있다. 국무총리직속기관의 장은 독자적인 부령을 발할 수 없고 총리령으로 발해야 한다.

중앙선거관리위원회규칙 등[549)]으로 구분되는데, 통상 대통령령은 시행령으로, 부령은 시행규칙 형태로 제정된다. 이외의 형식으로 제정된 행정입법은 원칙적으로 행정규칙에 속하지만[550)], 다수설과 판례에 따르면 고시 · 훈령 등도 법령의 수권이 있으면 법규명령의 효력이 있다고 해석되기 때문에 그 범위 안에서 고시 · 훈령도 법규명령의 형식이 된다[551)].

549) 중앙선거관리위원회규칙(헌법 제114조 제6항), 대법원규칙(헌법 제108조), 헌법재판소규칙(헌법 제113조 재2항), 국회규칙(헌법 제64조 제1항). 한편, 헌법 기본권 규정에 의해 법규명령의 효력을 가진 행정입법의 형식(예컨대, 헌법 제31조 교육의 자주성과 대학의 자율성에 의한 자치법규)을 인정할 수 있는지 여부에 대하여 법령의 근거없이 자율적 조직인 학교의 운영을 규율하기 위한 학칙 제정이 가능하다는 이유로 긍정하는 견해도 있지만, 대학의 자율성을 근거로 포괄적 위임이 가능할 뿐 학칙을 고등교육법 등에 의한 위임에 의해서 제정된 법령보충적 행정규칙으로 보아야 한다는 이유로 부정하는 견해 등의 대립이 있다.

550) 법률의 위임에 의해 법규명령의 효력을 가진 행정입법의 형식 [감사원법 제52조에 의한 감사원규칙, 독점규제및공정거래에관한법률 제48조에 의한 공정거래위원회규칙, 금융위원회의설치등에관한법률 제15조에 의한 금융위원회규칙, 한국은행법 제30조에 의한 금융통화위원회규칙, 방송통신위원회의설치및운영에관한법률 제12조에 의한 방송통신위원회규칙, 노동위원회법 제25조에 의한 노동위원회규칙 등]을 인정할 수 있는지 여부에 대하여 헌법이 입법형식을 한정적 · 열거적으로 규정하고 있다는 이유로 부정하는 견해와 헌법에 의한 입법형식을 예시적으로 해석해야 된다는 이유로 긍정하는 견해의 대립이 있다.

551) 상위법에서 구체적 기준을 정하도록 위임하였음에도 불구하고 정하지 않은 경우, 상위법에 따라 거부가 가능한지(적극) 대판 1999. 8. 19. 98두1857(전원) 【건축허가신청서반려처분취소】 【피고 충청남도 서산시장】 [다수의견] 구 건축법(1997. 12. 13. 법률 제5454호로 개정되기 전의 것) 제8조 제1항, 제3항, 구 국토이용관리법(1997. 12. 13. 법률 제5454호로 개정되기 전의 것) 제15조 제1항 제4호, 같은법시행령(1997. 9. 11. 대통령령 제15480호로 개정되기 전의 것) 제14조 제1항의 각 규정에 의하면, 준농림지역 안으로서 지방자치단체의 조례가 정하는 지역에서 식품위생법 소정의 식품접객업, 공중위생법 소정의 숙박업 등을 영위하기 위한 시설 중 지방자치단체의 조례가 정하는 시설의 건축을 제한할 수 있는바, 이러한 관계 법령의 규정을 종합하여 보면, 지방자체단체의 조례의 의하여 준농림지역 내의 건축제한지역이라는 구체적인 취지의 지정·고시가 행하여지지 아니하였다 하더라도, 조례에서 정하는 기준에 맞는 지역에 해당하는 경우에는 숙박시설의 건축을 제한할 수 있다고 할 것이고, 그러한 기준에 해당함에도 불구하고 무조건 숙박시설 등의 건축허가를 하여야 하는 것은 아니라고 할 것이며, 조례에서 정한 요건에 저촉되지 아니하는 경우에 비로소 건축허가를 할 수 있는 것으로 보아야 할 것이다. 부연하면, 그러한 구체적인 지역의 지정·고시 여부는 숙박시설 등 건축허가 여부를 결정하는 요건이 된다고 볼 수 없다고 할 것이다. [보충의견] 구 국토이용관리법(1997. 12. 13. 법률 제5454호로 개정되기 전의 것) 제15조 제1항 제4호가 용도지역으로 지정된 지역 내에서의 행위제한에 관하여 규정하면서, 준농림지역의 경우 "환경오염의 우려가 있거나 부지가 일정규모 이상인 공장 · 건축물·공작물 기타의 시설의 설치 등 대통령령이 정하는 토지이용행위는 이를 할 수 없다."고 규정하고, 같은법시행령(1997. 9. 11. 대통령령 제15480호로 개정되기 전의 것) 제14조 제1항 제4호가 제한대상이 되는 '대통령령이 정하는 토지이용행위'의 하나로 '지방자치단체의 조례가 정하는 지역에서의 공중위생법의 규정에 의한 숙박업 등의 시설 중 지방자치단체의 조례가 정하는 시설의 설치행위'를 규정한 것을 가지고, "지방자치단체가 조례에 의하여 행위제한구역과 제한대상행위의 범위를 구체적으로 특정하여 지정하지 아니하면 환경오염의 우려가 있는 숙박업 등의 시설 설치행위라 하더라도 제한 없이 허용하여야 한다."는 취지로 해석할 수는 없다. 위 규정은 어디까지나 "환경오염의 우려가 있는 숙박업 등의 시설 설치행위에 관한 한 이를 원칙적으로 허용되지 아니하되, 다만, 지방자치단체가 조례로 행위제한구역과 제한대상행위의 범위를 정한 경우 그 범위에 포함되지 아니하는 행위는 예외적으로 허용한다."는 취지에 불과하다. 즉 환경오염의 우려가 있는 숙박업 등의 시설 설치행위를 원칙적으로 제한하되, 지방자치단체에 대하여 그 원칙의 예외를 설정할 수 있는 권한을 부여한다는 취지에 지나지 않는 것이다. 지방자치단체가 환경오염의 우려가 있는 행위를 제한하는 지역을 조례로 구체적으로 지정하지 않고 있다는 사유만으로 환경오염의 우려가 있는 행위가 무제한적으로 허용된다고 보는 것은, 환경권을 재산권이나 영업의 자유보다 우위에 있는 기본권으로 보장하면서, 환경보전을 국가나 지방자치단체의 의무인 동시에 그에 의하여 자유와 권리가 제한되는 국민 자신의 의무이기도 한 것으로 규정하고 있는 헌법과 환경관련 법률의 이념에 어긋나는 해석이다. [반대의견 1] 준농림지역이라는 용도지역의 지정과 그 지역 내에서의 행위제한에 관하여 국토이용관리법과 그 시행령은 단지 그 일반적 기준과 유형만을 규정하고, 구체적인 준농림지역의 지정은 건설교통부장관의 결정고시라는 행정처분에 의하도록 규정함과 아울러 그와 같이 지정된 준농림지역에서의 행위제한도 각각의 지역이 토지와 하천 등의 자연적 환

나. 행정규칙

행정규칙이란, 행정조직내부 또는 특별한 공법상 법률관계 내부에서 그 조직과 활동을 규율하는 법규적 성질을 갖지 않는 일반추상적인 규범을 뜻한다[552]. 통상 법령의 수권 없이 행정권에 의하여 제정되는 고시·훈령을 의미하지만, 대통령령·총리령·부령일지라도 법령의 수권이 없으면 행정규칙으로 해석해야 한다[553]. 행정규칙의 법적 성격과 관련하여 판례는 외부법으로서의 법규성을 부인하는 비법규설의 입장을 취하고 있지만, 내부법으로서의 법규성을 인정하거나 외부법으로서의 법규성을 인정하는 등 법규설의 입장을 취하는 일부 학설도 존재한다.

행정규칙은 내용에 따라 조직규칙·근무규칙, 법령해석(규범해석)규칙, 재량준칙, 법률대위규칙·법률보충규칙 등으로 구분되고[554], 형식에 따라 고시[555], 훈령(협의의 훈령, 지시, 예규, 일일

경이나 주민의 주업 등 산업현황을 달리하는 점을 감안하여 그러한 지역적 특성을 상세하게 파악하고 있는 지방자치단체로 하여금 당해 지역 내에서의 환경보전과 산업발전에 관한 전체적인 계획과의 연계아래 구체적인 행위제한구역과 제한대상행위를 자치법규로써 정하도록 위임한 것이라고 할 것이어서, 구 건축법(1997. 12. 13. 법률 제5454호로 개정되기 전의 것) 제8조 제3항이 건축허가와 관련하여 인용하고 있는 구 국토이용관리법(1997. 12. 13. 법률 제5454호로 개정되기 전의 것) 제15조에 따른 준농림지역에서의 행위제한도 결국은 지방자치단체의 조례라는 자치법규가 정한 바에 따라 그 구체적 내용이 정하여진다고 할 것인데, 지방자치단체의 조례 자체에서는 일반적인 기준만을 제시한 채 구체적인 제한지역과 제한대상시설의 범위 등은 다시 시장의 지정·고시에 의하여 정하도록 규정하고 있는 경우, 이러한 시장의 지정·고시에 의하여 구체적인 제한지역과 제한대상시설의 범위가 정하여지지 아니하였다면 비록 조례가 적용되는 준농림지역이라고 하더라도 구체적인 행위제한의 법적 효력이 아직 발생하지 아니하였다고 할 것이어서, 이 상태에서는 조례나 그 근거가 된 구 국토이용관리법 제15조 제1항 제4호 및 같은법시행령 제14조 제1항 제4호의 규정을 들어 건축법상의 건축허가를 거부할 수는 없다고 봄이 타당하다. [반대의견 2] 건축법 소정의 건축허가권자는 건축허가신청이 국토이용관리법 등의 관계 법규에서 정한 제한에 배치되지 않는 이상 당연히 건축허가를 하여야 하는바, 구 국토이용관리법(1997. 12. 13. 법률 제5454호로 개정되기 전의 것) 제15조 제1항 제4호 및 같은법시행령(1997. 9. 11. 대통령령 제15480호로 개정되기 전의 것) 제14조 제1항 제4호의 규정의 위임에 의한 지방자치단체의 조례가 적용되는 준농림지역이라고 하더라도 조례의 규정에 따라 구체적인 제한지역과 제한대상시설의 범위가 정하여지지 않는 한 조례에 규정한 제한지역 지정·고시에 관한 일반적인 기준만을 들어 건축법상의 건축허가를 거부할 수는 없다고 할 것이다. 그러나 원심의 인정 사실에 비추어 건축허가거부처분이 위법하다고 하여 이를 취소하는 것은 현저히 공공복리에 적합하지 아니하다고 보이므로 행정소송법 제28조 제1항에 의하여 사정판결을 할 사유가 있다고 인정된다.

552) 이견 있음. 『홍정선, 행정법원론(상), 223쪽』 행정규칙을 법령의 수권 없이 제정된 행정입법으로 보고 있다. 즉, 행정규칙이란 '행정조직내부에서 상급행정기관이 행정권에 내재하는 고유한 권능에 근거하여 하급행정기관에 대하여 행정의 조직이나 활동을 보다 자세히 규율하기 위하여 발하는 일반추상적인 명령'으로 정의한다.

553) 대판 2006. 5. 25. 2006두3049 검찰보존사무규칙이 검찰청법 제11조에 기하여 제정된 법무부령이기는 하지만, 그 사실만으로 같은 규칙 내의 모든 규정이 법규적 효력을 가지는 것은 아니다. 기록의 열람·등사의 제한을 정하고 있는 같은 규칙 제22조는 법률상의 위임근거가 없어 행정기관 내부의 사무처리준칙으로서 행정규칙에 불과하므로, 위 규칙상의 열람·등사의 제한을 공공기관의 정보공개에 관한 법률 제9조 제1항 제1호의 '다른 법률 또는 법률에 의한 명령에 의하여 비공개사항으로 규정된 경우'에 해당한다고 볼 수 없다.

554) 조직규칙, 영조물규칙, 법령해석규칙, 재량준칙, 법률대체적 규칙 등으로 나누는 견해도 있다.

555) 고시 중 행정사무의 처리기준이 되는 일반적·추상적 규점의 성격을 지니는 경우에 한하여 행정규칙으로 보아야 되고, 일반적·구체적 성질을 지니는 경우라면 일반처분으로 보아야 한다.

명령[556]) 등으로 구분된다. 다수설과 판례는 법규명령 형식인 시행령, 시행규칙도 수권이 없으면 행정규칙으로 보기 때문에 그 범위 안에서 시행령, 시행규칙도 행정규칙의 형식이 된다.

다. 법규명령 형식과 행정규칙 사항

행정규칙의 효력을 가진 법규명령[557])이란, 행정사무처리기준과 같이 행정내부적 사항을 상위법령의 위임에 따라 대통령령·총리령·부령의 형식으로 규정한 경우 법규 효력이 없는 대통령령·총리령·부령을 의미한다. 통상 영업허가의 취소·정지처분과 같은 제재적 행정처분의 구체적 기준을 설정한 대통령령·총리령·부령의 법적 성격과 관련해서 문제가 되는데[558]), 그 법적 성격에 대하여 법규명령설(형식설), 행정규칙설(실질설), 수권여부기준설 등의 대립이 있지만, 판례는 제재적 행정처분의 구체적 기준을 법령의 위임에 의해 총리령·부령으로 정한 경우라면 당해 총리령·부령(조항)을 행정규칙으로[559]), 법률의 위임에 의해 대통령령으로 정한 경우라면 법규명령으로[560]) 판시하고 있다. 즉, 판례에 따르면 제재적 행정처분의 구체적 기준을 정한 대

556) 근무규칙을 사무관리규정 및 사무관리규정시행규칙에서 4종류로 구분하고 있다.

557) 법규명령 형식의 행정규칙

558) 판례는 제재적 행정처분 이외의 요건을 재량행위에서 기속행위로 규정한 법규명령의 형식에 대하여 법규성을 긍정하고 있다. 대판 2006. 6. 27. 2003두4355 구 여객자동차 운수사업법 시행규칙(2000. 8. 23. 건설교통부령 제259호로 개정되기 전의 것) 제31조 제2항 제1호, 제2호, 제6호는 구 여객자동차 운수사업법(2000. 1. 28. 법률 제6240호로 개정되기 전의 것) 제11조 제4항의 위임에 따라 시외버스운송사업의 사업계획변경에 관한 절차, 인가기준 등을 구체적으로 규정한 것으로서, 대외적인 구속력이 있는 법규명령이라고 할 것이고, 그것을 행정청 내부의 사무처리준칙을 규정한 행정규칙에 불과하다고 할 수는 없다.

559) 대판 1990. 7. 13. 90누2284 구 유기장업법시행규칙(1984.9.22. 보건사회부령 제755호) 제9조(및 별표 2)는 부령의 형식으로 되어 있으나 그 규정의 성질과 내용이 유기장영업허가의 취소처분 등에 관한 사무처리기준 등 행정청내의 사무처리준칙을 규정한 것에 불과하므로 보건사회부장관이 관계 행정기관 및 직원에 대하여 그 직무권행사의 지침을 정하여 주기 위하여 발한 행정조직 내부에 있어서의 행정명령의 성질을 가지는 것이라고 할 것이고, 따라서 이 규칙은 행정조직 내부에서 관계 행정기관이나 직원을 구속함에 그치고 대외적으로 국민이나 법원을 구속하는 것은 아니라고 할 것이므로, 유기장영업허가취소 등의 처분이 위 규칙에서 정한 기준에 위배되었다고 하여 바로 그 처분이 위법한 것이라고는 할 수 없고, 그 처분이 적법한 것인지의 여부는 구 유기장업법의 규정과 그 취지에 적합한 것인지의 여부에 따라 판단하여야 한다. 대판 1992. 4. 14. 91누9954 공무원징계양정등에관한규칙은 그 형식은 총리령으로 되어 있으나, 그 제2조가 규정하는 징계양정의 기준의 성질은 행정기관 내부의 사무처리준칙에 지나지 아니한 것이지 대외적으로 국민이나 법원을 기속하는 것은 아니다. 다만, 대판 2001두953에서 '태아의 성감별행위 등을 금지하고 있는 구 의료법 제19조의2 규정의 1차 위반행위에 대하여 면허취소처분이 아닌 면허자격정지처분을 하도록 규정한 구 의료관계행정처분규칙의 관련 규정(부령)이 유효한 규정이고, 모법의 위임 범위를 벗어나 무효의 규정으로 볼 수 없다'라고 판시하고 있다.

560) 판례는 제재처분의 최고한도로서의 구속력을 인정하고 있다. 대판 2001. 3. 9. 99두5207 판결 【과징금부과처분취소】 구 청소년보호법(1999. 2. 5. 법률 제5817호로 개정되기 전의 것) 제49조 제1항, 제2항에 따른 같은 법 시행령(1999. 6. 30. 대통령령 제16461호로 개정되기 전의 것) 제40조 [별표 6]의 위반행위의종별에따른과징금처분기준은 법규명령이기는 하나 모법의 위임규정의 내용과 취지 및 헌법상의 과잉금지의 원칙과 평등의 원칙 등에 비추어 같은 유형의 위반행위라 하더라도 그 규모나 기간·사회적 비난 정도·위반행위로 인하여 다른 법률에 의하여 처벌받은 다른 사정·행위자의 개인적 사정 및 위반행위로 얻은 불법이익의 규모 등 여러 요소를 종합적으로 고려하여

통령령은 법규명령으로 사법심사의 척도가 되지만, 부령은 행정규칙으로 법원과 국민을 구속하지 않기 때문에 사법심사의 척도가 되지 않는다.

라. 행정규칙 형식과 법규명령 사항

법규명령의 효력을 가진 행정규칙 또는 **행정규칙 형식의 법규명령**이란 법령이 구체적인 사항의 규율을 행정규칙에 위임하고, 이러한 위임에 의하여 구체적인 내용을 고시·훈령으로 정하면 당해 고시·훈령이 법령과 결합하여 법규명령의 효력을 가지게 되는데, 이러한 고시·훈령을 의미한다. 그 법적 성격과 관련하여 법규명령설, 행정규칙설·규범구체화행정규칙설, 위헌무효설 등이 있지만, 판례는 법령보충적 행정규칙으로 법규명령설을 취하고 있다[561]. 따라서 고시·훈령도 법령의 구체적 위임이 있는 경우라면 국민과 법원을 구속하는 효력을 가지기 때문에 사법심사의 척도가 된다[562].

사안에 따라 적정한 과징금의 액수를 정하여야 할 것이므로 그 수액은 정액이 아니라 최고한도액이다.

561) 대판 1987. 9. 29. 86누484 상급행정기관이 하급행정기관에 대하여 업무처리지침이나 법령의 해석적용에 관한 기준을 정하여서 발하는 이른바 행정규칙은 일반적으로 행정조직 내부에서만 효력을 가질뿐 대외적인 구속력을 갖는 것은 아니지만, 법령의 규정이 특정행정기관에게 그 법령내용의 구체적 사항을 정할 수 있는 권한을 부여하면서 그 권한행사의 절차나 방법을 특정하고 있지 아니한 관계로 수임행정기관이 행정규칙의 형식으로 그 법령의 내용이 될 사항을 구체적으로 정하고 있다면 그와 같은 행정규칙, 규정은 행정규칙이 갖는 일반적 효력으로서가 아니라, 행정기관에 법령의 구체적 내용을 보충할 권한을 부여한 법령규정의 효력에 의하여 그 내용을 보충하는 기능을 갖게 된다 할 것이므로 이와 같은 행정규칙, 규정은 당해 법령의 위임한계를 벗어나지 아니하는 한 그것들과 결합하여 대외적인 구속력이 있는 법규명령으로서의 효력을 갖게 된다. 대판 1999. 11. 26. 97누13474 일반적으로 행정 각부의 장이 정하는 고시라 하더라도 그것이 특히 법령의 규정에서 특정 행정기관에게 법령 내용의 구체적 사항을 정할 수 있는 권한을 부여함으로써 그 법령 내용을 보충하는 기능을 가질 경우에는 그 형식과 상관없이 근거 법령 규정과 결합하여 대외적으로 구속력이 있는 법규명령으로서의 효력을 가지는 것이나 이는 어디까지나 법령의 위임에 따라 그 법령 규정을 보충하는 기능을 가지는 점에 근거하여 예외적으로 인정되는 효력이므로 특정 고시가 비록 법령에 근거를 둔 것이라고 하더라도 그 규정 내용이 법령의 위임 범위를 벗어난 것일 경우에는 위와 같은 법규명령으로서의 대외적 구속력을 인정할 여지는 없다.

562) 상위법령에서 세부사항 등을 시행규칙으로 정하도록 위임하였음에도 이를 고시 등 행정규칙으로 정한 경우, 대외적 구속력을 가지는 법규명령으로서 효력을 인정할 수 있는지 여부(소극) 대판 2012. 7. 5. 2010다72076【손해배상(기)등】[1] 법령의 규정이 특정 행정기관에게 법령 내용의 구체적 사항을 정할 수 있는 권한을 부여하면서 권한행사의 절차나 방법을 특정하지 아니한 경우에는 수임 행정기관은 행정규칙이나 규정 형식으로 법령 내용이 될 사항을 구체적으로 정할 수 있다. 이 경우 행정규칙 등은 당해 법령의 위임한계를 벗어나지 않는 한 대외적 구속력이 있는 법규명령으로서 효력을 가지게 되지만, 이는 행정규칙이 갖는 일반적 효력이 아니라 행정기관에 법령의 구체적 내용을 보충할 권한을 부여한 법령 규정의 효력에 근거하여 예외적으로 인정되는 것이다. 따라서 그 행정규칙이나 규정이 상위법령의 위임범위를 벗어난 경우에는 법규명령으로서 대외적 구속력을 인정할 여지는 없다. 이는 행정규칙이나 규정 '내용'이 위임범위를 벗어난 경우뿐 아니라 상위법령의 위임규정에서 특정하여 정한 권한행사의 '절차'나 '방식'에 위배되는 경우도 마찬가지이므로, 상위법령에서 세부사항 등을 시행규칙으로 정하도록 위임하였음에도 이를 고시 등 행정규칙으로 정하였다면 그 역시 대외적 구속력을 가지는 법규명령으로서 효력이 인정될 수 없다. [2] 건설공사 등의 사업주체가 감리자에게 지급하여야 하는 감리비의 지급기준을 건설교통부장관의 '고시' 형식으로 정한 '주택건설공사 감리비지급기준'(이하 '감리비지급기준'이라 한다)은 구 주택건설촉진법(2003. 5. 29. 법률 제6916호 주택법으로 전부 개정되기 전의 것) 제33조의6 제6항에서 '사업주체는 감리자에게 건설교통부장관이 정하는 바에 따라 공사감리비를 지급하여야 한다'고 규정한 데 근거한 것인데, 그 법률이 주택법으로 전부 개정되면서

2. 위법 판단의 기준시점

가. 처분시기준설

취소소송, 무효등확인소송[563]의 본안 판단[564]에서 처분의 근거가 되는 사실 상태 또는 법령이 변경되는 경우 어느 시점의 사실과 법령을 기준으로 위법 여부를 판단해야 되는지에 대하여 견해의 대립이 있다. 판결시기준설은 처분에 계속 효력을 부여할 것인가는 사실심 변론종결시에 나타난 사실관계와 법령을 기준으로 위법 여부를 판단해야 한다는 견해, 처분시기준설은 처분의 사후심사라는 관점에서 처분시에 존재하는 사실관계와 법령을 기준으로 위법 여부를 판단해야 한다는 견해, 절충설은 원칙적으로 처분시를 기준으로 하지만 예외적으로 계속효 있는 처분 등[565]에 한하여 판결시를 기준으로 위법 여부를 판단해야 한다는 견해 등이 있다. 판례는 '처분 이후에 새로이 발생한 사실이나 법령의 개정 등은 처분 등의 적법 여부를 가리는 자료로 삼을 수 없다.'고 판시하여 처분시기준설을 따르고 있다[566](363). 이처럼 처분시기준설은 처분 당

근거조항도 구 주택법(2008. 2. 29. 법률 제8852호로 개정되기 전의 것, 이하 '구 주택법'이라 한다) 제24조 제6항으로 변경되었고, 개정 조항에서는 '사업주체는 감리자에게 건설교통부령이 정하는 절차 등에 의하여 공사감리비를 지급하여야 한다'고 되어 있다. 따라서 구 주택법이 시행된 이후에는 감리비의 지급기준 등은 구 주택법이 규정한 바에 따라 '건설교통부령'의 형식으로 정해야 하므로, 건설교통부장관의 '고시' 형식으로 되어 있는 종전 '감리비지급기준'은 구 주택법 제24조 제6항이 권한행사의 절차 및 방법을 특정하여 위임한 것에 위배되어 더 이상 대외적인 구속력이 있는 법규명령으로서 효력을 가지지 못한다. [3] '주택건설공사 감리비지급기준'은 구 주택법(2008. 2. 29. 법률 제8852호로 개정되기 전의 것, 이하 '구 주택법'이라 한다) 제24조 제6항의 위임한계를 벗어난 것일 뿐만 아니라, 경쟁입찰을 통한 감리비의 결정방식, 총 공사비 및 감리 대상 공사비의 산정방식, 감리대가 이외 비용의 산정방식 등 사업주체가 감리자에게 지급하여야 하는 감리비의 지급기준에 관하여 규정함으로써 일반 국민의 계약자유 등을 제한하는 내용을 담고 있으므로, 이를 가리켜 행정관청이 일반적 직권에 의하여 구 주택법이 규정한 범위 내에서 법률을 현실적으로 집행하는 데 필요한 세부적인 사항을 정한 '집행명령'에 해당한다고 볼 수 없다. [4] 2003. 5. 29. 법률 제6916호로 전부 개정된 주택법 부칙 제2조는 '이 법 시행 당시 종전의 규정에 의한 처분·절차 그 밖의 행위는 이 법의 규정에 저촉되지 아니하는 한 이 법 규정에 의하여 행하여진 것으로 본다'고 규정하고 있다. 이는 구 주택건설촉진법(2003. 5. 29. 법률 제6916호 주택법으로 전부 개정되기 전의 것, 이하 '구 주택건설촉진법'이라 한다)하에서 행정관청이 내린 행정처분이나 취한 절차 혹은 행위, 또는 사업주체나 관련 이해관계인들이 취한 절차나 행위 등이 전부 개정된 주택법에 저촉되지 않는 한 같은 법에 의하여 행해진 것으로 봄으로써 법적 안정성을 도모하려는 취지로 해석되고, 구 주택건설촉진법하에서 상위법령의 위임을 받아 제정된 행정규칙, 규정이 전부 개정된 주택법 상위법령의 위임한계를 벗어남에도 그에 구애됨이 없이 법규명령으로서 대외적 구속력을 계속 가진다는 취지를 규정한 것이라고 해석할 수 없다.

563) 부작위위법확인소송은 아무런 처분이 존재하지 않기 때문에 성질상 변론종결시를 기준으로 부작위의 위법 여부를 판단해야 한다. 즉, 부작위위법소송의 판단 대상은 변론종결시 처분의무의 존재이기 때문에 변론종결시를 기준으로 부작위의 위법 여부를 판단해야 한다. 동지, 대판 1999. 4. 9. 98두12437 등.

564) 소송요건의 구비여부의 기준시점은 사실심변론 종결시이고, 소송요건의 심리는 소송요건이 당사자의 이익보다도 공익상 이유로 존재하는 것이기 때문에 법원이 당사자의 주장과 상관없이 직권조사하여 구비여부를 판단해야 한다.

565) 계속적 효력을 가진 처분(예 : 물건의 압수처분, 통행금지구역의 설정 등), 미집행 처분(예 : 집행되지 않은 철거명령 등).

566) 대판 2007. 5. 11. 2007두1811 【공사중지명령처분취소】 【피고 포천시장】 [1] 행정소송에서 행정처분의 위법 여부는 행정처분이 행하여졌을 때의 법령과 사실상태를 기준으로 하여 판단하여야 하고, 처분 후 법령의 개폐나 사실

시의 사실 상태와 법령을 기준으로 적법여부를 판단해야 하고, 처분 이후의 법령의 개폐나 사실의 변동을 고려하지 않는다는 것을 의미할 뿐 처분 당시 존재하였던 자료나 행정청에게 제출되었던 자료만으로 위법 여부를 판단한다는 의미는 아니므로 당사자는 처분 당시의 사실상태 등에 대하여 사실심변론종결시까지 입증할 수 있고, 법원은 행정처분 당시 행정청이 알고 있었던 자료뿐만 아니라 사실심변론종결시까지 제출된 모든 자료를 종합하여 처분 당시 존재하였던 객관적 사실을 확정한 후 그 사실에 기초하여 처분의 위법 여부를 판단해야 한다(364). 다만, 행정청이 신청에 따른 수익적 처분을 함에 있어서 일정시점까지 심사자료를 제출하도록 제한하고 추가자료의 제출을 허용하지 않는 뜻을 명백히 밝힌 경우에는 행정청에 제출된 자료만을 기준으로 위법 여부를 판단해야 한다(365).

구체적으로 처분근거 법령의 시적 적용 범위와 관련해서 거부처분의 위법 판단시점은 신청시점과 처분시점의 법령이나 사실상태가 변경된 경우에도 원칙적으로 처분시를 기준으로 한다. 따라서 신청 당시 허가 등의 요건을 갖추었더라도 법령이나 사실의 변경으로 처분시 요건을 갖추지 못하여 행정청이 거부한 경우라면 이때 거부처분은 적법하다[567] (366). 다만, 신청

상태의 변동에 의하여 영향을 받지는 않는다. <전문, 요지와 해설 미주 참조> 대판 1990. 10. 10. 89누6433 【산림훼손중지처분취소】 【피고 익산군수】 [1] 행정처분의 적법여부는 그 처분당시의 사정을 기준으로 판단하여야 할 것이므로 원고가 당초 석회석 채취를 위하여 산림훼손허가처분을 받은 임야부분에 대하여 처분청인 피고가 이 사건 산림훼손중지처분과 복구명령을 동시에 하였다면, 원고가 석회석 채광작업을 계속하기 위하여 위 복구명령을 이행하지 않고 있더라도 그 불이행을 이유로 원고에게 별도의 처분을 함은 별론으로 하고 이로써 이 사건 산림훼손중지처분의 적법성을 판단하는 사유로 삼을 수는 없다고 할 것이다. [2] 수익적 행정처분을 취소하거나 중지시킬 사유가 있더라도 그 취소권 등의 행사는 기득권의 침해를 정당화 할 만한 중대한 공익상의 필요 또는 제3자의 이익보호의 필요가 있는 때에 한하여 상대방이 받는 불이익과 비교 교량하여 결정하여야 하고, 그 처분으로 인하여 공익상의 필요보다 상대방이 받게 되는 불이익 등이 막대한 경우에는 재량권의 한계를 일탈한 것으로서 그 자체가 위법임을 면치 못한다고 할 것인바, 산림훼손허가처분의 처분청인 피고가 이 사건 산림훼손중지처분을 한 사유는 88올림픽성화봉송로인 호남고속도로로부터 1.4킬로미터 이내의 가시지역으로 미관이 크게 훼손되어 산림보호를 위한 중간복구의 필요성이 있다는 것이나, 원고는 고속도로가 개통되기 이전부터 이미 사업인가를 받아 석회석을 채굴하여 왔고, 이 사건 임야가 있는 구간은 그 후 차량에 의하여 이미 위 올림픽 성화가 봉송되었으며, 원고의 석회석 채굴은 지표 및 지하에 매장된 석회석을 채취하는 것으로 그 지역에서 채굴이 끝나야 광구내 인접지로 이전하여 채굴하게 되는데 이 사건 임야 부분은 아직 채굴이 끝나지도 않은 곳이어서 그 상태에서 산림훼손을 중지하고 중간 복구를 한다는 것은 부당함이 엿보이고, 원고가 거액의 자본을 투자한 점 등을 고려해 보면 이 사건 산림훼손중지처분은 재량권을 일탈한 위법한 것이다. <산림훼손중지처분과 동시에 한 복구명령의 불이행을 그 산림훼손중지처분의 적법성을 판단하는 사유로 삼을 수 없음.>

567) 대판 2008. 7. 24. 2007두3930 【난민인정불허가결정취소】 【피고 법무부장관】 [3] 행정소송에서 행정처분의 위법 여부는 행정처분이 행하여졌을 때의 법령과 사실 상태를 기준으로 하여 판단하여야 하고, 처분 후 법령의 개폐나 사실상태의 변동에 의하여 영향을 받지는 않으므로, 난민 인정 거부처분의 취소를 구하는 취소소송에서도 그 거부처분을 한 후 국적국의 정치적 상황이 변화하였다고 하여 처분의 적법 여부가 달라지는 것은 아니다. [요지와 해설 : 거부처분의 위법 판단은 처분시의 사실관계를 기준으로 해야 하기 때문에 난민 인정을 불허하는 처분 이후 소송 계속 중 국적국의 정치적 상황이 변화한 경우, 난민 인정을 받은 외국인에 대해 그 국적국의 정치적 상황이 변화하였음을 이유로 인정 처분을 취소할 수 있음은 별론으로 하고, 이를 이유로 한 처분의 적법 주장은 허용되지 않음(청구인용).] <전문 미주 참조> 등

후 행정청이 합리적 이유없이 처리를 늦추어 그 사이 법령이나 사실이 변경된 경우[568] 및 법령 개정 전 허가기준의 존속에 대한 국민의 신뢰가 개정 후 허가기준의 공익성보다 더 보호할 가치가 인정되는 경우[569] 등은 예외적으로 신청시를 기준으로 위법 여부를 판단해야 한다[570]. 한편, 불이익처분[571] 중 영업허가취소, 과징금부과[572] 등과 같은 제재적 행정처분의 위법 판단시점은 위반 행위시점과 처분시점의 법령이나 사실상태가 변경된 경우 헌법상 소급처벌금지의 원칙, 소급입법에 의한 재산권침해 금지의 원칙 등으로 인하여 원칙적으로 행위

568) 대판 2006. 8. 25. 2004두2974 【주택건설사업계획승인신청반려처분취소】 [2] 허가 등의 행정처분은 원칙적으로 처분시의 법령과 허가기준에 의하여 처리되어야 하고 허가신청 당시의 기준에 따라야 하는 것은 아니며, 비록 허가신청 후 허가기준이 변경되었다 하더라도 그 허가관청이 허가신청을 수리하고도 정당한 이유 없이 그 처리를 늦추어 그 사이에 허가기준이 변경된 것이 아닌 이상 변경된 허가기준에 따라서 처분을 하여야 한다. [3] 건설회사가 종전 국토이용관리법 시행 당시 주택건설사업계획 승인신청을 하였는데, 그 후 국토의 계획 및 이용에 관한 법률의 시행으로 국토이용관리법이 폐지됨에 따라 시장이 신법에 의하여 위 신청을 반려한 사안에서, 시장이 위 신청을 수리하고도 정당한 이유 없이 그 처리를 늦추었다고 볼 수 없다 하여 위 반려처분 당시 적용될 법률은 종전 국토이용관리법이 아니라 국토의 계획 및 이용에 관한 법률이라고 한 사례. 1996. 8. 20. 95누10877 등.

569) 대판 2005. 7. 29. 2003두3550 등 개정 전 법령에 따른 허가기준의 존속에 대한 국민의 신뢰가 개정된 허가기준의 적용에 관한 공익상의 요구보다 더 보호가치가 있다고 인정되는 경우에는 그러한 국민의 신뢰보호를 위하여 신청 당시의 법령을 적용할 수 있다(신뢰보호의 원칙).

570) 거부처분 시점과 판결 시점 사이에 사실이나 법령이 변경되어 거부처분이 적법하게 되었을 경우(변경 전 법령에 따르면 거부처분이 위법한 경우) 처분시설에 따르면 거부처분이 있은 때의 법령에 따라 위법 여부를 판단해서 하고, 이 경우 거부처분이 위법하므로 취소 판결하여야 한다. 거부처분이 있은 후 판결 이전에 법령이 개정되거나 사실관계가 변경되어, 거부처분 당시에는 그 처분이 위법하였다가, 법령이나 사실관계 변경으로 적법하게 되는 경우에는, 처분시 법령과 사실관계를 기준으로 거부처분의 위법성을 판단하여, 판결로 거부처분을 취소하더라도, 그 취소판결 확정 후 행정청으로서는 변경된 법령과 사실관계에 터잡아 다시 같은 내용의 거부처분을 하여야 하므로, 처음에 한 취소소송과 거부처분의 취소 판결이 무익한 결과가 되는 문제가 있다. 이런 문제점을 이유로 위법판단을 판결시를 기준으로 해야 한다는 견해(판결시설), 거부처분에서는 위법 판단을 처분시를 기준으로 하되 인용판결은 판결시를 기준으로 해야 한다는 견해(위법판단시·판결시 구별설) 등이 있는데, 이러한 견해에 따르면 판결 당시 개정 법령에 따라 거부처분이 적법하기 때문에 청구기각 판결해야 한다.

571) 과세처분과 관련하여 판례는 과세처분의 위법성 판단 기준시점을 행정처분 당시, 즉 과세처분 당시라고 판시하고 있다(대판 1983. 12. 13. 80누496, 대판 1991. 3. 22. 90누8220, 대판 1992. 2. 25. 91누12776 등). 이에 대해 조세법률관계에서 과세요건과 성립시기가 법정되어 있어 조세 채무 확정의 적법 여부는 요건 성립 여부로 판단해야 하고, 과세요건 성립 이후 이루어지는 부과처분은 이미 추상적으로 성립된 조세채무를 구체적으로 확정하는 행위에 불과하다. 즉, 조세채무의 성립 여부는 과세요건 성립 당시의 법규에 따라야 함은 법률불소급의 원칙상 당연하기 때문에 과세요건 성립 당시에 적용 법규가 확정되고, 과세요건 성립 당시의 법령에 따라 조세부과처분의 적법 여부를 판단하면 족하고, 위법 판단의 기준시기가 처분시냐 판결시냐의 논쟁은 조세소송에서는 특별한 의미가 없다는 견해도 있다.

572) 대판 2002. 12. 10. 2001두3228 【과징금부과처분취소】 【피고 전라남도지사】 [1] 법령이 변경된 경우 신 법령이 피적용자에게 유리하여 이를 적용하도록 하는 경과규정을 두는 등의 특별한 규정이 없는 한 헌법 제13조 등의 규정에 비추어 볼 때 그 변경 전에 발생한 사항에 대하여는 변경 후의 신 법령이 아니라 변경 전의 구 법령이 적용되어야 한다. [2] 구 건설업법(1996. 12. 30. 법률 제5230호 건설산업기본법으로 전문 개정되기 전의 것) 시행 당시에 건설업자가 도급받은 건설공사 중 전문공사를 그 전문공사를 시공할 자격 없는 자에게 하도급한 행위에 대하여 건설산업기본법(1999. 4. 15. 법률 제5965호로 개정된 것) 시행 이후에 과징금 부과처분을 하는 경우, 과징금의 부과상한은 건설산업기본법 부칙(1999. 4. 15.) 제5조 제1항에 의하여 피적용자에게 유리하게 개정된 건설산업기본법 제82조 제2항에 따르되, 구체적인 부과기준에 대하여는 처분시의 시행령이 행위시의 시행령보다 불리하게 개정되었고 어느 시행령을 적용할 것인지에 대하여 특별한 규정이 없으므로, 행위시의 시행령을 적용하여야 한다고 한 사례.

시를 기준으로 한다[573] (367). 예외적으로 처분시의 법령을 적용하는 것이 당사자에게 유리한 경우에 처분시의 법령에 의할 수도 있다는 견해도 있지만, 판례에 따르면 처분 법령의 개정으로 처분 내용이 가볍게 되거나 처벌하지 않은 것으로 바뀌었다 하더라도 위법행위 시점을 기준으로 부과 여부와 정도를 정해야 한다[574].

나. 법령 개정

위법 판단의 시점이 행위시든 처분시든 개정된 법령의 적용 등으로 인하여 불이익이 발생하면 소급효의 문제가 발생하는데, **진정소급입법**[575]은 법적 안정성과 신뢰보호의 측면에서 원칙적으로 금지되고[576], **부진정소급입법**은 원칙적으로 허용되지만 예외적으로 소급효를 요구하는 공익과 신뢰보호의 요청이라는 사익을 비교형량하여 신뢰보호의 이익이 우월한 경우 부정된다[577] (368).

---

573) 산업재해보상보험법상 보험급여 중 하나인 장해급여 지급을 위한 장해등급 판정은 처분 시점인 그 장해등급 판정 당시의 법령에 따를 것이 아니라, 장해급여 지급 사유가 생긴 시점, 다시 말해 업무상 재해를 당한 근로자가 장해급여 지급청구권을 취득할 당시(=치료가 종결되고 장해가 남았다고 확정된 시점)의 법령에 따라야 함이 원칙이고, 처분시 법령에 따라 행정처분의 위법성 여부를 판단하여야 한다. 대판 2007. 2. 22. 2004두12957 【장해등급결정처분취소】 [1] 산업재해보상보험법상 장해급여는 근로자가 업무상의 사유로 부상을 당하거나 질병에 걸려 치료를 종결한 후 신체 등에 장해가 있는 경우 그 지급 사유가 발생하고, 그때 근로자는 장해급여 지급청구권을 취득하므로, 장해급여 지급을 위한 장해등급 결정 역시 장해급여 지급청구권을 취득할 당시, 즉 그 지급 사유 발생 당시의 법령에 따르는 것이 원칙이다. [2] 개정된 산업재해보상보험법 시행령의 시행 전에 장해급여 지급청구권을 취득한 근로자의 외모의 흉터로 인한 장해등급을 결정함에 있어, 위 개정이 위헌적 요소를 없애려는 반성적 고려에서 이루어졌고 이를 통하여 근로자의 균등한 복지증진을 도모하고자 하는 데 그 취지가 있으며, 당해 근로자에 대한 장해등급 결정 전에 위 시행령의 시행일이 도래한 점 등에 비추어, 예외적으로 위 개정 시행령을 적용하여야 한다고 한 사례.

574) 처분기준이 행위시보다 경하게 변경된 경우라도 별다른 규정이 없는 이상 행위시를 기준으로 해야 한다고 판시하고 있다(대판 1983. 12. 13. 83누383).

575) 진정소급입법이라 함은 법령의 효력발생 전에 이미 완성된 사실을 규율하는 경우를 의미하고, 부진정소급입법이라 함은 법령의 효력발생 전에 시작되어 효력발생 이후 완성된 사실을 규율하는 경우를 의미한다.

576) 진정소급입법은 원칙적으로 금지되지만, 예외적으로 신뢰보호의 요청에 우선하는 중대한 공익상의 사유가 있는 경우 인정된다(헌결 1996. 2. 16. 96헌가2 등). 헌재 2001. 2. 22. 98헌바19, 대판 2005. 5. 13. 2004다8630, 대판 2001. 10. 12. 2001두274 등

577) 대판 2006. 11. 16. 2003두12899(전원) 【불합격처분취소】 법령의 개정시 입법자가 구 법령의 존속에 대한 당사자의 신뢰를 침해하여 신뢰보호 원칙을 위배하였는지 여부의 판단 기준 및 변리사 제1차 시험을 절대평가제에서 상대평가제로 환원하는 내용의 변리사법 시행령 개정조항을 즉시 시행하도록 정한 부칙 부분이 헌법에 위반되어 무효인지 여부(적극) 〈 변리사법 시행령 사건, 전문 미주 참조 〉 다수의견 [1] 법령의 개정에 있어서 구 법령의 존속에 대한 당사자의 신뢰가 합리적이고도 정당하며, 법령의 개정으로 야기되는 당사자의 손해가 극심하여 새로운 법령으로 달성하고자 하는 공익적 목적이 그러한 신뢰의 파괴를 정당화할 수 없다면, 입법자는 경과규정을 두는 등 당사자의 신뢰를 보호할 적절한 조치를 하여야 하며, 이와 같은 적절한 조치 없이 새 법령을 그대로 시행하거나 적용하는 것은 허용될 수 없는바, 이는 헌법의 기본원리인 법치주의 원리에서 도출되는 신뢰보호의 원칙에 위배되기 때문이다. 이러한 신뢰보호 원칙의 위배 여부를 판단하기 위하여는 한편으로는 침해받은 이익의 보호가치, 침해의 중한 정도, 신뢰가 손상된 정도, 신뢰침해의 방법 등과 다른 한편으로는 새 법령을 통해 실현하고자 하는 공익적 목적을 종합적으로 비교 · 형량하여야 한다. [3] 새로운 법령에 의한 신뢰이익의 침해는 새로운 법령이 과거의 사실 또는 법률관계에

법령의 개정 등으로 이익이 되는 경우 법령의 소급적용, 즉 **신법 적용의 문제**가 발생하는데, 판례에 따르면 법령의 소급적용, 특히 행정법규의 소급적용은 일반적으로 허용되지 않지만[578](369) 법령을 소급적용하더라도 일반 국민의 이해에 직접 관계가 없는 경우, 오히려 그 이

소급적용되는 경우에 한하여 문제되는 것은 아니고, 과거에 발생하였지만 완성되지 않고 진행중인 사실 또는 법률관계 등을 새로운 법령이 규율함으로써 종전에 시행되던 법령의 존속에 대한 신뢰이익을 침해하게 되는 경우에도 신뢰보호의 원칙이 적용될 수 있다.

대판 2007. 10. 29. 2005두4649(전원) [1] 법령의 개정에서 신뢰보호원칙이 적용되어야 하는 이유는, 어떤 법령이 장래에도 그대로 존속할 것이라는 합리적이고 정당한 신뢰를 바탕으로 국민이 그 법령에 상응하는 구체적 행위로 나아가 일정한 법적 지위나 생활관계를 형성하여 왔음에도 국가가 이를 전혀 보호하지 않는다면 법질서에 대한 국민의 신뢰는 무너지고 현재의 행위에 대한 장래의 법적 효과를 예견할 수 없게 되어 법적 안정성이 크게 저해되기 때문이고, 이러한 신뢰보호는 절대적이거나 어느 생활영역에서나 균일한 것은 아니고 개개의 사안마다 관련된 자유나 권리, 이익 등에 따라 보호의 정도와 방법이 다를 수 있으며, 새로운 법령을 통하여 실현하고자 하는 공익적 목적이 우월한 때에는 이를 고려하여 제한될 수 있으므로, 이 경우 신뢰보호원칙의 위배 여부를 판단하기 위해서는 한편으로는 침해된 이익의 보호가치, 침해의 중한 정도, 신뢰가 손상된 정도, 신뢰침해의 방법 등과 다른 한편으로는 새 법령을 통해 실현하고자 하는 공익적 목적을 종합적으로 비교 · 형량하여야 한다. [2] 개정 전 약사법(1994. 1. 7. 법률 제4731호로 개정되고 2005. 7. 29. 법률 제7635호로 개정되기 전의 것) 제3조의2 제2항의 위임에 따라 같은 법 시행령(1994. 7. 7. 대통령령 제14319호로 개정되고 1997. 3. 6. 대통령령 제15301호로 개정되기 전의 것) 제3조의2에서 한약사 국가시험의 응시자격을 '필수 한약관련 과목과 학점을 이수하고 대학을 졸업한 자'로 규정하던 것을, 개정 시행령(1997. 3. 6. 대통령령 제15301호로 개정되고 2006. 3. 29. 대통령령 제19425호로 개정되기 전의 것) 제3조의2에서 '한약학과를 졸업한 자'로 응시자격을 변경하면서, 개정 시행령 부칙이 한약사 국가시험의 응시자격에 관하여 1996학년도 이전에 대학에 입학하여 개정 시행령 시행 당시 대학에 재학중인 자에게는 개정 전의 시행령 제3조의2를 적용하게 하면서도 1997학년도에 대학에 입학하여 개정 시행령 시행 당시 대학에 재학중인 자에게는 개정 시행령 제3조의2를 적용하게 하는 것은 헌법상 신뢰보호의 원칙과 평등의 원칙에 위배되어 허용될 수 없다고 한 사례. <사안, 요지와 해설 미주 참조>

대판 2007. 11. 16. 2005두8092 법령의 개정에 있어서 신뢰보호원칙이 적용되어야 하는 이유는 어떤 법령이 장래에도 그대로 존속할 것이라는 합리적이고 정당한 신뢰를 바탕으로 국민이 그 법령에 상응하는 구체적 행위로 나아가 일정한 법적 지위나 생활관계를 형성하여 왔음에도 국가가 이를 전혀 보호하지 않는다면, 법질서에 대한 국민의 신뢰는 무너지고 현재의 행위에 대한 장래의 법적 효과를 예견할 수 없게 되어 법적 안정성이 크게 저해되기 때문이라 할 것이나, 이러한 신뢰보호는 절대적이거나 어느 생활영역에서나 균일한 것은 아니고 개개의 사안마다 관련된 자유나 권리, 이익 등에 따라 보호의 정도와 방법이 다를 수 있으며, 새로운 법령을 통하여 실현하고자 하는 공익적 목적이 우월한 때에는 이를 고려하여 제한될 수 있다고 할 것이므로 이러한 신뢰보호원칙의 위배 여부를 판단하기 위하여는 한편으로는 침해받은 이익의 보호가치, 침해의 중한 정도, 신뢰가 손상된 정도, 신뢰침해의 방법 등과 다른 한편으로는 새 법령을 통해 실현하고자 하는 공익적 목적을 종합적으로 비교 · 형량하여야 할 것이다(대법원 2006. 11. 16. 2003두12899 전원합의체 판결 등 참조). 한편, 건축허가기준에 관한 관계 법령 및 조례(이하 '법령'이라고만 한다.)의 규정이 개정된 경우, 새로이 개정된 법령의 경과규정에서 달리 정함이 없는 한 처분 당시에 시행되는 개정 법령에서 정한 기준에 의하여 건축허가 여부를 결정하는 것이 원칙이고, 그러한 개정 법령의 적용과 관련하여서는 개정 전 법령의 존속에 대한 국민의 신뢰가 개정 법령의 적용에 관한 공익상의 요구보다 더 보호가치가 있다고 인정되는 경우에 그러한 국민의 신뢰를 보호하기 위하여 그 적용이 제한될 수 있는 여지가 있을 따름이다(대법원 2005. 7. 29. 2003두3550 판결 등 참조). 등.

578) 대판 2005. 5. 13. 2004다8630 【구상금】 [1] 법령의 소급적용, 특히 행정법규의 소급적용은 일반적으로는 법치주의의 원리에 반하고, 개인의 권리 · 자유에 부당한 침해를 가하며, 법률생활의 안정을 위협하는 것이어서, 이를 인정하지 않는 것이 원칙이고(법률불소급의 원칙 또는 행정법규불소급의 원칙), 다만 법령을 소급적용하더라도 일반 국민의 이해에 직접 관계가 없는 경우, 오히려 그 이익을 증진하는 경우, 불이익이나 고통을 제거하는 경우 등의 특별한 사정이 있는 경우에 한하여 예외적으로 법령의 소급적용이 허용된다. [3] 산업재해보상보험법 제53조 제1항 제3호는 그 효력의 발생 이전에 과오급된 보험급여에 대하여 소급적용되지 않으므로 위 과오급된 보험급여를 환수할 권리는 같은 법상의 징수권이 아니라 민법상의 부당이득반환청구권에 해당한다고 할 것이고, 따라서 그 소멸시효기간은 민법상의 일반원칙에 따라 10년이 된다고 한 사례. [법률관계 성립 후 법령이 유리하게 개정되더라도 원치적으로 개정 전의 법령이 적용됨] <전문, 요지와 해설 미주 참조>

익을 증진하는 경우, 불이익이나 고통을 제거하는 경우 등의 특별한 사정이 있는 경우에 한하여 예외적으로 허용된다[579].

대판 1982. 12. 28. 82누1 【건설업면허취소처분취소】 【피고 건설부장관】 법령이 변경된 경우 명문의 다른 규정이나 특별한 사정이 없는 한 그 변경 전에 발생한 사항에 대하여는 변경 후의 신 법령이 아니라 변경 전의 구 법령이 적용되므로, 건설업자인 원고가 1973.12.31 소외인에게 면허수첩을 대여한 것이 그 당시 시행된 건설업법 제38조 제1항 제8호 소정의 건설업면허 취소사유에 해당된다면 그 후 동법시행령 제3조 제1항이 개정되어 건설업면허 취소사유에 해당하지 아니하게 되었다 하더라도 건설부장관은 동 면허수첩 대여행위 당시 시행된 건설업법 제38조 제1항 제8호를 적용하여 원고의 건설업면허를 취소하여야 할 것이다. <건설업면허수첩 대여행위가 법령 개정으로 취소사유에서 삭제된 경우라도 행위시법인 구법 적용에 의해 면허취소 가능함.>

대판 2012. 8. 17. 선고 2011두3524 【과다본인부담금확인처분등취소】 【피고 건강보험심사평가원】 요양기관이 진료행위를 하고 대가로 지급받은 비용이 과다본인부담금에 해당하는지는 해당 진료행위를 하고 그 비용을 수수한 때 시행되는 법령에 의하여 정해진 요양급여기준과 요양급여비용 산정기준에 따라 정해지는 것이므로, 요양기관이 진료행위의 대가로 지급받은 비용이 구 국민건강보험법(2009. 1. 30. 법률 제9386호로 개정되기 전의 것) 제43조의2 제1항, 제2항에 의하여 과다본인부담금에 해당하는지는 개정된 요양급여기준 등의 법령이 아니라 진료행위 당시 요양급여기준 등의 법령을 기준으로 판단해야 하고, 요양급여기준 등의 개정에 따른 이해가 요양기관을 운영하는 자와 가입자 등 사이에 일치하지 않으므로 달리 특별한 사정이 없으면 진료행위 이후 개정된 요양급여기준 등에 관한 법령을 진료행위 당시로 소급하여 적용할 수는 없다. <구 국민건강보험법 제39조 제2항, 요양급여기준규칙 제5조 제2항의 위임에 근거한「요양급여의 적용기준 및 방법에 관한 세부사항」이 2009. 3. 10. 보건복지가족부 고시 제2009-45호로 개정되어 같은 달 15일부터 시행됨으로써 산전 비자극검사가 요양급여대상에 편입되었는데, 법령 개정 전 실시된 산전 비자극검사(진료행위)에 대하여 진료행위 당시 시행 법령에 의해 본인부담금을 징수해야 하고, 진료행위 이후 개정된 요양급여기준 등에 관한 법령을 진료행위 당시로 소급하여 적용할 수 없기 때문에 진료 당시의 요양급여 인정기준에 관한 법령상 요양급여대상에 해당하지 아니할 뿐만 아니라 법정 비급여 진료행위에도 해당하지 아니한다는 이유로 요양기관인 원고가 산전 비자극검사의 대가로 수수한 비용은 과다본인부담금 확인·통보 처분의 대상이 됨.>

579) 대판 2007. 2. 22. 2004두12957 【장해등급결정처분취소】 【피고 근로복지공단】 [1] 산업재해보상보험법상 장해급여는 근로자가 업무상의 사유로 부상을 당하거나 질병에 걸려 치료를 종결한 후 신체 등에 장해가 있는 경우 그 지급 사유가 발생하고, 그때 근로자는 장해급여 지급청구권을 취득하므로, 장해급여 지급을 위한 장해등급 결정 역시 장해급여 지급청구권을 취득할 당시, 즉 그 지급 사유 발생 당시의 법령에 따르는 것이 원칙이다. [2] 개정된 산업재해보상보험법 시행령의 시행 전에 장해급여 지급청구권을 취득한 근로자의 외모의 흉터로 인한 장해등급을 결정함에 있어, 위 개정이 위헌적 요소를 없애려는 반성적 고려에서 이루어졌고 이를 통하여 근로자의 균등한 복지증진을 도모하고자 하는 데 그 취지가 있으며, 당해 근로자에 대한 장해등급 결정 전에 위 시행령의 시행일이 도래한 점 등에 비추어, 예외적으로 위 개정 시행령을 적용하여야 한다고 한 사례. <요지와 해설 : 장해급여 지급청구권은 산업재해보상법상 '업무상의 사유에 의하여 부상을 당하거나 질병에 걸려 치유 후 신체 등에 장해가 있는 경우'에 해당되고, 근로자의 근로복지공단에 대한 장해급여 지급 청구와 근로복지공단의 보험급여 지급 결정 절차를 거쳐야 되는데, 근로복지공단의 지급결정 시점이 아니라 실체적 요건만을 갖춘 시점에 청구권이 발생됨. 일반적으로 법률관계의 성립에 따른 권리의 내용과 범위는 법률관계 성립 당시의 법령에 따라야 함이 원칙이고, 장해등급은 준법률행위적 행정행위 중 '확인'이기 때문에 청구권발생시점의 법령을 기준으로 결정되어야 하지만, 예외적으로 법령 개정이 반성적 고려에 의하여 이루어지고 처분시 신법의 효력이 발생한 경우라면 신법을 기준으로 결정해야 됨(청구 인용).>

제 2 장

법령심사, 위헌·위법 법령과 처분

법령 심사의 구조

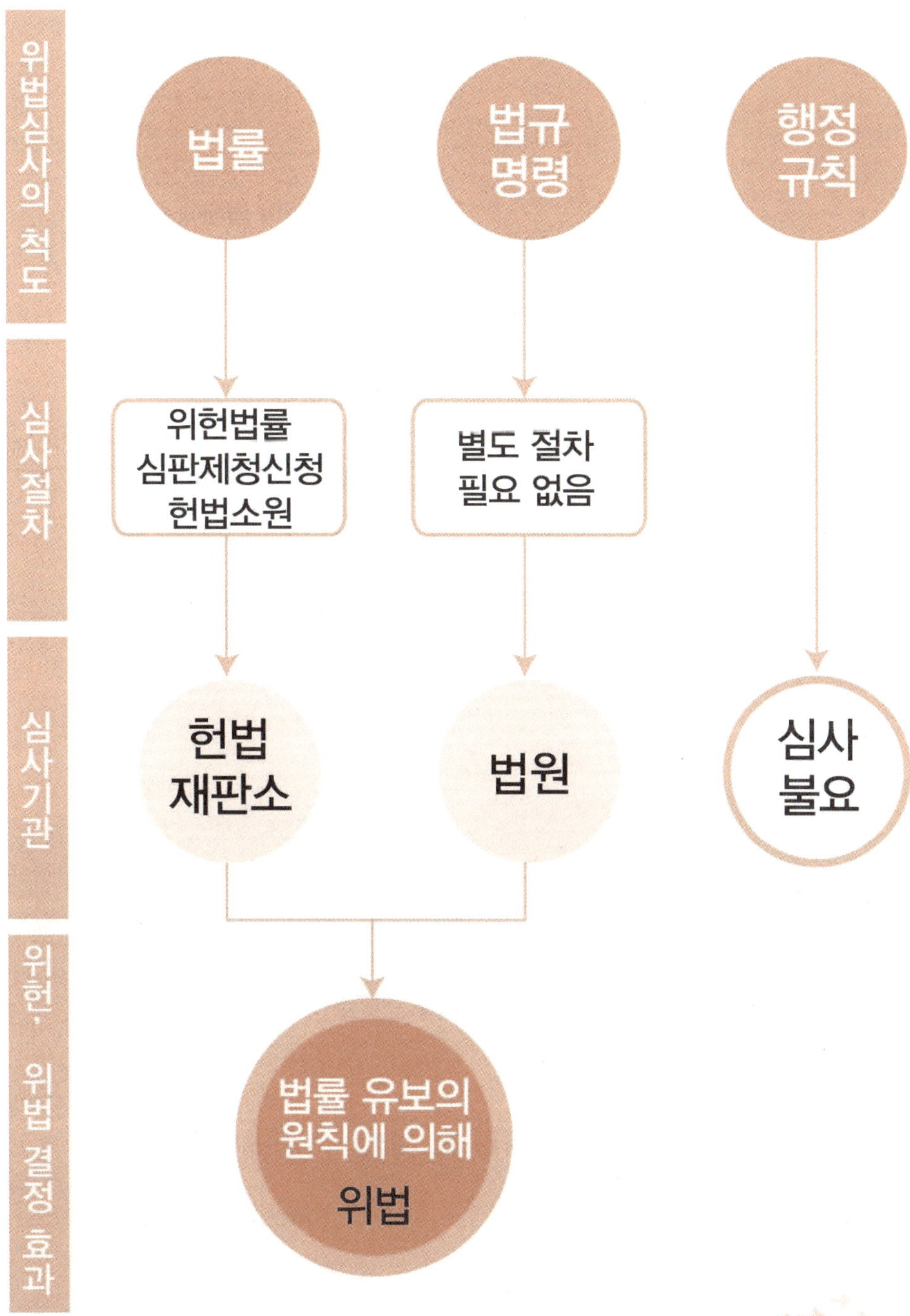
위법심사의 척도
심사절차
심사기관
위헌, 위법 결정 효과
법률
법규 명령
행정 규칙
위헌법률 심판제청신청 헌법소원
별도 절차 필요 없음
헌법 재판소
법원
심사 불요
법률 유보의 원칙에 의해
위법

위헌법률심판

- 적법요건
  - 대 상
    - 법률(긴급재정경제명령·조약)
  - 재판의 전제성
    - 구체적 사건이 법원에 계속 중일 것
    - 위헌 여부가 문제되는 법률이 당해 소송사건의 재판에 적용되는 것일 것
    - 그 법률이 헌법에 위반되는지 여부에 따라 당해 사건을 담당하는 법원이 다른 내용의 재판을 하게 되는 경우
- 위 헌
- 절 차
  - 당사자의 위헌제청 신청
  - 법원의 위헌제청 신청

위헌심사형 헌법소원

적법요건

- 대 상
- 재판의 전제성
- 위헌제청신청 기각결정
- 청구기간
- 기 타

위 헌

위법 · 위헌 심사의 구조

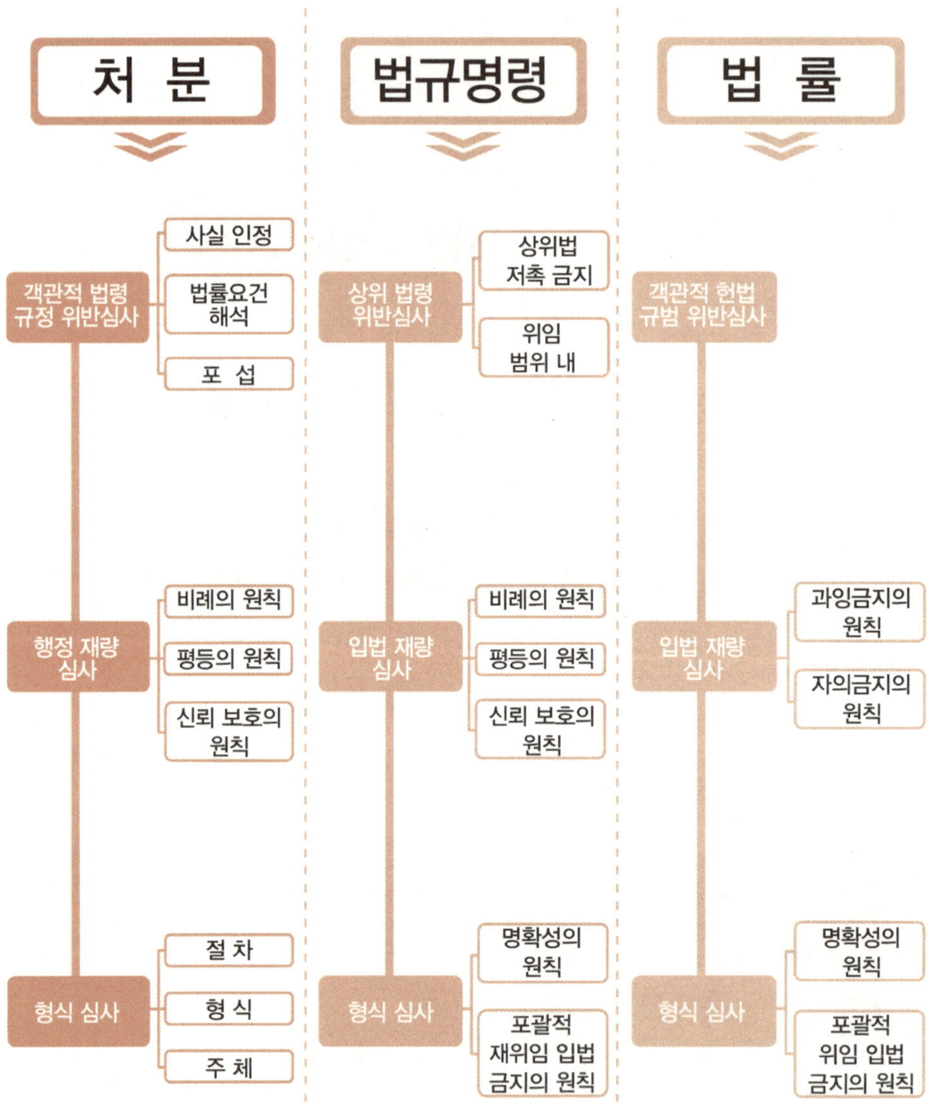
처 분
법규명령
법 률
객관적 법령 규정 위반심사
사실 인정
법률요건 해석
포 섭
행정 재량 심사
비례의 원칙
평등의 원칙
신뢰 보호의 원칙
형식 심사
절 차
형 식
주 체
상위 법령 위반심사
상위법 저촉 금지
위임 범위 내
입법 재량 심사
비례의 원칙
평등의 원칙
신뢰 보호의 원칙
형식 심사
명확성의 원칙
포괄적 재위임 입법 금지의 원칙
객관적 헌법 규범 위반심사
입법 재량 심사
과잉금지의 원칙
자의금지의 원칙
형식 심사
명확성의 원칙
포괄적 위임 입법 금지의 원칙

위헌 심사

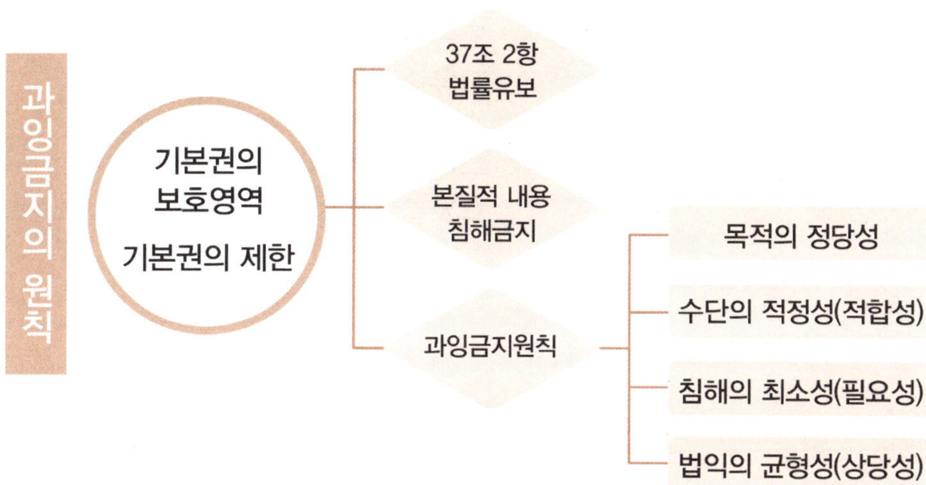
과잉금지의 원칙
기본권의 보호영역
기본권의 제한
37조 2항 법률유보
본질적 내용 침해금지
과잉금지원칙
목적의 정당성
수단의 적정성(적합성)
침해의 최소성(필요성)
법익의 균형성(상당성)

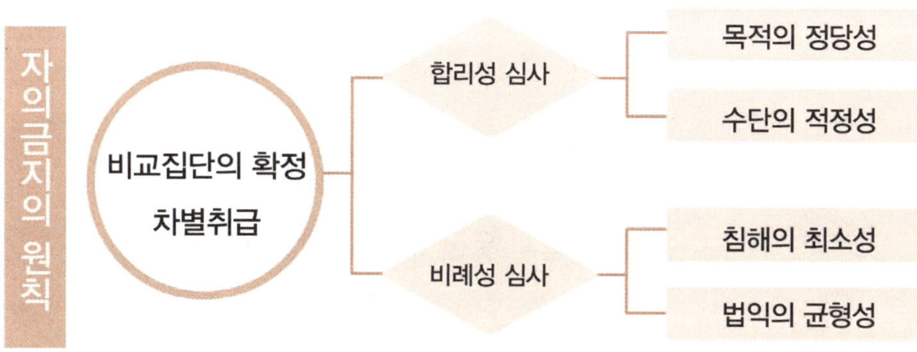
자의금지의 원칙
비교집단의 확정
차별취급
합리성 심사
비례성 심사
목적의 정당성
수단의 적정성
침해의 최소성
법익의 균형성

언론 · 출판의 자유

규 정

- 제21조 ① 모든 국민은 언론 · 출판의 자유를 가진다.
- 제21조 ② 언론 · 출판에 대한 허가나 검열은 인정되지 아니한다.

보호영역

- 의사 표현물의 공개 또는 유통

기본권 제한 위헌심사

- **사전검열 금지원칙**
  - 표현물의 사전제출 의무
  - 행정기관에 의한 심사와 판단
  - 허가 받지 못한 것의 표현금지
  - 절차를 관철할 수 있는 강제수단의 존재
- **과잉금지 원칙**
- **자의금지 원칙**

위법 판단 시점과 위헌 법률

제 2 장

법령심사 , 위헌·위법 법령과 처분

1. 법령심사

> 제6조(명령 · 규칙의 위헌판결등 공고) ① 행정소송에 대한 대법원판결에 의하여 명령 · 규칙이 헌법 또는 법률에 위반된다는 것이 확정된 경우에는 대법원은 지체없이 그 사유를 행정자치부장관에게 통보하여야 한다.
>
> ② 제1항의 규정에 의한 통보를 받은 행정자치부장관은 지체없이 이를 관보에 게재하여야 한다

가. 법률과 법규명령에 대한 구체적 규범통제

법률이나 법규명령이 소송사건의 재판에 전제된 경우 당해 법률과 법규명령의 위헌·위법 여부를 심판할 수 있다. **재판의 전제성**이란 소송사건이 법원에 계속 중이고, 위헌·위법 여부가 문제되는 법령 또는 법령조항이 당해 소송사건의 재판에 적용되어야 하며 법령 또는 법령조항의 위헌·위법 여부에 따라 당해 사건을 담당한 법원이 다른 내용의 재판을 하게 되는 경우를 의미한다.

법률의 위헌 여부에 대한 심사는 법원이 직권 또는 당사자의 신청에 의하여 헌법재판소에 위헌법률심판 제청한 경우와 법원이 당사자의 신청을 기각해서 당사자가 헌법재판소법 제68조

제2항에 의하여 헌법재판소에 헌법소원심판 청구한 경우에 이루어진다. 헌법재판소는 위헌법률심판절차에서 심리를 마친 후 법률에 대하여 '각하, 합헌, 위헌(부분위헌, 전부위헌), 한정합헌, 한정위헌, 헌법불합치'를 결정해야 하고, 이후 법원은 헌법재판소의 결정에 따라 재판해야 한다[580].

법규명령의 위법[581] 여부에 대한 심사는 법원의 직권 또는 당사자의 주장에 의하여 이루어지고, 심사한 결과 위법으로 판명되면 법원은 당해 법규명령을 당해 소송사건에 적용하지 않는 방법으로 재판해야 한다[582]. 즉, **법규명령의 위법 여부가 재판의 전제가 된 경우** 당해 사건을 담당하는 법원은 별도의 절차 없이 직접 법규명령의 위법 여부를 판단하고, 만약 위법으로 판단되면 당해 법규명령을 당해 소송사건에 적용하지 않는 방법으로 재판을 진행해서 결론을 도출하게 된다.

나. 법률에 대한 위헌심판절차

1) 위헌법률심판제청

헌법재판소법 제41조 제1항은 '법률이 헌법에 위반되는 여부가 재판의 전제가 된 때에는 당해 사건을 담당하는 법원은 직권 또는 당사자의 신청에 의한 결정으로 헌법재판소에 위헌 여부의 심판을 제청한다.'고 규정하고 있다. 따라서 법원은 형식적 의미의 법률을 대상으로 당해 법률이 재판의 전제가 된 경우라면 헌법재판소에 법률의 위헌 여부의 심판을 제청할 수 있다.

이때 **재판의 전제성**이란 '구체적 사건이 법원에 계속 중이어야 하고, 위헌 여부가 문제되는

---

580) 법규명령의 위법은 위헌을 포함하지만, 법령의 체계상 법규명령이 법률의 효력을 위반할 수 없다는 점과 본안에 헌법보다 법률이 판단의 기준이 된다는 점 을 고려해 위법으로 표현하기로 한다. 법규명령의 위법 판단 기준은 '제3편 제1장 1. 행정입법 라. 위헌·위법성 2) 제정상 한계'에서 다루었다.

581) 헌법재판소법 제47조 제2항에 따라 위헌으로 결정된 법률 또는 법률조항은 결정이 있는 날로부터 효력을 상실하고, 다만 형벌에 관한 조항은 소급하여 효력을 상실한다. 이러한 소급효의 적용범위에 대하여 대법원은 판례를 통하여 위헌 결정이 있기 전에 이와 동종의 위헌여부에 관하여 헌법재판소에 위헌여부심판제청을 하였거나 법원에 위헌여부심판제청신청을 한 경우의 당해 사건, 따로 위헌제청신청은 아니하였지만 당해 법률 또는 법률의 조항이 재판의 전제가 되어 법원에 계속 중인 사건, 위헌 결정 이후에 위와 같은 이유로 제소된 일반 사건에 미친다고 보고 있다. 즉, 대법원은 원칙적으로 모든 사건에 소급효가 미치나, 법적 안정성의 유지나 당사자의 신뢰보호를 위해 불가피한 경우에 위헌 결정의 소급효를 제한할 수 있다고 보고 있다.

582) 헌법 제107조 제2항 '명령·규칙 또는 처분이 헌법이나 법률에 위한되는 여부가 전판의 전제가 된 경우에는 대법원이 이를 최종적으로 심사할 권한을 가진다.'는 규정과 관련하여 다수설은 개별적 사건에서의 적용거부를 의미한다는 입장이다. 그러나 대법원은 법규명령의 일반적 무효를 선언하고 있다. 한편, 행정소송법은 행정소송에 대한 대법원판결에 의하여 명령·규칙이 헌법 또는 법률에 위한된다는 것이 확정된 경우에는 대법원은 지체없이 그 사유를 행정자치부장관에게 통보하고, 행정자치부장관은 지체없이 이를 관보에 게재하도록 규정하고 있다.

법률이 당해 소송사건의 재판에 적용되어야 하고[583], 그 법률의 위헌 여부에 따라 당해 사건을 담당하는 법원이 다른 내용의 재판을 하게 되는 경우'를 의미한다(370). 이때 **다른 내용의 재판을 하게 되는 경우**란 '원칙적으로 재판의 주문이 달리하게 되는 경우'를 의미하지만, 예외적으로 재판의 주문 자체에는 아무런 영향이 없지만 '재판의 내용과 효력에 관한 의미가 달라지는 경우'도 인정된다(371). 항고소송과 관련해서, 행정처분의 근거가 되는 법률이 위헌이 되더라도 원칙적으로 당해 행정처분을 취소할 수 있는 하자에 불과하기 때문에 취소소송의 제기기간이 경과된 후 행정처분의 근거법률이 위헌임을 이유로 무효확인소송을 제기하더라도 행정처분의 효력에 영향이 없어 당해 처분에 적용되는 법률의 위헌 여부는 당해 재판의 전제성이 없다[584]. 확정판결의 기판력과 관련해서, 당해사건의 선결문제에 대하여 별도의 소송에서 판결이 확정된 경우에는 기판력으로 인하여 확정된 동일한 사항에 대하여 당사자가 이에 저촉되는 주장을 할 수 없고(반복금지), 법원이 이에 저촉되는 판단을 할 수 없기(모순금지) 때문에 기판력이 발행한 선결문제에 적용되는 법률의 위헌 여부는 당해 사건에서 더 이상 다툴 수 없어 재판의 전제성이 없다[585].

---

583) 『김승대, 헌법학 강론(박영사, 2011), 431~436쪽』 재판이란 본안에 관한 재판과 소송절차에 관한 재판을 포괄하며, 판결·결정·명령 뿐만 아니라 종국재판·중간재판 등도 포함된다. 변론주의가 적용되는 민사소송에서는 일견 당해 사건에 적용될 법률로 보이더라도 당사자가 그 법률의 적용의 전제되는 주장이나 항변을 제기하지 아니하면 당해 사건의 적용법률의 범위에 포함되지 않지만, 형사소송·행정소송에서는 당사자의 주장에 상관없이 당해 사건의 심판 범위에 들어가는 사실관계에 적용되는 법률이면 당해 사건의 적용법률의 범위에 포함된다.

584) 헌재 2004. 6. 24. 결정 2003헌바30 '행정처분의 근거가 된 법률이 헌법재판소에서 위헌으로 선고된다고 하더라도 원칙적으로 그 전에 이미 집행이 종료된 행정처분이 당연무효가 되는 것은 아니므로 행정처분에 대한 쟁송기간 내에 그 취소를 구하는 소를 제기한 경우는 별론으로 하고 쟁송기간이 경과한 후에는 행정처분의 근거법률이 위헌임을 이유로 무효확인소송 등을 제기하더라도 행정처분의 효력에는 영향이 없다. 그러므로 행정처분에 대한 쟁송기간이 경과된 후에 그 행정처분의 근거가 된 법률의 위헌여부에 대한 심판을 구한 경우에는 당해사건을 담당하는 법원이 그 법률에 대한 위헌결정이 있는 경우 다른 내용의 재판을 할 예외적인 사정이 있는지 여부에 대하여 내린 판단에 따라 재판의 전제성유무가 달라지게 된다고 할 것인데, 그 법률에 대한 위헌결정이 행정처분의 효력에 영향을 미칠 여지가 없는 경우에는 그 법률의 위헌여부에 따라 당해사건에 대한 재판의 주문이 달라지거나 재판의 내용과 효력에 관한 법률적 의미가 달라질 수 없는 것이므로 재판의 전제성을 인정할 수 없게 된다. 한편, 위와 같은 경우 행정처분이 무효인지 여부는 당해사건을 재판하는 법원이 판단할 사항이라고 할 것이다.' 헌재 2005. 3. 31. 결정 2003헌바113, 헌재 2006. 11. 30. 결정 2005헌바55, 헌재 2004. 6. 24. 결정 2003헌바30 등.

585) 헌재 1998. 3. 26. 결정 97헌바13 [1] 헌법재판소법 제68조 제2항의 헌법소원에 있어서는 법원에 계속된 구체적 사건에 적용할 법률의 위헌여부가 재판의 전제로 되어 있어야 하고, 이 경우 재판의 전제가 된다고 함은 문제되는 법률이나 법률조항이 당해 소송사건의 재판에 적용되는 것이어야 하며, 그 법률이나 법률조항의 위헌 여부에 따라 재판의 주문이 달라지거나 재판의 내용과 효력에 관한 법률적 의미가 달라지는 경우를 말한다. [2] 청구인은 이 사건 과세처분에 관하여 취소청구소송(전소)을 제기하였으나 원고청구기각판결이 선고되어 확정되었고, 과세처분취소청구를 기각한 판결의 기판력은 동일한 과세처분에 대하여 제기한 무효확인청구소송(후소)에도 미치는 것이며, 전소(前訴)의 기판력 있는 법률효과가 후소(後訴)의 선결문제로 되는 때에는 후소는 선결문제로서 전소의 기판력을 받게 되어 전소판결 내용에 어긋나는 판단을 할 수 없는 것인바, 청구인은 이 사건 심판청구의 당해사건에서 이 사건 과세처분이 무효임을 이유로 그 후행처분인 압류처분이 무효라는 주장을 하고 있으므로 이 사건 과세처분이 무효인지 여부는 당해사건에 있어서의 선결문제이고, 따라서 이 사건 과세처분에 관한 전소인 앞의 원고청구기각판결의

2) 위헌심사형 헌법소원

헌법제판소법 제68조 제2항은 '제41조 제1항의 규정에 의한 법률의 위헌여부심판의 제청신청이 기각된 때에는 그 신청을 한 당사자는 헌법재판소에 헌법소원심판을 청구할 수 있다. 이 경우 그 당사자는 당해 사건의 소송절차에서 동일한 사유를 이유로 다시 위헌여부심판의 제청을 신청할 수 없다.'고 규정하고, 제69조 제2항은 '제68조 제2항의 규정에 의한 헌법소원심판은 위헌여부심판의 제청신청을 기각하는 결정을 통지받은 날부터 30일 이내에 청구하여야 한다.' 고 규정하고 있다. 따라서 재판의 당사자는 형식적 의미의 법률을 대상으로 당해 법률이 재판의 전제가 된 경우라면 법원의 위헌법률제청신청 기각 결정을 받은 날로부터 30일 이내 헌법재판소에 법률의 위헌 여부의 심판을 청구할 수 있다.

헌결 2012. 12. 27 2011헌바117 이전의 경우 판례와 학설은 "심판의 대상을 법률로 규정하고 있기 때문에 '어느 법률조항이 위헌이다.'는 취지로 법률조항 자체의 위헌 판단을 구하는 방식으로 다투어야 하고, '어느 법률조항을 …으로 해석하는 한 위헌이다.'는 취지로 한정위헌의 판단을 구하는 방식은 적합하지 않다. 다만 청구인의 주장이 단순히 법률조항의 해석을 다투는 것이 아니라 법률조항 자체의 위헌성을 다투는 경우로 해석되는 사안, 즉 '법률조항 자체의 불명확성을 다투는 것으로 보이는 경우로서 헌법상의 명확성 원칙의 위반을 다투는 경우 혹은 조세법률주의(과세요건명확주의) 위반을 다투는 경우'와 '소위 심판대상규정에 대한 일정한 해석이 상당기간에 걸쳐 형성, 집적되어 법원의 해석에 의하여 구체화된 심판대상규정이 위헌성을 지니는 경우'는 적법한 청구가 된다(372)"고 해석하였다.

그런데, 위 결정에서 '원칙적으로 한정위헌청구가 적법하다'고 한정위헌청구의 적법성에 관한 종래의 선례를 변경하였다(373).

기판력이 이 사건에도 미치게 되어 청구인은 당해사건에서 이 사건 과세처분이 무효임을 주장할 수 없다. [3] 이 사건 심판대상 조항이 위헌이어서 그에 기초한 이 사건 과세처분이 무효라고 하더라도 과세처분취소청구소송에서 원고청구기각판결이 선고되어 확정된 전소의 기판력에 의하여 당해사건에서 이 사건 과세처분이 무효라고 판단할 수 없고, 따라서 이 사건 심판청구는 이 사건 심판대상 조항의 위헌여부에 따라 당해사건의 주문이 달라지거나 재판의 내용과 효력에 관한 법률적 의미가 달라지는 경우에 해당한다고 할 수 없으므로 이 사건 심판청구는 재판의 전제성 요건을 갖추지 못하였다.

3) 결정

가) 합헌 또는 위헌결정

헌법재판소법 제45조는 '헌법재판소는 제청된 법률 또는 법률조항의 위헌여부만을 결정한다. 다만, 법률조항의 위헌결정으로 인하여 당해 법률 전부를 시행할 수 없다고 인정될 때에는 그 전부에 대하여 위헌의 결정을 할 수 있다.'고 규정하고, 제75조 제5항은 '제5항의 경우 및 제68조 제2항의 규정에 의한 헌법소원을 인용하는 경우에는 제45조 및 제47조의 규정을 준용한다.'고 규정하고 있기 때문에 헌법재판소는 합헌[586] 또는 위헌 여부만을 결정해야 된다[587]. 위헌결정 중에는 위헌심판의 대상이 된 법률조항의 전부에 대하여 위헌을 선고하는 위헌결정과 법률조항의 일부에 대하여 위헌을 선고하는 일부 위헌결정(양적 일부위헌결정)이 있고, 이러한 단순 위헌결정이 있으면 당해 조항 자체는 장래를 향해 무효가 된다[588]. 그리고 위헌심판의 대

---

586) 재판관 6인 이상의 찬성으로 위헌 결정하도록 규정되어 있기 때문에 위헌의견 5인, 합헌의견 4인의 평의결과에 따라 합헌결정되는 사건도 드믈지 않다. 헌재 2008. 10. 30. 결정 2007헌가17 간통죄 합헌결정 등.

587) 위헌심사형 헌법소원의 경우 적법요건을 갖추지 못한 경우에 본안 판단에 앞서 각하 결정해야 한다.

588) 헌법재판소법 제47조(위헌결정의 효력)는 '① 법률의 위헌결정은 법원 기타 국가기관 및 지방자치단체를 기속한다. ② 위헌으로 결정된 법률 또는 법률의 조항은 그 결정이 있는 날로부터 효력을 상실한다. 다만, 형벌에 관한 법률 또는 법률의 조항은 소급하여 그 효력을 상실한다. ③ 제2항 단서의 경우에 위헌으로 결정된 법률 또는 법률의 조항에 근거한 유죄의 확정판결에 대하여는 재심을 청구할 수 있다. ④ 제3항의 재심에 대하여는 형사소송법의 규정을 준용한다.'고 규정하고 있다. 법령의 문언에 따르면 위헌결정은 당해법률 조항을 일반적으로 무효화시키고, 선고시를 기점으로 원칙적으로 장래를 향해 법률의 효력을 소멸시키지만, 예외적으로 형벌조항에 대하여 소급적으로 효력을 소멸시키고 있다. 그러나 헌법재판소의 판례에 따르면 '법원의 제청 · 헌법소원의 청구 등을 통하여 헌법재판소에 법률의 위헌결정을 위한 계기를 부여한 사건(당해사건)', '위헌결정이 있기 전에 이와 동종의 위헌 여부에 관하여 헌법재판소에 위헌제청을 하였거나 법원에 위헌제청을 신청한 사건(동종사건)', '따로 위헌제청신청하지 않았지만 당해 법률 또는 법률조항이 재판의 전제가 되어 법원에 계속 중인 사건(병행사건)' 등에 있어서도 위헌결정의 소급효가 인정된다는 입장이다. 그러나 대법원은 당해 사건 · 병행 사건 이외에 일반 사건에까지 소급효를 인정하고, 다만 차단효의 법리에 의해서 소급효를 차단시키고 있다[대판 1993. 4. 27. 92누9777 (확정판결의 기판력이 발생한 경우), 1994. 10. 25. 93다42740 (법적 안정성의 요청이 강한 경우), 1994. 10. 28. 92누9463 (행정처분의 확정력이 발생한 경우) 등].

대판 1994. 10. 28. 92누9463 【압류처분등무효확인】 [1] 법률에 근거하여 행정처분이 발하여진 후에 헌법재판소가 그 행정처분의 근거가 된 법률을 위헌으로 결정하였다면 결과적으로 행정처분은 법률의 근거가 없이 행하여진 것과 마찬가지가 되어 하자가 있는 것이 되나, 하자 있는 행정처분이 당연무효가 되기 위하여는 그 하자가 중대할 뿐만 아니라 명백한 것이어야 하는데, 일반적으로 법률이 헌법에 위반된다는 사정이 헌법재판소의 위헌결정이 있기 전에는 객관적으로 명백한 것이라고 할 수는 없으므로 헌법재판소의 위헌결정 전에 행정처분의 근거되는 당해 법률이 헌법에 위반된다는 사유는 특별한 사정이 없는 한 그 행정처분의 취소소송의 전제가 될 수 있을 뿐 당연무효사유는 아니라고 봄이 상당하다. [2] 위헌인 법률에 근거한 행정처분이 당연무효인지의 여부는 위헌결정의 소급효와는 별개의 문제로서, 위헌결정의 소급효가 인정된다고 하여 위헌인 법률에 근거한 행정처분이 당연무효가 된다고는 할 수 없고, 오히려 이미 취소소송의 제기기간을 경과하여 확정력이 발생한 행정처분에는 위헌결정의 소급효가 미치지 않는다고 보아야 한다. [3] 어느 행정처분에 대하여 그 행정처분의 근거가 된 법률이 위헌이라는 이유로 무효확인청구의 소가 제기된 경우에는 다른 특별한 사정이 없는 한 법원으로서는 그 법률이 위헌인지 여부에 대하여는 판단할 필요 없이 그 무효확인청구를 기각하여야 한다.

대판 2002. 11. 8. 2001두3181 판결 【택지초과소유부담금부과처분무효확인】 위헌결정의 효력은 그 결정 이후에 당해 법률이 재판의 전제가 되었음을 이유로 법원에 제소된 일반사건에도 미치므로, 당해 법률에 근거하여 행정처분

상이 된 법률조항의 문언이 다의적으로 해석가능한 경우 '특정한 내용으로 해석, 적용되는 한 합헌 또는 위헌'이라는 주문의 유형인 한정합헌 · 한정위헌결정(질적 일부위헌결정)이 있다[589].

나) 헌법불합치결정

위헌결정에 따른 법적 공백이나 사회적 혼란이 초래될 수 있는 사안, 수혜적 법률이 평등원칙 위반으로 다시 혜택의 범위가 결정되어야 하는 사안, 위헌제거방법에 관한 입법형성권이 존중되어야 하는 사안 등에서 헌법재판소는 법률의 적용중지를 명하는 헌법불합치결정을 할 수 있다[590]. 헌법불합치결정된 법률은 형식적으로 존속하지만(위헌법률의 형식적 존속), 법원은 그 법률의 적용과 관련된 계속중인 재판을 중지하고(절차의 중지), 개선입법이 실현되면 개선입법을 적용해서 판단해야 한다(개선입법의 적용). 그러나 예외적으로 헌법재판소가 대상법률의 적용 중지로 인한 법적 공백이나 사회적 혼란을 방지하기 위해 위헌법률의 잠정적 적용을 주문에서 명시적으로 명할 수 있고[591](위헌법률의 잠정적 적용), 이 때 법원은 위헌법률을 적용해서 판단하면 된다.

2. 위헌 · 위법 법령과 처분

가. 위헌 법률과 처분

1) 위헌 법률에 근거한 처분의 위법성과 효력

위헌인 법률에 근거한 처분의 위법 여부와 효력 유무는 위헌 결정의 효력이 소급하는 범

이 발하여진 후에 헌법재판소가 그 행정처분의 근거가 된 법률을 위헌으로 결정하였다면 결과적으로 행정처분은 법률의 근거가 없이 행하여진 것과 마찬가지가 되어 하자가 있는 것이 되나, 이미 취소소송의 제기기간을 경과하여 확정력이 발생한 행정처분의 경우에는 위헌결정의 소급효가 미치지 않는다고 보아야 할 것이고, 일반적으로 법률이 헌법에 위반된다는 사정은 헌법재판소의 위헌결정이 있기 전에는 객관적으로 명백한 것이라고 할 수는 없으므로 헌법재판소의 위헌결정 전에 행정처분의 근거되는 당해 법률이 헌법에 위반된다는 사유는 특별한 사정이 없는 한 그 행정처분의 취소소송의 전제가 될 수 있을 뿐 당연무효사유는 아니라고 봄이 상당하다.

589) 대법원은 한정합헌 · 한정위헌결정이 법원의 권한에 속하는 법률해석에 관한 헌법재판소의 의견에 불과하기 때문에 이에 기속되지 않는다는 입장이지만, 헌법재판소는 한정합헌 · 한정위헌결정에 따르지 않는 대법원의 판결을 취소하고 있다. 이처럼 한정합헌 · 한정위헌결정에 대한 대법원과 헌법재판소의 갈등이 현재에도 지속되고 있다. 대판 1996. 4. 9. 95누11045, 헌결 1997. 12. 24. 결정 96헌마172 등.

590) 헌결 1994. 7. 29. 92헌바49, 52 토지초과이득세사건 헌법불합치결정 [주문] 토지초과이득세법(제정 1989.12.30. 법률 제4177호, 개정 1993.6.11. 법률 제4561호, 1993.6.11. 법률 제4563호)은 헌법에 합치되지 아니한다.

591) 헌결 1999. 5. 27. 98헌바70 한국방송공사수신료 제도의 헌법불합치 결정 [주문] '1. 한국방송공사법(1990. 8. 1. 법률 제4264호로 개정된 것) 제35조는 헌법에 위반되지 아니한다. 2. 같은 법 제36조 제1항은 헌법에 합치되지 아니한다. 3. 위 제2항의 법률조항은 1999. 12. 31.을 시한으로 입법자가 개정할 때까지 그 효력을 지속한다.' 등.

위[592] 내에서 **법치행정의 원리**(법률우위의 원칙, 법률유보의 원칙 등)와 **행정법의 원리**(행정법의 일반원칙, 행정행위의 공정력 등)에 의해 결정된다. 예컨대, 침익적 처분의 경우 침해의 근거가 되는 법률 규정이 위헌으로 결정되면 위헌 법률 규정에 근거한 처분은 통상 법률유보의 원칙에 의해 위법이 되고[593], 수익적 처분에 대한 거부행위의 경우 신청 요건으로 규정된 법률 규정이 위헌으로 결정되면 위헌 법률 규정에 근거한 처분은 통상 법률우위의 원칙에 의해 위법이 된다. 이러한 위법은 당연 무효가 된다는 소수 학설도 있지만, 대법원 판례와 다수 학설은 중대명백설의 입장에서 취소할 수 있는 하자일 뿐 당연 무효의 하자가 아니라는 입장이다[594].

2) 위헌 법률에 근거한 처분의 집행력

위헌 법률에 근거한 처분에 불가쟁력이 발생한 경우 집행력을 부여할 수 있는지 여부에 대하여 긍정설과 부정설 등 견해의 대립이 있는데, 판례는 위헌 결정 이전 수납이나 징수가 완료된 경우에는 법적 안정성의 측면에서 유효하지만 위헌 결정 후 위헌법률에 기한 행정처분의 집행 또는 집행력의 유지를 위한 행위가 위헌결정의 기속력에 위반되기 때문에 허용되지 않는다는 부정설의 입장이다[위헌 결정된 조세채권의 집행을 위해 예금채권에 압류처분하자 압류처분을 무효라고 한 사안[595], 위헌 결정된 구 택지소유상한에관한법률상 부담금 부과처

---

592) 위헌결정의 효력은 원칙적으로 장래효만 있으므로 소급효가 미치지 않는 영역에서 결정된 처분은 법적으로 적법하다고 평가된다. 헌법재판소는 당해사건·동종사건·병행사건 이외 사건에 소급효가 미치지 않는다는 입장이고, 대법원은 일반사건에도 소급효가 미치지만 처분의 확정력 등에 의해 소급효가 차단된다는 입장이지만, 여하튼 소급효가 미치지 않는 범위 내에서 이루어진 위헌법률에 근거한 처분은 적법하다고 해석된다.

593) 수익적 처분의 취소를 구하는 제3자 방어소송에서 수익처분의 근거 법률이 위헌 결정되더라도 법률유보의 원칙이 적용되지 않는 영역이라면 처분을 위법으로 볼 수 없는 경우가 발생할 수 있다.

594) 대판 1994. 10. 28. 93다41860【부당이득금반환】 법률에 근거하여 행정청이 행정처분을 한 후에 헌법재판소가 그 법률을 위헌으로 결정하였다면 결과적으로 그 행정처분은 법률의 근거가 없이 행하여진 것과 마찬가지가 되어 하자가 있는 것이 된다고 할 것이나, 하자있는 행정처분이 당연무효가 되기 위하여는 그 하자가 중대할 뿐만 아니라 명백한 것이어야 하는데, 일반적으로 법률이 헌법에 위반된다는 사정이 헌법재판소의 위헌결정이 있기 전에도 객관적으로 명백한 것이라고 할 수는 없으므로 특별한 사정이 없는 한 이러한 하자는 위 행정처분의 취소사유에 해당할 뿐 당연무효사유는 아니라고 봄이 상당하다[동지, 대판 2002. 11. 8. 2001두3181【택지초과소유부담금부과처분무효확인】 대판 2000. 6. 9. 2000다16329【부당이득금】 등].

595) 대판 2012. 2. 16. 2010두10907(전원)【압류등처분무효확인】【피고 서초세무서장】 [1] [다수의견] 구 헌법재판소법(2011. 4. 5. 법률 제10546호로 개정되기 전의 것) 제47조 제1항은 "법률의 위헌결정은 법원 기타 국가기관 및 지방자치단체를 기속한다."고 규정하고 있는데, 이러한 위헌결정의 기속력과 헌법을 최고규범으로 하는 법질서의 체계적 요청에 비추어 국가기관 및 지방자치단체는 위헌으로 선언된 법률규정에 근거하여 새로운 행정처분을 할 수 없음은 물론이고, 위헌결정 전에 이미 형성된 법률관계에 기한 후속처분이라도 그것이 새로운 위헌적 법률관계를 생성·확대하는 경우라면 이를 허용할 수 없다. 따라서 조세 부과의 근거가 되었던 법률규정이 위헌으로 선언된 경우, 비록 그에 기한 과세처분이 위헌결정 전에 이루어졌고, 과세처분에 대한 제소기간이 이미 경과하여 조세채권이 확정되었으며, 조세채권의 집행을 위한 체납처분의 근거규정 자체에 대하여는 따로 위헌결정이 내려진 바 없다고 하

분과 압류처분 및 이에 기한 압류등기가 위헌결정 전 이루어지고 확정되었다고 하여도 위헌결정 이후에는 별도의 행정처분인 매각처분 · 분배처분 등 후속 체납처분절차를 진행할 수 없는 것은 물론이고 특별한 사정이 없는 한 기존의 압류등기나 교부청구만으로는 다른 사람에 의하여 개시된 경매절차에서 배당을 받을 수도 없기 때문에 체납 부담금에 대한 징수가 불가능하게 되어 압류처분 해제신청 거부가 위법하다고 한 사안(대판 2001두2959), 위헌결정 이후에 진행된 공매처분가 당연무효일뿐만 아니라 공매처분에 기한 소유권이전등기도 무효라고 한 사안(대판 2002다46102), 위헌결정 이후 부담금 등의 납부의무가 없음을 알면서도 압류해제 거부로 인한 사실상의 손해를 피하기 위하여 부득이 부담금 등을 납부한 경우에 납부자가 그 반환청구권을 상실하지는 않는다고 한 사안(대판 2003다14384), 근거 법률은 위헌결정이 있는 날로부터 효력을 상실하므로 위헌결정이 있는 날을 포함하여 그 후에 물납허가처분의 이행을 위한 후속 등기촉탁절차와 등기촉탁행위에 의하여 이루어진 소유권이전등기 모두 무효라 한 사안(대판 2004다58123) 등].

더라도, 위와 같은 위헌결정 이후에 조세채권의 집행을 위한 새로운 체납처분에 착수하거나 이를 속행하는 것은 더 이상 허용되지 않고, 나아가 이러한 위헌결정의 효력에 위배하여 이루어진 체납처분은 그 사유만으로 하자가 중대하고 객관적으로 명백하여 당연무효라고 보아야 한다. [대법관 안대희, 대법관 신영철, 대법관 김용덕의 반대의견] 행정청이 어떠한 법률의 조항에 근거하여 행정처분을 한 후 헌법재판소가 그 조항을 위헌으로 결정하였다면 행정처분은 결과적으로 법률의 근거 없이 행하여진 것과 마찬가지로 되어 후발적으로 하자가 있게 된다고 할 것이나, 일반적으로 법률이 헌법에 위반된다는 사정은 헌법재판소의 위헌결정이 있기 전에는 객관적으로 명백한 것이라고 할 수 없으므로 특별한 사정이 없는 한 그러한 하자는 행정처분의 취소사유일 뿐 당연무효 사유라고 할 수 없고, 일정한 행정목적을 위하여 독립된 행위가 단계적으로 이루어진 경우 선행처분에 당연무효 또는 부존재인 하자가 있는 때를 제외하고 선행처분의 하자가 후속처분에 당연히 승계된다고 할 수는 없다. 과세처분과 압류처분은 별개의 행정처분이므로 선행처분인 과세처분이 당연무효인 경우를 제외하고는 과세처분의 하자를 이유로 후속 체납처분인 압류처분의 효력을 다툴 수 없다고 봄이 타당한 점, 압류처분 등 체납처분은 과세처분과는 별개의 행정처분으로서 과세처분 근거규정이 직접 적용되지 않고 체납처분 관련 규정이 적용될 뿐이므로, 과세처분 근거규정에 대한 위헌결정의 기속력은 체납처분과는 무관하고 이에 미치지 않는다고 보아야 한다는 점, 다수의견과 같이 유효한 과세처분에 대한 체납처분 절차의 진행을 금지하여 실질적으로 당해 과세처분의 효력을 부정하고 사실상 소멸시키는 데까지 위헌결정의 기속력 범위가 미친다고 새긴다면, 이는 기속력의 범위를 지나치게 확장하는 것이 되어 결과적으로 위헌결정의 소급효를 제한한 구 헌법재판소법(2011. 4. 5. 법률 제10546호로 개정되기 전의 것) 제47조 제2항 본문의 취지에 부합하지 않는다는 점 등에 비추어 보면, 선행처분에 해당하는 과세처분에 당연무효 사유가 없고, 과세처분에 따른 체납처분의 근거규정이 유효하게 존속하며, 외국의 일부 입법례와 같이 위헌법률의 집행력을 배제하는 명문의 규정이 없는 이상, 과세처분의 근거규정에 대한 헌법재판소의 위헌결정이 있었다는 이유만으로 체납처분이 위법하다고 보는 다수의견에는 찬성할 수 없다. [2] 갑 주식회사의 체납국세에 관하여, 과세관청이 갑 회사 최대주주와 생계를 함께 하는 직계비속 을을 구 국세기본법(1998. 12. 28. 법률 제5579호로 개정되기 전의 것) 제39조 제1항 제2호 (다)목의 제2차 납세의무자로 보아 을에게 과세처분을 하고 처분이 확정되었는데, 이후 위 규정에 대해 헌법재판소의 위헌결정이 있었으나 과세관청이 조세채권의 집행을 위해 을의 예금채권에 압류처분을 한 사안에서, 위헌결정 이후에는 위헌법률의 종국적인 집행을 위한 국가기관의 추가적인 행위를 용납하여서는 안 된다는 전제하에 압류처분이 당연무효라고 본 원심판단의 결론이 정당하다고 한 사례.

나. 위법 법규명령과 처분

위법한 법규명령에 근거한 처분의 위법 여부와 효력 유무도 법률이 위헌인 경우와 동일하게 법치행정의 원리와 행정법의 원리 등에 의해 결정되지만, 법률이 위헌인 경우와 달리 위법한 법규명령이 당연무효라는 점[596)]과 처분의 근거인 상위 법령이 여전히 존재한다는 점이 고려된다. 예컨대, 수익적 처분에 대한 거부행위의 경우 신청 요건이 법률보다 가중해서 규정된 시행령 규정이 위법으로 결정되더라도 위법한 법규명령 규정에 근거한 처분은 상위법인 법률에 규정된 신청 요건을 충족해야 통상 위법이 된다. 그리고 위법한 법규명령에 근거한 처분이 위법으로 평가되는 경우 당연 무효로 보아야 한다는 소수 학설도 있지만, 대법원 판례와 다수 학설은 중대명백설의 입장에서 취소할 수 있는 하자일 뿐 당연 무효의 하자가 아니라는 입장이다[처분권한의 재위임에 관한 조례 부분이 조례제정권의 범위를 벗어나 무효이지만 무효인 조례에 근거한 구청장의 관리처분계획인가 처분은 처분은 하자가 중대하나 명백하다고는 할 수 없으므로 당연무효가 아니라고 한 사례(대판 94누5694(전원) 규칙으로 재위임해야 됨), 건설업법상 영업정지 등 처분권한이 위임된 시 · 도지사의 기관위임사무를 구청장에게 재위임한 지방자치단체의 조례가 무효이지만 무효인 처분권한의 근거 조례에 기하여 한 행정처분이 당연무효가 아니라고 한 사례(대판 94누4615(전원) 규칙으로 재위임해야 됨), 교육감의 학교법인 임원취임의 승인취소권을 교육장에게 권한위임한 규칙이 무효이지만 무효인 권한위임 규칙에 근거하여 행한 교육장의 임원취임의 승인취소처분이 당연무효가 아니라고 한 사례(대판 95누8669(전원) 조례로 위임해야 됨) 등 [597)]].

---

596) 법규명령의 하자론과 관련하여 행정행위의 하자와 동일한 기준으로 취소 · 무효를 구별하는 견해, 모든 경우에 무효라는 견해, 당해 사건에 적용되지 않을 뿐 유효라는 견해 등의 대립이 있지만, 판례는 무효라는 입장이다『박균성, 제9판 행정법강의, 146~147쪽』.

597) 대판 1993. 7. 13. 91다42166 【부당이득금】 부과처분에 내용상의 하자가 있는 경우라도 부과대상이 아니거나 납세의무 없는 자에 대한 부과처분과 같이 부과처분을 하지 않았어야 하는데 잘못 부과처분을 한 경우에는 그 하자가 중대하고 명백하다고 할 것이나, 투기거래로 인정할 수 없어 원칙적인 방법인 기준시가에 의하여 양도차익을 산정하여야 하는데도 무효인 재산제세조사사무처리규정(1987.1.26. 국세청 훈령 제980호) 제72조 제3항 제8호를 근거로 투기거래로 잘못 인정하고 예외적인 방법인 실지거래가액에 의하여 양도차익을 산정한 경우는 단순히 양도차익의 산정방법이 잘못된 것으로서 그 하자가 중대하고도 명백하다고 할 수 없고, 따라서 이러한 하자는 그 부과처분의 취소사유에 불과하다고 보아야 한다.

대판 1997. 5. 28. 95다15735 【부당이득금】 [1] 하자 있는 행정처분이 당연무효로 되려면 그 하자가 법규의 중요한 부분을 위반한 중대한 것이어야 할 뿐 아니라 객관적으로 명백한 것이어야 하고, 하자가 중대하고 명백한 것인지 여부를 판별함에 있어서는 그 법규의 목적 · 의미 · 기능 등을 목적론적으로 고찰함과 동시에 구체적 사안 자체의 특수성에 관하여도 합리적으로 고찰함을 요한다. [2] 위법 · 무효인 시행령이나 시행규칙의 규정을 적용한 하자 있는 행정처분이 당연무효로 되려면 그 규정이 행정처분의 중요한 부분에 관한 것이어서 결과적으로 그에 따른 행정처분의 중요한 부분에 하자가 있는 것으로 귀착되고 또한 그 규정의 위법성이 객관적으로 명백하여 그에 따른 행정처분의 하자가 객관적으로 명백한 것으로 귀착되어야 한다. [3] 구 개발이익환수에관한법률시행령(1991. 9. 13. 대통령령 제13465호로 개정되기 전의 것) 제9조 제5항 및 제8조 제1항 제2호의 규정은 구 개발이익환수에관한법률(1993. 6. 11. 법률 제4563호로 개정되기 전의 것. 이하 '구법'이라 한다.) 제10조 제3항 단서 및 제9조 제3항 제2호의 규정에 위반되어 무효이고, 그 구법시행령의 규정들을 적용한 개발부담금 부과처분은 사안의 특수성을 고려하여 볼 때 그 중요한 부분에 하자가 있는 것으로 귀착되어 그 하자가 중대하지만, 개발부담금 부과처분 당시(1991. 4. 30.)에는 아직 그 구법시행령의 규정들이 위법 · 무효라고 선언한 대법원의 판결들이 선고되지 아니하였고 또한 그 구법시행령의 규정들이 그 구법의 규정들에 위반되는 것인지 여부가 해석상 다툼의 여지가 없을 정도로 객관적으로 명백하였다고 보여지지는 아니하는 경우, 그 구법시행령의 규정들에 따른 개발부담금 부과처분의 하자가 객관적으로 명백하다고 볼 수는 없으므로 그 개발부담금 부과처분은 그 하자가 중대 · 명백한 당연무효의 처분이라고 할 수 없다. [4] 일반적으로 행정입법에 관여하는 공무원이 시행령이나 시행규칙을 제정함에 있어서 관계 법규를 알지 못하거나 필요한 지식을 갖추지 못하여 법률 등 상위법규의 해석을 그르치는 바람에 상위법규에 위반된 시행령 등을 제정하게 되었다면 그가 법률전문가가 아닌 행정공무원이라고 하여 과실이 없다고 할 수는 없으나, 상위법규에 대한 해석이 그 문언 자체만으로는 명백하지 아니하여 여러 견해가 있을 수 있는 데다가 이에 대한 선례나 학설 · 판례 등도 하나로 통일된 바 없어 해석상 다툼의 여지가 있는 경우, 그 공무원이 나름대로 합리적인 근거를 찾아 어느 하나의 견해에 따라 상위법규를 해석한 다음 그에 따라 시행령 등을 제정하게 되었다면, 그와 같은 상위법규의 해석이 나중에 대법원이 내린 해석과 같지 아니하여 결과적으로 당해 시행령 등의 규정이 위법한 것으로 되고 그에 따른 행정처분 역시 결과적으로 위법하게 되어 위법한 법령의 제정 및 법령의 부당집행이라는 결과를 가져오게 되었다고 하더라도, 그와 같은 직무처리 이상의 것을 당해 업무를 담당하는 성실한 평균적 공무원에게 기대하기 어려운 것이므로, 이러한 경우에까지 국가배상법상 공무원의 과실이 있다고 할 수는 없다.

대판 2007. 6. 14. 2004두619 【청소년유해매체물결정및고시처분무효확인】 하자 있는 행정처분이 당연무효로 되려면 그 하자가 법규의 중요한 부분을 위반한 중대한 것이어야 할 뿐 아니라 객관적으로 명백한 것이어야 하고, 행정청이 위헌이거나 위법하여 무효인 시행령을 적용하여 한 행정처분이 당연무효로 되려면 그 규정이 행정처분의 중요한 부분에 관한 것이어서 결과적으로 그에 따른 행정처분의 중요한 부분에 하자가 있는 것으로 귀착되고, 또한 그 규정의 위헌성 또는 위법성이 객관적으로 명백하여 그에 따른 행정처분의 하자가 객관적으로 명백한 것으로 귀착되어야 하는바, 일반적으로 시행령이 헌법이나 법률에 위반된다는 사정은 그 시행령의 규정을 위헌 또는 위법하여 무효라고 선언한 대법원의 판결이 선고되지 아니한 상태에서는 그 시행령 규정의 위헌 내지 위법 여부가 해석상 다툼의 여지가 없을 정도로 명백하였다고 인정되지 아니하는 이상 객관적으로 명백한 것이라 할 수 없으므로, 이러한 시행령에 근거한 행정처분의 하자는 취소사유에 해당할 뿐 무효사유가 되지 아니한다.

제6편

위법심사의 강도

제 1 장

불확정개념과 판단여지, 재량행위와 행정법의 일반원칙, 인·허가의제

위법의 구조

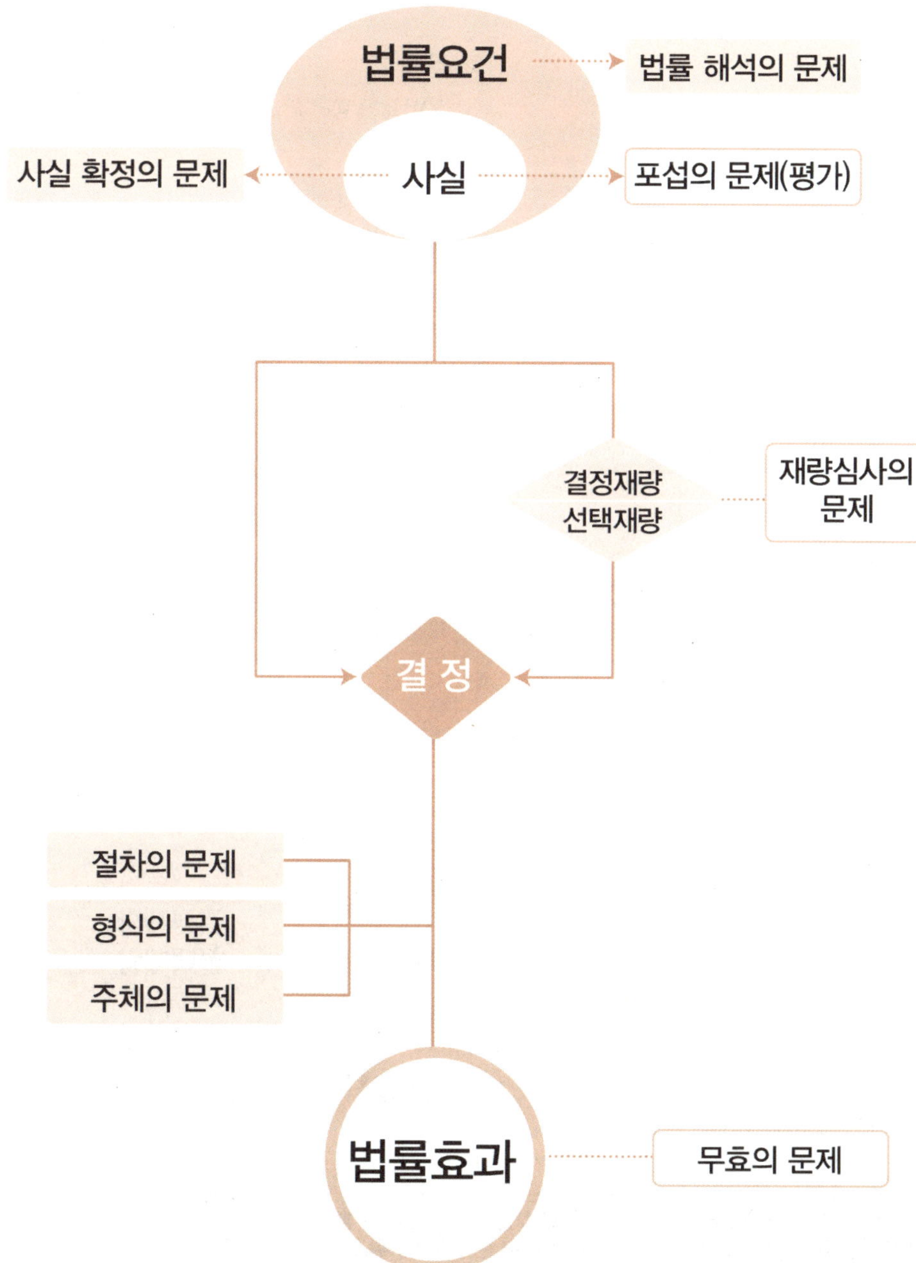
법률요건
법률 해석의 문제
사실 확정의 문제
사실
포섭의 문제(평가)
결정재량
선택재량
재량심사의
문제
결 정
절차의 문제
형식의 문제
주체의 문제
법률효과
무효의 문제

불확정 개념과 판단여지 · 재량과 기속(1)

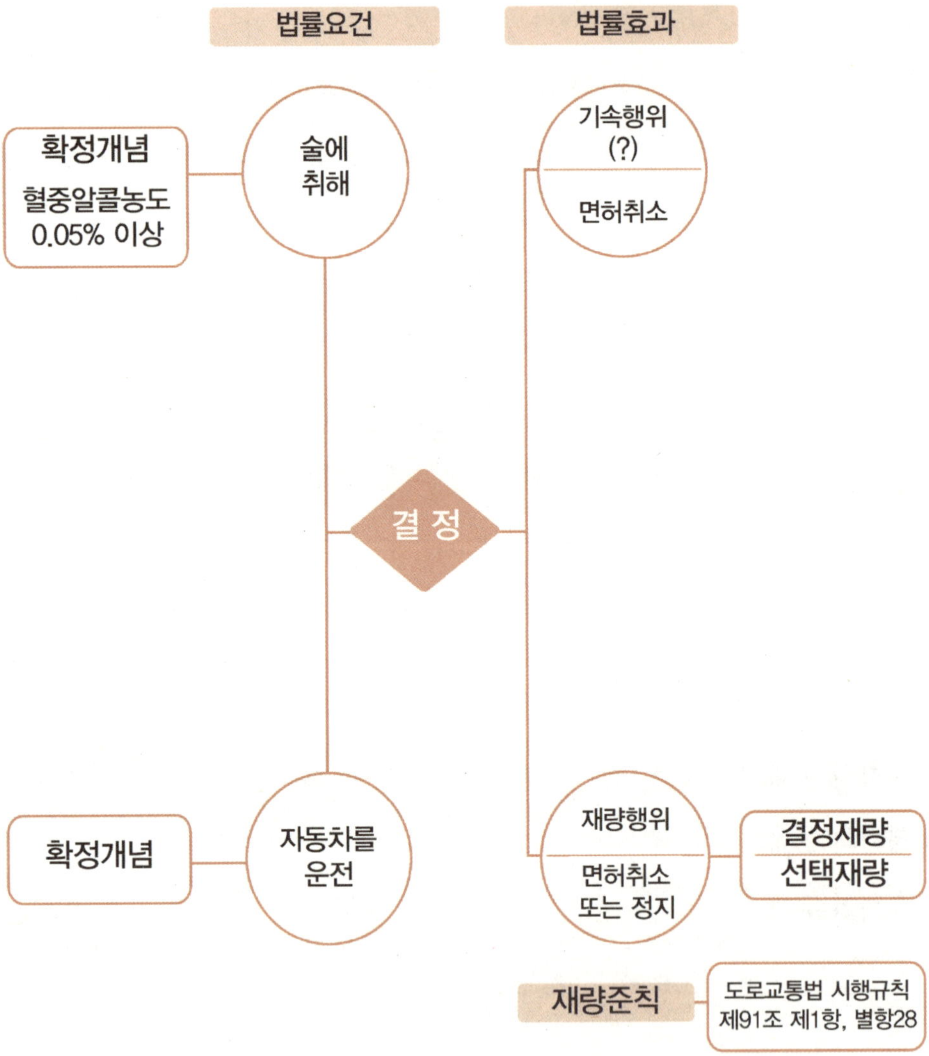

도로교통법 제93조(운전면허의 취소 · 정지) ① 지방경찰청장은 운전면허를 받은 사람이 다음 각 호의 어느 하나에 해당하면 행정안전부령으로 정하는 기준에 따라 운전면허를 취소하거나 1년 이내의 범위에서 운전면허의 효력을 정지시킬 수 있다.
1. 제44조 제1항을 위반하여 술에 취한 상태에서 자동차 등을 운전한 경우

불확정 개념과 판단여지 · 재량과 기속(2)

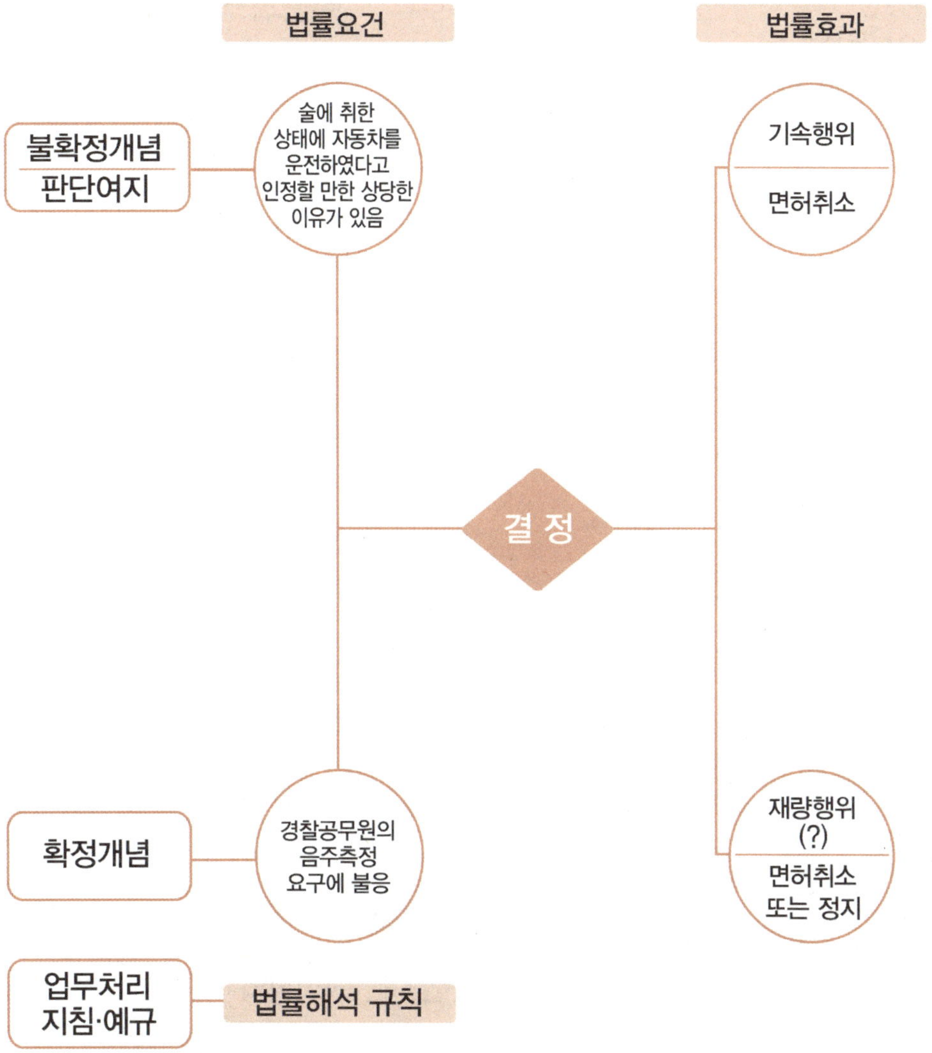

도로교통법 제93조(운전면허의 취소 · 정지) ① 지방경찰청장은 운전면허를 받은 사람이 다음 각 호의 어느 하나에 해당하면 행정안전부령으로 정하는 기준에 따라 운전면허를 취소하거나 1년 이내의 범위에서 운전면허의 효력을 정지시킬 수 있다. 다만, 제2호, 제3호, …의 규정에 해당하는 경우에는 운전면허를 취소하여야 한다.

3. 제44조 제2항을 후단을 위반하여 술에 취한 상태에 있다고 인정할 만한 상당한 이유가 있음에도 불구하고 경찰공무원의 측정에 응하지 아니한 경우

행정법상 일반원칙

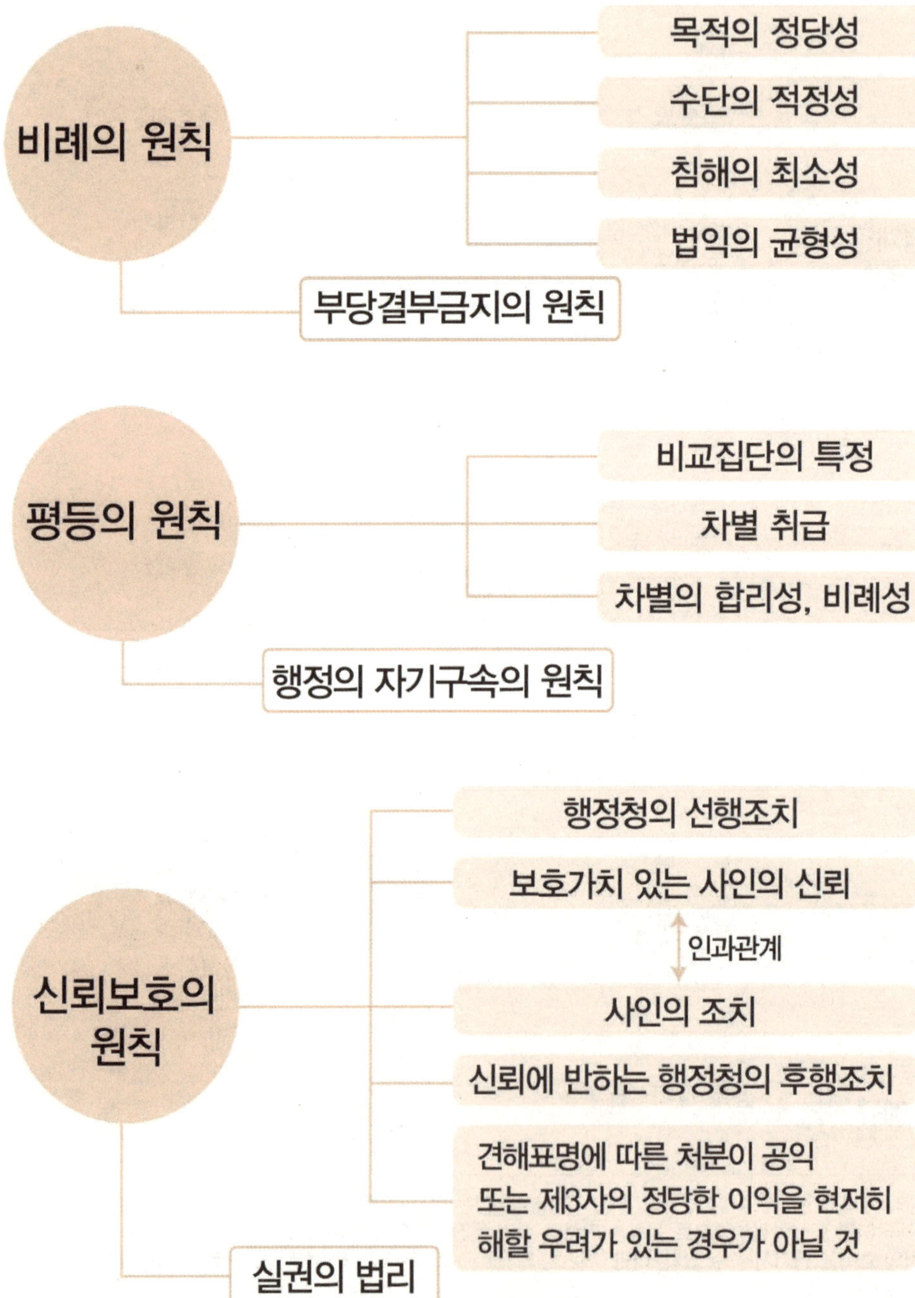
비례의 원칙
목적의 정당성
수단의 적정성
침해의 최소성
법익의 균형성
부당결부금지의 원칙
평등의 원칙
비교집단의 특정
차별 취급
차별의 합리성, 비례성
행정의 자기구속의 원칙
신뢰보호의 원칙
행정청의 선행조치
보호가치 있는 사인의 신뢰
인과관계
사인의 조치
신뢰에 반하는 행정청의 후행조치
견해표명에 따른 처분이 공익
또는 제3자의 정당한 이익을 현저히
해할 우려가 있는 경우가 아닐 것
실권의 법리

거부처분의 위법 구조

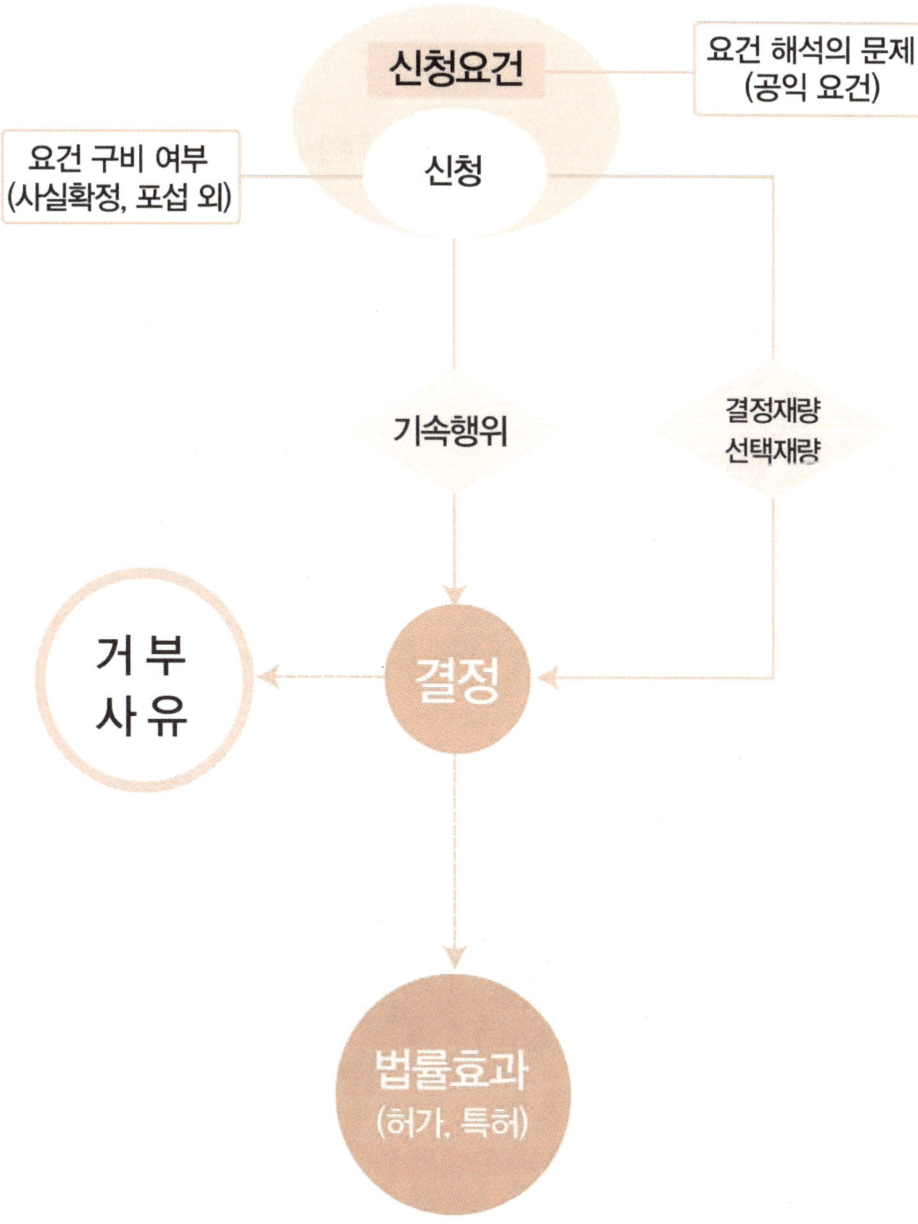
신청요건
요건 해석의 문제
(공익 요건)
요건 구비 여부
(사실확정, 포섭 외)
신청
기속행위
결정재량
선택재량
거부
사유
결정
법률효과
(허가, 특허)

건축허가와 인 · 허가 의제

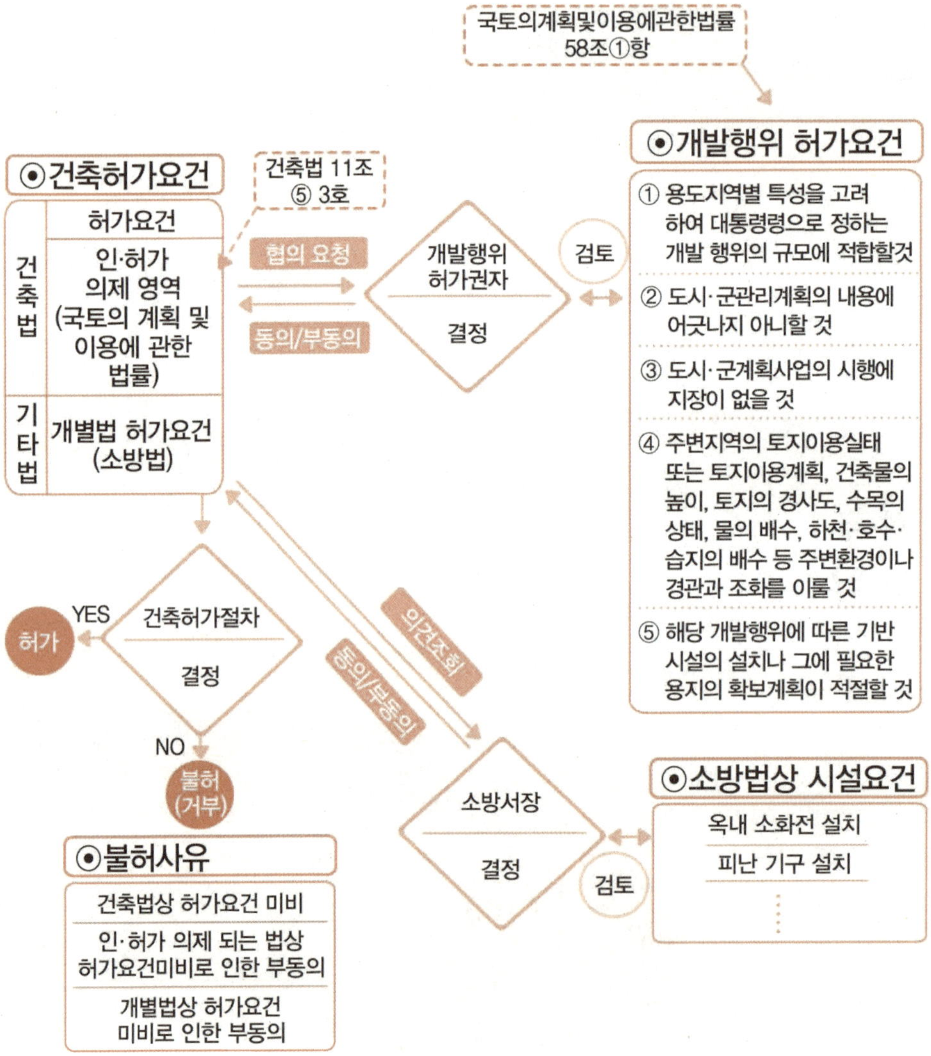
국토의계획및이용에관한법률 58조①항
⊙개발행위 허가요건
① 용도지역별 특성을 고려하여 대통령령으로 정하는 개발 행위의 규모에 적합할것
② 도시·군관리계획의 내용에 어긋나지 아니할 것
③ 도시·군계획사업의 시행에 지장이 없을 것
④ 주변지역의 토지이용실태 또는 토지이용계획, 건축물의 높이, 토지의 경사도, 수목의 상태, 물의 배수, 하천·호수·습지의 배수 등 주변환경이나 경관과 조화를 이룰 것
⑤ 해당 개발행위에 따른 기반 시설의 설치나 그에 필요한 용지의 확보계획이 적절할 것
⊙건축허가요건
건축법 11조 ⑤ 3호
허가요건
건축법
인·허가 의제 영역 (국토의 계획 및 이용에 관한 법률)
기타법
개별법 허가요건 (소방법)
협의 요청
동의/부동의
개발행위 허가권자
결정
검토
건축허가절차
결정
YES
허가
NO
불허 (거부)
의견조회
동의/부동의
소방서장
결정
검토
⊙소방법상 시설요건
옥내 소화전 설치
피난 기구 설치
⊙불허사유
건축법상 허가요건 미비
인·허가 의제 되는 법상 허가요건미비로 인한 부동의
개별법상 허가요건 미비로 인한 부동의

제 1 장

불확정개념과 판단여지(법률요건), 재량행위와 행정법의 일반원칙(법률효과), 인 · 허가의제

1. 법률요건에서 발생되는 위법(실체법상 위법 판단의 제1관문)

가. 사실의 법률요건 포섭

법치행정의 원리, 법률우위의 원칙에 따라 행정청의 법집행은 우선 사실과 적용할 법령을 확정하고, 확정된 사실이 법률요건에 포섭되는지 여부를 판단한 후, 법률효과를 결정하는 순서로 진행된다. 이때 확정된 사실이 법률요건에 포섭되는지 여부 즉, 사실의 법률요건 포섭 문제가 처분의 적법 · 위법 여부를 판단하는 제1의 관문 역할을 한다. 확정된 사실이 법률요건에 포섭되지 않음에도 불구하고 포섭을 전제로 처분한 경우라면 당해 처분은 실체법 위반으로 위법한 처분이 된다.

사실의 **법률요건 포섭 문제**는 첫째 행정청이 확정한 사실이 진실인지 여부, 둘째 행정청이 해석한 법률요건이 정당한 해석인지 여부, 셋째 확정된 사실이 법률요건에 포섭되는지 여부 등으로 구성된다. 첫번째인 사실 인정 문제는 통상 재판에서 당사자 사이 분쟁의 핵심인 경우가 많은데, 사실 인정에 관한 판단권이 최종적으로 법원에 있기 때문에 법원은 재판에서 나타난 증거와 논리칙·경험칙 등에 의해 합리적으로 사실관계를 결정해야 한다[598]. 마찬가지로 두번째 법률요건에 관한 해석권한 및 세번째 사실의 포섭에 관한 판단권한도 최종적으로 법원에 있기 때문에 법원은 재판에서 나타난 증거와 논리칙·경험칙 등에 의해 법률요건을 해석하고, 포섭여부를 결정해야 한다. 그리고 사실의 법률요건 포섭에 관한 판단은 법원의 책무이기 때문에 사실관계가 불분명해서 포섭 여부에 대한 판단이 곤란한 경우라도 법원은 증명책임규정 등에 터잡아 사실의 법률요건 포섭 여부를 반드시 결정해야 한다.

한편, 법원의 판단과 달리 처분에 사실오인, 법리오해, 포섭에 관한 판단 오류 등이 있으면 당해 처분은 위법으로 평가된다.

나. 불확정 개념과 판단여지

법령에 법률요건이 일의적·확정적 개념으로 규정되어 있는 경우라면 확정된 사실이 법률요건에 포섭되는지 여부를 용이하게 판단할 수 있지만, 다의적·불확정 개념으로 구성되어 법률요건의 포섭 여부를 판단하기 쉽지 않은 경우가 있다. 즉, 공공의 복지, 공적 질서, 위험 등과 같이 용어의 의미 내용이 다의적이기 때문에 진정한 의미내용의 확정이 구체적 상황에 따라 결정될 수 밖에 없는 불확정 개념이 법률요건에 사용된 경우 사실의 법률요건 포섭 여부에 대한 판단은 쉽지 않다. 이와 같은 경우 판단의 어려움으로 인해 판단자에 따라 결론이 달라질 수 있는데, 특히 1차적 판단기관인 행정부의 판단과 사후 심사기관인 사법부의 판단이 다른 경우에 여러가지 법적 문제가 발생한다. 일반적으로 불확정 개념의 해석은 법적으로 개념의 내용을 정의하는 행위이기 때문에 구체적 상황에서 정당한 법적 해석은 하나만 존재하고, 사실이 불확정 개념에 포섭되는지 여부에 대한 정당한 판단도 하나만 존재한다. 불확정 개념의 해석·적용은 사실의 법률요건 포섭에 대한 인식 문제로서 법적 문제이기 때문에 원칙적으로 최종 판단기관인 사법부가 행정청의 판단을 심사할 수 있다. 따라서 사법부는 행정부의 판단에 구속되지 않은 채 독자적으로 불확정 개념을 해석하고, 사실이 불확정 개념에 포섭되는지 여부를 판단해야 한다.

598) 실제 재판에서는 사실 확정 문제가 가장 중요한 문제로 등장하고, 재판과정도 증거의 취사선택과 사실 인정에 관한 다툼이 대부분을 차지하며, 확정된 사실은 자연과학적 절대적 진실이 아니라 법상 상대적 진실을 의미한다.

그러나 구체적인 경우 무엇이 정당한 해석인가에 대하여 기관마다 서로 다른 결정을 할 수 있고, 행정부도 국민으로부터 법령의 해석, 적용에 관한 권한을 정당하게 부여받았고[599], 행정에서 행정부가 사법부보다 전문성과 책임감이 높다는 점 등에 비추어 예외적으로 행정청이 최종적인 결정권자가 될 수 있는 경우도 존재한다. 불확정개념의 해석·적용에 하나의 정당한 결론만 존재하고 사실의 불확정개념 포섭 여부가 사법심사의 대상이지만, 예외적으로 사법심사가 되지 아니하는 행정청의 평가영역·결정영역이 존재한다. 이처럼 사법심사의 대상이 되지 않는 한계영역을 **판단여지가 인정되는 영역**이라고 하며, 행정청에 판단여지가 인정되는 경우라면 판단여지 내에서 이루어진 행정청의 불확정개념의 해석·적용에 대한 판단은 사법심사의 대상이 되지 않는다[600]. 예외적으로 판단여지가 인정되는 영역은 법원의 판단으로 행정청의 판단을 대체함이 적당하지 않은 경우로서 고도로 전문적이고 기술적인 판단과 고도로 정책적인 판단을 요하는 시험과 같은 비대체적인 영역, 구속적 가치평가의 영역, 예측결정의 영역, 정책적 설정의 영역 등에서 인정된다. 판단여지가 인정되는 영역이라도 법원은 사실의 인정, 객관적 법과 일반적으로 승인된 기준을 침해하였는지 여부 등을 심사할 수 있다[601].

---

599) 행정청이 불확정 개념의 의미 등을 명확하게 하려고 제정한 행정규칙이 법령해석규칙이다. 이러한 법령해석규칙은 법령 해석의 최종적 권한이 사법부에 있고, 제정형태가 행정규칙이고, 내용으로 새로운 사항을 규정할 수 없다는 점 등에 비추어 법원을 구속하는 법규성을 지니지 않는다. 그러나 이러한 행정규칙에 의해 행정관행이 성립된 경우라면 신뢰보호의 원칙에 의해서 사실상 법적 구속력이 인정되고, 판단여지가 인정되는 영역에서는 행정청의 판단이 사실상 최종 판단이라는 점 등에 비추어 사실상 법적 구속력이 인정된다.

600) 판단여지는 이론상 하나의 판단만 가능하지만, 둘 이상의 판단이 모두 적법한 판단으로 인정될 수 있는 가능성이 있음을 의미한다. 이러한 판단여지는 사실의 확정 영역이 아니라, 불확정개념의 해석, 적용 및 사실의 불확정개념 포섭 영역에서 인정된다.

601) 판단 여지가 인정되는 영역이 아니라도 법률요건에서 불확정개념이 사용된 경우에 재량행위로 보는 견해도 있는데, 예컨대 개발행위 허가와 관련하여 법률요건에서 '개발행위로 건축 또는 설치되는 건축물 또는 공장물이 주변의 자연경관 및 미관을 훼손하지 아니하고, 그 높이·형태 및 색채가 주변 건축물과 조화를 이루어야 하며, 도시계획으로 경관계획이 수립되어 있는 경우에는 그에 적합할 것'이 규정되어 있기 때문에 개발행위 허가를 재량행위로 보는 견해(판례의 태도)가 있다. 그러나 법률요건에서 '재산권 행사의 제한이라는 사익과 개발로 인해 침해되는 공익 사이에 상당성이 있을 것'이라는 취지로 비례의 원칙이 규정되어 있는 경우라면 법률효과에서 행정청에 결정재량권을 부여하고 있는 규정으로 볼 수 있기 때문에 재량행위로 해석함이 타당하다. 즉, 법률요건이 공백이거나 공익만을 규정하고 있는 경우 또는 요건 인정에서 이익형량이 예정되어 있는 경우라면 재량행위로 해석될 수 있다. 동지, 『박균성, 제8판 행정법 강의(박영사, 2011), 226쪽』 등.

대판 2005. 7. 14. 2004두6181 판결 【건축허가신청반려처분취소】 [1] 국토의계획및이용에관한법률에서 정한 도시지역 안에서 토지의 형질변경행위를 수반하는 건축허가는 건축법 제8조 제1항의 규정에 의한 건축허가와 국토의계획및이용에관한법률 제56조 제1항 제2호의 규정에 의한 토지의 형질변경허가의 성질을 아울러 갖는 것으로 보아야 할 것이고, 같은 법 제58조 제1항 제4호, 제3항, 같은 법 시행령 제56조 제1항 [별표 1] 제1호 (가)목 (3), (라)목 (1), (마)목 (1)의 각 규정을 종합하면, 같은 법 제56조 제1항 제2호의 규정에 의한 토지의 형질변경허가는 그 금지요건이 불확정개념으로 규정되어 있어 그 금지요건에 해당하는지 여부를 판단함에 있어서 행정청에게 재량권이 부여되어 있다고 할 것이므로, 같은 법에 의하여 지정된 도시지역 안에서 토지의 형질변경행위를 수반하는 건축허가는 결국 재량행위에 속한다.

다. 책임의 승계

책임의 승계는 법률요건에 발생되는 위법 중 처분의 객체에 관한 문제다[602](374). 즉, 제재적 처분에서 행위시법 적용의 원칙과 관련하여 영업양도[603] 등으로 인하여 위법행위자와 현재 허가권자가 변경된 경우 제재사유가 현재의 권리자인 양수인에게 승계되는지 여부에 대하여 견해의 대립이 있다. 예컨대, 영업양도 후 양도인의 위법행위를 이유로 양수인에게 제재적 행정처분을 할 수 있는지 여부에 대하여 명문의 규정[604] (375)이 없는 경우 제재사유가 인적 사유라는 이유로 부정하는 견해, 영업양도가 가능한 대물적 허가에서 양도인의 법적 지위가 양수인에게 승계된다는 이유로 긍정하는 견해, 제재사유가 물적 사정에 관련된 경우에는 승계되지만 양도인의 자격상실이나 부정영업 등과 같이 인적 사정에 관련된 경우에는 승계되지 않는다는 절충적 견해 등이 있다. 판례는 석유판매업과 같은 대물적 허가의 경우 영업양도가 가능하고, 영업양도의 효과로서 양도인의 위법행위로 인한 제재사유가 양수인에게 승계되고, 제재처분은 대물적 처분으로 양수인에게 양도인의 위법행위를 이유로 사업정지 등 제재처분을 할 수 있다고 판시

---

602) 책임의 승계와 다른 행위자가 아닌 자의 책임 부담 문제가 있는데, 통상 명문의 규정이 없으면 행위자만 책임을 부담한다. 한편, 이는 명의자의 책임을 인정한 사례와 구별된다. 대판 2010. 10. 14. 선고 2010두13340 【이행강제금부과처분취소】 【피고 서울특별시 강서구청장】 대판 2008. 7. 24. 2007두5639 【위반건축물원상복구시정명령처분】 명의만 빌려준 명목상 건축주가 구 건축법 제69조 제1항에 정한 위반건축물에 대한 시정명령의 상대방이 되는 '건축주'에 해당하는지 여부(적극) <전문 미주 참조>

603) 회사 분할의 경우 판례는 책임의 승계를 부정하고 있음. 대판 2011. 5. 26. 2008두18335 【시정명령및과징금납부명령취소】 [1] 회사 분할 시 신설회사 또는 존속회사가 승계하는 것은 분할하는 회사의 권리와 의무이고, 분할하는 회사의 분할 전 법 위반행위를 이유로 과징금이 부과되기 전까지는 단순한 사실행위만 존재할 뿐 과징금과 관련하여 분할하는 회사에 승계 대상이 되는 어떠한 의무가 있다고 할 수 없으므로, 특별한 규정이 없는 한 신설회사에 대하여 분할하는 회사의 분할 전 법 위반행위를 이유로 과징금을 부과하는 것은 허용되지 않는다. [동지, 대판 2007. 11. 29. 2006두18928 등]

604) 명문의 규정이 있으면 규정에 따라 승계 여부가 결정된다. 대판 2009. 12. 24. 2009두12778 【정화조치명령처분취소】 【피고 마산시장】 [1] 토양환경보전법 제2조 제3호에 규정된 토양오염관리대상시설 중 '장소'에는 토양오염물질을 생산·운반·저장·취급·가공 또는 처리함으로써 토양을 오염시킬 우려가 있는 시설·장치·건물·구축물이 설치되어 있는 '부지'도 포함되므로, 위와 같은 부지를 양수한 자는 같은 법 제10조의3 제3항 제3호의 규정에 따라 같은 조 제1항의 규정에 의한 '오염원인자'로 보되, 다만 선의이며 과실이 없는 때에는 그렇지 않다. [2] 건설회사 갑이 철강회사 을의 철강공장 부지로 사용되던 토지를 제강설비, 압연설비 일부를 제외한 각종 시설물 및 잔해 등이 야적, 매립, 방치되어 있는 상태로 매수한 사안에서, 공장시설 등의 부지인 위 토지가 토양환경보전법 제2조 제3호에 정한 '토양오염관리대상시설'에 해당하고 그 토지의 양수인인 갑이 위 법 제10조의3 제3항 제3호에 따라 제1항에 정한 '오염원인자'에 해당한다고 한 사례. <토양환경보전법(이하 '법'이라 한다) 제2조 제3호 '토양오염관리대상시설이라 함은 토양오염물질을 생산·운반·저장·취급·가공 또는 처리함으로써 토양을 오염시킬 우려가 있는 시설·장치·건물·구축물 및 장소 등을 말한다.', 법 제10조의3 제3항 제3호 '토양오염관리대상시설을 양수한 자 및 합병·상속 그 밖의 사유로 제1호 및 제2호에 해당되는 자의 권리·의무를 포괄적으로 승계한 자는 제1항의 규정에 의한 오염원인자로 본다. 다만, 토양오염관리대상시설을 양수한 자가 선의이며 과실이 없는 때에는 그러하지 아니하다.'.> [석유 및 석유대체연료사업법 상 과징금부과처분 등 - 미주 참고]

하고 있다[605]. 한편, 영업양도 이전 양도인에게 제재적 행정처분이 이루어진 경우에는 양수인

---

605) 대판 2003. 10. 23. 2003두8005(명문의 규정이 있는 경우) [1] 석유사업법 제9조 제3항 및 그 시행령이 규정하는 석유판매업의 적극적 등록요건과 제9조 제4항, 제5조가 규정하는 소극적 결격사유 및 제9조 제4항, 제7조가 석유판매업자의 영업양도, 사망, 합병의 경우뿐만 아니라 경매 등의 절차에 따라 단순히 석유판매시설만의 인수가 이루어진 경우에도 석유판매업자의 지위승계를 인정하고 있는 점을 종합하여 보면, 석유판매업 등록은 원칙적으로 대물적 허가의 성격을 갖고, 또 석유판매업자가 같은 법 제26조의 유사석유제품 판매금지를 위반함으로써 같은 법 제13조 제3항 제6호, 제1항 제11호에 따라 받게 되는 사업정지 등의 제재처분은 사업자 개인의 자격에 대한 제재가 아니라 사업의 전부나 일부에 대한 것으로서 대물적 처분의 성격을 갖고 있으므로, 위와 같은 지위승계에는 종전 석유판매업자가 유사석유제품을 판매함으로써 받게 되는 사업정지 등 제재처분의 승계가 포함되어 그 지위를 승계한 자에 대하여 사업정지 등의 제재처분을 취할 수 있다고 보아야 하고, 같은 법 제14조 제1항 소정의 과징금은 해당 사업자에게 경제적 부담을 주어 행정상의 제재 및 감독의 효과를 달성함과 동시에 그 사업자와 거래관계에 있는 일반 국민의 불편을 해소시켜 준다는 취지에서 사업정지처분에 갈음하여 부과되는 것일 뿐이므로, 지위승계의 효과에 있어서 과징금부과처분을 사업정지처분과 달리 볼 이유가 없다. [2] 석유사업법 제26조는 사회적 · 경제적으로 해악을 끼치는 유사석유제품의 유통을 엄중하게 방지한다는 취지에서 규정된 것으로서 그 위반에 따른 제재의 실효성을 확보할 필요가 있는 점, 지위승계 사유의 하나인 경매는 석유판매시설에 대하여만 이루어질 뿐이고, 경매로 말미암아 석유판매사업자의 지위승계가 강제되는 것은 아닌 점, 석유판매업자의 지위를 승계한 자는 종전의 석유판매업자의 위반행위에 대하여 책임을 추궁할 수도 있는 점, 위 과징금은 사업정지처분에 갈음하여 부과될 뿐인 점 등을 종합하여 보면, 석유판매사업자의 지위승계 및 과징금부과처분에 관한 위와 같은 해석은 특히 경매에 의한 지위승계에 있어서 영업의 자유나 재산권의 보장 또는 평등의 원칙 등에 위배되는 것이라고 볼 수 없다.

대판 2001. 6. 29. 2001두1611 구 공중위생관리법(2000. 1. 12. 법률 제6155호로 개정되기 전의 것) 제11조 제5항에서, 영업소폐쇄명령을 받은 후 6월이 지나지 아니한 경우에는 동일한 장소에서는 그 폐쇄명령을 받은 영업과 같은 종류의 영업을 할 수 없다고 규정하고 있고, 같은법시행규칙 제19조 [별표 7] 행정처분기준 Ⅱ. 개별기준 3. 이용업에서 업주의 위반사항에 대하여 3차 또는 4차 위반시(다만, 영업정지처분을 받고 그 영업정지기간 중 영업을 한 경우는 1차 위반시)에는 영업장폐쇄명령을 하고, 그보다 위반횟수가 적을 경우에는 영업정지, 개선명령 등을 하게 되며, 일정한 경우 하나의 위반행위에 대하여 영업소에 대한 영업정지 또는 영업장폐쇄명령을, 이용사(업주)에 대한 업무정지 또는 면허취소 처분을 동시에 할 수 있다고 규정하고 있는 점 등을 고려하여 볼 때 영업정지나 영업장폐쇄명령 모두 대물적 처분으로 보아야 할 이치이고, 아울러 구 공중위생관리법(2000. 1. 12. 법률 제6155호로 개정되기 전의 것) 제3조 제1항에서 보건복지부장관은 공중위생영업자로 하여금 일정한 시설 및 설비를 갖추고 이를 유지 · 관리하게 할 수 있으며, 제2항에서 공중위생영업자가 영업소를 개설한 후 시장 등에게 영업소개설사실을 통보하도록 규정하는 외에 공중위생영업에 대한 어떠한 제한규정도 두고 있지 아니한 것은 공중위생영업의 양도가 가능함을 전제로 한 것이라 할 것이므로, 양수인이 그 양수 후 행정청에 새로운 영업소개설통보를 하였다 하더라도, 그로 인하여 영업양도 · 양수로 영업소에 관한 권리의무가 양수인에게 이전하는 법률효과까지 부정되는 것은 아니라 할 것인바, 만일 어떠한 공중위생영업에 대하여 그 영업을 정지할 위법사유가 있다면, 관할 행정청은 그 영업이 양도 · 양수되었다 하더라도 그 업소의 양수인에 대하여 영업정지처분을 할 수 있다고 봄이 상당하다.

대판 2010. 4. 18. 2009두17018 구 여객자동차 운수사업법(2007. 7. 13. 법률 제8511호로 개정되기 전의 것, 이하 '법'이라고 한다.) 제15조 제4항에 의하면 개인택시 운송사업을 양수한 사람은 양도인의 운송사업자로서의 지위를 승계하는 것이므로, 관할관청은 개인택시 운송사업의 양도 · 양수에 대한 인가를 한 후에도 그 양도 · 양수 이전에 있었던 양도인에 대한 운송사업면허 취소사유를 들어 양수인의 사업면허를 취소할 수 있는 것이고(대법원 1998. 6. 26. 96누18960 판결 참조), 가사 양도 · 양수 당시에는 양도인에 대한 운송사업면허 취소사유가 현실적으로 발생하지 않은 경우라도 그 원인되는 사실이 이미 존재하였다면, 관할관청으로서는 그 후 발생한 운송사업면허 취소사유에 기하여 양수인의 사업면허를 취소할 수 있는 것이다. 또한, 개인택시 운송사업면허와 같은 수익적 행정처분을 취소 또는 철회하거나 중지하는 경우에는 이미 부여된 그 국민의 기득권을 침해하는 것이 되므로, 비록 취소 등의 사유가 있다고 하더라도 그 취소권 등의 행사는 기득권의 침해를 정당화할 만한 중대한 공익상의 필요 또는 제3자의 이익보호의 필요가 있는 때에 한하여 상대방이 받는 불이익과 비교 · 교량하여 결정하여야 하고, 그 처분으로 인하여 공익상의 필요보다 상대방이 받게 되는 불이익 등이 막대한 경우에는 재량권의 한계를 일탈한 것으로서 그 자체가 위법하게 된다(대법원 1997. 8. 22. 97누218 판결, 대법원 2004. 7. 22. 2003두7606 판결 등 참조).

대판 1986. 7. 22. 86누203 석유사업법 제12조 제3항, 제9조 제1항, 제12조 제4항 등을 종합하면 석유판매업(주유소)허가는 소위 대물적 허가의 성질을 갖는 것이어서 그 사업의 양도도 가능하고 이 경우 양수인은 양도인의 지위를 승계하게 됨에 따라 양도인의 위 허가에 따른 권리의무가 양수인에게 이전되는 것이므로 만약 양도인에게 그 허가를 취소할 위법사유가 있다면 허가관청은 이를 이유로 양수인에게 응분의 제재조치를 취할 수 있다 할 것이고, 양수인

이 제재처분의 효과가 발생한 상태대로 권리를 양수하는 것이므로 과징금부과와 같이 인적 제재처분의 효과는 이전되지 않기 때문에 양수인이 과징금을 납부할 의무가 없지만[606], 영업허가 정지·취소와 같은 물적 제재처분의 효과는 이전되기 때문에 양수인이 동일 장소에서 영업을 해서는 안 될 의무를 부담한다.

2. 법률효과에서 발생되는 위법(실체법상 위법 판단의 제2관문)

가. 기속행위와 재량행위

행정청의 법집행 단계에서 행정청이 법률효과를 결정·선택할 수 있는 권한을 가지고 있는지 여부에 따라 기속행위와 재량행위로 나뉜다. 기속행위란 법률요건이 충족되면 행정청이 반드시 법령에 정해진 법률효과만을 결정·선택할 수 있는 경우를 의미하고, 재량행위란 법률요건이 충족되면 행정청이 법률효과를 결정·선택할 수 있는 경우를 의미한다. 기속행위와 재량행위의 구별은 법률효과 영역에서 위법성을 판단하는 방식이 다르기 때문에 실익이 크다[607]. 기속행위는 행정청이 법령에 정해진 법률효과를 결정·선택하였는지 여부만을 기준으로 위법을 판단하면 족하기 때문에 법령에 정해진 법률효과를 결정·선택하지 않았으면 위법하고, 법령에 정해진 법률효과를 결정·선택하였으면 적법하다. 재량행위는 행정청이 법령에 정해진 법률효과를 결정·선택하였는지 여부 및 이러한 행정청의 결정·선택이 법령에 규정된 목적과 한계를 준수하였지 여부를 기준으로 위법을 판단해야 하기 때문에 행정청이 법령에 정해진 법률효과를 결정·선택하였더라도 다시 그러한 결정·선택이 재량권 행사의 목적과 한계 내에서 이루어져야 적법하다.

이 그 양수후 허가관청으로부터 석유판매업허가를 다시 받았다 하더라도 이는 석유판매업의 양수도를 전제로 한 것이어서 이로써 양도인의 지위승계가 부정되는 것은 아니므로 양도인의 귀책사유는 양수인에게 그 효력이 미친다. 한편 대판 2007. 11. 29. 2006두18928은 회사분할의 경우 분할 전 위반행위를 이유로 신설회사에 과징금을 부과할 수 없다고 판시하고 있다.

606) 반대의견『박균성, 제7판 행정법론(하)(박영사, 2009), 594쪽』 과징금납부의무는 일신전속적 의무가 아니기 때문에 영업양도시 과징금납부의무가 양수인에게 승계된다.

607) 대판 2005. 7. 14. 2004두6181 판결 【건축허가신청반려처분취소】 [2] 행정행위를 기속행위와 재량행위로 구분하는 경우 양자에 대한 사법심사는, 전자의 경우 그 법규에 대한 원칙적인 기속성으로 인하여 법원이 사실인정과 관련 법규의 해석·적용을 통하여 일정한 결론을 도출한 후 그 결론에 비추어 행정청이 한 판단의 적법 여부를 독자의 입장에서 판정하는 방식에 의하게 되나, 후자의 경우 행정청의 재량에 기한 공익판단의 여지를 감안하여 법원은 독자의 결론을 도출함이 없이 당해 행위에 재량권의 일탈·남용이 있는지 여부만을 심사하게 되고, 이러한 재량권의 일탈·남용 여부에 대한 심사는 사실오인, 비례·평등의 원칙 위배 등을 그 판단 대상으로 한다. [동지, 대판 98두17593, 대판 2005두1329 등]

즉, 재량행위는 행정청이 법령에 정해진 법률효과를 결정·선택하였더라도 재량하자 즉, 재량권의 일탈·남용이 존재하면 위법하게 된다.

이처럼 행정청에 부여된 법률효과를 선택할 수 있는 권한을 **재량권**이라고 하는데, 재량권은 법령상 수권 내용에 따라 어떤 행위를 할 것인지 말 것인지 여부를 결정할 수 있는 '**결정재량권**'과 법령상 허용된 행위 중 특정 행위를 선택할 수 있는 '**선택재량권**'으로 구별된다. 기속행위와 재량행위를 구별하는 기준에 관하여 요건재량설, 효과재량설, 판단여지설 등이 있지만, 일차적으로 법률규정에 의하여 이차적으로 행위의 성질, 기본권 관련성, 공익관련성 등 종합적으로 고려해야 한다는 종합설이 다수설과 판례[608]의 입장이다. 다수설에 따르면 법령의 문언에 따라 「행정청이 ~ 할 수 있다.」고 규정된 경우는 재량행위로, 「행정청이 ~ 해야 한다.」, 「행정청이 ~ 해서는 안된다.」고 규정된 경우는 기속행위로 본다. 그리고 법령의 문언이 불분명하게 「민원인은 ~ 허가받아야 한다.」고 규정된 경우라면 기본권의 최대한 보장과 공익의 조화라는 관점에서 침익적 행정행위는 기속행위로, 수익적 행정행위 중 자유권과 관련되면 기속행위로, 생존권과 관련되면 재량행위로 본다.

나. 재량하자

> 제27조(재량처분의 취소) 행정청의 재량에 속하는 처분이라도 재량권의 한계를 넘거나 그 남용이 있는 때에는 법원은 이를 취소할 수 있다.
>
> 제38조(준용규정) ② …제27조 …의 규정은 부작위위법확인소송의 경우에 준용한다.

1) 재량심사와 재량하자

재량행위에서 재량권의 행사는 행정청의 고유 권한에 속하지만, 행정청이 자의적으로 행사할 수 있는 무제한적인 권한이 아니라, 입법의 목적·취지·성질 및 헌법 질서에서 합치하도록 사용해야 하는 의무합치적 권한이다. 법원은 행정청이 이와 같은 의무를 위반하여 재량권을 행사하였는지 여부에 대하여 심사할 수 있고(재량심사[609]), 심리결과 재량권 행사가 의무를 위반

---

608) 대판 1997. 12. 26. 97누15418 【주택건설사업영업정지처분취소】 어느 행정행위가 기속행위인지 재량행위인지 여부는 이를 일률적으로 규정지을 수는 없는 것이고, 당해 처분의 근거가 된 규정의 형식이나 체재 또는 문언에 따라 개별적으로 판단하여야 한다.[동지, 대판 2007두18321 등]

609) 과거 독일에서 재량행위가 사법심사의 대상이 됨에 따라 재량행위에서 원고적격을 인정하는 근거로서 종전 기속행

한 경우라면 당해 처분을 재량권의 일탈·남용으로 위법하다고 판단해야 한다. 이때 의무 위반 여부, 즉 재량하자를 판단하는 가장 중요한 척도는 행정법의 일반원칙[610]이고, 재량권의 행사가 행정법의 일반원칙에 위반된 경우라면 당해 처분은 재량권의 일탈·남용으로 위법하다. 즉, 행정법의 일반원칙은 실정법령에 구체적 규율이 존재하지 않는 재량권 행사의 영역에서 권한의 일탈·남용 여부를 판단하는 척도, 재량심사 영역에서 재량하자를 판단하는 척도로서 역할을 한다[611]. 한편, 재량하자에는 재량권의 행사가 행정법의 일반원칙을 위반한 경우뿐만 아니라 재량권을 행사하지 않은 경우(재량권의 불행사[612]) 또는 구체적 사정을 충분히 고려하지 않고 재량

위에서 인정되는 개인적 공권과 구별되는 무하자재량행사청구권을 제시하고 있다. 오늘날 기속행위와 재량행위 모두 개인적 공권이 인정되지만, 공권의 내용이 기속행위에서는 특정행위를 요구하고 재량행위에서는 하자없는 재량권 행사를 요구한다는 점에서 차이가 있다. 결국 무하자재량행사청구권이란 재량행위에서 인정되는 개인적 공권의 다른 이름에 불과하다. 이처럼 무하자재량행사청구권을 청구권으로서의 독자성을 부정하는 견해도 있지만, 청구권으로서의 독자성을 긍정하면서 내용에 따라 실체적 권리로 보는 견해, 형식적 권리로는 보는 견해, 절차적 권리로 보는 견해 등도 있다.

610) 평등의 원칙, 비례의 원칙, 신뢰보호의 원칙 등에 대해 조리의 내용으로 보거나 성문법이나 관습법이 없는 경우에 보충적으로 적용되는 법원칙으로 보는 견해도 있지만, 자연법이 아닌 실정 헌법 규정이나 원리에서 도출될 뿐만 아니라 성문법의 해석·적용에서 적용된다는 점에 비추어 행정법 전반에 적용되는 법원칙, 행정법의 일반원칙으로 보는 견해가 타당하다.

611) 기속행위의 경우 행정법의 일반원칙은 주로 법령의 위헌, 위법 심사 영역에서 나타난다. 즉, 헌법에서 도출된 평등의 원칙, 비례의 원칙, 신뢰보호의 원칙은 법률뿐만 아니라 법규명령의 제정, 해석의 지도원리로 작용하기 때문에 위 원칙에 위반된 법령은 위헌, 위법으로 평가받게 된다. 따라서 행정법의 일반원칙은 법령의 위헌, 위법 심사의 중요한 척도로서 기능도 수행한다.

612) 대판 2010.7.15. 2010두7031 【과징금부과처분취소】 【피고 나주시장】 [1] 실권리자명의 등기의무를 위반한 명의신탁자에 대하여 부과하는 과징금의 감경에 관한 '부동산 실권리자명의 등기에 관한 법률 시행령' 제3조의2 단서는 임의적 감경규정임이 명백하므로, 그 감경사유가 존재하더라도 과징금 부과관청이 감경사유까지 고려하고도 과징금을 감경하지 않은 채 과징금 전액을 부과하는 처분을 한 경우에는 이를 위법하다고 단정할 수는 없으나, 위 감경사유가 있음에도 이를 전혀 고려하지 않았거나 감경사유에 해당하지 않는다고 오인한 나머지 과징금을 감경하지 않았다면 그 과징금 부과처분은 재량권을 일탈·남용한 위법한 처분이라고 할 수밖에 없다. [2] 행정청이 출연재산인 부동산을 명의신탁한 사회복지법인에 대하여 '부동산 실권리자명의 등기에 관한 법률' 제3조를 위반하였다는 이유로 같은 법 시행령 제3조의2 본문 [별표]에 의하여 산정된 과징금 전액을 부과한 사안에서, 위 사회복지법인은 법인설립허가조건의 불이행에 따른 설립허가 취소라는 행정처분을 피할 목적으로 부동산을 명의신탁한 것이지, 조세를 포탈하거나 법령에 의한 제한을 회피할 목적으로 명의신탁하였다고 볼 수 없어 위 시행령 제3조의2 단서의 과징금 감경사유가 있음에도, 과징금 부과 관청이 과징금을 산정하면서 이를 전혀 고려하지 않았거나 감경사유에 해당하지 않는다고 오인하여 과징금 전액을 부과한 것으로 보이므로, 위 과징금 부과처분은 재량권을 일탈·남용한 위법한 처분이라고 한 사례. [3] 명의신탁이 조세를 포탈하거나 법령에 의한 제한을 회피할 목적이 아니어서 '부동산 실권리자명의 등기에 관한 법률 시행령' 제3조의2 단서의 과징금 감경사유가 있는 경우 과징금 감경 여부는 과징금 부과관청의 재량에 속하는 것이므로, 과징금 부과 관청이 이를 판단하면서 재량권을 일탈·남용하여 과징금 부과처분이 위법하다고 인정될 경우, 법원으로서는 과징금 부과처분 전부를 취소할 수밖에 없고, 법원이 적정하다고 인정되는 부분을 초과한 부분만 취소할 수는 없다. [사안 : 갑이 광주광역시장으로부터 '법인설립당시 출연받은 보통재산인 A부동산을 6월 이내에 매각하여 건축비와 운영비로 충당하여야 하고 이를 이행하지 아니할 경우에는 설립허가가 취소될 수 있다.'는 조건부 법인설립허가를 받았고, 광주광역시장은 갑에게 허가조건을 이행하지 않을 경우 설립허가 취소 등의 행정처분을 받을 수 있다는 내용의 공문을 발송하였고, 갑이 A부동산을 매각하려고 시도하였지만 실패한 후 을에게 명의신탁하였는데, 나주시장이 갑에게 A부동산의 명의신탁과 부동산실명법 제3조 위반을 이유로 과징금을 부과하자 이에 취소소송을 제기하였음. 참고 : 부동산 실권리자명의 등기에 관한 법률(이하 부동산실명법) 제3조 제1항 '누구든지 부동산에 관한 물권을 명의신탁약정에 의하여 명의수탁자의 명의로 등기하여서는 아니된다.', 제5

권을 행사한 경우(재량의 해태[613])(376), 재량권이 0 또는 1로 수축되어 하나의 결정 · 선택만이 적법함에도 불구하고 달리 결정 · 택한 경우(재량의 축소[614]) 등도 포함된다. 그리고 다수설과 판례는 재량하자를 통상 취소사유에 불과하다고 보고 있다.

2) 재량심사의 척도

가) 행정법의 일반원칙

행정법의 일반원칙이란 행정법질서의 기초를 이루는 일반 법원칙을 의미하는데, 주로 재량의 영역에서 재량권 일탈 · 남용 여부를 판단하는 척도의 역할을 담당한다. 특히, 행정법의 일반원칙 중 헌법으로부터 도출된 평등의 원칙, 비례의 원칙, 신뢰보호의 원칙 등은 재량심사의 가장 중요한 척도이고, 기타 신의성실의 원칙[615], 권리남용 금지의 원칙 등도 모든 법의 원칙으로

조 제1항 '제3조 제1항의 규정을 위반한 명의신탁자에 대하여는 당해 부동산가액의 100분의 30에 해당하는 금액의 범위 안에서 과징금을 부과한다.', 시행령 제3조의2 단서 '조세를 포탈하거나 법령에 의한 제한을 회피할 목적이 아닌 경우에는 과징금의 100분의 50을 감경할 수 있다.']. 동지, 대판 2005. 9. 15. 2005두3257 등.

613) 대판 2005. 9. 15. 2005두3257 【과징금부과처분취소】 【피고 용인시장】 [3] 부동산 실권리자명의 등기에 관한 법률 시행령 제4조의2 단서는 조세를 포탈하거나 법령에 의한 제한을 회피할 목적이 아닌 경우에 과징금의 100분의 50을 감경할 수 있다고 규정하고 있고, 이는 임의적 감경규정임이 명백하므로, 감경사유가 존재하더라도 과징금 부과관청이 감경사유까지 고려하고도 과징금을 감경하지 않은 채 과징금 전액을 부과하는 처분을 한 경우에는 이를 위법하다고 단정할 수는 없으나, 행정행위를 함에 있어 이익형량을 전혀 하지 아니하거나 이익형량의 고려대상에 마땅히 포함시켜야 할 사항을 누락한 경우 또는 이익형량을 하였으나 정당성 · 객관성이 결여된 경우에는 그 행정행위는 재량권을 일탈 · 남용한 위법한 처분이라고 할 수밖에 없다.

대판 2016. 8. 29. 2014두45956 【영업정지처분취소】 [1] 행정청이 건설산업기본법 및 구 건설산업기본법 시행령의 규정에 따라 건설업자에 대하여 영업정지 처분을 할 때 건설업자에게 영업정지 기간의 감경에 관한 참작 사유가 있음에도 이를 전혀 고려하지 않거나 감경 사유에 해당하지 않는다고 오인하여 영업정지 기간을 감경하지 아니한 경우, 영업정지 처분이 위법한지 여부(적극) [2] 구 건설산업기본법 시행령 제80조 제1항 [별표 6]은 제2항의 감경기준인 '위반행위의 동기·내용 및 횟수'를 구체화하여 이에 해당하는 개별적인 감경 사유를 규정한 것인지 여부(적극) 및 행정청이 '위반행위의 동기·내용 및 횟수'에 관한 참작 사유에 대하여 위 [별표 6]에 따른 감경만을 검토하여 영업정지의 기간을 정한 경우, 그 처분이 '감경 사유가 있음에도 이를 전혀 고려하지 않거나 감경 사유에 해당하지 않는다고 오인한 경우'로서 재량권을 일탈·남용한 경우에 해당하는지 여부(소극) <전문 미주 참조>

614) 특정 상황에서 국민의 권리 보호를 위해 재량권이 0 또는 1로 수축되어 오직 하나의 결정 · 선택만 적법한 경우에 이에 상반되는 결정 · 선택에 따른 처분은 재량권의 일탈 · 남용으로 위법하다. 이때 통설에 따르면 무하자재량행사청구권은 행정행위발급청구권 또는 행정개입청구권으로 전환되고, 이러한 청구권을 침해한 행정청의 행위는 경우에 따라선 국가배상법상 위법한 행위가 된다. 그러나 판례에 따르면 제3자에 대한 행정권의 발동을 요구하는 행정개입청구권은 인정되지 않는다.

615) 대판 2004. 7. 22. 2002두11233 【개발부담금부과처분취소】 신의성실의 원칙은 법률관계의 당사자는 상대방의 이익을 배려하여 형평에 어긋나거나 신뢰를 저버리는 내용 또는 방법으로 권리를 행사하거나 의무를 이행하여서는 아니된다는 추상적 규범을 말하는 것으로서, 신의성실의 원칙에 위배된다는 이유로 그 권리의 행사를 부정하기 위하여는 상대방에게 신의를 주었다거나 객관적으로 보아 상대방이 그러한 신의를 가짐이 정당한 상태에 이르러야 하고, 이와 같은 상대방의 신의에 반하여 권리를 행사하는 것이 정의 관념에 비추어 용인될 수 없는 정도의 상태에 이르러야 하고, 일반 행정법률관계에서 관청의 행위에 대하여 신의원칙이 적용되기 위해서는 합법성의 원칙을 희생하여서라도 처분이 상대방의 신뢰를 보호함이 정의의 관념에 부합하는 것으로 인정되는 특별한 사정이 있을 경우에 한하여 예외적으로 적용된다.

서 행정법의 영역에서도 재량심사의 척도가 된다.

나) 평등의 원칙 및 행정의 자기구속의 원칙

평등의 원칙은 헌법 제11조 평등권 조항에서 도출되는 행정법의 일반원칙이다. 헌법 제11조 제1항은 '모든 국민은 법 앞에서 평등하다. 누구든지 성별·종교 또는 사회적 신분에 의하여 정치적·경제적·문화적 생활의 모든 영역에 있어서 차별을 받지 아니한다.'고 규정하고 있는데, 법 문언상 마치 법 적용의 평등만을 의미하는 것처럼 보이지만(입법자비구속설) 법 적용뿐만 아니라 법 내용까지 평등해야 된다(입법자구속설). 이때의 평등은 개인적 사정을 고려하지 않은 모든 사람을 평균적으로 취급하는 절대적 평등이 아니라 '같은 것을 같게 다른 것을 다르게' 취급하는 상대적 평등을 의미하고, 상대적 평등설에 따르면 차별취급의 합리성이 없으면 평등의 원칙 위반이 된다. 즉, 재량권의 행사를 통하여 차별취급의 결과가 발생한 경우라도 차별취급이 자의적이 아니라 합리성이 있으면 평등의 원칙 위반이 아니지만, 차별취급이 불합리한 경우라면 처분은 재량권 행사의 일탈·남용으로 위법하다[616].

행정의 자기 구속의 원칙이란 재량권의 행사 영역에서 이미 행정청의 결정 선례가 존재하는 경우라면 행정청은 선례를 따라 결정해야 한다는 원칙을 의미하는데, 행정법 영역에서 보다 구체화된 평등의 원칙이다. 행정의 자기 구속의 원칙은 행정청이 스스로 정하여 시행하고 있는 기준을 합리적 이유 없이 이탈할 수 없게 함으로써 행정의 예측가능성을 확보하고 국민의 권리를 보호하는 역할을 한다. 특히 행정청이 스스로 재량권 행사의 준칙에 관한 행정규칙(재량준칙)을 정립하여 시행하고 있는 경우라면 행정의 자기구속의 원칙에 의하여 행정청은 재량준칙에 따른 처분 의무를 부담하기 때문에 재량준칙에 위반된 처분은 재량권 일탈·남용으로서 위법하다[617]. 이때 재량준칙인 행정규칙은 행정의 자기구속의 원칙에 의하여 간접적으로 국민을 사실

---

616) 평등 심사에는 완화된 심사로서 차별취급의 합리성 심사와 엄격한 심사로서 차별취급의 비례성 심사 등이 있다. 원칙적으로 차별취급의 합리성 심사만으로 족하지만, 예외적으로 헌법이 차별을 금지하는 기준을 설정하고 있는 경우나 차별로 인하여 국민의 기본권이 중대하게 침해되는 경우라면 비례성 심사가 요구된다. 예컨대, 헌법에서 성별·종교·사회적 신분에 따른 차별을 명문으로 금지하고 있기 때문에 이들이 차별취급의 기준이 된 경우라면 차별취급의 합리성 심사 방법인 목적의 정당성, 수단의 적정성만 심리해서는 안되고, 비례성 심사 방법인 피해의 최소성, 법익의 균형성까지 심리해야 한다.

617) 재량준칙 자체만으로 미리 정해진 행정관행이 성립된 것으로 보고 행정의 자기구속의 원칙이 적용된다고 보는 견해(선례불필요설)와 재량준칙만으로 부족하고 1회의 선례 또는 다수의 선례가 있어야 행정의 자기구속의 원칙이 적용된다고 보는 견해(선례필요설) 등의 대립이 있는데, 판례는 후자의 입장이다.

대판 2009. 12. 24. 2009두7967 【신규건조저장시설사업자인정신청반려처분취소】 [1] 상급행정기관이 하급행정기관에 대하여 업무처리지침이나 법령의 해석적용에 관한 기준을 정하여 발하는 이른바 '행정규칙이나 내부지침'은

상 구속하는 대외적 효력을 갖게 된다[618]. 그러나 행정의 자기구속의 원칙도 기존의 관행과 다른 결정을 해야 할 정당한 사유가 있는 경우 또는 불법 관행이 반복적 지속되고 있는 경우에는 적용되지 않는다[619].

다) 비례의 원칙 및 부당결부금지의 원칙

비례의 원칙은 헌법 기본권의 제한 규정에서 도출되는 행정법의 일반원칙이다. 재량권 행사에 목적이 정당한가, 수단이 적정한가, 최소로 침해하는 수단인가, 추구되는 공익이 침해되는 사익보다 큰가 등을 판단하게 되는데, 목적의 정당성, 수단의 적정성, 수단의 보충성과 최소 침해성, 수단의 상당성 없는 재량권 행사는 재량권 행사의 일탈·남용으로서 위법하다[620].

일반적으로 행정조직 내부에서만 효력을 가질 뿐 대외적인 구속력을 갖는 것은 아니므로 행정처분이 그에 위반하였다고 하여 그러한 사정만으로 곧바로 위법하게 되는 것은 아니다. 다만, 재량권 행사의 준칙인 행정규칙이 그 정한 바에 따라 되풀이 시행되어 행정관행이 이루어지게 되면 평등의 원칙이나 신뢰보호의 원칙에 따라 행정기관은 그 상대방에 대한 관계에서 그 규칙에 따라야 할 자기구속을 받게 되므로, 이러한 경우에는 특별한 사정이 없는 한 그를 위반하는 처분은 평등의 원칙이나 신뢰보호의 원칙에 위배되어 재량권을 일탈·남용한 위법한 처분이 된다. [2] 시장이 농림수산식품부에 의하여 공표된 '2008년도 농림사업시행지침서'에 명시되지 않은 '시·군별 건조저장시설 개소당 논 면적' 기준을 충족하지 못하였다는 이유로 신규 건조저장시설 사업자 인정신청을 반려한 사안에서, 위 지침이 되풀이 시행되어 행정관행이 이루어졌다거나 그 공표만으로 신청인이 보호가치 있는 신뢰를 갖게 되었다고 볼 수 없고, 쌀 시장 개방화에 대비한 경쟁력 강화 등 우월한 공익상 요청에 따라 위 지침상의 요건 외에 '시·군별 건조저장시설 개소당 논 면적 1,000ha 이상' 요건을 추가할 만한 특별한 사정을 인정할 수 있어, 그 처분이 행정의 자기구속의 원칙 및 행정규칙에 관련된 신뢰보호의 원칙에 위배되거나 재량권을 일탈·남용한 위법이 없다고 한 사례. 동지, 대판 2009. 3. 26. 2007다88828, 88835 등.

618) 행정규칙은 원칙적으로 국민을 구속하는 법규성이 없기 때문에 행정소송의 처분이나 헌법소원의 공권력의 행사로 보지 않으나, 예외적으로 상위 법령에 의하여 법령의 구체적 내용을 보충할 권한이 부여된 경우(법령보충적 행정규칙), 또는 재량준칙이 되풀이 시행되어 행정관행으로 성립되어 행정의 자기구속의 원리에 의하여 구속성을 띠는 경우 행정소송의 대상이나 헌법소원의 심판대상이 된다.

헌법재판소 1990. 9. 3. 90헌마13 전원재판부 【전라남도교육위원회의1990학년도인사원칙(중등)에대한헌법소원】 【피청구인 전라남도 교육위원회 교육감】 [1] 행정규칙이 법령의 규정에 의하여 행정관청에 법령의 구체적 내용을 보충할 권한을 부여한 경우, 또는 재량권행사의 준칙인 규칙이 그 정한 바에 따라 되풀이 시행되어 행정관행이 이루어지게 되면, 평등의 원칙이나 신뢰보호의 원칙에 따라 행정기관은 그 상대방에 대한 관계에서 그 규칙에 따라야 할 자기구속을 당하게 되고, 그러한 경우에는 대외적인 구속력을 가지게 된다 할 것이다. [2] 그러나, 이 사건 인사관리원칙은 중등학교 교원 등에 대한 임용권을 적정하게 행사하기 위하여 그 기준을 일반적·추상적 형태로 제정한 조직 내부의 사무지침에 불과하므로, 그 변경으로 말미암아 청구인인 교원의 기본권이나 법적 이익이 침해당한 것이 아니다.

619) 대판 2009. 6. 25. 2008두13132 【조합설립추진위원회승인처분취소】 행정청이 조합설립추진위원회의 설립승인 심사에서 위법한 행정처분을 한 선례가 있다고 하여 그러한 기준을 따라야 할 의무가 없는 점 등에 비추어, 평등의 원칙이나 신뢰보호의 원칙 또는 자기구속의 원칙 등에 위배되고 재량권을 일탈·남용하여 자의적으로 조합설립추진위원회 승인처분을 한 것으로 볼 수 없다고 한 사례.

620) 비례의 원칙을 합목적성의 원칙 / 목적의 정당성을 제외하고, ① 적합성의 원칙 / 수단의 적정성 ② 필요성의 원칙 / 침해의 최소성 ③ 상당성의 원칙 / 법익 균형성(협의의 비례의 원칙) 등 3개의 원칙으로 구성된다고 보는 유력한 견해도 있다. 대판 2007. 9. 20. 2007두6946 제재적 행정처분이 사회통념상 재량권의 범위를 일탈하였거나 남용하였는지 여부는 처분사유인 위반행위의 내용과 당해 처분행위에 의하여 달성하려는 공익목적 및 이에 따르는 제반 사정 등을 객관적으로 심리하여 공익 침해의 정도와 그 처분으로 인하여 개인이 입게 될 불이익을 비교·형량하여 판단하여야 한다.

부당결부금지의 원칙은 행정법 영역에서 보다 구체화된 비례의 원칙이다[621]. 행정 목적 달성을 위하여 목적과 원인 사이에 관련성이 없는 수단을 사용해서 안 된다는 원칙이다. 특히, 재량행위의 부관과 관련하여 문제가 되는데[622], 행정 목적과 관련성 없는 기부를 조건으로 하는 수익적 행정행위의 발급은 부당결부금지의 원칙 위반이기 때문에 이때 재량권 행사는 일탈·남용으로서 위법하다[623].

라) 신뢰보호의 원칙 및 실권(실효)의 법리

신뢰보호의 원칙은 헌법상 법치국가의 원리의 내용을 이루는 법률적합성의 원칙과 법적 안정성의 원칙 중 법적 안정성의 원칙에서 도출되는 행정법의 일반원칙이다. 재량권 행사가 종래 행정청의 어떠한 행위에 반하여 보호가치 있는 사인의 신뢰를 훼손하는 경우에는 신뢰보호의 원칙 위반이 되어, 재량권 행사의 일탈·남용으로서 위법하다. 영미법상 금반언의 법리와 유사하며, 행정절차법 제4조 제2항, 국세기본법 제18조 제3항, 관세법 제5조 제2항 등 일부 실정법에서 명문으로 규정하고 있지만, 주로 재량행위의 영역에서 재량심사의 척도로서 기능을 하고

---

621) 행정목적과 이를 달성하기 위하여 동원하는 수단 사이에 객관적으로 관련성이 있어야 한다는 의미에서 비례의 원칙 중 적합성의 원칙의 구체적 표현이다. 대판 2009. 2. 12. 2005다65500【약정금】[1] 수익적 행정처분에 있어서는 법령에 특별한 근거규정이 없다고 하더라도 그 부관으로서 부담을 붙일 수 있고, 그와 같은 부담은 행정청이 행정처분을 하면서 일방적으로 부가할 수도 있지만 부담을 부가하기 이전에 상대방과 협의하여 부담의 내용을 협약의 형식으로 미리 정한 다음 행정처분을 하면서 이를 부가할 수도 있다. [2] 행정청이 수익적 행정처분을 하면서 부가한 부담의 위법 여부는 처분 당시 법령을 기준으로 판단하여야 하고, 부담이 처분 당시 법령을 기준으로 적법하다면 처분 후 부담의 전제가 된 주된 행정처분의 근거 법령이 개정됨으로써 행정청이 더 이상 부관을 붙일 수 없게 되었다 하더라도 곧바로 위법하게 되거나 그 효력이 소멸하게 되는 것은 아니다. 따라서 행정처분의 상대방이 수익적 행정처분을 얻기 위하여 행정청과 사이에 행정처분에 부가할 부담에 관한 협약을 체결하고 행정청이 수익적 행정처분을 하면서 협약상의 의무를 부담으로 부가하였으나 부담의 전제가 된 주된 행정처분의 근거 법령이 개정됨으로써 행정청이 더 이상 부관을 붙일 수 없게 된 경우에도 곧바로 협약의 효력이 소멸하는 것은 아니다. [3] 부당결부금지의 원칙이란 행정주체가 행정작용을 함에 있어서 상대방에게 이와 실질적인 관련이 없는 의무를 부과하거나 그 이행을 강제하여서는 아니 된다는 원칙을 말한다. [4] 고속국도 관리청이 고속도로 부지와 접도구역에 송유관 매설을 허가하면서 상대방과 체결한 협약에 따라 송유관 시설을 이전하게 될 경우 그 비용을 상대방에게 부담하도록 하였고, 그 후 도로법 시행규칙이 개정되어 접도구역에는 관리청의 허가 없이도 송유관을 매설할 수 있게 된 사안에서, 위 협약이 효력을 상실하지 않을 뿐만 아니라 위 협약에 포함된 부관이 부당결부금지의 원칙에도 반하지 않는다고 한 사례.

622) 재량행위 이외 공법상 계약의 한계, 행정의 실효성 확보수단의 한계로서 논해지고 있다. 특히, 행정의 실효성 확보수단과 관련하여 구 건축법 69조 2항의 공급금지 규정과 국세징수법 7조 관급허가 제한규정에 대한 위헌 여부에 논란이 있는데, 이는 부당결부금지의 원칙이 헌법 비례의 원칙에서 파생된 구체적인 법의 일반원칙으로서 법령의 위헌, 위법 심사의 척도가 된다는 점을 분명히 보여주는 사례이다.

623) 대판 1997. 3. 11. 96다49650【소유권이전등기말소】지방자치단체장이 사업자에게 주택사업계획승인을 하면서 그 주택사업과는 아무런 관련이 없는 토지를 기부채납하도록 하는 부관을 주택사업계획승인에 붙인 경우, 그 부관은 부당결부금지의 원칙에 위반되어 위법하지만, 지방자치단체장이 승인한 사업자의 주택사업계획은 상당히 큰 규모의 사업임에 반하여, 사업자가 기부채납한 토지 가액은 그 100분의 1 상당의 금액에 불과한 데다가, 사업자가 그 동안 그 부관에 대하여 아무런 이의를 제기하지 아니하다가 지방자치단체장이 업무착오로 기부채납한 토지에 대하여 보상협조요청서를 보내자 그 때서야 비로소 부관의 하자를 들고 나온 사정에 비추어 볼 때 부관의 하자가 중대하고 명백하여 당연무효라고는 볼 수 없다고 한 사례.

있다. 학설은 성립요건으로 행정기관의 선행조치[624], 보호가치 있는 사인의 신뢰[625](귀책사유의 부존재), 신뢰에 터잡은 사인의 조치(인과관계), 행정기관의 선행행위에 반하는 후행행위를 요구하지만, 판례는 공익 또는 제3자의 정당한 이익을 현저하게 해할 우려가 없는 경우를 소극적 요건으로 요구하고 있다[626]. 신뢰보호의 원칙은 후행행위가 재량권이 부여되어 있는 수익적 행정행위의 취소·철회[627], 계획보장청구권과 관련된 행정계획 등의 영역에서 주로 문제된

---

624) 대판 2008. 6. 12. 2008두1115【취득세등부과처분취소】취득세 등이 면제되는 구 지방세법(2005. 1. 5. 법률 제7332호로 개정되기 전의 것) 제288조 제2항에 정한 '기술진흥단체'인지 여부에 관한 질의에 대하여 건설교통부장관과 내무부장관이 비과세 의견으로 회신한 경우, 공적인 견해표명에 해당한다고 한 사례. 대판 2006. 6. 9. 2004두46【개발부담금부과처분취소】개발이익환수에 관한 법률에 정한 개발사업을 시행하기 전에, 행정청이 토지 지상에 예식장 등을 건축하는 것이 관계 법령상 가능한지 여부를 질의하는 민원예비심사에 대하여 관련부서 의견으로 개발이익환수에 관한 법률에 '저촉사항 없음'이라고 기재하였다고 하더라도, 이후의 개발부담금부과처분에 관하여 신뢰보호의 원칙을 적용하기 위한 요건인, 개인에 대하여 신뢰의 대상이 되는 공적인 견해표명을 한 것이라고는 보기 어렵다고 한 원심의 판단을 수긍한 사례.

625) 대판 2002. 11. 8. 2001두1512【건축선위반건축물시정지시취소】[1] 일반적으로 행정상의 법률관계에 있어서 행정청의 행위에 대하여 신뢰보호의 원칙이 적용되기 위하여는, 첫째 행정청이 개인에 대하여 신뢰의 대상이 되는 공적인 견해표명을 하여야 하고, 둘째 행정청의 견해표명이 정당하다고 신뢰한 데에 대하여 그 개인에게 귀책사유가 없어야 하며, 셋째 그 개인이 그 견해표명을 신뢰하고 이에 상응하는 어떠한 행위를 하였어야 하고, 넷째 행정청이 그 견해표명에 반하는 처분을 함으로써 그 견해표명을 신뢰한 개인의 이익이 침해되는 결과가 초래되어야 하며, 마지막으로 위 견해표명에 따른 행정처분을 할 경우 이로 인하여 공익 또는 제3자의 정당한 이익을 현저히 해할 우려가 있는 경우가 아니어야 하는바, 둘째 요건에서 말하는 귀책사유라 함은 행정청의 견해표명의 하자가 상대방 등 관계자의 사실은폐나 기타 사위의 방법에 의한 신청행위 등 부정행위에 기인한 것이거나 그러한 부정행위가 없다고 하더라도 하자가 있음을 알았거나 중대한 과실로 알지 못한 경우 등을 의미한다고 해석함이 상당하고, 귀책사유의 유무는 상대방과 그로부터 신청행위를 위임받은 수임인 등 관계자 모두를 기준으로 판단하여야 한다. [2] 건축주와 그로부터 건축설계를 위임받은 건축사가 상세계획지침에 의한 건축한계선의 제한이 있다는 사실을 간과한 채 건축설계를 하고 이를 토대로 건축물의 신축 및 증축허가를 받은 경우, 그 신축 및 증축허가가 정당하다고 신뢰한 데에 귀책사유가 있다고 한 사례.

626) 대판 1998. 11. 13. 98두7343【토석채취불허가처분취소】[3] 일반적으로 행정상의 법률관계에 있어서 행정청의 행위에 대하여 신뢰보호의 원칙이 적용되기 위하여는, 첫째 행정청이 개인에 대하여 신뢰의 대상이 되는 공적인 견해표명을 하여야 하고, 둘째 행정청의 견해표명이 정당하다고 신뢰한 데에 대하여 그 개인에게 귀책사유가 없어야 하며, 셋째 그 개인이 그 견해표명을 신뢰하고 이에 어떠한 행위를 하였어야 하고, 넷째 행정청이 위 견해표명에 반하는 처분을 함으로써 그 견해표명을 신뢰한 개인의 이익이 침해되는 결과가 초래되어야 하고, 어떠한 행정처분이 이러한 요건을 충족할 때에는, 공익 또는 제3자의 정당한 이익을 해할 우려가 있는 경우가 아닌 한, 신뢰보호의 원칙에 반하는 행위로서 위법하게 된다고 할 것이므로, 행정처분이 이러한 요건을 충족하는 경우라고 하더라도 행정청이 앞서 표명한 공적인 견해에 반하는 행정처분을 함으로써 달성하려는 공익이 행정청의 공적 견해표명을 신뢰한 개인이 그 행정처분으로 인하여 입게 되는 이익의 침해를 정당화할 수 있을 정도로 강한 경우에는 신뢰보호의 원칙을 들어 그 행정처분이 위법하다고는 할 수 없다. [4] 한려해상국립공원지구 인근의 자연녹지지역에서의 토석채취허가가 법적으로 가능할 것이라는 행정청의 언동을 신뢰한 개인이 많은 비용과 노력을 투자하였다가 불허가처분으로 상당한 불이익을 입게 된 경우, 위 불허가처분에 의하여 행정청이 달성하려는 주변의 환경·풍치·미관 등의 공익이 그로 인하여 개인이 입게 되는 불이익을 정당화할 만큼 강하다는 이유로 불허가처분이 재량권의 남용 또는 신뢰보호의 원칙에 반하여 위법하다고 할 수 없다고 한 사례.

627) 대판 1997. 9. 12. 96누18380【토지형질변경행위불허가처분취소】[1] 일반적으로 행정상의 법률관계에 있어서 행정청의 행위에 대하여 신뢰보호의 원칙이 적용되기 위하여는, 첫째 행정청이 개인에 대하여 신뢰의 대상이 되는 공적인 견해표명을 하여야 하고, 둘째 행정청의 견해표명이 정당하다고 신뢰한 데에 대하여 그 개인에게 귀책사유가 없어야 하며, 셋째 그 개인이 그 견해표명을 신뢰하고 이에 어떠한 행위를 하였어야 하고, 넷째 행정청이 위 견해표명에 반하는 처분을 함으로써 그 견해표명을 신뢰한 개인의 이익이 침해되는 결과가 초래되어야 하며, 이러한 요건을 충족할 때에는 행정청의 처분은 신뢰보호의 원칙에 반하는 행위로서 위법하게 된다고 할 것이고, 또한 위 요건의

다[628]. 한편, **실권의 법리**는 행정법 영역에서 보다 구체화된 신뢰보호의 원칙인데, 행정청의 선행조치가 존재하지 않지만 행정청이 장기간의 권리 행사를 방치한 경우 이를 신뢰한 사인의 이익을 보호하기 위하여 권리가 실효된다는 원칙이다. 학설과 판례는 행정청의 권한행사의 가능, 장기간의 방치, 권한행사에 대한 사인의 신뢰를 요건으로 실권의 법리를 긍정하고 있으며, 실권된 행정청의 재량권 행사는 일탈·남용으로서 위법이다[629].

하나인 행정청의 공적 견해표명이 있었는지의 여부를 판단하는 데 있어 반드시 행정조직상의 형식적인 권한분장에 구애될 것은 아니고 담당자의 조직상의 지위와 임무, 당해 언동을 하게 된 구체적인 경위 및 그에 대한 상대방의 신뢰가능성에 비추어 실질에 의하여 판단하여야 한다. [2] 종교법인이 도시계획구역 내 생산녹지로 답인 토지에 대하여 종교회관 건립을 이용목적으로 하는 토지거래계약의 허가를 받으면서 담당공무원이 관련 법규상 허용된다 하여 이를 신뢰하고 건축준비를 하였으나 그 후 당해 지방자치단체장이 다른 사유를 들어 토지형질변경허가신청을 불허가 한 것이 신뢰보호원칙에 반한다고 한 사례. [3] 비록 지방자치단체장이 당해 토지형질변경허가를 하였다가 이를 취소·철회하는 것은 아니라 하더라도 지방자치단체장이 토지형질변경이 가능하다는 공적 견해표명을 함으로써 이를 신뢰하게 된 당해 종교법인에 대하여는 그 신뢰를 보호하여야 한다는 점에서 형질변경허가 후 이를 취소·철회하는 경우를 유추·준용하여 그 형질변경허가의 취소·철회에 상당하는 당해 처분으로써 지방자치단체장이 달성하려는 공익 즉, 당해 토지에 대하여 그 형질변경을 불허하고 이를 우량농지로 보전하려는 공익과 위 형질변경이 가능하리라고 믿은 종교법인이 입게 될 불이익을 상호 비교·교량하여 만약 전자가 후자보다 더 큰 것이 아니라면 당해 처분은 비례의 원칙에 위반되는 것으로 재량권을 남용한 위법한 처분이라고 봄이 상당하다. [4] 도시계획법시행령 제5조의2의 규정에 따르면 도시계획구역 안에서 토지에 대한 형질변경허가신청에 대한 불허가의 대상이 되는 경우는 추상적으로 당해 토지의 합리적인 이용이나 도시계획사업에 지장이 될 우려가 있다는 것만으로는 부족하고 구체적으로 건설부령인 토지의형질변경등행위허가기준등에관한규칙이 정하는 기준에 적합하지 아니한 경우에 한하여 불허가의 대상이 된다고 보아야 한다.

628) 법규명령의 변경과 관련하여 신뢰보호의 원칙이 문제가 될 수 있으나, 이는 법령의 위헌, 위법 심사와 관련된 영역이다. 그리고 행정규칙의 변경은 이미 살펴본 바와 같이 행정의 자기구속의 원리의 한계와 관련되어 논의되고 있음이 일반적이다. 나아가 공법상 계약의 한계로서 신뢰보호의 원칙이 적용될 수 있다.

629) 대판 1988. 4. 27. 87누915 【행정서사허가취소처분취소】 실권 또는 실효의 법리는 법의 일반원리인 신의성실의 원칙에 바탕을 둔 파생원칙인 것이므로 공법관계 가운데 관리관계는 물론이고 권력관계에도 적용되어야 함을 배제할 수는 없다 하겠으나 그것은 본래 권리행사의 기회가 있음에도 불구하고 권리자가 장기간에 걸쳐 그의 권리를 행사하지 아니하였기 때문에 의무자인 상대방은 이미 그의 권리를 행사하지 아니할 것으로 믿을 만한 정당한 사유가 있게 되거나 행사하지 아니할 것으로 추인케 할 경우에 새삼스럽게 그 권리를 행사하는 것이 신의성실의 원칙에 반하는 결과가 될 때 그 권리행사를 허용하지 않는 것을 의미한다.

대판 1992. 1. 21. 91다30118 【사원확인】 [1] 일반적으로 권리의 행사는 신의에 좇아 성실히 하여야 하고 권리는 남용하지 못하는 것이므로 권리자가 실제로 권리를 행사할 수 있는 기회가 있어서 그 권리 행사의 기대가능성이 있었음에도 불구하고 상당한 기간이 경과하도록 권리를 행사하지 아니하여 의무자인 상대방으로서도 이제는 권리자가 권리를 행사하지 아니할 것으로 신뢰할 만한 정당한 기대를 가지게 된 다음에 새삼스럽게 그 권리를 행사하는 것이 법질서 전체를 지배하는 신의성실의 원칙에 위반하는 것으로 인정되는 결과가 될 때에는, 이른바 실효의 원칙에 따라 그 권리의 행사가 허용되지 않는다고 보아야 할 것이다. [2] 사용자와 근로자 사이의 고용관계(근로자의 지위)의 존부를 둘러싼 노동분쟁은, 그 당시의 경제적 정세에 대처하여 최선의 설비와 조직으로 기업활동을 전개하여야 하는 사용자의 입장에서는 물론, 임금 수입에 의하여 자신과 가족의 생계를 유지하고 있는 근로자의 입장에서도 신속히 해결되는 것이 바람직하므로 실효의 원칙이 다른 법률관계에 있어서보다 더욱 적극적으로 적용되어야 할 필요가 있다. [3] 실효의 원칙이 적용되기 위하여 필요한 요건으로서의 실효기간(권리를 행사하지 아니한 기간)의 길이와 의무자인 상대방이 권리가 행사되지 아니하리라고 신뢰할 만한 정당한 사유가 있었는지의 여부는 일률적으로 판단할 수 있는 것이 아니라, 구체적인 경우마다 권리를 행사하지 아니한 기간의 장단과 함께 권리자측과 상대방측 쌍방의 사정 및 객관적으로 존재하는 사정 등을 모두 고려하여 사회통념에 따라 합리적으로 판단하여야 할 것이고, 징계해임처분의 효력을 다투는 분쟁에 있어서는 징계 사유와 그 징계해임처분의 무효 사유 및 징계 해임된 근로자가 그 처분이 무효인 것을 알게 된 경위는 물론, 그 근로자가 그 처분의 효력을 다투지 아니할 것으로 사용자가 신뢰할 만한 다른 사정(예를 들면, 근로자가 퇴직금이나 해고수당 등을 수령하고 오랫동안 해고에 대하여 이의를 하지 않았

3. 거부처분에서 나타나는 위법

가. 특징

거부처분의 경우 법률요건에서 나타나는 위법은 신청요건[법령에 의해 수리 또는 허가 · 특허 · 인가 등을 받기 위해 반드시 구비되어야 할 요건으로 당사자의 신고 · 신청이 필요하다는 점에서 '신청요건'으로 약칭함]을 규정한 법령의 해석, 신청 내용의 확정, 신청요건 구비 등의 형태가 된다. 즉, 거부처분의 위법은 신청요건을 규정한 법령의 해석에 관한 다툼, 신청 내용의 확정에 관한 다툼, 신청요건의 구비 여부 판단에 관한 다툼 등으로 나타난다. 첫째, 당사자의 신청이 법령에 규정된 요건을 충족하지 못한 경우라면 거부처분은 적법하다. 따라서 신청요건 중 하나라도 구비되지 못한 경우라면 행정청은 신청을 거부해야 하고[630], 법원은 거부처분 취소청구를 기각해야 한다. 그러나 실무와 판례에 따르면 거부처분 취소소송에서 거부처분의 위법 여부에 대하여 거부처분사유의 위법 여부로만 판단할 뿐 신청요건의 구비 여부 등을 심리하지 않는다. 따라서 거부처분 취소소송에서 비록 당사자의 신청이 모든 허가요건 등을 구비하지 못하더라도

다든지 해고된 후 곧 다른 직장을 얻어 근무하였다는 등의 사정), 사용자가 다른 근로자를 대신 채용하는 등 새로운 인사체제를 구축하여 기업을 경영하고 있는지의 여부 등을 모두 참작하여 그 근로자가 새삼스럽게 징계해임처분의 효력을 다투는 것이 신의성실의 원칙에 위반하는 결과가 되는지의 여부를 가려야 할 것이다. [4] 갑에 대한 의원면직처분의 기초가 된 조건부 징계해임처분의 사유는 갑이 수용가로부터 금품을 받았다는 것이고, 위 징계해임처분의 무효 사유는 사용자인 을이 인사위원회의 심리기일에 결석한 갑에 대하여 심리기일을 1회 연기하지 아니하고 막바로 징계결의를 하였다는 것인바, 이러한 사정들과 갑이 이 사건 의원면직처분이 무효인 것임을 알고서도 2년 4개월 남짓한 동안이나 그 처분이 무효인 것이라고 주장하여 자신의 권리를 행사한 바 없다는 점을 함께 고려하여 보면, 갑이 의원면직처분으로 면직된 때로부터 12년 이상이 경과된 후에 새삼스럽게 그 처분의 무효를 이유로 을과의 사이에 고용관계가 있다고 주장하여 소를 제기하는 것은, 노동분쟁의 신속한 해결이라는 요청과 신의성실의 원칙 및 실효의 원칙에 비추어 허용될 수 없는 것이라고 본 사례.

630) 신청 당시 신청요건이 구비되지 않았더라도 보완이 가능한 경우라면 보완을 요구하지 아니한 채 곧바로 신청을 거부한 행위는 재량권의 일탈·남용으로 위법하다. 대판 2004. 10. 15. 2003두6573 【건축불허가처분취소】 [1]건축허가권자가 건축불허가처분을 하면서 그 처분사유로 건축불허가 사유뿐만 아니라 구 소방법(2003. 5. 29. 법률 제6916호로 개정되기 전의 것) 제8조 제1항에 따른 소방서장의 건축부동의 사유를 들고 있다고 하여 그 건축불허가처분 외에 별개로 건축부동의처분이 존재하는 것이 아니므로, 그 건축불허가처분을 받은 사람은 그 건축불허가처분에 관한 쟁송에서 건축법상의 건축불허가 사유뿐만 아니라 소방서장의 부동의 사유에 관하여도 다툴 수 있다. [2] 민원사무처리에관한법률 제4조 제2항, 같은법 시행령(2002. 8. 21. 대통령령 제17719호로 개정되기 전의 것) 제15조 제1항, 제2항, 제16조 제1항에 의하면, 행정기관은 민원사항의 신청이 있는 때에는 다른 법령에 특별한 규정이 있는 경우를 제외하고는 그 접수를 보류하거나 거부할 수 없으며, 민원서류에 흠이 있는 경우에는 보완에 필요한 상당한 기간을 정하여 지체 없이 민원인에게 보완을 요구하고 그 기간 내에 민원서류를 보완하지 아니할 때에는 7일의 기간 내에 다시 보완을 요구할 수 있으며, 위 기간 내에 민원서류를 보완하지 아니한 때에 비로소 접수된 민원서류를 되돌려 보낼 수 있도록 규정되어 있는바, 위 규정 소정의 보완의 대상이 되는 흠은 보완이 가능한 경우이어야 함은 물론이고, 그 내용 또한 형식적 · 절차적인 요건이거나, 실질적인 요건에 관한 흠이 있는 경우라도 그것이 민원인의 단순한 착오나 일시적인 사정 등에 기한 경우 등이라야 한다. [3] 건축불허가처분을 하면서 그 사유의 하나로 소방시설과 관련된 소방서장의 건축부동의 의견을 들고 있으나 그 보완이 가능한 경우, 보완을 요구하지 아니한 채 곧바로 건축허가신청을 거부한 것은 재량권의 범위를 벗어난 것이라고 한 사례.

신청 내용 중 일부 허가요건의 미충족으로 제시된 거부처분 사유가 사실오인, 법령해석의 오류 등으로 인하여 사실상 거부처분의 근거로 제시된 신청요건을 충족하고 있는 경우라면 법원은 당해 거부처분을 위법으로 판단해 청구인용판결을 선고해야 한다.

기속행위의 경우 신청요건이 충족되면 행정청은 반드시 신청에 따른 처분을 해야 하고, 신청요건 이외의 사유로 신청을 거부할 수 없다. 따라서 신청요건이 구비되었음에도 불구하고 행정청이 일부 신청요건에 대한 잘못된 판단으로 신청을 거부하거나 신청요건 이외의 사유로 신청을 거부한 경우 당해 거부처분 사유가 위법하기 때문에 취소소송에서 거부처분은 취소되어야 한다. 판례는 수리를 요하는 신고에서 신고요건을 구비한 경우 수리 여부에 대한 심사는 신고를 규정한 법령의 입법목적 범위 내에서 제한적으로 이루어져야 하고, 신고의 형식적 요건이 아닌 신고 내용이 공익적 기준에 적합하지 않다는 등의 실체적 사유를 들어 신고의 수리를 거부할 수 없다고 판시하고 있다[631](377). 건축허가 신청 거부처분에 있어서도 법령에서 정한 제한사유 이

631) 대판 2009. 6. 18. 2008두10997(전원)【주민등록전입신고수리거부처분취소】【피고 서울특별시 서초구 양재 제2동장】 [1] 주민들의 거주지 이동에 따른 주민등록전입신고에 대하여 행정청이 이를 심사하여 그 수리를 거부할 수는 있다고 하더라도, 그러한 행위는 자칫 헌법상 보장된 국민의 거주·이전의 자유를 침해하는 결과를 가져올 수도 있으므로, 시장·군수 또는 구청장의 주민등록전입신고 수리 여부에 대한 심사는 주민등록법의 입법 목적의 범위 내에서 제한적으로 이루어져야 한다. 한편, 주민등록법의 입법 목적에 관한 제1조 및 주민등록 대상자에 관한 제6조의 규정을 고려해 보면, 전입신고를 받은 시장·군수 또는 구청장의 심사 대상은 전입신고자가 30일 이상 생활의 근거로 거주할 목적으로 거주지를 옮기는지 여부만으로 제한된다고 보아야 한다. 따라서 전입신고자가 거주의 목적 이외에 다른 이해관계에 관한 의도를 가지고 있는지 여부, 무허가 건축물의 관리, 전입신고를 수리함으로써 당해 지방자치단체에 미치는 영향 등과 같은 사유는 주민등록법이 아닌 다른 법률에 의하여 규율되어야 하고, 주민등록전입신고의 수리 여부를 심사하는 단계에서는 고려 대상이 될 수 없다. [2] 무허가 건축물을 실제 생활의 근거지로 삼아 10년 이상 거주해 온 사람의 주민등록 전입신고를 거부한 사안에서, 부동산투기나 이주대책 요구 등을 방지할 목적으로 주민등록전입신고를 거부하는 것은 주민등록법의 입법 목적과 취지 등에 비추어 허용될 수 없다고 한 사례.

대판 2011. 7. 28. 선고 2005두11784【원격평생교육신고서반려처분취소】【피고 서울특별시동부교육청 교육장】 [1] 구 평생교육법(2007. 10. 17. 법률 제8640호로 개정되기 전의 것, 이하 '법'이라 한다) 제22조 제1항, 제2항, 제3항, 구 평생교육법 시행령(2004. 1. 29. 대통령령 제18245호로 개정되기 전의 것) 제27조 제1항, 제2항, 제3항에 의하면, 정보통신매체를 이용하여 학습비를 받지 아니하고 원격평생교육을 실시하고자 하는 경우에는 누구든지 아무런 신고 없이 자유롭게 이를 할 수 있고, 다만 위와 같은 교육을 불특정 다수인에게 학습비를 받고 실시하는 경우에는 이를 신고하여야 하나, 법 제22조가 신고를 요하는 제2항과 신고를 요하지 않는 제1항에서 '학습비' 수수 외에 교육 대상이나 방법 등 다른 요건을 달리 규정하고 있지 않을 뿐 아니라 제2항에서도 학습비 금액이나 수령 등에 관하여 아무런 제한을 하고 있지 않은 점에 비추어 볼 때, 행정청으로서는 신고서 기재사항에 흠결이 없고 정해진 서류가 구비된 때에는 이를 수리하여야 하고, 이러한 형식적 요건을 모두 갖추었음에도 신고대상이 된 교육이나 학습이 공익적 기준에 적합하지 않는다는 등 실체적 사유를 들어 신고 수리를 거부할 수는 없다. 참고, 대판 2010. 5. 13. 2010두2296【건축관계자변경신고수리처분취소】【피고 아산시장】 대판 2010. 9. 9. 2008두22631【납골당설치신고불가처분취소】【피고 파주시장】 <전문, 요지와 해설 및 수리를 요하는 신고서 반려처분의 위법 미주 참고>

대판 2015. 10. 29. 2013두11475【건축관계자변경신고서반려처분취소】 건축에 관한 허가 · 신고 및 변경에 관한 구 건축법(2011. 5. 30. 법률 제10755호로 개정되기 전의 것) 제16조 제1항, 구 건축법 시행령(2012. 12. 12. 대통령령 제24229호로 개정되기 전의 것) 제12조 제1항 제3호, 제4항, 구 건축법 시행규칙(2012. 12. 12. 국토해양부령 제552호로 개정되기 전의 것, 이하 같다) 제11조 제1항 제1호, 제3항의 문언 내용 및 체계 등과 아울러 관련 법리들을 종합하면, 건축허가를 받은 건축물의 양수인이 건축주 명의변경을 위하여 건축관계자 변경신고서에 첨부하여야 하는 구 건축법 시행규칙 제11조 제1항에서 정한 '권리관계의 변경사실을 증명할 수 있는 서류'란 건축할 대지가 아니

외의 사유를 들어 요건을 갖춘 자에 대한 허가를 거부할 수 없다고 판시하고 있다632)(378). 한편 판례는 법령에 정한 허가요건을 일부 구비하지 못한 신청에 대한 거부처분에서 거부처분이 신뢰보호의 원칙 위반 등으로 재량권 일탈 · 남용이 있으면 위법하다고 판시하고 있다633)(379).

둘째, 당사자의 신청이 법령에 규정된 요건을 충족한 경우에는 법률효과에서 나타나는 위법이 검토되어야 한다. 재량행위의 경우 행정청은 신청요건을 구비하지 못한 경우634) (380)뿐만 아

라 허가대상 건축물에 관한 권리관계의 변경사실을 증명할 수 있는 서류를 의미하고, 그 서류를 첨부하였다면 이로써 구 건축법 시행규칙에 규정된 건축주 명의변경신고의 형식적 요건을 갖추었으며, 허가권자는 양수인에 대하여 구 건축법 시행규칙 제11조 제1항에서 정한 서류에 포함되지 아니하는 '건축할 대지의 소유 또는 사용에 관한 권리를 증명하는 서류'의 제출을 요구하거나, 양수인에게 이러한 권리가 없다는 실체적인 이유를 들어 신고의 수리를 거부하여서는 아니 된다.

632) 대판 2009. 9. 24. 2009두8946【건축허가거부처분취소】【피고 안양시 만안구청장】[1] 건축허가권자는 건축허가신청이 건축법 등 관계 법규에서 정하는 어떠한 제한에 배치되지 않는 이상 당연히 같은 법조에서 정하는 건축허가를 하여야 하고, 중대한 공익상의 필요가 없는데도 관계 법령에서 정하는 제한사유 이외의 사유를 들어 요건을 갖춘 자에 대한 허가를 거부할 수는 없다. [2] 구 국토의 계획 및 이용에 관한 법률(2009. 2. 6. 법률 제9442호로 개정되기 전의 것) 제63조가 도시기본계획 등을 수립하고 있는 지역으로 특히 필요하다고 인정되는 지역에 대하여 개발행위를 제한하고자 하는 때에는 '제한지역·제한사유·제한대상 및 제한기간을 미리 고시'하도록 규정한 취지를 고려할 때, 건축허가신청이 시장이 수립하고 있는 도시·주거환경정비 기본계획에 배치될 가능성이 높다고 하여 바로 건축허가신청을 반려할 중대한 공익상의 필요가 있다고 보기 어렵다고 한 사례. 동지, 대판 2003. 4. 25. 2002두3201【건축불허가처분취소】【피고 진해시장】대판 2006. 11. 9. 2006두1227【건축허가반려처분취소】【피고 서울특별시 용산구청장】[1] 건축허가권자가 관계 법령에서 정하는 제한사유 이외의 사유를 들어 그 허가신청을 거부할 수 있는지 여부(소극) [2] 지구단위계획구역 안에서의 건축이 그 지구단위계획에 적합하지 아니한 경우 그 건축허가를 거부할 수 있는지 여부(적극) 대판 1996. 7. 12. 96누5292【주유소설치허가신청반려처분취소】【피고 창원시장】주유소 설치허가권자가 공익상 필요가 없음에도 불구하고 관계 법규에서 정하는 제한사유 이외의 사유를 들어 그 허가신청을 거부할 수 있는지 여부(소극) , 대판 1998. 9. 25. 98두7503【석유판매업등록거부처분취소】【피고 여수시장】주유소등록신청을 관계 법령 소정의 제한사유 이외의 사유를 들어 거부할 수 있는지 여부(한정 적극) <전문 미주 참조>

633) 대판 1999. 3. 9. 98두19070【영업허가신청반려처분취소】【피고 연기군수】[1] 건축물대장은 건축허가 또는 신고의 대상이 아닌 건축물에 대하여도 당사자의 기재요청에 의하여 행정사무집행의 편의와 사실증명의 자료로 삼기 위하여 작성되는 것이고, 한편 보존등기는 미등기 부동산에 관하여 최초로 행하여지는 등기로서 단지 그 소유권을 공시하는 것이므로, 어느 건축물에 관하여 건축물대장이 작성되고 아울러 그에 기하여 소유권보존등기가 경료되었다고 하더라도 그로 인하여 당해 건축물이 가지는 건축 관련 법령상의 위법사항까지 치유되는 것은 아니라고 할 것이다. [2] 식품위생법 제24조 제1항, 제21조 제1항 제3호, 같은법 시행규칙 제20조 [별표 9] 업종별시설기준 제8항의 각 규정에 의하면, 식품접객업의 영업허가를 받기 위하여 갖추어야 할 영업장·조리장·화장실 등과 같은 여러 물적 시설에 관한 시설기준을 규정하고 있는바, 여기서 말하는 시설기준은 그 대상이 되는 물적 시설이 당연히 건축 관련 법규에 적합할 것을 전제로 하는 것이므로, 식품접객업의 영업허가를 신청한 당해 건축물이 하천법 제45조 소정의 허가를 받지 아니한 무허가 건물이라고 한다면, 비록 그 건물이 식품위생법이 규정하는 물적 시설요건을 갖추었다고 하더라도 적법한 식품접객업의 영업허가를 받을 수 없다. [3] 일반적으로 행정상의 법률관계 있어서 행정청의 행위에 대하여 신뢰보호의 원칙이 적용되기 위하여는, 첫째 행정청이 개인에 대하여 신뢰의 대상이 되는 공적인 견해표명을 하여야 하고, 둘째 행정청의 견해표명이 정당하다고 신뢰한 데에 대하여 그 개인에게 귀책사유가 없어야 하며, 셋째 그 개인이 그 견해표명을 신뢰하고 이에 어떠한 행위를 하였어야 하고, 넷째 행정청이 위 견해표명에 반하는 처분을 함으로써 그 견해표명을 신뢰한 개인의 이익이 침해되는 결과가 초래되어야 하며, 어떠한 행정처분이 이러한 요건을 충족할 때에는, 공익 또는 제3자의 정당한 이익을 현저히 해할 우려가 있는 경우가 아닌 한, 신뢰보호의 원칙에 반하는 행위로서 위법하게 된다. <요지와 해설, 동지 대판 2005. 7. 8. 2005두3165【액화석유가스충전사업허가신청반려처분취소】【피고 대전광역시 유성구청장】미주 참조>

634) 대판 1997. 9. 12. 선고 96누18380【토지형질변경행위불허가처분취소】【피고 충주시장】 대판 1998. 9. 25. 98두6494【토지형질변경허가신청반려처분취소】【피고 남양주시장】등 <전문, 요지와 해설 미주 참조>

니라 신청요건을 구비한 신청이라도 공익 등을 고려해 거부할 수 있다635) (381). 따라서 재량권 행사 결과 이루어진 거부처분이 재량권 행사의 범위 내에서 이루어진 경우라면 적법하지만, 비례의 원칙, 평등의 원칙, 신뢰보호의 원칙 위반 등으로 재량권의 일탈·남용이 있는 경우라면 위법하다636)(382). 따라서 재량행위에 대한 거부처분의 위법 여부는 행정청에 의해 제시된 거부처분사유가 비례의 원칙, 평등의 원칙, 신뢰보호의 원칙 등을 위반하는지 여부에 의해 결정된다.

그런데, 법률유보의 원칙이 적용되는 영역에서 보는 것처럼 국민에게 이익을 부여하는 처분

---

635) 대판 2005. 4. 15. 2004두10883【주택건설사업계획승인신청반려처분취소】【피고 대구광역시 수성구청장】[2] 주택건설촉진법 제33조에 의한 주택건설사업계획의 승인은 상대방에게 권리나 이익을 부여하는 효과를 수반하는 이른바 수익적 행정처분으로서 법령에 행정처분의 요건에 관하여 일의적으로 규정되어 있지 아니한 이상 행정청의 재량행위에 속한다 할 것이고, 이러한 승인을 받으려는 주택건설사업계획이 관계 법령이 정하는 제한에 배치되는 경우는 물론이고 그러한 제한사유가 없는 경우에도 공익상 필요가 있으면 처분권자는 그 승인신청에 대하여 불허가 결정을 할 수 있다. <동지 대판 2007. 5. 10. 2005두13315【주택건설사업계획승인신청서반려처분취소】【피고 서울특별시 도봉구청장】미주 참조>

대판 2011. 11. 10. 2011두12283【폐기물처리사업계획서부적합통보처분취소】【피고 부산광역시 강서구청장】 폐기물처리업 허가에 관한 폐기물처리사업계획서가 적합한지를 심사하면서 구 폐기물관리법 제25조 제2항 각 호에서 열거한 사항 외의 사유로 부적합통보를 할 수 있는지 여부(적극) <전문 미주 참조>

636) 대판 2010. 3. 11. 2009두17643【금지시설해제불가처분취소】【피고 충청북도옥천교육청교육장】[1] 학교보건법 제6조 제1항 단서의 규정에 의하여 시·도교육위원회 교육감 또는 교육감이 지정하는 자가 학교환경위생정화구역 안에서의 금지행위 및 시설의 해제신청에 대하여 그 행위 및 시설이 학습과 학교보건에 나쁜 영향을 주지 않는 것인지의 여부를 결정하여 그 금지행위 및 시설을 해제하거나 계속하여 금지(해제거부)하는 조치는 시·도교육위원회 교육감 또는 교육감이 지정하는 자의 재량행위에 속하는 것으로서, 그것이 재량권을 일탈·남용하여 위법하다고 하기 위하여는 그 행위 및 시설의 종류나 규모, 학교에서의 거리와 위치는 물론이고, 학교의 종류와 학생 수, 학교주변의 환경, 그리고 위 행위 및 시설이 주변의 다른 행위나 시설 등과 합하여 학습과 학교보건위생 등에 미칠 영향 등의 사정과 그 행위나 시설이 금지됨으로 인하여 상대방이 입게 될 재산권 침해를 비롯한 불이익 등의 사정 등 여러 가지 사항들을 합리적으로 비교·교량하여 신중하게 판단하여야 한다. [2] 초등학교로부터 약 100여 m 떨어진 곳에 저장용량 20t 규모의 액화석유가스(LPG) 충전소를 운영하기 위한 학교환경위생정화구역 내 금지시설해제신청을 교육청 교육장이 거부한 사안에서, 폭발 등의 사고가 발생할 경우 그 영향이 초등학교까지 미칠 것으로 보이는 점, 근처에 다른 가스충전소가 있어 이를 필요로 하는 주민들의 이익이 크게 침해받을 것으로 보이지 않는 점 등에 비추어, 위 처분이 재량권의 범위를 일탈하였거나 남용한 것으로 보기 어렵다고 한 사례. <동지, 대판 1996. 10. 29. 96누8253【정화구역안에서의금지행위해제심의신청에대한금지처분취소】【피고 대구광역시 남부교육청 교육장】미주 참조>

대판 2011. 1. 27. 2010두23033【국제멸종위기종용도변경승인신청반려처분취소】【피고 한강유역환경청장】야생동·식물보호법 제16조 제3항에 의한 용도변경승인 행위 및 용도변경의 불가피성 판단에 필요한 기준을 정하는 행위의 법적 성질은 재량행위이기 때문에 환경부장관이 지방환경관서의 장에게 보낸 '사육곰 용도변경 승인 시의 유의사항 통보'에 사육곰의 용도변경 승인 시 웅담 등을 약재로 사용하는 경우 외에 곰 고기 등을 식용으로 판매하는 용도로 변경하고자 하는 경우에는 용도변경 승인 불허의 조치를 하도록 되어 있고, 통보는 용도변경이 불가피한 경우를 웅담 등을 약재로 사용하는 경우로 제한하는 기준을 제시한 것으로 보여지고, 설정된 기준이 법의 목적이나 취지에 비추어 객관적으로 합리적이 아니라거나 타당하지 않다고 볼 만한 다른 특별한 사정이 없으므로, 이러한 통보에 따라 한 처분은 적법함(청구기각) <전문, 요지와 해설 미주 참조>

기타 대판 2010. 7. 15. 2009두19069【국적신청불허가처분취소】【피고 법무부장관】대판 2010. 10. 28. 2010두6496【귀화허가신청불허가처분취소】대판 2007. 3. 15. 2006두15783【개인택시운송사업면허신청반려처분취소】【피고 홍성군수】대판 2010. 1. 28. 선고 2009두19137 여객자동차 운수사업법에 의한 개인택시운송사업면허의 법적 성질(=재량행위) 및 행정청이 면허발급 여부를 심사하면서 이미 설정된 면허기준의 해석상 당해 신청이 명백하게 면허발급 우선순위에 해당함에도 면허거부처분을 한 경우, 재량권을 남용한 위법한 처분인지 여부(적극) <전문 미주 참조>

은 국민에게 권리를 제한하거나 의무를 부과하는 처분보다 행정청에 폭넓은 재량권을 부여하고 있다. 따라서 수익적 행정의 재량 영역에서 사법의 관여는 수익적 행정이 사회공동생활의 현상을 유지하는 작용보다 미래지향적 사회를 형성하는 적극적 활동이라는 특징을 가짐으로 인하여 침익적 행정인 경우보다 제한적일 수밖에 없다. 특히, 사법부는 처분으로 인해 형성되는 장래의 결과를 정확히 예측할 수 없을 뿐만 아니라 정치적 책임을 질 수 없기 때문에 예컨대 신규 특허사업의 신청 거부처분 취소소송에서 행정청의 정책 판단에 따른 거부 결정을 용이하게 재량권의 일탈·남용으로 취소하지 못 한다. 이러한 특징은 비례의 원칙 내용 중 법익 균형성에서도 나타나는데, 거부처분으로 인해 침해되는 사익이 보호되는 공익보다 명백하고 현저하게 큰 경우, 생명·신체·재산에 대한 중대한 침해의 발생이 명백한 경우 등에 한하여 거부처분이 재량권의 일탈·남용으로 위법하게 된다. 나아가 제3자 요구소송 형태에서 나타나는 거부처분의 재량권의 일탈·남용으로 인한 위법은 일반 요구소송에서보다 더욱 강화된 법익 균형성을 요구하고, 거부처분으로 인해 침해되는 사익이 생명·신체·재산에 대한 중대한 침해일 뿐만 아니라 거부처분으로 인해 공공의 안녕과 질서에 대한 위험과 장해가 일반의 수인한도를 넘어 명백히 발생할 우려가 있는 경우, 즉 행정청의 재량권이 0 또는 1로 수축되는 경우[637] 등에 한하여 인정된다.

나. 인·허가 의제

인·허가 의제제도란, 신청인 관련법상 유사한 수개의 인·허가를 받아야 하는 경우[638] 개별 근거법규에 의해 주된 인·허가를 받으면 관련법상 다른 인가·허가·승인·면허·신고 등을 받은 것으로 의제되게 하는 제도를 의미한다. 인·허가 의제제도는 불필요한 행정절차의 중복을

---

637) 학설에 따르면 행정개입청구권이 인정되는 경우에 해당된다.

638) 인허가 의제가 되지 않은 경우라면 개별법에 따라 각 인허가를 받아야 한다. 대판 2002. 1. 25. 2000두5159【자동차운송사업계획변경인가신청반려처분취소】【피고 서울특별시 강서구청장】 [1] 입법목적 등을 달리하는 법률들이 일정한 행위에 관한 요건을 각기 정하고 있는 경우 어느 법률이 다른 법률에 우선하여 배타적으로 적용된다고 풀이되지 아니하는 한 그 행위에 관하여 각 법률의 규정에 따른 인·허가를 받아야 할 것인바, 이러한 경우 그 중 하나의 인·허가에 관한 관계 법령 등에서 다른 법령상의 인·허가에 관한 규정을 원용하고 있는 경우나 그 행위가 다른 법령에 의하여 절대적으로 금지되고 있어 그것이 객관적으로 불가능한 것이 명백한 경우 등에는 그러한 요건을 고려하여 인·허가 여부를 결정할 수 있다. [2] 일반택시운송사업자가 차고지를 일반주거지역 내로서 도시계획시설상 주차장 용지로 지정된 토지와 건물로 이전한다는 내용의 자동차운송사업계획변경인가를 신청한 경우, 건축관계 법령상 일반주거지역 내에서는 주차장을 차고로 사용하는 것이 객관적으로 불가능하다는 이유로 위 신청을 반려한 처분이 적법하다고 판단한 원심판결을 수긍한 사례. [동지, 대판 2008두22631, 대판 96두19772 등]

피하고 하나의 절차를 통해 관련 행정절차를 한 번에 처리함으로써 신속하고 편리하게 사무처리가 이루어지기 때문에 규제완화 및 행정절차의 간소화라는 측면에서 대규모사업승인절차에서 주로 인정되는데, 독일식 행정계획의 집중효제도와 유사하지만 행정계획 뿐만 아니라 인·허가 등의 행정행위에서도 인정된다.

주된 인·허가를 받기를 원하는 신청인은 주된 인·허가의 사무를 담당하는 주무관청에 의제되는 모든 인·허가의 관련서류를 구비하여 신청서를 제출해야 하고, 주무관청은 주된 인·허가와 의제되는 인·허가의 모든 요건을 검토한 후 어느 하나의 인·허가 요건이라도 미비되면 주된 인·허가를 거부할 수 있다[639]. 이때 주된 인·허가를 규정한 개별 근거법규에 터잡아 거부된 경우 또는 의제되는 인·허가를 규정한 관련법에 터잡아 거부된 경우 양자 모두 주된 인·허가 업무를 담당하는 주무관청을 상대로 주된 인·허가를 대상으로 취소소송을 제기해야 한다[640]. 즉, 주된 인·허가를 규정한 개별 근거법규에서 의제되는 인·허가 업무를 담당하는 관계기관과 협의하도록 규정하고 있는 경우 이때 협의는 판례에 따르면 단순한 자문이나 협조가 아니라 동의를 의미하기 때문에 관계기관의 부동의를 이유로 한 주된 인·허가 신청 거부도 주된 인·허가 업무를 담당하는 주무관청을 상대로 주된 인·허가를 대상으로 취소소송을 제기해야

639) 대판 2012. 2. 9. 선고 2009두16305 【사업시행승인처분취소】 【피고 파주시장】 구 주한미군 공여구역주변지역 등 지원 특별법(2008. 3. 28. 법률 제9000호로 개정되기 전의 것, 이하 '구 지원특별법'이라 한다) 제29조의 인허가의제 조항은 목적사업의 원활한 수행을 위해 행정절차를 간소화하고자 하는 데 입법 취지가 있는데, 만일 사업시행승인 전에 반드시 사업 관련 모든 인허가의제 사항에 관하여 관계 행정기관의 장과 협의를 거쳐야 한다고 해석하면 일부의 인허가의제 효력만을 먼저 얻고자 하는 사업시행승인 신청인의 의사와 맞지 않을 뿐만 아니라 사업시행승인 신청을 하기까지 상당한 시간이 소요되어 그 취지에 반하는 점, 주한미군 공여구역주변지역 등 지원 특별법이 2009. 12. 29. 법률 제9843호[1]로 개정되면서 제29조 제1항에서 인허가의제 사항 중 일부만에 대하여도 관계 행정기관의 장과 협의를 거치면 인허가의제 효력이 발생할 수 있음을 명확히 하고 있는 점 등 구 지원특별법 제11조 제1항 본문, 제29조 제1항, 제2항의 내용, 형식 및 취지 등에 비추어 보면, 구 지원특별법 제11조에 의한 사업시행승인을 하는 경우 같은 법 제29조 제1항에 규정된 사업 관련 모든 인허가의제 사항에 관하여 관계 행정기관의 장과 일괄하여 사전 협의를 거칠 것을 요건으로 하는 것은 아니고, 사업시행승인 후 인허가의제 사항에 관하여 관계 행정기관의 장과 협의를 거치면 그때 해당 인허가가 의제된다고 보는 것이 타당하다.

640) 대판 2001. 1. 16. 99두10988 【건축허가신청서반려처분취소】 구 건축법(1999. 2. 8. 법률 제5895호로 개정되기 전의 것) 제8조 제1항, 제3항, 제5항에 의하면, 건축허가를 받은 경우에는 구 도시계획법(2000. 1. 28. 법률 제6243호로 전문 개정되기 전의 것) 제4조에 의한 토지의 형질변경허가나 농지법 제36조에 의한 농지전용허가 등을 받은 것으로 보며, 한편 건축허가권자가 건축허가를 하고자 하는 경우 당해 용도·규모 또는 형태의 건축물을 그 건축하고자 하는 대지에 건축하는 것이 건축법 관련 규정이나 같은 도시계획법 제4조, 농지법 제36조 등 관계 법령의 규정에 적합한지의 여부를 검토하여야 하는 것일 뿐, 건축불허가처분을 하면서 그 처분사유로 건축불허가 사유뿐만 아니라 형질변경불허가 사유나 농지전용불허가 사유를 들고 있다고 하여 그 건축불허가처분 외에 별개로 형질변경불허가처분이나 농지전용불허가처분이 존재하는 것이 아니므로, 그 건축불허가처분을 받은 사람은 그 건축불허가처분에 관한 쟁송에서 건축법상의 건축불허가 사유뿐만 아니라 같은 도시계획법상의 형질변경불허가 사유나 농지법상의 농지전용불허가 사유에 관하여도 다툴 수 있는 것이지, 그 건축불허가처분에 관한 쟁송과는 별개로 형질변경불허가처분이나 농지전용불허가처분에 관한 쟁송을 제기하여 이를 다투어야 하는 것은 아니며, 그러한 쟁송을 제기하지 아니하였어도 형질변경불허가 사유나 농지전용불허가 사유에 관하여 불가쟁력이 생기지 아니한다.

한다[641].

의제되는 범위에 관하여 행정청의 권한만 집중될 뿐 의제되는 인·허가의 절차규정과 실체 요건규정의 구속을 받는다는 권한집중설, 행정청의 권한뿐만 아니라 의제되는 인·허가의 절차 규정도 집중되기 때문에 절차규정에 구속되지 않고 실체 요건규정만 구속된다는 절차집중설, 행정청의 권한 및 의제되는 인·허가의 절차규정과 실체 요건규정이 집중되기 때문에 실체요건에 엄격히 구속되지 않는다는 실체집중설(제한적 실체집중설) 등 견해의 대립이 있지만, 판례와 다수설은 절차집중설의 입장이다. 따라서 인·허가 의제되는 신청 거부의 경우 법률요건에서 나타나는 위법은 주된 인·허가를 규정한 개별 근거법규에서 요구되는 신청요건을 모두 구비하여야 할 뿐만 아니라 의제되는 인·허가를 규정한 관련법에서 요구되는 신청요건도 모두 구비해야 한다. 의제되는 인·허가를 규정한 관련법에 터잡아 거부된 경우 거부처분의 위법사유로 의제되는 인·허가의 위법사유를 주장할 수 있다. 한편, 이해관계 있는 제3자의 절차 보호와 관련해서 절차집중설에 의하면 의제되는 인·허가가 규정된 관련법상 절차규정이 생략되기 때문에 의제되는 법률에 규정된 이해관계인의 의견청취절차 등을 생략하였다고 하여 위법하다고 할 수 없는데, 이러한 입장을 판시한 판례[642]와 이와 달리 의제되는 인·허가의 절차규정들에 대해서는 실체적 규정들과 비교할 때 주된 인·허가 행정청에게 보다 넓은 절차재량이 인정되지만 주된 인·허가 행정청은 적어도 다른 행정청의 관련 업무에 대한 인·허가를 의제할 수 있는 신청이 제기되었다

---

641) 인·허가 의제뿐만 아니라 별도의 법에서 요구되는 신청요건의 미비를 이유로 주된 인·허가 신청이 거부된 경우도 동일하다. 대판 2004. 10. 15. 2003두6573 【건축불허가처분취소】 건축허가권자가 건축불허가처분을 하면서 그 처분사유로 건축불허가 사유뿐만 아니라 구 소방법(2003. 5. 29. 법률 제6916호로 개정되기 전의 것) 제8조 제1항에 따른 소방서장의 건축부동의 사유를 들고 있다고 하여 그 건축불허가처분 외에 별개로 건축부동의처분이 존재하는 것이 아니므로, 그 건축불허가처분을 받은 사람은 그 건축불허가처분에 관한 쟁송에서 건축법상의 건축불허가 사유뿐만 아니라 소방서장의 부동의 사유에 관하여도 다툴 수 있다.『임영호, 건축불허가처분 사유의 하나로서 보완이 용이한 소방서장의 건축부동의 의견과 건축불허가처분에 있어서의 재량권 남용 여부, 대법원판례해설 2004년 하반기(통권 제52호), 448쪽』. ① 건축허가권자는 소방법령의 규정에 따라 소방서장의 동의 여부를 확인할 의무가 있는 점, ② 소방서장의 부동의는 행정처분이 아니며, 외부적으로는 건축불허가처분만이 존재하고, 소방서장의 부동의는 단지 건축불허가처분의 사유에 불과한 점, ③ 소방서장의 동의는 그 자체로는 별 의미가 없고, 건축허가를 받기 위한 준비단계라고 보이는 점, ④ 그럼에도 불구하고 건축허가신청인으로 하여금 소방서장에게 별도의 부동의 취소신청을 하도록 하고, 그에 기한 소방서장의 부동의 결정에 대하여 다투도록 한다면, 이는 실질적으로 건축불허가처분의 적법성 여부를 다툴 기회를 빼앗는 것일 뿐만 아니라, 건축허가신청인에게 불필요한 절차상의 부담만을 주는 것이라고 할 수 있는 점 등을 고려하면, 원고는 건축불허가처분에 관한 이 사건 쟁송에서 소방서장의 부동의 사유에 관하여도 다툴 수 있다고 하여야 할 것이다.]

642) 대판 1992. 11. 10. 92누1162 【주택건설사업계획승인처분취소】 건설부장관이 구 주택건설촉진법(1991.3.8. 법률 제4339호로 개정되기 전의 것) 제33조에 따라 관계기관의 장과의 협의를 거쳐 사업계획승인을 한 이상 같은 조 제4항의 허가·인가·결정·승인 등이 있는 것으로 볼 것이고, 그 절차와 별도로 도시계획법 제12조 등 소정의 중앙도시계획위원회의 의결이나 주민의 의견청취 등 절차를 거칠 필요는 없다.

는 사실을 통지하여야 하고 법률상 보호되는 이익이 관련된 제3자의 의견제출권을 보장할 의무를 지기 때문에 주민들의 의견수렴절차를 거치지 않으면 위법하다는 판례[643] 등이 있다.

다. 건축허가와 개발행위허가

건축법상 건축허가는 전형적인 경찰작용의 일환으로서 즉 강학상 경찰허가에 속하고, 판례와 다수설에 따르면 허가유보부 예방적 금지로서 원칙적으로 기속행위에 속한다[644]. 즉, 건축허가와 관련된 건축법상 요건을 구비하고 있는 한 허가청은 허가를 내주어야 하는 의무를 가지며[645], 건축주는 허가요건규범에 따라서 건축허가의 부여를 청구할 수 있는 권리를 가진다.

그런데 실제 건축허가와 관련해서 건축법 이외 다수의 법이 건축물의 허가요건을 규율하고 있기 때문에 건축허가는 이러한 다수의 법령이 규정하고 있는 요건을 모두 구비해야 받을 수 있다.

---

643) 대판 2003. 4. 25. 2003두1240 【개발행위변경허가처분취소】 토지의 형질변경이라 함은 절토 · 성토 또는 정지 등으로 기존의 토지의 형상을 실질적으로 변경하는 행위(조성이 완료된 기존대지 안에서의 건축물 기타 공작물의 설치를 위한 토지의 굴착행위를 제외한다.)와 공유수면의 매립을 말하는데, 이 사건 토지의 형질변경 처분은 사실상 채석허가를 주요 내용으로 하는 개발행위허가라고 보아야 할 것이고, 이러한 경우 산림법의 채석허가에 관한 규정이 적용되어 토사채취행위와는 달리 인근주민의 주거의 안녕과 생활환경의 침해가 예상되는 행위이므로 관련 부서의 협의절차가 필요하고, 산림법 제91조의5 제3호, 제91조의6 제4호 (가)목에 의하여 그 채석행위가 가옥으로부터 100m 이내의 지역에서 이루어질 경우에는 가옥 등 소유자의 동의를 얻지 아니하면 채석허가가 제한되므로 주민의견 수렴절차가 필요하다고 보아야 할 것이다. 산림법 제90조의2 제1항은 사유림에 대한 입목채취자 채석허가권이 시장·군수에게 있으므로 별도의 관계기관 협의가 필요가 없다고 하나, 산림법령의 위반 여부에 대한 내부적인 협의절차 및 산림법령에서 정한 주민의견수렴절차가 필요하다 할 것이고, 다만, 산림법령상의 채석허가권이 이 사건 피고에게 위임되어 있는 이상 별도의 관계기관의 협의가 필요 없지만, 채석허가에 주민의견수렴절차(단순한 행정절차만의 의미는 아니고 주민들의 동의가 허가요건임.)를 거치지 아니한 이상 이 사건 처분은 위법하다.

644) 현행 건축법 제11조 제1항에 따라 모든 건축법상 건축허가는 기속행위이지만, 예외적으로 제11조 제4항에 의한 위락시설과 숙박시설에 대한 건축허가는 재량행위로 해석된다. 동지, 『박균성, 제9판 행정법강의, 1312쪽』. 건축법 제11조(건축허가) ① 건축물을 건축하거나 대수선하려는 자는 특별자치도지사 또는 시장 · 군수 · 구청장의 허가를 받아야 한다. 다만, 21층 이상의 건축물 등 대통령령으로 정하는 용도 및 규모의 건축물을 특별시나 광역시에 건축하려면 특별시장이나 광역시장의 허가를 받아야 한다. ④ 허가권자는 위락시설이나 숙박시설에 해당하는 건축물의 건축을 허가하는 경우 해당 대지에 건축하려는 건축물의 용도 · 규모 또는 형태가 주거환경이나 교육환경 등 주변 환경을 고려할 때 부적합하다고 인정하면 이 법이나 다른 법률에도 불구하고 건축위원회의 심의를 거쳐 건축허가를 하지 아니할 수 있다.

645) 대판 2002. 7. 26. 2000두9762 【건축허가신청반려처분취소】 장례식장을 건축하는 것이 구 건축법(1999. 2. 8. 법률 제5895호로 개정되기 전의 것) 제8조 제4항, 같은법 시행령(1999. 4. 30. 대통령령 제16284호로 개정되기 전의 것) 제8조 제6항 제3호 소정의 인근 토지나 주변 건축물의 이용현황에 비추어 현저히 부적합한 용도의 건축물을 건축하는 경우에 해당하는 것으로 볼 수 없음에도, 건축허가신청을 불허할 사유가 되지 않는 인근 주민들의 민원이 있다는 사정만으로 건축허가신청을 반려한 처분은 법령의 근거 없이 이루어진 것으로 위법하다고 판단한 원심판결을 수긍한 사례.

대판 2004. 6. 24. 2002두3263 【건축허가신청반려처분취소】 구 도시계획법상의 자연녹지지역에 위치한 토지 위에 장례식장을 신축하는 내용의 건축허가 신청을 한 경우, 장례식장에 대한 부정적인 정서와 그로 인한 공공시설의 이용 기피 등과 같은 막연한 우려나 가능성만으로 장례식장의 신축이 현저히 공공복리에 반한다고 볼 수 없다는 이유로 위 건축허가신청을 반려한 처분은 위법하다고 판단한 원심판결을 수긍한 사례.

다만, 인·허가 의제 제도가 적용되기 때문에 건축허가는 다수의 법에 따른 별도의 절차를 거칠 필요 없이 건축법상 건축허가 절차를 통해 한 번에 받을 수 있다(383). 따라서 건축허가의 법적 성격은 단순히 주된 건축법만 고려해서 결정될 수 없고, 의제되는 법령도 함께 고려해서 결정되어야 한다. 예컨대, 국토의계획및이용에관한법률에 규정된 개발행위[646)]가 수반되는 건축허가와 관련해서 그 법적 성격에 대한 많은 견해의 대립이 있는데, 종전 판례에서 구 도시계획법상 토지형질변경허가를 재량행위로 판시[647)]하고 있을 뿐만 아니라 현행 국토계획및이용에관한법률 제56조 제1항 제4호[648)] '주변지역의 토지이용실태 또는 토지이용계획, 건축물의 높이, 토지의 경사도, 수목의 상태, 물의 배수, 하천 · 호소 · 습지의 배수 등 주변환경이나 경관과 조화를 이룰 것'이라는 개발행위허가의 기준이 통상 결정재량에서 고려해야 되는 비례의 원칙에 관한 내용이라는 점[649)]과 일반적으로 재량행위에서 가능한 부관에 대하여 제57조 제4항[650)]에서 개발행위 허가시 가능

646) 국토의계획및이용에관한법률 제56조(개발행위의 허가) ① 다음 각 호의 어느 하나에 해당하는 행위로서 대통령령으로 정하는 행위(이하 '개발행위'라 한다.)를 하려는 자는 특별시장 · 광역시장 · 특별자치시장 · 특별자치도지사 · 시장 또는 군수의 허가(이하 '개발행위허가'라 한다.)를 받아야 한다. 다만, 도시 · 군계획사업에 의한 행위는 그러하지 아니하다.
1. 건축물의 건축 또는 공작물의 설치
2. 토지의 형질 변경(경작을 위한 경우로서 대통령령으로 정하는 토지의 형질 변경은 제외한다.)
3. 토석의 채취
4. 토지 분할(건축물이 있는 대지의 분할은 제외한다.)
5. 녹지지역 · 관리지역 또는 자연환경보전지역에 물건을 1개월 이상 쌓아놓는 행위.

647) 대법원은 도시계획법령의 입법취지와 규정형식, 토지의형질변경등행위기준등에관한규칙의 규정형식 등을 종합하여 토지의 형질변경의 허가를 재량행위로 보고 있다. 대판 1990. 11. 27. 90누2000 【토지형질변경불허가처분취소】 [1] 어느 토지의 형질변경행위가 토지의형질변경등행위허가기준등에관한규칙(1982. 4. 17. 건설부령 제428호) 제4호 제1항 소정의 '주변의 환경, 풍치, 미관 등이 크게 손상될 우려가 있는 지역'인가의 여부를 판단함에 있어서는 형질변경으로 인한 당해 토지의 환경, 풍치, 미관 뿐만 아니라 당해 토지와 인접하여 있는 주위 토지의 환경, 풍치, 미관 등에 미치는 영향, 나아가 미관상 당해 토지 및 주변의 환경에 대한 원형보존의 필요 유무 및 도시전체의 미관과도 관련하여 종합적으로 판단하여야 할 것이다. [2] 토지형질변경신청의 당부를 판단함에 있어서 형질변경행위 자체로 인한 경관 등에의 영향만을 고려하면 되는 것이고 토지형질변경 후 그 지상에 아파트를 건축한다는 가상적인 계획은 고려하지 않아야 한다는 논지는 독자적인 견해에 불과하다.

648) 국토의계획및이용에관한법률 제58조(개발행위허가의 기준) ① 특별시장 · 광역시장 · 특별자치시장 · 특별자치도지사 · 시장 또는 군수는 개발행위허가의 신청 내용이 다음 각 호의 기준에 맞는 경우에만 개발행위허가를 하여야 한다.
1. 용도지역별 특성을 고려하여 대통령령으로 정하는 개발행위의 규모에 적합할 것
2. 도시 · 군관리계획의 내용에 어긋나지 아니할 것
3. 도시 · 군계획사업의 시행에 지장이 없을 것
4. 주변지역의 토지이용실태 또는 토지이용계획, 건축물의 높이, 토지의 경사도, 수목의 상태, 물의 배수, 하천 · 호소 · 습지의 배수 등 주변환경이나 경관과 조화를 이룰 것
5. 해당 개발행위에 따른 기반시설의 설치나 그에 필요한 용지의 확보계획이 적절할 것

649) 허가기준에 나타난 불확정개념에 대해 행정청의 판단여지를 인정할 필요가 있는 고도의 기술적, 전문적, 정책적 판단을 요하는 개념으로 보고 판단여지가 인정되는 영역으로 보는 견해도 있다『박균성, 제9판 행정법강의, 1309쪽』.

650) 국토의계획및이용에관한법률 제57조(개발행위허가의 절차) ① 개발행위를 하려는 자는 그 개발행위에 따른 기반시설의 설치나 그에 필요한 용지의 확보, 위해 방지, 환경오염 방지, 경관, 조경 등에 관한 계획서를 첨부한 신청서를

하도록 규정한 점 등에 비추어 재량행위로 보아야 하고,[651] 판례도 국토의 계획 및 이용에 관한 법률에 의하여 지정된 도시지역 안에서 토지의 형질변경행위를 수반하는 건축허가의 법적 성질을 재량행위로 판시하고 있다[652]. 따라서 **개발행위로서의 건축허가**는 법률요건에서 나타나는 위법으로 건축법상 허가요건뿐만 아니라 국토의계획및이용에관한법률상 허가요건을 하나라도 갖추지 못하면 위법하고, 법률효과에서 나타나는 위법으로 모든 허가요건의 구비에도 불구하고 국토의계획및이용에관한법률상 요구되는 공익을 고려해서 불허 결정된 경우라면 재량권의 일탈·남용이 있어야 위법하다. 그러나 개발행위가 아닌 건축허가에서 건축법상 요구되는 허가요건 이외의 사유, 즉 공익을 이유로 건축 불허 결정된 경우라면 불허가 결정은 위법하다[653].

개발행위허가권자에게 제출하여야 한다. 이 경우 개발밀도관리구역 안에서는 기반시설의 설치나 그에 필요한 용지의 확보에 관한 계획서를 제출하지 아니한다. 다만, 제56조 제1항 제1호의 행위 중 「건축법」의 적용을 받는 건축물의 건축 또는 공작물의 설치를 하려는 자는 「건축법」에서 정하는 절차에 따라 신청서류를 제출하여야 한다. ④ 특별시장 · 광역시장 · 특별자치시장 · 특별자치도지사 · 시장 또는 군수는 개발행위허가를 하는 경우에는 대통령령으로 정하는 바에 따라 그 개발행위에 따른 기반시설의 설치 또는 그에 필요한 용지의 확보, 위해 방지, 환경오염 방지, 경관, 조경 등에 관한 조치를 할 것을 조건으로 개발행위허가를 할 수 있다.

651) 개발행위허가의 법적 성격에 대하여 기속행위설(서울고법 1990. 6. 27. 89구14009), 재량행위설, 기속·재량병존설 등 견해의 대립이 있다.

652) 대판 2005. 7. 14. 2004두6181 【건축허가신청반려처분취소】 국토의계획및이용에관한법률에서 정한 도시지역 안에서 토지의 형질변경행위를 수반하는 건축허가는 건축법 제8조 제1항의 규정에 의한 건축허가와 국토의계획및이용에관한법률 제56조 제1항 제2호의 규정에 의한 토지의 형질변경허가의 성질을 아울러 갖는 것으로 보아야 할 것이고, 같은 법 제58조 제1항 제4호, 제3항, 같은법 시행령 제56조 제1항 [별표 1] 제1호 (가)목 (3), (라)목 (1), (마)목 (1)의 각 규정을 종합하면, 같은 법 제56조 제1항 제2호의 규정에 의한 토지의 형질변경허가는 그 금지요건이 불확정개념으로 규정되어 있어 그 금지요건에 해당하는지 여부를 판단함에 있어서 행정청에게 재량권이 부여되어 있다고 할 것이므로, 같은 법에 의하여 지정된 도시지역 안에서 토지의 형질변경행위를 수반하는 건축허가는 결국 재량행위에 속한다.

대판 2010. 2. 25. 2009두19960 【건축허가불허가처분취소】 국토의 계획 및 이용에 관한 법률에 의하여 지정된 도시지역 안에서 토지의 형질변경행위를 수반하는 건축허가의 법적 성질(=재량행위). 판례에 따르면 기속행위와 재량행위의 구별은 당해 행위가 속하는 행정 분야의 주된 목적과 특성, 당해 행위 자체의 개별적 성질과 유형 등을 모두 고려하여 판단해야 한다는 입장이다.

653) 인허가의제가 수반되는 건축신고, 즉 개발행위로서의 건축신고도 대판 2010두14954(전원) 이후 그 법적 성격이 건축허가와 거의 유사하다. 대판 2012. 7. 12. 선고 2010두4957 【건축허가신청반려처분취소】 【피고 서울특별시 구로구청장】 [1] 구 도시 및 주거환경정비법(2009. 2. 6. 법률 제9444호로 개정되기 전의 것)에 의하여 정비구역에서 시행되는 주택재개발사업, 주택재건축사업에 관한 계획 및 구 도시재정비 촉진을 위한 특별법(2009. 12. 29. 법률 제9876호로 개정되기 전의 것)에 의하여 재정비촉진구역에서 시행되는 주택재개발사업, 주택재건축사업에 관한 재정비촉진계획은 구 국토의 계획 및 이용에 관한 법률(2008. 2. 29. 법률 제8852호로 개정되기 전의 것) 제63조 제1항 제3호가 적용되는 도시관리계획에 해당하며, 서울특별시의 구청장은 위 계획들이 수립되고 있는 지역에서 위 구 국토의 계획 및 이용에 관한 법률 규정에 따라 개발행위허가를 제한할 수 있다. [2] 서울특별시의 구청장이 토지 소유자 갑의 건축신고에 대하여 뉴타운식 광역개발이 예정된 지역이어서 건물이 신축될 경우 개발요건인 노후도 산정에 영향을 줄 수 있다는 구 도시계획위원회의 심의결과에 따라 건축신고를 반려하는 처분을 한 사안에서, 갑의 토지가 위치한 지역은 구청장이 구 국토의 계획 및 이용에 관한 법률(2008. 2. 29. 법률 제8852호로 개정되기 전의 것, 이하 '국토계획법'이라 한다) 제63조 제1항 제3호가 정하는 도시관리계획을 수립하고 있는 지역으로서 도시관리계획이 결정될 경우 용도지역·용도지구 또는 용도구역의 변경이 예상되고 그에 따라 개발행위허가의 기준이 크게 달라질 것으로 예상되는 지역이라고 보는 것이 타당하므로, 그 지역에 구 도시계획위원회의 심의를 거쳐 건축신고 허용 여부를 결정하도록 한 구청장의 개발행위허가 제한 고시는 국토계획법 제63조 제1항 제3호에 근거한 것으로서 다

른 특별한 흠이 없다면 유효하고, 고시에 근거한 위 처분 역시 심의과정에서 재량권을 일탈·남용하지 않았다면 적법하다는 이유로, 이와 달리 고시가 국토계획법 제63조 제1항 제3호의 요건을 갖추지 못하였다는 전제하에 위 처분이 위법하다고 본 원심판결에 법리를 오해한 위법이 있다고 한 사례. <사안 : 구 국토의 계획 및 이용에 관한 법률 제63조 제1항 제3호는 건설교통부장관, 특별시장·광역시장·도지사 등이 '도시기본계획 또는 도시관리계획을 수립하고 있는 지역으로서 당해 도시기본계획 또는 도시관리계획이 결정될 경우 용도지역·용도지구 또는 용도구역의 변경이 예상되고 그에 따라 개발행위허가의 기준이 크게 달라질 것으로 예상되는 지역'으로서 도시관리계획상 특히 필요하다고 인정되는 지역에 대하여 3년 이내의 기간 동안 개발행위허가를 제한할 수 있도록 정하고 있다. 국토계획법 제139조 제2항, 구 서울특별시 도시계획 조례 제68조 제1항 [별표 3]에 의하여 서울특별시장의 권한에 속하는 위 개발행위허가의 제한에 관한 사무는 구청장에게 위임되어 있다. 이후 피고는 고시일로부터 3년간 구 건축법 제9조에 의한 건축신고에 대하여 구로구 도시계획위원회의 심의를 거쳐 그 허용여부를 결정한다는 내용의 개발행위허가의 제한 고시를 하였다. 피고는 원고로부터 이 사건 토지에 대한 건물신축에 관한 원고의 구로구 도시계획위원회의 심의신청으로 건축법 제9조에 의한 건축신고를 받았고, 개최된 구로구 도시계획위원회의 심의결과가 이 사건 토지에 대한 건물건축으로 개발요건인 노후도 산정에 영향을 줄 수 있다는 이유로 부결됨에 따라 원고에게 위와 같은 내용의 구로구 도시계획위원회의 2008. 5. 7.자 심의결과를 통보(건축신고를 반려하는 처분)하였다. 원심 : 개발행위허가 제한 고시가 국토계획법 제63조 제1항 제3호의 요건을 갖추지 못하였음을 전제로 하여 고시에 근거한 처분이 위 법률 규정의 요건을 갖추지 못하였고 건축신고를 반려할 중대한 공익상의 필요도 없기 때문에 처분이 위법함. 대법원 요지와 해설 : 개발행위허가 제한 고시는 국토계획법 제63조 제1항 제3호에 근거한 것으로서 다른 특별한 흠이 없다면 유효하고, 고시에 근거한 위 처분 역시 심의과정에서 재량권을 일탈·남용하지 않았다면 적법하다(파기 환송)>

제 2 장

절차·형식의 위법, 하자의 치유
행정절차법, 환경영향평가의 하자

환경영향평가

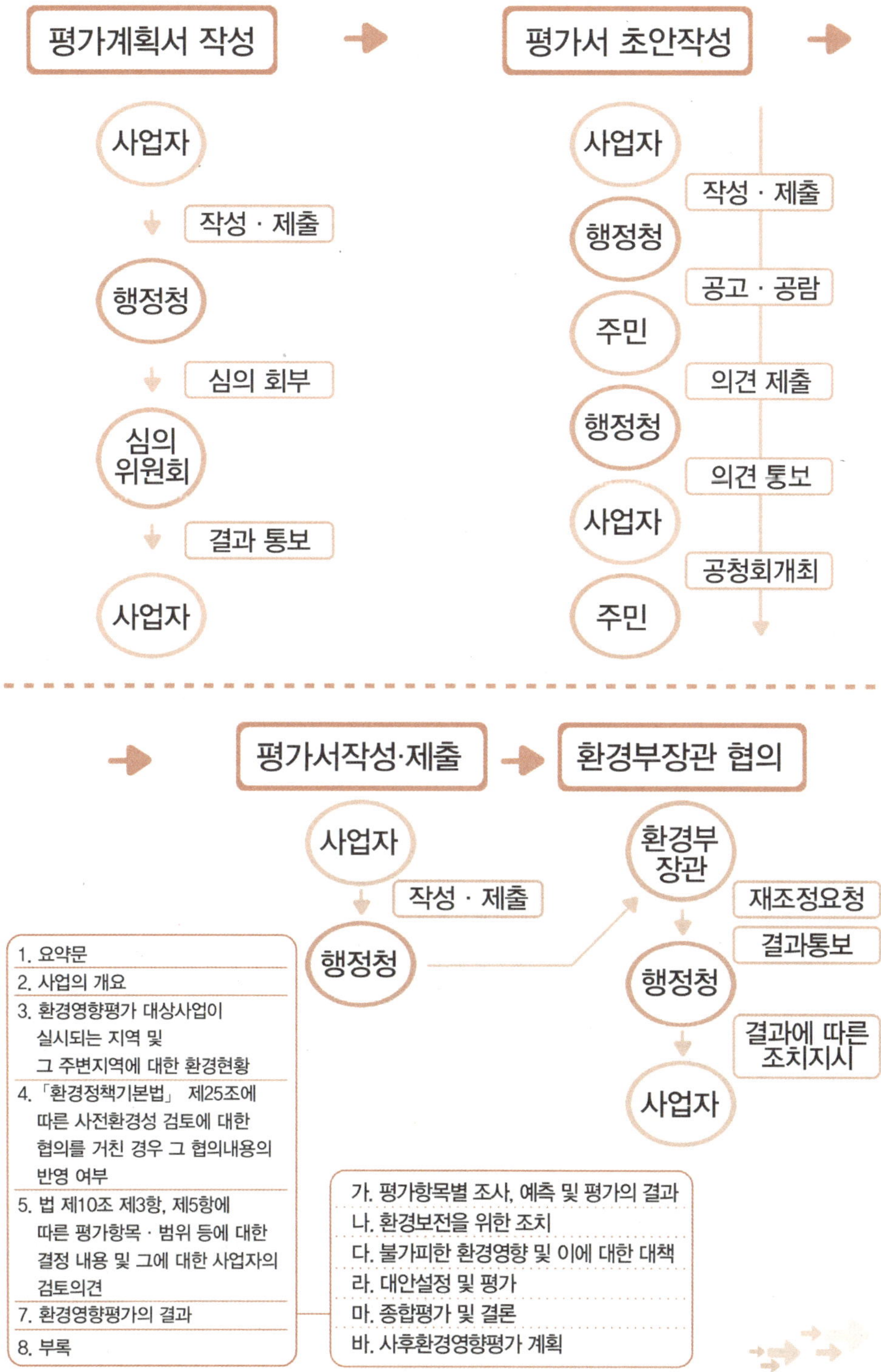
평가계획서 작성
사업자
작성 · 제출
행정청
심의 회부
심의 위원회
결과 통보
사업자
평가서 초안작성
사업자
작성 · 제출
행정청
공고 · 공람
주민
의견 제출
행정청
의견 통보
사업자
공청회개최
주민
평가서작성·제출
사업자
작성 · 제출
행정청
환경부장관 협의
환경부 장관
재조정요청
결과통보
행정청
결과에 따른 조치지시
사업자
1. 요약문
2. 사업의 개요
3. 환경영향평가 대상사업이 실시되는 지역 및 그 주변지역에 대한 환경현황
4. 「환경정책기본법」 제25조에 따른 사전환경성 검토에 대한 협의를 거친 경우 그 협의내용의 반영 여부
5. 법 제10조 제3항, 제5항에 따른 평가항목 · 범위 등에 대한 결정 내용 및 그에 대한 사업자의 검토의견
7. 환경영향평가의 결과
8. 부록
가. 평가항목별 조사, 예측 및 평가의 결과
나. 환경보전을 위한 조치
다. 불가피한 환경영향 및 이에 대한 대책
라. 대안설정 및 평가
마. 종합평가 및 결론
바. 사후환경영향평가 계획

제 2 장

절차·형식의 위법, 하자의 치유, 행정절차법, 환경영향평가의 하자

1. 절차·형식의 하자

가. 의의

절차·형식의 하자란 행정법의 적법 요건인 실체법상 요건 이외의 요건을 갖추지 못한 경우를 의미하는데, 일반적으로 절차·형식의 하자는 개별법에 규정한 절차·형식에 관한 규정[654) 또는 행정절차법에서 규정한 절차·형식에 관한 규정을 위반한 경우를 의미한다. 즉, 절차·형식의 하자는 송달절차, 사전통지절차, 의견제출절차, 청문절차, 공청회절차 등에 관한 규정을 위반하거나 문서주의, 처분이유제시 등에 관한 규정을 위반한 경우에 발생한다. 이러한 절차·형식의 하자는 처분에 관한 법적 근거가 존재한다는 측면에서 실체의 하자와 동일한 의미를 부여하기 곤란한 측면이 있다. 특히, 하자의 효력과 관련해서 국가공무원법 제13조 제2항처럼 '소청

654) 지방산지관리위원회의 심의를 거쳐야 함에도 거치지 않고 시장·군수·구청장이 토석채취허가 또는 변경허가 신청을 거부한 경우, 거부처분은 법령에 규정된 절차의 흠결로 위법하다(대판 2015. 11. 26. 2013두765) 과세관청이 감사원의 감사결과 처분지시 또는 시정요구에 따라 과세처분을 하는 경우라도 과세예고 통지를 생략하거나 납세자에게 과세전적부심사의 기회를 부여하지 아니한 채 과세처분을 할 수 있는 예외사유에 해당하지 않기 때문에 과세관청이 과세예고 통지를 하지 아니함으로써 납세자에게 과세전적부심사의 기회를 부여하지 아니한 채 과세처분을 한 경우g라면 과세처분은 납세자의 절차적 권리를 침해한 것으로서 과세처분의 효력을 부정하는 방법으로 통제할 수밖에 없는 중대한 절차적 하자가 존재하는 경우에 해당하므로 위법하다(대판 2016. 4. 15. 2015두52326).

인에게 진술의 기회를 부여하지 아니 한 결정은 무효'라는 명시적 규정이 있으면 별다른 문제가 없지만, 하자의 효과에 대하여 개별법에서 거의 규정하지 않고 있으며 독일 행정절차법처럼 일반법이 없기 때문에 절차·형식의 하자가 독자적 위법사유인지 여부에 대하여 견해의 대립이 있다. 부정설(소극설)은 절차상 하자만을 이유로 행정처분을 취소하거나 무효 확인할 수 없고, 내용상의 하자가 있어야 가능하다고 본다. 법원이 절차상의 하자를 이유로 행정처분을 취소하는 판결을 선언한 경우 행정청은 판결의 취지에 따라 절차의 하자를 치유하여 다시 동일한 내용의 처분을 할 수 있기 때문에 소송경제에 반한다는 것이다. 긍정설(적극설)은 절차상 하자만을 이유로 행정처분을 취소하거나 무효 확인할 수 있다고 본다. 행정절차의 실효성을 확보하기 위하여는 절차상의 하자가 독립된 취소사유가 되어야 하고, 재량처분의 경우 적법한 절차를 다시 거치면서 보다 신중하고 합리적 처분을 하기 때문에 반드시 동일한 내용의 처분이 반복된다고 볼 수 없다는 것이다. 절충설은 기속행위와 재량행위를 구별하여 절차상의 하자가 기속행위의 경우에는 독립된 취소 사유가 아니나 재량행위의 경우에는 독립된 취소 사유라고 보는 견해, 재량행위의 경우에 절차의 하자가 행정청의 실체적 결정에 영향을 미칠 수 있는 경우에 한하여 독립된 취소사유로 보는 견해 등이다. 기속행위의 경우에 절차가 행정처분의 실체상 내용에 영향을 미칠 수 없지만, 재량행위의 경우에는 절차를 거치면서 다른 처분을 할 수 있기 때문이라는 것이다. 판례는 재량행위 뿐만 아니라 기속행위에 있어서도 절차상의 하자가 독립된 취소 사유라고 판시하여 적극설을 취하고 있다(384). 절차를 위반한 행정처분의 효력은 중대명백설에 따라 통상 단순 위법으로 취소사유가 된다[655]. 그리고 절차상 하자를 이유로 취소판결이 선고되면, 처분청은 판결의 취지에 따라 새로운 처분을 해야 하는데(385), 처분청은 절차를 보완하여 처분하

---

655) 절차위반이라도 매우 경미한 절차를 위반한 경우라면 독립된 취소사유가 되지 않는다.

대판 2015. 8. 27. 2013두1560 【건축신고반려처분취소】 민원사무를 처리하는 행정기관이 민원 1회방문 처리제를 시행하는 절차의 일환으로 민원사항의 심의·조정 등을 위한 민원조정위원회를 개최하면서 민원인에게 회의일정 등을 사전에 통지하지 아니하였다 하더라도, 이러한 사정만으로 곧바로 민원사항에 대한 행정기관의 장의 거부처분에 취소사유에 이를 정도의 흠이 존재한다고 보기는 어렵다. 다만 행정기관의 장의 거부처분이 재량행위인 경우에, 위와 같은 사전통지의 흠결로 민원인에게 의견진술의 기회를 주지 아니한 결과 민원조정위원회의 심의과정에서 고려대상에 마땅히 포함시켜야 할 사항을 누락하는 등 재량권의 불행사 또는 해태로 볼 수 있는 구체적 사정이 있다면, 거부처분은 재량권을 일탈·남용한 것으로서 위법하다.

대판 2015. 12. 10. 2011두32515 【하천공사시행계획취소청구등】 '4대강 살리기 사업' 중 한강 부분에 관한 각 하천공사시행계획 및 각 실시계획승인처분에 보의 설치와 준설 등에 대한 구 국가재정법 제38조 등에서 정한 예비타당성조사를 하지 않은 절차상 하자가 있다는 이유로 각 처분의 취소를 구한 사안에서, 예산이 각 처분 등으로써 이루어지는 '4대강 살리기 사업' 중 한강 부분을 위한 재정 지출을 내용으로 하고 있고 예산의 편성에 절차상 하자가 있다는 사정만으로 곧바로 각 처분에 취소사유에 이를 정도의 하자가 존재한다고 보기 어렵다고 한 사례

면 족하고, 종전과 동일한 처분을 하여도 기속력에 반하는 것은 아니다(386).

나. 하자의 치유

하자의 치유란 행정행위의 성립당시 취소사유[656]가 있는 흠이 있는 경우라고 하더라도 흠을 사후에 보완하여 적법행위로서 효력을 유지시키면서 처분의 효력을 다툴 수 없도록 하는 것을 의미한다. 하자의 치유는 원칙적으로 행정행위의 성질이나 법치주의의 관점에서 볼 때 허용되지 않지만, 예외적으로 국민의 권리와 이익을 침해하지 않는 범위에서 구체적 사정에 따라 합목적적으로 허용된다. 치유되는 하자는 실체법상 하자뿐만 아니라 절차·형식의 하자를 포함하지만, 주로 절차·형식의 하자가 인정된다[657]. 하자의 치유에 대하여 법률적합성을 중시하고 행정의 자의를 배제하기 위해 치유를 부정하는 견해(부정설), 행정의 능률을 중시하여 치유를 긍정하는 견해(긍정설), 국민의 방어권 보장에 영향이 없는 범위 내에서 제한적으로 치유를 긍정하는 견해(제한적 긍정설) 등의 대립이 있지만, 판례는 '법치주의, 법률적합성의 관점에서 원칙적으로 허용될 수 없는 것이나 예외적으로 불필요한 행정행위의 반복을 방지하고 법적 안정성을 고려하여 인정된다.' 고 판시하고 있다[658]. 제한적 긍정설의 입장에서 하자의 치유가 가능한 시점 특히, 이유의 사후제

---

656) 통설과 판례는 무효인 행정행위의 하자 치유를 부정하고 있지만(대판 1997. 5. 28. 96누5308), 무효와 취소 구별이 상대적이기 때문에 무효인 행정행위의 하자 치유도 인정해야 한다는 견해도 있다.

657) 처분의 내용에 관한 하자의 치유를 허용하지 않아야 된다는 견해도 있다. 대판 1991. 5. 28. 90누1359 【시외버스운송사업계획변경인가처분취소】 [라] 운송사업의 사업계획변경인가처분으로 종전 운행계통에 관하여 각각 그 종점을 기점으로, 기점을 경유지로 하고 그 운행계통을 연장하여 종점을 새로 정하며, 경유지를 일부 변경하는 것이 노선면허가 없는 상태에서 운행계통을 연장, 변경한 것이어서 위법할 뿐 아니라, 이는 운수회사가 보유하고 있는 노선면허를 통합변경하는 내용의 처분이 아니므로, 처분의 대상이 되지 아니한 위 새로 정한 종점까지의 다른 구간의 노선면허를 위 회사가 보유하고 있다 하여 위 처분의 노선흠결의 하자가 치유되지 아니한다고 본 사례. [마] 행정행위의 성질이나 법치주의의 관점에서 볼 때 하자있는 행정행위의 치유는 원칙적으로 허용될 수 없을 뿐만 아니라 이를 허용하는 경우에도 국민의 권리와 이익을 침해하지 않는 범위에서 구체적 사정에 따라 합목적적으로 가려야 할 것이다. [바] 위 '라'항의 사업계획변경인가처분에 관한 하자가 행정처분의 내용에 관한 것이고 새로운 노선면허가 소 제기 이후에 이루어진 사정 등에 비추어 하자의 사후적 치유를 인정하지 아니한 사례.

658) 대판 1983. 7. 26. 82누420 【법인세등부과처분취소】 [1] 하자있는 행정행위의 치유나 전환은 행정행위의 성질이나 법치주의의 관점에서 볼 때 원칙적으로 허용될 수 없는 것이지만, 행정행위의 무용한 반복을 피하고 당사자의 법적 안정성을 위해 이를 허용하는 때에도 국민의 권리와 이익을 침해하지 않는 범위에서 구체적 사정에 따라 합목적적으로 인정해야 할 것이다. [2] 과세처분시 납세고지서에 과세표준, 세율, 세액의 계산명세서 등을 첨부하여 고지하도록 한 것은 조세법률주의의 원칙에 따라 처분청으로 하여금 자의를 배제하고 신중하고도 합리적인 처분을 행하게 함으로써 조세행정의 공정성을 기함과 동시에 납세의무자에게 부과처분의 내용을 상세히 알려서 불복여부의 결정 및 그 불복신청에 편의를 주려는 취지에서 나온 것이므로 이러한 규정은 강행규정으로서 납세고지서에 위와 같은 기재가 누락되면 과세처분 자체가 위법하여 취소대상이 된다. [3] 행정소송법 제12조 소정의 '현저히 공공의 복리에 적합하지 아니하다고 인정하는 때' 라 함은 국가통치권에 기한 행정작용상 일반국민의 직접적인 중요한 복리를 저해하고 그 저해가 현저한 경우를 말하는 것으로, 어차피 원고가 세금을 납부할 의무가 있으므로 무용한 과세처분을 되풀이 함으로써 경제적, 시간적, 정신적 낭비만을 초래한다는 사정만으로는 위법한 과세처분을 취소하는 것이 현

시가 어느 시점까지 가능한지 여부 등에 대하여 행정심판 제기 전까지 가능하다는 견해(판례), 행정소송 제기 전까지 가능하다는 견해, 행정쟁송 종결시까지 가능하다는 견해[659] 등이 대립되어 있지만, 판례는 '행정쟁송 제기 전까지 보완되어야 하자가 치유된다.'고 판시하고 있다(387). 최근 대법원 2001두10684 판결은 '행정소송에서 행정처분의 위법 여부는 행정처분이 있을 때의 법령과 사실상태를 기준으로 하여 판단하여야 하고, 처분 후 법령의 개폐나 사실상태의 변동에 의하여 영향을 받지는 않는다고 할 것이고, 하자 있는 행정행위의 치유는 행정행위의 성질이나 법치주의의 관점에서 볼 때 원칙적으로 허용될 수 없는 것이고, 예외적으로 행정행위의 무용한 반복을 피하고 당사자의 법적 안정성을 위해 이를 허용하는 때에도 국민의 권리나 이익을 침해하지 않는 범위에서 구체적 사정에 따라 합목적적으로 인정하여야 한다.'고 판시하여 하자치유를 원칙적으로 부정하고 있다.

하자가 치유되면 행정처분은 적법한 행위로서 계속 효력을 지닌다.

2. 행정절차법

가. 의의

행정절차에 관하여 광의로 행정청이 행하는 행정작용에 거치게 되는 모든 절차, 즉 사전절차(행정작용의 발령절차)와 사후절차(행정상 의무이행확보절차, 행정심판절차)를 포함하는 의미로 보는 견해와 협의로 행정청이 행정작용 함에 있어서 대외적으로 사전에 거쳐야 되는 절차로 보는 견해(통설) 등이 대립이 있는데, 현행 행정절차법은 후자의 입장에서 처분, 신고, 행정상 입법예고, 행정예고 및 행정지도에 관한 사전절차 등을 규율하고 있다[660]. 이러한 행정절차에 대하여

저히 공공복리에 적합하지 아니하다고 할 수는 없다. [4] 과세처분시 납세고지서에 과세표준, 세율, 세액의 산출근거 등이 누락된 경우에는 늦어도 과세처분에 대한 불복여부의 결정 및 불복신청에 편의를 줄 수 있는 상당한 기간내에 보정행위를 하여야 그 하자가 치유된다 할 것이므로, 과세처분이 있은지 4년이 지나서 그 취소소송이 제기된 때에 보정된 납세고지서를 송달하였다는 사실이나 오랜 기간(4년)의 경과로써 과세처분의 하자가 치유되었다고 볼 수는 없다. 긍정한 사례 (대판 92누2844), 부정한 사례 (대판 82누420, 91누11575). 자진납부는 하자 치유의 사유가 아님 (대판 84누431 99두2239, 2001두1543).

659) 독일 행정절차법, 사실심 변론 종결시까지 절차상 하자에 대하여 치유를 인정하고 있다. 독일행정절차법 45조는 '처분의 이유제시가 결여된 것과 같이 절차법규가 처분의 위법사유를 구성하는 경우에는 행정청은 행정소송절차의 종결시점까지 처분의 이유를 제시함으로써 그 흠결을 치유할 수 있다.'

660) 독일처럼 행정계획확정절차와 공법상 계약절차는 포함되지 않는다. 행정절차법 제3조(적용범위) ① 처분 · 신고 · 행정상 입법예고 · 행정예고 및 행정지도의 절차(이하 '행정절차'라 한다.)에 관하여 다른 법률에 특별한 규정이 있는 경우를 제외하고는 이 법이 정하는 바에 의한다.

헌법재판소는 헌법 제12조 적법절차의 원리에서 파생·적용되는 절차법적 원리로 보고 있다[661]. 따라서 행정절차가 요구됨에도 불구하고 행정절차가 규정되어 있지 않거나 행정절차가 규정되어 있지만 적정하지 못한 경우 등은 헌법 제12조 위반으로 위헌[662]이기 때문에 이러한 경우에 이루어진 처분은 위법하다[663].

나. 처분절차

1) 불이익처분

행정청이 직권으로 또는 당사자 등의 신청에 의하여 행정절차를 진행함에 있어 행정절차법은 **불이익처분**에 대해서 처분의 사전통지, 의견제출기회부여, 청문, 공청회 등의 절차를 거치도록 엄격히 규정하고 있다. 다만, 판례가 불이익처분의 범위를 '당사자에게 의무를 부과하거나 권익을 침해하는 처분'을 의미한다고 판시하고 있기 때문에 상대방이 불특정한 경우 및 수익적 행정행위의 신청에 대한 거부처분은 포함되지 않는다[664].

2) 처분의 사전통지제도

처분의 사전통지란 행정작용을 하기 전에 당사자 등에게 일정사항을 알리는 제도를 의미하

---

661) 헌결 1992. 12. 24. 92헌가8, 1990. 11. 19. 90헌마48 변호사법 상 변호사 징계절차에 청문절차 규정이 누락되면 헌법12조 위반으로 위헌임.

662) 이처럼 헌법 12조 1항을 형사사법절차뿐만 아니라 행정절차에도 적용되는 직접 구속적 효력이 있는 규정으로 보는 견해와 다원적 헌법상 원리에서 근거를 찾는 견해에 의하면 민주국가의 원리, 법치국가의 원리 및 인간의 존엄과 가치(헌법 10조) 등에 근거하여 행정절차는 '단순한 방어권의 보장'이 아니라 '국민의 참여를 통한 행정의 민주화'라는 적극적 의미를 가지기 때문에 이유제시 없는 행정처분 또는 청문절차없는 불이익처분이 모두 위법으로 평가되는 것은 아니고 여러 가지 요소를 고려 비교형량하여 검토되어야 한다고 본다.

663) 만약 개별 법률에 청문절차가 규정되어 있지 않고 청문절차없는 불이익 처분이 가능하도록 규정된 경우라면 법원에 청문절차위반을 이유로 행정소송을 제기한 후 심리 중 헌법재판소에서 위헌법률심사를 통하여 청문절차없는 불이익처분을 가능하도록 규정한 법률규정이 위헌임을 이유로 위헌 선언받으면, 법원에서 불이익처분의 근거법률이 없어졌기 때문에 법률유보의 원칙 위반임을 이유로 취소 판결받을 수 있다. 그러나 현재 불이익처분에 관하여 청문을 실시하도록 한 행정절차법이 제정되어 있기 때문에 개별 법률의 위헌 여부를 다툴 실익이 없어졌다.

664) 대판 2003. 11. 28. 2003두674 【임용거부처분취소】 행정절차법 제21조 제1항은 행정청은 당사자에게 의무를 과하거나 권익을 제한하는 처분을 하는 경우에는 미리 처분의 제목, 당사자의 성명 또는 명칭과 주소, 처분하고자 하는 원인이 되는 사실과 처분의 내용 및 법적 근거, 그에 대하여 의견을 제출할 수 있다는 뜻과 의견을 제출하지 아니하는 경우의 처리방법, 의견제출기관의 명칭과 주소, 의견제출기한 등을 당사자 등에게 통지하도록 하고 있는바, 신청에 따른 처분이 이루어지지 아니한 경우에는 아직 당사자에게 권익이 부과되지 아니하였으므로 특별한 사정이 없는 한 신청에 대한 거부처분이라고 하더라도 직접 당사자의 권익을 제한하는 것은 아니어서 신청에 대한 거부처분을 여기에서 말하는 '당사자의 권익을 제한하는 처분'에 해당한다고 할 수 없는 것이어서 처분의 사전통지대상이 된다고 할 수 없다. 동지, 대판 2001두7015.

는데, 행정절차법은 방어권행사에 필요한 사항을 반드시 알리도록 규정하고 있다(388). 특히 불이익처분인 경우에는 반드시 사전통지절차를 거쳐야 하고, 사전통지의 누락은 위법으로 취소사유에 해당된다[665]. 불이익처분이 아닌 경우에는 의무사항이 아니기 때문에 취소사유에 해당되지 않지만, 국민의 권익보호 차원에서 통지하여도 무방하고, 다만 행정규칙 등에 통지제도가 규정되어 있음에도 통지하지 않은 경우에는 행정의 자기구속의 원칙과 행정절차법의 취지에 비추어 위법으로 취소사유에 해당된다고 해석된다. 즉, 수익적 행정행위의 신청을 거부한 거부처분의 경우 행정규칙 등에 통지제도가 있음에도 통지하지 않으면 규정의 입법취지와 행정의 자기구속의 원리 등에 비추어 위법으로 취소사유에 해당된다.

한편 행정절차법은 제21조 제4항(389)에서 예외적으로 통지절차를 생략할 수 있는 경우를 규정하고 있는데, 판례는 통지제도가 국민의 권익을 위한 제도임을 이유로 가급적 생략사유를 좁게 해석하고, 특히 제1호와 제3호의 불확정개념에 대하여 판단여지를 좁게 인정해야 한다고 판시하고 있다[666]. 즉, 판례는 청문규정이 있는 경우, 주소지 불명 등으로 반송된 경우, 공시송달

---

665) 대판 2004. 10. 28. 2003두9770【공사중지명령취소】 행정청이 침해적 행정처분을 함에 있어서 당사자에게 행정절차법이 정한 바에 따라 사전통지를 하거나 의견제출의 기회를 주지 아니한 경우, 그 처분이 위법한 것인지 여부(적극).

666) 대판 2013. 1. 16. 2011두30687 【직권면직처분취소】 구 행정절차법(2012. 10. 22. 법률 제11498호로 개정되기 전의 것) 제3조 제2항 제9호, 구 행정절차법 시행령(2011. 12. 21. 대통령령 제23383호로 개정되기 전의 것) 제2조 제3호의 내용을 행정의 공정성, 투명성 및 신뢰성을 확보하고 국민의 권익을 보호함을 목적으로 하는 행정절차법의 입법목적에 비추어 보면, 공무원 인사관계 법령에 의한 처분에 관한 사항이라 하더라도 전부에 대하여 행정절차법의 적용이 배제되는 것이 아니라, 성질상 행정절차를 거치기 곤란하거나 불필요하다고 인정되는 처분이나 행정절차에 준하는 절차를 거치도록 하고 있는 처분의 경우에만 행정절차법의 적용이 배제되는 것으로 보아야 하고, 이러한 법리는 '공무원 인사관계 법령에 의한 처분'에 해당하는 별정직 공무원에 대한 직권면직 처분의 경우에도 마찬가지로 적용된다.

대판 2007. 9. 21. 2006두20631【진급낙천처분취소】[1] 행정청이 침해적 행정처분을 하면서 당사자에게 행정절차법상의 사전통지를 하거나 의견제출의 기회를 주지 아니하였다면 사전통지를 하지 않거나 의견제출의 기회를 주지 아니하여도 되는 예외적인 경우에 해당하지 아니하는 한 그 처분은 위법하여 취소를 면할 수 없다. [2] 행정과정에 대한 국민의 참여와 행정의 공정성, 투명성 및 신뢰성을 확보하고 국민의 권익을 보호함을 목적으로 하는 행정절차법의 입법목적과 행정절차법 제3조 제2항 제9호의 규정 내용 등에 비추어 보면, 공무원 인사관계 법령에 의한 처분에 관한 사항 전부에 대하여 행정절차법의 적용이 배제되는 것이 아니라 성질상 행정절차를 거치기 곤란하거나 불필요하다고 인정되는 처분이나 행정절차에 준하는 절차를 거치도록 하고 있는 처분의 경우에만 행정절차법의 적용이 배제된다. [3] 군인사법령에 의하여 진급예정자명단에 포함된 자에 대하여 의견제출의 기회를 부여하지 아니한 채 진급선발을 취소하는 처분을 한 것이 절차상 하자가 있어 위법하다고 한 사례.

대판 2009. 1. 30. 2008두16155 【정규임용취소처분취소】 정규공무원으로 임용된 사람에게 시보임용처분 당시 지방공무원법 제31조 제4호에 정한 공무원임용 결격사유가 있어 시보임용처분을 취소하고 그에 따라 정규임용처분을 취소한 사안에서, 정규임용처분을 취소하는 처분은 성질상 행정절차를 거치는 것이 불필요하여 행정절차법의 적용이 배제되는 경우에 해당하지 않으므로, 그 처분을 하면서 사전통지를 하거나 의견제출의 기회를 부여하지 않은 것은 위법하다고 한 사례

대판 2004. 5. 28. 2004두1254【건축공사중지명령취소】[1] 행정절차법 제21조 제1항, 제4항, 제22조 제1항 내지 제4항에 의하면, 행정청이 당사자에게 의무를 과하거나 권익을 제한하는 처분을 하는 경우에는 미리 처분하고자 하는 원인이 되는 사실과 처분의 내용 및 법적 근거, 이에 대하여 의견을 제출할 수 있다는 뜻과 의견을 제출하지 아니하는 경우의 처리방법 등의 사항을 당사자 등에게 통지하여야 하고, 다른 법령 등에서 필요적으로 청문을 실시하거

한 경우, 청문회를 불출석한 경우 등을 제3호의 통지생략사유로 보지 않는다.

3) 의견제출제도

의견제출이란 당사자 등이 처분 전에 서면, 정보통신 또는 구술로 의견을 제출하는 제도를 의미하는데, 행정절차법은 청문이나 공청회 이외 의견제출하는 절차를 의미한다고 규정하고 있다[390]. 불이익처분시 행정청은 청문·공청회를 실시하지 않는 경우 반드시 의견제출 기회를 부여하여야 하고, 당사자 등이 현실적으로 의견을 제출하였는지 여부는 관계없다. 따라서 처분의 사전통지시 행정청은 의견제출에 관한 내용을 포함시켜 당사자 등에게 의견제출 기회를 부여하여야 한다[391]. 기회 부여는 당사자 등에게 미리 시간·장소 기타 관련 사항을 알려야 하고, 당사자 등이 수인할 수 있을 정도로 내용이 특정되어야 한다. 한편, 불이익처분이 아닌 경우라도 당사자 등이 행정청에 의견을 제출할 수 있다[392]. 따라서 수익적 행정행위의 신청을 거부한 거부처분의 경우에도 당사자 등은 처분에 관한 의견을 제출할 수 있고, 행정청이 의견제출을 받지 않으면 위법으로 취소사유에 해당된다.

다만, 행정절차법이 예외적으로 의견제출기회를 부여하지 않을 수 있는 경우를 규정하고 있고, 당사자 등이 권리를 포기한 경우에 의견제출절차를 생략할 수 있지만[393], 이는 의견제출 기회를 부여하지 않을 수 있을 뿐 당사자 등이 적극적으로 의견을 제출하려는 경우에 의견 제출을 저지할 수는 없다. 즉, 당해 처분의 성질상 의견청취가 명백히 불필요하다고 인정될만한 상당한 이유[제21조 제4항 제3호]가 있어 사전통지나 의견제출 기회를 부여하지 않았다고 할지라도, 당사자 등이 의견제출하면 이를 거절할 수 없다. 한편, 판례는 법령상 확정된 의무를 부과하는 경우에도 의견제출절차를 생략할 수 있다고 판시하고 있다[667]. 의견이 제출된 경우 당사자 등

나 공청회를 개최하도록 규정하고 있지 아니한 경우에도 당사자 등에게 의견제출의 기회를 주어야 하되, '당해 처분의 성질상 의견청취가 현저히 곤란하거나 명백히 불필요하다고 인정될 만한 상당한 이유가 있는 경우' 등에는 처분의 사전통지나 의견청취를 하지 아니할 수 있도록 규정하고 있으므로, 행정청이 침해적 행정처분을 함에 있어서 당사자에게 위와 같은 사전통지를 하거나 의견제출의 기회를 주지 아니하였다면 사전통지를 하지 않거나 의견제출의 기회를 주지 아니하여도 되는 예외적인 경우에 해당하지 아니하는 한 그 처분은 위법하여 취소를 면할 수 없다. [2] 건축법상의 공사중지명령에 대한 사전통지를 하고 의견제출의 기회를 준다면 많은 액수의 손실보상금을 기대하여 공사를 강행할 우려가 있다는 사정이 사전통지 및 의견제출절차의 예외사유에 해당하지 아니한다고 한 사례.

대판 2001. 5. 8. 2000두10212 【시정명령등취소】 행정절차법 제3조 제2항, 같은법시행령 제2조 제6호에 의하면 공정거래위원회의 의결 · 결정을 거쳐 행하는 사항에는 행정절차법의 적용이 제외되게 되어 있으므로, 설사 피고의 '판매가격 합의' 부분에 대한 시정조치 및 과징금납부명령에 행정절차법 소정의 의견청취절차 생략사유가 존재한다고 하더라도, 공정거래위원회는 행정절차법을 적용하여 의견청취절차를 생략할 수는 없다.

667) 대판 2000. 11. 28. 99두5443 【퇴직급여환수금반납고지처분등취소】 퇴직연금의 환수결정은 당사자에게 의무를

이 제출한 의견이 상당한 이유가 있다고 인정되면 행정청이 처분에 반영해야 하지만 반드시 법적으로 구속되는 것은 아니다. 즉, 의견제출권은 당사자 등의 절차적 공권일 뿐 행정청이 제출된 의견에 따라야 할 실체적 의무를 부담하는 것은 아니다. 그러나 의견제출 기회를 부여받지 못하거나, 예외 사유가 아님에도 불구하고 의견제출 기회를 부여하지 않은 경우, 의견제출할 권리가 방해된 경우 등은 위법으로 취소사유에 해당된다668).

4) 청문제도

청문제도란 행정처분 전 상대방이나 이해관계인으로 하여금 의견을 진술하게 하거나 유리한 자료를 제출하게 함으로써 스스로를 방어할 수 있게 하는 절차를 의미하는데, 행정절차법상 청문절차는 구두변론절차를 의미한다(394). 청문제도에는 공개형 청문과 비공개형 청문(행정절차법상 원칙), 진술형 청문과 사실심형 청문(운영상 모두 가능) 등이 있다. 청문은 다른 법령에 청문 규정이 있는 경우669) 및 행정청이 필요하다고 인정한 경우에 실시될 뿐(395) 당사자 등의 청문신청이 인정되지 않는다.

한편, 행정절차법은 다른 법령에 청문규정이 있는 경우라도 일정한 경우 청문을 배제할 수 있도록 규정하고 있는데(396), 판례는 배제사유를 좁게 해석하고 있을 뿐만 아니라670) 행정청과 당

과하는 처분이기는 하나, 관련 법령에 따라 당연히 환수금액이 정하여지는 것이므로, 퇴직연금의 환수결정에 앞서 당사자에게 의견진술의 기회를 주지 아니하여도 행정절차법 제22조 제3항이나 신의원칙에 어긋나지 아니한다.

668) 대판 2000. 11. 14. 99두5870 【지하수개발이용수리취소및원상복구명령취소】 [1]행정절차법 제21조 제1항, 제4항, 제22조 제1항 내지 제4항에 의하면, 행정청이 당사자에게 의무를 과하거나 권익을 제한하는 처분을 하는 경우에는 미리 처분하고자 하는 원인이 되는 사실과 처분의 내용 및 법적 근거, 이에 대하여 의견을 제출할 수 있다는 뜻과 의견을 제출하지 아니하는 경우의 처리방법 등의 사항을 당사자 등에게 통지하여야 하고, 다른 법령 등에서 필요적으로 청문을 실시하거나 공청회를 개최하도록 규정하고 있지 아니한 경우에도 당사자 등에게 의견제출의 기회를 주어야 하되, 당해 처분의 성질상 의견청취가 현저히 곤란하거나 명백히 불필요하다고 인정될 만한 상당한 이유가 있는 경우 등에는 처분의 사전통지나 의견청취를 하지 아니할 수 있도록 규정하고 있으므로, 행정청이 침해적 행정처분을 함에 있어서 당사자에게 위와 같은 사전통지를 하거나 의견제출의 기회를 주지 아니하였다면 사전통지를 하지 않거나 의견제출의 기회를 주지 아니하여도 되는 예외적인 경우에 해당하지 아니하는 한 그 처분은 위법하여 취소를 면할 수 없다. [2] 행정청이 온천지구임을 간과하여 지하수개발 · 이용신고를 수리하였다가 행정절차법상의 사전통지를 하거나 의견제출의 기회를 주지 아니한 채 그 신고수리처분을 취소하고 원상복구명령의 처분을 한 경우, 행정지도방식에 의한 사전고지나 그에 따른 당사자의 자진 폐공의 약속 등의 사유만으로는 사전통지 등을 하지 않아도 되는 행정절차법 소정의 예외의 경우에 해당한다고 볼 수 없다는 이유로 그 처분은 위법하다고 한 사례.

669) 종래 행정규칙상 청문절차가 규정되어 있음에도 불구하고 청문을 거치지 않은 경우 원칙적으로 위법하지 않지만(대판 93누18969, 94누3414), 예외적으로 위법을 인정하고 있다(대판 82누166). 그리고 법률에 청문절차를 규정하지 않은 경우 헌법상 적법절차 원리 위반 여부가 논의되었지만, 현재 행정절차법상 의견제출제도(약식청문절차)가 도입되어 사실상 논의의 실익이 사라졌다.

670) 대판 2001. 4. 13. 2000두3337 【영업허가취소처분취소】 [1] 구 공중위생법(1999. 2. 8. 법률 제5839호 공중위생관리법 부칙 제2조로 폐지) 제24조 제1호, 행정절차법 제22조 제1항 제1호, 제4항, 제21조 제4항 및 제28조, 제31조, 제34조, 제35조의 각 규정을 종합하면, 행정청이 유기장업허가를 취소하기 위하여는 청문을 실시하여야 하고, 다만

사자 등이 협약에 의하여 청문을 배제할 수 없다고 판시하고 있다[671]. 청문절차의 공정성을 위하여 행정절차법은 청문주재자의 선정 방법, 청문주재자의 신분, 청문주재자의 제척·기피·회피제도, 청문참가자에 대한 사전통지제도, 청문의 사전통지, 청문 개시, 청문의 계속·병합·분리, 청문의 진행절차(청문주재자의 설명, 당사자 등의 의견진술과 증거제출, 증거조사 등), 청문조서작성(절차진행에 관한 사항), 의견서 작성(청문주재자의 결론), 청문의 종결(당사자 등이 의견서 제출 없이 불출석으로 의견진술하지 못한 경우), 청문의 재개, 문서열람·복사청구[672] 등에 대하여 자세히 규정하고 있다. 행정청이 청문결과에 구속되지는 않기 때문에 청문 내용과 달리 결정하였다고 하여 위법하다고 할 수 없지만, 법령상 청문절차가 규정되어 있음에도 불구하고 청문절차를 거치지 않은 경우 등은 위법으로 취소사유에 해당된다[673].

행정절차법 제22조 제4항, 제21조 제4항에서 정한 예외 사유에 해당하는 경우에는 청문을 실시하지 아니할 수 있으며, 행정청이 선정한 청문주재자는 청문을 주재하고, 당사자 등의 출석 여부, 진술의 요지 및 제출된 증거, 청문주재자의 의견 등을 기재한 청문조서를 작성하여 청문을 마친 후 지체 없이 청문조서 등을 행정청에 제출하며, 행정청은 제출받은 청문조서 등을 검토하고 상당한 이유가 있다고 인정하는 경우에는 청문결과를 적극 반영하여 행정처분을 하여야 하는바, 이러한 청문절차에 관한 각 규정과 행정처분의 사유에 대하여 당해 영업자에게 변명과 유리한 자료를 제출할 기회를 부여함으로써 위법사유의 시정 가능성을 고려하고 처분의 신중과 적정을 기하려는 청문제도의 취지에 비추어 볼 때, 행정청이 침해적 행정처분을 함에 즈음하여 청문을 실시하지 않아도 되는 예외적인 경우에 해당하지 않는 한 반드시 청문을 실시하여야 하고, 그 절차를 결여한 처분은 위법한 처분으로서 취소 사유에 해당한다. [2] 행정절차법 제21조 제4항 제3호는 침해적 행정처분을 할 경우 청문을 실시하지 않을 수 있는 사유로서 '당해 처분의 성질상 의견청취가 현저히 곤란하거나 명백히 불필요하다고 인정될 만한 상당한 이유가 있는 경우'를 규정하고 있으나, 여기에서 말하는 '의견청취가 현저히 곤란하거나 명백히 불필요하다고 인정될 만한 상당한 이유가 있는지 여부'는 당해 행정처분의 성질에 비추어 판단하여야 하는 것이지, 청문통지서의 반송 여부, 청문통지의 방법 등에 의하여 판단할 것은 아니며, 또한 행정처분의 상대방이 통지된 청문일시에 불출석하였다는 이유만으로 행정청이 관계 법령상 그 실시가 요구되는 청문을 실시하지 아니한 채 침해적 행정처분을 할 수는 없을 것이므로, 행정처분의 상대방에 대한 청문통지서가 반송되었다거나, 행정처분의 상대방이 청문일시에 불출석하였다는 이유로 청문을 실시하지 아니하고 한 침해적 행정처분은 위법하다. [3] 구 공중위생법(1999. 2. 8. 법률 제5839호 공중위생관리법 부칙 제2조로 폐지)상 유기장업허가취소처분을 함에 있어서 두 차례에 걸쳐 발송한 청문통지서가 모두 반송되어 온 경우, 행정절차법 제21조 제4항 제3호에 정한 청문을 실시하지 않아도 되는 예외 사유에 해당한다고 단정하여 당사자가 청문일시에 불출석하였다는 이유로 청문을 거치지 않고 이루어진 위 처분이 위법하지 않다고 판단한 원심판결을 파기한 사례.

671) 대판 2004. 7. 8. 2002두8350 【유희시설조성사업협약해지및사업시행자지정 거부처분취소】 행정청이 당사자와 사이에 도시계획사업의 시행과 관련한 협약을 체결하면서 관계 법령 및 행정절차법에 규정된 청문의 실시 등 의견청취절차를 배제하는 조항을 두었다고 하더라도, 국민의 행정참여를 도모함으로써 행정의 공정성·투명성 및 신뢰성을 확보하고 국민의 권익을 보호한다는 행정절차법의 목적 및 청문제도의 취지 등에 비추어 볼 때, 위와 같은 협약의 체결로 청문의 실시에 관한 규정의 적용을 배제할 수 있다고 볼 만한 법령상의 규정이 없는 한, 이러한 협약이 체결되었다고 하여 청문의 실시에 관한 규정의 적용이 배제된다거나 청문을 실시하지 않아도 되는 예외적인 경우에 해당한다고 할 수 없다.

672) 공공기관의정보공개에관한법률에 따라 청문과 관련된 정보 공개를 요구할 수 있다. 다만 같은 법 9조에 의하여 정보공개제한 사유에 해당하는 경우 열람·복사도 제한된다고 해석된다.

673) 대판 2007. 11. 16. 2005두15700 【주택조합설립인가취소처분의취소】 [3] 행정절차법 제22조 제1항 제1호에 정한 청문제도는 행정처분의 사유에 대하여 당사자에게 변명과 유리한 자료를 제출할 기회를 부여함으로써 위법사유의 시정가능성을 고려하고 처분의 신중과 적정을 기하려는 데 그 취지가 있으므로, 행정청이 특히 침해적 행정처분을 할 때 그 처분의 근거 법령 등에서 청문을 실시하도록 규정하고 있다면, 행정절차법 등 관련 법령상 청문을 실시하지

5) 공청회제도

공청회는 일반인으로부터 널리 의견을 수렴하는 절차를 의미하고, 행정절차법은 공개토론을 통한 의견 수렴절차로 규정하고 있다(397). 공청회는 다른 법령에 공청회 개최규정이 있는 경우 및 당해 행정작용의 영향이 광범위하여 널리 의견을 수렴할 필요가 있다고 행정청이 인정한 경우 등에 실시될 뿐(398), 당사자 등의 공청회 신청권이 인정되지 않는다[674]. 한편, 행정절차법은 다른 법령에 청문규정이 있는 경우라도 일정한 경우 청문을 배제할 수 있도록 규정하고 있다(399). 행정절차법은 공청회의 공정성을 위하여 공청회주재자의 선정 방법(청문주재와 달리 신분, 제척 · 기피 · 회피 규정은 없음.), 공청회참가자(발표자로서 당사자와 이해관계자 이외 전문지식과 경험을 가진 자 및 일반인. 진행이 방해될 우려가 있는 등 일정한 사유에 의한 제한 가능), 공청회의 사전통지제도, 공청회의 개시, 공청회의 진행(공청회주재자의 진행, 발표자의 발표와 토론) 등에 대하여 상세히 규정하고 있다[675]. 공청회 결과의 처분에 반영하여야 하지만, 공청회결과에 행정청이 구속되지는 않는다(400). 법령상 공청회절차가 규정되어 있음에도 불구하고 공청회절차를 거치지 않은 경우 등은 위법으로 취소사유에 해당된다[676].

다. 처분방식

1) 문서주의

행정절차법은 국민들이 처분 결과를 명백히 알 수 있도록 문서주의를 채택하고 있다[677]. 행

않아도 되는 예외적인 경우에 해당하지 않는 한 반드시 청문을 실시하여야 하며, 그러한 절차를 결여한 처분은 위법한 처분으로서 취소사유에 해당한다. [4] 행정청이 구 주택건설촉진법(2002. 12. 30. 법률 제6582호로 개정되기 전의 것) 제48조의2 제6호에 따른 청문을 실시하지 않은 채 주택조합의 설립인가를 취소하는 처분을 한 것은 위법하다고 한 사례.

674) 그러나 공청회참여권은 주관적 · 절차적 공권으로 인정되고, 다만 포기가 가능하다.

675) 대판 2007. 4. 12. 2005두1893 【도시계획시설결정취소】 〈원지동 추모공원 사건〉 묘지공원과 화장장의 후보지를 선정하는 과정에서 서울특별시, 비영리법인, 일반 기업 등이 공동 발족한 협의체인 추모공원건립추진협의회가 후보지 주민들의 의견을 청취하기 위하여 그 명의로 개최한 공청회는 행정청이 도시계획시설결정을 하면서 개최한 공청회가 아니므로, 위 공청회의 개최에 관하여 행정절차법에서 정한 절차를 준수하여야 하는 것은 아니라고 한 사례

676) 청문제도는 방어권보장 등을 위한 헌법상 요구되는 제도인데 반하여, 공청회는 적정한 행정을 위한 보충적 제도임으로 청문절차위반보다 위법성이 미약하다. 따라서 법령상 공청회절차가 규정되어 있음에도 불구하고 공청회를 거치지 않은 경우는 위법으로 취소사유에 해당하지만(하자의 치유 인정), 행정규칙상 공청회절차가 규정되어 있음에도 불구하고 공청회를 거치지 않은 경우는 위법으로 볼 수 없다. 그리고 공청회제도는 헌법상 적법절차조항이 요구하는 제도로 볼 수는 없다.

677) 대판 2016. 10. 13. 2016두42449 행정청이 문서에 의하여 처분을 한 경우 처분서의 문언이 불분명하다는 등의 특별한 사정이 없는 한, 문언에 따라 어떤 처분을 하였는지를 확정하여야 하고, 처분서의 문언만으로도 행정청이 어떤 처분을 하였는지가 분명함에도 처분 경위나 처분 이후의 상대방의 태도 등 다른 사정을 고려하여 처분서의 문언과는 달

정청이 처분을 하는 때에는 다른 법령 등에 특별한 규정이 있는 경우를 제외하고는 문서로 하여야 하며, 전자문서로 하는 경우에는 당사자 등의 동의가 있어야 한다. 다만, 신속을 요하거나 사안이 경미한 경우에는 구술 기타 방법으로 할 수 있으며[678] 이 경우 당사자의 요청이 있는 때에는 지체없이 처분에 관한 문서를 주어야 한다(401). 처분을 하는 문서에는 그 처분행정청 및 담당자의 소속 · 성명과 연락처(전화번호 · 모사전송번호 · 전자우편주소 등을 말한다.)를 기재하여야 한다(402).

2) 이유제시, 이유부기

행정절차법은 행정청에 처분시 그 이유와 근거를 반드시 제시하여야 할 의무를 규정하고 있다[679]. **이유제시**는 모든 행정처분에 적용되고, 다만 예외적으로 배제되는 경우가 있다(403). 이유제시의 정도와 관련하여 행정절차법 시행령 제14조의2는 '행정청은 법 제23조의 규정에 의하여 처분의 이유를 제시하는 경우에는 처분의 원인이 되는 사실과 근거가 되는 법령 등의 내용을 구체적으로 명시하여야 한다.'고 규정하고 있고[680], 판례는 '법적 근거와 사실상 사유를 처분의 상대방이 납득할 수 있을 정도로 구체적 · 명확하게 제시해야 된다.'고 판시하여[681], 상대방이

리 다른 처분까지 포함되어 있는 것으로 확대해석하여서는 아니 된다.

678) 대판 2011. 11. 10. 2011두11109 [소방시설설치유지및안전관리에관한법률위반 - 형사사건] [1] 소방시설 설치유지 및 안전관리에 관한 법률 제9조에 의한 소방시설 등의 설치 또는 유지·관리에 대한 명령을 정당한 사유 없이 위반한 자는 같은 법 제48조의2 제1호에 의하여 행정형벌에 처해지는데, 위 명령이 행정처분으로서 하자가 있어 무효인 경우에는 명령에 따른 의무위반이 생기지 아니하므로 행정형벌을 부과할 수 없다. [2] 행정절차법 제24조는, 행정청이 처분을 하는 때에는 다른 법령 등에 특별한 규정이 있는 경우를 제외하고는 문서로 하여야 하고 전자문서로 하는 경우에는 당사자 등의 동의가 있어야 하며, 다만 신속을 요하거나 사안이 경미한 경우에는 구술 기타 방법으로 할 수 있다고 규정하고 있는데, 이는 행정의 공정성·투명성 및 신뢰성을 확보하고 국민의 권익을 보호하기 위한 것이므로 위 규정을 위반하여 행하여진 행정청의 처분은 하자가 중대하고 명백하여 원칙적으로 무효이다. [3] 집합건물 중 일부 구분건물의 소유자인 피고인이 관할 소방서장으로부터 소방시설 불량사항에 관한 시정보완명령을 받고도 따르지 아니하였다는 내용으로 기소된 사안에서, 담당 소방공무원이 행정처분인 위 명령을 구술로 고지한 것은 행정절차법 제24조를 위반한 것으로 하자가 중대하고 명백하여 당연 무효이고, 무효인 명령에 따른 의무위반이 생기지 아니하는 이상 피고인에게 명령 위반을 이유로 소방시설 설치유지 및 안전관리에 관한 법률 제48조의2 제1호에 따른 행정형벌을 부과할 수 없는데도, 이와 달리 위 명령이 유효함을 전제로 유죄를 인정한 원심판결에는 행정처분의 무효와 행정형벌의 부과에 관한 법리오해의 위법이 있다고 한 사례.

679) 행정절차법 제23조(처분의 이유제시) ① 행정청은 처분을 하는 때에는 다음 각 호의 1에 해당하는 경우를 제외하고는 당사자에게 그 근거와 이유를 제시하여야 한다. 동조는 행정청의 이유부기 의무를 부여한 규정 임과 동시에 국민에게 주관적 절차적 공권을 부여한 규정으로 해석된다. 판례는 행정절차법 제정 전에도 불이익처분시 이유제시를 요구하고 있었다(대판 90누1786, 86누788).

680) 권리구제절차를 강구할 수 있을 정도로 제시하면 족하다는 견해 및 재량행위의 경우 기속행위보다 자세히 본질적인 내용을 제시해야 된다는 견해 등이 있다.

681) 대판 1990. 9. 11. 90누1786 【일반주류도매업면허취소처분취소】 면허의 취소처분에는 그 근거가 되는 법령이나 취소권 유보의 부관 등을 명시하여야 함은 물론 처분을 받은 자가 어떠한 위반사실에 대하여 당해 처분이 있었는지

알고 있는 경우 근거규정이 생략 가능하다고 보고 있다[682]. 재량처분과 관련하여 재량권 행사의 합리성을 뒷받침하는 재량고려사항을 제시하여야 한다는 견해와 거부처분의 재량고려사유는 이유제시의무에 포함되지만 징계·제재처분에 있어 징계·제재사유만 기재하면 족하고 재량고려사항은 이유제시의무의 대상이 아니다는 견해(판례)가 대립되어 있다. 처분의 방식에 따라 문서로 이유를 제시해야 하나, 구술처분이 인정되는 신속을 요하거나 경미한 경우에는 구술로 제시해도 무방하다. 이유부기가 전혀 없는 경우 및 이유부기가 불충분한 경우 등은 독자적 위법사유로서 취소사유에 해당된다[683].

3) 불복방법 고지

행정절차법은 방어권 보장을 위하여 **불복방법**을 반드시 고지하도록 의무를 부과함과 동시에 국민에게 절차적 공권을 부여하고 있다. 특히 행정불복제도의 복잡성으로 인하여 행정심판방법을 반드시 고지해야 한다(404). 그러나 다수설에 따르면 고지제도의 취지는 처분의 상대방이 그 처분에 대한 행정심판 등 불복절차를 밟는 데 편의를 제공하는 데 있을 뿐, 행정처분의 성립과정을 규제하거나 절차 규정이라거나 처분의 형식을 규제하는 제도가 아니다. 따라서 불고지 또

를 알 수 있을 정도로 사실을 적시할 것을 요하며, 이와 같은 취소처분의 근거와 위반사실의 적시를 빠뜨린 하자는 피처분자가 처분 당시 그 취지를 알고 있었다거나 그후 알게 되었다 하여도 치유될 수 없다고 할 것인바, 세무서장인 피고가 주류도매업자인 원고에 대하여 한 이 사건 일반주류도매업면허취소통지에 '상기 주류도매장은 무면허 주류판매업자에게 주류를 판매하여 주세법 제11조 및 국세법사무처리규정 제26조에 의거 지정조건위반으로 주류판매면허를 취소합니다.'라고만 되어 있어서 원고의 영업기간과 거래상대방 등에 비추어 원고가 어떠한 거래행위로 인하여 이 사건 처분을 받았는지 알 수 없게 되어 있다면 이 사건 면허취소처분은 위법하다.

682) 대판 2002. 5. 17. 2000두8912 【토지형질변경불허가처분취소】 [1] 행정절차법 제23조 제1항은 행정청은 처분을 하는 때에는 당사자에게 그 근거와 이유를 제시하여야 한다고 규정하고 있는바, 일반적으로 당사자가 근거규정 등을 명시하여 신청하는 인·허가 등을 거부하는 처분을 함에 있어 당사자가 그 근거를 알 수 있을 정도로 상당한 이유를 제시한 경우에는 당해 처분의 근거 및 이유를 구체적 조항 및 내용까지 명시하지 않았더라도 그로 말미암아 그 처분이 위법한 것이 된다고 할 수 없다. [2] 행정청이 토지형질변경허가신청을 불허하는 근거규정으로 '도시계획법시행령 제20조'를 명시하지 아니하고 '도시계획법'이라고만 기재하였으나, 신청인이 자신의 신청이 개발제한구역의 지정목적에 현저히 지장을 초래하는 것이라는 이유로 구 도시계획법시행령(2000. 7. 1. 대통령령 제16891호로 전문개정되기 전의 것) 제20조 제1항 제2호에 따라 불허된 것임을 알 수 있었던 경우, 그 불허처분이 위법하지 아니하다고 한 사례.

대판 2002. 2. 5. 2001두7138 【취임승인취소처분등취소】 사립학교법 제20조의2 제2항은 '제1항의 규정에 의한 취임승인의 취소는 관할청이 당해 학교법인에게 그 사유를 들어 시정을 요구한 날로부터 15일이 경과하여도 이에 응하지 아니한 경우에 한한다.'고 규정하고 있으므로, 관할청으로서는 임원취임승인취소처분의 처분서에 임원들의 위법·부당사항을 적시하는 것 외에 그에 대한 시정요구를 학교법인이 위 기간 내에 응하지 아니하였다는 점까지를 기재하였어야 함이 마땅하나, 처분서에 같은 법 제20조의2의 규정을 적시하는 것만으로도 '시정요구의 불응' 사실을 알 수 있을 뿐만 아니라 처분서에 임원취임승인취소사유가 구체적으로 적시되어 있었다면 임원취임승인취소처분의 처분사유가 충분히 특정되었다고 봄이 상당하다.

683) 전자는 무효사유, 후자는 취소사유에 해당된다는 견해가 있지만, 판례는 모두 취소사유에 해당된다는 입장이다(대판 84누243, 96누12634).

는 오고지의 하자는 처분의 절차·형식의 하자가 아니기 때문에 고지의 하자를 이유로 처분의 위법을 주장할 수 없다[684].

4) 송달

처분은 단순히 행정기관 내부적으로 결정된 것만으로는 부족하고 외부적으로 표시되어야 하고, 상대방이 있는 처분의 경우에는 상대방에게 도달됨을 요한다[685]. 이처럼 상대방에게 고지·통지를 요하는 처분은 외부적 표시 이외 상대방이 알 수 있는 상태에게 둠(도달주의)으로써 효력이 발생하는데, 문서에 의할 필요가 없는 불요식행위는 구술에 의한 통지도 무방하지만, 서면에 의한 요식행위는 그 서면이 상대방에게 도달하여야 효력이 발생한다. 서면에 의한 고지·통지는 상대방의 수령을 요하는 경우라면 송달[686]에 의하고, 상대방이 불특정 다수인 경우라면 공고 또는 고시에 의한다. 행정절차법이 원칙적으로 처분의 통지를 문서로 하도록 규정하고 있기 때문에 행정청은 상대방에게 처분문서를 송달해야 한다. 송달방법 및 송달장소, 수령인에 대하여 처분의 근거 법령에 특별한 규정이 있으면 그에 따라야 하고, 특별한 규정이 없으면 행정절차법 제14조와 제15조(405)에 따라야 한다. 행정절차법상 송달방법은 '우편, 교부 또는 정보통신망 이용 등의 방법', 송달장소는 '송달받을 자의 주소·거소·영업소·사무소 또는 전자우편주소(송달받을 자가 동의하는 경우에는 그를 만나는 장소에서 송달할 수 있다.)', 송달받을 자는 '본인·대표자

---

684) 대판 1987. 11. 24. 87누529 【차량면허취소처분취소】 자동차운수사업법 제31조 등의 규정에 의한 사업면허의 취소 등의 처분에 관한 규칙(교통부령) 제7조 제3항의 고지절차에 관한 규정은 행정처분의 상대방이 그 처분에 대한 행정심판의 절차를 밟는데 있어 편의를 제공하려는데 있으며 처분청이 위 규정에 따른 고지의무를 이행하지 아니하였다고 하더라도 경우에 따라서는 행정심판의 제기기간이 연장될 수 있는 것에 그치고 이로 인하여 심판의 대상이 되는 행정처분에 어떤 하자가 수반된다고 할 수 없다.

685) 상대방이 있는 행정처분의 경우 행정소송법 제20조 제2항 소정의 제소기간의 기산점인 '처분이 있은 날'이란 '처분의 효력이 발생한 날'을 의미하고, 처분은 처분의 도달로서 효력이 발생하기 때문에 '처분이 있는 날'은 '처분이 도달한 날' 또는 '처분의 고지일'을 의미한다. 대판 1990. 7. 13. 90누2284 행정심판을 제기하지 아니하거나 그 재결을 거치지 아니하는 사건에 대한 제소기간을 규정한 행정소송법 제20조 제2항에서 "처분이 있은 날"이라 함은 상대방이 있는 행정처분의 경우는 특별한 규정이 없는 한 의사표시의 일반적 법리에 따라 그 행정처분이 상대방에게 고지되어 효력이 발생한 날을 말한다고 할 것이다.

686) 원래 민사소송법상 송달이라 함은 법정형식에 따라 송달받을 자에게 소송상의 서류를 교부하거나 그 내용을 알 수 있는 기회를 주기 위해 시행하는 사법기관의 명령적·공증적 행위를 의미한다. 송달은 그 자체가 독립적 의의를 갖는 소송행위는 아니고, 소송관계인에 대하여 소송상의 서류를 교부하거나 교부받을 수 있는 기회를 주어 그 서류에 기재된 소송행위를 완성하거나 이미 완성된 소송행위를 전달하는 중개적.수단적인 소송행위이다. 송달은 명령적·공증적 행위인 만큼 확실성 및 안정성이 요구되므로 민사소송법은 송달을 필요로 하는 경우를 개별적으로 규정하여 단순한 통지와 분류하고 있으며, 특정인에 대해서 행하여지는 명령적 기능을 가지므로 불특정다수를 대상으로 하는 공고와는 구분된다. [네이버 지식백과] 송달 [送達, service] (법률용어사전, 2011. 1. 15., 법문북스)

및 대리인(수령권한을 위임받은 자[687])뿐만 아니라 사무원 · 피용자 또는 동거인[688])으로서 사리를 분별할 지능이 있는 사람' 등의 절차를 준수해야 하고, 송달절차를 위반한 처분은 위법으로 취소사유 또는 무효가 된다[689]).

3. 환경영향평가

가. 의의

환경영향평가제도는 환경에 대하여 중대한 영향을 미칠 가능성이 있는 사업을 실시하기 전에 환경에 대한 영향을 조사하여 환경에 대한 영향을 최소화하는 방안으로 사업을 실시하도록 하고 환경에 대한 영향이 심히 중대한 경우에는 환경의 보호를 위하여 사업을 실시하지 않도록 하는 것을 취지로 하는 제도이다[690]). 환경영향평가는 환경에 영향을 미치는 결정을 내리기 전

687) 대판 1994. 1. 11. 93누16864 【양도소득세등부과처분취소】 납세의무자가 거주하는 아파트에는 그 출입구에 각 세대별로 우편함이 설치되어 있어 보통의 우편물은 위 우편함에 투여되고 있으나 등기우편물 등 특수우편물은 관례적으로 아파트의 경비원이 인터폰으로 거주자에게 연락을 하여 그 거주자가 직접 수령하고 그러한 연락이 되지 아니한 때에는 아파트 경비원이 이를 수령하여 거주자에게 전달하여 주는데, 위 아파트의 주민들은 이러한 우편물 배달방법에 관하여 아무런 이의도 제기하지 아니하여 왔다면 위 아파트의 주민들은 등기우편물 등의 수령권한을 아파트의 경비원에게 묵시적으로 위임한 것이라고 봄이 상당하여 위 아파트의 경비원이 위 심사청구에 대한 결정서를 수령한 1991.11.12. 위 결정이 납세의무자에게 적법하게 통지되었다 할 것이므로 그로부터 60일이 경과하여 1992.1.16.에 제기된 심판청구는 기간의 도과로 부적법하다.

688) 가족이라도 별거하는 경우라면 부적법한 송달이지만, 친척이 아니라도 생계를 같이 하여 동거하는 경우라면 적법한 송달이 된다. 대판 1984. 10. 10. 84누195 [양도소득세부과처분취소] 친구의 주소지에 주민등록을 옮겨 놓은 경우 그 친구나 가족에게 우편물 수령권한을 위임한 것으로 볼 수 있는지 여부 (적극)

689) 대판 2000. 7. 4. 선고 2000두1164 【양도소득세부과처분취소】

[1] 과세처분에 대한 심사청구기간을 정한 구 국세기본법(1998. 12. 28. 법률 제5579호로 개정되기 전의 것) 제61조 제1항에 정한 '당해 처분이 있은 것을 안 날'이라 함은 통지, 공고, 기타의 방법에 의하여 당해 처분이 있었다는 사실을 현실적으로 안 날을 의미하나, 이는 처분의 상대방이나 법령에 의하여 처분의 통지를 받도록 규정된 자 이외의 자가 이의신청 또는 심사청구를 하는 경우의 그 기간에 관한 규정이고, 과세처분의 상대방인 경우에는 처분의 통지를 받은 날을 기준으로 기간을 계산하여야 한다.

[2] 과세처분의 상대방인 납세의무자 등 서류의 송달을 받을 자가 다른 사람에게 우편물 기타 서류의 수령권한을 명시적 또는 묵시적으로 위임한 경우에는 그 수임자가 해당 서류를 수령함으로써 그 송달받을 자 본인에게 해당 서류가 적법하게 송달된 것으로 보아야 하고, 그러한 수령권한을 위임받은 자는 반드시 위임인의 종업원이거나 동거인일 필요가 없다.

[3] 납세의무자가 거주하는 아파트에서 일반우편물이나 등기우편물 등 특수우편물이 배달되는 경우 관례적으로 아파트 경비원이 이를 수령하여 거주자에게 전달하여 왔고, 이에 대하여 납세의무자를 비롯한 아파트 주민들이 평소 이러한 특수우편물 배달방법에 관하여 아무런 이의도 제기한 바 없었다면, 납세의무자가 거주하는 아파트의 주민들은 등기우편물 등의 수령권한을 아파트 경비원에게 묵시적으로 위임한 것이라고 봄이 상당하므로 아파트 경비원이 우편집배원으로부터 납세고지서를 수령한 날이 구 국세기본법(1998. 12. 28. 법률 제5579호로 개정되기 전의 것) 제61조 제1항에 정한 처분의 통지를 받은 날에 해당한다고 한 사례.

690) 환경영향평가법은 종전 환경 · 교통 · 재해등에관한영향평가법에서 2008. 3. 28. 개정되어 2009. 1. 1.부터 시행되었다. 제2조(정의) 제1호에서 '환경영향평가'란 환경영향평가 대상사업의 사업계획을 수립하려고 할 때에 그 사업의

에 행정기관이나 시민에게 정보를 제공하여 의사결정을 지원하는 기능, 환경친화적인 개발을 유도하는 기능, 환경보호를 위하여 개발사업을 규제하는 기능 등을 갖는다. 환경영향평가 대상사업은 환경영향평가절차를 거친 후 사업계획승인을 받을 수 있기 때문에 환경영향평가절차는 처분이 이루어지기전에 행해지는 행정절차의 성격을 지니고, 환경영향평가의 하자는 처분의 절차상 하자에 속하게 된다.

나. 환경영향평가 절차

[평가계획서의 작성] 환경영향평가대상사업691)을 하고자 하는 사업자는 스스로 또는 영향평가 대행자로 하여금 환경영향평가계획서(406)를 작성하여 행정청에 제출하고, 행정청은 환경영향평가계획서심의위원회의 심의를 거쳐 평가항목 · 범위 등을 결정하여 결과를 통보해야 한다. [평가서 초안의 작성] 사업자는 의견수렴을 위하여 미리 환경영향평가서 초안을 작성하여, 행정기관의 장에게 제출하여야 한다. [의견수렴절차] 행정기관은 일징기간동안 사업개요 · 공람기간 · 공람장소 그 밖에 공청회 개최 여부에 관한 주민의 의견 제출의 시기 및 방법 등을 신문 등에 공고하고, 평가서초안을 환경평가대상지역의 주민 등에게 공람시켜야 한다. 주민은 행정기관에 사업의 시행으로 인하여 예상되는 주민의 생활환경 및 재산상의 피해와 그 감소방안, 공청회 개최 여부 등의 의견을 통보하거나 제출할 수 있다. 행정기관은 주민의 의견과 공청회 개최 여부를 사업자에게 통지하여야 한다. 사업자는 설명회 또는 공청회 등을 개최하여 대상사업의 시행으로 인하여 영향을 받게 되는 지역안의 주민의 의견을 듣고 이를 평가서의 내용에 포함시

시행이 환경에 미치는 영향(환경영향)을 미리 조사 · 예측 · 평가하여 해로운 환경영향을 피하거나 줄일 수 있는 방안(환경보전방안)을 강구하는 것을 말한다.

691) 환경영향평가법 제4조(환경영향평가대상사업) ① 환경영향평가를 실시하여야 하는 사업(이하 '환경영향평가대상사업'이라 한다.)은 다음 각 호와 같다. 1. 도시의 개발사업 2. 산업입지 및 산업단지의 조성사업 3. 에너지개발사업 4. 항만의 건설사업 5. 도로의 건설사업 6. 수자원의 개발사업 7. 철도(도시철도를 포함한다.)의 건설사업 8. 공항의 건설사업 9. 하천의 이용 및 개발사업 10. 개간 및 공유수면의 매립사업 11. 관광단지의 개발사업 12. 산지의 개발사업 13. 특정 지역의 개발사업 14. 체육시설의 설치사업 15. 폐기물처리시설의 설치사업 16. 국방 · 군사시설의 설치사업 17. 토석 · 모래 · 자갈 · 광물 등의 채취사업 18. 환경에 영향을 미치는 시설로서 대통령령으로 정하는 시설의 설치사업 ③ 환경영향평가대상사업의 구체적인 범위는 대통령령으로 정한다.

제5조(시 · 도의 조례에 따른 환경영향평가) ① 특별시장 · 광역시장 · 도지사 · 특별자치도지사 또는 인구 50만 이상인 시의 시장은 제4조 제3항에 따른 환경영향평가대상사업의 범위에 해당하지 아니하는 사업에 대하여 지역의 특성 등을 고려하여 환경영향평가를 실시하도록 할 필요가 있으면 대통령령으로 정하는 범위에서 해당 특별시 · 광역시 · 도 · 특별자치도 또는 인구 50만 이상인 시(이하 '시 · 도'라 한다.)의 조례로 정하는 바에 따라 그 사업계획을 수립하거나 사업을 시행하려는 자로 하여금 환경영향평가를 실시하게 할 수 있다. 다만, 인구 50만 이상의 시의 경우에는 그 지역을 관할하는 도가 환경영향평가 실시에 관한 조례를 정하지 아니한 경우로 한정한다.

켜야 한다. 이 경우 대통령령이 정하는 범위의 주민의 요구가 있는 때에는 공청회를 개최하여야 한다. [평가서의 작성 · 제출] 사업자는 대상사업 또는 그 사업계획에 대한 승인 · 인가 · 허가 · 면허 또는 결정 등을 얻어야 하는 경우에는 승인 등을 행하는 기관의 장에게 평가서를 제출하여야 한다. 환경영향평가서에는 환경영향의 조사항목과 환경영향평가의 항목 등으로 구성되어 있는데, 1. 요약문 2. 사업의 개요 3. 환경영향평가대상사업이 실시되는 지역 및 그 주변지역에 대한 환경현황 4. 「환경정책기본법」 제25조에 따른 사전환경성검토에 대한 협의를 거친 경우 그 협의내용의 반영 여부 5. 법 제10조 제3항 및 제5항에 따른 평가항목 · 범위 등에 대한 결정 내용 및 그에 대한 사업자의 조치사항 6. 평가서초안에 대한 주민, 관계 행정기관의 의견 및 이에 대한 사업자의 검토의견 7. 환경영향평가의 결과 (가. 평가항목별 조사, 예측 및 평가의 결과, 나. 환경보전을 위한 조치, 다. 불가피한 환경영향 및 이에 대한 대책, 라. 대안설정 및 평가, 마. 종합평가 및 결론, 바. 사후환경영향조사 계획) 8. 부록 (가. 평가서 작성 시 참고한 자료, 나. 평가서 작성에 참여한 자의 인적사항, 다. 용어 해설 등) 등이 포함되어 있다. [환경부장관의 협의] 승인기관의 장 및 승인 등을 얻지 아니하여도 되는 사업자는 환경부장관에게 평가서를 제출하고, 그 평가서에 대하여 협의를 요청하여야 한다. 환경부장관은 협의를 위하여 제출된 평가서를 검토함에 있어서 대상사업이 환경에 해로운 영향을 초래할 위험이 있어 사업계획 등의 조정 또는 보완이 필요하다고 인정하는 경우에는 승인기관장 등에게 사업계획 등을 조정하거나 보완할 것을 요청할 수 있고, 평가서의 검토가 완료된 때에는 그 결과(협의내용)를 승인기관장 등에게 통보하여야 한다. [환경부장관의 협의내용 반영] 협의내용을 통보받은 승인기관의 장은 지체없이 사업자에게 통보하여 협의내용에 따른 필요한 조치를 하도록 하여야 하며, 사업자는 협의내용에 따른 필요한 조치[692]를 하여야 한다.

다. 환경영향평가의 하자

환경영향평가의 하자라 함은 환경영향평가와 관련된 위법 · 부당이 있는 경우를 말하는데, 법령상 환경영향평가가 요구됨에도 불구하고 환경영향평가 없이 사업계획승인 등 처분이 이루어진 경우, 환경영향평가의 내용이 부실한 실체의 하자, 환경영향평가절차에 위법이 있는 절차의

692) 협의내용에 따른 필요한 조치라 함은 예를 들면, 환경영향평가서를 보완하거나 사업계획을 보완 · 변경하는 것 등을 말한다.

하자 등이 있다. 이중 법령상 환경영향평가가 요구됨에도 불구하고 환경영향평가 없이 처분이 이루어진 경우는 절차의 하자를 구성함이 명백하고, 판례에 따르면 독립된 취소사유가 된다. 환경영향평가에 관한 실체의 하자와 절차의 하자가 독립된 취소사유가 되는지 여부에 대하여 견해의 대립이 있다. 우선 환경영향평가에 관한 실체의 하자는 환경영향평가의 내용이 부실한 경우를 의미하는데, 환경현황에 대한 조사, 환경에 대한 영향의 예측 및 평가, 대안의 제시와 평가, 환경영향저감방안, 사후환경영향조사계획 등의 내용이 부실한 경우를 의미한다. 이처럼 환경에 대한 영향을 조사 · 평가하여야 할 사항을 누락하였거나 조사 · 평가하기는 하였으나 내용이 부실한 경우 처분의 독립취소사유가 되는지 여부에 다툼이 있다. 판례693)는 '부실의 정도가 환경영향평가제도를 둔 입법 취지를 달성할 수 없을 정도이어서 환경영향평가를 하지 아니한 것과 다를 바 없는 정도의 것인 경우'에는 독립된 위법사유가 되나, '부실의 정도가 환경영향평가제도를 둔 입법 취지를 달성할 수 없을 정도이어서 환경영향평가를 하지 아니한 것과 다를 바 없는 정도의 부실이 아닌 경우'에는 당해 처분에 재량권 일탈 · 남용의 위법이 있는지 여부를 판단하는 하나의 요소에 불과할 뿐 독립된 위법사유가 아니라고 보고 있다694). 그러나 환경영향평가절차를 실시하여야 함에도 불구하고 실시하지 않은 경우에는 무효라는 것이 판례695)의 입장

---

693) 대판 2001. 6. 29. 99두9902 【경부고속철도서울차량기지정비창건설사업실시계획승인처분취소】 [1] 구 환경영향평가법(1997. 3. 7. 법률 제5302호로 개정되기 전의 것) 제4조에서 환경영향평가를 실시하여야 할 사업을 정하고, 그 제16조 내지 제19조에서 대상사업에 대하여 반드시 환경영향평가를 거치도록 한 취지 등에 비추어 보면, 같은 법에서 정한 환경영향평가를 거쳐야 할 대상사업에 대하여 그러한 환경영향평가를 거치지 아니하였음에도 승인 등 처분을 하였다면 그 처분은 위법하다 할 것이나, 그러한 절차를 거쳤다면, 비록 그 환경영향평가의 내용이 다소 부실하다 하더라도, 그 부실의 정도가 환경영향평가제도를 둔 입법 취지를 달성할 수 없을 정도이어서 환경영향평가를 하지 아니한 것과 다를 바 없는 정도의 것이 아닌 이상 그 부실은 당해 승인 등 처분에 재량권 일탈 · 남용의 위법이 있는지 여부를 판단하는 하나의 요소로 됨에 그칠 뿐, 그 부실로 인하여 당연히 당해 승인 등 처분이 위법하게 되는 것이 아니다. [2] 한국고속철도건설공단의 경부고속철도 서울차량기지 정비창 건설사업에 관한 환경영향평가 내용의 부실의 정도가 환경영향평가제도를 둔 입법 취지를 달성할 수 없을 정도이어서 환경영향평가를 하지 아니한 것과 다를 바 없는 정도의 것은 아니라는 이유로 위 사업의 실시계획의 승인처분이 위법하지 아니하다고 한 사례.

대판 2006. 3. 16. 2006두330(전원) 【정부조치계획취소등】 환경영향평가법령에서 정한 환경영향평가를 거쳐야 할 대상사업에 대하여 그러한 환경영향평가를 거치지 아니하였음에도 승인 등 처분을 하였다면 그 처분은 위법하다 할 것이나, 그러한 절차를 거쳤다면, 비록 그 환경영향평가의 내용이 다소 부실하다 하더라도, 그 부실의 정도가 환경영향평가제도를 둔 입법 취지를 달성할 수 없을 정도이어서 환경영향평가를 하지 아니한 것과 다를 바 없는 정도의 것이 아닌 이상, 그 부실은 당해 승인 등 처분에 재량권 일탈 · 남용의 위법이 있는지 여부를 판단하는 하나의 요소로 됨에 그칠 뿐, 그 부실로 인하여 당연히 당해 승인 등 처분이 위법하게 되는 것이 아니다.

694) 학설은 환경영향평가의 내용상 부실이 사업계획승인처분의 위법사유가 되는 구체적 기준을 제시하지 못하고 있다고 판례를 비판한다. 환경영향평가의 내용상 부실의 중대성을 기준으로 처분의 결정에 중대한 영향을 미치는 경우라면 독립된 위법사유가 된다는 견해도 있다.

695) 대판 2006. 6. 30. 2005두14363 【국방군사시설사업실시계획승인처분무효확인】 [1] 구 환경영향평가법(1999. 12. 31. 법률 제6095호 환경 · 교통 · 재해 등에 관한 영향평가법 부칙 제2조로 폐지) 제1조, 제3조, 제9조, 제16조, 제17조, 제27조 등의 규정 취지는 환경영향평가를 실시하여야 할 사업(이하 '대상사업'이라 한다.)이 환경을 해치지 아

이다.

한편, 환경영향평가에 관한 절차의 하자는 환경영향평가절차를 위반한 경우로서 의견수렴절차가 행해지지 않은 등 의견수렴절차상 하자, 환경부장관과의 협의가 없는 등 환경부장관과의 협의절차상 하자 등을 말한다. 판례의 기준에 따라 환경영향평가절차상 하자가 경미한 경우에는 당해 하자가 처분의 독립된 취소사유가 되지 않지만, 절차상 하자가 중대한 경우에 한하여 처분의 독립된 취소사유가 된다고 보아야 할 것이다. 한편, 판례는 승인기관의 장이 환경부장관과의 협의를 거친 이상 승인기관의 장이 환경부장관의 환경영향평가에 대한 의견에 반하는 처분을 하였다고 하여 그 처분이 위법하다고 할 수는 없다고 보고 있다[696]. 처분과 관련하여 협의일 뿐 동의가 아니기 때문에 환경부장관의 협의의견이 승인기관장을 구속하지 못한다. 다만, 현행 환경영향평가법의 관련 규정을 고려한다면 환경부장관의 협의의견이 승인기관의 장을 구속하는 것은 아니지만 승인기관의 장은 환경부장관의 협의내용을 최대한 반영하도록 노력하여야 할 의무를 지고 있기 때문에 협의의견을 전혀 반영하지 않은 경우 등은 처분의 독립된 취소사유가 된다고 해석된다.

니하는 방법으로 시행되도록 함으로써 당해 사업과 관련된 환경공익을 보호하려는 데 그치는 것이 아니라, 당해 사업으로 인하여 직접적이고 중대한 환경피해를 입으리라고 예상되는 환경영향평가대상지역 안의 주민들이 전과 비교하여 수인한도를 넘는 환경침해를 받지 아니하고 쾌적한 환경에서 생활할 수 있는 개별적 이익까지도 보호하려는 데에 있는 것이다. 그런데 환경영향평가를 거쳐야 할 대상사업에 대하여 환경영향평가를 거치지 아니하였음에도 불구하고 승인 등 처분이 이루어진다면, 사전에 환경영향평가를 함에 있어 평가대상지역 주민들의 의견을 수렴하고 그 결과를 토대로 하여 환경부장관과의 협의내용을 사업계획에 미리 반영시키는 것 자체가 원천적으로 봉쇄되는바, 이렇게 되면 환경파괴를 미연에 방지하고 쾌적한 환경을 유지 · 조성하기 위하여 환경영향평가제도를 둔 입법 취지를 달성할 수 없게 되는 결과를 초래할 뿐만 아니라 환경영향평가대상지역 안의 주민들의 직접적이고 개별적인 이익을 근본적으로 침해하게 되므로, 이러한 행정처분의 하자는 법규의 중요한 부분을 위반한 중대한 것이고 객관적으로도 명백한 것이라고 하지 않을 수 없어, 이와 같은 행정처분은 당연무효이다. [2] 국방 · 군사시설 사업에 관한 법률 및 구 산림법(2002. 12. 30. 법률 제6841호로 개정되기 전의 것)에서 보전임지를 다른 용도로 이용하기 위한 사업에 대하여 승인 등 처분을 하기 전에 미리 산림청장과 협의를 하라고 규정한 의미는 그의 자문을 구하라는 것이지 그 의견을 따라 처분을 하라는 의미는 아니라 할 것이므로, 이러한 협의를 거치지 아니하였다고 하더라도 이는 당해 승인처분을 취소할 수 있는 원인이 되는 하자 정도에 불과하고 그 승인처분이 당연무효가 되는 하자에 해당하는 것은 아니라고 봄이 상당하다.

696) 대판 2001. 7. 27. 99두2970【용화집단시설지구기본설계변경승인처분취소】국립공원 관리청이 국립공원 집단시설지구개발사업과 관련하여 그 시설물기본설계 변경승인처분을 함에 있어서 환경부장관과의 협의를 거친 이상, 환경영향평가서의 내용이 환경영향평가제도를 둔 입법 취지를 달성할 수 없을 정도로 심히 부실하다는 등의 특별한 사정이 없는 한, 공원관리청이 환경부장관의 환경영향평가에 대한 의견에 반하는 처분을 하였다고 하여 그 처분이 위법하다고 할 수는 없다고 한 사례.

제 3 장

위법심사의 범위, 위법심사의 방식

처분사유의 추가 · 변경

- 불이익 처분
  - 과세처분
    - 소송물 : 조세채무의 존부
      과세표준 및 세액의 객관적 존부
      - ※재처분 가능 여부
        - 과세원인 과세표준액
          세액의 정당성
          추가 · 변경허용
  - 징계처분
    - 징계사유 추가 · 변경 불가
  - 기 타
    - 기본적 사실관계 동일성
      - 재량하자

- 거부 처분
  - 정보공개거부
    - 비공개 사유 추가 · 변경 불가
  - 기 타
    - 거부 처분 사유
      기본적 사실관계 동일성
      - ※(판례) (박정훈 교수 – 이견)
        - 처분사유와 기속력 문제
          (재처분)

하자의 승계

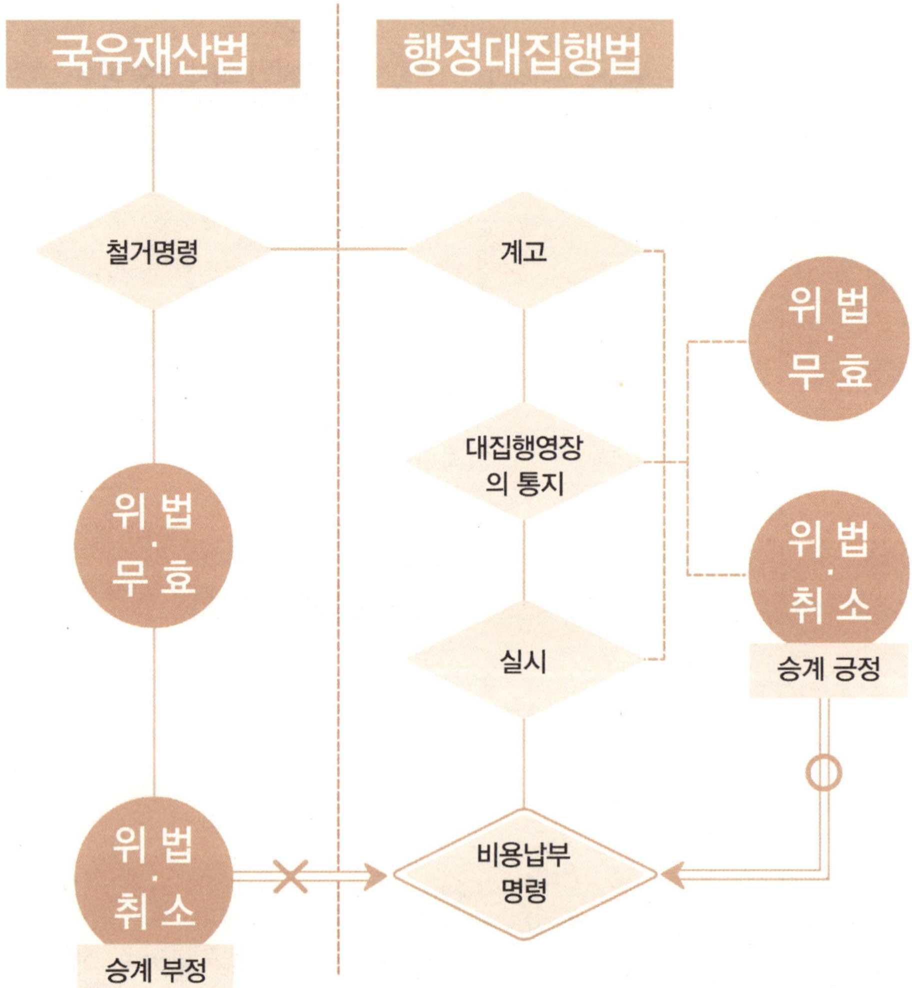
국유재산법
행정대집행법
철거명령
계고
위법·무효
대집행영장
의 통지
위법·무효
위법·취소
실시
승계 긍정
위법·취소
승계 부정
비용납부
명령

행정행위의 하자

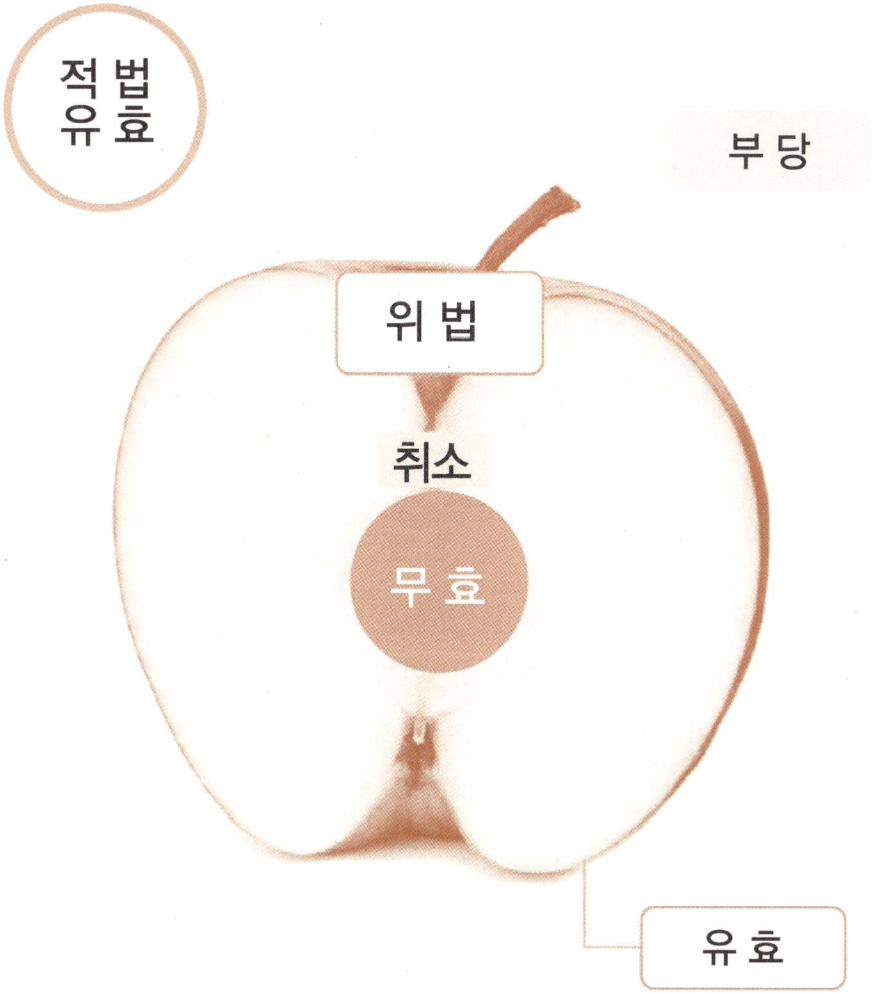

제 3 장

위법심사의 범위(수개의 처분, 처분사유의 추가·변경, 하자의 승계, 취소·무효), 위법심사의 방식

1. 수개의 처분

외형상 동일한 내용의 **수개 처분**이 존재하는 경우 위법심사의 대상이 어떤 것인지 여부에 관한 문제가 발생한다. 후행처분이 선행처분의 내용을 보충하는 정도에 불과한 경우라면 선행처분이 취소소송의 대상이 되지만, 후행처분이 선행처분의 주요부분을 실질적으로 변경함으로서 선행처분을 철회하는 경우[697]라면 후행처분만이 취소소송의 대상이 된다[698]. 대판 2015. 11. 19. 2015두295(전원)에서 '기존의 행정처분을 변경하는 내용의 행정처분이 뒤따르는 경우, 후속처분이 종전처분을 완전히 대체하는 것이거나 주요 부분을 실질적으로 변경하는 내용인 경우에

697) 이 경우 선행처분에 대한 취소소송은 처분이 소멸하여 그 효력을 다툴 법률상 이익이 없게 되기 때문에 부적법 각하된다.

698) 대판 2012. 12. 13. 2010두20782,20799 [1] 선행처분의 주요 부분을 실질적으로 변경하는 내용으로 후행처분을 한 경우에 선행처분은 특별한 사정이 없는 한 그 효력을 상실하지만, 후행처분이 있었다고 하여 일률적으로 선행처분이 존재하지 않게 되는 것은 아니고 선행처분의 내용 중 일부만을 소폭 변경하는 정도에 불과한 경우에는 선행처분이 소멸한다고 볼 수 없다. [2] 선행처분이 후행처분에 의하여 변경되지 아니한 범위 내에서 존속하고 후행처분은 선행처분의 내용 중 일부를 변경하는 범위 내에서 효력을 가지는 경우에, 선행처분의 취소를 구하는 소를 제기한 후 후행처분의 취소를 구하는 청구를 추가하여 청구를 변경하였다면 후행처분에 관한 제소기간 준수 여부는 청구변경 당시를 기준으로 판단하여야 한다.

는 특별한 사정이 없는 한 종전처분은 효력을 상실하고 후속처분만이 항고소송의 대상이 되지만, 후속처분의 내용이 종전처분의 유효를 전제로 내용 중 일부만을 추가 · 철회 · 변경하는 것이고 추가 · 철회 · 변경된 부분이 내용과 성질상 나머지 부분과 불가분적인 것이 아닌 경우에는, 후속처분에도 불구하고 종전처분이 여전히 항고소송의 대상이 된다. 따라서 종전처분을 변경하는 내용의 후속처분이 있는 경우 법원으로서는, 후속처분의 내용이 종전처분 전체를 대체하거나 주요 부분을 실질적으로 변경하는 것인지, 후속처분에서 추가 · 철회 · 변경된 부분의 내용과 성질상 나머지 부분과 가분적인지 등을 살펴 항고소송의 대상이 되는 행정처분을 확정하여야 한다.'고 판시하고 있다[699]. 판례는 1차로 철거대집행 계고처분을 한 후 자진철거를 기다리다가 이에 응하지 아니하자 다시 제2차, 3차 계고서를 발송하여 일정기간까지 자진철거를 재촉구하는 경우와 같이 동일 내용의 처분을 반복한 경우 상대방의 의무가 제1차의 처분으로 발생하는 것이고, 제2차, 3차의 처분이 단지 이행촉구 내지 기한연기의 통보에 불과한 것으로 해석되므로 항고소송의 대상이 될 수 없다고 판시하고 있다[700]. 그러나 **국민이 신청할 수 있는 회수 등을**

---

699) 사안 : 피고 동대문구청장은 2012. 11. 14. 원고들에 대하여 그들이 운영하는 서울특별시 동대문구 내 대형마트 및 준대규모점포의 영업제한 시간을 오전 0시부터 오전 8시까지로 정하고(이하 '영업시간 제한 부분'이라 한다) 매월 둘째 주와 넷째 주 일요일을 의무휴업일로 지정하는(이하 '의무휴업일 지정 부분'이라 한다) 내용의 처분을 한 사실, 위 처분의 취소를 구하는 소송이 이 사건 원심에 계속 중이던 2014. 8. 25. 피고가 원고들을 상대로 영업시간 제한 부분의 시간을 '오전 0시부터 오전 10시'까지로 변경하되, 의무휴업일은 종전과 동일하게 유지하는 내용의 처분(이하 '2014. 8. 25.자 처분'이라 한다)을 한 사실을 알 수 있다. 이러한 사실관계를 앞서 본 법리에 비추어 보면, 2014. 8. 25.자 처분은 종전처분 전체를 대체하거나 그 주요 부분을 실질적으로 변경하는 내용이 아니라, 의무휴업일 지정 부분을 그대로 유지한 채 영업시간 제한 부분만을 일부 변경하는 것으로서, 2014. 8. 25.자 처분에 따라 추가된 영업시간 제한 부분은 그 성질상 종전처분과 가분적인 것으로 여겨진다. 따라서 2014. 8. 25.자 처분으로 종전처분이 소멸하였다고 볼 수는 없고, 종전처분과 그 유효를 전제로 한 2014. 8. 25.자 처분이 병존하면서 위 원고들에 대한 규제 내용을 형성한다고 할 것이다.

700) 대판 1994. 2. 22. 93누21156, 1994. 10. 28. 94누5144, 대판 2005. 10. 28. 2003두14550 【공익근무요원소집처분취소】 지방병무청장이 보충역 편입처분을 받은 자에 대하여 복무기관을 정하여 공익근무요원 소집통지를 한 이상 그것으로써 공익근무요원으로서의 복무를 명하는 병역법상의 공익근무요원 소집처분이 있었다고 할 것이고, 그 후 지방병무청장이 공익근무요원 소집대상자의 원에 의하여 또는 직권으로 그 기일을 연기한 다음 다시 공익근무요원 소집통지를 하였다고 하더라도 이는 최초의 공익근무요원 소집통지에 관하여 다시 의무이행기일을 정하여 알려주는 연기통지에 불과한 것이므로, 이는 항고소송의 대상이 되는 독립한 행정처분으로 볼 수 없다.

대판 1999. 7. 13. 97누119 부당이득금 또는 가산금의 납부를 독촉한 후 다시 동일한 내용의 독촉을 한 경우, 후에 한 동일한 내용의 독촉이 항고소송의 대상이 되는 행정처분인지 여부(소극) '구 의료보험법(1994. 1. 7. 법률 제4728호로 전문 개정되기 전의 것) 제45조, 제55조, 제55조의2의 각 규정에 의하면, 보험자 또는 보험자단체가 사기 기타 부정한 방법으로 보험급여비용을 받은 의료기관에게 그 급여비용에 상당하는 금액을 부당이득으로 징수할 수 있고, 그 의료기관이 납부고지에서 지정된 납부기한까지 징수금을 납부하지 아니한 경우 국세체납절차에 의하여 강제징수할 수 있는바, 보험자 또는 보험자단체가 부당이득금 또는 가산금의 납부를 독촉한 후 다시 동일한 내용의 독촉을 하는 경우 최초의 독촉만이 징수처분으로서 항고소송의 대상이 되는 행정처분이 되고 그 후에 한 동일한 내용의 독촉은 체납처분의 전제요건인 징수처분으로서 소멸시효 중단사유가 되는 독촉이 아니라 민법상의 단순한 최고에 불과하여 국민의 권리의무나 법률상의 지위에 직접적으로 영향을 미치는 것이 아니므로 항고소송의 대상이 되는 행정처분이라 할 수 없다.'

제한하는 법규가 없는 이상, 동일한 내용의 수차례 신청과 이에 대한 수개의 거부처분은 독립적인 처분으로서 각각 항고소송의 대상이 된다고 판시하고 있다[701].

경정처분[702]의 경우 당초처분과 경정처분 중 어느 처분이 판단의 대상이 되는지 여부에 관한 문제가 발생한다. 당초처분과 경정처분이 독립된 처분으로 별개의 소송대상이라는 견해(병존설), 당초처분은 경정처분에 흡수되어 소멸하고, 경정처분만이 효력을 가지며 소송의 대상이 된다는 견해(흡수설), 당초처분의 효력이 그대로 존속하지만 경정처분만이 소송의 대상이 된다는 견해(병존적 흡수설), 경정처분은 당초처분에 흡수되어 경정처분에 의하여 수정된 당초의 처분이 소송의 대상이라는 견해(역흡수설), 당초처분과 경정처분은 결합하여 일체로서 병존하나 소송의 대상은 경정처분으로 수정된 당초처분이라는 견해(역흡수병존설) 등이 있다. 국세기본법 제22조의2조가 2002. 12. 18. 신설되기 전 판례는 증액경정처분을 흡수설에 따라, 감액경정처분을 역흡수설에 따라 달리 보고 있었다. **증액경정처분**은 당초처분을 그대로 둔 채 당초처분에서의 과세표준과 세액을 추가하는 부분만을 추가 확정하는 처분이 아니고, 당초처분에서의 과세표준과 세액을 포함시켜 전체로서의 과세표준 및 세액을 결정하는 처분이기 때문에 당초처분은 증액경정처분에 흡수되어 독립한 존재가치를 상실하여 당연히 소멸하고, 증액경정처분만이 소송의 대상이 된다. 따라서 당초처분에 대한 취소소송 계속 중 증액경정처분이 있으면 청구취지를 변경하여 경정처분을 소송의 대상으로 해야 하고, 당초처분에 대한 불복기간이 경과하였을지라도 경정처분에 대한 불복기간이 경과되지 않았으면 경정처분에 대한 소를 제기할 수 있다. 과세관

---

701) 대판 1992. 10. 27. 92누1643, 1993. 4. 13. 92누17181 【요양불승인처분취소】 [1] 행정처분이나 행정심판 재결이 불복기간의 경과로 인하여 확정될 경우 확정력은 처분으로 인하여 법률상 이익을 침해받은 자가 처분이나 재결의 효력을 더 이상 다툴 수 없다는 의미일 뿐 판결에 있어서와 같은 기판력이 인정되는 것은 아니어서 처분의 기초가 된 사실관계나 법률적 판단이 확정되고 당사자들이나 법원이 이에 기속되어 모순되는 주장이나 판단을 할 수 없게 되는 것은 아니다. [2] 종전의 산업재해요양보상급여취소처분이 불복기간의 경과로 인하여 확정되었더라도 요양급여청구권이 없다는 내용의 법률관계까지 확정된 것은 아니며 소멸시효에 걸리지 아니한 이상 다시 요양급여를 청구할 수 있고 그것이 거부된 경우 이는 새로운 거부처분으로서 위법 여부를 소구할 수 있다.

대판 1998. 3. 13. 96누15251 【이주대책대상자제외처분취소】 [1] 거부처분은 관할 행정청이 국민의 처분신청에 대하여 거절의 의사표시를 함으로써 성립되고, 그 이후 동일한 내용의 새로운 신청에 대하여 다시 거절의 의사표시를 한 경우에는 새로운 거부처분이 있는 것으로 보아야 한다. [2] 토지개발공사가 이주대책대상자 선정신청에 대하여 토지개발공사 이주자택지의 공급에 관한 예규 소정의 이주택지의 공급대상 적격자에 해당하지 아니한다는 이유로 당해 이주대책대상자 선정신청자를 이주대책대상자로 선정하는 것이 불가하다는 통지를 하였는바, 위 공사의 위 선정신청자에 대한 이러한 통지는 독립한 새로운 거부처분으로서 취소소송의 대상이 된다고 하여 위 통지가 행정처분에 해당하지 않는다고 본 원심판결을 파기한 사례.

702) 과세처분, 부담금부과처분 등과 같은 공법상 금전납부의무부과처분, 징계처분, 영업정지처분 등과 같은 제재처분에 있어서 행정청이 일정한 처분을 한 후 당해 처분을 감축 또는 확장(증액)하는 경우 처음의 처분을 당초처분, 뒤의 처분을 경정처분이라 한다.

청이 당초의 과세액을 포함한 증액된 총금액으로 납부고지서를 발부하지 않고, 당초의 과세액에 추가된 세액에 대하여만 별도의 추가고지서를 발부하는 방식으로 처분하더라도 당초의 처분액과 추가된 처분액을 합한 금액으로 증액경정처분이 된 것으로 보아야 한다(407). 그러나 **감액경정처분**은 증액경정처분과 달리 당초처분의 전부를 취소하고 새로이 처분을 한 것이 아니라, 당초처분의 일부 효력을 취소하는 처분이기 때문에 소송의 대상은 경정처분으로 감액되고 남은 당초의 처분이다[703]. 따라서 전심절차나 제소기간의 준수 여부도 경정처분이 아닌 당초처분을 기준으로 해야 한다[704]. 수차례의 결정처분이 있는 경우에도 동일한 기준에 의하여 판단해야 한다[705]. 한편, 2002. 12. 18. 개정된 현재 국세기본법 제22조의2조(경정 등의 효력) 제1항 '세법의 규정에 의하여 당초 확정된 세액을 증가시키는 경정은 당초 확정된 세액에 관한 이 법 또는 세법에서 규정하는 권리 · 의무관계에 영향을 미치지 아니한다.', 제2항 '세법의 규정에 의하여 당초 확정된 세액을 감소시키는 경정은 그 경정에 의하여 감소되는 세액 외의 세액에 관한 이 법 또는 세법에서 규정하는 권리 · 의무관계에 영향을 미치지 아니한다.'고 규정되어 있는바, 이에 의하면 제2항의 감액경정처분의 경우에는 종전 판례와 동일하게 역흡수설에 따르면 되지만, 제1항의 증액경정처분의 경우에는 병존설, 흡수설, 병존적 흡수설 등의 대립이 있지만 판례는 여전히 흡수설에 따르고 있다[706].

---

703) 대판 1986. 7. 8. 84누50, 1991. 9. 13. 91누391, 대판 2008. 2. 15. 2006두3957 【과징금납부명령무효확인등】 과징금 부과처분에서 행정청이 납부의무자에 대하여 부과처분을 한 후 그 부과처분의 하자를 이유로 과징금의 액수를 감액하는 경우에 그 감액처분은 감액된 과징금 부분에 관하여만 법적 효과가 미치는 것으로서 처음의 부과처분과 별개 독립의 과징금 부과처분이 아니라 그 실질은 당초 부과처분의 변경이고, 그에 의하여 과징금의 일부취소라는 납부의무자에게 유리한 결과를 가져오는 처분이므로 처음의 부과처분이 전부 실효되는 것은 아니며, 그 감액처분으로도 아직 취소되지 않고 남아 있는 부분이 위법하다고 하여 다투는 경우 항고소송의 대상은 처음의 부과처분 중 감액처분에 의하여 취소되지 않고 남은 부분이고 감액처분이 항고소송의 대상이 되는 것은 아니다.

704) 행정심판재결청이 심판청구를 일부 인용하면서 구체적 금액을 명시하여 취소하지 아니하고, 경정기준만을 제시하여 행정청으로 하여금 그에 맞추어 경정처분을 하도록 결정함에 따라 행정청이 감액경정처분을 하는 경우에도 원처분주의에 따라 원칙적으로 감액경정처분은 항고소송의 대상이 되지 못하고, 제소기간의 준수 여부는 당초의 처분시를 기준으로 해야 한다.

705) 예를 들면, 4. 1.자로 800만 원의 당초 과세처분을 하였다가 5. 15.자로 1,000만 원으로 증액하는 과세처분을 하고(이 경우 과세관청의 실무관행은 1,000만원의 납세고지서를 발부하는 것이 아니라 추가된 200만 원의 납세고지서를 따로 발부하는 것이 보통이다), 다시 6. 20.자로 900만 원으로 감액하는 과세처분을 하였을 경우, 소송의 대상은 5. 15.자의 처분이나, 그 소송의 대상인 과세처분의 내용은 900만 원으로 감액된 것이다. 즉 5. 15.자 900만 원 의 과세처분이 소송의 대상이다(대판 1996. 7. 30. 95누6328 참조).

대판 2001. 6. 26. 99두11592 구 개발이익환수에관한법률 제10조 제1항 단서에 따른 개발부담금의 감액정산의 성질(=감액변경처분) 및 감액정산처분 후 다시 증액경정처분이 있는 경우, 쟁송의 대상(=증액경정처분) 및 당초 부과처분 중 감액정산처분에 의하여 취소되지 아니한 부분의 위법사유도 다툴 수 있는지 여부(적극)

706) 대판 2009. 5. 14. 2006두17390 【종합소득세등부과처분취소】 국세기본법 제22조의2의 시행 이후에도 증액경정처분이 있는 경우, 당초 신고나 결정은 증액경정처분에 흡수됨으로써 독립한 존재가치를 잃게 된다고 보아야 하므

나아가 제재적 행정처분과 같이 처분의 종류를 감경해서 적극적으로 변경한 경우(예컨대, 파면을 정직으로, 허가취소를 영업정지 또는 과징금으로 변경한 경우 등) 변경처분이 당초처분을 변경하는 새로운 처분이기 때문에 변경처분을 심사의 대상으로 해야 된다는 견해도 있지만, 판례는 변경처분을 실질적 일부 취소로 보아 유리하게 변경되어 존속하는 당초처분을 심사의 대상으로 해야 한다는 입장이다[707]. 다만, 판결 선고 후 판결의 취지에 따라 변경처분한 경우에는 변경처분을 새로운 처분으로 보아 심사의 대상으로 해야 한다는 입장이다[708].

2. 처분사유의 추가·변경

처분사유(또는 처분이유)란 행정처분시 행정청이 인정한 근거 사실과 적용한 근거 법규 양자를 결합한 것을 의미하고[709], **처분사유의 추가·변경**이란 행정청이 처분시 사실인정을 그르치

로, 원칙적으로는 당초 신고나 결정에 대한 불복기간의 경과 여부 등에 관계없이 증액경정처분만이 항고소송의 심판대상이 되고, 납세의무자는 그 항고소송에서 당초 신고나 결정에 대한 위법사유도 함께 주장할 수 있다고 해석함이 타당하다.

대판 2012. 9. 27. 2011두27247 행정청이 산업재해보상보험법에 의한 보험급여 수급자에 대하여 부당이득 징수결정을 한 후 그 하자를 이유로 징수금 액수를 감액하는 경우, 징수의무자에게 감액처분의 취소를 구할 소의 이익이 있는지 여부(소극) 및 감액처분으로도 아직 취소되지 않고 남은 부분을 다투고자 하는 경우 항고소송의 대상과 제소기간 준수 여부의 판단 기준이 되는 처분(=당초 처분)

대판 2009. 5. 14. 2008두17134 【법인세부과처분취소】 국세기본법 제22조의2의 시행 이후에도 증액경정처분이 있는 경우 당초 신고나 결정은 증액경정처분에 흡수됨으로써 독립된 존재가치를 잃게 된다고 보아야 할 것이므로, 원칙적으로는 당초 신고나 결정에 대한 불복기간의 경과 여부 등에 관계없이 증액경정처분만이 항고소송의 심판대상이 된다고 해석함이 타당하다. 같은 취지에서 원심이 판시와 같은 사실을 인정한 다음, 원고의 이 사건 소 중 2005. 8. 1.자 2003 사업연도 법인세 부과처분의 취소를 구하는 부분은 2007. 2. 1.자 증액경정처분에 흡수됨으로써 독립된 존재가치를 잃게 된 처분을 쟁송의 대상으로 삼은 것으로 부적법하다고 판단한 것은 정당하고, 거기에 상고이유의 주장과 같은 국세기본법 제22조의2 소정의 경정 등의 효력에 관한 법리오해 등의 위법이 없다.

707) 대판 2007. 4. 27. 2004두9302 【식품위생법위반과징금부과처분취소】 행정청이 식품위생법령에 따라 영업자에게 행정제재처분을 한 후 그 처분을 영업자에게 유리하게 변경하는 처분을 한 경우, 변경처분에 의하여 당초 처분은 소멸하는 것이 아니고 당초부터 유리하게 변경된 내용의 처분으로 존재하는 것이므로, 변경처분에 의하여 유리하게 변경된 내용의 행정제재가 위법하다 하여 그 취소를 구하는 경우 그 취소소송의 대상은 변경된 내용의 당초 처분이지 변경처분은 아니고, 제소기간의 준수 여부도 변경처분이 아닌 변경된 내용의 당초 처분을 기준으로 판단하여야 한다[당초 영업정지 3개월을 영업정지 2개월에 갈음하는 과징금 부과처분으로 변경한 사안].

708) 대판 2002. 9. 6. 2001두5200 【부정당업자제재등처분취소】 피고는 이 사건 소가 원심에 계속 중이던 2001. 2. 17. 이 사건 처분을 직권으로 취소하고 제1심판결의 취지에 따라 그 제재기간만을 3개월(2000. 5. 26.부터 2000. 5. 30.까지 및 2001. 2. 22.부터 2001. 5. 16.까지)로 감경하여 원고의 입찰참가자격을 다시 제한하는 내용의 새로운 처분을 한 사실을 알 수 있는바, 이러한 직권취소처분에 어떠한 하자가 있다고 볼 사정도 발견되지 아니하므로, 이 사건 처분은 적법하게 취소되었다 할 것이어서 결국 이 사건 처분의 취소를 구할 소의 이익이 없어졌다 할 것이다.

709) 행정절차법과 개별법령 등에서 원칙적으로 처분의 근거와 이유를 제시하도록 규정하고 있는데, 이는 처분청의 자의를 억제하고 불복 여부의 판단 자료를 제공하는 등 처분상대방의 이익보호를 위하여 절차적 권리를 부여한 것이기 때문에 처분사유를 명시하지 않는 것 자체가 처분의 결론에 영향을 미칠 가능성을 묻지 않고 독립된 취소사유가 된다.

거나 근거 법규의 해석 · 적용을 잘못한 경우 소속계속 중 행정청이 처분시 고려하지 않았던 새로운 사실 및 법률을 처분의 적법성을 뒷받침할 사유로서 주장할 수 있는지 여부에 관한 문제를 의미한다[710]. 처분사유의 추가 · 변경이 **허용되는 경우**란 심판의 대상인 처분의 동일성이 인정되는 한도 내에서 심판의 범위가 된다는 의미이기 때문에 추가 · 변경된 처분사유에 대한 위법 여부를 판단해야 하지만, **허용되지 않는 경우**란 심판의 대상인 처분의 동일성이 인정되는 한도 내일지라도[711] 심판의 범위가 되지 않는다는 의미이기 때문에 법원은 처분사유의 추가 · 변경에 관한 피고 측의 주장 자체를 배척해야 된다[712].

처분의 상대방에게 예기치 못한 불이익을 초래하기 때문에 허용되지 않는다는 견해(부정설), 처분사유의 추가 · 변경이 공격 · 방어방법의 변경에 불과하기 때문에 실기한 공격 · 방어방법의 각하 등 민사소송법상의 일반적인 규제를 받지 않는 이상 자유롭게 허용된다는 견해(긍정설), 처분이 상대방 보호와 소송경제를 고려하여 합리적인 범위 내에서 제한적으로 허용된다는 견해(제한적 긍정설) 등 견해의 대립이 있다. 판례(408)는 처분상대방의 방어권을 보장함으로써 실질적 법치주의를 구현하고 국민의 신뢰를 보호하려는 견지에서 원칙적으로 처분사유의 추가 · 변경은 허용되지 않지만 당초의 처분사유와 기본적 사실관계의 동일성이 인정되는 범위한도 내에서 예외적으로 허용된다는 입장이다(제한적 긍정설). 이때 기본적 사실관계의 동일성 유무는 처

---

710) 처분사유(또는 처분이유)의 추가 · 변경이 어느 범위까지 허용되는가에 대한 문제는 취소소송, 무효등확인소송의 소송물이 무엇인가 하는 문제와 관련이 있다. 취소소송의 소송물에 관하여는 취소소송의 성질을 어떻게 파악하느냐에 따라 여러 가지 견해가 있으나 학설은 ① 행정처분 자체가 소송물이라는 설, ② 원고의 위법처분 취소청구권이라는 설, ③ 당해 처분의 위법성일반이라고 하는 설, ④ 개개의 위법사유가 별개의 소송물로 된다는 설, ⑤ 각개의 처분의 내용에 따라 위법성일반이 소송물이 되기도 하고 각개의 위법사유마다 별개의 소송물이 되기도 한다는 설 등이 있다. 다수 판례와 통설은 ③설 '처분의 위법성일반'을 소송물로 보고 있다. 한편, 무효등확인소송의 소송물에 대하여 학설은 행정처분의 무효사유일반 즉 행정처분의 중대하고 명백한 위법성일반이라고 보고 있는데, 소송절차상 취소소송에서 소송물이 위법성일반이라고 하는 것과 같다. 다만, 판례는 과세처분무효확인소송의 경우 소송물은 권리 또는 법률관계의 존부확인을 구하는 것이라고 판시하고 있다(대판 1982. 3. 23. 80누476, 1988. 6. 28. 87누1009 판결, 1992. 2. 25. 91누6108, 1992. 3. 31. 91다32053).

711) 처분의 동일성이 인정되지 않는 변경은 처분의 변경이 되기 때문에 소를 변경해야 한다. 대판 2006. 9. 28. 2004두5317 【분뇨등관련영업허가신청반려처분취소】 [1] 행정처분이 취소되면 그 처분은 취소로 인하여 그 효력이 상실되어 더 이상 존재하지 않는 것이고, 존재하지 않는 행정처분을 대상으로 한 취소소송은 소의 이익이 없어 부적법하다. [2] 행정청이 당초의 분뇨 등 관련영업 허가신청 반려처분의 취소를 구하는 소의 계속중, 사정변경을 이유로 위 반려처분을 직권취소함과 동시에 위 신청을 재반려하는 내용의 재처분을 한 경우, 당초의 반려처분의 취소를 구하는 소는 더 이상 소의 이익이 없게 되었다고 한 사례.

712) 처분사유의 추가 · 변경은 처분 당시 처분의 근거로 삼았던 처분 사유 이외 다른 처분사유를 쟁송과정에서 처분의 적법한 사유로 추가하거나 변경하는 것을 의미한다. 예컨대, 음주운전을 이유로 운전면허취소처분을 하였는데, 취소소송 중 다른 사람의 자동차를 훔쳐 운전한 것이므로 면허취소사유에 해당된다고 주장하는 경우 추가·변경되는 사유가 처분당시 이미 존재하고 있던 사실임을 전제 행정처분의 적법성 판단은 처분사유를 기준으로 하기 때문에 처분사유의 추가변경은 원칙적으로 허용되지 않는다. 이 경우 음주운전으로 인한 운전면허취소처분이 법원의 판결에 의해 취소되더라도 행정청은 다시 절취운전을 이유로 운전면허취소처분을 할 수 있다.

분사유를 법률적으로 평가하기 이전의 구체적 사실에 착안하여 그 기초가 되는 사회적 사실관계가 기본적으로 동일한지 여부에 따라 결정되지만, 결국 시간적 · 장소적 근접성, 행위의 태양, 결과 등의 제반 사정을 종합적으로 고려해서 결정할 수밖에 없다. 판례[713)]는 추가 또는 변경된 사유가 당초의 처분시 이미 존재하고 있었고 당사자도 그 사실을 알고 있었다 하여 당초의 처분사유와 동일성이 있는 것이라 할 수 없다고 판시하고 있다[714)].

처분사유의 추가·변경은 거부처분에서 주로 문제되는데 기본적으로 사실관계의 동일성 유무[715)]를 기준으로 허용 범위가 결정되지만, 취소판결의 효력인 기속력도 함께 고려해서 결정해야 한다고 본다[716)]. 판례는 시세완납증명발급 거부사유를 중기취득세 체납에서 자동차세 체납으로 변경한 경우(409), 석유판매업 불허사유를 군사시설보호구역내에 위치하여 부대장의 동의를 받지 못하였다는 이유에서 탄약창에 근접하여 공공의 안전에 위험하다는 이유로 변경한 경우(410), 충전소설치허가신청 반려처분사유를 설치예정지 인근 소유주의 부동의에서 교통사고로 인한 충전소폭발 위험성으로 변경한 경우(411), 토석채취허가신청 반려처분사유를 인근수민의 동의서 불제출에서 자연경관 훼손으로 변경한 경우(412), 온천발견신소수리 거부처분사유를

---

713) 대판 2003. 12. 11. 2001두8827【정보공개청구거부처분취소】【피고 법무부장관】행정처분의 취소를 구하는 항고소송에 있어서, 처분청은 당초 처분의 근거로 삼은 사유와 기본적 사실관계가 동일성이 있다고 인정되는 한도 내에서만 다른 사유를 추가하거나 변경할 수 있고, 여기서 기본적 사실관계의 동일성 유무는 처분사유를 법률적으로 평가하기 이전의 구체적인 사실에 착안하여 그 기초인 사회적 사실관계가 기본적인 점에서 동일한지 여부에 따라 결정되며 이와 같이 기본적 사실관계와 동일성이 인정되지 않는 별개의 사실을 들어 처분사유로 주장하는 것이 허용되지 않는다고 해석하는 이유는 행정처분의 상대방의 방어권을 보장함으로써 실질적 법치주의를 구현하고 행정처분의 상대방에 대한 신뢰를 보호하고자 함에 그 취지가 있고, 추가 또는 변경된 사유가 당초의 처분시 그 사유를 명기하지 않았을 뿐 처분시에 이미 존재하고 있었고 당사자도 그 사실을 알고 있었다 하여 당초의 처분사유와 동일성이 있는 것이라 할 수 없다. 동지, 대판 2009두15586, 대판 2007두13791, 13807 등.

714) 처부사유의 추가·변경의 허용범위와 관련해서 제한적 허용설 이외 소송물의 변경이 없는 범위(처분의 동일성이 인정되는 범위) 내에서 허용된다는 견해(소송물 기준설), 기속행위와 재량행위, 재제처분과 거부행위 등 행위의 유형 및 취소소송과 무효확인소송 등 소송의 유형에 따라 허용범위를 달리 정해야 된다는 견해(개별적 결정설) 등도 있다.

715) 대판 2006. 6. 30. 2005두364【폐기물처리업사업계획부적정통보처분취소】행정청이 폐기물처리사업계획 부적정통보처분을 하면서 그 처분사유로 사업예정지에 폐기물처리시설을 설치할 경우 인근 농지의 농업경영과 농어촌 생활유지에 피해를 줄 것이 예상되어 농지법에 의한 농지전용이 불가능하다는 사유 등을 내세웠다가, 위 행정처분의 취소소송에서 사업예정지에 폐기물처리시설을 설치할 경우 인근 주민의 생활이나 주변 농업활동에 피해를 줄 것이 예상되어 폐기물처리시설 부지로 적절하지 않다는 사유를 주장한 경우에, 두 처분사유는 모두 인근 주민의 생활이나 주변 농업활동의 피해를 문제삼는 것이어서 기본적 사실관계가 동일하므로, 행정청은 위 행정처분의 취소소송에서 후자의 처분사유를 추가로 주장할 수 있다고 한 사례

716) 취소판결 확정 후 행정청이 처분사유의 추가·변경이 허용되는 범위 내의 사유로 다시 거부처분하면 취소판결의 기속력인 반복금지의무와 재처분의무 위반이기 때문에 당연무효이지만, 처분사유의 추가·변경이 허용되지 않는 사유로 다시 거부처분하는 것은 허용된다. 후자의 경우 취소소송의 판결이 무력화된다는 측면에서 거부처분의 경우 거부사유의 변경을 허용하는 것이 분쟁의 일회적 해결을 위해 타당하다는 견해도 있다(박정훈 교수). 최근 판례의 경향은 분쟁의 일회적 해결이라는 측면에서 거부처분에서 처분사유의 추가·변경을 다소 폭넓게 인정하는 추세이다.

규정온도 미달에서 공공사업에의 지장으로 변경한 경우(413), 건축물대장기재신청 반려처분사유를 건축신고 관련 행정심판 계속 중에서 건축시 형질변경허가를 받지 않음으로 변경한 경우(414), 정보공개거부처분 사유를 구 공공기관의정보공개에관한법률 제7조 제1항 제4호와 제6호에서 제5호를 추가한 경우[717] 및 금융위원회의 론스타에 대한 외환은행 발행주식의 동일인 주식보유한도 초과보유 승인과 론스타의 외환은행 발행주식 초과보유에 대한 반기별 적격성 심사와 관련된 정보 등의 공개 청구에 대하여 금융위원회위원장 등이 현재 대법원에 재판 진행 중인 사안이 포함되어 있다는 이유로 공공기관의 정보공개에 관한 법률 제9조 제1항 제4호에 따라 공개를 거부한 사안에서 **당초 거부처분사유로 위 정보가 대법원 2007두11412호로 진행 중인 재판에 관련된 정보였다는 취지를 명기**하였다면 이와 **전혀 별개 사건인 서울중앙지방법**

717) 전게 대판 2001두8827 사면실시건의서 및 사면심의에 관한 국무회의 안건자료(이 사건 정보의 공개를 청구함에 대하여, 피고는 1999. 8. 18. 이 사건 정보에는 사면대상 또는 제외자의 이름 및 그 사유 등이 포함되어 있어 이를 공개할 경우 당사자의 명예를 훼손하는 등의 우려가 있고 이는 공공기관의정보공개에관한법률 제7조 제1항 제6호의 '당해 정보에 포함되어 있는 이름 등에 의하여 특정인을 식별할 수 있는 개인에 관한 정보'로서 공개하기 곤란하고, 또한 특정인에 대한 사면관련 검토내용이 공개될 경우 향후 범죄의 예방, 수사, 형의 집행, 업무 수행에 곤란을 초래할 우려가 있어 법 제7조 제1항 제4호의 '진행중인 재판에 관련된 정보와 범죄의 예방, 수사, 공소의 제기 및 유지, 형의 집행, 교정, 보안처분에 관한 사항으로서 공개될 경우 그 직무의 수행을 현저히 곤란하게 하거나 형사피고인의 공정한 재판을 받을 권리를 침해한다고 인정할 만한 상당한 이유가 있는 정보'로서 공개하기 곤란하다는 이유로 공개를 거부하였고, 이후 피고가 제1심 변론에서 이 사건 정보는 법 제7조 제1항 제5호의 '의사결정과정 또는 내부검토과정에 있는 사항으로서 공개될 경우 업무의 공정한 수행에 현저한 지장을 초래한다고 인정할 만한 상당한 이유가 있는 정보'에도 해당한다는 이유로 비공개처분사유를 추가하였음. 원심 : 피고가 주장하는 제5호에서 규정하고 있는 사유가 이 사건 처분 후에 새로 발생한 사실을 토대로 한 것이 아니라 처분 당시에 이미 존재한 사실에 기초한 것이며, 제5호에서 규정하고 있는 '업무의 공정한 수행에 지장을 초래한다고 인정할 만한 상당한 이유가 있는 정보'는 그 적용범위에 차이가 있기는 하지만 제4호에서 규정하고 있는 '그 직무수행을 현저히 곤란하게 한다고 인정할 만한 상당한 이유가 있는 정보'와 그 내용상 큰 차이가 없는 점 등에 비추어 보면, 피고가 처분사유로 추가한 제5호의 사유는 당초의 처분사유인 제4호 및 제6호의 사유와 기본적 사실관계가 동일하다고 보아도 무방하다는 이유로 이 사건 처분사유의 추가를 허용한 다음, 이 사건 정보는 법 제7조 제1항 제5호의 '의사결정과정 또는 내부검토과정에 있는 사항으로서 공개될 경우 업무의 공정한 수행에 현저한 지장을 초래한다고 인정할 만한 상당한 이유가 있는 정보'에 해당한다고 인정하여 원고의 청구를 배척. 대법원 요지와 해설 : 법 제7조 제1항 제4호는 범죄의 예방, 수사, 형의 집행, 교정 등에 관한 사항으로서 공개될 경우 그 직무수행을 현저히 곤란하게 한다고 인정할 만한 상당한 이유가 있는 정보를, 제5호는 의사결정과정 또는 내부검토과정에 있는 사항으로서 공개될 경우 업무의 공정한 수행에 현저한 지장을 초래한다고 인정할 만한 상당한 이유가 있는 정보를, 제6호는 당해 정보에 포함되어 있는 이름·주민등록번호 등에 의하여 특정인을 식별할 수 있는 개인에 관한 정보(이하 '개인식별정보'라 한다)를 각 비공개대상정보로 규정하고 있어 그 비공개사유의 요건이 되는 사실을 달리하고 있을 뿐 아니라 제4호와 제5호가 모두 직무수행이나 업무의 공정한 수행에 지장을 초래하거나 현저히 곤란하게 한다고 인정할 만한 상당한 이유가 있는 정보를 그 대상으로 규정하고 있으나 지장이 초래되거나 현저히 곤란하게 하는 구체적인 직무나 업무의 내용이 전혀 다르고, 또한 제4호의 위 정보를 비공개대상정보로 하고 있는 것은 범죄의 일방예방 및 특별예방, 원활한 수사 및 교정행정의 원활성을 보호하고자 함에, 제5호의 위 의사결정과정 또는 내부검토과정에 있는 사항 등을 비공개대상정보로 하고 있는 것은 공개로 인하여 공공기관의 의사결정이 왜곡되거나 외부의 부당한 영향과 압력을 받을 가능성을 차단하여 중립적이고 공정한 의사결정이 이루어지도록 하고자 함에, 제6호의 개인식별정보를 비공개대상정보로 하고 있는 것은 개인의 사생활의 비밀과 자유의 존중 및 개인의 자신에 대한 정보통제권을 보장하는 등 정보공개로 인하여 발생할 수 있는 제3자의 법익침해를 방지하고자 함에 각 그 취지가 있어 그 각 정보를 비공개대상정보로 한 근거와 입법취지가 다른 점 등 여러 사정을 합목적적으로 고려하여 보면, 피고가 처분사유로 추가한 법 제7조 제1항 제5호의 사유와 당초의 처분사유인 같은 항 제4호 및 제6호의 사유는 기본적 사실관계가 동일하다고 할 수 없음(원심 파기).

원 2006고합1352, 1295, 1351호로 진행 중인 재판에 관련된 정보에도 해당한다며 처분사유를 추가로 주장하는 것은 당초의 처분사유와 기본적 사실관계가 동일하다고 할 수 없는 사유를 추가하는 것이어서 허용될 수 없다한 경우(415) 등에서 처분사유의 추가·변경이 허용되지 않는다는 입장이다.

침익적 처분, 즉 제재처분이나 징계처분의 경우에도 처분사유의 추가·변경의 허용 범위가 사실관계의 동일성 유무를 기준으로 결정되지만, 방어권 보장이라는 측면에서 거부처분보다 제한적으로 인정된다. 의료보험요양기관 지정취소사유를 본인 부담금 수납대장 미비치에서 보건복지부장관의 관계서류 제출 명령 불이행으로 변경한 경우(416), 입찰참가제한조치사유를 계약을 이행하지 않은 사실에서 계약공무원에게 뇌물 제공한 사실로 변경한 경우(417) 등에서 하자의 승계를 부정한다. 특히, 다수설과 판례는 징계처분취소소송에 있어서 징계대상사실의 추가 · 변경은 허용되지 않지만 단지 정상관계에 영향을 미치는 사실의 추가 · 변경만 허용된다는 입장이다.

판례[718]는 과세처분취소소송에 관하여 소송의 대상을 조세채무의 존부(과세표준과 세액의 객관적 존부)로 보기 때문에 과세관청은 사실심변론종결시까지 과세원인과 과세표준액 등에 관한 모든 자료를 제출할 수 있고 그 자료에 의하여 과세처분의 적법 여부를 주장할 수 있다. 실체법에 따라 금액이 결정되고 행정청의 부과행위가 단지 확인행위에 불과한 각종 부담금부과처분(개발부담금, 수익자부담금, 원인자부담금 등)도 과세처분과 동일하다고 해석된다[719]. 그리고, 재량행위에 있어서 재량권 행사시 고려한 사항에 대한 추가 · 변경이 허용되는지 여부에 대하여 재량행위에 있어서 처분사유의 추가 · 변경이 고려사항의 변경을 의미하기 때문에 고려사항의 변경이 새로운 처분에 해당한다는 이유로 부정하는 견해와 고려사항의 변경이 처분의 본질적 변

718) '과세처분에 의하여 확정된 세액이 조세실체법에 의하여 객관적으로 존재하는 세액을 초과하는지의 여부가 심판의 대상이 되며, 과세처분 중의 일부분에 대하여 불복청구가 있는 경우에도 과세처분의 대상이 된 세액전부에 대하여 실체적 세액을 기준으로 심판하게 되고 과세관청은 처분당시의 처분사유와 다른 사유를 내세워 과세처분의 적법을 주장할 수 있다.'는 소위 총액주의 입장을 취하고 있다(대판 1989. 3. 28. 88누6504, 1990. 3. 23. 89누5386 등).

719) 처분의 근거 법령의 추가변경은 허용되지 않는다. 대판 2011. 5. 26. 2010두28106【변상금부과처분취소】【피고 서울특별시 종로구청장】 [4] 행정청이 점용허가를 받지 않고 도로를 점용한 사람에 대하여 도로법 제94조에 의한 변상금 부과처분을 하였다가 처분에 대한 취소소송이 제기된 후 해당 도로가 도로법의 적용을 받는 도로에 해당하지 않을 경우를 대비하여 처분의 근거 법령을 도로의 소유자가 국가인 부분은 구 국유재산법 제51조와 그 시행령 등으로, 소유자가 서울특별시 종로구인 부분은 구 공유재산 및 물품관리법 제81조와 그 시행령 등으로 변경하여 주장한 사안에서, 도로법과 구 국유재산법령 및 구 공유재산 및 물품관리법령의 해당 규정은 별개 법령에 규정되어 입법 취지가 다르고, 해당 규정내용을 비교하여 보면 변상금의 징수목적, 산정 기준금액, 징수 재량 유무, 징수절차 등이 서로 달라 위와 같이 근거 법령을 변경하는 것은 종전 도로법 제94조에 의한 변상금 부과처분과 동일성을 인정할 수 없는 별개의 처분을 하는 것과 다름 없어 허용될 수 없으므로, 이와 달리 판단한 원심판결에 법리를 오해한 위법이 있다고 한 사례.

경이 아니기 때문에 처분사유를 추가 · 변경할 수 있는 경우에 해당한다는 이유로 긍정하는 견해 등이 있는데, 재량행위에 있어서 행정청이 여러 사정을 포괄적으로 고려하여 재량권을 합목적적으로 행사한다는 점, 재량권의 남용 · 일탈의 하자에 대한 증명책임이 원고에게 있다는 점 등에 비추어 고려사항에 대한 추가 · 변경이 가능하다고 해석된다.

기본적 사실관계의 동일성을 긍정한 판례는 명시한 처분사유와 동일한 기회에 발생한 사실 또는 시간적 · 장소적으로 근접하여 그 일환으로 발생한 사실, 사실관계는 변경함이 없이 단지 적용법조만을 추가 · 변경하는 경우[720], 주택신축을 위한 산림형질변경허가신청에 대하여 준농림지역에서의 행위제한이라는 사유를 자연경과 및 생태계의 교란, 국토 및 자연의 유지와 환경보전 등 중대한 공익상의 필요라는 사유를 추가한 경우[721] 등[722]이 있다.

---

720) 대판 2008. 8. 28. 2007두13791, 13807 [1] 행정처분의 취소를 구하는 항고소송에서 처분청은 당초 처분의 근거로 삼은 사유와 기본적 사실관계가 동일성이 있다고 인정되는 한도 내에서만 다른 사유를 추가하거나 변경할 수도 있으나, 기본적 사실관계가 동일하다는 것은 처분사유를 법률적으로 평가하기 이전의 구체적인 사실에 착안하여 그 기초적인 사회적 사실관계가 기본적인 점에서 동일한 것을 말하며, 처분청이 처분 당시에 적시한 구체적 사실을 변경하지 아니하는 범위 내에서 단지 그 처분의 근거 법령만을 추가 · 변경하거나 당초의 처분사유를 구체적으로 표시하는 것에 불과한 경우에는 새로운 처분사유를 추가하거나 변경하는 것이라고 볼 수 없다. [피고가 원심 심리 중에 당초의 처분사유인 국가를 당사자로 하는 계약에 관한 법률(2005. 12. 14. 법률 제7722호로 개정되기 전의 것, 이하 '국가계약법'이라 한다.) 시행령 제76조 제1항 제12호 소정의 '담합을 주도하거나 담합하여 입찰을 방해하였다.'는 것으로부터 같은 항 제7호 소정의 '특정인의 낙찰을 위하여 담합한 자'로 이 사건 처분의 사유를 변경한 것은, 그 변경 전후에 있어서 같은 행위에 대한 법률적 평가만 달리하는 것일 뿐 기본적 사실관계를 같이 하는 것이므로 허용된다고 판단하였다.]

대판 2005. 3. 10. 2002두9285 【자동차운송사업면허취소처분취소】 자동차운송사업면허취소처분의 취소를 구하는 소송 계속중 헌법재판소의 위헌결정으로 인하여 처분의 당초 근거규정인 구 여객자동차운수사업법(2000. 12. 30. 법률 제6335호로 개정되기 전의 것) 제76조 제1항 단서 중 제8호가 그 효력을 상실하자 처분청이 명의이용금지위반의 기본적 사실관계는 변경하지 아니한 채 효력이 유지되고 있는 같은 법 제76조 제1항 본문 및 제8호로 그 법률상 근거를 적법하게 변경한 경우, 위 처분이 법률의 근거가 없는 위법한 처분이라고 할 수 없다고 한 사례[법 제76조(면허취소 등) ① 건설교통부장관 또는 시 · 도지사(터미널사업 및 대통령령이 정하는 여객자동차운수사업의 경우에 한한다.)는 여객자동차운수사업자가 다음 각 호의 1에 해당하는 때에는 면허 · 등록 · 허가 또는 인가를 취소하거나, 6월 이내의 기간을 정하여 사업의 전부 또는 일부의 정지를 명하거나, 노선폐지 · 감차 등을 수반하는 사업계획의 변경을 명할 수 있다. 다만, 제4호, 제6호 및 제8호의 경우에는 면허 또는 등록을 취소하여야 한다. 8. 제13조(제36조에서 준용하는 경우를 포함한다.)의 규정에 의한 명의이용금지를 위반한 때. 단서가 위헌선고가 되자 이에 본문으로 변경한 사안].

721) 대판 2004. 11. 26. 2004두4482 【산림형질변경불허가처분취소】 주택신축을 위한 산림형질변경허가신청에 대하여 행정청이 거부처분을 하면서 당초 거부처분의 근거로 삼은 준농림지역에서의 행위제한이라는 사유와 나중에 거부처분의 근거로 추가한 자연경관 및 생태계의 교란, 국토 및 자연의 유지와 환경보전 등 중대한 공익상의 필요라는 사유는 기본적 사실관계에 있어서 동일성이 인정된다고 한 사례. [동지, 대판 2000두8684]

722) 대판 2006. 10. 13. 선고 2005두10446 【건축허가신청반려처분취소】 【피고 시흥시장】 피고가 당초 처분의 근거와 이유로 삼은 사유, 즉 '이 사건 신청지를 비롯한 전체 공유수면매립지에 대한 도시계획수립 등 향후 토지이용계획에 대한 검토가 이루어질 때까지 건축허가결정을 유보한다'고 한 것은, 만약 '이 사건 신청지를 비롯한 일대의 토지이용계획이 구체적으로 결정되지 않은 상태에서 이 사건 연습장을 먼저 건축할 경우 장차 주변지역의 토지이용실태나 주변환경 또는 경관과 조화를 이루지 못할 우려가 있다는 의미를 내포하고 있다'고 볼 수 있고, 따라서 비록 피고가 이 사건 처분 당시 구체적인 근거법령을 명시하지는 않았다고 하더라도, 피고는 이미 제4호에 저촉된다는 점을 이 사건 처분의 근거와 이유로 삼은 것으로 볼 수 있다고 판시한 사례.

3. 하자의 승계

하자의 승계란 둘 이상의 행정행위가 연속적으로 행하여지는 경우 선행행위에 존재하는 하자(위법)가 하자 없는 후행행위에 영향을 미치는지 또는 후행행위의 하자로서 주장할 수 있는지 여부에 관한 문제를 의미한다. 하자의 승계 문제는 선행행위와 후행행위가 모두 처분이고, 선행행위에 취소할 수 있는 위법사유가 있지만 불가쟁력이 생겨 더 이상 다툴 수 없고, 후행행위가 적법한 경우에 발생한다. 원칙적으로 행정법관계의 안정성을 확보하기 위해 행정행위의 하자 또는 효력은 행정행위별로 결정되기 때문에 후행 행정행위를 다투면서 취소사유에 불과한 선행 행정행위의 위법을 주장할 수 없고, 법원은 이러한 주장 자체를 배척해야 된다[723]. 그러나 행정법관계의 안정성을 훼손하지 않으면서 국민의 권리를 실질적으로 구제할 수 있는 범위에서 예외적으로 선행 행정행위의 위법을 후행 행정행위의 하자로 주장할 수 있고[724], 이러한 경우 법

---

723) 법원은 선행행위의 하자가 취소사유인지 무효인지 여부를 판단하기 위한 범위 내에서 심리·판단해야 한다.

724) 예외적 수인가능성 또는 예측가능성을 이유로 하자의 승계를 인정하고 있다.

대판 1994. 1. 25. 93누8542【양도소득세등부과처분취소】[1] 두 개 이상의 행정처분이 연속적으로 행하여지는 경우 선행처분과 후행처분이 서로 결합하여 1개의 법률효과를 완성하는 때에는 선행처분에 하자가 있으면 그 하자는 후행처분에 승계되므로 선행처분에 불가쟁력이 생겨 그 효력을 다툴 수 없게 된 경우에도 선행처분의 하자를 이유로 후행처분의 효력을 다툴 수 있는 반면, 선행처분과 후행처분이 서로 독립하여 별개의 법률효과를 목적으로 하는 때에는 선행처분에 불가쟁력이 생겨 그 효력을 다툴 수 없게 된 경우에는 선행처분의 하자가 중대하고 명백하여 당연무효인 경우를 제외하고는 선행처분의 하자를 이유로 후행처분의 효력을 다툴 수 없는 것이 원칙이나 선행처분과 후행처분이 서로 독립하여 별개의 효과를 목적으로 하는 경우에도 선행처분의 불가쟁력이나 구속력이 그로 인하여 불이익을 입게 되는 자에게 수인한도를 넘는 가혹함을 가져오며, 그 결과가 당사자에게 예측가능한 것이 아닌 경우에는 국민의 재판받을 권리를 보장하고 있는 헌법의 이념에 비추어 선행처분의 후행처분에 대한 구속력은 인정될 수 없다. [2] 개별공시지가결정은 이를 기초로 한 과세처분 등과는 별개의 독립된 처분으로서 서로 독립하여 별개의 법률효과를 목적으로 하는 것이나, 개별공시지가는 이를 토지소유자나 이해관계인에게 개별적으로 고지하도록 되어 있는 것이 아니어서 토지소유자 등이 개별공시지가결정 내용을 알고 있었다고 전제하기도 곤란할 뿐만 아니라 결정된 개별공시지가가 자신에게 유리하게 작용될 것인지 또는 불이익하게 작용될 것인지 여부를 쉽사리 예견할 수 있는 것도 아니며, 더욱이 장차 어떠한 과세처분 등 구체적인 불이익이 현실적으로 나타나게 되었을 경우에 비로소 권리구제의 길을 찾는 것이 우리 국민의 권리의식임을 감안하여 볼 때 토지소유자 등으로 하여금 결정된 개별공시지가를 기초로 하여 장차 과세처분 등이 이루어질 것에 대비하여 항상 토지의 가격을 주시하고 개별공시지가결정이 잘못된 경우 정해진 시정절차를 통하여 이를 시정하도록 요구하는 것은 부당하게 높은 주의의무를 지우는 것이라고 아니할 수 없고, 위법한 개별공시지가결정에 대하여 그 정해진 시정절차를 통하여 시정하도록 요구하지 아니하였다는 이유로 위법한 개별공시지가를 기초로 한 과세처분 등 후행 행정처분에서 개별공시지가결정의 위법을 주장할 수 없도록 하는 것은 수인한도를 넘는 불이익을 강요하는 것으로서 국민의 재산권과 재판받을 권리를 보장한 헌법의 이념에도 부합하는 것이 아니라고 할 것이므로, 개별공시지가결정에 위법이 있는 경우에는 그 자체를 행정소송의 대상이 되는 행정처분으로 보아 그 위법 여부를 다툴 수 있음은 물론 이를 기초로 한 과세처분 등 행정처분의 취소를 구하는 행정소송에서도 선행처분인 개별공시지가결정의 위법을 독립된 위법사유로 주장할 수 있다고 해석함이 타당하다[동 판례를 하자의 승계 문제로 보는 견해, 선행 행정행위의 후행 행정행위에 대한 구속력 문제로 보는 견해 등의 대립이 있다].

대판 2008. 8. 21. 2007두13845【토지보상금】표준지공시지가결정은 이를 기초로 한 수용재결 등과는 별개의 독립된 처분으로서 서로 독립하여 별개의 법률효과를 목적으로 하지만, 표준지공시지가는 이를 인근 토지의 소유자나 기타 이해관계인에게 개별적으로 고지하도록 되어 있는 것이 아니어서 인근 토지의 소유자 등이 표준지공시지가결

원은 선행행위의 위법을 이유로 후행 행정행위를 취소해야 한다.

판례와 통설에 의하면 선행행위의 하자가 중대하고 명백하여 무효(부존재 포함)이면 후행행위에 영향을 미치지만[725], 취소사유에 불과하여 이미 불가쟁력이 발행하였다면 선행행위와 후행행위가 서로 결합하여 1개의 법률효과를 완성하는 경우에는 선행행위의 하자가 후행행위에 승계되기 때문에 선행행위의 하자를 이유로 후행행위의 효력을 다툴 수 있지만, 선행행위와 후행행위가 서로 독립하여 각각 별개의 법률효과를 목적으로 하는 경우에는 선행행위의 하자를 이유로 후행행위의 효력을 다툴 수 없다[726]. 판례는 한지의사시험자격인정과 한지의사면허처분(418), 안경사시험합격무효처분과 안경사면허취소처분(419), 압류와 공매처분, 대집행계고와 대집행영장발부통보처분(420), 계고처분과 대집행비용납부명령(421) 및 개별공시지가와 과

정 내용을 알고 있었다고 전제하기가 곤란할 뿐만 아니라, 결정된 표준지공시지가가 공시될 당시 보상금 산정의 기준이 되는 표준지의 인근 토지를 함께 공시하는 것이 아니어서 인근 토지 소유자는 보상금 산정의 기준이 되는 표준지가 어느 토지인지를 알 수 없으므로, 인근 토지 소유자가 표준지의 공시지가가 확정되기 전에 이를 다투는 것은 불가능하다. 더욱이 장차 어떠한 수용재결 등 구체적인 불이익이 현실적으로 나타나게 되었을 경우에 비로소 권리구제의 길을 찾는 것이 우리 국민의 권리의식임을 감안하여 볼 때, 인근 토지소유자 등으로 하여금 결정된 표준지공시지가를 기초로 하여 장차 토지보상 등이 이루어질 것에 대비하여 항상 토지의 가격을 주시하고 표준지공시지가결정이 잘못된 경우 정해진 시정절차를 통하여 이를 시정하도록 요구하는 것은 부당하게 높은 주의의무를 지우는 것이고, 위법한 표준지공시지가결정에 대하여 그 정해진 시정절차를 통하여 시정하도록 요구하지 않았다는 이유로 위법한 표준지공시지가를 기초로 한 수용재결 등 후행 행정처분에서 표준지공시지가결정의 위법을 주장할 수 없도록 하는 것은 수인한도를 넘는 불이익을 강요하는 것으로서 국민의 재산권과 재판받을 권리를 보장한 헌법의 이념에도 부합하는 것이 아니다. 따라서 표준지공시지가결정이 위법한 경우에는 그 자체를 행정소송의 대상이 되는 행정처분으로 보아 그 위법 여부를 다툴 수 있음은 물론, 수용보상금의 증액을 구하는 소송에서도 선행처분으로서 그 수용대상 토지 가격 산정의 기초가 된 비교표준지공시지가결정의 위법을 독립한 사유로 주장할 수 있다.

725) 후행행위에 대한 항고소송에서 선행행위의 하자(무효)를 주장할 수 있고, 이때 후행행위가 무효인지 취소인지 여부는 중대명백설에 의하여 결정된다.

대판 1987. 9. 22. 87누383, 1988. 6. 28. 87누1009, 1996. 6. 28. 96누4374, 1999. 4. 27. 6780 【건축물철거대집행계고처분취소】 적법한 건축물에 대한 철거명령은 그 하자가 중대하고 명백하여 당연무효라고 할 것이고, 그 후행행위인 건축물철거 대집행계고처분 역시 당연무효라고 할 것이다.

대판 2009. 4. 23. 2007두13159 【도로구역결정처분취소】 선행처분인 서울-춘천간 고속도로 민간투자시설사업의 사업시행자 지정처분의 무효를 이유로 그 후행처분인 도로구역결정처분의 취소를 구하는 소송에서, 선행처분인 사업시행자 지정처분을 무효로 할 만큼 중대하고 명백한 하자가 없다고 한 사례.

726) 통설 및 판례의 입장과 달리, 최근에는 독일학계의 이론을 받아들여 하자의 승계 문제를 '불가쟁력이 발생한 선행행정행위의 후행행정행위에 대한 구속력'이라는 관점에서 파악하는 견해(규준력설, 실질적 존속력의 한계이론, 선행행정행위의 구속력설)가 유력히 주장되고 있다(김남진 교수). 즉, 둘 이상의 행정행위가 동일한 법적 효과를 추구하는 경우에 불가쟁력이 생긴 선행행위는 후행행위에 대하여 일정한 범위에서 이른바 규준력, 기결력으로 불리는 구속력을 갖기 때문에 구속력이 미치는 범위 안에서는 선행행위의 효과(내용적 구속력)와 다른 주장을 할 수 없다. 구속력이 미치는 범위에 대하여 ① 선행행위와 후행행위가 동일한 목적을 추구하고 그 법적 효과가 궁극적으로 일치하여야 구속력이 미치고(사물적·객관적 한계), ② 구속력은 양행정행위의 수범자가 일치하는 한도에서만 미치며(대인적·주관적 한계), ③ 선행행위의 사실 및 법상태가 유지되는 한도 내에서만 미치고(시간적 한계), ④ 나아가 선행행위의 후행행위에 대한 구속력을 인정하는 경우 그로 인하여 불이익을 입게 되는 자에게 수인한도를 넘어 지나치게 가혹한 결과를 가져 올 뿐 아니라 그 결과를 당사자가 예측하기 불가능한 때에는 후행행위에 대한 구속력은 인정되지 않는다.

세처분, 표준공시지가와 수용재결 사이에서 하자의 승계를 인정하지만, 과세처분과 체납처분(422), 건물철거명령과 대집행계고처분(423), 직위해제처분과 직권면직처분(424), 사업인정과 수용재결(425), 액화석유가스판매사업허가처분과 사업개시신고반려처분(426), 토지구획정리사업 시행인가처분과 환지청산금부과처분(427), 표준공시지가와 개별공시지가(428), 보충역편입처분과 공익근무요원소집처분[727] 사이에서 하자의 승계를 부정한다.

4. 취소·무효

가. 구별기준

행정처분이 위법하더라도(또는 행정처분에 하자가 있더라도) 공정력[728]으로 인하여 원칙적으로 권한있는 기관에 의하여 취소되기 전까지 효력이 있고, 예외적으로 무효가 된다. 이에 따라 행정소송도 단순한 위법이 있는 처분에 대한 취소소송과 무효인 처분에 대한 무효등확인소송으로 구분되면서, 취소소송의 경우에는 제소기간 등의 제한을 가하고 있다[729]. 이때 어떤 하자가 취

---

727) 대판 2002. 12. 10. 2001두5422 【공익근무요원소집처분취소】 【피고 서울지방병무청장】 구 병역법(1999. 12. 28. 법률 제6058호로 개정되기 전의 것) 제2조 제1항 제2호, 제9호, 제5조, 제11조, 제12조, 제14조, 제26조, 제29조, 제55조, 제56조의 각 규정에 의하면, 보충역편입처분 등의 병역처분은 구체적인 병역의무부과를 위한 전제로서 징병검사 결과 신체등위와 학력·연령 등 자질을 감안하여 역종을 부과하는 처분임에 반하여, 공익근무요원소집처분은 보충역편입처분을 받은 공익근무요원소집대상자에게 기초적 군사훈련과 구체적인 복무기관 및 복무분야를 정한 공익근무요원으로서의 복무를 명하는 구체적인 행정처분이므로, 위 두 처분은 후자의 처분이 전자의 처분을 전제로 하는 것이기는 하나 각각 단계적으로 별개의 법률효과를 발생하는 독립된 행정처분이라고 할 것이므로, 따라서 보충역편입처분의 기초가 되는 신체등위 판정에 잘못이 있다는 이유로 이를 다투기 위하여는 신체등위 판정을 기초로 한 보충역편입처분에 대하여 쟁송을 제기하여야 할 것이며, 그 처분을 다투지 아니하여 이미 불가쟁력이 생겨 그 효력을 다툴 수 없게 된 경우에는, 병역처분변경신청에 의하는 경우는 별론으로 하고, 보충역편입처분에 하자가 있다고 할지라도 그것이 당연무효라고 볼만한 특단의 사정이 없는 한 그 위법을 이유로 공익근무요원소집처분의 효력을 다툴 수 없다.

728) 행정법에서는 하나의 처분이라도 다수의 이해관계인이 존재하는 경우가 많을 뿐만 아니라 다수의 이해가 상반되는 경우도 많기 때문에 평등의 원칙에 따라 획일적 처리가 요구된다. 또한 선행 처분을 바탕으로 후행행위들이 단계적으로 진행되는 경우도 많기 때문에 행정법 관계의 법적 안정성과 제3자의 신뢰보호, 행정의 원활한 수행 도모를 위해 행정처분의 (공정력)존속력이 요구된다. 이러한 요구에 따라 위법하면 무효가 되는 민사법과 달리 '처분이 위법하더라도 그 효력은 원칙적으로 취소에 의해서만 소멸'되는 행정처분의 취소제도가 현행 행정소송법 등에서 채택되어 있다. 이러한 취소제도는 국민의 권리구제에 미흡할 우려가 있기 때문에 예외적 무효제도가 취소제도를 보완하고 있다.

729) 취소와 무효는 항고소송의 형태, 제소기간 이외 필요적 행정심판전치주의, 선결문제, 사정재결·판결 등에서 구별의 실익이 있는데, 간접강제와 관련하여 취소소송에서만 인정되지만 입법미비로 보인다. 한편, 처분의 부존재는 처분으로 볼 수 있는 외부적 형태가 존재하지 않는다는 점 및 처분부존재확인소송을 제기해야 한다는 점 등에서 처분의 무효와 구별된다. 그러나 처분의 부존재와 무효는 양자 모두 처분으로서 법적 효력이 없을 뿐만 아니라 효력을 다투는 방식에서 동일하다는 점에 비추어 구별의 실익이 없다.

소사유에 해당되는 하자인지 또는 무효사유에 해당되는 하자인지를 구별하는 기준이 필요한데, 이를 구별하는 실정법상 규정이 없기 때문에 여러 견해의 대립이 있다.

통설과 판례인 **중대명백설**에 따르면 행정행위에 내재하는 하자의 내부적 성질과 외부적 성질에 착안하여 내부적 성질이 중대하고 외부적 성질이 명백한 것은 무효이고, 중대성이나 명백성 중 어느 하나 또는 둘 전부가 결여되면 단지 취소사유로 된다는 견해이다[730]. 하자의 중대성이란 행위의 본질에 영향을 미치는 중요한 법규위반 또는 사실오인을 의미하고, 하자의 명백성이란 법 해석을 명백히 그르친 법해석 오류의 명백성과 사실인정을 명백히 그르친 사실오인의 명백성을 의미한다. 한편, 누구에게 명백해야 하는가라는 기준과 관련하여 외관상 일견명백설, 객관적 명백설, 주관적 명백설 등의 대립이 있는데, 주관적 명백설을 취하는 학자는 없고, 통설과 판례는 외관상 일견명백설을 취하고 있다. 즉, 판례는 '행정처분의 하자가 객관적으로 명백하다 함은 그 행정처분 자체의 하자 있음이 외관상 명백하다 함을 말하는 것으로서 단순히 행정처분의 대상 자체에 명백한 하자 있음만을 가리키는 것은 아니다(429).', '하자가 명백하다고 하기 위해서는 그 사실관계 오인의 근거가 된 자료가 외형상 상태성을 결여하거나 또는 객관적으로 그 성립이나 내용의 진정을 인정할 수 없는 것(또는 의심할 소지가 있는 것)임이 명백한 경우라야 할 것이고, 사실관계의 자료를 정확히 조사하여야 비로소 그 하자 유무가 밝혀질 수 있는 경우라면 이러한 하자는 외관상 명백하다고 할 수는 없다(430).'고 판시하고 있다. 따라서 판례상 명백성은 하자의 외형상 · 객관적 명백함을 의미하고, 누구(일반인)의 판단에 의하더라도 거의 동일한 결론에 도달할 정도로 명확함을 의미한다[731].

---

730) 중대명백설에 따르면 처분이 무효라는 것은 누구라도 쉽게 납득할 수 있을 정도로 하자가 중대하고 명백하여야 한다는 의미이고, 법적 안정성· 제3자의 이익보호 및 행정의 원활한 수행과 국민의 권리구제 목적을 적절히 조화롭게 고려해야 한다. 독일의 경우 행정절차법 제44조 제1항에서 명문으로 '행정행위에 특별히 중대한 하자가 있고, 그 하자가 관련한 제반 사정에 비추어 명백한 경우에 무효이다'고 규정하고 있다.

731) 대판 2009. 9. 24. 2009두2825 【개발사업시행승인처분취소】 [4] 하자 있는 행정처분이 당연무효가 되기 위하여는 그 하자가 법규의 중요한 부분을 위반한 중대한 것으로서 객관적으로 명백한 것이어야 하며, 하자가 중대하고 명백한지 여부를 판별할 때에는 그 법규의 목적, 의미, 기능 등을 목적론적으로 고찰함과 동시에 구체적 사안 자체의 특수성에 관하여도 합리적으로 고찰함을 요한다. 행정청이 어느 법률관계나 사실관계에 대하여 어느 법률의 규정을 적용하여 행정처분을 한 경우에 그 법률관계나 사실관계에 대하여는 그 법률의 규정을 적용할 수 없다는 법리가 명백히 밝혀져 그 해석에 다툼의 여지가 없음에도 행정청이 위 규정을 적용하여 처분을 한 때에는 그 하자가 중대하고도 명백하다고 할 것이나, 그 법률관계나 사실관계에 대하여 그 법률의 규정을 적용할 수 없다는 법리가 명백히 밝혀지지 아니하여 그 해석에 다툼의 여지가 있는 때에는 행정관청이 이를 잘못 해석하여 행정처분을 하였더라도 이는 그 처분 요건사실을 오인한 것에 불과하여 그 하자가 명백하다고 할 수 없다. [5] 행정청이 사전환경성검토협의를 거쳐야 할 대상사업에 관하여 법의 해석을 잘못한 나머지 세부용도지역이 지정되지 않은 개발사업 부지에 대하여 사전환경성검토협의를 할지 여부를 결정하는 절차를 생략한 채 승인 등의 처분을 한 사안에서, 그 하자가 객관적으로 명백하다고 할 수 없다고 한 사례.

객관적 명백설(조사의무위반설)에 따르면 처분요건의 존부에 관한 행정청의 판단에 특별한 조사를 하지 않더라도 일견하여 인식할 수 있는 사실관계에 비추어 보아 누가 보더라도 명백한 잘못이었다고 인정되는 경우뿐만 아니라 행정청이 구체적인 경우에 그의 직무의 성실한 수행으로서 당연히 요구되는 정도의 조사를 했더라면 판명할 수 있었던 사실관계에 비추어 보아 분명히 오인이 인정되는 경우에도 명백한 위법이 있는 경우로 보아야 한다는 견해이다[732]. 중대설에 따르면 중대하고 명백한 하자가 있는 경우는 오히려 부존재로 보아야 하고 단지 중대한 하자가 있는 것만으로도 무효로 보아야 한다는 견해이다. 명백성보충요건설에 따르면 무효원인인 하자에 관하여 모든 경우에 중대성을 가중하여 명백성을 요구할 필요가 없다는 견해로서 대법원 판례의 소수의견이다[733]. 행정의 법적 안정성과 국민의 신뢰보호의 요청이 있는 경우에만 명백성이 가중되어야 한다는 것이다. 구체적 가치형량설에 따르면 구체적 사안마다 권리보호의 요청과 행정목적의 달성, 법적 안정성의 요청 및 관계인의 이익까지 구체적, 개별적으로 이익형량하여 무효와 취소를 구별해야 한다는 견해이다. 이는 이익형량에 의한 명백성보충요선설로부터 일보 전진하여 무효와 취소의 구별에 관하여 일반적 기준을 정립하는 것 자체에 대해 의문을 제

---

732) 이는 하자의 명백성 판단에 기초되는 사실을 확대한 견해이다.

733) 대판 1995. 7. 11. 94누4615(전원) 【건설업영업정지처분무효확인】 [다수의견] 하자 있는 행정처분이 당연무효가 되기 위하여는 그 하자가 법규의 중요한 부분을 위반한 중대한 것으로서 객관적으로 명백한 것이어야 하며 하자가 중대하고 명백한 것인지 여부를 판별함에 있어서는 그 법규의 목적, 의미, 기능 등을 목적론적으로 고찰함과동시에 구체적 사안 자체의 특수성에 관하여도 합리적으로 고찰함을 요한다. [반대의견] 행정행위의 무효사유를 판단하는 기준으로서의 명백성은 행정처분의 법적 안정성 확보를 통하여 행정의 원활한 수행을 도모하는 한편 그 행정처분을 유효한 것으로 믿은 제3자나 공공의 신뢰를 보호하여야 할 필요가 있는 경우에 보충적으로 요구되는 것으로서, 그와 같은 필요가 없거나 하자가 워낙 중대하여 그와 같은 필요에 비하여 처분 상대방의 권익을 구제하고 위법한 결과를 시정할 필요가 훨씬 더 큰 경우라면 그 하자가 명백하지 않더라도 그와 같이 중대한 하자를 가진 행정처분은 당연무효라고 보아야 한다. [다수의견] 조례 제정권의 범위를 벗어나 국가사무를 대상으로 한 무효인 서울특별시행정권한위임조례의 규정에 근거하여 구청장이 건설업영업정지처분을 한 경우, 그 처분은 결과적으로 적법한 위임 없이 권한 없는 자에 의하여 행하여진 것과 마찬가지가 되어 그 하자가 중대하나, 지방자치단체의 사무에 관한 조례와 규칙은 조례가 보다 상위규범이라고 할 수 있고, 또한 헌법 제107조 제2항의 '규칙'에는 지방자치단체의 조례와 규칙이 모두 포함되는 등 이른바 규칙의 개념이 경우에 따라 상이하게 해석되는 점 등에 비추어 보면 위 처분의 위임 과정의 하자가 객관적으로 명백한 것이라고 할 수 없으므로 이로 인한 하자는 결국 당연무효사유는 아니라고 봄이 상당하다. [반대의견] 구청장의 건설업영업정지처분은 그 상대방으로 하여금 적극적으로 어떠한 행위를 할 수 있도록 금지를 해제하거나 권능을 부여하는 것이 아니라 소극적으로 허가된 행위를 할 수 없도록 금지 내지 정지함에 그치고 있어 그 처분의 존재를 신뢰하는 제3자의 보호나 행정법 질서에 대한 공공의 신뢰를 고려할 필요가 크지 않다는 점, 처분권한의 위임에 관한 조례가 무효이어서 결국 처분청에게 권한이 없다는 것은 극히 중대한 하자에 해당하는 것으로 보아야 할 것이라는 점, 그리고 다수의견에 의하면 위 영업정지처분과 유사하게 규칙으로 정하여야 할 것을 조례로 정하였거나 상위규범에 위반하여 무효인 법령에 기하여 행정처분이 행하여진 경우에 그 처분이 무효로 판단될 가능성은 거의 없게 되는데, 지방자치의 전면적인 실시와 행정권한의 하향분산화 추세에 따라 앞으로 위와 같은 성격의 하자를 가지는 행정처분이 늘어날 것으로 예상되는 상황에서 이에 대한 법원의 태도를 엄정하게 유지함으로써 행정의 법 적합성과 국민의 권리구제 실현을 도모하여야 할 현실적인 필요성도 적지 않다는 점 등을 종합적으로 고려할 때, 위 영업정지처분은 그 처분의 성질이나 하자의 중대성에 비추어 그 하자가 외관상 명백하지 않더라도 당연무효라고 보아야 한다.

기하는 입장이다.

행정처분의 무효사유에 대하여는 무효가 예외적인 사정임을 이유로 취소소송의 취소사유와 달리 이를 주장하는 자에게 증명책임이 있다는 것이 판례의 태도이다[734]. 그러나 취소소송이든 무효확인소송이든 모두 처분의 적법성에 대한 증명책임은 기본적으로 피고 행정청에게 있고, 다만 피고가 처분의 적법성 입증에 실패한 경우에 있어서 그 처분에 있는 위법성이 중대하고 명백하다는 점을 원고가 입증하여야 하는데, 취소사유인 하자와 무효사유인 하자의 구분이 상대적이고 하자의 중대·명백성 여부는 사실인정의 문제가 아니라 법률판단의 문제이므로, 결국 취소소송이든 무효확인소송이든 관계없이 처분의 적법성에 대한 증명책임은 피고에게 있고 그 위법성이 중대·명백한지 여부는 증명책임과 무관하게 법원의 판단사항에 불과하다는 유력한 견해도 있다(431).

나. 무효인 하자

1) 내용에 관한 하자

법령해석에 관한 하자[735], 사실인정에 관한 하자, 포섭에 관한 하자, 재량권행사에 관한 하자 등은 원칙적으로 취소할 수 있는 하자에 불과하다[736]. 다만, 예외적으로 실현불가능하거

---

734) 대판 2000. 3. 23. 99두11851, 대판 2010. 5. 13. 2009두3460 행정처분의 당연무효를 주장하여 그 무효확인을 구하는 행정소송에 있어서는 원고에게 그 행정처분이 무효인 사유를 주장 · 입증할 책임이 있다.

735) 과태료, 과징금, 가산세부과 등 위법행위를 이유로 이루어지는 제재적 행정처분에서 처분의 적법요건으로 위반자의 고의·과실 있음이 필요하지 않지만, 위반자의 정당한 의무부지 또는 의무이행 기대가능성 없음 등의 정당한 사유가 있으면 제재적 처분을 위법으로 본다.

대판 2002. 5. 24. 2001두3952 【과징금부과처분취소】 자신의 비디오물감상실에 18세 이상 19세 미만의 청소년을 출입시킨 비디오물감상실업자에 대하여 청소년보호법상의 과징금부과처분을 한 경우, 제재적 행정처분인 청소년보호법상의 과징금부과처분에 있어서 관련 법령이 충돌되는 것 같은 외관이 초래됨으로써 그 해석적용상의 혼란 등으로 인하여 위반자가 위 행위가 관련 법률에 의하여 허용된다고 믿었고, 그렇게 믿었던 것에 대하여 정당한 이유가 있는 경우에 해당한다는 이유로 위 과징금부과처분이 위법하다고 한 사례.

대판 1997. 5. 16. 95누14602 【양도소득세부과처분취소】 세법상 가산세는 과세권의 행사 및 조세채권의 실현을 용이하게 하기 위하여 납세자가 정당한 이유 없이 법에 규정된 신고, 납세 등 각종 의무를 위반한 경우에 개별세법이 정하는 바에 따라 부과되는 행정상의 제재로서 납세자의 고의·과실은 고려되지 않는 것이고, 다만 납세의무자가 그 의무를 알지 못한 것이 무리가 아니었다거나 그 의무의 이행을 당사자에게 기대하는 것이 무리라고 하는 사정이 있을 때 등 그 의무해태를 탓할 수 없는 정당한 사유가 있는 경우에는 이를 부과할 수 없다.

736) 대판 2004. 10. 15. 2002다68485 【부당이득금】 [1] 하천법 및 공유수면관리법에 규정된 하천 또는 공유수면의 점용이라 함은 하천 또는 공유수면에 대하여 일반사용과는 별도로 하천 또는 공유수면의 특정부분을 유형적 · 고정적으로 특정한 목적을 위하여 사용하는 이른바 특별사용을 의미하는 것이므로, 이러한 특별사용에 있어서의 점용료 부과처분은 공법상의 의무를 부과하는 공권적인 처분으로서 항고소송의 대상이 되는 행정처분에 해당한다. [2] 하자 있는 행정처분이 당연무효가 되기 위하여는 그 하자가 법규의 중요한 부분을 위반한 중대한 것으로서 객관적으로 명백한 것이어야 하며, 하자가 중대하고 명백한지 여부를 판별함에 있어서는 그 법규의 목적, 의미, 기능 등을 목

나[737] 불명확한(432) 처분, 재결이나 판결의 기속력에 반하는 처분[738], 환지계획의 내용에 따르지 않은 환지처분(433), 제척기간이 도과된 후 부과처분[739] 등은 무효이다(434). 기타 법률상 근거없는 침익적 처분[740]은 무효이지만, 다만 나중에 위헌으로 무효가 된 법률에 근거한 처분이라도 그 법률이 위헌 결정되기 전에 이루어진 처분인 이상 원칙적[741]으로 취소사유에 불과하다[742]. 과세대상이 되는 사실관계나 법률관계를 오인하여 한 과세처분은 일반적으로 사실관계의 자료를 정확히 조사하여야 비로소 하자 유무를 밝힐 수 있음으로 원칙적으로 취소사유에 불과하지만, 과세관청·상급관청·수사기관의 강요에 의하여 합리적이고 타당한 근거없이 작성·제출된 과세자료에 터잡아 이루어진 과세처분은 그 하자가 중대하고, 과세자료의 성립을 잘 아

적론적으로 고찰함과 동시에 구체적 사안 자체의 특수성에 관하여도 합리적으로 고찰함을 요하는바, 행정청이 어느 법률관계나 사실관계에 대하여 어느 법률의 규정을 적용하여 행정처분을 한 경우에 그 법률관계나 사실관계에 대하여는 그 법률의 규정을 적용할 수 없다는 법리가 명백히 밝혀져 그 해석에 다툼의 여지가 없음에도 불구하고 행정청이 위 규정을 적용하여 처분을 한 때에는 그 하자가 중대하고도 명백하다고 할 것이나, 그 법률관계나 사실관계에 대하여 그 법률의 규정을 적용할 수 없다는 법리가 명백히 밝혀지지 아니하여 그 해석에 다툼의 여지가 있는 때에는 행정관청이 이를 잘못 해석하여 행정처분을 하였더라도 이는 그 처분 요건사실을 오인한 것에 불과하여 그 하자가 명백하다고 할 수 없는 것이고, 또한 행정처분의 대상이 되는 법률관계나 사실관계가 전혀 없는 사람에게 행정처분을 한 때에는 그 하자가 중대하고도 명백하다 할 것이나, 행정처분의 대상이 되지 아니하는 어떤 법률관계나 사실관계에 대하여 이를 처분의 대상이 되는 것으로 오인할 만한 객관적인 사정이 있는 경우로서 그것이 처분대상이 되는지의 여부가 그 사실관계를 정확히 조사하여야 비로소 밝혀질 수 있는 때에는 비록 이를 오인한 하자가 중대하다고 할지라도 외관상 명백하다고 할 수는 없다. [3] 복개도로의 관리청이 그 도로의 상공에 연결통로를 개설하여 도로를 점용하는 자에게 도로 점용허가를 해 주고도 공유수면 또는 하천의 점용에 따른 점용료 부과처분을 한 것은 그 하자가 중대하고 명백하여 무효라고 한 사례. [4] 도로점용료가 아닌 하천점용료를 부과함으로써 그 처분이 당연무효로 된다고 하더라도 위 처분에 의하여 납부된 점용료는 하천의 관리청이 속한 지방자치단체의 수입이 될 것이므로, 이를 부당이득으로 반환하여야 할 경우에도 그 반환의무의 주체는 하천의 관리청이 속한 지방자치단체가 되어야지 도로의 관리청이 속한 지방자치단체가 될 수는 없다고 한 사례.

737) 대판 2006. 4. 13. 2005두15151 등 사망자에 대한 행정처분(대판 1969. 1. 21. 68누190), 건축허가를 받아 적법하게 건축한 건축물을 무허가 건축물이라 보고한 철거명령(대판 1968. 11. 5. 68다1770), 도로를 무단사용하는 자에 대한 도로법 소정의 점용료 부과처분(대판 1975. 7. 8. 75누26) 등

738) 대판 1982. 5. 11. 80누104, 1990. 12. 11. 90누3560 등 행정소송이 확정되었음에도 행정처분을 한 행정청이 행정소송의 사실심 변론종결 이전의 사유를 내세워 한 확정판결과 저촉되는 판정 내지 처분(대판 1980. 7. 22. 80다839), 국세심사청구법에 따른 심사청구에서 재결청이 증여세 부과처분에 대하여 취소결정을 하였음에도 이에 기속받은 당해 행정청 및 처분청이 그에 어긋나는 결정이나 처분을 한 경우(대판 1972. 2. 29. 71누110).

739) 대판 2015. 7. 9. 2013두 16975 【양도소득세부과처분취소】 국세부과의 제척기간이 도과된 이후에 이루어진 과세처분은 무효다.

740) 법령의 위헌 선언으로 소급적으로 근거를 결한 경우에는 취소 사유에 불과하다.

741) 위헌결정의 소급효는 불가쟁력이 발생한 행정처분에는 미치지 않는다.

742) 대판 1994. 10. 28. 92누9463, 2000. 6. 9. 2000다16329 행정청이 법률에 근거하여 행정처분을 한 후에 헌법재판소가 그 법률을 위헌으로 결정하였다면 그 행정처분은 결과적으로 법률의 근거가 없이 행하여진 것과 마찬가지가 되어 하자가 있다고 할 것이나, 하자 있는 행정처분이 당연무효가 되기 위하여는 그 하자가 중대할 뿐만 아니라 명백한 것이어야 하는데, 일반적으로 법률이 헌법에 위반된다는 사정은 헌법재판소의 위헌결정이 있기 전에는 객관적으로 명백한 것이라고 할 수 없으므로 특별한 사정이 없는 한 이러한 하자는 위 행정처분의 취소사유에 해당할 뿐 당연무효 사유는 아니라고 보아야 한다.

는 과세관청에 대한 관계에서 객관적으로 명백하여 무효이다[743].

2) 주체에 관한 하자

공무원 아닌 자의 행위는 원칙적으로 무효사유에 해당된다. 공무원이 아닌 일반 사인(私人)이 공무원의 자격을 사칭하여 행정행위를 한 경우에는 행정행위의 부존재가 된다. 결격사유에 해당하여 공무원으로서의 선임행위가 무효 또는 취소된 자가 공무원으로서 행한 행위 또는 임기만료 후에 공무원으로서 행한 행위는 원칙적으로 무효가 된다(다만, 행정객체의 입장에서 공무원의 결격사유 · 정년 · 임기만료 · 면직 여부에 관해서 실제로 알 수 없는 경우가 많기 때문에 신뢰보호와 법적 안정성을 위해서 사실상 공무원의 행위로서 유효하게 취급한다. 사실상 공무원 이론). 합의제 행정기관의 경우 공무원의 자격이 없는 자의 참여에 의한 의결행위는 원칙적으로 무효가 된다.

행정기관의 의사에 결함이 있는 행정행위가 위법한지 또는 무효인지 여부에 관하여 사법규정을 유추적용 또는 간접적용할 수밖에 없다. 공무원의 의사능력이 없는 상태에서 이루어진 행정행위는 무효로 보아야 한다. 공무원의 행위능력이 없는 상태에서 이루어진 행정행위 및 착오로 인해 이루어진 행정행위는 신뢰보호의 입장에서 유효로 보아야 한다. 사기 · 강박 및 수뇌 기타 부정행위로 인하여 이루어진 행정행위는 취소사유로 보아야 한다.

권한없는 행정기관의 행위는 원칙적으로 무효사유에 해당된다. 행정기관의 권한은 행정조직법에 의하여 사항적, 지역적, 인적 한계가 있는데, 한계를 벗어나 권한을 행사한 행위는 원칙적으로 무효이다[744]. 행정기관이 권한이나 대리권을 위임받지 않고 처분한 경우[745], 내부위임받

---

743) 대판 1992. 3. 31. 91다32053(전원) 【부당이득금】 과세처분의 근거가 된 확인서, 명세서, 자술서, 각서 등이 과세관청 내지 그 상급관청이나 수사기관의 일방적이고 억압적인 강요로 작성자의 자유로운 의사에 반하여 별다른 합리적이고 타당한 근거도 없이 작성된 것이라면 이러한 자료들은 그 작성경위에 비추어 내용이 진정한 과세자료라고 볼 수 없으므로, 이러한 과세자료에 터잡은 과세처분의 하자는 중대한 하자임은 물론 위와 같은 과세자료의 성립과정에 직접 관여하여 그 경위를 잘 아는 과세관청에 대한 관계에 있어서 객관적으로 명백한 하자라고 할 것이다.

744) 대판 1997. 5. 16. 97누2313 【자동차운전면허취소처분취소】 운전면허에 대한 정지처분권한은 경찰청장으로부터 경찰서장에게 권한위임된 것이므로 음주운전자를 적발한 단속 경찰관으로서는 관할 경찰서장의 명의로 운전면허정지처분을 대행처리할 수 있을지는 몰라도 자신의 명의로 이를 할 수는 없다 할 것이므로, 단속 경찰관이 자신의 명의로 운전면허행정처분통지서를 작성 · 교부하여 행한 운전면허정지처분은 비록 그 처분의 내용 · 사유 · 근거 등이 기재된 서면을 교부하는 방식으로 행하여졌다고 하더라도 권한 없는 자에 의하여 행하여진 점에서 무효의 처분에 해당한다.

745) 대판 1957. 5. 16. 4290민상72, 1967. 12. 29. 67다1694 대리권 없는 자의 처분은 무효이다. 그러나 예외적으로 신뢰할 만한 특별한 사유가 있으면 민법상 표현대리규정 등에 의해서 유효한 경우가 있는데, 대법원은 수납기관이 아닌 자의 양곡대금수납(대판 1963. 12. 5. 63다519), 세금징수관 보조원의 수납행위(대판 1969. 5. 13. 69다356)를 표현대리로 인정하였다.

은 행정기관이 자신의 이름으로 처분한 경우, 대리권을 위임받은 행정기관이 대리관계를 표시하지 않고 자신의 이름으로 처분한 경우 등은 모두 무권한의 행위로서 무효이다[746]. 다만 판례는 '행정처분 후 그 근거법률이 위헌 결정된 경우 그 행정처분은 중대한 하자가 있으나 하자가 중대 · 명백하지 않으므로 당연무효 사유가 아니다(435).'라고 판시하였고, 이후 기관위임사무에 있어서 규칙이 아닌 조례로 권한을 재위임한 경우 조례에 근거한 처분은 하자가 중대하지만 명백하지 아니하여 무효가 아니고(436), 자치사무에 있어서 조례가 아닌 규칙으로 권한을 재위임한 경우 규칙에 근거한 처분은 하자가 중대하지만 명백하지 아니하여 무효가 아니라고 판시하고 있다(437).

3) 절차에 관한 하자

절차상 하자가 독립된 취소사유가 되는지 여부에 대하여 논란이 있지만, 개별적 고찰설에 따르면 사전적인 행정절차로서 이해관계인의 이해 조정 또는 권익보호를 위한 복적으로 설차석 요건이 필요한 경우에 절차의 흠결이 있으면 무효로 보고[747], 행정기관내부의 법정절차로서 행정의 신중 · 공정 및 행정의 원활과 합리적 운영을 도모하기 위한 경우에 절차적 요건의 흠결이 있으면 취소사유로 보고 있는데[748], 판례는 대체로 취소사유로 보고 있다.

---

746) 무권한 행위의 취소(무효선언 의미의 취소)권자는 무권한 행위를 한 행정청이고 정당한 권한을 가진 행정청이 아니다(대판 1984. 10. 10. 84누463). 한편, 행정기관이 의사에 결함을 이유로 직권으로 취소할 수 있는지 여부에 관하여 ① 의사능력 또는 행위능력이 없는 공무원에 의하여 결정된 행위를 무효로 보는 견해가 있으나, 면직 · 퇴직 등의 사유가 될 뿐이고 실제 공무원자격을 박탈한 경우가 아니라면 사실상 공무원 이론과 동일하게 행정행위의 효력에는 영향이 없고, ② 착오로 인한 행위는 법규에 특별한 규정이 없는 한 효력에 영향을 미치지 않는다고 보는 것(표시설)이 통설 · 판례의 입장이고, ③ 사기 · 강박 · 증수뢰 등 부정수단에 의한 행위는 취소에 의하여 효력을 소멸시킬 수 있다고 보는 것이 다수설 · 판례의 입장이다.

747) 절차법을 중시하여 절차의 흠을 처음부터 당연무효원인으로 하는 원칙을 고수하는 것이 바람직하다는 견해도 있다(무효원인설). 대판 2007. 4. 12. 2006두20150【폐기물처리시설설치승인처분무효확인등】【피고 전라남도지사】[1] 구 폐기물처리시설 설치촉진 및 주변지역지원 등에 관한 법률(2004. 2. 9. 법률 제7169호로 개정되기 전의 것) 제9조 제3항, 같은 법 시행령(2004. 8. 10. 대통령령 제18514호로 개정되기 전의 것) 제7조 [별표 1], 제11조 제2항 각 규정들에 의하면, 입지선정위원회는 폐기물처리시설의 입지를 선정하는 의결기관이고, 입지선정위원회의 구성방법에 관하여 일정 수 이상의 주민대표 등을 참여시키도록 한 것은 폐기물처리시설 입지선정 절차에 있어 주민의 참여를 보장함으로써 주민들의 이익과 의사를 대변하도록 하여 주민의 권리에 대한 부당한 침해를 방지하고 행정의 민주화와 신뢰를 확보하는 데 그 취지가 있는 것이므로, 주민대표나 주민대표 추천에 의한 전문가의 참여 없이 의결이 이루어지는 등 입지선정위원회의 구성방법이나 절차가 위법한 경우에는 그 하자 있는 입지선정위원회의 의결에 터잡아 이루어진 폐기물처리시설 입지결정처분도 위법하게 된다. [2] 구 폐기물처리시설 설치촉진 및 주변지역 지원 등에 관한 법률에 정한 입지선정위원회가 그 구성방법 및 절차에 관한 같은 법 시행령의 규정에 위배하여 군수와 주민대표가 선정·추천한 전문가를 포함시키지 않은 채 임의로 구성되어 의결을 한 경우, 그에 터잡아 이루어진 폐기물처리시설 입지결정처분의 하자는 중대한 것이고 객관적으로도 명백하므로 무효사유에 해당한다고 한 사례.

748) 대판 2012. 2. 23. 2011두5001【해임처분무효】【피고 대통령】[4] 감사원이 한국방송공사에 대한 감사를 실시한 결과 사장 갑에게 부실 경영 등 문책사유가 있다는 이유로 한국방송공사 이사회에 갑에 대한 해임제청을 요구하

우선 상대방의 동의, 신청, 협력을 요하는 행정행위에 있어서 상대방의 동의, 신청, 협력이 없으면 상대방을 현실적으로 구속할 수 없으므로 무효이다[749]. 신청 후 적법한 신청의 취하가 있는 경우도 신청이 없는 경우와 동일하게 무효이지만, 신청이 있는 이상 신청절차상의 하자는 무효가 아니다.

공청·청문·이해관계인의 변명기회 등을 부여하지 않은 처분의 효력에 대하여 원칙적 무효라는 견해도 있지만, 판례는 대체로 관계 법령에서 청문절차를 시행하도록 규정하고 있는 경우에 취소사유가 될 뿐 무효사유는 아니라고 하고, 관계법령에서 청문절차를 시행하도록 규정하고 있지 아니한 경우[750] 또는 법규가 아닌 행정규칙에 규정된 절차를 거치지 않은 경우(438)에는 위법이 아니라고 판시하고 있다.

법령상 다른 기관의 의결, 승인, 협의 등을 반드시 얻도록 규정되어 있는 경우에 절차를 이행하지 않은 행정행위는 원칙적으로 무효이지만(439), 단순히 자문이나 심의를 받도록 규정되어 있는 경우에 절차를 이행하지 않은 행정행위는 무효는 아니다. 이해관계인에게 권리를 주장하거나 이의신청할 수 있도록 기회를 부여하기 위하여 정하여진 공고 또는 통지를 결한 행정행위는 원칙적으로 무효이다[751]. 그러나 판례는 대집행이나 국세징수처럼 연속되는 절차를 거쳐 행

였고, 이사회가 임시이사회를 개최하여 감사원 해임제청요구에 따른 문책사유와 방송의 공정성 훼손 등의 사유를 들어 갑에 대한 해임제청을 결의하고 대통령에게 갑의 사장직 해임을 제청함에 따라 대통령이 갑을 한국방송공사 사장직에서 해임한 사안에서, 갑에게 한국방송공사의 적자구조 만성화에 대한 경영상 책임이 인정되는 데다 대통령이 감사원의 한국방송공사에 대한 감사에 따른 해임제청 요구 및 한국방송공사 이사회의 해임제청결의에 따라 해임처분을 하게 된 것인 점 등에 비추어 대통령에게 주어진 한국방송공사 사장 해임에 관한 재량권 일탈·남용의 하자가 존재한다고 하더라도 그것이 중대·명백하지 않아 당연무효 사유에 해당하지 않고, 해임처분 과정에서 갑이 처분 내용을 사전에 통지받거나 그에 대한 의견제출 기회 등을 받지 못했고 해임처분 시 법적 근거 및 구체적 해임 사유를 제시받지 못하였으므로 해임처분이 행정절차법에 위배되어 위법하지만, 절차나 처분형식의 하자가 중대하고 명백하다고 볼 수 없어 역시 당연무효가 아닌 취소 사유에 해당한다고 본 원심판단을 정당하다고 한 사례

749) 대판 1999. 12. 28. 98두1895 귀화신청 없는 귀화허가나, 임용신청 없는 임용처분은 무효로 보지만, 판례는 기업자가 과실로 인하여 토지수용자나 관계인을 알지 못하여 수용재결을 하였더라도 그 사유만으로는 그 수용재결이 당연무효라고 할 수 없다(대법원 1971. 5. 24. , 70다1459 판결)고 판시하고 있다.

750) 당연 무효로 본 판례(대판 1987. 7. 21. 86누623, 2005. 6. 24. 2004두10968 등), 취소사유로 본 판례(대판 1993. 2. 23. 92누16096, 2000. 10. 13. 99두653 등), 적법하다고 본 판례(대판 1994. 1. 28. 92구498, 1994. 3. 22. 93누18969).

751) 통지가 행정처분의 구성요소로 되어 있는 경우 즉, 세법상 조세부과처분은 상대방에게 서면으로 통지하도록 규정되어 있기 때문에 조세부과처분은 상대방에게 도달함으로써 비로소 성립한다. 따라서 통지를 결한 부과처분은 표시행위 자체가 없기 때문에 처분의 부존재가 된다(대판 1983. 4. 26. 80누527, 1983. 12. 27. 82누484 등). 다만 판례는 납세고지서의 송달을 공시송달의 방법에 의한 경우에 공시송달이 부적법하여 효력이 없을 때에는 부과처분을 당연무효로 보고 있다(대판 1982. 3. 23. 81누139 등). 한편, 행정절차법 제14조에서 '행정행위의 상대방이 특정되어 있는 행정행위의 상대방에 대한 통지는 원칙적으로 송달의 방법에 의하고, 통지의 상대방이 불특정다수인이거나 행정행위의 상대방의 주소 또는 거소가 불분명하여 송달이 불가능하여 심히 곤란한 경우 고시 또는 공고의 방법에 의하도록' 규정하고 있기 때문에 적법한 통지가 없는 처분은 위법으로 무효로 보아야 한다.

정행위가 이루어지는 경우 통지 · 공고의 누락을 무효로 보지 않고 있다(440).

구 환경영향평가법상 환경영향평가를 거쳐야 할 대상사업에 대하여 환경영향평가를 거치지 않은 채 이루어진 승인 등 처분은 무효이지만(441), 교통영향평가를 거치지 않은 채 이루어진 처분은 취소사유에 해당된다[752]. 사전환경성검토협의를 거쳐야 할 대상사업에 대하여 사전환경성검토협의 절차를 생략한 채 이루어진 승인 등의 처분도 취소사유에 해당된다[753].

대판 1996. 12. 96누9799 【징병검사명령처분취소】 상대방 있는 행정처분에 있어서는, 달리 특별한 규정이 없는 한, 그와 같은 처분을 하였음을 그 상대방에게 서면으로 고지하여야만 그 상대방에 대하여 그와 같은 행정처분의 효력이 발생한다.

대판 2009. 11. 12. 2009두11706 【현역입영처분취소】 상대방이 있는 행정처분의 경우 특별한 규정이 없는 한 의사표시의 일반적 법리에 따라 그 행정처분이 상대방에게 고지되어야 효력을 발생하는 것이다. 이 사건 임관무효처분은 국방부장관이 원고에 대하여 한 당초의 장교임용처분이 위법하다는 이유로 그 장교임용처분을 직권으로 취소하는 행정처분으로 보아야 할 것인바, 이 사건 임관무효처분이 통지 등의 절차를 통하여 원고에게 고지되었다고 인정할 만한 아무런 증거가 없으므로 이 사건 임관무효처분은 그 효력이 없다.

752) 대판 2010. 2. 25. 2009두102 【공용화물터미널조성사업계획변경및공사시행변경인가처분무효】 【피고 용인시장】 [2] 구 사회간접자본시설에 대한 민간투자법(2005. 1. 27. 법률 제7386호 '사회기반시설에 대한 민간투자법'으로 개징되기 진의 것) 제13조 제5항, 같은 빕 시행령(2005. 3. 8. 내통링령 제18736호 '사회기반시설에 내한 민간투자법 시행령'으로 개정되기 전의 것) 제15조는 '사업시행자로 지정받은 자는 지정받은 날부터 1년 이내에 실시계획의 승인을 신청하여야 하며, 이 기간 내에 실시계획의 승인을 신청하지 아니한 때에는 사업시행자 지정의 효력을 상실한다'고 규정하고 있을 뿐, 나아가 사업시행자가 사업기간 내에 수용재결신청을 하지 않아 실시계획 승인 처분이 실효되는 경우 사업시행자 지정의 효력도 함께 상실되는지에 관하여는 아무런 규정을 두고 있지 아니하다. 또한, 같은 법 제46조 제3호는 사업시행자가 실시계획에서 정한 사업기간 내에 정당한 사유 없이 공사를 착수하지 아니하거나 공사착수 후 사업시행을 지연 또는 기피하여 사업의 계속시행이 불가능하다고 인정되는 경우 주무관청이 일정한 절차를 거쳐 사업시행자 지정을 취소할 수 있는 제도를 별도로 두고 있다. 이러한 점들에 비추어 볼 때, 사업시행자가 사업기간 내에 사업구역에 포함된 토지를 매수하거나 이에 대하여 수용재결신청을 하지 않아 실시계획 승인 처분이 실효될 경우 사업시행자 지정 효력도 당연히 상실되는지에 관하여는 해석상 다툼의 여지가 있다고 할 것이다. 그렇다면 행정청이 새로운 사업시행자 지정절차를 거치지 않은 채 종전의 사업시행자를 사업시행자로 하여 새로이 실시계획 승인 등을 한 처분에 중대하고 명백한 흠이 있다고 할 수 없으므로 이를 무효로 보기는 어렵다. [3] 교통영향평가는 환경영향평가와 그 취지 및 내용, 대상사업의 범위, 사전 주민의견수렴절차 생략 여부 등에 차이가 있고 그 후 교통영향평가가 교통영향분석·개선대책으로 대체된 점, 행정청은 교통영향평가를 배제한 것이 아니라 '건축허가 전까지 교통영향평가 심의필증을 교부받을 것'을 부관으로 하여 실시계획변경 및 공사시행변경 인가 처분을 한 점 등에 비추어, 행정청이 사전에 교통영향평가를 거치지 아니한 채 위와 같은 부관을 붙여서 한 위 처분에 중대하고 명백한 흠이 있다고 할 수 없으므로 이를 무효로 보기는 어렵다고 한 사례. <원심은 사전에 교통영향평가를 거치지 아니하였음을 이유로 처분이 무효라고 판시>

753) 대판 2009. 9. 24. 2009두2825 【개발사업시행승인처분취소】 【피고 제주특별자치도지사】 [3] 구 환경정책기본법 시행령(2006. 5. 30. 대통령령 제19497호로 개정되기 전의 것) 제7조 [별표 2]의 개발사업 부지에 대하여 구 국토의 계획 및 이용에 관한 법률(2004. 12. 31. 법률 제7297호로 개정되기 전의 것) 제36조 제1항에서 규정한 세부용도지역이 지정되지 아니한 경우, 관계행정기관의 장은 그 개발사업 부지의 이용실태 및 특성, 장래의 토지이용방향 등에 대한 구체적 조사 및 이에 기초한 평가 작업을 거쳐 그 개발사업 부지가 구 국토의 계획 및 이용에 관한 법률 제36조 제1항 중 어떠한 세부용도지역의 개념 정의에 부합하는지 여부를 가린 다음 이를 토대로 사전환경성검토협의를 할지 여부를 결정하여야 한다. [4] 하자 있는 행정처분이 당연무효가 되기 위하여는 그 하자가 법규의 중요한 부분을 위반한 중대한 것으로서 객관적으로 명백한 것이어야 하며, 하자가 중대하고 명백한지 여부를 판별할 때에는 그 법규의 목적, 의미, 기능 등을 목적론적으로 고찰함과 동시에 구체적 사안 자체의 특수성에 관하여도 합리적으로 고찰함을 요한다. 행정청이 어느 법률관계나 사실관계에 대하여 어느 법률의 규정을 적용하여 행정처분을 한 경우에 그 법률관계나 사실관계에 대하여는 그 법률의 규정을 적용할 수 없다는 법리가 명백히 밝혀져 그 해석에 다툼의 여지가 없음에도 행정청이 위 규정을 적용하여 처분을 한 때에는 그 하자가 중대하고도 명백하다고 할 것이나, 그 법률관계나 사실관계에 대하여 그 법률의 규정을 적용할 수 없다는 법리가 명백히 밝혀지지 아니하여 그 해석에 다툼의 여

4) 형식에 관한 하자

행정행위는 통상 특별한 형식을 요하지 않는 불요식행위이지만, 행정행위의 내용을 객관적으로 분명하게 하고 그에 관한 증거를 보전하기 위해서 요식행위로 규정한 경우도 적지 않다. 나아가 행정절차법은 문서로써 당사자 등에 통지함을 원칙으로 하고, 신속을 요하거나 사안이 경미한 경우에는 구술, 기타 방법으로 할 수 있으나 당사자 등의 요청이 있을 때에는 지체 없이 관계문서를 교부하도록 규정하고 있다. 요식행위의 경우에 소정의 형식에 관한 요건을 갖추지 않으면 무효가 되지만(구두로 통지한 운전면허 취소 · 정지처분은 무효)[754), 기타의 경우에는 무효가

지가 있는 때에는 행정관청이 이를 잘못 해석하여 행정처분을 하였더라도 이는 그 처분 요건사실을 오인한 것에 불과하여 그 하자가 명백하다고 할 수 없다. [5] 행정청이 사전환경성검토협의를 거쳐야 할 대상사업에 관하여 법의 해석을 잘못한 나머지 세부용도지역이 지정되지 않은 개발사업 부지에 대하여 사전환경성검토협의를 할지 여부를 결정하는 절차를 생략한 채 승인 등의 처분을 한 사안에서, 그 하자가 객관적으로 명백하다고 할 수 없다고 한 사례. 요지와 해설 : <제주난산풍력발전소 개발사업시행승인 취소소송사건> 구 환경정책기본법의 규정 취지는 대상사업이 환경을 해치지 아니하는 방법으로 시행되도록 함으로써 당해 사업과 관련된 환경공익을 보호하려는 데 그치는 것이 아니라, 당해 사업으로 인하여 직접적이고 중대한 환경피해를 입으리라고 예상되는 사전환경성검토협의 대상지역 내의 주민들이 전과 비교하여 수인한도를 넘는 환경침해를 받지 아니하고 쾌적한 환경에서 생활할 수 있는 개별적 이익까지도 보호하려는 데에 있다 할 것인데, 사전환경성검토협의를 거쳐야 할 대상사업에 대하여 사전환경성검토협의를 거치지 아니하였음에도 승인 등 처분이 이루어진다면 환경파괴를 미연에 방지하고 쾌적한 환경을 유지·조성하기 위하여 사전환경성검토협의 제도를 둔 입법 목적을 달성할 수 없게 되는 결과를 초래할 뿐만 아니라 사전환경성검토협의 대상지역 안의 주민들의 직접적이고 개별적인 이익을 근본적으로 침해하게 되므로, 이러한 행정처분의 하자는 법규의 중요한 부분을 위반한 중대한 것이라고 하지 않을 수 없다. 그러나 앞서 본 바와 같이 구 국토의 계획 및 이용에 관한 법률 제6조, 제36조 제1항에서 규정한 세부용도지역에 따라 사전환경성검토협의 대상이 되는 사업계획면적이 달리 규정되어 있는바, 소외 회사가 피고에게 제출한 개발사업시행승인신청서에는 이 사건 개발사업 부지가 6,418㎡로 기재되어 있어 이 사건 개발사업 부지의 세부용도지역 지정에 따라 사전환경성검토협의 대상 여부가 달라질 수 있었음에도, 이 사건 처분 당시 이 사건 개발사업 부지에 대하여 세부용도지역이 지정되지 않은 상태였고, 이러한 경우 피고로서는 이 사건 개발사업 부지의 이용실태 및 특성, 장래의 토지이용방향 등에 대한 구체적 조사 및 이에 기초한 평가 작업을 거쳐 이 사건 개발사업 부지가 어떠한 세부용도지역의 개념 정의에 부합하는지 여부를 가린 다음 이를 토대로 사전환경성검토협의 여부를 결정하여야 한다는 법리는 이 사건 처분이 있은 후에 비로소 이 사건 대법원판결에 의하여 선언되는 것이므로, 설령 피고가 법의 해석을 잘못한 나머지 이 사건 개발사업이 사전환경성검토협의 대상이 아니라고 보고 그 절차를 생략한 채 이 사건 처분을 하였다고 하더라도, 그 하자가 외형상 객관적으로 명백하다고 할 수는 없음. [당시 환경정책기본법 시행령에 의하면, 관계 행정기관의 장이 사전환경성검토협의[1)를 하기 위하여 협의기관의 장에게 제출하는 서류에 '대상지역'에 관한 자료를 제출하도록 규정되어 있으나 '대상지역의 범위'에 관한 명확한 기준이 없음.]

754) 대판 1994. 1. 11. 93누21705, 1996. 6. 14. 95누17823 【운전면허취소처분취소】 [1] 도로교통법 제78조, 같은법 시행령 제53조 제1항, 같은법시행규칙 제53조 제2항(1995. 7. 1. 내무부령 제651호로 개정되기 전의 것)은, 면허관청이 운전면허를 취소하거나 그 효력을 정지한 때에는 운전면허를 받은 사람에게 그 처분의 내용, 사유, 근거가 기재되어 있는 별지 52호 서식의 자동차운전면허 취소 · 정지 통지서에 의하여 그 사실을 통지하되, 정지처분의 경우에는 처분집행예정일 7일 전까지 이를 발송하여야 한다고 규정하고 있는바, 이는 상대방에게 불이익한 운전면허정지처분을 미리 서면으로 알림으로써 운전면허정지로 인하여 상대방이 입게 될 불이익을 최소화하고 차량의 입고 등 사전 대비(택시운전자의 경우에는 배차조정, 업무인수인계 등)는 물론 그 처분에 대한 집행정지의 신청이나 행정쟁송 등 불복의 기회를 보장하기 위한 데에 그 규정취지가 있고, 운전면허정지처분의 경우 면허관청으로 하여금 일정한 서식의 통지서에 의하여 처분집행일 7일 전까지 발송하도록 한 같은법시행규칙 제53조 제2항의 규정은 효력규정이다. [2] 면허관청이 운전면허정지처분을 하면서 별지 52호 서식의 통지서에 의하여 면허정지사실을 통지하지 아니하거나 처분집행예정일 7일 전까지 이를 발송하지 아니한 경우에는 특별한 사정이 없는 한 위 관계 법령이 요구하는 절차 · 형식을 갖추지 아니한 조치로서 그 효력이 없고, 이와 같은 법리는 면허관청이 임의로 출석한 상대방의 편의를 위하여 구두로 면허정지사실을 알렸다고 하더라도 마찬가지이다.

되지 않는다. 나아가 처분문서에 이유부기 등의 누락이 있는 경우에는 원칙적으로 취소사유에 불과하다. 다만, 법령에 행정기관의 서명 · 날인을 요구하고 있는 경우에 이를 결한 행정처분은 원칙적으로 무효이다[755].

5. 위법심사의 방식

> 제26조(직권심리) 법원은 필요하다고 인정할 때에는 직권으로 증거조사를 할 수 있고, 당사자가 주장하지 아니한 사실에 대하여도 판단할 수 있다.
>
> 제8조(법적용예) ② 행정소송에 관하여 이 법에 특별한 규정이 없는 사항에 대하여는 법원조직법과 민사소송법 및 민사집행법의 규정을 준용한다.
>
> <준용규정 : 제38조 ① 무효등확인소송, 제38조 ② 부작위위법확인소송, 제44조 ① 당사자소송>

가. 예외적 직권주의

행정소송의 심리는 원칙적으로 민사소송법의 규정들을 준용하고 있기 때문에 변론, 준비, 증거조사 등에서 민사소송과 동일하다. 따라서 행정소송도 소의 제기, 종료, 심판의 대상이 당사자에 의해 결정되는 처분권주의가 적용된다. 다만 예외적으로 당사자에 의한 자유로운 공법상 권리관계의 처분이 금지되기 때문에 화해, 인낙 등은 허용되지 않는다. 행정소송법 제26조 '법원은 필요하다고 인정할 때는 직권으로 증거조사를 할 수 있고, 당사자가 주장하지 않은 사실에 대하여도 판단할 수 있다.'는 규정으로 인하여 직권탐지주의가 적용된다는 견해도 있지만(직권탐지주의설), 판례는 행정소송에서도 원칙적으로 변론주의가 적용되고 예외적으로 직권주의가 적용된다고 판시하고 있다(변론주의보충설). 따라서 판결의 기초가 되는 사실과 그에 대한 자료는 당사자가 변론에 현출시켜야 하고, 변론에 나타나지 않은 사실에 대하여는 판단할 수 없고[756], 판단할 필요도 없다.

---

755) 서명은 특별한 경우(예 : 헌법 §82에 의한 국무총리 · 국무위원의 부서) 외에는 반드시 자서임을 요하지 않고 고무인을 사용하거나 복사하는 등의 방법도 가능하다. 날인은 당해 행정청 관인의 압날을 뜻하고 반드시 실인의 압날을 요하는 것은 아니며, 권한 있는 행정청임을 표시함에 충분한 인영의 현출(인쇄 · 복사 등)로도 무방하다. 그리고 행정전자서명을 사용하도록 규정되어 있다.

756) 대판 1994. 10. 11. 94누4820 【양도소득세등부과처분취소】 행정소송법 제26조가 법원은 필요하다고 인정할 때에는 직권으로 증거조사를 할 수 있고, 당사자가 주장하지 아니한 사실에 대하여도 판단할 수 있다고 규정하고 있지만,

우선 소송요건인 당사자능력·적격, 제소기간, 소송의 대상인 처분의 존재 등은 민사소송과 동일하게 변론주의가 적용되지 않고 직권탐지 또는 직권조사사항에 속한다. 그러나 본안은 행정소송이 공법상 법률관계를 대상으로 하기 때문에 행정소송법 제26조에 따라 법원이 필요하다고 인정할 때에 한하여 청구의 범위 내에서 일건 기록에 현출되어 있는 사항에 관하여 직권으로 증거조사757)할 수 있고, 이를 기초로 판단758)할 수 있다. 그리고 변론주의가 적용되는 이

이는 행정소송의 특수성에 연유하는 당사자주의, 변론주의에 대한 일부 예외 규정일 뿐 법원이 아무런 제한 없이 당사자가 주장하지 아니한 사실을 판단할 수 있는 것은 아니고, 일건 기록에 현출되어 있는 사항에 관하여서만 직권으로 증거조사를 하고 이를 기초로 하여 판단할 수 있을 따름이고, 그것도 법원이 필요하다고 인정할 때에 한하여 청구의 범위내에서 증거조사를 하고 판단할 수 있을 뿐이다.

대판 1992. 3. 10. 91누6030【참가압류무효확인】 행정소송법 제26조는 법원이 필요하다고 인정할 때에는 직권으로 증거조사를 할 수 있고 당사자가 주장하지 아니한 사실에 대하여 판단할 수 있다고 규정하고 있으나, 이는 행정소송에 있어서 원고의 청구범위를 초월하여 그 이상의 청구를 인용할 수 있다는 뜻이 아니라 원고의 청구범위를 유지하면서 그 범위 내에서 필요에 따라 주장 외의 사실에 관하여 판단할 수 있다는 뜻이고 또 법원의 석명권은 당사자의 진술에 모순, 흠결이 있거나 애매하여 그 진술의 취지를 알 수 없을 때 이를 보완하여 명료하게 하거나 증명책임 있는 당사자에게 입증을 촉구하기 위하여 행사하는 것이지 그 정도를 넘어 당사자에게 새로운 청구를 할 것을 권유하는 것은 석명권의 한계를 넘어서는 것이다.

대판 2010. 2. 11. 2009두18035【복구설계승인신청불승인처분취소】 행정소송에서 기록상 자료가 나타나 있다면 당사자가 주장하지 않았더라도 판단할 수 있고, 당사자가 제출한 소송자료에 의하여 법원이 처분의 적법 여부에 관한 합리적인 의심을 품을 수 있음에도 단지 구체적 사실에 관한 주장을 하지 아니하였다는 이유만으로 당사자에게 석명을 하거나 직권으로 심리·판단하지 아니함으로써 구체적 타당성이 없는 판결을 하는 것은 행정소송법 제26조의 규정과 행정소송의 특수성에 반하므로 허용될 수 없다.

757) 행정소송에서의 증거조사 절차와 방법은 민사소송과 동일하지만, 행정소송법 제25조에서 행정심판기록제출명령이라는 특수한 증거조사방법을 인정하고 있다. 이에 따라 행정심판청구서, 답변서, 재결서 등을 비롯한 행정심판위원회의 회의록 기타 행정심판위원회의 심리를 위해 제출된 일체의 증거자료, 참고자료 등이 제출명령의 대상이 된다.

> 제25조(행정심판기록의 제출명령) ① 법원은 당사자의 신청이 있는 때에는 결정으로써 재결을 행한 행정청에 대하여 행정심판에 관한 기록의 제출을 명할 수 있다. ② 제1항의 규정에 의한 제출명령을 받은 행정청은 지체없이 당해 행정심판에 관한 기록을 법원에 제출하여야 한다.
> <준용규정 : 제38조 ① 무효등확인소송, 제38조 ② 부작위위법확인소송, 제44조 ① 당사자소송>

758) 대판 2010. 2. 11. 2009두18035【복구설계승인신청불승인처분취소】【피고 양평군수】[1] 행정절차법 제24조 제1항에서 행정청이 처분을 하는 때에는 다른 법령 등에 특별한 규정이 있는 경우를 제외하고는 문서로 하도록 규정한 것은 처분 내용의 명확성을 확보하고 처분의 존부나 내용에 관한 다툼을 방지하기 위한 것인바, 이와 같은 행정절차법의 규정 취지를 감안해 보면, 행정청이 문서에 의하여 처분을 한 경우 원칙적으로 그 처분서의 문언에 따라 어떤 처분을 하였는지 확정하여야 하나, 그 처분서의 문언만으로는 행정청이 어떤 처분을 하였는지 불분명하다는 등 특별한 사정이 있는 때에는 처분 경위나 처분 이후의 상대방의 태도 등 다른 사정을 고려하여 처분서의 문언과 달리 그 처분의 내용을 해석할 수도 있다. [2] 산지전용허가를 받은 자가 산지전용기간이 만료되자 복구설계승인을 신청하였으나 목적사업이 완료되지 않았다는 이유로 행정청이 이를 불승인하는 처분을 한 사안에서, 산지관리법 제39조 제1항, 제40조 제1항에 의하면 산지전용허가의 산지전용기간이 만료된 이상 목적사업이 완료되지 않았다고 하더라도 산지전용허가를 받은 자에게는 위 규정에 의한 산지복구의무가 발생하므로, 그 의무 이행을 위한 복구설계승인 신청을 목적사업이 완료되지 않았다는 이유로 불승인한 처분은 위법하다고 한 사례. [3] 행정소송에서 기록상 자료가 나타나 있다면 당사자가 주장하지 않았더라도 판단할 수 있고, 당사자가 제출한 소송자료에 의하여 법원이 처분의 적법 여부에 관한 합리적인 의심을 품을 수 있음에도 단지 구체적 사실에 관한 주장을 하지 아니하였다는 이유만으로 당사자에게 석명을 하거나 직권으로 심리·판단하지 아니함으로써 구체적 타당성이 없는 판결을 하는 것은 행정소송법 제26조의 규정과 행정소송의 특수성에 반하므로 허용될 수 없다. <사안 : 원고들은 이 사건 산지전용허가의 산지전용기간이 만료되자 피고에게 복구설계승인을 신청하였는데 피고는 그 목적사업이 완료되지 않았다는

상 자백의 구속력이 인정되고, 주요사실에 대하여 당사자 간에 다툼이 없으면 법원은 이와 다른 사실을 인정할 수 없다[759].

나. 증명책임

소송요건사실은 직권조사사항이지만, 그 존부가 불분명할 때 이를 결한 부적법한 소로 취급되어 원고의 불이익이 판단되므로 결국 원고가 **증명책임**[760]을 부담하는 결과가 된다.

본안의 증명책임에 관하여 원고부담설(행정행위의 공정력에 따른 적법성 추정설), 피고부담설(적법성 담보설), 법률요건분류설, 개별구체적분류설 등의 견해 대립이 있지만, 판례와 통설은 민사소송과 동일하게 법률요건분류설의 입장이다(442). 법률요건분류설에 따르면 권리를 주장하는 자는 권리근거규정의 요건사실(권리발생사실)에 대한 증명책임을, 권리의 존재를 다투는 자는 권리장애규정, 권리소멸규정, 권리저지규정의 요건사실(항변사실)에 대한 증명책임을 부담한다. 따라서 권한행사규정의 요건사실의 존재는 권한행사의 필요 또는 적법성을 주장하는 자가 증명책임을 부담하므로 적극적 처분에 대하여는 처분을 한 처분청(443)이, 거부처분에 대하여

이유로 신청을 불승인하는 처분을 하자 이에 취소소송을 제기함. 원심 : 산지전용허가의 목적사업이 완료되지 않았다는 이유뿐만 아니라 산지전용허가에 목적사업인 창고건축이 이행되지 아니할 경우 산지전용허가를 취소할 수 있다는 허가조건의 위반을 이유로 산지전용허가를 취소하기에 앞서 허가조건의 이행을 촉구하는 취지에서도 복구설계승인신청을 거부할 수 있음(청구기각). 대법원 요지와 해설 : 산지관리법 제39조 제1항, 제40조 제1항에 의하면, 산지관리법 제14조의 규정에 의한 산지전용허가를 받은 자는 산지전용의 목적사업이 완료되거나 또는 산지전용기간이 만료된 때에 관할관청으로부터 복구설계승인을 받아 산지를 복구하여야 하므로, 산지전용허가의 산지전용기간이 만료된 이상 목적사업이 완료되지 않았다 하더라도 원고들에게는 위 규정에 의한 산지복구의무가 발생하고, 따라서 그 의무 이행을 위한 원고들의 복구설계승인신청을 목적사업이 완료되지 않았다는 이유로 불승인한 처분은 위법함[1]. 또한 산지전용허가에 목적사업인 창고건축이 이행되지 아니할 경우 산지전용허가를 취소할 수 있다는 허가조건이 부가되어 있다 하더라도, 산지전용기간의 만료만으로 원고들에게 산지복구의무가 발생하는 이상, 피고로서는 위 허가조건의 이행, 즉 목적사업의 완료를 촉구하기 위하여 원고들의 복구설계승인신청을 불승인할 수는 없으며, 피고가 위 허가조건의 위반을 이유로 산지전용허가를 취소할 수 있다 하더라도 그러한 사정만으로 달리 보기는 어려움(청구인용).>

759) 민사소송과 동일하게 자백의 구속력은 요건사실에 한하여 인정되고, 법률문제나 보조사실, 간접사실에 대하여 인정되지 않지만, 서증의 진정 성립에 관하여는 구속력이 인정된다.

760) 주장책임이란 당사자가 유리한 사실을 주장하지 않으면 그 사실이 없는 것으로 취급되어 불이익한 판단을 받게 되는데, 이 경우 당해 당사자의 불이익을 받는 지위를 의미한다. 증명책임이란 소송상 증명을 요하는 사실의 존부가 확정되지 않는 경우 당해 사실이 존재하지 않는 것으로 취급되어 불리한 법률판단을 받게 되는 당사자의 일방의 위험 또는 불이익을 의미한다. 다수설은 주장책임의 분배는 원칙적으로 증명책임의 분배와 일치한다는 입장이다. 대판 2009. 12. 10. 선고 2007두20140【공시지가확정처분취소】【피고 국토해양부장관】[1] 내용증명우편이나 등기우편과는 달리, 보통우편의 방법으로 발송되었다는 사실만으로는 그 우편물이 상당한 기간 내에 도달하였다고 추정할 수 없고, 송달의 효력을 주장하는 측에서 증거에 의하여 이를 입증하여야 한다. <요지와 해설 : 표준지 공시지가에 대한 원고의 이의신청을 기각한 통지서가 보통우편의 방법으로 발송되었고, 그러한 경우 원고의 주소지까지 도달하는 데 통상 3-4일 정도 걸린다는 사정만으로는 통지서가 발송일로부터 3-4일 후 원고에게 적법하게 송달되었다고 단정하기 부족하고 달리 이를 인정할 증거가 없다고 하여, 이 사건 소가 제소기간을 도과한 위법한 소라는 피고의 본안전 항변을 배척함.> 동지, 대판 2002. 7. 26. 2000다25002 【보험금】

는 원고[761]가 증명책임을 부담하고, 권한불행사규정이나 상실규정의 요건사실의 존재는 처분권한의 불행사 또는 상실을 주장하는 자가 증명책임을 부담하므로 적극적 처분에 대하여는 원고가, 거부처분에 대하여는 처분청이 증명책임을 부담한다[762].

제재적 행정처분(영업정지 · 취소처분 등), 징계처분, 과징금 · 과태료부과처분 등 침익적 행정행위의 적법성에 대한 증명책임은 원칙적으로 행정청에게 있다[763]. 과세처분의 적법성에 대

761) 특허는 원고가, 허가는 피고가 책임져야 한다는 견해도 있다. 대판 2009. 8. 20. 선고 2008두19871 【개인택시운송사업면허제외처분취소】 【피고 서산시장】 [1] 구 여객자동차 운수사업법 시행규칙(2008. 11. 6. 국토해양부령 제66호로 개정되기 전의 것) 제17조 및 이에 근거하여 지방자치단체가 제정한 '개인택시 운송사업면허 업무처리규정'에서 말하는 '운전경력'은 수익적 행정행위인 개인택시 운송사업면허의 발급요건을 구성하므로 그 행정행위의 상대방인 운전자가 그 사실의 증명책임을 부담하고, 그 증명은 원칙적으로 사실심 변론종결 당시까지 할 수 있다. 그러나 개인택시 운송사업면허는 한정된 면허대수의 범위 내에서 그 발급에 필요한 요건을 갖춘 다수의 신청자들 중 그 범위 내의 순위에 해당하는 신청자들에게만 발급하게 되므로, 기본적 요건이 되는 운전경력의 증명은 위 업무처리규정에서 정하는 서류와 동등한 정도의 객관적이고 합리적인 증거자료에 의하여야 한다. [2] 운전자가 개인택시면허 발급신청 당시 제출한 소득금액증명서, 운전경력증명서, 고용계약서 및 각서, 사실확인서, 폐업사실증명원은 운전자의 실제 업무내용이 어떠하였고 운전자가 업무시간 동안 어느 정도로 직접 운전에 종사하였는지, 운전자가 운전에 종사한 기간이 구체적으로 얼마나 되는지 등 운전자의 자가용 자동차 운전경력에 관하여 구 여객자동차 운수사업법 시행규칙(2008. 11. 6. 국토해양부령 제66호로 개정되기 전의 것) 제17조에 의하여 제정된 '서산시 개인택시면허 업무처리규정' 제8조 제2항 제2호에서 정하는 서류(고용계약서류, 급여지급명세서, 갑근세납세필 증명서 등)에 준하는 객관적이고 합리적인 증거자료에 해당한다고 보기 어렵다고 한 사례. 동지, 대판 2005. 7. 22. 2005두999 【개인택시운송사업면허제외처분취소】

762) 대판 2000. 9. 29. 98두12772 【시정명령처분취소】 구 독점규제및공정거래에관한법률(1996. 12. 30. 법률 제5235호로 개정되기 전의 것) 제23조 제3항은 '공정거래위원회가 불공정거래행위를 예방하기 위하여 필요한 경우 사업자가 준수하여야 할 지침을 제정 · 고시할 수 있다.'고 규정하고 있으므로 위 위임규정에 근거하여 제정 · 고시된 표시 · 광고에관한공정거래지침의 여러 규정 중 불공정거래행위를 예방하기 위하여 사업자가 준수하여야 할 지침을 마련한 것으로 볼 수 있는 내용의 규정은 위 법의 위임범위 내에 있는 것으로서 위 법의 규정과 결합하여 법규적 효력을 가진다고 할 것이나, 위 지침 Ⅲ(규제대상 및 법 운용방침) 2(법운용방침) (나)호에서 정하고 있는 '문제되는 표시 · 광고내용에 대한 사실 여부 또는 진위 여부에 관한 증명책임은 당해 사업자가 진다.'는 증명책임규정은 원래 공정거래위원회가 부담하고 있는 표시 · 광고 내용의 허위성 등에 관한 증명책임을 전환하여 사업자로 하여금 표시 · 광고 내용의 사실성 및 진실성에 관한 증명책임을 부담하게 하는 것으로서 사업자에게 중대한 불이익을 부과하는 규정이라 할 것이므로 이러한 사항을 지침으로 정하기 위하여는 법령상의 뚜렷한 위임근거가 있어야 할 것인데, 위 법규정은 공정거래위원회로 하여금 불공정거래행위를 예방하기 위하여 사업자가 준수하여야 할 사항을 정할 수 있도록 위임하였을 뿐 증명책임전환과 같은 위 법의 운용방침까지 정할 수 있도록 위임하였다고는 볼 수 없으므로 위 증명책임규정은 법령의 위임 한계를 벗어난 규정이어서 법규적 효력이 없다.

763) 대판 2014. 11. 27. 2014두9226 【벽면전광판허가취소처분취소】 일정한 행정처분으로 국민이 일정한 이익과 권리를 취득하였을 경우에 종전 행정처분에 하자가 있음을 전제로 직권으로 이를 취소하는 행정처분은 이미 취득한 국민의 기존 이익과 권리를 박탈하는 별개의 행정처분으로, 취소될 행정처분에 하자가 있어야 하고, 나아가 행정처분에 하자가 있다고 하더라도 취소해야 할 공익상 필요와 취소로 당사자가 입게 될 기득권과 신뢰보호 및 법률생활안정의 침해 등 불이익을 비교·교량한 후 공익상 필요가 당사자가 입을 불이익을 정당화할 만큼 강한 경우에 한하여 취소할 수 있는 것이며, 하자나 취소해야 할 필요성에 관한 증명책임은 기존 이익과 권리를 침해하는 처분을 한 행정청에 있다.

대판 2003. 7. 22. 2002두11066 【의병전역취소및재복무통지처분취소】 행정처분의 성립과정에서 그 처분을 받아내기 위한 뇌물이 수수되었다면 특별한 사정이 없는 한 그 행정처분에는 직권취소사유가 있는 것으로 보아야 할 것이고, 이러한 이유로 직권취소하는 경우에는 처분 상대방측에 귀책사유가 있기 때문에 신뢰보호의 원칙도 적용될 여지가 없다 할 것이며, 다만 행정처분의 성립과정에서 뇌물이 수수되었다고 하더라도 그 행정처분이 기속적 행정행위이고 그 처분의 요건이 충족되었음이 객관적으로 명백하여 다른 선택의 여지가 없었던 경우에는 직권취소의 예외가 될 수 있을 것이지만, 그 경우 이에 대한 증명책임은 이를 주장하는 측에게 있다.

한 증명책임도 원칙적으로 행정청에 있기 때문에 행정청이 과세표준 산정의 기준이 되는 소득뿐만 아니라 비용을 모두 입증해야 하지만, 입증의 어려움을 고려해 세법 자체에서 특정사실이 있으면 과세요건을 구비한 것으로 간주하거나 추정하는 특별규정을 둔 경우에는 증명책임이 전환된다.

각종 사회보장 급부청구 거부처분에서 급부청구의 적법성에 대한 증명책임은 원칙적으로 신청한 자에게 있기 때문에 거부사유가 급부요건을 갖추지 못하였다는 이유인 경우에는 급부를 청구하는 자에게, 급부청구권 발생에 장애사유가 있다거나 일단 발생한 급부청구권이 소멸하였다는 이유인 경우에는 행정청에게 증명책임이 있다. 예컨대, 공무원요양급여거부처분 취소소송에서 질병이 공무수행 중 공무로 인하여 발생하였음에 대한 증명책임은 공무원에게 있다. 공익사업을 위한 토지 등의 취득 및 보상에 관한 법률 제85조 제2항에 의한 손실보상금 증액청구소송에서 수용재결이나 이의재결에서 정한 손실보상금보다 정당한 손실보상금액이 더 많다는 점에 대한 증명책임은 원고에게 있다(444).

재량권의 일탈·남용에 대한 증명책임은 원칙적으로 이를 주장하는 자에게 있으므로, 통상 원고가 비례의 원칙 위반에 관한 주요사실을 입증해야 한다[764]. 그러나 처분의 절차적 적법성에 대한 증명책임은 적극적 처분이든 소극적 처분이든 항상 행정청에게 있다[765]. 예컨대, 처분이 피고지자에게 송달된 사실 또는 공시송달의 요건 충족사실 등을 행정청이 입증해야 한다.

직권취소 또는 철회에서 취소사유 또는 철회사유에 대한 증명책임은 원칙적으로 행정청에게 있다[766]. 예컨대, 사업주가 신규고용촉진 장려금 지급 여부와 무관하게 취업 취약계층에 속하

---

764) 대판 1987. 12. 8. 87누861 【공유수면점용료부과처분】 자유재량에 의한 행정처분이 그 재량권의 한계를 벗어난 것이어서 위법하다는 점은 그 행정처분의 효력을 다투는 자가 이를 주장·입증하여야 하고 처분청이 그 재량권의 행사가 정당한 것이었다는 점까지 주장.입증할 필요는 없다.

765) 대판 1994. 10. 14. 94누4134 【양도소득세부과처분부존재확인】 납세고지서의 공시송달이 위법하여 효력이 없다는 납세자의 주장에 대하여 이를 인정할 증거가 없다고 판시함으로써 마치 공시송달의 위법 여부에 관한 증명책임이 납세자에게 있는 것처럼 설시하는 것은 잘못이다.

766) 대판 63누142 행정처분에 있어서 하자 또는 취소하여야 할 공공의 필요성에 대한 증명책임은 기존의 이익과 권리를 침해하는 처분을 한 당해 행정청에 있다. 대판 2012. 3. 29. 선고 2011두23375 【공상공무원비해당자결정취소】 【피고 인천보훈지청장】 [1] 일정한 행정처분으로 국민이 일정한 이익과 권리를 취득하였을 경우에 종전 행정처분을 취소하는 행정처분은 이미 취득한 국민의 기존 이익과 권리를 박탈하는 별개의 행정처분으로 취소될 행정처분에 하자 또는 취소해야 할 공공의 필요가 있어야 하고, 나아가 행정처분에 하자 등이 있다고 하더라도 취소해야 할 공익상 필요와 취소로 당사자가 입게 될 기득권과 신뢰보호 및 법률생활안정의 침해 등 불이익을 비교·교량한 후 공익상 필요가 당사자가 입을 불이익을 정당화할 만큼 강한 경우에 한하여 취소할 수 있는 것이며, 하자나 취소해야 할 필요성에 관한 증명책임은 기존 이익과 권리를 침해하는 처분을 한 행정청에 있다. [2] 초등학교 서무책임자로 근무하던 중 갑자기 쓰러져 '좌측 대뇌출혈에 의한 우측 편마비' 진단을 받은 갑에 대하여 지방보훈지청장이 공상공무원으로 국가유공자에 해당한다는 결정을 하였는데, 감사원의 감사결과를 통보받은 보훈심사위원회가 재심의를 통하여 '갑

는 사람들을 즉시 고용할 의사를 확정적으로 가지고 있음에도 이를 숨긴 채 형식적으로 직업안정기관 등의 알선 등을 거쳐 신규고용촉진 장려금을 지급받은 것이 구 고용보험법 제35조에서 정한 '거짓이나 그 밖의 부정한 방법'으로 신규고용촉진 장려금을 지원받은 경우에 해당하는 경우 이러한 사유를 근거로 한 행정청의 환수처분 등 불이익한 행정처분에 대하여 사업주가 처분취소를 구하는 항고소송에서 위 사유에 관한 증명책임은 행정청에게 있다[767].

이 근무시간 전에 운동하던 중 쓰러진 것으로 판단된다'는 취지로 의결함에 따라 다시 공상공무원 비해당결정을 한 사안에서, 여러 사실관계에 비추어 보면 운동장 평탄화 작업 중에 졸도하였다는 취지로 작성한 교육상의 상병경위서 내용을 갑이 부인하는 사정만으로 곧바로 갑의 상이가 공무로 인한 것이 아니라고 단정할 수는 없다는 이유로, 이와 달리 본 원심판결에 행정처분 취소사유의 증명책임에 관한 법리를 오해한 위법이 있다고 한 사례. 대판 2009. 11. 26. 2009두8786 【채무부존재확인】 【피고 국민건강보험공단】 [1] 국민건강보험법 제52조 제1항에 의한 국민건강보험공단의 환수처분 또는 징수처분은 요양기관이 환자에게 실제로 제공한 진료행위 등에 비하여 과다한 요양급여비용을 받았다고 하여 곧바로 행할 수 있는 것이 아니라 그러한 과다한 요양급여비용을 지급받은 것이 요양기관의 사위 기타 부당한 방법에 의한 것일 때 행할 수 있는 것이고, 그러한 경우 요양기관이 사위 기타 부당한 방법으로 요양급여비용을 지급받았다는 점을 증명할 책임은 국민건강보험공단에 있다. 동지, 대판 2008. 9. 11. 2008두6981,6998 【재심요양급여비환수결정처분취소·재심요양급여비환수결정처분취소】, 대판 2011. 11. 24. 2011두16025 【건강검진후진찰료환수처분취소】 등

767) 대판 2011. 8. 18. 2010두28373 【부정수급액의반환및추가징수등취소】 【피고 광주지방노동청장】 [2] 취업 취약계층에 속하는 사람들이 사업주가 요구하는 자격과 능력을 갖추고 있어서 사업주가 신규고용촉진 장려금 지급 여부와 무관하게 이들을 즉시 고용할 의사를 확정적으로 가진 경우도 있을 수 있는데, 그럼에도 사업자가 이러한 사실을 숨긴 채 형식적으로 직업안정기관 등의 알선 등을 거쳐 신규고용촉진 장려금을 지급받는 것은 구 고용보험법(2010. 6. 4. 법률 제10339호로 개정되기 전의 것) 제35조에서 정한 '거짓이나 그 밖의 부정한 방법'으로 신규고용촉진 장려금을 지원받은 경우에 해당한다. 만일 행정청이 이러한 사유를 들어 사업주를 상대로 환수처분 등 불이익한 행정처분을 하고 이에 대하여 사업주가 처분 취소를 구하는 항고소송을 제기한 경우, 사업주가 직업안정기관 등의 알선에 앞서 취업 취약계층에 속하는 사람들을 즉시 고용할 의사를 가지고 있었음에도 이를 숨기고 형식적으로 알선 절차를 거쳐 신규고용촉진 장려금을 지급받은 것이라는 점에 관한 증명책임은 행정처분이 적법하다는 것을 주장하는 행정청에 있다. [3] 갑 주식회사가 고용지원센터 알선 전에 을, 丙을 면접한 후 이들로 하여금 고용지원센터의 알선 등 신규고용촉진 장려금을 지급받을 수 있는 절차와 요건을 갖추도록 한 다음 고용하였으나 관할 노동청장에게는 실제 채용과정을 밝히지 않고 신규고용촉진 장려금을 지급받은 사안에서, 갑 회사가 을, 丙을 면접한 후 즉시 고용할 의사는 없고 고용지원센터의 알선을 거쳐 신규고용촉진 장려금을 받을 수 있는 경우에 한하여 고용할 의사를 가졌을 수도 있으므로, 면접절차를 거쳤다고 하여 곧바로 갑 회사가 을, 丙을 고용할 의사를 확정적으로 가졌다고 단정할 수 없고, 갑 회사가 고용지원센터 알선 등 구 고용보험법 시행령(2010. 2. 8. 대통령령 제22026호로 개정되기 전의 것) 제26조 제1항에서 정한 절차와 요건을 갖추도록 한 후 고용하여 신규고용촉진 장려금을 지급받는 것도 적법하며, 갑 회사가 신규고용촉진 장려금을 신청하면서 관할 노동청장에게 고용안정센터 알선 전에 면접을 거친 사실을 밝히지 아니하였다고 하여 구 고용보험법(2010. 6. 4. 법률 제10339호로 개정되기 전의 것) 제35조에서 정한 '거짓이나 그 밖의 부정한 방법'으로 신규고용촉진 장려금을 지원받은 경우에 해당한다고 할 수 없다는 이유로, 이와 달리 본 원심판결에 법리오해의 위법이 있다고 한 사례.

제7편

판결과 가구제

제 1 장

판결의 효력과 집행, 재심, 소송참가

취소판결의 효력

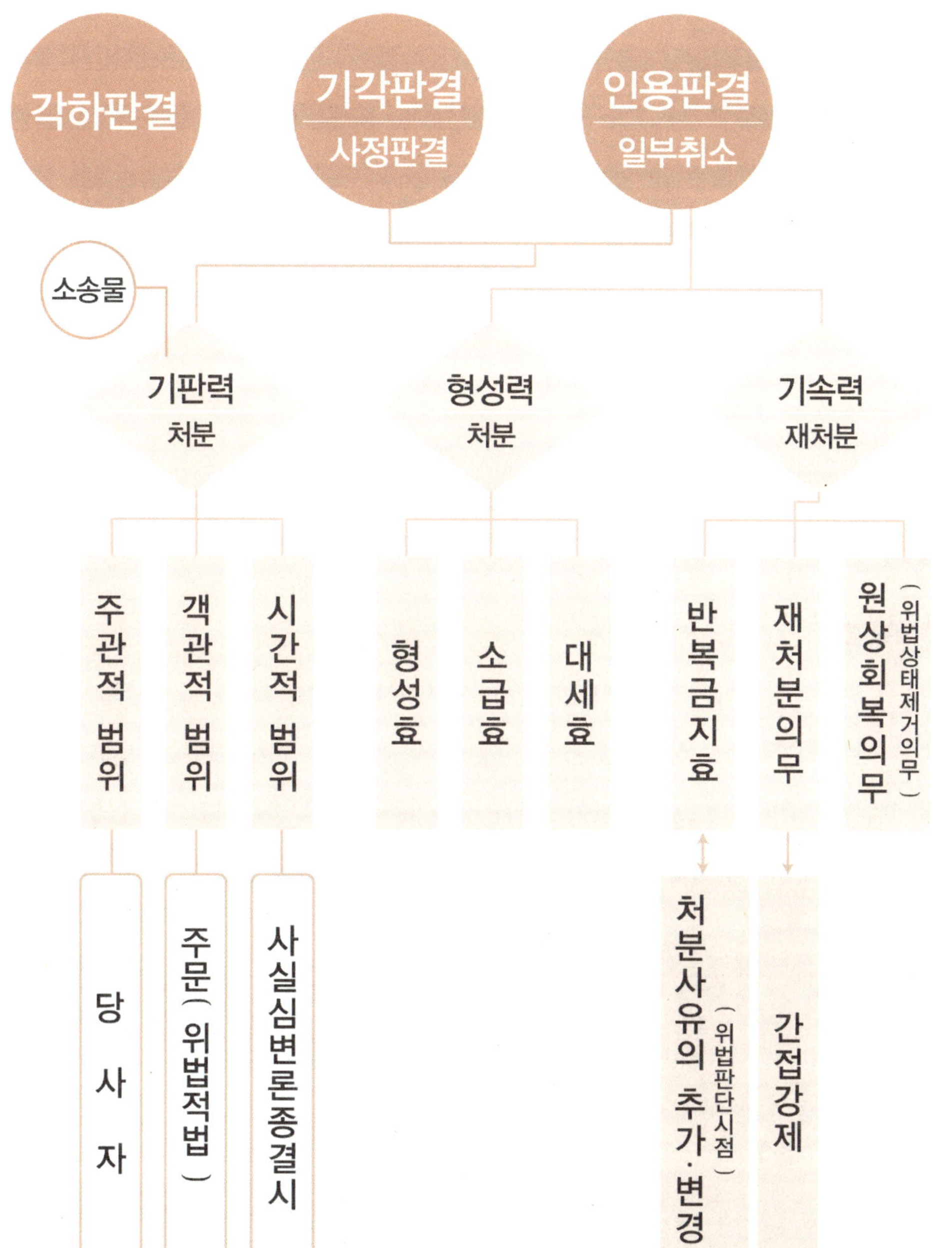
각하판결
기각판결
사정판결
인용판결
일부취소
소송물
기판력
처분
형성력
처분
기속력
재처분
주관적 범위
객관적 범위
시간적 범위
형성효
소급효
대세효
반복금지효
재처분의무
원상회복의무
(위법상태제거의무)
당사자
주문(위법적법)
사실심변론종결시
처분사유의 추가·변경
(위법판단시점)
간접강제

제 1 장

판결의 효력과 집행, 재심, 소송참가

1. 판결의 종류[768)]

가. 각하판결

본안심리를 위해서 갖추어야 할 소송요건[769)]이 결여되었음을 이유로 하는 소송판결이다[770)]. 소송요건은 직권조사사항으로 상고심판결선고시[771)]까지 구비되어야 하기 때문에 법원은 당사자의 주장에 상관없이[772)] 소송요건이 결여된 경우 **각하판결**을 선고해야 한다. 취소소송의 소송요건은 대상적격, 원고적격, 피고적격, 협의의 소의 이익, 필요적 행정심판전치주의, 제소기간

---

768) **종국판결**(행정소송의 전부나 일부를 종료시키는 판결)과 **중간판결**(소송의 진행중 독립한 공격 · 방어방법, 중간의 쟁의, 청구의 원인과 수액 중 원인에 관한 쟁의와 같은 당사자 사이에 쟁점으로 된 사항에 관하여 미리 판단하는 판결)로 구별되고, 종국판결은 소송판결(소각하판결, 소송종료선언, 소취하무효선언판결)과 본안판결(청구기각판결, 청구인용판결) 및 전부판결과 일부판결(수개의 청구가 병합되어 제기되거나 변론이 병합되는 경우 일부 심리를 완료한 때 법원은 재량에 의해서 일부판결 할 수 있지만, 선택적 병합· 예비적 병합 또는 필요적 공동소송은 일부판결을 할 수 없다.) 등으로 구별된다.

769) 소송요건은 불필요한 소송의 배제를 통하여 적법한 소송에 대한 충실한 재판을 도모하고 하는 소송경제적 측면에서 인정되는 제도이지만, 과도한 소송요건은 헌법상 국민의 재판청구권과 관련하여 위헌 문제를 발생시킨다.

770) **청구전부를 각하하는 경우** - 원고(들)의 소를 (모두) 각하한다. **일부청구를 각하하는 경우** - 원고의 ○○처분에 대한 소를 각하한다. 피고 ○○에 대한 이 사건 소를 각하한다.

771) 소송요건의 구비시점에 대하여 사실심 변론종결시와 상고심판결선고시로 대립이 있지만, 판례는 후자의 견해를 취하고 있으며 상고심에서 소송요건 결여 사실이 밝혀지면 대법원은 원심을 파기하고 소각하의 취지로 자판한다.

772) 소송요건은 직권조사사항으로 법원이 그 존부를 분명히 밝혀야 하지만, 존부가 불명한 경우 부적법한 소로서 취급되어 원고의 불이익으로 판단되기 때문에 사실상 원고가 소송요건에 대한 증명책임을 부담한다. 그러나 통상 재판에서는 피고 행정청이 소송요건의 결여사실을 본안전 항변으로 주장하면 법원이 이를 판단하는 방식으로 이루어 진다.

의 준수 및 법원의 관할권 존재, 소장의 제출, 기판력이 있는 판결과 중복제소의 부존재 등이 있는데, 이중 하나라도 결여되면 법원은 소 각하 판결을 선고해야 한다[773].

나. 기각판결과 사정판결

> 제28조(사정판결) ① 원고의 청구가 이유있다고 인정하는 경우에도 처분 등을 취소하는 것이 현저히 공공복리에 적합하지 아니하다고 인정하는 때에는 법원은 원고의 청구를 기각할 수 있다. 이 경우 법원은 그 판결의 주문에서 그 처분 등이 위법함을 명시하여야 한다.
>
> ② 법원이 제1항의 규정에 의한 판결을 함에 있어서는 미리 원고가 그로 인하여 입게 될 손해의 정도와 배상방법 그 밖의 사정을 조사하여야 한다.
>
> ③ 원고는 피고인 행정청이 속하는 국가 또는 공공단체를 상대로 손해배상, 제해시설의 설치 그 밖에 적당한 구제방법의 청구를 당해 취소소송 등이 계속된 법원에 병합하여 제기할 수 있다.

기각판결은 원고의 주장이 이유 없음을 이유로 하는 본안판결이다[774]. 한편, **사정판결**은 취소소송[775]에서 원고의 주장이 이유 있지만 공공복리 등을 이유로 하는 기각판결인데[776], 행정소송법 제28조 제1항 '원고의 청구가 이유 있다고 인정하는 경우에도 처분 등을 취소하는 것이

---

773) 무효등확인소송의 소송요건은 취소소송의 소송요건 중 필요적 행정심판전치주의, 제소기간의 준수를 제외한 나머지이다.

774) 원고(들)의 청구를 (모두)기각한다.

775) 취소소송 이외의 행정소송 특히 무효등확인소송에서 사정판결을 할 수 있는지에 대하여 무효와 취소의 구별이 상대적이고, 처분이 무효로 확인됨으로 인하여 현저하게 불합리한 결과를 초래하는 경우도 생각할 수 있다는 점 등을 이유로 무효등확인소송에도 적용되어야 한다는 견해(긍정설) 및 당사자소송, 객관적 소송은 물론 무효등확인소송이나 부작위위법확인소송에서는 인정되지 않는다는 견해(부정설, 통설)의 대립이 있지만, 판례는 무효확인소송에서의 사정판결을 부정한다(대판 1970. 7. 24. 69누126, 1996. 3. 22. 95누5509 등).

776) 관련청구가 병합되지 않은 경우 - 원고의 청구를 기각한다. 다만, 피고가 2000. 1. 1.자 원고에 대하여 한 ○○처분은 위법하다. 소송비용은 피고의 부담으로 한다. 관련청구가 병합된 경우 - 원고의 청구를 기각한다. 피고 ○○시장이 2000. 1. 1.자 원고에 대하여 한 ○○처분은 위법하다. 피고 ○○시는 원고에게 금 ○○○원을 지급하라. 소송비용은 피고의 부담으로 한다. / 소송비용에 관하여 행정소송법 제32조, 제33조, 제38조, 제44조 등에서 별도로 규정하고 하고 있다.

> 제32조(소송비용의 부담) 취소청구가 제28조의 규정[사정판결]에 의하여 기각되거나 행정청이 처분등을 취소 또는 변경함으로 인하여 청구가 각하 또는 기각된 경우에는 소송비용은 피고의 부담으로 한다.
>
> 제33조 (소송비용에 관한 재판의 효력) 소송비용에 관한 재판이 확정된 때에는 피고 또는 참가인이었던 행정청이 소속하는 국가 또는 공공단체에 그 효력을 미친다.
>
> 제38조(준용규정) ① … 제33조의 규정은 무효등 확인소송의 경우에 준용한다.
>
> ② …제33조 …의 규정은 부작위위법확인소송의 경우에 준용한다.
>
> 제44조(준용규정) ① …제32조 및 제33조의 규정은 당사자소송의 경우에 준용한다.

현저히 공공복리에 적합하지 아니하다고 인정하는 때에 법원이 청구를 기각할 수 있다.'는 규정에 의해서 인정된 제도이다. 사정판결은 공공복리[777]의 유지를 위하여 극히 예외적으로 인정되는 제도이기 때문에 요건은 엄격하게 해석되어야 하고[445], 위법한 행정처분의 효력을 유지함으로써 발생하는 공익이나 처분의 상대방의 이익 침해의 정도보다 위법처분을 취소함으로써 발생하는 새로운 공익침해의 정도가 월등하게 큰 경우에 제한적으로 인정된다. 구체적 사건에서 사정판결 요건 충족 여부는 처분의 집행으로 인한 기존의 사실상태의 존중, 손해의 정도, 보전방법의 난이도 등을 종합적으로 고려한 후 위법한 행정처분을 취소 · 변경해야 할 필요와 그 취소 · 변경으로 인하여 발생할 수 있는 공공복리에 반하는 사태 등을 비교 · 형량해서 판단해야 하고[778][446], 처분의 위법 판단시점과 달리 변론종결시를 기준으로 판단해야 한다[447].

법원은 피고 행정청의 명백한 주장이 없더라도 직권[448]으로 기록에 나타난 사실을 기초로 증거조사하여 사정판결할 수 있지만, 사정판결이 기각판결로서 피고 행정청에 유리한 판결이기 때문에 사정판결 요건사실에 관한 주장 · 증명책임은 피고 행정청에게 있다. 사정판결을 함에 있어서는 미리 원고가 그로 인하여 입게 될 손해의 정도와 배상방법 그 밖의 사정을 조사하여야 하고[449], 반드시 그 처분 등이 위법함을 주문에 명시하여야 한다[779]. 원고도 피고인 행정청이

777) 공공복리란 반드시 적극적 조장행정 분야만을 가리키는 것은 아니고 질서유지의 개념도 포함되는 넓은 개념이지만 일개인의 사익이나 특수한 부분사회의 이익을 가리키는 것은 아니고, 국가통치권에 기인한 행정작용상의 국민공중의 직접적인 중요한 복리를 저해하는 경우를 말하며 당사자 일개인의 직접 이해관계에 불과한 경우는 이에 해당하지 않는다(대판 1957. 5. 24. 4289행상158).

778) 대판 2009. 12. 10. 선고 2009두8359 【예비인가처분취소】 【피고 교육과학기술부장관】 [5] 행정처분이 위법한 때에는 이를 취소함이 원칙이고 그 위법한 처분을 취소·변경하는 것이 도리어 현저히 공공의 복리에 적합하지 않은 경우에 극히 예외적으로 위법한 행정처분의 취소를 허용하지 않는다는 사정판결을 할 수 있으므로, 사정판결의 적용은 극히 엄격한 요건 아래 제한적으로 하여야 하고, 그 요건인 '현저히 공공복리에 적합하지 아니한가'의 여부를 판단할 때에는 위법·부당한 행정처분을 취소·변경하여야 할 필요와 그 취소·변경으로 발생할 수 있는 공공복리에 반하는 사태 등을 비교·교량하여 그 적용 여부를 판단하여야 한다. 아울러 사정판결을 할 경우 미리 원고가 입게 될 손해의 정도와 구제방법, 그 밖의 사정을 조사하여야 하고, 원고는 피고인 행정청이 속하는 국가 또는 공공단체를 상대로 손해배상 등 적당한 구제방법의 청구를 당해 취소소송 등이 계속된 법원에 청구할 수 있는 점(행정소송법 제28조 제2항, 제3항) 등에 비추어 보면, 사정판결제도가 위법한 처분으로 법률상 이익을 침해당한 자의 기본권을 침해하고, 법치행정에 반하는 위헌적인 제도라고 할 것은 아니다. <법학전문대학원설치 예비인가 사건, 요지와 해설 - 미주 참조> 대판 2006. 9. 22. 2005두2506 【보험약가인하처분취소】 [4] 행정처분이 위법한 경우에는 이를 취소하는 것이 원칙이나, 예외적으로 그 위법한 처분을 취소·변경하는 것이 도리어 현저히 공공복리에 적합하지 아니하는 경우에는 그 취소를 허용하지 아니하는 사정판결을 할 수 있다. 이러한 사정판결은 당사자의 명백한 주장이 없는 경우에도 기록에 나타난 여러 사정을 기초로 직권으로 할 수 있는 것이나, 그 요건인 현저히 공공복리에 적합하지 아니한지 여부는 위법한 행정처분을 취소·변경하여야 할 필요와 그 취소·변경으로 인하여 발생할 수 있는 공공복리에 반하는 사태 등을 비교·교량하여 판단하여야 한다.

779) 행정소송법 제28조 제1항 후문. 주문에서 명시함이 없이 청구를 기각함은 위법하다(대판 1990. 2. 27. 89누1346). 그리고 이유에서 법원이 보호하려는 사회적인 공동의 행복과 이익을 명시함은 물론 개인의 권리침해에 대한 구제를 희생하는 것이 필요불가결하다는 이유를 명백히 판시하여야 한다(대판 1968. 7. 30. 62누191).

속하는 국가 또는 공공단체를 상대로 손해배상, 제해시설의 설치 그 밖에 적당한 구제방법의 청구를 당해 취소소송 등이 계속된 법원에 병합하여 제기할 수 있다(450)780). 이러한 구제청구의 병합은 통상 피고의 사정판결을 구하는 항변에 대해 처분 등이 취소되지 않음을 전제로 부수조치에 관한 예비적 청구를 추가하는 형태가 되고, 손해배상781) · 제해시설의 설치 등의 부수조치의 상대방은 피고 행정청이 아닌 국가 또는 공공단체이므로 주관적 예비적 병합의 형태가 된다. 사정판결에 대하여는 패소자인 원고뿐만 아니라 피고 행정청도 사정판결이 아닌 각하판결이나 기각판결을 구하는 취지로 상소할 수 있다.

다. 인용판결782)및 취소판결

취소판결은 원고의 청구가 이유 있다고 인정하여 전부 또는 일부를 인용하는 본안판결로서 형성판결이다(451). 청구의 대상에 따라 처분취소판결, 거부처분 취소판결, 재결취소판결이 있고, 무효선언으로서의 취소판결이 있다. 판결의 내용에 따라 형성판결이 소극적 형성판결과 적극적 형성판결로 나뉘는데, 적극적 형성판결로서의 취소판결이 가능한지 의견이 대립되어 있다. 즉, 취소소송을 위법한 처분 등의 취소 또는 변경하는 소송으로 규정한 행정소송법 제4조 제1호 상 변경의 의미에 대해서 적극적 변경을 의미한다는 견해와 일부 취소를 의미한다는 견해 등의 대립이 있지만, 판례는 일부취소로 해석하고 있다(452). 따라서 현재 취소소송은 적극적 형성판결이 불가능하고 다만 일부취소판결만 가능한데, 일부취소판결도 모든 행정처분에 가능

780) 대판 2016. 7. 14. 2015두4167 사정판결은 처분이 위법하나 공익상 필요 등을 고려하여 취소하지 아니하는 것일 뿐 처분이 적법하다고 인정하는 것은 아니므로, 사정판결의 요건을 갖추었다고 판단되는 경우 법원으로서는 행정소송법 제28조 제2항에 따라 원고가 입게 될 손해의 정도와 배상방법, 그 밖의 사정에 관하여 심리하여야 하고, 이 경우 원고는 행정소송법 제28조 제3항에 따라 손해배상, 제해시설의 설치 그 밖에 적당한 구제방법의 청구를 병합하여 제기할 수 있으므로, 당사자가 이를 간과하였음이 분명하다면 적절하게 석명권을 행사하여 그에 관한 의견을 진술할 수 있는 기회를 주어야 한다.

781) 청구의 법적 성격에 관하여 무과실손해배상설, 손실보상설, 국가배상설, 손실보상이나 국가배상의 어느 것도 청구할 수 있다는 절충설 등이 있지만, 어느 설에 의하더라도 사정판결에 따르는 손해의 산정시점은 처분시가 아니라 변론종결시(판결시)가 기준이 된다.

782) 판결의 내용과 효력에 따라 이행판결, 형성판결, 확인판결로 구별되는데, 행정소송에서 무효등확인소송, 부작위위법확인소송, 당사자소송 중 공법상 법률관계 등의 존부 확인을 구하는 소송이 확인소송이다. 주문은 '무효확인의 경우 - 피고가 2000. 1. 1.자 원고에 대하여 한 해임처분은 무효임을 확인한다. 부작위위법확인의 경우 - 원고가 2000. 1. 1.자 피고에 대하여 한 ○○신청에 관한 피고의 부작위가 위법임을 확인한다. 또는 피고가 원고의 2000. 1. 1.자 ○○신청에 관하여 허부의 결정을 하지 아니함은 위법임을 확인한다.'고 기재한다. 당사자소송 중 국가 · 공공단체에 대하여 금전의 지급을 구하는 소송 등은 이행소송이고, 현행법상 항고소송에서 이행판결은 인정되지 않는다. 주문은 '피고는 원고에게 금 ○○원 및 이에 대한 2000. 1. 1.(수용재결에 정한 수용일의 다음날)부터 2000. 12. 12.(판결선고일)까지는 연 5%, 그 다음날부터 완제일까지는 연 20%의 각 비율에 의한 금원을 지급하라.'고 기재한다.

한 것이 아니라 일부취소의 대상이 되는 부분의 분리가능성을 기준으로 조세나 부담금 부과처분처럼 납부하여야 할 액수가 추상적으로 존재하고 이를 소송상 산정할 수 있는 경우에 한하여 가능하다(453)[783]. 이 경우에도 소송상 정당한 금액 등을 산정할 수 없는 경우에는 전부 취소해야 한다[784]. 그러나 과징금 부과처분처럼 제재적 행정처분 등이 행정청 재량권의 남용·일탈로서 위법하더라도 법원이 판결로서 행정청의 재량권을 대신 행사할 수 없기 때문에 전부 취소해야 하는데, 예컨대 영업정지처분에서 그 정지기간이 과다하다고 인정되는 경우에도 일부를 취소할 수 없으며[785], 과징금부과처분에 대하여도 법이 정한 한도액을 초과하였다 하여도 처분청으로서는 과징금을 부과하지 않고 다른 제재수단을 택할 재량이 있으므로 그 한도액을 초과하는 일부만을 취소할 수 없다[786].

---

783) 대판 2016. 8. 30. 2014두46034 【국가유공자비해당결정처분취소】 국가유공자 등 예우 및 지원에 관한 법률 제4조 제1항 제6호, 제6조의3 제1항, 제6조의4 등 관련 법령의 해석상, 여러 개의 상이에 대한 국가유공자 요건 비해당결정처분에 대한 취소소송에서 그중 일부 상이에 대해서만 국가유공자 요건이 인정될 경우에는 비해당결정처분 중 요건이 인정되는 상이에 대한 부분만을 취소하여야 하고, 비해당결정처분 전부를 취소할 것은 아니다.

784) 대판 2004. 10. 14. 2001두2881, 2004. 7. 22. 2002두868, 1992. 7. 24. 92누4840, 2007. 10. 26. 2005두3172 【시정조치등취소】 처분 여부와 처분 정도에 관하여 재량이 인정되는 공정거래위원회의 과징금 납부명령이 재량권을 일탈한 경우 및 수개의 위반행위에 대하여 하나의 과징금 납부명령을 하였으나 일부의 위반행위만이 위법하고 소송상 그 일부의 위반행위를 기초로 한 과징금액을 산정할 수 있는 자료가 없는 경우, 법원이 취소해야 할 과징금 납부명령의 범위(=전부취소).

785) 대판 1982. 9. 8. 82누2 【영업정지처분취소·행정처분취소】 행정청이 영업정지처분을 함에 있어서 그 정지기간을 어느 정도로 할 것인지는 행정청의 재량권에 속하는 사항인 것이며, 다만 그것이 공익의 원칙이나 평등의 원칙 또는 비례의 원칙 등에 위반하여 재량권의 한계를 벗어난 재량권 남용에 해당하는 경우에만 위법한 처분으로서 사법심사의 대상이 되는 것이나, 법원으로서는 영업정지처분이 재량권 남용이라고 판단될 때에는 위법한 처분으로서 그 처분의 취소를 명할 수 있을 뿐이고, 재량권의 한계내에서 어느 정도가 적정한 영업정지 기간인지를 가리는 일은 사법심사의 범위를 벗어난다.

786) 대판 1993. 7. 27. 93누1077, 1998. 4. 10. 98두2270 【과징금부과처분취소】 자동차운수사업면허조건 등을 위반한 사업자에 대하여 행정청이 행정제재수단으로 사업 정지를 명할 것인지, 과징금을 부과할 것인지, 과징금을 부과키로 한다면 그 금액은 얼마로 할 것인지에 관하여 재량권이 부여되었다 할 것이므로 과징금부과처분이 법이 정한 한도액을 초과하여 위법할 경우 법원으로서는 그 전부를 취소할 수밖에 없고, 그 한도액을 초과한 부분이나 법원이 적정하다고 인정되는 부분을 초과한 부분만을 취소할 수 없다(금 100만 원을 부과한 당해 처분 중 금 10만 원을 초과하는 부분은 재량권 일탈·남용으로 위법하다며 그 일부분만을 취소한 원심판결을 파기한 사례).

2. 취소판결의 효력[787)]

가. 의의

취소판결이 상고심 판결의 선고, 상소의 포기와 상소기간의 도과 등으로 확정되면 선고법원의 관계에서 판결의 내용을 취소·변경할 수 없는 자박력(불가변력), 당사자 관계에서 더 이상 판결을 다툴 수 없는 형식적 확정력과 실질적 확정력(기판력)이 발생한다. 그리고 형성판결이기 때문에 행정청의 특별한 의사표시 없이 당연히 행정상 법률관계를 발생·변경·소멸시키는 형성력이 발생한다. 한편, 행정소송법에 민사상 형성판결과 달리 기속력이 규정되어 있는데, 기속력이 기판력의 일종인 여부에 대하여 논란이 있다. 그러나 기각판결은 형성력이나 기속력이 발생하지 않고 기판력만 발생한다.

나. 기판력

기판력이라 함은 판결이 형식적으로 확정되면 당사자가 동일한 소송물에 대하여 다시 소를 제기할 수 없고 후소에서 확정판결에 저촉되는 주장을 할 수 없으며, 법원도 확정판결에 저촉되는 판단을 할 수 없는 구속력을 의미한다(소송법적 효력). 기판력은 재판제도의 본질과 법적 안정성의 측면에서 인정되는 제도이고, 실정법상 행정소송법 8조 2항과 민사소송법 제216조 등에 의해서 인정된다[788)]. 통상 기판력은 후소의 소송물이 확정판결이 있는 전소의 소송물과 동일하거나 모순관계에 있는 경우, 후소에서 확정판결의 내용과 상반되는 주장을 하는 경우, 확정판결이 있는 전소의 소송물이 후소의 선결문제가 되는 경우 등에서 문제가 된다[789)]. 기판력은 당사

---

787) 무효확인판결과 부작위위법확인판결의 효력도 취소판결과 동일하고, 다만 확인판결이 아니기 때문에 형성력이 없지만 취소소송과 동일하게 행정소송법이 명문으로 제3자효를 인정하고 있다. 그리고 부작위위법확인판결의 기속력과 관련하여 재처분의무의 내용이 행정청의 응답의무라는 견해(응답의무설)와 신청에 따른 특정한 내용의 처분의무라는 견해(특정처분의무설) 등의 대립이 있지만, 판례는 응답의무로 보고 있다(대판 1990. 9. 25. 89누4578 등).

788) 대판 1993. 4. 13. 92누17181【요양불승인처분취소】[1] 행정처분이나 행정심판 재결이 불복기간의 경과로 인하여 확정될 경우 확정력은 처분으로 인하여 법률상 이익을 침해받은 자가 처분이나 재결의 효력을 더 이상 다툴 수 없다는 의미일 뿐 판결에 있어서와 같은 기판력이 인정되는 것은 아니어서 처분의 기초가 된 사실관계나 법률적 판단이 확정되고 당사자들이나 법원이 이에 기속되어 모순되는 주장이나 판단을 할 수 없게 되는 것은 아니다. [2] 종전의 산업재해요양보상급여취소처분이 불복기간의 경과로 인하여 확정되었더라도 요양급여청구권이 없다는 내용의 법률관계까지 확정된 것은 아니며 소멸시효에 걸리지 아니한 이상 다시 요양급여를 청구할 수 있고 그것이 거부된 경우 이는 새로운 거부처분으로서 위법 여부를 소구할 수 있다.

789) 원고가 전소에서 패소한 후 다시 제소하는 경우, 예컨대 거부처분취소소송에서 패소한 후 다시 신청하고 거부처분취소소송을 제기하는 경우에 문제된다.

자와 이와 동일시할 수 있는 승계인, 소송참가한 제3자에게만 미치고 제3자에게 미치지 않는다(주관적 범위). 다만 취소소송의 피고가 행정청이기 때문에 처분의 효과가 귀속되는 국가 또는 공공단체에는 효력이 미친다. 또한 기판력은 판결주문에 나타난 판단에만 미치고, 판결이유에 미치지 않는다(객관적 범위). 취소소송의 소송물[790] (454)이 행정처분의 위법성 일반이라고 보기 때문에 기판력은 판결이유에 나타난 공격 · 방어방법에 불과한 개개의 위법사유에 대하여는 미치지 아니하고 판결주문에 나타난 행정처분의 적법 또는 위법에 관하여 미친다[791]. 따라서 기각판결이 확정되면 처분이 적법하다는 점에 관하여 기판력이 발생하므로 다시 취소청구[792]를 할 수 없음은 물론 무효확인청구[793]도 할 수 없다(455). 기판력은 사실심 변론종결시를 기준으로 발생하고, 사실심 변론종결 후에 발생한 사유를 이유로 확정판결과 저촉되는 주장 또는 판단을 할 수 있다[794](시간적 범위).

취소소송의 본안판결이 있은 후에 동일한 사유로 국가배상소송이 제기된 경우 취소소송 본안판결의 기판력이 후소인 국가배상소송에 미치는지에 관하여는 견해의 대립이 있다. 즉, 취소소송의 소송물 및 취소소송의 위법과 국가배상법의 위법을 보는 견해에 따라 차이가 있는데, 취소소송의 소송물을 위법성 일반으로 보는 견해 중 취소소송의 위법과 국가배상법의 위법을 동

---

790) 대판 1996. 4. 26. 95누5820 【주택건설사업계획승인처분무효】 【피고 속초시장】 [1] 취소판결의 기판력은 소송물로 된 행정처분의 위법성 존부에 관한 판단 그 자체에만 미치는 것이므로 전소와 후소가 그 소송물을 달리하는 경우에는 전소 확정판결의 기판력이 후소에 미치지 아니한다. [2] 전소와 후소가 소송물을 달리하여 전소 확정판결의 기판력이 후소에 미치지 아니한다고 본 사례. <전 소송은 이 사건에서의 피고 보조참가인(c)이 원고가 되어 피고(b)를 상대로 피고의 '1990. 2. 3.자 변경승인취소처분'의 취소를 구하는 소송에서 이 사건에서의 원고가 피고 보조참가인이 되어 청구를 다투는 형식이었는데 반하여, 이 사건 소송은 원고(a)가 피고를 상대로 '1988. 9. 6.자 변경승인처분'의 무효확인(주위적으로) 또는 취소(예비적으로)를 구하는 소송에서 피고 보조참가인이 피고를 보조하여 원고의 청구를 다투는 것이어서, 전 소송과 이 사건 소송은 그 청구취지를 달리하는 것이므로 전 소송의 판결의 기판력은 그 소송물이었던 1990. 2. 3.자 변경승인취소처분의 위법성 존부에 관한 판단 그 자체에만 미치는 것이고 그 소송물을 달리하는 이 사건 소에는 미치지 아니한다고 보아야 할 것이다. -사실관계 미주 참조> 대판 2009. 1. 15. 2006두14926 【취득세등부과처분취소】 [1] 제2차 납세의무자가 주된 납세의무의 위법 여부에 대한 확정과 무관하게 자신에 대한 제2차 납세의무 부과처분 취소소송에서 주된 납세의무자에 대한 부과처분의 하자를 주장할 수 있는지 여부(적극) [2] 주된 납세의무자가 제기한 전소와 제2차 납세의무자가 제기한 후소가 각기 다른 처분에 관한 것이어서 그 소송물을 달리하는 경우, 전소 확정판결의 기판력이 후소에 미치는지 여부(소극)

791) 기판력으로 인해 취소소송에서 패소한 원고가 그 소송의 사실심 변론종결시까지 주장할 수 있었던 다른 위법사유를 이유로 다시 그 처분에 대한 취소소송을 제기할 수 없다.

792) 취소소송에서 패소판결이 확정되면 기판력이 이후 원고가 제기한 무효확인소송뿐만 아니라 공법상 부당이득반환청구소송에까지 미친다.

793) 처분등 무효확인소송에서 기각판결이 확정된 경우라면 유효라는 점에서 기판력이 미치고 위법에 대하여 기판력이 미치지 않기 때문에 취소소송의 요건이 갖추어 진 경우라면 취소소송을 제기할 수 있다.

794) 취소판결이 확정된 후 행정청이 새로운 처분을 하면, 새로운 처분은 종전 처분과 다르기 때문에 기판력이 미치지 않고, 기속력에 의해서 취소판결의 내용과 저촉되는 처분이라면 무효가 된다.

일하게 보는 견해에 따르면 기판력이 미친다고 보는 긍정설, 취소소송의 위법과 국가배상법의 위법을 다르게 보는 견해에 따르면 기판력이 미치지 않는다고 보는 부정설, 국가배상법의 위법을 취소소송의 위법보다 넓게 보는 견해에 따르면 인용판결은 기판력이 미치나 기각판결은 미치지 않는다고 보는 구별설, 처분 자체가 가해행위가 되는 경우 인용판결은 기판력이 미치지만 처분에 수반되는 손해방지의무 위반행위가 손해의 원인이 되는 경우 위법이 다르기 때문에 기판력이 미치지 않는다고 보는 개별결정설 등이 있다. 취소소송의 소송물을 처분의 위법사유로 보는 견해에 따르면 위법사유가 다르면 기판력이 미치지 않는다고 보고 있다. 국가배상책임은 위법한 행정작용을 전제로 하기 때문에 취소소송의 기판력이 미친다고 보아야 한다[795]. 예컨대, 조세부과처분의 위법을 이유로 취소소송을 제기하여 기각판결이 확정된 후 다시 국가배상청구소송을 제기한 경우에는 처분의 위법성이 없음에 대한 기판력이 미친다고 보아야 하고, 이와 반대로 조세부과처분이 위법을 이유로 취소소송을 제기하여 취소판결이 확정된 후 다시 국가배상청구소송을 제기한 경우라면 처분의 위법성이 있음에 대한 기판력이 미치지만 통상의 손해는 취소소송을 통하여 회복 가능하기 때문에 이 경우의 손해는 특별한 손해로서 처분에 수반되는 손해방지의무 위반행위로 발생하는 것이기 때문에 처분의 위법을 국가배상법상 위법으로 볼 수 없다.

다. 형성력

> 제29조(취소판결등의 효력) ① 처분 등을 취소하는 확정판결은 제3자에 대하여도 효력이 있다.
> <준용규정 : 제38조 ① 무효등확인소송, 제38조 ② 부작위위법확인소송>

형성력이라 함은 판결의 취지에 따라 기존의 법률관계 또는 법률상태를 변동시키는 힘을 말한다. 처분이나 재결에 대한 취소판결이 확정[796]되면 취소된 처분이나 재결의 효력은 처분청의

---

795) 부과처분 관련 취소소송에서의 위법은 실체법상 조세채무의 존부, 절차법상 부과절차의 준수 여부에 의해서 판단되나, 부과처분 관련 국가배상소송에서의 위법은 법령이 공무원에게 부과처분 권한을 부여하고 있기 때문에 구체적 사안에서 누가 보더라도 허용된 권한행사의 한계를 넘어섰는지 여부(일견명백설)에 의해서 판단되기 때문에 취소소송의 위법과 국가배상법의 위법이 동일하다고 볼 수 없다(직무의무위반설의 입장). 실무상 조세부과처분의 위법을 이유로 취소소송을 제기하여 제소기간의 도과 등으로 각하판결이 확정된 후 다시 국가배상청구소송을 제기한 경우에 조세채무의 존부와 더불어 부과처분권 행사의 위법 여부(고의·과실 포함)도 함께 심리한다.

796) 대판 2009. 4. 9. 2008두23153 【보험료납부고지처분취소】 【피고 국민건강보험공단】 [1] 행정소송법 제10조는

별도의 행위를 기다릴 필요 없이 처분시에 소급하여 소멸된다(456). 형성력은 (당연)형성효, 소급효, 제3자효(대세적 효력, 대세효)로 구성되는데, **형성효**는 처분의 효력을 소멸시키는 효력을 의미하고, **소급효**는 취소판결의 취소 효과가 처분시로 소급하여 발생하는 효력을 의미한다[797]. **제3자효**는 취소판결의 취소 효과가 제3자에게까지 발생하는 효력을 의미하는데, 행정소송법 제29조 제1항[798]에서 명문으로 규정하고 있다. 판례는 제3자에 대하여 효력이 있다는 뜻을 제3자의 법률관계도 형성한다는 의미가 아니라 제3자라 하더라도 취소판결의 존재와 취소판결에 의하여 형성되는 법률관계를 용인하여야 한다는 의미로 해석하고 있다[799]. 따라서 취소판결에 의하여 취소된 처분에 의해서 형성된 법률관계에 기하여 권리를 취득한 자는 선의·악의를 불문

처분의 취소를 구하는 취소소송에 당해 처분과 관련되는 부당이득반환소송을 관련 청구로 병합할 수 있다고 규정하고 있는바, 이 조항을 둔 취지에 비추어 보면, 취소소송에 병합할 수 있는 당해 처분과 관련되는 부당이득반환소송에는 당해 처분의 취소를 선결문제로 하는 부당이득반환청구가 포함되고, 이러한 부당이득반환청구가 인용되기 위해서는 그 소송절차에서 판결에 의해 당해 처분이 취소되면 충분하고 그 처분의 취소가 확정되어야 하는 것은 아니라고 보아야 한다. [2] 보험료부과처분에 대한 취소소송에서 90,946,000원의 보험료부과처분 중 67,194,980원의 보험료부과처분을 취소하면서도, 관련 청구로 병합된 부당이득반환소송에서는 그 처분의 취소를 선세로 인용 여부를 판단하지 않고 처분의 취소가 확정되지 않았다는 이유로 기각한 것은 위법하다고 한 사례.

797) 대판 1999. 2. 5. 98도4239 【도로교통법위반】 피고인이 행정청으로부터 자동차 운전면허취소처분을 받았으나 나중에 그 행정처분 자체가 행정쟁송절차에 의하여 취소되었다면, 위 운전면허취소처분은 그 처분시에 소급하여 효력을 잃게 되고, 피고인은 위 운전면허취소처분에 복종할 의무가 원래부터 없었음이 후에 확정되었다고 봄이 타당할 것이고, 행정행위에 공정력의 효력이 인정된다고 하여 행정소송에 의하여 적법하게 취소된 운전면허취소처분이 단지 장래에 향하여서만 효력을 잃게 된다고 볼 수는 없다.

대판 1993. 6. 25. 93도277 【식품위생법위반】 '영업의 금지를 명한 영업허가취소처분 자체가 나중에 행정쟁송절차에 의하여 취소되었다면 그 영업허가취소처분은 그 처분시에 소급하여 효력을 잃게 되며, 그 영업허가취소처분에 복종할 의무가 원래부터 없었음이 확정되었다고 봄이 타당하고, 영업허가취소처분이 장래에 향하여서만 효력을 잃게 된다고 볼 것은 아니므로 그 영업허가취소처분 이후의 영업행위를 무허가영업이라고 볼 수는 없다.' 이러한 판례와 달리 소급효의 제한을 긍정하는 견해도 있다.

798) 처분 등을 취소하는 확정판결은 제3자에 대하여도 효력이 있다.

799) 대판 1986. 8. 19. 83다카2022 【손해배상】 '행정처분을 취소하는 확정판결이 제3자에 대하여도 효력이 있다고 하더라도 일반적으로 판결의 효력은 주문에 포함한 것에 한하여 미치는 것이니 그 취소판결 자체의 효력으로써 그 행정처분을 기초로 하여 새로 형성된 제3자의 권리까지 당연히 그 행정처분 전의 상태로 환원되는 것이라고는 할 수 없고, 단지 취소판결의 존재와 취소판결에 의하여 형성되는 법률관계를 소송당사자가 아니었던 제3자라 할지라도 이를 용인하지 않으면 아니된다는 것을 의미하는 것에 불과하다 할 것이며, 따라서 취소판결의 확정으로 인하여 당해 행정처분을 기초로 새로 형성된 제3자의 권리관계에 변동을 초래하는 경우가 있다 하더라도 이는 취소판결 자체의 형성력에 기한 것이 아니라 취소판결의 위와 같은 의미에서의 제3자에 대한 효력의 반사적 효과로서 그 취소판결이 제3자의 권리관계에 대하여 그 변동을 초래할 수 있는 새로운 법률요건이 되는 까닭이라 할 것이다. 환지계획변경처분으로 원고명의의 소유권이전등기가 경료되었으나 그후 위 변경처분으로 인하여 불이익을 입게 된 소외인이 동 처분의 취소를 구하는 행정소송을 제기하여 승소판결을 받아 이를 근거로 원고명의의 소유권이전등기의 말소청구소송을 제기하여 동 소외인 승소판결이 확정됨에 따라 원고가 그 소유권상실의 손해를 입게 된 경우, 원고명의의 소유권이전등기는 위 취소판결 자체의 효력에 의하여 당연히 말소되는 것이 아니라 소외인이 위 취소판결의 존재를 법률요건으로 주장하여 원고에게 그 말소를 구하는 소송을 제기하여 승소의 확정판결을 얻어야 비로소 말소될 수 있는 것이며, 위 말소청구소송에서의 승패 또한 위 취소판결의 존재가 주장되었다는 한가지 사실만으로 바로 판가름나는 것이라 할 수 없고 당사자의 주장 입증내용에 따라 달라질 여지가 있는 것이라 할 것이므로 원고는 위 말소청구의 소장부본을 송달받은 때가 아니라 위 말소청구의 소에서 원고패소가 확정됨으로써 비로소 그 손해를 알게 되었다고 봄이 상당하다.'

하고 취소판결의 제3자효에 대항할 수 없고, 예컨대 공매를 통하여 부동산 소유권을 낙찰받은 자 또는 전득자는 공매처분취소[800]로 인한 소유권이전등기말소청구를 용인해야 한다[801]. 이러한 제3자효로 인하여 제3자가 불이익을 받을 수 있기 때문에 행정소송법은 제3자의 소송참가제도와 재심제도를 마련하고 있다. 다만 제3자의 범위와 관련하여 소송참가인 및 판결과 직접 법적 이해관계를 맺는 자로 한정하는 견해(457)와 일반인을 포함한 모든 제3자로 보는 견해(458) 등의 대립이 있고, 일반처분의 취소판결과 관련하여 소송에 참가한 제3자에게만 제3자효가 발생한다는 견해(상대적 효력설, 부정설), 소송에 참가하지 않은 제3자에게도 제3자효가 발생한다는 견해(절대적 효력설, 긍정설), 제3자효 중 불가쟁력이 발생하지 않는 제3자에게만 소급효가 발생하고 나머지는 장래효만 발생한다는 견해(장래효 · 소급효 구별설) 등의 대립이 있다.

라. 기속력

제30조(취소판결등의 기속력) ① 처분 등을 취소하는 확정판결은 그 사건에 관하여 당사자인 행정청과 그 밖의 관계행정청을 기속한다.

② 판결에 의하여 취소되는 처분이 당사자의 신청을 거부하는 것을 내용으로 하는 경우에는 그 처분을 행한 행정청은 판결의 취지에 따라 다시 이전의 신청에 대한 처분을 하여야 한다.

③ 제2항의 규정은 신청에 따른 처분이 절차의 위법을 이유로 취소되는 경우에 준용한다.

제38조(준용규정) ① …제29조 내지 제31조의 규정은 무효등 확인소송의 경우에 준용한다.

② …제29조 내지 제31조…의 규정은 부작위위법확인소송의 경우에 준용한다.

제44조(준용규정) ① …제30조제1항의 규정은 당사자소송의 경우에 준용한다.

---

800) 대판 2008. 11. 20. 2007두18154(전원) 【매각결정취소】 '체납자는 국세징수법 제66조에 의하여 직접이든 간접이든 압류재산을 매수하지 못함에도, 국세징수법이 압류재산을 공매할 때 공고와 별도로 체납자 등에게 공매통지를 하도록 한 이유는, 체납자 등에게 공매절차가 유효한 조세부과처분 및 압류처분에 근거하여 적법하게 이루어지는지 여부를 확인하고 이를 다툴 수 있는 기회를 주는 한편, 국세징수법이 정한 바에 따라 체납세액을 납부하고 공매절차를 중지 또는 취소시켜 소유권 또는 기타의 권리를 보존할 수 있는 기회를 갖도록 함으로써, 체납자 등이 감수하여야 하는 강제적인 재산권 상실에 대응한 절차적인 적법성을 확보하기 위한 것이다. 따라서 체납자 등에 대한 공매통지는 국가의 강제력에 의하여 진행되는 공매에서 체납자 등의 권리 내지 재산상의 이익을 보호하기 위하여 법률로 규정한 절차적 요건이라고 보아야 하며, 공매처분을 하면서 체납자 등에게 공매통지를 하지 않았거나 공매통지를 하였더라도 그것이 적법하지 아니한 경우에는 절차상의 흠이 있어 그 공매처분은 위법하다. 다만, 공매통지의 목적이나 취지 등에 비추어 보면, 체납자 등은 자신에 대한 공매통지의 하자만을 공매처분의 위법사유로 주장할 수 있을 뿐 다른 권리자에 대한 공매통지의 하자를 들어 공매처분의 위법사유로 주장하는 것은 허용되지 않는다.'

801) 이 경우 경락인 또는 전득자는 국가배상을 통하여 손해를 전보받을 수 있다. 대판 2008. 7. 10. 2006다23664 경매담당 공무원이 이해관계인에 대한 기일통지를 잘못한 것이 원인이 되어 경락허가결정이 취소된 사안에서, 그 사이 경락대금을 완납하고 소유권이전등기를 마친 경락인에 대하여 국가배상책임을 인정한 사례.

기속력이란 행정청에 대하여 취소판결의 내용에 따라 행동하도록 구속하는 힘을 의미하고, 행정소송법 제30조 제1항[802]에 취소판결에 관하여 기속력이 있음을 규정하고 있다[803]. 형성력과 동일하게 인용판결인 취소판결에 한하여 인정되고, 기각판결에는 인정되지 않는다. 기속력의 법적 성격에 관하여 기판력의 일종으로서 확정된 판결에 당연히 부여된 효력으로 보는 견해(기판력설)와 행정소송법이 판결의 실효성을 확보하기 위하여 행정청에 판결의 취지에 따라 행동하도록 실체법상 의무를 부과함으로써 발생한 효력으로 보는 견해(특수효력설, 통설) 등의 대립이 있다[804]. 기속력은 통상 반복금지효, 재처분의무, 원상회복의무(결과제거의무) 등으로 나뉜다.

반복금지효란 피고 행정청과 모든 관계행정청이 확정판결과 저촉되는 처분을 반복하여서는 안 되는 효력을 의미한다. 기속력을 소극적 측면에서 바라본 내용으로, 침익적 처분뿐만 아니라 거부처분도 포함된다. 이때 확정판결과 저촉되는 처분을 반복하는 경우란 취소된 처분과 동일한 처분을 반복하는 경우를 의미하고, 동일한 처분이란 동일 사실관계 아래서 동일 당사자에 대하여 동일한 내용의 처분을 의미한다(459). 따라서 후행치분이 취소된 처분의 사실관계와 동일하지 않은 사실관계를 이유로 이루어지면 기속력에 반하지 않지만, 동일한 사실관계에 의하여 이루어지면 기속력에 반하게 된다(객관적 범위). 이때 사실관계의 동일성 유무는 취소판결에 나타난 사유와 후행처분의 사유가 기본적 사실관계에서 동일성이 있는지 여부에 의해서 판단되는데, 소송계속 중 처분사유의 추가·변경이 기본적 사실관계가 동일한 범위 내에서 가능하다는 점을 고려할 때 이전 취소소송에서 피고 행정청이 처분사유의 추가·변경을 통하여 다툴 수 없었던 사유라 할 것이다(460). 그리고 **기본적 사실관계의 동일성 유무**는 처분사유를 법률적으로 평가하기 이전의 구체적 사실에 착안하여 그 기초가 되는 사회적 사실관계가 기본적으로 동일한지 여부에 따라 결정되지만, 결국 시간적·장소적 근접성, 행위의 태양, 결과 등의 제반 사정을 종합적으로 고려해서 결정될 수밖에 없다[805]. 이처럼 기속력은 기판력과 달리 개개의 위법

---

802) 처분 등을 취소하는 확정판결은 그 사건에 관하여 당사자인 행정청과 그 밖의 관계행정청을 기속한다.

803) 무효등확인소송, 부작위위법확인소송, 당사자소송에서도 준용하고 있다(행정소송법 제38조 제1항, 제2항, 제44조 제1항). 민사소송법상 판결의 기속력이란 판결이 신고되면 판결을 한 법원도 이에 구속되어 스스로 판결을 철회하거나 변경할 수 없는 자박력을 의미한다. 이러한 의미의 자박력은 행정소송에서도 인정된다.

804) 판례의 입장은 불분명하고, 기판력과 기속력을 구별하지 않고 사용하고 있다.

805) 대판 2011. 10. 27. 2011두14401 【건축불허가처분취소】 【피고 고양시장】 [1] 행정소송법 제30조 제2항에 의하면, 행정청의 거부처분을 취소하는 판결이 확정된 경우에는 처분을 행한 행정청이 판결의 취지에 따라 이전 신청에 대하여 재처분을 할 의무가 있다. 행정처분의 적법 여부는 행정처분이 행하여진 때의 법령과 사실을 기준으로 판단하는 것이므로 확정판결의 당사자인 처분 행정청은 종전 처분 후에 발생한 새로운 사유를 내세워 다시 거부처분을

사유에 대한 판단에 대하여 생기고, 판결주문뿐만 아니라 판결이유에 판단된 그 전제가 된 요건사실이나 효과에도 생기지만, 판결의 결론과 직접 상관없는 간접사실, 가정판단에는 생기지 않는다. 구체적으로 요건사실의 포섭 여부에 대한 판단, 재량권의 남용·일탈에 대한 판단, 절차위반에 대한 판단에 있어서 행정청이 절차를 보완하여 다시 한 처분이나 재량권의 한계를 준수하여 다시 한 처분은 기속력에 반하지 않고, 처분시 이전에 존재하던 사실관계라고 하더라도 요건사실과 기본적 사실관계가 동일하지 않은 사실관계를 이유로 한 처분도 기속력에 반하지 않지만[806], 요건사실과 다른 사실이나 법령을 이유로 한 처분이라도 기본적 사실관계의 동일성이 인정되면 기속력에 반한다(461).

그러나 처분시[807] 이후 발생한 사실관계나 변동된 법령을 이유로 취소된 판결과 동일한 처분을 하여도 기속력에 반하지 않는다(시적 범위). 다만, 종전의 거부처분 이후 변경된 법령에 의하

할 수 있고, 그러한 처분도 위 조항에 규정된 재처분에 해당한다. 여기에서 '새로운 사유'인지는 종전 처분에 관하여 위법한 것으로 판결에서 판단된 사유와 기본적 사실관계의 동일성이 인정되는 사유인지에 따라 판단되어야 하고, 기본적 사실관계의 동일성 유무는 처분사유를 법률적으로 평가하기 이전의 구체적인 사실에 착안하여 그 기초인 사회적 사실관계가 기본적인 점에서 동일한지에 따라 결정되며, 추가 또는 변경된 사유가 처분 당시에 그 사유를 명기하지 않았을 뿐 이미 존재하고 있었고 당사자도 그 사실을 알고 있었다고 하여 당초 처분사유와 동일성이 있는 것이라고 할 수는 없다. [2] 고양시장이 갑 주식회사의 공동주택 건립을 위한 주택건설사업계획승인 신청에 대하여 미디어밸리 조성을 위한 시가화예정 지역이라는 이유로 거부하자, 갑 회사가 거부처분의 취소를 구하는 소송을 제기하여 승소판결을 받았고 위 판결이 그대로 확정되었는데, 이후 고양시장이 해당 토지 일대가 개발행위허가 제한지역으로 지정되었다는 이유로 다시 거부하는 처분을 한 사안에서, 재거부처분은 종전 거부처분 후 해당 토지 일대가 개발행위허가 제한지역으로 지정되었다는 새로운 사실을 사유로 하는 것으로, 이는 종전 거부처분 사유와 내용상 기초가 되는 구체적인 사실관계가 달라 기본적 사실관계가 동일하다고 볼 수 없다는 이유로, 행정소송법 제30조 제2항에서 정한 재처분에 해당하고 종전 거부처분을 취소한 확정판결의 기속력에 반하는 것은 아니라고 본 원심판단을 수긍한 사례. 동지, 대판 2005. 12. 9. 2003두7705[1] 【주택건설사업계획승인신청서반려처분취소】 【피고 군산시장】 종전 처분의 처분사유는 이 사건 사업이 주변의 환경, 풍치, 미관 등을 해할 우려가 있다는 것이고, 그에 대한 재결은 이 사건 사업이 환경, 풍치, 미관 등을 정한 1994. 7. 5. 고시와 군산시건축조례에 위반되지 않고, 환경·풍치·미관 등을 유지하여야 하는 공익보다는 이 사건 사업으로 인한 지역경제 승수효과와 도시서민들을 위한 임대주택공급이라는 또 다른 공익과 재산권행사의 보장이라는 사익까지 더해 보면 결국 종전 처분은 비례의 원칙에 위배되어 재량권을 남용하였다는 것이므로 종전 처분에 대한 재결의 기속력은 그 주문과 재결에서 판단된 이와 같은 사유에 대해서만 생긴다고 할 것이고, 한편 이 사건 처분의 처분사유는 공단대로 및 교통여건상 예정 진입도로계획이 불합리하여 대체 진입도로를 확보하도록 한 보완요구를 이행하지 아니하였다는 것 등인 사실을 알 수 있는바, 그렇다면 이 사건 처분의 처분사유와 종전 처분에 관하여 위법한 것으로 재결에서 판단된 사유와는 기본적 사실관계에 있어 동일성이 없다고 할 것이므로 이 사건 처분이 종전 처분에 대한 재결의 기속력에 저촉되는 처분이라고 할 수 없다.

806) 분쟁의 일회적 해결이라는 측면에서 거부처분의 경우 행정청이 소송계속 중 거부사유를 자유롭게 추가·변경할 수 있도록 하고, 거부처분취소판결이 확정되면 기속력에 의해 거부처분의 이전에 존재하던 다른 처분사유를 이유로 다시 거부처분할 수 없도록 해야 한다는 견해가 있다『박정훈, 행정법의 체계와 방법론(박영사, 2006), 526쪽』

807) 취소소송의 위법판단 기준시점이 처분시이기 때문에 처분시 이후에 발생한 사실관계와 변경된 법령을 이유로 동일한 처분을 할 수 있다고 해석된다. 그러나 기판력의 시적 범위와 동일하게 사실심 변론종결시를 기준으로 설시한 판결도 있고, 처분의 위법판단시점을 판결시로 보는 견해와 거부처분에 있어서 위법판단시점을 판결시로 보는 견해에 따르면 사실심 변론종결시 이전에 발생한 사실관계와 변경된 법령을 이유로 동일한 처분을 하면 기속력에 위반된다. 그러나 어느 견해에 의하든 사실심 변론종결시 이후에 발생한 사실관계와 변경된 법령을 이유로 동일한 처분을 할 수 있다.

여 다시 이루어진 거부처분의 효력에 관하여 기속력에 반하지 않기 때문에 적법하다는 견해(적극설), 판결이유에서 판결시까지 행정청의 처분의무가 존재한다고 명시된 경우에는 위법하다는 견해(판결취지설), 처분시 존재하던 개정 전 법령의 존속에 대한 국민의 신뢰와 인용판결에 대한 신뢰 및 개정 법령 적용에 관한 공익과 행정청의 귀책사유 등 비교·형량에 의하여 위법을 판단해야 한다는 견해(이익형량설) 등의 대립이 있는데, 판례는 적극설의 입장이다[808]. 취소판결은 당사자인 피고 행정청뿐만 아니라 기타의 관계행정청을 기속하기 때문에 기타 행정청도 판결에 저촉되는 처분을 할 수 없다(주관적 범위). 이때 **관계행정청의 범위**는 피고 행정청과 동일한 행정주체에 속하는 행정청이나 동일한 사무계통에 속하는 상하관계에 있는 행정청에 한하지 않고 취소된 행정처분을 기초 또는 전제로 하여 이와 관련된 처분 또는 부수하는 행위를 할 수 있는 모든 행정청을 포함한다(462) .

이상의 반복금지효는 기속력의 소극적 측면에서 행정청에 부작위의무를 부과한 것이지만, 행정소송법 제30조 제2항[809]은 기속력의 적극적 측면에서 행정청에 거부처분에 대한 재처분의무를 부과하고 있다. 또한 행정소송법이 침익적 처분에 있어서 행정청의 원상회복의무(결과제거의무)를 명시하고 있지는 않지만, 재처분의무와 동일한 작위의무인 원상회복의무도 기속력에 포함된다고 보아야 할 것이다(다수설). 이때 **원상회복의무**라 함은 행정청이 취소된 처분에 의해서 초래된 위법상태를 제거해야할 의무를 의미하는데, 행정청은 원상회복의무 이행의 일환으로 파면처분이 취소되면 원직으로 복직시켜야 하고, 부과처분이 취소되면 이미 납부한 부과금을 반환해야 한다. 한편, 재처분의무라 함은 행정청이 판결의 취지에 따라 이전의 신청에 대한 처분을 해야 할 의무를 의미하고, 당사자의 새로운 신청이 필요는 없지만 반드시 신청

---

808) 대결 1998. 1. 7. 97두22 【간접강제】 [1] 행정소송법 제30조 제2항의 규정에 의하면 행정청의 거부처분을 취소하는 판결이 확정된 때에는 그 처분을 행한 행정청이 판결의 취지에 따라 이전의 신청에 대하여 재처분할 의무가 있으나, 이 때 확정판결의 당사자인 처분 행정청은 그 확정판결에서 적시된 위법사유를 보완하여 새로운 처분을 할 수 있다. [2] 행정처분의 적법 여부는 그 행정처분이 행하여 진 때의 법령과 사실을 기준으로 하여 판단하는 것이므로 거부처분 후에 법령이 개정·시행된 경우에는 개정된 법령 및 허가기준을 새로운 사유로 들어 다시 이전의 신청에 대한 거부처분을 할 수 있으며 그러한 처분도 행정소송법 제30조 제2항에 규정된 재처분에 해당된다. [3] 건축불허가처분을 취소하는 판결이 확정된 후 국토이용관리법시행령이 준농림지역 안에서의 행위제한에 관하여 지방자치단체의 조례로써 일정 지역에서 숙박업을 영위하기 위한 시설의 설치를 제한할 수 있도록 개정된 경우, 당해 지방자치 단체장이 위 처분 후에 개정된 신법령에서 정한 사유를 들어 새로운 거부처분을 한 것이 행정소송법 제30조 제2항 소정의 확정판결의 취지에 따라 이전의 신청에 대한 처분을 한 경우에 해당한다.

809) 판결에 의하여 취소되는 처분이 당사자의 신청을 거부하는 것을 내용으로 하는 경우에는 그 처분을 행한 행정청은 판결의 취지에 따라 다시 이전의 신청에 대한 처분을 하여야 한다.

대로 처분해야 한다는 의미가 아니라 판결의 취지에 따른 처분을 의미한다[810]. 한편, 행정소송법 제30조 제3항(463)은 절차의 위법을 이유로 신청에 따른 처분이 취소된 경우에도 재처분 의무가 있음을 규정하고 있는데, 신청에 따른 인용처분에 의해서 권익을 침해당한 제3자가 제기한 처분취소소송에서 절차의 위법을 이유로 취소판결이 확정된 경우를 의미하고, 신청인의 권익을 보호하기 위하여 행정청에 판결의 취지에 따라 적법절차를 준수하여 다시 처분하도록 의무를 부과한 것이다. 이때 **절차의 위법**이란 실체법상 내용의 위법을 제외한 넓은 의미의 형식상 위법을 의미하고, 주민의견수렴절차 위반이나 협의절차 위반 등의 협의의 절차 위반뿐만 아니라 처분권한이 없는 행정청에 의한 처분이나 처분청의 표시가 없는 처분 등의 권한·형식 등의 위법을 포함하는 개념으로(464) 결국 판결에 나타난 처분의 위법이 보완 가능한 경우를 의미한다. 한편, 판례는 기속력에 반하는 처분에 대하여 위법이 중대·명백하기 때문에 당연무효라는 입장이다[811].

3. 취소판결의 강제집행 및 간접강제

> 제34조(거부처분취소판결의 간접강제) ① 행정청이 제30조제2항의 규정에 의한 처분을 하지 아니하는 때에는 제1심수소법원은 당사자의 신청에 의하여 결정으로써 상당한 기간을 정하고 행정청이 그 기간내에 이행하지 아니하는 때에는 그 지연기간에 따라 일정한 배상을 할 것을 명하거나 즉시 손해배상을 할 것을 명할 수 있다.
>
> ② 제33조와 민사집행법 제262조의 규정은 제1항의 경우에 준용한다.
>
> <제33조(소송비용에 관한 재판의 효력) 소송비용에 관한 재판이 확정된 때에는 피고 또는 참가인이었던 행정청이 소속하는 국가 또는 공공단체에 그 효력을 미친다.

---

810) 대판 2001. 3. 23. 99두5238 【손실보상재결처분취소】 행정소송법 제30조 제1항에 의하여 인정되는 취소소송에서 처분 등을 취소하는 확정판결의 기속력은 주로 판결의 실효성 확보를 위하여 인정되는 효력으로서 판결의 주문뿐만 아니라 그 전제가 되는 처분 등의 구체적 위법사유에 관한 이유 중의 판단에 대하여도 인정되고, 같은 조 제2항의 규정상 특히 거부처분에 대한 취소판결이 확정된 경우에는 그 처분을 행한 행정청은 판결의 취지에 따라 다시 처분을 하여야 할 의무를 부담하게 되므로, 취소소송에서 소송의 대상이 된 거부처분을 실체법상의 위법사유에 기하여 취소하는 판결이 확정된 경우에는 당해 거부처분을 한 행정청은 원칙적으로 신청을 인용하는 처분을 하여야 하고, 사실심 변론종결 이전의 사유를 내세워 다시 거부처분을 하는 것은 확정판결의 기속력에 저촉되어 허용되지 아니한다.

811) 대판 1972. 7. 14. 92누2912, 1982. 5. 11. 80누104, 1989. 9. 12. 89누985, 1990. 12. 11. 90누3560 【토지형질변경허가신청불허가처분취소】 확정판결의 당사자인 처분행정청이 그 행정소송의 사실심 변론종결 이전의 사유를 내세워 다시 확정판결과 저촉되는 행정처분을 하는 것은 허용되지 않는 것으로서 이러한 행정처분은 그 하자가 중대하고도 명백한 것이어서 당연무효라 할 것이다.

민사집행법 제262조(채무자의 심문) 제260조 및 제261조의 결정은 변론 없이 할 수 있다. 다만, 결정하기 전에 채무자를 심문하여야 한다.>

제38조(준용규정) ② …제34조의 규정은 부작위위법확인소송의 경우에 준용한다.

가. 의의

현행 행정소송법상 의무이행소송제도가 인정되지 않고 취소소송도 형성소송이기 때문에 판결의 강제집행 문제가 발생하지 않지만, 거부처분에 대한 취소판결의 실효성을 확보하기 위하여 행정소송법은 행정청에 재처분의무를 부과하는 한편 행정청이 재처분의무를 이행하지 않는 경우에 대비해 **간접강제제도**를 두고 있다[812]. 행정소송법 제34조(465)에 의해 거부처분에 대한 취소판결이 확정되었음에도 행정청이 행정소송법 30조 2항의 규정에 의한 재처분의무를 이행하지 않으면 제1심 수소법원은 당사자의 신청에 의하여 결정으로써 상당한 기간을 정하고 행정청이 그 기간 내에 이행하지 아니하는 때에는 그 지연기간에 따라 일성한 배상을 명하거나 즉시 손해배상을 할 것을 명할 수 있다[813].

---

812) 본래 강제집행은 이행판결에서 문제되고, 확인판결이나 형성판결에서는 문제되지 아니한다. 행정소송에서는 당사자소송 중 공법상 금전급부를 구하는 소송(국가배상소송은 민사소송으로 취급되지만 동일함.) 등에서 이행소송이 가능하고 이 경우 강제집행이 허용되는데, 국가에 대한 강제집행의 경우에는 국유재산 중 국고금(세입금, 세출금, 세입세출외현금 등의 국가에 속하는 현금)에 대하여만 압류할 수 있고, 국가 이외의 지방자치단체 등의 공공기관에 관하여는 일반원칙에 따라 모든 재산이 집행의 대상이 된다. 다만, 공법상 당사자소송으로 금전급부를 구하는 소송 등에서는 가집행선고가 허용되지 않는다.

제43조(가집행선고의 제한) 국가를 상대로 하는 당사자소송의 경우에는 가집행선고를 할 수 없다.

813) 부작위위법확인소송은 행정소송법 제38조 제2항에서 간접강제제도를 준용하고 있지만, 무효등확인소송은 준용하고 있지 않다. 다수설은 무효·취소 구별의 상대성과 사인의 권리보호 측면에서 입법 미비(개정 행정소송법안에 새로 규정됨)로서 거부처분이 당연무효로 판결에 의하여 확정된 경우에도 간접강제가 허용된다는 입장이지만, 판례는 무효확인소송에서의 간접강제를 부정하고 있다.

대결 1998. 12. 24. 98무37【건축허가무효확인판결에기한간접강제】[1] 행정소송법 제34조는 취소판결의 간접강제에 관하여 규정하면서 제1항에서 행정청이 같은 법 제30조 제2항의 규정에 의한 처분을 하지 아니한 때에 간접강제를 할 수 있도록 규정하고 있고, 같은 법 제30조 제2항은 '판결에 의하여 취소되는 처분이 당사자의 신청을 거부하는 것을 내용으로 하는 경우에는 그 처분을 행한 행정청은 판결의 취지에 따라 다시 이전의 신청에 대한 처분을 하여야 한다.'라고 규정함으로써 취소판결에 따라 취소된 행정처분이 거부처분인 경우에 행정청에 다시 처분을 할 의무가 있음을 명시하고 있으므로, 결국 같은 법상 간접강제가 허용되는 것은 취소판결에 의하여 취소된 행정처분이 거부처분인 경우라야 할 것이다. [2] 행정소송법 제38조 제1항이 무효확인 판결에 관하여 취소판결에 관한 규정을 준용함에 있어서 같은 법 제30조 제2항을 준용한다고 규정하면서도 같은 법 제34조는 이를 준용한다는 규정을 두지 않고 있으므로, 행정처분에 대하여 무효확인 판결이 내려진 경우에는 그 행정처분이 거부처분인 경우에도 행정청에 판결의 취지에 따른 재처분의무가 인정될 뿐 그에 대하여 간접강제까지 허용되는 것은 아니라고 할 것이다.

나. 요건

행정청이 재처분의무를 이행하지 않은 경우에 가능한데, 행정청이 아무런 처분을 하지 않은 경우뿐만 아니라 재처분이 무효인 경우도 포함된다. 행정청이 아무런 처분을 하지 않은 경우라 함은 법령에 재처분하여야 할 기간이 규정된 바가 없다면 부작위위법확인소송에서처럼 판결확정시로부터 특별한 사정이 없는 한 상당한 기간 경과된 경우를 의미한다. 재처분이 무효인 경우라 함은 재처분이 판결에 의하여 취소된 처분과 동일하여 기속력(반복금지효)에 위반되는 경우를 의미한다[814].

다. 절차

신청 : 확정된 거부처분취소판결[815]의 원고가 피고로 된 행정청(466)을 집행채무자로 신청해야 한다.

관할 : 확정된 거부처분취소판결의 제1심 수소법원의 전속관할이다.

심리 : 반드시 처분의무 행정청을 상대로 심문해야 하고, 의무행정청을 심문하지 아니하고 한 간접강제결정은 위법하여 취소를 면할 수 없다.

결정 : 당사자의 신청이 부적법하면 각하, 신청이 이유 없으면 기각, 신청이 이유 있으면 결정으로써 상당한 기간을 정하고 행정청이 그 기간 내에 이행하지 아니하는 때에는 그 지연기간에 따라 일정한 배상을 할 것을 명하거나 즉시 손해배상을 할 것을 명할 수 있다[816](간접강제 결정). 행정청

---

814) 대결 2002. 12. 11. 2002무22【간접강제】[1] 거부처분에 대한 취소의 확정판결이 있음에도 행정청이 아무런 재처분을 하지 아니하거나, 재처분을 하였다 하더라도 그것이 종전 거부처분에 대한 취소의 확정판결의 기속력에 반하는 등으로 당연무효라면 이는 아무런 재처분을 하지 아니한 때와 마찬가지라 할 것이므로 이러한 경우에는 행정소송법 제30조 제2항, 제34조 제1항 등에 의한 간접강제신청에 필요한 요건을 갖춘 것으로 보아야 한다. [2] 주택건설사업 승인신청 거부처분의 취소를 명하는 판결이 확정되었음에도 행정청이 그에 따른 재처분을 하지 않은 채 위 취소소송 계속중에 도시계획법령이 개정되었다는 이유를 들어 다시 거부처분을 한 사안에서, 개정된 도시계획법령에 그 시행 당시 이미 개발행위허가를 신청중인 경우에는 종전 규정에 따른다는 경과규정을 두고 있으므로 위 사업승인신청에 대하여는 종전 규정에 따른 재처분을 하여야 함에도 불구하고 개정 법령을 적용하여 새로운 거부처분을 한 것은 확정된 종전 거부처분 취소판결의 기속력에 저촉되어 당연무효라고 한 사례.

대결 2004. 1. 15. 2002무30【간접강제】[1] 거부처분 취소의 확정판결을 받은 행정청이 사실심 변론종결 이후 발생한 새로운 사유를 내세워 다시 이전의 신청에 대하여 거부처분을 한 경우, 행정소송법 제30조 제2항 소정의 재처분에 해당하는지 여부(적극). [2] 토지형질변경 및 건축허가신청 반려처분의 취소판결이 확정되었음에도 확정판결의 취지에 따른 재처분을 하지 아니하여 간접강제절차가 진행중 새로이 그 지역에 건축법 제12조 제2항에 따라 건축허가제한공고를 하고 그에 따라 다시 한 거부처분이 행정소송법 제30조 제2항 소정의 재처분에 해당한다고 한 사례.

815) 부작위위법확인판결도 동일하다.

816) 즉시 일정 금액의 배상금(금 ○○원)을 일시에 지급할 것을 명하는 방법과 위 기간이 경과하는 때부터 지연에 따라 일정 비율에 의한 배상금(매일 또는 매월 금 ○○원의 배상금)을 처분시까지 지급할 것을 명하는 방법이 있다. 후자

의 재처분의무는 신청에 따른 처분을 할 의무가 아니라 판결의 취지에 따라 새로운 처분을 할 의무를 의미하기 때문에 결정은 판결의 취지에 따른 새로운 처분을 할 의무를 명시하면 족하고 구체적인 처분의 내용을 특정해서는 안 된다. 그리고 상당한 기간은 간접강제결정 후 행정청이 새로운 처분함에 필요한 기간을 의미하지만 법원이 재량으로 처분의 내용 등 기타 객관적인 사정을 종합하여 결정할 수 있고, 배상금도 신청인이 입는 손해와 무관하게 처분의무를 간접적으로 강제하기 위한 금액을 의미하지만 법원이 재량으로 제반사정을 고려하여 결정할 수 있다.

라. 내용

간접강제에도 불구하고 행정청이 처분하지 않는 경우에는 신청인은 간접강제결정을 집행권원으로 집행문을 부여받아 집행할 수 있고, 행정청이 소속된 국가 또는 공공단체의 재산에 대하여 집행할 수 있다(배상금의 추심). 배상금은 재처분의무의 이행을 담보하기 위한 것이기 때문에 재처분의 지연에 대한 제재나 손해배상이 아니라 재처분의 이행에 관한 심리적 강제수단에 불과하고, 간접강제결정에서 정한 의무이행기간이 경과한 후에도 재처분의 이행이 있으면 특별한 사정이 없는 한 더 이상의 추심이 허용되지 않는다(467). 간접강제결정이나 기각결정에 대하여 행정소송법에 아무런 규정이 없으나 민사집행법에 따라 즉시항고를 할 수 있다(468)(결정의 불복). 간접강제결정이 있은 후 사정변경이 있으면 법원은 당사자의 신청에 의하여 상대방의 심문을 거쳐 결정내용을 변경할 수 있다(469)(결정의 변경).

4. 재판의 불복, 종료, 재심

가. 재판의 불복

1심 판결에 불복하여 항소, 상고를 제기할 수 있고, 이때 상소방법과 상고기간 등은 민사소송규정이 적용된다[817]. 그리고 상고에 관하여 상고심절차에관한특례법에 의한 심리불속행판

의 주문의 예 : 피신청인은 이 결정의 정본을 받은 날로부터 ○○일 이내 신청인에 대하여 ○○법원 2000구111 ○○거부처분취소사건의 확정판결의 취지에 따른 처분을 하지 않을 때에는 신청인에 대하여 위 기간이 마치는 다음날부터 처분시까지 1일 금 ○○원의 비율에 의한 금원을 지급하라.

817) 통상 종국판결에 가집행선고 및 소송비용부담이 함께 명시되는데, 가집행선고와 소송비용재판이 종국판결에 부수된 재판으로 행해진다. 그러나 행정소송에서 가집행선고는 허용되지 않는데, 취소소송은 확정되어야 효력이 생기기

결이 가능하다. 1심법원의 결정 · 명령은 고등법원에 항고할 수 있고, 고등법원의 결정 · 명령은 대법원에 재항고할 수 있다. 그리고 법률의 규정이 있는 경우 민사소송법에 따른 즉시항고를 할 수 있다.

나. 재판의 종료

상고심 판결의 선고, 상소기간의 도과, 상소포기와 취하 등에 의한 종국판결의 확정으로 재판이 종료된다. 소 취하가 가능하기 때문에 소 취하에 의해서 재판이 종료될 수 있지만, 청구의 인락 · 포기 및 화해가 가능한지 여부에 의견의 대립이 있고 불가능하다는 견해(통설)에 따르면 청구의 인락 · 포기 및 화해에 의하여 재판이 종료되지 않는다. 한편, 조정에 대하여도 의견의 대립이 있고 부정하는 견해가 다수이지만, 실무상 법원의 조정안에 따라 피고 행정청이 직권으로 처분을 변경하면 원고가 소를 취하하는 방식으로 사실상 조정이 이루어진다.

다. 재심 / 제3자의 재심

제31조(제3자에 의한 재심청구) ① 처분등을 취소하는 판결에 의하여 권리 또는 이익의 침해를 받은 제3자는 자기에게 책임없는 사유로 소송에 참가하지 못함으로써 판결의 결과에 영향을 미칠 공격 또는 방어방법을 제출하지 못한 때에는 이를 이유로 확정된 종국판결에 대하여 재심의 청구를 할 수 있다.

② 제1항의 규정에 의한 청구는 확정판결이 있음을 안 날로부터 30일 이내, 판결이 확정된 날로부터 1년 이내에 제기하여야 한다.

③ 제2항의 규정에 의한 기간은 불변기간으로 한다.

<준용규정 : 제38조 ① 무효등확인소송, 제38조 ② 부작위위법확인소송>

때문에 가집행선고가 허용되지 않고, 무효등확인소송이나 부작위위법확인소송도 성질상 가집행선고가 허용되지 않기 때문이다. 따라서 통상 행정소송에서는 소송비용재판이 부수적으로 이루어지는데, 소송비용(소송당사자가 특정의 행정소송의 수행을 위하여 소송 계속전 또는 소송 계속중에 현실적으로 지출한 비용 중 법령에서 정한 범위에 속한 것)은 재판비용(재판수수료인 인지액과 법원이 심판 등을 위하여 지출하는 비용)과 당사자비용(당사자가 법원에 납부한 것이 아니라 소송 등 절차수행을 위하여 직접 제3자에게 지출한 비용)으로 구성되고, 민사소송법에 따라 패소자가 부담하고 일부 인용되는 때는 원 · 피고가 분담하는 것이 원칙이다. 예외적으로 사정판결이 있는 경우, 행정청이 처분 등을 취소 · 변경한 경우 등은 피고가 부담한다.

행정소송에서도 민사소송법에 따른 재심 또는 준재심이 인정되지만, 행정소송법은 항고소송의 인용판결[818]에 의하여 권리 또는 이익의 침해를 받은 제3자가 자기에게 책임 없는 사유로 소송에 참가하지 못함으로써 판결의 결과에 영향을 미칠 공격 또는 방어방법을 제출하지 못한 때에는 이를 이유로 확정된 종국판결에 대하여 재심을 청구할 수 있도록 규정하고 있다(470). 이때 재심원고는 항고소송의 인용판결에 의하여 권리 또는 이익의 침해를 받은 제3자이다. '권리 또는 이익의 침해를 받은 제3자'와 관련 행정소송법 제16조 제1항의 소송참가를 할 수 있는 '소송의 결과에 따라 권리 또는 이익의 침해를 받을 제3자'와 동일한지 여부에 관해서는 견해의 대립이 있다. 제3자의 재심제도와 소송참가제도를 동일한 목적을 위한 두 가지 제도로 파악하여 '취소판결의 결과 그 구속력을 받는 행정청의 행위에 의하여 권리 · 이익을 침해받은 제3자'도 이에 포함된다는 견해(다수설)와 확정된 종국판결의 효력을 좌우하여야 할 범위를 그렇게 넓게 인정하는 것은 법적 안정성의 요청에 모순된다고 하여 '취소판결에 의하여 권리를 침해당하는 제3자'를 취소판결의 형성력을 직접 받는 자에 한정하여야 한다는 견해(소수설)가 있다. 그리고 재심피고는 확정판결에 나타난 원고와 피고를 공동으로 하여야 한다. 재심사유는 책임 없는 사유로 소송에 참가하지 못하였다는 점과 판결의 결과에 영향을 미칠 수 있는 제출되지 않는 공격 또는 방어방법이 존재한다는 점이다. 확정판결이 있음을 안 날로부터 30일 이내, 판결이 확정된 날로부터 1년 이내에 제기하여야 하고, 제소기간은 불변이다. 제3자가 재심소장을 관할법원에 제출하는 방식으로 재심소송을 제기하면, 법원은 우선 재심소의 적법 여부와 재심사유의 존부를 심사한 후 재심사유가 없으면 기각하고, 재심사유가 있으면 나아가 본안을 심리한 후 종국판결을 해야 한다. 이때 재심원고는 참가인의 지위에서 재심피고는 종래의 원 · 피고의 지위에서 종전 절차에 이어 소송행위를 할 수 있다.

818) 취소판결, 무효등확인판결, 부작위위법확인판결.

5. 소송참가

가. 행정소송법 제16조에 의한 제3자의 소송참가

제16조(제3자의 소송참가) ① 법원은 소송의 결과에 따라 권리 또는 이익의 침해를 받을 제3자가 있는 경우에는 당사자 또는 제3자의 신청 또는 직권에 의하여 결정으로써 그 제3자를 소송에 참가시킬 수 있다.

② 법원이 제1항의 규정에 의한 결정을 하고자 할 때에는 미리 당사자 및 제3자의 의견을 들어야 한다.

③ 제1항의 규정에 의한 신청을 한 제3자는 그 신청을 각하한 결정에 대하여 즉시항고할 수 있다.

④ 제1항의 규정에 의하여 소송에 참가한 제3자에 대하여는 민사소송법 제67조의 규정을 준용한다.

<민사소송법 제67조(필수적 공동소송에 대한 특별규정) ①소송목적이 공동소송인 모두에게 합일적으로 확정되어야 할 공동소송의 경우에 공동소송인 가운데 한 사람의 소송행위는 모두의 이익을 위하여서만 효력을 가진다. ② 제1항의 공동소송에서 공동소송인 가운데 한 사람에 대한 상대방의 소송행위는 공동소송인 모두에게 효력이 미친다. ③ 제1항의 공동소송에서 공동소송인 가운데 한 사람에게 소송절차를 중단 또는 중지하여야 할 이유가 있는 경우 그 중단 또는 중지는 모두에게 효력이 미친다.>

<준용규정 : 제38조 ① 무효등확인소송, 제38조 ② 부작위위법확인소송, 제44조 ① 당사자소송>

1) 의의

소송참가라 함은 제3자가 계속중인 타인 간의 소송절차에 관여하는 것을 의미한다[819]. 취소

---

819) 민사소송법에 의한 각종 참가, 특히 보조참가가 가능한지를 둘러싸고 견해의 대립이 있다. 행정소송법 16조의 규정은 민사소송과는 다른 요건 하의 특별참가에 관한 규정으로 행정소송에 있어서도 민사소송법이 정한 각종 참가에 관한 규정이 배제되지 아니하고, 행정소송법이 정한 참가 외에 민사소송법이 정한 보조참가를 비롯한 각종 참가도 여전히 가능하다고 보아야 한다는 견해가 다수설이고, 실무관행도 대체로 그에 따르고 있다(대판 2002. 9. 24. 99두1519, 대판 2013. 6. 18. 2012무257, 대판 2015. 10. 5. 2015무 513 등). 보조참가와 관련하여 행정소송법 16조의 소송참가요건인 '소송의 결과에 따라 권리 또는 이익을 침해받을 제3자'와 민사소송법상의 보조참가요건의 하나인 '소송의 결과에 대하여 이해관계 있는 제3자'와의 관계에 관하여, 전자의 범위가 후자보다 좁다는 견해에 의하면 보조참가를 인정할 필요가 있으나, 동일하다는 견해에 의하면 보조참가를 인정할 필요가 없을 것이다. 한편, 독립당사자참가나 공동소송참가는 허용된다고 보고 있다『사법연수원, 행정소송법, 76~77쪽』.

	행정소송법 16조 참가	행정소송법 17조 참가	민사소송법 71조 보조참가
주체	소송결과에 따라 권리 또는 이익 침해를 받을 제3자	법원이 소송에 참가시킬 필요가 있다고 인정한 행정청	소송결과에 대하여 이해관계가 있는 제3자
피참가인	원고 또는 피고	피고	원고 또는 피고
신청 요부	불요	불요	필요
결정 요부	필요	필요	이의 있을 때만 필요
의견 청취	필요	필요	불요
불복 가부	참가신청 각하에 대하여만 불복 가능	모두 불가	허부 결정에 대하여 불복 가능

법원행정처, 법원실무제요 행정, 2016년, 87쪽, <표 재인용>

판결의 효력이 제3자에게 미칠 뿐만 아니라 복효적 행위에 대한 소송결과가 제3자의 권익에 영향을 미치기 때문에 취소소송[820]에서 민사소송보다 넓게 소송참가를 인정하고 있다. 행정소송법 제16조는 소송의 결과에 따라 권리 또는 이익의 침해를 받을 제3자가 있는 경우에는 제3자 본인이나 당사자의 신청 또는 법원의 직권에 의하여 결정으로 소송에 참가시켜 변론하고 자료를 제출할 수 있도록 규정하고 있다. 예컨대, 경쟁자소송, 경원자소송, 인인소송 등 제3자 소송에서 처분 행정청이 피고이지만, 소송결과는 처분을 받은 제3자에게 더욱 큰 영향을 미치기 때문에 제3자의 소송참가를 인정할 필요가 있다[821].

2) 요건

제3자가 '**소송의 결과로 권리 또는 이익을 침해받는 경우**'에 가능한데, 판결주문에 의하여 직접 권리 · 이익을 침해받게 되는 경우를 의미하고, 취소판결의 형성력에 의하여 직접 권리 · 이익을 침해받는 경우뿐만 아니라 판결의 기속력에 의하여 피고 행정청이나 관계행정청의 새로운 처분에 의하여 권리 · 이익을 침해받게 되는 자도 포함된다. 타인 간의 행정소송이 적법하게 계속중이면 상고심에서도 가능하고, 원 · 피고 어느 쪽을 위하여도 참가할 수 있다. 제3자는 소송당사자 이외의 제3자이어야 하고, 국가 또는 공공단체도 가능하나 당사자능력이 없는 행정청은 본조에 의한 소송참가는 불가능하다.

3) 절차

신청 또는 직권 : 소송의 당사자나 제3자 본인의 신청 또는 직권에 의한다.

의견청취 : 법원은 제3자의 참가를 허가하거나 명하는 결정을 하고자 할 때는 미리 당사자 및 당해 제3자의 의견을 들어야 한다(471). 그러나 법원이 적절한 방법으로 의견을 개진할 기회를 주면 족하고, 의견에 구속되지는 않는다.

결정 : 참가신청에 대해 직권으로 요건의 존부를 심리하여 허가 또는 각하 결정하고, 직권으로 참가시킬 경우에는 결정으로 참가를 명하여야 한다.

불복 : 참가를 허가한 경우 - 소송에 참여할 수 없는 자에 대한 소송참가 허가결정 또는 참가

---

820) 그 밖의 항고소송, 당사자소송, 객관적 소송에서 준용하고 있다(행정소송법 제38조, 제44조 제1항, 제46조).

821) 이 경우 제3자가 소송에 참가하지 못하였다면 재심을 청구할 수도 있다.

명령에 대하여 당사자는 독립하여 불복할 수 없고 본안에 대한 불복 절차에서 소송절차의 위법을 다툴 수 있을 뿐이다(472). 참가를 불허한 경우 – 제3자 본인의 참가신청의 경우에는 제3자가 즉시 항고할 수 있고(473), 당사자의 참가신청의 경우에는 불복할 수 없다는 견해와 즉시 항고할 수 있다는 견해가 대립되어 있다.

4) 참가인의 지위

참가허가결정 등이 있으면[822] 제3자는 당사자들에 대하여 독자적인 청구를 하는 것이 아니기 때문에 강학상의 공동소송적 보조참가인의 지위를 획득한다. 그러나 행정소송법 제16조 제4항이 참가인에게 필요적 공동소송의 공동소송인의 지위를 부여하고 있기 때문에 유리한 행위는 1인이 하여도 전원에 대하여 효력이 생기는 반면, 불리한 행위는 전원이 하지 않는 한 효력이 없다. 따라서 피참가인이나 참가인 중 1인이 상대방의 수상사실을 다투면 전원이 다툰 것이 되고, 누구라도 상소가 가능하지만, 소의 취하는 전원이 하지 않으면 안 된다. 소취하에 대한 동의도 전원의 동의가 필요하다. 판결 효력은 실제 소송에 참가하여 소송행위를 하였는지 여부를 불문하고 참가인에게 미치기 때문에 참가인은 판결확정 후 행정소송법 31조에 의한 재심의 소를 제기할 수 없다.

나. 행정소송법 제17조에 의한 행정청의 소송참가

제17조(행정청의 소송참가) ① 법원은 다른 행정청을 소송에 참가시킬 필요가 있다고 인정할 때에는 당사자 또는 당해 행정청의 신청 또는 직권에 의하여 결정으로써 그 행정청을 소송에 참가시킬 수 있다.

② 법원은 제1항의 규정에 의한 결정을 하고자 할 때에는 당사자 및 당해 행정청의 의견을 들어야 한다.

③ 제1항의 규정에 의하여 소송에 참가한 행정청에 대하여는 민사소송법 제76조의 규정을 준용한다.

<민사소송법 제76조(참가인의 소송행위) ① 참가인은 소송에 관하여 공격·방어·이의·상소, 그 밖의 모든 소송행위를 할 수 있다. 다만, 참가할 때의 소송의 진행정도에 따라 할 수 없는 소송행위는 그러하지 아니하다. ② 참가인의 소송행위가 피참가인의 소송행위에 어긋나는 경우에는 그 참가인의 소송행위는 효력을 가지지 아니한다.>

<준용규정 : 제38조 ① 무효등확인소송, 제38조 ② 부작위위법확인소송, 제44조 ① 당사자소송>

---

822) 소송참가를 신청한 제3자가 그 신청을 각하하는 결정이 있을 때까지 참가인으로서의 소송행위를 할 수 있는지에 관하여, 민사소송법 69조를 준용하여 적극적으로 해석하는 견해와 민사소송법 69조를 준용하는 명문의 규정이 없고, 민사소송법상의 보조참가와는 달리 법원의 결정에 의하여 비로소 참가가 허용되는 점에 비추어 소극적으로 해석하는 견해가 있다『사법연수원, 행정소송법, 74쪽』.

1) 의의

취소판결의 효력은 제3자에게 효력이 있을 뿐만 아니라 피고 행정청과 관계 행정청을 기속하는 기속력이 있기 때문에 상급청의 지시 또는 다른 행정청의 의견에 의하여 처분이 이루어진 경우에 처분청 이외의 행정청의 소송참가를 인정할 필요가 있다. 예컨대, 인·허가의제가 되는 허가, 특허에 있어서 처분청 이외 다른 행정청의 의견에 따라 거부처분한 경우에 있어서 실질적으로 업무를 담당하는 행정청의 소송 참가가 필요하다. 행정소송법 17조는 취소소송[823]에서 법원은 다른 행정청을 소송에 참가시킬 필요가 있는 경우, 소송당사자인 행정청 이외의 행정청을 당사자나 당해 행정청의 신청 또는 직권으로 소송에 참가시킬 수 있도록 규정하고 있다.

2) 요건

'법원이 참가시킬 필요가 있다고 인정한 경우'에 참가가 가능한데, 참가의 필요성은 다른 행정청의 참가가 사건의 적정한 심리와 재판에 도움이 되는 경우로서 법원의 재량 판단에 의한다. 타인 간의 행정소송이 적법하게 계속중이면 상고심, 재심절차에서도 가능하고, 반드시 피고 행정청에 참가해야 한다[824]. 다른 행정청이란 피고 행정청 이외의 다른 행정청을 의미하고, 처분행정청에 지시 · 감독을 한 상급행정청이나 동의 · 협의 등을 한, 처분의 근거가 된 자료를 가지고 있는 관계행정청으로 심리와 재판에 도움이 되는 경우라면 모두 가능하다.

3) 절차

신청 또는 직권 : 당사자 또는 참가를 희망하는 행정청의 신청이나 법원의 직권에 의한다.

의견청취 : 신청에 의하든 직권에 의하든 법원은 참가 여부의 결정을 하기에 앞서 당사자 및 당해 행정청의 의견을 들어야 한다.

결정 : 신청에 대한 허부를 결정하거나, 결정으로 참가를 명해야 한다.

불복 : 참가허부의 결정에 대하여는 당사자나 참가행정청 모두 불복할 수 없다[825].

---

823) 취소소송 이외의 다른 항고소송, 당사자소송, 성질에 반하지 않는 범위 내에서 객관적 소송에도 준용된다(행정소송법 제38조 제1항 제2항, 제44조 제1항, 제46조).

824) 예컨대, 원처분이 재결청에 의하여 취소된 후 원처분이 옳고 재결이 잘못되었음을 주장하는 자가 재결청을 상대로 제기한 재결취소소송이 계속중인 경우 원처분청이 원고를 위하여 참가할 수 없다.

825) 행정소송법 제16조에 의하여 제3자의 참가신청에 대한 기각결정을 즉시 항고할 수 있는 것과 차이가 있다.

4) 참가인의 지위

참가결정이 있으면 참가 행정청은 민사소송법 76조의 규정이 준용되므로 소송수행상 보조참가인에 준하는 지위를 취득한다. 따라서 참가 행정청은 피참가인의 소송행위에 저촉되지 않는 범위에서 소송에 관하여 공격·방어 방법의 제출이나 상소 등 일체의 소송행위를 할 수 있다[826)]

826) 피참가인의 소송행위에 저촉되는 참가인의 소송행위는 효력이 없다.

제 2 장

집행정지

집행정지의 구조

- **신청 요건**
  - 처분 등의 존재
  - 신청인 적격 / 피신청인 적격
  - 신청 이익
  - 적법한 본안 소송의 계속
    - 제소기간
    - 필요적 행정심판전치주의
    - 본안소송의 계속

- **본안 요건**
  - 회복하기 어려운 손해 발생의 우려
  - 손해 예방을 위한 긴급한 필요
  - 공공 복리에 중대한 영향을 미칠 우려가 없을 것
  - 본안 청구가 이유 없음이 명백하지 아니할 것

제 2 장

집행정지

1. 집행정지 제도

제23조(집행정지) ① 취소소송의 제기는 처분등의 효력이나 그 집행 또는 절차의 속행에 영향을 주지 아니한다.

② 취소소송이 제기된 경우에 처분등이나 그 집행 또는 절차의 속행으로 인하여 생길 회복하기 어려운 손해를 예방하기 위하여 긴급한 필요가 있다고 인정할 때에는 본안이 계속되고 있는 법원은 당사자의 신청 또는 직권에 의하여 처분등의 효력이나 그 집행 또는 절차의 속행의 전부 또는 일부의 정지(이하 "집행정지"라 한다)를 결정할 수 있다. 다만, 처분의 효력정지는 처분등의 집행 또는 절차의 속행을 정지함으로써 목적을 달성할 수 있는 경우에는 허용되지 아니한다.

③ 집행정지는 공공복리에 중대한 영향을 미칠 우려가 있을 때에는 허용되지 아니한다.

④ 제2항의 규정에 의한 집행정지의 결정을 신청함에 있어서는 그 이유에 대한 소명이 있어야 한다.

⑥ 제30조제1항의 규정은 제2항의 규정에 의한 집행정지의 결정에 이를 준용한다.

제38조 (준용규정) ① … 제22조 내지 제26조…의 규정은 무효등 확인소송의 경우에 준용한다.

<제30조 (취소판결등의 기속력) ① 처분등을 취소하는 확정판결은 그 사건에 관하여 당사자인 행정청과 그 밖의 관계행정청을 기속한다.>

가. 집행부정지의 원칙

행정소송법 제23조 제1항에 따라 행정처분이 위법한 것임을 전제로 취소소송[827]이 제기되었다 하더라도 권한있는 기관에 의하여 취소되지 않는 한 처분 등의 효력이나 그 집행 또는 절차의 속행에 영향을 주지 않는다[828]. 이러한 집행부정지의 원칙에 대해 행정행위의 공정력 또는 자력집행성에서 근거를 찾는 견해도 있지만, 다수설은 입법정책의 문제라는 입장이다. 처분의 효력이란 처분이 갖는 행정법상 효력으로서 형성력 외에 행정청, 상대방 기타 관계인을 처분의 내용에 따라 구속하는 구속력 또는 기속력을 포함한다. 처분의 집행이란 처분내용을 강제로 실현하는 집행력의 행사이며, 절차의 속행이란 처분의 유효함을 전제로 법률관계를 진전시키고 후속처분을 행하는 것이다.

나. 예외적 집행정지

행정소송을 제기한 원고가 후일 승소하는 경우에 이미 집행이 종료되어 회복할 수 없는 손해를 입게 되는 부당한 결과를 초래하는 경우가 있을 수 있으므로, 행정소송법은 취소소송과 무효등확인소송이 제기된 경우 예외적으로 집행정지를 허용하고 있다[829].

2. 집행정지의 요건

가. 형식적 요건

1) 대상인 처분 등의 존재

집행정지의 대상인 처분 등이나 그 집행 또는 절차의 속행이 존재하여야 한다. 일반적으로 집행정지신청의 대상은 원칙적으로 본안소송의 대상과 동일함이 원칙이다[830]. 그러나 선행처분

827) 무효인 행정행위에는 행정법상 효력이 발생하지 않는다는 점에서 의견이 있을 수 있지만, 집행부정지의 원칙은 행정소송법 제38조 제1항에 의해 무효등확인소송에서도 준용된다. 그러나 집행력이 있을 수 없는 부작위에 관한 위법확인소송이나 당사자소송에서는 집행부정지원칙이 적용될 여지가 없고 따라서 집행정지의 문제도 발생하지 않는다.

828) 해난심판법 제76조, 노동위원회법 제27조 등에서 별도로 집행부정지의 원칙을 규정하고 있지만, 모자보건법 제15조 제4항에서처럼 집행정지의 원칙을 규정한 경우도 있다.

829) 부작위위법확인소송에는 허용되지 않는다.

830) 대결 2010. 11. 26. 2010무137 【부정당업자제재처분효력정지】 [1] 행정처분의 효력정지나 집행정지를 구하는 신청사건에서는 행정처분 자체의 적법 여부는 원칙적으로 판단의 대상이 아니고, 그 행정처분의 효력이나 집행을 정

과 후행처분이 연속된 일련의 절차를 구성하여 일정한 법률효과의 발생을 목적으로 하는 경우, 목적을 달리하는 별개의 처분이지만 속행처분이 선행처분의 집행으로서의 성질을 갖는 등 밀접한 관계가 있는 경우 등에는 선행처분의 취소소송을 본안으로 후행처분의 효력, 집행 또는 절차의 속행 정지를 구할 수 있다. 예컨대, 과세처분취소를 본안으로 한 체납처분의 집행정지신청, 철거명령취소를 본안으로 한 대집행계고처분의 집행정지신청, 압류처분취소를 본안으로 한 공매절차의 집행정지신청 등이 가능하다. 그러나 후속처분을 본안으로 한 선행처분의 집행정지신청은 필요성의 결여로 허용되지 않는다.

판례와 다수설은 거부처분이 집행정지의 대상이 되지 않는다는 입장이다[831]. 각종 신청에 대한 불허처분, 소위 거부처분은 그 효력을 정지하여도 신청인의 법적 지위는 거부처분이 없는 상태 즉, 신청시의 상태로 돌아가는 것에 그친다는 점, 집행정지에 관한 행정소송법 제23조 제6항에서 판결의 기속력에 관한 제30조 제1항만을 준용하고 거부처분에 대한 처분의무를 규정한 같은 조 제2항은 준용하지 않고 있다는 점, 거부처분의 효력이 정지되어도 처분행정청은 위 성지결정의 취지에 따라 다시 신청에 대한 처분을 할 의무를 지는 것은 아니어서 거부처분에 대한 집행정지결정을 얻은 신청인의 법적 지위는 신청시의 법적 지위 이상이 될 수 없다는 점 등을

지할 것인가에 관한 행정소송법 제23조 제2항에서 정한 요건의 존부만이 판단의 대상이 되는 것이다. 다만, 집행정지는 행정처분의 집행부정지원칙의 예외로서 인정되는 것이고, 또 본안에서 원고가 승소할 수 있는 가능성을 전제로 한 권리보호수단이라는 점에 비추어 보면, 집행정지사건 자체에 의하여도 신청인의 본안청구가 적법한 것이어야 한다는 것을 집행정지의 요건에 포함시키는 것이 옳다. [2] 행정소송의 대상이 되는 행정처분은, 행정청 또는 그 소속기관이나 법령에 의하여 행정권한의 위임 또는 위탁을 받은 공공기관이 국민의 권리의무에 관계되는 사항에 관하여 공권력을 발동하여 행하는 공법상의 행위를 말하며, 그것이 상대방의 권리를 제한하는 행위라 하더라도 행정청 또는 그 소속기관이나 권한을 위임받은 공공기관의 행위가 아닌 한 이를 행정처분이라고 할 수 없다. [3] 수도권매립지관리공사가 갑에게 입찰참가자격을 제한하는 내용의 부정당업자제재처분을 하자, 갑이 제재처분의 무효확인 또는 취소를 구하는 행정소송을 제기하면서 제재처분의 효력정지신청을 한 사안에서, 수도권매립지관리공사는 행정소송법에서 정한 행정청 또는 그 소속기관이거나 그로부터 제재처분의 권한을 위임받은 공공기관에 해당하지 않으므로, 수도권매립지관리공사가 한 위 제재처분은 행정소송의 대상이 되는 행정처분이 아니라 단지 갑을 자신이 시행하는 입찰에 참가시키지 않겠다는 뜻의 사법상의 효력을 가지는 통지에 불과하므로, 갑이 수도권매립지관리공사를 상대로 하여 제기한 위 효력정지신청은 부적법함에도 그 신청을 받아들인 원심결정은 집행정지의 요건에 관한 법리를 오해한 위법이 있다고 한 사례.

831) 대결 1991. 5. 2. 91두15【접견허가거부처분효력정지】 허가신청에 대한 거부처분은 그 효력이 정지되더라도 그 처분이 없었던 것과 같은 상태를 만드는 것에 지나지 아니하는 것이고 그 이상으로 행정청에 대하여 어떠한 처분을 명하는 등 적극적인 상태를 만들어 내는 경우를 포함하지 아니하는 것이므로, 교도소장이 접견을 불허한 처분에 대하여 효력정지를 한다 하여도 이로 인하여 위 교도소장에게 접견의 허가를 명하는 것이 되는 것도 아니고 또 당연히 접견이 되는 것도 아니어서 접견허가거부처분에 의하여 생길 회복할 수 없는 손해를 피하는 데 아무런 보탬도 되지 아니하니 접견허가거부처분의 효력을 정지할 필요성이 없다.

대결 1995. 6. 21. 95두26【점검필증교부거부처분효력정지】 '신청에 대한 거부처분의 효력을 정지하더라도 거부처분이 없었던 것과 같은 상태, 즉 거부처분이 있기 전의 신청시의 상태로 되돌아가는 데에 불과하고 행정청에게 신청에 따른 처분을 하여야 할 의무가 생기는 것이 아니므로, 거부처분의 효력정지는 그 거부처분으로 인하여 신청인에게 생길 손해를 방지하는 데 아무런 보탬이 되지 아니하여 그 효력정지를 구할 이익이 없다.' 등

근거로 한다. 판례는 '거부처분에 대한 집행정지를 구하는 자가 주장하는 회복곤란한 손해란 일반적으로 그 신청을 받아들이지 않음으로써(허가가 되지 않음으로써) 입은 손해를 말하므로 그것을 방지하기 위하여는 적극적으로 허가처분이 된 것과 같은 상태를 창출하지 않으면 안되고, 단순히 거부처분의 효력을 정지하여 거부처분이 있기 전의 상태로 돌아가는 것만으로는 충분하지 않기 때문에 결국 일반적으로 거부처분에 대한 집행정지는 당해 거부처분에 의하여 생긴 손해를 방지하는 데 무력하고 그 집행정지신청은 신청의 이익을 흠결한 부적법한 것이 될 수밖에 없다.'는 입장이다[832].

예외적으로 거부처분의 집행정지만으로 즉, 거부처분이 있기 전의 상태로 돌아가는 것만으로 법적 이익이 있다고 인정되는 경우에는 거부처분에 대한 집행정지가 인정된다는 입장도 있다(474). 연장허가신청에 대한 거부처분이 있을 때까지 권리가 존속한다는 취지의 법령상 특별규정이 있는 경우, 인·허가 등에 붙여진 기간이 생신기간(허가조건의 존속기간)으로 볼 수 있는 경우[833] 등에서 집행정지가 인정되고, 하급심 판결에서는 1차 사법시험 불합격처분, 응시자격 결격을 이유로 한 원서반려처분, 외국인 체류기간연장신청거부 등에서 집행정지를 인정한 사례가 있다.

---

832) 국립학교불합격처분(대결 1963. 6. 29. 62두9), 투전기업소허가갱신불허처분(대결 1991 .5 .2. 91두151, 1993. 2. 10. 92두72), 교도소장의 접견허가거부처분(대결 1992. 2. 13. 91두47).

833) 대결 2005. 1. 17. 2004무48 【집행정지】 [1] 당초의 신기술 보호기간 만료 후에 신기술 보호기간 연장신청을 거부한 경우, 그 거부처분의 효력정지를 구할 법률상 이익이 있는지 여부(소극) [2] 허가에 붙은 기한이 그 허가된 사업의 성질상 부당하게 짧은 경우, 이를 그 허가 자체의 존속기간이 아니라 그 허가조건의 존속기간으로 볼 수 있는지 여부(적극)

대판 2007. 10. 11. 2005두12404 【보전임지전용허가취소처분무효확인】 일반적으로 행정처분에 효력기간이 정하여져 있는 경우에는 그 기간의 경과로 그 행정처분의 효력은 상실되고, 다만 허가에 붙은 기한이 그 허가된 사업의 성질상 부당하게 짧은 경우에는 이를 그 허가 자체의 존속기간이 아니라 그 허가조건의 존속기간으로 보아 그 기한이 도래함으로써 그 조건의 개정을 고려한다는 뜻으로 해석할 수는 있지만, 그와 같은 경우라 하더라도 그 허가기간이 연장되기 위하여는 그 종기가 도래하기 전에 그 허가기간의 연장에 관한 신청이 있어야 하며, 만일 그러한 연장신청이 없는 상태에서 허가기간이 만료하였다면 그 허가의 효력은 상실된다.

대판 1995.11.10. 94누11866 【옥외광고물등표시허가연장거부처분취소】 [1] 행정행위인 허가 또는 특허에 붙인 조항으로서 종료의 기한을 정한 경우 종기인 기한에 관하여는 일률적으로 기한이 왔다고 하여 당연히 그 행정행위의 효력이 상실된다고 할 것이 아니고 그 기한이 그 허가 또는 특허된 사업의 성질상 부당하게 짧은 기한을 정한 경우에 있어서는 그 기한은 그 허가 또는 특허의 조건의 존속기간을 정한 것이며 그 기한이 도래함으로써 그 조건의 개정을 고려한다는 뜻으로 해석하여야 할 것이다. [2] 종전의 허가가 기한의 도래로 실효한 이상 원고가 종전 허가의 유효기간이 지나서 신청한 이 사건 기간연장신청은 그에 대한 종전의 허가처분을 전제로 하여 단순히 그 유효기간을 연장하여 주는 행정처분을 구하는 것이라기 보다는 종전의 허가처분과는 별도의 새로운 허가를 내용으로 하는 행정처분을 구하는 것이라고 보아야 할 것이어서, 이러한 경우 허가권자는 이를 새로운 허가신청으로 보아 법의 관계 규정에 의하여 허가요건의 적합 여부를 새로이 판단하여 그 허가 여부를 결정하여야 할 것이다.

2) 신청인 적격, 피신청인 적격, 신청의 이익 등을 갖출 것

집행정지신청도 항고소송의 소송요건과 동일하게 신청인 적격, 피신청인 적격, 신청의 이익 등이 구비되어야 한다. **신청인 적격**은 본안 소송의 당사자로서 법률상 이익이 있는 자이어야 한다[834]. **피신청인 적격**은 원칙적으로 본안소송의 피고 행정청이 집행정지신청의 상대방이 되지만, 예외적으로 집행정지의 대상인 행정처분이 본안소송의 대상인 행정처분이 아닌 그 집행 또는 절차의 속행행위일 경우에는 그 집행 또는 속행행위의 담당행정청이 상대방이 된다[835]. **신청의 이익**은 본안 소송의 협의의 소의 이익에 해당되는데, 집행정지의 현실적 필요성이 있어야 한다[836]. 예컨대, 철거집행이 완료된 뒤에 있어서의 계고처분에 대한 집행정지와 같이 이미 집

834) 대결 2000. 10. 10. 2000무17 【집행정지】 [1] 행정처분에 대한 효력정지신청을 구함에 있어서도 이를 구할 법률상 이익이 있어야 하는바, 이 경우 법률상 이익이라 함은 그 행정처분으로 인하여 발생하거나 확대되는 손해가 당해 처분의 근거 법률에 의하여 보호되는 직접적이고 구체적인 이익과 관련된 것을 말하는 것이고 단지 간접적이거나 사실적 · 경제적 이해관계를 가지는 데 불과한 경우는 여기에 포함되지 않는다. [2] 경쟁 항공회사에 대한 국제항공노선면허처분으로 인하여 노선의 점유율이 감소됨으로써 경쟁력과 내내외적 신뢰도가 상내적으로 감소되고 언제노선망개발이나 타항공사와의 전략적 제휴의 기회를 얻지 못하게 되는 손해를 입게 되었다고 하더라도 위 노선에 관한 노선면허를 받지 못하고 있는 한 그러한 손해는 법률상 보호되는 권리나 이익침해로 인한 손해라고는 볼 수 없으므로 처분의 효력정지를 구할 법률상 이익이 될 수 없다고 한 사례. [3] 경쟁 항공회사에 대한 국제항공노선면허처분이 효력정지되면 행정청으로부터 항공법상의 전세운항계획에 관한 인가를 받아 취항할 수 있게 되는 지위를 가지게 된다고 하더라도, 행정청이 위 인가를 하여 줄 법률상 의무가 발생하는 것이 아니고, 다만 경쟁 항공회사와 함께 인가를 신청할 수 있음에 그치는 것이며, 그 인가 여부는 다시 행정청의 별도의 처분에 맡겨져 있으므로 위와 같은 이익은 처분의 효력정지를 구할 수 있는 법률상 이익이라고 할 수 없다고 한 사례.

835) 상대방을 그르친 경우 경정이 가능한지에 관하여 실무는 소의 변경이나 피고의 변경이 상대방의 동의 없이 인정되는 점 및 집행정지의 상대방과 본안의 피고가 일치할 필요가 없는 점 등에 비추어 경정을 허용한다. 그러나 행정소송법 14조의 피고경정제도는 제소기간의 제한에 대한 구제를 목적으로 하는 것이므로 위 조문을 집행정지신청에까지 준용하지 아니한다.

836) 대결 1992. 8. 7. 92두30 【이송처분효력정지】 [1] 미결수용중 다른 교도소로 이송된 피고인이 그 이송처분의 취소를 구하는 행정소송을 제기하고 아울러 그 효력정지를 구하는 신청을 제기한 데 대하여 법원에서 위 이송처분의 효력정지신청을 인용하는 결정을 하였고 이에 따라 신청인이 다시 이송되어 현재 위 이송처분이 있기 전과 같은 교도소에 수용중이라 하여도 이는 법원의 효력정지 결정에 의한 것이어서 그로 인하여 효력정지신청이 그 신청의 이익이 없는 부적법한 것으로 되는 것은 아니다. [2] 행정처분의 집행정지나 효력정지결정을 하기 위하여는 행정소송법 제23조 제2항에 따라 회복하기 어려운 손해를 예방하기 위하여 긴급한 필요가 있어야 하고, 여기서 말하는 '회복하기 어려운 손해'라 함은 특별한 사정이 없는 한 금전으로 보상할 수 없는 손해라 할 것이며 이는 금전보상이 불능한 경우뿐만 아니라 금전보상으로는 사회관념상 행정처분을 받은 당사자가 참고 견딜 수 없거나 또는 참고 견디기가 현저히 곤란한 경우의 유형, 무형의 손해를 일컫는다. [3] 상고심에 계속 중인 형사피고인을 안양교도소로부터 진주교도소로 이송함으로써 위 '2'항의 '회복하기 어려운 손해'가 발생할 염려가 있다고 본 사례. [4] 행정처분의 효력정지나 집행정지를 구하는 신청사건에 있어서는 행정처분 자체의 적법 여부는 원칙적으로는 판단할 것이 아니고 그 행정처분의 효력이나 집행을 정지할 것인가에 대한 행정소송법 제23조 제2항 소정의 요건의 존부만이 판단의 대상이 되나 본안소송에서의 처분의 취소가능성이 없음에도 불구하고 처분의 효력정지나 집행정지를 인정한다는 것은 제도의 취지에 반하므로 집행정지사건 자체에 의하여도 신청인의 본안청구가 이유 없음이 명백할 때에는 행정처분의 효력정지나 집행정지를 명할 수 없다. [5] 헌법상의 영장주의의 원칙은 구속의 전과정에 있어서 일관하여 적용되는 것이고 형사소송법은 구속영장에 피고인 또는 피의자의 인치 · 구금할 장소를 기재하도록 하고 있으며 구금장소는 피의자 또는 피고인의 방어권 행사에 영향을 미치는 요소의 하나이고 구금장소의 임의적 변경은 피의자 또는 피고인을 심리적으로 위축시킬 우려가 있지만 그러한 사정만으로 구속영장상에 피고인 또는 피의자의 인치 · 구금할 장소를 반드시 기재하도록 한 것이 법원 이외의 다른 기관의 일방적 처분에 기한 미결수용자의 구금장소의 변경은

행이 완료되어 회복이 불가능한 경우에는 집행정지신청은 신청의 이익이 없어 부적법하지만, 집행이 완료된 경우라도 위법상태가 계속 중이거나 처분의 효력정지효과로서 사실상태를 원상으로 복구할 수 있는 경우에는 집행정지가 가능하다(475).

3) 적법한 본안소송 계속 중

적법한 본안소송이 계속 중이어야 하기 때문에 본안의 소송요건(원고적격, 피고적격, 제소기간 등)을 갖추어야 한다. 한편, 필요적 행정심판전치주의 사건의 경우 사실심 변론종결시까지 전심절차를 거치면 하자가 치유되기 때문에 집행정지신청 당시 행정심판 제기기간이 도과하지 않은 이상, 아직 행정심판을 청구하지 않았다 하더라도 행정심판을 제기할 수 있는 기간 내에 제소하는 경우에는 사후에 보정될 가능성이 있으므로 집행정지 신청이 위법하다고 할 수 없다[837].

특히, **집행정지**는 민사소송에서의 가처분과는 달리 반드시 본안소송이 제기되었음을 요한다(476). 집행정지신청은 본안의 소 제기 후 또는 동시에 되어야 할 것이다. 다만, 본안의 소보다 집행정지의 신청이 먼저 이루어졌다 하여도 신청에 대한 결정이 이루어지기 이전에 본안의 소가 제기되면 하자가 보완된다 할 것이다. 집행정지신청과 동시에 본안 소송의 제기, 행정심판청구가 동시에 이루어지면 필요적 전치주의요건 등 적법한 본안 소송의 계속이라는 신청요건이 구비된다.

나. 실체적 요건

1) 회복하기 어려운 손해를 예방하기 위하여 긴급한 필요가 있을 것

'**회복하기 어려운 손해**'란 사회통념상 그 원상회복이나 금전배상이 불가능하다고 인정되는 손해를 의미한다[838]. 판례는 특별한 사정이 없는 한 금전으로 보상할 수 없는 손해를 의미하고, 이는

법률상 명문의 규정이 있는 경우 외에는 이를 허용하지 아니하는 취지라거나 또는 법률상 명문의 규정이 없이도 구속된 피고인 또는 피의자의 구금장소를 변경함에 있어서는 법원의 사전허가를 받아야 한다고는 볼 수 없다. [6] 미결수용자를 수용하고 있는 교도소장 등은 행형법 제62조에 의하여 미결수용자에게 준용되는 같은 법 제12조의 규정에 근거하여 미결수용자의 수용이나 처우상 특히 필요하다고 인정할 때에는 법무부장관의 승인을 얻어 미결수용자를 다른 수용시설로 이송할 수 있다고 보아야 할 것이며 다만 미결수용자의 특성상 작업이나 교화 등의 필요를 이유로 미결수용자를 다른 수용시설로 이송할 수는 없고, 또한 형사소송법 제361조 제3항과 같은 명문의 규정에 저촉되어서는 안된다. [7] 교도소의 수용능력이 부족하다는 사유만으로는 이송처분이 적법한 것이라고 단정할 수 없다.

837) 대결 1970. 11. 30. 70그5 【행정처분집행정지결정에대한특별항고】 행정처분 집행정지신청의 본안소송이 소원을 거치지 아니한 때에도 소원을 제기할 수 있는 기간내인 경우에는 그 집행정지신청은 위법이 아니다.

838) 대결 2003. 10. 9. 2003무23 【집행정지】 [4] 행정소송법 제23조 제2항에 정하고 있는 행정처분 등의 집행정지 요

금전보상이 불가능한 경우뿐만 아니라 금전보상으로는 사회관념상 행정처분을 받은 당사자가 참고 견딜 수 없거나 또는 참고 견디기가 현저히 곤란한 경우의 유형 · 무형의 손해로서 당해 행정처분과 상당인과관계 있는 손해를 일컫는다고 판시하고 있다(477). 그리고 손해는 현재 발생을 요하지 않고 발생의 가능성이 있으면 족하지만, 추상적 손해가 아니라 현실적 · 구체적 손해이어야 하고, 반드시 현저할 필요는 없다839). 손해는 개인적(자연인, 법인, 단체 등) 손해를 의미하고840), 공익상 손해 또는 제3자의 손해는 포함되지 않는다841). **'긴급한 필요가 있을 것'**이란 회복곤란한 손해의 발생이 시간적으로 절박하여 손해를 회피하기 위하여 본안판결을 기다릴 여유가 없는 경우를 의미한다842) (478). 행정소송법 제 23조 제2항 조문의 체계에 비추어 적극적 요건인 회복하기

건인 '회복하기 어려운 손해'라 함은 특별한 사정이 없는 한 금전으로 보상할 수 없는 손해로서 이는 금전보상이 불능인 경우 내지는 금전보상으로는 사회관념상 행정처분을 받은 당사자가 참고 견딜 수 없거나 또는 참고 견디기가 현저히 곤란한 경우의 유형 · 무형의 손해를 일컫는다 할 것인바, 당사자가 처분 등이나 그 집행 또는 절차의 속행으로 인하여 재산상의 손해를 입거나 기업 이미지 및 신용이 훼손당하였다고 주장하는 경우에 그 손해가 금전으로 보상될 수 없어 '회복하기 어려운 손해'에 해당한다고 하기 위해서는 그 경제적 손실이나 기업 이미지 및 신용의 훼손으로 인하여 사업자의 자금사정이나 경영전반에 미치는 파급효과가 매우 중대하여 사업자체를 계속할 수 없거나 중대한 경영상의 위기를 맞게 될 것으로 보이는 등의 사정이 존재하여야 한다. [5] 항정신병 치료제의 요양급여 인정기준에 관한 보건복지부 고시의 효력이 계속 유지됨으로 인한 제약회사의 경제적 손실, 기업 이미지 및 신용의 훼손은 행정소송법 제23조 제2항 소정의 집행정지의 요건인 '회복하기 어려운 손해'에 해당하지 않는다고 한 사례.

대결 2001. 10. 10. 2001무29 【효력정지】 사업여건의 악화 및 막대한 부채비율로 인하여 외부자금의 신규차입이 사실상 중단된 상황에서 285억 원 규모의 과징금을 납부하기 위하여 무리하게 외부자금을 신규차입하게 되면 주거래은행과의 재무구조개선약정을 지키지 못하게 되어 사업자가 중대한 경영상의 위기를 맞게 될 것으로 보이는 경우, 그 과징금납부명령의 처분으로 인한 손해는 효력정지 내지 집행정지의 적극적 요건인 '회복하기 어려운 손해'에 해당한다고 한 사례.

839) 일반적으로 손해가 생명 · 신체에 관한 것은 물론 입영명령, 교도소장의 이송명령, 외국인퇴거강제처분, 학생의 퇴학, 정학, 전학 등의 비재산적 처분으로 인하여 발생되면 일응 회복 곤란한 손해로 볼 수 있지만, 토지수용재결, 구획정리처분, 과세처분, 체납처분 등의 재산적 처분으로 인하여 발생하면 회복곤란한 손해로 보기 어렵다. 재산적 처분이라 하여 비재산적 손해가 발생하지 않는 것이 아니며 또한 비재산적 손해도 금전보상이 가능할 수도 있으므로 재산적 처분이냐 비재산적 처분이냐는 그 절대적 기준이 될 수 없을 것이다.『사법연수원, 행정구제법, 216~217쪽』.

840) 항고소송의 주된 목적이 개인의 권리구제에 있기 때문이다.

841) 영업취소로 인한 인근 주민이나 고객의 손해, 공무원해임처분으로 인한 공무의 정지로 인한 손해 등

842) 대결 1994. 1. 17. 93두79, 대결 2011. 4. 21. 2010무111(전원) 【집행정지】 [3] 행정소송법 제23조 제2항에서 정하고 있는 효력정지 요건인 '회복하기 어려운 손해'란, 특별한 사정이 없는 한 금전으로 보상할 수 없는 손해로서 금전보상이 불가능한 경우 내지는 금전보상으로는 사회관념상 행정처분을 받은 당사자가 참고 견딜 수 없거나 참고 견디기가 현저히 곤란한 경우의 유형 · 무형의 손해를 일컫는다. 그리고 '처분 등이나 그 집행 또는 절차의 속행으로 인하여 생길 회복하기 어려운 손해를 예방하기 위하여 긴급한 필요'가 있는지는 처분의 성질과 태양 및 내용, 처분상대방이 입는 손해의 성질 · 내용 및 정도, 원상회복 · 금전배상의 방법 및 난이 등은 물론 본안청구의 승소가능성 정도 등을 종합적으로 고려하여 구체적 · 개별적으로 판단하여야 한다. [5] [다수의견] 행정처분의 효력정지나 집행정지를 구하는 신청사건에서는 행정처분 자체의 적법 여부를 판단할 것이 아니고 행정처분의 효력이나 집행 등을 정지시킬 필요가 있는지 여부, 즉 행정소송법 제23조 제2항에서 정한 요건의 존부만이 판단대상이 된다. 나아가 '처분 등이나 그 집행 또는 절차의 속행으로 인한 손해발생의 우려' 등 적극적 요건에 관한 주장 · 소명 책임은 원칙적으로 신청인 측에 있으며, 이러한 요건을 결여하였다는 이유로 효력정지 신청을 기각한 결정에 대하여 행정처분 자체의 적법 여부를 가지고 불복사유로 삼을 수 없다. [대법관 박시환, 대법관 김지형, 대법관 이홍훈, 대법관 전수안의 반대의견] 행정소송법 제8조 제2항에 따라 행정소송에도 준용되는 민사소송법 제442조는 '항고법원 · 고등법원 또는 항소법원의 결정 및 명령에 대하여는 재판에 영향에 미친 헌법 · 법률 · 명령 또는 규칙의 위반을 이유로 드는 때에만 재

어려운 손해 발생의 우려와 긴급한 필요의 존재에 관한 주장 · 소명책임은 신청인에게 있다[843] (479).

2) 공공의 복리에 중대한 영향을 미칠 우려가 없을 것

처분의 집행정지가 공공복리에 중대한 영향을 미칠 우려가 있고, 추후 신청인이 입을 손해를 희생시키더라도 보호할 가치가 있는 경우에는 집행정지 결정을 할 수 없다. 즉, 처분의 집행으로 인한 보호되는 공익과 신청인의 손해를 개별적·구체적으로 비교형량하여 결정해야 한다[844]. 행정소송법 제 23조 제3항 조문의 체계에 비추어 소극적 요건인 공공복리에 중대한 영향

항고할 수 있다.'고 규정하고 있다. 재항고인들이 효력정지 요건의 해석에 관한 원심결정의 법리오해 위법을 반복하여 지적하면서, 특히 여러 가지 측면에서 특수성을 띠고 있는 환경문제가 포함된 이 사건의 규모와 성격, 직 · 간접적 파급효과 등을 고려할 때 효력정지 요건 충족 여부와 관련하여 '회복하기 어려운 손해' 및 '긴급한 필요'의 의미를 종전과 다르게 해석하여야 한다거나 그렇지 않다고 하더라도 소명책임과 관련된 소명의 정도를 완화하여야 한다는 취지의 주장을 하고 있는데, 이는 법리오해 주장으로서 적법한 재항고 이유이다. 그렇다면 대법원으로서는 재항고 이유의 당부에 관하여 나아가 판단함이 마땅하다. <행정소송법 제23조 제2항에서 정한 요건을 결여하였다는 이유로 효력정지 신청을 기각한 결정에 대하여, 행정처분 자체의 적법 여부를 가지고 불복사유로 삼을 수 있는지 여부(소극)> <전문 미주 참조>

843) 대결 1999. 12. 20. 자 99무42 【시정명령등효력정지】 [4] 행정소송법 제23조 제2항 소정의 집행정지의 적극적 요건인 '회복하기 어려운 손해'의 의미 및 그 주장·소명책임의 소재(=신청인) [5] 행정소송법 제23조 제3항 소정의 집행정지의 소극적 요건인 '공공복리에 중대한 영향을 미칠 우려'의 의미 및 그 주장·소명책임의 소재(=행정청) / 행정소송법 제23조 제2항에서 행정청의 처분에 대한 집행정지의 요건으로 들고 있는 '회복하기 어려운 손해'라고 하는 것은 원상회복 또는 금전배상이 불가능한 손해는 물론 종국적으로 금전배상이 가능하다고 하더라도 그 손해의 성질이나 태양 등에 비추어 사회통념상 그러한 금전배상만으로는 전보되지 아니할 것으로 인정되는 현저한 손해를 가리키는 것으로서 이러한 집행정지의 적극적 요건에 관한 주장 · 소명책임은 원칙적으로 신청인측에 있다. [6] 독점규제및공정거래에관한법률상의 과징금 납부명령의 집행으로 인하여 행정소송법 제23조 제2항 소정의 '회복하기 어려운 손해'가 발생함을 이유로 그 집행정지를 구할 수 있는지 여부(적극) 및 그 주장·소명책임의 소재(=신청인) <사안 미주 참조>

844) 대결 2010. 5. 14. 자 2010무48 【집행정지】 【피신청인 문화체육관광부장관】 [1] 행정소송법 제23조 제2항에서 정하고 있는 집행정지 요건인 '회복하기 어려운 손해'란 특별한 사정이 없는 한 금전으로 보상할 수 없는 손해로서 이는 금전보상이 불능인 경우 내지는 금전보상으로는 사회관념상 행정처분을 받은 당사자가 참고 견딜 수 없거나 또는 참고 견디기가 현저히 곤란한 경우의 유형, 무형의 손해를 일컫는다 할 것이고, '처분 등이나 그 집행 또는 절차의 속행으로 인하여 생길 회복하기 어려운 손해를 예방하기 위하여 긴급한 필요'가 있는지 여부는 처분의 성질과 태양 및 내용, 처분상대방이 입는 손해의 성질·내용 및 정도, 원상회복·금전배상의 방법 및 난이 등은 물론 본안청구의 승소가능성의 정도 등을 종합적으로 고려하여 구체적·개별적으로 판단하여야 한다. [2] 행정소송법 제23조 제3항이 집행정지의 요건으로 '공공복리에 중대한 영향을 미칠 우려가 없을 것'을 규정하고 있는 취지는, 집행정지 여부를 결정하는 경우 신청인의 손해뿐만 아니라 공공복리에 미칠 영향을 아울러 고려하여야 한다는데 있고, 따라서 공공복리에 미칠 영향이 중대한지의 여부는 절대적 기준에 의하여 판단할 것이 아니라, 신청인의 '회복하기 어려운 손해'와 '공공복리' 양자를 비교·교량하여, 전자를 희생하더라도 후자를 옹호하여야 할 필요가 있는지 여부에 따라 상대적·개별적으로 판단하여야 한다. [3] 한국문화예술위원회 위원장이 자신의 해임처분의 무효확인을 구하는 소송을 제기한 후 다시 해임처분의 집행정지 신청을 한 사안에서, 해임처분의 경과 및 그 성질과 내용, 처분상대방인 신청인이 그로 인하여 입는 손해의 성질·내용 및 정도, 효력정지 이외의 구제수단으로 상정될 수 있는 원상회복·금전배상의 방법 및 난이, 해임처분의 효력이 정지되면 신청인이 위원장의 지위를 회복하게 됨에 따라 새로 임명된 위원장과 신청인 중 어느 사람이 위 위원회를 대표하고 그 업무를 총괄하여야 할 것인지 현실적으로 해결하기 어려운 문제가 야기됨으로써 위 위원회의 대내외적 법률관계에서 예측가능성과 법적 안정성을 확보할 수 없게 되고, 그 결과 위 위원회가 목적 사업을 원활하게 수행하는 데 지장을 초래할 가능성이 큰 점 등에 비추어, 해임처분으로 신청인에게 회복

을 미칠 우려에 관한 주장 · 소명책임은 피신청인 행정청에게 있다[845].

3) 본안 청구가 이유 없음이 명백하지 않을 것

판례는 본안 청구가 이유 없음이 명백하지 않을 것을 집행정지의 소극적 요건으로 판시하고 있다[846]. 학설상 견해의 대립이 있지만, 다수설에 따르면 행정소송법은 집행정지신청의 요건으로서 본안에 대한 승소개연성을 요구하고 있지 않지만, 집행정지제도가 승소판결을 받을 때까지 신청인의 지위를 보호함과 동시에 후에 받을 승소판결이 무의미하게 되는 것을 방지하려는 제도이므로 본안소송의 승소가능성이 해석상 당연하다는 입장이다[847]. 일반적으로 신청인은 처분의 위법을 주장하면 족하고 소명할 필요가 없지만, 신청인의 주장 자체에 의하더라도 위법하다고 볼 수 없거나 행정청의 적극적 소명으로 처분의 적법성이 명백히 밝혀진 경우에는 집행정지 신청을 기각해야 한다(480). 다만, 본 요건으로 인하여 집행정지절차의 본안화가 초래되어 집행정지제도의 취지가 몰각될 우려가 있으므로 심리 · 결정시 신중할 필요가 있다. 결국 처분의 성질 · 태양 및 본안에서 승소

하기 어려운 손해가 발생할 우려가 있어 이를 예방하기 위하여 긴급한 필요가 있다고 인정되지 않을 뿐 아니라 위 해임처분의 효력을 정지할 경우 공공복리에 중대한 영향을 미칠 우려가 있다는 이유로, 위 효력정지 신청을 기각한 원심의 판단을 긍정한 사례.

대결 1997. 1. 20. 96두31 【강제퇴거명령등처분효력정지】 출입국관리법상의 강제퇴거명령 및 그 집행을 위한 같은 법 제63조 제1항, 같은법 시행령 제78조 제1항 소정의 보호명령에 대하여 그 취소를 구하는 소송이 제기되고 나아가 강제퇴거명령의 집행이 정지되었다면, 강제퇴거명령의 집행을 위한 보호명령의 보호기간은 결국 본안소송이 확정될 때까지의 장기간으로 연장되는 결과가 되어 그 보호명령이 그대로 집행된다면 본안소송에서 승소하더라도 회복하기 어려운 손해를 입게 된다고 할 것이나, 그 보호명령의 집행을 정지하면 외국인의 출입국 관리에 막대한 지장을 초래하여 공공복리에 중대한 영향을 미칠 우려가 있다는 이유로, 그 보호명령의 집행정지를 허용하지 않은 사례.

845) 대결 1999. 12. 20. 자 99무42 【시정명령등효력정지】 [4] 행정소송법 제23조 제2항 소정의 집행정지의 적극적 요건인 '회복하기 어려운 손해'의 의미 및 그 주장 · 소명책임의 소재(=신청인) [5] 행정소송법 제23조 제3항 소정의 집행정지의 소극적 요건인 '공공복리에 중대한 영향을 미칠 우려'의 의미 및 그 주장 · 소명책임의 소재(=행정청) / 행정소송법 제23조 제3항에서 집행정지의 요건으로 규정하고 있는 '공공복리에 중대한 영향을 미칠 우려'가 없을 것이라고 할 때의 '공공복리'는 그 처분의 집행과 관련된 구체적이고도 개별적인 공익을 말하는 것으로서 이러한 집행정지의 소극적 요건에 대한 주장 · 소명책임은 행정청에게 있다. [6] 독점규제및공정거래에관한법률상의 과징금 납부명령의 집행으로 인하여 행정소송법 제23조 제2항 소정의 '회복하기 어려운 손해'가 발생함을 이유로 그 집행정지를 구할 수 있는지 여부(적극) 및 그 주장 · 소명책임의 소재(=신청인)

846) 대결 1994. 10. 11. 94두23 【행정처분효력정지】 행정처분의 효력정지를 구하는 신청사건에 있어서는 행정처분 자체의 적법 여부는 궁극적으로 본안판결에서 심리를 거쳐 판단할 성질의 것이므로 원칙적으로는 판단할 것이 아니고, 그 행정처분의 효력을 정지할 것인가에 대한 행정소송법 제23조 제2항 소정의 요건의 존부만이 판단의 대상이 되나, 본안소송에서의 처분의 취소가능성이 없음에도 불구하고 처분의 효력정지를 인정한다는 것은 제도의 취지에 반하므로, 효력정지사건 자체에 의하여도 신청인의 본안청구가 이유 없음이 명백할 때에는 행정처분의 효력정지를 명할 수 없다.

대결 2004. 5. 17. 2004무6 【집행정지】 행정처분의 효력정지나 집행정지를 구하는 신청사건에 있어서 효력정지나 집행정지사건 자체에 의하여도 신청인의 본안 청구가 이유 없음이 명백하지 않아야 한다는 점이 효력정지나 집행정지의 요건인지 여부(적극).

847) 행정소송법 개정안에 집행정지의 신청요건으로 규정되어 있다.

할 가능성과 집행의 부정지로 인하여 신청인이 입을 손해, 집행정지로 인한 공익침해의 정도, 집행정지 후 본안패소판결이 확정될 경우 발생할 문제점 등을 비교형량해서 결정해야 한다.

3. 절차

가. 당사자의 신청 또는 법원의 직권

집행정지는 본안소송이 계속되어 있는 법원이 당사자의 신청 또는 직권에 의하여 한다(481).

나. 관할

집행정지의 관할법원은 본안사건이 계속중인 법원으로 전속관할이다(482). 가처분과 동일하게 항소심과 상고심에서도 가능하다. 집행정지가 본안판결 확정시까지로 된 경우에는 확정시까지는 실효되지 아니하지만, 판결선고시까지로 된 경우에는 선고로써 실효되므로 선고시부터 상소시까지는 새로운 집행정지의 신청이 필요한데 그 관할법원은 원심법원이 되고, 상소가 제기되면 이심의 효력이 생기므로 원칙적으로 상소심이 관할법원이지만 소송기록이 원심법원에 있을 때에는 원심법원이 관할하게 된다.

다. 심리

집행정지의 요건에 관하여는 증명이 아닌 소명으로 족하고, 변론 여부는 법원의 재량에 속하지만, 통상 집행정지절차의 긴급성에 비추어 서면심리로 그치거나 심문을 하는 정도가 관례이다[848].

---

848) 법원이 결정에 앞서 반드시 당사자를 심문하거나 서면에 의하여 의견청취를 하여야 하는 것은 아니라 하더라도 민사상의 보전처분과는 달리 상대방 몰래 결정하여야 할 밀행성이 요구되는 경우는 드물 것이므로 심문을 행함이 바람직하다. 가구제제도로서의 성격상 상당한 시일을 요하는 조사촉탁, 문서송부촉탁, 문서제출명령, 증인소환, 감정 등은 즉시성이 없으므로 적절치 못하지만, 심문기일에 당사자가 대동한 증인에 대한 심문 등은 실무상 허용되고 있다. 소명에 갈음하는 보증금공탁을 인정하자는 견해도 있지만, 실무상 채용되지 않고 있다. 위법한 집행정지로서 침해되는 이익은 공공의 이익이므로 위법한 보전처분으로 말미암아 상대방이 입을 손해를 담보하기 위한 민사집행법상 소명에 갈음하는 담보제공제도는 적용되지 않는다『사법연수원, 행정구제법, 219~220쪽』.

라. 결정

법원은 집행정지신청을 기각 또는 집행정지 결정해야 한다. 기각결정은 집행정지의 형식적 요건 또는 실체적 요건이 결여된 경우에 이루어지는데, 이론상 각하 결정이 구별되어야 하지만 행정소송법 제23조 제5항에서 기각으로 규정하고 있는 점과 기판력(실체적 확정력)이 없는 점 등에 비추어 구별할 실익이 없다[849]. 한편, 집행정지결정은 집행정지의 형식적 요건과 실체적 요건이 구비된 경우에 이루어진다.

4. 집행정지결정

가. 내용

결정으로 처분 등의 효력이나 그 집행 또는 절차의 속행의 전부 또는 일부를 정지할 수 있다. '**효력정지**'란 처분의 효력이 존속하지 않는 상태에 놓는 것으로 별도의 집행행위가 필요 없이 의사표시만으로 완성되는 처분(예컨대, 영업의 취소, 공무원면직처분)에 대한 집행정지가 그 예이다. '**집행정지**'란 처분의 집행력을 박탈하여 그 내용을 실현하는 행위를 금지하는 것으로 대집행이나 출국 강제집행에 대한 집행정지가 그 예이다. '**절차의 속행정지**'란 처분이 유효함을 전제로 법률관계가 진전되어 다른 처분이 행하여지는 경우에 그 기초가 되는 처분의 효력을 박탈하여 절차의 속행, 법률관계의 진전을 금지하는 것으로서 체납처분의 속행정지가 그 예이다[850].

법원은 재량으로 정지의 시기, 기간, 방법, 범위 등을 적절하게 한정할 수 있지만, 처분 등의 집행 또는 절차의 속행을 정지함으로써 목적을 달성할 수 있는 경우에는 처분의 효력정지까지 할 수는 없기 때문에(483) 정지의 범위를 필요한 최소한도로 해야 한다. 법원은 신청인의 신청 내용과 상관없이 효력정지 신청에 대해 속행정지 결정할 수 있고, 주문에서 나머지 신청을 기각한다고 설시하지 않아도 되지만, 정지의 대상인 처분과 정지의 범위 등을 명확히 표시해야 한다. 우선 처분의 내용이 가분인 경우에 법원은 일부만을 정지 결정할 수 있는데, 예컨대, 압류재산의 일부에 대하여만 압류의 집행을 정지하거나 영업정지처분 중 일정 기간에 대하여만 정지할

---

849) 대결 1995. 6. 21. 95두26 【점검필증교부거부처분효력정지】 부적법하여 각하되어야 할 신청을 기각한 원심결정은 신청을 배척한 결론에 있어서는 정당하므로, 그 표현상의 잘못을 들어 원심결정을 특별히 파기할 것은 아니다.

850) 실무에서는 구분하지 않고 '집행을 정지한다.'고 표시한다.

수 있다[851]. 또한 집행정지의 기간에 관하여 법원이 집행정지의 시기와 종기를 자유롭게 정할 수 있는데, 예컨대, 종기에 대하여 본안판결선고시[852], 본안판결확정시 또는 본안판결시로부터 7일간, 결정시로부터 7일간 등 임의로 정할 수 있다[853]. 한편, 집행정지결정은 본안소송이 계속 중임을 요하기 때문에 집행정지결정 후에도 본안소송이 취하되어 집행정지결정의 효력은 당연히 소멸된다(484).

나. 효력

1) 형성력

집행정지결정이 고지되면 행정청의 별도의 절차가 없더라도 본안판결이 있을 때까지 잠정적으로 행정처분이 없었던 것과 동일한 상태로 된다[854]. 이와 같은 소극적인 형성력은 잠정적 일시적이지만, 종국적인 것으로 본안에서 원고의 승소 확정을 조건으로 하지 않는다[855]. 형성력에는 제3자에게 미치는 대세효가 있지만[856], 원칙적으로 결정이 고지된 때로부터 장래에 향하여 발생하기 때문에 소급효가 없다[857].

---

851) 공무원면직처분에 대하여 급료에 대한 부분과 그 밖의 공무원으로서의 지위에 관한 부분으로 나누어 급료에 대한 부분만의 정지가 가능한지 여부가 문제될 수 있는데, 공무원의 지위는 불가분적이기 때문에 위와 같은 일부정지가 허용되지 않는다『사법연수원, 행정구제법, 22쪽』.

852) 실무에서는 원고청구기각판결이 선고될 경우 신청인이 남상소할 우려가 있다는 이유로 본안판결선고시까지를 주로 채택하고 있다. 본안판결선고시까지 정지한다는 결정이 있는 경우 본안에서 원고승소의 판결이 선고되어도 본안판결선고로서 집행정지의 효력이 종결되고, 처분의 집행력이 회복되어 본안판결확정시까지 사이 처분이 집행될 수 있으므로 원칙적으로 원고승소판결을 선고함과 동시에 직권으로 다시 집행정지결정해야 한다. 그러나 간혹 원고승소판결 선고하면서 직권에 의한 집행정지결정을 간과함으로써 사건이 상소심에 이심되어 본안 심리할 당시 처분의 집행이 종료되거나, 영업정지처분 등의 정지기간이 도과하여 소의 이익이 소멸되는 경우가 있다.

853) 종기의 정함이 없으면 본안판결 확정시까지 정지의 효력이 존속한다(대결 1962. 3. 9. 62두1).

854) 대판 2003. 7. 11. 2002다48023 【부당이득금】 [1] 행정소송법 제23조에 정해져 있는 처분에 대한 집행정지는 행정처분의 집행으로 인하여 회복하기 어려운 손해를 예방하기 위하여 긴급한 필요가 있고 달리 공공복리에 중대한 영향을 미치지 아니할 것을 요건으로 하여 본안판결이 있을 때까지 당해 행정처분의 집행을 잠정적으로 정지함으로써 위와 같은 손해를 예방하고자 함에 그 취지가 있고, 그 집행정지의 효력 또한 당해 결정의 주문에 표시된 시기까지 존속하다가 그 시기의 도래와 동시에 당연히 소멸한다. [2] 일정한 납부기한을 정한 과징금부과처분에 대하여 '회복하기 어려운 손해'를 예방하기 위하여 긴급한 필요가 있고 달리 공공복리에 중대한 영향을 미치지 아니한다는 이유로 집행정지결정이 내려졌다면 그 집행정지기간 동안은 과징금부과처분에서 정한 과징금의 납부기간은 더 이상 진행되지 아니하고 집행정지결정이 당해 결정의 주문에 표시된 시기의 도래로 인하여 실효되면 그 때부터 당초의 과징금부과처분에서 정한 기간(집행정지결정 당시 이미 일부 진행되었다면 그 나머지 기간)이 다시 진행하는 것으로 보아야 한다.

855) 예컨대 운전면허정지처분에 대한 집행정지결정이 있은 뒤, 본안에서 운전면허정지처분 취소청구를 기각하는 원고패소판결이 확정되었다 하더라도 위 정지중의 자동차운전이 무면허운전으로 되는 것은 아니다.

856) 판결이 아니기 때문에 기판력은 없다.

857) 예컨대 국립대학생퇴학처분이 정지되어도 정지결정 이전의 기간은 수업일수에 산입되지 않으며 정지결정 이후의

2) 기속력

집행정지결정은 당해 사건에 관하여 당사자인 행정청과 그 밖의 관계행정청을 기속한다(485). 따라서 행정청은 동일내용으로 새로운 행정처분을 하거나 또는 그에 관련된 처분을 할 수 없고, 이에 위반하는 처분은 당연무효이다.

3) 집행정지결정과 본안청구의 소의 이익

기간을 정한 제재적 행정처분, 특히 그 제재기간의 시기와 종기가 특정일자로 표시된 경우에, 그 제재적 처분에 대하여 집행정지(효력정지)결정이 있으면 제재기간의 진행이 정지되어 집행정지된 기간만큼 제재기간이 순연되는 데 불과하고 위 처분시 표시된 종기가 경과하였다 하여도 그 처분의 취소를 구할 소의 이익은 여전히 남는다[858]. 그러나 공물점용 허가기간중의 허가취소처분에 대하여 집행정지결정이 있은 뒤 점용허가기간이 만료된 경우에는 집행정지결정과 관계없이 점용허가 기간의 경과로써 위 허가취소처분의 취소를 구할 소의 이익은 소멸한다[859].

5. 집행정지결정의 불복 및 취소

제23조(집행정지) ⑤ 제2항의 규정에 의한 집행정지의 결정 또는 기각의 결정에 대하여는 즉시항고할 수 있다. 이 경우 집행정지의 결정에 대한 즉시항고에는 결정의 집행을 정지하는 효력이 없다.

제24조(집행정지의 취소) ① 집행정지의 결정이 확정된 후 집행정지가 공공복리에 중대한 영향을 미치거나 그 정지사유가 없어진 때에는 당사자의 신청 또는 직권에 의하여 결정으로써 집행정지의 결정을 취소할 수 있다.

② 제1항의 규정에 의한 집행정지결정의 취소결정과 이에 대한 불복의 경우에는 제23조제4항 및 제5항의 규정을 준용한다.

기간만이 수업일수에 산입된다.

858) 대판 1974. 1. 29. 73누202【국유임산물매수자격정지처분취소】 행정처분의 효력정지가처분결정은 일시 잠정적으로 그 처분의 집행 혹은 효력발생을 정지하는 것이므로 집행정지가처분으로 인하여 그 행정처분이 정한 기간이 그 집행정지중에 이미 지나갔다 하여도 그 행정처분의 당부에 대한 본안심판을 하여야 하고 본소를 각하하지 못한다.

859) 대판 1991. 7. 23. 90누6651【공유수면점·사용허가취소처분취소】 공유수면점용허가기간 중에 그 허가를 취소하는 처분이 있었다고 하여도 그 취소처분에 대한 법원의 집행정지결정으로 허가기간이 진행되어 허가기간이 경과하였다면 이로써 그 허가처분은 실효된 것이고 그 후 위 취소처분을 취소하더라도 허가된 상태로의 원상회복은 불가능하므로, 위 취소처분이 외형상 잔존함으로 말미암아 어떠한 법률상 불이익이 있다고 볼 만한 특별한 사정이 없는 한 위 취소처분의 취소를 구할 이익이 없다.

제38조(준용규정) ① … 제22조 내지 제26조…의 규정은 무효등 확인소송의 경우에 준용한다.
<제23조 ④ 제2항의 규정에 의한 집행정지의 결정을 신청함에 있어서는 그 이유에 대한 소명이 있어야 한다.>

가. 즉시항고

집행정지 또는 기각결정에 대하여는 즉시항고 할 수 있고, 집행정지의 결정에 대한 즉시항고에는 결정의 집행을 정지하는 효력이 없다[860]. 항고심결정에 대하여 재항고 할 수 있다.

나. 집행정지결정의 취소

집행정지결정이 확정된 후 집행정지가 공공복리에 중대한 영향을 미치거나 그 정지사유가 없어진 때와 같은 사정변경이 있어 더 이상 행정처분 등의 효력이나 그 집행 또는 절차의 속행을 잠정적으로 정지시킬 필요가 없어진 경우에는 이를 취소할 수 있다(486). 즉, 본안청구가 이유 없음이 명백해졌거나 회복할 수 없는 손해발생을 방지하여야 할 긴급성이 소멸하였거나 공공복리에 중대한 영향을 미칠 우려가 있게 된 경우를 요건으로 집행정지결정을 취소할 수 있다[861].

집행정지결정의 취소는 본안계속법원이 당사자의 신청 또는 직권에 의하여 한다(487). 집행정지결정취소의 신청에는 **이유에 대한 소명**으로 족하고, 심리절차 등은 정지신청의 경우와 같다. 법원은 이유가 없는 경우 기각하고, 이유가 있는 경우 재량에 따라 정지된 처분 등의 전부 또는 일부를 취소할 수 있다. 취소결정은 고지됨으로써 효력이 발생하며, 형성력에 의해 집행정지결정에 의하여 정지되었던 처분 등의 효력이 원상으로 회복된다(488). 또한 취소의 효력은 제3자에게도 미친다(489). 이러한 집행정지 취소신청에 따른 취소결정 또는 기각결정은 즉시항고의 대상이 되고, 취소결정에 대한 즉시항고는 취소결정의 집행을 정지하는 효력이 없다(490).

---

860) 행정소송법제 23조 제5항 결정의 고지가 있은 날로부터 1주일 내에 원결정법원에 항고장을 제출하면 된다.

861) 대결 2005. 7. 15. 2005무16 【집행정지취소】 행정소송법 제24조 제1항에서 규정하고 있는 집행정지 결정의 취소사유는 특별한 사정이 없는 한 집행정지 결정이 확정된 이후에 발생한 것이어야 하고, 그 중 '집행정지가 공공복리에 중대한 영향을 미치는 때'라 함은 일반적·추상적인 공익에 대한 침해의 가능성이 아니라 당해 집행정지 결정과 관련된 구체적·개별적인 공익에 중대한 해를 입힐 개연성을 말하는 것이다.

6. 민사소송법상 가처분 규정의 준용 여부

가. 항고소송과 가처분

행정소송법 제8조 제2항에서 '이 법에 특별한 규정이 없는 사항에 대하여는 … 민사소송법을 준용한다.'고 규정되어 있을 뿐 민사집행법상의 가처분 규정이 적용되는지 여부에 관하여 아무런 규정이 없다. 가처분에 대하여 행정소송법 제8조 제2항이 민사집행법상의 가처분 규정을 배제하고 있지 않을 뿐만 아니라 거부처분에서 가처분이 필요하다는 점 등을 이유로 긍정하는 견해, 행정소송법이 민사집행법상 가처분과 달리 집행정지 제도를 규정하고 있다는 점에 비추어 부정하는 견해, 집행정지제도로 구제되지 않는 영역에서 긍정하는 견해 등의 대립이 있다. 판례는 항고소송(취소소송, 무효등확인소송, 부작위위법확인소송)에서 민사소송법의 규정 중 가처분에 관한 규정을 준용할 수 없다고 판시하고 있다[862]. 다만, 현재 행정소송법의 개정안에 의하면 의무이행소송과 예방적 금지소송을 규정함과 동시에 가처분 제도도 규정하고 있다. 그리고 공법상의 권리를 갖는 자를 피신청인으로 하고 국가나 지방자치단체를 제3채무자로 하여 공법상 권리에 대한 민사상의 처분금지가처분이 내려졌다 하여도 이는 가처분의 당사자 사이에서의 처분금지의 효력만이 있을 뿐이고 행정청에 대하여 행정처분을 제약하는 효력은 없다[863].

---

862) 대결 1967. 5. 29. 67마311, 1975. 12. 30. 74마446, 1992. 7. 6. 92마54 【공유수면매립면허권가처분】 [1] 민사소송법상의 보전처분은 민사판결절차에 의하여 보호받을 수 있는 권리에 관한 것이므로, 민사소송법상의 가처분으로써 행정청의 어떠한 행정행위의 금지를 구하는 것은 허용될 수 없다 할 것이다. [2] 채권자가, 채무자와 제3채무자(국가)를 상대로 채무자의 공유수면매립면허권에 관하여, '채무자는 이에 대한 일체의 처분행위를 하여서는 아니되며, 제3채무자는 위 면허권에 관하여 채무자의 신청에 따라 명의개서 기타 일체의 변경절차를 하여서는 아니된다.'는 요지의 내용을 신청취지로 하여 가처분신청을 한 데 대하여, 원심이, 채무자에 대한 신청부분은 인용하면서도, 제3채무자에 대한 부분에 대하여는, 위 신청취지를 채무자가 면허권을 타에 양도할 경우 면허관청으로 하여금 그 양도에 따른 인가를 금지하도록 명해 달라는 뜻으로 풀이한 후, 이 부분 신청은 허용될 수 없다고 한 조치를 수긍한 사례.

대결 2009. 11. 2. 2009마596 【가처분이의】 구 도시 및 주거환경정비법(2007. 12. 21. 법률 제8785호로 개정되기 전의 것)에 따른 주택재건축정비사업조합은 관할 행정청의 감독 아래 위 법상 주택재건축사업을 시행하는 공법인으로서, 그 목적 범위 내에서 법령이 정하는 바에 따라 일정한 행정작용을 행하는 행정주체의 지위를 가진다 할 것인데, 재건축정비사업조합이 이러한 행정주체의 지위에서 위 법에 기초하여 수립한 사업시행계획은 인가 · 고시를 통해 확정되면 이해관계인에 대한 구속적 행정계획으로서 독립된 행정처분에 해당하고, 이와 같은 사업시행계획안에 대한 조합 총회결의는 그 행정처분에 이르는 절차적 요건 중 하나에 불과한 것으로서, 그 계획이 확정된 후에는 항고소송의 방법으로 계획의 취소 또는 무효확인을 구할 수 있을 뿐, 절차적 요건에 불과한 총회결의 부분만을 대상으로 그 효력 유무를 다투는 확인의 소를 제기하는 것은 허용되지 아니하고, 한편 이러한 항고소송의 대상이 되는 행정처분의 효력이나 집행 혹은 절차속행 등의 정지를 구하는 신청은 행정소송법상 집행정지신청의 방법으로서만 가능할 뿐 민사소송법상 가처분의 방법으로는 허용될 수 없다[총회결의의 효력을 그 내용상 하자를 이유로 별도의 본안소송으로 다툴 수 있음을 전제로 이 사건 결의 및 사업시행인가 등에 따른 후속절차의 진행에 대하여 민사소송법상 가처분의 방법으로 그 정지를 구할 수 있다고 본 원심결정을 파기함.].

863) 대판 1973. 6. 29. 73다23, 대결 2011. 4. 18. 2010마1576 【자동차사업면허처분금지가처분】 [1] 민사집행법 제300조 제2항이 규정한 임시의 지위를 정하기 위한 가처분은 그 성질상 주장 자체에 의하여 다툼이 있는 권리관계에 관

한편, 다수설과 판례에 따르면 공법상 당사자소송에서는 집행정지 제도가 적용되지 않을 뿐만 아니라 당사자소송이 민사소송과 유사하기 때문에 민사집행법상 가처분이 준용된다. 그리고 공법상 당사자소송에서 재산권의 청구를 인용하는 경우에 가집행을 선고할 수 있지만[864], 국가를 당사자로 하는 공법상 당사자소송에서는 가집행을 선고할 수 없다[865].

한 정당한 이익이 있는 자가 가처분 신청을 할 수 있고, 그 경우 주장 자체에 의하여 신청인과 저촉되는 지위에 있는 자를 피신청인으로 하여야 한다. 한편 민사집행법상의 가처분으로 행정청의 행정행위 금지를 구하는 것은 허용될 수 없다. [2] 채권자 갑이 채무자 을에 대한 대여금채권을 담보하기 위해 을 소유의 개인택시에 대한 근저당권을 설정하고 을에게서 '여객자동차운송사업면허 불처분각서'를 받았는데 위 개인택시와 더불어 면허를 처분할 우려가 있어서 을에 대하여 면허의 처분금지가처분을 구함과 아울러 관할 행정청을 제3채무자로 하여 위 면허의 채무자명의 변경금지가처분을 구한 사안에서, 면허의 채무자명의 변경금지를 구하는 부분은 민사집행법상의 가처분으로 행정청의 면허 처분에 따른 인가 금지를 구하는 것이므로 허용될 수 없지만, 을을 상대로 면허의 처분금지를 구하는 부분은 위 각서에 기한 면허의 처분금지청구권이라는 권리관계에 대하여 임시의 지위를 정하기 위한 것으로서 허용될 수 있다고 한 사례.

864) 대판 2000. 11. 28. 99두3416 【환매대금이의재결처분취소】 [1] 공공용지의취득및손실보상에관한특례법 제9조 제1항에 의하면 환매기간 내에 환매의 요건이 발생하는 경우, 환매대상토지의 가격이 취득 당시에 비하여 현저히 하락하거나 상승하였다고 하더라도, 환매권자는 수령한 보상금 상당액만을 사업시행자에게 미리 지급하고 일방적으로 매수의 의사표시를 함으로써 사업시행자의 의사와 관계없이 환매가 성립된다. [2] 공공용지의취득및손실보상에관한특례법 제9조 제3항, 같은법 시행령 제7조 제1항, 제3항 및 토지수용법 제73조 내지 제75조의2의 각 규정에 의하면 토지수용법 제75조의2 제2항에 의하여 사업시행자가 환매권자를 상대로 하는 소송은 공법상의 당사자소송으로 사업시행자로서는 환매가격이 환매대상토지의 취득 당시 지급한 보상금 상당액보다 증액 변경될 것을 전제로 하여 환매권자에게 그 환매가격과 위 보상금 상당액의 차액의 지급을 구할 수 있다. [3] 환매권자의 환매대금 지급의무는 환매권 행사 당시에 이미 발생하는 것인데 환매대상토지의 취득 당시 지급한 보상금 상당액과 재결이나 행정소송 절차에서 환매가격으로 정하여진 금액과의 차액 역시 환매대상토지와 대가관계에 있는 것이므로 그 차액이 환매권 행사 당시 지급되지 아니한 이상 이에 대하여 지연손해금이 발생하는 것이고 현실적으로 구체적인 환매가격이 재결이나 행정소송 절차에 의하여 확정된다고 하여 달리 볼 것은 아니다. [4] 행정소송법 제8조 제2항에 의하면 행정소송에도 민사소송법의 규정이 일반적으로 준용되므로 법원으로서는 공법상 당사자소송에서 재산권의 청구를 인용하는 판결을 하는 경우 가집행선고를 할 수 있다.

865) 행정소송법 제43조(가집행선고의 제한) 국가를 상대로 하는 당사자소송의 경우에는 가집행선고를 할 수 없다.

제 3 장

당사자 소송 – 손실보상소송, 선결문제, 행정구제

당사자 소송

실질적 당사자소송

- 처분 등을 원인으로 하는 법률관계에 관한 소송
  - 공법상 부당이득반환청구소송 (판례 소송물을 기준, 학설 소송물의 전제가 되는 법률관계를 기준)
  - 과세처분의 무효 등을 원인으로 하는 조세환급소송
- 그 밖의 공법상 법률관계에 관한 소송
  - 공법싱 신분 · 지위 등의 확인소송
  - 공법상 금전, 급부 등의 청구소송
  - 공법상 계약에 관한 법률관계를 다투는 소송
  - 손실보상금 청구소송
  - 기타(공법상 권리 범위 확인소송 등) | 국가배상법상 손해배상소송 및 비용부담청구소송

형식적 당사자소송

- 토지취득보상법상 보상금 증감 소송
- 당사자계 특허관계 소송 (특허무효 항고심판, 특허권 존속기간의 연장 등록무효심판, 권리범위확인 항고심판 등)

손실 보상 소송

항고소송

경우	관련 법
사업주체인 행정청 또는 제3의 행정청(토지수용위원회 등)이 일방적으로 보상금액을 결정+결정에 대한 불복방법 규정이 없는 경우	도로법 항만법
토지취득 보상법상 토지수용위원회의 (수용)재결	형식적 당사자 소송과 동일

형식적 당사자소송

경우	관련 법
토지취득보상법상 보상금 증감 소송	국토계획및이용에관한법률, 도시개발법, 공유수면관리및매립에관한법률, 하천법

실질적 당사자소송

경우	관련 법
전심절차를 거쳐 보상금지급청구의 소를 제기하도록 규정하고 있는 경우	징발법
보상의무만 규정하고, 보상금 결정방법과 불복방법 규정이 없는 경우	문화재보호법, 수산업법, 광업법

수용절차

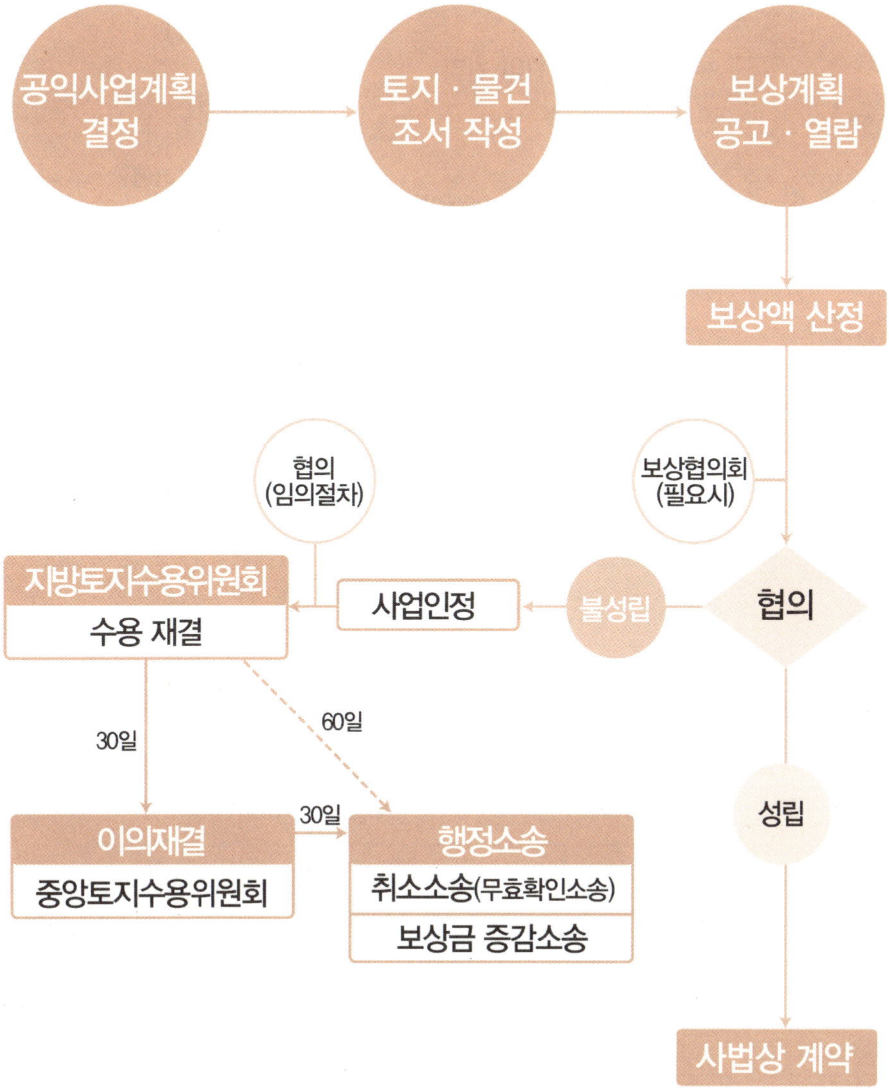
공익사업계획 결정
토지 · 물건 조서 작성
보상계획 공고 · 열람
보상액 산정
보상협의회 (필요시)
협의
불성립
성립
사법상 계약
사업인정
협의 (임의절차)
지방토지수용위원회
수용 재결
30일
60일
이의재결
중앙토지수용위원회
30일
행정소송
취소소송(무효확인소송)
보상금 증감소송

국가배상(직무의무위반설, 행위불법설)

직무의무위반설

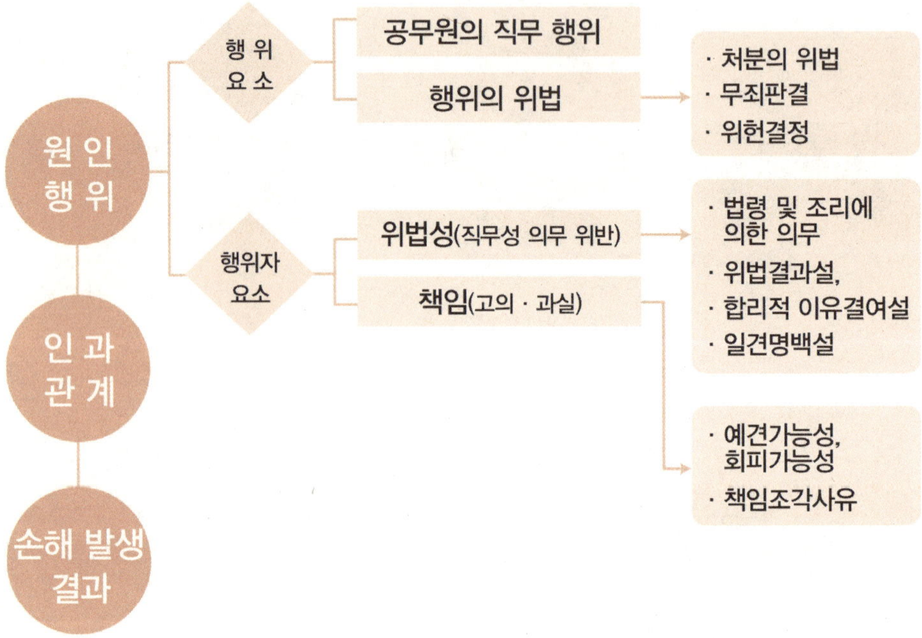

행위불법설

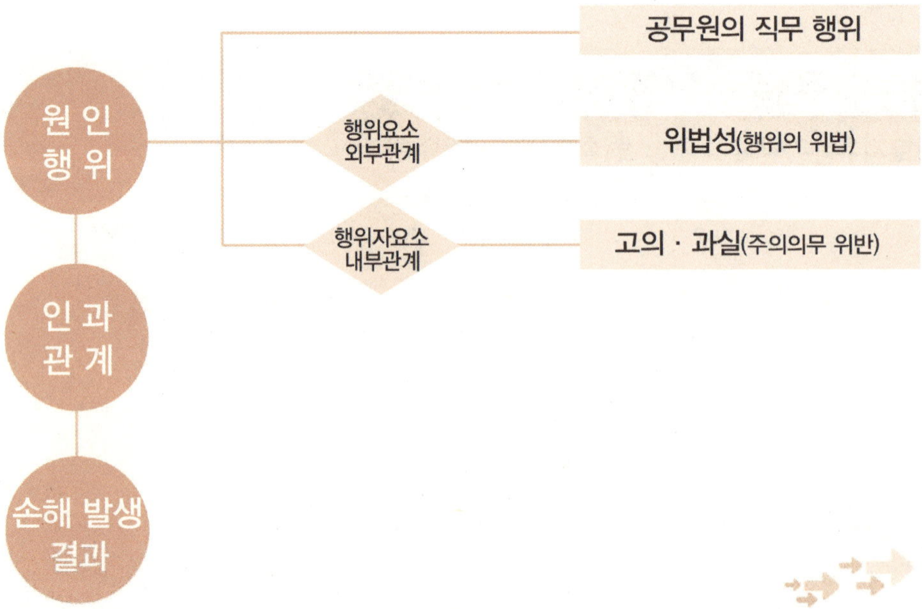

부작위로 인한 국가배상

직무의무위반설

행위불법설

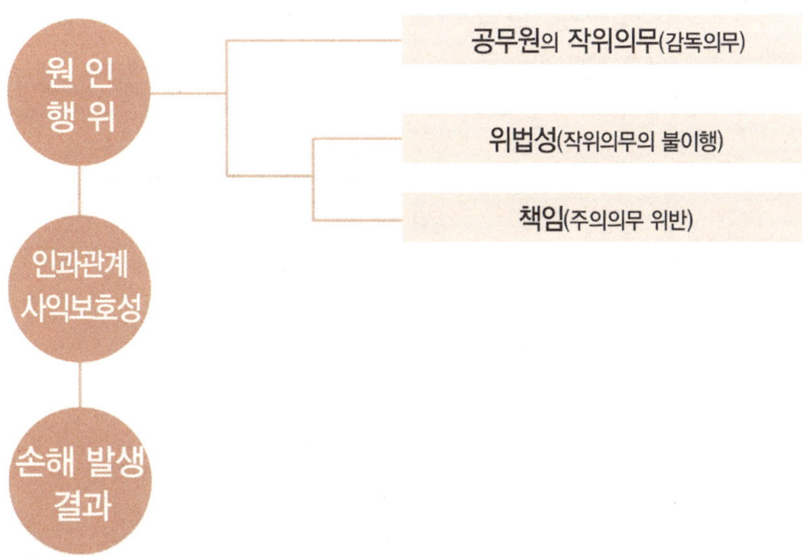

국가보상체계

1) 수용유사침해보상설(독일)
2) 국가배상설
3) 손실보상, 직접효력설
4) 입법필요설

침해행위		재산권침해	비재산권침해
위법	유책	국가배상법 – 손해배상	
	무책	수용유사 침해 보상	희생보상청구
적법	의도적 침해	손실보상	
	비전형적 침해	수용적 침해 보상 (간접손실 보상)	

1) 수용적침해보상설(독일)
2) 직접효력설
3) 입법필요설(위헌무효설)

1) 직접효력설(물론해석)
2) 유추적요설
3) 부정설

선결문제/구성요건적 효력

공법상 부당이득 반환 청구소송

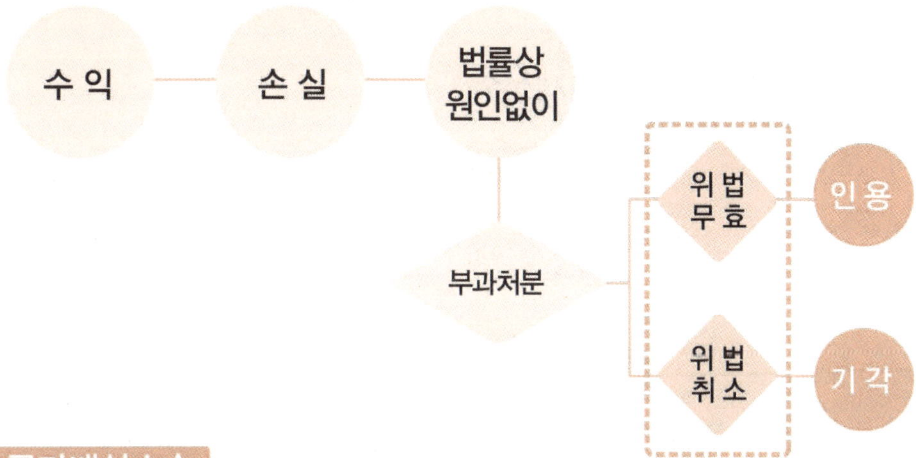

국가배상소송

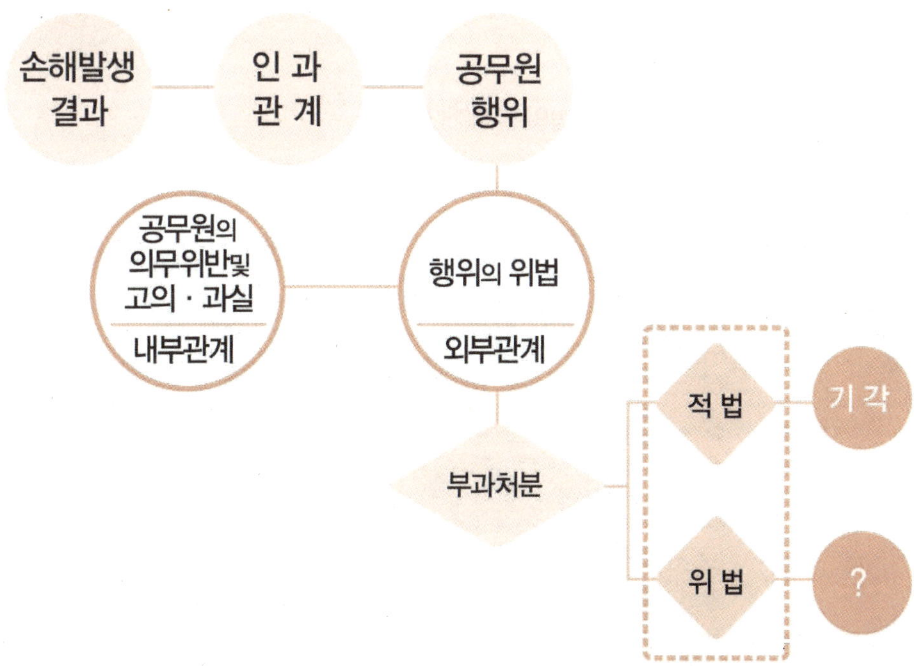

행정 강제(1)

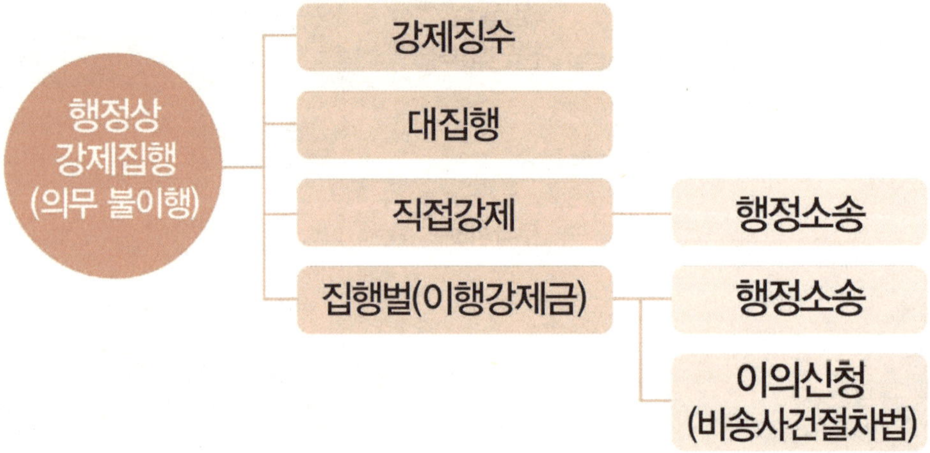
행정상
강제집행
(의무 불이행)
강제징수
대집행
직접강제
집행벌(이행강제금)
행정소송
행정소송
이의신청
(비송사건절차법)

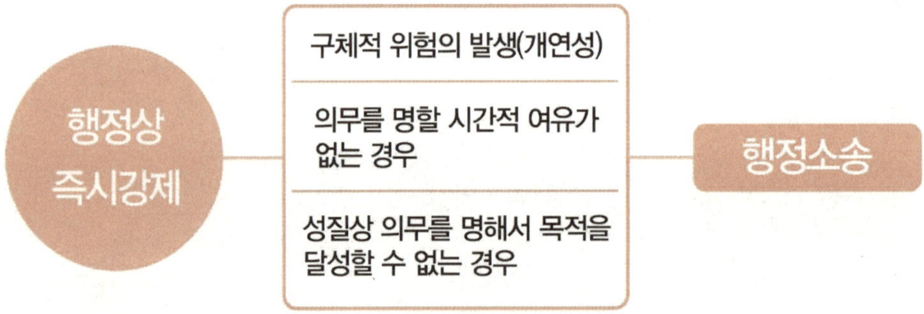
행정상
즉시강제
구체적 위험의 발생(개연성)
의무를 명할 시간적 여유가
없는 경우
성질상 의무를 명해서 목적을
달성할 수 없는 경우
행정소송

행정의 실효성 확보 수단(2)

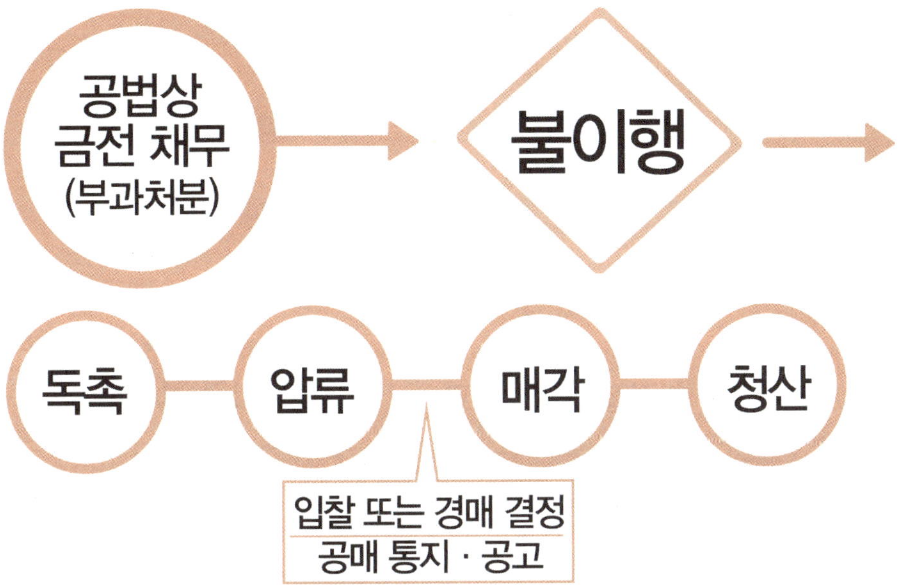

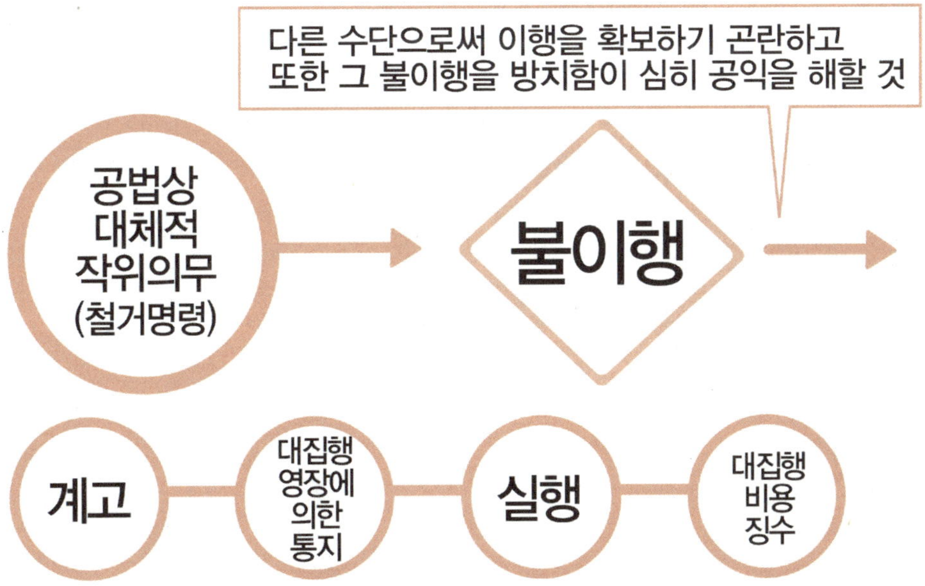

간접적 강제수단(3)

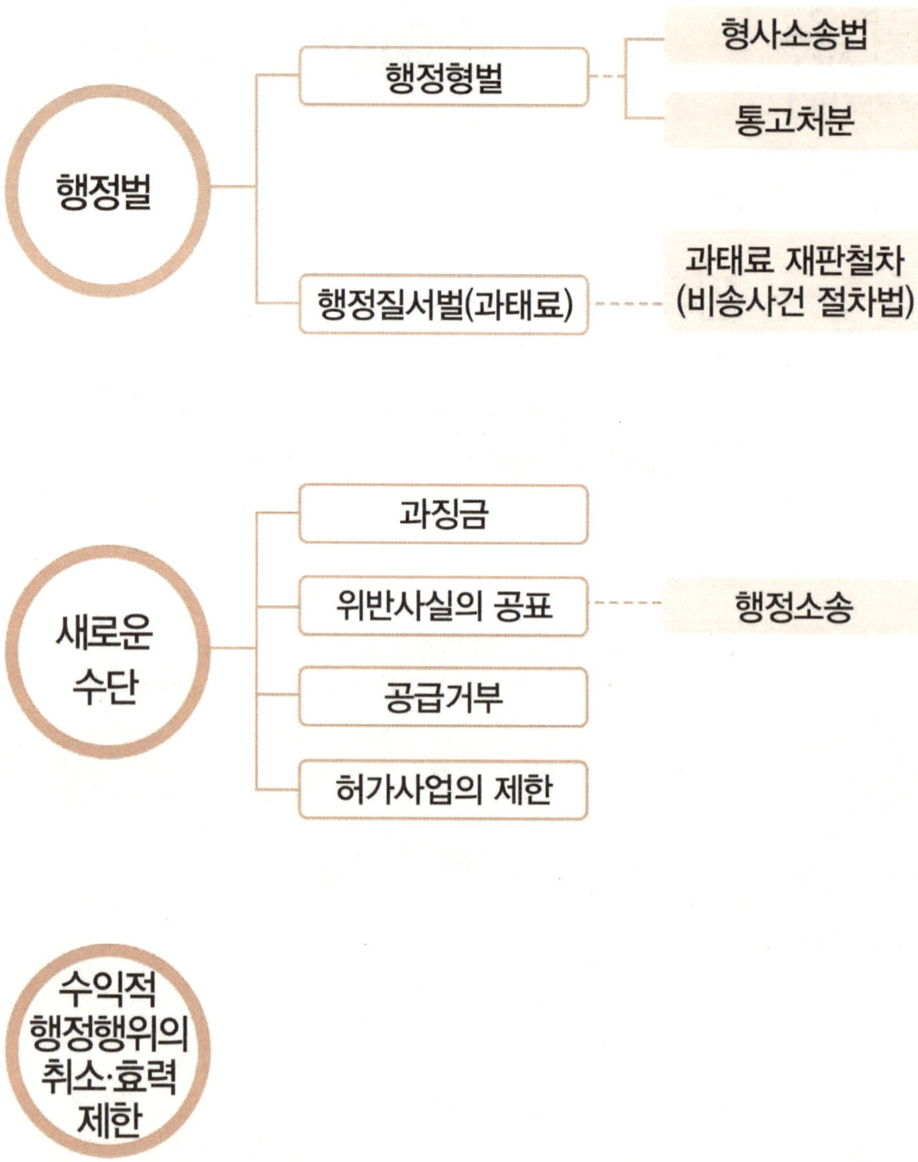
행정법
행정형벌
형사소송법
통고처분
행정질서벌(과태료)
과태료 재판철차
(비송사건 절차법)
새로운
수단
과징금
위반사실의 공표
행정소송
공급거부
허가사업의 제한
수익적
행정행위의
취소·효력
제한

식품위생법 · 건축법상 실효성확보수단(4)

직접적 강제수단 (행정강제)		
	강제징수	지방세 체납 처분의 예(건80)
	대집행	철거명령과 대집행(건79, 85) 폐기처분 명령과 대집행(식72)
	직접강제	시정명령 위반과 영업소 폐쇄(식75, 79)
	집행벌	시정명령과 이행강제(건79, 80)
	행정상 즉시강제	의무위반괴 폐기처분(식71, 72)

간접적 강제수단		
	행정형벌	벌칙(건106-) (식94-)
	행정 질서벌	과태표(건113-) (식101-)
	과징금	영업정지 등 처분에 갈음하는 과징금(식82) 위해식품 등의 판매에 따른 과징금(식83)
	위반사실의 공표	위반사실공표(식84)
	공급거부	(구)건축법 69조
	허가사업의 제한	위반 건축물에 대한 조치(건79)
	수익적 행정행위의 취소·효력제한	의무위반과 영업허가 취소 등(식77) 시정명령 위반과 영업허가 취소 등

제 3 장

당사자소송 – 손실보상소송, 선결문제, 행정구제

1. 당사자소송

가. 의의

공법상 당사자소송이란, 행정소송법 제3조 제2호 '행정청의 처분 등을 원인으로 하는 법률관계에 관한 소송 그 밖에 공법상의 법률관계에 관한 소송으로서 그 법률관계의 한쪽 당사자를 피고로 하는 소송'을 의미한다. 전단의 '행정청의 처분 등을 원인으로 하는 법률관계에 관한 소송'은 처분 등에 의해 발생, 변화, 소멸되는 법률관계의 다툼에 관한 소송이고, 후단의 '공법상의 법률관계에 관한 소송'은 처분 등을 원인으로 하지 않는 법률관계에 관한 소송을 의미한다.

당사자소송은 통상 민사소송과 같이 권리주체 사이에 서로 다투는 소송을 의미하기 때문에 실질적으로 민사소송과 관할 이외 큰 차이가 없다[866]. 통설은 당사자소송과 민사소송과의 구별에 관하여 공법과 사법 구별론에 따라 공법상의 법률관계에 속하는 것인지, 사법상의 법률관계

866) 대결 2015. 8. 21. 2015무26 【관리처분계획안에대한총회결의효력정지가처분】 도시 및 주거환경정비법상 행정주체인 주택재건축정비사업조합을 상대로 관리처분계획안에 대한 조합 총회결의의 효력을 다투는 소송은 행정처분에 이르는 절차적 요건의 존부나 효력 유무에 관한 소송으로서 소송결과에 따라 행정처분의 위법 여부에 직접 영향을 미치는 공법상 법률관계에 관한 것이므로, 이는 행정소송법상 당사자소송에 해당한다. 그리고 이러한 당사자소송에 대하여는 행정소송법 제23조 제2항의 집행정지에 관한 규정이 준용되지 아니하므로(행정소송법 제44조 제1항 참조), 이를 본안으로 하는 가처분에 대하여는 행정소송법 제8조 제2항에 따라 민사집행법상 가처분에 관한 규정이 준용되어야 한다.

에 속하는 것인지 여부에 의하여 구별된다는 입장이다[867]. 이때 공법관계와 사법관계의 구별 기준이 소송물인지[868], 소송물의 전제가 되는 법률관계인지[869] 여부에 관한 견해의 대립이 있는데, 학설은 후자의 입장이지만 판례는 전자의 입장이다.

당사자소송은 '**행정청의 처분 등을 원인으로 하는 법률관계**'를 대상으로 하기 때문에 '처분'을 대상으로 하는 항고소송과 구별되고, 나아가 기본적으로 대등한 당사자를 전제로 권리의무의 주체를 피고로 하기 때문에 처분의 우월한 지위를 전제로 처분청을 피고로 하는 항고소송과 구별된다. 이러한 구별에도 불구하고 행정소송법은 항고소송중심주의를 채택하고 있기 때문에 기본적으로는 행정처분의 발동을 둘러싼 법률관계에 관한 소송이 항고소송이고, 그 이외의 공법관계에 속하는 소송이 당사자소송에 해당된다.

당사자소송은 실질적 당사자소송과 형식적 당사자소송으로 구별되는데, 형식적 당사자소송은 실질적으로 행정청의 처분 등을 다투는 소송이지만 그 법률관계의 한쪽 당사자를 피고로 하는 소송을 의미한다[870]. 이러한 형식적 당사자소송을 인정하는 근거에 대하여 행정소송법 제3

---

867) 행정청이 일방적인 의사표시로 자신과 상대방 사이의 법률관계를 종료시킨 경우, 의사표시가 항고소송의 대상이 되는 행정처분인지 또는 공법상 계약관계의 일방 당사자로서 대등한 지위에서 하는 의사표시인지 판단하는 방법:

대판 2015. 8. 27. 2015두41449 【정보화지원사업참여제한처분무효확인】 [1] 행정청이 자신과 상대방 사이의 법률관계를 일방적인 의사표시로 종료시켰다고 하더라도 곧바로 의사표시가 행정청으로서 공권력을 행사하여 행하는 행정처분이라고 단정할 수는 없고, 관계 법령이 상대방의 법률관계에 관하여 구체적으로 어떻게 규정하고 있는지에 따라 의사표시가 항고소송의 대상이 되는 행정처분에 해당하는지 아니면 공법상 계약관계의 일방 당사자로서 대등한 지위에서 행하는 의사표시인지를 개별적으로 판단하여야 한다.

[2] 중소기업기술정보진흥원장이 갑 주식회사와 중소기업 정보화지원사업 지원대상인 사업의 지원에 관한 협약을 체결하였는데, 협약이 갑 회사에 책임이 있는 사업실패로 해지되었다는 이유로 협약에서 정한 대로 지급받은 정부지원금을 반환할 것을 통보한 사안에서, 중소기업 정보화지원사업에 따른 지원금 출연을 위하여 중소기업청장이 체결하는 협약은 공법상 대등한 당사자 사이의 의사표시의 합치로 성립하는 공법상 계약에 해당하는 점, 구 중소기업 기술혁신 촉진법(2010. 3. 31. 법률 제10220호로 개정되기 전의 것) 제32조 제1항은 제10조가 정한 기술혁신사업과 제11조가 정한 산학협력 지원사업에 관하여 출연한 사업비의 환수에 적용될 수 있을 뿐 이와 근거 규정을 달리하는 중소기업 정보화지원사업에 관하여 출연한 지원금에 대하여는 적용될 수 없고 달리 지원금 환수에 관한 구체적인 법령상 근거가 없는 점 등을 종합하면, 협약의 해지 및 그에 따른 환수통보는 공법상 계약에 따라 행정청이 대등한 당사자의 지위에서 하는 의사표시로 보아야 하고, 이를 행정청이 우월한 지위에서 행하는 공권력의 행사로서 행정처분에 해당한다고 볼 수는 없다고 한 사례.

868) 손해배상청구, 부당이득반환청구 등은 민사소송의 대상이 된다.

869) 원인에 따라 손해배상청구, 부당이득반환청구 중 공법상 법률관계로 인한 경우에는 행정소송, 사법상 법률관계로 인한 경우에는 민사소송의 대상이 된다.

870) 항고소송의 경우 처분 등을 행한 행정청을 피고로 하고(제13조) 당사자소송의 경우 법률관계의 한쪽 당사자를 피고로 하는데(제3조 제2호), 형식적 당사자소송의 경우 처분 등을 행한 당사자를 피고로 하는 특징이 있다. 이처럼 형식적 당사자소송에 대해 실질적으로 항고소송에 해당하지만 당사자 일방을 피고로 하는 소송으로 이해하는 다수설과 달리 행정청의 처분 등에 의해 직접 형성된 법률관계에 관한 다툼으로서 형식적으로(소송형태) 당사자소송이지만 그 전제로서 행정청의 처분을 다투는 것을 포함하고 있는 특수한 당사자소송으로 이해하는 견해도 있다. 『박균성, 제9판 행정법 강의, 717쪽』

조 제2항으로 족하다는 견해(긍정설), 반드시 개별법상 규정이 필요하다는 견해(부정설)의 대립이 있지만, 실무는 후자의 입장이다. 현재 개별법에 의해 형식적 당사자소송이 인정되는 사례는 공익사업을 위한 토지 등의 취득 및 보상에 관한 법률 제85조 제2항의 보상금 증감에 관한 소송과 당사자계 특허소송 등이 있다. 후자의 경우 특허무효심판, 특허권존속기간의 연장등록무효항고심판, 권리범위확인 항고심판 등에 관한 소송 등 당사자계 지적재산권에 관한 소송은 항고소송으로서 심판 또는 재심의 심결을 대상으로 하면서도 그 청구인[871] 또는 피청구인[872]을 피고로 한다(491)는 점에서 형식적 당사자소송이 된다[873].

나. 실질적 당사자 소송의 형태

1) 처분 등을 원인으로 하는 법률관계에 관한 소송

처분 등을 원인으로 하는 법률관계란 처분 등에 의하여 발생 · 변경 · 소멸된 법률관계를 의미하는데, 특히 과세처분 무효 등을 원인으로 하는 **조세환급청구소송**(492)(공법상 부당이득금반환나청구소송)이 문제된다. 판례는 처분 등을 원인으로 하는 법률관계라도 그 소송물이 사법상의 법률관계이면 민사사건이라고 판시하고 있고[874], 법원은 이러한 입장에서 조세과오납금 환급청구사건 등을 민사사건으로 처리하고 있다[875].

그런데, 최근 당사자소송의 범위가 확대되면서 대판 2013. 3. 21. 선고 2011다95564 (전원)에

---

871) 심판청구를 인용한 심결에 대한 심결취소소송의 경우.

872) 심판청구를 배척한 심결에 대한 심결취소소송의 경우.

873) 특허법 제191조 보상금 또는 대가에 관한 불복의 소에 있어서는 보상금 또는 대가를 지급할 관서 또는 출원 등을 피고로 한다.

874) 대판 1995. 4. 28. 94다55019 【부당이득금】 조세부과처분이 당연무효임을 전제로 하여 이미 납부한 세금의 반환을 청구하는 것은 민사상의 부당이득반환청구로서 민사소송절차에 따라야 한다.

대판 1989. 6. 15. 88누6436(전원) 【국세환급거부처분취소】 (다수의견) 국세기본법 제51조 및 제52조 국세환급금 및 국세가산금결정에 관한 규정은 이미 납세의무자의 환급청구권이 확정된 국세환급금 및 가산금에 대하여 내부적 사무처리절차로서 과세관청의 환급절차를 규정한 것에 지나지 않고 그 규정에 의한 국세환급금(가산금 포함)결정에 의하여 비로소 환급청구권이 확정되는 것은 아니므로, 국세환급금결정이나 이 결정을 구하는 신청에 대한 환급거부결정 등은 납세의무자가 갖는 환급청구권의 존부나 범위에 구체적이고 직접적인 영향을 미치는 처분이 아니어서 항고소송의 대상이 되는 처분이라고 볼 수 없다. (소수의견) 납세자의 신청에 대한 세무서장의 환급거부결정이 직접 환급청구권을 발생하게 하는 형성적 효과가 있는 것이 아니고 확인적 의미밖에 없다고 하더라도 국세기본법 제51조의 규정을 위반하여 납세자에게 환급할 돈을 환급하지 아니하므로 손해를 끼치고 있는 것이라면 납세자가 행정소송으로 그 결정이 부당하다는 것을 다툴 수 있다.

875) 다수의 학설은 공법상 부당이득금반환청구소송을 전형적인 실질적 당사자소송으로 보고 있으며, 행정법원의 관할로 해야 한다는 입장이다.

서 부가가치세 환급세액 지급청구를 당사자소송의 대상으로 판시하였다(493). 그리고 대판 2011. 6. 9. 선고 2011다2951에서 지방자치단체가 보조금 지급결정하면서 일정 기한 내에 보조금을 반환하도록 하는 교부조건을 부가한 사안에서 보조사업자에 대한 지방자치단체의 보조금 반환소송도 당사자 소송으로 판시하였다(494). 종전 판례에 따르면 과오납부로 인한 조세환급청구소송에 관한 한 과세처분에 취소할 수 있는 하자가 있는 경우에 당사자가 조세환급청구소송을 민사법원에 제기한 경우 행정처분이 당연무효가 아니고, 취소되지도 아니하였으므로 부당이득이 성립되지 아니한다는 이유로 원고의 청구를 기각하게 되고, 또 그 과세처분이 당연무효인 경우에 그 처분의 무효확인소송을 행정법원에 제기한 경우 무효확인을 구할 이익이 없으므로 소를 각하하였다[876]. 그러나, 현재 변경된 판례에 따르면 과세처분이 당연무효인 경우에 그 처분의 무효확인소송을 행정법원에 제기한 경우 무효확인을 구할 이익이 있기 때문에 본안 판단해야 하고[877], 행정소송법상 관련청구이 병합으로 과세처분 부당이득금반환소송이 취소소송과 병합되어 취소판결이 선고되는 경우 판결의 확정 없이 반환청구를 인용해야 한다[878].

---

876) 대판 1976. 2. 10. 74누159(전원) 【갑종근로소득세부과처분취소】 수시분 갑종근로소득세 부과처분에 따라 부과된 세액을 이미 납부한 납세의무자는 위 부과처분에 따른 현재의 조세채무를 부담하고 있지 아니 아니하므로 그 처분이 무효라는 이유로 납부세금에 의한 부당이득금반환청구를 함은 별문제로 하고 부과처분의 무효확인을 독립한 소송으로 구함은 확인의 이익이 없는 것이다. 동지, 대판 1988. 3. 8. 87누133 , 1989. 10. 10. 89누3397, 1993. 12. 28. 93누4519, 1998. 9. 22. 98두4375, 2001. 9. 18. 99두11752, 2006. 5. 12. 2004두14717 등.

877) 대판 2008. 3. 20. 2007두6342(전원) 【하수도원인자부담금부과처분취소】 행정소송은 행정청의 위법한 처분 등을 취소 · 변경하거나 그 효력 유무 또는 존재 여부를 확인함으로써 국민의 권리 또는 이익의 침해를 구제하고 공법상의 권리관계 또는 법 적용에 관한 다툼을 적정하게 해결함을 목적으로 하므로, 대등한 주체 사이의 사법상 생활관계에 관한 분쟁을 심판대상으로 하는 민사소송과는 목적, 취지 및 기능 등을 달리한다. 또한 행정소송법 제4조에서는 무효확인소송을 항고소송의 일종으로 규정하고 있고, 행정소송법 제38조 제1항에서는 처분 등을 취소하는 확정판결의 기속력 및 행정청의 재처분 의무에 관한 행정소송법 제30조를 무효확인소송에도 준용하고 있으므로 무효확인판결 자체만으로도 실효성을 확보할 수 있다. 그리고 무효확인소송의 보충성을 규정하고 있는 외국의 일부 입법례와는 달리 우리나라 행정소송법에는 명문의 규정이 없어 이로 인한 명시적 제한이 존재하지 않는다. 이와 같은 사정을 비롯하여 행정에 대한 사법통제, 권익구제의 확대와 같은 행정소송의 기능 등을 종합하여 보면, 행정처분의 근거 법률에 의하여 보호되는 직접적이고 구체적인 이익이 있는 경우에는 행정소송법 제35조에 규정된 '무효확인을 구할 법률상 이익'이 있다고 보아야 하고, 이와 별도로 무효확인소송의 보충성이 요구되는 것은 아니므로 행정처분의 무효를 전제로 한 이행소송 등과 같은 직접적인 구제수단이 있는지 여부를 따질 필요가 없다고 해석함이 상당하다. [대법관 이홍훈의 보충의견] 무효확인소송의 보충성 인정의 문제는 행정소송법 제35조에 규정된 '무효확인을 구할 법률상 이익'의 해석론에 관한 것으로서 행정소송의 특수성, 무효확인소송의 법적 성질 및 무효확인판결의 실효성, 외국의 입법례, 무효확인소송의 남소 가능성 및 권익구제 강화 등의 측면에서 볼 때, 무효확인소송의 보충성을 요구하지 않는 것이 행정소송의 목적을 달성할 수 있고 소송경제 등의 측면에서도 타당하며 항고소송에서 소의 이익을 확대하고 있는 대법원 판례의 경향에도 부합한다.

동지, 대판 2008. 6. 12. 2008두3685 【압류처분등무효확인】 국세청이 국세체납을 이유로 토지를 압류한 후 공매처분한 경우, 그 소유권자는 국가 또는 매수인을 상대로 부당이득반환청구의 소나 소유권이전등기말소청구의 소를 제기하여 직접 위법상태를 제거할 수 있는지 여부에 관계없이 압류처분 및 매각처분에 대한 무효확인을 구할 수 있다고 한 사례.

878) 대판 2009. 4. 9. 2008두23153 【보험료납부고지처분취소】 행정소송법 제10조는 처분의 취소를 구하는 취소소송

한편, 판례는 신고납세방식의 조세로서 신고가 무효인 경우 세금을 납부하지 않은 상태에서 제기된 조세채무부존재확인소송은 공법상 법률관계를 다투는 실질적 당사자 소송이라고 판시하고 있다[879].

2) 그 밖의 공법상 법률관계에 관한 소송

가) 공법상 신분·지위 등의 확인

공무원이나 공립학교 학생의 신분 등 공법상 지위의 확인을 구하는 소송은 당사자소송에 속하는데, 대표적인 소송이 정년 통보를 다투는 소송이다[880] (495). 농지개량조합을 상대로 조합의 직원임의 확인을 구하는 소송(496), 재개발조합을 상대로 조합원임의 확인을 구하는 소송[881], 국

에 당해 처분과 관련되는 부당이득반환소송을 관련 청구로 병합할 수 있다고 규정하고 있는바, 이 조항을 둔 취지에 비추어 보면, 취소소송에 병합할 수 있는 당해 처분과 관련되는 부당이득반환소송에는 당해 처분의 취소를 선결문제로 하는 부당이득반환청구가 포함되고, 이러한 부당이득반환청구가 인용되기 위해서는 그 소송절차에서 판결에 의해 당해 처분이 취소되면 충분하고 그 처분의 취소가 확정되어야 하는 것은 아니라고 보아야 한다.

879) 대판 2000. 9. 8. 99두2765 【취득세등부과처분취소】 납세의무부존재확인의 소는 공법상의 법률관계 그 자체를 다투는 소송으로서 당사자소송이라 할 것이므로 행정소송법 제3조 제2호, 제39조에 의하여 그 법률관계의 한쪽 당사자인 국가·공공단체 그 밖의 권리주체가 피고적격을 가진다.

880) 대판 2009. 3. 26. 2008두21300 【공무원지위확인】 【피고 광주광역시】 [1] 공무원이 자신의 인사기록카드를 열람하고 인사기록변경신청을 할 수 있도록 한 지방공무원 인사기록 및 인사사무 처리규칙 제6조 제3항, 같은 조 제4항 규정의 내용 및 위 규칙 [별표 3]이 지방공무원의 정년퇴직시 구비서류로 가족관계기록사항에 관한 증명서 중 기본증명서 1통을 요구하고 있는 점 등을 고려하면, 지방공무원법상의 정년은 지방공무원의 정년퇴직시 구비서류로 요구되는 가족관계기록사항에 관한 증명서 중 기본증명서에 기재된 실제의 생년월일을 기준으로 산정해야 한다고 봄이 상당하다. [2] 지방공무원 임용신청 당시 잘못 기재된 호적상 출생연월일을 생년월일로 기재하고, 이에 근거한 공무원인사기록카드의 생년월일 기재에 대하여 처음 임용된 때부터 약 36년 동안 전혀 이의를 제기하지 않다가, 정년을 1년 3개월 앞두고 호적상 출생연월일을 정정한 후 그 출생연월일을 기준으로 정년의 연장을 요구하는 것이 신의성실의 원칙에 반하지 않는다고 본 사례. <요지와 해설 미주 참조>

881) 대판 1997. 11. 28. 95다3594, 대판 1996. 2. 15. 94다31235(전원) 한편, 판례는 재개발조합과 조합장 또는 조합임원의 지위를 다투는 소송(임원선임결의 무효확인 청구)은 민사소송으로 판시하고 있다.

대판 2009. 9. 24. 2009마168,169 【가처분이의·직무집행정지가처분】 [1] 구 도시 및 주거환경정비법(2007. 12. 21. 법률 제8785호로 개정되기 전의 것)상 재개발조합설립 인가신청에 대하여 행정청의 조합설립인가처분이 있은 이후에 조합설립결의에 하자가 있음을 이유로 재개발조합 설립의 효력을 부정하기 위해서는 항고소송으로 조합설립인가처분의 효력을 다투어야 하고, 특별한 사정이 없는 한 이와는 별도로 민사소송으로 행정청으로부터 조합설립인가처분을 하는 데 필요한 요건 중의 하나에 불과한 조합설립결의에 대하여 무효확인을 구할 확인의 이익은 없다고 보아야 한다. [2] 구 도시 및 주거환경정비법(2007. 12. 21. 법률 제8785호로 개정되기 전의 것)상 재개발조합이 공법인이라는 사정만으로 재개발조합과 조합장 또는 조합임원 사이의 선임·해임 등을 둘러싼 법률관계가 공법상의 법률관계에 해당한다거나 그 조합장 또는 조합임원의 지위를 다투는 소송이 당연히 공법상 당사자소송에 해당한다고 볼 수는 없고, 구 도시 및 주거환경정비법의 규정들이 재개발조합과 조합장 및 조합임원과의 관계를 특별히 공법상의 근무관계로 설정하고 있다고 볼 수도 없으므로, 재개발조합과 조합장 또는 조합임원 사이의 선임·해임 등을 둘러싼 법률관계는 사법상의 법률관계로서 그 조합장 또는 조합임원의 지위를 다투는 소송은 민사소송에 의하여야 할 것이다.

그러나 판례는 관리처분계획안에 대한 조합총회 결의의 효력을 다투는 소송 및 조합은 당사자소송으로 판시하고 있다. 대판 2009. 9. 17. 2007다2428(전원) 【총회결의무효확인】 [1] 도시 및 주거환경정비법상 행정주체인 주택재건축정비사업조합을 상대로 관리처분계획안에 대한 조합 총회결의의 효력 등을 다투는 소송 및 조합설립 인가 또는

가를 상대로 훈장의 수여 여부와 종류의 확인을 구하는 소송(497) 등이 이에 해당된다.

한편, 판례는 공공용지의취득및손실보상에관한특례법에 의한 수분양권의 취득을 희망하는 이주자가 소정의 절차에 따라 이주대책 대상자 선정신청을 한 데 대하여 사업시행자가 그에 해당하지 아니한다고 판단하여 위와 같은 확인결정 등의 처분을 하지 않고 이주대책 대상자에서 제외시키거나 또는 거부조치한 경우에, 그 처분이 위법한 것이라면 이주자는 사업시행자를 상대로 그 처분의 취소를 구하는 항고소송을 제기할 수 있을 뿐, 이주자가 구체적인 수분양권을 아직 취득하지도 못한 상태에서 바로 분양의무의 주체인 사업시행자를 상대로 이주대책상 수분양권의 확인 등을 청구하는 당사자소송이나 민사소송을 제기하는 것은 허용되지 않는다고 판시하고 있다[882].

사업시행계획안에 대한 인가가 이루어지기 전에 행정주체인 재건축조합을 상대로 한 그 조합설립변경결의 또는 사업시행계획결의의 협력 등을 다투는 소송은 행정처분에 이르는 절차적 요건의 존부나 효력 유무에 관한 소송으로서 그 소송결과에 따라 행정처분의 위법 여부에 직접 영향을 미치는 공법상 법률관계에 관한 것이므로, 이는 행정소송법상의 당사자소송에 해당한다. [2] 도시 및 주거환경정비법상 주택재건축정비사업조합이 같은 법 제48조에 따라 수립한 관리처분계획에 대하여 관할 행정청의 인가 · 고시까지 있게 되면 관리처분계획은 행정처분으로서 효력이 발생하게 되므로, 총회결의의 하자를 이유로 하여 행정처분의 효력을 다투는 항고소송의 방법으로 관리처분계획의 취소 또는 무효확인을 구하여야 하고, 그와 별도로 행정처분에 이르는 절차적 요건 중 하나에 불과한 총회결의 부분만을 따로 떼어내어 효력 유무를 다투는 확인의 소를 제기하는 것은 특별한 사정이 없는 한 허용되지 않는다. [3] 도시 및 주거환경정비법상의 주택재건축정비사업조합을 상대로 관리처분계획안에 대한 총회결의의 무효확인을 구하는 소를 민사소송으로 제기한 사안에서, 그 소는 행정소송법상 당사자소송에 해당하므로 전속관할이 행정법원에 있다고 한 사례. [4] 주택재건축정비사업조합의 관리처분계획에 대하여 그 관리처분계획안에 대한 총회결의의 무효확인을 구하는 소가 관할을 위반하여 민사소송으로 제기된 후에 관할 행정청의 인가 · 고시가 있었던 경우 따로 총회결의의 무효확인만을 구할 수는 없게 되었으나, 이송 후 행정법원의 허가를 얻어 관리처분계획에 대한 취소소송 등으로 변경될 수 있음을 고려하면, 그와 같은 사정만으로 이송 후 그 소가 부적법하게 되어 각하될 것이 명백한 경우에 해당한다고 보기 어려우므로, 위 소는 관할법원인 행정법원으로 이송함이 상당하다고 한 사례.

대판 2010. 7. 29. 선고 2008다6328 "[2] 주택재건축정비사업조합을 상대로 조합설립변경 결의 또는 사업시행계획 결의의 효력 등을 다투는 소송의 법적 성질(=행정소송법상 당사자소송) [3] 구 주택건설촉진법에 따라 조합설립인가를 받은 후 도시 및 주거환경정비법하에서 새로이 '사업시행계획에 대한 동의 및 재건축결의서'라는 동의서에 의하여 이루어진 재건축결의의 무효확인을 구하는 소를 민사소송으로 제기한 사안에서, 그 무효확인청구를 조합설립 변경 결의 또는 사업시행계획 결의의 무효확인을 구하는 취지로 해석될 여지가 있으므로 관할 법원인 행정법원으로 이송함이 상당하다고 한 사례"

882) 대판 1994. 5. 24. 92다35783(전원), 동지 1996. 2. 15. 94다31235(전원) 【수분양권존재확인등】 구 도시재개발법(1995. 12. 29. 법률 제5116호로 전문 개정되기 전의 것)에 의한 재개발조합은 조합원에 대한 법률관계에서 적어도 특수한 존립목적을 부여받은 특수한 행정주체로서 국가의 감독하에 그 존립 목적인 특정한 공공사무를 행하고 있다고 볼 수 있는 범위 내에서는 공법상의 권리의무 관계에 서 있다. 따라서 조합을 상대로 한 쟁송에 있어서 강제가입제를 특색으로 한 조합원의 자격 인정 여부에 관하여 다툼이 있는 경우에는 그 단계에서는 아직 조합의 어떠한 처분 등이 개입될 여지는 없으므로 공법상의 당사자소송에 의하여 그 조합원 자격의 확인을 구할 수 있고, 한편 분양신청 후에 정하여진 관리처분계획의 내용에 관하여 다툼이 있는 경우에는 그 관리처분계획은 토지 등의 소유자에게 구체적이고 결정적인 영향을 미치는 것으로서 조합이 행한 처분에 해당하므로 항고소송에 의하여 관리처분계획 또는 그 내용인 분양거부처분 등의 취소를 구할 수 있으나, 설령 조합원의 자격이 인정된다 하더라도 분양신청을 하지 아니하거나 분양을 희망하지 아니할 때에는 금전으로 청산하게 되므로(같은 법 제44조), 대지 또는 건축시설에 대한 수분양권의 취득을 희망하는 토지 등의 소유자가 한 분양신청에 대하여 조합이 분양대상자가 아니라고 하여 관리처분계획에 의하여 이를 제외시키거나 원하는 내용의 분양대상자로 결정하지 아니한 경우, 토지 등의 소유자에게 원하는 내용의 구체적인 수분양권이 직접 발생한 것이라고는 볼 수 없어서 곧바로 조합을 상대로 하여 민사소송이나 공

나) 공법상 각종 급부청구

학설 · 판례가 산업재해보상보험법, 공무원연금법(498), 군인연금법(499), 국민연금법, 국가유공자등예우및지원에관한법률(500) 등에 의한 각종 급여청구, 구 의료보호법에 따른 진료기관의 보호기관에 대한 진료비지급청구(501), 조세범처벌절차법 제16조에 의한 포상금지급청구(502), 민주화관련자보상법에 의한 보상금지급청구[883], 특수임무수행자보상법에 의한 보상금지급청구[884] 등은 당사자의 신청과 행정청의 심사를 거쳐 지급 여부를 결정에 의하도록 규정(결정전치

법상 당사자소송으로 수분양권의 확인을 구하는 것은 허용될 수 없다.

883) 대판 2008. 4. 17. 2005두16185(전원) 【민주화운동관련자불인정처분취소】 [다수의견] (가) '민주화운동관련자명예회복및보상등에관한법률' 제2조 제1호, 제2호 본문, 제4조, 제10조, 제11조, 제13조 규정들의 취지와 내용에 비추어 보면, 같은 법 제2조 제2호 각 목은 민주화운동과 관련한 피해 유형을 추상적으로 규정한 것에 불과하여 제2조 제1호에서 정의하고 있는 민주화운동의 내용을 함께 고려하더라도 그 규정들만으로는 바로 법상의 보상금 등의 지급 대상자가 확정된다고 볼 수 없고, '민주화운동관련자명예회복및보상심의위원회'에서 심의 · 결정을 받아야만 비로소 보상금 등의 지급 대상자로 확정될 수 있다. 따라서 그와 같은 심의위원회의 결정은 국민의 권리의무에 직접 영향을 미치는 행정처분에 해당하므로, 관련자 등으로서 보상금 등을 지급받고자 하는 신청에 대하여 심의위원회가 관련자 해당 요건의 전부 또는 일부를 인정하지 아니하여 보상금 등의 지급을 기각하는 결정을 한 경우에는 신청인은 심의위원회를 상대로 그 결정의 취소를 구하는 소송을 제기하여 보상금 등의 지급대상자가 될 수 있다. (나) '민주화운동관련자 명예회복 및 보상 등에 관한 법률' 제17조는 보상금 등의 지급에 관한 소송의 형태를 규정하고 있지 않지만, 위 규정 전단에서 말하는 보상금 등의 지급에 관한 소송은 '민주화운동관련자 명예회복 및 보상 심의위원회'의 보상금 등의 지급신청에 관하여 전부 또는 일부를 기각하는 결정에 대한 불복을 구하는 소송이므로 취소소송을 의미한다고 보아야 하며, 후단에서 보상금 등의 지급신청을 한 날부터 90일을 경과한 때에는 그 결정을 거치지 않고 위 소송을 제기할 수 있도록 한 것은 관련자 등에 대한 신속한 권리구제를 위하여 위 기간 내에 보상금 등의 지급 여부 등에 대한 결정을 받지 못한 때에는 지급 거부 결정이 있는 것으로 보아 곧바로 법원에 심의위원회를 상대로 그에 대한 취소소송을 제기할 수 있다고 규정한 취지라고 해석될 뿐, 위 규정이 보상금 등의 지급에 관한 처분의 취소소송을 제한하거나 또는 심의위원회에 의하여 관련자 등으로 결정되지 아니한 신청인에게 국가를 상대로 보상금 등의 지급을 구하는 이행소송을 직접 제기할 수 있도록 허용하는 취지라고 풀이할 수는 없다. [대법관 김황식, 김지형, 이홍훈의 반대의견] '민주화운동관련자 명예회복 및 보상 등에 관한 법률' 제17조의 규정은 입법자가 결정전치주의에 관하여 특별한 의미를 부여하고 있는 것으로, 심의위원회의 결정과 같은 사전심사를 거치거나 사전심사를 위한 일정한 기간이 지난 후에는 곧바로 당사자소송의 형태로 권리구제를 받을 수 있도록 하려는 데 그 진정한 뜻이 있는 것이다. 또한, 소송경제나 분쟁의 신속한 해결을 도모한다는 측면에서도 당사자소송에 의하는 것이 국민의 권익침해 해소에 가장 유효하고 적절한 수단이다. 따라서 보상금 등의 지급신청을 한 사람이 심의위원회의 보상금 등의 지급에 관한 결정을 다투고자 하는 경우에는 곧바로 보상금 등의 지급을 구하는 소송을 제기하여야 하고, 관련자 등이 갖게 되는 보상금 등에 관한 권리는 위 법이 특별히 인정하고 있는 공법상 권리이므로 그 보상금 등의 지급에 관한 소송은 행정소송법 제3조 제2호에 정한 국가를 상대로 하는 당사자소송에 의하여야 한다.

884) 대판 2008. 12. 11. 2008두6554 【보상금지급청구기각결정처분취소】 특수임무와 관련하여 국가를 위하여 특별한 희생을 한 특수임무수행자와 그 유족에 대하여 필요한 보상을 함으로써 특수임무수행자와 그 유족의 생활안정을 도모하고 국민화합에 이바지함을 목적으로 제정된 구 특수임무수행자 보상에 관한 법률(2006. 9. 22. 법률 제7978호로 개정되기 전) 및 구 시행령(2007. 5. 2. 대통령령 제20041호로 개정되기 전의 것)의 각 규정 취지와 내용에 비추어 보면, 같은 법 제2조, 같은 법 시행령 제2조, 제3조, 제4조 등의 규정들만으로는 바로 법상의 보상금 등의 지급대상자가 확정된다고 볼 수 없고, 특수임무수행자보상심의위원회의 심의 · 의결을 거쳐 특수임무수행자로 인정되어야만 비로소 보상금 등의 지급대상자로 확정될 수 있다. 따라서 그와 같은 위원회의 결정은 행정소송법 제2조 제1항 제1호에 규정된 처분에 해당하므로, 특수임무수행자 및 그 유족으로서 보상금 등을 지급받고자 하는 자의 신청에 대하여 위원회가 특수임무수행자에 해당하지 않는다는 이유로 이를 기각하는 결정을 한 경우, 신청인은 위원회를 상대로 그 결정의 취소를 구하는 소송을 제기하여 보상금 등의 지급대상자가 될 수 있다. 이와 달리 신청인이 국가를 상대로 직접 보상금 등의 지급을 구하는 소는 부적법하다.

주의 채택)하고 있기 때문에 법령의 요건에 해당하는 사실만으로 바로 구체적 청구권이 발생하지 않고 행정청의 인용결정에 의하여 비로소 구체적 청구권이 발생한다. 따라서 지급을 신청한 자는 지급거부결정에 대하여 항고소송을 제기해야 한다[885] (503). 그러나 행정청의 인용결정에도 불구하고 급부가 이루어지지 않을 경우 또는 인용결정 후 법령개정에 따라 급부감액조치가 이루어진 경우 당사자소송으로 정당한 금액의 지급을 청구하는 소를 제기할 수 있다[886].

---

885) 대판 2010. 5. 27. 선고 2008두5636 【퇴직수당청구】 【피고 공무원연금공단】 구 공무원연금법(2008. 2. 29. 법률 제8852호로 개정되기 전의 것) 제26조 제1항, 제3항, 제83조 제1항, 구 공무원연금법 시행령(2008. 2. 29. 대통령령 제20741호로 개정되기 전의 것) 제19조의3 등의 각 규정을 종합하면, 구 공무원연금법에 의한 퇴직수당 등의 급여를 받을 권리는 법령의 규정에 의하여 직접 발생하는 것이 아니라 위와 같은 급여를 받으려고 하는 자가 소속하였던 기관장의 확인을 얻어 신청함에 따라 공무원연금관리공단이 그 지급결정을 함으로써 구체적인 권리가 발생한다. 여기서 공무원연금관리공단이 하는 급여지급결정의 의미는 단순히 급여수급 대상자를 확인·결정하는 것에 그치는 것이 아니라 구체적인 급여수급액을 확인·결정하는 것까지 포함한다. 따라서 구 공무원연금법령상 급여를 받으려고 하는 자는 우선 관계 법령에 따라 공단에 급여지급을 신청하여 공무원연금관리공단이 이를 거부하거나 일부 금액만 인정하는 급여지급결정을 하는 경우 그 결정을 대상으로 항고소송을 제기하는 등으로 구체적 권리를 인정받은 다음 비로소 당사자소송으로 그 급여의 지급을 구하여야 하고, 구체적인 권리가 발생하지 않은 상태에서 곧바로 공무원연금관리공단 등을 상대로 한 당사자소송으로 급여의 지급을 소구하는 것은 허용되지 않는다. (서울행정법원 2007. 8. 29. 선고 2007구합8843 판결 【주문】 이 사건 소를 각하한다.) <원심 판결 미주 참조> 동지, 대판 1995. 9. 15. 93누18532 【상이연금지급등청구】 군인연금법 제10조, 제5조, 같은법시행령 제45조, 제46조의 각 규정을 종합하면, 같은 법에 의한 상이연금 등의 급여를 받을 권리는 법령의 규정에 의하여 직접 발생하는 것이 아니라 위와 같은 급여를 받으려고 하는 자가 소속하였던 군의 참모총장의 확인을 얻어 청구하는 바에 의하여 국방부장관이 인정함으로써 비로소 구체적인 권리가 발생하고, 위와 같은 급여를 받으려고 하는 자는 우선 관계 법령에 따라 국방부장관에게 그 권리의 인정을 청구하여 국방부장관이 그 인정 청구를 거부하거나 청구 중의 일부만을 인정하는 처분을 하는 경우 그 처분을 대상으로 항고소송을 제기하는 등으로 구체적 권리를 인정받은 다음 비로소 당사자소송으로 그 급여의 지급을 구하여야 할 것이고, 구체적인 권리가 발생하지 않은 상태에서 곧바로 국가를 상대로 한 당사자소송으로 그 권리의 확인이나 급여의 지급을 소구하는 것은 허용되지 아니한다.

886) 대판 2003. 9. 5. 2002두3522 【임금】 [1] 구 군인연금법(2000. 12. 30. 법률 제6327호로 개정되기 전의 것)과 같은 법 시행령(2000. 12. 30. 대통령령 제17099호로 개정되기 전의 것)의 관계 규정을 종합하면, 같은 법에 의한 퇴역연금 등의 급여를 받을 권리는 법령의 규정에 의하여 직접 발생하는 것이 아니라 각 군 참모총장의 확인을 거쳐 국방부장관이 인정함으로써 비로소 구체적인 권리가 발생하고, 위와 같은 급여를 받으려고 하는 자는 우선 관계 법령에 따라 국방부장관에게 그 권리의 인정을 청구하여 국방부장관이 그 인정 청구를 거부하거나 청구 중의 일부만을 인정하는 처분을 하는 경우 그 처분을 대상으로 항고소송을 제기하는 등으로 구체적 권리를 인정받은 다음 비로소 당사자소송으로 그 급여의 지급을 구하여야 할 것이고, 구체적인 권리가 발생하지 않은 상태에서 곧바로 국가를 상대로 한 당사자소송으로 그 권리의 확인이나 급여의 지급을 소구하는 것은 허용되지 아니한다. [2] 국방부장관의 인정에 의하여 퇴역연금을 지급받아 오던 중 군인보수법 및 공무원보수규정에 의한 호봉이나 봉급액의 개정 등으로 퇴역연금액이 변경된 경우에는 법령의 개정에 따라 당연히 개정규정에 따른 퇴역연금액이 확정되는 것이지 구 군인연금법(2000. 12. 30. 법률 제6327호로 개정되기 전의 것) 제18조 제1항 및 제2항에 정해진 국방부장관의 퇴역연금액 결정과 통지에 의하여 비로소 그 금액이 확정되는 것이 아니므로, 법령의 개정에 따른 국방부장관의 퇴역연금액 감액조치에 대하여 이의가 있는 퇴역연금수급권자는 항고소송을 제기하는 방법으로 감액조치의 효력을 다툴 것이 아니라 직접 국가를 상대로 정당한 퇴역연금액과 결정·통지된 퇴역연금액과의 차액의 지급을 구하는 공법상 당사자소송을 제기하는 방법으로 다툴 수 있다 할 것이고, 같은 법 제5조 제1항에 그 법에 의한 급여에 관하여 이의가 있는 자는 군인연금급여재심위원회에 그 심사를 청구할 수 있다는 규정이 있다 하여 달리 볼 것은 아니다.

대판 2004. 12. 24. 2003두15195 【퇴직연금지급청구거부처분취소】 [1] 행정소송에서 쟁송의 대상이 되는 행정처분의 존부는 소송요건으로서 직권조사사항이고, 자백의 대상이 될 수 없는 것이므로, 설사 그 존재를 당사자들이 다투지 아니한다 하더라도 그 존부에 관하여 의심이 있는 경우에는 이를 직권으로 밝혀 보아야 할 것이고, 사실심에서 변론종결시까지 당사자가 주장하지 않던 직권조사사항에 해당하는 사항을 상고심에서 비로소 주장하는 경우 그 직권조사사항에 해당하는 사항은 상고심의 심판범위에 해당한다. [2] 공무원으로 재직하다가 퇴직하여 구 공무원연금 그러나 공법상의 급부청구권이 근거 법령상 행정청의 1차적 판단 없이 곧바로 구체적 청구권이 발생한다고 해석되는 경우에는 행정청의 인용결정 없이 바로 당사자소송으로 이행을 구할 수 있고, 판례에 의하면 광주민주화운동관련자보상등에관한법률에 기한 보상금지급청구[887], 석탄산업법에 의한 석탄가격안정지원금지급청구(504)와 재해위로금지급청구[888] 등이 이에 해

법(2000. 12. 30. 법률 제6328호로 개정되기 전의 것)에 따라 퇴직연금을 받고 있던 사람이 근로복지공단 직원으로 다시 임용되어 근로복지공단으로부터는 급여를 받고 공무원연금관리공단으로부터는 여전히 퇴직연금을 지급받고 있다가, 구 공무원연금법시행규칙(2000. 1. 31. 행정자치부령 제89호로 개정되어 2001. 2. 28. 행정자치부령 제126호로 개정되기 전의 것)이 개정되면서 근로복지공단이 구 공무원연금법 제47조 제3호 소정의 퇴직연금 중 일부의 금액에 대한 지급정지기관으로 지정된 경우, 공무원연금관리공단의 지급정지처분 여부에 관계없이 개정된 구 공무원연금법시행규칙이 시행된 때로부터 그 법 규정에 의하여 당연히 퇴직연금 중 일부 금액의 지급이 정지되는 것이므로, 공무원연금관리공단이 위와 같은 법령의 개정 사실과 퇴직연금 수급자가 퇴직연금 중 일부 금액의 지급정지 대상자가 되었다는 사실을 통보한 것은 단지 위와 같이 법령에서 정한 사유의 발생으로 퇴직연금 중 일부 금액의 지급이 정지된다는 점을 알려주는 관념의 통지에 불과하고, 그로 인하여 비로소 지급이 정지되는 것은 아니므로 항고소송의 대상이 되는 행정처분으로 볼 수 없다. [3] 공무원연금관리공단의 인정에 의하여 퇴직연금을 지급받아 오던 중 공무원연금법령의 개정 등으로 퇴직연금 중 일부 금액의 지급이 정지된 경우에는 당연히 개정된 법령에 따라 퇴직연금이 확정되는 것이지 구 공무원연금법(2000. 12. 30. 법률 제6328호로 개정되기 전의 것) 제26조 제1항에 정해진 공무원연금관리공단의 퇴직연금 결정과 통지에 의하여 비로소 그 금액이 확정되는 것이 아니므로, 공무원연금관리공단이 퇴직연금 중 일부 금액에 대하여 지급거부의 의사표시를 하였다고 하더라도 그 의사표시는 퇴직연금 청구권을 형성 · 확정하는 행정처분이 아니라 공법상의 법률관계의 한쪽 당사자로서 그 지급의무의 존부 및 범위에 관하여 나름대로의 사실상 · 법률상 의견을 밝힌 것에 불과하다고 할 것이어서, 이를 행정처분이라고 볼 수는 없고, 그리고 이러한 미지급 퇴직연금에 대한 지급청구권은 공법상 권리로서 그 지급을 구하는 소송은 공법상의 법률관계에 관한 소송인 공법상 당사자소송에 해당한다.

동지, 대판 2004. 7. 8. 2004두244 【연금지급청구서반려처분취소】 [1] 공무원연금관리공단이 공무원연금법령의 개정사실과 퇴직연금 수급자가 퇴직연금 중 일부 금액의 지급정지대상자가 되었다는 사실을 통보한 경우, 위 통보가 항고소송의 대상이 되는 행정처분인지 여부(소극) [2] 공무원연금관리공단이 퇴직연금 중 일부 금액에 대하여 지급거부의 의사표시를 한 경우, 그 의사표시가 항고소송의 대상이 되는 행정처분인지 여부(소극) 및 이 경우 미지급 퇴직연금의 지급을 구하는 소송의 성격(=공법상 당사자소송).

887) 대판 1992. 12. 24. 92누3335 【보상금지급결정취소】 [1] 광주민주화운동관련자보상등에관한법률 제15조 본문의 규정에서 말하는 광주민주화운동관련자보상심의위원회의 결정을 거치는 것은 보상금 지급에 관한 소송을 제기하기 위한 전치요건에 불과하다고 할 것이므로 위 보상심의위원회의 결정은 취소소송의 대상이 되는 행정처분이라고 할 수 없다. [2] 같은 법에 의거하여 관련자 및 유족들이 갖게 되는 보상 등에 관한 권리는 헌법 제23조 제3항에 따른 재산권침해에 대한 손실보상청구나 국가배상법에 따른 손해배상청구와는 그 성질을 달리하는 것으로서 법률이 특별히 인정하고 있는 공법상의 권리라고 하여야 할 것이므로 그에 관한 소송은 행정소송법 제3조 제2호 소정의 당사자소송에 의하여야 할 것이며 보상금 등의 지급에 관한 법률관계의 주체는 대한민국이다. [3] 취소소송 등을 제기한 당사자가 당해 처분 등에 관계되는 사무가 귀속되는 국가 또는 공공단체에 대한 당사자소송을 행정소송법 제10조 제2항에 의하여 관련 청구로서 병합한 경우 위 취소소송 등이 부적법하다면 당사자는 위 당사자소송의 병합청구로서 같은 법 제21조 제1항에 의한 소변경을 할 의사를 아울러 가지고 있었다고 봄이 상당하고, 이러한 경우 법원은 청구의 기초에 변경이 없는 한 당초의 청구가 부적법하다는 이유로 병합된 청구까지 각하할 것이 아니라 병합청구 당시 유효한 소변경청구가 있었던 것으로 받아들여 이를 허가함이 타당하다. [4] 취소소송을 제기하였다가 나중에 당사자 소송으로 변경하는 경우에는 행정소송법 제21조 제4항, 제14조 제4항에 따라 처음부터 당사자 소송을 제기한 것으로 보아야 하므로 당초의 취소소송이 적법한 기간 내에 제기된 경우에는 당사자소송의 제소기간을 준수한 것으로 보아야 할 것이다.

888) 대판 2002. 3. 29. 2001두9592 구 석탄산업법(1999. 2. 8. 법률 제5822호로 개정되기 전의 것) 제39조의2 제1항, 제39조의3 제1항 제4호, 제4항, 같은법 시행령(2000. 12. 29. 대통령령 제17055호로 개정되기 전의 것) 제41조 제4항 제5호의 각 규정에 의하면, 석탄산업합리화사업단은 일정한 기준에 해당하여 폐광되는 석탄광산의 퇴직근로자 등에게 지급하는 폐광대책비의 하나로 일정한 기간 중에 업무상 재해를 입은 자로서 폐광일 현재 장해등급이 확정된 자 또는 재해발생기간에 불구하고 폐광일 현재 장해등급이 확정되지 아니한 자에 대하여 재해위로금을 지급하도록

당된다. 그리고, 판례는 고용 · 산재보험료 납부의무 부존재확인의 소를 공법상 당사자소송이라고 판시하고 있다(대판 2016. 10. 13. 2016다221658[889]).

다) 공법상 계약에 관한 법률관계 분쟁

공법상 계약이란 '공법적 효과의 발생을 목적으로 하는 복수의 당사자 사이의 반대방향의 의사의 합치에 의하여 성립되는 공법행위', 또는 '행정주체 상호간 또는 행정주체와 사인간에 공법적 효과의 발생을 목적으로 하는 계약' 등으로 정의되는데, 이러한 공법상 계약으로 인한 법률분쟁을 다투는 소송은 당사자소송에 속한다. 판례는 국가나 지방자치단체와의 채용계약에 의하여 일정기간 연구업무 등에 종사하는 계약직 공무원(505)에 대한 임면의 효력을 다투는 소송[890],

---

되어 있고, 그 재해위로금은 퇴직근로자가 받는 산업재해보상보험법 제42조 제1항의 규정에 의한 장해보상일시금 또는 같은 법 제43조 제1항의 유족보상일시금과 동일한 금액으로 하고 있는바, 이러한 재해위로금은 국내의 석탄수급상황을 감안하여 채탄을 계속하는 것이 국민경제의 균형 발전을 위하여 바람직하지 못하다고 판단되는 경제성이 없는 석탄광산을 폐광하는 한편 그 광산에서 입은 재해로 인하여 전업 등에 특별한 어려움을 겪게 될 퇴직근로자를 대상으로 국가정책적 차원에서 통상의 재해보상금에 추가하여 지급하는 지원금의 성격을 갖는 것으로서, 통상의 재해보상금인 산업재해보상보험급여와는 그 제도의 취지와 성격이 달라 서로 조정의 대상이 될 수 없고, 한편 산업재해보상보험법상의 장해보상일시금과 유족보상일시금은 그 제도의 취지, 보험급여의 지급사유 및 수급권자, 수급액 등 성격이 달라 상호간에 중복 내지 공제의 문제가 발생하지 않는 점 등에 비추어 보면, 재해를 입은 근로자가 일단 당초의 요양을 종결한 다음 장해등급판정을 받고 그에 상응하는 장해보상일시금과 같은 금액의 재해위로금을 지급받았다 하더라도 당해 상병이 재발하거나 또는 당해 상병에 기인한 합병증이 발생하여 재요양 승인을 받고 그 치료를 받다가 당초 재해와 상당인과관계가 있는 사유로 인하여 사망함에 따라 유족보상일시금을 지급받은 경우, 그 유족은 유족보상일시금과 같은 금액의 재해위로금을 지급받을 수 있다.

889) 대판 2016. 10. 13. 2016다221658 【보험료채무부존재확인】 고용보험 및 산업재해보상보험의 보험료징수 등에 관한 법률 제4조, 제16조의2, 제17조, 제19조, 제23조의 각 규정에 의하면, 사업주가 당연가입자가 되는 고용보험 및 산재보험에서 보험료 납부의무 부존재확인의 소는 공법상의 법률관계 자체를 다투는 소송으로서 공법상 당사자소송이다.

890) 대판 1993. 9. 14. 92누4611 【공무원채용계약해지무효확인】 [2] 현행 실정법이 지방전문직공무원 채용계약 해지의 의사표시를 일반공무원에 대한 징계처분과는 달리 항고소송의 대상이 되는 처분 등의 성격을 가진 것으로 인정하지 아니하고, 지방전문직공무원규정 제7조 각 호의 1에 해당하는 사유가 있을 때 지방자치단체가 채용계약관계의 한쪽 당사자로서 대등한 지위에서 행하는 의사표시로 취급하고 있는 것으로 이해되므로, 지방전문직공무원 채용계약 해지의 의사표시에 대하여는 대등한 당사자간의 소송형식인 공법상 당사자소송으로 그 의사표시의 무효확인을 청구할 수 있다. [3] 지방전문직공무원 채용계약 해지의 의사표시가 무효인지 여부는 최소한 그 의사표시가 된 때로부터 채용기간이 만료할 때까지의 보수지급청구권의 존부에 관한 선결문제가 될 뿐만 아니라, 특히 해지사유가 공무원으로서의 업무태만과 복무상 의무의 위반이라는 불명예스러운 것이어서 비록 그와 같이 채용계약이 해지된 전력이 공무원 등으로 임용됨에 있어서 법령상 결격사유가 되는 것은 아니더라도 그와 같은 전력이 없는 사람에 비하여 불리한 장애가 될 것임은 의심의 여지가 없으므로, 보수청구권 등의 권리를 회복하거나 다른 권리 또는 법률상 지위에 대한 위험이나 불안을 제거하기 위하여 채용기간의 만료에도 불구하고 지방전문직공무원 채용계약 해지의 의사표시의 무효확인을 구할 법률상 이익이 있다. 한편, 판례는 지방계약직공무원에 대한 보수삭감을 감봉처분으로 판시하고 있다.

대판 2008. 6. 12. 2006두16328 【전임계약직공무원(나급)재계약거부처분및감봉처분취소】 원심은, 이 사건 보수삭감조치는 감봉처분이라 할 것인데, 이에 관하여 공무원징계령상의 징계위원회의 심의 · 의결을 거치지 않아 무효라는 원고의 주장에 대하여, 이 사건 보수삭감조치는 원 · 피고 사이에 2002. 7. 1. 체결된 지방계약직공무원채용계약 및 지방계약직공무원규정에 의한 계약 변경의 일환으로서 징계처분이라 할 수 없고, 공무원징계령은 국가공무원에 대한 징계를 규정하는 법률로서 원고와 같은 특수경력직 지방공무원에 대해서는 적용되지 않으며, 지방공무원법 제3조 제1항에 의하면 원고와 같은 특수경력직지방공무원에 대해서는 징계에 관한 지방공무원법 제69조 내지 제73

서울특별시시립무용단원의 해촉을 다투는 소송[891], 공중보건의사 채용계약 해지에 관한 소송[892], 시립합창단원의 재위촉 거부를 다투는 소송[893] 등을 당사자소송으로 판시하고 있다. 이 경우 판례는 공법상 지위와 같은 권리관계 내지 법률관계의 확인이 아닌 계약해지의 의사표시 무효의 확인을 인정하고 있는데, 근로자에 대한 해고의 무효확인, 사립학교 교원의 면직처분의 무효확인 등을 인정하는 태도와 동일하고, 이처럼 법률관계가 아닌 법률요건에 관하여 다투는

조의3은 적용되지 않는다고 규정되어 있으므로, 이 사건 보수삭감조치가 징계처분임을 전제로 하는 원고의 주장은 이유 없다고 하여 원고의 주장을 배척하였다. 그러나 앞서 본 바와 같이 지방공무원법 제73조의3과 지방공무원징계및소청규정 제13조 제4항에 의하여 지방계약직공무원에게도 지방공무원법 제69조 제1항 각 호의 징계사유가 있는 때에는 징계처분을 할 수 있으므로, 원고와 같은 지방계약직공무원에 대하여 징계에 관한 지방공무원법의 규정이 적용되지 않는다는 취지의 원심의 설시는 적절하다고 할 수 없음을 지적하지 않을 수 없다.

891) 대판 1995. 12. 22. 95누4636【해촉처분취소등】 지방자치법 제9조 제2항 제5호 (라)목 및 (마)목 등의 규정에 의하면, 서울특별시립무용단원의 공연 등 활동은 지방문화 및 예술을 진흥시키고자 하는 서울특별시의 공공적 업무수행의 일환으로 이루어진다고 해석될 뿐 아니라, 단원으로 위촉되기 위하여는 일정한 능력요건과 자격요건을 요하고, 계속적인 재위촉이 사실상 보장되며, 공무원연금법에 따른 연금을 지급받고, 단원의 복무규율이 정해져 있으며, 정년제가 인정되고, 일정한 해촉사유가 있는 경우에만 해촉되는 등 서울특별시립무용단원이 가지는 지위가 공무원과 유사한 것이라면, 서울특별시립무용단 단원의 위촉은 공법상의 계약이라고 할 것이고, 따라서 그 단원의 해촉에 대하여는 공법상의 당사자소송으로 그 무효확인을 청구할 수 있다.

892) 대판 1996. 5. 31. 95누10617【공중보건의사전문직공무원채용계약해지처분취소등】 전문직공무원인 공중보건의사의 채용계약의 해지가 관할 도지사의 일방적인 의사표시에 의하여 그 신분을 박탈하는 불이익처분이라고 하여 곧바로 그 의사표시가 관할 도지사가 행정청으로서 공권력을 행사하여 행하는 행정처분이라고 단정할 수는 없고, 공무원 및 공중보건의사에 관한 현행 실정법이 공중보건의사의 근무관계에 관하여 구체적으로 어떻게 규정하고 있는가에 따라 그 의사표시가 항고소송의 대상이 되는 처분 등에 해당하는 것인지의 여부를 개별적으로 판단하여야 할 것인바, 농어촌등보건의료를위한특별조치법 제2조, 제3조, 제5조, 제9조, 제26조와 같은법 시행령 제3조, 제17조, 전문직공무원규정 제5조 제1항, 제7조 및 국가공무원법 제2조 제3항 제3호, 제4항 등 관계 법령의 규정내용에 미루어 보면 현행 실정법이 전문직공무원인 공중보건의사의 채용계약 해지의 의사표시는 일반공무원에 대한 징계처분과는 달라서 항고소송의 대상이 되는 처분 등의 성격을 가진 것으로 인정되지 아니하고, 일정한 사유가 있을 때에 관할 도지사가 채용계약 관계의 한쪽 당사자로서 대등한 지위에서 행하는 의사표시로 취급하고 있는 것으로 이해되므로, 공중보건의사 채용계약 해지의 의사표시에 대하여는 대등한 당사자 간의 소송형식인 공법상의 당사자소송으로 그 의사표시의 무효확인을 청구할 수 있는 것이지, 이를 항고소송의 대상이 되는 행정처분이라는 전제하에서 그 취소를 구하는 항고소송을 제기할 수는 없다.

893) 대판 2001. 12. 11. 2001두7794【합창단재위촉거부처분취소】 [1] 지방자치법 제9조 제2항 제5호 (라)목 및 (마)목 등의 규정에 의하면, 광주광역시립합창단의 활동은 지방문화 및 예술을 진흥시키고자 하는 광주광역시의 공공적 업무수행의 일환으로 이루어진다고 해석될 뿐 아니라, 그 단원으로 위촉되기 위하여는 공개전형을 거쳐야 하고 지방공무원법 제31조의 규정에 해당하는 자는 단원의 직에서 해촉될 수 있는 등 단원은 일정한 능력요건과 자격요건을 갖추어야 하며, 상임단원은 일반공무원에 준하여 매일 상근하고 단원의 복무규율이 정하여져 있으며, 일정한 해촉사유가 있는 경우에만 해촉되고, 단원의 보수에 대하여 지방공무원의 보수에 관한 규정을 준용하는 점 등에서는 단원의 지위가 지방공무원과 유사한 면이 있으나, 한편 단원의 위촉기간이 정하여져 있고 재위촉이 보장되지 아니하며, 단원에 대하여는 지방공무원의 보수에 관한 규정을 준용하는 이외에는 지방공무원법 기타 관계 법령상의 지방공무원의 자격, 임용, 복무, 신분보장, 권익의 보장, 징계 기타 불이익처분에 대한 행정심판 등의 불복절차에 관한 규정이 준용되지도 아니하는 점 등을 종합하여 보면, 광주광역시문화예술회관장의 단원 위촉은 광주광역시문화예술회관장이 행정청으로서 공권력을 행사하여 행하는 행정처분이 아니라 공법상의 근무관계의 설정을 목적으로 하여 광주광역시와 단원이 되고자 하는 자 사이에 대등한 지위에서 의사가 합치되어 성립하는 공법상 근로계약에 해당한다고 보아야 할 것이므로, 광주광역시립합창단원으로서 위촉기간이 만료되는 자들의 재위촉 신청에 대하여 광주광역시문화예술회관장이 실기와 근무성적에 대한 평정을 실시하여 재위촉을 하지 아니한 것을 항고소송의 대상이 되는 불합격처분이라고 할 수는 없다. [2] 공법상의 법률관계를 다투는 당사자소송은 행정소송법 제3조 제2호, 제39조에 의하여 그 법률관계의 한쪽 당사자인 국가 · 공공단체 그 밖의 권리주체가 피고적격을 가진다.

소송이 일반적으로 허용되는지 여부에 대하여 논의의 여지가 있지만, 특히 현재 고용기간이나 임용기간이 만료된 경우에는 현재의 지위확인을 구할 수 없다는 점을 고려하면 기본적으로는 타당하다(506).

라) 공법상 권리 등의 확인

공법상 권리[894] 또는 권리의 범위[895] (507)에 관한 다툼은 당사자소송에 해당된다.

---

894) 대판 2008. 7. 24. 2007다25261 【방송수신료통합징수권한부존재확인】 텔레비전방송수신료(이하 '수신료'라 한다.)는 공영방송사업이라는 특정한 공익사업의 경비조달에 충당하기 위하여 텔레비전수상기를 소지한 특정 집단에 대하여 부과되는 특별부담금에 해당한다(헌법재판소 1999. 5. 27. 98헌바70 결정, 헌법재판소 2008. 2. 28. 2006헌바70 결정 등 참조). 한편, 한국방송공사(피고 보조참가인)는 자신이 지정하는 자에게 수신료의 징수업무를 위탁할 수 있고(방송법 제67조 제2항), 지정받은 자가 수신료를 징수하는 때에는 지정받은 자의 고유업무와 관련된 고지행위와 결합하여 이를 행할 수 있다(방송법 시행령 제43조 제2항). 시청자(원고)들은, 한국전력공사(피고)가 시청자(원고)들에 대하여 전기요금고지서에 수신료를 통합하여 고지 · 징수할 권한이 없음의 확인을 민사소송절차를 통하여 구하고 있다. 그러나 수신료의 법적 성격, 한국방송공사(피고 보조참가인)의 수신료 강제징수권의 내용[구 방송법(2008. 2. 29. 법률 제8867호로 개정되기 전의 것) 제66조 제3항] 등에 비추어 보면 수신료 부과행위는 공권력의 행사에 해당하므로, 한국전력공사(피고)가 한국방송공사(피고 보조참가인)로부터 수신료의 징수업무를 위탁받아 자신의 고유업무와 관련된 고지행위와 결합하여 수신료를 징수할 권한이 있는지 여부를 다투는 이 사건 쟁송은 민사소송이 아니라 공법상의 법률관계를 대상으로 하는 것으로서 행정소송법 제3조 제2호에 규정된 당사자소송에 의하여야 한다고 봄이 상당하다.

895) 대판 2001. 8. 24. 2001두2485 【총사업비재산정통보처분취소등】 항만법 제17조 제1항은, 비관리청의 항만공사로 조성 또는 설치된 토지 및 항만시설은 준공과 동시에 국가 또는 지방자치단체에 귀속된다고 규정하고, 같은 조 제3항은, 비관리청은 그 귀속된 항만시설을 총사업비의 범위 안에서 대통령령이 정하는 바에 따라 무상사용할 수 있다고 규정하고 있는바, 비관리청이 행한 항만시설은 비관리청의 의사와 아무런 상관없이 항만법의 규정에 의하여 당연히 국가 또는 지방자치단체에 귀속하는 대신, 비관리청은 항만법에 의하여 총사업비의 범위 안에서 당해 항만시설에 대하여 무상사용권을 취득할 수 있으므로, 이에 따라 비관리청이 당해 항만시설을 무상사용하는 것은 일반인에게 허용되지 아니하는 특별한 사용으로서, 이른바 공물의 특허사용에 해당하고, 비관리청이 당해 항만시설을 무상사용할 수 있는 기간은 총사업비에 의하여 결정되므로, 관리청이 적법한 기준에 미달하게 총사업비를 산정하였다면, 그 금액과 적법한 기준에 의한 총사업비의 차액에 따른 기간만큼 무상사용기간이 단축되므로, 그 차액에 해당하는 기간에 관하여는 비관리청이 무상사용할 수 없게 된다는 법적 불안 · 위험이 현존한다고 보아야 하고, 따라서 이를 제거하기 위하여 국가를 상대로 공법상의 당사자소송으로 권리범위의 확인을 구할 필요나 이익이 있으며, 이러한 방법이 가장 유효 · 적절한 수단이라고 할 것이나, 관리청이 총사업비를 산정하여야만 비관리청이 당해 항만시설을 무상사용할 수 있는 것이 아니므로, 관리청이 적법한 기준에 미달하게 총사업비를 산정하여 통보하였다 하더라도 그 산정통보 자체를 항고소송으로 다툴 수는 없다.

대판 2001. 9. 4. 99두10148 【포항신항만시설무상사용권확인】 구 항만법(1995. 1. 5. 법률 제4925호로 개정되기 전의 것) 제17조 제1, 3항, 같은법 시행령(1995. 12. 29. 대통령령 제14853호로 개정되기 전의 것) 제19조 제2, 3항의 각 규정에 의하면 비관리청이 설치한 항만시설은 비관리청의 의사와 관계없이 법의 규정에 의하여 당연히 국가 또는 지방자치단체에 귀속하고 그 대신 비관리청은 20년의 범위 안에서 사용료의 총액이 총사업비에 달할 때까지 당해 항만시설에 대한 무상사용권을 취득하며 그 무상사용기간은 총사업비에 의하여 결정되므로, 지방청장이 법령에 의한 기준에 미달하게 총사업비를 부당 산정하였다면, 그 금액과 적법한 기준에 의한 총사업비와의 차액에 따른 기간만큼 무상사용기간이 단축되어 그 차액에 해당하는 기간에 관하여는 비관리청이 무상사용할 수 없게 된다는 법적 불안 · 위험이 현존한다고 보아야 하고, 따라서 이를 제거하기 위하여 공법상 당사자소송으로써 권리범위의 확인을 구할 필요나 이익이 있으며, 그러한 확인의 소를 제기하는 방법이 가장 유효 · 적절한 수단이고, 한편 사용료는 그 자체가 변동가능할 뿐만 아니라 사용 형태와 정도에 따라 달라질 수 있어, 총사업비에 따른 무상사용기간이 20년을 초과하는지 여부가 총사업비 산정 당시에 확정적으로 정하여지는 것은 아니므로 위의 확인소송에 있어서 비관리청이 지방청장에 의하여 산정된 총사업비에 따른 무상사용기간이 20년에 미달한다는 점을 입증하여야만 확인의 이익이 있다고 할 수 있게 되는 것은 아니다. 동지, 대판 2009. 8. 20. 2008두8727 【무상사용권확인】 【피고 대한민국】 <전문, 요지와 해설 미주 참조>

마) 국가배상금 청구

국가배상청구권의 성격에 대하여 공권설과 사권설의 견해 대립이 있지만, 판례와 실무는 예외 없이 국가배상사건을 민사사건으로 처리하고 있다. 나아가 국가배상법 제6조에 의한 비용부담자의 선임·감독자에 대한 구상금청구소송도 민사소송으로 보고 있다(508).

바) 손실보상금 청구

개별법에 규정된 손실보상금의 결정 절차 및 불복방법에 따라 항고소송과 공법상 당사자소송 등의 형태로 나뉘어져 있다.

2. 손실보상 소송

가. 개관

손실보상금의 결정 절차 및 불복방법은 통칙 규정이 없고 관계 법률에서 개별적으로 정해져 있는데, 현행 실정법상 네 가지 형태로 되어 있다. 우선 공익사업을 위한 토지 등의 취득 및 보상에 관한 법률 제40조, 제83조 내지 제85조에 규정된 절차와 방법에 의하여 손실보상금이 지급결정되는 경우(509)로서 지방 또는 중앙토지수용위원회가 토지의 수용 여부 및 보상금을 결정해서 재결하면, 이에 대하여 수용재결을 다투거나 또는 보상금의 수액을 다투는 방법이다. 둘째 사업주체인 행정청 또는 제3의 행정청(토지수용위원회 등)이 일방적으로 보상금액을 결정하도록 하고 그 결정에 대한 불복 방법을 규정하지 않은 경우(510)로서 결정에 대하여 취소소송을 제기하는 방법이다[896]. 셋째 전심절차를 거쳐 보상금지급청구의 소를 제기하도록 규정된 경우(511), 넷째 법률에서 재산권의 침해와 보상의무를 규정하고 있을 뿐 보상금 결정방법과 불

---

896) 대판 1995. 6. 16. 94누14100 【손실보상금재결처분취소】 준용하천의 제외지로 편입됨으로 인하여 손실을 받은 토지소유자는 하천법 제74조가 정하는 바에 따라 하천관리청과 협의를 하고 그 협의가 성립되지 아니하거나 협의를 할 수 없을 때에는 관할 토지수용위원회에 재결을 신청하고 그 재결에 대하여도 불복인 때에는 관할 토지수용위원회를 상대로 재결 자체에 대한 행정소송을 제기하여 그 결과에 따라 손실보상을 받을 수 있다.

대판 2003. 4. 25. 2001두1369 【재결신청기각처분취소등】 토지가 준용하천의 제외지와 같은 하천구역에 편입된 경우, 토지 소유자는 구 하천법(1999. 2. 8. 법률 제5893호로 전문 개정되기 전의 것) 제74조가 정하는 바에 따라 하천관리청과 협의를 하고 그 협의가 성립되지 아니하거나 협의를 할 수 없을 때에는 관할 토지수용위원회에 재결을 신청하고 그 재결에 불복일 때에는 바로 관할 토지수용위원회를 상대로 재결 자체에 대한 행정소송을 제기하여 그 결과에 따라 손실보상을 받을 수 있을 뿐이고, 같은 법 부칙 제2조 제1항을 준용하여 직접 하천관리청을 상대로 민사소송으로 손실보상을 청구할 수는 없다.

복절차를 규정하지 않은 경우(512)로서 보상금지급 청구소송을 제기하는 방법이다. 이때의 보상금지급청구소송의 성격에 대하여 민사소송설과 공법상 당사자소송설 등의 견해 대립이 있지만, 판례는 징발보상금청구소송(513), 농지개혁보상금청구소송(514)을 민사소송으로 판시하였으나, 최근 하천법상 손실보상금청구소송[897] (515)을 공법상 당사자소송으로 판시함으로써 종전 견해(516)를 변경하였다[898].

---

897) 대판 2011. 11. 10. 2011두16636【하천편입토지손실보상금】【피고 경기도】[1] 법률 제2292호 하천법 개정법률 제2조 제1항 제2호 (나)목 및 (다)목, 제3조에 의하면, 제방부지 및 제외지는 법률 규정에 의하여 당연히 하천구역이 되어 국유로 되는데도, 하천편입토지 보상 등에 관한 특별조치법(이하 '특별조치법')이 법률 제2292호 하천법 개정법률 시행일인 1971. 7. 20.부터 법률 제3782호 하천법 중 개정법률 시행일인 1984. 12. 31. 전에 국유로 된 제방부지 및 제외지에 대하여는 명시적인 보상규정을 두고 있지 않지만, 제방부지 및 제외지가 유수지와 더불어 하천구역이 되어 국유로 되는 이상 그로 인하여 소유자가 입은 손실은 보상되어야 하고, 보상방법을 유수지에 관한 것과 달리할 아무런 합리적인 이유가 없으므로, 법률 제2292호 하천법 개정법률 시행일부터 법률 제3782호 하천법 중 개정법률 시행일 전에 국유로 된 제방부지 및 제외지에 대하여도 특별조치법 제2조를 유추적용하여 소유자에게 손실을 보상하여야 한다. 한편 특별조치법의 입법 목적이나 관련 규정의 문언 등에 비추어 위 법에 따른 보상대상이 되는 토지가 등기된 것으로 한정된다고 볼 수 없다. 동지, 대판 2011.8.25. 2011두2743 판결 【손실보상금】 <본문 미주 참조>

구 특별조치법 및 특별조치법 소정의 손실보상대상은 ① 1984. 12. 31.이전에 유수지에 해당되어 하천구역에 포함된 경우 ② 1961. 12. 30.부터 1984. 12. 31.까지 사이에 제외지 안에 있던 토지가 국유로 된 경우 ③ 1961. 12. 30.부터 1984. 12. 31.까지 사이에 하천부속물의 부지가 국유로 된 경우 등으로 손실보상금을 공법상 당사자소송으로 다투어야 한. 그러나 현행 하천법에 따르면 결정전치주의가 적용되지 때문에 손실보상금을 항고소송으로 다투어야 한다. [하천법 제74조에 의한 손실보상 : 토지가 하천구역에 편입됨으로써 손실을 받은 토지의 소유자는 하천법 제74조가 정하는 바에 따라 하천관리청과 협의를 하고 협의가 성립되지 아니하거나 협의를 할 수 없는 때에는 관할 토지수용위원회에 재결을 신청하고 재결에 관하여도 불복이 있을 때에는 바로 관할 토지수용위원회를 상대로 재결 자체에 대한 행정소송을 제기해야 하고, 행정소송을 제기하지 않고 직접 하천관리청을 상대로 민사소송으로 손실보상을 청구하거나 또는 토지가 하천구역에 편입되어 소유자로서 사권의 행사에 제한을 받아 손해를 입고 있다고 하여 하천관리청의 점유를 권원없는 점유로 보아 부당이득의 반환을 청구할 수 없음(대판 95다39441 등).]

898) 대판 2006. 5. 18. 2004다6207(전원)【보상청구권확인】[1] 법률 제3782호 하천법 중 개정법률(이하 '개정 하천법'이라 한다.)은 그 부칙 제2조 제1항에서 개정 하천법의 시행일인 1984. 12. 31. 전에 유수지에 해당되어 하천구역으로 된 토지 및 구 하천법(1971. 1. 19. 법률 제2292호로 전문 개정된 것)의 시행으로 국유로 된 제외지 안의 토지에 대하여는 관리청이 그 손실을 보상하도록 규정하였고, '법률 제3782호 하천법 중 개정법률 부칙 제2조의 규정에 의한 보상청구권의 소멸시효가 만료된 하천구역 편입토지 보상에 관한 특별조치법' 제2조는 개정 하천법 부칙 제2조 제1항에 해당하는 토지로서 개정 하천법 부칙 제2조 제2항에서 규정하고 있는 소멸시효의 만료로 보상청구권이 소멸되어 보상을 받지 못한 토지에 대하여는 시 · 도지사가 그 손실을 보상하도록 규정하고 있는바, 위 각 규정들에 의한 손실보상청구권은 모두 종전의 하천법 규정 자체에 의하여 하천구역으로 편입되어 국유로 되었으나 그에 대한 보상규정이 없었거나 보상청구권이 시효로 소멸되어 보상을 받지 못한 토지들에 대하여, 국가가 반성적 고려와 국민의 권리구제 차원에서 그 손실을 보상하기 위하여 규정한 것으로서, 그 법적 성질은 하천법 본칙(本則)이 원래부터 규정하고 있던 하천구역에의 편입에 의한 손실보상청구권과 하등 다를 바가 없는 것이어서 공법상의 권리임이 분명하므로 그에 관한 쟁송도 행정소송절차에 의하여야 한다. [2] 하천법 부칙(1984. 12. 31.) 제2조와 '법률 제3782호 하천법 중 개정법률 부칙 제2조의 규정에 의한 보상청구권의 소멸시효가 만료된 하천구역 편입토지 보상에 관한 특별조치법' 제2조, 제6조의 각 규정들을 종합하면, 위 규정들에 의한 손실보상청구권은 1984. 12. 31. 전에 토지가 하천구역으로 된 경우에는 당연히 발생되는 것이지, 관리청의 보상금지급결정에 의하여 비로소 발생하는 것은 아니므로, 위 규정들에 의한 손실보상금의 지급을 구하거나 손실보상청구권의 확인을 구하는 소송은 행정소송법 제3조 제2호 소정의 당사자소송에 의하여야 한다.

나. 공익사업을 위한 토지 등의 취득 및 보상에 관한 법률상 손실보상 소송

1) 공용수용 절차

공익사업을 위한 토지의 취득 및 보상에 관한 법률(이하 토지보상법이라 함.)에 의한 공용수용이란 공익사업을 시행하기 위하여 공익사업의 주체가 타인의 토지 등을 강제로 취득하고 그로 인한 손실을 보상하는 물적 공용부담제도를 의미한다[899]. 이때 공용수용의 주체는 토지 등에 대하여 수용권을 가지는 자를 의미하는데 공익사업을 시행하는 사업시행자(517)가 국가 이외 공공단체 또는 사인인 경우 공용수용권의 주체가 국가라는 견해(국가수용권설)와 그 주체가 사업시행자라는 견해(사업시행자수용권설) 등의 대립이 있다. 이때 피수용자는 수용의 목적물인 재산권의 주체인 토지소유자(518) 및 관계인(519)을 의미한다. 그리고 공용수용의 대상은 ① 토지 및 이에 관한 소유권 외의 권리 ② 토지와 함께 공익사업을 위하여 필요한 입목(立木), 건물, 그 밖에 토지에 정착된 물건 및 이에 관한 소유권 외의 권리 ③ 광업권 · 어업권 또는 물의 사용에 관한 권리 ④ 토지에 속한 흙 · 돌 · 모래 또는 자갈에 관한 권리 등이다(520).

공용수용은 통상 사업인정, 토지조서 및 물건조서의 작성, 보상계획의 공고 · 통지 및 열람, 협의, 재결 등의 절차로 진행된다[900]. 사업인정이란 공익사업을 토지 등을 수용하거나 사용할 사업으로 결정하는 것을 의미하는데(521), 사업인정으로 사업시행자와 토지소유자 등에게 일정한 법적 권리와 의무가 발생하기 때문에 항고소송의 대상인 처분이다[901]. 사업인정은 그 대상이 제4조(522) 어느 하나에 해당되는 공익사업이어야 하고[902], 그 사업에 공공의 필요성이 있어야

---

899) 공용사용은 공익사업을 시행하기 위하여 공익사업의 주체가 타인의 토지 등을 강제로 사용하고 그로 인한 손실을 보상하는 물적 공용부담제도를 의미하고, 공용수용과 큰 차이가 없으므로 설명을 생략한다.

900) 사업인정과 수용재결은 독립된 행정처분이기 때문에 양자의 관계가 문제되는데, 판례는 하자의 승계를 부정하고 있다. 대판 1993. 6. 29. 91누2342【토지수용재결처분취소등】 건설부장관이 택지개발계획을 승인함에 있어서 토지수용법 제15조에 의한 이해관계자의 의견을 듣지 아니하였거나, 같은 법 제16조 제1항 소정의 토지소유자에 대한 통지를 하지 아니한 하자는 중대하고 명백한 것이 아니므로 사업인정 자체가 당연무효라고 할 수 없고, 이러한 하자는 수용재결의 선행처분인 사업인정단계에서 다투어야 할 것이므로 쟁송기간이 도과한 이후에 위와 같은 하자를 이유로 수용재결의 취소를 구할 수 없다.

901) 형성행위설과 확인행위설의 대립이 있는데, 판례는 형성행위로 판시하고 있다.

대판 1994. 11. 11. 93누19375【토지수용재결처분취소】 토지수용법 제14조의 규정에 의한 사업인정은 그후 일정한 절차를 거칠 것을 조건으로 하여 일정한 내용의 수용권을 설정해 주는 행정처분의 성격을 띠는 것으로서 그 사업인정을 받음으로써 수용할 목적물의 범위가 확정되고 수용권으로 하여금 목적물에 관한 현재 및 장래의 권리자에게 대항할 수 있는 일종의 공법상의 권리로서의 효력을 발생시킨다.

902) 개별 법률에서 특별히 수용을 할 수 있는 사업으로 정하여진 경우도 수용이 가능하다. 도시계획시설사업(국토의계획및이용에관한법률 제95조), 택지개발사업(택지개발촉진법 제12조), 하천사업(하천법 제76조), 전원개발사업(전원개발촉진법 제6조의2), 학교시설사업(학교시설사업촉진법 제10조), 산업단지개발사업(산업입지및개발에관한법률 제22조), 관광지조성사업(관광진흥법 제61조), 철도사업(도시철도법 제5조), 도시개발사업(도시개발법 제21조),

되며[903], 공익성이 있는 경우에도 사업의 내용과 방법이 사업인정처분에 관련된 자들의 이익을 과도하게 침해해서는 안되고[904] (523), 나아가 사업시행자에게 당해 공익사업을 수행할 의사나 능력이 있어야 한다[905]. 사업인정은 사업시행자가 국토해양부장관에게 신청하면(524), 국토해양부장관이 관계 행정기관의 협의와 의견청취를 거쳐(525) 결정한 후 통지 · 고시함(526)으로써 효력이 발생한다. 사업인정으로 사업시행자에게 수용권이 발생하고, 수용목적물 및 관계인의 범위가 확정되며, 피수용자에게 토지 등의 보전의무(527)가 발생한다. 따라서 토지소유자 등은 사업인정에 대하여 항고소송을 제기할 수 있는데, 제소기간의 기산점과 관련해서 효력규정에

도로사업(도로법 제49조의2) 등.

903) 공공의 필요성은 비례의 원칙 즉, 목적의 정당성(공익사업의 공공성), 수단의 적정성, 침해의 최소성, 법익의 균형성에 의하여 판단되고, 따라서 사인인정은 재량행위가 된다.

대판 2005. 11. 10. 2003두7507 【토지수용이의재결처분취소】 공용수용은 공익사업을 위하여 특정의 재산권을 법률에 의하여 강제적으로 취득하는 것을 내용으로 하므로 그 공익사업을 위한 필요가 있어야 하고, 그 필요가 있는지에 대하여는 수용에 따른 상대방의 재산권침해를 정당화할 만한 공익의 존재가 쌍방의 이익의 비교형량의 결과로 입증되어야 하며, 그 증명책임은 사업시행자에게 있다.

대판 1994. 1. 11. 93누8108 【토지수용재결처분취소】 공용수용은 공익사업을 위하여 타인의 특정한 재산권을 법률의 힘에 의하여 강제적으로 취득하는 것이므로 수용할 목적물의 범위는 원칙적으로 사업을 위하여 필요한 최소한도에 그쳐야 하므로 그 한도를 넘는 부분은 수용대상이 아니므로 그 부분에 대한 수용은 위법하고, 초과수용된 부분이 적법한 수용대상과 불가분적 관계에 있는 경우에는 그에 대한 이의재결 전부를 취소할 수밖에 없다.

대판 1992. 11. 13. 92누596 【토지수용을위한사업인정거부처분취소등】 광업법 제87조 내지 제89조, 토지수용법 제14조에 의한 토지수용을 위한 사업인정은 단순한 확인행위가 아니라 형성행위이고 당해 사업이 비록 토지를 수용할 수 있는 사업에 해당된다 하더라도 행정청으로서는 그 사업이 공용수용을 할 만한 공익성이 있는지의 여부를 모든 사정을 참작하여 구체적으로 판단하여야 하는 것이므로 사업인정의 여부는 행정청의 재량에 속한다.

904) 대판 2005. 4. 29. 2004두14670 【사업인정처분취소】 【피고 건설교통부장관】 【피고보조참가인 한국전력공사】 [4] 공익사업을위한토지등의취득및보상에관한법률의 규정에 의한 사업인정처분이라 함은 공익사업을 토지 등을 수용 또는 사용할 사업으로 결정하는 것으로서(같은 법 제2조 제7호) 단순한 확인행위가 아니라 형성행위이므로, 당해 사업이 외형상 토지 등을 수용 또는 사용할 수 있는 사업에 해당된다 하더라도 행정주체로서는 그 사업이 공용수용을 할 만한 공익성이 있는지의 여부와 공익성이 있는 경우에도 그 사업의 내용과 방법에 대하여 사업인정처분에 관련된 자들의 이익을 공익과 사익 간에서는 물론, 공익 상호간 및 사익 상호간에도 정당하게 비교·교량하여야 하고, 그 비교·교량은 비례의 원칙에 적합하도록 하여야 한다. <전문 미주 참조>

905) 대판 2011.1.27. 2009두1051 【토지수용재결처분취소】 【피고 중앙토지수용위원회】 [1] 사업인정이란 공익사업을 토지 등을 수용 또는 사용할 사업으로 결정하는 것으로서 공익사업의 시행자에게 그 후 일정한 절차를 거칠 것을 조건으로 일정한 내용의 수용권을 설정하여 주는 형성행위이므로, 해당 사업이 외형상 토지 등을 수용 또는 사용할 수 있는 사업에 해당한다고 하더라도 사업인정기관으로서는 그 사업이 공용수용을 할 만한 공익성이 있는지의 여부와 공익성이 있는 경우에도 그 사업의 내용과 방법에 관하여 사업인정에 관련된 자들의 이익을 공익과 사익 사이에서는 물론, 공익 상호간 및 사익 상호간에도 정당하게 비교·교량하여야 하고, 그 비교·교량은 비례의 원칙에 적합하도록 하여야 한다. 그뿐만 아니라 해당 공익사업을 수행하여 공익을 실현할 의사나 능력이 없는 자에게 타인의 재산권을 공권력적·강제적으로 박탈할 수 있는 수용권을 설정하여 줄 수는 없으므로, 사업시행자에게 해당 공익사업을 수행할 의사와 능력이 있어야 한다는 것도 사업인정의 한 요건이라고 보아야 한다. [2] 공용수용은 헌법상의 재산권 보장의 요청상 불가피한 최소한에 그쳐야 한다는 헌법 제23조의 근본취지에 비추어 볼 때, 사업시행자가 사업인정을 받은 후 그 사업이 공용수용을 할 만한 공익성을 상실하거나 사업인정에 관련된 자들의 이익이 현저히 비례의 원칙에 어긋나게 된 경우 또는 사업시행자가 해당 공익사업을 수행할 의사나 능력을 상실하였음에도 여전히 그 사업인정에 기하여 수용권을 행사하는 것은 수용권의 공익 목적에 반하는 수용권의 남용에 해당하여 허용되지 않는다. <사업인정과 수용재결 사이 하자의 승계와 구별>

비추어 사업인정 고시일에 사업인정이 있었음을 알았다고 보아야 한다는 견해와 통지규정에 비추어 실제로 안 날을 기준으로 산정해야 한다는 견해의 대립이 있다[906].

토지조서 및 물건조서란 사업시행자가 공익사업을 위해 수용할 필요가 있는 토지 및 그 지상에 있는 물건의 내용을 기재한 문서를 의미하고(528), 적법하게 작성된 조서는 이의가 부기된 사항을 제외하고 기재된 사항이 진실에 합치된 것으로 추정되는데(529), 이는 토지의 상황을 명백히 함으로써 분쟁의 예방과 절차의 신속을 도모하려는 목적이다[907].

토지조서 및 물건조사가 작성되면 보상계획의 공고·통지 및 열람 등의 절차(530)를 거쳐 협의취득 또는 재결로 이행된다. **협의**란 사업시행자가 공용수용의 대상을 취득하기 위하여 토지소유자 등과 교섭하는 절차를 의미하며(531), 사업시행자가 수용재결 신청 전 필요적으로 거쳐야 한다. 다만 사업인정 전 임의로 협의절차를 거친 경우에는 생략할 수 있다(532). 협의 결과 합의에 도달하면 계약을 체결(533)한 후 토지수용위원회에 확인을 받아야 하고, 이때의 확인은 재결로 간주된다(534). 다만, 판례는 확인 받지 않은 협의를 사법상 계약으로(535) 협의취득에 기한 손실보상금 환수통보를 사법상 이행청구로(536) 판시하고 있다.

수용재결이란 사업시행자로 하여금 공용수용의 대상을 취득하도록 하고 사업시행자가 지급해야 할 금원을 정하는 토지수용위원회의 결정을 의미하며, 이의신청에 의한 이의재결과 달리

---

906) 대판 1987. 9. 8. 87누395【토지수용재결처분취소】토지수용법 제14조에 따른 사업인정은 그후 일정한 절차를 거칠 것을 조건으로 하여 일정한 내용의 수용권을 설정해 주는 행정처분의 성격을 띠는 것으로서 그 사업인정을 받음으로써 수용할 목적물의 범위가 확정되고 수용권으로 하여금 목적물에 관한 현재 및 장래의 권리자에게 대항할 수 있는 일종의 공법상의 권리로서의 효력을 발생시킨다고 할 것이므로 위 사업인정단계에서의 하자를 다투지 아니하여 이미 쟁송기간이 도과한 수용재결단계에 있어서는 위 사업인정처분에 중대하고 명백한 하자가 있어 당연무효라고 볼만한 특단의 사정이 없다면 그 처분의 불가쟁력에 의하여 사업인정처분의 위법, 부당함을 이유로 수용재결처분의 취소를 구할 수 없다.

907) 조서 작성의 하자는 수용재결의 독립된 취소사유가 되지 않는다. 대판 1993. 9. 10. 93누5543【토지수용재결처분취소등】토지수용법 제23조, 같은법 시행령 제15조 제1항, 같은법시행규칙 제6조에 의하면, 토지수용을 함에 있어 기업자는 사업인정의 고시가 있은 후 토지조서를 작성하여 이에 서명날인하고, 토지소유자나 관계인을 입회시켜서 이에 서명날인을 하게 하도록 되어 있으며, 토지조서에는 토지의 소유자 등에 관한 일정한 사항 외에도 수용대상토지의 실제 이용상황을 기재하도록 되어 있고, 실측평면도를 첨부하도록 되어 있는 바, 이와 같은 토지조서는 재결절차의 개시 전에 기업자로 하여금 미리 토지에 대하여 필요한 사항을 확인하게 하고, 또한 토지소유자와 관계인에게도 이를 확인하게 하여 토지의 상황을 명백히 함으로써 조서에 개재된 사항에 대하여는 일응 진실성의 추정을 인정하여(토지수용법 제24조), 토지의 상황에 관한 당사자 사이의 차후 분쟁을 예방하며 토지수용위원회의 심리와 재결 등의 절차를 용이하게 하고 신속·원활을 기하려는데 그 작성의 목적이 있는 것이므로 토지소유자 등에게 입회를 요구하지 아니하고 작성한 조서는 절차상의 하자를 지니게 되는 것으로서 토지조서로서의 효력이 부인되어 조서의 기재에 대한 증명력에 관하여 추정력이 인정되지 아니하는 것일 뿐, 토지조서의 작성에 하자가 있다 하여 그것이 곧 수용재결이나 그에 대한 이의재결의 효력에 영향을 미치는 것은 아니라 할 것이므로 토지조서에 실제 현황에 관한 기재가 되어 있지 아니하다거나, 실측평면도가 첨부되어 있지 아니하다거나, 토지소유자의 입회나 서명날인이 없었다든지 하는 사유만으로는 이의재결이 위법하다 하여 그 취소를 구할 사유로 삼을 수는 없다 할 것이다(당원 1990.1.23. 87누947 판결 및 1986.8.19. 86누256 판결 각 참조).

원행정행위에 해당된다. 수용재결은 원칙적으로 사업시행자만 신청할 수 있고908)(537), 토지소유자 등은 사업시행자에게 신청할 것을 청구할 수 있을 뿐이다(538). 만약 사업시행자가 토지소유자의 재결신청 청구를 받고도 재결 신청을 하지 않는 경우에는 토지소유자는 이러한 거부에 대하여 거부처분 취소소송을 제기해야 하며909) (539), 이러한 절차를 거치지 않고 사업시행자에게 직접 보상금증감청구소송을 제기하면 부적법 각하된다910) (540).

수용재결기관은 공익사업의 내용에 따라 지방토지수용위원회 또는 중앙토지수용위원회가 되는데(541) 재결은 공고·열람 및 의견진술, 심리, 화해의 권고 등의 절차를 거쳐 이루어지고, 재결사항은 ① 수용하거나 사용할 토지의 구역 및 사용방법 ② 손실보상 ③ 수용 또는 사용의 개시일과 기간 ④ 그 밖에 이 법 및 다른 법률에서 규정한 사항 등인데, 토지수용위원회는 사업시행자, 토지소유자 또는 관계인이 신청한 범위에서 재결하여야 하지만, 손실보상금에 한하여 증

---

908) 토지소유자가 토지수용위원회에 수용 청구할 수 있는 경우 : 공토법 제30조에 의하면, 소유자는 원칙적으로 기업자에게 재결 신청을 청구하여야 하고, 이러한 신청을 받은 기업자가 관할 토지수용위원회에 재결을 신청하여야 하고, 예외적으로 제72조(사용하는 토지의 매수청구 등), 제74조 제1항(잔여지 등의 매수 및 수용청구), 제75조의 2(잔여 건축물의 손실에 대한 보상 등) 제2항의 경우 소유자가 토지수용위원회에 직접 수용을 청구할 수 있다. 따라서 잔여지 수용보상 청구소송의 경우 토지소유자가 토지수용위원회에 직접 수용 청구한 후 토지수용회의 수용거부재결이 이루어지면 사업시행자를 상대로 보상금증감소송을 제기해야 한다. <조문 미주 참조>

909) 대판 2011. 7. 14. 2011두2309 【보상제외처분취소등】 【피고 대한민국】 [1] 공익사업을 위한 토지 등의 취득 및 보상에 관한 법률(이하 '공익사업법'이라 한다) 제30조 제1항은 재결신청을 청구할 수 있는 경우를 사업시행자와 토지소유자 및 관계인 사이에 '협의가 성립하지 아니한 때'로 정하고 있을 뿐 손실보상대상에 관한 이견으로 협의가 성립하지 아니한 경우를 제외하는 등 그 사유를 제한하고 있지 않은 점, 위 조항이 토지소유자 등에게 재결신청청구권을 부여한 취지는 공익사업에 필요한 토지 등을 수용에 의하여 취득하거나 사용할 때 손실보상에 관한 법률관계를 조속히 확정함으로써 공익사업을 효율적으로 수행하고 토지소유자 등의 재산권을 적정하게 보호하기 위한 것인데, 손실보상대상에 관한 이견으로 손실보상협의가 성립하지 아니한 경우에도 재결을 통해 손실보상에 관한 법률관계를 조속히 확정할 필요가 있는 점 등에 비추어 볼 때, '협의가 성립되지 아니한 때'에는 사업시행자가 토지소유자 등과 공익사업법 제26조에서 정한 협의절차를 거쳤으나 보상액 등에 관하여 협의가 성립하지 아니한 경우는 물론 토지소유자 등이 손실보상대상에 해당한다고 주장하며 보상을 요구하는데도 사업시행자가 손실보상대상에 해당하지 아니한다며 보상대상에서 이를 제외한 채 협의를 하지 않아 결국 협의가 성립하지 않은 경우도 포함된다고 보아야 한다. [2] 아산~천안 간 도로건설 사업구역에 포함된 토지의 소유자가 토지상의 지장물에 대하여 재결신청을 청구하였으나, 그 중 일부에 대해서는 사업시행자가 손실보상대상에 해당하지 않아 재결신청대상이 아니라는 이유로 수용재결 신청을 거부하면서 보상협의를 하지 않은 사안에서, 사업시행자가 수용재결 신청을 거부하거나 보상협의를 하지 않으면서도 아무런 조치를 취하지 않은 것은 공익사업을 위한 토지 등의 취득 및 보상에 관한 법률에서 정한 재결신청청구 제도의 취지에 반하여 위법하다고 본 원심판단을 수긍한 사례 <요지와 해설 및 동지, 대구지법 2011. 9. 28. 선고 2010구합4546 판결 【수용지보상금지급거부처분등】 【피고 포항시장】 미주 참조> 참고 대판 1991. 10. 25. 90누9964 【토지수용재결처분취소】 토지수용기업자의 협의 요청과 이에 따른 토지 소유자의 재결신청청구가 있었으나 당시는 기업자에게 아직 수용사업시행권한이 부여되지 아니한 상태이었고, 기업자가 수용사업시행권한을 부여받은 뒤에 다시 협의 요청을 하여 협의가 성립되지 아니하자 비로소 재결신청을 하게 된 것이라면 당초의 토지 소유자의 재결신청청구를 받은 때로부터 2개월이 지난 후에 기업자의 재결신청이 있게 되었다 하여도 토지소유자에게 토지수용법 제25조의3 제3항에 의한 지체보상금은 인정될 수 없다. [손실보상금지급보소송에서 현행 토지보상법 제30조 제3항 소정지체보상금의 지급을 청구한 사안]

910) 대판 2011. 9. 29. 2009두10963 【영업권보상】 【피고 한국토지주택공사】 [1] 공익사업으로 인하여 영업을 폐지하거나 휴업하는 자가 구 공익사업을 위한 토지 등의 취득 및 보상에 관한 법률 제34조, 제50조 등에 규정된 재결절차를 거치지 않은 채 곧바로 사업시행자를 상대로 영업손실보상을 청구할 수 있는지 여부 (소극) <전문 미주 참조>

액재결할 수 있다. 재결의 효과로서 사업시행자는 위험부담(542)과 함께 수용개시일까지 보상금 지급을 조건으로 토지 등의 권리를 원시취득하고(543), 토지수유자 등은 수용목적물을 인도·이전할 의무를 부담한다(544).

다. 불복방법

토지수용위원회의 수용재결에 대하여 불복하려는 자는 우선 중앙토지수용위원회에 **이의신청**할 수 있다(545). 이때의 이의신청은 임의적 전치절차로서 행정심판의 성격을 지니는데(546), 이의신청자는 사업시행자 또는 토지소유자 등이고, 이의신청의 대상은 토지수용위원회의 최초재결이다. 중앙토지수용위원회는 재결이 위법하거나 부당하다고 인정할 때에는 그 재결의 전부 또는 일부를 취소하거나 보상액을 변경할 수 있고(547), 확정된 재결은 민사소송법상 확정판결 유사한 효력이 있다(548).

토지수용위원회의 수용재결에 대하여 불복하려는 자는 이의신청 없이 바로 법원에 **행정소송**을 제기할 수도 있는데(549), 이때의 행정소송은 수용자체를 다투는 소송과 보상액을 다투는 소송으로 구별되며 전자는 항고소송으로 후자는 보상금증감청구소송으로 다투어야 한다. 전자인 **수용 자체의 효력을 다투는 항고소송**은 이의신청을 거쳐 이의재결이 있는 경우라도 원처분주의[911] (550)에 따라 최초 수용재결 및 수용재결기관을 대상으로 재결서를 받은 날부터 60일 이내에, 이의신청을 거쳤을 때에는 이의신청에 대한 재결서를 받은 날부터 30일 이내에 제기해야 한다. 다만, 이때의 이의재결 자체의 고유한 하자가 있는 경우에는 이의재결에 대한 취소소송을 제기할 수 있다. 후자인 **보상금의 증감을 다투는 소송**[912] (551)은 사업시행자 또는 토지소유자

---

911) 대판 2010. 1. 28. 2008두1054 【수용재결취소등】 【피고 중앙토지수용위원회, 대한민국】 토지소유자 등이 수용재결에 불복하여 이의신청을 거친 후 취소소송을 제기하는 경우 피고적격(=수용재결을 한 토지수용위원회) 및 소송대상(= 수용재결) 공익사업을 위한 토지 등의 취득 및 보상에 관한 법률 제85조 제1항 전문의 문언 내용과 같은 법 제83조, 제85조가 중앙토지수용위원회에 대한 이의신청을 임의적 절차로 규정하고 있는 점, 행정소송법 제19조 단서가 행정심판에 대한 재결은 재결 자체에 고유한 위법이 있음을 이유로 하는 경우에 한하여 취소소송의 대상으로 삼을 수 있도록 규정하고 있는 점 등을 종합하여 보면, 수용재결에 불복하여 취소소송을 제기하는 때에는 이의신청을 거친 경우에도 수용재결을 한 중앙토지수용위원회 또는 지방토지수용위원회를 피고로 하여 수용재결의 취소를 구하여야 하고, 다만 이의신청에 대한 재결 자체에 고유한 위법이 있음을 이유로 하는 경우에는 그 이의재결을 한 중앙토지수용위원회를 피고로 하여 이의재결의 취소를 구할 수 있다고 보아야 한다. <요지와 해설 및 원심 서울고등법원 2007.12.18. 선고 2007누12769 판결 미주 참조>

912) 손실보상금의 증감 이외 손실보상의 방법(현금보상과 채권보상 등), 보상항목의 인정 여부, 이전 곤란한 물건의 수용보상, 보상면적 등에 대한 다툼이 포함된다. 한편, 잔여지수용청구 등 확장수용보상의 경우 토지수용위원회의 수용재결에 대하여 사업시행자는 항고소송과 보상금증감청구소송을 통해 다툴 수 있고, 토지수용위원회의 수용거부재결에 대하여 토지소유자 등은 견해의 대립이 있지만 판례에 따르면 보상금증감청구소송 형태로 다툴 수 있다.

등이 상호간에 상대방을 피고로913) 보상금의 지급을 구하는 형태914) (552)로 재결서를 받은 날부터 60일 이내에, 이의신청을 거쳤을 때에는 이의신청에 대한 재결서를 받은 날부터 30일 이내에 제기해야 한다(553). 양자 사이 청구의 병합이나 변경이 가능한데, 주위적 수용재결 취소소송과 예비적 보상금증감청구소송 형태로 병합하거나, 수용재결 또는 이의재결 취소소송을 보상금증감청구소송으로 변경할 수 있다.

라. 보상 기준

헌법 제23조 정당한 보상의 의미에 대하여 완전보상설, 상당보상설 등의 견해 대립이 있지만, 다수설과 헌법재판소는 완전보상설의 입장이고(554), 현재 공익사업을 위한 토지의 취득 및 보

대판 2010. 8. 19. 2008두822 【토지수용이의재결처분취소등】 【피고 한국도로공사】 [1] 구 공익사업을 위한 토지 등의 취득 및 보상에 관한 법률(2007. 10. 17. 법률 제8665호로 개정되기 전의 것. 이하 '공익사업법'이라고 한다) 제74조 제1항에 규정되어 있는 잔여지 수용청구권은 손실보상의 일환으로 토지소유자에게 부여되는 권리로서 그 요건을 구비한 때에는 잔여지를 수용하는 토지수용위원회의 재결이 없더라도 그 청구에 의하여 수용의 효과가 발생하는 형성권적 성질을 가지므로(대법원 1995. 9. 15. 선고 93누20627 판결, 대법원 2001. 9. 4. 선고 99두11080 판결 등 참조), 잔여지 수용청구를 받아들이지 아니한 토지수용위원회의 재결에 대하여 토지소유자가 불복하여 제기하는 소송은 공익사업법 제85조 제2항에 규정되어 있는 '보상금의 증감에 관한 소송'에 해당하여 사업시행자를 피고로 하여야 한다.<원심은 잔여지 수용청구 소송의 형식에 관한 법리를 오해해서 원고의 청구가 중앙토지수용위원회가 아니라 사업시행자인 피고를 상대로 하였다는 이유로 청구를 배척함.> [2] 그러나 공익사업법 제74조 제1항에 의하면, 잔여지 수용청구는 사업시행자와 사이에 매수에 관한 협의가 성립되지 아니한 경우 일단의 토지의 일부에 대한 관할 토지수용위원회의 수용재결이 있기 전까지 관할 토지수용위원회에 하여야 하고, 토지수용법(2002. 2. 4. 법률 제6656호로 폐지되기 전의 것) 제48조 제1항도 이와 같이 규정하고 있었다], 잔여지 수용청구권의 행사기간은 제척기간으로서, 토지소유자가 그 행사기간 내에 잔여지 수용청구권을 행사하지 아니하면 그 권리가 소멸한다(대법원 2001. 9. 4. 선고 99두11080 판결 미주 참조). 또한 위 조항의 문언 내용 등에 비추어 볼 때, 잔여지 수용청구의 의사표시는 관할 토지수용위원회에 하여야 하는 것으로서, 관할 토지수용위원회가 사업시행자에게 잔여지 수용청구의 의사표시를 수령할 권한을 부여하였다고 인정할 만한 사정이 없는 한, 사업시행자에게 한 잔여지 매수청구의 의사표시를 관할 토지수용위원회에 한 잔여지 수용청구의 의사표시로 볼 수는 없다.

913) 통설과 판례는 보상금증감청구소송을 형식적 당사자소송으로 본다. 대판 91누285.

914) 보상금증감청구소송이 행정소송이지만 민사소송절차를 따르기 때문에 토지소유자가 원고가 되어 사업시행자에게 보상금증액을 구하는 경우 토지소유자가 자신이 정당한 손실보상금으로 주장하는 금액을 기준으로 이행의 소를 제기하면 된다. 이때 청구액은 원고가 주장하는 정당한 보상액에서 수용재결 또는 이의재결 결정에 따른 공탁금액을 공제한 나머지 금액 및 수용일부터 소장 부본 송달일(또는 판결선고일 또는 판결확정일)까지 연5%, 이후 20%의 지연이자가 된다. 예컨대, 【청구취지】 피고는 원고에게 2,000,000원 및 이에 대하여 수용개시일 익일로부터 이 사건 소장부본 송달일까지는 연 5%, 그 다음날부터 다 갚는 날까지 연 20%의 각 비율에 의한 금원을 지급하라.

반대로 사업시행자가 원고가 되어 보상금감액청구 소송을 제기하는 경우에는 채무부존재확인 소송을 제기하면 된다. 즉, 사업시행자는 자신이 정당한 보상액으로 주장하는 손실보상금을 초과하는 채무는 부존재한다는 방식으로 청구취지를 작성하면 된다. 청구취지는 원고의 피고에 대한 손실보상금채무 (수용재결 또는 이의재결 결정에 따른 공탁금액 내에서) 중 원고가 주장하는 정당한 보상액을 초과하는 부분이 존재하지 아니함을 확인하는 형태가 된다. 예컨대 【청구취지】 원고가 피고에게 지급할 손실보상금채무는 314,389,280원을 초과하여서는 존재하지 아니함을 확인한다. 【주문】 1. 원고의 피고에 대한 손실보상금채무 중 340,681,760원을 초과하는 부분은 존재하지 아니함을 확인한다. 2. 원고의 나머지 청구를 기각한다.

<이의재결에 의해 보상금의 변동이 있는 경우 보상금증감소송의 요건에 대하여 미주 참조>

상에 관한 법률에 의해 구체적 기준이 규정되어 있다[915].

직접 손실과 부수적 손실 보상 : 토지보상법은 수용토지에 발생된 직접손실을 협의 또는 재결 당시의 가격 기준으로[916] 사정보정과 시점수정을 거쳐 객관적 가치를 보상하되[917], 공익사업으로 인한 개발이익 또는 개발손실을 배제하도록 규정하고 있다[918]. 나아가 토지보상법은 부수적으로 발생하는 직접손실을 보상하도록 규정하고 있는데, 잔여지 가격하락에 따른 손실 보상(555)(제73조), 잔여건축물 가격하락에 따른 손실 보상(556)(제75조의 2), 건축물 등의 이전비 보상(557)(제75조), 광업권 등의 권리 보상(558)(제76조), 영업손실[919] · 농업손실 · 임금손실 보상(559)(제77조) 및 잔여지 수용 보상(560)(제74조) 등을 구체적으로 규정하고 있다.

간접 손실 보상 : 토지보상법은 사업대상지 이외 인근 토지 등에게 발생되는 간접손실에 대하여 보상하도록 규정하고 있다(561). 토지보상법 시행규칙은 공익사업시행지구 밖의 대지 등에 대한 보상(562) (제59조), 공익사업시행지구 밖의 건축물에 대한 보상(563)(제60조), 소수잔존자에 대한 보상(564)(제61조), 공익사업시행지구 밖의 공작물 등에 대한 보상(565)(제62조), 공익사업시행지구 밖의 어업의 피해에 대한 보상(566)(제63조), 공익사업시행지구 밖의 영업손실에 대한 보상(567)(제64조), 공익사업시행지구 밖의 농업의 손실에 대한 보상(568)(제65조) 등을 구체적으로 규정하고 있다.

생활 보상 : 토지보상법은 생활상 이익의 상실에 대하여 보상하도록 규정하고 있는데, 이주

---

915) 2003. 1. 1. 시행 전에는 토지수용법과 공공용지의 취득 및 손실보상에 관한 특례법으로 이원화되어 있었다.

916) 제70조(취득하는 토지의 보상) ① 협의나 재결에 의하여 취득하는 토지에 대하여는 「부동산 가격공시 및 감정평가에 관한 법률」에 따른 공시지가를 기준으로 하여 보상하되, 그 공시기준일부터 가격시점까지의 관계 법령에 따른 그 토지의 이용계획, 해당 공익사업으로 인한 지가의 영향을 받지 아니하는 지역의 대통령령으로 정하는 지가변동률, 생산자물가상승률(「한국은행법」 제86조에 따라 한국은행이 조사 · 발표하는 생산자물가지수에 따라 산정된 비율을 말한다.)과 그 밖에 그 토지의 위치 · 형상 · 환경 · 이용상황 등을 고려하여 평가한 적정가격으로 보상하여야 한다.

917) 제70조 ② 토지에 대한 보상액은 가격시점에서의 현실적인 이용상황과 일반적인 이용방법에 의한 객관적 상황을 고려하여 산정하되, 일시적인 이용상황과 토지소유자나 관계인이 갖는 주관적 가치 및 특별한 용도에 사용할 것을 전제로 한 경우 등은 고려하지 아니한다.

918) 제70조 ③ 사업인정 전 협의에 의한 취득의 경우에 제1항에 따른 공시지가는 해당 토지의 가격시점 당시 공시된 공시지가 중 가격시점과 가장 가까운 시점에 공시된 공시지가로 한다. ④ 사업인정 후의 취득의 경우에 제1항에 따른 공시지가는 사업인정고시일 전의 시점을 공시기준일로 하는 공시지가로서, 해당 토지에 관한 협의의 성립 또는 재결 당시 공시된 공시지가 중 그 사업인정고시일과 가장 가까운 시점에 공시된 공시지가로 한다. ⑤ 제3항 및 제4항에도 불구하고 공익사업의 계획 또는 시행이 공고되거나 고시됨으로 인하여 취득하여야 할 토지의 가격이 변동되었다고 인정되는 경우에는 제1항에 따른 공시지가는 해당 공고일 또는 고시일 전의 시점을 공시기준일로 하는 공시지가로서 그 토지의 가격시점 당시 공시된 공시지가 중 그 공익사업의 공고일 또는 고시일과 가장 가까운 시점에 공시된 공시지가로 한다.

919) 폐업보상, 휴업보상 등.

대책의 수립 · 실시 또는 이주정착금의 지급 이외 생활보상이 토지보상법 제78조 제5항과 제6항(569), 시행규칙 주거이전비의 보상(570)(제54조), 동산의 이전비 및 이사비 보상(571)(제55조), 이농비 또는 이어비의 보상(572)(제56조), 사업폐지 등에 대한 보상(573)(제57조) 및 주거용 건축물 등의 보상에 대한 특례(574)(제58조) 등에 구체적으로 규정되어 있다(575). 토지보상법 제75조, 제78조 제1항(576)과 시행령 제40조(577)는 공익사업의 시행으로 인하여 생활의 근거를 상실하게 된 자(이주대책대상자)가 다른 지역에 이주하여 생활할 수 있도록 하는 이주대책 제도를 규정하고 있다. 또한, 시행령 제41조(578)와 시행규칙 제53조(579)는 이주대책을 수립하지 않은 경우에 이주정착금을 지급하도록 규정하고 있다. 이러한 생활보상의 법적 성격에 대하여 헌법 제23조 제3항 정당한 보상에 근거한다는 견해(정당보상설), 헌법 제34조 인간다운 생활을 할 권리에 근거한다는 견해(생존권설), 헌법 제23조 제3항과 제34조에 근거한다는 견해(통일설) 등의 대립이 있지만, 판례는 헌법 제23조 제3항과 제34조에 근거한다는 입장이다.[920)]

---

920) 대판 1994. 5 .24. 92다35783(전원) 【지장물세목조서명의변경】 [다수의견] [1] 공공용지의취득및손실보상에관한특례법상의 이주대책은 공공사업의 시행에 필요한 토지 등을 제공함으로 인하여 생활의 근거를 상실하게 되는 이주자들을 위하여 사업시행자가 기본적인 생활시설이 포함된 택지를 조성하거나 그 지상에 주택을 건설하여 이주자들에게 이를 그 투입비용 원가만의 부담하에 개별 공급하는 것으로서, 그 본래의 취지에 있어 이주자들에 대하여 종전의 생활상태를 원상으로 회복시키면서 동시에 인간다운 생활을 보장하여 주기 위한 이른바 생활보상의 일환으로 국가의 적극적이고 정책적인 배려에 의하여 마련된 제도이다. [반대의견에 대한 보충의견] 공공용지의취득및손실보상에관한특례법 제8조 제1항의 이주대책은 사업시행자가 이주자에 대한 은혜적인 배려에서 임의적으로 수립 시행해 주는 것이 아니라 이주자에 대하여 종전의 재산상태가 아닌 생활상태로 원상회복시켜 주기 위한 생활보상의 일환으로 마련된 제도로서, 헌법 제23조 제3항이 규정하는 손실보상의 한 형태라고 보아야 한다.

대판 2006. 4. 27. 2006두2435 【주거이전비및이사비지급청구】 공익사업을 위한 토지 등의 취득 및 보상에 관한 법률 제78조 제5항 및 같은 법 시행규칙 제54조 제2항, 제55조 제2항의 각 규정에 의하여 공익사업의 시행에 따라 이주하는 주거용 건축물의 세입자에게 지급하는 주거이전비와 이사비는, 당해 공익사업 시행지구 안에 거주하는 세입자들의 조기이주를 장려하여 사업추진을 원활하게 하려는 정책적인 목적과 주거이전으로 인하여 특별한 어려움을 겪게 될 세입자들을 대상으로 하는 사회보장적인 차원에서 지급하는 금원의 성격을 갖는다 할 것이므로, 같은 법 시행규칙 제54조 제2항에 규정된 '공익사업의 시행으로 인하여 이주하게 되는 주거용 건축물의 세입자로서 사업인정고시일 등 당시 또는 공익사업을 위한 관계 법령에 의한 고시 등이 있은 당시 당해 공익사업 시행지구 안에서 3월 이상 거주한 자'에 해당하는 세입자는 이후의 사업시행자의 주거이전비 산정통보일 또는 수용개시일까지 계속 거주할 것을 요함이 없이 위 사업인정고시일 등에 바로 같은 법 시행규칙 제54조 제2항의 주거이전비와 같은 법 시행규칙 제55조 제2항의 이사비 청구권을 취득한다고 볼 것이고, 한편 이사비의 경우 실제 이전할 동산의 유무나 다과를 묻지 않고 같은 법 시행규칙 제55조 제2항 [별표 4]에 규정된 금액을 지급받을 수 있다.

대판 2008. 5. 29. 2007다8129 【주거이전비등】 [1] 구 공익사업을 위한 토지 등의 취득 및 보상에 관한 법률(2007. 10. 17. 법률 제8665호로 개정되기 전의 것) 제2조, 제78조에 의하면, 세입자는 사업시행자가 취득 또는 사용할 토지에 관하여 임대차 등에 의한 권리를 가진 관계인으로서, 같은 법 시행규칙 제54조 제2항 본문에 해당하는 경우에는 주거이전에 필요한 비용을 보상받을 권리가 있다. 그런데 이러한 주거이전비는 당해 공익사업 시행지구 안에 거주하는 세입자들의 조기이주를 장려하여 사업추진을 원활하게 하려는 정책적인 목적과 주거이전으로 인하여 특별한 어려움을 겪게 될 세입자들을 대상으로 하는 사회보장적인 차원에서 지급되는 금원의 성격을 가지므로, 적법하게 시행된 공익사업으로 인하여 이주하게 된 주거용 건축물 세입자의 주거이전비 보상청구권은 공법상의 권리이고, 따라서 그 보상을 둘러싼 쟁송은 민사소송이 아니라 공법상의 법률관계를 대상으로 하는 행정소송에 의하여야 한다. [2] 구 공익사업을 위한 토지 등의 취득 및 보상에 관한 법률(2007. 10. 17. 법률 제8665호로 개정되기 전의 것) 제78조 제5항, 제7항, 같은 법 시행규칙 제54조 제2항 본문, 제3항의 각 조문을 종합하여 보면, 세입자의 주거이전 따라서 사업시행자는 법상 이주대책을 수립할 의무를 부담하지만(580) 이주대책의 내용을 결정할 수 있는 재량권을 가진다921) (581). 이주대책대상자는 사업시행자에게 이주대책계획 수립을 요구할 수 있는 권리를 가질 뿐만 아니라 이주대책상 권리 즉, 수분양권(택지분양이나 아파트분양을 받을 권리) 등을 가지는데, 수분양권의 취득시기와 관련해서 이주대책계획수립이전설922)(법적 취득설), 이주대책계획수립시설923), 이주대상자확인 · 결정시설 등의 대립이 있지

비 보상청구권은 그 요건을 충족하는 경우에 당연히 발생하는 것이므로, 주거이전비 보상청구소송은 행정소송법 제3조 제2호에 규정된 당사자소송에 의하여야 한다. 다만, 구 도시 및 주거환경정비법(2007. 12. 21. 법률 제8785호로 개정되기 전의 것) 제40조 제1항에 의하여 준용되는 구 공익사업을 위한 토지 등의 취득 및 보상에 관한 법률 제2조, 제50조, 제78조, 제85조 등의 각 조문을 종합하여 보면, 세입자의 주거이전비 보상에 관하여 재결이 이루어진 다음 세입자가 보상금의 증감 부분을 다투는 경우에는 같은 법 제85조 제2항에 규정된 행정소송에 따라, 보상금의 증감 이외의 부분을 다투는 경우에는 같은 조 제1항에 규정된 행정소송에 따라 권리구제를 받을 수 있다.

921) 대판 2007. 2. 22. 2004두7481 【특별공급대상자제외처분취소】 구 공공용지의취득및손실보상에관한특례법(2002. 2. 4. 법률 제6656호 공익사업을위한토지등의취득및보상에관한법률 부칙 제2조로 폐지) 제8조 제1항 및 같은 법 시행령(2002. 12. 30. 대통령령 제17854호 공익사업을위한토지등의취득및보상에관한법률 시행령 부칙 제2조로 폐지) 제5조 제5항에 의하여 실시되는 이주대책은 공공사업의 시행으로 생활근거를 상실하게 되는 이주자에게 이주정착지의 택지를 분양하도록 하는 것이고, 사업시행자는 특별공급주택의 수량, 특별공급대상자의 선정 등에 있어 재량을 가진다.

대판 2009. 11. 12. 2009두10291 【국민주택특별공급대상자제외처분취소】 【피고 서울특별시 강서구청장】 주택법의 위임을 받아 제정된 '주택공급에 관한 규칙' 제19조 제1항 제3호 각 목에서 정한 철거 주택의 소유자를 대상으로 하는 국민주택 등의 특별공급은 공익사업의 시행으로 인하여 주거용 건축물을 제공함에 따라 생활의 근거를 상실하게 되는 자를 위하여 '공익사업을 위한 토지 등의 취득 및 보상에 관한 법률' 제78조 제1항 및 같은 법 시행령 제40조 제2항 단서에 근거하여 사업시행자가 실시하는 이주대책에 갈음하는 성질을 가지는 것으로, 사업시행자는 이주대책기준을 정하여 위 이주대책대상자 중에서 이주대책을 수립 · 실시하여야 할 자를 선정하거나 그들에게 공급할 주택 등의 내용이나 수량 등을 정하는 데 재량을 가진다. 그리고 이를 위해 사업시행자가 설정한 기준은 그것이 객관적으로 합리적이 아니라거나 타당하지 않다고 볼 만한 특별한 사정이 없는 한 존중되어야 한다. <전문 및 요지와 해설, 동지 대판 2008두12610, 대판 2009두23709, 대판 2010두26216, 대판 2007두13340 등 미주 참조>

922) 전제 대판 92다35783(전원) [반대의견] [1] 공공용지의취득및손실보상에관한특례법에 의한 이주대책은 학설상 이른바 생활보상으로서 실체적 권리인 손실보상의 한 형태로 파악되고 있으며 대법원 판례도 이를 실체법상의 권리로 인정하여, 민사소송으로 이주대책에 의한 주택수분양권의 확인소송을 허용하였었다. 이주대책은 경우에 따라 택지 또는 주택의 분양이나 이주정착금으로 보상되는바, 이주정착금이 손실보상금의 일종이므로 통상의 각종 보상금처럼 실체적 권리가 되는 것을 부정할 수 없을 것이고, 그렇다면 같은 취지의 택지 또는 주택의 수분양권도 실체적인 권리로 봄이 마땅하며, 가사 이를 권리로 보지 못한다 하더라도 적어도 확인소송의 대상이 되는 권리관계 또는 법률관계로는 보아야 한다. [2] 이주자가 분양신청을 하여 사업시행자로부터 분양처분을 받은 경우 이러한 사업시행자의 분양처분의 성질은 이주자에게 수분양권을 비로소 부여하는 처분이 아니라, 이미 이주자가 취득하고 있는 수분양권에 대하여 그의 의무를 이행한 일련의 이행처분에 불과하고, 이는 이주자가 이미 취득하고 있는 수분양권을 구체화 시켜주는 과정에 불과하다. 이를 실체적 권리로 인정해야 구체적 이주대책 이행을 신청하고 그 이행이 없을 때 부작위위법확인소송을 제기하여 그 권리구제를 받을 수 있고, 그 권리를 포기한 것으로 볼 수 없는 한 언제나 신청이 가능하고 구체적 이주대책이 종료한 경우에도 추가 이주대책을 요구할 수 있게 된다. [3] 이와 같이 이주대책에 의한 분양신청은 실체적 권리의 행사에 해당된다 할 것이므로 구체적 이주대책에서 제외된 이주대책대상자는 그 경위에 따라 분양신청을 하여 거부당한 경우 권리침해를 이유로 항고소송을 하거나 또는 자기 몫이 참칭 이주대책대상자에게 이미 분양되어 다시 분양신청을 하더라도 거부당할 것이 명백한 특수한 경우 등에는 이주대책대상자로서 분양받을 권리 또는 그 법률상 지위의 확인을 구할 수 있다고 보아야 하며, 이때에 확인소송은 확인소송의 보충성이라는 소송법의 일반법리에 따라 그 확인소송이 권리구제에 유효 적절한 수단이 될 때에 한하여 그 소의 이익이 허용되어야 함은 물론이다.

923) 전제 대판 92다35783(전원) [반대의견에 대한 보충의견] [2] (1) 같은 법상의 이주대책에 따른 사업시행자의 분양처분은 이주자가 공공사업의 시행에 필요한 토지 등을 제공하는 것을 원인으로 하여 같은 법에 따라 취득한 추상적인

만, 판례는 이주대상자확인 · 결정시설의 입장이다[924].

권리나 이익을 이주대책을 수립하여 구체화시켜 주는 절차상의 이행적 처분이라고 보는 것이 상당하며, 이주자는 사업시행자가 수립 실시하여야 하는 이주대책에 따른 수분양권을 사업시행자의 분양처분을 기다리지 않고 같은 법에 근거하여 취득하는 것으로 보아야 한다. (2) 사업시행자가 실제로 이주대책을 수립하기 이전에는 이주자의 수분양권은 아직 추상적인 권리나 법률상의 지위 내지 이익에 불과한 것이어서 이 단계에 있어서는 확인의 이익이 인정되지 아니하여 그 권리나 지위의 확인을 구할 수 없다고 할 것이나, 사업시행자가 이주대책을 수립 실시하지 아니하는 경우에는 사업시행자에게 이를 청구하여 거부되거나 방치되면 부작위위법확인을 소구할 수는 있다고 볼 것이다. 그러나 이주대책을 수립한 이후에는 이주자의 추상적인 수분양권이 그 이주대책이 정하는 바에 따라 구체적 권리로 바뀌게 되므로, 구체적 이주대책에서 제외된 이주자는 위와 같은 수분양권에 터잡은 분양신청(이른바 실체적 신청권의 행사)을 하여 거부당한 경우에는 이를 실체적 신청권을 침해하는 거부처분으로 보아 그 취소를 구하는 항고소송을 제기할 수 있을 것이고, 신청기간을 도과한 경우, 사업시행자가 미리 수분양권을 부정하거나 이주대책에 따른 분양절차가 종료되어 분양신청을 하더라도 거부당할 것이 명백한 경우, 또는 분양신청을 묵살당한 경우, 기타 확인판결을 얻음으로써 분쟁이 해결되고 권리구제가 가능하여 그 확인소송이 권리구제에 유효 적절한 수단이 될 수 있는 특별한 사정이 있는 경우에는, 당사자소송으로 수분양권 또는 그 법률상의 지위의 확인을 구할 수 있다고 보아야 한다. [3] 현행 행정소송법은 항고소송과 당사자소송의 형태를 모두 규정하고 있으므로, 이제는 공법상의 권리관계의 분쟁에 있어서는 그 권리구제의 방법에 관하여 항고소송만에 의하도록 예정한 산업재해보상보험업무및심사에관한법률 제3조와 같은 규정이 있는 경우를 제외하고는, 소의 이익이 없는 등 특별한 사정이 없는 한 항고소송 외에 당사자소송도 허용하여야 할 것이고, 불필요하게 국민의 권리구제방법을 제한할 것은 아니다.

924) 전제 대판 92다35783(전원) [다수의견] [2] 같은 법 제8조 제1항이 사업시행자에게 이주대책의 수립 · 실시의무를 부과하고 있다고 하여 그 규정 자체만에 의하여 이주자에게 사업시행자가 수립한 이주대책상의 택지분양권이나 아파트 입주권 등을 받을 수 있는 구체적인 권리(수분양권)가 직접 발생하는 것이라고는 도저히 볼 수 없으며, 사업시행자가 이주대책에 관한 구체적인 계획을 수립하여 이를 해당자에게 통지 내지 공고한 후, 이주자가 수분양권을 취득하기를 희망하여 이주대책에 정한 절차에 따라 사업시행자에게 이주대책대상자 선정신청을 하고 사업시행자가 이를 받아들여 이주대책대상자로 확인 · 결정하여야만 비로소 구체적인 수분양권이 발생하게 된다. [3] (1) 위와 같은 사업시행자가 하는 확인 · 결정은 곧 구체적인 이주대책상의 수분양권을 취득하기 위한 요건이 되는 행정작용으로서의 처분인 것이지, 결코 이를 단순히 절차상의 필요에 따른 사실행위에 불과한 것으로 평가할 수는 없다. 따라서 수분양권의 취득을 희망하는 이주자가 소정의 절차에 따라 이주대책대상자 선정신청을 한 데 대하여 사업시행자가 이주대책대상자가 아니라고 하여 위 확인 · 결정 등의 처분을 하지 않고 이를 제외시키거나 또는 거부조치한 경우에는, 이주자로서는 당연히 사업시행자를 상대로 항고소송에 의하여 그 제외처분 또는 거부처분의 취소를 구할 수 있다고 보아야 한다. (2) 사업시행자가 국가 또는 지방자치단체와 같은 행정기관이 아니고 이와는 독립하여 법률에 의하여 특수한 존립목적을 부여받아 국가의 특별감독하에 그 존립목적인 공공사무를 행하는 공법인이 관계법령에 따라 공공사업을 시행하면서 그에 따른 이주대책을 실시하는 경우에도, 그 이주대책에 관한 처분은 법률상 부여받은 행정작용권한을 행사하는 것으로서 항고소송의 대상이 되는 공법상 처분이 되므로, 그 처분이 위법부당한 것이라면 사업시행자인 당해 공법인을 상대로 그 취소소송을 제기할 수 있다. [4] 이러한 수분양권은 위와 같이 이주자가 이주대책을 수립 · 실시하는 사업시행자로부터 이주대책대상자로 확인 · 결정을 받음으로써 취득하게 되는 택지나 아파트 등을 분양받을 수 있는 공법상의 권리라고 할 것이므로, 이주자가 사업시행자에 대한 이주대책대상자 선정신청 및 이에 따른 확인 · 결정 등 절차를 밟지 아니하여 구체적인 수분양권을 아직 취득하지도 못한 상태에서 곧바로 분양의무의 주체를 상대방으로 하여 민사소송이나 공법상 당사자소송으로 이주대책상의 수분양권의 확인 등을 구하는 것은 허용될 수 없고, 나아가 그 공급대상인 택지나 아파트 등의 특정부분에 관하여 그 수분양권의 확인을 소구하는 것은 더더욱 불가능하다고 보아야 한다.

3. 선결문제

가. 민사사건에서의 선결문제

11조(선결문제) ① 처분등의 효력 유무 또는 존재 여부가 민사소송의 선결문제로 되어 당해 민사소송의 수소법원이 이를 심리·판단하는 경우에는 제17조, 제25조, 제26조 및 제33조의 규정을 준용한다.

② 제1항의 경우 당해 수소법원은 그 처분등을 행한 행정청에게 그 선결문제로 된 사실을 통지하여야 한다.

<제17조(행정청의 소송참가), 제25조(행정심판기록의 제출명령), 제26조(직권심리), 제33조(소송비용에 관한 재판의 효력)>

민사소송에서 행정처분이나 재결의 효력·존부 또는 위법 여부가 본안 판단의 전제가 된 경우 민사법원이 독자적으로 행정처분 등의 효력·존부 또는 위법 여부에 대하여 심리할 수 있는가 하는 문제가 **민사소송에서의 선결문제**이다. 이는 행정행위의 공정력[925] 또는 구성요건적 효력[926]으로 인하여 반드시 행정법원의 판단을 거쳐야 하는지 또는 민사소송의 수소법원이 독자적으로 심리·판단할 수 있는지 하는 법원의 **재판관할권 문제와 밀접**한 관련이 있다. **처분의 효력 유무가 선결문제가 된 경우**에 민사법원은 처분의 효력이 무효라고 판단할 수 있지만, 처분을 취소할 수 없다. 예컨대, 부과처분이 위법임을 이유로 이미 납부한 세금의 반환을 구하는 부당이득금반환청구소송에서 민사법원[927]은 부과처분이 무효라고 판단하여 반환을 명할 수 있지만, 처분이 취소할 수 있는 위법에 불과하면 처분을 취소함과 동시에 부당이득금의 반환을 명할 수 없고 청구를 기각해야 한다[928]. 이와 관련하여 행정소송법 제11조는 행정처분이나 재결의

925) 행정행위의 공정력이란 '행정행위가 행해지면 비록 행정행위에 하자가 있더라도 그 흠이 중대하고 명백하여 무효인 경우가 아닌 이상, 즉 취소할 수 있는 하자인 경우'에 권한 있는 기관(행정청 또는 법원 등)에 의해 취소되기 전까지 상대방 또는 이해관계인에 대하여 일단 유효한 것으로 통용되는 힘을 의미한다.

926) 행정행위의 구성요건적 효력이란 '행정행위가 행해지면 비록 행정행위에 하자가 있더라도 그 흠이 중대하고 명백하여 무효인 경우가 아닌 이상, 즉 취소할 수 있는 하자인 경우'에 제3자의 국가기관은 법률에 특별한 규정이 없는 이상 그 행정행위의 존재 또는 내용을 존중하여 판단의 기초 내지 구성요건으로 삼아야 하는 구속력을 의미한다. 이는 종래 공정력을 처분청과 상대방 등에 대한 효력으로, 구성요건적 효력을 제3의 국가기관에 대한 효력으로 이해하는 입장이다.

927) 공법상 부당이득금반환청구권에 대하여 실무상 사법관계로 보아 민사법원의 관할로 처리하지만, 학설은 공법관계로서 공법상 당사자소송의 대상, 행정법원의 관할로 보고 있다. 학설에 따르더라도 공법상 당사자소송에서 처분의 위법을 이유로 취소 판결할 수 없기 때문에 민사법원의 선결문제와 동일한 문제가 발생한다.

928) 대판 1999. 11. 11. 94다28000 【부당이득금】 [1] 조세의 과오납이 부당이득이 되기 위하여는 납세 또는 조세의 징수가 실체법적으로나 절차법적으로 전혀 법률상의 근거가 없거나 과세처분의 하자가 중대하고 명백하여 당연무효

효력 유무 또는 존재 여부가 민사소송의 선결문제가 되는 경우 민사법원이 이를 심판할 수 있고, 이 경우 민사법원이 처분 등을 행한 행정청에 선결문제로 된 사실을 통지하도록 규정하고 있다. 이는 처분 행정청이 민사소송 또는 당사자소송에서 행정주체가 아니어서 피고가 될 수 없지만, 사실상 소송결과에 가장 밀접한 이해를 가지기 때문에 처분 행정청으로 하여금 소송자료를 제출하는 등 소송에 참가할 수 있는 기회를 주기 위한 것이다. 선결문제로서 행정처분의 무효, 부존재 여부를 심리하는 민사소송은 실질적으로는 무효등확인소송과 유사하기 때문에 행정소송법은 소송참가, 행정심판기록제출명령, 직권심리 등의 규정을 준용하도록 규정하고 있다. 따라서 민사법원은 당사자(국가 또는 공공단체 포함)가 아닌 행정청을 소송에 참가시킬 필요가 있다고 인정할 때에는 당사자 또는 관련 행정청의 신청이나 직권에 의하여 결정으로써 그 행정청을 소송에 참가시킬 수 있고, 참가한 행정청은 소송(선결문제)에 관하여 공격, 방어, 이의, 상소 기타 당해 심급에서 피참가인이 할 수 있는 일체의 소송행위를 할 수 있다. 민사법원은 당사자의 신청이 있을 때에는 결정으로써 재결을 행한 행정청에 대하여 행정심판에 관한 기록의 제출을 명할 수 있고(582), 직권으로 증거조사를 할 수 있으며 당사자가 주장하지 아니한 사실에 대하여도 판단할 수 있다. 그러나 선결문제를 다루는 민사소송에 관하여는 판결에 기속력이 인정되지 않고, 선결문제에 대한 판단도 선결문제 자체가 소송물이 아니고 선결적 법률관계에 지나지 않는 공격 · 방어방법에 불과하여 기판력도 발생하지 않는다(583). 한편, 민사법원에서의 선결문제에 관한 판단의 효력은 처분 행정청에 미치지 않기 때문에 통지하지 않고 선결문제를 심판하였다 하더라도 위법하다고 할 수 없다(584).

선결문제로서 처분의 효력 유무나 존부가 아닌 **적법 여부가 문제된 경우**에는 민사법원은 심리·판단할 수 있는지 여부에 대하여 견해의 대립이 있다. 행정행위의 위법성 판단이 취소소송의 본질적 내용이기 때문에 취소소송의 수소법원만 위법임을 판단할 수 있고 민사법원에서 위

이어야 하고, 과세처분의 하자가 단지 취소할 수 있는 정도에 불과할 때에는 과세관청이 이를 스스로 취소하거나 항고소송절차에 의하여 취소되지 않는 한 그로 인한 조세의 납부가 부당이득이 된다고 할 수 없다. [2] 행정처분이 아무리 위법하다고 하여도 그 하자가 중대하고 명백하여 당연무효라고 보아야 할 사유가 있는 경우를 제외하고는 아무도 그 하자를 이유로 무단히 그 효과를 부정하지 못하는 것으로, 이러한 행정행위의 공정력은 판결의 기판력과 같은 효력은 아니지만 그 공정력의 객관적 범위에 속하는 행정행위의 하자가 취소사유에 불과한 때에는 그 처분이 취소되지 않는 한 처분의 효력을 부정하여 그로 인한 이득을 법률상 원인 없는 이득이라고 말할 수 없는 것이다. 대판 1999. 8. 20. 99다20179 【사해행위취소등】 과세처분이 당연무효라고 볼 수 없는 한 과세처분에 취소할 수 있는 위법사유가 있다 하더라도 그 과세처분은 행정행위의 공정력 또는 집행력에 의하여 그것이 적법하게 취소되기 전까지는 유효하다 할 것이므로, 민사소송절차에서 그 과세처분의 효력을 부인할 수 없다 등.

법성을 판단할 수 없다는 견해(부정설), 공정력 또는 구성요건효력이 행정행위의 적법성을 추정하는 것이 아니라 잠정적 효력을 부여하는 힘에 불과하기 때문에 민사법원에서 위법성을 판단할 수 있다는 견해(긍정설), 국가배상을 인정하는 것이 행정행위의 효력을 부인하는 결과를 초래하는 경우에는 위법성을 판단할 수 없지만 그렇지 않은 경우에는 위법성을 판단할 수 있다는 견해(절충설) 등이 있지만, 판례는 긍정설의 입장이다[929]. 예컨대, 공무원의 행위가 위법임을 이유로 손해배상을 구하는 국가배상청구소송에서 민사법원[930]은 공무원 행위가 위법임을 판단할 수 있다. 그러나 이 경우 민사법원이 처분의 위법성을 심리·판단할 수 있다고 하여 행정소송법 제11조가 적용되는 것은 아니다. 행정소송법 제11조는 선결문제로서 처분의 효력 유무나 존부가 문제된 경우에 적용될 뿐 처분의 적법·위법 여부가 문제가 된 경우에는 적용되지 않는다. 따라서 민사사건에서 선결문제로 처분의 적법·위법 여부가 문제되면 민사소송법에 따라 심리·판단해야 한다.

나. 형사소송에서의 선결문제

형사소송에서 행정처분이나 재결의 효력이나 위법 여부가 유무죄 판단의 전제가 된 경우 형사법원이 독자적으로 행정처분 등의 효력이나 위법 여부에 대하여 심리할 수 있는가 하는 문제가 **형사소송에서의 선결문제**이다. 이는 민사소송에서의 선결문제와 마찬가지로 행정행위의 공정력 또는 구성요건적 효력문제 및 법원의 재판관할권 문제와 밀접한 관련이 있다. 우선 처분의 효력 유무가 선결문제가 된 경우에 형사법원은 처분의 효력이 무효라고 판단할 수 있다(585). 그러나 처분의 위법 여부가 선결문제가 된 경우, 즉 처분의 위법이 취소할 수 있는 정도에 불과한 경우에 형사법원이 위법성을 판단할 수 있는지 여부에 대하여 견해의 대립이 있다. 공정력 또는 구성요건적 효력을 이유로 처분의 위법이 취소할 수 있는 정도에 불과한 경우에 적법하게 취소되지 않는 이상 형사법원은 유죄를 선고해야 한다는 견해(긍정설)와 피고인의 인권보장과 신속한 재판을 이유로 처분의 위법이 취소할 수 있는 정도에 불과한 경우로서 취소되지 않더라도 형사법원은 무죄를 선고해야 한다는 견해(부정설) 등의 대립이 있다. 예컨대, 음주운전을 이유로

---

929) 대판 1972. 4. 28. 72다337 【손해배상】 위법한 행정대집행이 완료되면 그 처분의 무효확인 또는 취소를 구할 소의 이익은 없다 하더라도, 미리 그 행정처분의 취소판결이 있어야만, 그 행정처분의 위법임을 이유로 한 손해배상 청구를 할 수 있는 것은 아니다.

930) 국가배상청구권에 대하여 실무상 사법관계로 보아 민사법원의 관할로 처리하지만, 학설은 공법관계로서 공법상 당사자소송의 대상, 행정법원의 관할로 보고 있다. 학설에 따르더라도 공법상 당사자소송에서 처분의 위법을 이유로 취소 판결할 수 없기 때문에 민사법원의 선결문제와 동일한 문제가 발생한다.

운전면허가 취소된 후 운전한 행위를 무면허운전죄로 처벌할 수 있는지 여부에 있어서 선결문제로서 음주운전 여부와 운전면허 취소처분의 적법여부가 쟁점으로 부각된 경우에 취소할 수 있는 위법에 불과함에도 불구하고 행정소송 등을 통한 취소판결이 없으면 유죄를 선고해야 한다는 견해가 다수설, 판례의 입장이다[931]. 그러나, 위법한 처분이 행정청의 직권취소이나 쟁송취소된 경우에는 처분의 효력이 소급하여 소멸하고, 처분의 유효성을 전제로 한 후행행위는 범죄구성요건에 해당하지 않기 때문에 무죄를 선고해야 하며, 형이 확정된 경우에는 재심사유가 된다. 예컨대, 영업허가처분이 취소된 후의 영업행위에 대하여 쟁송에 의해 영업허가취소처분이 취소되면 무허가영업죄로 처벌할 수 없고(586), 무허가영업죄로 유죄판결이 확정된 후 쟁송에 의해 영업허가취소처분이 취소되면 재심사유가 된다(587).

한편, 판례는 행정행위의 유효함이 피고인의 범죄성립을 조각하는 사유가 되는 경우에 취소할 수 있는 위법을 이유로 유죄를 선고할 수 없다고 판시하고 있다. 예컨대, 취소할 수 있는 위법이 있지만 무효가 아닌 운전면허처분을 받은 자가 운전한 행위를 무면허운전죄로 처벌할 수 없고(588), 위법이 있지만 무효가 아닌 수입면허처분을 받은 자가 수입한 행위를 무면허수입죄로 처벌할 수 없으며(589), 위법이 있지만 무효가 아닌 광업설정허가처분을 받은 자가 광업권설정한 행위를 공정증서원본부실기재죄로 처벌할 수 없다(590).

명령적 처분에 대한 불복종을 범죄로 규정하고 있는 경우에 무효가 아닌 위법한 명령적 처분의 불복종을 처벌할 수 있는지 여부에 대하여 행정의 실효성 확보 및 피고인의 인권보장과 관련하여 논란이 있다. 판례는 행정행위의 적법성이 범죄구성요건이 되는 경우에는 무효가 아니라도 위법하면 무죄를 선고해야 한다고 판시하고 있다. 예컨대, 구 도시계획법상 원상회복명령이 위법하면 명령위반죄로 처벌할 수 없다(591).

---

931) 이 경우 면허취소 또는 철회를 금지적 처분으로, 무면허운전행위를 금지적 처분의 불복종행위로 파악해서 면허취소가 위법하면 무죄를 선고해야 한다는 견해도 있다『박균성, 제8판 행정법론(상), 121쪽』.

4. 행정구제

가. 개설

행정청의 결정에 의하여 법적 효력이 발생하는 경우 즉, 처분이 존재하는 경우라면 통상 제소기간이 도과되지 않았으면 취소소송을 제기하고, 제소기간이 도과되었으면 무효확인소송을 제기한다. 그리고 법적 효과를 누리기 위해 행정청 결정을 신청하였지만 아직 행정청의 결정이 발급되지 않은 경우에는 부작위위법확인소송을 제기하고[932)], 거부처분이 존재하면 취소소송을 제기해야 한다[933)]. 법적 효과가 처분 대신 법령 등에 의하여 직접 발생하는 경우에 당사자소송을 제기해야 하고, 다만 공법상 부당이득 반환소송과 국가배상소송은 민사소송으로 제기해야 한다. 한편, 처분을 다투는 경우에는 법원에 항고소송을 제기하는 방법 이외 행정기관에 행정심판을 제기하는 방법도 있다.

---

932) 작위의무를 구하는 취지의 소송은 허용되지 않는다.

대판 1990. 11. 23. 90누3553 【의무이행청구거부처분취소】 [1] 피고 국가보훈처장이 발행 · 보급한 독립운동사, 피고 문교부장관이 저작하여 보급한 국사교과서 등의 각종 책자와 피고 문화부장관이 관리하고 있는 독립기념관에서의 각종 해설문 · 전시물의 배치 및 전시 등에 있어서, 일제치하에서의 국내외의 각종 독립운동에 참가한 단체와 독립운동가의 활동상을 잘못 기술하거나, 전시 · 배치함으로써 그 역사적 의의가 그릇 평가되게 하였다는 이유로 그 사실관계의 확인을 구하고, 또 피고 국가보훈처장은 이들 독립운동가들의 활동상황을 잘못 알고 국가보훈상의 서훈추천권을 행사함으로써 서훈추천권의 행사가 적정하지 아니하였다는 이유로 이러한 서훈추천권의 행사, 불행사가 당연무효임의 확인, 또는 그 불작위가 위법함의 확인을 구하는 청구는 과거의 역사적 사실관계의 존부나 공법상의 구체적인 법률관계가 아닌 사실관계에 관한 것들을 확인의 대상으로 하는 것이거나 행정청의 단순한 부작위를 대상으로 하는 것으로서 항고소송의 대상이 되지 아니하는 것이다. [2] 피고 국가보훈처장 등에게, 독립운동가들에 대한 서훈추천권의 행사가 적정하지 아니하였으니 이를 바로잡아 다시 추천하고, 잘못 기술된 독립운동가의 활동상을 고쳐 독립운동사 등의 책자를 다시 편찬, 보급하고, 독립기념관 전시관의 해설문, 전시물 중 잘못된 부분을 고쳐 다시 전시 및 배치할 의무가 있음의 확인을 구하는 청구는 작위의무확인소송으로서 항고소송의 대상이 되지 아니한다.

933) 대판 1990. 9. 25. 89누4758 【교원임용의무불이행위법확인등】 [2] 부작위위법확인의 소는 행정청이 국민의 법규상 또는 조리상의 권리에 기한 신청에 대하여 상당한 기간내에 그 신청을 인용하는 적극적 처분 또는 각하하거나 기각하는 등의 소극적 처분을 하여야 할 법률상의 응답의무가 있음에도 불구하고 이를 하지 아니하는 경우, 판결(사실심의 구두변론 종결)시를 기준으로 그 부작위의 위법을 확인함으로써 행정청의 응답을 신속하게 하여 부작위 내지 무응답이라고 하는 소극적인 위법상태를 제거하는 것을 목적으로 하는 것이고, 나아가 당해 판결의 구속력에 의하여 행정청에게 처분 등을 하게 하고 다시 당해 처분 등에 대하여 불복이 있는 때에는 그 처분 등을 다투게 함으로써 최종적으로는 국민의 권리이익을 보호하려는 제도이므로, 소제기의 전후를 통하여 판결시까지 행정청이 그 신청에 대하여 적극 또는 소극의 처분을 함으로써 부작위상태가 해소된 때에는 소의 이익을 상실하게 되어 당해 소는 각하를 면할 수가 없는 것이다. [3] 행정청의 부작위상태를 소멸시키는 행정청으로부터의 일정한 처분, 특히 거부처분이 있었다고 하기 위하여는 그 처분을 위한 의사결정이 어떠한 형식으로든 행정청의 권한 있는자에 의하여 외부로 표시되고 그 신청이 거부 내지 각하되었다는 취지가 신청자에게 오해없이 정확하게 전달되어 이를 알 수 있는 상태에 놓여진 경우에 한하는 것인바, 이 사건에서 상근강사로서의 직무를 마친 원고가 정규교원에 임용하여 줄 것을 요청하는 내용으로 문교부에 낸 탄원서를 이첩받은 피고가 이에 대한 민원서류처리 결과통보의 형식으로 원고에 대한 상근강사 근무성적평가 결과는 특별한 결격사유가 없었으나 인사위원회에서 임용동의가 부결됨으로써 정규교원으로 임용하지 못한다는 내용의 설명을 담은 서신을 보냈다면, 피고가 위 민원서류처리결과통보라는 형식으로 그 임용거절의 의사를 명백히 함으로써 적어도 이 무렵에는 원고에 대하여 거부처분을 하였다고 보아야 한다.

부작위위법확인소송은 거부처분을 전제로 하는 소송이기 때문에 원고적격, 권리보호의 필요 등 소송요건에서 취소소송과 기본적으로 다른 점이 없지만[934], 대상적격에서 적법한 처분에 대한 신청의 존재, 신청권의 존재뿐만 아니라 상당기간의 경과[935]가 요구된다는 차이점이 있다. 한편, 제소기간에 관한 행정소송법 제38조 제2항, 제20조의 적용 여부에 대하여 논란이 있지만, 판례는 부작위 상태가 계속되는 한 부작위의 위법의 확인을 구할 수 있다고 보아야 하므로 제소기간의 제한을 받지 않는다고 판시하고 있다(592). 본안에서 신청한 내용의 적법성 여부를 심리할 수 있는지 여부에 대하여 절차적 심리설과 실체적 심리설 등의 견해 대립이 있지만, 판례는 절차적 심리설의 입장이다[936]. 따라서 심리의 범위는 행정청의 부작위의 위법성으로 한정되고, 위법 판단의 시점은 판결시(사실심 변론종결시)가 되며, 승소판결은 위법성을 확인하는 확인판결이 된다. 한편, 거부처분이 있었음에도 불구하고 부작위위법확인소송을 제기한 경우라면 행정소송법 제37조, 제21조에 의해 취소소송으로 변경할 수 있지만, 부작위위법확인소송 제기 후 거부처분이 있는 경우 행정소송법 제22조를 준용해서 소 변경할 수 있는지 여부에 대하여 견해의 대립이 있지만 다수설은 이를 긍정하고 있다.

무효확인소송은 소송요건에서 취소소송과 달리 제소기간, 행정심판전치주의 등의 요건이 문제되지 않지만, 권리보호의 필요에 있어서 확인의 이익이 필요한지 여부에 대하여 긍정설(즉시

---

934) 대판 2002. 6. 28. 2000두4750 【조례제정부작위위법확인】 [1] 부작위위법확인의 소는 행정청이 당사자의 법규상 또는 조리상의 권리에 기한 신청에 대하여 상당한 기간 내에 그 신청을 인용하는 적극적 처분을 하거나 각하 또는 기각하는 등의 소극적 처분을 하여야 할 법률상의 응답의무가 있음에도 불구하고 이를 하지 아니하는 경우, 그 부작위의 위법을 확인함으로써 행정청의 응답을 신속하게 하여 부작위 내지 무응답이라고 하는 소극적인 위법상태를 제거하는 것을 목적으로 하는 것이고, 나아가 그 인용 판결의 기속력에 의하여 행정청으로 하여금 적극적이든 소극적이든 어떤 처분을 하도록 강제한 다음, 그에 대하여 불복이 있을 경우 그 처분을 다투게 함으로써 최종적으로는 당사자의 권리와 이익을 보호하려는 제도이므로, 당사자의 신청이 있은 이후 당사자에게 생긴 사정의 변화로 인하여 위 부작위가 위법하다는 확인을 받는다고 하더라도 종국적으로 침해되거나 방해받은 권리와 이익을 보호 · 구제받는 것이 불가능하게 되었다면 그 부작위가 위법하다는 확인을 구할 이익은 없다. [2] 지방자치단체가 조례를 통하여 노동운동이 허용되는 사실상의 노무에 종사하는 공무원의 구체적 범위를 규정하지 않고 있는 것에 대하여 버스전용차로 통행위반 단속업무에 종사하는 자가 부작위위법확인의 소를 제기하였으나 상고심 계속중에 정년퇴직한 경우, 위 조례를 제정하지 아니한 부작위가 위법하다는 확인을 구할 소의 이익이 상실되었다고 한 사례.

935) 거부처분의 거부 표시에 해당된다.

936) 대판 1992. 7. 28. 91누7361 【유선방송사업허가거부처분취소등】 부작위위법확인의 소는 행정청이 국민의 법규상 또는 조리상의 권리에 기한 신청에 대하여 상당한 기간 내에 그 신청을 인용하는 적극적 처분을 하거나 또는 각하 내지 기각하는 등의 소극적 처분을 하여야 할 법률상의 응답의무가 있음에도 불구하고 이를 하지 아니하는 경우 판결시를 기준으로 그 부작위의 위법함을 확인함으로써 행정청의 응답을 신속하게 하여 부작위 내지 무응답이라고 하는 소극적인 위법상태를 제거하는 것을 목적으로 하는 것이고, 나아가 당해 판결의 구속력에 의하여 행정청에게 처분 등을 하게 하고, 다시 당해 처분 등에 대하여 불복이 있는 때에는 그 처분 등을 다투게 함으로써 최종적으로는 국민의 권리이익을 보호하려는 제도이다.

확정이익설)과 부정설(법적이익보호설) 등 견해의 대립이 있지만, 판례는 긍정설의 입장[937]에서 현재 부정설의 입장[938]으로 변경되었다. 본안에서 무효확인은 처분의 위법을 전제로 하기 때문에 기본적으로 취소소송과 다른 점이 없고, 증명책임과 관련해 법률요건분류설과 원고책임부담설 등의 대립이 있지만, 판례는 원고책임부담설의 입장이다(593). 효력판단의 시점은 위법판단의 시점과 동일하고, 승소판결은 처분의 효력이 없음을 확인하는 확인판결이 된다.

행정심판이란 법원에 의한 권리구제 방법이 아니라 행정기관에 의한 권리구제 방법을 의미하는데, 행정심판법에 따른 행정심판과 개별법에 따른 행정심판 등이 있다(594). 행정심판법과 행정절차법은 행정청이 처분할 때 직권 또는 신청에 의해 처분의 상대방에게 해당 처분에 대하여 행정심판을 청구할 수 있는지 여부 및 행정심판을 청구하는 경우의 심판청구 절차와 기간 등을 반드시 알려주도록 하는 고지제도(595)가 규정하고 있다[939]. 행정심판법상 행정심판은 취소심판, 무효등확인심판, 의무이행심판 등이 있고[940], 행정심판위원회[941]가 심판업무를 담당한

---

937) 대판 1992. 3. 13. 91누5105 【환수금세입조치처분무효확인】 공무원교육훈련법 제13조 소정의 경비반납조치처분을 받은 자가 위 처분에 의하여 부과된 반납금을 이미 납부함으로써 그 처분의 집행이 종료된 것과 같이 되어버렸다면 그 처분이 존재함과 같은 외관상태가 남아 있다 하여 앞으로 위 처분을 받은 자의 권리와 법률상의 지위에 현존하는 불안이나 위험이 있다할 수 없으므로 그 처분이 무효라는 이유로 납부한 반납금에 대한 부당이득금반환청구를 함은 별론으로 하고 그 처분의 무효확인을 독립된 소송으로 구할 확인의 이익은 없다.

938) 대판 2008. 3. 20. 2007두6342(전원) 【하수도원인자부담금부과처분취소】 행정소송은 행정청의 위법한 처분 등을 취소 · 변경하거나 그 효력 유무 또는 존재 여부를 확인함으로써 국민의 권리 또는 이익의 침해를 구제하고 공법상의 권리관계 또는 법 적용에 관한 다툼을 적정하게 해결함을 목적으로 하므로, 대등한 주체 사이의 사법상 생활관계에 관한 분쟁을 심판대상으로 하는 민사소송과는 목적, 취지 및 기능 등을 달리한다. 또한 행정소송법 제4조에서는 무효확인소송을 항고소송의 일종으로 규정하고 있고, 행정소송법 제38조 제1항에서는 처분 등을 취소하는 확정판결의 기속력 및 행정청의 재처분 의무에 관한 행정소송법 제30조를 무효확인소송에도 준용하고 있으므로 무효확인판결 자체만으로도 실효성을 확보할 수 있다. 그리고 무효확인소송의 보충성을 규정하고 있는 외국의 일부 입법례와는 달리 우리나라 행정소송법에는 명문의 규정이 없어 이로 인한 명시적 제한이 존재하지 않는다. 이와 같은 사정을 비롯하여 행정에 대한 사법통제, 권익구제의 확대와 같은 행정소송의 기능 등을 종합하여 보면, 행정처분의 근거 법률에 의하여 보호되는 직접적이고 구체적인 이익이 있는 경우에는 행정소송법 제35조에 규정된 '무효확인을 구할 법률상 이익'이 있다고 보아야 하고, 이와 별도로 무효확인소송의 보충성이 요구되는 것은 아니므로 행정처분의 무효를 전제로 한 이행소송 등과 같은 직접적인 구제수단이 있는지 여부를 따질 필요가 없다고 해석함이 상당하다. [대법관 이홍훈의 보충의견] 무효확인소송의 보충성 인정의 문제는 행정소송법 제35조에 규정된 '무효확인을 구할 법률상 이익'의 해석론에 관한 것으로서 행정소송의 특수성, 무효확인소송의 법적 성질 및 무효확인판결의 실효성, 외국의 입법례, 무효확인소송의 남소 가능성 및 권익구제 강화 등의 측면에서 볼 때, 무효확인소송의 보충성을 요구하지 않는 것이 행정소송의 목적을 달성할 수 있고 소송경제 등의 측면에서도 타당하며 항고소송에서 소의 이익을 확대하고 있는 대법원 판례의 경향에도 부합한다.

939) 고지제도는 행정심판의 실효성을 위한 제도이기 때문에 처분의 위법 여부에 영향을 미치지 않는다. 따라서 고지의무를 위반한 처분이라도 위법하다고 할 수 없다. 대판 1987, 11, 24. 87누529 등.

940) 제5조(행정심판의 종류) 행정심판의 종류는 다음 각 호와 같다. 1. 취소심판 : 행정청의 위법 또는 부당한 처분을 취소하거나 변경하는 행정심판 2. 무효등확인심판 : 행정청의 처분의 효력 유무 또는 존재 여부를 확인하는 행정심판 3. 의무이행심판 : 당사자의 신청에 대한 행정청의 위법 또는 부당한 거부처분이나 부작위에 대하여 일정한 처분을 하도록 하는 행정심판.

941) 2008. 2. 29. 개정전 행정심판법에 의하면 심리 · 의결하는 행정심판위원회와 재결을 담당하는 재결청의 2원적 구조

다. 행정심판의 심판요건에서 심판청구인적격, 피청구인적격, 심판청구기간 등에서 행정소송법상 항고소송과 다른 점이 특별히 없지만, 대상적격에서 행정심판의 대상은 처분이어야 하고 재결은 제외되는데, 행정심판법에서 대통령의 처분을 원칙적으로 제외하고 있다(596). 본안에서 불고불리의 원칙과 불이익변경금지의 원칙 등이 적용되지만(597) 법원의 재판절차보다는 약식절차로 진행되는 행정심판의 특징으로 인해 서면심리주의, 비공개주의, 직권탐지주의 등이 적용된다. 재결(598)에는 각하재결, 기각재결과 사정재결, 인용재결(취소재결, 무효등확인재결, 의무이행재결) 등이 있으며, 인용재결은 기판력이 없지만 취소판결과 마찬가지로 형성력, 기속력이 있다[942]. 이처럼 행정심판은 거부처분이나 부작위에 행정소송의 취소소송·부작위법확인소송과 달리 의무이행심판을 규정하고 있기 때문에, 가구제로서 집행정지(599)뿐만 아니라 임시처분[943]이 허용되고, 기속행위에서 청구인의 신청에 따른 처분을 발급하는 특정처분재결과 재량행위에서 처분청으로 하여금 청구인의 신청에 따른 처분을 하도록 명령하는 명령재결 등 의무이행재결을 할 수 있다[944].

나. 행정의 실효성확보 수단과 행정구제

행정의 실효성확보수단이란 행정작용의 목적 달성을 위한 각종 의무이행확보수단을 의미하는데, 직접적 수단으로 강제집행·즉시강제, 간접적 수단으로 행정벌·수익적 행정행위의 취소·효력제한, 새로운 수단으로 과징금[945] (600)· 위반사실의 공표·공급거부·관허사업의 제한 등이

였지만, 이후 재결청 제도가 폐지되고 행정심판위원회가 심리, 의결, 재결의 모든 업무를 담당한다. 현재 행정심판위원회는 중앙행정시판위원회, 시·도지사 소속으로 두는 행정심판위원회, 직근 상급행정기관에 두는 행정심판위원회, 해당 행정청 소속 행정심판위원회 등이 있다.

942) 재처분의무 위반에 대한 행정소송법상 간정강제와 달리 직접처분이 가능하다. 제50조(위원회의 직접처분) ① 위원회는 피청구인이 제49조 제2항에도 불구하고 처분을 하지 아니하는 경우에는 당사자가 신청하면 기간을 정하여 서면으로 시정을 명하고 그 기간에 이행하지 아니하면 직접 처분을 할 수 있다. 다만, 그 처분의 성질이나 그 밖의 불가피한 사유로 위원회가 직접 처분을 할 수 없는 경우에는 그러하지 아니한다. ② 위원회는 제1항 본문에 따라 직접 처분을 하였을 때에는 그 사실을 해당 행정청에 통보하여야 하며, 그 통보를 받은 행정청은 위원회가 한 처분을 자기가 한 처분으로 보아 관계 법령에 따라 관리 · 감독 등 필요한 조치를 하여야 한다.

943) 제31조(임시처분) ① 위원회는 처분 또는 부작위가 위법 · 부당하다고 상당히 의심되는 경우로서 처분 또는 부작위 때문에 당사자가 받을 우려가 있는 중대한 불이익이나 당사자에게 생길 급박한 위험을 막기 위하여 임시지위를 정하여야 할 필요가 있는 경우에는 직권으로 또는 당사자의 신청에 의하여 임시처분을 결정할 수 있다. ② 제1항에 따른 임시처분에 관하여는 제30조 제3항부터 제7항까지를 준용한다. 이 경우 같은 조 제6항 전단 중 '중대한 손해가 생길 우려'는 '중대한 불이익이나 급박한 위험이 생길 우려'로 본다. ③ 제1항에 따른 임시처분은 제30조 제2항에 따른 집행정지로 목적을 달성할 수 있는 경우에는 허용되지 아니한다.

944) 처분재결과 처분명령재결의 관계에 있어서 행정심판위원회가 전적으로 선택재량권을 가진다는 견해, 처분청의 권한 존중을 이유로 처분명령재결이 우선한다는 견해 등의 대립이 있다.

945) 대판 2012. 4. 26. 선고 2011두26626 【과징금부과처분취소】 【피고 서울특별시 강남구청장】 <전문 미주 참조>

있다[946] (601). 강제집행에는 대집행 · 강제징수[947] (602) · 이행강제금[948] (603)· 직접강제 등이 있고, 행정벌에는 행정형벌 · 행정질서벌 등이 있다. 이와 같은 다양한 행정의 실효성확보 수단은 행정청의 결정 또는 집행에 의하여 법적 효력이 발생하고, 그 법적 성격은 대체로 행정행위의 성질을 가진다. 따라서 위법하게 행정의 실효성확보 수단이 이용되는 경우라면 원칙적으로 행정소송을 통해 구제 받을 수 있다. 그러나 개별법이 별도의 구제수단을 규정하고 있는 경우에는 별도의 구제절차를 거쳐야 하는데[949], 행정형벌은 원칙적으로 형사재판절차에 의하되 예외적으로 조세범 · 과세범 · 출입국사범 · 교통사범 등에 대한 통고처분절차에 의하고, 행정질서벌인 과태료는 질서위반행위규제법상 과태료재판절차[950] (604)에 의하도록 규율하고 있다. 한편, 행정강제 중 대집행 · 직접강제 및 즉시강제는 행정청의 집행이라는 사실행위가 포함되어 있기 때

---

946) 부담금은 구별됨. 대판 2012. 5. 10. 2010두11474 【개발제한구역훼손부담금부과처분취소】 【피고 구리시장】 <전문 미주 참조>

947) 대판 2008. 11. 20. 2007두18154(전원) 【매각결정취소】 【피고 한국자산관리공사】 체납자 등에 대한 공매통지가 공매의 절차적 요건인지 여부(적극) 및 체납자 등에게 공매통지를 하지 않았거나 적법하지 않은 공매통지를 한 경우 그 공매처분이 위법한지 여부(적극), 대판 2012. 7. 26. 2010다50625 【지분소유권이전등기말소】 체납자 등에 대한 공매통지 없이 한 공매처분이 당연무효인지 여부(소극), 대판 2011. 3. 24. 2010두25527 【양도소득세부과처분취소】 【피고 강남세무서장】 국세징수법이 압류재산을 공매할 때에 공매통지를 하도록 한 이유 및 위 공매통지 자체가 항고소송의 대상이 되는 행정처분인지 여부(원칙적 소극) 등 <전문 미주 참고>

대판 2016. 2. 18. 2013다206610 【부당이득금반환】 구 법인세법(2006. 12. 30. 법률 제8141호로 개정되기 전의 것) 제72조의 결손금 소급공제에 의하여 법인세를 환급받은 법인이 후에 결손금 소급공제 대상 법인이 아닌 것으로 밝혀진 경우 납세지 관할 세무서장은 착오환급한 환급세액을 구 국세기본법 제51조 제7항(2006. 12. 30. 법률 제8139호로 개정되기 전의 것)에 따라 강제징수할 수 있을 뿐이고, 민사소송의 방법으로 부당이득반환을 구할 수는 없다.

948) 집행벌이라고도 하는데, 건축법(제80조), 농지법(제62조), 부동산 실권리자명의 등기에 관한 법률(제6조), 주차방법(제32조) 등에 규정되어 있다. 통상 항고소송의 형태로 다투지만, 일부는 비송사건절차법에 의해 다투도록 규정된 예도 있었다. 즉, 건축법상 이행강제금의 경우 2005. 11. 8. 이전에는 이행강제금에 대한 구제절차가 구 건축법 제83조 제6항 비송사건절차법에 의하도록 규정되어 있었기 때문에 판례는 이행강제금부과를 처분이 아니라고 판시하였지만(대판 2000두5722), 이후 구 건축법 제83조 제6항이 삭제되었기 때문에 이행강제금부과의 처분이기 때문에 이행강제금에 대한 구제절차는 행정소송에 의해야 한다.

대판 2012. 2. 9. 2011두10935 【이행강제금부과처분취소】 【피고 용인시 수지구청장】, 대판 2011. 6. 30. 2011두1665 【개발행위허가신청불허가처분취소등】 【피고 용인시 기흥구청장】 구청장이 갑에게 이용목적을 '복지시설(기숙사)'로 하여 토지거래계약허가를 하고, 이후 허가받은 목적대로 이행할 것을 내용으로 하는 이용의무 이행명령을 하였는데 갑이 이행명령을 이행하지 아니하자 이행강제금을 부과한 사안에서, 구 국토의 계획 및 이용에 관한 법률 시행령 제124조 제1항 제7호의 '자신의 귀책사유가 아닌 사유로 인하여 허가받은 목적대로 이용하는 것이 불가능한 경우'에 해당하여 이행강제금 부과처분이 위법하다고 본 원심판단에 법리오해의 위법이 있다고 한 사례. <전문 미주 참조>

949) 이 경우 행정소송을 제기하면 부적법 각하된다. 대판 1995. 6. 29. 95누4674 【범칙금부과처분취소】 도로교통법 제118조에서 규정하는 경찰서장의 통고처분은 행정소송의 대상이 되는 행정처분이 아니므로 그 처분의 취소를 구하는 소송은 부적법하고, 도로교통법상의 통고처분을 받은 자가 그 처분에 대하여 이의가 있는 경우에는 통고처분에 따른 범칙금의 납부를 이행하지 아니함으로써 경찰서장의 즉결심판청구에 의하여 법원의 심판을 받을 수 있게 될 뿐이다. 등

950) 대결 2009. 5. 14. 자 2009마218 【국토의계획및이용에관한법률위반에대한이의】 대결 2008. 5. 19. 자 2008마414[1] 【국토의계획및이용에관한법률위반이의】 <전문 미주 참조>

문에 처분성이 있는지 여부에 대하여 논란이 있지만, 다수설은 권력적 사실행위로서 상대방에게 수인의무가 발생한다는 점에서 처분성을 긍정하고 있는데, 집행이 종료되면 통상 권리보호의 이익 흠결로 인해 각하되기 때문에 실제 행정소송이 제기되는 경우를 상정하기는 힘들다.

한편, 행정의 실효성확보 수단의 전단계로서 이루어지는 행정조사기본법상 행정조사와 관련해서도 처분성이 있는지 여부에 대하여 논란이 있지만, 다수설은 권력적 사실행위로서 상대방에게 수인의무가 발생한다는 점에서 처분성을 긍정하고 있고, 판례는 세무조사 결정을 처분이라고 판시하고 있다[951].

951) 대판 2011. 3. 10. 2009두23617, 23624【세무조사결정처분취소 · 종합소득세등부과처분취소】 부과처분을 위한 과세관청의 질문조사권이 행해지는 세무조사결정이 있는 경우 납세의무자는 세무공무원의 과세자료 수집을 위한 질문에 대답하고 검사를 수인하여야 할 법적 의무를 부담하게 되는 점, 세무조사는 기본적으로 적정하고 공평한 과세의 실현을 위하여 필요한 최소한의 범위 안에서 행하여져야 하고, 더욱이 동일한 세목 및 과세기간에 대한 재조사는 납세자의 영업의 자유 등 권익을 심각하게 침해할 뿐만 아니라 과세관청에 의한 자의적인 세무조사의 위험마저 있으므로 조세공평의 원칙에 현저히 반하는 예외적인 경우를 제외하고는 금지될 필요가 있는 점, 납세의무자로 하여금 개개의 과태료 처분에 대하여 불복하거나 조사 종료 후의 과세처분에 대하여만 다툴 수 있도록 하는 것보다는 그에 앞서 세무조사결정에 대하여 다툼으로써 분쟁을 조기에 근본적으로 해결할 수 있는 점 등을 종합하면, 세무조사결정은 납세의무자의 권리 · 의무에 직접 영향을 미치는 공권력의 행사에 따른 행정작용으로서 항고소송의 대상이 된다.

참조, 대판 2009.10.15. 2009두6513【재산조사개시결정취소】 친일반민족행위자재산조사위원회의 재산조사개시결정이 있는 경우 조사대상자는 위 위원회의 보전처분 신청을 통하여 재산권행사에 실질적인 제한을 받게 되고, 위 위원회의 자료제출요구나 출석요구 등의 조사행위에 응하여야 하는 법적 의무를 부담하게 되는 점, '친일반민족행위자 재산의 국가귀속에 관한 특별법'에서 인정된 재산조사결정에 대한 이의신청절차만으로는 조사대상자에 대한 권리구제 방법으로 충분치 아니한 점, 조사대상자로 하여금 개개의 과태료 처분에 대하여 불복하거나 조사 종료 후의 국가귀속결정에 대하여만 다툴 수 있도록 하는 것보다는 그에 앞서 재산조사개시결정에 대하여 다툼으로써 분쟁을 조기에 근본적으로 해결할 수 있는 점 등을 종합하면, 친일반민족행위자재산조사위원회의 재산조사개시결정은 조사대상자의 권리·의무에 직접 영향을 미치는 독립한 행정처분으로서 항고소송의 대상이 된다고 봄이 상당하다.

제8편

행정심판

제 1 장

행정심판의 의의, 종류

행정심판

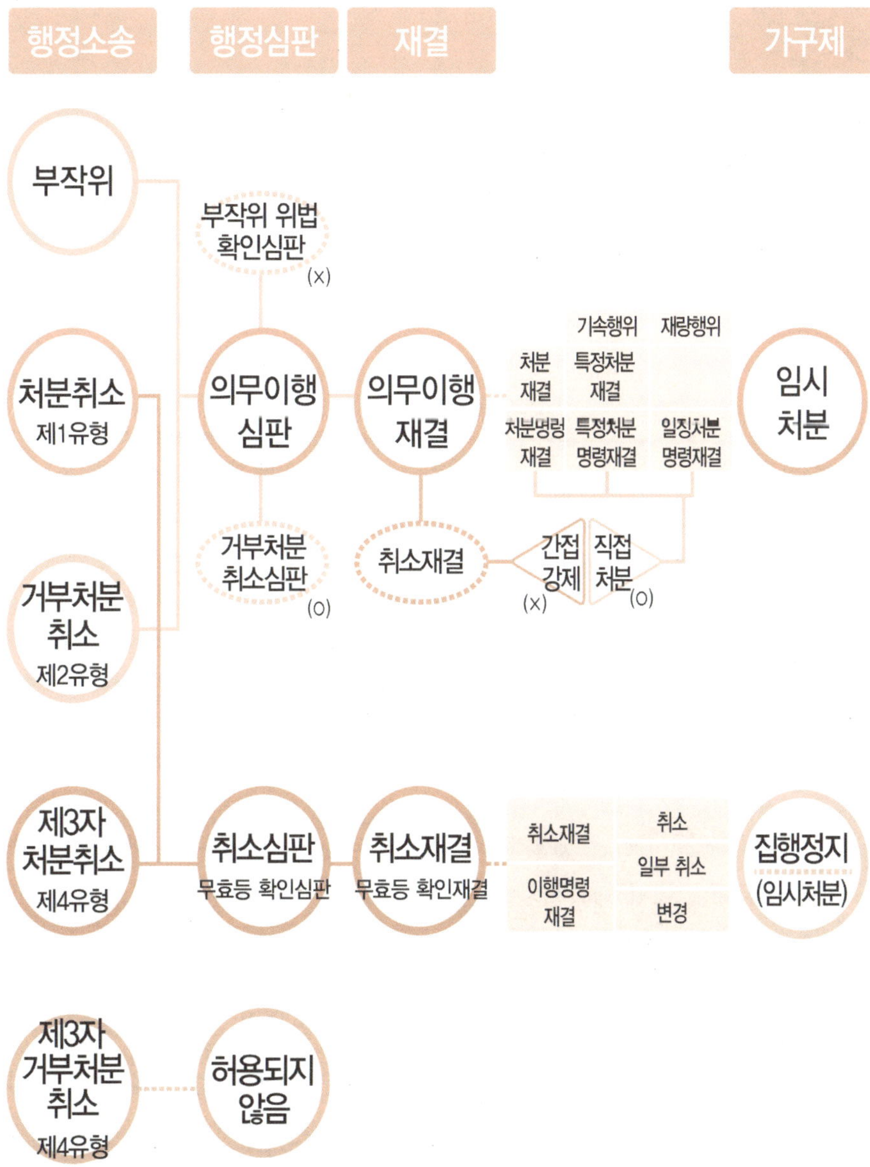
행정소송
행정심판
재결
가구제
부작위
부작위 위법 확인심판
(x)
처분취소
제1유형
의무이행 심판
의무이행 재결
기속행위
재량행위
처분 재결
특정처분 재결
처분명령 재결
특정처분 명령재결
일정처분 명령재결
임시 처분
거부처분 취소심판
(O)
취소재결
간접 강제
(x)
직접 처분
(O)
거부처분 취소
제2유형
제3자 처분취소
제4유형
취소심판
무효등 확인심판
취소재결
무효등 확인재결
취소재결
취소
일부 취소
이행명령 재결
변경
집행정지
(임시처분)
제3자 거부처분 취소
제4유형
허용되지 않음

제 1 장

행정심판의 종류

1. 행정심판

가. 의의

> 제1조(목적) 이 법은 행정심판 절차를 통하여 행정청의 위법 또는 부당한 처분(處分)이나 부작위(不作爲)로 침해된 국민의 권리 또는 이익을 구제하고, 아울러 행정의 적정한 운영을 꾀함을 목적으로 한다.

행정심판이란 사법기관[952]이 아닌 **행정기관에 의한 권리구제 방법으로서 행정청의 위법 · 부당한 처분 또는 부작위에 대한 행정쟁송절차**를 의미하는데, 행정심판청구에 대하여 행정기관(재결청)이 심리를 거쳐 내리는 결정을 **재결**이라 한다. 행정심판에는 행정심판법에 따른 행정심판과 개별법에 따른 특별행정심판이 있고, 행정심판을 규율하는 법원(法源)은 일반법으로서의 행정심판법과 특별행정심판을 규율하는 개별법이 있다. 개별법상 행정심판은 사안의 전문성과 특수성으로 인해 행정심판법상 특례가 필요한 경우로서 행정심판, 이의신청, 심사청구, 심판청구, 재심요구 등으로 표현되고 있는데, 예컨대, 조세소송에서 심사청구와 심판청구, 특허소송에서의 특허심판청구, 노동소송에서의 재심신청, 공무원 징계소송에서의 소청, 토지수용소송에

952) 법원을 통한 행정소송절차, 헌법재판소를 통한 헌법소원절차는 행정심판에서 제외된다.

서의 이의신청 등이 있다. 행정심판은 헌법 제107조 제3항 '재판의 전심절차로서 행정심판을 할 수 있다. 행정심판의 절차는 법률로 정하되, 사법절차가 준용되어야 한다.'는 규정에 따라 재판의 전심절차로서 사법심판절차가 준용되는 범위 내에서 허용된다[953].

행정심판법상 행정심판위원회가 행정심판을 담당하지만, 특별행정심판은 개별법에 의해 별도의 행정심판기관이 담당한다. 행정심판법은 제2장 '심판기관' 제6조 내지 제12조에서 행정심판위원회의 조직과 구성을 규정하고 있는데, 행정심판이 사법절차에 준해야 한다는 헌법적 요청에 따라 행정심판위원회의 독립성과 위원의 신분보장, 심판의 공정성을 위한 위원의 제척·기피제도 등을 규정하고 있다. 2008. 2. 29. 이전의 행정심판법은 행정심판기관을 행정청인 재결청과 의결기관인 행정심판위원회로 분리하였지만, 개정 행정심판법은 재결청을 폐지하고 재결청의 권한을 행정심판위원회로 이관해서 행정심판위원회가 행정심판의 모든 권한을 행사하도록 하고 있다. 나아가 2010. 1. 25. 개정된 행정심판법은 중앙행정심판위원회 이외의 행정심판위원회에서도 회의정원을 7명에서 9명으로, 회의시 위촉위원을 4명에서 6명이상으로 늘려 행정심판위원회의 독립성과 공정성을 강화하고 있다[954]. 별도의 행정심판기관을 두는 특별행정심판의 경우도 개별법이 행정심판법과 마찬가지로 행정심판의 독립성과 공정성을 유지하고 있다.

---

953) 행정심판은 반드시 재판의 전심절차로서만 가능하고, 재판은 분쟁의 대상이 된 사실관계를 확정하는 작용(법률심)과 이에 적용된 법을 채택하는 작용(법률심)으로 구성되기 때문에 사실심과 법률심 중 어느 하나라도 행정심판이 종국적 판단과정으로 작용하면 위헌이 된다. 행정심판의 절차가 준사법절차여야 하는데, 사법절차는 독립된 심판관, 당사자의 변호권, 절차적 공정성이 보장되는 대심적 구조에 의한 심판절차 등을 의미하기 때문에 사법절차에 유사한 정도의 절차적 접근성이 없으면 위헌이 된다. 헌결 1995. 9. 28. 92헌가11,93헌가8·9·10(전원) 【특허법 제186조 제1항등 위헌제청】 [1] 법관에 의한 재판을 받을 권리를 보장한다고 함은 결국 법관이 사실을 확정하고 법률을 해석·적용하는 재판을 받을 권리를 보장한다는 뜻이고, 그와 같은 법관에 의한 사실확정과 법률의 해석적용의 기회에 접근하기 어렵도록 제약이나 장벽을 쌓아서는 아니된다고 할 것이며, 만일 그러한 보장이 제대로 이루어지지 아니한다면 헌법상 보장된 재판을 받을 권리의 본질적 내용을 침해하는 것으로서 우리 헌법상 허용되지 아니한다. [2] 특허청의 심판절차에 의한 심결이나 보정각하결정은 특허청의 행정공무원에 의한 것으로서 이를 헌법과 법률이 정한 법관에 의한 재판이라고 볼 수 없으므로 특허법 제186조 제1항은 법관에 의한 사실확정 및 법률적용의 기회를 박탈한 것으로서 헌법상 국민에게 보장된 '법관에 의한' 재판을 받을 권리의 본질적 내용을 침해하는 위헌규정이다. [3] 특허법 제186조 제1항이 행정심판임이 분명한 특허청의 항고심판심결이나 결정에 대한 법원의 사실적 측면과 법률적 측면에 대한 심사를 배제하고 대법원으로 하여금 특허사건의 최종심 및 법률심으로서 단지 법률적 측면의 심사만을 할 수 있도록 하고 재판의 전심절차로서만 기능하게 하고 있는 것은, 앞서 본 바와 같이 일체의 법률적 쟁송에 대한 재판기능을 대법원을 최고법원으로 하는 법원에 속하도록 규정하고 있는 헌법 제101조 제1항 및 제107조 제3항에 위반된다.

954) 2010. 1. 25. 행정심판법의 전면 개정에서 1. 국무총리행정심판위원회를 중앙행정심판위원회로 명칭 변경하고, 2. 중앙행정심판위원회 이외의 행정심판위원회도 원칙적으로 회의정원을 7명에서 9명으로, 회의시 위촉위원을 4명에서 6명이상으로 늘리고, 3. 일반행정심판위원회를 독립기관 등 소속 행정심판위원회, 중앙행정심판위원회, 시도행정심판위원회, 직근 상급행정기관 소속 행정심판위원회 등으로 재분류하였다.

나. 이의신청

> 제4조(특별행정심판 등) ① 사안의 전문성과 특수성을 살리기 위하여 특히 필요한 경우 외에는 이 법에 따른 행정심판을 갈음하는 특별한 행정불복절차(이하 "특별행정심판"이라 한다)나 이 법에 따른 행정심판 절차에 대한 특례를 다른 법률로 정할 수 없다.
>
> ② 다른 법률에서 특별행정심판이나 이 법에 따른 행정심판 절차에 대한 특례를 정한 경우에도 그 법률에서 규정하지 아니한 사항에 관하여는 이 법에서 정하는 바에 따른다.
>
> ③ 관계 행정기관의 장이 특별행정심판 또는 이 법에 따른 행정심판 절차에 대한 특례를 신설하거나 변경하는 법령을 제정 · 개정할 때에는 미리 중앙행정심판위원회와 협의하여야 한다.

이의신청은 행정청의 위법 · 부당한 처분 또는 부작위에 대한 행정기관에 의한 권리구제절차이지만, 행정심판법이 적용되지 않을 뿐만 아니라 사법절차가 준용되는 쟁송절차가 아닌 불복절차를 의미한다. 즉, 이의신청은 행정심판법 제4조 제1항의 특별행정심판과 구별되는 개념으로서 처분청에 직접 제기하는 불복절차를 의미하고, 행정심판법 제4조 제2항에 의한 행정심판법이 적용되지 않는 절차이기 때문에 개별법에서 별도의 절차를 규정하고 있다. 한편, 개별법에 규정된 이의신청이 행정심판인지 또는 이의신청인지 여부를 구별하는 기준에 관하여 다양한 견해가 있지만, 헌법 제107조 제3항에 따라 쟁송절차를 기준으로 준사법절차가 보장되는 불복절차라면 행정심판이고, 그렇지 않으면 이의신청으로 보아야 한다(605).

행정심판과 이의신청을 구별하는 실익은 **개별법에서 이의신청으로 규정하고 있는 불복절차**가 행정심판 또는 특별행정심판이라면 행정심판법이 적용되고, 당해 불복절차를 거친 후에는 다시 행정심판을 제기할 수 없으며, 이의신청에 대한 처분청의 결정은 행정심판의 재결의 성질을 가지며, 행정소송에서 제소기간은 이의신청에 대한 결정서 송달을 기준으로 하며, 필요적 행정심판전치주의가 요구되는 경우라면 요건 구비로 판단된다. 그러나 행정심판이 아닌 이의신청이라면 행정심판법이 적용되지 않고, 당해 불복절차를 거친 후라도 다시 행정심판을 제기할 수 있으며, 이의신청에 대한 처분청의 결정은 기존 처분을 그대로 유지하는 결정[955)]을 제외하고는

---

955) 대판 2012. 11. 15. 선고 2010두8676 민원사무처리에 관한 법률 제18조 제1항에서 정한 '거부처분에 대한 이의신청'을 받아들이지 않는 취지의 기각 결정 또는 그 취지의 통지가 항고소송의 대상이 되는지 여부(소극) "민원사무처리에 관한 법률(이하 '민원사무처리법'이라 한다) 제18조 제1항에서 정한 거부처분에 대한 이의신청(이하 '민원 이의신청'이라 한다)은 행정청의 위법 또는 부당한 처분이나 부작위로 침해된 국민의 권리 또는 이익을 구제함을 목적으로 하여 행정청과 별도의 행정심판기관에 대하여 불복할 수 있도록 한 절차인 행정심판과는 달리, 민원사무처리

새로운 처분으로서의 성질을 지닌다[956]. 또한 행정소송에서 제소기간의 기준시점은 이의신청

법에 의하여 민원사무처리를 거부한 처분청이 민원인의 신청 사항을 다시 심사하여 잘못이 있는 경우 스스로 시정하도록 한 절차이다. 이에 따라, 민원 이의신청을 받아들이는 경우에는 이의신청 대상인 거부처분을 취소하지 않고 바로 최초의 신청을 받아들이는 새로운 처분을 하여야 하지만, 이의신청을 받아들이지 않는 경우에는 다시 거부처분을 하지 않고 그 결과를 통지함에 그칠 뿐이다. 따라서 이의신청을 받아들이지 않는 취지의 기각 결정 내지는 그 취지의 통지는, 종전의 거부처분을 유지함을 전제로 한 것에 불과하고 또한 거부처분에 대한 행정심판이나 행정소송의 제기에도 영향을 주지 못하므로, 결국 민원 이의신청인의 권리·의무에 새로운 변동을 가져오는 공권력의 행사나 이에 준하는 행정작용이라고 할 수 없어, 독자적인 항고소송의 대상이 된다고 볼 수 없다고 봄이 타당하다."

대판 2016. 7. 27. 선고 2015두45953 국가유공자 등 예우 및 지원에 관한 법률 제74조의18 제1항이 정한 이의신청을 받아들이지 아니하는 결정이 항고소송의 대상이 되는지 여부(소극) "국가유공자 등 예우 및 지원에 관한 법률(이하 '국가유공자법'이라 한다) 제4조 제1항 제6호, 제6조 제3항, 제4항, 제74조의18의 문언·취지 등에 비추어 알 수 있는 다음과 같은 사정, 즉 국가유공자법 제74조의18 제1항이 정한 이의신청은, 국가유공자 요건에 해당하지 아니하는 등의 사유로 국가유공자 등록신청을 거부한 처분청인 국가보훈처장이 신청 대상자의 신청 사항을 다시 심사하여 잘못이 있는 경우 스스로 시정하도록 한 절차인 점, 이의신청을 받아들이는 것을 내용으로 하는 결정은 당초 국가유공자 등록신청을 받아들이는 새로운 처분으로 볼 수 있으나, 이와 달리 이의신청을 받아들이지 아니하는 내용의 결정은 종전의 결정 내용을 그대로 유지하는 것에 불과한 점, 보훈심사위원회의 심의·의결을 거치는 것도 최초의 국가유공자 등록신청에 대한 결정에서나 이의신청에 대한 결정에서 마찬가지로 거치도록 규정된 절차인 점, 이의신청은 원결정에 대한 행정심판이나 행정소송의 제기에도 영향을 주지 아니하는 점 등을 종합하면, 국가유공자법 제74조의18 제1항이 정한 이의신청을 받아들이지 아니하는 결정은 이의신청인의 권리·의무에 새로운 변동을 가져오는 공권력의 행사나 이에 준하는 행정작용이라고 할 수 없으므로 원결정과 별개로 항고소송의 대상이 되지는 않는다."

956) 이의신청에 따른 결정의 성질과 효력에 대하여 이의신청의 대상이 된 처분을 취소하는 결정은 직권취소, 변경하는 결정은 직권취소와 새로운 처분의 결합, 기각하는 결정은 종전처분을 단순히 확인하는 행위로서 독립된 처분이 아니다. 『박균성, 제9판 행정법강의(박영사, 2012), 657쪽』 다만, 이의신청에 따른 직권취소 결정에는 국민의 권익보호 차원에서 특별한 사유 없이 이를 번복하여 종전 처분과 동일한 내용의 처분을 할 수 없다고 보아야 한다(불가변력 인정). 대판 2010. 9. 30. 2009두1020【양도소득세부과처분취소】[1] 과세처분에 관한 불복절차과정에서 과세관청이 그 불복사유가 옳다고 인정하고 이에 따라 필요한 처분을 하였을 경우에는, 불복제도와 이에 따른 시정방법을 인정하고 있는 구 국세기본법(2007. 12. 31. 법률 제8830호로 개정되기 전의 것) 제55조 제1항, 제3항 등 규정들의 취지에 비추어 동일 사항에 관하여 특별한 사유 없이 이를 번복하고 다시 종전의 처분을 되풀이할 수는 없는 것이므로, 과세처분에 관한 이의신청절차에서 과세관청이 이의신청 사유가 옳다고 인정하여 과세처분을 직권으로 취소한 이상 그 후 특별한 사유 없이 이를 번복하고 종전 처분을 되풀이하는 것은 허용되지 않는다. [2] 과세관청이 갑에게 재촌자경 사실을 인정할 증거가 부족하다는 이유로 양도소득세 감면신청을 받아들이지 않는 채 토지에 대한 양도소득세를 부과하였다가, 갑이 재촌자경한 사실이 있다고 다투며 이의신청을 하자 이의사유를 받아들여 위 처분을 직권으로 취소한 후, 갑의 토지가 대규모 개발사업지역과 관련한 양도소득세의 예외적 감면 대상이 아니라는 이유로 종전과 동일한 내용의 과세처분을 한 사안에서, 위 토지가 대규모 개발사업지역에 속하는지 여부에 관한 사항은 종전 처분을 직권으로 취소할 당시 판단의 대상이 되었던 사유이므로, 과세관청이 특별한 사유 없이 종전 처분을 직권으로 취소한 것을 번복하고 다시 종전과 동일한 내용으로 한 위 과세처분은 위법함에도 위 처분이 적법하다고 본 원심판결에 과세처분의 직권취소 후 재처분 제한에 관한 법리를 오해한 잘못이 있다고 한 사례. 동지, 대판 1978. 1. 31. 77누266 【양도소득세부과처분취소】 대판 1990. 10. 23. 89누6426【법인세등부과처분취소】 대판 2010. 6. 24. 2007두18161【부가가치세부과처분취소】 과세처분에 관한 불복절차과정에서 그 불복사유가 옳다고 인정하고 이에 따라 필요한 처분을 하였을 경우에는 불복제도와 이에 따른 시정방법을 인정하고 있는 국세기본법 취지에 비추어 동일 사항에 관하여 특별한 사유 없이 이를 번복하고 다시 종전의 처분을 되풀이 할 수는 없다. <사안 : 원고가 매입세액이 매입세액 공제대상이 된다는 사유로 이의신청하였고, 피고가 경정처분을 직권으로 취소한 후 이의신청에 대하여 '처분청인 피고가 당해 처분에 대한 원고의 주장이 이유 있다고 판단하여 직권 시정하였고, 그로 인하여 당해 처분이 없다'는 이유로 각하 결정하였는데, 그 후 피고가 '이 사건 매입세액은 매입세액 공제대상이 아니라는 서울지방국세청의 감사지적'에 따라 원고에게 다시 종전 처분인 경정처분과 동일한 내용의 이 사건 재경정처분을 하자 이에 취소소송을 제기. 원심 : 원고의 이의신청에 대한 피고의 각하결정은 국세기본법상 이의신청에 대한 결정에 대하여 기속력을 인정하는 명문의 규정이 없을 뿐만 아니라 인용결정이 아니어서 관계행정청을 기속하는 효력이 없다는 이유로 이 사건 재경정처분이 적법함.> 한편, 이의신청 등에 대한 결정의 한 유형으로 실무상 행해지고 있는 재조사결정은 그에 따른 후속 처분의 내용을 이의신청 등에 대한 결정의 일부분으로 삼겠다는 의사가 내포된 변형결정이다. 따라서 취소소송의 대상은 원처분(후속 처분이 감액 결정인 경우)이고, 심사청구기간이나 심판청구기간 또는 행정소송의 제소기간의 기산점은 후속 처분의 통지를 받은 날로부터 기산한다. 대판 2010. 6. 25. 선고

이 아닌 처분 또는 행정심판에 대한 재결서 송달을 기준으로 하며[957], 필요적 행정심판전치주의가 요구되는 경우라면 요건 미비로 각하된다.

이의신청을 거친 후 불복절차를 규정하고 있는 개별법의 형태 등을 고려해 이의신청규정의 법적 성격을 구체적으로 구별할 필요가 있다. 이의신청절차가 행정심판법상 특례절차로 규정되어 있는 경우[공익사업을 위한 토지 등의 취득 및 보상에 관한 법률 제83조의 수용재결에 대한 중앙토지수용위원회에게 이의신청], 이의신청절차가 행정심판법의 적용을 배제하는 경우[개발제한구역의 지정 및 관리에 관한 특별조치법 제27조의 매수결정 · 매수가격결정 및 부담금의 부과 · 징수에 대한 중앙토지수용위원회에게 이의신청], 이의신청 후 행정소송을 제기할 수 있다는 규정만 있는 경우[지방자치법 제140조의 사용료 등의 부과 · 징수에 대한 처분청에게 이의신청], 이의신청절차를 행정소송의 필요적 전심절차로 규정되어 있는 경우[선박안전법 제68조의 시정조치명령 또는 출항정지명령에 대한 국토부장관에게 이의신청] 등에서 이의신청규정은 행정심판 또는 특별행정심판의 성격을 지닌다. 이의신청 결정에 대한 불복절차로서 행정소송과

2007두12514 (전원) "[다수의견] 이의신청 등에 대한 결정의 한 유형으로 실무상 행해지고 있는 재조사결정은 처분청으로 하여금 하나의 과세단위의 전부 또는 일부에 관하여 당해 결정에서 지적된 사항을 재조사하여 그 결과에 따라 과세표준과 세액을 경정하거나 당초 처분을 유지하는 등의 후속 처분을 하도록 하는 형식을 취하고 있다. 이에 따라 재조사결정을 통지받은 이의신청인 등은 그에 따른 후속 처분의 통지를 받은 후에야 비로소 다음 단계의 쟁송절차에서 불복할 대상과 범위를 구체적으로 특정할 수 있게 된다. 이와 같은 재조사결정의 형식과 취지, 그리고 행정심판제도의 자율적 행정통제기능 및 복잡하고 전문적·기술적 성격을 갖는 조세법률관계의 특수성 등을 감안하면, 재조사결정은 당해 결정에서 지적된 사항에 관해서는 처분청의 재조사결과를 기다려 그에 따른 후속 처분의 내용을 이의신청 등에 대한 결정의 일부분으로 삼겠다는 의사가 내포된 변형결정에 해당한다고 볼 수밖에 없다. 그렇다면 재조사결정은 처분청의 후속 처분에 의하여 그 내용이 보완됨으로써 이의신청 등에 대한 결정으로서의 효력이 발생한다고 할 것이므로, 재조사결정에 따른 심사청구기간이나 심판청구기간 또는 행정소송의 제소기간은 이의신청인 등이 후속 처분의 통지를 받은 날부터 기산된다고 봄이 타당하다. [대법관 김영란, 대법관 양승태, 대법관 안대희의 별개의견] 재조사결정은 단지 효율적인 사건의 심리를 위하여 처분청에 재조사를 지시하는 사실상의 내부적 명령에 불과하다고 보아야 할 것이므로 그로써 이의신청 등에 대한 결정이 있었다고 할 수 없고, 후속 처분에 의하여 그 효력이 발생한다고 의제할 수도 없다. 따라서 이의신청인 등에게 재조사결정이나 후속 처분이 통지되었다고 하더라도 그 후 다시 재결청이 국세기본법에 규정된 유형의 결정을 하여 이의신청인 등에게 이를 통지할 때까지는 심사청구기간 등이 진행하지 않는다고 보아야 한다."

957) 대판 2012. 11. 15. 선고 2010두8676 민원사항에 대한 행정기관의 장의 거부처분에 불복하여 민원사무처리에 관한 법률 제18조 제1항에 따라 이의신청을 한 경우, 이의신청에 대한 결과를 통지받은 날부터 취소소송의 제소기간이 기산되는지 여부(소극)

대판 2016. 7. 27. 선고 2015두45953 국가유공자 등 예우 및 지원에 관한 법률 제74조의18 제1항이 정한 이의신청을 받아들이지 아니하는 결과를 통보받은 자가 통보받은 날부터 90일 이내에 행정심판 또는 취소소송을 제기할 수 있는지 여부(적극) " 국가유공자 비해당결정 등 원결정에 대한 이의신청이 받아들여지지 아니한 경우에도 이의신청인으로서는 원결정을 대상으로 항고소송을 제기하여야 하고, 국가유공자 등 예우 및 지원에 관한 법률 제74조의18 제4항이 이의신청을 하여 그 결과를 통보받은 날부터 90일 이내에 행정심판법에 따른 행정심판의 청구를 허용하고 있고, 행정소송법 제18조 제1항 본문이 "취소소송은 법령의 규정에 의하여 당해 처분에 대한 행정심판을 제기할 수 있는 경우에도 이를 거치지 아니하고 제기할 수 있다."라고 규정하고 있는 점 등을 종합하면, 이의신청을 받아들이지 아니하는 결과를 통보받은 자는 통보받은 날부터 90일 이내에 행정심판법에 따른 행정심판 또는 행정소송법에 따른 취소소송을 제기할 수 있다."

행정심판을 제기할 수 있음을 규정하고 있는 경우[공공기관의 정보공개에 관한 법률 제18조의 공공기관의 비공개 또는 부분공개에 대한 이의신청, 민원사무처리에 관한 법률 제18조의 민원사항 처리 거부에 대한 이의신청[958]], 이의신청 결정에 대한 불복절차로서 행정심판을 제기할 수 있음을 규정하고 있는 경우[공인회계사법 제52조의3의 과징금 부과처분에 대한 금융위원회에게 이의신청] 등에서의 이의신청규정은 행정심판이 아닌 이의신청의 성격을 지닌다. 그러나, 개별법에서 이의신청 결정 후 불복절차에 대하여 별도로 규정하지 않은 경우에는 준사법절차의 보장 여부, 행정심판법에 의한 행정심판 허용의 적정성 유무 등을 종합적으로 고려해서 당해 이의신청규정이 행정심판인지 또는 이의신청인지 여부를 판단해야 한다[959].

---

958) 대판 2012. 11. 15. 2010두8676 【주택건설사업승인불허가처분취소등】 [1] 행정소송법 제18조 내지 제20조, 행정심판법 제3조 제1항, 제4조 제1항, 민원사무처리에 관한 법률(이하 '민원사무처리법'이라 한다) 제18조, 같은 법 시행령 제29조 등의 규정들과 그 취지를 종합하여 보면, 민원사무처리법에서 정한 민원 이의신청의 대상인 거부처분에 대하여는 민원 이의신청과 상관없이 행정심판 또는 행정소송을 제기할 수 있으며, 또한 민원 이의신청은 민원사무처리에 관하여 인정된 기본사항의 하나로 처분청으로 하여금 다시 거부처분에 대하여 심사하도록 한 절차로서 행정심판법에서 정한 행정심판과는 성질을 달리하고 또한 사안의 전문성과 특수성을 살리기 위하여 특별한 필요에 따라 둔 행정심판에 대한 특별 또는 특례 절차라 할 수도 없어 행정소송법에서 정한 행정심판을 거친 경우의 제소기간의 특례가 적용된다고 할 수도 없으므로, 민원 이의신청에 대한 결과를 통지받은 날부터 취소소송의 제소기간이 기산된다고 할 수 없다. 그리고 이와 같이 민원 이의신청 절차와는 별도로 그 대상이 된 거부처분에 대하여 행정심판 또는 행정소송을 제기할 수 있도록 보장하고 있는 이상, 민원 이의신청 절차에 의하여 국민의 권익 보호가 소홀하게 된다거나 헌법 제27조에서 정한 재판청구권이 침해된다고 볼 수도 없다. [2] 민원사무처리에 관한 법률(이하 '민원사무처리법'이라 한다) 제18조 제1항에서 정한 거부처분에 대한 이의신청(이하 '민원 이의신청'이라 한다)은 행정청의 위법 또는 부당한 처분이나 부작위로 침해된 국민의 권리 또는 이익을 구제함을 목적으로 하여 행정청과 별도의 행정심판기관에 대하여 불복할 수 있도록 한 절차인 행정심판과는 달리, 민원사무처리법에 의하여 민원사무처리를 거부한 처분청이 민원인의 신청 사항을 다시 심사하여 잘못이 있는 경우 스스로 시정하도록 한 절차이다. 이에 따라, 민원 이의신청을 받아들이는 경우에는 이의신청 대상인 거부처분을 취소하지 않고 바로 최초의 신청을 받아들이는 새로운 처분을 하여야 하지만, 이의신청을 받아들이지 않는 경우에는 다시 거부처분을 하지 않고 그 결과를 통지함에 그칠 뿐이다. 따라서 이의신청을 받아들이지 않는 취지의 기각 결정 내지는 그 취지의 통지는, 종전의 거부처분을 유지함을 전제로 한 것에 불과하고 또한 거부처분에 대한 행정심판이나 행정소송의 제기에도 영향을 주지 못하므로, 결국 민원 이의신청인의 권리·의무에 새로운 변동을 가져오는 공권력의 행사나 이에 준하는 행정작용이라고 할 수 없어, 독자적인 항고소송의 대상이 된다고 볼 수 없다고 봄이 타당하다. <[1] 민원사항에 대한 행정기관의 장의 거부처분에 불복하여 민원사무처리에 관한 법률 제18조 제1항에 따라 이의신청을 한 경우, 이의신청에 대한 결과를 통지받은 날부터 취소소송의 제소기간이 기산되는지 여부(소극). 제18조(거부처분에 대한 이의신청) ① 민원사항에 대한 행정기관의 장의 거부처분에 불복하는 민원인은 그 거부처분을 받은 날부터 90일 이내에 그 행정기관의 장에게 문서로 이의신청을 할 수 있다. ② 행정기관의 장은 이의신청을 받은 날부터 10일 이내에 그 이의신청에 대하여 결정하고 그 결과를 민원인에게 지체 없이 문서로 통지하여야 한다. 다만, 부득이한 사유로 정하여진 기간 이내에 결정할 수 없을 때에는 그 기간의 만료일 다음 날부터 기산하여 10일 이내의 범위에서 연장할 수 있으며, 연장 사유를 민원인에게 통지하여야 한다. ③ 민원인은 제1항에 따른 이의신청 여부와 관계없이 「행정심판법」에 따른 행정심판 또는 「행정소송법」에 따른 행정소송을 제기할 수 있다.>

959) 대판 2010. 1. 28. 2008두19987 【개별공시지가결정처분취소】 부동산 가격공시 및 감정평가에 관한 법률 제12조, 행정소송법 제20조 제1항, 행정심판법 제3조 제1항의 규정 내용 및 취지와 아울러 부동산 가격공시 및 감정평가에 관한 법률에 행정심판의 제기를 배제하는 명시적인 규정이 없고 부동산 가격공시 및 감정평가에 관한 법률에 따른 이의신청과 행정심판은 그 절차 및 담당 기관에 차이가 있는 점을 종합하면, 부동산 가격공시 및 감정평가에 관한 법률이 이의신청에 관하여 규정하고 있다고 하여 이를 행정심판법 제3조 제1항에서 행정심판의 제기를 배제하는 '다른 법률에 특별한 규정이 있는 경우'에 해당한다고 볼 수 없으므로, 개별공시지가에 대하여 이의가 있는 자는 곧바로 행정소송을 제기하거나 부동산 가격공시 및 감정평가에 관한 법률에 따른 이의신청과 행정심판법에 따른 행정심

다. 행정소송

행정소송은 행정청의 위법한 처분 또는 부작위에 대한 법원에 의한 행정쟁송절차를 의미하기 때문에, **쟁송의 대상이 위법한 처분**이라는 점 및 **구제기관이 법원**이라는 점에서 행정심판과 크게 구별된다.

행정소송과 행정심판 모두 국민의 권익구제수단으로서 헌법에 의해 보장되기 때문에 양자의 관계가 문제된다. 헌법 제107조 제3항 '재판의 전심절차로서 행정심판을 할 수 있다.'에 따라 행정심판은 행정소송의 전치절차로서만 허용되는데, 행정심판이 모든 행정소송에서 전치절차로서 요구되는지 여부는 입법정책 · 입법재량에 관한 문제이다. 1994년 개정 전의 행정소송법에서는 필요적 행정심판전치주의를 채택하였지만, 현재 행정소송법은 원칙적으로 임의적 행정심판전치주의를 채택하면서 개별법에서 행정심판의 재결을 거치지 아니하면 취소소송을 제기할 수 없다는 규정을 두고 있는 경우에 한하여 예외적으로 필요적 행정심판전치주의를 관철하고 있다. 필요적 행정심판전치주의를 규정하고 있는 경우로서 국세기본법 · 관세법상 조세 · 관세부과처분, 국가공무원법 · 교육공무원법 · 지방공무원법상 공무원징계처분, 도로교통법상 처분 등이 있다.

행정심판에 의한 재결을 행정소송의 대상으로 할 것인지 여부도 입법정책에 관한 문제인데, 행정소송법 제19조는 '재결 자체의 고유한 위법이 있는 경우'를 제외하고 원처분을 취소소송의 대상으로 하는 원처분주의를 채택하면서 개별법에서 재결 자체를 취소소송의 대상으로 한다는 규정을 두고 있는 경우에 한하여 예외적으로 재결주의를 관철하고 있다. 재결주의를 규정하고 있는 경우로서 노동위원회법상 중앙노동위원회의 재심판정, 특허법상 특허심판원의 심결, 해양사고의조사및심판에관한법률상 중앙해양심판원의 재결 등이 있다.

판청구 중 어느 하나만을 거쳐 행정소송을 제기할 수 있을 뿐 아니라, 이의신청을 하여 그 결과 통지를 받은 후 다시 행정심판을 거쳐 행정소송을 제기할 수도 있다고 보아야 하고, 이 경우 행정소송의 제소기간은 그 행정심판 재결서 정본을 송달받은 날부터 기산한다. <이의신청으로 해석 : 부동산 가격공시 및 감정평가에 관한 법률 제8조(표준지공시지가에 대한 이의신청) ① 표준지공시지가에 대하여 이의가 있는 자는 표준지공시지가의 공시일부터 30일 이내에 서면으로 국토해양부장관에게 이의를 신청할 수 있다. ② 국토해양부장관은 제1항의 규정에 의한 이의신청기간이 만료된 날부터 30일 이내에 이의신청을 심사하여 그 결과를 신청인에게 서면으로 통지하여야 한다. 이 경우 국토해양부장관은 이의신청의 내용이 타당하다고 인정될 때에는 제3조 및 제5조의 규정에 따라 당해 표준지공시지가를 조정하여 다시 공시하여야 한다. 제12조(개별공시지가에 대한 이의신청) ① 개별공시지가에 대하여 이의가 있는 자는 개별공시지가의 결정 · 공시일부터 30일 이내에 서면으로 시장 · 군수 또는 구청장에게 이의를 신청할 수 있다. ② 시장 · 군수 또는 구청장은 제1항의 규정에 의한 이의신청기간이 만료된 날부터 30일 이내에 이의신청을 심사하여 그 결과를 신청인에게 서면으로 통지하여야 한다. 이 경우 시장·군수 또는 구청장은 이의신청의 내용이 타당하다고 인정될 때에는 제11조의 규정에 따라 당해 개별공시지가를 조정하여 다시 결정 · 공시하여야 한다.>

행정심판이 행정소송의 전심절차로서 이루어진 경우 행정소송의 제소기간은 개별법에서 제소기간을 별도로 규정하지 않고 있으면 행정소송법에 따라 '행정심판 재결서정본을 송달받은 날로부터 90일, 재결이 있은 날로부터 1년 내'에 소를 제기하면 된다. 다만 개별법에서 제소기간을 별도로 규정하고 있으면 그에 따라야 하고, 행정소송법상 제소기간 규정은 적용이 배제된다.

2. 행정심판의 종류

> 제5조(행정심판의 종류) 행정심판의 종류는 다음 각 호와 같다.
> 1. 취소심판: 행정청의 위법 또는 부당한 처분을 취소하거나 변경하는 행정심판
> 2. 무효등확인심판: 행정청의 처분의 효력 유무 또는 존재 여부를 확인하는 행정심판
> 3. 의무이행심판: 당사자의 신청에 대한 행정청의 위법 또는 부당한 거부처분이나 부작위에 대하여 일정한 처분을 하도록 하는 행정심판

가. 취소심판

취소심판은 행정청의 위법 또는 부당한 처분을 취소하거나 변경하는 심판이다. 취소는 적극적 처분의 취소뿐 아니라 소극적 처분인 거부처분의 취소를 포함하며, 변경은 행정소송법상 취소소송과 달리 적극적 변경을 말한다. 취소심판청구가 이유 있다고 인정되면 위원회는 행정심판법 제43조 제3항에 따라 처분을 취소 또는 다른 처분으로 변경하거나 처분을 다른 처분으로 변경할 것을 피청구인에게 명한다. 취소심판에 대하여 취소재결, 이행명령재결이 가능하고, 구체적으로 처분취소재결, 처분일부취소재결, 처분변경재결 및 처분변경명령재결 등이 있다. 취소심판에 대한 가구제로 행정심판법상 집행정지와 임시처분이 가능하다.

나. 무효등확인심판

무효등확인심판은 행정청의 처분의 효력 유무 또는 존재 여부를 확인하는 심판이다. 무효등확인심판의 청구가 이유있다고 인정되면 위원회는 행정심판법 제43조 제4항에 따라 처분의 효력 유무 또는 처분의 존재 여부를 확인한다. 무효확인재결에는 처분유효확인재결, 처분무효확인재결, 처분실효확인재결, 처분존재확인재결, 처분부존재확인재결 등이 있다. 무효등확인심판

에 대한 가구제로 행정심판법상 집행정지와 임시처분이 가능하다.

다. 의무이행심판

의무이행심판[960]은 행정청의 위법 또는 부당한 거부처분이나 부작위에 대하여 적극적인 처분을 구하는 행정심판이다. 거부처분이나 부작위에 대하여 행정소송에서는 거부처분취소소송과 부작위위법확인소송만이 인정되는 반면, 행정심판에서는 거부처분취소심판[961] 이외의 의무이행심판이 인정된다. 의무이행심판청구가 이유 있다고 인정되면 위원회는 행정심판법 제43조 제5항에 따라 지체없이 신청에 따른 처분을 하거나 처분을 할 것을 피청구인에게 명해야 하기 때문에 의무이행심판의 재결에는 처분재결과 처분명령재결이 있다. 의무이행심판에 대한 가구제로 행정심판법상 임시처분이 가능하고 성질상 집행정지는 허용되지 않는다. 통설은 의무이행심판의 성질을 이행쟁송으로 보지만, 처분재결은 형성재결이고 처분명령재결은 이행재결이기 때문에 형성쟁송과 이행쟁송 양자의 성격을 지닌다.

---

960) 행정심판은 행정소송과 달리 당사자소송, 민중소송, 기관소송이 허용되지 않지만, 항고소송 중 부작위위법확인소송과 거부처분취소소송과 달리 의무이행소송이 허용된다.

961) 거부처분취소심판이 가능한지 여부에 대하여 긍정설(행정심판법 제2조 제1호와 제5조 제1호에 따라 거부처분도 취소심판의 대상이 될 수 있다는 견해)과 부정설(행정심판법 제5조 제3호에서 거부처분을 의무이행심판의 대상으로 규정하고 있기 때문에 취소심판의 대상이 될 수 없다는 견해) 등의 대립이 있지만, 판례는 긍정설의 입장이다. 긍정설에 따라 거부처분에 대하여 의무이행심판이 제기된 경우라도 행정심판위원회가 거부처분취소재결을 할 수 있다고 해석함이 상당하다. 대판 1988. 12. 13. 88누7880 【도시계획사업시행허가처분등취소】 당사자의 신청을 거부하는 처분을 취소하는 재결이 있는 경우에는 행정청은 그 재결의 취지에 따라 이전의 신청에 대한 처분을 하여야 하는 것이므로 행정청이 그 재결의 취지에 따른 처분을 하지 아니하고 그 처분과는 양립할 수 없는 다른 처분을 하는 것은 위법한 것이라 할 것이고 이 경우 그 재결의 신청인은 위법한 다른 처분의 취소를 소구할 이익이 있다.

부작위위법확인심판이 가능하지 여부에 대하여 견해의 대립이 있을 수 있지만, 행정심판법 제5조 제2호에서 처분의 효력 유무와 존재 여부에 대한 확인만 규정할 뿐 작위의무 여부에 대한 확인을 규정하고 있지 않다는 점과 제5조 제3호에서 부작위를 의무이행심판의 대상으로 규정하고 있다는 점 등에 비추어 불가능하다고 해석된다. 이에 따르면 의무이행심판에서 부작위법확인 재결이 불가능하다고 해석된다.

제 2 장

행정심판 절차

제 2 장

행정심판절차

1. 행정심판의 당사자

가. 청구인, 청구인적격

> 제13조(청구인 적격) ① 취소심판은 처분의 취소 또는 변경을 구할 법률상 이익이 있는 자가 청구할 수 있다. 처분의 효과가 기간의 경과, 처분의 집행, 그 밖의 사유로 소멸된 뒤에도 그 처분의 취소로 회복되는 법률상 이익이 있는 자의 경우에도 또한 같다.
>
> ② 무효등확인심판은 처분의 효력 유무 또는 존재 여부의 확인을 구할 법률상 이익이 있는 자가 청구할 수 있다.
>
> ③ 의무이행심판은 처분을 신청한 자로서 행정청의 거부처분 또는 부작위에 대하여 일정한 처분을 구할 법률상 이익이 있는 자가 청구할 수 있다.

청구인능력[962]과 관련해서 민사소송처럼 행정심판을 제기하는 자는 자연인과 법인이어야

---

962) 민사송법상 소송능력과 변론능력은 행정소송법 제8조에 의해 행정소송에도 적용되지만, 행정심판법에 동일한 취지의 규정이 없기 때문에 행정심판에는 적용되지 않는다. 제51조(당사자능력 · 소송능력 등에 대한 원칙) 당사자능력, 소송능력, 소송무능력자의 법정대리와 소송행위에 필요한 권한의 수여는 이 법에 특별한 규정이 없으면 민법, 그 밖의 법률에 따른다. 제144조(변론능력이 없는 사람에 대한 조치) ① 법원은 소송관계를 분명하게 하기 위하여 필요한 진술을 할 수 없는 당사자 또는 대리인의 진술을 금지하고, 변론을 계속할 새 기일을 정할 수 있다. ② 제1항의 규정에 따라 진술을 금지하는 경우에 필요하다고 인정하면 법원은 변호사를 선임하도록 명할 수 있다.

하지만, 법인이 아닌 사단 또는 재단으로서 대표자 또는 관리인이 정하여져 있는 경우도 가능하다[963](제14조(606)). 국가 또는 지방자치단체는 예외적으로 행정소송을 제기할 수 있는 사안에서 법주체로서 청구인능력이 인정될 수 있지만, 행정기관에 대하여 예외적으로 청구인능력을 인정하는 견해(607)와 부정하는 견해의 대립이 있다.

청구인적격과 관련해서 행정심판을 제기할 '법률상 이익'이 있는 자에게 청구인적격이 인정된다(제13조). 제13조에 대하여 부당한 처분에 의한 권리침해도 행정심판의 대상이 되기 때문에 사실상 이익이 침해된 경우도 청구인적격을 확대해야 한다는 견해(입법과오론)와 부당은 본안의 문제이기 때문에 청구인적격은 법률상 이익이 침해된 경우로 한정해야 한다는 견해 등의 대립이 있지만, 통설·판례는 법률상 이익을 행정소송의 원고적격과 동일한 개념으로 본다[964].

행정심판법은 민사소송처럼 제15조(608)와 제19조(609)에서 선정대표자제도를, 제16조(610)에서 청구인의 지위승계제도를, 제18조 제1항(611)에서 청구인의 대리인제도를 규정하고 있다.

나. 피청구인, 피청구인적격, 피청구인 경정

제17조(피청구인의 적격 및 경정) ① 행정심판은 처분을 한 행정청(의무이행심판의 경우에는 청구인의 신청을 받은 행정청)을 피청구인으로 하여 청구하여야 한다. 다만, 심판청구의 대상과 관계되는 권한이 다른 행정청에 승계된 경우에는 권한을 승계한 행정청을 피청구인으로 하여야 한다.

② 청구인이 피청구인을 잘못 지정한 경우에는 위원회는 직권으로 또는 당사자의 신청에 의하여 결정으로써 피청구인을 경정할 수 있다.

행정심판의 상대방은 취소심판·무효등확인심판의 경우 처분을 행한 행정청, 의무이행심판의 경우 청구인의 신청을 받은 행정청이어야 한다. 이 때 행정청이란 행정에 관한 의사를 결정하여 표시하는 국가 또는 지방자치단체의 기관, 그 밖에 법령 또는 자치법규에 따라 행정권한을 가지고 있거나 위탁을 받은 공공단체나 그 기관 또는 사인을 말하는데(제2조 제4호(612)),

---

963) 민사소송법 52조(법인이 아닌 사단 등의 당사자능력) 법인이 아닌 사단이나 재단은 대표자 또는 관리인이 있는 경우에는 그 사단이나 재단의 이름으로 당사자가 될 수 있다. 동 규정은 행정소송법 제8조에 의해 행정소송에서도 적용된다.

964) 제13조 제1항 후단 '처분의 효과가 기간의 경과, 처분의 집행, 그 밖의 사유로 소멸된 뒤에도 그 처분의 취소로 회복되는 법률상 이익이 있는 자의 경우에도 또한 같다.'의 내용은 취소소송의 원고적격과 내용이 동일하다. 따라서 위 규정은 행정소송에서 요구되는 협의의 소의 이익(다수설)과 동일한 내용으로 행정심판에서 요구되는 심판의 이익으로 해석된다. 즉, 심판의 이익은 행정심판의 요건이 된다.

피청구인적격은 이러한 행정청 중 처분을 (표시)한 행정청 또는 청구인의 신청을 받은 행정청이 가진다.

행정심판법은 행정소송상 피고경정처럼 심판청구의 대상에 관한 권한이 승계된 경우에는 권한을 승계한 행정청을 피청구인으로 해야 하고(제17조 제1항 단서), 청구인이 피청구인을 잘못 지정한 경우에는 위원회는 직권으로 또는 당사자의 신청에 의하여 결정으로써 피청구인을 경정할 수 있도록(제17조 제2항) 피청구인 경정제도를 인정하고, 민사소송처럼 제18조 제2항[613]에서 피청구인의 대리인제도를 규정하고 있다.

다. 참가인

> 제22조(참가인의 지위) ① 참가인은 행정심판 절차에서 당사자가 할 수 있는 심판절차상의 행위를 할 수 있다.
>
> ② 이 법에 따라 당사자가 위원회에 서류를 제출할 때에는 참가인의 수만큼 부본을 제출하여야 하고, 위원회가 당사자에게 통지를 하거나 서류를 송달할 때에는 참가인에게도 통지하거나 송달하여야 한다.

행정심판의 참가는 현재 계속 중인 행정심판의 결과에 따라 이해관계 있는 제3자 또는 행정청이 행정심판에 참여하는 것을 의미하고, 이렇게 참여하는 제3자 또는 행정청을 **참가인**이라고 한다. 행정심판법은 민사소송의 필수적공동소송인이나 보조참가인처럼 참가인의 지위와 절차적 권리를 보장하고 있지만(제22조), 행정소송의 제3자 재심과 달리 행정심판에서 재심(재신청) 제도를 채택하지 않고 있다는 점 등을 이유로 참가인에게 재심을 허용하지 않는다. 행정심판법은 행정소송처럼 제20조[614]에서 이해관계인 또는 행정청의 신청에 의한 참가를, 제21조[615]에서 행정심판위원회의 요구에 의한 참가를 규정하고 있다.

2. 행정심판위원회

가. 종류

제6조(행정심판위원회의 설치) ① 다음 각 호의 행정청 또는 그 소속 행정청(행정기관의 계층구조와 관계없이 그 감독을 받거나 위탁을 받은 모든 행정청을 말하되, 위탁을 받은 행정청은 그 위탁받은 사무에 관하여는 위탁한 행정청의 소속 행정청으로 본다. 이하 같다)의 처분 또는 부작위에 대한 행정심판의 청구(이하 "심판청구"라 한다)에 대하여는 다음 각 호의 행정청에 두는 행정심판위원회에서 심리·재결한다.

1. 감사원, 국가정보원장, 그 밖에 대통령령으로 정하는 대통령 소속기관의 장
2. 국회사무총장·법원행정처장·헌법재판소사무처장 및 중앙선거관리위원회사무총장
3. 국가인권위원회, 그 밖에 지위 · 성격의 독립성과 특수성 등이 인정되어 대통령령으로 정하는 행정청

② 다음 각 호의 행정청의 처분 또는 부작위에 대한 심판청구에 대하여는 「부패방지 및 국민권익위원회의 설치와 운영에 관한 법률」에 따른 국민권익위원회(이하 "국민권익위원회"라 한다)에 두는 중앙행정심판위원회에서 심리 · 재결한다.

1. 제1항에 따른 행정청 외의 국가행정기관의 장 또는 그 소속 행정청
2. 특별시장 · 광역시장·특별자치시장 · 도지사 · 특별자치도지사(특별시 · 광역시·특별자치시 · 도 또는 특별자치도의 교육감을 포함한다. 이하 "시 · 도지사"라 한다) 또는 특별시 · 광역시 · 특별자치시 · 도 · 특별자치도(이하 "시 · 도"라 한다)의 의회(의장, 위원회의 위원장, 사무처장 등 의회 소속 모든 행정청을 포함한다)
3. 「지방자치법」에 따른 지방자치단체조합 등 관계 법률에 따라 국가 · 지방자치단체·공공법인 등이 공동으로 설립한 행정청. 다만, 제3항제3호에 해당하는 행정청은 제외한다.

③ 다음 각 호의 행정청의 처분 또는 부작위에 대한 심판청구에 대하여는 시 · 도지사 소속으로 두는 행정심판위원회에서 심리 · 재결한다.

1. 시·도 소속 행정청
2. 시·도의 관할구역에 있는 시·군·자치구의 장, 소속 행정청 또는 시 · 군 · 자치구의 의회(의장, 위원회의 위원장, 사무국장, 사무과장 등 의회 소속 모든 행정청을 포함한다)
3. 시 · 도의 관할구역에 있는 둘 이상의 지방자치단체(시 · 군·자치구를 말한다) · 공공법인 등이 공동으로 설립한 행정청

④ 제2항제1호에도 불구하고 대통령령으로 정하는 국가행정기관 소속 특별지방행정기관의 장의 처분 또는 부작위에 대한 심판청구에 대하여는 해당 행정청의 직근 상급행정기관에 두는 행정심판위원회에서 심리 · 재결한다.

행정심판법상 행정심판위원회는 독립기관 등 소속 행정심판위원회, 중앙행정심판위원회, 시

· 도행정심판위원회, 직근 상급행정기관 소속 행정심판위원회 등이 있고, 개별법에 의한 특별행정심판위원회는 소청심사위원회, 조세심판원, 중앙토지수용위원회 등이 있다. 구체적으로 사건을 담당하는 행정심판위원회는 행정심판법과 개별법에 따라 다르기 때문에 심판청구인은 정당한 권한 있는 행정심판위원회에 행정심판을 청구해야 한다[본권 제4편 제3장 4. 특별행정심판과 소송요건 참조]. 권한 없는 행정심판위원회에 행정심판이 청구된 경우라면 행정심판위원회는 행정심판 청구에 대해 각하 재결해야 하거나[965], 제23조 제2항에 의해 정당한 권한 있는 행정심판위원회로 심판청구서를 송부해야 한다. 행정심판법 제60조(616)에서 중앙행정심판위원회의 행정청과 기타 행정심판위원회에 대한 지도 · 감독권을 규정하고 있다.

나. 지위

행정심판위원회는 소속기관으로부터 독립된 행정청이고, 행정심판청구를 심리 · 재결하는 합의제 행정청의 지위를 가진다. 2008. 2. 29. 개정 행정심판법에 의해 행정심판위원회는 행정심판에 대한 심리권과 재결권 모두를 가진다. 행정심판법 제12조(617)에서 위원회 권한의 승계를, 제61조(618)에서 위원장에게 위원회의 권한 위임 등을 규정하고 있다.

다. 구성

행정심판법은 행정심판의 독립성과 공정성을 유지하기 위해 제7조(619)에서 중앙행정심판위원회 이외 행정심판위원회의 구성을, 제8조(620)에서 중앙행정심판위원회의구성을, 제9조(621)에서 위원의 임기 및 신분보장 등을, 제10조(622)에서 위원과 직원의 제척 · 기피 · 회피제도[966]

---

965) 만약 본안 재결이 이루어졌다면 권한 없는 행정심판위원회의 재결은 무효라고 해석된다.

966) 제10조(위원의 제척 · 기피 · 회피) ① 위원회의 위원은 다음 각 호의 어느 하나에 해당하는 경우에는 그 사건의 심리 · 의결에서 제척된다. 이 경우 제척결정은 위원회의 위원장(이하 "위원장"이라 한다)이 직권으로 또는 당사자의 신청에 의하여 한다.

1. 위원 또는 그 배우자나 배우자이었던 사람이 사건의 당사자이거나 사건에 관하여 공동 권리자 또는 의무자인 경우
2. 위원이 사건의 당사자와 친족이거나 친족이었던 경우
3. 위원이 사건에 관하여 증언이나 감정을 한 경우
4. 위원이 당사자의 대리인으로서 사건에 관여하거나 관여하였던 경우
5. 위원이 사건의 대상이 된 처분 또는 부작위에 관여한 경우

② 당사자는 위원에게 공정한 심리 · 의결을 기대하기 어려운 사정이 있으면 위원장에게 기피신청을 할 수 있다.

⑥ 위원회의 회의에 참석하는 위원이 제척사유 또는 기피사유에 해당되는 것을 알게 되었을 때에는 스스로 그 사건의 심리 · 의결에서 회피할 수 있다.

등(623)을 규정하고 있다.

3. 행정심판의 청구

가. 청구의 대상, 청구의 변경

> 제3조(행정심판의 대상) ① 행정청의 처분 또는 부작위에 대하여는 다른 법률에 특별한 규정이 있는 경우 외에는 이 법에 따라 행정심판을 청구할 수 있다.
>
> ② 대통령의 처분 또는 부작위에 대하여는 다른 법률에서 행정심판을 청구할 수 있도록 정한 경우 외에는 행정심판을 청구할 수 없다.
>
> 제2조(정의) 이 법에서 사용하는 용어의 뜻은 다음과 같다.
>
> 1. "처분"이란 행정청이 행하는 구체적 사실에 관한 법집행으로서의 공권력의 행사 또는 그 거부, 그 밖에 이에 준하는 행정작용을 말한다.
> 2. "부작위"란 행정청이 당사자의 신청에 대하여 상당한 기간 내에 일정한 처분을 하여야 할 법률상 의무가 있는데도 처분을 하지 아니하는 것을 말한다.

행정심판의 대상인 처분 또는 부작위는 원칙적으로 행정소송의 대상인 처분 또는 부작위와 동일하다. 다만, 행정심판법 제3조 제2항은 대통령의 처분 또는 부작위에 대하여는 다른 법률에 특별한 규정이 있는 경우를 제외하고는 행정심판을 제기할 수 없도록 규정하고 있다. 한편, 대통령령이 아닌 처분적 법규명령이 행정심판의 대상이 될 수 있는지 여부에 관하여 헌법 제107조 제2항에 따라 명령에 대한 규범통제권이 법원에 있다는 점을 근거로 부정하는 견해와 행정소송과 행정심판의 처분개념이 동일하고 행정소송에서 처분적 법규명령이 행정소송의 대상이 된다는 점을 근거로 긍정하는 견해 등의 대립이 있다.

행정심판법은 행정소송상 소의 변경처럼 청구의 기초에 변경이 없는 범위 내에서 청구 취지나 이유의 변경을 허용하고[심판청구의 변경], 청구 후 처분이 변경된 경우에도 청구 취지나 이유의 변경을 허용하고 있다[처분변경으로 인한 청구의 변경](제29조(624)).

---

⑧ 사건의 심리 · 의결에 관한 사무에 관여하는 위원 아닌 직원에게도 제1항부터 제7항까지의 규정을 준용한다.

나. 청구의 방식

> 제28조(심판청구의 방식) ① 심판청구는 서면으로 하여야 한다.
>
> ② 처분에 대한 심판청구의 경우에는 심판청구서에 다음 각 호의 사항이 포함되어야 한다.
>
> 1. 청구인의 이름과 주소 또는 사무소(주소 또는 사무소 외의 장소에서 송달받기를 원하면 송달장소를 추가로 적어야 한다)
> 2. 피청구인과 위원회
> 3. 심판청구의 대상이 되는 처분의 내용
> 4. 처분이 있음을 알게 된 날
> 5. 심판청구의 취지와 이유
> 6. 피청구인의 행정심판 고지 유무와 그 내용
>
> ③ 부작위에 대한 심판청구의 경우에는 제2항제1호 · 제2호 · 제5호의 사항과 그 부작위의 전제가 되는 신청의 내용과 날짜를 적어야 한다.
>
> ④ 청구인이 법인이거나 제14조에 따른 청구인 능력이 있는 법인이 아닌 사단 또는 재단이거나 행정심판이 선정대표자나 대리인에 의하여 청구되는 것일 때에는 제2항 또는 제3항의 사항과 함께 그 대표자 · 관리인 · 선정대표자 또는 대리인의 이름과 주소를 적어야 한다.
>
> ⑤ 심판청구서에는 청구인 · 대표자 · 관리인 · 선정대표자 또는 대리인이 서명하거나 날인하여야 한다.

행정심판의 청구는 서면으로 해야 하고, 처분에 대한 행정심판의 경우에는 제28조 제2항 각호 '1. 청구인의 이름과 주소 또는 사무소(주소 또는 사무소 외의 장소에서 송달받기를 원하면 송달장소를 추가로 적어야 한다) 2. 피청구인과 위원회 3. 심판청구의 대상이 되는 처분의 내용 4. 처분이 있음을 알게 된 날 5. 심판청구의 취지와 이유 6. 피청구인의 행정심판 고지 유무와 그 내용' 등이, 부작위에 대한 심판청구의 경우에는 '제2항 제1호 · 제2호 · 제5호의 사항과 그 부작위의 전제가 되는 신청의 내용과 날짜' 등을 기재한 후 청구인 · 대표자 · 관리인 · 선정대표자 또는 대리인이 서명하거나 날인하여야 한다. 판례에 따르면 행정심판이 소송과 달리 엄격한 형식이 요구되는 절차가 아니라는 이유로 형식에 상관없이 그 내용이 행정심판을 청구한다는 취지의 서면이면 행정심판으로 보고 있다[967].

---

967) 대판 1995. 9. 5. 94누16250【일반목욕장업허가처분취소】[1] 행정소송의 전치요건인 행정심판청구는 엄격한 형식을 요하지 아니하는 서면행위로 해석되므로, 위법·부당한 행정처분으로 인하여 권리나 이익을 침해당한 자로부터 그 처분의 취소나 변경을 구하는 서면이 제출되었을 때에는 그 표제와 제출기관의 여하를 불문하고, 이를 행정소송법 제18조 소정의 행정심판청구로 보고, 불비된 사항이 보정 가능한 때에는 보정을 명하고 보정이 불가능하거나 보정명령에 따르지 아니한 때에 비로소 부적법 각하를 하여야 할 것이며, 더욱 심판청구인은 일반적으로 전문적 법률지식을 갖고 있지 못하여 제출된 서면의 취지가 불명확한 경우도 적지 않으나, 이러한 경우에도 행정청으로서는 그

2010. 1. 25. 개정된 행정심판법은 '온라인 행정심판제도'를 도입하였다. 따라서 현행 행정심판법 제7장 '전자정보처리조직을 통한 행정심판 절차의 수행' 제52조 내지 제54조(625)에 따라 온라인으로 행정심판을 청구할 수 있다.

서면을 가능한 한 제출자의 이익이 되도록 해석하고 처리하여야 하는 것이다. [2] 진정서에는 처분청과 청구인의 이름 및 주소가 기재되어 있고, 청구인의 기명날인이 되어 있으며 그 진정서의 기재내용에 의하여 심판청구의 대상이 되는 행정처분의 내용과 심판청구의 취지 및 이유를 알 수 있고, 거기에 기재되어 있지 않은 재결청, 처분이 있는 것을 안 날, 처분을 한 행정청의 고지의 유무 및 그 내용 등의 불비한 점은 어느 것이나 그 보정이 가능한 것이므로, 처분청에 제출한 처분의 취소를 구하는 취지의 진정서를 행정심판청구로 보아야 한다고 판시한 사례.

대판 1997. 2. 11. 96누14067 【이주자택지지정】 <원고는 이 사건 거부처분이 있은 직후 피고에게 진정서라는 제목으로 이의를 제기하였으니, 피고는 위 진정서에 대한 회신의 형식으로 이의를 기각하면서 종결처리하였다는 것이고, 기록에 나타난 진정서(갑 제13호증)의 기재에 의하면 청구인과 피청구인의 표시, 심판청구취지와 이유 등 행정심판법 제19조 제2항 소정의 사항들을 구분, 기재하고 있지 아니하여 행정심판청구서로서의 형식을 다 갖추고 있다고 볼 수는 없으나, 피청구인인 처분청과 청구인의 이름 및 주소가 기재되고 그 기재내용에 의하여 심판청구의 대상이 되는 처분의 내용과 심판청구의 취지 및 이유를 알 수 있으며, 그 기재에 누락된 부분은 어느 것이나 그 보정이 가능한 것이므로 원고는 이 사건 거부처분에 대하여 적법한 행정심판청구를 제기하였다고 볼 것이고, 이에 대하여 아직 적법한 재결이 없어 원고로서는 제소기간의 제한을 받지 아니한다 할 것이다.>

대판 1999. 6. 22. 99두2772 【변상금부과처분취소】 [1] 행정심판청구는 엄격한 형식을 요하지 아니하는 서면행위이므로 행정청의 위법 · 부당한 처분으로 인하여 권리나 이익을 침해당한 사람이 당해 행정청에 그 처분의 취소나 변경을 구하는 취지의 서면을 제출하였다면 서면의 표제나 형식 여하에 불구하고 행정심판청구로 봄이 옳다. [2] 지방자치단체의 변상금부과처분에 대하여 '답변서'란 표제로 토지 점유 사실이 없어 변상금을 납부할 수 없다는 취지의 서면을 제출한 경우, 행정심판청구로 보아야 한다고 한 사례.

대판 2012. 3. 29. 선고 2011두26886 【도로점용료부과처분취소】 【피고 인천광역시 남동구청장】 [1] 지방자치법 제140조 제3항에서 정한 이의신청은 행정청의 위법 · 부당한 처분에 대하여 행정기관이 심판하는 행정심판과는 구별되는 별개의 제도이나, 이의신청과 행정심판은 모두 본질에 있어 행정처분으로 인하여 권리나 이익을 침해당한 상대방의 권리구제에 목적이 있고, 행정소송에 앞서 먼저 행정기관의 판단을 받는 데에 목적을 둔 엄격한 형식을 요하지 않는 서면행위이므로, 이의신청을 제기해야 할 사람이 처분청에 표제를 '행정심판청구서'로 한 서류를 제출한 경우라 할지라도 서류의 내용에 이의신청 요건에 맞는 불복취지와 사유가 충분히 기재되어 있다면 표제에도 불구하고 이를 처분에 대한 이의신청으로 볼 수 있다. [2] 갑 주식회사가 관할 구청장의 도로점용료 부과처분에 대하여 지방자치법이 정한 이의신청을 제기하여야 함에도 '행정심판청구서'라는 제목으로 불복신청서를 제출하였다가 행정심판위원회에서 행정심판 대상이 아니라는 이유로 각하결정을 받은 뒤 위 처분에 대한 취소소송을 제기한 사안에서, 비록 표제가 '행정심판청구서'라고 되어 있다 하더라도 갑 회사가 위 서면을 어느 행정청에 접수하였는지, 그리고 서면의 기재 내용이 이의신청 시 기재하여야 할 내용을 포함하고 있는지에 관하여 심리하여 위 서면의 제출을 이의신청으로 선해할 수 있는지 판단하지 아니한 채 행정심판청구가 위법하여 각하된 이상 제소기간은 원처분을 안 날부터 기산하는 것이 타당하다는 이유로 소를 각하한 제1심판결을 유지한 원심판결에 법리오해의 위법이 있다고 한 사례. <사안 : 원고가 주유소를 운영하면서 인접한 도로의 일부를 주유소의 차량 진 · 출입로로 점용하였다는 이유로 피고는 도로에 대한 점용료를 부과하였고, 원고는 이에 불복하여 행정심판청구를 제출하였으나, 본건 처분이 행정심판의 대상이 되지 않는다는 이유로 각하되자 이에 취소소송을 제기함. 원심 : 도로점용료 부과처분에 대하여는 지방자치법 제140조 제3항 소정의 이의신청만을 할 수 있을 뿐 행정심판법 소정의 행정심판을 청구할 수 없는데, 원고가 제기한 행정심판은 위법한 것이고, 행정소송법 제20조 제1항에서 말하는 '행정심판청구'란 적법한 행정심판청구를 말하는 것으로 행정심판청구가 위법하여 각하된 이상 제소기간은 행정심판재결을 통지받은 날부터가 아닌 원처분을 안 날로부터 기산함이 상당하다 할 것인데, 원고가 이 사건 처분을 안 날로부터 90일이 경과한 후 이 사건 소송을 제기하였기 때문에 본건 소가 부적법함(각하). 대법원 요지와 해설 : 행정심판청구서를 이의신청으로 보아야 하기 때문에 적법한 행정심판청구가 존재하고, 재결서가 송달되지 않은 이상 제소기간이 도과되지 않음>

다. 청구 기간

제27조(심판청구의 기간) ① 행정심판은 처분이 있음을 알게 된 날부터 90일 이내에 청구하여야 한다.

② 청구인이 천재지변, 전쟁, 사변, 그 밖의 불가항력으로 인하여 제1항에서 정한 기간에 심판청구를 할 수 없었을 때에는 그 사유가 소멸한 날부터 14일 이내에 행정심판을 청구할 수 있다. 다만, 국외에서 행정심판을 청구하는 경우에는 그 기간을 30일로 한다.

③ 행정심판은 처분이 있었던 날부터 180일이 지나면 청구하지 못한다. 다만, 정당한 사유가 있는 경우에는 그러하지 아니하다.

④ 제1항과 제2항의 기간은 불변기간으로 한다.

⑤ 행정청이 심판청구 기간을 제1항에 규정된 기간보다 긴 기간으로 잘못 알린 경우 그 잘못 알린 기간에 심판청구가 있으면 그 행정심판은 제1항에 규정된 기간에 청구된 것으로 본다.

⑥ 행정청이 심판청구 기간을 알리지 아니한 경우에는 제3항에 규정된 기간에 심판청구를 할 수 있다.

⑦ 제1항부터 제6항까지의 규정은 무효등확인심판청구와 부작위에 대한 의무이행심판청구에는 적용하지 아니한다.

행정심판 중 취소심판과 거부처분에 대한 이행심판은 행정소송처럼 처분이 있음을 안 날로부터 90일 이내, 처분이 있은 날로부터 180일 이내에 청구하여야 한다. 다만, 천재지변 등 불가항력으로 인하여 심판청구를 할 수 없었던 때에는 그 사유가 소멸한 날로부터 14일 이내, 행정청이 심판청구 기간을 알리지 아니한 경우에는 처분이 있은 날로부터 180일 이내, 정당한 사유가 있는 경우에는 처분이 있은 날로부터 180일이 도과하더라도 심판을 청구할 수 있다. 다만 개별법에서 제소기간을 별도로 규정하고 있으면 그에 따라야 하고, 행정심판법상 제소기간 규정은 적용이 배제된다[968].

---

968) 대판 1995. 11. 10. 94누12852 【택지개발예정지구지정처분무효확인】 [1] 행정소송의 전치요건인 행정심판청구는 엄격한 형식을 요하지 아니하는 서면행위라고 볼 것이므로 행정청의 위법 부당한 처분 등으로 인하여 권리나 이익을 침해당한 자로부터 그 처분의 취소나 변경을 구하는 서면이 제출되었을 때에는 그 표제와 제출기관의 여하를 불문하고 이를 행정심판의 청구로 보고 심리와 재결을 하여야 하며, 거기에 불비된 사항이 있더라도 보정이 가능하면 보정을 명하고, 보정이 불가능한 때에만 각하하여야 하며, 심판청구인은 일반적으로 전문적 법률지식을 갖고 있지 못하여 제출된 서면의 취지가 불명확한 경우가 적지 않을 것이나 이러한 경우에도 행정청으로서는 그 서면을 가능한 한 제출자의 이익이 되도록 해석하고 처리하여야 한다. [2] 행정심판 청구기간 등에 관하여 행정심판법에 대한 특칙을 정하고 있는 택지개발촉진법 제27조는 건설교통부장관이 같은 법 제7조에 의하여 지정한 택지개발사업의 시행자가 행한 처분에 대하여 행정심판을 청구하는 경우에만 적용되는 것이므로 건설교통부장관이 한 택지개발예정지구 지정처분이나 사업계획승인처분에 대한 행정심판 청구기간 등은 행정심판법에 따라야 할 것이다.

라. 청구서 제출 기관

제23조(심판청구서의 제출) ① 행정심판을 청구하려는 자는 제28조에 따라 심판청구서를 작성하여 피청구인이나 위원회에 제출하여야 한다. 이 경우 피청구인의 수만큼 심판청구서 부본을 함께 제출하여야 한다.

② 행정청이 제58조에 따른 고지를 하지 아니하거나 잘못 고지하여 청구인이 심판청구서를 다른 행정기관에 제출한 경우에는 그 행정기관은 그 심판청구서를 지체 없이 정당한 권한이 있는 피청구인에게 보내야 한다.

행정심판청구서의 제출은 행정소송과 달리 피청구인인 처분청 또는 행정심판 권한을 가진 행정심판위원회에 제출하면 된다. 만약, 심판청구서가 다른 행정기관에 제출된 경우 그 행정기관은 심판청구서를 지체 없이 정당한 권한이 있는 피청구인에게 보내야 하는데, 처분청을 오인한 경우뿐만 아니라 행정심판위원회를 오인한 경우도 포함되고, 행정청이 제58조에 따른 고지를 하지 아니하거나 잘못 고지한 경우 이외의 경우도 포함된다[정당한 권한청으로의 송부].

피청구인이 행정심판청구서를 접수하거나 송부받은 경우 제25조(626)에 따른 직권취소 등의 처분[969]을 하지 않는 이상 제24조(627)에 따라 10일 이내 답변서[970]를 첨부해서 행정심판위원회에 송부해야 한다[위원회로의 송부]. 10일 이내의 기간은 행정심판위원회가 청구인의 이익을 위해 직권으로 제30조의 집행정지 또는 제31조의 임시처분할 수 있다는 점에 비추어 단순한 주의규정이 아니라 법정기간으로 보아야 한다[971]. 행정심판위원회가 행정심판청구서를 접수한 경우 피청구인에게 심판청구서 부본을 보내고, 피청구인으로부터 답변서를 제출받아 청구인에게 송달(628)하는 등 심판절차를 진행해야 한다(제26조(629)).

---

969) 25조(피청구인의 직권취소등) ① 제23조제1항·제2항 또는 제26조제1항에 따라 심판청구서를 받은 피청구인은 그 심판청구가 이유 있다고 인정하면 심판청구의 취지에 따라 직권으로 처분을 취소 · 변경하거나 확인을 하거나 신청에 따른 처분(이하 이 조에서 "직권취소등"이라 한다)을 할 수 있다.

970) 제24조 ④ 피청구인은 … 답변서에는 다음 각 호의 사항을 명확하게 적어야 한다.

1. 처분이나 부작위의 근거와 이유
2. 심판청구의 취지와 이유에 대응하는 답변
3. 제2항에 해당하는 경우에는 처분의 상대방의 이름·주소·연락처와 제2항의 의무 이행 여부

971) 기간 도과로 인한 불이익은 행정청이 부담해야 한다.

4. 행정심판의 심리

가. 심리의 기본원칙

> 제36조(증거조사) ① 위원회는 사건을 심리하기 위하여 필요하면 직권으로 또는 당사자의 신청에 의하여 다음 각 호의 방법에 따라 증거조사를 할 수 있다.
>
> 제39조(직권심리) 위원회는 필요하면 당사자가 주장하지 아니한 사실에 대하여도 심리할 수 있다.
>
> 제40조(심리의 방식) ① 행정심판의 심리는 구술심리나 서면심리로 한다. 다만, 당사자가 구술심리를 신청한 경우에는 서면심리만으로 결정할 수 있다고 인정되는 경우 외에는 구술심리를 하여야 한다.

대심주의란 대립되는 당사자들의 공격·방어를 통하여 심리를 진행하는 소송원칙을 의미하는데, 행정심판법은 심판청구인과 심판피청구인이라는 대립되는 당사자가 공격과 방어방법을 제출하도록 하고 있다. 행정심판법에서 민사소송의 쌍방심리주의[972]에 못 미치지만 대심주의를 채택하고 있는 이유는 행정심판이 사법절차에 준하도록 규정하고 있는 헌법상 요구에 부합하기 위한 최소한의 입법라고 해석된다.

행정심판법은 민사소송의 구술심리주의[973], 공개심리주의[974]와 달리 제40조 제1항 '행정심판의 심리는 구술심리나 서면심리로 한다. 다만, 당사자가 구술심리를 신청한 경우에는 서면심리만으로 결정할 수 있다고 인정되는 경우 외에는 구술심리를 하여야 한다.'고 규정함으로써 **서면심리주의**를 채택하고 있다. 이러한 서면심리주의 및 제41조(발언 내용 등의 비공개) '위원회에서 위원이 발언한 내용이나 그 밖에 공개되면 위원회의 심리·재결의 공정성을 해칠 우려가 있는 사항으로서 대통령령[975]으로 정하는 사항은 공개하지 아니한다.'는 규정 등에 비추어 행정

---

972) 쌍방심리주의 또는 쌍방심문주의란 소송의 심리에서 당사자 양 쪽에게 평등하게 진술할 기회를 주는 원칙을 말한다.

973) 구술심리주의란 법원과 당사자의 소송행위, 특히 변론과 증거조사는 말로 하여야 하며, 말로 한 진술만이 판결의 기초로 될 수 있다고 하는 원칙을 말한다.

974) 공개심리주의란 소송의 심리와 재판을 일반인 누구라도 방청할 수 있는 상태에서 실시하는 원칙을 말한다.

975) 행정심판법 시행령 제29조(비공개 정보) 법 제41조에서 "대통령령으로 정하는 사항"이란 다음 각 호의 어느 하나에 해당하는 사항을 말한다.

1. 위원회(소위원회와 전문위원회를 포함한다)의 회의에서 위원이 발언한 내용이 적힌 문서
2. 심리 중인 심판청구사건의 재결에 참여할 위원의 명단
3. 제1호 및 제2호에서 규정한 사항 외에 공개할 경우 위원회의 심리·재결의 공정성을 해칠 우려가 있다고 인정되는 사항으로서 총리령으로 정하는 사항

심판의 심리 · 결정을 공개하지 않는 **비공개주의**를 채택하고 있다고 해석된다(다수설).

행정심판법은 민사소송의 당사자주의[976)](처분권주의[977)] 및 변론주의[978)])와 달리 제39조(직권심리) '위원회는 필요하면 당사자가 주장하지 아니한 사실에 대하여도 심리할 수 있다.' 등을 통해 **직권주의**를 채택하고 있다. 행정심판기관이 당사자의 주장에 구속되지 않고 적극적으로 심판에 필요한 사실상의 탐지 또는 직권증거조사(제36조 제1항) 등을 할 수 있다. 이는 실체적 진실을 밝히고 심리의 간이 · 신속을 도모하기 위한 것으로 행정소송법 제26조(직권심리) '법원은 필요하다고 인정할 때에는 직권으로 증거조사를 할 수 있고, 당사자가 주장하지 아니한 사실에 대하여도 판단할 수 있다.'는 내용의 예외적 직권주의보다 넓은 범위에서 주장 · 사실을 심리 · 판단할 수 있다. 다만, 제47조 제2항의 불고불리의 원칙에 따라 심판청구의 대상이 되는 처분보다 청구인에게 불리한 재결을 할 수 없다.

나. 심리의 방식

> 제38조(심리기일의 지정과 변경) ① 심리기일은 위원회가 직권으로 지정한다.
> ② 심리기일의 변경은 직권으로 또는 당사자의 신청에 의하여 한다.

행정심판위원회는 청구인의 심판청구서 제출(제23조), 피청구인의 답변서 제출(제24조와 제26조), 당사자의 주장 보충서면 제출(제33조[630)]) 등의 순서로 당사자의 주장을 심리한다[**대심주의**]. 그리고 당사자의 증거제출(제34조[631)]), 위원회의 증거제출요구(제35조[632)]), 증거조사(제36조[633)]) 등의 절차를 통해 당사자의 신청 또는 직권으로 증거를 수집하고 판단한다. 심리기일은 원칙적으로 위원회가 직권을 지정해야 하고, 당사자의 신청 또는 직권으로 변경할 수 있다(제38조[634)]).

행정심판위원회는 필요한 경우 사건과 관련된 법령을 주관하는 행정기관이나 그 밖의 관계 행정기관의 장, 또는 그 소속 공무원에게 위원회 회의에 참석하여 의견을 진술할 것을 요구하거

---

976) 당사자주의란 소송심리의 주도권을 당사자에게 주는 원칙을 말한다. 이에 반하여 소송의 주도권을 법원에게 주는 것을 직권주의라고 한다.

977) 처분권주의란 소송절차의 개시, 심판의 대상과 범위 및 소송절차의 종료에 대하여 당사자가 처분권을 가지고 이들에 대하여 자유롭게 결정할 수 있는 원칙을 말한다.

978) 변론주의란 재판의 기초가 되는 자료인 사실과 증거(소송자료)의 수집 · 제출을 당사자의 권능과 책임으로 하는 주의를 말한다.

나 의견서를 제출할 것을 요구할 수 있고(제35조 제2항), 중앙행정심판위원회에서 심리 · 재결하는 심판청구의 경우 소관 중앙행정기관의 장은 의견서를 제출하거나 위원회에 출석하여 의견을 진술할 수 있다(제35조 제4항).

행정심판위원회는 행정심판의 원활한 진행을 위해 행정심판 절차를 병합하거나 분리할 수 있고(제37조(635)), 심판청구인은 행정심판위원회의 의결 전까지 행정심판을 취하할 수 있다(제42조(636)).

다. 심리의 내용

제32조(보정) ① 위원회는 심판청구가 적법하지 아니하나 보정할 수 있다고 인정하면 기간을 정하여 청구인에게 보정할 것을 요구할 수 있다. 다만, 경미한 사항은 직권으로 보정할 수 있다.
② 청구인은 제1항의 요구를 받으면 서면으로 보정하여야 한다. 이 경우 다른 당사자의 수만큼 보정서 부본을 함께 제출하여야 한다.
③ 위원회는 제2항에 따라 제출된 보정서 부본을 지체 없이 다른 당사자에게 송달하여야 한다.
④ 제1항에 따른 보정을 한 경우에는 처음부터 적법하게 행정심판이 청구된 것으로 본다.
⑤ 제1항에 따른 보정기간은 제45조에 따른 재결 기간에 산입하지 아니한다.
제59조(불합리한 법령 등의 개선) ① 중앙행정심판위원회는 심판청구를 심리·재결할 때에 처분 또는 부작위의 근거가 되는 명령 등(대통령령·총리령·부령·훈령·예규·고시·조례·규칙 등을 말한다. 이하 같다)이 법령에 근거가 없거나 상위 법령에 위배되거나 국민에게 과도한 부담을 주는 등 크게 불합리하면 관계 행정기관에 그 명령 등의 개정·폐지 등 적절한 시정조치를 요청할 수 있다. 이 경우 중앙행정심판위원회는 시정조치를 요청한 사실을 법제처장에게 통보하여야 한다.
② 제1항에 따른 요청을 받은 관계 행정기관은 정당한 사유가 없으면 이에 따라야 한다.

요건심리는 행정심판제기 요건을 구비하였는지 여부에 대한 심리를 의미한다. 행정심판요건은 행정심판청구서 기재사항을 구비 등과 같은 형식적 요건 이외 행정심판 대상적격, 청구인능력과 청구인적격, 피청구인적격, 행정심판의 이익, 제소기간 준수 등과 같은 실질적 요건이 있는데, 행정심판의 적법요건이기 때문에 당사자의 주장에 상관없이 직권으로 심리해야 한다. 심리한 결과 요건 중 하나라도 구비되지 않은 경우라도 행정심판위원회가 보정할 수 있는 요건이라면 직권으로 보정하거나 청구인에게 보정을 요구하고[979](제32조(637)), 그렇지 않으면 각하재

979) 대판 2000. 6. 9. 98두2621 【건축불허가처분취소】 [2] 행정심판법 제19조, 제23조의 규정 취지와 행정심판제도의 목적에 비추어 보면 행정소송의 전치요건인 행정심판청구는 엄격한 형식을 요하지 아니하는 서면행위로 해석되므

결을 해야 한다.

본안심리는 행정심판청구 요건을 구비하였는지 여부에 대한 심리를 의미한다. 행정심판은 '처분 등의 위법·부당'을 대상으로 삼기 때문에 본안은 처분의 위법과 관련된 사실오인, 법령해석과 포섭 오류, 재량권 일탈·남용, 절차 ·형식의 위반 및 처분의 부당과 관련된 실체법과 절차법의 내용으로 구성된다. 심리한 결과 불고불리의 원칙에 반하지 않는 범위 내에서 처분의 위법·부당이 있으면 인용재결을, 없으면 기각재결을 한다.

행정심판위원회가 법령의 위헌·위법 여부를 심판할 수 있는지 여부에 대하여 규범통제에 대한 명문의 규정이 없기 때문에 부정하는 견해와 실질적 법치주의 및 행정심판의 본질에 비추어 긍정하는 견해 등의 대립이 있다. 위법·부당심사의 대상이 아닌 위법·부당심사의 척도가 되는

로, 위법 부당한 행정처분으로 인하여 권리나 이익을 침해당한 자로부터 그 처분의 취소나 변경을 구하는 서면이 제출되었을 때에는 그 표제와 제출기관의 여하를 불문하고 이를 행정소송법 제18조 소정의 행정심판청구로 보고, 불비된 사항이 보정가능한 때에는 보정을 명하고 보정이 불가능하거나 보정명령에 따르지 아니한 때에 비로소 부적법 각하를 하여야 할 것이며, 더욱이 심판청구인은 일반적으로 전문적 법률지식을 갖고 있지 못하여 제출된 서면의 취지가 불명확한 경우도 적지 않으나, 이러한 경우에도 행정청으로서는 그 서면을 가능한 한 제출자의 이익이 되도록 해석하고 처리하여야 한다. [3] 비록 제목이 '진정서'로 되어 있고, 재결청의 표시, 심판청구의 취지 및 이유, 처분을 한 행정청의 고지의 유무 및 그 내용 등 행정심판법 제19조 제2항 소정의 사항들을 구분하여 기재하고 있지 아니하여 행정심판청구서로서의 형식을 다 갖추고 있다고 볼 수는 없으나, 피청구인인 처분청과 청구인의 이름과 주소가 기재되어 있고, 청구인의 기명이 되어 있으며, 문서의 기재 내용에 의하여 심판청구의 대상이 되는 행정처분의 내용과 심판청구의 취지 및 이유, 처분이 있은 것을 안 날을 알 수 있는 경우, 위 문서에 기재되어 있지 않은 재결청, 처분을 한 행정청의 고지의 유무 등의 내용과 날인 등의 불비한 점은 보정이 가능하므로 위 문서를 행정처분에 대한 행정심판청구로 보는 것이 옳다고 한 사례. <기록에 의하면 위 진정서에는 이 사건 처분을 통지받지 못한 경위를 알려달라는 내용뿐만 아니라 이 사건 처분을 재고하여 달라거나 이 사건 처분에 불복한다는 취지도 포함되어 있음을 알 수 있는바, 위 문서는 비록 제목이 '진정서'로 되어 있고, 재결청의 표시, 심판청구의 취지 및 이유, 처분을 한 행정청의 고지의 유무 및 그 내용 등 행정심판법 제19조 제2항 소정의 사항들을 구분하여 기재하고 있지 아니하여 행정심판청구서로서의 형식을 다 갖추고 있다고 볼 수는 없으나, 피청구인인 처분청과 청구인의 이름과 주소가 기재되어 있고, 청구인의 기명이 되어 있으며, 위 문서의 기재 내용에 의하여 심판청구의 대상이 되는 행정처분의 내용과 심판청구의 취지 및 이유, 처분이 있은 것을 안 날을 알 수 있고, 여기에 기재되어 있지 않은 재결청, 처분을 한 행정청의 고지의 유무 등의 내용과 날인 등의 불비한 점은 보정이 가능하므로 이를 이 사건 처분에 대한 행정심판청구로 보는 것이 옳을 것이다.>

대판 1993. 6. 29. 92누19194 【농지불법전용지원상회복계고처분취소】 행정심판법 제19조, 같은 법 제23조의 규정 취지와 행정심판제도의 목적에 비추어 보면 행정소송의 전치요건인 행정심판 청구는 엄격한 형식을 요하지 아니하는 서면행위라고 볼 것이므로 행정청의 위법 부당한 처분 등으로 인하여 권리나 이익을 침해당한 자로부터 처분의 취소나 변경을 구하는 서면이 제출되었을 때에는 표제와 제출기관의 여하를 불문하고 행정심판 청구로 보고 심리와 재결을 하여야 하고, 불비된 사항이 있을 때에는 보정 가능한 때에는 보정을 명하고 보정명령에 따르지 아니하거나 보정이 불가능한 때에는 각하하여야 하며, 제출된 서면의 취지가 불명확한 경우에도 행정청으로서는 그 서면을 가능한 한 제출자의 이익이 되도록 해석하고 처리하여야 한다. <신청서에는 그 제목이 '이의 신청'으로 되어 있고, 청구인과 피신청인의 표시, 심판 청구 취지와 이유 등 행정심판법 제19조 제2항 소정의 사항들을 구분하여 기재하고 있지 아니하여 행정심판 청구서로서의 형식을 다 갖추고 있다고 볼 수는 없으나, 신청서에 피청구인인 처분청과 청구인의 이름 및 주소가 기재되어 있고 청구인의 기명날인이 되어 있으며, 신청서의 기재내용에 의하여 심판 청구의 대상이 되는 행정처분의 내용과 심판 청구의 취지 및 이유를 알 수 있고, 거기에 기재되어 있지 않은 재결청, 처분이 있는 것을 안 날, 처분을 한 행정청의 고지의 유무 및 그 내용 등의 불비한 점은 어느 것이나 그 보정이 가능한 것이므로, 위의 이의 신청서는 피고의 농지전용신고서반려처분에 대한 행정심판 청구로 보는 것이 옳을 것이다.>

법규명령은 제59조에 의해 중앙행정심판위원회의 시정요구 대상이 될지언정 심판 범위에서 제외된다고 해석된다.

행정규칙이 위법·부당심사의 척도로서 행정심판위원회를 구속하는지 여부에 대하여 행정규칙의 법규성이 부정되고 소관청 이외 행정청을 구속할 수 없기 때문에 부정하는 견해와 행정심판위원회도 행정기관이고 행정규칙이 행정기관 내부를 구속하기 때문에 긍정하는 견해 등의 대립이 있을 수 있다. 제59조가 불합리한 법규명령에 대한 시정조치 요청권을 규정하고 있는 점에 비추어 물론해석으로 중앙행정심판위원회에 불합리한 행정규칙에 대한 시정조치 요청권이 있다고 해석되고, 반대해석으로 행정심판위원회는 행정규칙에 구속되지 않는다고 해석된다.

제 3 장

행정심판의 재결, 가구제 등

제 3 장

행정심판의 재결, 가구제 등

1. 재결

가. 의의

> 제2조(정의) 이 법에서 사용하는 용어의 뜻은 다음과 같다.
> 3. 재결이란 행정심판의 청구에 대하여 제6조에 따른 행정심판위원회가 행하는 판단을 말한다.

재결이란 행정심판청구에 대한 심리를 거쳐 행정심판기관이 내리는 결정을 의미하고, 판결과 달리 행정행위로서의 성질을 가지지만 판결처럼 준사법적 확인행위로서의 성질도 가진다.

행정심판위원회는 제45조(638)에 따라 심판청구서를 받은 날부터 60일 이내에 재결해야 하고(예외적 30일 연장), 불고불리의 원칙에 의해 심판청구의 대상이 되는 처분 또는 부작위 외의 사항에 대하여 재결하지 못하고(제47조 제1항), 불이익변경금의 원칙에 의해 심판청구의 대상이 되는 처분보다 청구인에게 불리한 재결을 하지 못한다(제47조(639) 제2항). 재결은 서면에 '1. 사건번호와 사건명 2. 당사자·대표자 또는 대리인의 이름과 주소 3. 주문 4. 청구의 취지 5. 이유(주문 내용이 정당하다는 것을 인정할 수 있는 정도의 판단을 표시해야 됨) 6. 재결한 날짜' 등의 재결사항이 기재되어야 하고(제46조(640)), 청구인에게 재결서의 정본이 송달되었을 때 효력이 발생한다(제48조(641)).

나. 재결의 종류

1) 각하재결

> 제43조(재결의 구분) ① 위원회는 심판청구가 적법하지 아니하면 그 심판청구를 각하한다.

각하재결은 행정심판요건의 결여로 행정심판청구가 부적법한 때에 본안심리를 거절하는 결정이다. 행정심판청구서 기재사항을 구비 등과 같은 형식적 요건 및 행정심판 대상적격, 청구인능력과 청구인적격, 피청구인적격, 행정심판의 이익, 제소기간 준수 등과 같은 실질적 요건 등을 구비하지 못한 경우에 각하재결을 한다.

2) 기각재결, 사정재결

> 제43조(재결의 구분) ② 위원회는 심판청구가 이유가 없다고 인정하면 그 심판청구를 기각한다.
>
> 제44조(사정재결) ① 위원회는 심판청구가 이유가 있다고 인정하는 경우에도 이를 인용하는 것이 공공복리에 크게 위배된다고 인정하면 그 심판청구를 기각하는 재결을 할 수 있다. 이 경우 위원회는 재결의 주문에서 그 처분 또는 부작위가 위법하거나 부당하다는 것을 구체적으로 밝혀야 한다.
>
> ② 위원회는 제1항에 따른 재결을 할 때에는 청구인에 대하여 상당한 구제방법을 취하거나 상당한 구제방법을 취할 것을 피청구인에게 명할 수 있다.
>
> ③ 제1항과 제2항은 무효등확인심판에는 적용하지 아니한다.

기각재결은 행정심판요건은 갖추었으나 실체적 심리를 거쳐 심판청구가 이유 없다고 판단되는 경우 내리는 결정이다.

사정재결은 심판청구가 이유 있다고 인정되는 경우에도 이를 인용하는 것이 공공복리에 크게 위배된다고 인정하는 때에 그 심판청구를 기각하는 재결을 말한다(제44조 제1항). 단, 무효등확인심판에는 사정재결이 허용되지 않는다.

3) 인용재결

> 제43조(재결의 구분) ③ 위원회는 취소심판의 청구가 이유가 있다고 인정하면 처분을 취소 또는 다른 처분으로 변경하거나 처분을 다른 처분으로 변경할 것을 피청구인에게 명한다.
>
> ④ 위원회는 무효등확인심판의 청구가 이유가 있다고 인정하면 처분의 효력 유무 또는 처분의 존재 여부를 확인한다.
>
> ⑤ 위원회는 의무이행심판의 청구가 이유가 있다고 인정하면 지체 없이 신청에 따른 처분을 하거나 처분을 할 것을 피청구인에게 명한다.

인용재결은 행정심판요건을 갖추고, 본안심리결과 심판청구가 이유 있다고 판단되는 경우 심판청구취지를 받아들이는 결정을 의미하는데, 심판청구의 종류에 따라 취소재결, 변경재결 및 변경명령재결, 무효등확인재결, 의무이행재결 등이 있다.

가) 취소재결 · 변경재결 · 변경명령재결

취소심판의 인용재결에는 형성재결로서 **처분취소재결**, **처분변경재결**이 있고, 이행재결로서 **처분변경명령재결**이 있다. 처분취소재결은 행정소송과 달리 이론상 취소의 대상이 가분적인 경우 일부취소도 가능한데, 예컨대 영업정지처분에서 정지기간의 일부 취소재결이 가능하다. 또한 적극적 변경도 가능한데, 예컨대 영업취소처분에서 영업정지기간에 상응하는 과징금부과처분 등으로의 변경재결 · 변경명령재결이 가능하다.

나) 무효등확인재결

무효등확인재결은 처분의 효력 유무 또는 처분의 존재 여부를 확인하는 재결로 처분유효확인재결, 처분무효확인재결, 처분실효확인재결, 처분존재확인재결, 처분부존재확인재결이 있다.

다) 의무이행재결

의무이행재결에는 처분재결과 처분명령재결이 있다. 처분재결은 위원회가 직접 처분을 하는 것이므로 형성재결이고, 전부인용 또는 일부인용 처분재결이 가능하다. 처분명령재결은 처분청에게 처분을 할 것을 명하는 재결로 특정한 처분을 하도록 명하는 특정처분명령재결과 재결의 취지에 따라 일정한 처분을 할 것을 명하는 일정처분명령재결(또는 재결정명령재결)이 있다.

처분재결과 처분명령재결의 관계에서 행정심판위원회가 전적으로 선택재량권을 가진다는 견해원칙으로 처분명령재결에 의해야 한다는 견해 등의 대립이 있지만, 실무에서는 주로 후자의 입장에서 처분명령재결을 주로 하고, 극히 예외적으로 처분재결을 한다.

특정처분명령재결과 일정처분명령재결의 관계에서 재결의 성숙성을 기준으로 특정처분명령재결을 해야 한다는 견해와 처분청의 처분권을 존중하는 일정처분명령재결을 해야 한다는 견해 등의 대립이 있다. 의무이행심판청구의 대상이 기속행위라면 특정처분명령재결을 해야 하지만 절차·형식의 위법·부당인 경우라면 예외적으로 일정처분명령재결도 가능하고, 재량행위라면 처분청의 재량권을 존중해 하자 없는 재량행사를 명하는 일정처분명령재결을 해야 한다.

재결의 기준시점과 관련해 거부처분이나 부작위가 적법하였지만 행정심판 이후 법령이나 사실상태의 변경으로 위법하게 된 경우 재결시설에 따라 거부처분을 취소하고 의무이행재결을 해야 한다는 입장[980]과 처분(부작위)시설에 따라 행정심판을 기각해야 한다는 입장 등의 대립이 있다. 의무이행재결은 원칙적으로 재결시의 법령과 사실상태를 기초로 결정되지만, 거부처분·부작위의 위법·부당을 전제로 한다는 점에서 처분시의 법령과 사실상태를 함께 고려해야 한다는 점에서 처분(부작위)시설이 타당하다. 그리고 거부처분이나 부작위가 위법하였지만 행정심판 이후 법령이나 사실상태의 변경으로 적법하게 된 경우도 의무이행재결이 재결시의 법령과 사실상태를 기초로 결정되기 때문에 의무이행재결을 기각해야 한다. 이때 심판청구인의 권리구제 차원에서 국가배상이 가능하다는 견해도 있지만 이는 행정심판이 아닌 별도의 절차를 통한 권리구제로서 실효성이 떨어진다는 점에서 문제가 있다. 오히려 당사자의 명시적 의사에 반하지 않는 이상 의무이행심판에 취소심판이 포함된다고 해석해서 일부 인용재결 형태인 거부처분 취소재결[981]을 해야 한다고 해석함이 타당하다.

---

980) 『박균성, 제9판 행정법강의(박영사, 2012), 683쪽』 의무이행심판이 종국적이고 실효적인 구제수단이라는 점에 비추어 재결시설이 타당하다.

981) 부작위가 의무이행심판의 대상인 경우 이미 살펴본 바와 같이 부작위위법확인재결이 불가능하다는 입장이라면청구를 기각해야 한다.

2. 인용재결의 효력

가. 불가쟁력, 불가변력

제51조(행정심판 재청구의 금지) 심판청구에 대한 재결이 있으면 그 재결 및 같은 처분 또는 부작위에 대하여 다시 행정심판을 청구할 수 없다.

재결은 행정행위인 확인행위에 불과해 판결과 달리 기판력이 인정되지 않지만, 행정심판법 제51조에서 재결과 같은 처분 또는 부작위에 대한 행정심판의 재청구를 금지하고 있다[불가쟁력]. 그리고 재결은 통상의 행정행위와 달리 재결을 한 위원회 스스로도 이를 취소 또는 변경할 수 없다[불가변력].

나. 형성력

형성력이란 재결의 내용에 따라 새로운 법률관계의 발생이나 종래의 법률관계의 변경, 소멸을 가져오는 효력을 의미하고, 제3자에게도 미치기 때문에 '대세적 효력'이라고도 한다. 취소재결, 변경재결, 처분재결 등 형성재결이 있는 경우 그 대상이 된 행정처분은 재결자체에 의하여 당연히 취소되어 그 효력은 소급적으로 소멸한다[982]. 의무이행재결 중 처분재결도 장래를 향해

---

982) 대판 1999. 12. 16. 98두18619(전원)【개발부담금부과처분취소】[2] 형성적 재결이 있은 경우에는 그 대상이 된 행정처분은 재결 자체에 의하여 당연히 취소되어 소멸된다. 대판 1997. 5. 30. 96누14678【공장설립변경신고수리취소처분취소】[1] 행정심판법 제32조 제3항에 의하면 재결청은 취소심판의 청구가 이유 있다고 인정되는 때에는 처분을 취소 또는 변경하거나 처분청에게 취소 또는 변경할 것을 명한다고 규정하고 있으므로, 행정심판에 있어서 재결청의 재결 내용이 처분청의 취소를 명하는 것이 아니라 처분청의 처분을 스스로 취소하는 것일 때에는 그 재결의 형성력이 발생하여 당해 행정처분은 별도의 행정처분을 기다릴 것 없이 당연히 취소되어 소멸되는 것이다. [2] 재결청으로부터 '처분청의 공장설립변경신고수리처분을 취소한다'는 내용의 형성적 재결을 송부받은 처분청이 당해 처분의 상대방에게 재결결과를 통보하면서 공장설립변경신고 수리시 발급한 확인서를 반납하도록 요구한 것은 사실의 통지에 불과하고 항고소송의 대상이 되는 새로운 행정처분이라고 볼 수 없다. 대판 1998. 4. 24. 97누17131【의약품제조품목허가취소처분취소】[1] 행정심판법 제32조 제3항에 의하면 재결청은 취소심판의 청구가 이유 있다고 인정할 때에는 처분을 취소·변경하거나 처분청에게 취소·변경할 것을 명한다고 규정하고 있으므로, 행정심판 재결의 내용이 처분청에게 처분의 취소를 명하는 것이 아니라 재결청이 스스로 처분을 취소하는 것일 때에는 그 재결의 형성력에 의하여 당해 처분은 별도의 행정처분을 기다릴 것 없이 당연히 취소되어 소멸되는 것이다. [2] 당해 의약품제조품목허가처분취소재결은 보건복지부장관이 재결청의 지위에서 스스로 제약회사에 대한 위 의약품제조품목허가처분을 취소한 이른바 형성재결임이 명백하므로, 위 회사에 대한 의약품제조품목허가처분은 당해 취소재결에 의하여 당연히 취소·소멸되었고, 그 이후에 다시 위 허가처분을 취소한 당해 처분은 당해 취소재결의 당사자가 아니어서 그 재결이 있었음을 모르고 있는 위 회사에게 위 허가처분이 취소·소멸되었음을 확인하여 알려주는 의미의 사실 또는 관념의 통지에 불과할 뿐 위 허가처분을 취소·소멸시키는 새로운 형성적 행위가 아니므로 항고소송의 대상이 되는 처분이라고 할 수 없다. [3] 당해 사안에서와 같이 원처분의 상대방이 아닌 제3자가 행정심판을 청구하여 재결청이 원처분을 취소하는 형성재결을 한 경우에 그 원처분의 상대방은 그 재결에 대하여 항고소송을 제기할 수밖

즉시 효력이 발생한다. 다만, 일부 취소재결은 취소부분에 한하여 효력이 소급적으로 소멸할 뿐 나머지 취소되지 않은 부분이 유효하게 지속된다.

다. 기속력

제49조(재결의 기속력 등) ① 심판청구를 인용하는 재결은 피청구인과 그 밖의 관계 행정청을 기속한다.

② 당사자의 신청을 거부하거나 부작위로 방치한 처분의 이행을 명하는 재결이 있으면 행정청은 지체 없이 이전의 신청에 대하여 재결의 취지에 따라 처분을 하여야 한다.

③ 신청에 따른 처분이 절차의 위법 또는 부당을 이유로 재결로써 취소된 경우에는 제2항을 준용한다.

④ 법령의 규정에 따라 공고하거나 고시한 처분이 재결로써 취소되거나 변경되면 처분을 한 행정청은 지체 없이 그 처분이 취소 또는 변경되었다는 것을 공고하거나 고시하여야 한다.

⑤ 법령의 규정에 따라 처분의 상대방 외의 이해관계인에게 통지된 처분이 재결로써 취소되거나 변경되면 처분을 한 행정청은 지체 없이 그 이해관계인에게 그 처분이 취소 또는 변경되었다는 것을 알려야 한다.

기속력이란 처분청 및 관계 행정청으로 하여금 재결의 취지에 따르도록 구속하는 효력을 의미하는데, 심판청구를 인용하는 재결은 피청구인과 그 밖의 관계 행정청을 기속한다(제49조). 기속력의 주관적 범위와 관련해서 피청구인과 그 밖의 관계행정청[983]에게 기속력이 미친다. 기속력의 객관적 범위와 관련해서 재결의 주문 및 이유에서 판단된 처분 등의 구체적 위법사유에 기속력이 미치는데[984], 절차·형식의 위법이 있는 경우라면 재결에 적시된 개개의 위법사유에만

에 없고, 이 경우 재결은 원처분과 내용을 달리 하는 것이어서 재결의 취소를 구하는 것은 원처분에 없는 재결 고유의 위법을 주장하는 것이 된다. [4] 제약회사가 보건복지부장관의 형성재결과 처분성이 결여된 취소처분 중 어느 쪽을 당해 소의 대상으로 삼은 것인지 여부가 불분명한 경우, 위 회사에게 석명을 구하여 위 회사가 그 취소를 구하는 위 장관의 행위가 어느 것인지를 확정한 후 심리를 하였어야 할 것인데도 이와 같은 조치를 취하지 아니한 원심판결에는 석명권을 불행사한 위법이 있다고 하여 파기한 사례. <형성적 재결의 효력 및 원처분에 대한 형성적 취소재결이 확정된 후 처분청이 다시 원처분을 취소한 경우, 위 처분이 항고소송의 대상이 되는 처분인지 여부(소극)>

983) 그 밖의 관계 행정청이란 행정심판의 대상인 처분이나 부작위 등관 관련된 행위나 부수되는 행위를 할 수 있는 행정청을 의미한다.

984) 대판 2005. 12. 9. 2003두7705 【주택건설사업계획승인신청서반려처분취소】 [1] 재결의 기속력은 재결의 주문 및 그 전제가 된 요건사실의 인정과 판단, 즉 처분 등의 구체적 위법사유에 관한 판단에만 미친다고 할 것이고, 종전 처분이 재결에 의하여 취소되었다 하더라도 종전 처분시와는 다른 사유를 들어서 처분을 하는 것은 기속력에 저촉되지 않는다고 할 것이며, 여기에서 동일 사유인지 다른 사유인지는 종전 처분에 관하여 위법한 것으로 재결에서 판단된 사유와 기본적 사실관계에 있어 동일성이 인정되는 사유인지 여부에 따라 판단되어야 한다. [2] 새로운 처분의 처분사유와 종전 처분에 관하여 위법한 것으로 재결에서 판단된 사유가 기본적 사실관계에 있어 동일성이 없으므로 새로운 처분이 종전 처분에 대한 재결의 기속력에 저촉되지 않는다고 한 사례. <재결의 주문 및 재결이유 중 그 전제가 된 요건사실의 인정과 처분의 효력 판단에 한정되고, 재결의 결론과 직접 관련이 없는 방론이나 간접사실에 대한

기속력이 미치기 때문에 재결 후 행정청이 재결에 적시된 위법사유를 보완하는 경우에 다시 동일한 내용의 처분을 하더라도 기속력에 반하지 않고, 내용의 위법이 있는 경우라도 재결에서 판단된 사유와 기본적 사실관계의 동일성이 인정되는 사유에 한하여 미치기 때문[985]에 재결 후 행정청이 재결에 적시된 위법사유와 기본적 사실관계가 동일하지 않은 사유를 이유로 다시 동일한 내용의 처분을 하더라도 기속력에 반하지 않는다[986]. 기속력의 시간적 범위와 관련해서 처분의 위법판단 기준시점이 처분시를 기준(처분시설)하기 때문에 처분시까지의 사유에만 기속력이 미치고, 처분 이후 새로운 법률관계나 사실관계를 이유로 다시 동일한 내용의 처분을 하더라도 기속력에 반하지 않는다.

기속력은 이견이 있지만 반복금지효, 처분의무, 원상회복의무를 내용으로 하는데, **반복금지효**는 취소재결, 변경재결 또는 무효등확인재결 등과 같은 내용의 재처분을 금지한다[987]는 것을 의미한다. **처분의무**는 의무이행재결 중 처분명령재결인 경우(제49조 제2항)와 신청에 따른 처분이 절차의 위법·부당을 이유로 재결로써 취소된 경우(제49조 제3항)에 재결에 따른 처분을 해야 할 의무를 의미한다. 취소심판에서 처분의 변경을 명하는 변경명령재결은 제49조 제1항에 의해 기속력이 인정된다. 한편, 거부처분 취소재결에서 기속력이 인정되는 여부에 대하여 제49조 제2항의 반대해석으로 거부처분에 대한 이행명령재결이 아닌 취소재결에 처분의무가 없다고 보는 입장(부정설)과 제49조 제1항 기속력의 일반규정에 따라 거부처분 취소재결의 재처분의무가 발생한다고 보는 입장(긍정설) 등 견해의 대립이 있지만, 판례는 후자의 입장이다[988].

판단에는 미치지 않는다.>

985) 대판 2004. 11. 26. 2004두4482 【산림형질변경불허가처분취소】 [2] 행정처분의 취소를 구하는 항고소송에 있어서는 실질적 법치주의와 행정처분의 상대방인 국민에 대한 신뢰보호라는 견지에서 처분청은 당초 처분의 근거로 삼은 사유와 기본적 사실관계에 있어서 동일성이 있다고 인정되지 않는 별개의 사실을 들어 처분사유로 주장함은 허용되지 아니하나, 당초 처분의 근거로 삼은 사유와 기본적 사실관계에 있어서 동일성이 있다고 인정되는 한도 내에서는 다른 사유를 추가하거나 변경할 수 있고, 여기서 기본적 사실관계의 동일성 유무는 처분사유를 법률적으로 평가하기 이전의 구체적인 사실에 착안하여 그 기초가 되는 사회적 사실관계가 기본적인 점에서 동일한지 여부에 따라 결정된다 . <기본적 사실관계의 동일성은 구체적으로 시간적 · 장소적 근접성, 행위 태양 · 결과 등의 제반사정을 고려해 결정된다.>

986) 대판 2003. 4. 25. 2002두3201 【건축불허가처분취소】 [1] 행정심판법 제37조가 정하고 있는 재결은 당해 처분에 관하여 재결주문 및 그 전제가 된 요건사실의 인정과 판단에 대하여 처분청을 기속하므로, 당해 처분에 관하여 위법한 것으로 재결에서 판단된 사유와 기본적 사실관계에 있어 동일성이 인정되는 사유를 내세워 다시 동일한 내용의 처분을 하는 것은 허용되지 않는다.

987) 대판 1983. 8. 23. 82누302 【계고처분취소】 건물을 철거하라는 취지의 계고처분에 대하여 원고가 불복소원을 제기하여 일부 인용재결을 받아 확정된 경우에 위 재결에 구속을 받는 처분청이 동일한 사정 아래서 같은 내용을 되풀이한 계고처분은 확정된 재결에 위배되는 것이어서 위법하다.

988) 대판 1988. 12. 13. 88누7880 【도시계획사업시행허가처분등취소】 당사자의 신청을 거부하는 처분을 취소하는 재

라. 직접처분

> 제50조(위원회의 직접 처분) ① 위원회는 피청구인이 제49조제2항에도 불구하고 처분을 하지 아니하는 경우에는 당사자가 신청하면 기간을 정하여 서면으로 시정을 명하고 그 기간에 이행하지 아니하면 직접 처분을 할 수 있다. 다만, 그 처분의 성질이나 그 밖의 불가피한 사유로 위원회가 직접 처분을 할 수 없는 경우에는 그러하지 아니하다.
>
> ② 위원회는 제1항 본문에 따라 직접 처분을 하였을 때에는 그 사실을 해당 행정청에 통보하여야 하며, 그 통보를 받은 행정청은 위원회가 한 처분을 자기가 한 처분으로 보아 관계 법령에 따라 관리 · 감독 등 필요한 조치를 하여야 한다.

직접처분은 행정청의 거부처분 또는 부작위에 대하여 처분명령재결(의무이행명령재결)이 있음에도 불구하고 행정청이 처분을 하지 아니하는 경우 위원회가 직접 처분을 행하는 것을 의미하는데, 재결의 기속력 확보수단으로 인정되는 이행강제제도이다. 직접처분이 기능하기 때문에 인용재결에 대한 행정소송상의 간접강제가 불가능하다고 보아야 한다.

직접처분은 먼저 처분명령재결이 있어야 하고, 둘째 위원회가 당사자의 신청에 따라 일정한 기간을 정하여 시정을 명했어야 하며, 셋째 행정청이 기간 내에 시정명령을 이행하지 아니하였을 것을 요건으로 한다. 따라서 당해 행정청이 어떠한 처분을 하였다면, 그 처분이 재결의 내용에 따르지 아니하였다 하더라도 위원회가 직접처분을 할 수는 없다[989].

직접처분의 요건을 갖춘 경우라도 처분의 성질이나 그 밖의 불가피한 사유로 위원회가 직접처분을 할 수 없는 경우에는 직접처분이 허용되지 않는다(제50조 1항 단서). 예컨대 정보공개명령재결의 경우 정보공개처분의 성질상 위원회가 직접처분을 할 수 없는데, 행정청이 정보공개명령재결에 따른 정보공개처분을 하지 아니하는 경우에는 행정심판위원회가 직접처분할 수 없다. 이 경우 행정소송법상의 간접강제도 불가능하기 때문에 입법론으로 정보공개명령재결의 실효성을 확보하기 위해 간접강제제도를 도입할 필요가 있다는 주장이 있다.

결이 있는 경우에는 행정청은 그 재결의 취지에 따라 이전의 신청에 대한 처분을 하여야 하는 것이므로 행정청이 그 재결의 취지에 따른 처분을 하지 아니하고 그 처분과는 양립할 수 없는 다른 처분을 하는 것은 위법한 것이라 할 것이고 이 경우 그 재결의 신청인은 위법한 다른 처분의 취소를 소구할 이익이 있다.

989) 대판 2002. 7. 23. 2000두9151 【인용재결직접처분신청거부처분취소】 행정심판법 제37조 제2항, 같은법시행령 제27조의2 제1항의 규정에 따라 재결청이 직접 처분을 하기 위하여는 처분의 이행을 명하는 재결이 있었음에도 당해 행정청이 아무런 처분을 하지 아니하였어야 하므로, 당해 행정청이 어떠한 처분을 하였다면 그 처분이 재결의 내용에 따르지 아니하였다고 하더라도 재결청이 직접 처분을 할 수는 없다.

마. 재결의 불복

개별법에서 다단계 행정심판이 인정되는 경우라면 청구인은 재결에 불복해서 다시 행정심판을 청구할 수 있지만, 이러한 규정이 없는 이상 더 이상 행정심판을 청구할 수 없다. 그리고 청구인은 각하재결, 기각재결 및 인부인용재결에 대하여 항고소송을 제기할 수 있다[990].

처분청이 인용재결 또는 일부인용재결을 불복해서 행정심판이나 행정소송을 제기할 수 있는지 여부에 대하여 제49조 제1항 기속력에 의해 행정소송을 제기할 수 없다는 견해(부정설)와 자치사무에 속하는 처분에 대한 인용재결에 한하여 지방자치단체장이 행정소송을 제기할 수 있다는 견해(제한적 긍정설) 등의 대립이 있다. 자치사무에 속하는 처분 또는 부작위에 대한 인용재결로서 지방자치단체의 자치사무에 대한 자치권이 침해된 경우 해당 자치단체가 행정심판위원회를 상대로 헌법재판소에 권한쟁의심판을 청구할 수 있다.

3. 가구제

가. 집행정지

> 제30조(집행정지) ① 심판청구는 처분의 효력이나 그 집행 또는 절차의 속행에 영향을 주지 아니한다.
>
> ② 위원회는 처분, 처분의 집행 또는 절차의 속행 때문에 중대한 손해가 생기는 것을 예방할 필요성이 긴급하다고 인정할 때에는 직권으로 또는 당사자의 신청에 의하여 처분의 효력, 처분의 집행 또는 절차의 속행의 전부 또는 일부의 정지(이하 "집행정지"라 한다)를 결정할 수 있다. 다만, 처분의 효력정지는 처분의 집행 또는 절차의 속행을 정지함으로써 그 목적을 달성할 수 있을 때에는 허용되지 아니한다.
>
> ③ 집행정지는 공공복리에 중대한 영향을 미칠 우려가 있을 때에는 허용되지 아니한다.
>
> ④ 위원회는 집행정지를 결정한 후에 집행정지가 공공복리에 중대한 영향을 미치거나 그 정지사유가 없어진 경우에는 직권으로 또는 당사자의 신청에 의하여 집행정지 결정을 취소할 수 있다.
>
> ⑤ 집행정지 신청은 심판청구와 동시에 또는 심판청구에 대한 제7조제6항 또는 제8조제7항에 따른 위원회나 소위원회의 의결이 있기 전까지, 집행정지 결정의 취소신청은 심판청구에 대한 제7조제6항 또는 제8조제7항에 따른 위원회나 소위원회의 의결이 있기 전까지 신청의 취지와 원인을 적은 서면을 위원회에 제출하여야 한다. 다만, 심판청구서를 피청구인에게 제출한 경우로서 심판청구와 동시에 집행정지 신청을 할 때에는 심판청구서 사본과 접수증명서를 함께 제출하여야 한다.
>
> ⑥ 제2항과 제4항에도 불구하고 위원회의 심리 · 결정을 기다릴 경우 중대한 손해가 생길 우려가 있다고

990) 심판청구인인 전부인용재결에 대하여 행정소송을 제기하면, 소의 이익이 없어 각하된다.

인정되면 위원장은 직권으로 위원회의 심리 · 결정을 갈음하는 결정을 할 수 있다. 이 경우 위원장은 지체 없이 위원회에 그 사실을 보고하고 추인을 받아야 하며, 위원회의 추인을 받지 못하면 위원장은 집행정지 또는 집행정지 취소에 관한 결정을 취소하여야 한다.

⑦ 위원회는 집행정지 또는 집행정지의 취소에 관하여 심리 · 결정하면 지체 없이 당사자에게 결정서 정본을 송달하여야 한다.

행정심판법은 행정소송의 집행정지처럼 가구제로서 집행정지를 채택하고 있다. 행정심판청구는 처분의 효력이나 그 집행 또는 절차의 속행에 영향을 주지 아니하기 때문에(집행부정지의 원칙) 처분, 처분의 집행 또는 절차의 속행 때문에 중대한 손해가 발생할 우려가 있으면 청구인은 위원회에 집행정지를 신청해서 집행정지 결정을 받아야 한다. 위원회도 직권으로 집행정지 결정을 할 수 있다. 집행정지 요건은 행정소송법상 집행정지 요건과 동일하다고 해석되는데[991], 형식저 요건으로 처분 등의 존재, 신청인적격과 피신청인적격 구비, 적법한 행정심판의 계속 등이, 실질적 요건으로 중대한 손해 발생의 우려(법문상 회복하기 어려운 손해를 요건으로 하는 행정소송법상 집행정지보다 완화되어 있음), 손해 예방을 위한 긴급한 필요, 공공복리에 중대한 영향을 미칠 우려가 없을 것 등이 있다.

나. 임시처분

제31조(임시처분) ① 위원회는 처분 또는 부작위가 위법 · 부당하다고 상당히 의심되는 경우로서 처분 또는 부작위 때문에 당사자가 받을 우려가 있는 중대한 불이익이나 당사자에게 생길 급박한 위험을 막기 위하여 임시지위를 정하여야 할 필요가 있는 경우에는 직권으로 또는 당사자의 신청에 의하여 임시처분을 결정할 수 있다.

② 제1항에 따른 임시처분에 관하여는 제30조 제3항부터 제7항까지를 준용한다. 이 경우 같은 조 제6항 전단 중 "중대한 손해가 생길 우려"는 "중대한 불이익이나 급박한 위험이 생길 우려"로 본다.

③ 제1항에 따른 임시처분은 제30조제2항에 따른 집행정지로 목적을 달성할 수 있는 경우에는 허용되지 아니한다.

---

991) 행정소송법상 집행정지에서 요구되는 판례상 '본안 청구 이유 없음이 명백하지 아니할 것'이라는 요건에 대하여 행정심판에서도 집행정지의 요건인지 여부에 대하여 부정설과 긍정설 등의 대립이 있을 수 있다. 본안 청구 이유 없음이 명백해 행정심판이 기각될 것이 분명한 경우라면 집행정지결정이 적절하지 않다는 점에서 긍정설이 타당하다.

임시처분은 거부처분 또는 부작위를 대상으로 하는 의무이행심판의 실효성 확보를 위하여 인정되는 가구제제도로서 민사소송상 임시의 지위를 정하는 가처분에 해당된다. 종래 행정심판법은 의무이행심판을 인정하면서도 임시처분을 인정하지 않아 의무이행심판에 의한 권리구제의 실효성에 제약이 많았지만, 2010. 1. 25. 전부개정 2010. 7. 26. 시행된 행정심판법에서 임시처분을 도입하였다. 다만, 임시처분은 집행정지로 목적을 달성할 수 없는 경우에 한하여 보충적으로 허용된다.

임시처분 요건은 형식적 요건으로 집행정지와 마찬가지로 처분 등의 존재, 신청인적격과 피신청인적격 구비, 적법한 행정심판의 계속 등이 있다. 그러나 실질적 요건으로 집행정지와 달리 첫째 처분 또는 부작위가 위법·부당하다고 상당히 의심될 것, 둘째 중대한 불이익이나 급박한 위험이 생길 우려(법문상 중대한 손해 발생을 요건으로 하는 집행정지보다 완화되어 있음), 셋째 손해 예방을 위한 긴급한 필요, 넷째 공공복리에 중대한 영향을 미칠 우려가 없을 것, 다섯째 집행정지로 목적을 달성할 수 없는 것 등이 있다. 위원회는 직권 또는 당사자의 신청에 의하여 임시처분을 결정할 수 있다.

4. 고지제도

> 제58조(행정심판의 고지) ① 행정청이 처분을 할 때에는 처분의 상대방에게 다음 각 호의 사항을 알려야 한다.
> 1. 해당 처분에 대하여 행정심판을 청구할 수 있는지
> 2. 행정심판을 청구하는 경우의 심판청구 절차 및 심판청구 기간
>
> ② 행정청은 이해관계인이 요구하면 다음 각 호의 사항을 지체 없이 알려 주어야 한다. 이 경우 서면으로 알려 줄 것을 요구받으면 서면으로 알려 주어야 한다.
> 1. 해당 처분이 행정심판의 대상이 되는 처분인지
> 2. 행정심판의 대상이 되는 경우 소관 위원회 및 심판청구 기간

행정심판법상 고지제도란 행정청이 처분시 상대방에게 그 처분에 대하여 행정심판을 제기할 수 있는지 여부, 심판청구절차, 청구기간 등 행정심판제기에 필요한 사항을 알려주는 제도를 의미하고, 행정절차법 제26조에서도 행정심판 이외 불복 제기가능성을 포함해 처분청의 고지의

무를 규정하고 있다. 이때 고지는 불복제기 가능성 여부 및 불복청구 요건 등 불복청구에 필요한 사항을 알려주는 비권력적 사실행위에 불과하고, 고지 자체로서 아무런 법적 효과가 발생하지 않는다. 다만, 불고지 또는 오고지의 경우 행정심판법 제23조[992]의 행정심판청구서를 잘못 제출한 경우에 적용되는 청구기간 특례와 제27조[993]의 청구기간 특례 및 행정소송법 제20조[994]의 제소기간 특례 등이 적용되는데, 처분 자체에 영향을 미치거나 독립된 위법사유가 되지 않는다[995].

고지의 내용은 '1. 해당 처분에 대하여 행정심판을 청구할 수 있는지, 2. 행정심판을 청구하는 경우의 심판청구 절차 및 심판청구 기간'이며, 행정심판을 청구하는 경우의 심판청구 절차에는 '행정심판의 대상이 되는 경우 소관 위원회'가 포함되어야 한다. 고지는 직권에 의한 고지(제58조 제1항)와 청구에 의한 고지(제58조 제2항)가 있다. 고지의 시기는 전자의 경우 행정청이 처분 시 기준으로 고지해야 하지만 행정심판 제기에 지장을 주지 않는 기간 내에서 하자가 치유된다고 해석되고, 후자의 경우 행정청이 청구를 받은 후 지체 없이 고지함이 상당하지만 행정심판 제기에 지장을 주지 않는 합리적 기간 내이면 족하다고 해석된다.

---

992) 제23조(심판청구서의 제출) ② 행정청이 제58조에 따른 고지를 하지 아니하거나 잘못 고지하여 청구인이 심판청구서를 다른 행정기관에 제출한 경우에는 그 행정기관은 그 심판청구서를 지체 없이 정당한 권한이 있는 피청구인에게 보내야 한다.

④ 제27조에 따른 심판청구 기간을 계산할 때에는 … 제2항에 따른 행정기관에 심판청구서가 제출되었을 때에 행정심판이 청구된 것으로 본다.

993) 제27조(심판청구의 기간) ① 행정심판은 처분이 있음을 알게 된 날부터 90일 이내에 청구하여야 한다.

③ 행정심판은 처분이 있었던 날부터 180일이 지나면 청구하지 못한다. 다만, 정당한 사유가 있는 경우에는 그러하지 아니하다.

⑤ 행정청이 심판청구 기간을 제1항에 규정된 기간보다 긴 기간으로 잘못 알린 경우 그 잘못 알린 기간에 심판청구가 있으면 그 행정심판은 제1항에 규정된 기간에 청구된 것으로 본다.

⑥ 행정청이 심판청구 기간을 알리지 아니한 경우에는 제3항에 규정된 기간에 심판청구를 할 수 있다.

⑦ 제1항부터 제6항까지의 규정은 무효등확인심판청구와 부작위에 대한 의무이행심판청구에는 적용하지 아니한다.

994) 행정소송법 제 20조 (제소기간) ① ···· 행정청이 행정심판청구를 할 수 있다고 잘못 알린 경우에 행정심판의 청구가 있는 때의 기간은 재결서의 정본을 송달받은 날로부터 기산한다.

995)대판 1987. 11. 24. 87누529 【차량면허취소처분취소】 자동차운수사업법 제31조 등의 규정에 의한 사업면허의 취소 등의 처분에관한 규칙(교통부령) 제7조 제3항의 고지절차에 관한 규정은 행정처분의 상대방이 그 처분에 대한 행정심판의 절차를 밟는데 있어 편의를 제공하려는데 있으며 처분청이 위 규정에 따른 고지의무를 이행하지 아니하였다고 하더라도 경우에 따라서는 행정심판의 제기기간이 연장될 수 있는 것에 그치고 이로 인하여 심판의 대상이 되는 행정처분에 어떤 하자가 수반된다고 할 수 없다. [고지의무의 불이행과 면허취소처분의 하자유무]

[부록]

행정심판법과
행정소송법의 비교표

<table>
<tr><th></th><th>행정심판법</th><th colspan="2">행정소송법</th></tr>
<tr><td>목적</td><td>제1조(목적) 이 법은 행정심판 절차를 통하여 행정청의 위법 또는 부당한 처분이나 부작위로 침해된 국민의 권리 또는 이익을 구제하고, 아울러 행정의 적정한 운영을 꾀함을 목적으로 한다.</td><td colspan="2">제1조(목적) 이 법은 행정소송절차를 통하여 행정청의 위법한 처분 그 밖에 공권력의 행사·불행사등으로 인한 국민의 권리 또는 이익의 침해를 구제하고, 공법상의 권리관계 또는 법적용에 관한 다툼을 적정하게 해결함을 목적으로 한다.</td></tr>
<tr><td>행정심판의 종류
(행정소송의 종류)</td><td>제5조(행정심판의 종류) 행정심판의 종류는 다음 각 호와 같다.
1. 취소심판: 행정청의 위법 또는 부당한 처분을 취소하거나 변경하는 행정심판
2. 무효등확인심판: 행정청의 처분의 효력 유무 또는 존재 여부를 확인하는 행정심판
3. 의무이행심판: 당사자의 신청에 대한 행정청의 위법 또는 부당한 거부처분이나 부작위에 대하여 일정한 처분을 하도록 하는 행정심판</td><td>제3조(행정소송의 종류) 행정소송은 다음의 네가지로 구분한다.
1. 항고소송: 행정청의 처분등이나 부작위에 대하여 제기하는 소송
2. 당사자소송: 행정청의 처분등을 원인으로 하는 법률관계에 관한 소송 그 밖에 공법상의 법률관계에 관한 소송으로서 그 법률관계의 한쪽 당사자를 피고로 하는 소송
3. 민중소송: 국가 또는 공공단체의 기관이 법률에 위반되는 행위를 한 때에 직접 자기의 법률상 이익과 관계없이 그 시정을 구하기 위하여 제기하는 소송
4. 기관소송: 국가 또는 공공단체의 기관상호간에 있어서의 권한의 존부 또는 그 행사에 관한 다툼이 있을 때에 이에 대하여 제기하는 소송. 다만, 헌법재판소법 제2조의 규정에 의하여 헌법재판소의 관장사항으로 되는 소송은 제외한다.</td><td>제4조(항고소송) 항고소송은 다음과 같이 구분한다.
1. 취소소송: 행정청의 위법한 처분등을 취소 또는 변경하는 소송
2. 무효등 확인소송: 행정청의 처분등의 효력 유무 또는 존재여부를 확인하는 소송
3. 부작위위법확인소송: 행정청의 부작위가 위법하다는 것을 확인하는 소송</td></tr>
<tr><td>행정심판기관
(재판관할)</td><td>행정심판법상 행정심판: 제2장 심판기관, 제6조 독립기관 소속 행정심판위원회, 중앙행정심판위원회, 시·도행정심판위원회, 직근 상급기관 소속 행정심판위원회
개별법상 특별행정심판: 제4조 특별행</td><td>제6조(행정심판위원회의 설치), 제7조(행정심판위원회의 구성), 제8조(중앙행정심판위원회의 구성), 제9조(위원의 임기 및 신분보장 등), 제10조(위원의 제척</td><td>제9조(재판관할) ① 취소소송의 제1심관할법원은 피고의 소재지를 관할하는 행정법원으로 한다. 다만, 중앙행정기관 또는 그 장이 피고인 경우의 관할법원은 대법원소재지의 행정법원으로 한다.</td></tr>
</table>

<table>
<tr><th></th><th colspan="2">행정심판법</th><th colspan="2">행정소송법</th></tr>
<tr><td></td><td>정심판 (심판기관의 특수성)</td><td colspan="2">·기피·회피), 제11조(벌칙 적용시의 공무원의제), 제12조(위원회의 권한 승계)</td><td>② 토지의 수용 기타 부동산 또는 특정의 장소에 관계되는 처분등에 대한 취소소송은 그 부동산 또는 장소의 소재지를 관할하는 행정법원에 이를 제기할 수 있다. [제38조 ① (무효소송) ② (부작위소송) 준용]
개별법상 특별행정소송: 제8조(관할과 절차의 특수성)</td></tr>
<tr><td>병합·분리
(병합·이송)</td><td colspan="2">제37조(절차의 병합 또는 분리) 위원회는 필요하면 관련되는 심판청구를 병합하여 심리하거나 병합된 관련 청구를 분리하여 심리할 수 있다.</td><td colspan="2">제7조(사건의 이송) 민사소송법 제34조제1항의 규정은 원고의 고의 또는 중대한 과실 없이 행정소송이 심급을 달리하는 법원에 잘못 제기된 경우에도 적용한다.
제10조(관련청구소송의 이송 및 병합) ① 취소소송과 다음 각호의 1에 해당하는 소송(이하 "관련청구소송"이라 한다)이 각각 다른 법원에 계속되고 있는 경우에 관련청구소송이 계속된 법원이 상당하다고 인정하는 때에는 당사자의 신청 또는 직권에 의하여 이를 취소소송이 계속된 법원으로 이송할 수 있다.
1. 당해 처분등과 관련되는 손해배상·부당이득반환·원상회복등 청구소송
2. 당해 처분등과 관련되는 취소소송
② 취소소송에는 사실심의 변론종결시까지 관련청구소송을 병합하거나 피고외의 자를 상대로 한 관련청구소송을 취소소송이 계속된 법원에 병합하여 제기할 수 있다. [제38조 ① ② 준용]
제15조(공동소송) 수인의 청구 또는 수인에 대한 청구가 처분등의 취소청구와 관련되는 청구인 경우에 한하여 그 수인은 공동소송인이 될 수 있다.
[제38조 ① ② 준용]</td></tr>
<tr><td>청구의 변경
(소의 변경)</td><td colspan="2">제29조(청구의 변경) ① 청구인은 청구의 기초에 변경이 없는 범위에서 청구의 취지나 이유를 변경할 수 있다.
② 행정심판이 청구된 후에 피청구인이 새로운 처분을 하거나 심판청구의 대상인 처분을 변경한 경우에는 청구인은 새로운 처분이나 변경된 처분에 맞추어 청구의 취지나 이유를 변경할 수 있다.
③ 제1항 또는 제2항에 따른 청구의 변경은 서면으로 신청하여야 한다. 이 경우 피청구인과 참가인의 수만큼 청구변경신청서 부본을 함께 제출하여야 한다.
④ 위원회는 제3항에 따른 청구변경신청서 부본을 피청구인과 참가인에게 송달하여야 한다.
⑤ 제4항의 경우 위원회는 기간을 정하여 피청구인과</td><td colspan="2">제21조(소의 변경) ① 법원은 취소소송을 당해 처분등에 관계되는 사무가 귀속하는 국가 또는 공공단체에 대한 당사자소송 또는 취소소송외의 항고소송으로 변경하는 것이 상당하다고 인정할 때에는 청구의 기초에 변경이 없는 한 사실심의 변론종결시까지 원고의 신청에 의하여 결정으로써 소의 변경을 허가할 수 있다.
② 제1항의 규정에 의한 허가를 하는 경우 피고를 달리하게 될 때에는 법원은 새로이 피고로 될 자의 의견을 들어야 한다.
③ 제1항의 규정에 의한 허가결정에 대하여는 즉시항고할 수 있다.
④ 제1항의 규정에 의한 허가결정에 대하여는 제14조 제2항·제4항 및 제5항의 규정을 준용한다.</td></tr>
</table>

	행정심판법	행정소송법
	참가인에게 청구변경 신청에 대한 의견을 제출하도록 할 수 있으며, 피청구인과 참가인이 그 기간에 의견을 제출하지 아니하면 의견이 없는 것으로 본다. ⑥ 위원회는 제1항 또는 제2항의 청구변경 신청에 대하여 허가할 것인지 여부를 결정하고, 지체 없이 신청인에게는 결정서 정본을, 당사자 및 참가인에게는 결정서 등본을 송달하여야 한다. ⑦ 신청인은 제6항에 따라 송달을 받은 날부터 7일 이내에 위원회에 이의신청을 할 수 있다. ⑧ 청구의 변경결정이 있으면 처음 행정심판이 청구되었을 때부터 변경된 청구의 취지나 이유로 행정심판이 청구된 것으로 본다.	제22조(처분변경으로 인한 소의 변경) ① 법원은 행정청이 소송의 대상인 처분을 소가 제기된 후 변경한 때에는 원고의 신청에 의하여 결정으로써 청구의 취지 또는 원인의 변경을 허가할 수 있다. ②제1항의 규정에 의한 신청은 처분의 변경이 있음을 안 날로부터 60일 이내에 하여야 한다. ③제1항의 규정에 의하여 변경되는 청구는 제18조제1항 단서의 규정에 의한 요건을 갖춘 것으로 본다. [제38조 ① 준용] 제37조(소의 변경) 제21조의 규정은 무효등 확인소송이나 부작위위법확인소송을 취소소송 또는 당사자소송으로 변경하는 경우에 준용한다.
대상	제3조(행정심판의 대상) ① 행정청의 처분 또는 부작위에 대하여는 다른 법률에 특별한 규정이 있는 경우 외에는 이 법에 따라 행정심판을 청구할 수 있다. ② 대통령의 처분 또는 부작위에 대하여는 다른 법률에서 행정심판을 청구할 수 있도록 정한 경우 외에는 행정심판을 청구할 수 없다.	제19조(취소소송의 대상) 취소소송은 처분등을 대상으로 한다. 다만, 재결취소소송의 경우에는 재결 자체에 고유한 위법이 있음을 이유로 하는 경우에 한한다. [제38조 ① ② 준용]
	제2조(정의) 이 법에서 사용하는 용어의 뜻은 다음과 같다. 1. "처분"이란 행정청이 행하는 구체적 사실에 관한 법집행으로서의 공권력의 행사 또는 그 거부, 그 밖에 이에 준하는 행정작용을 말한다. 2. "부작위"란 행정청이 당사자의 신청에 대하여 상당한 기간 내에 일정한 처분을 하여야 할 법률상 의무가 있는데도 처분을 하지 아니하는 것을 말한다.	제2조(정의) ① 이 법에서 사용하는 용어의 정의는 다음과 같다. 1. "처분등"이라 함은 행정청이 행하는 구체적 사실에 관한 법집행으로서의 공권력의 행사 또는 그 거부와 그 밖에 이에 준하는 행정작용(이하 "처분"이라 한다) 및 행정심판에 대한 재결을 말한다. 2. "부작위"라 함은 행정청이 당사자의 신청에 대하여 상당한 기간내에 일정한 처분을 하여야 할 법률상 의무가 있음에도 불구하고 이를 하지 아니하는 것을 말한다.
행정심판과 행정소송 관계 (행정심판 전치주의)		제18조(행정심판과의 관계) ① 취소소송은 법령의 규정에 의하여 당해 처분에 대한 행정심판을 제기할 수 있는 경우에도 이를 거치지 아니하고 제기할 수 있다. 다만, 다른 법률에 당해 처분에 대한 행정심판의 재결을 거치지 아니하면 취소소송을 제기할 수 없다는 규정이 있는 때에는 그러하지 아니하다. [제38조 ② 준용]
청구인 능력 (당사자 능력)	제14조(법인이 아닌 사단 또는 재단의 청구인 능력) 법인이 아닌 사단 또는 재단으로서 대표자나 관리인이 정하여져 있는 경우에는 그 사단이나 재단의 이름으로 심판청구를 할 수 있다.	제8조(법 적용예) ② 행정소송에 관하여 이 법에 특별한 규정이 없는 사항에 대하여는 법원조직법과 민사소송법 및 민사집행법의 규정을 준용한다. <민사소송법 제52조>

	행정심판법	행정소송법
청구인 적격 (원고 적격)	제13조(청구인 적격) ① 취소심판은 처분의 취소 또는 변경을 구할 법률상 이익이 있는 자가 청구할 수 있다. 처분의 효과가 기간의 경과, 처분의 집행, 그 밖의 사유로 소멸된 뒤에도 그 처분의 취소로 회복되는 법률상 이익이 있는 자의 경우에도 또한 같다. ② 무효등확인심판은 처분의 효력 유무 또는 존재 여부의 확인을 구할 법률상 이익이 있는 자가 청구할 수 있다. ③ 의무이행심판은 처분을 신청한 자로서 행정청의 거부처분 또는 부작위에 대하여 일정한 처분을 구할 법률상 이익이 있는 자가 청구할 수 있다.	제12조(원고적격) 취소소송은 처분등의 취소를 구할 법률상 이익이 있는 자가 제기할 수 있다. 처분등의 효과가 기간의 경과, 처분등의 집행 그 밖의 사유로 인하여 소멸된 뒤에도 그 처분등의 취소로 인하여 회복되는 법률상 이익이 있는 자의 경우에는 또한 같다. 제35조(무효등 확인소송의 원고적격) 무효등 확인소송은 처분등의 효력 유무 또는 존재 여부의 확인을 구할 법률상 이익이 있는 자가 제기할 수 있다. 제36조(부작위위법확인소송의 원고적격) 부작위위법확인소송은 처분의 신청을 한 자로서 부작위의 위법의 확인을 구할 법률상 이익이 있는 자만이 제기할 수 있다.
피청구인 적격·경정 (피고 적격·경정)	제17조(피청구인의 적격 및 경정) ① 행정심판은 처분을 한 행정청(의무이행심판의 경우에는 청구인의 신청을 받은 행정청)을 피청구인으로 하여 청구하여야 한다. 다만, 심판청구의 대상과 관계되는 권한이 다른 행정청에 승계된 경우에는 권한을 승계한 행정청을 피청구인으로 하여야 한다. ② 청구인이 피청구인을 잘못 지정한 경우에는 위원회는 직권으로 또는 당사자의 신청에 의하여 결정으로써 피청구인을 경정할 수 있다. ③ 위원회는 제2항에 따라 피청구인을 경정하는 결정을 하면 결정서 정본을 당사자(종전의 피청구인과 새로운 피청구인을 포함한다. 이하 제6항에서 같다)에게 송달하여야 한다. ④ 제2항에 따른 결정이 있으면 종전의 피청구인에 대한 심판청구는 취하되고 종전의 피청구인에 대한 행정심판이 청구된 때에 새로운 피청구인에 대한 행정심판이 청구된 것으로 본다. ⑤ 위원회는 행정심판이 청구된 후에 제1항 단서의 사유가 발생하면 직권으로 또는 당사자의 신청에 의하여 결정으로써 피청구인을 경정한다. 이 경우에는 제3항과 제4항을 준용한다. ⑥ 당사자는 제2항 또는 제5항에 따른 위원회의 결정에 대하여 결정서 정본을 받은 날부터 7일 이내에 위원회에 이의신청을 할 수 있다.	제13조(피고적격) ① 취소소송은 다른 법률에 특별한 규정이 없는 한 그 처분등을 행한 행정청을 피고로 한다. 다만, 처분등이 있은 뒤에 그 처분등에 관계되는 권한이 다른 행정청에 승계된 때에는 이를 승계한 행정청을 피고로 한다. ② 제1항의 규정에 의한 행정청이 없게 된 때에는 그 처분등에 관한 사무가 귀속되는 국가 또는 공공단체를 피고로 한다.[제38조 ① ② 준용] 제14조(피고경정) ① 원고가 피고를 잘못 지정한 때에는 법원은 원고의 신청에 의하여 결정으로써 피고의 경정을 허가할 수 있다. ② 법원은 제1항의 규정에 의한 결정의 정본을 새로운 피고에게 송달하여야 한다. ③ 제1항의 규정에 의한 신청을 각하하는 결정에 대하여는 즉시항고할 수 있다. ④ 제1항의 규정에 의한 결정이 있은 때에는 새로운 피고에 대한 소송은 처음에 소를 제기한 때에 제기된 것으로 본다. ⑤ 제1항의 규정에 의한 결정이 있은 때에는 종전의 피고에 대한 소송은 취하된 것으로 본다. ⑥ 취소소송이 제기된 후에 제13조제1항 단서 또는 제13조제2항에 해당하는 사유가 생긴 때에는 법원은 당사자의 신청 또는 직권에 의하여 피고를 경정한다. 이 경우에는 제4항 및 제5항의 규정을 준용한다. [제38조 ① ② 준용]
	제2조(정의) 이 법에서 사용하는 용어의 뜻은 다음과 같다. 4. "행정청"이란 행정에 관한 의사를 결정하여 표시하는 국가 또는 지방자치단체의 기관, 그 밖에 법령 또는	제2조(정의) ② 이 법을 적용함에 있어서 행정청에는 법령에 의하여 행정권한의 위임 또는 위탁을 받은 행정기관, 공공단체 및 그 기관 또는 사인이 포함된다.

	행정심판법		행정소송법
	자치법규에 따라 행정권한을 가지고 있거나 위탁을 받은 공공단체나 그 기관 또는 사인을 말한다.		
선정대표자(선정당사자)	제15조(선정대표자) ① 여러 명의 청구인이 공동으로 심판청구를 할 때에는 청구인들 중에서 3명 이하의 선정대표자를 선정할 수 있다. ② 청구인들이 제1항에 따라 선정대표자를 선정하지 아니한 경우에 위원회는 필요하다고 인정하면 청구인들에게 선정대표자를 선정할 것을 권고할 수 있다. ③ 선정대표자는 다른 청구인들을 위하여 그 사건에 관한 모든 행위를 할 수 있다. 다만, 심판청구를 취하하려면 다른 청구인들의 동의를 받아야 하며, 이 경우 동의받은 사실을 서면으로 소명하여야 한다. ④ 선정대표자가 선정되면 다른 청구인들은 그 선정대표자를 통해서만 그 사건에 관한 행위를 할 수 있다. ⑤ 선정대표자를 선정한 청구인들은 필요하다고 인정하면 선정대표자를 해임하거나 변경할 수 있다. 이 경우 청구인들은 그 사실을 지체 없이 위원회에 서면으로 알려야 한다.	제19조(대표자 등의 자격) ① 대표자·관리인·선정대표자 또는 대리인의 자격은 서면으로 소명하여야 한다. ② 청구인이나 피청구인은 대표자·관리인·선정대표자 또는 대리인이 그 자격을 잃으면 그 사실을 서면으로 위원회에 신고하여야 한다. 이 경우 소명 자료를 함께 제출하여야 한다.	제8조 및 민사소송법 제53조(선정 당사자)
청구인 지위 승계(소송수계)	제16조(청구인의 지위 승계) ① 청구인이 사망한 경우에는 상속인이나 그 밖에 법령에 따라 심판청구의 대상에 관계되는 권리나 이익을 승계한 자가 청구인의 지위를 승계한다. ② 법인인 청구인이 합병에 따라 소멸하였을 때에는 합병 후 존속하는 법인이나 합병에 따라 설립된 법인이 청구인의 지위를 승계한다. ③ 제1항과 제2항에 따라 청구인의 지위를 승계한 자는 위원회에 서면으로 그 사유를 신고하여야 한다. 이 경우 신고서에는 사망 등에 의한 권리·이익의 승계 또는 합병 사실을 증명하는 서면을 함께 제출하여야 한다. ④ 제1항 또는 제2항의 경우에 제3항에 따른 신고가 있을 때까지 사망자나 합병 전의 법인에 대하여 한 통지 또는 그 밖의 행위가 청구인의 지위를 승계한 자에게 도달하면 지위를 승계한 자에 대한 통지 또는 그 밖의 행위로서의 효력이 있다. ⑤ 심판청구의 대상과 관계되는 권리나 이익을 양수한 자는 위원회의 허가를 받아 청구인의 지위를 승계할 수 있다. ⑥ 위원회는 제5항의 지위 승계 신청을 받으면 기간을 정하여 당사자		제8조 및 민사소송법 제233조와 제234조(소송수계)

	행정심판법	행정소송법
	와 참가인에게 의견을 제출하도록 할 수 있으며, 당사자와 참가인이 그 기간에 의견을 제출하지 아니하면 의견이 없는 것으로 본다. ⑦ 위원회는 제5항의 지위 승계 신청에 대하여 허가 여부를 결정하고, 지체 없이 신청인에게는 결정서 정본을, 당사자와 참가인에게는 결정서 등본을 송달하여야 한다. ⑧ 신청인은 위원회가 제5항의 지위 승계를 허가하지 아니하면 결정서 정본을 받은 날부터 7일 이내에 위원회에 이의신청을 할 수 있다.	
청구인 대리인 (소송대리인)	제18조(대리인의 선임) ① 청구인은 법정대리인 외에 다음 각 호의 어느 하나에 해당하는 자를 대리인으로 선임할 수 있다. 1. 청구인의 배우자, 청구인 또는 배우자의 사촌 이내의 혈족 2. 청구인이 법인이거나 제14조에 따른 청구인 능력이 있는 법인이 아닌 사단 또는 재단인 경우 그 소속 임직원 3. 변호사 4. 다른 법률에 따라 심판청구를 대리할 수 있는 자 5. 그 밖에 위원회의 허가를 받은 자 ② 피청구인은 그 소속 직원 또는 제1항제3호부터 제5호까지의 어느 하나에 해당하는 자를 대리인으로 선임할 수 있다. ③ 제1항과 제2항에 따른 대리인에 관하여는 제15조제3항 및 제5항을 준용한다. 제19조(대표자 등의 자격) ① 대표자·관리인·선정대표자 또는 대리인의 자격은 서면으로 소명하여야 한다. ② 청구인이나 피청구인은 대표자·관리인·선정대표자 또는 대리인이 그 자격을 잃으면 그 사실을 서면으로 위원회에 신고하여야 한다. 이 경우 소명 자료를 함께 제출하여야 한다.	제8조 및 민사소송법 제87조, 제88조(변호사대리의 원칙 등)
심판참가 (소송참가)	제20조(심판참가) ① 행정심판의 결과에 이해관계가 있는 제3자나 행정청은 해당 심판청구에 대한 제7조제6항 또는 제8조제7항에 따른 위원회나 소위원회의 의결이 있기 전까지 그 사건에 대하여 심판참가를 할 수 있다. ② 제1항에 따른 심판참가를 하려는 자는 참가의 취지와 이유를 적은 참가신청서를 위원회에 제출하여야 한다. 이 경우 당사자의 수만큼 참가신청서 부본을 함께 제출하여야 한다. ③ 위원회는 제2항에 따라 참가신청서를 받으면 참가신청서 부본을 당사자에게 송달하여야 한다. ④ 제3항의 경우 위원회는 기간을 정하여 당사자와 다른 참가인에게 제3자의 참가신청에 대한 의견을 제출하도록 할 수 있으며, 당사자와 다른 참가인이 그 기간	제16조(제3자의 소송참가) ① 법원은 소송의 결과에 따라 권리 또는 이익의 침해를 받을 제3자가 있는 경우에는 당사자 또는 제3자의 신청 또는 직권에 의하여 결정으로써 그 제3자를 소송에 참가시킬 수 있다. ② 법원이 제1항의 규정에 의한 결정을 하고자 할 때에는 미리 당사자 및 제3자의 의견을 들어야 한다. ③ 제1항의 규정에 의한 신청을 한 제3자는 그 신청을 각하한 결정에 대하여 즉시항고할 수 있다. ④ 제1항의 규정에 의하여 소송에 참가한 제3자에 대하여는 민사소송법 제67조의 규정을 준용한다. [제38조 ① ② 준용] 제17(행정청의 소송참가) ① 법원은 다른 행정청을 소송에 참가시킬 필요가 있다고 인정할 때에는 당사자 또는 당해 행정청의 신청 또는 직권에 의하여 결정으로써

	행정심판법		행정소송법
	에 의견을 제출하지 아니하면 의견이 없는 것으로 본다. ⑤ 위원회는 제2항에 따라 참가신청을 받으면 허가 여부를 결정하고, 지체 없이 신청인에게는 결정서 정본을, 당사자와 다른 참가인에게는 결정서 등본을 송달하여야 한다. ⑥ 신청인은 제5항에 따라 송달을 받은 날부터 7일 이내에 위원회에 이의신청을 할 수 있다. 제21조(심판참가의 요구) ① 위원회는 필요하다고 인정하면 그 행정심판 결과에 이해관계가 있는 제3자나 행정청에 그 사건 심판에 참가할 것을 요구할 수 있다. ② 제1항의 요구를 받은 제3자나 행정청은 지체 없이 그 사건 심판에 참가할 것인지 여부를 위원회에 통지하여야 한다. 제22조(참가인의 지위) ① 참가인은 행정심판 절차에서 당사자가 할 수 있는 심판절차상의 행위를 할 수 있다. ② 이 법에 따라 당사자가 위원회에 서류를 제출할 때에는 참가인의 수만큼 부본을 제출하여야 하고, 위원회가 당사자에게 통지를 하거나 서류를 송달할 때에는 참가인에게도 통지하거나 송달하여야 한다. ③ 참가인의 대리인 선임과 대표자 자격 및 서류 제출에 관하여는 제18조, 제19조 및 이 조 제2항을 준용한다.		그 행정청을 소송에 참가시킬 수 있다. ② 법원은 제1항의 규정에 의한 결정을 하고자 할 때에는 당사자 및 당해 행정청의 의견을 들어야 한다. ③ 제1항의 규정에 의하여 소송에 참가한 행정청에 대하여는 민사소송법 제76조의 규정을 준용한다. [제38조 ①② 준용]
제소 기간	제27조(심판청구의 기간) ① 행정심판은 처분이 있음을 알게 된 날부터 90일 이내에 청구하여야 한다. ② 청구인이 천재지변, 전쟁, 사변, 그 밖의 불가항력으로 인하여 제1항에서 정한 기간에 심판청구를 할 수 없었을 때에는 그 사유가 소멸한 날부터 14일 이내에 행정심판을 청구할 수 있다. 다만, 국외에서 행정심판을 청구하는 경우에는 그 기간을 30일로 한다. ③ 행정심판은 처분이 있었던 날부터 180일이 지나면 청구하지 못한다. 다만, 정당한 사유가 있는 경우에는 그러하지 아니하다. ④ 제1항과 제2항의 기간은 불변기간으로 한다. ⑤ 행정청이 심판청구 기간을 제1항에	제32조(보정) ① 위원회는 심판청구가 적법하지 아니하나 보정할 수 있다고 인정하면 기간을 정하여 청구인에게 보정할 것을 요구할 수 있다. 다만, 경미한 사항은 직권으로 보정할 수 있다. ② 청구인은 제1항의 요구를 받으면 서면으로 보정하여야 한다. 이 경우 다른 당사자의 수만큼 보정서 부본을 함께 제출하여야 한다. ③ 위원회는 제2항에 따라 제출된 보정서 부본을 지체 없이 다른 당사자에게 송달하여야 한다.	제20조(제소기간) ① 취소소송은 처분등이 있음을 안 날부터 90일 이내에 제기하여야 한다. 다만, 제18조제1항 단서에 규정한 경우와 그 밖에 행정심판청구를 할 수 있는 경우 또는 행정청이 행정심판청구를 할 수 있다고 잘못 알린 경우에 행정심판청구가 있은 때의 기간은 재결서의 정본을 송달받은 날부터 기산한다. ② 취소소송은 처분등이 있은 날부터 1년(제1항 단서의 경우는 재결이 있은 날부터 1년)을 경과하면 이를 제기하지 못한다. 다만, 정당한 사유가 있는 때에는 그러하지 아니하다. ③ 제1항의 규정에 의한 기간은 불변기간으로 한다.[제38조 ② 준용]

	행정심판법		행정소송법
	규정된 기간보다 긴 기간으로 잘못 알린 경우 그 잘못 알린 기간에 심판청구가 있으면 그 행정심판은 제1항에 규정된 기간에 청구된 것으로 본다. ⑥ 행정청이 심판청구 기간을 알리지 아니한 경우에는 제3항에 규정된 기간에 심판청구를 할 수 있다. ⑦ 제1항부터 제6항까지의 규정은 무효등확인심판청구와 부작위에 대한 의무이행심판청구에는 적용하지 아니한다.	④ 제1항에 따른 보정을 한 경우에는 처음부터 적법하게 행정심판이 청구된 것으로 본다. ⑤ 제1항에 따른 보정기간은 제45조에 따른 재결 기간에 산입하지 아니한다.	보정 : 제8조 및 민사소송법 제254조
행정심판 청구방식 (소제기 방식)	제23조(심판청구서의 제출) ① 행정심판을 청구하려는 자는 제28조에 따라 심판청구서를 작성하여 피청구인이나 위원회에 제출하여야 한다. 이 경우 피청구인의 수만큼 심판청구서 부본을 함께 제출하여야 한다. ② 행정청이 제58조에 따른 고지를 하지 아니하거나 잘못 고지하여 청구인이 심판청구서를 다른 행정기관에 제출한 경우에는 그 행정기관은 그 심판청구서를 지체 없이 정당한 권한이 있는 피청구인에게 보내야 한다. ③ 제2항에 따라 심판청구서를 보낸 행정기관은 지체 없이 그 사실을 청구인에게 알려야 한다. ④ 제27조에 따른 심판청구 기간을 계산할 때에는 제1항에 따른 피청구인이나 위원회 또는 제2항에 따른 행정기관에 심판청구서가 제출되었을 때에 행정심판이 청구된 것으로 본다.	제28조(심판청구의 방식) ① 심판청구는 서면으로 하여야 한다. ② 처분에 대한 심판청구의 경우에는 심판청구서에 다음 각 호의 사항이 포함되어야 한다. 1. 청구인의 이름과 주소 또는 사무소(주소 또는 사무소 외의 장소에서 송달받기를 원하면 송달장소를 추가로 적어야 한다) 2. 피청구인과 위원회 3. 심판청구의 대상이 되는 처분의 내용 4. 처분이 있음을 알게 된 날 5. 심판청구의 취지와 이유 6. 피청구인의 행정심판 고지 유무와 그 내용 ③ 부작위에 대한 심판청구의 경우에는 제2항제1호·제2호·제5호의 사항과 그 부작위의 전제가 되는 신청의 내용과 날짜를 적어야 한다. ④ 청구인이 법인이거나 제14조에 따른 청구인 능력이 있는 법인이 아닌 사단 또는 재단이거나 행정심판이	제8조 및 민사소송법 제248조, 제249조 등

	행정심판법		행정소송법
		선정대표자나 대리인에 의하여 청구되는 것일 때에는 제2항 또는 제3항의 사항과 함께 그 대표자·관리인·선정대표자 또는 대리인의 이름과 주소를 적어야 한다. ⑤ 심판청구서에는 청구인·대표자·관리인·선정대표자 또는 대리인이 서명하거나 날인하여야 한다.	
청구서 접수·처리 (소장 접수 등)	제24조(피청구인의 심판청구서 등의 접수·처리) ① 피청구인이 제23조제1항·제2항 또는 제26조제1항에 따라 심판청구서를 접수하거나 송부받으면 10일 이내에 심판청구서(제23조제1항·제2항의 경우만 해당된다)와 답변서를 위원회에 보내야 한다. 다만, 청구인이 심판청구를 취하한 경우에는 그러하지 아니하다. ② 피청구인은 처분의 상대방이 아닌 제3자가 심판청구를 한 경우에는 지체 없이 처분의 상대방에게 그 사실을 알려야 한다. 이 경우 심판청구서 사본을 함께 송달하여야 한다. ③ 피청구인이 제1항 본문에 따라 심판청구서를 보낼 때에는 심판청구서에 위원회가 표시되지 아니하였거나 잘못 표시된 경우에도 정당한 권한이 있는 위원회에 보내야 한다. ④ 피청구인은 제1항 본문에 따라 답변서를 보낼 때에는 청구인의 수만큼 답변서 부본을 함께 보내되, 답변서에는 다음 각 호의 사항을 명확하게 적어야 한다. 1. 처분이나 부작위의 근거와 이유 2. 심판청구의 취지와 이유에 대응하는 답변 3. 제2항에 해당하는 경우에는 처분의 상대방의 이름·주소·연락처와 제2항의 의무 이행 여부 ⑤ 제2항과 제3항의 경우에 피청구인	제25조(피청구인의 직권취소등) ① 제23조제1항·제2항 또는 제26조제1항에 따라 심판청구서를 받은 피청구인은 그 심판청구가 이유 있다고 인정하면 심판청구의 취지에 따라 직권으로 처분을 취소·변경하거나 확인을 하거나 신청에 따른 처분(이하 이 조에서 "직권취소등"이라 한다)을 할 수 있다. 이 경우 서면으로 청구인에게 알려야 한다. ② 피청구인은 제1항에 따라 직권취소등을 하였을 때에는 청구인이 심판청구를 취하한 경우가 아니면 제24조제1항 본문에 따라 심판청구서·답변서를 보낼 때 직권취소등의 사실을 증명하는 서류를 위원회에 함께 제출하여야 한다.	제8조 및 민사소송법 제255조, 제256조

	행정심판법		행정소송법
	은 송부 사실을 지체 없이 청구인에게 알려야 한다. ⑥ 중앙행정심판위원회에서 심리·재결하는 사건인 경우 피청구인은 제1항에 따라 위원회에 심판청구서 또는 답변서를 보낼 때에는 소관 중앙행정기관의 장에게도 그 심판청구·답변의 내용을 알려야 한다. 제26조(위원회의 심판청구서 등의 접수·처리) ① 위원회는 제23조제1항에 따라 심판청구서를 받으면 지체 없이 피청구인에게 심판청구서 부본을 보내야 한다. ② 위원회는 제24조제1항 본문에 따라 피청구인으로부터 답변서가 제출되면 답변서 부본을 청구인에게 송달하여야 한다.		
행정심판 심리방식 (행정소송 심리방식)	제33조(주장의 보충), 제34조(증거서류의 제출), 제35조(자료의 제출 요구), 제36조(증거조사), 제38조(심리기일의 지정과 변경), 제39조(직권심리), 제40조(심리의 방식), 제41조(발언 내용등의 비공개), 제42조(심판청구 등의 취하) 및 제56조(주소 등 송달장소 변경의 신고의무), 제57조(서류의 송달)	제45조(재결 기간) ① 재결은 제23조에 따라 피청구인 또는 위원회가 심판청구서를 받은 날부터 60일 이내에 하여야 한다. 다만, 부득이한 사정이 있는 경우에는 위원장이 직권으로 30일을 연장할 수 있다. ② 위원장은 제1항 단서에 따라 재결 기간을 연장할 경우에는 재결 기간이 끝나기 7일 전까지 당사자에게 알려야 한다. 제47조(재결의 범위) ① 위원회는 심판청구의 대상이 되는 처분 또는 부작위 외의 사항에 대하여는 재결하지 못한다. ② 위원회는 심판청구의 대상이 되는 처분보다 청구인에게 불리한 재결을 하지 못한다.	제25조(행정심판기록의 제출명령) ① 법원은 당사자의 신청이 있는 때에는 결정으로써 재결을 행한 행정청에 대하여 행정심판에 관한 기록의 제출을 명할 수 있다. ②제1항의 규정에 의한 제출명령을 받은 행정청은 지체없이 당해 행정심판에 관한 기록을 법원에 제출하여야 한다.[제38조 ①②준용] 제26조(직권심리) 법원은 필요하다고 인정할 때에는 직권으로 증거조사를 할 수 있고, 당사자가 주장하지 아니한 사실에 대하여도 판단할 수 있다. [제38조 ①②준용] 제27조 (재량처분의 취소) 행정청의 재량에 속하는 처분이라도 재량권의 한계를 넘거나 그 남용이 있는 때에는 법원은 이를 취소할 수 있다. [제38조 ② 준용] 심리방식 : 제8조와 민사소송법
청구 취하 (소 취하)	제42조(심판청구 등의 취하) ① 청구인은 심판청구에 대하여 제7조제6항 또는 제8조제7항에 따른 의결이 있을 때까지 서면으로 심판청구를		제8조 및 민사소송법 제266조, 제267조

	행정심판법		행정소송법
	취하할 수 있다. ② 참가인은 심판청구에 대하여 제7조제6항 또는 제8조제7항에 따른 의결이 있을 때까지 서면으로 참가신청을 취하할 수 있다. ③ 제1항 또는 제2항에 따른 취하서에는 청구인이나 참가인이 서명하거나 날인하여야 한다. ④ 청구인 또는 참가인은 취하서를 피청구인 또는 위원회에 제출하여야 한다. 이 경우 제23조제2항부터 제4항까지의 규정을 준용한다. ⑤ 피청구인 또는 위원회는 계속 중인 사건에 대하여 제1항 또는 제2항에 따른 취하서를 받으면 지체 없이 다른 관계 기관, 청구인, 참가인에게 취하 사실을 알려야 한다.		
재결의 구분·재결서 (판결의 구분·판결서)	제43조(재결의 구분) ① 위원회는 심판청구가 적법하지 아니하면 그 심판청구를 각하한다. ② 위원회는 심판청구가 이유가 없다고 인정하면 그 심판청구를 기각한다. ③ 위원회는 취소심판의 청구가 이유가 있다고 인정하면 처분을 취소 또는 다른 처분으로 변경하거나 처분을 다른 처분으로 변경할 것을 피청구인에게 명한다. ④ 위원회는 무효등확인심판의 청구가 이유가 있다고 인정하면 처분의 효력 유무 또는 처분의 존재 여부를 확인한다. ⑤ 위원회는 의무이행심판의 청구가 이유가 있다고 인정하면 지체 없이 신청에 따른 처분을 하거나 처분을 할 것을 피청구인에게 명한다. 제2조(정의) 이 법에서 사용하는 용어의 뜻은 다음과 같다. 3. “재결”이란 행정심판의 청구에 대하여 제6조에 따른 행정심판위원회가 행하는 판단을 말한다.	제46조(재결의 방식) ① 재결은 서면으로 한다. ② 제1항에 따른 재결서에는 다음 각 호의 사항이 포함되어야 한다. 1. 사건번호와 사건명 2. 당사자·대표자 또는 대리인의 이름과 주소 3. 주문 4. 청구의 취지 5. 이유 6. 재결한 날짜 ③ 재결서에 적는 이유에는 주문 내용이 정당하다는 것을 인정할 수 있는 정도의 판단을 표시하여야 한다. 제48조(재결의 송달과 효력 발생) ① 위원회는 지체 없이 당사자에게 재결서의 정본을 송달하여야 한다. 이 경우 중앙행정심판위원회는 재결 결과를 소관 중앙행정기관의 장에게도 알려야 한다. ② 재결은 청구인에게 제1항 전단에 따라 송달되었을 때에 그 효력이 생긴다. ③ 위원회는 재결서의 등본을 지체 없이 참가인에게 송달하여야 한다. ④ 처분의 상대방이 아닌	판결의 종류: 제8조 및 민사소송법 제198조 등 판결서의 기재사항 : 제8조 및 민사소송법 제206조, 제208조

	행정심판법	행정소송법
	제3자가 심판청구를 한 경우 위원회는 재결서의 등본을 지체 없이 피청구인을 거쳐 처분의 상대방에게 송달하여야 한다.	
사정재결(사정판결)	제44조(사정재결) ① 위원회는 심판청구가 이유가 있다고 인정하는 경우에도 이를 인용하는 것이 공공복리에 크게 위배된다고 인정하면 그 심판청구를 기각하는 재결을 할 수 있다. 이 경우 위원회는 재결의 주문에서 그 처분 또는 부작위가 위법하거나 부당하다는 것을 구체적으로 밝혀야 한다. ② 위원회는 제1항에 따른 재결을 할 때에는 청구인에 대하여 상당한 구제방법을 취하거나 상당한 구제방법을 취할 것을 피청구인에게 명할 수 있다. ③ 제1항과 제2항은 무효등확인심판에는 적용하지 아니한다.	제28조(사정판결) ① 원고의 청구가 이유있다고 인정하는 경우에도 처분등을 취소하는 것이 현저히 공공복리에 적합하지 아니하다고 인정하는 때에는 법원은 원고의 청구를 기각할 수 있다. 이 경우 법원은 그 판결의 주문에서 그 처분등이 위법함을 명시하여야 한다. ②법원이 제1항의 규정에 의한 판결을 함에 있어서는 미리 원고가 그로 인하여 입게 될 손해의 정도와 배상방법 그 밖의 사정을 조사하여야 한다. ③원고는 피고인 행정청이 속하는 국가 또는 공공단체를 상대로 손해배상, 제해시설의 설치 그 밖에 적당한 구제방법의 청구를 당해 취소소송등이 계속된 법원에 병합하여 제기할 수 있다.
법령심사	제59조(불합리한 법령 등의 개선) ① 중앙행정심판위원회는 심판청구를 심리·재결할 때에 처분 또는 부작위의 근거가 되는 명령 등(대통령령·총리령·부령·훈령·예규·고시·조례·규칙 등을 말한다. 이하 같다.)이 법령에 근거가 없거나 상위 법령에 위배되거나 국민에게 과도한 부담을 주는 등 크게 불합리하면 관계 행정기관에 그 명령 등의 개정·폐지 등 적절한 시정조치를 요청할 수 있다. ② 제1항에 따른 요청을 받은 관계 행정기관은 정당한 사유가 없으면 이에 따라야 한다.	제6조(명령·규칙의 위헌판결등 공고) ① 행정소송에 대한 대법원판결에 의하여 명령·규칙이 헌법 또는 법률에 위반된다는 것이 확정된 경우에는 대법원은 지체없이 그 사유를 총무처장관에게 통보하여야 한다. ②제1항의 규정에 의한 통보를 받은 총무처장관은 지체없이 이를 관보에 게재하여야 한다.
재결의 기속력(판결의 기속력)	제49조(재결의 기속력 등) ① 심판청구를 인용하는 재결은 피청구인과 그 밖의 관계 행정청을 기속한다. ② 당사자의 신청을 거부하거나 부작위로 방치한 처분의 이행을 명하는 재결이 있으면 행정청은 지체 없이 이전의 신청에 대하여 재결의 취지에 따라 처분을 하여야 한다. ③ 신청에 따른 처분이 절차의 위법 또는 부당을 이유로 재결로써 취소된 경우에는 제2항을 준용한다. ④ 법령의 규정에 따라 공고하거나 고시한 처분이 재결로써 취소되거나 변경되면 처분을 한 행정청은 지체 없이 그 처분이 취소 또는 변경되었다는 것을 공고하거나 고시하여야 한다. ⑤ 법령의 규정에 따라 처분의 상대방 외의 이해관계	제30조(취소판결등의 기속력) ① 처분등을 취소하는 확정판결은 그 사건에 관하여 당사자인 행정청과 그 밖의 관계행정청을 기속한다. ② 판결에 의하여 취소되는 처분이 당사자의 신청을 거부하는 것을 내용으로 하는 경우에는 그 처분을 행한 행정청은 판결의 취지에 따라 다시 이전의 신청에 대한 처분을 하여야 한다. ③ 제2항의 규정은 신청에 따른 처분이 절차의 위법을 이유로 취소되는 경우에 준용한다. [제38조 ①②준용]

	행정심판법	행정소송법
	인에게 통지된 처분이 재결로써 취소되거나 변경되면 처분을 한 행정청은 지체 없이 그 이해관계인에게 그 처분이 취소 또는 변경되었다는 것을 알려야 한다.	
재결효력 (판결효력)	**제51조(행정심판 재청구의 금지)** 심판청구에 대한 재결이 있으면 그 재결 및 같은 처분 또는 부작위에 대하여 다시 행정심판을 청구할 수 없다.	**제29조(취소판결등의 효력)** ① 처분등을 취소하는 확정판결은 제3자에 대하여도 효력이 있다. **[제38조 ① ② 준용]**
재결의 집행 (판결의 집행)	**제50조(위원회의 직접 처분)** ① 위원회는 피청구인이 제49조제2항에도 불구하고 처분을 하지 아니하는 경우에는 당사자가 신청하면 기간을 정하여 서면으로 시정을 명하고 그 기간에 이행하지 아니하면 직접 처분을 할 수 있다. 다만, 그 처분의 성질이나 그 밖의 불가피한 사유로 위원회가 직접 처분을 할 수 없는 경우에는 그러하지 아니하다. ② 위원회는 제1항 본문에 따라 직접 처분을 하였을 때에는 그 사실을 해당 행정청에 통보하여야 하며, 그 통보를 받은 행정청은 위원회가 한 처분을 자기가 한 처분으로 보아 관계 법령에 따라 관리·감독 등 필요한 조치를 하여야 한다.	**제34조(거부처분취소판결의 간접강제)** ① 행정청이 제30조제2항의 규정에 의한 처분을 하지 아니하는 때에는 제1심수소법원은 당사자의 신청에 의하여 결정으로써 상당한 기간을 정하고 행정청이 그 기간내에 이행하지 아니하는 때에는 그 지연기간에 따라 일정한 배상을 할 것을 명하거나 즉시 손해배상을 할 것을 명할 수 있다. ② 제33조와 민사집행법 제262조의 규정은 제1항의 경우에 준용한다.**[제38조 ② 준용]**
불복	**제55조(증거서류 등의 반환)** 위원회는 재결을 한 후 증거서류 등의 반환 신청을 받으면 신청인이 제출한 문서·장부·물건이나 그 밖의 증거자료의 원본을 지체 없이 제출자에게 반환하여야 한다.	**제31조(제3자에 의한 재심청구)** ① 처분등을 취소하는 판결에 의하여 권리 또는 이익의 침해를 받은 제3자는 자기에게 책임없는 사유로 소송에 참가하지 못함으로써 판결의 결과에 영향을 미칠 공격 또는 방어방법을 제출하지 못한 때에는 이를 이유로 확정된 종국판결에 대하여 재심의 청구를 할 수 있다. ② 제1항의 규정에 의한 청구는 확정판결이 있음을 안 날로부터 30일 이내, 판결이 확정된 날로부터 1년 이내에 제기하여야 한다. ③ 제2항의 규정에 의한 기간은 불변기간으로 한다. **[제38조 ① ② 준용]**
집행 정지	**제30조(집행정지)** ① 심판청구는 처분의 효력이나 그 집행 또는 절차의 속행에 영향을 주지 아니한다. ② 위원회는 처분, 처분의 집행 또는 절차의 속행 때문에 중대한 손해가 생기는 것을 예방할 필요성이 긴급하다고 인정할 때에는 직권으로 또는 당사자의 신청에 의하여 처분의 효력, 처분의 집행 또는 절차의 속행의 전부 또는 일부의 정지(이하 "집행정지"라 한다)를 결정할 수 있다. 다만, 처분의 효력정지는 처분의 집행 또는 절차의 속행을 정지함으로써 그 목적을 달성할 수 있을 때에는 허용되지 아니한다. ③ 집행정지는 공공복리에 중대한 영향을 미칠 우려가	**제23조(집행정지)** ① 취소소송의 제기는 처분등의 효력이나 그 집행 또는 절차의 속행에 영향을 주지 아니한다. ② 취소소송이 제기된 경우에 처분등이나 그 집행 또는 절차의 속행으로 인하여 생길 회복하기 어려운 손해를 예방하기 위하여 긴급한 필요가 있다고 인정할 때에는 본안이 계속되고 있는 법원은 당사자의 신청 또는 직권에 의하여 처분등의 효력이나 그 집행 또는 절차의 속행의 전부 또는 일부의 정지(이하 "집행정지"라 한다)를 결정할 수 있다. 다만, 처분의 효력정지는 처분등의 집행 또는 절차의 속행을 정지함으로써 목적을 달성

	행정심판법	행정소송법
	있을 때에는 허용되지 아니한다. ④ 위원회는 집행정지를 결정한 후에 집행정지가 공공복리에 중대한 영향을 미치거나 그 정지사유가 없어진 경우에는 직권으로 또는 당사자의 신청에 의하여 집행정지 결정을 취소할 수 있다. ⑤ 집행정지 신청은 심판청구와 동시에 또는 심판청구에 대한 제7조제6항 또는 제8조제7항에 따른 위원회나 소위원회의 의결이 있기 전까지, 집행정지 결정의 취소신청은 심판청구에 대한 제7조제6항 또는 제8조제7항에 따른 위원회나 소위원회의 의결이 있기 전까지 신청의 취지와 원인을 적은 서면을 위원회에 제출하여야 한다. 다만, 심판청구서를 피청구인에게 제출한 경우로서 심판청구와 동시에 집행정지 신청을 할 때에는 심판청구서 사본과 접수증명서를 함께 제출하여야 한다. ⑥ 제2항과 제4항에도 불구하고 위원회의 심리·결정을 기다릴 경우 중대한 손해가 생길 우려가 있다고 인정되면 위원장은 직권으로 위원회의 심리·결정을 갈음하는 결정을 할 수 있다. 이 경우 위원장은 지체 없이 위원회에 그 사실을 보고하고 추인을 받아야 하며, 위원회의 추인을 받지 못하면 위원장은 집행정지 또는 집행정지 취소에 관한 결정을 취소하여야 한다. ⑦ 위원회는 집행정지 또는 집행정지의 취소에 관하여 심리·결정하면 지체 없이 당사자에게 결정서 정본을 송달하여야 한다.	할 수 있는 경우에는 허용되지 아니한다. ③ 집행정지는 공공복리에 중대한 영향을 미칠 우려가 있을 때에는 허용되지 아니한다. ④ 제2항의 규정에 의한 집행정지의 결정을 신청함에 있어서는 그 이유에 대한 소명이 있어야 한다. ⑤ 제2항의 규정에 의한 집행정지의 결정 또는 기각의 결정에 대하여는 즉시항고할 수 있다. 이 경우 집행정지의 결정에 대한 즉시항고에는 결정의 집행을 정지하는 효력이 없다. ⑥ 제30조제1항의 규정은 제2항의 규정에 의한 집행정지의 결정에 이를 준용한다.[제38조 ① 준용] 제24조(집행정지의 취소) ① 집행정지의 결정이 확정된 후 집행정지가 공공복리에 중대한 영향을 미치거나 그 정지사유가 없어진 때에는 당사자의 신청 또는 직권에 의하여 결정으로써 집행정지의 결정을 취소할 수 있다. ② 제1항의 규정에 의한 집행정지결정의 취소결정과 이에 대한 불복의 경우에는 제23조제4항 및 제5항의 규정을 준용한다.[제38조 ① 준용]
임시처분 처분 (가처분)	제31조(임시처분) ① 위원회는 처분 또는 부작위가 위법·부당하다고 상당히 의심되는 경우로서 처분 또는 부작위 때문에 당사자가 받을 우려가 있는 중대한 불이익이나 당사자에게 생길 급박한 위험을 막기 위하여 임시지위를 정하여야 할 필요가 있는 경우에는 직권으로 또는 당사자의 신청에 의하여 임시처분을 결정할 수 있다. ② 제1항에 따른 임시처분에 관하여는 제30조제3항부터 제7항까지를 준용한다. 이 경우 같은 조 제6항 전단 중 "중대한 손해가 생길 우려"는 "중대한 불이익이나 급박한 위험이 생길 우려"로 본다. ③ 제1항에 따른 임시처분은 제30조제2항에 따른 집행정지로 목적을 달성할 수 있는 경우에는 허용되지 아니한다.	<허용되지 않음>
기타	제7장 전자정보처리조직을 통한 행정심판 절차의 수행 제52-제54조 제60조(조사·지도 등) 제61조(권한의 위임)	제4장 당사자소송, 제39조 - 제44조 제5장 민중소송 및 기관소송, 제45조 - 제46조 제11조(선결문제) ① 처분등의 효력 유무 또는 존재 여부가 민사소송의 선결문제로 되어 당해 민사소송의 수소법원이 이를 심리·판단하는 경우에는 제17조, 제25조, 제26조 및 제33조의 규정을 준용한다. ② 제1항의 경우 당해 수소법원은 그

	행정심판법		행정소송법
			처분등을 행한 행정청에게 그 선결문제로 된 사실을 통지하여야 한다. 제5조(국외에서의 기간) 제32조(소송비용의 부담) 제33조(소송비용에 관한 재판의 효력)

(1) 대판 1976. 2. 24. 75누128, 1987. 6. 9. 87누219, 1990. 8. 28. 90누1892 등
(2) 대판 1992. 2. 25. 91누6108
(3) 『박균성, 제8판 행정법론(상)(박영사, 2009), 923쪽』
(4) 『박균성, 전게서, 926쪽』
(5) 2005. 4. 1. 시행
(6) 대판 1997. 5. 30. 95다28960
(7) 대판 1992. 12. 24. 92누3335
(8) 대판 2004. 7. 8. 2004두244
(9) 대판 2003. 9. 5. 2002두3522
(10) 대판 1977. 7. 26. 76다2517
(11) 대판 1996. 2. 15. 94다31235(전원)
(12) 대판 1991. 1. 25. 90누3041
(13) 대판 1990. 10. 23. 90누4440
(14) 대판 1995. 12. 22. 95누4636
(15) 대판 1996. 5. 31. 95누10617
(16) 대판 1972. 10. 10. 69다701
(17) 『권영성, 통치행위의 본질과 그 한계, 사법행정(1989. 5), 14쪽』
(18) 『문광삼, 한국헌법학(삼영사, 2010), 1219쪽』
(19) 행정소송법 제38조, 제44조 제2항, 제46조.
(20) 대판 1982. 3. 23. 80다2840. 1996. 3. 22. 95누5509 등.
(21) 행정소송법 제10조 제1항 후문.
(22) 행정소송법 제38조 제1, 2항, 제44조 제2항.
(23) 『주석행정소송법(박영사, 2004), 311쪽』
(24) 대판 1992. 12. 24. 92누3335
(25) 행정소송법 제21조, 제37조
(26) 행정소송법 제21조 제37조, 제42조
(27) 민사소송법 제248조
(28) 민사소송법 제255조
(29) 행정소송법 제21조 제2항
(30) 행정소송법 제21조 제1항, 제4항, 14조 제2항
(31) 행정소송법 제21조 3항
(32) 대판 1992. 9. 25. 92누5096
(33) 행정소송법 제21조 제4항
(34) 행정소송법 제22조 제2항
(35) 서울 고법 1998. 9. 24 선고 97구합12015 판결
(36) 행정소송법 제22조 제3항
(37) 대판 1999. 11. 26. 99두9407
(38) 동지, 『사법연수원, 행정구제법연구(2011), 201쪽』
(39) 법원조직법 제7조 제3항
(40) 법률 4765호 법원조직법개정법률 부칙 제2조

(41) 행정소송법 제9조 제2항

(42) 행정소송법 제40조

(43) 행정소송법 제40조 단서

(44) 행정소송법 제9조 제1항 단서

(45) 행정소송법 제9조 제2항

(46) 대판 1994. 1. 25. 93누18655

(47) 민사소송법 제411조

(48) 법원조직법 제7조 제3항

(49) 법원조직법 제7조 제3항 단서

(50) 대판 1997. 5. 30. 95다28960

(51) 행정소송법 제8조 제2항, 민사소송법 제35조

(52) 행정소송법 제10조 제2항, 제15조, 제38조 제1항, 제2항, 제44조 제2항

(53) 행정소송법 제10조 제1항, 제38조, 제44조 제2항

(54) 행정소송법 제10조 제1항, 제38조, 제44조 제2항

(55) 행정소송법 제10조 제2항, 제15조

(56) 민사소송법 제39조

(57) 대결 1993. 12. 6. 93마524(전원)

(58) 민사소송법 제38조 제2항

(59) 대결 2000. 1. 14. 99두9735, 1995. 5. 15. 94마1059, 1060 등

(60) 『권영성, 통치행위의 본질과 그 한계, 사법행정(1989. 5), 14쪽』

(61) 『김용섭, 통치행위에 대한 재검토, 고황법학 3권, 88쪽』

(62) 헌결 1996. 2. 29. 93헌마186 【긴급재정명령등위헌확인】

(63) 헌재 2004. 4. 29. 2003헌마814, 일반사병 이라크 파병 위헌확인(각하)

(64) 제20조(회계원칙) ① 투자기관의 회계는 경영성과와 재산의 증감 및 변동 상태를 명백히 표시하기 위하여 기업회계원칙에 의하여 처리한다. ② 제1항의 규정에 의한 회계처리의 기준과 절차에 관한 사항은 재정경제원장관이 정한다.

(65) 제20조(회계원칙 등) ① 투자기관의 회계는 경영성과와 재산의 증감 및 변동 상태를 명백히 표시하기 위하여 기업회계원칙에 의하여 처리한다. ② 투자기관은 계약을 체결함에 있어서 공정한 경쟁 또는 계약의 적정한 이행을 해칠 것이 명백하다고 판단되는 자에 대하여는 일정기간 입찰참가자격을 제한할 수 있다. ③제1항 및 제2항의 규정에 의한 회계처리 및 계약의 기준 · 절차 및 입찰참가자격의 제한 등에 관하여 필요한 사항은 재정경제부령으로 정한다.

(66) 정부투자기관회계규정 제23조(부정당업자의 입찰참가자격 제한) ① 투자기관의 사장은 경쟁의 공정한 집행 또는 계약의 적정한 이행을 해할 우려가 있거나 입찰에 참가시키는 것이 부적합하다고 인정되는 자로서 다음 각 호에 해당되는 계약상대자 또는 입찰참가자(계약상대자 또는 입찰참가자의 대리인 · 지배인 기타 사용인을 포함한다.)에 대하여는 1월 이상 2년 이하의 범위 내에서 그 입찰참가자격을 제한하여야 한다. ⑤ 투자기관의 사장은 입찰참가자격을 제한하는 때에는 다음 각 호의 규정에 의한 사항을 명백히 하여 각 중앙관서의 장, 특별시장 · 광역시장 · 도지사 및 다른 투자기관의 사장에게 통보하고 이를 관보에 게재하여야 한다. ⑥ 투자기관의 사장은 제5항의 규정에 의하여 입찰참가자격 제한 사실을 통보받거나 그 사실이 관보에 게재된 자에 대하여 당해 제한 기간 내에는 투자기관에서 집행하는 모든 입찰에 참가할 수 없도록 하여야 한다.

(67) 동지, 『박균성, 제8판 행정법론(상)(박영사, 2009), 82쪽』

(68) 서울고법 2005. 9. 7. 2003누9734

(69) 2009. 1. 30, 법률 제9401호 개정되기 전(시행 2009. 7. 31.)의 국유재산법에서는 '잡종재산'으로 불렀다.

(70) 국유재산법 제6조(국유재산의 구분과 종류) ① 국유재산은 그 용도에 따라 행정재산과 일반재산으로 구분한다. ② 행정재산의 종류는 다음 각 호와 같다. 1. 공용재산 : 국가가 직접 사무용 · 사업용 또는 공무원의 주거용으로 사용하거나 대통령령으로 정하는 기한까지 사용하기로 결정한 재산 2. 공공용재산 : 국가가 직접 공공용으로 사용하

거나 대통령령으로 정하는 기한까지 사용하기로 결정한 재산 3. 기업용재산 : 정부기업이 직접 사무용·사업용 또는 그 기업에 종사하는 직원의 주거용으로 사용하거나 대통령령으로 정하는 기한까지 사용하기로 결정한 재산 4. 보존용재산 : 법령이나 그 밖의 필요에 따라 국가가 보존하는 재산 ③ '일반재산'이란 행정재산 외의 모든 국유재산을 말한다.

(71) 공유재산및물품관리법은 2005. 8. 4. 법률 제7665호로 제정되어, 2006. 1. 1.부터 시행되었다(종전에는 지방재정법이 공유재산을 규율하였다.). 제5조(공유재산의 구분과 종류) ① 공유재산은 그 용도에 따라 행정재산과 일반재산으로 구분한다. ② 행정재산이란 다음 각 호의 재산을 말한다. 1. 공용재산 : 지방자치단체가 직접 사무용 · 사업용 또는 공무원의 거주용으로 사용하거나 사용하기로 결정한 재산과 사용을 목적으로 건설 중인 재산 2. 공공용재산 : 지방자치단체가 직접 공공용으로 사용하거나 사용하기로 결정한 재산과 사용을 목적으로 건설 중인 재산 3. 기업용재산 : 지방자치단체가 경영하는 기업용 또는 그 기업에 종사하는 직원의 거주용으로 사용하거나 사용하기로 결정한 재산과 사용을 목적으로 건설 중인 재산 4. 보존용재산 : 령 · 조례 · 규칙에 따라 또는 필요에 의하여 지방자치단체가 보존하고 있거나 보존하기로 결정한 재산 ③ 일반재산이란 행정재산 외의 모든 공유재산을 말한다.

(72) 대판 1998. 2. 27. 97누1105, 2006. 3. 9. 2004다31074

(73) 대판 2001. 6. 15. 99두509

(74) 국유재산법 제48조(매각) 일반재산은 다음 각 호의 어느 하나에 해당하는 경우에 매각할 수 있다. 1. 다른 법률에 따라 특정 사업을 위하여 불가피한 경우 2. 문화시설·공원 등 공공사용을 목적으로 하여 대통령령으로 정하는 공익사업을 위하여 필요한 경우 3. 특별회계나 기금 소관 재산으로 그 회계나 기금의 설치목적을 고려하여 대통령령으로 정한 경우. 4. 재산의 위치 · 규모 · 형태나 정책목적 등을 고려할 때 국가가 보존 · 관리하는 것이 적합하지 아니하거나 활용할 가치가 없는 경우 제54조(교환) ① 다음 각 호의 어느 하나에 해당하는 경우에는 일반재산인 토지 · 건물, 그 밖의 토지의 정착물과 공유 또는 사유재산인 토지 · 건물, 그 밖의 토지의 정착물을 교환할 수 있다. 제55조(양여) ① 일반재산은 다음 각 호의 어느 하나에 해당하는 경우 대통령령으로 정하는 바에 따라 양여할 수 있다. 제57조(개발) 일반재산은 다음 각 호의 사항을 고려하여 제58조와 제59조에 따라 개발(「건축법」 제2조에 따른 건축, 대수선, 리모델링 등을 말한다.)하여 대부·분양할 수 있다. 제60조(현물출자) 정부는 다음 각 호의 어느 하나에 해당하는 경우에는 일반재산을 현물출자할 수 있다. 공유재산 및 물품관리법 제28조(관리 및 처분) ① 일반재산은 대부 · 매각 · 교환 · 양여 · 신탁하거나 사권을 설정할 수 있으며, 법령이나 조례로 정하는 경우에는 현물출자 또는 대물변제를 할 수 있다.

(75) 국유재산법 제46조(대부기간) ① 일반재산의 대부기간은 다음 각 호의 기간 이내로 한다. 다만, 제18조 제1항 단서에 따라 영구시설물을 축조하는 경우에는 10년 이내로 한다. 1. 조림을 목적으로 하는 토지와 그 정착물: 10년 2. 제1호 외의 토지와 그 정착물 : 5년 3. 그 밖의 재산 : 1년 ② 제1항의 대부기간이 끝난 재산에 대하여 대통령령으로 정하는 경우를 제외하고는 그 대부기간을 초과하지 아니하는 범위에서 종전의 대부계약을 갱신할 수 있다. 다만, 수의계약의 방법으로 대부할 수 있는 경우가 아니면 1회만 갱신할 수 있다. ③ 제2항에 따라 갱신을 받으려는 자는 대부기간이 끝나기 1개월 전에 관리청 등에 신청하여야 한다[공유재산 및 물품관리법 제31조 참조].

(76) 국유재산법 제72조(변상금의 징수) ① 관리청 등은 무단점유자에 대하여 대통령령으로 정하는 바에 따라 그 재산에 대한 사용료나 대부료의 100분의 120에 상당하는 변상금을 징수한다. 다만, 다음 각 호의 어느 하나에 해당하는 경우에는 변상금을 징수하지 아니한다. 1. 등기부등본이나 그 밖의 공부상의 명의인을 정당한 소유자로 믿고 적절한 대가를 지급하고 권리를 취득한 자(취득자의 상속인이나 승계인을 포함한다.)의 재산이 취득 후에 국유재산으로 판명되어 국가에 귀속된 경우 2. 국가나 지방자치단체가 재해대책 등 불가피한 사유로 일정 기간 국유재산을 점유하게 하거나 사용·수익하게 한 경우 / 공유재산 및 물품관리법 제81조

(77) 공유재산 및 물품관리법 제83조(불법시설물의 철거) 정당한 사유 없이 공유재산을 점유하거나 이에 시설물을 설치한 때에는 「행정대집행법」 제3조부터 제6조까지의 규정을 준용하여 철거하거나 그 밖에 필요한 조치를 할 수 있다.

(78) 대판 2001. 10. 12. 2001두4078

(79) 대판 1998. 10. 23. 97누157

(80) 대판 1992. 9. 8. 91누13090

(81) 국유재산법 제38조(원상회복) 사용허가를 받은 자는 허가기간이 끝나거나 제36조에 따라 사용허가가 취소 또는 철회된 경우에는 그 재산을 원래 상태대로 반환하여야 한다. 다만, 관리청이 미리 상태의 변경을 승인한 경우에는 변경된 상태로 반환할 수 있다. 제47조(대부료, 계약의 해제 등) 일반재산의 대부의 제한, 대부료, 대부료의 면제 및 대부계약의 해제나 해지 등에 관하여는 제30조 제2항, 제31조 제1항·제2항, 제32조, 제33조, 제34조 제1항 제2

호·제3호, 같은 조 제2항, 제36조 및 제38조를 준용한다

(82) 대판 2001. 10. 12. 2001두4078

(83) 행정절차법 제2조 제3호

(84) 행정절차법 제48조 제1항, 제2항

(85) 대판 1971. 11. 9. 71누82

(86) 대판 1987. 3. 10. 86누574, 1994. 2. 22. 93누10644 등

(87) 대판 1993. 5. 11. 91누10787

(88) 대판 1994. 2. 22. 93누21156

(89) 대판 1993. 8. 27. 93누3356

(90) 대판 1994. 3. 22. 93누9668

(91) 대판 1983. 5. 10. 82누141

(92) 대판 1992. 1. 17. 91누1714

(93) 대판 1990. 10. 10. 89누8200, 1994. 3. 11. 93누19719

(94) 대판 2015. 12. 24. 2015두264 [환경기술개발사업중단처분취소]

[1] 구 국가연구개발사업의 관리 등에 관한 규정(2014. 11. 28. 대통령령 제25779호로 개정되기 전의 것, 이하 '국가연구개발사업규정'이라 한다) 제9조 제1항에 의하면, 중앙행정기관의 장은 주관연구기관의 장과 연구개발결과의 평가에 관한 사항(제8호), 협약의 변경 및 해약에 관한 사항(제10호), 협약의 위반에 관한 조치(제11호) 등을 포함하여 연구개발에 필요한 사항을 정한 협약을 체결해야 하고, 다만 같은 조 제2항에 따라 전문기관의 연구개발사업계획을 승인하여 국가연구개발사업을 추진하는 경우에는 전문기관의 장에게 직접 주관연구기관과 협약을 체결하도록 할 수 있다.

그런데 국가연구개발사업규정 제17조 제1항 제2호, 제11조 제2항에 따른 연구개발 중단 조치와 연구비의 집행중지 조치는 행정청이 최종적으로 협약의 해약 여부를 결정하기 전까지 일단 주관연구기관의 연구개발과 연구비 사용을 중지시킴으로써 연구비 환수 등 해약에 따른 후속 조치의 실효성을 확보하기 위한 잠정적 · 임시적인 조치이므로 이러한 조치를 할 수 있는 권한은 협약을 체결한 행정청에 부여되는 것이 성질에 부합한다. 따라서 국가연구개발사업규정 제9조 제2항에 따라 전문기관의 장인 한국환경산업기술원장이 환경부장관의 승인을 얻어 직접 주관연구기관과 협약을 체결한 국가연구개발과제에 관하여, 환경부훈령인 환경기술개발사업 운영규정 제33조 제1항 제1호, 제24조 제2항, 제1항 제5호, 제29조 제6항(이하 '훈령조항'이라 한다)에서 한국환경산업기술원장에게 연구개발 중단 조치와 연구비 집행중지 조치를 할 수 있는 권한을 부여한 것은 국가연구개발사업규정의 해석상 가능한 것을 명시하거나 위임받은 범위 내에서 세부적인 내용을 정한 것으로 볼 수 있고, 이와 달리 훈령조항이 국가연구개발사업규정 제34조에 반하여 규정에 저촉되는 내용을 규정하였다고 볼 것은 아니다.

[2] 한국환경산업기술원장이 환경기술개발사업 협약을 체결한 갑 주식회사 등에게 연차평가 실시 결과 절대평가 60점 미만으로 평가되었다는 이유로 연구개발 중단 조치 및 연구비 집행중지 조치(이하 '각 조치'라 한다)를 한 사안에서, 각 조치는 갑 회사 등에게 연구개발을 중단하고 이미 지급된 연구비를 더 이상 사용하지 말아야 할 공법상 의무를 부과하는 것이고, 연구개발 중단 조치는 협약의 해약 요건에도 해당하며, 조치가 있은 후에는 주관연구기관이 연구개발을 계속하더라도 그에 사용된 연구비는 환수 또는 반환 대상이 되므로, 각 조치는 갑 회사 등의 권리·의무에 직접적인 영향을 미치는 행위로서 항고소송의 대상이 되는 행정처분에 해당한다고 한 사례.

(95) 대판 1964. 7. 23. 63다992

(96) 대판 1964. 8. 31. 63다999

(97) 대판 1964. 6. 9. 63다920

(98) 대판 1977. 2. 22. 76다2517

(99) 대판 1988. 2. 23. 87누1046,1047

(100) 대판 1990. 11. 27. 90누5740

(101) 대판 1994. 6. 24. 94누2497

(102) 대판 1993. 11. 9. 93누14271

(103) 대판 1992. 4. 14. 91누5280

(104) 대판 1990. 11. 13. 89누756

(105) 대판 1963. 8. 31. 63누101, 1983. 9. 13. 83누211, 1985. 2. 8. 84누369, 1986. 9. 25. 85누577 등
(106) 대판 1980. 7. 22. 80누33,34
(107) 대판 1984. 11. 13. 84누389, 1986. 11. 25. 84누147
(108) 대판 1993. 5 .27. 93누2216
(109) 대판 1992. 10. 23. 91누10183, 1993. 2. 12. 92누4390 등
(110) 대판 1979. 12. 11. 79누197
(111) 대판 1987. 2. 24. 86누376
(112) 대판 1993. 2. 12. 92누5959 (종전의 보존음료수제조업허가)
(113) 대판 1984. 9. 11. 83누658
(114) 대판 97누4289
(115) 대판 91누307
(116) 대판 87누873
(117) 대판 1979. 10. 30. 79누105, 1979. 10. 30. 79누190, 1984. 12. 11. 83누147, 1989. 3. 28. 88누10541, 1989. 6. 27. 88누7767 등
(118) 대판 1979. 10. 16. 79누175
(119) 대판 97누1228
(120) 대판 98두17845
(121) 대판 2001두5866
(122) 대판 99두66
(123) 대판 2005두9736
(124) 대판 99다3690
(125) 대판 1956. 5. 17. 4288민상370
(126) 대판 1994. 5. 27. 94누1012,1029
(127) 대판 1966. 4. 6. 65누145
(128) 대판 2009두638
(129) 대판 1979. 8. 28. 79누74, 1979. 9. 13. 74누224
(130) 대판 1982. 5. 25. 81다카998
(131) 대판 1990. 2. 13. 89다카23022
(132) 대판 1991. 10. 11. 90누8688
(133) 대판 1991. 11. 26. 91누2113
(134) 대판 1992. 11. 13. 92누596
(135) 대판 1991. 11. 26. 90누9971, 1994. 5. 24. 93누24230
(136) 대판 1982. 3. 9. 80누105, 1986. 8. 19. 86누256, 1989. 11. 28. 89누4635, 1992. 8. 14. 91누11582
(137) 대판 1993. 3. 9. 92누16287
(138) 대판 1993. 9. 28. 92누10852
(139) 대판 1954. 9. 30. 4286행상20, 1955. 2. 4. 4286행상18, 1993. 11. 26. 93누7341
(140) 대판 1986. 9. 9. 86누62
(141) 대판 1993. 7. 13. 92다47564, 1993. 12. 10. 93누17539
(142) 대판 1994. 9. 27. 94누7072
(143) 대판 1991. 11. 22. 91누2144, 1991. 11. 28. 91누2151
(144) 대판 1992. 7. 14. 91누4737
(145) 대판 2009두19069
(146) 대판 2008다60568

(147) 대판 1960. 11. 28. 4292행상59
(148) 대판 1962. 1. 18. 4294행상89
(149) 대판 1962. 1. 25. 4292행상90
(150) 대판 1987. 8. 18. 86누152
(151) 대판 1993. 4. 23. 92누15482
(152) 대판 1967. 2. 28. 66누8, 1977. 8. 23. 77누38, 1987. 8. 18. 80누152
(153) 대판 1980. 10. 27. 80누204
(154) 대판 1979. 2. 13. 78누428
(155) 대판 1980. 5. 27. 79누196
(156) 대판 1994. 6. 24. 94누1289, 1994. 8. 26. 94누3094
(157) 대판 1994. 10. 14. 93누22753
(158) 대판 1984. 4. 10. 84누91
(159) 대판 1968. 9. 17. 68누151
(160) 대결 1968. 11. 11. 68두2
(161) 대판 1994. 2. 8. 93누17874 등 현재 교원소청심사위원회의 재결로 변경되었음.
(162) 대판 1985. 2. 8. 83누625, 1989. 5. 23. 88누4690, 1992. 4. 10. 91누5358, 1993. 11. 9. 서고 93누13988, 1994. 1. 14. 93누20481 등
(163) 대판 1968. 6. 18. 68누34
(164) 대판 1992. 4. 24. 91누6634
(165) 대판 1962. 5. 17. 62누10, 1965. 6. 22. 64누106
(166) 대판 2004두12957 등
(167) 대판 1993. 7. 27. 92누13998
(168) 대판 1957. 3. 23. 4289민상630
(169) 대판 1957. 7. 20. 4290민상287
(170) 대판 1994. 10. 25. 93누21231
(171) 대판 1987. 3. 10. 86누672
(172) 대판 1992. 3. 31. 91누4911
(173) 대판 2012. 12. 12. 선고 12354
(174) 대판 2009. 1. 30. 2007두7277
(175) 대판 2004. 4. 22. 2003두9015(전원), 헌재 1999. 6. 24. 97헌마315
(176) 대판 1993. 3. 23. 91누8968
(177) 대판 1966. 10. 31. 66누25, 1962. 10. 18. 62누117 등
(178) 대판 1974. 10. 8. 74다1254
(179) 대판 1969. 7. 22. 69누46 (통지가 면허의 효력을 상실시키는 행정처분이 아님.)
(180) 대판 1986. 7 .8. 86누281
(181) 대판 1990. 3. 27. 88누4591
(182) 대판 1977. 9. 28. 76누144, 1977. 10. 11. 77누181, 1979. 12. 28. 78누75, 1980. 9. 30. 79누65, 1981. 1. 13. 79누279, 1985. 7. 23. 84누374, 1992. 1. 21. 91누2649 등.
(183) 대판 1979. 11. 27. 79누208
(184) 대판 1983. 2. 8. 81누263
(185) 대판 1993. 8. 24. 93누2117
(186) 대판 1993. 10. 26. 93누6331
(187) 대판 1983. 2. 22. 81누283

(188) 대판 1984. 5. 22. 83누485
(189) 대판 1990. 5. 25. 90누1458
(190) 대판 1990. 3. 27. 88누4591
(191) 대판 1991. 8. 9. 91누4195
(192) 대판 1992. 10. 13. 91누2441 (보건사회부장관의 안마사의 업무범위에 관한 안마사에관한규칙 제2조의 해석에 관한 질의회신)
(193) 대판 1993. 8. 24. 92누1865
(194) 대판 1994. 3. 22. 93누21552
(195) 대판 1989. 1. 24. 88누3116
(196) 대판 1982. 7. 27. 81누37 (이미 회신한 내용과 동일 건이므로 별도의 회신을 생략한다는 취지의 회신)
(197) 대판 1985. 4. 23. 선고 84도2953, 대판 2000. 12. 22. 선고 99두6903
(198) 대판 1984. 12. 11. 84도2108, 1988. 9. 20. 87도449, 1992. 3. 31. 91누4911
(199) 대판 1962. 2. 15. 4294행상16
(200) 대판 1993. 7. 27. 92누13998
(201) 과세표준(과세가액)의 결정과 관련하여, ① 소득세 부과처분에 앞선 소득금액변동통지, 법인세법에 의한 익금가산처분 · 인정상여결정 · 소득금액변동통지, ② 세무서장의 병종배당이자소득세 대납상당액의 익금가산결정(대판 1975. 5. 27. 74누257), 법인세과세표준결정(대판 1986. 1. 21. 82누236), ③ 증여세 부과처분에 앞선 과세가액결정(대판 1977. 9. 28. 77누70), ④ 상속세법 제25조에 따른 상속세과세가액결정(대판 1982. 9. 28. 82누81), 과세관청의 내부적인 상속세액의 감액경정결정(대판 1992. 12. 22. 92누5508), 상속세과세가액통지(대판 1984. 3. 27. 83누145), 상속인의 연부연납신청에 대한 허가통지(대판 1984. 3. 27. 83누145, 1986. 10. 14. 85누437), ⑤ 관세부과에 있어서의 과세표준의 결정(대판 1967. 3. 7. 66누163), ⑥ 제2차납세의무자 지정통지 · 지정처분(대판 1982. 8. 24. 81누80, 1983. 5. 10. 83누95, 1985. 2. 8. 84누132) 등에 대하여 독립적인 처분성을 부정하였다. 그런데, ① 소득금액변동통지에 관하여 대판 2006. 4. 20. 선고 2002두1878(전원) 에서 처분성을 긍정하면서 종전 판례를 폐기하였다. "[다수의견] 과세관청의 소득처분과 그에 따른 소득금액변동통지가 있는 경우 원천징수의무자인 법인은 소득금액변동통지서를 받은 날에 그 통지서에 기재된 소득의 귀속자에게 당해 소득금액을 지급한 것으로 의제되어 그 때 원천징수하는 소득세의 납세의무가 성립함과 동시에 확정되고, 원천징수의무자인 법인으로서는 소득금액변동통지서에 기재된 소득처분의 내용에 따라 원천징수세액을 그 다음달 10일까지 관할 세무서장 등에게 납부하여야 할 의무를 부담하며, 만일 이를 이행하지 아니하는 경우에는 가산세의 제재를 받게 됨은 물론이고 형사처벌까지 받도록 규정되어 있는 점에 비추어 보면, 소득금액변동통지는 원천징수의무자인 법인의 납세의무에 직접 영향을 미치는 과세관청의 행위로서, 항고소송의 대상이 되는 조세행정처분이라고 봄이 상당하다. [대법관 김영란의 반대의견] 소득금액변동통지란 과세관청이 내부적으로 법인의 사외유출된 소득에 대하여 법인세법 제67조 및 구 법인세법 시행령(2001. 12. 31. 대통령령 제17457호로 개정되기 전의 것) 제106조가 정하는 바에 따라 소득의 귀속자와 소득의 종류 등을 확정하는 소득처분을 한 다음, 그 소득처분의 내용 중 법인의 원천징수의무 이행과 관련된 사항을 기재하여 원천징수의무자에게 고지하는 절차로서, 법인의 원천징수의무를 성립·확정시키기 위한 선행적 절차에 불과하여 원천징수의무자의 법률적 지위에 직접적인 변동을 가져오는 것은 아니므로, 이를 항고소송의 대상이 되는 행정처분이라고 할 수 없다. [대법관 손지열의 반대의견] 소득금액변동통지는 그 통지의 실질이나 기능을 직시한다면 행정처분으로 보는 것이 타당하겠으나, 현재 대통령령으로 규정되어 있는 소득금액변동통지를 부과처분과 유사한 행정처분으로 볼 경우에는 구 소득세법 시행령(2000. 12. 29. 대통령령 제17032호로 개정되기 전의 것) 제192조 제2항은 조세법률주의에 위배된 명령으로 위헌으로 볼 수 밖에 없고, 소득금액변동통지를 행정처분으로 보지 않고 단순히 조세징수에 관한 절차적 규정으로 보는 종전의 대법원판례가 법령의 문언에 정면으로 반한다든가 심히 불합리하다든가 하는 점은 찾아보기 어려우므로, 현행 법령의 해석으로는 종전의 판례를 유지하여 위헌의 문제를 피하는 것이 현명할 것으로 본다. [다수의견에 대한 대법관 이강국, 고현철의 보충의견] 소득금액변동통지는 원천징수의무자인 법인의 납세의무에 직접 영향을 미치는 과세관청의 행위로서 항고소송의 대상이 되는 조세행정처분이라고 볼 이론적 근거가 충분하고, 또 종전의 판례하에서 소득금액변동통지를 받은 원천징수의무자는 그 원천징수의무의 성립 여부나 범위에 관하여 다투기 위해서는 당해 원천세액을 자진 납부하지 아니하고 납부불성실가산세의 제재를 받으면서 징수처분이 있기를 기다렸다가 그 징수처분에 대한 취소소송으로 다툴 수밖에 없었는데, 이는 납세자의 권리보호에 미흡하고 형평에도 맞지 않는다고 할 것이므로 소득금액변동통지 자체를 항고소송의 대상으로 삼아 불복청구를 할 수 있도록 보

장하여 주는 것이 진정으로 납세자의 권리보호와 조세정의에 부합한다.".
나아가 과세관청의 소득처분과 그에 따른 소득금액변동통지가 있는 경우, 후행처분인 징수처분에 대한 항고소송에서 징수처분 고유의 하자가 아닌 소득세 납세의무 자체에 관하여 다툴 수 있는지 여부에 대하여 대판 2012. 1. 26. 선고 2009두14439에서 부정하고 있다. "과세관청의 소득처분과 그에 따른 소득금액변동통지가 있는 경우 원천징수의무자인 법인은 소득금액변동통지서를 받은 날에 그 통지서에 기재된 소득의 귀속자에게 당해 소득금액을 지급한 것으로 의제되어 그때 원천징수하는 소득세의 납세의무가 성립함과 동시에 확정되므로 소득금액변동통지는 원천징수의무자인 법인의 납세의무에 직접 영향을 미치는 과세관청의 행위로서 항고소송의 대상이 된다. 그리고 원천징수의무자인 법인이 원천징수하는 소득세의 납세의무를 이행하지 아니함에 따라 과세관청이 하는 납세고지는 확정된 세액의 납부를 명하는 징수처분에 해당하므로 선행처분인 소득금액변동통지에 하자가 존재하더라도 당연무효 사유에 해당하지 않는 한 후행처분인 징수처분에 그대로 승계되지 아니한다. 따라서 과세관청의 소득처분과 그에 따른 소득금액변동통지가 있는 경우 원천징수하는 소득세의 납세의무에 관하여는 이를 확정하는 소득금액변동통지에 대한 항고소송에서 다투어야 하고, 소득금액변동통지가 당연무효가 아닌 한 징수처분에 대한 항고소송에서 이를 다툴 수는 없다."
한편, 판례는 구 소득세법 시행령 제192조 제1항 단서에 따른 소득의 귀속자에 대한 소득금액변동통지가 항고소송의 대상이 되는 행정처분이 아니라는 입장이다. 대판2014. 7. 24. 선고 2011두14227 등 "구 소득세법 시행령(2008. 2. 22. 대통령령 제20618호로 개정되기 전의 것, 이하 '구 소득세법 시행령'이라 한다) 제192조 제1항 단서의 취지, 소득처분에 따른 원천납세의무의 성립요건 및 성립시기, 소득의 귀속자는 소득세 부과처분에 대한 취소소송은 물론 구 국세기본법(2007. 12. 31. 법률 제8830호로 개정되기 전의 것) 제45조의2 제1항 등에 따른 경정청구를 통해서도 소득처분에 따른 원천납세의무의 존부나 범위를 충분히 다툴 수 있는 점 등에 비추어 보면, 구 소득세법 시행령 제192조 제1항 단서에 따른 소득의 귀속자에 대한 소득금액변동통지는 원천납세의무자인 소득 귀속자의 법률상 지위에 직접적인 법률적 변동을 가져오는 것이 아니므로, 항고소송의 대상이 되는 행정처분이라고 볼 수 없다."

(202) 대판 1998. 9. 4. 97누19588, 서울고등법원 2003. 7. 24. 2001누12392 등.

(203) 대판 1995. 6. 13. 94다56883 : 1999. 5. 25. 98다53134 등

(204) 『박정훈, 행정법의 체계와 방법론(박영사, 2006), 305~308쪽』

(205) 대판 1997. 1. 21. 96누3401

(206) 대판 1990. 9. 25. 89누4758

(207) 대판 1988. 8. 9. 86누889, 1992. 5. 8. 91누5655 등

(208) 대판 1989. 12. 26. 87누308(전원) 등

(209) 대판 1984. 12. 11. 84도2108 등

(210) 대판 1993. 9. 14. 93누6959 등

(211) 대판 1992. 6. 26. 92누1674, 1994. 6. 28. 93누15922 등

(212) 대판 1983. 9. 13. 83누240, 1983. 9. 27. 83누292, 1984. 12. 11. 83누291 등

(213) 대판 1984. 4. 10. 83누621 등

(214) 대판 1991. 12. 13. 91누4867 등

(215) 대판 1992. 12. 8. 92누7542 등

(216) 대판 2000. 12. 22. 99두11349 등

(217) 대판 2002. 22. 22. 2000두9229 등

(218) 대판 2007. 10. 11. 2007두1316 등

(219) 대판 1996. 6. 11. 95누12460

(220) 대판 1991. 2. 12. 90누5825

(221) 대판 1997. 6. 27. 96누4305 등

(222) 대판 1994. 5. 24. 92다35783(전원), 1994. 6. 14. 93누22814 등

(223) 국가공무원법 제2조(공무원의 구분) ① 공무원은 이를 경력직 공무원과 특수경력직 공무원으로 구분한다.
② '경력직 공무원'이라 함은 실적과 자격에 의하여 임용되고 그 신분이 보장되며 평생토록 공무원으로 근무할 것이 예정되는 공무원을 말하며 그 종류는 다음 각 호와 같다.

1. 일반직 공무원 : 기술 · 연구 또는 행정일반에 대한 업무를 담당하며 직군 · 직렬별로 분류되는 공무원
2. 특정직 공무원 : 법관· 검사· 외무공무원· 경찰공무원· 소방공무원· 교육공무원· 군인· 군무원· 헌법재판소 헌법연구관 및 국가정보원의 직원과 특수 분야의 업무를 담당하는 공무원으로서 다른 법률이 특정직공무원으로 지정하는 공무원

③ '특수경력직 공무원'이라 함은 경력직 공무원외의 공무원을 말하며 그 종류는 다음 각 호와 같다.

1. 정무직 공무원
   가. 선거에 의하여 취임하거나 임명에 있어서 국회의 동의를 요하는 공무원
   나. 고도의 정책결정업무를 담당하거나 이러한 업무를 보조하는 공무원으로서 법률 또는 대통령령(대통령비서실의 조직에 관한 대통령령에 한한다.)에서 정무직으로 지정하는 공무원
2. 별정직 공무원 : 특정한 업무를 담당하기 위하여 별도의 자격기준에 의하여 임용되는 공무원으로서 법령에서 별정직으로 지정하는 공무원

④ 제3항의 규정에 의한 별정직공무원의 채용조건 · 임용절차 · 근무상한연령 기타 필요한 사항은 국회규칙 · 대법원규칙 · 헌법재판소규칙 · 중앙선거관리위원회규칙 또는 대통령령으로 정한다.

제3조(적용범위) ① 이 법의 규정은 제33조, 제46조 내지 제67조 및 제69조의 규정을 제외하고는 이 법 그 밖의 법률에 특별한 규정이 없는 한 특수경력직공무원에게 적용하지 아니한다. 다만, 제33조 및 제69조의 규정은 제2조 제3항 제1호의 공무원에 대하여는 적용하지 아니한다.

② 제26조의2 및 제26조의3의 규정은 국회규칙 · 대법원규칙 · 헌법재판소규칙 · 중앙선거관리위원회규칙 또는 대통령령이 정하는 공무원에 한하여 적용한다.

③ 제65조 및 제66조의 규정은 제1항의 규정에 불구하고 대통령령으로 정하는 공무원에 대하여는 적용하지 아니한다.

(224) 제2조(정의) 이 법에서 사용하는 용어의 뜻은 다음과 같다. 1. ~ 2. (생략)
3. "공공기관"이란 다음 각 목의 기관을 말한다.
   가. 국가기관
      1) 국회, 법원, 헌법재판소, 중앙선거관리위원회
      2) 중앙행정기관(대통령 소속 기관과 국무총리 소속 기관을 포함한다) 및 그 소속 기관
      3) 「행정기관 소속 위원회의 설치·운영에 관한 법률」에 따른 위원회
   나. 지방자치단체
   다. 「공공기관의 운영에 관한 법률」 제2조에 따른 공공기관
   라. 그 밖에 대통령령으로 정하는 기관

(225) 정보보호법 제9조 제1항
(226) 정보보호법 제2조 제1호
(227) 정보공개법 제2조 제1항 2호
(228) 헌재 1992. 11. 12. 91헌마192
(229) 헌재 1997. 8. 21. 96헌마48
(230) 헌재 1997. 7. 1. 97헌마38
(231) 헌재 1994. 7. 29. 93헌가12, 헌재 2002. 6. 27. 2000헌가10 등
(232) 헌재 1996. 6. 13. 94헌마118 헌법 제29조 제2항 등 위헌확인
(233) 헌재 2004. 4. 29. 2003헌마814 [일반사병 이라크 파병 위헌확인]
(234) 헌재 1991. 6. 3. 90헌마56
(235) 헌재 1999. 11. 25. 95헌마154
(236) 헌재 2006. 3. 30. 2004헌마246
(237) 헌재 1991. 6. 3. 90헌마56
(238) 대판 2003. 9. 23. 2001두10936
(239) 대판 2004. 4. 28. 2003두1806 등

(240) 국토의계획및이용에관한법률 제26조 제2항 도시관리계획입안권자는 그 처리결과를 제안자에게 통보하여야 한다.

(241) 제26조(도시관리계획 입안의 제안) ① 주민(이해관계자를 포함한다. 이하 같다.)은 다음 각 호의 사항에 대하여 제24조의 규정에 의하여 도시관리계획을 입안할 수 있는 자에게 도시관리계획의 입안을 제안할 수 있다. 이 경우 제안서에는 도시관리계획도서와 계획설명서를 첨부하여야 한다. 1. 기반시설의 설치·정비 또는 개량에 관한 사항 2. 지구단위계획구역의 지정 및 변경과 지구단위계획의 수립 및 변경에 관한 사항 ② 제1항의 규정에 의하여 도시관리계획의 입안을 제안받은 자는 그 처리결과를 제안자에게 통보하여야 한다.

(242) 제24조(도시관리계획의 입안권자) ① 특별시장·광역시장·시장 또는 군수는 관할구역에 대하여 도시관리계획을 입안하여야 한다. 제25조(도시관리계획의 입안) ① 도시관리계획은 광역도시계획 및 도시기본계획에 부합되어야 한다. ② 건설교통부장관, 시·도지사, 시장 또는 군수는 도시관리계획을 입안하는 때에는 대통령령이 정하는 바에 따라 도시관리계획도서(계획도 및 계획조서를 말한다. 이하 같다.)와 이를 보조하는 계획설명서(기초조사결과·재원조달방안 및 경관계획 등을 포함한다. 이하 같다.)를 작성하여야 한다. ⑤ 건설교통부장관은 다음 각 호의 1에 해당하는 경우에는 직접 또는 관계 중앙행정기관의 장의 요청에 의하여 도시관리계획을 입안할 수 있다. 이 경우 건설교통부장관은 관할 시·도지사 및 시장·군수의 의견을 들어야 한다. 1. 국가계획과 관련된 경우 2. 2 이상의 시·도에 걸쳐 지정되는 용도지역·용도지구 또는 용도구역과 2 이상의 시·도에 걸쳐 이루어지는 사업의 계획중 도시관리계획으로 결정하여야 할 사항이 있는 경우 3. 특별시장·광역시장·시장 또는 군수가 제138조의 규정에 의한 기한까지 건설교통부장관의 도시관리계획의 조정요구에 따라 도시관리계획을 정비하지 아니하는 경우 ⑥ 도지사는 다음 각 호의 1의 경우에는 직접 또는 시장이나 군수의 요청에 의하여 도시관리계획을 입안할 수 있다. 이 경우 도지사는 관계 시장 또는 군수의 의견을 들어야 한다. 1. 2 이상의 시·군에 걸쳐 지정되는 용도지역·용도지구 또는 용도구역과 2 이상의 시·군에 걸쳐 이루어지는 사업의 계획중 도시관리계획으로 결정하여야 할 사항이 포함되어 있는 경우 2. 도지사가 직접 수립하는 사업의 계획으로서 도시관리계획으로 결정하여야 할 사항이 포함되어 있는 경우.

(243) 제31조(도시관리계획결정의 효력) ① 도시관리계획결정은 제30조 제6항의 규정에 의한 고시가 있은 날부터 5일 후에 그 효력이 발생한다. 제33조 (도시관리계획 결정의 실효) ① 도시관리계획 결정의 고시일부터 2년이 되는 날까지 제32조 제4항에 따른 지형도면의 고시가 없는 경우(같은 조 제5항에 따라 지형도면의 고시를 갈음하는 경우는 제외한다.)에는 그 2년이 되는 날의 다음날에 그 도시관리계획 결정은 효력을 잃는다.

(244) 토지이용규제기본법 제10조 제1항, 발급을 거부한 경우 공증행위로서 항고소송의 대상이 된다.

(245) 토지의 이용 및 건축물의 용도·건폐율·용적률·높이 등을 제한함으로써 토지를 경제적·효율적으로 이용하고 공공복리의 증진을 도모하기 위하여 서로 중복되지 아니하게 도시관리계획으로 결정하는 지역.

(246) 토지의 이용 및 건축물의 용도·건폐율·용적률·높이 등에 대한 용도지역의 제한을 강화 또는 완화하여 적용함으로써 용도지역의 기능을 증진시키고 미관·경관·안전 등을 도모하기 위하여 도시관리계획으로 결정하는 지역.

(247) 토지의 이용 및 건축물의 용도·건폐율·용적률·높이 등에 대한 용도지역 및 용도지구의 제한을 강화 또는 완화하여 따로 정함으로써 시가지의 무질서한 확산방지, 계획적이고 단계적인 토지이용의 도모, 토지이용의 종합적 조정·관리 등을 위하여 도시관리계획으로 결정하는 지역.

(248) 용도지역상의 행위제한 기준에 대하여 용도지구는 기준을 강화 또는 약화하고, 용도구역은 기준을 강화한다.

(249) 제66조(개발밀도관리구역) ① 특별시장·광역시장·시장 또는 군수는 주거·상업 또는 공업지역에서의 개발행위로 기반시설(도시계획시설을 포함한다.)의 처리·공급 또는 수용능력이 부족할 것으로 예상되는 지역 중 기반시설의 설치가 곤란한 지역을 개발밀도관리구역으로 지정할 수 있다. ② 특별시장·광역시장·시장 또는 군수는 개발밀도관리구역에서는 대통령령으로 정하는 범위에서 제77조나 제78조에 따른 건폐율 또는 용적률을 강화하여 적용한다.

(250) 제67조(기반시설부담구역의 지정) ① 특별시장·광역시장·시장 또는 군수는 다음 각 호의 어느 하나에 해당하는 지역에 대하여는 기반시설부담구역으로 지정하여야 한다. 다만, 개발행위가 집중되어 특별시장·광역시장·시장 또는 군수가 해당 지역의 계획적 관리를 위하여 필요하다고 인정하면 다음 각 호에 해당하지 아니하는 경우라도 기반시설부담구역으로 지정할 수 있다. 1. 이 법 또는 다른 법령의 제정·개정으로 인하여 행위 제한이 완화되거나 해제되는 지역 2. 이 법 또는 다른 법령에 따라 지정된 용도지역 등이 변경되거나 해제되어 행위 제한이 완화되는 지역 3. 개발행위허가 현황 및 인구증가율 등을 고려하여 대통령령으로 정하는 지역

(251) 제68조(기반시설설치비용의 부과대상 및 산정기준) ① 기반시설부담구역에서 기반시설설치비용의 부과대상인 건축행위는 제2조 제20호에 따른 시설로서 200㎡(기존 건축물의 연면적을 포함한다.)를 초과하는 건축물의 신

축·증축 행위로 한다. 다만, 기존 건축물을 철거하고 신축하는 경우에는 기존 건축물의 건축연면적을 초과하는 건축행위만 부과대상으로 한다.

(252) 제51조(지구단위계획구역의 지정 등)

(253) 제52조(지구단위계획의 내용)

(254) 제43조 (도시계획시설의 설치·관리) ① 지상·수상·공중·수중 또는 지하에 기반시설을 설치하고자 하는 때에는 그 시설의 종류·명칭·위치·규모 등을 미리 도시관리계획으로 결정하여야 한다. ② 도시계획시설의 결정·구조 및 설치의 기준 등에 관하여 필요한 사항은 건설교통부령으로 정한다. ③ 제1항의 규정에 의하여 설치한 도시계획시설의 관리에 관하여 이 법 또는 다른 법률에 특별한 규정이 있는 경우를 제외하고는 국가가 관리하는 경우에는 대통령령으로, 지방자치단체가 관리하는 경우에는 해당 지방자치단체의 조례로 도시계획시설의 관리에 관한 사항을 정한다.

(255) 제46조(도시계획시설의 공중 및 지하에의 설치기준과 보상 등) 도시계획시설을 공중·수중·수상 또는 지하에 설치함에 있어서 그 높이 또는 깊이의 기준과 그 설치로 인하여 토지나 건물에 대한 소유권의 행사에 제한을 받는 자에 대한 보상 등에 관하여는 따로 법률로 정한다. 제47조(도시계획시설부지의 매수청구) ① 도시계획시설에 대한 도시관리계획의 결정(이하 '도시계획시설결정'이라 한다.)의 고시일부터 10년 이내에 당해 도시계획시설의 설치에 관한 도시계획시설사업이 시행되지 아니하는 경우(제88조의 규정에 의한 실시계획의 인가 또는 그에 상당하는 절차가 행하여진 경우를 제외한다. 이하 같다.) 당해 도시계획시설의 부지로 되어 있는 토지 중 지목이 대인 토지(당해 토지에 있는 건축물 및 정착물을 포함한다. 이하 이 조에서 같다.)의 소유자는 대통령령이 정하는 바에 따라 특별시장·광역시장·시장 또는 군수에게 당해 토지의 매수를 청구할 수 있다. ② 매수의무자는 제1항의 규정에 의하여 매수청구를 받은 토지를 매수하는 때에는 현금으로 그 대금을 지급한다. 제48조 (도시계획시설결정의 실효) ① 도시계획시설결정이 고시된 도시계획시설에 대하여 그 고시일부터 20년이 경과될 때까지 당해 시설의 설치에 관한 도시계획시설사업이 시행되지 아니하는 경우 그 도시계획시설결정은 그 고시일부터 20년이 되는 날의 다음날에 그 효력을 상실한다. ② 시·도지사는 제1항의 규정에 의하여 도시계획시설결정의 효력이 상실된 때에는 대통령령이 정하는 바에 따라 지체없이 그 사실을 고시하여야 한다.

(256) 개발행위에 따른 공공시설의 귀속절차와 동일하다. 제99조(공공시설 등의 귀속) 도시계획시설사업에 의하여 새로 공공시설을 설치하거나 기존의 공공시설에 대체되는 공공시설을 설치한 경우에는 제65조를 준용한다. 제65조(개발행위에 따른 공공시설 등의 귀속) ① 개발행위허가를 받은 자가 행정청인 경우 개발행위허가를 받은 자가 새로 공공시설을 설치하거나 기존의 공공시설에 대체되는 공공시설을 설치한 경우에는 「국유재산법」과 「공유재산 및 물품 관리법」에도 불구하고 새로 설치된 공공시설은 그 시설을 관리할 관리청에 무상으로 귀속되고, 종래의 공공시설은 개발행위허가를 받은 자에게 무상으로 귀속된다. ② 개발행위허가를 받은 자가 행정청이 아닌 경우 개발행위허가를 받은 자가 새로 설치한 공공시설은 그 시설을 관리할 관리청에 무상으로 귀속되고, 개발행위로 용도가 폐지되는 공공시설은 「국유재산법」과 「공유재산 및 물품 관리법」에도 불구하고 새로 설치한 공공시설의 설치비용에 상당하는 범위에서 개발행위허가를 받은 자에게 무상으로 양도할 수 있다.

(257) 공익사업을 위한 토지등 취득 및 보상에 관한 법률에 대한 특례

(258) 제47조(도시계획시설 부지의 매수 청구) ① 도시계획시설에 대한 도시관리계획의 결정(이하 '도시계획시설결정'이라 한다.)의 고시일부터 10년 이내에 그 도시계획시설의 설치에 관한 도시계획시설사업이 시행되지 아니하는 경우(제88조에 따른 실시계획의 인가나 그에 상당하는 절차가 진행된 경우는 제외한다. 이하 같다.) 그 도시계획시설의 부지로 되어 있는 토지 중 지목(地目)이 대(垈)인 토지(그 토지에 있는 건축물 및 정착물을 포함한다. 이하 이 조에서 같다.)의 소유자는 대통령령으로 정하는 바에 따라 특별시장·광역시장·시장 또는 군수에게 그 토지의 매수를 청구할 수 있다. 다만, 다음 각 호의 어느 하나에 해당하는 경우에는 그에 해당하는 자(특별시장·광역시장·시장 또는 군수를 포함한다. 이하 이 조에서 '매수의무자'라 한다.)에게 그 토지의 매수를 청구할 수 있다. 1. 이 법에 따라 해당 도시계획시설사업의 시행자가 정하여진 경우에는 그 시행자 2. 이 법 또는 다른 법률에 따라 도시계획시설을 설치하거나 관리하여야 할 의무가 있는 자가 있으면 그 의무가 있는 자. 이 경우 도시계획시설을 설치하거나 관리하여야 할 의무가 있는 자가 서로 다른 경우에는 설치하여야 할 의무가 있는 자에게 매수 청구하여야 한다.

(259) 제48조(도시계획시설결정의 실효) ① 도시계획시설결정이 고시된 도시계획시설에 대하여 그 고시일부터 20년이 지날 때까지 그 시설의 설치에 관한 도시계획시설사업이 시행되지 아니하는 경우 그 도시계획시설결정은 그 고시일부터 20년이 되는 날의 다음날에 그 효력을 잃는다.

(260) 대판 1994. 1. 25. 93누16901

(261) 대판 1997. 12. 23. 96누10911

(262) 대판 2001. 5. 29. 99두10292

(263) 대판 1971. 11. 30. 71누132

(264) 대판 1978. 3. 14. 77누164

(265) 대판 1983. 6. 14. 81누254

(266)『홍정선, 제17판 행정법원론(상)(박영사, 2009), 871~872쪽』

(267) 대판 2004. 8. 16. 2003두2175, 대판 2006. 3. 16. 2006두330 등

(268) 대판 69누106

(269) 대판 73누173, 대판85누985 등

(270) 대판 75누12

(271) 대판 75누12

(272) 대판63누101

(273) 대판 80누33

(274) 대판 89누7900

(275) 대판 79누433, 대판89누756, 대판 79누433 등

(276) 대판 2010. 11. 11. 2010두4179

(277) 건축법 제83조(옹벽 등의 공작물에의 준용) 제1항 '대지를 조성하기 위한 옹벽, 굴뚝, 광고탑, 고가수조, 지하 대피호, 그 밖에 이와 유사한 것으로서 대통령령으로 정하는 공작물을 축조하려는 자는 대통령령으로 정하는 바에 따라 특별자치도지사 또는 시장·군수·구청장에게 신고하여야 한다.', 시행령 118조 제1항 '법 제83조 제1항에 따라 공작물을 축조(건축물과 분리하여 축조하는 것을 말한다. 이하 이 조에서 같다.)할 때 특별자치도지사 또는 시장·군수·구청장에게 신고를 하여야 하는 공작물은 다음 각 호와 같다.'

(278) 건축법 제2조 제2항 제8호, 제9호

(279) 사전결정 신청에 의한 사전결정을 받을 수 있는데, 이는 강학상 사전결정에 해당한다. 건축법 제10조(건축 관련 입지와 규모의 사전결정) 제1항 '제11조에 따른 건축허가 대상 건축물을 건축하려는 자는 건축허가를 신청하기 전에 허가권자에게 그 건축물을 해당 대지에 건축하는 것이 이 법이나 다른 법령에서 허용되는지에 대한 사전결정을 신청할 수 있다.'

(280) 예외적으로 특별시장· 광역시장은 특별시· 광역시에서 ㉠ 21층 이상의 건축물, ㉡ 연면적 합계 10만㎡ 이상의 건축물, 3/10 이상의 증축으로서 ㉠ ㉡에 해당하는 건축물 등에 대한 건축허가권자이다.

(281) 특별시·광역시 이외 지역에서 특별시장·광역시장의 허가 대상 규모의 건축물 등에 대하여는 도지사의 사전승인을 받아야 한다.

(282)『윤태호, 전게논문, 109쪽』대판 1994. 1. 14. 93누20481, 대판 1991. 12. 13. 91누1776, 대판 1990. 2. 27. 89누7016 등.

(283) 공법상 재단에 대하여 구성원이 없기 때문에 행정주체성을 부인하는 견해(『홍정선, 제17판 행정법원론(상)(박영사, 2009), 109쪽』)와 행정주체성을 긍정하는 견해(『박균성, 제8판 행정법론(상)(박영사, 2009), 78쪽』,『장태주, 행정법개론, 115쪽』등 다수설) 등의 대립이 있다.

(284) 행정소송법 제8조(법적용례) ②행정소송에 관하여 이 법에 특별한 규정이 없는 사항에 대하여는 법원조직법과 민사소송법 및 민사집행법의 규정을 준용한다.

(285) 행정소송법 제8조(법적용례) ① 행정소송에 대하여는 다른 법률에 특별한 규정이 있는 경우를 제외하고는 이 법이 정하는 바에 의한다. 제13조(피고적격) ①취소소송은 다른 법률에 특별한 규정이 없는 한 그 처분 등을 행한 행정청을 피고로 한다. 다만, 처분 등이 있은 뒤에 그 처분 등에 관계되는 권한이 다른 행정청에 승계된 때에는 이를 승계한 행정청을 피고로 한다. ②제1항의 규정에 의한 행정청이 없게 된 때에는 그 처분 등에 관한 사무가 귀속되는 국가 또는 공공단체를 피고로 한다. 무효등확인소송, 부작위위법확인소송 등은 제38조 1항에서 13조를 준용하고 있다.

(286) 행정소송법 제13조 제1항 단서

(287) 대판 1993. 11. 26. 93누7341

(288) 대판 1995. 1. 12. 94누2602

(289) 대판 1994. 10. 11. 94두23

(290) 대판 1991. 10. 8. 91누520

(291) 대판 1991. 2. 22. 90누5641, 1994. 6. 14. 94누1197 등

(292) 공공기관의 운영에 관한 법률 제4조(공공기관)

① 기획재정부장관은 국가·지방자치단체가 아닌 법인·단체 또는 기관(이하 "기관"이라 한다)으로서 다음 각 호의 어느 하나에 해당하는 기관을 공공기관으로 지정할 수 있다.

1. 다른 법률에 따라 직접 설립되고 정부가 출연한 기관

2. 정부지원액(법령에 따라 직접 정부의 업무를 위탁받거나 독점적 사업권을 부여받은 기관의 경우에는 그 위탁업무나 독점적 사업으로 인한 수입액을 포함한다. 이하 같다)이 총수입액의 2분의 1을 초과하는 기관

3. 정부가 100분의 50 이상의 지분을 가지고 있거나 100분의 30 이상의 지분을 가지고 임원 임명권한 행사 등을 통하여 당해 기관의 정책 결정에 사실상 지배력을 확보하고 있는 기관

4. 정부와 제1호 내지 제3호의 어느 하나에 해당하는 기관이 합하여 100분의 50 이상의 지분을 가지고 있거나 100분의 30 이상의 지분을 가지고 임원 임명권한 행사 등을 통하여 당해 기관의 정책 결정에 사실상 지배력을 확보하고 있는 기관

5. 제1호 내지 제4호의 어느 하나에 해당하는 기관이 단독으로 또는 두개 이상의 기관이 합하여 100분의 50 이상의 지분을 가지고 있거나 100분의 30 이상의 지분을 가지고 임원 임명권한 행사 등을 통하여 당해 기관의 정책 결정에 사실상 지배력을 확보하고 있는 기관

6. 제1호 내지 제4호의 어느 하나에 해당하는 기관이 설립하고, 정부 또는 설립 기관이 출연한 기관

② 제1항의 규정에 불구하고 기획재정부장관은 다음 각 호의 어느 하나에 해당하는 기관을 공공기관으로 지정할 수 없다.

1. 구성원 상호 간의 상호부조·복리증진·권익향상 또는 영업질서 유지 등을 목적으로 설립된 기관

2. 지방자치단체가 설립하고, 그 운영에 관여하는 기관

3. 「방송법」에 따른 한국방송공사와 「한국교육방송공사법」에 따른 한국교육방송공사

③ 제1항제2호의 규정에 따른 정부지원액과 총수입액의 산정 기준·방법 및 동항제3호 내지 제5호의 규정에 따른 사실상 지배력 확보의 기준에 관하여 필요한 사항은 대통령령으로 정한다.

제5조(공공기관의 구분) ① 기획재정부장관은 공공기관을 공기업 · 준정부기관과 기타공공기관으로 구분하여 지정하되, 공기업과 준정부기관은 직원 정원이 50인 이상인 공공기관 중에서 지정한다.

② 기획재정부장관은 제1항의 규정에 따라 공기업과 준정부기관을 지정하는 경우 공기업은 자체수입액이 총수입액의 2분의 1 이상인 기관 중에서 지정하고, 준정부기관은 공기업이 아닌 공공기관 중에서 지정한다.

③ 기획재정부장관은 제1항 및 제2항의 규정에 따른 공기업과 준정부기관을 다음 각 호의 구분에 따라 세분하여 지정한다.

1. 공기업

가. 시장형 공기업 : 자산규모가 2조원 이상이고, 총수입액 중 자체수입액이 대통령령이 정하는 기준 이상인 공기업

나. 준시장형 공기업 : 시장형 공기업이 아닌 공기업

2. 준정부기관

가. 기금관리형 준정부기관 : 「국가재정법」에 따라 기금을 관리하거나 기금의 관리를 위탁받은 준정부기관

나. 위탁집행형 준정부기관 : 기금관리형 준정부기관이 아닌 준정부기관

④ 기획재정부장관은 공공기관 중 제2항의 규정에 따른 공기업과 준정부기관을 제외한 기관을 기타공공기관으로 지정한다.

⑤제2항 및 제3항의 규정에 따른 자체수입액 및 총수입액의 구체적인 산정 기준과 방법은 대통령령으로 정한다.

(293) 행정소송법 제13조 제1항 단서, 제14조 제6항
(294) 행정소송법 제13조 제2항
(295) 행정소송법 제14조 제1항
(296) 행정소송법 제14조 제3항
(297) 행정소송법 제14조 제2항
(298) 행정소송법 제14조 제3항
(299) 행정소송법 제14조 제4항
(300) 대판 2004. 7. 8. 2002두 7852, 1985. 11. 12. 85누621, 1990.1.12. 89누1032 등
(301) 행정소송법 제21조
(302) 대판 1995. 11. 21. 94누11293, 대판 1996. 2. 23. 95누2685 등
(303) 대판 1995. 10. 17. 94누14148(전원), 대판 2002. 1. 11. 2000두2457
(304) 대판 97누19588
(305) 대판 93누6164
(306) 대판 93누14271
(307) 대판 85누32, 90누6651
(308) 대판 2000두7254
(309) 대판 93누3899
(310) 대판 95누4568
(311) 대판 93누22364
(312) 대판 93누6867
(313) 대판 95누2685, 2000두8288
(314) 대판 91누4737
(315) 대판 2004두4369
(316) 대판 2003두1875
(317) 대판 2003두5945
(318) 대판 81누121, 85누39
(319) 대판 1995. 10. 17. 94누14148(전원) 및 대판 1988. 5. 24. 87누944, 대판 1992. 7. 10. 92누3625, 대판 1997. 9. 30. 97누7790, 대판 2003. 10. 10. 2003두6443 등을 비롯한 같은 취지의 판결들은 이 판결(대판 2003두1684)의 견해에 배치되는 범위 내에서 이를 모두 변경하기로 한다.
(320) 대판 2006. 5. 12. 2004두14717 등
(321) 대판 1963. 10. 22. 63누122, 대판 1976. 2. 10. 74누159(전원), 대판 1988. 3. 8. 87누133, 대판 1989. 10. 10. 89누3397, 대판 1993. 12. 28. 93누4519 , 대판 1998. 9. 22. 98두4375, 대판 2001. 9. 18. 99두11752, 대판 2006. 5. 12. 2004두14717 판결 등은 이 판결(대판 2007두6342)의 견해에 배치되는 범위 내에서 이를 변경하기로 한다.
(322) 행정소송법 제18조 제2항 제1호
(323) 대판 1990. 7. 13. 90누2284 등
(324) 대판 1991. 6. 28. 90누6521
(325) 대판 1964. 3. 31. 63누158, 대판 1991. 6. 28. 90누6521 등.
(326) 대판 1977. 11. 22. 77누195
(327) 행정소송법 제20조 제3항
(328) 민사소송법 제173조 제1항
(329) 『박균성, 제8판 행정법론(상)(박영사, 2009), 1049쪽』 등.
(330) 행정소송법 제14조 제1항

(331) 행정소송법 제14조 4항, 제21조 제4항, 제37조, 제42조

(332) 대판 1982. 11. 23. 81누393 등

(333) 제72조(재검사 등) ① 제60조 제1항 · 제2항(제61조의 규정에 따라 국토해양부장관이 직접 수행하거나 국토해양부장관으로부터 지정받은 자가 대행하는 경우를 포함한다.), 제63조 제1항, 제64조 제1항 및 제65조 제1항의 규정에 따라 대행검사기관으로부터 검사 · 검정 및 확인을 받은 자가 그 결과에 대한 불복이 있는 때에는 그 결과에 관한 통지를 받은 날부터 90일 이내에 그 사유를 갖추어 국토해양부장관에게 재검사 · 재검정 및 재확인을 신청할 수 있다. ② 제1항의 규정에 따라 재검사 · 재검정 및 재확인의 신청을 받은 국토해양부장관은 소속공무원으로 하여금 재검사 등을 직접 행하게 하고 그 결과를 신청인에게 60일 이내에 통보하여야 한다. 다만, 부득이한 사정이 있는 때에는 30일 이내의 범위에서 통보시한을 연장할 수 있다. ③ 대행검사기관의 검사 · 검정 및 확인에 대하여 불복이 있는 자는 제1항 및 제2항의 규정에 따른 재검사 · 재검정 및 재확인의 절차를 거치지 아니하고는 행정소송을 제기할 수 없다. 다만, 「행정소송법」 제18조 제2항 및 제3항의 규정에 해당되는 경우에는 그러하지 아니하다.

(334) 감사원의 심사청구 : 감사원법 제46조의2에 감사원의 감사를 받는 행정기관장의 직무에 관한 처분에 대하여 감사원법 제43조, 제46조의 심사청구와 결정절차를 거친 경우에는 결정통지를 거친 날로부터 60일 이내에 행정소송을 제기할 수 있다고 규정하여 감사원법에 의한 심사청구절차를 감사원의 감사를 받는 모든 행정청의 처분에 대한 일반적인 행정심판절차로 보고 있다. 따라서 일반처분은 물론이고 특별행정심판절차가 따로 마련되어 있는 처분에 대하여도 감사원법상의 적법한 심사청구를 한 후, 심사결정의 통지를 받은 날로부터 60일 내에 소를 제기할 수 있다. 과세처분에 대하여는 감사원법상의 심사청구절차를 행정심판절차로 보는 별도의 규정이 있다.

(335) 대판 1991. 6. 25. 90누8091 등

(336) 대판 1990. 10. 12. 90누2383 등

(337) 대판 1994. 11. 8. 94누4653 등

(338) 대판 1993. 6. 29. 92누19194 등

(339) 대판 1994. 11. 22. 93누11050 등

(340) 국세의 부과 징수에 관한 처분에 이의가 있는 자는 90일 이내에 세무서장이나 지방국세청장에게 이의신청할 수 있다. 이의신청에 대한 결정에 불복하려면 90일 이내 심사청구 또는 심판청구를 해야 한다.

(341) 감사원법에 의한 심사청구도 처분이 있은 것을 안 날(처분의 통지를 받은 때에는 그 받은 날)부터 90일 이내에 제기하여야 한다.

(342) 국가공무원법 제76조 제1항, 제16조 제1항 등

(343) 노동위원회법 제27조 제1항

(344) 근로기준법 제28조(부당해고 등의 구제신청) ① 사용자가 근로자에게 부당해고 등을 하면 근로자는 노동위원회에 구제를 신청할 수 있다. ② 제1항에 따른 구제신청은 부당해고 등이 있었던 날부터 3개월 이내에 하여야 한다.

(345) 근로기준법 제31조 제1항, 제2항

(346) 노동조합및노동관계조정법 제82조(구제신청) ① 사용자의 부당노동행위로 인하여 그 권리를 침해당한 근로자 또는 노동조합은 노동위원회에 그 구제를 신청할 수 있다. ② 제1항의 규정에 의한 구제의 신청은 부당노동행위가 있은 날(계속하는 행위는 그 종료일)부터 3월 이내에 이를 행하여야 한다.

(347) 노동조합 및 노동관계조정법 제85조 제1항, 제2항

(348) 노동조합 및 노동관계조정법 제69조

(349) 공익사업을 위한 토지 등의 취득 및 보상에 관한 법률 제83조, 제85조 등

(350) 국민연금법 제108조, 제110조, 제112조

(351) 국민연금심사위원회에서 심사한다(징수관련 처분은 국민건강보험공단 징수심사위원회에서 심사한다.).

(352) 국민건강보험법 제76조, 제77조, 제78조 이의신청은 국민건강보험공단 내 건강보험이의신청위원회에서 심사한다.

(353) 산업재해보상보험법 제103조, 제106조

(354) 산업재해보상보험심사위원회에서 심사한다.

(355) 산업재해보상보험법 제103조 제5항 보험급여 결정 등에 대하여는 「행정심판법」에 따른 행정심판을 제기할 수 없다.

(356) 고용보험법 제87조

(357) 공무원연금법 제80조 등 제4항 급여에 관한 결정, 기여금의 징수 기타 이 법에 의한 급여에 관하여는 행정심판법에 의한 행정심판을 청구할 수 없다.

(358) 국민연금법 제112조(행정심판과의 관계) ① 재심사위원회의 재심사와 재결에 관한 절차에 관하여는 행정심판법을 준용한다. ② 제110조에 따른 재심사청구 사항에 대한 재심사위원회의 재심사는 「행정소송법」 제18조를 적용할 때 행정심판법에 따른 행정심판으로 본다.

(359) 산업재해보상보험법 제111조(다른 법률과의 관계) ② 제106조에 따른 재심사 청구에 대한 재결은 「행정소송법」 제18조를 적용할 때 행정심판에 대한 재결로 본다. ③ 제103조 및 제106조에 따른 심사 청구 및 재심사 청구에 관하여 이 법에서 정하고 있지 아니한 사항에 대하여는 행정심판법에 따른다

(360) 고용보험법 제104조(다른 법률과의 관계) ① 재심사의 청구에 대한 재결은 「행정소송법」 제18조를 적용할 경우 행정심판에 대한 재결로 본다. ② 심사 및 재심사의 청구에 관하여 이 법에서 정하고 있지 아니한 사항은 「행정심판법」의 규정에 따른다.

(361) 해양사고의 조사 및 심판에 관한 법률 제40조, 제58조, 제74조 등

(362) 헌법 제75조, 제76조

(363) 대판 2007. 5. 11. 2007두1811 【공사중지명령처분취소】 【피고 포천시장】 [1] 행정소송에서 행정처분의 위법 여부는 행정처분이 행하여졌을 때의 법령과 사실상태를 기준으로 하여 판단하여야 하고, 처분 후 법령의 개폐나 사실상태의 변동에 의하여 영향을 받지는 않는다. [2] 지방자치단체장이 공장시설을 신축하는 회사에 대하여 사업승인 내지 건축허가 당시 부가하였던 조건을 이행할 때까지 신축공사를 중지하라는 명령을 한 경우, 위 회사에게는 중지명령의 원인사유가 해소되었음을 이유로 당해 공사중지명령의 해제를 요구할 수 있는 권리가 조리상 인정된다. <원심 : 피고가 내린 공사중지명령 처분은 그 사유 중 중요한 상당 부분이 소멸되었으며 불이행된 부분 역시 적은 비용으로 쉽게 보완이 가능한데 비하여, 원고는 이 사건 처분으로 인한 공장신축 지연 등으로 이미 상당한 손해를 입었을 뿐만 아니라 앞으로도 막대한 손해를 입을 것으로 예상되는 사정 등을 주된 이유로 하여, 이 사건 처분은 비례의 원칙에 반하여 재량권을 일탈・남용한 것으로서 위법하다고 판단함. 대법원 요지와 해설 : 처분사유 중 중요한 상당 부분은 처분 당시에 부존재하였거나 이미 소멸한 상태였던 것이 아니라 처분 이후에 원고가 처분에서 지적하고 있는 사항들을 이행하고 미흡한 부분들을 보완하는 등의 조치를 한 결과 사후적으로 소멸한 것인 바, 이처럼 처분 이후에 처분사유 중 중요한 상당 부분이 소멸하였다면, 원고가 이를 이유로 피고에 대하여 공사중지명령의 해제를 요구하고 피고가 이를 거부할 경우 그 거부처분에 대하여 취소를 청구할 수 있음은 별론으로 하고, 처분은 처분 당시의 법령과 사실상태를 기준으로 판단할 때 적법함(청구 기각).> 동지, 대판 1984. 5. 29. 83누692【개인택시면허불허처분취소】 대판 2005. 4. 15. 2004두10883, 2002. 7. 9. 2001두10684, 1984. 5. 29. 83누692 등

(364) 대판 1985. 12. 10. 85누418, 1993. 5. 27. 92누19033, 2001. 7. 27. 99두5092 등

(365) 대판 1995. 11. 10. 95누8641, 1996. 10. 11. 96누6172 등

(366) 대판 2008. 7. 24. 2007두3930 【난민인정불허가결정취소】 【피고 법무부장관】 [1] 출입국관리법 제2조 제2의2호, 제76조의2 제1항, 난민의 지위에 관한 협약 제1조, 난민의 지위에 관한 의정서 제1조의 규정을 종합하여 보면, 법무부장관은 인종, 종교, 국적, 특정 사회집단의 구성원 신분 또는 정치적 의견을 이유로 박해를 받을 충분한 근거 있는 공포로 인해 국적국의 보호를 받을 수 없거나 국적국의 보호를 원하지 않는 대한민국 안에 있는 외국인에 대하여 그 신청이 있는 경우 난민협약이 정하는 난민으로 인정하여야 한다. 이때 그 외국인이 받을 '박해'란 '생명, 신체 또는 자유에 대한 위협을 비롯하여 인간의 본질적 존엄성에 대한 중대한 침해나 차별을 야기하는 행위'라고 할 수 있고, 단순히 강제징집을 거부한 사정만으로는 박해의 원인이 있었다고 할 수 없으나, 그 징집거부가 정치적 동기에 의하여 이루어지는 등 정치적 의견을 표명한 것으로 평가될 수 있을 때에는 박해의 원인이 있었다고 할 수 있다. [2] 박해를 받을 '충분한 근거 있는 공포'가 있음은 난민 인정의 신청을 하는 외국인이 증명하여야 하나, 난민의 특수한 사정을 고려하여 그 외국인에게 객관적인 증거에 의하여 주장사실 전체를 증명하도록 요구할 수는 없고, 그 진술에 일관성과 설득력이 있고 입국 경로, 입국 후 난민 신청까지의 기간, 난민 신청 경위, 국적국의 상황, 주관적으로 느끼는 공포의 정도, 신청인이 거주하던 지역의 정치·사회·문화적 환경, 그 지역의 통상인이 같은 상황에서 느끼는 공포의 정도 등에 비추어 전체적인 진술의 신빙성에 의하여 그 주장사실을 인정하는 것이 합리적인 경우에는 그 증명이 된 것이다. [3] 행정소송에서 행정처분의 위법 여부는 행정처분이 행하여졌을 때의 법령과 사실 상태를 기준으로 하여 판단하여야 하고, 처분 후 법령의 개폐나 사실상태의 변동에 의하여 영향을 받지는 않으므로, 난민 인정 거부처분의 취소를 구하는 취소소송에서도 그 거부처분을 한 후

국적국의 정치적 상황이 변화하였다고 하여 처분의 적법 여부가 달라지는 것은 아니다.

(367) 대판 1987. 1. 20. 86누6, 대판 2002. 12. 10. 2001두3228 등

(368) 대판 2006. 11. 16. 2003두12899(전원) 【불합격처분취소】 <변리사법 시행령 사건> [다수의견] (가) 법령의 개정에 있어서 구 법령의 존속에 대한 당사자의 신뢰가 합리적이고도 정당하며, 법령의 개정으로 야기되는 당사자의 손해가 극심하여 새로운 법령으로 달성하고자 하는 공익적 목적이 그러한 신뢰의 파괴를 정당화할 수 없다면, 입법자는 경과규정을 두는 등 당사자의 신뢰를 보호할 적절한 조치를 하여야 하며, 이와 같은 적절한 조치 없이 새 법령을 그대로 시행하거나 적용하는 것은 허용될 수 없는바, 이는 헌법의 기본원리인 법치주의 원리에서 도출되는 신뢰보호의 원칙에 위배되기 때문이다. 이러한 신뢰보호 원칙의 위배 여부를 판단하기 위하여는 한편으로는 침해받은 이익의 보호가치, 침해의 중한 정도, 신뢰가 손상된 정도, 신뢰침해의 방법 등과 다른 한편으로는 새 법령을 통해 실현하고자 하는 공익적 목적을 종합적으로 비교·형량하여야 한다. (나) 규제개혁위원회의 방침에 따라 변리사 등 전문자격사의 인원을 확대하기 위한 일환으로 변리사 제1, 2차 시험을 종전의 '상대평가제'에서 '절대평가제'로 전환하는 내용의 2002. 3. 25. 개정 전 구 변리사법 시행령(2002. 3. 25. 대통령령 제17551호로 개정되기 전의 것, 이하 '개정 전 시행령'이라 한다)이 절대평가제를 도입한 목적과 그 경위, 이전 수년간 상대평가제에 의하여 시행된 제1차 시험의 합격점수, 개정 전 시행령의 공포 후 유예기간, 그 후 제1차 시험을 '절대평가제'에서 '상대평가제'로 환원하는 내용의 2002. 3. 25. 대통령령 제17551호로 개정된 변리사법 시행령(이하 '개정 시행령'이라 한다)의 입법예고와 개정·공포 및 그에 따른 시험공고 등에 관한 일련의 사실관계에 비추어 보면, 합리적이고 정당한 신뢰에 기하여 절대평가제가 요구하는 합격기준에 맞추어 시험준비를 한 수험생들은 제1차 시험 실시를 불과 2개월밖에 남겨놓지 않은 시점에서 개정 시행령의 즉시 시행으로 합격기준이 변경됨으로 인하여 시험준비에 막대한 차질을 입게 되어 위 신뢰가 크게 손상되었고, 특히 절대평가제에 의한 합격기준인 매 과목 40점 및 전과목 평균 60점 이상을 득점하고도 불합격처분을 받은 수험생들의 신뢰이익은 그 침해된 정도가 극심하며, 그 반면 개정 시행령에 의하여 상대평가제를 도입함으로써 거둘 수 있는 공익적 목적은 개정 시행령을 즉시 시행하여 바로 임박해 있는 2002년의 변리사 제1차 시험에 적용하면서까지 이를 실현하여야 할 합리적인 이유가 있다고 보기 어려우므로, 결국 개정 시행령의 즉시 시행으로 인한 수험생들의 신뢰이익 침해는 개정 시행령의 즉시 시행에 의하여 달성하려는 공익적 목적을 고려하더라도 정당화될 수 없을 정도로 과도하다. 나아가 개정 시행령에 따른 시험준비 방법과 기간의 조정이 2002년의 변리사 제1차 시험에 응한 수험생들에게 일률적으로 적용되었다는 이유로 위와 같은 수험생들의 신뢰이익의 침해를 정당화할 수 없으며, 또한 수험생들이 개정 시행령의 내용에 따라 공고된 2002년의 제1차 시험에 응하였다고 하더라도 사회통념상 그것만으로는 개정 전 시행령의 존속에 대한 일체의 신뢰이익을 포기한 것이라고 볼 수도 없다. 따라서 변리사 제1차 시험의 상대평가제를 규정한 개정 시행령 제4조 제1항을 2002년의 제1차 시험에 시행하는 것은 헌법상 신뢰보호의 원칙에 비추어 허용될 수 없으므로, 개정 시행령 부칙 중 제4조 제1항을 즉시 2002년의 변리사 제1차 시험에 대하여 시행하도록 그 시행시기를 정한 부분은 헌법에 위반되어 무효이다. (다) 새로운 법령에 의한 신뢰이익의 침해는 새로운 법령이 과거의 사실 또는 법률관계에 소급적용되는 경우에 한하여 문제되는 것은 아니고, 과거에 발생하였지만 완성되지 않고 진행중인 사실 또는 법률관계 등을 새로운 법령이 규율함으로써 종전에 시행되던 법령의 존속에 대한 신뢰이익을 침해하게 되는 경우에도 신뢰보호의 원칙이 적용될 수 있다. [대법관 김용담, 김황식, 안대희의 반대의견] (가) 규제개혁위원회의 방침에 따라 제1차 시험의 상대평가제를 절대평가제로 변경하였다고 하더라도, 적어도 법적·제도적 관점에서 보면 그와 같은 변경으로 인하여 합격자 수가 반드시 증가한다고 볼 수 없을 뿐 아니라 또한 그 변경이 합격자 수의 증가를 법적으로 보장해 주는 것도 아니다. 변리사 등과 같은 전문자격사의 인원 확대라는 개정 전 시행령의 입법 취지는 궁극적으로 변리사 제2차 시험 합격자 수를 증가시킴으로써 달성할 수 있는 것이고 제1차 시험은 제2차 시험을 치를 자격을 부여하는 전 단계의 시험에 불과한 만큼, 제2차 시험에 응시할 수 있는 합리적인 숫자의 제1차 시험 합격자를 배출시키는 틀이 유지되고 합리적으로 운영되는 한 제1차 시험 합격자의 결정방법은 특허청장의 권한에 속하는 사항으로 보아야 한다. 그렇다면 수험생들에게 개정 전 시행령에 따라 절대평가제로 2002년의 변리사 제1차 시험이 실시되고 시험난이도 수준도 종전의 수준으로 유지되리라는 기대 내지 신뢰가 형성되어 있었다고 하더라도 이는 수험생들의 주관적인 이해관계에 따른 사실상의 것에 불과할 뿐 법적 정당성을 지닌 합리적인 것으로서 특허청장이 반드시 이를 보호하여야 할 성질의 것은 아니다. (나) 변리사와 같은 전문자격사를 선발하기 위한 시험의 합격기준 및 합격자 결정방법은 입법정책의 변화에 따라 언제든지 변경될 수 있는 것이고, 실제로 변리사시험은 절대평가제에서 상대평가제로 전환되었다가 개정 전 시행령에 의하여 다시 절대평가제로 전환되는 등 여러 차례에 걸쳐 변화를 거쳐 온 점에 비추어 보면 2002년의 변리사 제1차 시험이 개정 전 시행령에 따라 절대평가제로 실시되리라는 수험생들의 기대와 신뢰는 상대적이고 가변적인 것에 지나지 않으며, 개정 시행령의 즉시 시행으로 인한 수험생들의 신뢰이익의 침해가 개정 시행령의 즉시 시행이 가지는, 시험운영관리의 적정성과 일정 수준 이상의 제1차 시

험 합격자 선발이라는 공익적 목적을 정당화할 수 없을 정도로 과도하다고 보기는 어렵다. [반대의견에 대한 대법관 김용담의 보충의견] (가) 헌법재판소가 위헌재판을 함에 있어 모든 법률문제를 헌법문제로 귀착시켜 한 없이 헌법재판권을 넓혀가서는 안되는 것은 물론, 대법원으로서도 명령, 규칙의 위헌·위법심사를 함에 있어서 그 명령, 규칙의 위헌성이 문제되는 헌법재판인지, 위법성을 문제삼는 사법권의 행사인지를 명확히 구별하지 않으면 안 된다. 만연히 법단계설에 서서 모든 법률문제는 결국 헌법문제로 치환될 수 있다는 사고를 한다면 이는 적어도 우리 헌법과는 들어맞지 않으며, 결국 사법권의 독립을 부정하는 위험한 사고라고 할 수밖에 없다. 어떤 제도의 창설이나 유지·변경 또는 폐지 그 자체에 대한 기대 또는 신뢰가 헌법상의 기대 또는 신뢰로서 보호되려면, 그 제도의 창설이나 유지·변경 또는 폐지가 헌법으로부터 직접적으로 기대되고 신뢰되어야 하고, 헌법 이외의 법령에 의하여 비로소 마련된 제도라면 그 제도의 창설이나 유지·변경 또는 폐지에 대한 기대와 신뢰의 문제도 원칙적으로 그 법령상의 문제이다. 따라서 법률에 의하여 마련된 제도에 관하여 법률에 의하여 그 시행을 위임받은 명령·규칙·조례가 그 시행방법을 변경하는 것은 우선적으로 법률의 문제로 다루어야 하고 헌법의 문제로 다룰 것은 아니다. 개정 시행령 부칙의 효력 여부는 법령 등 공포에 관한 법률의 범위 내에서 다루어야 할 문제로서 헌법문제가 아니라 법률문제이다. (나) 개정법령의 시행시점을 정하는 권한은 법령개정권자에게 있다. 개정법령의 시행시점을 정하는 법령개정권자의 권한은 개정법령의 범위와 내용을 정하는 권한과 표리를 이루는 것이며 입법권(헌법 제40조)과 명령·규칙제정권(헌법 제75조, 제95조)의 당연한 내용이다. 입법예고(국회법 제82조의2), 행정예고(행정절차법 제46조) 등의 절차를 거친 법령의 시행시기를 정하는 것은 국회나 행정부의 재량에 맡겨진 사항으로서, 법령의 시행시점에 관한 사법심사가 배제되는 것은 아니지만, 법령의 시행시기와 관련한 사법권 간섭의 여지는 그만큼 축소되어 있다고 보지 않으면 안 되며 법령개정권의 한계를 명백히 일탈한 경우에만 사법심사가 정당화될 수 있다.

대판 2007. 10. 29. 2005두4649(전원) 【한약사국가시험응시원서접수거부처분취소】 【피고 한국보건의료인 국가시험원장】 사안 : A대학교 한약자원학과 졸업하였거나 졸업예정자들인 원고들이 2003. 10. 15.자 제5회 한약사국가시험의 응시원서를 제출하였고, 한국보건의료인국가시험원장이 약사법 제3조의2 제2항[1]), 같은 법 시행령 제3조의2 및 부칙 제2항의 규정에 의하여 한약사시험 응시자격 결여를 이유로 거부하자 이에 취소소송을 제기함. 요지와 해설 : 개정 시행령의 시행 당시를 기준으로 할 때, 당해 년도[1])의 대학입학이 모두 마쳐진 이후의 시점이었으므로 원고들과 같이 당해 년도에 입학한 자들도 개정 전 시행령의 규정에 따라 한약관련 과목을 이수하고 대학을 졸업하면 한약사시험에 응시할 수 있을 것으로 기대하고 대학에 입학하였던 것임. 그런데 개정 시행령의 부칙 제2항은 그 중에서 이미 한약학과 이외의 대학을 졸업하였거나 그 대학에 직전 년도 이전에 입학한 자에 대해서만 한약사시험에의 응시자격을 부여하고, 당해 학년도에 입학한 자에 대하여는 한약사시험에의 응시자격을 부여하지 아니하는 결과로 됨. 이는 당해 년도에 입학한 자에 대해서만 직전 년도 이전에 입학한 자와 구별하여 한약사시험에의 응시자격의 예외적 부여라는 혜택을 배제하는 것이어서 헌법상의 평등의 원칙에 위반되고 신뢰의 원칙에도 위반됨(청구인용).

(369) 대판 2005. 5. 13. 2004다8630 【구상금】 【원고 근로복지공단】 【피고 갑】 [1] 법령의 소급적용, 특히 행정법규의 소급적용은 일반적으로는 법치주의의 원리에 반하고, 개인의 권리·자유에 부당한 침해를 가하며, 법률생활의 안정을 위협하는 것이어서, 이를 인정하지 않는 것이 원칙이고(법률불소급의 원칙 또는 행정법규불소급의 원칙), 다만 법령을 소급적용하더라도 일반 국민의 이해에 직접 관계가 없는 경우, 오히려 그 이익을 증진하는 경우, 불이익이나 고통을 제거하는 경우 등의 특별한 사정이 있는 경우에 한하여 예외적으로 법령의 소급적용이 허용된다. [2] 근로복지공단이 잘못 지급한 보험급여를 환수할 권리를 사법상의 채권인 민법상의 부당이득반환청구권에서 국세체납처분의 예에 의하여 강제징수할 수 있는 공법상의 권리로 변경하는 내용의 산업재해보상보험법 제53조 제1항 제3호는 일반 국민의 입장에서 기존의 권리·의무에 직접적이고도 중대한 영향을 미치는 규정이라고 할 것이고, 비록 같은 법 제53조 제1항 제3호를 적용할 경우 공단이 잘못 지급한 보험급여를 반환받는 권리가 같은 법에 의한 징수권에 해당하게 되어 같은 법 제96조 제1항에 의하여 그 소멸시효기간이 3년으로 짧아진다고 하더라도, 이러한 사유만으로 같은 법 제53조 제1항 제3호를 소급적용하더라도 일반 국민의 이해에 직접 관계가 없는 경우, 오히려 그 이익을 증진하는 경우, 불이익이나 고통을 제거하는 경우 등의 특별한 사정이 있는 경우에 해당한다고 볼 수는 없다고 할 것이므로, 달리 그 시행에 관한 경과규정이 없는 같은 법 제53조 제1항 제3호는 개정 법률의 시행일인 2000. 7. 1. 이후에 과오급된 보험급여의 징수에 관해서만 적용된다. [3] 산업재해보상보험법 제53조 제1항 제3호는 그 효력의 발생 이전에 과오급된 보험급여에 대하여 소급적용되지 않으므로 위 과오급된 보험급여를 환수할 권리는 같은 법상의 징수권이 아니라 민법상의 부당이득반환청구권에 해당한다고 할 것이고, 따라서 그 소멸시효기간은 민법상의 일반원칙에 따라 10년이 된다고 한 사례. <사안 : 1997. 10. 23. 원고 공단이 피고에게 잘못 보험금을 지급하였고, 1999. 5. 15. 과오급된 보험급여의 반환을 결정한 후, 2003. 1. 17. 반환을 구하는 소를 제기함. 원심 : 산재법 제53조 제1항 제3호는 '기타 과오급된 보험급여가 있는 경우' 근로

복지공단(원고, 이하 '공단'이라 한다)은 그 급여액에 해당하는 금액을 징수하도록 규정하고 있고, 위 규정은 허위 기타 부정한 방법으로 보험급여를 받은 경우에 그 급여액을 징수하도록 규정한 같은 조 제1호와는 달리 산업재해보상보험법(이하 '산재법'이라 한다)이 1999. 12. 31. 법률 제6100호로 개정되면서 비로소 신설되어 2000. 7. 1.부터 시행되고 있으나, 위 규정이 과오급된 보험급여가 있는 경우에 이를 징수할 수 있는 권리를 비로소 창설적으로 설정한 것이라고는 보기 어렵고, 비록 그와 같은 규정이 존재하지 않았던 시기에 보험급여가 과오급된 경우라 하더라도 그와 같은 과오급여가 민법의 일반 부당이득의 요건을 갖춘 경우에는 당연히 그 반환을 구할 수 있는 것으로 보아야 하지만, 산재법 제96조 제1항은 "보험료 기타 이 법에 의한 징수금을 징수하거나 그 반환을 받을 권리 및 보험급여를 받을 권리는 3년간 행사하지 아니하면 소멸시효가 완성된다."고 규정하고 있는데, 원고가 구하는 이 사건 청구권의 성격이 민법상의 일반 부당이득반환청구권에 해당한다 하더라도 위 규정이 그 소멸시효기간에 관한 특별규정에 해당하므로 민법 규정에 우선하여 적용되어야 하는 점, 산재보험급여의 지급과 관련된 법률관계를 조기에 확정시킴으로써 법적 안정성을 기하려는 것으로 보이는 위 산재법 규정의 입법 취지 등에 비추어 볼 때, 원고의 위 부당이득반환청구권도 산재법 제96조 제1항 소정의 3년의 소멸시효기간의 적용을 받는다고 봄이 상당하기 때문에 본건 반환청구권이 시효로 소멸됨(청구 기각). 대법원 요지와 해설 : 산재법은 1999. 12. 31. 법률 제6100호로 개정되면서 보험급여 수령자의 부정행위가 개입되지 아니한 기타 과오급된 보험급여가 있는 경우 공단이 그 급여액에 해당하는 금액을 부당이득으로 징수하도록 하는 내용의 규정인 제53조 제1항 제3호를 신설하였고, 한편 산재법은 제73조에 '이 법에 의한 징수금'의 독촉절차를 규정하고, 제74조 제1항에 "공단은 제73조의 규정에 의하여 독촉을 받은 자가 그 기한 내에 보험료 기타 이 법에 의한 징수금을 납부하지 아니한 때에는 노동부장관의 승인을 얻어 국세체납처분의 예에 의하여 이를 징수할 수 있다."고 규정하고 있는바, 이는 산재법이 위와 같이 개정되기 전에는 과오급된 보험급여를 환수할 산재법상의 근거 규정이 없어 민사소송을 통하여 민법상의 부당이득반환청구를 할 수 있었을 뿐인데, 산재법의 개정으로 제53조 제1항 제3호가 신설됨으로써 공단으로서는 과오급된 보험급여를 국세체납처분의 예에 의하여 강제징수할 수 있게 됨. 피고에게 착오 지급된 보험급여는 산재법 제96조 제1항 소정의 '이 법에 의한 징수금'에 해당하지 않아 3년의 소멸시효기간이 적용되지 않는다 할 것이므로, 결국 원고는 위 착오 지급된 보험급여를 환수하기 위해서 민사소송을 통하여 부당이득반환청구를 하여야 할 것이고, 그 소멸시효기간은 민법상의 일반원칙에 따라 10년이 됨(청구인용).>

(370) 헌재 1993. 12. 23. 결정 93헌가2, 헌재 2000. 6. 29. 결정 99헌바66 등

(371) 헌재 1992. 12. 24. 결정 92헌가8 검사의 10년 이상 구형시 구속유지 위헌결정 등

(372) 『김승대, 전게서, 476~478쪽』

(373) 헌결 2012. 12. 27. 2011헌바117 [1] 법률의 의미는 결국 개별 · 구체화된 법률해석에 의해 확인되는 것이므로 법률과 법률의 해석을 구분할 수는 없고, 재판의 전제가 된 법률에 대한 규범통제는 해석에 의해 구체화된 법률의 의미와 내용에 대한 헌법적 통제로서 헌법재판소의 고유권한이며, 헌법합치적 법률해석의 원칙상 법률조항 중 위헌성이 있는 부분에 한정하여 위헌결정을 하는 것은 입법권에 대한 자제와 존중으로서 당연하고 불가피한 결론이므로, 이러한 한정위헌결정을 구하는 한정위헌청구는 원칙적으로 적법하다고 보아야 한다. 다만, 재판소원을 금지하는 헌법재판소법 제68조 제1항의 취지에 비추어, 개별·구체적 사건에서 단순히 법률조항의 포섭이나 적용의 문제를 다투거나, 의미있는 헌법문제에 대한 주장없이 단지 재판결과를 다투는 헌법소원 심판청구는 여전히 허용되지 않는다.

[2] 형벌법규는 헌법상 규정된 죄형법정주의원칙상 입법목적이나 입법자의 의도를 감안한 유추해석이 일체 금지되고, 법률조항의 문언의 의미를 엄격하게 해석하여야 하는바, 유추해석을 통하여 형벌법규의 적용범위를 확대하는 것은 '법관에 의한 범죄구성요건의 창설'에 해당하여 죄형법정주의원칙에 위배된다. 형벌법규에 있어 독자적인 공무원 개념을 사용하기 위해서는 법률에 명시하는 것이 일반적 입법례인데, 우리의 경우에는 구 형법의 공무원 개념규정을 형법 제정 당시 두지 않았고, 국가공무원법·지방공무원법에 의한 공무원이 아니라고 하더라도 국가나 지방자치단체의 사무에 관여하거나 공공성이 높은 직무를 담당하여 청렴성과 직무의 불가매수성이 요구되는 경우에, 개별 법률에 '공무원 의제' 조항을 두어 공무원과 마찬가지로 뇌물죄로 처벌하거나, 특별규정을 두어 처벌하고 있다. 그런데 국가공무원법·지방공무원법에 따른 공무원이 아님에도 법령에 기하여 공무에 종사한다는 이유로 공무원 의제규정이 없는 사인(私人)을 이 사건 법률조항의 '공무원'에 포함된다고 해석하는 것은 처벌의 필요성만을 지나치게 강조하여 범죄와 형벌에 대한 규정이 없음에도 구성요건을 확대한 것으로서 죄형법정주의와 조화될 수 없다. 따라서 이 사건 법률조항의 '공무원'에 국가공무원법·지방공무원법에 따른 공무원이 아니고 공무원으로 간주되는 사람도 아닌 제주자치도 위촉위원이 포함된다고 해석하는 것은 법률해석의 한계를 넘은 것으로서 죄형법정주의에 위배된다.

재판관 이진성, 재판관 김창종, 재판관 강일원의 반대의견

한정위헌청구를 원칙적으로 적법하다고 하여 받아들이더라도, 심판의 대상범위를 '법원의 해석'으로 한정한 것은 규범통제제도로서 지니는 헌법재판의 객관적 법질서보호라는 특성에 부합하지 않고, 합헌 또는 단순위헌결정을 하게 될 경우 당사자가 청구한 것과 달리 판단하게 되므로 결론에 따라 심판대상이 달라지는 문제점이 있으며, 결국 법원의 재판을 심판대상으로 하는 것으로 재판소원을 금지하는 헌법재판소법 규정에 저촉되어 허용되기 어렵다.

우리 법상 공무원의 개념은 개별 법령의 취지에 따라 다양하게 사용되고 있고, 뇌물죄는 공무집행의 공정과 직무행위의 불가매수성을 보호법익으로 하는 것이므로 비록 국가공무원법·지방공무원법상에 따른 공무원이 아니라고 하더라도 법령에 의해 위촉되어 국가 또는 지방자치단체의 공무를 담당하는 경우에는 뇌물죄의 주체인 '공무원'으로 정당하게 해석될 수 있어 죄형법정주의의 명확성원칙에 위배되지 않는다. 이는 법률조항의 가능한 문언의 의미 내에서 입법자의 입법목적이나 의도를 고려한 해석, 적용으로서 법원의 정당한 법해석 범위를 벗어난 것이 아니므로 죄형법정주의에서 금지하고 있는 유추적용(또는 유추해석)에 해당하지 않는다.

(374) 대판 2010. 10. 14. 선고 2010두13340 【이행강제금부과처분취소】 【피고 서울특별시 강서구청장】 [1] 건축법의 관계 규정상 건축허가 혹은 건축신고시 관할 행정청에 명의상 건축주가 실제 건축주인지 여부에 관한 실질적 심사권이 있다고 보기 어렵고, 또 명목상 건축주라도 그것이 명의대여라면, 당해 위반 건축물에 대한 직접 원인행위자는 아니라 하더라도 명의대여자로서 책임을 부담하여야 하는 점, 만약 이와 같이 보지 않을 경우 건축주는 자신이 명목상 건축주에 불과하다고 주장하여 책임회피의 수단으로 악용할 가능성이 있고, 또 건축주 명의대여가 조장되어 행정법 관계를 불명확하게 하고 법적 안정성을 저해하는 요소로 작용할 수 있는 점 등을 종합적으로 고려하여 보면, 위반 건축물에 대해 건축주 명의를 갖는 자는 명의가 도용되었다는 등의 특별한 사정이 있지 않은 한 건축법 제79조 제1항의 건축주에 해당한다고 보아야 한다. [2] 건물에 대한 건축허가를 받은 갑이 건축 중이던 건물 및 대지를 을에게 양도하였으나 을이 명의를 변경하지 아니한 채 사용승인을 받지 않고 건물을 사용하자, 행정청이 명의상 건축주이자 건물에 관한 소유권보존등기 명의자인 갑에게 시정명령을 한 후 이행강제금을 부과한 사안에서, 건축주 명의가 도용되었다는 등의 특별한 사정을 인정할 만한 자료가 없는 이상, 위 건물의 건축주 명의를 갖는 자이자 부동산등기부등본상 소유자인 갑이 건축법 제79조 제1항에 규정된 시정명령의 상대방인 건축주 또는 소유자가 될 수 있다고 보아야 하므로 위 처분이 적법함에도, 이와 달리 판단한 원심에 시정명령의 상대방인 건축주 또는 소유자 등에 관하여 법리를 오해한 위법이 있다고 한 사례. 대판 2008. 7. 24. 2007두5639 【위반건축물원상복구시정명령처분】 <명의만 빌려준 명목상 건축주가 구 건축법 제69조 제1항에 정한 위반건축물에 대한 시정명령의 상대방이 되는 '건축주'에 해당하는지 여부(적극)>

(375) 석유 및 석유대체연료사업법 상 과징금부과처분 등

제7조(석유정제업자의 지위 승계) ① 다음 각 호의 어느 하나에 해당하는 자는 석유정제업자의 지위를 승계한다.

1. 석유정제업자가 그 사업의 전부를 양도한 경우 그 양수인
2. 석유정제업자가 사망한 경우 그 상속인
3. 법인인 석유정제업자가 합병한 경우 합병 후 존속하는 법인이나 합병으로 설립되는 법인

② 다음 각 호의 어느 하나에 해당하는 절차에 따라 석유정제시설의 전부를 인수한 자는 종전의 석유정제업자의 지위를 승계한다.

1. 「민사집행법」에 따른 경매
2. 「채무자 회생 및 파산에 관한 법률」에 따른 환가(換價)
3. 「국세징수법」, 「관세법」 또는 「지방세기본법」에 따른 압류재산의 매각
4. 그 밖에 제1호부터 제3호까지의 규정에 준하는 절차

제8조(처분 효과의 승계) 제7조에 따라 석유정제업자의 지위가 승계되면 종전의 석유정제업자에 대한 제13조 제1항에 따른 사업정지처분(제14조에 따라 사업정지를 갈음하여 부과하는 과징금부과처분을 포함한다.)의 효과는 처분기간이 끝난 날부터 1년간 새로운 석유정제업자에게 승계되며, 처분의 절차가 진행 중일 때에는 새로운 석유정제업자에 대하여 그 절차를 계속 진행할 수 있다. 다만, 새로운 석유정제업자(상속으로 승계받은 자는 제외한다.)가 석유정제업을 승계할 때에 그 처분이나 위반의 사실을 알지 못하였음을 증명하는 경우에는 그러하지 아니하다.

(376) 대판 2016. 8. 29. 2014두45956 【영업정지처분취소】 [1] 행정청이 건설산업기본법 및 구 건설산업기본법 시행령(2016. 2. 11. 대통령령 제26979호로 개정되기 전의 것, 이하 '시행령'이라 한다) 규정에 따라 건설업자에 대하여 영업정지 처분을 할 때 건설업자에게 영업정지 기간의 감경에 관한 참작 사유가 존재하는 경우, 행정청이 그 사유까지 고려하고도 영업정지 기간을 감경하지 아니한 채 시행령 제80조 제1항 [별표 6] '2. 개별기준'이 정한 영업정지 기간대로 영업정지 처분을 한 때에는 이를 위법하다고 단정할 수 없으나, 위와 같은 사유가 있음에도 이를 전혀 고려하지 않거나 그 사유에 해당하지 않는다고 오인한 나머지 영업정지 기간을 감경하지 아니하였다면 영업정지 처분은 재량권을 일탈 · 남용한 위법한 처분이다.

[2] 구 건설산업기본법 시행령(2016. 2. 11. 대통령령 제26979호로 개정되기 전의 것, 이하 '시행령'이라 한다) 제80조 제1항은 [별표 6]으로 '위반행위의 종별과 정도에 따른 영업정지의 기간'을 정하도록 하고 있으나, [별표 6]은 단순히 개별 위반행위에 대한 영업정지 기간만을 정하고 있지 아니하고 '감경·가중의 사유와 기준'도 아울러 정하고 있으므로, [별표 6]의 감경·가중 규정이 시행령 제80조 제1항의 영업정지 기간의 산정 방법을 규정한 것인지 아니면 같은 조 제2항의 감경·가중 기준을 구체화한 것인지가 문제 된다.

그런데 시행령 제80조 제1항 [별표 6]이 "위반행위의 정도, 동기 및 그 결과 등 다음 사유를 고려하여 제2호의 개별기준에 따른 영업정지 및 과징금의 2분의 1 범위에서 그 기간이나 금액을 가중하거나 감경할 수 있다."라고 하면서 열거하고 있는 개별적인 감경·가중 사유들은 같은 조 제2항이 감경·가중 기준으로 제시하고 있는 '위반행위의 동기·내용 및 횟수' 등을 반영한 것이고, 시행령 제80조의 취지가 [별표 6]에 따라 '위반행위의 정도·동기·결과' 등을 고려하여 감경을 한 후 이와 다르다고 보기 어려운 '위반행위의 동기·내용·횟수' 등의 사유로 다시 감경하도록 한 것이라고 해석되지 아니한다. 그리고 시행령 제80조의 연혁을 보더라도, 종전 구 건설산업기본법 시행령(2012. 11. 27. 대통령령 제24204호로 개정되기 전의 것) 제80조 제1항 [별표 6]은 감경·가중 사유를 규정하지 아니한 채 위반행위의 내용에 따른 영업정지의 기간만을 정하고, 국토교통부 예규인 건설업관리규정이 시행령 제80조 제2항의 감경·가중의 기준을 구체화하여 감경 사유와 가중 사유를 세부적으로 규정하고 있었는데, 시행령이 2012. 11. 27. 대통령령 제24204호로 개정되면서 건설업관리규정에 있던 감경·가중 사유 부분이 일부 수정되어 제80조 제1항 [별표 6]에 규정되면서 위 별표의 감경·가중과 같은 조 제2항의 감경·가중이 형식적으로 별개의 감경·가중 제도처럼 보이게 된 것에 불과하다.

이러한 사정들을 종합해 보면, 시행령 제80조 제1항 [별표 6]은 제2항의 감경 기준인 '위반행위의 동기·내용 및 횟수'를 구체화하여 이에 해당하는 개별적인 감경 사유를 규정한 것이므로, [별표 6]에 따라 '위반행위의 동기·내용 및 횟수' 등이 고려되어 감경이 이루어진 이상 이에 해당하는 사정들에 대하여 같은 조 제2항에 따른 감경이 고려되지 않았다고 볼 수는 없다. 따라서 행정청이 '위반행위의 동기·내용 및 횟수'에 관한 참작 사유에 대하여 [별표 6]에 따른 감경만을 검토하여 영업정지의 기간을 정하였더라도 그 처분이 '감경 사유가 있음에도 이를 전혀 고려하지 않거나 감경 사유에 해당하지 않는다고 오인한 경우'로서 재량권을 일탈·남용한 경우에 해당한다고 볼 수 없다.

(377) 대판 2009. 6. 18. 2008두10997(전원) 【주민등록전입신고수리거부처분취소】 【피고 서울특별시 서초구 양재제2동장】 요지와 해설 : 주민등록전입신고에 대한 수리는 수리를 요하는 행정행위[1]이지만, 시장 등의 주민등록전입신고 수리 여부에 대한 심사는 주민등록법의 입법 목적의 범위 내에서 제한적으로 이루어져야 하고, 전입신고자가 30일 이상 생활의 근거로서 거주할 목적으로 거주지를 옮기는지 여부만을 심사 대상으로 해야 함(청구인용 - 주민등록의 대상이 되는 실질적 의미에서의 거주지인지 여부를 심사하기 위하여 주민등록법의 입법 목적과 주민등록의 법률상 효과 이외에 지방자치법 및 지방자치의 이념까지도 고려하여야 한다고 판시하였던 대법원 2002. 7. 9. 2002두1748 판결을 견해에 배치되는 범위 내에서 변경함).

대판 2009. 7. 9. 2008두19048 【주민등록전입신고수리거부처분취소】 【피고 과천동장】 주민등록지는 각종 공법관계에서 주소로 되고 주민등록전입신고를 한 때에는 병역법」, 「민방위기본법」, 「인감증명법」, 「국민기초생활 보장법」, 「국민건강보험법」 및 「장애인복지법」에 의한 거주지 이동의 전출신고와 전입신고를 한 것으로 간주되어 주민등록지는 공법관계뿐만 아니라 주민의 일상생활에도 중요한 영향을 미치므로 주민등록지는 전입신고자의 실제 거주지와 일치되어야 할 필요성이 있다. 그리고 주민들의 거주지 이동에 따른 주민등록전입신고에 대하여 행정청이 이를 심사하여 그 수리를 거부할 수 있으나 그러한 행위는 자칫 헌법상 보장된 국민의 거주·이전의 자유를 침해하는 결과를 초래할 수도 있으므로, 시장 등의 주민등록전입신고 수리 여부에 대한 심사는 주민등록법의 입법 목적의 범위 내에서 제한적으로 이루어져야 하는바, 그 전입신고자가 30일 이상 생활의 근거로서 거주할 목적으로 거주지를 옮기는지 여부가 심사 대상으로 되어야 한다. 따라서 전입신고자가 거주의 목적 이외에 다른 이해관계에 관한 의도를 가지고 있는지 여부, 무허가건축물의 관리, 전입신고를 수리함으로써 당해 지방자치단체에 미치는 영향 등과 같은 사유는 주민등록법이 아닌 다른 법률에 의하여 규율되어야 하며, 주민등록전입신고의 수리 여부를 심사하는 단계에서는 고려 대상이 될 수 없다.

대판 2011. 7. 28. 선고 2005두11784【원격평생교육신고서반려처분취소】【피고 서울특별시동부교육청 교육장】 [1] 구 평생교육법(2007. 10. 17. 법률 제8640호로 개정되기 전의 것, 이하 '법'이라 한다) 제22조 제1항, 제2항, 제3항, 구 평생교육법 시행령(2004. 1. 29. 대통령령 제18245호로 개정되기 전의 것) 제27조 제1항, 제2항, 제3항에 의하면, 정보통신매체를 이용하여 학습비를 받지 아니하고 원격평생교육을 실시하고자 하는 경우에는 누구든지 아무런 신고 없이 자유롭게 이를 할 수 있고, 다만 위와 같은 교육을 불특정 다수인에게 학습비를 받고 실시하는 경우에는 이를 신고하여야 하나, 법 제22조가 신고를 요하는 제2항과 신고를 요하지 않는 제1항에서 '학습비' 수수 외에 교육 대상이나 방법 등 다른 요건을 달리 규정하고 있지 않을 뿐 아니라 제2항에서도 학습비 금액이나 수령 등에 관하여 아무런 제한을 하고 있지 않은 점에 비추어 볼 때, 행정청으로서는 신고서 기재사항에 흠결이 없고 정해진 서류가 구비된 때에는 이를 수리하여야 하고, 이러한 형식적 요건을 모두 갖추었음에도 신고대상이 된 교육이나 학습이 공익적 기준에 적합하지 않는다는 등 실체적 사유를 들어 신고 수리를 거부할 수는 없다. [2] 전통 민간요법인 침·뜸행위를 온라인을 통해 교육할 목적으로 인터넷 침·뜸 학습센터를 설립한 갑이 구 평생교육법(2007. 10. 17. 법률 제8640호로 개정되기 전의 것) 제22조 제2항 등에 따라 평생교육시설로 신고하였으나 관할 행정청이 교육 내용이 의료법에 저촉될 우려가 있다는 등의 사유로 이를 반려하는 처분을 한 사안에서, 관할 행정청은 신고서 기재사항에 흠결이 없고 정해진 서류가 구비된 이상 신고를 수리하여야 하고 형식적 요건이 아닌 신고 내용이 공익적 기준에 적합하지 않다는 등 실체적 사유를 들어 이를 거부할 수 없고, 또한 행정청이 단지 교육과정에서 무면허 의료행위 등 금지된 행위가 있을지 모른다는 막연한 우려만으로 침·뜸에 대한 교육과 학습의 기회제공을 일률적·전면적으로 차단하는 것은 후견주의적 공권력의 과도한 행사일 뿐 아니라 그렇게 해야 할 공익상 필요가 있다고 볼 수 없으므로, 형식적 심사 범위에 속하지 않는 사항을 수리거부사유로 삼았을 뿐만 아니라 처분사유도 인정되지 않는다는 이유로, 위 처분은 위법하다고 한 사례. <사안 : 전통 민간요법인 침·뜸행위를 온라인을 통해 교육할 목적으로 인터넷 침·뜸 학습센터를 설립한 갑이 구 평생교육법 제22조 제2항 등에 따라 평생교육시설로 신고하였으나 관할 행정청이 교육 내용이 의료법에 저촉될 우려가 있다는 등의 사유로 신고서를 반려하자 이에 취소소송을 제기함. 근거법령 : 구 평생교육법(2007. 10. 17. 법률 제8640호로 개정되기 전의 것, 이하 '법'이라 한다) 제22조 제1항은 "누구든지 정보통신매체를 이용하여 특정 또는 불특정 다수인에게 원격교육을 실시하거나 다양한 정보를 제공하는 등의 평생교육을 실시할 수 있다."고 규정하고 있고, 그 제2항은 불특정 다수인을 대상으로 학습비를 받고 원격교육형태의 평생교육을 실시하고자 하는 자는 교육인적자원부장관에게 신고하도록 하고 있으며, 그 제3항은 전문대학 또는 대학졸업자와 동등한 학력·학위가 인정되는 원격대학 형태의 평생교육시설을 설치하고자 하는 경우에는 교육인적자원부장관의 인가를 받도록 하고 있다. 그리고 법 제22조 제2항에 따른 신고절차에 관하여 규정하고 있는 구 평생교육법 시행령(2004. 1. 29. 대통령령 제18245호로 개정되기 전의 것, 이하 '시행령'이라 한다) 제27조 제1항, 제2항은 명칭·목적 등 시행령 제27조 제1항 각 호 소정의 사항을 기재한 신고서에 운영규칙 및 교육인적자원부령이 정하는 서류를 첨부하여 제출하도록 하고, 그 제3항은 교육인적자원부장관은 위와 같은 신고가 있는 때에는 이를 검토하여 요건이 맞는 경우 교육인적자원부령이 정한 신고증을 교부하여야 한다고 규정하고 있다. 원심 : 평생교육을 통하여 교육하고 학습하게 될 침·뜸행위는 의료행위에 해당하므로 교육의 결과 교육을 받은 사람들이 이러한 행위를 하는 경우 원고와 같이 의료법 시행 전에 종전 규정에 의하여 의료유사업자의 자격을 받은 자 외에는 모두 무면허 의료행위로 처벌될 것이 명백한 점, 교육과정 중에 행해질 것으로 예상되는 실습행위가 무면허 의료행위로서 처벌의 대상이 될 것으로 보이는 점, 침·뜸행위는 실제 그 실행과정에서 여러 가지 부작용이 발생할 위험성이 큰 점, 평생교육으로 침·뜸 관련과목을 교육받은 수강생들은 자신들이 교육받은 침·뜸행위를 실제 실행하려 할 것으로 예상되는데도 원고가 각 단계별 교육과정을 이수한 자에게 수료증까지 발급함으로써 결과적으로 무면허 의료행위를 조장하게 될 수 있는 점을 종합하여 보면, 피고로서는 신고서에 첨부된 운영규칙에 기재된 교육과정의 내용이 의료법에 저촉되는지 여부, 신고에 따른 교육이 실제 이루어짐으로써 발생할 것으로 예상되는 부작용을 고려하여 신고를 반려할 수 있으므로 신고서 반려 처분은 적법함(청구기각). 대법원 요지와 해설 : 원격평생교육시설 설치 신고는 수리를 요하는 행정행위이지만, 정보통신매체를 이용하여 학습비를 받고 불특정 다수인에게 원격평생교육을 실시하기 위해 구 평생교육법 제22조 등에서 정한 형식적 요건을 모두 갖추어 신고한 경우라면 행정청이 실체적 사유를 들어 신고 수리를 거부할 수 없는 바, 신고가 시행령 제27조 제1항, 제2항이 요구하는 신고서와 첨부서류를 모두 구비하였고 피고도 신고서의 기재사항이나 제출된 서류에 형식적 흠결이 있다는 것을 처분사유로 삼고 있지는 않으므로, 피고로서는 신고서의 기재사항에 흠결이 없고 소정의 서류가 구비된 이상 신고를 수리하여야 하고, 신고의 형식적 요건이 아닌 신고의 내용이 공익적 기준에 적합하지 않다는 등의 실체적 사유를 들어서 신고의 수리를 거부할 수 없기 때문에 형식적 심사의 범위에 속하지 않는 사항을 수리거부사유로 삼

아 신고서 반려처분은 위법함(청구인용). 대법원 판시 참고 사항 : 반려처분의 실질적 사유에 대하여 '(1) 현행 법령의 체제하에서 침·뜸의 시술은 원칙적으로 면허 또는 자격 있는 의료인에 의해 행하여져야 할 한방의료행위에 해당하지만(헌법재판소 2010. 7. 29. 선고 2008헌가19, 2008헌바108, 2008헌마269, 736, 2010헌바38, 2010헌마275 전원재판부 결정 등 참조), 이 사건 원격평생교육은 침·뜸의 원리와 방법·효능 및 신체의 경락구조에 대한 의학적 지식을 교육하는 것으로서, 그 교육과정에 임상교육이나 실습과목이 포함되어 있다고 하더라도 그 임상교육 등이 무면허 의료행위를 포함하지 않는 다른 대체수단에 의해 이루어질 가능성을 배제할 수 없는 이상 정보통신매체를 이용한 이 사건 교육과정이 무면허 의료행위를 당연한 전제로 하고 있다고 볼 수는 없다. (2) 우리 헌법은 교육에 관한 국민의 권리와 평생교육의 진흥에 대한 국가의 책무를 천명하고 있고(헌법 제31조 제1항, 제5항), 교육기본법 등 관련 법규는 국민에게 다양한 분야의 교육기회를 부여하고 부여받게 하기 위하여 평생교육의 과정과 방법·시간 등을 자유롭게 정하여 실시할 수 있도록 하되 특별히 그 교육대상에 제한을 두고 있지 않다(교육기본법 제3조, 제10조, 법 제5조). 건강의 유지·증진에 관한 일반 국민의 높은 관심과 지식 욕구는 언론매체에 의한 기사와 보도, 각종 정보통신매체의 지식사이트 등을 통한 여러 형태의 사회적 교육에 의해서 충족되고 있고, 그 결과 이제는 단순한 건강의 유지·증진뿐 아니라 웬만한 질병의 원인과 증상, 치료와 예방에 이르기까지 전문적 의학지식의 일부가 널리 지식과 정보 습득의 대상이 되고 있다. 이러한 의학적 지식과 정보의 광범위한 전파 과정에서 일부 잘못된 지식의 무분별한 습득이나 어설픈 실천이 조장될 우려가 있을지 모르나, 이러한 이유만으로 특별한 법령상 근거도 없이 의학지식과 정보를 전문가들 사이에서만 독점하도록 제한하고 일반인들에게는 그에 대한 접근이나 학습조차 금지할 수는 없을 것이므로, 이 사건 교육과정을 통하여 인체와 경혈의 원리를 이해하고, 종래 민간에서 널리 전수되고 시행되어 온 침·뜸의 원리와 시술에 관한 지식을 습득하는 것 자체가 평생교육의 대상에서 제외된다고 볼 수도 없다. (3) 자신의 건강을 지키고 증진시키기 위해 인체와 질병에 관한 지식을 학습할 기회를 갖는 것은 행복의 추구와 인간다운 생활을 위한 국민의 기본적 권리에 속하므로 별도의 입법조치가 없는 한 이를 제한할 수 없다고 할 것이다. 그런데 이 사건 평생교육을 통해 제공하고자 하는 교육과정에 의학적 전문지식에 관한 내용이 포함되어 있다고 하더라도, 이는 그 자체로서 법률상 금지되거나 정의관념 내지 사회통념상 허용될 수 없는 경우와는 구별되어야 하며, 앞서 본 바와 같이 이 사건 신고 단계에서부터 이미 무면허 의료행위 등 위법행위가 예정되어 있다고 단정할 수도 없다. 그렇다면 이 사건 신고가 수리된 후 그 실제 교육과정에서 무면허 의료행위나 미등록 학원설립·운영행위 등의 금지된 행위가 이루어진다면 그러한 행위에 대하여 형사상 처벌이나 별도의 행정적 규제를 하는 것은 모르되 행정청이 단지 그러한 금지된 행위가 있을지 모른다는 막연한 우려만으로 침·뜸에 대한 교육과 학습의 기회 제공을 일률적·전면적으로 차단하는 것은 후견주의적 공권력의 과도한 행사일 뿐 아니라 그와 같이 하지 않으면 안 될 공익상 필요가 있다고 볼 수도 없다.>

대판 2010. 9. 9. 2008두22631【납골당설치신고불가처분취소】【피고 파주시장】 [1] 구 '장사 등에 관한 법률'(2007. 5. 25. 법률 제8489호로 전부 개정되기 전의 것) 제14조 제3항, 구 '장사 등에 관한 법률 시행령'(2008. 5. 26. 대통령령 제20791호로 전부 개정되기 전의 것) 제13조 제1항의 [별표 3] 제2항 (다)목 (2) (가)의 각 규정에 의하면, 종교단체가 설치하는 납골당에는 기존의 사원 경내에 설치하는 경우를 제외하고는 폭 5m 이상의 진입로와 주차장을 마련하여야 한다. 여기서 '기존의 사원'이란 납골당의 설치 이전에 사원의 운영에 필요한 인적·물적 시설 및 신도를 구비하여 온 종교적 교당을 말한다. [2] 입법 목적 등을 달리하는 법률들이 일정한 행위에 관한 요건을 각기 정하고 있는 경우, 어느 법률이 다른 법률에 우선하여 배타적으로 적용된다고 풀이되지 아니하는 한 그 행위에 관하여 각 법률의 규정에 따른 인허가를 받아야 한다. 다만, 이러한 경우 그 중 하나의 인허가에 관한 관계 법령 등에서 다른 법령상의 인허가에 관한 규정을 원용하고 있는 경우나 그 행위가 다른 법령에 의하여 절대적으로 금지되고 있어 그것이 객관적으로 불가능한 것이 명백한 경우 등에는 그러한 요건을 고려하여 인허가 여부를 결정할 수 있다. [3] 구 '장사 등에 관한 법률'(2007. 5. 25. 법률 제8489호로 전부 개정되기 전의 것)의 관계 규정들에 비추어 보면, 같은 법 제14조 제1항에 의한 사설납골시설의 설치신고는, 같은 법 제15조 각 호에 정한 사설납골시설설치 금지지역에 해당하지 않고 같은 법 제14조 제3항 및 같은 법 시행령(2008. 5. 26. 대통령령 제20791호로 전부 개정되기 전의 것) 제13조 제1항의 [별표 3]에 정한 설치기준에 부합하는 한, 수리하여야 하나, 보건위생상의 위해를 방지하거나 국토의 효율적 이용 및 공공복리의 증진 등 중대한 공익상 필요가 있는 경우에는 그 수리를 거부할 수 있다고 보는 것이 타당하다. [4] 종교단체의 사설납골당 설치신고에 대하여 파주시장이 신고수리불가 처분을 한 사안에서, 납골당의 규모와 진입로 및 주위 교통여건 등을 비교하여 교통량 증가로 교통체증이 심화되어 마을 주민들의 통행에 현저한 지장을 가져오는지 여부, 납골당 설치로 인해 보건위생상 또는 환경상의 문제가 발생할 우려가 있는지 여부, 파주시 장사시설의 현황과 장사시설에 관한 중장기계획의 내용 등에 비추어 위 사설납골당이 국토의 효율적 이용 및 공공복리 증진을 해칠 우려가 있는지 여부 등을 살펴 납골당 설치신고의 수리를 거부할 중대한 공익상 필요가 있는지를 판단하였어야 함에도, 파주시가 장사시설 중장기계획을 수립하여 놓았다는 사정만으로 납골당 설치신고의 수리를 거부할 중대한 공익상 필요가 있다고 보기 어렵다고 보아 위 처분을 취소한 원심판결에, 중대한 공익상의 필요에 관한 법리를 오해하고 심리를 다하지 않은 위법이 있다고 한 사례. <원심 : 장사법 제14조 제1항에 의한 사설납골시설 설치신고의 수리와 '국토의 계획 및 이용에 관한 법률'(이하 '국토계획법'이라고 한다) 제56조 제1항 제2호에 의한 토지형질변경의 개발행위허가는 그 입법목적, 수리권자 또는 허가권자, 요건 등을 서로 달리하고 있어 어느 법률이 다른 법률에 우선하여 배타적으로 적용된다고 풀이되지 아니한다. 이 사건 신청지에 대한 개발행위허가가 국토계획법 제58조 제1항 각 호의 기준에 의하여 절대적으로 금지되고 있어 그것이 객관적으로 불가능한 것이 명백하다고 볼 자료도 없음을 알 수 있다. 그러므로 피고는 이 사건 납골당 설치신고에 관하여 장사법에 규정된 신고요건에 의하여 심사함으로써 그 수리 여부를 결정하여야 하고, 이 사건 신청지의 개발행위허가가 국토계획법 등 관계 법률에 의하여 가능한지 여부에 따라 그 수리 여부를 결정하는 것은 허용되지 아니한다. 요지와 해설 : 납골당설치 신고가 수리를 요하는 신고이지만, 보건위생상의 위해를 방지하거나 국토의 효율적 이용 및 공공복리의 증진(장사법 제1조 참조) 등 중대한 공익상 필요가 있는 경우에는 수리를 거부할 수 있음.>

대판 2011. 9. 8. 2009두6766【납골당설치신고수리처분이행통지취소】[1] 구 장사 등에 관한 법률(2007. 5. 25. 법률 제8489호로 전부 개정되기 전의 것, 이하 '구 장사법'이라 한다) 제14조 제1항, 구 장사 등에 관한 법률 시행규칙(2008. 5. 26. 보건복지가족부령 제15호로 전부 개정되기 전의 것) 제7조 제1항 [별지 제7호 서식] 을 종합하면, 납골당설치 신고는 이른바 '수리를 요하는 신고'라 할 것이므로, 납골당설치 신고가 구 장사법 관련 규정의 모든 요건에 맞는 신고라 하더라도 신고인은 곧바로 납골당을 설치할 수는 없고, 이에 대한 행정청의 수리처분이 있어야만 신고한 대로 납골당을 설치할 수 있다. 한편 수리란 신고를 유효한 것으로 판단하고 법령에 의하여 처리할 의사로 이를 수령하는 수동적 행위이므로 수리행위에 신고필증 교부 등 행위가 꼭 필요한 것은 아니다. [2] 파주시장이 종교단체 납골당설치 신고를 한 갑 교회에, '구 장사 등에 관한 법률(2007. 5. 25. 법률 제8489호로 전부 개정되기 전의 것, 이하 '구 장사법'이라 한다) 등에 따라 필요한 시설을 설치하고 유골을 안전하게 보관할 수 있는 설비를 갖추어야 하며 관계 법령에 따른 허가 및 준수 사항을 이행하여야 한다'는 내용의 납골당설치 신고사항 이행통지를 한 사안에서, 이행통지는 납골당설치 신고에 대하여 파주시장이 납골당설치 요건을 구비하였음을 확인하고 구 장사법령상 납골당설치 기준, 관계 법령상 허가 또는 신고 내용을 고지하면서 신고한 대로 납골당 시설을 설치하도록 한 것이므로, 파주시장이 갑 교회에 이행통지를 함으로써 납골당설치 신고수리를 하였다고 보는 것이 타당하고, 이행통지가 새로이 갑 교회 또는 관계자들의 법률상 지위에 변동을 일으키지는 않으므로 이를 수리처분과 별도로 항고소송 대상이 되는 다른 처분으로 볼 수 없다고 한 사례. [3] 구 장사 등에 관한 법률(2007. 5. 25. 법률 제8489호로 전부 개정되기 전의 것) 제14조 제3항, 구 장사 등에 관한 법률 시행령(2008. 5. 26. 대통령령 제20791호로 전부 개정되기 전의 것) 제13조 제1항 [별표 3]에서 납골묘, 납골탑, 가족 또는 종중·문중 납골당 등 사설납골시설의 설치장소에 제한을 둔 것은, 이러한 사설납골시설을 인가가 밀집한 지역 인근에 설치하지 못하게 함으로써 주민들의 쾌적한 주거, 경관, 보건위생 등 생활환경상의 개별적 이익을 직접적·구체적으로 보호하려는 데 취지가 있으므로, 이러한 납골시설 설치장소에서 500m 내에 20호 이상의 인가가 밀집한 지역에 거주하는 주민들은 납골당 설치에 대하여 환경상 이익 침해를 받거나 받을 우려가 있는 것으로 사실상 추정된다. 다만 사설납골시설 중 종교단체 및 재단법인이 설치하는 납골당에 대하여는 그와 같은 설치 장소를 제한하는 규정을 명시적으로 두고 있지 않지만, 종교단체나 재단법인이 설치한 납골당이라 하여 납골당으로서 성질이 가족 또는 종중, 문중 납골당과 다르다고 할 수 없고, 인근 주민들이 납골당에 대하여 가지는 쾌적한 주거, 경관, 보건위생 등 생활환경상의 이익에 차이가 난다고 볼 수 없다. 따라서 납골당 설치장소에서 500m 내에 20호 이상의 인가가 밀집한 지역에 거주하는 주민들에게는 납골당이 누구에 의하여 설치되는지를 따질 필요 없이 납골당 설치에 대하여 환경 이익 침해 또는 침해 우려가 있는 것으로 사실상 추정되어 원고적격이 인정된다고 보는 것이 타당하다(원심은 종교단체가 설치하는 납골당에는 장소적 제한 규정이 적용되지 않는다는 이유로 원고적격을 부정함). <납골당설치 신고가 '수리를 요하는 신고'인지 여부(적극) 및 수리행위에 신고필증 교부 등 행위가 필요한지 여부(소극)>

(378) 대판 2006. 11. 9. 2006두1227【건축허가반려처분취소】【피고 서울특별시 용산구청장】[1] 건축허가권자는 건축허가신청이 건축법 등 관계 법규에서 정하는 어떠한 제한에 배치되지 않는 이상 당연히 같은 법조에서 정하는 건축허가를 하여야 하고, 중대한 공익상의 필요가 없음에도 불구하고, 요건을 갖춘 자에 대한 허가를 관계 법령에서 정하는 제한사유 이외의 사유를 들어 거부할 수는 없다. [2] 국토의 계획 및 이용에 관한 법률 제54조, 건축법 제8조 제4항에 의하면 지구단위계획구역 안에서 건축물을 건축하거나 건축물의 용도를 변경하고자 하는 경우에는 그 지구단위계획에 적합하게 건축하거나 용도를 변경하여야 하며, 건축허가권자는 당해 용도·규모 또는 형태의 건축물을 그 건축하고자 하는 대지에 건축하는 것이 지구단위계획구역에 적합한지의 여부를 확인하도록 하고 있으므로, 건축허가권자는 지구단위계획구역 안에서의 건축이 그 지구단위계획에 적합하지 아니한 경우 그 건축허가를 거부할 수 있다. [3] 지구단위계획에 의해 타인 소유 토지의 취득이나 자기 소유 토지의

처분을 강제할 수는 없으므로 지구단위계획에 의해 지적의 경계와 용도구분에 의한 경계가 달라지게 되었다 하더라도 그 지구단위계획의 내용이나 취지가, 각 지정된 용도에 맞추어 건축물을 건축하거나 건축물의 용도를 변경하라는 범위를 넘어서, 토지소유자에게 부정형으로 되어 있는 지적 경계를 지구단위계획에서 정한 장방형의 용도구분의 경계와 일치시켜야 한다거나 기타 사용권의 취득을 강제하는 것이라고 볼 수는 없다. [4] 건축허가신청 반려처분이 토지소유자에게 연접한 다른 소유자의 토지에 대한 소유권이나 사용권 취득을 사실상 강제하는 것이어서 지구단위계획의 내용이나 취지에 어긋나 위법하다고 한 사례.

대판 1996. 7. 12. 96누5292 【주유소설치허가신청반려처분취소】 【피고 창원시장】 [1] 주유소 설치허가권자는 주유소 설치허가 신청이 석유사업법, 같은법시행령, 혹은 그 시행령의 위임을 받은 시·도지사의 고시 등 관계 법규에서 정하는 어떠한 제한에 배치되지 않는 이상 당연히 같은 법령 소정의 주유소 설치허가를 하여야 하므로, 법령상의 근거 없이 그 신청이 관계 법규에서 정한 제한에 배치되는지 여부에 대한 심사를 거부할 수 없고, 심사결과 그 신청이 법정요건에 합치하는 경우에는 특별한 사정이 없는 한 이를 허가하여야 하며, 공익상 필요가 없음에도 불구하고 요건을 갖춘 자에 대한 허가를 관계 법령에서 정하는 제한사유 이외의 사유를 들어 거부할 수는 없다. [2] 석명권을 행사하여 행정청이 주유소설치허가신청반려처분이 적법하다고 주장하는 사유가 무엇인가를 확정한 후, 해당 토지 상에 주유소를 설치하는 경우 재해발생의 우려가 있는지 여부와 그 재해발생을 방지할 시설의 설치가 불가능한지 여부를 심리하여 주유소설치허가신청반려처분이 공익상의 필요에 의한 것으로서 적법한 것인지 여부를 판단하였어야 함에도 불구하고, 이에 이르지 않은 채 그 토지의 위치 및 형상 등에 비추어 볼 때 신청인이 인근 주민들의 동의서를 제출하지 않았다는 사유로 행정청이 그 신청을 반려한 것이 합리성을 결하였다거나 재량권의 범위를 벗어난 것이라고 할 수 없다는 이유로 그 반려처분을 적법하다고 판단한 원심에는 법리오해, 석명권 불행사, 심리미진 등의 위법이 있다는 이유로 원심판결을 파기한 사례.

대판 1998. 9. 25. 98두7503 【석유판매업등록거부처분취소】 【피고 여수시장】 [1] 석유사업법 제9조 제1항, 제3항, 석유사업법시행령 제15조 [별표 2]의 각 규정에 따라 전라남도지사는 전라남도주유소등록요건에관한고시(전라남도 1997-32) 제2조 제2항 [별표 1]에서 주유소의 진출입로는 도로상의 횡단보도로부터 10m 이상 이격되게 설치하여야 한다고 규정하였는바, 위 고시는 석유사업법 및 그 시행령의 위의 규정이 도지사에게 그 법령 내용의 구체적인 사항을 정할 수 있는 권한을 부여하면서 그 권한행사의 절차나 방법을 정하지 아니하고 있는 관계로 도지사가 규칙의 형식으로 그 법령의 내용이 될 사항을 구체적으로 규정한 것으로서, 이는 당해 석유사업법 및 그 시행령의 위임한계를 벗어나지 아니하는 한 그 법령의 규정과 결합하여 대외적인 구속력이 있는 법규명령으로서의 효력을 갖게 된다고 할 것이고, 따라서 위 전라남도 고시에 정하여진 등록요건에 맞지 아니하는 석유판매업등록신청에 대하여 그 등록을 거부한 행정처분은 적법하다. [2] 주유소등록신청을 받은 행정청은 주유소설치등록신청이 석유사업법, 같은법시행령, 혹은 위 시행령의 위임을 받은 시·지사의 고시 등 관계 법규에 정하는 제한에 배치되지 않고, 그 신청이 법정등록 요건에 합치되는 경우에는 특별한 사정이 없는 한 이를 수리하여야 하고, 관계 법령에서 정하는 제한사유 이외의 사유를 들어 등록을 거부할 수는 없는 것이나, 심사결과 관계 법령상의 제한 이외의 중대한 공익상 필요가 있는 경우에는 그 수리를 거부할 수 있다.

(379) 대판 1999. 3. 9. 98두19070 【영업허가신청반려처분취소】 【피고 연기군수】 사안 : 본건 건축물이 농지전용허가를 받은 토지 위에 신축된 후 건축물관리대장이 작성되고 소유권보존등기도 경료되었는데, 소유주가 관리청(대전지방국토관리청장)으로부터 연안구역 내 위치함을 이유로 한 하천법 소정의 신축허가를 받지 아니한 상태에서 음식점영업허가를 신청하였고, 행정청이 '식품접객업의 영업허가를 신청한 당해 건축물이 하천법 제45조 소정의 허가를 받지 아니한 무허가 건물이다'는 이유로 허가를 거부하자 이에 취소소송을 제기함. 요지와 해설 : 식품위생법에서 규정된 식품접객업의 영업허가를 받기 위하여 갖추어야 할 영업장·조리장·화장실 등과 같은 여러 물적 시설에 관한 시설기준을 구비하였다고 하더라도 시설기준은 그 대상이 되는 물적 시설이 당연히 건축 관련 법규에 적합할 것을 전제로 하기 때문에 식품접객업의 영업허가를 신청한 당해 건축물이 하천법 제45조 소정의 허가를 받지 아니한 무허가 건물이라고 한다면 적법한 식품접객업의 영업허가를 받을 수 없음[1]. 그리고 하천법에 의하여 연안구역인 토지의 형상변경 허가권한이 건설교통부장관으로부터 충청남도지사를 거쳐 연기군수에게 위임되어 있으나, 공작물의 신축에 관한 허가권한이 대전지방국토관리청장에게 위임되어 있기 때문에 연기군수가 토지에 관하여 음식점부지조성을 목적으로 하는 형질변경을 허가하고 건물에 관하여 용도를 근린생활시설(일반음식점)로 하는 건축물대장이 작성하여 주었다고 할지라도 나아가 토지의 관리청으로부터 신축허가를 받지 아니한 건물에서의 일반음식점영업허가가 가능하다는 등의 신뢰를 갖게 하는 공적인 견해를 표명한 것으로 볼 수 없을 뿐 아니라, 가사 견해 표명으로 보더라도 행정청의 견해표명이 정당하다고 신뢰함에 있어 귀책사유가 있기 때문에 거부처분이 신뢰보호의 원칙에 위배된다고 볼 수 없음(청구기각).

대판 2005. 7. 8. 선고 2005두3165 【액화석유가스충전사업허가신청반려처분취소】 【피고 대전광역시 유성구청장】 [1] 개발제한구역의지정및관리에관한특별조치법 제11조 제1항 제1호, 같은 법 시행령 제13조 제1항 별표 1 제5호 (파)목 (가), 제18조 제2항 제1호, 제3호, 제34조, 별표 1, 2 등의 규정 체계에 비추어 보면, 같은 법 시행령의 '지정당시거주자'의 의미는 같은 법시행령 제18조 제2항 제3호에서 정의된 것으로 보아야 할 것이고, 개발제한구역에서는 원칙적으로 그 지정목적에 위배되는 건축물의 건축 등의 행위를 허용하지 않으면서도 개발제한구역의 주민이 공동으로 이용하는 시설 등의 경우 지정당시거주자 등에 한하여 시장·군수 또는 구청장의 허가를 받아 이를 설치할 수 있도록 규정한 제도적 취지는, 개발제한구역 내의 개발행위가 제한되는 결과 그 곳의 주민들이 생활편의시설이 부족함으로 인하여 겪는 불편을 해소하고, 지나치게 많은 허가신청자가 난립함으로 인한 행정상의 비능률을 방지함과 동시에 개발제한구역 내에 장기간 거주하여 온 자들의 불편을 어느 정도 보상하고자 함에 있다고 할 것이며, 한편 같은 법 시행령 제18조 제2항 제3호는 '지정당시거주자'의 개념을 '개발제한구역 지정 당시부터 당해 개발제한구역 안에 거주하고 있는 자'라고 규정하면서, 다만 괄호 안에서 위 지정당시거주자의 요건을 완화하여 개발제한구역 지정 당시에는 개발제한구역 내에서 거주하고 있었으나 이후에 '생업 기타의 사유로 3년 이내의 기간 동안 개발제한구역 밖에 거주하였던 자'를 포함하고 있는바, 위와 같은 제도의 취지나 조항의 문언 내용에 비추어 볼 때 '지정당시거주자'는 개발제한구역 지정 당시뿐만 아니라, 허가 신청일 당시까지도 개발제한구역 안에 계속하여 거주하고 있을 것을 요건으로 하고 있다고 해석된다. [2] 일반적으로 행정상의 법률관계에 있어서 행정청의 행위에 대하여 신뢰보호의 원칙이 적용되기 위하여는, 첫째 행정청이 개인에 대하여 신뢰의 대상이 되는 공적인 견해표명을 하여야 하고, 둘째 행정청의 견해표명이 정당하다고 신뢰한 데에 대하여 그 개인에게 귀책사유가 없어야 하며, 셋째 그 개인이 그 견해표명을 신뢰하고 이에 상응하는 어떠한 행위를 하였어야 하고, 넷째 행정청이 그 견해표명에 반하는 처분을 함으로써 그 견해표명을 신뢰한 개인의 이익이 침해되는 결과가 초래되어야 하며, 마지막으로 위 견해표명에 따른 행정처분을 할 경우 이로 인하여 공익 또는 제3자의 정당한 이익을 현저히 해할 우려가 있는 경우가 아니어야 한다. <사안 : 원고의 거주지가 개발제한구역으로 지정되어 오랫동안 재산권의 행사를 제한 받다가 개발제한구역 내 수유소 및 액화석유가스충전소 배치계획이 고시되기 직전에 개발제한구역에서 해제되었는데, 원고가 시행령 및 배치계획 소정의 '지정당시거주자'에 해당되지 않는다는 이유로 액화석유가스충전사업허가신청이 거부되자 이에 취소소송이 제기됨. 요지와 해설 : '지정당시거주자'는 개발제한구역 지정 당시뿐만 아니라, 허가 신청일 당시까지도 개발제한구역 안에 계속하여 거주하고 있을 것을 요건으로 하고 있다고 해석되기 때문에 신청 당시 개발제한구역 밖에 거주하게 된 이상 지정당시거주자에 해당되지 않음. 개발제한구역 내 충전소건축허가에 대한 문의에 관하여 빠른 시일 내에 관련 사항을 고시하겠다는 행정청의 언급 또는 개발제한구역내 주민등록지로 공과금납부서를 송달한 행정청의 조치가 주민등록지를 거주지로 인정하겠다는 취지의 공적 견해표명이라 할 수 없음(청구기각).>

(380) 대판 1998. 9. 25. 선고 98두6494【토지형질변경허가신청반려처분취소】【피고 남양주시장】[1] 어느 토지의 형질변경행위가 토지의형질변경등행위허가기준등에관한규칙 제4조 제1항에서 정하는 '당해 사업의 시행으로 인하여 주변의 환경·풍치·미관 등이 크게 손상될 우려가 있는 지역'인가 여부를 판단함에 있어서는 형질변경으로 인한 당해 토지의 환경·풍치·미관뿐만 아니라 당해 토지와 인접하여 있는 주위 토지의 환경·풍치·미관 등에 미치는 영향, 나아가 미관상 당해 토지 및 주변의 환경에 대한 원형보존의 필요성 유무 및 도시전체의 미관과도 관련하여 종합적으로 판단하여야 한다. [2] 토지의형질변경등행위허가기준등에관한규칙 제4조 제1항 제1호의 '녹지지역으로서 당해 사업의 시행으로 인하여 주변의 환경·풍치·미관 등이 크게 손상될 우려가 있는 지역'에 해당한다고 본 사례. [3] 일반적으로 행정상의 법률관계에 있어서 행정청의 행위에 대하여 신뢰보호의 원칙이 적용되기 위하여는, 첫째 행정청이 개인에 대하여 신뢰의 대상이 되는 공적인 견해표명을 하여야 하고, 둘째 행정청의 견해표명이 정당하다고 신뢰한 데에 대하여 그 개인에게 귀책사유가 없어야 하며, 셋째 그 개인이 그 견해표명을 신뢰하고 이에 상응하는 어떠한 행위를 하였어야 하고, 넷째 행정청이 위 견해표명에 반하는 처분을 함으로써 그 견해표명을 신뢰한 개인의 이익이 침해되는 결과가 초래되어야 하며, 어떠한 행정처분이 이러한 요건을 충족할 때에는, 공익 또는 제3자의 정당한 이익을 현저히 해할 우려가 있는 경우가 아닌 한, 신뢰보호의 원칙 내지는 신의칙에 반하는 행위로서 위법하게 된다. [4] 도시계획구역 안에서의 폐기물처리시설의 결정기준 및 설치기준 등을 규정하고 있는 도시계획법 제2조 제1항 제1호 (나)목, 제16조, 도시계획시설기준에관한규칙 제126조 내지 제128조 및 폐기물관리법령은 도시계획구역 안에서의 토지형질변경의 허가기준을 규정하고 있는 도시계획법 제4조 제1항, 도시계획법시행령 제5조의2 및 토지의형질변경등행위허가기준등에관한규칙 제4조 제1항과 각기 규정대상 및 입법취지를 달리하고 있으므로, 일반적으로 폐기물처리업 사업계획에 대한 적정통보에 당해 토지에 대한 형질변경허가신청을 허가하는 취지의 공적 견해표명이 있는 것으로는 볼 수 없다고 할 것이고, 더구나 토지의 지목변경 등을 조건으로 그 토지상의 폐기물처리업 사업계획에 대한 적정통보를 한 경우에는 위 조건부적정통보에 토지에 대한 형질변경허가의 공적 견해표명이 포함되어 있었다고 볼 수 없다. [5] 토지의형질변경등행위허가기준등에관한규칙 제4조 제2항은 "시장 또는 군수는 제1항의 규정에 의하여 허가가 제한되는 지역의 위치·면적·제한사유 기타 필요한 사항을 당해 지방자치단체에서 발행하는 공보에 고시하

여야 한다."고 규정하고 있으나, 관계 법령의 규정을 종합하여 보면, 위 규칙 제4조 제1항 각 호에 규정된 사유가 있는 지역이라는 취지의 고시가 행하여지지 아니한 지역에 소재한 토지라고 하여 그러한 사유가 있음에도 불구하고 무조건 형질변경을 허가하여야 하는 것은 아니고, 위 규칙에서 정한 요건을 충족한 경우에 비로소 형질변경을 허가할 수 있는 것으로 보아야 할 것이고, 그러한 고시 여부는 토지형질변경허가 여부를 결정하는 요건이 된다고 볼 수 없다. <사안 : 본건 토지가 농지(답)으로서 도시계획법상 자연녹지지역에 속하는데, 원고가 본건 토지에 형질 변경이 수반하는 폐기물처리업 사업계획에 대한 사전결정을 신청하였고, 행정청이 '토지의 분할 및 지목변경'이라는 이행조건으로 폐기물처리업 사업계획에 대한 적정통보한 이후 원고의 토지형질변경신청을 '형질변경행위가 토지의형질변경등행위허가기준등에관한규칙 제4조 제1항에서 정하는 당해 사업의 시행으로 인하여 주변의 환경·풍치·미관 등이 크게 손상될 우려가 있는 지역에 해당된다'는 이유로 거부하자 이에 취소소송을 제기함. 요지와 해설 : 본건 토지가 토지의형질변경등행위허가기준등에관한규칙 제4조 제1항 제1호에서 정하고 있는 '녹지지역으로서 당해 사업의 시행으로 인하여 주변의 환경·풍치·미관 등이 크게 손상될 우려가 있는 지역'에 해당되기 때문에 형질변경허가신청 반려처분이 위법하다고 할 수 없음. 그리고 폐기물관리법령에 의한 폐기물처리업 사업계획에 대한 적정통보와 도시계획법과 토지의형질변경등행위허가기준등에관한규칙에 의한 토지형질변경은 규정대상 및 입법취지를 달리하기 때문에 폐기물처리업 사업계획에 대한 적정통보가 사업부지 토지에 대한 형질변경신청을 승인하여 주겠다는 취지의 공적인 견해표명으로 볼 수 없어 위 반려처분이 신뢰보호의 원칙에 위배되지 않음(청구기각).>

대판 1997. 9. 12. 선고 96누18380 【토지형질변경행위불허가처분취소】 【피고 충주시장】 [1] 일반적으로 행정상의 법률관계에 있어서 행정청의 행위에 대하여 신뢰보호의 원칙이 적용되기 위하여는, 첫째 행정청이 개인에 대하여 신뢰의 대상이 되는 공적인 견해표명을 하여야 하고, 둘째 행정청의 견해표명이 정당하다고 신뢰한 데에 대하여 그 개인에게 귀책사유가 없어야 하며, 셋째 그 개인이 그 견해표명을 신뢰하고 이에 어떠한 행위를 하였어야 하고, 넷째 행정청이 위 견해표명에 반하는 처분을 함으로써 그 견해표명을 신뢰한 개인의 이익이 침해되는 결과가 초래되어야 하며, 이러한 요건을 충족할 때에는 행정청의 처분은 신뢰보호의 원칙에 반하는 행위로서 위법하게 된다고 할 것이고, 또한 위 요건의 하나인 행정청의 공적 견해표명이 있었는지의 여부를 판단하는 데 있어 반드시 행정조직상의 형식적인 권한분장에 구애될 것은 아니고 담당자의 조직상의 지위와 임무, 당해 언동을 하게 된 구체적인 경위 및 그에 대한 상대방의 신뢰가능성에 비추어 실질에 의하여 판단하여야 한다. [2] 종교법인이 도시계획구역 내 생산녹지로 답인 토지에 대하여 종교회관 건립을 이용목적으로 하는 토지거래계약의 허가를 받으면서 담당공무원이 관련 법규상 허용된다 하여 이를 신뢰하고 건축준비를 하였으나 그 후 당해 지방자치단체장이 다른 사유를 들어 토지형질변경허가신청을 불허가 한 것이 신뢰보호원칙에 반한다고 한 사례. [3] 비록 지방자치단체장이 당해 토지형질변경허가를 하였다가 이를 취소·철회하는 것은 아니라 하더라도 지방자치단체장이 토지형질변경이 가능하다는 공적 견해표명을 함으로써 이를 신뢰하게 된 당해 종교법인에 대하여는 그 신뢰를 보호하여야 한다는 점에서 형질변경허가 후 이를 취소·철회하는 경우를 유추·준용하여 그 형질변경허가의 취소·철회에 상당하는 당해 처분으로써 지방자치단체장이 달성하려는 공익 즉, 당해 토지에 대하여 그 형질변경을 불허하고 이를 우량농지로 보전하려는 공익과 위 형질변경이 가능하리라고 믿은 종교법인이 입게 될 불이익을 상호 비교·교량하여 만약 전자가 후자보다 더 큰 것이 아니라면 당해 처분은 비례의 원칙에 위반되는 것으로 재량권을 남용한 위법한 처분이라고 봄이 상당하다. [4] 도시계획법시행령 제5조의2의 규정에 따르면 도시계획구역 안에서 토지에 대한 형질변경허가신청에 대한 불허가의 대상이 되는 경우는 추상적으로 당해 토지의 합리적인 이용이나 도시계획사업에 지장이 될 우려가 있다는 것만으로는 부족하고 구체적으로 건설부령인 토지의형질변경등행위허가기준등에관한규칙이 정하는 기준에 적합하지 아니한 경우에 한하여 불허가의 대상이 된다고 보아야 한다. <사안 : 종교법인인 원고가 본건 토지 매수를 위해 시장에게 토지거래허가신청을 하면서 이용목적이 농지(답)인 그 토지를 대지로 형질변경하여 종교시설인 회관을 건립하기 위한 것임을 명시한 내용의 사업계획서를 제출하였고, 시장은 관계 법규를 검토하여 토지구입목적의 용도를 위한 토지거래를 허가하였음. 이후 원고는 본건 토지 일대의 주민 및 인근 토지 소유자들의 동의서와 중원농지개량조합의 농지전용 의견서 등을 첨부하여 본건 토지 지상에 종교회관 신축을 목적으로 도시계획법 제4조에 의한 토지형질변경허가 신청하였는데, 시장은 '본건 토지가 같은 법 제17조 소정의 생산녹지 지역으로 지정된 곳으로 경지 정리된 집단화된 우량농지로서 보전의 필요가 있는 지역이다'는 등의 이유로 토지형질변경을 불허가하자 이에 취소소송을 제기함. 원심 : 본건 토지가 토지의형질변경등행위허가기준등에관한규칙 제4조 제1항 제4호에서 정하고 있는 '녹지지역으로서 조수류 등이 집단적으로 서식하거나 수목이 집단적으로 생육되고 있는 지역 또는 우량농지 등으로 보존의 필요가 있는 지역'에 해당되기 때문에 형질변경허가신청 반려처분이 위법하다고 할 수 없음[1]. 그리고 국토이용관리법상의 토지거래계약의 허가와 도시계획법상의 토지형질변경허가는 행정목적, 허가요건 등을 서로 달리 하고 있어 어느 한쪽의 허가를 취득하였다고 하여 다른 한쪽의 허가가 불필요하

게 되는 관계에 있는 것은 아니므로 신청자가 국토이용관리법상의 토지거래계약의 허가를 신청할 때에 토지의 이용목적을 기재하였고 이에 따른 계약허가가 있었다고 하여 반드시 도시계획법에 의한 토지형질변경허가가 신청에 있어서 계약허가시 기재한 토지이용목적에 사용하기 위한 토지형질변경을 허가하여야 하는 것은 아니고 이는 다시 관계 법령의 취지와 목적에 따라 결정되어야 할 것이므로 위 거부처분이 위 토지거래계약허가에서 원고가 갖게 된 신뢰를 침해하여 위법한 경우에 해당한다 할 수 없음(청구기각). 대법원 요지와 해설 : 본건 토지가 농어촌발전특별조치법상 농업진흥지역 밖의 농지이고, 본건 토지에 관하여 규칙 제4조 제2항에 따라 그 제1항 소정의 형질변경허가 등이 제한되는 지역으로 고시한바 없는 점, 본건 토지와 같은 동에 있고 도로와 접한 바로 인근의 자연녹지로서 답인 토지 등에 대하여는 이미 토지형질변경을 허가하여 주유소가 건립되어 있으며 그 바로 옆에 음식점 한 곳도 들어서 있는 점 등에 비추어 우량농지로 보전의 필요가 있는 지역에 해당한다고 쉽사리 단정하기에는 의문이 있음. 토지거래계약의 허가과정에서 나타난 토지형질변경 가능성의 견해표명이 소속 담당공무원의 은혜적 단순한 정보제공 내지 일반적 법률상담 차원에서 이루어진 것이 아니라 이용목적이 관계 법령상 허용되는 경우에만 거래계약 허가하는 실무처리 관행이거나 내부업무처리지침에 따라 이루어진 것이기 때문에 고도의 신뢰를 제공하는 견해표명으로 보아야 됨(파기환송).>

(381) 대판 2007. 5. 10. 2005두13315 【주택건설사업계획승인신청서반려처분취소】 【피고 서울특별시 도봉구청장】 [1] 구 주택건설촉진법(2003. 5. 29. 법률 제6916호 주택법으로 전문 개정되기 전의 것) 제33조에 의한 주택건설사업계획의 승인은 상대방에게 권리나 이익을 부여하는 효과를 수반하는 이른바 수익적 행정처분으로서 법령에 행정처분의 요건에 관하여 일의적으로 규정되어 있지 아니한 이상 행정청의 재량행위에 속하므로, 이러한 승인을 받으려는 주택건설사업계획이 관계 법령이 정하는 제한에 배치되는 경우는 물론이고 그러한 제한사유가 없는 경우에도 공익상 필요가 있으면 처분권자는 그 승인신청에 대하여 불허가 결정을 할 수 있으며, 여기에서 말하는 '공익상 필요'에는 자연환경보전의 필요도 포함된다. 특히 산림의 훼손은 국토 및 자연의 유지와 수질 등 환경의 보전에 직접적으로 영향을 미치는 행위이므로, 법령이 규정하는 산림훼손 금지 또는 제한 지역에 해당하는 경우는 물론이고 금지 또는 제한 지역에 해당하지 않더라도 허가관청은 산림훼손허가신청 대상토지의 현상과 위치 및 주위의 상황 등을 고려하여 국토 및 자연의 유지와 환경의 보전 등 중대한 공익상 필요가 있다고 인정될 때에는 허가를 거부할 수 있고, 그 경우 법규에 명문의 근거가 없더라도 거부처분을 할 수 있다. [2] 서울특별시 도시계획조례 및 그 시행규칙에 의하여 도시계획시설 입지 심의 등 각종 도시계획 입안과 자연환경보전법에 따른 생태계 보전지역의 설정 및 관리의 기초자료로 활용할 목적으로 서울특별시 전역에 대한 생태 현황을 조사하여 만든 도시생태현황도(비오톱 맵)의 내용도 주택건설사업계획의 승인에 대한 불허가처분의 근거자료 내지 참고자료로 사용될 수 있다고 한 사례.

대판 2011. 11. 10. 2011두12283 【폐기물처리사업계획서부적합통보처분취소】 【피고 부산광역시 강서구청장】 [1] 구 폐기물관리법(2010. 7. 23. 법률 제10389호로 개정되기 전의 것, 이하 '법'이라 한다)의 입법목적과 규정사항, 폐기물처리업 허가의 성격, 사업계획서적합통보제도의 취지와 함께 폐기물의 원활하고 적정한 처리라는 공익을 책임지고 실현하기 위한 행정의 합목적성 등을 종합하여 볼 때, 폐기물처리사업계획서의 적합 여부를 심사함에 있어서 법 제25조 제2항 각 호에서 열거된 사항을 검토한 결과 이에 저촉되거나 문제되는 사항이 없다고 하더라도 폐기물의 수집·운반·처리에 관한 안정적이고 효율적인 책임행정의 이행 등 공익을 해칠 우려가 있다고 인정되는 경우에는 이를 이유로 사업계획서의 부적합통보를 할 수 있다고 볼 것이다. [2] 갑 주식회사가 제출한 생활폐기물수집·운반업을 위한 폐기물처리사업계획서에 대하여, 관할 구청장이 기존 업체가 보유하고 있는 인력과 장비로 충분한 처리가 이루어지고 있어서 별도의 신규허가가 어렵다는 사유로 부적합하다는 통보를 한 사안에서, 원심이 구 폐기물관리법(2010. 7. 23. 법률 제10389호로 개정되기 전의 것) 제25조 제2항 각 호의 사유를 제한적인 것으로 보아 여기에 열거된 사항 외의 것을 사유로 한 위 처분에 대하여 곧바로 적법한 처분사유가 없다고 본 것은 적절하지 않지만, 부가적으로 관할 구청장이 갑 회사나 다른 업체에 신규로 생활폐기물수집·운반업을 허가한다면 일시적으로 시설의 공급과잉현상이 나타나 기존 업체에 어느 정도의 손해 발생이 예상되나 이로 인하여 업체 난립 및 과당경쟁으로 기존 생활폐기물수집·운반 질서가 파괴될 정도에 이른다고 할 수 없고, 처분 당시 기존 업체의 1일 생활폐기물수집·운반능력이 대상 영업구역의 1일 생활폐기물배출량을 훨씬 능가하게 된 데에는 기존 업체가 폐기물의 수집·운반차량을 대폭 늘린 데에도 원인이 있으므로 이를 고려하지 않은 채 기존 업체의 생활폐기물수집·운반능력이 생활폐기물배출량보다 많다며 신규 업체의 시장진입을 허용하지 아니하는 것은 사실상 기존 업체에 독점적 대행권을 유지하는 결과가 된다는 등의 이유로 위 처분이 재량권을 일탈·남용하여 위법하다고 본 것은 정당하다고 한 사례.

(382) 대판 1996. 10. 29. 96누8253 【정화구역안에서의금지행위해제심의신청에대한금지처분취소】 【피고 대구광역시 남부교육청 교육장】 [1] 학교보건법 제6조 제1항 단서의 규정에 의하여 시·도교육위원회교육감 또는 교육감이 지정하는 자가 학교환경위생정화구역 안에서의 금지행위 및 시설의 해제신청에 대하여 그 행위 및 시설

이 학습과 학교보건에 나쁜 영향을 주지 않는 것인지의 여부를 결정하여 그 금지행위 및 시설을 해제하거나 계속하여 금지(해제거부)하는 조치는 시·도교육위원회교육감 또는 교육감이 지정하는 자의 재량행위에 속하는 것으로서, 그것이 재량권을 일탈·남용하여 위법하다고 하기 위하여는 그 행위 및 시설의 종류나 규모, 학교에서의 거리와 위치는 물론이고, 학교의 종류와 학생수, 학교주변의 환경, 그리고 위 행위 및 시설이 주변의 다른 행위나 시설 등과 합하여 학습과 학교보건위생 등에 미칠 영향 등의 사정과 그 행위나 시설이 금지됨으로 인하여 상대방이 입게 될 재산권 침해를 비롯한 불이익 등의 사정 등 여러 가지 사항들을 합리적으로 비교·교량하여 신중하게 판단하여야 한다. [2] 경양식점과 중국음식점 등을 허가받아 경영하고 있는 건물에서 유흥주점 영업을 하기 위해 학교환경위생정화구역 안에서의 금지행위 및 시설의 해제신청을 한 데 대하여, 학교환경위생정화구역 내에 있는 각 학교의 상당수 학생들이 통행하는 통학로에 위치하고 있거나 쉽게 접근할 수 있는 곳에 위치하고 있는 데다가 그 행위 및 시설의 종류나 규모, 위치 등에 비추어 나이 어리고 호기심이 강한 초·중등학생들의 학습과 학교보건위생에 유해하다고 볼 수밖에 없는 점, 그와 같은 이유에서 인근 학교장들도 유흥주점설치를 반대하고 있는 점, 나아가 정부와 교육당국에서 기존의 유해업소까지 이전하는 계획을 추진해 오고 있는 점 등의 여러 사정을 종합적으로 고려하여 보면, 그 정화구역 안에서의 유흥주점 영업행위 금지처분이 재량권을 일탈·남용한 것이라고 단정하기 어렵다는 이유로, 이와 반대의 취지로 판시한 원심판결을 파기한 사례.

대판 2011. 1. 27. 2010두23033【국제멸종위기종용도변경승인신청반려처분취소】【피고 한강유역환경청장】[1] 야생동·식물보호법 제16조 제3항과 같은 법 시행규칙 제22조 제1항의 체제 또는 문언을 살펴보면 원칙적으로 국제적멸종위기종 및 그 가공품의 수입 또는 반입 목적 외의 용도로의 사용을 금지하면서 용도변경이 불가피한 경우로서 환경부장관의 용도변경승인을 받은 경우에 한하여 용도변경을 허용하도록 하고 있으므로, 위 법 제16조 제3항에 의한 용도변경승인은 특정인에게만 용도 외의 사용을 허용해주는 권리나 이익을 부여하는 이른바 수익적 행정행위로서 법령에 특별한 규정이 없는 한 재량행위이고, 위 법 제16조 제3항이 용도변경이 불가피한 경우에만 용도변경을 할 수 있도록 제한하는 규정을 두면서도 시행규칙 제22조에서 용도변경 신청을 할 수 있는 경우에 대하여만 확정적 규정을 두고 있을 뿐 용도변경이 불가피한 경우에 대하여는 아무런 규정을 두지 아니하여 용도변경 승인을 할 수 있는 용도변경의 불가피성에 대한 판단에 있어 재량의 여지를 남겨 두고 있는 이상, 용도변경을 승인하기 위한 요건으로서의 용도변경의 불가피성에 관한 판단에 필요한 기준을 정하는 것도 역시 행정청의 재량에 속하는 것이므로, 그 설정된 기준이 객관적으로 합리적이 아니라거나 타당하지 않다고 볼 만한 다른 특별한 사정이 없는 이상 행정청의 의사는 가능한 한 존중되어야 한다. [2] 곰의 웅지를 추출하여 비누, 화장품 등의 재료로 사용할 목적으로 곰의 용도를 '사육곰'에서 '식·가공품 및 약용 재료'로 변경하겠다는 내용의 국제적멸종위기종의 용도변경 승인신청에 대하여, 한강유역환경청장이 '웅담 등을 약재로 사용하는 경우' 외에는 용도변경을 해줄 수 없다며 위 용도변경신청을 거부한 사안에서, 환경부장관이 지방환경관서의 장에게 보낸 '사육곰 용도변경 시의 유의사항 통보'는 용도변경이 불가피한 경우를 웅담 등을 약재로 사용하는 경우로 제한하는 기준을 제시한 것으로 보이고, 그 설정된 기준이 법의 목적이나 취지에 비추어 객관적으로 합리적이 아니라거나 타당하지 않다고 볼 만한 다른 특별한 사정이 없으므로, 이러한 통보에 따른 위 처분은 적법함에도 이와 달리 본 원심판결에 법리를 오해한 위법이 있다고 한 사례. <사안 : 곰의 웅지를 추출하여 비누, 화장품 등의 재료로 사용할 목적으로 곰의 용도를 '사육곰'에서 '식·가공품 및 약용 재료'로 변경하겠다는 내용의 국제적멸종위기종의 용도변경 승인신청에 대하여 한강유역환경청장이 용도변경 신청을 거부하자 이에 취소소송을 제기함. 원심 : 야생동·식물보호법 제2조 제3호 (가)목, 제16조 제3항, 같은 법 시행규칙) 제22조 제1항 제4호, [별표 5] 각 규정의 내용과 체계, 농가소득 증대를 위해 국제적멸종위기종의 용도변경 제도를 도입 및 확대하고 있는 입법 취지 및 연혁 등에 비추어 볼 때 지방환경관서의 장은 관계 법령이 정한 요건이 충족되는 경우에 용도변경 승인을 하여야만 하고, 본건 곰은 승인신청 당시 연령이 시행규칙 [별표 5] 소정의 처리기준인 10세를 넘기고 있을 뿐만 아니라 곰의 웅지를 추출하여 비누, 화장품 등의 재료로 사용하고자 하는 것은 국제적멸종위기종을 가공품의 재료로 사용할 수 있는 경우에 해당하므로 피고로서는 용도변경 승인을 하여야 할 것임에도 불구하고, 일반 국민에 대하여 효력을 가지는 법규라고 할 수 없어서 처분의 적법성 근거가 될 수 없는 내부적 행정지침에 기하여 가공품의 재료로 사용하는 경우를 '웅담 등을 약재로 사용하는 경우'로 제한하여 해석한 다음, 본곰의 용도를 사육곰에서 비누, 화장품 등 가공품 재료로 변경하겠다는 원고의 신청을 반려한 것은 위법함. 대법원 요지와 해설 : 야생동·식물보호법 제16조 제3항에 의한 용도변경승인 행위 및 용도변경의 불가피성 판단에 필요한 기준을 정하는 행위의 법적 성질은 재량행위이기 때문에 환경부장관이 지방환경관서의 장에게 보낸 '사육곰 용도변경 승인 시의 유의사항 통보'에 사육곰의 용도변경 승인 시 웅담 등을 약재로 사용하는 경우 외에 곰 고기 등을 식용으로 판매하는 용도로 변경하고자 하는 경우에는 용도변경 승인 불허의 조치를 하도록 되어 있고, 통보는 용도변경이 불가피한 경우를 웅담 등을 약제로 사용하는 경우로 제한하는 기준을 제시한 것으로 보여지고, 설정된 기준이 법의 목적이나 취지에 비추어 객관적으로 합리적이 아니라거나 타당하지 않다고

볼 만한 다른 특별한 사정이 없으므로, 이러한 통보에 따라 한 처분은 적법함(청구기각).>

대판 2010. 7. 15. 선고 2009두19069 【국적신청불허가처분취소】 【피고 법무부장관】 [1] 국적법 제6조 제1항, 국적법 시행규칙 제5조 규정의 문언이나 체계, 국내거주요건이 간이귀화절차, 나아가 귀화절차 일반에서 가지는 의미와 특성·역할 등에 비추어 볼 때, 귀화신청인이 국내거주요건을 갖추었는지 여부를 판단할 때 출입국관리법 시행령 제12조에서 정한 외국인의 체류자격에 따라 그 기간의 산정을 달리할 것은 아니다. [2] 국적은 국민의 자격을 결정짓는 것이고, 이를 취득한 사람은 국가의 주권자가 되는 동시에 국가의 속인적 통치권의 대상이 되므로, 귀화허가는 외국인에게 대한민국 국적을 부여함으로써 국민으로서의 법적 지위를 포괄적으로 설정하는 행위에 해당한다. 한편 국적법 등 관계 법령 어디에도 외국인에게 대한민국의 국적을 취득할 권리를 부여하였다고 볼 만한 규정이 없다. 이와 같은 귀화허가의 근거 규정의 형식과 문언, 귀화허가의 내용과 특성 등을 고려하여 보면, 법무부장관은 귀화신청인이 법률이 정하는 귀화요건을 갖추었다고 하더라도 귀화를 허가할 것인지 여부에 관하여 재량권을 가진다. <요지와 해설 : 국적법 제4조 제1항은 '외국인은 법무부장관의 귀화허가를 받아 대한민국의 국적을 취득할 수 있다'라고 규정하고, 제2항은 '법무부장관은 귀화요건을 갖추었는지를 심사한 후 그 요건을 갖춘 자에게만 귀화를 허가한다'라고 정하고 있는데, 규정의 문언만으로는 법무부장관이 법률이 정하는 귀화요건을 갖춘 외국인에게 반드시 귀화를 허가하여야 한다는 취지인지 반드시 명확하다고 할 수 없고, 오히려 귀화허가의 근거 규정의 형식과 문언, 귀화허가의 내용과 특성 등을 고려하여 보면 재량행위로 봄이 상당하고, 거화거부처분은 재량권의 남용·일탈이 없는 이상 적법함(청구기각).>

대판 2010. 10. 28. 2010두6496 【귀화허가신청불허가처분취소】 [1] 국적법 제6조 제1항은 간이귀화의 요건으로서 '외국인이 대한민국에 3년 이상 계속하여 주소가 있는 자'에 해당할 것을 규정하고 있고, 국적법 시행규칙 제5조는 ' 법 제6조의 규정에 의한 기간은 외국인이 적법하게 입국하여 외국인등록을 마치고 국내에서 계속 체류한 기간' 으로 한다고 규정하고 있을 뿐이므로, 귀화신청인이 국내거주요건을 갖추었는지 여부를 판단하는 데에 출입국관리법 시행령 제12조에 정한 외국인의 체류자격에 따라 그 기간의 산정을 달리할 것은 아니다. [2] 국적법 제4조 제1항은 "외국인은 법무부장관의 귀화허가를 받아 대한민국의 국적을 취득할 수 있다."라고 규정하고, 그 제2항은 "법무부장관은 귀화 요건을 갖추었는지를 심사한 후 그 요건을 갖춘 자에게만 귀화를 허가한다."라고 정하고 있다. 국적은 국민의 자격을 결정짓는 것이고, 이를 취득한 사람은 국가의 주권자가 되는 동시에 국가의 속인적 통치권의 대상이 되므로, 귀화허가는 외국인에게 대한민국 국적을 부여함으로써 국민으로서의 법적 지위를 포괄적으로 설정하는 행위에 해당한다. 한편, 국적법 등 관계 법령 어디에도 외국인에게 대한민국의 국적을 취득할 권리를 부여하였다고 볼 만한 규정이 없다. 이와 같은 귀화허가의 근거 규정의 형식과 문언, 귀화허가의 내용과 특성 등을 고려해 보면, 법무부장관은 귀화신청인이 귀화 요건을 갖추었다 하더라도 귀화를 허가할 것인지 여부에 관하여 재량권을 가진다고 보는 것이 타당하다. [3] 방문동거(F-1-4) 및 특례고용허가자(E-19) 체류자격, 방문취업(H-2) 체류자격, 기타(G-1) 체류자격으로 대한민국 내에서 계속하여 3년 이상 거주한 외국인의 간이귀화신청에 대하여 법무부장관이 방문취업 체류자격이나 임시적·보충적 성격의 기타 체류자격을 이용하여 귀화신청을 하는 것은 간이귀화요건을 갖춘 것으로 볼 수 없다는 이유로 불허가처분을 한 사안에서, 법무부장관이 위 체류자격의 내용이나 성격 등을 이유로 귀화신청을 불허가한 처분이 재량권을 일탈·남용한 것인지 여부에 관하여 판단하지 않은 채, 방문취업 체류자격이나 기타 체류자격으로도 간이귀화의 국내거주요건을 갖출 수 있다는 이유만으로 위 귀화불허가 처분이 위법하다고 한 원심판단에 귀화허가의 법적 성질에 관한 법리를 오해하여 심리를 다하지 않은 위법이 있다고 한 사례.

대판 2007. 3. 15. 선고 2006두15783 【개인택시운송사업면허신청반려처분취소】 【피고 홍성군수】 [1] 구 여객자동차 운수사업법(2005. 12. 7. 법률 제7712호로 개정되기 전의 것)에 의한 개인택시운송사업면허는 특정인에게 권리나 이익을 부여하는 이른바 수익적 행정행위로서 법령에 특별한 규정이 없는 한 재량행위이고, 그 면허를 위하여 정하여진 순위 내에서 운전경력 인정방법에 관한 기준을 설정하거나 변경하는 것 역시 행정청의 재량에 속하는 것이므로, 그 기준의 설정이나 변경이 객관적으로 합리적이 아니라거나 타당하지 않다고 보이지 아니하는 이상 행정청의 의사는 가능한 한 존중되어야 하며, 설령 그 기준의 해석상 불명확한 점이 생길 수 있다고 하더라도 이를 합리적으로 해석하여 통일을 기함으로써 모든 면허신청자에게 동일하게 적용된다면 객관적으로 합리적이 아니라고 할 수 없다. [2] 행정청이 개인택시운송사업면허의 운전경력 인정 기준을 '정상적으로 운전실무에 종사한 기간'이라 설정하여 놓고 운전적성에 대한 정밀검사를 받지 아니한 채 택시를 운전한 기간은 위 운전경력에서 제외된다고 보아 개인택시운송사업 면허신청을 반려한 처분에 대하여, 행정청의 재량권 범위 내에서 이루어진 것으로서 적법하다고 한 사례. <요지와 해설 : 개인택시운송사업면허와 관련한 운전경력 인정방법에 관한 기준 설정행위는 재량행위이고, 그 기준에 따른 처분은 특별한 사정이 없는 한 적법함.>

대판 2010. 1. 28. 2009두19137 【개인택시운송사업면허대상자제외처분취소】 【피고 양산시장】 [1] 여객자동차 운수사업법에 의한 개인택시운송사업면허는 특정인에게 권리나 이익을 부여하는 행정행위로서 법령에 특별한 규정이 없는 한 재량행위이고, 그 면허를 위하여 정하여진 순위 내에서의 운전경력인정방법의 기준설정 역시 행정청의 재량에 속한다 할 것이지만, 행정청이 면허발급 여부를 심사함에 있어서 이미 설정된 면허기준의 해석상 당해 신청이 면허발급의 우선순위에 해당함이 명백함에도 이를 제외시켜 면허거부처분을 하였다면 특별한 사정이 없는 한 그 거부처분은 재량권을 남용한 위법한 처분이 된다. [2] 양산시가 개인택시운송사업 면허를 발급하면서 '양산시 개인택시 면허업무 처리규칙' 제6조 제3항, 제5항의 '만근일수의 50% 이상 실운전일수에 대한 운전경력 1월의 인정규정'과 '만근일수의 50% 미만 실운전일수의 합산 후 만근일수 기준 월단위 산정규정' 모두 '매월 1일부터 말일까지 계속근무'라는 전제조건의 충족을 기준으로 운전경력을 산정하여 면허대상자를 확정·공고하는 처분을 한 사안에서, 만근일수 50% 미만의 실운전일수 합산 후 만근일수 기준 월단위로 산정하는 규정에는 위 전제조건의 충족이 요구되지 않는다고 보아 위 처분이 위법하다고 한 사례.

(383) 건축법 제11조 ⑤ 제1항에 따른 건축허가를 받으면 다음 각 호의 허가 등을 받거나 신고를 한 것으로 보며, 공장건축물의 경우에는 「산업집적활성화 및 공장설립에 관한 법률」 제13조의2와 제14조에 따라 관련 법률의 인 · 허가 등이나 허가 등을 받은 것으로 본다.

1. 제20조 제2항에 따른 공사용 가설건축물의 축조신고
2. 제83조에 따른 공작물의 축조신고
3. 「국토의 계획 및 이용에 관한 법률」 제56조에 따른 개발행위허가
4. 「국토의 계획 및 이용에 관한 법률」 제86조 제5항에 따른 시행자의 지정과 같은 법 제88조 제2항에 따른 실시계획의 인가
5. 「산지관리법」 제14조와 제15조에 따른 산지전용허가와 산지전용신고, 같은 법 제15조의2에 따른 산지일시사용허가 · 신고. 다만, 보전산지인 경우에는 도시지역만 해당된다.
6. 「사도법」 제4조에 따른 사도(私道)개설허가
7. 「농지법」 제34조, 제35조 및 제43조에 따른 농지전용허가 · 신고 및 협의
8. 「도로법」 제38조에 따른 도로의 점용허가
9. 「도로법」 제34조와 제64조 제2항에 따른 비관리청 공사시행 허가와 도로의 연결허가
10. 「하천법」 제33조에 따른 하천점용 등의 허가
11. 「하수도법」 제27조에 따른 배수설비(配水設備)의 설치신고
12. 「하수도법」 제34조 제2항에 따른 개인하수처리시설의 설치신고
13. 「수도법」 제38조에 따라 수도사업자가 지방자치단체인 경우 그 지방자치단체가 정한 조례에 따른 상수도 공급신청
14. 「전기사업법」 제62조에 따른 자가용전기설비 공사계획의 인가 또는 신고
15. 「수질 및 수생태계 보전에 관한 법률」 제33조에 따른 수질오염물질 배출시설 설치의 허가나 신고
16. 「대기환경보전법」 제23조에 따른 대기오염물질 배출시설설치의 허가나 신고
17. 「소음 · 진동관리법」 제8조에 따른 소음 · 진동 배출시설 설치의 허가나 신고
18. 「가축분뇨의 관리 및 이용에 관한 법률」 제11조에 따른 배출시설 설치허가나 신고
19. 「자연공원법」 제23조에 따른 행위허가
20. 「도시공원 및 녹지 등에 관한 법률」 제24조에 따른 도시공원의 점용허가
21. 「토양환경보전법」 제12조에 따른 특정토양오염관리대상시설의 신고

⑥ 허가권자는 제5항 각 호의 어느 하나에 해당하는 사항이 다른 행정기관의 권한에 속하면 그 행정기관의 장과 미리 협의하여야 하며, 협의 요청을 받은 관계 행정기관의 장은 요청을 받은 날부터 15일 이내에 의견을 제출하여야 한다. 이 경우 관계 행정기관의 장은 제8항에 따른 처리기준이 아닌 사유를 이유로 협의를 거부할

수 없다.

(384) 대판 1983. 7. 26. 82누420, 2001. 5. 8. 2000두10212

(385) 행정소송법 제30조 제3항

(386) 대판 86누91

(387) 대판 98두4535. 97누9390, 83누393

(388) 행정절차법 제21조(처분의 사전통지) ① 행정청은 당사자에게 의무를 과하거나 권익을 제한하는 처분을 하는 경우에는 미리 다음 각 호의 사항을 당사자 등에게 통지하여야 한다. 1. 처분의 제목 2. 당사자의 성명 또는 명칭과 주소 3. 처분하고자 하는 원인이 되는 사실과 처분의 내용 및 법적 근거 4. 제3호에 대하여 의견을 제출할 수 있다는 뜻과 의견을 제출하지 아니하는 경우의 처리방법 5. 의견제출기관의 명칭과 주소 6. 의견제출기한 7. 기타 필요한 사항 ③ 제1항 제6호에 의한 기한은 의견제출에 필요한 상당한 기간을 고려하여야 한다. 행정절차법 시행규칙 제8조(처분의 사전통지의 서식) ① 법 제21조 제1항의 규정에 의한 처분의 사전통지는 별지 제8호 서식에 의한다.

(389) 행정절차법 제21조 ④ 다음 각 호의 1에 해당하는 경우에는 제1항의 규정에 의한 통지를 아니할 수 있다. 1. 공공의 안전 또는 복리를 위하여 긴급히 처분을 할 필요가 있는 경우 2. 법령 등에서 요구된 자격이 없거나 없어지게 되면 반드시 일정한 처분을 하여야 하는 경우에 그 자격이 없거나 없어지게 된 사실이 법원의 재판 등에 의하여 객관적으로 증명된 때 3. 당해 처분의 성질상 의견청취가 현저히 곤란하거나 명백히 불필요하다고 인정될 만한 상당한 이유가 있는 경우. 행정절차법 시행령 제13조(사전통지의 예외사유) 법 제21조 제4항 제3호에서 '당해 처분의 성질상 의견청취가 현저히 곤란하거나 명백히 불필요하다고 인정될만한 상당한 이유가 있는 경우'라 함은 다음 각 호의 1에 해당하는 경우를 포함하는 것으로 본다. 1. 의견청취의 기회를 줌으로써 처분의 내용이 미리 알려져 현저히 공익을 해하는 행위를 유발할 우려가 예상되는 경우 2. 법령 또는 자치법규(이하 '법령등'이라 한다.)에서 준수하여야 할 기술적 기준이 명확하게 규정되고 그 기준에 미치지 못하는 사실을 이유로 처분을 하려는 경우로서 그 사실이 실험, 계측 기타 객관적인 방법에 의하여 명확히 입증된 때 3. 법원의 판결 등에 의하여 처분의 전제가 되는 사실이 객관적으로 증명되어 처분에 따른 의견청취가 불필요하다고 판단되는 경우 4. 외국에서 행하여지는 내국인(단체 등을 포함한다.)에 대한 처분에 대하여 의견청취의 절차를 인정하지 아니하고 있는 경우 행정청이 외국인(단체 등을 포함한다.)에 대하여 같은 종류의 처분을 행하는 경우 5. 법령 등에서 일정한 요건에 해당하는 자에 대하여 금전급부를 명하는 경우, 행정청의 금액산정에 재량의 여지가 없거나 요율이 명확하게 정하여져 있는 경우

(390) 행정절차법 제2조(정의) 7. '의견제출'이라 함은 행정청이 어떠한 행정작용을 하기에 앞서 당사자 등이 의견을 제시하는 절차로서 청문이나 공청회에 해당하지 아니하는 절차를 말한다.

(391) 행정절차법 제22조(의견청취) ③ 행정청이 당사자에게 의무를 과하거나 권익을 제한하는 처분을 함에 있어서 제1항[청문] 또는 제2항[공청회]의 경우 외에는 당사자 등에게 의견제출의 기회를 주어야 한다.

(392) 행정절차법 제27조(의견제출) ① 당사자 등은 처분 전에 그 처분의 관할행정청에 서면 · 구술로 또는 정보통신망을 이용하여 의견제출을 할 수 있다. 동조의 해석과 관련하여 불이익처분시로 제한하는 견해가 있지만, 제22조 제3항에 불이익처분시 행정청이 당사자 등에게 의견제출기회를 반드시 부여하여야 한다는 의무규정이 있기 때문에 동조는 당사자 등이 불이익처분이 아니라도 모든 처분에서 의견을 제출할 권리를 가진다는 권리규정으로 해석해야 한다.

(393) 행정절차법 제22조(의견청취) ④ 제1항 내지 제3항[의견제출 기회 부여]의 규정에 불구하고 제21조 제4항 각 호의 1에 해당하는 경우와 당사자가 의견진술의 기회를 포기한다는 뜻을 명백히 표시한 경우에는 의견청취를 아니할 수 있다. 제21조 ④ 다음 각 호의 1에 해당하는 경우에는 제1항의 규정에 의한 통지를 아니할 수 있다. 1. 공공의 안전 또는 복리를 위하여 긴급히 처분을 할 필요가 있는 경우 2. 법령 등에서 요구된 자격이 없거나 없어지게 되면 반드시 일정한 처분을 하여야 하는 경우에 그 자격이 없거나 없어지게 된 사실이 법원의 재판 등에 의하여 객관적으로 증명된 때 3. 당해 처분의 성질상 의견청취가 현저히 곤란하거나 명백히 불필요하다고 인정될 만한 상당한 이유가 있는 경우. 행정절차법 시행령 제14조(의견진술의 포기) 당사자는 법 제22조 제4항의 규정에 의하여 의견진술의 기회를 포기한 때에는 의견진술포기서 또는 이에 준하는 문서를 행정청에 제출하여야 한다.

(394) 행정절차법 제2조(정의) 5. '청문'이라 함은 행정청이 어떠한 처분을 하기에 앞서 당사자 등의 의견을 직접 듣고 증거를 조사하는 절차를 말한다. 통상 행정절차법상 의견제출제도를 약식청문으로, 행정절차법상 청문제도를 정식청문이라 부른다.

(395) 행정절차법 제22조(의견청취) ① 행정청이 처분을 함에 있어서 다음 각 호의 1에 해당하는 경우에 청문을 실시한다. 1. 다른 법령 등에서 청문을 실시하도록 규정하고 있는 경우 2. 행정청이 필요하다고 인정하는 경우

(396) 행정절차법 제22조(의견청취) ④ 제1항[청문] 내지 제3항의 규정에 불구하고 제21조 제4항 각 호의 1에 해당하는 경우와 당사자가 의견진술의 기회를 포기한다는 뜻을 명백히 표시한 경우에는 의견청취를 아니할 수 있다. 현재 행정절차법상 청문권은 주관적 · 절차적 공권이지만 포기할 수 있는 권리다.

(397) 행정절차법 제2조(정의) 6. '공청회'라 함은 행정청이 공개적인 토론을 통하여 어떠한 행정작용에 대하여 당사자등, 전문지식과 경험을 가진 자 기타 일반인으로부터 의견을 널리 수렴하는 절차를 말한다.

(398) 행정절차법 제22조(의견청취) ② 행정청이 처분을 함에 있어서 다음 각 호의 1에 해당하는 경우에 공청회를 개최한다. 1. 다른 법령 등에서 공청회를 개최하도록 규정하고 있는 경우 2. 당해 처분의 영향이 광범위하여 널리 의견을 수렴할 필요가 있다고 행정청이 인정하는 경우

(399) 행정절차법 제22조(의견청취) ④ 제1항 내지[공청회] 제3항의 규정에 불구하고 제21조 제4항 각 호의 1에 해당하는 경우와 당사자가 의견진술의 기회를 포기한다는 뜻을 명백히 표시한 경우에는 의견청취를 아니할 수 있다.

(400) 행정절차법 제39조의2 (공청회결과의 반영) 행정청은 처분을 함에 있어서 공청회에서 제시된 사실 및 의견이 상당한 이유가 있다고 인정하는 경우에는 이를 반영하여야 한다.

(401) 행정절차법 제24조(처분의 방식) 제1항

(402) 행정절차법 제24조 제2항

(403) 행정절차법 제23조(처분의 이유제시) ① 행정청은 처분을 하는 때에는 다음 각 호의 1에 해당하는 경우를 제외하고는 당사자에게 그 근거와 이유를 제시하여야 한다. 1. 신청내용을 모두 그대로 인정하는 처분인 경우 2. 단순 · 반복적인 처분 또는 경미한 처분으로서 당사자가 그 이유를 명백히 알 수 있는 경우 3. 긴급을 요하는 경우 ② 행정청은 제1항 제2호 및 제3호의 경우에 처분 후 당사자가 요청하는 경우에는 그 근거와 이유를 제시하여야 한다.

(404) 행정절차법 제26조(고지) 행정청이 처분을 하는 때에는 당사자에게 그 처분에 관하여 행정심판을 제기할 수 있는지 여부, 기타 불복을 할 수 있는지 여부, 청구절차 및 청구기간 기타 필요한 사항을 알려야 한다.

(405) 제14조(송달) ① 송달은 우편, 교부 또는 정보통신망 이용 등의 방법으로 하되, 송달받을 자(대표자 또는 대리인을 포함한다. 이하 같다)의 주소 · 거소(居所) · 영업소 · 사무소 또는 전자우편주소(이하 "주소등"이라 한다)로 한다. 다만, 송달받을 자가 동의하는 경우에는 그를 만나는 장소에서 송달할 수 있다.

② 교부에 의한 송달은 수령확인서를 받고 문서를 교부함으로써 하며, 송달하는 장소에서 송달받을 자를 만나지 못한 경우에는 그 사무원 · 피용자(被傭者) 또는 동거인으로서 사리를 분별할 지능이 있는 사람(이하 이 조에서 "사무원등"이라 한다)에게 문서를 교부할 수 있다. 다만, 문서를 송달받을 자 또는 그 사무원등이 정당한 사유 없이 송달받기를 거부하는 때에는 그 사실을 수령확인서에 적고, 문서를 송달할 장소에 놓아둘 수 있다.

③ 정보통신망을 이용한 송달은 송달받을 자가 동의하는 경우에만 한다. 이 경우 송달받을 자는 송달받을 전자우편주소 등을 지정하여야 한다.

④ 다음 각 호의 어느 하나에 해당하는 경우에는 송달받을 자가 알기 쉽도록 관보, 공보, 게시판, 일간신문 중 하나 이상에 공고하고 인터넷에도 공고하여야 한다.

1. 송달받을 자의 주소등을 통상적인 방법으로 확인할 수 없는 경우

2. 송달이 불가능한 경우

⑤ 행정청은 송달하는 문서의 명칭, 송달받는 자의 성명 또는 명칭, 발송방법 및 발송 연월일을 확인할 수 있는 기록을 보존하여야 한다.

제15조(송달의 효력 발생) ① 송달은 다른 법령등에 특별한 규정이 있는 경우를 제외하고는 해당 문서가 송달받을 자에게 도달됨으로써 그 효력이 발생한다.

② 제14조제3항에 따라 정보통신망을 이용하여 전자문서로 송달하는 경우에는 송달받을 자가 지정한 컴퓨터 등에 입력된 때에 도달된 것으로 본다.

③ 제14조제4항의 경우에는 다른 법령등에 특별한 규정이 있는 경우를 제외하고는 공고일부터 14일이 지난 때에 그 효력이 발생한다. 다만, 긴급히 시행하여야 할 특별한 사유가 있어 효력 발생 시기를 달리 정하여 공고한 경우에는 그에 따른다.

(406) 환경영향평가법 시행령 제6조(평가계획서의 작성 등) 제1항 1. 대상사업의 목적 및 개요 2. 환경영향평가 대상지역 3. 평가항목 및 평가방법 4. 법 제30조 제1항에 따른 간이평가절차 대상사업 해당 여부(법 제31조에 따라 간이

평가서에 대한 의견수렴과 협의를 함께 하려는 경우에만 해당한다.) 5. 법 제33조 제3항에 따른 의견수렴의 대체 여부[법 제14조 제5항에 따른 평가서초안(이하 '평가서초안'이라 한다.)에 대한 의견수렴절차를 생략하려는 경우에만 해당한다.] 등을 포함해야 한다.

(407) 대판 1992. 5. 26. 91누9596, 1992. 8. 14. 91누13229 등

(408) 대판 2004. 2. 13. 2001두4030, 1983. 10. 25. 83누396 등

(409) 대판 1989. 6. 27. 88누6160

(410) 대판 1991. 11. 8. 91누70

(411) 대판 1992. 5. 8. 91누13274

(412) 대판 1992. 8. 18. 91누3659

(413) 대판 1992. 11. 24. 92누3052

(414) 대판 2009. 1. 12. 2007두17359

(415) 대판 2011. 11. 24. 2009두19021

(416) 대판 2001. 3. 23. 99두6392

(417) 대판 1999. 3. 9. 98두18565

(418) 대판 1975. 12. 9. 75누123

(419) 대판 1993. 2. 9. 92누4567

(420) 대판 1996. 2. 9. 95누12507

(421) 대판 1993. 11. 9. 93누14271

(422) 대판 1961. 10. 26. 서고 4292행상73

(423) 대판 1998. 9. 8. 97누20502

(424) 대판 1971. 9. 29. 71누96

(425) 대판 1993. 6. 29. 91누2342

(426) 대판 1991. 4. 23. 90누8756

(427) 대판 2004. 10. 14. 2002두424

(428) 대판 1995. 3. 28. 94누12920

(429) 대판 1965. 10. 19. , 65누83 등

(430) 대판 1984. 9. 25. 84누286 등

(431) 『사법연수원, 행정구제법, 239~240쪽』

(432) 대판 1964. 5. 26. 63누136

(433) 대판 2000. 2. 25. 97누5534, 1992. 11. 10. 91누8227 등

(434) 대판 2004. 6. 10. 2003두1752, 1993. 12. 28. 93누17409 등

(435) 대판 1994. 10. 28. 92누9463, 93다41860 위헌판결의 효력은 불가쟁력이 발생한 행정처분에 영향을 미치지 않는다(대판 2001. 2. 23. 2000다55737, 2000. 11. 14. 2000다20144 등).

(436) 대판 1995. 7. 11. 94누4615(전원)

(437) 대판 1997. 6. 19. 95누8669(전원)

(438) 대판 2002. 6. 14. 2000두8523 등

(439) 대판 2006. 6. 30. 2005두14363 환경영향평가를 거치지 않은 처분은 무효.

(440) 대판 1987. 9. 22. 87누383 등. 행정절차법 제14조(송달) ① 송달은 우편 · 교부 또는 정보통신망 이용 등의 방법에 의하되 송달받을 자(대표자 또는 대리인을 포함한다. 이하 같다.)의 주소 · 거소 · 영업소 · 사무소 또는 전자우편주소(이하 '주소등'이라 한다.)로 한다. 다만, 송달받을 자가 동의하는 경우에는 그를 만나는 장소에서 송달할 수 있다. ② 교부에 의한 송달은 수령확인서를 받고 문서를 교부함으로써 행하며, 송달하는 장소에서 송달받을 자를 만나지 못한 때에는 그 사무원 · 피용자 또는 동거자로서 사리를 분별할 지능이 있는 자에게 이를 교부할 수 있다. ③ 정보통신망을 이용한 송달은 송달받을 자가 동의하는 경우에 한한다. 이 경우 송달받을 자는 송달받을 전자우편주소 등을 지정하여야 한다. ④ 다음 각 호의 1에 해당하는 경우에는 송달받을 자가 알기 쉽도록 관보 · 공보 · 게시판 · 일간신문중 하나 이상에 공고하고 인터넷에도 공고하여야 한다. 1. 송달받을 자의 주소 등을 통상

의 방법으로 확인할 수 없는 경우 2. 송달이 불가능한 경우 ⑤ 행정청은 송달하는 문서의 명칭, 송달받는 자의 성명 또는 명칭, 발송방법 및 발송연월일을 확인할 수 있는 기록을 보존하여야 한다. 제15조(송달의 효력발생) ① 송달은 다른 법령 등에 특별한 규정이 있는 경우를 제외하고는 송달받을 자에게 도달됨으로써 그 효력이 발생한다. ② 제14조 제3항의 규정에 의하여 정보통신망을 이용하여 전자문서로 송달하는 경우에는 송달받을 자가 지정한 컴퓨터 등에 입력된 때에 도달된 것으로 본다. ③ 제14조 제4항의 경우에는 다른 법령 등에 특별한 규정이 있을 경우를 제외하고는 공고일부터 14일이 경과한 때에 그 효력이 발생한다. 다만, 긴급히 시행하여야 할 특별한 사유가 있어 효력발생시기를 달리 정하여 공고한 경우에는 그에 의한다.

(441) 대판 2006. 6. 30. 2005두14363 등

(442) 대판 1984. 7. 24. 84누124

(443) 대판 2000. 5. 30. 98두20162

(444) 대판 2004. 10. 15. 2003두12226 등

(445) 대판 1991. 5. 28. 90누1359, 1995. 6. 13. 94누4660 등

(446) 대판 2009두8359 요지와 해설 : 교수위원의 관여가 금지되는 제13조의 '당해 심의'는 '교수위원이 소속한 대학에 대한 심의'에 한정되고, 교수위원들이 자기 소속 대학을 포함하여 신청 대학 전부를 대상으로 법학전문대학원 예비인가대학과 그 정원을 심의·의결한 위원회 제15차 회의에 관여한 것은 자기가 소속한 대학에 대한 관계에서 법 제13조가 금지한 '당해 심의'에 관여한 것이 되고 따라서 제15차 회의 중 교수위원이 소속된 전남대학교에 대한 예비인가 및 그 정원을 심의한 부분은 법 제13조의 제척조항에 위배됨. 그러나 법학전문대학원이 장기간의 논의 끝에 사법개혁의 일환으로 출범하여 2009년 3월초 일제히 개원한 점, 전남대 법학전문대학원도 120명의 입학생을 받아들여 교육을 하고 있는데 인가처분이 취소되면 그 입학생들이 피해를 입을 수 있는 점, 법학전문대학원의 인가 취소가 이어지면 우수한 법조인의 양성을 목적으로 하는 법학전문대학원 제도 자체의 운영에 큰 차질을 빚을 수 있는 점, 법학전문대학원의 설치인가 심사기준의 설정과 각 평가에 있어 법 제13조에 저촉되지 않는 점, 교수위원이 제15차 회의에 관여하지 않았다고 하더라도 그 소속대학의 평가점수에 비추어 동일한 결론에 이르렀을 것으로 보여, 전남대에 대한 인가처분을 취소하고 다시 심의하는 것은 무익한 절차의 반복에 그칠 것으로 보이는 점 등을 종합하여, 전남대에 대한 인가처분이 법 제13조에 위배되었음을 이유로 취소하는 것은 현저히 공공복리에 적합하지 아니하다고 인정됨(사정판결-청구기각). <참고 : 법학전문대학원의 설치·운영에 관한 법률 제13조(법학교육위원회의 위원의 제척사유)는 '위원은 다음 각 호의 어느 하나에 해당하는 경우에는 당해 심의에 관여하지 못한다. 1. 본인 또는 그 배우자가 심의대상인 대학 또는 대학을 설치·경영하는 학교법인에 재직하고 있는 경우'라고 규정하고 있는데, 이 조항을 법학교수인 위원 본인(이하 '교수위원')과 심의대상 대학에 한정하여 보면 '법학교수인 위원이 심의대상인 대학에 재직하는 경우 당해 심의에 관여하지 못한다'라는 규정이 되는바, 여기에서의 '당해 심의'는 그 문언상 '법학교수인 위원이 재직하는 대학에 대한 심의'라고 볼 것이지만, 그것을 '법학교수인 위원이 재직하는 대학만을 다른 대학과 분리하여 독립적인 심의의 대상으로 삼은 경우'에 한정할 것은 아니다.>

(447) 대판 1970. 3. 24. 69누29

(448) 대판 1992. 2. 14. 90누9032, 1995. 7. 28. 95누4629 등

(449) 행정소송법 제28조 제2항

(450) 행정소송법 제28조 제3항

(451) 주문 [처분] 피고가 2000. 1. 1.자 원고에 대하여 한 같은 해 1. 11. 부터 같은 해 2. 2.까지 자동차운전면허(제1종 보통 부산 92-6636634-80호)의 정지처분을 취소한다. 또는 대통령이 2000. 1. 1. 자 원고에 대하여 한 파면처분을 취소한다.(처분청과 피고가 다른 경우) [거부처분] 피고가 2000. 1. 1.자 원고에 대하여 한 건축허가를 거부한 처분을 취소한다. 또는 피고가 2000. 1. 1.자 원고의 부산 금정구 장전동 산 30 전 1,000㎡ 중 500㎡에 관한 토지형질변경허가를 불허한 처분을 취소한다. 및 피고가 2000. 1. 1.자 원고에 대하여 한 공무원요양신청부결처분(국가유공자유족등록거부처분, 제4, 5 요추수핵탈출증의 추가상병불승인처분 등)을 취소한다. [재결] 중앙노동위원회가 2001. 1. 1.자 원고와 피고보조참가인 사이의 2000부노1 부당해고구제 재심신청 사건에 관하여 한 재심판정을 취소한다. [조세나 부담금의 부과처분에 있어서 일부취소] 피고가 2000. 1. 1.자 원고에 대하여 한 개발부담금 1,000원의 부과처분 중 금 500원을 초과하는 부분을 취소한다.

(452) 대판 1964. 5. 19. 63누177

(453) [조세] 대판 2000. 6. 13. 98두5811, [개발부담금] 대판 2004. 7. 22. 2002두868 [운전면허] 대판 1995. 11. 16. 95누8850(전원), 1997. 3. 11. 96누15176, 2002. 2. 11. 99두7210

(454) 대판 1992. 12. 8. 92누6891, 1993. 4. 27. 92누9777

(455) (d)는 강원도지사(b)로부터 주택건설사업계획승인을 얻어 연립주택 2동을 신축하던 중, 이 사건 주택사업에 관한 권리 일체를 (e)에게 양도하였다. 그 후 (e)가 공사를 시행하다가 자금부족으로 인하여 중단하게 되자 (a)가 (e)로부터 이 사건 주택사업에 관한 권리 일체를 양수하고 강원도지사(b)로부터 이에 따른 사업주체 변경승인을 얻은 후 공사를 계속 진행하였다. (c)는 (a)로부터 이 사건 주택사업에 관한 일체의 권리를 양수하였다고 하여 (a)의 인감증명서, 대표이사 명의(f)의 주택건설사업포기서 등을 첨부하여 강원도지사(b0에게 주택건설사업계획 변경승인신청을 하였다. 이와 같은 신청을 받은 강원도지사(b)는 이 사건 주택사업의 사업주체를 (a)로부터 (c)로 변경한다는 등의 내용의 1988.9.6.자 주택건설사업계획변경승인(이 사건 변경승인)을 하였다.

(g)는 (a)의 대표이사의 자격으로 건설부장관에 대하여, '(a)는 이 사건 주택건설사업을 (c)에게 양도한 사실이 없음에도 불구하고, (f)가 (a)회사의 직인과 관계서류를 위조하여 (f)가 회사의 대표이사로 취임한 것처럼 법인등기부에 등재한 후 그 명의로 이 사건 주택사업을 (c)에게 양도한 것이어서 무효라는 이유를 들어, 강원도지사(b)가 한 이 사건 변경승인을 취소하여 달라'는 행정심판을 제기하였다. 건설부장관은'(f)를 (a) 회사의 대표이사로 선임한 주주총회결의 부존재함을 확인한다는 판결이 확정되었으므로, (f)가 대표이사로서 이 사건 주택사업에 관한 권리일체를 양도한 계약이 무효이고, 따라서 무효인 양도에 따라 행하여진 이 사건 변경승인 역시 위법하다는 이유로, 강원도지사가 한 이 사건 변경승인처분을 취소한다'는 재결을 하였다. (b)는 위 재결에 기하여 '이 사건 1988.9.6.자 변경승인처분을 취소한다'는 1990. 2. 3.자 처분을 하였다.

(c)는 강원도지사(b)를 상대로 1990. 2. 3.자 변경승인취소처분의 취소청구를 하였고, (a)는 피고보조참가인으로 소송에 참가하여 청구를 다투었는데, 그 결과 법원에서 '(b)가 1990.2.3. 피고보조참가인(a)에 대하여 한 이 사건 변경승인의 취소처분(재결에 따른 처분)은 이를 취소한다'는 판결을 선고 확정하였다

이에 원고(a)가 주위적으로는 '(b)가 한 이 사건 변경승인 1988.9.6.자 변경승인처분의 무효확인을, 예비적으로는 그 처분의 취소를 구하는 소송을 제기하였다. <원심 : 전 소송의 판결에서는 소외 유인섭이 원고 회사의 대표이사의 자격으로 한 주택건설사업의 포기는 적법한 권한에 기한 것이어서 이에 기하여 한 피고의 이 사건 변경승인은 적법한 것이라는 취지로 판단함으로써 위와 같은 원고의 주장이 배척되었으므로, 전 소송의 확정판결의 기판력은 이 사건 소송에도 미친다. 따라서 법원으로서는 위 확정판결에서 한 판단내용과 모순되는 판단을 할 수 없게 되었으므로, 위 확정판결에서의 판단내용과 배치되는 법률관계를 전제로 한 원고의 청구는 더 나아가 살펴볼 필요 없이 이유 없다.(각하)>

(456) 대판 1991. 10. 11. 90누5443

(457)『홍정선, 제17판 행정법원론(상), 960쪽』

(458)『박균성, 제8판 행정법론(상), 1132쪽』

(459) 대판 1982. 5. 11. 80누104

(460)『박균성, 제8판 행정법론(상), 1138쪽』

(461) 대판 1990. 12. 11. 90누3560

(462)『사법연수원, 행정소송법, 271쪽』

(463) 제2항의 규정은 신청에 따른 처분이 절차의 위법을 이유로 취소되는 경우에 준용한다.

(464)『박균성, 제8판 행정법론(상), 1140쪽』

(465) ① 행정청이 제30조 제2항의 규정에 의한 처분을 하지 아니하는 때에는 제1심 수소법원은 당사자의 신청에 의하여 결정으로써 상당한 기간을 정하고 행정청이 그 기간 내에 이행하지 아니하는 때에는 그 지연기간에 따라 일정한 배상을 할 것을 명하거나 즉시 손해배상을 할 것을 명할 수 있다. ② 제33조와 민사집행법 제262조의 규정은 제1항의 경우에 준용한다.

(466) 행정조직과 권한의 변경이 있는 경우는 권한을 승계한 행정청을 집행채무자로 해야 한다.

(467) 대판 2010. 12. 23. 2009다37725

(468) 민사집행법 제261조 제2항

(469) 민사집행법규칙 제191조 제1항, 제2항

(470) 행정소송법 제31조 제1항, 제38조 제1항, 제2항

(471) 행정소송법 제16조 제2항

(472) 민사소송법상 보조참가신청에 대한 허가결정은 즉시항고할 수 있다.

(473) 행정소송법 제16조 제3항

(474) 서울고법 1991. 10. 10. 91부450

(475)『사법연수원, 행정구제법, 213쪽』

(476) 집행정지만 하여 놓고 본안소송을 제기하지 않을 경우 행정법관계의 안정성을 해할 수 있기 때문이다.『사법연수원, 행정구제법, 214쪽』

(477) 대결 1987. 6. 23. 86두18 【주유취급소위험물저장취급시설허가취소처분, 효력정지가처분】, 대결 1997. 9. 9. 97두29 【의원제명의결효력정지】

(478) [1] 항고소송 대상이 되는 행정청의 처분이란 원칙적으로 행정청의 공법상 행위로서 특정사항에 대하여 법규에 의한 권리의 설정 또는 의무의 부담을 명하거나 기타 법률상 효과를 직접 발생하게 하는 등 국민의 권리의무에 직접 관계가 있는 행위를 말하므로, 행정청의 내부적인 의사결정 등과 같이 상대방 또는 관계자들의 법률상 지위에 직접 법률적 변동을 일으키지 않는 행위는 그에 해당하지 아니한다. [2] 국토해양부, 환경부, 문화체육관광부, 농림수산부, 식품부가 합동으로 2009. 6. 8. 발표한 '4대강 살리기 마스터플랜' 등은 4대강 정비사업과 주변지역의 관련 사업을 체계적으로 추진하기 위하여 수립한 종합계획이자 '4대강 살리기 사업'의 기본방향을 제시하는 계획으로서, 행정기관 내부에서 사업의 기본방향을 제시하는 것일 뿐, 국민의 권리 · 의무에 직접 영향을 미치는 것이 아니어서 행정처분에 해당하지 않는다고 한 사례. [4] 국토해양부 등에서 발표한 '4대강 살리기 마스터플랜'에 따른 '한강 살리기 사업' 구간 인근에 거주하는 주민들이 각 공구별 사업실시계획승인처분에 대한 효력정지를 신청한 사안에서, 위 사업구간에 편입되는 팔당지역 농지 대부분이 국가 소유의 하천부지이고, 유기농업에 종사하는 주민들 대부분은 국가로부터 하천점용허가를 받아 경작을 해온 점, 위 점용허가의 부관에 따라 허가를 한 행정청은 공익상 또는 법령이 정하는 것에 따르거나 하천정비사업을 시행하는 경우 허가변경 · 취소 등을 할 수 있는 점 등에 비추어, 주민들 중 환경영향평가대상지역 및 근접 지역에 거주하거나 소유권 기타 권리를 가지고 있는 사람들이 위 사업으로 인하여 토지 소유권 기타 권리를 수용당하고 이로 인하여 정착지를 떠나 타지로 이주를 해야 하며 더 이상 농사를 지을 수 없게 되고 팔당지역의 유기농업이 사실상 해체될 위기에 처하게 된다고 하더라도, 그러한 손해는 행정소송법 제23조 제2항에서 정하고 있는 효력정지 요건인 금전으로 보상할 수 없거나 사회관념상 금전보상으로는 참고 견디기 어렵거나 현저히 곤란한 경우의 유 · 무형 손해에 해당하지 않는다고 본 원심판단을 수긍한 사례.

(479) [6] 독점규제및공정거래에관한법률상의 과징금 부과의 사유와 그 산정시 참작하여야 할 사항 및 그 납부와 관련된 유예제도의 내용을 종합하여 보면, 같은 법의 과징금 납부명령은 그 발령과 집행에 있어 이미 위반행위의 태양과 같은 객관적 사유뿐만 아니라 해당 사업자의 사업여건이나 자금사정 등과 같은 주관적 사항을 아울러 고려하게 되어 있는 것이어서, 그 집행에 따른 손해도 통상의 경우에는 사후의 금전배상에 의하여 그 전보가 가능한 경제적 손실에 그치는 것으로 볼 수가 있으나, 그렇다고 하여 구체적인 경우에 그 집행에 따른 경제적 손실이 기업 경영 전반에 미치는 파급효과로 말미암아 해당 사업자의 전체 자금사정이나 사업에 중대한 영향을 미칠 가능성을 일률적으로 배제할 수는 없고 그러한 사유가 있는 경우에는 과징금 납부명령의 집행으로 인한 손해의 추상적 성질 또는 태양이 재산상의 손해에 속한다고 하여 언제나 '회복할 수 없는 손해'에 해당하지 아니한다고 단정할 수 없지만, 구체적 사건에서 그러한 사유로 인하여 '회복할 수 없는 손해'가 발생할 것으로 인정하기 위하여는 어디까지나 당해 과징금 납부명령의 집행정지를 구하는 신청인측에서 그에 관한 주장 · 소명책임을 다하여야만 한다.

(480) 대결 1992. 8. 7. 92두30 등

(481) 행정소송법 제23조 제2항

(482) 행정소송법 제23조 제2항 집행정지신청이 있으면 독립한 기록으로 본안사건 담당재판부에 배당된다.

(483) 행정소송법 제23조 제2항 단서

(484) 대판 1975. 11. 11. 75누97

(485) 행정소송법 제23조 제6항

(486) 행정소송법 제24조 제1항

(487) 행정소송법 제24조 제1항 집행정지결정 취소신청은 집행정지신청의 경우와 같이 구술 또는 서면에 의하면 되고, 취소신청이 있으면 별건으로 집행정지(본안)사건담당재판부에 배당된다.

(488) 대결 1970. 11. 20. 70그4

(489) 행정소송법 제29조 제2항

(490) 행정소송법 제24조 제2항, 제23조 제5항

(491) 특허법 제187조 단서

(492) 신고납부방식의 조세에서 착오로 신고 납부한 경우에 납세의무자가 스스로 과세표준과 세액을 확정하는 자기부과제도이기 때문에 판례는 신고행위의 취소를 구하는 것을 부정할 뿐만 아니라 납부되는 조세를 수납하는 과세관청의 행위에 대하여 확인적 부과처분의 존재를 인정하기 않기 때문에 신고행위의 당연 무효를 원인으로 한 민사상 부당이득반환청구를 구할 수 있을 뿐이다(동지, 대판 1993. 8. 24.. 선고 93누2117). 한편, 국세기본법상 경정청구제도를 이용하여 과오납 세금의 반환을 구할 수 있는데, 적법한 기간 내에 이루어진 경정청구에 대한 과세관청의 부작위 또는 거부는 처분에 해당하기 때문에 여 항고소송을 제기할 수 있지만, 경정청구기간 도과된 후 경정청구에 대한 부작위 또는 거부는 처분이 아니기 때문에 항고소송을 제기할 수 없다(대판 2015. 3. 12. 선고 2014두44830 "경정청구기간이 도과한 후 제기된 경정청구는 부적법하여 과세관청이 과세표준 및 세액을 결정 또는 경정하거나 거부처분을 할 의무가 없으므로, 과세관청이 경정을 거절하였다고 하더라도 이를 항고소송의 대상이 되는 거부처분으로 볼 수 없다.).

그러나 판례는 국세기본법상 국세환급금 및 국세가산금 결정이나 환급 거부 결정에 대하여 항고소송의 대상이 되는 처분이 아니기 때문에 항고소송을 제기할 수 없다는 입장이다(대판 1989. 6. 15. 선고 88누6436 전원) "(다수의견) 국세기본법 제51조 및 제52조 국세환급금 및 국세가산금결정에 관한 규정은 이미 납세의무자의 환급청구권이 확정된 국세환급금 및 가산금에 대하여 내부적 사무처리절차로서 과세관청의 환급절차를 규정한 것에 지나지 않고 그 규정에 의한 국세환급금(가산금 포함)결정에 의하여 비로소 환급청구권이 확정되는 것은 아니므로, 국세환급금결정이나 이 결정을 구하는 신청에 대한 환급거부결정 등은 납세의무자가 갖는 환급청구권의 존부나 범위에 구체적이고 직접적인 영향을 미치는 처분이 아니어서 항고소송의 대상이 되는 처분이라고 볼 수 없다. (소수의견) 납세자의 신청에 대한 세무서장의 환급거부결정이 직접 환급청구권을 발생하게 하는 형성적 효과가 있는 것이 아니고 확인적 의미밖에 없다고 하더라도 국세기본법 제51조의 규정을 위반하여 납세자에게 환급할 돈을 환급하지 아니하므로 손해를 끼치고 있는 것이라면 납세자가 행정소송으로 그 결정이 부당하다는 것을 다툴 수 있다. ").

(493) 대판 2013. 3. 21. 선고 2011다95564 (전원) "[다수의견] 부가가치세법령이 환급세액의 정의 규정, 그 지급시기와 산출방법에 관한 구체적인 규정과 함께 부가가치세 납세의무를 부담하는 사업자(이하 '납세의무자'라 한다)에 대한 국가의 환급세액 지급의무를 규정한 이유는, 입법자가 과세 및 징수의 편의를 도모하고 중복과세를 방지하는 등의 조세 정책적 목적을 달성하기 위한 입법적 결단을 통하여, 최종 소비자에 이르기 전의 각 거래단계에서 재화 또는 용역을 공급하는 사업자가 그 공급을 받는 사업자로부터 매출세액을 징수하여 국가에 납부하고, 그 세액을 징수당한 사업자는 이를 국가로부터 매입세액으로 공제·환급받는 과정을 통하여 그 세액의 부담을 다음 단계의 사업자에게 차례로 전가하여 궁극적으로 최종 소비자에게 이를 부담시키는 것을 근간으로 하는 전단계 세액공제 제도를 채택한 결과, 어느 과세기간에 거래징수된 세액이 거래징수를 한 세액보다 많은 경우에는 그 납세의무자가 창출한 부가가치에 상응하는 세액보다 많은 세액이 거래징수되게 되므로 이를 조정하기 위한 과세기술상, 조세 정책적인 요청에 따라 특별히 인정한 것이라고 할 수 있다. 따라서 이와 같은 부가가치세법령의 내용, 형식 및 입법 취지 등에 비추어 보면, 납세의무자에 대한 국가의 부가가치세 환급세액 지급의무는 그 납세의무자로부터 어느 과세기간에 과다하게 거래징수된 세액 상당을 국가가 실제로 납부받았는지와 관계없이 부가가치세법령의 규정에 의하여 직접 발생하는 것으로서, 그 법적 성질은 정의와 공평의 관념에서 수익자와 손실자 사이의 재산상태 조정을 위해 인정되는 부당이득 반환의무가 아니라 부가가치세법령에 의하여 그 존부나 범위가 구체적으로 확정되고 조세 정책적 관점에서 특별히 인정되는 공법상 의무라고 봄이 타당하다. 그렇다면 납세의무자에 대한 국가의 부가가치세 환급세액 지급의무에 대응하는 국가에 대한 납세의무자의 부가가치세 환급세액 지급청구는 민사소송이 아니라 행정소송법 제3조 제2호에 규정된 당사자소송의 절차에 따라야 한다. [대법관 박보영의 반대의견] 현행 행정소송법 제3조 제2호는 당사자소송의 정의를 "행정청의 처분 등을 원인으로 하는 법률관계에 관한 소송 그 밖에 공법상의 법률관계에 관한 소송으로서 그 법률관계의 한쪽 당사자를 피고로 하는 소송"이라고 추상적으로 규정함으로써 구체적인 소송의 형식과 재판관할의 분배를 법원의 해석에 맡기고 있다. 따라서 그 권리의 법적 성질에 공법적인 요소가 있다는 이유만으로 반드시 당사자소송의 대상으로 삼아야 할 논리필연적 당위성이 존재한다고는 볼 수 없다. 오히려 부가가치세 환급세액은, 사업자가 매입 시 지급한 부가가치세(매입세액)가 매출 시 받은 부가가치세(매출세액)보다 많을 때, 국가는 사업자가 더 낸 부가가치세를 보유할 정당한 이유가 없어 반환하는 것으로서 그 지급청구의 법적 성질을 민법상 부당이득반환청구로 구성하는 것도 가능하다. 또한 어느 사업자로부터 과다하게 거래징수된 세액 상당을 국가가 실제로 납부받지 않았다고 하더라도, 그 사업자의 출연행위를 직접적인 원인으로 하여 국가가 그 거래징수를 한 사업자에 대한 조세채권을

취득하기 때문에 손실과 이득 사이의 직접적 연관성 및 인과관계가 존재한다고 규범적으로 평가하고, 부가가치세법 제24조 제1항, 부가가치세법 시행령 제72조 제1항 등의 규정을 부당이득의 성립요건 중 국가의 이득 발생이라는 요건을 완화시키는 부당이득의 특칙으로 이해할 수도 있다. 결국 본래 부당이득으로서 국가가 이를 즉시 반환하는 것이 정의와 공평에 합당한 부가가치세 환급세액에 관하여 부가가치세법령에 요건과 절차, 지급시기 등이 규정되어 있고 그 지급의무에 공법적인 의무로서의 성질이 있다는 이유로, 그 환급세액 지급청구를 반드시 행정법원의 전속관할로 되어 있는 행정소송법상 당사자소송으로 하여야 한다고 볼 것은 아니다.“

(494) 대판 2011. 6. 9. 선고 2011다2951 [1] 보조금의 예산 및 관리에 관한 법률 제2조 제1호는 “보조금이라 함은 국가 외의 자가 행하는 사무 또는 사업에 대하여 국가가 이를 조성하거나 재정상의 원조를 하기 위하여 교부하는 보조금(지방자치단체에 대한 것과 기타 법인 또는 개인의 시설자금이나 운영자금에 대한 것에 한한다)·부담금(국제조약에 의한 부담금은 제외한다) 기타 상당한 반대급부를 받지 아니하고 교부하는 급부금으로서 대통령령으로 정하는 것을 말한다.”라고 규정하고 있으므로, 위 법의 적용을 받는 보조금은 국가가 교부하는 보조금에 한정된다. 따라서 지방자치단체가 교부하는 보조금에 관하여는 위 법의 적용이 없고, 지방재정법 및 지방재정법 시행령 그리고 당해 지방자치단체의 보조금관리조례가 적용될 뿐이다.

[2] 지방자치단체가 보조금 지급결정을 하면서 일정 기한 내에 보조금을 반환하도록 하는 교부조건을 부가한 사안에서, 지방자치단체의 보조금관리조례 규정과 위 보조금 지급결정이 행정청 재량이 인정되는 수익적 행정행위의 성격을 지니고 있고 경제촉진을 위하여 다양한 형태의 보조금행정을 시행할 필요성도 있는 점 등을 종합하여 보면, 지방자치단체가 보조금 지급결정을 하면서 반드시 보조사업자에게 수익이 발생할 경우에 한하여 보조금을 반환하게 하는 조건을 붙일 수 있다고 볼 근거는 없고, 보조사업자의 보조금 신청 내용과 재정상태, 지방자치단체의 예산상태, 공익상·시책상 필요성, 보조금의 교부목적 등을 고려하여 금융이자의 부담 없이 보조금을 사용하도록 하되, 일정 기한 내에 보조금을 반환하도록 하는 조건의 재정상 원조를 하는 것도 허용될 수 있다고 해석되며, 이 경우 보조금의 예산 및 관리에 관한 법률 제18조 제2항이 유추 적용될 수는 없다고 한 사례.

[3] 지방자치단체가 보조금 지급결정을 하면서 일정 기한 내에 보조금을 반환하도록 하는 교부조건을 부가한 사안에서, 보조사업자의 지방자치단체에 대한 보조금 반환의무는 행정처분인 위 보조금 지급결정에 부가된 부관상 의무이고, 이러한 부관상 의무는 보조사업자가 지방자치단체에 부담하는 공법상 의무이므로, 보조사업자에 대한 지방자치단체의 보조금반환청구는 공법상 권리관계의 일방 당사자를 상대로 하여 공법상 의무이행을 구하는 청구로서 행정소송법 제3조 제2호에 규정한 당사자소송의 대상이라고 한 사례.

(495) 원심 : 호적정정 후의 출생연월일을 기준으로 하여 정년의 연장을 요구하는 것은 신의성실의 원칙에 반하여 허용될 수 없음(원고의 피고 소속 공무원으로서의 정년은 2009. 12. 31.임을 확인한다. - 청구기각) 대법원 요지와 해설 : 신의성실의 원칙은 법률관계의 당사자는 상대방의 이익을 배려하여 형평에 어긋나거나 신뢰를 저버리는 내용 또는 방법으로 권리를 행사하거나 의무를 이행하여서는 아니 된다는 추상적 규범으로서, 신의성실의 원칙에 위배된다는 이유로 그 권리의 행사를 부정하기 위하여는 상대방에게 신의를 공여하였다거나, 객관적으로 보아 상대방이 신의를 가짐이 정당한 상태에 있어야 하고, 이러한 상대방의 신의에 반하여 권리를 행사하는 것이 정의관념에 비추어 용인될 수 없는 정도의 상태에 이르러야 하는데, 앞서 본 바와 같이 지방공무원 인사기록 및 인사사무 처리규칙 제6조 제4항이 공무원의 임용권자에 대한 인사기록변경신청기간을 제한하지 않고 있는 점, 위 규칙 [별표 3]이 지방공무원의 정년퇴직시 구비서류로 가족관계기록사항에 관한 증명서 중 기본증명서 1통을 요구하고 있는 점 등을 고려하면, 원심이 들고 있는 사정만으로 원고가 임용권자에게 임용신청 당시 호적상 출생연월일을 기준으로 정년을 산정하기로 하는 신의를 공여하였다거나, 객관적으로 보아 임용권자가 위와 같은 신의를 가짐이 정당한 상태에 있다거나, 이러한 임용권자의 신의에 반하여 권리를 행사하는 것이 정의관념에 비추어 용인될 수 없는 정도의 상태에 이르렀다고 볼 수 없다. 참고, 대판 2002. 3. 15. 선고 2001다67126 【부당이득금반환등】 【피고 대한민국】 [3] 신의성실의 원칙은 법률관계의 당사자는 상대방의 이익을 배려하여 형평에 어긋나거나, 신뢰를 저버리는 내용 또는 방법으로 권리를 행사하거나 의무를 이행하여서는 아니 된다는 추상적 규범으로서, 신의성실의 원칙에 위배된다는 이유로 그 권리의 행사를 부정하기 위하여는 상대방에게 신의를 공여하였다거나, 객관적으로 보아 상대방이 신의를 가짐이 정당한 상태에 있어야 하고, 이러한 상대방의 신의에 반하여 권리를 행사하는 것이 정의관념에 비추어 용인될 수 없는 정도의 상태에 이르러야 하며, 또한 특별한 사정이 없는 한, 법령에 위반되어 무효임을 알고서도 그 법률행위를 한 자가 강행법규 위반을 이유로 무효를 주장한다 하여 신의칙 또는 금반언의 원칙에 반하거나 권리남용에 해당한다고 볼 수는 없다. [4] 공공용지의취득및손실보상에관한특례법 소정의 이주대책의 비용부담에 관한 같은법시행령의 규정에 위반되는 법률행위를 한 이주자들이 그 강행법규 위반을 이유로 무효를 주장함이 신의칙 또는 금반언의 원칙에 반한다고 할 수 없다고 본 사례.

(496) 대판 1984. 1. 31. 83누547

(497) 대판 1990. 10. 23. 선고 90다4440

(498) 대판 1996. 12. 6. 96누6417 등

(499) 대판 1995. 9. 15. 93누18532 등

(500) 대판 1991. 2. 12. 90다10827 등

(501) 대판 1999. 11. 26. 97다42250

(502) 대판 1996. 4. 23. 95다53775 등

(503) 서울행정법원 2007. 8. 29. 선고 2007구합8843 판결 주문】 이 사건 소를 각하한다.【청구취지】 피고는 원고 등에게 각 20,000원 및 이에 대하여 별지 퇴직금 목록 기재 퇴직일자 란 해당 각 일자로부터 이 사건 소장부본 송달일까지는 연 5%, 그 다음날부터 다 갚는 날까지 연 20%의 각 비율에 의한 금원을 지급하라. 【이유】 (2) 소의 형태 : 가)공무원연금법 제26조 제1항은 "각종 급여는 그 급여를 받을 권리를 가진 자가 당해 공무원이 소속하였던 기관장의 확인을 얻어 신청하는 바에 의하여 행정자치부장관의 결정으로 공단이 지급한다. 다만, 대통령령이 정하는 종류의 급여의 결정에 있어서는 공무원연금급여심의회의 심의를 거쳐야 하며, 지방자치단체의 공무원의 재해부조금 및 사망조위금은 지방자치단체의 장의 결정으로 지방자치단체가 지급한다."고 규정하고 있고, 같은 조 제3항은 " 제1항의 규정에 의한 급여의 결정에 관한 행정자치부장관의 권한은 대통령령이 정하는 바에 의하여 이를 공단에 위탁할 수 있다."고 규정하고 있으며, 같은 법 제42조 제4호는 퇴직수당을 장기급여의 일종으로 인정하고 있고, 같은 법 제83조 제1항은 "기관장은 이 법에 의한 급여사유의 발생, 기여금의 납부, 재직기간의 계산에 필요한 이력사항 기타 공무원 또는 공무원이었던 자의 신분에 관한 사항을 조사·확인하여야 한다."고 규정하고 있고, 같은 법 시행령 제19조의3은 " 법 제26조 제1항의 규정에 의한 각종급여의 결정에 관한 행정자치부장관의 권한은 이를 공단에 위탁한다."고 규정하고 있으며, 같은 법 시행령 제52조의2는 " 법 제61조의2 제1항의 규정에 의하여 퇴직수당을 받고자 하는 자는 퇴직수당청구서를 연금취급기관장에게 제출하고 연금취급기관장은 지체 없이 재직기간의 감축사유, 급여의 제한사유 기타 필요한 사항을 조사·확인하여 공단에 이송하여야 한다."고 규정하고 있다. 위 각 관계 규정을 종합해보면, 공무원연금법상 각종 급여를 받을 권리는 법령의 요건에 해당하는 것만으로 바로 구체적인 청구권으로서 발생하는 것이 아니라, 급여를 받을 권리를 가진 자가 당해 공무원이 소속하였던 기관장의 확인을 얻어 신청하는 바에 따라 공무원연금관리공단이 그 지급결정을 함으로써 그 구체적인 권리가 발생하고, 따라서 공무원연금법상 각종 급여를 받으려고 하는 자는 우선 관계법령에 따라 공무원연금관리공단에 그 권리의 인정을 청구하여 공무원연금관리공단이 그 인정 청구를 거부하거나 청구중의 일부만을 인정하는 처분을 하는 경우 그 처분을 대상으로 항고소송을 제기하는 등으로 구체적인 권리를 인정받은 다음 비로소 당사자소송으로 그 급여의 지급을 구하여야 할 것이고, 구체적인 권리가 발생하지 않은 상태에서 곧바로 국가를 상대로 한 당사자소송으로 그 권리의 확인이나 급여의 지급을 소구하는 것은 허용되지 않는다(대법원 1996. 12. 6. 선고 96누6417 판결, 대법원 2003. 9. 5. 선고 2002두3522 판결 취지, 대법원 1995. 9. 15. 선고 93누18532 판결 취지 참조). 다만, 행정청의 지급결정 후 법령의 개정 등에 따른 급여감액조치에 이의하여 미지급 급여액의 지급을 청구하기 위해서는 항고소송이 아닌 당사자소송으로 다투어야 할 것이나(대법원 2004. 12. 24. 선고 2003두15195 판결, 대법원 2003. 9. 5. 선고 2002두3522 판결 취지 참조), 이러한 사안은 행정청의 지급결정으로 해당 공무원에게 이미 구체적 권리가 발생하였다가 법령의 개정에 따라 그 권리의 내용이 행정청의 별다른 처분을 매개함 없이 변동되는 경우에 대한 것으로서, 이 사건에서와 같이 원고 등이 구하는 부분에 대한 구체적 권리가 전혀 발생하지 않은 경우와는 다르다. 나) 이러한 법리에 비추어 보건대, 원고 등이 이 사건 소로써 구하는 것은 공무원연금법상 퇴직수당이므로, 원고 등이 피고에게 추가로 구하는 퇴직수당에 관한 권리의 인정을 청구하여 피고가 이를 거부하거나 청구 중 일부만을 인정하는 경우 그에 대한 항고소송을 제기하는 등으로 구체적인 권리를 인정받은 다음, 비로소 당사자소송으로 그 급여의 지급을 구하여야 할 것이다. 그런데, 앞서 본바와 같이 원고 등은 그 퇴직 당시 피고의 위 퇴직수당 지급결정에 대하여 이를 다투는 항고소송을 제기하지 아니하였고 이 사건 소를 제기하기에 앞서 피고에게 추가로 퇴직수당 청구를 하지도 아니한 사실을 인정할 수 있는바, 원고 등에게는 피고가 인정하는 범위(즉, 공무원연금법 시행령 제52조의3 제5호에 따른, 재직기간 매 1년에 대하여 보수월액에 100분의 60 비율을 곱한 금액)에서 퇴직수당에 관한 구체적 권리가 발생하였어도(이 부분에 대하여는 피고가 선정자 6을 제외한 원고 등에게 이미 퇴직수당을 지급하였고 이 사건 소 역시 이 부분을 대상으로 하는 것은 아니다) 그 범위를 넘어서 원고 등이 이 사건 소로써 추가로 구하는 퇴직수당 부분(즉, 퇴직수당 산정의 기초가 되는 재직기간을 33년으로 제한하지 않은, 실제 재직기간 매 1년에 대하여 보수월액을 곱한 금액에서 이미 지급받은 퇴직수당을 공제한 금액)에 관한 구체적인 권리는 아직 발생하지 아니하였을 뿐만 아니라, 또 그 발생을 위한 원고 등의 신청, 피고의 심사 및 결정이나 이에 대한 항고소송절차도 거친바가 없으므로, 이 부분에 대하여 막 바로 원고 등이 피고를 상대로 한 당사자소송으로 퇴직수당의 지급을 구하는 것은 허용되지 아니한다. 다) 따라서 이 사건 소는 구체적인 권리가 발생하지 아니한 당사자가 제기한 당사자소송으로서 부적법하

다고 할 것이다.

(504) 대판 1997. 5. 30. 95다28960

(505) 종전 전문직 공무원.

(506) 『사법연수원, 행정구제법, 132쪽』

(507) 대판 2009. 8. 20. 2008두8727 【무상사용권확인】 【피고 대한민국】 [1] 부동산에 부합된 물건이 사실상 분리복구가 불가능하여 거래상 독립된 권리의 객체성을 상실하고 그 부동산과 일체를 이루는 부동산의 구성부분이 된 경우에는 타인의 권원에 의하여 이를 부합시킨 경우에도 그 물건의 소유권은 부동산의 소유자에게 귀속된다. 그러나, 토지의 지상에 별개의 부동산인 건축물이 건축된 경우, 토지의 지하에 시공된 시설이 토지에 부합되었는지 아니면 지상 건축물의 기초 등을 구성하여 건축물의 일부분이 되었는지 여부는, 그 시설과 토지 및 건축물 사이의 각 결합 정도나 그 물리적 구조 뿐만 아니라 당해 시설의 객관적, 사회경제적인 기능과 용도, 일반 거래관념, 토지의 당초 조성상태, 건축물의 종류와 규모 등 제반 사정을 종합하여 합리적으로 판단하여야 한다. [2] 그 부지와는 별개의 부동산인 지상 싸이로시설을 지지하기 위하여 지하에 항타·매립된 콘크리트 파일은 토지 외에 싸이로시설과도 상당한 수준으로 결합되어 있고 싸이로시설의 가치를 증대시키는 데에 기여하고 있어 토지에 부합된 것이 아니라 싸이로시설의 기초를 구성하는 시설로서 싸이로시설의 일부가 되었으므로, 싸이로시설을 국가에 귀속되지 않는 항만시설로 규정하고 있는 구 항만법 시행령(2005. 12. 9. 대통령령 제19174호로 개정되기 전의 것) 제17조 제1항 제2호에 따라 싸이로시설과 마찬가지로 국가에 귀속되지 않는다고 한 사례. <요지와 해설 : 원고가 파일 공사비 상당의 무상사용권 등의 확인을 구하는 공법상 당사자소송을 제기하였고, 원심은 파일이 토지에 부합하여 국가에 귀속되었음을 전제로 공사의 총사업비 상당 무상사용권의 확인을 구하는 원고의 청구를 인용하였지만, 파익이 기능에서 지반을 강화하는 작용을 하기도 하지만 주된 기능은 특별히 무거운 하중을 가진 싸이로시설을 지지하고 토지에 단단히 정착시키는 기초로서의 역할을 하는 데에 있고, 경제적으로도 토지 자체의 효용을 객관적으로 더 증가시키기보다는 싸이로시설의 가치를 증대시키는 데에 기여하고 있다고 할 것이므로 파일은 토지에 부합된 것이 아니라 싸이로시설의 기초를 구성하는 시설로서 싸이로시설의 일부가 되었다고 할 수 있고, 구 항만법 시행령 제17조 제1항 제2호는 싸이로시설을 국가에 귀속되지 않는 항만시설로 규정하고 있으므로, 파일을 이 사건 싸이로시설의 일부로 보는 이상 싸이로시설과 마찬가지로 국가에 귀속되지 않는다고 할 것이므로 원고의 청구가 이유없음(청구기각).> <당사자소송의 제기 경위 : 원고는 싸이로시설 공사의 완공을 앞둔 시점에서 군산해양청에게 파일 공사는 피고 소유인 부지의 지반을 강화하기 위한 것이라는 이유로 그 공사비를 보전해줄 것을 요청하였으나, 피고는 파일 공사가 건축물인 싸이로시설의 기초공사로 시행된 것이므로 그 비용을 원고가 부담하여야 한다고 통보함. 그러자 원고는 위 통보를 공사비 보전의 거부처분으로 보고 행정심판을 제기하였으나, 재결청은 원고가 구하는 공사비 보전 문제는 파일 공사 부분의 국가 귀속 여부에 따른 무상사용권의 인정 문제로서 공법상의 법률관계에 관한 쟁송에 해당되어 민사소송이나 당사자소송에 의하여야 한다는 이유로 각하함. 이에 원고는 파일 공사비 상당의 무상사용권 등을 구하는 공법상 당사자소송을 제기함.>

(508) 대판 1998. 7. 10. 96다42819 【구상금】

(509) 국토의 계획 및 이용에 관한 법률 제131조 제4항, 도시개발법 제65조 제5항, 공유수면 관리 및 매립에 관한 법률 제32조 제5항, 하천법 제76조 제4항 등

(510) 도로법 제92조, 제93조, 항만법 제80조 등

(511) 징발법 제24조의2

(512) 문화재보호법 제46조, 수산업법 제81조, 광업법 제34조 제3항

(513) 대판 1981. 5. 26. 80다2542, 대판 1970. 3. 10. 69다1886 등

(514) 대판 1971. 9. 28. 71다1680

(515) 법률 제2292호 하천법 개정법률 제2조 제1항 제2호 (나)목 및 (다)목, 제3조에 의하면, 제방부지 및 제외지는 법률 규정에 의하여 당연히 하천구역이 되어 국유로 되는데도, 하천편입토지 보상 등에 관한 특별조치법(이하 '특별조치법'이라 한다)은 법률 제2292호 하천법 개정법률 시행일(1971. 7. 20.)부터 법률 제3782호 하천법 중 개정법률의 시행일(1984. 12. 31.) 전에 국유로 된 제방부지 및 제외지에 대하여는 명시적인 보상규정을 두고 있지 않다. 그러나 제방부지 및 제외지가 유수지와 더불어 하천구역이 되어 국유로 되는 이상 그로 인하여 소유자가 입은 손실은 보상되어야 하고 보상방법을 유수지에 관한 것과 달리할 아무런 합리적인 이유가 없으므로, 법률 제2292호 하천법 개정법률 시행일부터 법률 제3782호 하천법 중 개정법률 시행일 전에 국유로 된 제방부지 및 제외지에 대하여도 특별조치법 제2조를 유추적용하여 소유자에게 손실을 보상하여야 한다고 보는 것이 타당하다.

(516) 대판 1990. 12. 21. 90누5689 등

(517) 공익사업을 위한 토지 등의 취득 및 보상에 관한 법률(이하, 법명 생략) 제2조 제3호 '사업시행자'란 공익사업을 수행하는 자를 말한다.

(518) 제2조 제4호 '토지소유자'란 공익사업에 필요한 토지의 소유자를 말한다.

(519) 제2조 제5호 '관계인'이란 사업시행자가 취득하거나 사용할 토지에 관하여 지상권 · 지역권 · 전세권 · 저당권 · 사용대차 또는 임대차에 따른 권리 또는 그 밖에 토지에 관한 소유권 외의 권리를 가진 자나 그 토지에 있는 물건에 관하여 소유권이나 그 밖의 권리를 가진 자를 말한다. 다만, 제22조에 따른 사업인정의 고시가 된 후에 권리를 취득한 자는 기존의 권리를 승계한 자를 제외하고는 관계인에 포함되지 아니한다.

(520) 제3조

(521) 제2조 제7호

(522) 1. 국방 · 군사에 관한 사업
2. 관계 법률에 따라 허가 · 인가 · 승인 · 지정 등을 받아 공익을 목적으로 시행하는 철도 · 도로 · 공항 · 항만 · 주차장 · 공영차고지 · 화물터미널 · 궤도 · 하천 · 제방 · 댐 · 운하 · 수도 · 하수도 · 하수종말처리 · 폐수처리 · 사방 · 방풍 · 방화 · 방조 · 방수 · 저수지 · 용수로 · 배수로 · 석유비축 · 송유 · 폐기물처리 · 전기 · 전기통신 · 방송 · 가스 및 기상 관측에 관한 사업
3. 국가나 지방자치단체가 설치하는 청사 · 공장 · 연구소 · 시험소 · 보건시설 · 문화시설 · 공원 · 수목원 · 광장 · 운동장 · 시장 · 묘지 · 화장장 · 도축장 또는 그 밖의 공공용 시설에 관한 사업
4. 관계 법률에 따라 허가 · 인가 · 승인 · 지정 등을 받아 공익을 목적으로 시행하는 학교 · 도서관 · 박물관 및 미술관 건립에 관한 사업
5. 국가, 지방자치단체, 「공공기관의 운영에 관한 법률」 제4조에 따른 공공기관, 「지방공기업법」에 따른 지방공기업 또는 국가나 지방자치단체가 지정한 자가 임대나 양도의 목적으로 시행하는 주택 건설 또는 택지 조성에 관한 사업
6. 제1호부터 제5호까지의 사업을 시행하기 위하여 필요한 통로, 교량, 전선로, 재료 적치장 또는 그 밖의 부속시설에 관한 사업
7. 제1호부터 제5호까지의 사업을 시행하기 위하여 필요한 주택, 공장 등의 이주단지 조성에 관한 사업
8. 그 밖에 다른 법률에 따라 토지 등을 수용하거나 사용할 수 있는 사업

(523) 대판 2005. 4. 29. 2004두14670 【사업인정처분취소】 【피고 건설교통부장관】 【피고보조참가인 한국전력공사】 [1] 전기사업자가 전선로를 설치하기 위하여 다른 사람의 토지 위의 공중사용을 할 필요가 있을 때에는 전기사업법 제89조에 의할 수 있음은 물론 공익사업을위한토지등의취득및보상에관한법률의 규정에 의할 수도 있다고 할 것이고, 공익사업을위한토지등의취득및보상에관한법률 제3조, 제4조, 제19조, 제20조, 제71조 제2항의 각 규정을 종합하면, 전선로의 설치·유지를 위한 다른 사람의 토지 위의 공중의 사용권도 공익사업을위한토지등의취득및보상에관한법률의 규정에 의한 수용 또는 사용의 대상이 될 수 있으므로, 전기사업법 제89조의 규정에도 불구하고 공익사업을위한토지등의취득및보상에관한법률 소정의 규정에 의하여 공익사업인 전기사업의 일환으로서 전선로의 설치를 위하여 다른 사람의 토지 위의 공중의 사용을 대상으로 한 사업인정처분을 할 수 있다. [2] 공익사업을위한토지등의취득및보상에관한법률 제20조는 공익사업의 수행을 위하여 필요한 때, 즉 공공의 필요가 있을 때 사업인정처분을 할 수 있다고 되어 있을 뿐 장래에 시행할 공익사업만을 대상으로 한정한다거나 이미 시행된 공익사업의 유지를 그 대상에서 제외하고 있지 않은 점, 당해 공익사업이 적법한 절차를 거치지 아니한 채 시행되었다 하여 그 시행된 공익사업의 결과를 원상회복한 후 다시 사업인정처분을 거쳐 같은 공익사업을 시행하도록 하는 것은 해당 토지 소유자에게 비슷한 영향을 미치면서도 사회적으로 불필요한 비용이 소요되고, 그 과정에서 당해 사업에 의하여 제공되었던 공익적 기능이 저해되는 사태를 초래하게 되어 사회·경제적인 측면에서 반드시 합리적이라고 할 수 없으며, 이미 시행된 공익사업의 유지를 위한 사업인정처분의 허용여부는 사업인정처분의 요건인 공공의 필요, 즉 공익사업의 시행으로 인한 공익과 재산권 보장에 의한 사익 사이의 이익형량을 통한 재량권의 한계문제로서 통제될 수 있는 점 등에 비추어 보면, 사업인정처분이 이미 실행된 공익사업의 유지를 위한 것이라는 이유만으로 당연히 위법하다고 할 수 없다. [3] 토지 위의 공중의 사용에 관한 전기사업법 제89조는 공익사업을위한토지등의취득및보상에관한법률의 특례를 규정한 것으로서 그 사용에 관한 절차와 요건 및 사용의 허가권자가 공익사업을위한토지등의취득및보상에관한법률의 규정에 의한 그것과 다르고, 공익사업을위한토지등의취득및보상에관한법률의 규정에 의한 사업인정처분의 요건에 이미 설치된 송전선로가 전기사업법 제89조에서 규정하고 있는 '현재의 사용방법을 방해하지 아니하는 범위 안'이라는 요건까지 충족하여야 한다고 볼 아무런 법령상의 근거가 없으므로 전기사업법 제89조의 규정에 의한 '현재의 사용방법을 방해하지 아니하는 범위 안'이라는 요건은 공익사업을위한토지등의취득및보상에관한법률의 규정에 의한 토

지 위의 공중의 사용에 대한 사업인정처분의 요건이 된다고 할 수 없다. [4] 공익사업을위한토지등의취득및보상에관한법률의 규정에 의한 사업인정처분이라 함은 공익사업을 토지 등을 수용 또는 사용할 사업으로 결정하는 것으로서(같은 법 제2조 제7호) 단순한 확인행위가 아니라 형성행위이므로, 당해 사업이 외형상 토지 등을 수용 또는 사용할 수 있는 사업에 해당된다 하더라도 행정주체로서는 그 사업이 공용수용을 할 만한 공익성이 있는지의 여부와 공익성이 있는 경우에도 그 사업의 내용과 방법에 대하여 사업인정처분에 관련된 자들의 이익을 공익과 사익 간에서는 물론, 공익 상호간 및 사익 상호간에도 정당하게 비교·교량하여야 하고, 그 비교·교량은 비례의 원칙에 적합하도록 하여야 한다.

(524) 제20조(사업인정) ① 사업시행자는 제19조에 따라 토지 등을 수용하거나 사용하려면 대통령령으로 정하는 바에 따라 국토해양부장관의 사업인정을 받아야 한다.

(525) 제21조(의견청취 등) 국토해양부장관은 사업인정을 하려면 관계 중앙행정기관의 장 및 특별시장 · 광역시장 · 도지사 · 특별자치도지사(이하 '시 · 도지사'라 한다.)와 협의하여야 하며, 대통령령으로 정하는 바에 따라 미리 제49조에 따른 중앙토지수용위원회 및 사업인정에 이해관계가 있는 자의 의견을 들어야 한다.

(526) 제22조(사업인정의 고시) ① 국토해양부장관은 제20조에 따른 사업인정을 하였을 때에는 지체 없이 그 뜻을 사업시행자, 토지소유자 및 관계인, 관계 시 · 도지사에게 통지하고 사업시행자의 성명이나 명칭, 사업의 종류, 사업지역 및 수용하거나 사용할 토지의 세목을 관보에 고시하여야 한다. ② 제1항에 따라 사업인정의 사실을 통지받은 시 · 도지사(특별자치도지사는 제외한다.)는 관계 시장 · 군수 및 구청장에게 이를 통지하여야 한다. ③ 사업인정은 제1항에 따라 고시한 날부터 그 효력이 발생한다.

(527) 제25조(토지 등의 보전) ① 사업인정고시가 된 후에는 누구든지 고시된 토지에 대하여 사업에 지장을 줄 우려가 있는 형질의 변경이나 제3조 제2호 또는 제4호에 규정된 물건을 손괴하거나 수거하는 행위를 하지 못한다.

(528) 제14조(토지조서 및 물건조서의 작성) ① 사업시행자는 공익사업의 수행을 위하여 제20조에 따른 사업인정 전에 협의에 의한 토지 등의 취득 또는 사용이 필요할 때에는 토지조서와 물건조서를 작성하여 서명 또는 날인을 하고 토지소유자와 관계인의 서명 또는 날인을 받아야 한다. 다만, 다음 각 호의 어느 하나에 해당하는 경우에는 그러하지 아니하다. 이 경우 사업시행자는 해당 토지조서와 물건조서에 그 사유를 적어야 한다. 1. 토지소유자 및 관계인이 정당한 사유 없이 서명 또는 날인을 거부하는 경우 2. 토지소유자 및 관계인을 알 수 없거나 그 주소 · 거소를 알 수 없는 등의 사유로 서명 또는 날인을 받을 수 없는 경우 ② 토지와 물건의 소재지, 토지소유자 및 관계인 등 토지조서 및 물건조서의 기재사항과 그 작성에 필요한 사항은 대통령령으로 정한다.

(529) 제27조(토지 및 물건에 관한 조사권 등) ① 사업인정의 고시가 된 후에는 사업시행자 또는 제68조에 따라 감정평가를 의뢰받은 감정평가업자(｢부동산 가격공시 및 감정평가에 관한 법률｣에 따른 감정평가업자를 말한다. 이하 '감정평가업자'라 한다.)는 다음 각 호에 해당하는 경우에는 제9조에도 불구하고 해당 토지나 물건에 출입하여 측량하거나 조사할 수 있다. 이 경우 제10조, 제11조 및 제13조를 준용한다. 1. 사업시행자가 사업의 준비나 토지조서 및 물건조서를 작성하기 위하여 필요한 경우 2. 감정평가업자가 감정평가를 의뢰받은 토지 등의 감정평가를 위하여 필요한 경우 ② 사업인정고시가 된 후에는 제26조 제1항에서 준용되는 제15조 제3항에 따라 토지소유자나 관계인이 토지조서 및 물건조서의 내용에 대하여 열람기간 이내에 이의를 제기하는 경우를 제외하고는 제26조 제1항에서 준용되는 제14조에 따라 작성된 토지조서 및 물건조서의 내용에 대하여 이의를 제기할 수 없다. 다만, 토지조서 및 물건조서의 내용이 진실과 다르다는 것을 입증할 때에는 그러하지 아니하다. ③ 사업시행자는 제1항에 따라 타인이 점유하는 토지에 출입하여 측량 · 조사함으로써 발생하는 손실(감정평가업자가 제1항 제2호에 따른 감정평가를 위하여 측량 · 조사함으로써 발생하는 손실을 포함한다.)을 보상하여야 한다.

(530) 제15조(보상계획의 열람 등) ① 사업시행자는 제14조에 따라 토지조서와 물건조서를 작성하였을 때에는 공익사업의 개요, 토지조서 및 물건조서의 내용과 보상의 시기 · 방법 및 절차 등이 포함된 보상계획을 전국을 보급지역으로 하는 일간신문에 공고하고, 토지소유자 및 관계인에게 각각 통지하여야 하며, 제2항 단서에 따라 열람을 의뢰하는 사업시행자를 제외하고는 특별자치도지사, 시장 · 군수 또는 구청장에게도 통지하여야 한다. 다만, 토지소유자와 관계인이 20인 이하인 경우에는 공고를 생략할 수 있다. ② 사업시행자는 제1항에 따른 공고나 통지를 하였을 때에는 그 내용을 14일 이상 일반인이 열람할 수 있도록 하여야 한다. 다만, 사업지역이 둘 이상의 시 · 군 또는 구에 걸쳐 있거나 사업시행자가 행정청이 아닌 경우에는 해당 특별자치도지사, 시장 · 군수 또는 구청장에게도 그 사본을 송부하여 열람을 의뢰하여야 한다. ③ 제1항에 따라 공고되거나 통지된 토지조서 및 물건조서의 내용에 대하여 이의가 있는 토지소유자 또는 관계인은 제2항에 따른 열람기간 이내에 사업시행자에게 서면으로 이의를 제기할 수 있다. ④ 사업시행자는 해당 토지조서 및 물건조서에 제3항에 따라 제기된 이의를 부기하고 그 이의가 이유 있다고 인정할 때에는 적절한 조치를 하여야 한다.

(531) 제16조(협의) 사업시행자는 토지 등에 대한 보상에 관하여 토지소유자 및 관계인과 성실하게 협의하여야 하며,

협의의 절차 및 방법 등 협의에 필요한 사항은 대통령령으로 정한다.

(532) 제26조(협의 등 절차의 준용) ① 제20조에 따른 사업인정을 받은 사업시행자는 토지조서 및 물건조서의 작성, 보상계획의 공고 · 통지 및 열람, 보상액의 산정과 토지소유자 및 관계인과의 협의 절차를 거쳐야 한다. 이 경우 제14조부터 제16조까지 및 제68조를 준용한다. ② 사업인정 이전에 제14조부터 제16조까지 및 제68조에 따른 절차를 거쳤으나 협의가 성립되지 아니하고 제20조에 따른 사업인정을 받은 사업으로서 토지조서 및 물건조서의 내용에 변동이 없을 때에는 제1항에도 불구하고 제14조부터 제16조까지의 절차를 거치지 아니할 수 있다. 다만, 사업시행자나 토지소유자 및 관계인이 제16조에 따른 협의를 요구할 때에는 협의하여야 한다.

(533) 제17조(계약의 체결) 사업시행자는 제16조에 따른 협의가 성립되었을 때에는 토지소유자 및 관계인과 계약을 체결하여야 한다.

(534) 제29조(협의 성립의 확인) ① 사업시행자와 토지소유자 및 관계인 간에 제26조에 따른 절차를 거쳐 협의가 성립되었을 때에는 사업시행자는 제28조 제1항에 따른 재결 신청기간 이내에 해당 토지소유자 및 관계인의 동의를 받아 대통령령으로 정하는 바에 따라 관할 토지수용위원회에 협의 성립의 확인을 신청할 수 있다. ② 제1항에 따른 협의 성립의 확인에 관하여는 제28조 제2항, 제31조, 제32조, 제34조, 제35조, 제52조 제7항, 제53조 제4항, 제57조 및 제58조를 준용한다. ③ 사업시행자가 협의가 성립된 토지의 소재지 · 지번 · 지목 및 면적 등 대통령령으로 정하는 사항에 대하여 「공증인법」에 따른 공증을 받아 제1항에 따른 협의 성립의 확인을 신청하였을 때에는 관할 토지수용위원회가 이를 수리함으로써 협의 성립이 확인된 것으로 본다. ④ 제1항 및 제3항에 따른 확인은 이 법에 따른 재결로 보며, 사업시행자, 토지소유자 및 관계인은 그 확인된 협의의 성립이나 내용을 다툴 수 없다.

(535) 대판 1981. 5. 26. 80다2109

(536) 대판 2010. 11. 11. 2010두14367

(537) 제28조(재결의 신청) ① 제26조에 따른 협의가 성립되지 아니하거나 협의를 할 수 없을 때(제26조 제2항 단서에 따른 협의 요구가 없을 때를 포함한다.)에는 사업시행자는 사업인정고시가 된 날부터 1년 이내에 대통령령으로 정하는 바에 따라 관할 토지수용위원회에 재결을 신청할 수 있다.

제72조(사용하는 토지의 매수청구 등) 사업인정고시가 된 후 다음 각 호의 어느 하나에 해당할 때에는 해당 토지소유자는 사업시행자에게 해당 토지의 매수를 청구하거나 관할 토지수용위원회에 그 토지의 수용을 청구할 수 있다. 이 경우 관계인은 사업시행자나 관할 토지수용위원회에 그 권리의 존속(存續)을 청구할 수 있다.

1. 토지를 사용하는 기간이 3년 이상인 경우

2. 토지의 사용으로 인하여 토지의 형질이 변경되는 경우

3. 사용하려는 토지에 그 토지소유자의 건축물이 있는 경우

제74조 제1항(잔여지 등의 매수 및 수용청구) 동일한 소유자에게 속하는 일단의 토지의 일부가 협의에 의하여 매수되거나 수용됨으로 인하여 잔여지를 종래의 목적에 사용하는 것이 현저히 곤란할 때에는 해당 토지소유자는 사업시행자에게 잔여지를 매수하여 줄 것을 청구할 수 있으며, 사업인정 이후에는 관할 토지수용위원회에 수용을 청구할 수 있다. 이 경우 수용의 청구는 매수에 관한 협의가 성립되지 아니한 경우에만 할 수 있으며, 그 사업의 공사완료일까지 하여야 한다.

제75조의2(잔여 건축물의 손실에 대한 보상 등) ② 동일한 소유자에게 속하는 일단의 건축물의 일부가 협의에 의하여 매수되거나 수용됨으로 인하여 잔여 건축물을 종래의 목적에 사용하는 것이 현저히 곤란할 때에는 그 건축물소유자는 사업시행자에게 잔여 건축물을 매수하여 줄 것을 청구할 수 있으며, 사업인정 이후에는 관할 토지수용위원회에 수용을 청구할 수 있다. 이 경우 수용 청구는 매수에 관한 협의가 성립되지 아니한 경우에만 하되, 그 사업의 공사완료일까지 하여야 한다.

(538) 제30조(재결 신청의 청구) ① 사업인정고시가 된 후 협의가 성립되지 아니하였을 때에는 토지소유자와 관계인은 대통령령으로 정하는 바에 따라 서면으로 사업시행자에게 재결을 신청할 것을 청구할 수 있다. ② 사업시행자는 제1항에 따른 청구를 받았을 때에는 그 청구를 받은 날부터 60일 이내에 대통령령으로 정하는 바에 따라 관할 토지수용위원회에 재결을 신청하여야 한다. 이 경우 수수료에 관하여는 제28조 제2항을 준용한다. ③ 사업시행자가 제2항에 따른 기간을 넘겨서 재결을 신청하였을 때에는 그 지연된 기간에 대하여 「소송촉진 등에 관한 특례법」 제3조에 따른 법정이율을 적용하여 산정한 금액을 관할 토지수용위원회에서 재결한 보상금에 가산(加算)하여 지급하여야 한다.

(539) 대판 2011두2309 사안 : 원고가 대전지방국토관리청 고시된 아산 - 천안 간 도로건설 사업의 손실보상협의 과정이나 수용·이의재결 및 손실보상금청구소송 과정에서 지속적으로 사업구역에 포함된 토지상의 지장물에 대하여

피고에게 재결신청을 하였고, 이에 피고는 손실보상대상에 해당하지 않아 재결신청대상이 아니라는 이유로 수용재결 신청을 거부하여 결국 손실보상협의가 이루어지지 않자 이에 피고가 소송을 제기함. 요지와 해설 : 위 사안은 토지보상법 제30조 제1항에 해당되기 때문에 토지소유자가 사업시행자에게 수용재결신청을 청구할 수 있음. <제30조(재결 신청의 청구) ① 사업인정고시가 된 후 협의가 성립되지 아니하였을 때에는 토지소유자와 관계인은 대통령령으로 정하는 바에 따라 서면으로 사업시행자에게 재결을 신청할 것을 청구할 수 있다.>

대구지법 2011.9.28. 선고 2010구합4546 판결 【수용지보상금지급거부처분등】 【피고 포항시장】 : (확정) 갑 교회 대표자 을이 건축허가를 받아 종교용지 위에 건물을 신축하던 중 '포항시장이 도시계획시설(문화시설)사업을 시행하면 건축물에 대한 보상금을 포기한다'는 내용의 각서를 관할 관청에 제출하였고 갑 교회도 같은 취지의 각서를 제출하면서 건축주 명의를 갑 교회로 변경하였는데, 이후 위 토지와 지상건물이 포항시장이 인가·고시한 도시계획시설(문화시설)사업 실시계획에 편입되자 갑 교회가 건물에 대해 수용재결신청을 하였으나 포항시장이 위 각서를 근거로 거부하는 처분을 한 사안에서, 갑 교회가 적법한 건축허가에 따라 건물을 신축하던 중 각서를 작성하였고, 그 시기도 포항시장의 사업실시계획 인가·고시가 있기 약 5년 전이었던 점, 갑 교회는 수용보상금청구권을 아무런 대가 없이 포기하기로 약정한 점, 수용보상금청구권을 대가 없이 포기하는 것을 허용하는 법률 규정이 없는 점, 만약 이를 허용할 경우 헌법이 보장하는 재산권 보장이 형해화될 수 있는 점 등을 종합하면, 갑 교회가 공익사업 인가 전에 아무런 대가 없이 미리 수용보상금청구권을 포기하기로 약정한 것은 수용보상금청구권 성질에 반하여 무효라는 이유로 위 처분이 위법하다고 한 사례. <사안 : 피고는 원고 소유의 토지와 지상 본건 건물이 있는 본건 사업지구에 문화콘텐츠센터를 건립하는 내용의 도시계획시설(문화시설)사업 실시계획을 인가·고시[1]하였고, 원고는 피고에게 본건 건물에 대하여 수용재결신청을 청구하였으나, 피고가 '본건 건물은 원고가 포기각서를 작성하여 보상금을 포기하였으므로 보상대상이 되지 아니한다'는 이유로 수용재결신청청구를 거부하자 이에 거부처분 취소소송을 제기함. 요지와 해설 : 공익사업 인가 전에 아무런 대가 없이 미리 수용보상금청구권을 포기하기로 약정한 것은 수용보상금청구권 성질에 반하여 무효이기 때문에 거부처분이 위법함. 【주 문】 피고가 2010. 12. 8. 원고에 대하여 한 본건 건물에 대한 재결신청청구 거부처분을 취소한다.>

(540) 대판 2011. 9. 29. 2009두10963 구 공익사업을 위한 토지 등의 취득 및 보상에 관한 법률(2007. 10. 17. 법률 제8665호로 개정되기 전의 것, 이하 '구 공익사업법'이라 한다) 제77조 제1항, 제4항, 구 공익사업을 위한 토지 등의 취득 및 보상에 관한 법률 시행규칙(2007. 4. 12. 건설교통부령 제556호로 개정되기 전의 것) 제45조, 제46조, 제47조와 구 공익사업법 제26조, 제28조, 제30조, 제34조, 제50조, 제61조, 제83조 내지 제85조의 규정 내용 및 입법 취지 등을 종합하여 보면, 공익사업으로 인하여 영업을 폐지하거나 휴업하는 자가 사업시행자에게서 구 공익사업법 제77조 제1항에 따라 영업손실에 대한 보상을 받기 위해서는 구 공익사업법 제34조, 제50조 등에 규정된 재결절차를 거친 다음 재결에 대하여 불복이 있는 때에 비로소 구 공익사업법 제83조 내지 제85조에 따라 권리구제를 받을 수 있을 뿐, 이러한 재결절차를 거치지 않은 채 곧바로 사업시행자를 상대로 손실보상을 청구하는 것은 허용되지 않는다고 보는 것이 타당하다. <영업손실보상에 관하여 구 공익사업법 소정의 재결절차를 거치지 아니하였으므로 영업손실보상금 청구의 소를 부적법 각하함.>

(541) 제51조(관할)

(542) 제46조(위험부담) 토지수용위원회의 재결이 있은 후 수용하거나 사용할 토지나 물건이 토지소유자 또는 관계인의 고의나 과실 없이 멸실되거나 훼손된 경우 그로 인한 손실은 사업시행자가 부담한다.

(543) 제45조(권리의 취득·소멸 및 제한) ① 사업시행자는 수용의 개시일에 토지나 물건의 소유권을 취득하며, 그 토지나 물건에 관한 다른 권리는 이와 동시에 소멸한다. ② 사업시행자는 사용의 개시일에 토지나 물건의 사용권을 취득하며, 그 토지나 물건에 관한 다른 권리는 사용 기간 중에는 행사하지 못한다. ③ 토지수용위원회의 재결로 인정된 권리는 제1항 및 제2항에도 불구하고 소멸되거나 그 행사가 정지되지 아니한다. 제42조(재결의 실효) ① 사업시행자가 수용 또는 사용의 개시일까지 관할 토지수용위원회가 재결한 보상금을 지급하거나 공탁하지 아니하였을 때에는 해당 토지수용위원회의 재결은 효력을 상실한다.

(544) 제43조(토지 또는 물건의 인도 등) 토지소유자 및 관계인과 그 밖에 토지소유자나 관계인에 포함되지 아니하는 자로서 수용하거나 사용할 토지나 그 토지에 있는 물건에 관한 권리를 가진 자는 수용 또는 사용의 개시일까지 그 토지나 물건을 사업시행자에게 인도하거나 이전하여야 한다. 제44조(인도 또는 이전의 대행) ① 특별자치도지사, 시장·군수 또는 구청장은 다음 각 호의 어느 하나에 해당할 때에는 사업시행자의 청구에 의하여 토지나 물건의 인도 또는 이전을 대행하여야 한다. 1. 토지나 물건을 인도하거나 이전하여야 할 자가 고의나 과실 없이 그 의무를 이행할 수 없을 때 2. 사업시행자가 과실 없이 토지나 물건을 인도하거나 이전하여야 할 의무가 있는 자를 알 수 없을 때 ② 제1항에 따라 특별자치도지사, 시장·군수 또는 구청장이 토지나 물건의 인도 또는 이전을 대행하는 경우 그로 인한 비용은 그 의무자가 부담한다. 제89조(대집행) ① 이 법 또는 이 법에 따른 처분으로 인

한 의무를 이행하여야 할 자가 그 정하여진 기간 이내에 의무를 이행하지 아니하거나 완료하기 어려운 경우 또는 그로 하여금 그 의무를 이행하게 하는 것이 현저히 공익을 해친다고 인정되는 사유가 있는 경우에는 사업시행자는 시 · 도지사나 시장 · 군수 또는 구청장에게 「행정대집행법」에서 정하는 바에 따라 대집행을 신청할 수 있다. 이 경우 신청을 받은 시 · 도지사나 시장 · 군수 또는 구청장은 정당한 사유가 없으면 이에 따라야 한다. ② 사업시행자가 국가나 지방자치단체인 경우에는 제1항에도 불구하고 「행정대집행법」에서 정하는 바에 따라 직접 대집행을 할 수 있다. ③ 사업시행자가 제1항에 따라 대집행을 신청하거나 제2항에 따라 직접 대집행을 하려는 경우에는 국가나 지방자치단체는 의무를 이행하여야 할 자를 보호하기 위하여 노력하여야 한다.

(545) 83조(이의의 신청) ① 중앙토지수용위원회의 제34조에 따른 재결에 이의가 있는 자는 중앙토지수용위원회에 이의를 신청할 수 있다. ② 지방토지수용위원회의 제34조에 따른 재결에 이의가 있는 자는 해당 지방토지수용위원회를 거쳐 중앙토지수용위원회에 이의를 신청할 수 있다. ③ 제1항 및 제2항에 따른 이의의 신청은 재결서의 정본을 받은 날부터 30일 이내에 하여야 한다.

(546) 제88조(처분효력의 부정지) 제83조에 따른 이의의 신청이나 제85조에 따른 행정소송의 제기는 사업의 진행 및 토지의 수용 또는 사용을 정지시키지 아니한다.

(547) 제84조(이의신청에 대한 재결) ① 중앙토지수용위원회는 제83조에 따른 이의신청을 받은 경우 제34조에 따른 재결이 위법하거나 부당하다고 인정할 때에는 그 재결의 전부 또는 일부를 취소하거나 보상액을 변경할 수 있다. ② 제1항에 따라 보상금이 늘어난 경우 사업시행자는 재결의 취소 또는 변경의 재결서 정본을 받은 날부터 30일 이내에 보상금을 받을 자에게 그 늘어난 보상금을 지급하여야 한다. 다만, 제40조 제2항 제1호 · 제2호 또는 제4호에 해당할 때에는 그 금액을 공탁할 수 있다.

(548) 제86조(이의신청에 대한 재결의 효력) ① 제85조 제1항에 따른 기간 이내에 소송이 제기되지 아니하거나 그 밖의 사유로 이의신청에 대한 재결이 확정된 때에는 「민사소송법」상의 확정판결이 있은 것으로 보며, 재결서 정본은 집행력 있는 판결의 정본과 동일한 효력을 가진다.

(549) 제85조(행정소송의 제기) ① 사업시행자, 토지소유자 또는 관계인은 제34조에 따른 재결에 불복할 때에는 재결서를 받은 날부터 60일 이내에, 이의신청을 거쳤을 때에는 이의신청에 대한 재결서를 받은 날부터 30일 이내에 각각 행정소송을 제기할 수 있다. 이 경우 사업시행자는 행정소송을 제기하기 전에 제84조에 따라 늘어난 보상금을 공탁하여야 하며, 보상금을 받을 자는 공탁된 보상금을 소송이 종결될 때까지 수령할 수 없다.

(550) 대판 2010. 1. 28. 2008두1504 【수용재결취소등】 【피고 중앙토지수용위원회, 대한민국】 사안 : 사업인정 및 고시(평택-이동간 도로 확장 및 포장공사), 사업시행자(피고 대한민국 산하 서울지방국토관리청장), 피고 중앙토지수용위원회의 수용재결(수용대상 : 본건 토지, 손실보상금 : 2억9천만원원) 피고 중앙토지수용위원회의 이의재결(손실보상금을 3억 1천만원으로 증액)하자 이에 토지소유자가 주위적으로 피고 중앙토지수용위원회의 수용재결, 이의재결 취소를, 예비적으로 피고 대한민국을 상대로 2천만원의 지급을 구하는 소송을 제기함. 요지와 해설 : 토지소유자 등이 수용재결에 불복하여 이의신청을 거친 후 취소소송을 제기하는 경우 피고적격은 수용재결을 한 토지수용위원회이고, 소송대상은 수용재결이기 때문에 중앙토지수용위원회의 수용재결과 이의재결(수용결정의 취소를 구하는 부분에 대한 기각재결)을 한 경우라면 중앙토지수용위원회의 수용재결을 대상으로 취소소송을 제기해야함(원심 파기 - 대법원 판례에 따른 【주 문】 원고의 피고 중앙토지수용위원회에 대한 이의재결처분취소 부분의 소를 각하한다.). 서울고등법원 2007.12.18. 선고 2007누12769[1] 판결 【주 문】 1. 제1심 판결 중 피고 중앙토지수용위원회에 대한 원고 패소부분을 취소한다. 2. 원고의 피고 중앙토지수용위원회에 대한 수용재결처분취소 부분의 소를 각하한다. 3. 피고 중앙토지수용위원회가 본건 토지에 대하여 한 이의재결을 취소한다. 4. 원고의 예비적 피고 대한민국에 대한 항소를 기각한다. <2심 이유 중 각하사유 : 수용재결에 불복하여 중앙토지수용위원회의 이의재결을 거친 경우 수용재결 자체의 취소를 구하는 항고소송은 이의재결을 한 중앙토지수용위원회만이 피고적격이 있는 것으로 봄이 상당하다. 따라서 수용재결의 주체로서 위 피고를 상대로 한 원고의 이 사건 소는 부적법하다고 할 것이다.> 1심 판결(수원지방법원 2007. 4. 18. 선고 2005구합3180 판결)은 1. 원고의 피고 중앙토지수용위원회에 대한 수용재결을 취소한다. 2. 원고의 피고 중앙토지수용위원회에 대한 이의재결 취소부분 및 예비적 피고 대한민국에 대한 청구를 각 기각한다. <1심 이유 중 수용재결의 위법에 대하여 '본건 토지들의 위치와 상호간의 경계를 전혀 확인할 방법이 없어, 수용되는 토지 부분이 물리적으로 특정이 가능하다고 하더라도, 과연 어느 토지가 얼마만큼 수용의 목적물이 되는지는 알 길이 없으므로 먼저 적법한 절차를 거쳐서 위치와 경계가 확정되지 아니하는 이상 이를 수용할 수는 없다고 할 것이다(사업시행자가 여러 정황을 토대로 하여 이 사건 토지의 위치와 경계를 상세도면 및 용지도에 특정하여 이를 근거로 수용대상 토지와 그 지분을 선정한 것으로 보이나, 그 신빙성을 확인할 방법이 없을 뿐만 아니라 그 절차에 지적정정에 갈음하는 효력을 부여할 수는 없다고 할 것이므로 위와 같은 도면을 근거로 하여 수용의 목적물을 특정할 수는 없다). 따라서 위치와 경계가 특정되지 아니한 토지의 일부분을 임의로 지분을 정하여 수용한 이 사건 재결은 위법하다고

하지 않을 수 없다.'고 판시함.>

(551) 대판 2001. 9. 4.99두11080【토지수용이의재결처분취소】[1] 토지수용법에 의한 잔여지수용청구권은 그 요건을 구비한 때에는 토지수용위원회의 특별한 조치를 기다릴 것 없이 청구에 의하여 수용의 효과가 발생하는 형성권적 성질을 가지고, 그 행사기간은 제척기간으로서, 토지소유자가 그 행사기간 내에 잔여지수용청구권을 행사하지 아니하면 그 권리가 소멸하므로, 토지소유자는, 잔여지수용청구권의 행사기간에 관하여 제한이 없었던 구 토지수용법(1990. 4. 7. 법률 제4231호로 개정되기 전의 것) 제48조 제1항이 적용되던 당시에는 토지수용위원회에 대하여 토지수용의 보상가액을 다투는 방법에 의하여도 잔여지수용청구권을 행사할 수 있었던 것과 달리, 위 법 조항이 개정되어 행사기간에 관한 규정이 신설된 이후에는 그 규정에서 정한 바에 따라 재결신청의 공고일로부터 2주간의 열람기간 내(1999. 2. 8. 법률 제5909호로 개정되기 전의 토지수용법 제48조 제1항) 또는 관할 지방토지수용위원회의 재결이 있기 전까지(개정된 위 조항 시행 후) 이를 행사하여야 하고, 도시계획법에 의한 토지수용이라 하여 달리 볼 것은 아니다. [2] 기업자가 수용과정에서 아무런 보상 없이 수용대상이 아닌 목적물을 철거함으로써 그 소유자 등에게 손해를 입혔다면 이는 불법행위를 구성하는 것으로서 이와 같은 불법행위로 인한 손해금의 지급을 구하는 소는 손실보상이라는 용어를 사용하였다고 하여도 민사상의 손해배상청구로 보아야 한다.

참고, 원고가 들고 있는 대법원 2002두4679 판결은 이 사건과는 사안을 달리하므로, 이 사건에 원용하기에 적절하지 아니하다. <대판 2005. 1. 28. 2002두4679【토지수용이의재결처분취소등】[3] 지방자치단체가 기업자로서 관할 토지수용위원회에 토지의 취득을 위한 재결신청을 하고 그 장이 관할 토지 수용위원회의 재결신청서 및 관계 서류 사본의 공고 및 열람의뢰에 따라 이를 공고 및 열람에 제공함에 있어서 토지소유자 등에게 의견제출할 것을 통지한 경우, 토지소유자가 당해 지방자치단체에 대하여 한 잔여지수용청구의 의사표시는 관할 토지수용위원회에 대하여 한 잔여지수용청구의 의사표시로 보아야 한다고 한 사례.>

(552) 토지소유자가 보상금에 불만이 있어서 제기한 이의재결에서 보상금이 증가된 경우, 사업시행자는 증가된 보상금을 별도로 공탁을 해야 하는지? 공익용지의 취득 및 보상에 관한법률 제84조 제①항 중앙토지수용위원회는 제83조에 따른 이의신청을 받은 경우 제34조에 따른 재결이 위법하거나 부당하다고 인정할 때에는 그 재결의 전부 또는 일부를 취소하거나 보상액을 변경할 수 있다. 제②항 제1항에 따라 보상금이 늘어난 경우 사업시행자는 재결의 취소 또는 변경의 재결서 정본을 받은 날부터 30일 이내에 보상금을 받을 자에게 그 늘어난 보상금을 지급하여야 한다. 다만, 제40조 제2항 제1호·제2호 또는 제4호에 해당할 때에는 그 금액을 공탁할 수 있다. 제85조(행정소송의 제기) ① 사업시행자, 토지소유자 또는 관계인은 제34조에 따른 재결에 불복할 때에는 재결서를 받은 날부터 60일 이내에, 이의신청을 거쳤을 때에는 이의신청에 대한 재결서를 받은 날부터 30일 이내에 각각 행정소송을 제기할 수 있다. 이 경우 사업시행자는 행정소송을 제기하기 전에 제84조에 따라 늘어난 보상금을 공탁하여야 하며, 보상금을 받을 자는 공탁된 보상금을 소송이 종결될 때까지 수령할 수 없다.

사업시행자가 이의재결로 증액된 보상금에 대하여 불만이 있더라도 동법 제84조 제2항에서는 이의 재결로 늘어난 보상금을 지급하거나 공탁할 의무를 명시화하고 있으며, 사업시행자가 행정소송을 제기하는 경우에도 이러한 의무가 관철되며(동법 85조 제1항 2문 참조), 사업시행자는 보상금에 불만이 있어서 감액을 구하는 소송을 제기하는 경우나, 토지소유자가 보상금 증액을 구하는 소송을 제기하는 경우 모두 이의재결로 인하여 늘어난 보상금에 대하여 공탁을 하여야 하고 공탁을 하지 않은 경우에는 소송요건 흠결로 각하된다. 다만 법원의 판결은 보상금 감액을 구하는 경우 적법한 공탁의 시기는 소송제기 전이지만, 사실심변론종결전까지 공탁한 경우 그 하자가 치유된다고 판단한바 있다.

대판 2008. 2. 15. 2006두9832 【토지수용이의재결보상금감액청구】공익사업을 위한 토지 등의 취득 및 보상에 관한 법률 제85조 제1항의 규정 및 관련 규정들의 내용, 사업시행자가 행정소송 제기시 증액된 보상금을 공탁하도록 한 위 제85조 제1항 단서 규정의 입법 취지, 그 규정에 의해 보호되는 보상금을 받을 자의 이익과 그로 인해 제한받게 되는 사업시행자의 재판청구권과의 균형 등을 종합적으로 고려하여 보면, 사업시행자가 재결에 불복하여 이의신청을 거쳐 행정소송을 제기하는 경우에는 원칙적으로 행정소송 제기 전에 이의재결에서 증액된 보상금을 공탁하여야 하지만, 제소 당시 그와 같은 요건을 구비하지 못하였다 하여도 사실심 변론종결 당시까지 그 요건을 갖추었다면 그 흠결의 하자는 치유되었다고 본다. <원심 : 서울고등법원 2006.5.12. 선고 2004누22338 판결>

참고, 대판 1995. 9. 15. 93누20627【토지수용재결처분취소등】토지소유자가 수용재결에서 정한 손실보상금을 수령할 당시 이의유보의 뜻을 표시하였다 하더라도 이의재결에서 증액된 손실보상금을 수령하면서 이의유보의 뜻을 표시하지 아니한 이상 이의재결의 결과에 승복하여 수령한 것으로 보아야 하고, 추가보상금을 수령할 당시 이의재결을 다투는 행정소송이 계속 중이라는 사실만으로는 추가보상금의 수령에 관하여 이의유보의 의사표시가 있는 것과 같이 볼 수 없다.

(553) 제85조 ② 제1항에 따라 제기하려는 행정소송이 보상금의 증감에 관한 소송인 경우 그 소송을 제기하는 자가 토지소유자 또는 관계인일 때에는 사업시행자를, 사업시행자일 때에는 토지소유자 또는 관계인을 각각 피고로 한다. <구 토지수용법에서는 재결청이 반드시 보상금증감소송의 공동피고가 되도록 규정되어 있었다.>

(554) 헌결 1990. 6. 25. 89헌마107

(555) 제73조(잔여지의 손실과 공사비 보상) ① 사업시행자는 동일한 소유자에게 속하는 일단의 토지의 일부가 취득되거나 사용됨으로 인하여 잔여지의 가격이 감소하거나 그 밖의 손실이 있을 때 또는 잔여지에 통로 · 도랑 · 담장 등의 신설이나 그 밖의 공사가 필요할 때에는 국토해양부령으로 정하는 바에 따라 그 손실이나 공사의 비용을 보상하여야 한다. 다만, 잔여지의 가격 감소분과 잔여지에 대한 공사의 비용을 합한 금액이 잔여지의 가격보다 큰 경우에는 사업시행자는 그 잔여지를 매수할 수 있다.

(556) 제75조의2(잔여 건축물의 손실에 대한 보상 등) ① 사업시행자는 동일한 소유자에게 속하는 일단의 건축물의 일부가 취득되거나 사용됨으로 인하여 잔여 건축물의 가격이 감소하거나 그 밖의 손실이 있을 때에는 국토해양부령으로 정하는 바에 따라 그 손실을 보상하여야 한다. 다만, 잔여 건축물의 가격 감소분과 보수비(건축물의 나머지 부분을 종래의 목적대로 사용할 수 있도록 그 유용성을 동일하게 유지하는 데에 일반적으로 필요하다고 볼 수 있는 공사에 사용되는 비용을 말한다. 다만, 「건축법」 등 관계 법령에 따라 요구되는 시설 개선에 필요한 비용은 포함하지 아니한다.)를 합한 금액이 잔여 건축물의 가격보다 큰 경우에는 사업시행자는 그 잔여 건축물을 매수할 수 있다. ② 동일한 소유자에게 속하는 일단의 건축물의 일부가 협의에 의하여 매수되거나 수용됨으로 인하여 잔여 건축물을 종래의 목적에 사용하는 것이 현저히 곤란할 때에는 그 건축물소유자는 사업시행자에게 잔여 건축물을 매수하여 줄 것을 청구할 수 있으며, 사업인정 이후에는 관할 토지수용위원회에 수용을 청구할 수 있다. 이 경우 수용 청구는 매수에 관한 협의가 성립되지 아니한 경우에만 하되, 그 사업이 공사완료일까지 하여야 한다.

(557) 제75조(건축물 등 물건에 대한 보상) ① 건축물 · 입목 · 공작물과 그 밖에 토지에 정착한 물건(이하 '건축물등'이라 한다.)에 대하여는 이전에 필요한 비용(이하 '이전비'라 한다.)으로 보상하여야 한다. 다만, 다음 각 호의 어느 하나에 해당하는 경우에는 해당 물건의 가격으로 보상하여야 한다. 1. 건축물 등을 이전하기 어렵거나 그 이전으로 인하여 건축물 등을 종래의 목적대로 사용할 수 없게 된 경우 2. 건축물등의 이전비가 그 물건의 가격을 넘는 경우 3. 사업시행자가 공익사업에 직접 사용할 목적으로 취득하는 경우 ② 농작물에 대한 손실은 그 종류와 성장의 정도 등을 종합적으로 고려하여 보상하여야 한다. ③ 토지에 속한 흙 · 돌 · 모래 또는 자갈(흙 · 돌 · 모래 또는 자갈이 해당 토지와 별도로 취득 또는 사용의 대상이 되는 경우만 해당한다.)에 대하여는 거래가격 등을 고려하여 평가한 적정가격으로 보상하여야 한다. ④ 분묘에 대하여는 이장에 드는 비용 등을 산정하여 보상하여야 한다.

(558) 제76조(권리의 보상) ① 광업권 · 어업권 및 물(용수시설을 포함한다.) 등의 사용에 관한 권리에 대하여는 투자비용, 예상 수익 및 거래가격 등을 고려하여 평가한 적정가격으로 보상하여야 한다.

(559) 제77조(영업의 손실 등에 대한 보상) ① 영업을 폐지하거나 휴업함에 따른 영업손실에 대하여는 영업이익과 시설의 이전비용 등을 고려하여 보상하여야 한다. ② 농업의 손실에 대하여는 농지의 단위면적당 소득 등을 고려하여 실제 경작자에게 보상하여야 한다. 다만, 농지소유자가 해당 지역에 거주하는 농민인 경우에는 농지소유자와 실제 경작자가 협의하는 바에 따라 보상할 수 있다. ③ 휴직하거나 실직하는 근로자의 임금손실에 대하여는 「근로기준법」에 따른 평균임금 등을 고려하여 보상하여야 한다.

(560) 제74조(잔여지 등의 매수 및 수용 청구) ① 동일한 소유자에게 속하는 일단의 토지의 일부가 협의에 의하여 매수되거나 수용됨으로 인하여 잔여지를 종래의 목적에 사용하는 것이 현저히 곤란할 때에는 해당 토지소유자는 사업시행자에게 잔여지를 매수하여 줄 것을 청구할 수 있으며, 사업인정 이후에는 관할 토지수용위원회에 수용을 청구할 수 있다. 이 경우 수용의 청구는 매수에 관한 협의가 성립되지 아니한 경우에만 할 수 있으며, 그 사업의 공사완료일까지 하여야 한다. [확장수용보상이란 공익사업에 필요한 토지 이외 토지의수용으로 인한 보상을 의미하는데, 토지보상법에 잔여지수용청구(제72조), 이전대상 건축물 등의 수용청구(제75조 1항 단서 제1호, 제2호) 등이 규정되어 있다. 이런 잔여지수용청구권은 관할 토지수용위원회에 수용 청구함으로써(대판 2008두822) 수용의 효과가 발생하는 형성권의 성격을 지닌다(대판 93누11159).]

대판 2010. 8. 19. 2008두822 【토지수용이의재결처분취소등】 [1] 구 '공익사업을 위한 토지 등의 취득 및 보상에 관한 법률'(2007. 10. 17. 법률 제8665호로 개정되기 전의 것) 제74조 제1항에 규정되어 있는 잔여지 수용청구권은 손실보상의 일환으로 토지소유자에게 부여되는 권리로서 그 요건을 구비한 때에는 잔여지를 수용하는 토지수용위원회의 재결이 없더라도 그 청구에 의하여 수용의 효과가 발생하는 형성권적 성질을 가지므로, 잔여지 수용청구를 받아들이지 않은 토지수용위원회의 재결에 대하여 토지소유자가 불복하여 제기하는 소송은 위 법 제85조 제2항에 규정되어 있는 '보상금의 증감에 관한 소송'에 해당하여 사업시행자를 피고로 하여야 한다. [2] 구 '공익사업을 위한 토지 등의 취득 및 보상에 관한 법률'(2007. 10. 17. 법률 제8665호로 개정되기 전의 것) 제74조 제1항에 의하면, 잔여지 수용청구는 사업시행자와 사이에 매수에 관한 협의가 성립되지 아니한 경우 일단의 토지의 일부에 대한 관할 토지수용위원회의 수용재결이 있기 전까지 관할 토지수용위원회에 하여야 하고, 잔여지 수용청구권의 행사기간은 제척기간으로서, 토지소유자가 그 행사기간 내에 잔여지 수용청구권을 행사하지 아니하면 그 권리가 소멸한다. 또한 위 조항의 문언 내용 등에 비추어 볼 때, 잔여지 수용청구의 의사표시는 관할 토지수용위원회에 하여야 하는 것으로서, 관할 토지수용위원회가 사업시행자에게 잔여지 수용청구의 의사표시를 수령할 권한을 부여하였다고 인정할 만한 사정이 없는 한, 사업시행자에게 한 잔여지 매수청구의 의사표시를 관할 토지수용위원회에 한 잔여지 수용청구의 의사표시로 볼 수는 없다.

(561) 제79조(그 밖의 토지에 관한 비용보상 등) ① 사업시행자는 공익사업의 시행으로 인하여 취득하거나 사용하는 토지(잔여지를 포함한다.) 외의 토지에 통로 · 도랑 · 담장 등의 신설이나 그 밖의 공사가 필요할 때에는 그 비용의 전부 또는 일부를 보상하여야 한다. 다만, 그 토지에 대한 공사의 비용이 그 토지의 가격보다 큰 경우에는 사업시행자는 그 토지를 매수할 수 있다. ② 공익사업이 시행되는 지역 밖에 있는 토지 등이 공익사업의 시행으로 인하여 본래의 기능을 다할 수 없게 되는 경우에는 국토해양부령으로 정하는 바에 따라 그 손실을 보상하여야 한다.

(562) 제59조(공익사업시행지구 밖의 대지 등에 대한 보상) 공익사업시행지구 밖의 대지(조성된 대지를 말한다.) · 건축물 · 분묘 또는 농지(계획적으로 조성된 유실수단지 및 죽림단지를 포함한다.)가 공익사업의 시행으로 인하여 산지나 하천 등에 둘러싸여 교통이 두절되거나 경작이 불가능하게 된 경우에는 그 소유자의 청구에 의하여 이를 공익사업시행지구에 편입되는 것으로 보아 보상하여야 한다. 다만, 그 보상비가 도로 또는 도선시설의 설치비용을 초과하는 경우에는 도로 또는 도선시설을 설치함으로써 보상에 갈음할 수 있다.

(563) 제60조(공익사업시행지구 밖의 건축물에 대한 보상) 소유농지의 대부분이 공익사업시행지구에 편입됨으로써 건축물(건축물의 대지 및 잔여농지를 포함한다. 이하 이 조에서 같다)만이 공익사업시행지구 밖에 남게 되는 경우로서 그 건축물의 매매가 불가능하고 이주가 부득이한 경우에는 그 소유자의 청구에 의하여 이를 공익사업시행지구에 편입되는 것으로 보아 보상하여야 한다.

(564) 제61조(소수잔존자에 대한 보상) 공익사업의 시행으로 인하여 1개 마을의 주거용 건축물이 대부분 공익사업시행지구에 편입됨으로써 잔여 주거용 건축물 거주자의 생활환경이 현저히 불편하게 되어 이주가 부득이한 경우에는 당해 건축물 소유자의 청구에 의하여 그 소유자의 토지 등을 공익사업시행지구에 편입되는 것으로 보아 보상하여야 한다.

(565) 제62조(공익사업시행지구 밖의 공작물 등에 대한 보상) 공익사업시행지구 밖에 있는 공작물 등이 공익사업의 시행으로 인하여 그 본래의 기능을 다할 수 없게 되는 경우에는 그 소유자의 청구에 의하여 이를 공익사업시행지구에 편입되는 것으로 보아 보상하여야 한다.

(566) 제63조(공익사업시행지구 밖의 어업의 피해에 대한 보상) ① 공익사업의 시행으로 인하여 해당 공익사업시행지구 인근에 있는 어업에 피해가 발생한 경우 사업시행자는 실제 피해액을 확인할 수 있는 때에 그 피해에 대하여 보상하여야 한다. 이 경우 실제 피해액은 감소된 어획량 및 「수산업법 시행령」 별표 3의 평년수익액 등을 참작하여 평가한다. ② 제1항에 따른 보상액은 「수산업법 시행령」 별표 3에 따른 어업권 · 허가어업 또는 신고어업이 취소되거나 어업면허의 유효기간이 연장되지 아니하는 경우의 보상액을 초과하지 못한다. ③ 사업인정고시일 등 이후에 어업권의 면허를 받은 자 또는 어업의 허가를 받거나 신고를 한 자에 대하여는 제1항 및 제2항을 적용하지 아니한다.

(567) 제64조(공익사업시행지구 밖의 영업손실에 대한 보상) ① 공익사업시행지구 밖에서 제45조에 따른 영업손실의 보상대상이 되는 영업을 하고 있는 자가 공익사업의 시행으로 인하여 다음 각 호의 어느 하나에 해당하는 경우에는 그 영업자의 청구에 의하여 당해 영업을 공익사업시행지구에 편입되는 것으로 보아 보상하여야 한다. 1. 배후지의 3분의 2 이상이 상실되어 그 장소에서 영업을 계속할 수 없는 경우 2. 진출입로의 단절, 그 밖의 부득이한 사유로 인하여 일정한 기간 동안 휴업하는 것이 불가피한 경우 ② 제1항에 불구하고 사업시행자는 영업자가 보상을 받은 이후에 그 영업장소에서 영업이익을 보상받은 기간 이내에 동일한 영업을 하는 경우에는 실제 휴업기간에 대한 보상금을 제외한 영업손실에 대한 보상금을 환수하여야 한다.

(568) 제65조(공익사업시행지구 밖의 농업의 손실에 대한 보상) 경작하고 있는 농지의 3분의 2 이상에 해당하는 면적이 공익사업시행지구에 편입됨으로 인하여 당해지역(영 제26조 제1항 각 호의 1의 지역을 말한다.)에서 영농을 계속할 수 없게 된 농민에 대하여는 공익사업시행지구 밖에서 그가 경작하고 있는 농지에 대하여도 제48조 제1

항 내지 제3항 및 제4항제2호의 규정에 의한 영농손실액을 보상하여야 한다.

(569) 제78조 ⑤ 주거용 건물의 거주자에 대하여는 주거 이전에 필요한 비용과 가재도구 등 동산의 운반에 필요한 비용을 산정하여 보상하여야 한다. ⑥ 공익사업의 시행으로 인하여 영위하던 농업 · 어업을 계속할 수 없게 되어 다른 지역으로 이주하는 농민 · 어민이 받을 보상금이 없거나 그 총액이 국토해양부령으로 정하는 금액에 미치지 못하는 경우에는 그 금액 또는 그 차액을 보상하여야 한다.

(570) 제54조(주거이전비의 보상) ① 공익사업시행지구에 편입되는 주거용 건축물의 소유자에 대하여는 당해 건축물에 대한 보상을 하는 때에 가구원수에 따라 2월분의 주거이전비를 보상하여야 한다. 다만, 건축물의 소유자가 당해 건축물에 실제 거주하고 있지 아니하거나 당해 건축물이 무허가건축물 등인 경우에는 그러하지 아니하다. ② 공익사업의 시행으로 인하여 이주하게 되는 주거용 건축물의 세입자로서 사업인정고시일등 당시 또는 공익사업을 위한 관계법령에 의한 고시 등이 있은 당시 당해 공익사업시행지구 안에서 3월 이상 거주한 자에 대하여는 가구원 수에 따라 4개월분의 주거이전비를 보상하여야 한다. 다만, 무허가건축물 등에 입주한 세입자로서 사업인정고시일등 당시 또는 공익사업을 위한 관계법령에 의한 고시 등이 있은 당시 그 공익사업지구 안에서 1년 이상 거주한 세입자에 대하여는 본문에 따라 주거이전비를 보상하여야 한다.

(571) 제55조(동산의 이전비 보상 등) ① 토지 등의 취득 또는 사용에 따라 이전하여야 하는 동산(제2항에 따른 이사비의 보상대상인 동산을 제외한다.)에 대하여는 이전에 소요되는 비용 및 그 이전에 따른 감손상당액을 보상하여야 한다. ② 공익사업시행지구에 편입되는 주거용 건축물의 거주자에 대하여는 별표 4의 기준에 의하여 산정한 이사비(가재도구 등 동산의 운반에 필요한 비용을 말한다. 이하 이 조에서 같다.)를 보상하여야 한다. ③ 이사비의 보상을 받은 자가 당해 공익사업시행지구 안의 지역으로 이사하는 경우에는 이사비를 보상하지 아니한다.

(572) 제56조(이농비 또는 이어비의 보상) ① 법 제78조 제6항에서 '국토해양부령이 정하는 금액'이라 함은 「통계법」 제3조 제3호에 따른 통계작성기관이 조사 · 발표하는 농가경제조사통계의 연간 전국평균 가계지출비 및 농업기본통계조사의 가구당 전국평균 농가인구를 기준으로 다음 산식에 의하여 산정한 가구원 수에 따른 1년분의 평균생계비를 말한다. 가구원 수에 따른 1년분의 평균생계비 = 연간 전국평균 가계지출비 ÷ 가구당 전국평균 농가인구 × 이주가구원 수 ② 제1항에 따른 이농비 또는 이어비는 공익사업의 시행으로 인하여 영위하던 농 · 어업을 계속할 수 없게 되어 다음 각 호의 어느 하나 외의 지역으로 이주하는 농민(「농지법 시행령」 제3조 제1호에 따른 농업인으로서 농작물의 경작 또는 다년생식물의 재배에 상시 종사하거나 농작업의 2분의 1 이상을 자기의 노동력에 의하여 경작 또는 재배하는 자를 말한다.) 또는 어민(연간 200일 이상 어업에 종사하는 자를 말한다.)에게 보상한다. 1. 공익사업에 편입되는 농지의 소재지(어민인 경우에는 주소지를 말한다.)와 동일한 시 · 군 또는 구 2. 제1호의 지역과 인접한 시 · 군 또는 구

(573) 제57조(사업폐지 등에 대한 보상) 공익사업의 시행으로 인하여 건축물의 건축을 위한 건축허가 등 관계법령에 의한 절차를 진행중이던 사업 등이 폐지 · 변경 또는 중지되는 경우 그 사업 등에 소요된 법정수수료 그 밖의 비용 등의 손실에 대하여는 이를 보상하여야 한다.

(574) 제58조(주거용 건축물 등의 보상에 대한 특례) ① 주거용 건축물로서 제33조에 따라 평가한 금액이 500만 원 미만인 경우 그 보상액은 500만 원으로 한다. 다만, 무허가건축물 등에 대하여는 그러하지 아니하다. ② 공익사업의 시행으로 인하여 주거용 건축물에 대한 보상을 받은 자가 그 후 당해 공익사업시행지구밖의 지역에서 매입하거나 건축하여 소유하고 있는 주거용 건축물이 그 보상일부터 20년 이내에 다른 공익사업시행지구에 편입되는 경우 그 주거용 건축물 및 그 대지(보상을 받기 이전부터 소유하고 있던 대지 또는 다른 사람 소유의 대지위에 건축한 경우에는 주거용 건축물에 한한다.)에 대하여는 당해 평가액의 30퍼센트를 가산하여 보상한다. 다만, 무허가건축물등을 매입 또는 건축한 경우와 다른 공익사업의 사업인정고시일등 또는 다른 공익사업을 위한 관계법령에 의한 고시 등이 있은 날 이후에 매입 또는 건축한 경우에는 그러하지 아니하다. ③ 제2항의 규정에 의한 가산금이 1,000만 원을 초과하는 경우에는 1,000만 원으로 한다.

(575) 생계대책(생활대책) 규정도 있다. 제78조 ⑦ 사업시행자는 해당 공익사업이 시행되는 지역에 거주하고 있는 「국민기초생활 보장법」 제2조 제1호 · 제11호에 따른 수급권자 및 차상위계층이 취업을 희망하는 경우에는 그 공익사업과 관련된 업무에 우선적으로 고용할 수 있으며, 이들의 취업 알선을 위하여 노력하여야 한다.

(576) 제78조(이주대책의 수립 등) ① 사업시행자는 공익사업의 시행으로 인하여 주거용 건축물을 제공함에 따라 생활의 근거를 상실하게 되는 자(이하 '이주대책대상자'라 한다.)를 위하여 대통령령으로 정하는 바에 따라 이주대책을 수립 · 실시하거나 이주정착금을 지급하여야 한다.

(577) 제40조(이주대책의 수립 · 실시) ① 사업시행자가 법 제78조 제1항의 규정에 의한 이주대책(이하 '이주대책'이라 한다.)을 수립하고자 하는 때에는 미리 그 내용을 동항의 규정에 의한 이주대책대상자(이하 '이주대책대상자'라 한다.)에게 통지하여야 한다. ② 이주대책은 국토해양부령이 정하는 부득이한 사유가 있는 경우를 제외하고는

이주대책대상자중 이주정착지에 이주를 희망하는 자가 10호 이상인 경우에 수립 · 실시한다. 다만, 사업시행자가 「택지개발촉진법」 또는 「주택법」 등 관계법령에 의하여 이주대책대상자에게 택지 또는 주택을 공급한 경우(사업시행자의 알선에 의하여 공급한 경우를 포함한다.)에는 이주대책을 수립 · 실시한 것으로 본다. ③ 다음 각 호의 1에 해당하는 자는 이주대책대상자에서 제외한다. 1. 허가를 받거나 신고를 하고 건축하여야 하는 건축물을 허가를 받지 아니하거나 신고를 하지 아니하고 건축한 건축물의 소유자 2. 당해 건축물에 공익사업을 위한 관계법령에 의한 고시 등이 있은 날부터 계약체결일 또는 수용재결일까지 계속하여 거주하고 있지 아니한 건축물의 소유자. 다만, 질병으로 인한 요양, 징집으로 인한 입영, 공무, 취학 그 밖에 이에 준하는 부득이한 사유로 인하여 거주하지 아니한 경우에는 그러하지 아니하다. 3. 타인이 소유하고 있는 건축물에 거주하는 세입자 ④ 제2항 본문의 규정에 의한 이주정착지 안의 택지나 주택의 취득 또는 동항 단서의 규정에 의한 택지나 주택의 취득에 소요되는 비용은 이주대책대상자의 희망에 따라 그가 지급받을 보상금과 상계할 수 있다.

(578) 제41조(이주정착금의 지급) 사업시행자는 법 제78조 제1항의 규정에 의하여 다음 각 호의 1에 해당하는 경우에는 이주대책대상자에게 국토해양부령이 정하는 바에 따라 이주정착금을 지급하여야 한다. 1. 이주대책을 수립 · 실시하지 아니하는 경우 2. 이주대책대상자가 이주정착지가 아닌 다른 지역으로 이주하고자 하는 경우

(579) 제53조(이주정착금 등) ① 영 제40조 제2항에서 '국토해양부령이 정하는 부득이한 사유'라 함은 다음 각 호의 1에 해당하는 경우를 말한다. 1. 공익사업시행지구의 인근에 택지 조성에 적합한 토지가 없는 경우 2. 이주대책에 필요한 비용이 당해 공익사업의 본래의 목적을 위한 소요비용을 초과하는 등 이주대책의 수립 · 실시로 인하여 당해 공익사업의 시행이 사실상 곤란하게 되는 경우 ② 영 제41조의 규정에 의한 이주정착금은 보상대상인 주거용 건축물에 대한 평가액의 30퍼센트에 해당하는 금액으로 하되, 그 금액이 500만 원 미만인 경우에는 500만 원으로 하고, 1,000만 원을 초과하는 경우에는 1,000만 원으로 한다.

(580) 대판 2009. 2. 26. 2008두5124

(581) 이주대책대상자 제외처분 취소소송 판례

대판 2009. 11. 12. 2009두10291【국민주택특별공급대상자제외처분취소】【피고 서울특별시 강서구청장】 [1] 주택법의 위임을 받아 제정된 '주택공급에 관한 규칙' 제19조 제1항 제3호 각 목에서 정한 철거 주택의 소유자를 대상으로 하는 국민주택 등의 특별공급은 공익사업의 시행으로 인하여 주거용 건축물을 제공함에 따라 생활의 근거를 상실하게 되는 자를 위하여 '공익사업을 위한 토지 등의 취득 및 보상에 관한 법률' 제78조 제1항 및 같은 법 시행령 제40조 제2항 단서에 근거하여 사업시행자가 실시하는 이주대책에 갈음하는 성질을 가지는 것으로, 사업시행자는 이주대책기준을 정하여 위 이주대책대상자 중에서 이주대책을 수립·실시하여야 할 자를 선정하거나 그들에게 공급할 주택 등의 내용이나 수량 등을 정하는 데 재량을 가진다. 그리고 이를 위해 사업시행자가 설정한 기준은 그것이 객관적으로 합리적이 아니라거나 타당하지 않다고 볼 만한 특별한 사정이 없는 한 존중되어야 한다. [2] '공익사업을 위한 토지 등의 취득 및 보상에 관한 법률' 제78조 제1항 및 같은 법 시행령 제40조 제2항 단서와 '주택공급에 관한 규칙' 제19조 제1항 제3호에서 정한 이주대책대상자 중에서 구체적인 이주대책을 수립·실시해야 할 자를 선정하는 경우 그에 관한 사업시행자의 재량권 행사가 특히 불합리하다고 볼 만한 사정이 없는 한 존중되어야 하므로, 사업시행자로서는 해당 공익사업의 종류 및 성질과 사업상황 기타 재정 등 여건, 대상자의 규모와 생활형태, 건물 보상 외에 별도의 손실보상이 제공되는지 여부 등 여러 사정들을 종합하여 합리적 범위 내에서 특별공급 국민주택의 수량 및 대상자 결정 등에 관한 재량을 가진다. 그런데 '공익사업을 위한 토지 등의 취득 및 보상에 관한 법률'상 이주대책제도가 건물 및 그 부속물에 대한 손실보상 외에는 별도의 보상이 이루어지지 않는 주거용 건물의 철거에 따른 생활보상적 측면이 있다는 점, 공부상 건물의 용도란 기재는 그 건물 소유자의 필요에 의한 신청을 전제로 그 건물의 이용현황에 관계되는 법령상 규율 등이 종합적으로 반영되어 이루어지는 것이어서 현실적 이용상황에 대한 가장 객관적인 징표가 될 수 있다는 점 등의 사정에 비추어 볼 때, 공부상 기재된 용도를 원칙적인 기준으로 삼아 이주대책대상자를 선정하는 방식의 사업시행자의 재량권 행사가 현저히 불합리하여 위법하다고 보기는 어렵다. [3] 도시계획 사업시행자가 사업부지 내 철거 건축물이 '서울특별시 철거민 등에 대한 국민주택 특별공급규칙' 제5조 제1항 제2호에 정한 특별공급의 요건인 건축물대장상 용도가 '주거용'이 아닌 '근린생활시설'이라는 이유로 그 건물을 국민주택 특별공급의 대상에서 배제한 사안에서, 그 처분이 사업시행자로서 합리적인 범위 내에서 재량권을 행사한 것이어서 위법하지 않다고 한 사례. <사안 : 본건 건물에 관하여 소유자인 원고가 건축물관리대장상 용도를 근린생활시설로 변경함과 아울러 식당으로 사용하여 오던 중 서울특별시 고시 제2007-77호 도시계획시설(문화시설) 변경결정과 서울특별시 강서구 고시 제2007-36호 실시계획변경인가 고시로 보건 건물이 문화시설 사업부지에 포함·수용되어 공익사업법상 손실보상절차가 개시되었고, 이후 원고가 본건 건물을 주거용으로 사용하고 있다는 이유로 피고에게 국민주택 특별공급을 요구하였으나, 피고가 '철거 건물의 건축물관리대장상 용도가 주거용으로 등재되어 있을 것을 특별공급의 요건으로 정한서울특별시 철거민 등에 대한 국민주택 특별공급규칙 제5조 제1항 제2호의 규정을 이

유'로 거부하자 이에 거부처분의 취소를 구하는 소송을 제기함. 요지와 해설 : 사업시행자가 공급 국민주택의 수량 및 대상자 결정 등에 관하여 재량을 가지기 때문에 사업시행자인 피고가 그 재량권 행사의 기준으로 삼은 위 특별공급규칙 제5조 제1항 제2호에서 정한 바와 달리 공부상 용도가 주거용이 아닌 근린생활시설일 뿐만 아니라 실제로도 상업용 시설로 주로 이용하여 왔고, 그에 대한 영업보상까지 이루어졌다고 하더라도 본건 거부처분이 사업시행자로서 합리적 재량권 행사의 범위를 넘는 위법하다고 할 수 없을 뿐만 아니라 비록 본건 건물이 식당 영업에 부수하여 주거용으로도 일부 사용되어 온 일이 있다 하여 위 기준의 적용을 예외적으로 배제할 수 있는 특별한 사정에 해당한다고 보기는 어렵움(청구기각).>

대판 2009. 3. 12. 선고 2008두12610 【입주권확인】 【피고 에스에이치공사】 [1] 구 도시개발법(2007. 4. 11. 법률 제8376호로 개정되기 전의 것) 제23조, 공익사업을 위한 토지 등의 취득 및 보상에 관한 법률 제78조 제1항, 같은 법 시행령 제40조 제3항 제2호의 문언, 내용 및 입법 취지 등을 종합하여 보면, 위 시행령 제40조 제3항 제2호에서 말하는 '공익사업을 위한 관계 법령에 의한 고시 등이 있은 날'은 이주대책대상자와 아닌 자를 정하는 기준이지만, 나아가 사업시행자가 이주대책대상자 중에서 이주대책을 수립·실시하여야 할 자와 이주정착금을 지급하여야 할 자를 정하는 기준이 되는 것은 아니므로, 사업시행자는 이주대책기준을 정하여 이주대책대상자 중에서 이주대책을 수립·실시하여야 할 자를 선정하여 그들에게 공급할 택지 또는 주택의 내용이나 수량을 정할 수 있고, 이를 정하는 데 재량을 가지므로, 이를 위해 사업시행자가 설정한 기준은 그것이 객관적으로 합리적이 아니라거나 타당하지 않다고 볼 만한 다른 특별한 사정이 없는 한 존중되어야 한다. [2] 도시개발사업의 사업시행자가 보상계획공고일을 기준으로 이주대책대상자를 정한 후, 협의계약 체결일 또는 수용재결일까지 당해 주택에 계속 거주하였는지 여부 등을 고려하여 이주대책을 수립·실시하여야 할 자를 선정하여 그들에게 공급할 아파트의 종류, 면적을 정한 이주대책기준을 근거로 한 입주권 공급대상자 결정처분에 재량권을 일탈·남용한 위법이 없다고 한 사례.

대판 2010. 3. 25. 2009두23709 【이주및생활대책자선정제외통보처분취소】 【피고 대한주택공사의 소송수계인 한국토지주택공사】 [1] 사업시행자가 공부상 기재된 건물의 용도를 원칙적인 기준으로 삼아 이주대책대상자를 선정하는 것이 현저히 불합리하여 위법한 재량권 행사에 해당하는지 여부(소극) [2] 사업시행자가 이주 및 생활대책 준칙에서 기준일 이전부터 사업지구 내에 사용승인을 받은 주택을 소유하고 있으면서 그 주택에 계속 거주하여 온 자를 이주대책 대상자로 정한 후, 타인 명의로 근린생활시설 증축신고를 하고 사용승인을 받은 건물부분에서 거주해오다가 기준일이 지난 다음에야 자신의 명의로 소유권이전등기를 경료한 사람을 이주대책 대상자에서 제외한 것이 합리적 재량권 행사의 범위를 넘는 위법한 것으로 볼 수 없다고 한 원심판단을 수긍한 사례

대판 2011. 6. 10. 선고 2010두26216 【이주대책대상자및이주대책보상등의거부처분취소】 [1] 공익사업을 위한 토지 등의 취득 및 보상에 관한 법률(이하 '공익사업법'이라 한다)에 의한 이주대책제도는, 공익사업 시행으로 생활근거를 상실하게 되는 자에게 종전의 생활상태를 원상으로 회복시키면서 동시에 인간다운 생활을 보장하여 주기 위한 이른바 생활보상의 일환으로 국가의 적극적이고 정책적인 배려에 의하여 마련된 제도로서 건물 및 부속물에 대한 손실보상 외에는 별도의 보상이 이루어지지 않는 주거용 건축물의 철거에 따른 생활보상적 측면이 있다는 점을 비롯하여, 공익사업법 제78조 제1항, 공익사업법 시행령 제40조 제3항 제1호 각 규정의 문언, 내용 및 입법 취지 등을 종합하여 보면, 주거용 용도가 아닌 다른 용도로 이미 허가를 받거나 신고를 한 건축물을 소유한 자라 하더라도 이주대책기준일 당시를 기준으로 공부상 주거용 용도가 아닌 건축물을 허가를 받거나 신고를 하는 등 적법한 절차에 의하지 않고 임의로 주거용으로 용도를 변경하여 사용하는 자는, 공익사업법 시행령 제40조 제3항 제1호의 '허가를 받거나 신고를 하고 건축하여야 하는 건축물을 허가를 받지 아니하거나 신고를 하지 아니하고 건축한 건축물의 소유자'에 포함되는 것으로 해석하는 것이 타당하다. [2] 한국국제전시장 2단계부지 조성사업 시행자인 고양시장이, 사업 지구 안에 편입된 1층 철골조 창고 건물의 소유자인 갑의 이주대책 대상자 선정 신청에 대하여 이주대책 대상자가 아니어서 이주대책이 불가능하다는 요지의 회신을 함으로써 거부처분을 한 사안에서, 갑은 주거용 용도(단독주택 또는 공동주택)가 아닌 창고시설(농업용)로 건축허가를 받아 건물을 신축하여 건축물대장에도 창고시설(농업용)로 등재한 후, 공부상 주거용이 아닌 건물을 적법절차에 의하지 않고 임의로 주거용으로 용도를 변경하여 소유·사용한 자이므로, 공익사업을 위한 토지 등의 취득 및 보상에 관한 법률 시행령 제40조 제3항 제1호에 규정된 '허가를 받거나 신고를 하고 건축하여야 하는 건축물을 허가를 받지 아니하거나 신고를 하지 아니하고 건축한 건축물의 소유자'에 해당하여 공익사업을 위한 토지 등의 취득 및 보상에 관한 법률에서 정한 이주대책대상자에서 제외되어야 함에도, 이와 달리 판단한 원심판결에 법리를 오해한 위법이 있다고 한 사례. <사안 : 피고가 부지조성사업의 시행자로서 이주대책 기준일을 사업의 공람공고일인 2006. 6. 23.로 공고하였고, 원고가 본건 사업 지구에서 본건 건물을 신축하여 2000. 7. 26. 사용승인을 받은 후 이주대책 기준일 전인 2000. 9. 9. 본건 건물로 전입신고를 마친 후부터 가족과 함께 거주해 왔지만, 피고는 '본건

건물의 용도가 사용승인일부터 현재까지 창고시설(농업용)로 건축물대장에 등재되어 있다'는 이유로 이주대책대상자 제외처분을 하자 이에 취소소송을 제기함. 요지와 해설 : 원고가 주거용 용도(단독주택 또는 공동주택)가 아닌 창고시설(농업용)로 건축허가를 받아 신축하여 건축물대장에도 창고시설(농업용)로 등재한 후 공부상 주거용이 아닌 본건 건물을 적법절차에 의하지 않고 임의로 주거용으로 용도를 변경하여 소유·사용한 자이므로 공익사업법 시행령 제40조 제3항 제1호에 규정[1]된 '허가를 받거나 신고를 하고 건축하여야 하는 건축물을 허가를 받지 아니하거나 신고를 하지 아니하고 건축한 건축물의 소유자'에 해당하여 공익사업법 소정의 이주대책대상자에서 제외됨.>

대판 2009. 2. 26. 2007두13340【이주대책대상자제외처분취소】[1] 공익사업을 위한 토지 등의 취득 및 보상에 관한 법률 제78조 제1항, 공익사업을 위한 토지 등의 취득 및 보상에 관한 법률 시행령 제40조 제3항 제2호 규정의 문언, 내용 및 입법 취지 등을 종합하여 보면, 위 법 제78조 제1항에 정한 이주대책의 대상이 되는 주거용 건축물이란 위 시행령 제40조 제3항 제2호의 '공익사업을 위한 관계 법령에 의한 고시 등이 있은 날' 당시 건축물의 용도가 주거용인 건물을 의미한다고 해석되므로, 그 당시 주거용 건물이 아니었던 건물이 그 이후에 주거용으로 용도 변경된 경우에는 건축 허가를 받았는지 여부에 상관없이 수용재결 내지 협의계약 체결 당시 주거용으로 사용된 건물이라 할지라도 이주대책대상이 되는 주거용 건축물이 될 수 없다. [2] 이주대책기준일이 되는 공익사업을 위한 토지 등의 취득 및 보상에 관한 법률 시행령 제40조 제3항 제2호의 '공익사업을 위한 관계 법령에 의한 고시 등이 있은 날'에는 토지수용 절차에 공익사업을 위한 토지 등의 취득 및 보상에 관한 법률을 준용하도록 한 관계 법률에서 사업인정의 고시 외에 주민 등에 대한 공람공고를 예정하고 있는 경우에는 사업인정의 고시일뿐만 아니라 공람공고일도 포함될 수 있다. [3] 군인아파트의 관리실 용도로 신축되어 택지개발예정지구지정 공람공고일 당시까지도 관리실로 사용하다가 그 후에 주거용으로 개조한 건물은 이주대책대상이 되는 주거용 건축물에 해당하지 않는다고 한 사례.

(582) 이 경우 행정청은 지체 없이 당해 행정심판에 관한 기록을 법원에 제출하여야 한다.

(583) 기속력 또는 기판력을 얻기 위하여는 별도로 무효등확인소송을 제기하여야 한다.

(584) 통지에 관한 규정은 훈시규정으로 해석된다.

(585) 대판 1971. 5. 31. 71도742

(586) 대판 1993. 6. 25. 93도277, 1999. 2. 5. 98도4239

(587) 대판 1985. 10. 22. 83도2933

(588) 대판 1982. 6. 8. 80도2646

(589) 대판 1989. 3. 28. 89도149

(590) 대판 1992. 11. 24. 92도2450

(591) 대판 1992. 8. 18. 90도1709

(592) 대판 2009. 7. 24. 2008두10560

(593) 대판 2010. 5. 13. 2009두3460 등

(594) 행정심판법 제4조(특별행정심판 등) ① 사안의 전문성과 특수성을 살리기 위하여 특히 필요한 경우 외에는 이 법에 따른 행정심판을 갈음하는 특별한 행정불복절차(이하 '특별행정심판'이라 한다.)나 이 법에 따른 행정심판 절차에 대한 특례를 다른 법률로 정할 수 없다. ② 다른 법률에서 특별행정심판이나 이 법에 따른 행정심판 절차에 대한 특례를 정한 경우에도 그 법률에서 규정하지 아니한 사항에 관하여는 이 법에서 정하는 바에 따른다. ③ 관계 행정기관의 장이 특별행정심판 또는 이 법에 따른 행정심판 절차에 대한 특례를 신설하거나 변경하는 법령을 제정 · 개정할 때에는 미리 중앙행정심판위원회와 협의하여야 한다.

(595) 제58조(행정심판의 고지) ① 행정청이 처분을 할 때에는 처분의 상대방에게 다음 각 호의 사항을 알려야 한다. 1. 해당 처분에 대하여 행정심판을 청구할 수 있는지 2. 행정심판을 청구하는 경우의 심판청구 절차 및 심판청구 기간 ② 행정청은 이해관계인이 요구하면 다음 각 호의 사항을 지체 없이 알려 주어야 한다. 이 경우 서면으로 알려 줄 것을 요구받으면 서면으로 알려 주어야 한다. 1. 해당 처분이 행정심판의 대상이 되는 처분인지 2. 행정심판의 대상이 되는 경우 소관 위원회 및 심판청구 기간

(596) 제3조(행정심판의 대상) ① 행정청의 처분 또는 부작위에 대하여는 다른 법률에 특별한 규정이 있는 경우 외에는 이 법에 따라 행정심판을 청구할 수 있다. ② 대통령의 처분 또는 부작위에 대하여는 다른 법률에서 행정심판을 청구할 수 있도록 정한 경우 외에는 행정심판을 청구할 수 없다.

(597) 제47조(재결의 범위) ① 위원회는 심판청구의 대상이 되는 처분 또는 부작위 외의 사항에 대하여는 재결하지 못

한다. ② 위원회는 심판청구의 대상이 되는 처분보다 청구인에게 불리한 재결을 하지 못한다.

(598) 제2조 제3호 '재결'이란 행정심판의 청구에 대하여 제6조에 따른 행정심판위원회가 행하는 판단을 말한다. 제43조(재결의 구분) ① 위원회는 심판청구가 적법하지 아니하면 그 심판청구를 각하한다. ② 위원회는 심판청구가 이유가 없다고 인정하면 그 심판청구를 기각한다. ③ 위원회는 취소심판의 청구가 이유가 있다고 인정하면 처분을 취소 또는 다른 처분으로 변경하거나 처분을 다른 처분으로 변경할 것을 피청구인에게 명한다. ④ 위원회는 무효등확인심판의 청구가 이유가 있다고 인정하면 처분의 효력 유무 또는 처분의 존재 여부를 확인한다. ⑤ 위원회는 의무이행심판의 청구가 이유가 있다고 인정하면 지체 없이 신청에 따른 처분을 하거나 처분을 할 것을 피청구인에게 명한다. 제44조(사정재결) ① 위원회는 심판청구가 이유가 있다고 인정하는 경우에도 이를 인용하는 것이 공공복리에 크게 위배된다고 인정하면 그 심판청구를 기각하는 재결을 할 수 있다. 이 경우 위원회는 재결의 주문에서 그 처분 또는 부작위가 위법하거나 부당하다는 것을 구체적으로 밝혀야 한다. ② 위원회는 제1항에 따른 재결을 할 때에는 청구인에 대하여 상당한 구제방법을 취하거나 상당한 구제방법을 취할 것을 피청구인에게 명할 수 있다. ③ 제1항과 제2항은 무효등확인심판에는 적용하지 아니한다.

(599) 제30조(집행정지) ① 심판청구는 처분의 효력이나 그 집행 또는 절차의 속행에 영향을 주지 아니한다. ② 위원회는 처분, 처분의 집행 또는 절차의 속행 때문에 중대한 손해가 생기는 것을 예방할 필요성이 긴급하다고 인정할 때에는 직권으로 또는 당사자의 신청에 의하여 처분의 효력, 처분의 집행 또는 절차의 속행의 전부 또는 일부의 정지(이하 '집행정지'라 한다.)를 결정할 수 있다. 다만, 처분의 효력정지는 처분의 집행 또는 절차의 속행을 정지함으로써 그 목적을 달성할 수 있을 때에는 허용되지 아니한다. ③ 집행정지는 공공복리에 중대한 영향을 미칠 우려가 있을 때에는 허용되지 아니한다. ④ 위원회는 집행정지를 결정한 후에 집행정지가 공공복리에 중대한 영향을 미치거나 그 정지사유가 없어진 경우에는 직권으로 또는 당사자의 신청에 의하여 집행정지 결정을 취소할 수 있다.

(600) 대판 2012. 4. 26. 선고 2011두26626 【과징금부과처분취소】 【피고 서울특별시 강남구청장】 [1] 부동산 실권리자명의 등기에 관한 법률(이하 '부동산실명법'이라고 한다) 제3조 제1항, 제5조 제1항, 제3항, 제6조 제1항 등 관련 법령의 규정 내용과 체계에 비추어 보면, 원칙적으로 부동산에 관한 물권을 명의신탁 약정에 의하여 명의수탁자 명의로 등기한 경우 명의신탁자에게는 과징금을 부과하게 되어 있으므로, 명의신탁자와 명의수탁자가 이른바 계약명의신탁약정을 맺고 명의수탁자가 당사자가 되어 명의신탁약정이 있다는 사실을 알지 못하는 소유자와 부동산에 관한 매매계약을 체결한 후 매매계약에 따라 당해 부동산의 소유권이전등기를 수탁자 명의로 마친 경우에는, 비록 부동산실명법 제4조 제2항 단서에 따라 명의수탁자가 당해 부동산의 완전한 소유권을 취득하게 된다고 하더라도, 부동산실명법 제5조 제1항이 정하는 과징금 부과대상에 해당된다. [2] 부동산 실권리자명의 등기에 관한 법률(이하 '부동산실명법'이라고 한다) 제5조 제2항 단서의 '명의신탁관계 종료시점'은 단지 명의신탁자와 명의수탁자 사이에 대내적으로 명의신탁을 해지한 시점이 아니라, 대외적으로도 명의신탁관계가 종료되어 부동산실명법 위반상태가 해소된 시점인 실명등기를 할 필요가 없거나 실명등기를 한 것으로 볼 수 있는 시점, 즉 공용징수·판결·경매 기타 법률의 규정에 의하여 명의수탁자로부터 제3자에게 부동산에 관한 물권이 이전되거나, 명의신탁자가 당해 부동산에 관한 물권에 관하여 매매 기타 처분행위를 하고 처분행위로 인한 취득자에게 직접 등기를 이전하거나, 명의신탁자가 당해 부동산의 소재지를 관할하는 시장·군수 또는 구청장에게 매각을 위탁하거나 한국자산관리공사에 매각을 의뢰한 시점 등으로 보아야 하고, 명의신탁자가 명의수탁자를 상대로 명의신탁 해지를 원인으로 하여 소를 제기했다거나 소송에서 승소판결이 확정되었다는 사정만으로는 그때 부동산실명법상 명의신탁관계가 종료되었다고 할 수 없으며, 부동산실명법 제4조 제2항 단서에 따라 명의수탁자가 당해 부동산의 소유권을 완전하게 취득하게 되더라도 명의수탁자는 명의신탁자에 대하여 부당이득반환의무를 부담하게 되므로, 그러한 사정만으로 바로 부동산실명법상 명의신탁관계가 종료되었다고 단정할 수 없다.

(601) 대판 2012. 5. 10. 2010두11474 【개발제한구역훼손부담금부과처분취소】 【피고 구리시장】 [1] 구 개발제한구역의 지정 및 관리에 관한 특별조치법(2009. 2. 6. 법률 제9436호로 개정되기 전의 것) 제23조 및 구 개발제한구역의 지정 및 관리에 관한 특별조치법 시행령(2008. 11. 28. 대통령령 제21139호로 전부 개정되기 전의 것, 이하 '특별조치법 시행령'이라 한다) 제34조의 각 문언, 부담금에 관한 법률해석의 원칙 등에 비추어 볼 때, 특별조치법 시행령 제34조 제3호의 감면규정은 국가 또는 지방자치단체가 설치하는 공공용 시설 및 공용 시설 중 국가 또는 지방자치단체가 '사업시행자가 되어 직접' 설치하는 것으로 한정하여 감면대상으로 규정한 것으로 보아야 한다. [2] 망우-금곡 간 경춘선 복선전철 건설사업 공사구간 내 개발제한구역에 선로, 터널 등 철도시설물을 설치한 한국철도시설공단에 대하여 관할 시장이 구 개발제한구역의 지정 및 관리에 관한 특별조치법 시행령(2008. 11. 28. 대통령령 제21139호로 전부 개정되기 전의 것, 이하 '특별조치법 시행령'이라 한다) 제34조가 정한 감면대상에 해당하지 않는다며 토지형질변경에 따른 개발제한구역 훼손부담금을 부과한 사안에서, 망우-금곡 간 경춘선 복선전철은 한국철도시설공단이 사업시행자가 되어 설치하는 것으로 '국가가 사업시행자가 되어 직접 설

치하는 것'이 아니고, 따라서 구 개발제한구역의 지정 및 관리에 관한 특별조치법(2009. 2. 6. 법률 제9436호로 개정되기 전의 것) 제23조, 특별조치법 시행령 제34조가 정하는 훼손부담금 감면대상에 해당하지 않는다는 이유로, 위 시설을 훼손부담금 감면대상으로 보아 처분이 위법하다고 본 원심판결에 법리를 오해한 위법이 있다고 한 사례.

(602) 대판 2008. 11. 20. 선고 2007두18154(전원) 【매각결정취소】 【피고 한국자산관리공사】 [1] 체납자는 국세징수법 제66조에 의하여 직접이든 간접이든 압류재산을 매수하지 못함에도, 국세징수법이 압류재산을 공매할 때 공고와 별도로 체납자 등에게 공매통지를 하도록 한 이유는, 체납자 등에게 공매절차가 유효한 조세부과처분 및 압류처분에 근거하여 적법하게 이루어지는지 여부를 확인하고 이를 다툴 수 있는 기회를 주는 한편, 국세징수법이 정한 바에 따라 체납세액을 납부하고 공매절차를 중지 또는 취소시켜 소유권 또는 기타의 권리를 보존할 수 있는 기회를 갖도록 함으로써, 체납자 등이 감수하여야 하는 강제적인 재산권 상실에 대응한 절차적인 적법성을 확보하기 위한 것이다. 따라서 체납자 등에 대한 공매통지는 국가의 강제력에 의하여 진행되는 공매에서 체납자 등의 권리 내지 재산상의 이익을 보호하기 위하여 법률로 규정한 절차적 요건이라고 보아야 하며, 공매처분을 하면서 체납자 등에게 공매통지를 하지 않았거나 공매통지를 하였더라도 그것이 적법하지 아니한 경우에는 절차상의 흠이 있어 그 공매처분은 위법하다. 다만, 공매통지의 목적이나 취지 등에 비추어 보면, 체납자 등은 자신에 대한 공매통지의 하자만을 공매처분의 위법사유로 주장할 수 있을 뿐 다른 권리자에 대한 공매통지의 하자를 들어 공매처분의 위법사유로 주장하는 것은 허용되지 않는다. [2] [다수의견] 공매통지는 공매의 요건이 아니라 공매사실 자체를 체납자 등에게 알려주는 데 불과한 것이라는 취지로 판시한 대법원 1971. 2. 23. 선고 70누161 판결, 대법원 1996. 9. 6. 선고 95누12026 판결 등을 비롯한 같은 취지의 판결들은 이 판결의 견해에 배치되는 범위 내에서 이를 모두 변경하기로 한다. [대법관 양창수의 별개의견] 대법원이 전에 이 사건 판결의 판시에 배치되는 '법률의 해석 적용에 관한 의견'을 낸 일이 없고, 오히려 공매통지 없는 공매처분은 위법하되 단지 그러한 하자가 있다고 해도 그로 인하여 그 공매처분이 당연 무효가 되는 것은 아니라는 태도를 줄곧 취하여 왔다고 본다. 따라서 이 사건 판결에서 법원조직법 제7조 제1항 단서 제3호에서 정하는 바의 '종전에 대법원에서 판시한 법률의 해석적용에 관한 의견을 변경할 필요'는 없다.

대판 2012. 7. 26. 2010다50625 【지분소유권이전등기말소】 [1] 구 국세징수법(2011. 4. 4. 법률 제10527호로 개정되기 전의 것이라 한다) 제47조 제2항의 취지는, 한 번 압류등기를 하고 나면 동일한 사람에 대한 압류등기 이후에 발생한 체납액에 대하여도 새로운 압류등기를 거칠 필요 없이 당연히 압류의 효력이 미친다는 것으로서, 여기에서 말하는 '체납액'이란 납세의무가 성립·확정된 이후에 그 납부기한까지 납부되지 아니한 국세와 그 가산금 등을 말한다. [2] 구 국세징수법(2011. 4. 4. 법률 제10527호로 개정되기 전의 것) 제45조의 규정에 의한 압류는 압류 당시의 체납액이 납부되었다고 하여 당연히 실효되지 아니하고, 압류가 유효하게 존속하는 한 압류등기 이후에 발생한 체납액에 대하여도 효력이 미친다. [3] 제1차 국세의 체납으로 토지 지분을 압류당한 갑이 공매통지서를 송달받고 제1차 국세를 완납하였으나, 관할세무서장이 압류를 해제하지 않은 채 제1차 국세 완납 전 발송하였다가 수취인 미거주 등 사유로 반송된 제2차 국세의 납부통지서를 공시송달한 후 압류 토지 지분을 공매처분하자 갑이 공매처분의 무효를 주장하며 소유권이전등기의 말소를 구한 사안에서, 제2차 국세에 대한 납부통지서가 공시송달되어 납부기한이 경과한 후에야 비로소 '체납'이 발생하고 그때부터 압류가 제2차 국세에도 효력을 미치므로, 제1차 국세를 완납한 때부터 압류의 효력이 제2차 국세에 미치게 되는 때까지는 압류를 해제할 사유가 있는데도 제1차 국세 완납만으로는 압류에 관계되는 체납액의 일부를 납부한 것에 불과하여 압류를 해제할 사유가 발생하지 않았다고 본 원심판단은 잘못이나, 압류는 그 기초가 된 체납액인 제1차 국세가 납부되었다고 하여 당연히 실효되지 않고 압류가 해제되지 않은 상태에서 새로이 발생한 체납액인 제2차 국세에 대하여도 효력이 미치므로 공매처분을 무효로 볼 수 없다는 이유로 갑의 청구를 배척한 원심의 조치는 결과적으로 정당하고, 거기에 구 국세징수법(2011. 4. 4. 법률 제10527호로 개정되기 전의 것) 제47조 제2항에서 정하는 압류의 효력 등에 관한 법리오해의 위법이 없다고 한 사례. [4] 구 국세징수법(2011. 4. 4. 법률 제10527호로 개정되기 전의 것) 제68조는 세무서장이 압류된 재산의 공매를 공고한 때에는 즉시 그 내용을 체납자 등에게 통지하도록 정하고 있다. 이러한 체납자 등에 대한 공매통지는 국가의 강제력에 의하여 진행되는 공매절차에서 체납자 등의 권리 내지 재산상 이익을 보호하기 위하여 법률로 규정한 절차적 요건에 해당하지만, 그 통지를 하지 아니한 채 공매처분을 하였다 하여도 그 공매처분이 당연무효로 되는 것은 아니다. <체납자 등에 대한 공매통지 없이 한 공매처분이 당연무효인지 여부(소극)>

대판 2011. 3. 24. 2010두25527 【양도소득세부과처분취소】 【피고 강남세무서장】 [1] 1996. 12. 30. 법률 제5189호로 개정되기 전의 구 국세기본법 제26조 제1호에 납세의무의 소멸사유 중 하나로 규정되어 있던 '결손처분'이 개정 국세기본법에서는 납세의무의 소멸사유에서 제외되었음에도, '결손처분 당시 다른 압류할 수 있는 재산이 있었던 것을 발견한 때'에는 지체 없이 그 처분을 취소하고 체납처분을 하여야 한다고 규정한 구 국세징수법(1999. 12. 28. 법률 제6053호로 개정되기 전의 것) 제86조 제2항이 그대로 존치되어 오다가, 1999. 12. 28. 법률 제6053호로 국세징수법이 개정되면서(이하 '개정 국세징수법'이라 한다) 결손처분의 취소사유가 개정 국세기본법의 취지에 맞추어 '압류할 수 있는 다른 재산을 발견한 때'로 확대되었는바, 개정 국세징수법 아래에서 결손처분은 체납처분절차의 종료라는 의미만 가지게 되었고, 결손처분의 취소도 종료된 체납처분절차를 다시 시작하는 행정절차로서의 의미만을 가질 뿐이다. [2] 국세징수법이 압류재산을 공매할 때에 공고와 별도로 체납자 등에게 공매통지를 하도록 한 이유는, 체납자 등으로 하여금 공매절차가 유효한 조세부과처분 및 압류처분에 근거하여 적법하게 이루어지는지 여부를 확인하고 이를 다툴 수 있는 기회를 주는 한편, 국세징수법이 정한 바에 따라 체납세액을 납부하고 공매절차를 중지 또는 취소시켜 소유권 또는 기타의 권리를 보존할 수 있는 기회를 갖도록 함으로써 체납자 등이 감수하여야 하는 강제적인 재산권 상실에 대응한 절차적인 적법성을 확보하기 위한 것으로 보아야 하고, 따라서 체납자 등에 대한 공매통지는 국가의 강제력에 의하여 진행되는 공매에서 체납자 등의 권리 내지 재산상의 이익을 보호하기 위하여 법률로 규정한 절차적 요건이라고 보아야 하며, 공매처분을 하면서 체납자 등에게 공매통지를 하지 않았거나 공매통지를 하였더라도 그것이 적법하지 아니한 경우에는 절차상의 흠이 있어 그 공매처분이 위법하게 되는 것이지만, 공매통지 자체가 그 상대방인 체납자 등의 법적 지위나 권리·의무에 직접적인 영향을 주는 행정처분에 해당한다고 할 것은 아니므로 다른 특별한 사정이 없는 한 체납자 등은 공매통지의 결여나 위법을 들어 공매처분의 취소 등을 구할 수 있는 것이지 공매통지 자체를 항고소송의 대상으로 삼아 그 취소 등을 구할 수는 없다. <국세징수법이 압류재산을 공매할 때에 공매통지를 하도록 한 이유 및 위 공매통지 자체가 항고소송의 대상이 되는 행정처분인지 여부(원칙적 소극)>

(603) 대판 2012. 2. 9. 2011두10935 【이행강제금부과처분취소】 【피고 용인시 수지구청장】 [1] 국토의 계획 및 이용에 관한 법률 제124조 제1항은 '토지거래계약허가를 받은 자는 대통령령으로 정하는 사유가 있는 경우 외에는 5년의 범위에서 대통령령으로 정하는 기간에 그 토지를 허가받은 목적대로 이용하여야 한다'고 규정하고 있는데, 여기에서 '그 토지를 허가받은 목적'이 무엇인지는 원칙적으로 토지거래계약허가증의 기재에 의하여야 하고, 허가받은 목적대로 이용하고 있는지는 허가받은 목적, 토지거래허가 신청 시 국토의 계획 및 이용에 관한 법률 시행규칙 제21조 제1항에 따라 제출한 토지이용계획의 내용, 허가받은 토지의 이용현황, 토지이용계획과 토지이용현황이 차이가 있는 경우 그 정도와 사유 등을 종합적으로 고려하여 판단하여야 한다. [2] 주식회사 갑 등이 '단독주택 신축 후 분양' 목적으로 토지거래계약허가를 받아 토지의 소유권을 취득한 후 일부 착공신고를 마치고도 공사를 예정대로 시행하지 않자 관할 구청장이 현장조사를 거쳐 갑 회사 등에 토지를 허가받은 목적대로 이용하라는 이행명령을 하고, 다시 현장조사를 한 결과 이용의무를 이행하지 않고 있다고 판단하여 이행강제금부과처분 사전예고 통지를 한 후 이행강제금을 부과한 사안에서, 갑 회사 등이 토지의 사업개시예정일(개발완료예정일)을 훨씬 경과한 날까지도 건축 및 토지형질변경 관련 설계와 인테리어 설계, 조경 및 오수작업으로 사각 맨홀 및 배수로 설치를 하였을 뿐이고, 공사진행의 정도는 토지 내에 단독주택을 건축할 부지 구획, 통행로 포장 및 주차장 콘크리트 공사를 일부 진행한 것에 불과하여 정작 단독주택 건축을 위한 기초공사는 아직 진행되지도 않은 상태였던 사실 등에 비추어, 갑 회사 등이 토지를 허가받은 목적대로 이용하지 않았다고 본 원심판단은 정당하다고 한 사례.

대판 2011. 6. 30. 2011두1665 【개발행위허가신청불허가처분취소등】 【피고 용인시 기흥구청장】 [1] 구 국토의 계획 및 이용에 관한 법률(2009. 2. 6. 법률 제9442호로 개정되기 전의 것) 제56조 제1항, 제124조 제1항, 제124조의2 제1항, 제2항, 구 국토의 계획 및 이용에 관한 법률 시행령(2008. 9. 25. 대통령령 제21038호로 개정되기 전의 것) 제124조 제1항 제7호 등 관련 법령의 내용과 취지에 비추어 보면, 토지거래계약허가제도는 토지의 투기적인 거래가 성행하거나 지가가 급격히 상승하는 지역 및 그러한 우려가 있는 지역에서 투기적인 거래를 방지하기 위한 것으로서, 관할관청은 토지거래계약을 체결하려는 자의 토지이용목적이 위와 같은 입법 취지를 고려한 국토의 계획 및 이용에 관한 법률에서 정한 허가기준에 적합한 경우에 토지거래계약을 할 수 있도록 허가를 하는 것일 뿐 허가 시 토지 개발행위를 위한 허가 등 다른 법령에 정해진 허가를 당연히 전제로 하는 것은 아니므로, 토지거래계약허가를 받은 자가 그 토지에 관하여 토지의 형질변경 등 개발행위를 하면서 필요한 허가를 받는 것은 토지거래계약허가와 별개의 문제이다. 따라서 토지거래계약허가를 받은 자가 허가를 받은 후 관련 법령에 저촉되어 관할관청으로부터 토지 형질변경 등 개발행위를 위한 허가를 받지 못하였다는 사정만으로는 구 국토의 계획 및 이용에 관한 법률 시행령 제124조 제1항 제7호에서 말하는 '공익사업의 시행 등 토지거래계약허가를 받은 자의 귀책사유가 아닌 사유로 인하여 허가받은 목적대로 이용하는 것이 불가능한 경우'에 해당된다고 할 수 없다. [2] 구청장이 갑에게 이용목적을 '복지시설(기숙사)'로 하여 토지거래계약허가를 하고, 이후 허가받은 목적대로 이행할 것을 내용으로 하는 이용의무 이행명령을 하였는데, 갑이 이행명령 이행기간 만료 하루 전에 공동주택 부지조성을 위한 개발행위(토지형질변경) 허가를 신청하자 자연경관 및 미관 훼손 등을 사유로 개발행위 신청을 불허하는 처분을 한 뒤 다시 갑에게 허가받은 목적대로 토지를 이용하지 않고 방치하면서 이행명령을 이행하지 않았다는 이유로 이행강제금을 부과한 사안에서, 구청장이 갑에게 토지거래계약허가를 통지하면서 토지거래계약허가와 개발행위허가는 별개이고 개발행위허가는 갑의 책임하에 받아야 함을 분명히 하였던 점, 토지거래계약허가 시 부과되는 이용의무는 허가받은 목적대로 토지를 이용하라는 것이지 토지거래계약허가 신청인의 건축계획이 관련 법령에 맞지 않는 경우에도 당초 계획대로 이용하여야만 이용의무를 다하게 되는 것은 아니고, 관할관청으로서도 토지거래계약허가가 있다고 하여 관련 법령에 저촉되는 토지형질변경 등의 개발행위를 허가하여 줄 수는 없는 점, 갑이 구청장으로부터 토지거래계약허가와 이행명령을 받고도 토지를 허가받은 목적대로 이용하지 않고 있다가, 이행기간 만료 하루 전 신청지에 대한 토지형질변경허가를 신청하였던 점, 갑이 신축할 기숙사의 위치와 면적 등을 조정하면 형질변경이 필요한 부지가 줄어들게 되어 불허처분 사유로 삼은 자연경관 및 미관 훼손 등의 문제가 어느 정도 해소되어 형질변경허가가 가능할 수도 있을 것으로 보이는 점 등을 종합해 보면, 구청장이 차후의 형질변경 등 개발행위허가까지 가능함을 전제로 토지거래계약허가를 한 것으로 볼 수 없고, 허가받은 목적대로 토지를 이용하지 못한 데에 갑의 귀책사유가 없다고 보기도 어려우므로, 갑이 구 국토의 계획 및 이용에 관한 법률 시행령(2008. 9. 25. 대통령령 제21038호로 개정되기 전의 것) 제124조 제1항 제7호의 '자신의 귀책사유가 아닌 사유로 인하여 허가받은 목적대로 이용하는 것이 불가능한 경우'에 해당하여 부과처분이 위법하다고 본 원심판단에 법리를 오해한 위법이 있다고 한 사례.

(604) 대결 2009. 5. 14. 자 2009마218 【국토의계획및이용에관한법률위반에대한이의】 원심은, 재항고인들은 구 국토의 계획 및 이용에 관한 법률(2005. 12. 7. 법률 제7707호로 개정되기 전의 것) 제119조 제1호 가목(자기의 거주용 주택용지로 이용하고자 하는 경우)에 따라 토지거래허가를 받은 것으로 보이고 재항고인들이 이 사건 주택에 거주하지 않은 사실이 인정되므로 재항고인들은 이 사건 토지를 허가받은 목적대로 이용할 의무를 위반하였다고 할 것이므로 이에 대한 과태료를 부과한 제1심의 결정은 정당하다고 판단하였다. 대법원은 이 사건 토지는 토지거래계약허가신청의 범위 내에서 그 지상 주택을 주거용으로 이용하기만 하면 되는 것이고, 반드시 그 지상 주택을 자기의 거주용으로 이용하여야 하는 것은 아니라고 할 것이다. 앞서 본 바와 같이 재항고인들이 이 사건 토지를 토지거래계약허가신청의 범위 내에서 그 지상의 주거용 주택의 부지로 이용하였다면 재항고인들이 토지거래계약허가조건에 위반하여 그 이용목적대로 이용하지 않았다고 볼 수 없다 할 것이다. 대결 2008. 5. 19. 자 2008마414[1] 【국토의계획및이용에관한법률위반이의】 [1] 구 국토의 계획 및 이용에 관한 법률(2005. 12. 7. 법률 제7707호로 개정되기 전의 것) 제124조 제1항은 토지거래계약허가를 받은 자는 그 토지를 허가받은 목적에 사용하여야 한다고 규정하고 있고, 이 경우 그 허가받은 목적이 무엇인지는 '토지거래허가서'의 기재에 의하여 판단해야 한다. [2] 토지거래허가증의 이용목적란에 '복지편익시설용'이라고 되어 있는 경우, 그 지상건물을 복지편익시설로 이용하기만 하면 되고, 그 지상 건물을 허가받은 자가 직접 사용하는지 또는 타인에게 임대하여 사용하는지 여부는 그 토지의 이용계획·사용목적에 포함되는 사항이 아니라고 본 사례. <토지거래계약허가를 받은 목적이 무엇인지를 판단하기 위한 자료(=토지거래허가서)>

(605) 동지, 『박균성, 제9판 행정법강의(박영사, 2012), 656쪽』

(606) 제14조(법인이 아닌 사단 또는 재단의 청구인 능력) 법인이 아닌 사단 또는 재단으로서 대표자나 관리인이 정하여져 있는 경우에는 그 사단이나 재단의 이름으로 심판청구를 할 수 있다. [**민사소송법 제52조(법인이 아닌 사단 등의 당사자능력) - 당사자능력과 동일**]

(607) 『박균성, 제9판 행정법강의(박영사, 2012), 660쪽』 재결례

(608) 제15조(선정대표자) ① 여러 명의 청구인이 공동으로 심판청구를 할 때에는 청구인들 중에서 3명 이하의 선정대표자를 선정할 수 있다.

② 청구인들이 제1항에 따라 선정대표자를 선정하지 아니한 경우에 위원회는 필요하다고 인정하면 청구인들에게 선정대표자를 선정할 것을 권고할 수 있다.

③ 선정대표자는 다른 청구인들을 위하여 그 사건에 관한 모든 행위를 할 수 있다. 다만, 심판청구를 취하하려면 다른 청구인들의 동의를 받아야 하며, 이 경우 동의받은 사실을 서면으로 소명하여야 한다.

④ 선정대표자가 선정되면 다른 청구인들은 그 선정대표자를 통해서만 그 사건에 관한 행위를 할 수 있다.

⑤ 선정대표자를 선정한 청구인들은 필요하다고 인정하면 선정대표자를 해임하거나 변경할 수 있다. 이 경우 청구인들은 그 사실을 지체 없이 위원회에 서면으로 알려야 한다. [**민사소송법 제53조(선정당사자) - 임의적 소송신탁과 동일**]

(609) 제19조(대표자 등의 자격) ① 대표자·관리인·선정대표자 또는 대리인의 자격은 서면으로 소명하여야 한다.

② 청구인이나 피청구인은 대표자·관리인·선정대표자 또는 대리인이 그 자격을 잃으면 그 사실을 서면으로 위원회에 신고하여야 한다. 이 경우 소명 자료를 함께 제출하여야 한다.

(610) 제16조(청구인의 지위 승계) ① 청구인이 사망한 경우에는 상속인이나 그 밖에 법령에 따라 심판청구의 대상에 관계되는 권리나 이익을 승계한 자가 청구인의 지위를 승계한다.

② 법인인 청구인이 합병(合倂)에 따라 소멸하였을 때에는 합병 후 존속하는 법인이나 합병에 따라 설립된 법인이 청구인의 지위를 승계한다.

③ 제1항과 제2항에 따라 청구인의 지위를 승계한 자는 위원회에 서면으로 그 사유를 신고하여야 한다. 이 경우 신고서에는 사망 등에 의한 권리·이익의 승계 또는 합병 사실을 증명하는 서면을 함께 제출하여야 한다.

④ 제1항 또는 제2항의 경우에 제3항에 따른 신고가 있을 때까지 사망자나 합병 전의 법인에 대하여 한 통지 또는 그 밖의 행위가 청구인의 지위를 승계한 자에게 도달하면 지위를 승계한 자에 대한 통지 또는 그 밖의 행위로서의 효력이 있다.

⑤ 심판청구의 대상과 관계되는 권리나 이익을 양수한 자는 위원회의 허가를 받아 청구인의 지위를 승계할 수 있다.

⑥ 위원회는 제5항의 지위 승계 신청을 받으면 기간을 정하여 당사자와 참가인에게 의견을 제출하도록 할 수 있으며, 당사자와 참가인이 그 기간에 의견을 제출하지 아니하면 의견이 없는 것으로 본다.

⑦ 위원회는 제5항의 지위 승계 신청에 대하여 허가 여부를 결정하고, 지체 없이 신청인에게는 결정서 정본을, 당사자와 참가인에게는 결정서 등본을 송달하여야 한다.

⑧ 신청인은 위원회가 제5항의 지위 승계를 허가하지 아니하면 결정서 정본을 받은 날부터 7일 이내에 위원회에 이의신청을 할 수 있다. [민사소송법 제233조(당사자의 사망으로 말미암은 중단), 제234조(법인의 합병으로 말미암은 중단) - 소송수계와 동일]

(611) 제18조(대리인의 선임) ① 청구인은 법정대리인 외에 다음 각 호의 어느 하나에 해당하는 자를 대리인으로 선임할 수 있다.

1. 청구인의 배우자, 청구인 또는 배우자의 사촌 이내의 혈족
2. 청구인이 법인이거나 제14조에 따른 청구인 능력이 있는 법인이 아닌 사단 또는 재단인 경우 그 소속 임직원
3. 변호사
4. 다른 법률에 따라 심판청구를 대리할 수 있는 자
5. 그 밖에 위원회의 허가를 받은 자

③ 제1항과 제2항에 따른 대리인에 관하여는 제15조제3항 및 제5항을 준용한다. [소송위임에 의한 소송대리인(민사소송법 제87조의 변호사대리의 원칙과 제88조의 그 예외), 법률에 의한 소송대리인과 유사]

(612) 제2조(정의) 이 법에서 사용하는 용어의 뜻은 다음과 같다.

4. "행정청"이란 행정에 관한 의사를 결정하여 표시하는 국가 또는 지방자치단체의 기관, 그 밖에 법령 또는 자치법규에 따라 행정권한을 가지고 있거나 위탁을 받은 공공단체나 그 기관 또는 사인(私人)을 말한다.

(613) 제18조(대리인의 선임) ① 3. 변호사

4. 다른 법률에 따라 심판청구를 대리할 수 있는 자

5. 그 밖에 위원회의 허가를 받은 자

② 피청구인은 그 소속 직원 또는 제1항 제3호부터 제5호까지의 어느 하나에 해당하는 자를 대리인으로 선임할 수 있다.

③ 제1항과 제2항에 따른 대리인에 관하여는 제15조제3항 및 제5항을 준용한다.

(614) 제20조(심판참가) ① 행정심판의 결과에 이해관계가 있는 제3자나 행정청은 해당 심판청구에 대한 제7조제6항 또는 제8조제7항에 따른 위원회나 소위원회의 의결이 있기 전까지 그 사건에 대하여 심판참가를 할 수 있다.

② 제1항에 따른 심판참가를 하려는 자는 참가의 취지와 이유를 적은 참가신청서를 위원회에 제출하여야 한다. 이 경우 당사자의 수만큼 참가신청서 부본을 함께 제출하여야 한다.

③ 위원회는 제2항에 따라 참가신청서를 받으면 참가신청서 부본을 당사자에게 송달하여야 한다.

④ 제3항의 경우 위원회는 기간을 정하여 당사자와 다른 참가인에게 제3자의 참가신청에 대한 의견을 제출하도록 할 수 있으며, 당사자와 다른 참가인이 그 기간에 의견을 제출하지 아니하면 의견이 없는 것으로 본다.

⑤ 위원회는 제2항에 따라 참가신청을 받으면 허가 여부를 결정하고, 지체 없이 신청인에게는 결정서 정본을, 당사자와 다른 참가인에게는 결정서 등본을 송달하여야 한다.

⑥ 신청인은 제5항에 따라 송달을 받은 날부터 7일 이내에 위원회에 이의신청을 할 수 있다.

(615) 제21조(심판참가의 요구) ① 위원회는 필요하다고 인정하면 그 행정심판 결과에 이해관계가 있는 제3자나 행정청에 그 사건 심판에 참가할 것을 요구할 수 있다.

② 제1항의 요구를 받은 제3자나 행정청은 지체 없이 그 사건 심판에 참가할 것인지 여부를 위원회에 통지하여야 한다.

(616) 제60조(조사·지도 등) ① 중앙행정심판위원회는 행정청에 대하여 다음 각 호의 사항 등을 조사하고, 필요한 지도를 할 수 있다.

1. 위원회 운영 실태

2. 재결 이행 상황

3. 행정심판의 운영 현황

② 행정청은 이 법에 따른 행정심판을 거쳐 「행정소송법」에 따른 항고소송이 제기된 사건에 대하여 그 내용이나 결과 등 대통령령으로 정하는 사항을 반기마다 그 다음 달 15일까지 해당 심판청구에 대한 재결을 한 중앙행정심판위원회 또는 제6조제3항에 따라 시·도지사 소속으로 두는 행정심판위원회에 알려야 한다.

③ 제6조제3항에 따라 시·도지사 소속으로 두는 행정심판위원회는 중앙행정심판위원회가 요청하면 제2항에 따라 수집한 자료를 제출하여야 한다.

(617) 제12조(위원회의 권한 승계) ① 당사자의 심판청구 후 위원회가 법령의 개정·폐지 또는 제17조제5항에 따른 피청구인의 경정 결정에 따라 그 심판청구에 대하여 재결할 권한을 잃게 된 경우에는 해당 위원회는 심판청구서와 관계 서류, 그 밖의 자료를 새로 재결할 권한을 갖게 된 위원회에 보내야 한다.

② 제1항의 경우 송부를 받은 위원회는 지체 없이 그 사실을 다음 각 호의 자에게 알려야 한다.

1. 행정심판 청구인(이하 "청구인"이라 한다)

2. 행정심판 피청구인(이하 "피청구인"이라 한다)

3. 제20조 또는 제21조에 따라 심판참가를 하는 자(이하 "참가인"이라 한다)

(618) 제61조(권한의 위임) 이 법에 따른 위원회의 권한 중 일부를 국회규칙, 대법원규칙, 헌법재판소규칙, 중앙선거관리위원회규칙 또는 대통령령으로 정하는 바에 따라 위원장에게 위임할 수 있다

(619) 제7조(행정심판위원회의 구성) ① 행정심판위원회(중앙행정심판위원회는 제외한다. 이하 이 조에서 같다)는 위원장 1명을 포함한 50명 이내의 위원으로 구성한다.

② 행정심판위원회의 위원장은 그 행정심판위원회가 소속된 행정청이 되며, 위원장이 없거나 부득이한 사유로 직무를 수행할 수 없거나 위원장이 필요하다고 인정하는 경우에는 다음 각 호의 순서에 따라 위원이 위원장의 직무를 대행한다.

1. 위원장이 사전에 지명한 위원

2. 제4항에 따라 지명된 공무원인 위원(2명 이상인 경우에는 직급 또는 고위공무원단에 속하는 공무원의 직무등급이 높은 위원 순서로, 직급 또는 직무등급도 같은 경우에는 위원 재직기간이 긴 위원 순서로, 재직기간도 같은 경우에는 연장자 순서로 한다)

③ 제2항에도 불구하고 제6조제3항에 따라 시·도지사 소속으로 두는 행정심판위원회의 경우에는 해당 지방자치단체의 조례로 정하는 바에 따라 공무원이 아닌 위원을 위원장으로 정할 수 있다. 이 경우 위원장은 비상임으로 한다.

④ 행정심판위원회의 위원은 해당 행정심판위원회가 소속된 행정청이 다음 각 호의 어느 하나에 해당하는 사람 중에서 성별을 고려하여 위촉하거나 그 소속 공무원 중에서 지명한다.

1. 변호사 자격을 취득한 후 5년 이상의 실무 경험이 있는 사람

2. 「고등교육법」 제2조제1호부터 제6호까지의 규정에 따른 학교에서 조교수 이상으로 재직하거나 재직하였던 사람

3. 행정기관의 4급 이상 공무원이었거나 고위공무원단에 속하는 공무원이었던 사람

4. 박사학위를 취득한 후 해당 분야에서 5년 이상 근무한 경험이 있는 사람

5. 그 밖에 행정심판과 관련된 분야의 지식과 경험이 풍부한 사람

⑤ 행정심판위원회의 회의는 위원장과 위원장이 회의마다 지정하는 8명의 위원(그중 제4항에 따른 위촉위원은 6명 이상으로 하되, 제3항에 따라 위원장이 공무원이 아닌 경우에는 5명 이상으로 한다)으로 구성한다. 다만, 국회규칙, 대법원규칙, 헌법재판소규칙, 중앙선거관리위원회규칙 또는 대통령령(제6조제3항에 따라 시·도지사 소속으로 두는 행정심판위원회의 경우에는 해당 지방자치단체의 조례)으로 정하는 바에 따라 위원장과 위원장이 회의마다 지정하는 6명의 위원(그중 제4항에 따른 위촉위원은 5명 이상으로 하되, 제3항에 따라 공무원이 아닌 위원이 위원장인 경우에는 4명 이상으로 한다)으로 구성할 수 있다.

⑥ 행정심판위원회는 제5항에 따른 구성원 과반수의 출석과 출석위원 과반수의 찬성으로 의결한다.

⑦ 행정심판위원회의 조직과 운영, 그 밖에 필요한 사항은 국회규칙, 대법원규칙, 헌법재판소규칙, 중앙선거관리위원회규칙 또는 대통령령으로 정한다.

(620) 제8조(중앙행정심판위원회의 구성) ① 중앙행정심판위원회는 위원장 1명을 포함한 70명 이내의 위원으로 구성하되, 위원 중 상임위원은 4명 이내로 한다.

② 중앙행정심판위원회의 위원장은 국민권익위원회의 부위원장 중 1명이 되며, 위원장이 없거나 부득이한 사유로 직무를 수행할 수 없거나 위원장이 필요하다고 인정하는 경우에는 상임위원(상임으로 재직한 기간이 긴 위원 순서로, 재직기간이 같은 경우에는 연장자 순서로 한다)이 위원장의 직무를 대행한다.

③ 중앙행정심판위원회의 상임위원은 일반직 공무원으로서 국가공무원법 제26조의5에 따른 임기제 공무원으로 임명하되, 3급 이상 공무원 또는 고위공무원단에 속하는 일반직공무원으로 3년 이상 근무한 사람이나 그 밖에 행정심판에 관한 지식과 경험이 풍부한 사람 중에서 중앙행정심판위원회 위원장의 제청으로 국무총리를 거쳐 대통령이 임명한다.

④ 중앙행정심판위원회의 비상임위원은 제7조제4항 각 호의 어느 하나에 해당하는 사람 중에서 중앙행정심판위원회 위원장의 제청으로 국무총리가 성별을 고려하여 위촉한다.

⑤ 중앙행정심판위원회의 회의(제6항에 따른 소위원회 회의는 제외한다)는 위원장, 상임위원 및 위원장이 회의마다 지정하는 비상임위원을 포함하여 총 9명으로 구성한다.

⑥ 중앙행정심판위원회는 심판청구사건(이하 "사건"이라 한다) 중 「도로교통법」에 따른 자동차운전면허 행정처분에 관한 사건(소위원회가 중앙행정심판위원회에서 심리·의결하도록 결정한 사건은 제외한다)을 심리·의결하게 하기 위하여 4명의 위원으로 구성하는 소위원회를 둘 수 있다.

⑦ 중앙행정심판위원회 및 소위원회는 각각 제5항 및 제6항에 따른 구성원 과반수의 출석과 출석위원 과반수의 찬성으로 의결한다.

⑧ 중앙행정심판위원회는 위원장이 지정하는 사건을 미리 검토하도록 필요한 경우에는 전문위원회를 둘 수 있다.

⑨ 중앙행정심판위원회, 소위원회 및 전문위원회의 조직과 운영 등에 필요한 사항은 대통령령으로 정한다.

(621) 제9조(위원의 임기 및 신분보장 등) ① 제7조제4항에 따라 지명된 위원은 그 직에 재직하는 동안 재임한다.

② 제8조제3항에 따라 임명된 중앙행정심판위원회 상임위원의 임기는 3년으로 하며, 1차에 한하여 연임할 수 있다.

③ 제7조제4항 및 제8조제4항에 따라 위촉된 위원의 임기는 2년으로 하되, 2차에 한하여 연임할 수 있다. 다만, 제6조제1항제2호에 규정된 기관에 두는 행정심판위원회의 위촉위원의 경우에는 각각 국회규칙, 대법원규칙, 헌법재판소규칙 또는 중앙선거관리위원회규칙으로 정하는 바에 따른다.

④ 다음 각 호의 어느 하나에 해당하는 사람은 제6조에 따른 행정심판위원회(이하 "위원회"라 한다)의 위원이 될 수 없으며, 위원이 이에 해당하게 된 때에는 당연히 퇴직한다.

1. 대한민국 국민이 아닌 사람

2. 「국가공무원법」 제33조 각 호의 어느 하나에 해당하는 사람

⑤ 제7조제4항 및 제8조제4항에 따라 위촉된 위원은 금고(禁錮) 이상의 형을 선고받거나 부득이한 사유로 장기간 직무를 수행할 수 없게 되는 경우 외에는 임기 중 그의 의사와 다르게 해촉(解囑)되지 아니한다.

(622) 제10조(위원의 제척·기피·회피) ① 위원회의 위원은 다음 각 호의 어느 하나에 해당하는 경우에는 그 사건의 심리·의결에서 제척(除斥)된다. 이 경우 제척결정은 위원회의 위원장(이하 "위원장"이라 한다)이 직권으로 또는 당사자의 신청에 의하여 한다.

1. 위원 또는 그 배우자나 배우자이었던 사람이 사건의 당사자이거나 사건에 관하여 공동 권리자 또는 의무자인 경우

2. 위원이 사건의 당사자와 친족이거나 친족이었던 경우

3. 위원이 사건에 관하여 증언이나 감정(鑑定)을 한 경우

4. 위원이 당사자의 대리인으로서 사건에 관여하거나 관여하였던 경우

5. 위원이 사건의 대상이 된 처분 또는 부작위에 관여한 경우

② 당사자는 위원에게 공정한 심리·의결을 기대하기 어려운 사정이 있으면 위원장에게 기피신청을 할 수 있다.

③ 위원에 대한 제척신청이나 기피신청은 그 사유를 소명(疏明)한 문서로 하여야 한다. 다만, 불가피한 경우에는 신청한 날로부터 3일 이내에 신청사유를 소명할 수 있는 자료를 제출하여야 한다

④ 제척신청이나 기피신청이 제3항을 위반하였을 때에는 위원장은 결정으로 이를 각하한다.

⑤ 위원장은 제척신청이나 기피신청의 대상이 된 위원에게서 그에 대한 의견을 받을 수 있다.

⑥ 위원장은 제척신청이나 기피신청을 받으면 제척 또는 기피 여부에 대한 결정을 하고, 지체 없이 신청인에게 결정서 정본(正本)을 송달하여야 한다.

⑦ 위원회의 회의에 참석하는 위원이 제척사유 또는 기피사유에 해당되는 것을 알게 되었을 때에는 스스로 그 사건의 심리·의결에서 회피할 수 있다. 이 경우 회피하고자 하는 위원은 위원장에게 그 사유를 소명하여야 한다.

⑧ 사건의 심리·의결에 관한 사무에 관여하는 위원 아닌 직원에게도 제1항부터 제6항까지의 규정을 준용한다.

(623) 제11조(벌칙 적용 시의 공무원 의제) 위원 중 공무원이 아닌 위원은 「형법」과 그 밖의 법률에 따른 벌칙을 적용할 때에는 공무원으로 본다.

(624) 제29조(청구의 변경) ① 청구인은 청구의 기초에 변경이 없는 범위에서 청구의 취지나 이유를 변경할 수 있다.

② 행정심판이 청구된 후에 피청구인이 새로운 처분을 하거나 심판청구의 대상인 처분을 변경한 경우에는 청구인은 새로운 처분이나 변경된 처분에 맞추어 청구의 취지나 이유를 변경할 수 있다.

③ 제1항 또는 제2항에 따른 청구의 변경은 서면으로 신청하여야 한다. 이 경우 피청구인과 참가인의 수만큼 청구변경신청서 부본을 함께 제출하여야 한다.

④ 위원회는 제3항에 따른 청구변경신청서 부본을 피청구인과 참가인에게 송달하여야 한다.

⑤ 제4항의 경우 위원회는 기간을 정하여 피청구인과 참가인에게 청구변경 신청에 대한 의견을 제출하도록 할 수 있으며, 피청구인과 참가인이 그 기간에 의견을 제출하지 아니하면 의견이 없는 것으로 본다.

⑥ 위원회는 제1항 또는 제2항의 청구변경 신청에 대하여 허가할 것인지 여부를 결정하고, 지체 없이 신청인에게는 결정서 정본을, 당사자 및 참가인에게는 결정서 등본을 송달하여야 한다.

⑦ 신청인은 제6항에 따라 송달을 받은 날부터 7일 이내에 위원회에 이의신청을 할 수 있다.

⑧ 청구의 변경결정이 있으면 처음 행정심판이 청구되었을 때부터 변경된 청구의 취지나 이유로 행정심판이 청구된 것으로 본다.

(625) 제52조(전자정보처리조직을 통한 심판청구 등) ① 이 법에 따른 행정심판 절차를 밟는 자는 심판청구서와 그 밖의 서류를 전자문서화하고 이를 정보통신망을 이용하여 위원회에서 지정·운영하는 전자정보처리조직(행정심판 절차에 필요한 전자문서를 작성·제출·송달할 수 있도록 하는 하드웨어, 소프트웨어, 데이터베이스, 네트워크, 보안요소 등을 결합하여 구축한 정보처리능력을 갖춘 전자적 장치를 말한다. 이하 같다)을 통하여 제출할 수 있다.

② 제1항에 따라 제출된 전자문서는 이 법에 따라 제출된 것으로 보며, 부본을 제출할 의무는 면제된다.

③ 제1항에 따라 제출된 전자문서는 그 문서를 제출한 사람이 정보통신망을 통하여 전자정보처리조직에서 제공하는 접수번호를 확인하였을 때에 전자정보처리조직에 기록된 내용으로 접수된 것으로 본다.

④ 전자정보처리조직을 통하여 접수된 심판청구의 경우 제27조에 따른 심판청구 기간을 계산할 때에는 제3항에 따른 접수가 되었을 때 행정심판이 청구된 것으로 본다.

⑤ 전자정보처리조직의 지정내용, 전자정보처리조직을 이용한 심판청구서 등의 접수와 처리 등에 관하여 필요한 사항은 국회규칙, 대법원규칙, 헌법재판소규칙, 중앙선거관리위원회규칙 또는 대통령령으로 정한다.

제53조(전자서명등) ① 위원회는 전자정보처리조직을 통하여 행정심판 절차를 밟으려는 자에게 본인(本人)임을 확인할 수 있는 「전자서명법」 제2조제3호에 따른 공인전자서명이나 그 밖의 인증(이하 이 조에서 "전자서명등"이라 한다)을 요구할 수 있다.

② 제1항에 따라 전자서명등을 한 자는 이 법에 따른 서명 또는 날인을 한 것으로 본다.

③ 전자서명등에 필요한 사항은 국회규칙, 대법원규칙, 헌법재판소규칙, 중앙선거관리위원회규칙 또는 대통령령으로 정한다.

제54조(전자정보처리조직을 이용한 송달 등) ① 피청구인 또는 위원회는 제52조제1항에 따라 행정심판을 청구하거나 심판참가를 한 자에게 전자정보처리조직과 그와 연계된 정보통신망을 이용하여 재결서나 이 법에 따른 각종 서류를 송달할 수 있다. 다만, 청구인이나 참가인이 동의하지 아니하는 경우에는 그러하지 아니하다.

② 제1항 본문의 경우 위원회는 송달하여야 하는 재결서 등 서류를 전자정보처리조직에 입력하여 등재한 다음 그 등재 사실을 국회규칙, 대법원규칙, 헌법재판소규칙, 중앙선거관리위원회규칙 또는 대통령령으로 정하는 방법에 따라 전자우편 등으로 알려야 한다.

③ 제1항에 따른 전자정보처리조직을 이용한 서류 송달은 서면으로 한 것과 같은 효력을 가진다.

④ 제1항에 따른 서류의 송달은 청구인이 제2항에 따라 등재된 전자문서를 확인한 때에 전자정보처리조직에 기록된 내용으로 도달한 것으로 본다. 다만, 제2항에 따라 그 등재사실을 통지한 날부터 2주 이내(재결서 외의 서류는 7일 이내)에 확인하지 아니하였을 때에는 등재사실을 통지한 날부터 2주가 지난 날(재결서 외의 서류는 7일이 지난 날)에 도달한 것으로 본다.

⑤ 서면으로 심판청구 또는 심판참가를 한 자가 전자정보처리조직의 이용을 신청한 경우에는 제52조·제53조 및 이 조를 준용한다.

⑥ 위원회, 피청구인, 그 밖의 관계 행정기관 간의 서류의 송달 등에 관하여는 제52조·제53조 및 이 조를 준용한다.

⑦ 제1항 본문에 따른 송달의 방법이나 그 밖에 필요한 사항은 국회규칙, 대법원규칙, 헌법재판소규칙, 중앙선거관리위원회규칙 또는 대통령령으로 정한다.

(626) 25조(피청구인의 직권취소등) ① 제23조제1항·제2항 또는 제26조제1항에 따라 심판청구서를 받은 피청구인은 그 심판청구가 이유 있다고 인정하면 심판청구의 취지에 따라 직권으로 처분을 취소·변경하거나 확인을 하거나 신청에 따른 처분(이하 이 조에서 "직권취소등"이라 한다)을 할 수 있다. 이 경우 서면으로 청구인에게 알려야 한다. ② 피청구인은 제1항에 따라 직권취소등을 하였을 때에는 청구인이 심판청구를 취하한 경우가 아니면 제24조제1항 본문에 따라 심판청구서·답변서를 보낼 때 직권취소등의 사실을 증명하는 서류를 위원회에 함께 제출하여야 한다.

(627) 제24조(피청구인의 심판청구서 등의 접수·처리) ① 피청구인이 제23조제1항·제2항 또는 제26조제1항에 따라 심판청구서를 접수하거나 송부받으면 10일 이내에 심판청구서(제23조제1항·제2항의 경우만 해당된다)와 답변서를 위원회에 보내야 한다. 다만, 청구인이 심판청구를 취하한 경우에는 그러하지 아니하다.

② 피청구인은 처분의 상대방이 아닌 제3자가 심판청구를 한 경우에는 지체 없이 처분의 상대방에게 그 사실을 알려야 한다. 이 경우 심판청구서 사본을 함께 송달하여야 한다.

③ 피청구인이 제1항 본문에 따라 심판청구서를 보낼 때에는 심판청구서에 위원회가 표시되지 아니하였거나 잘못 표시된 경우에도 정당한 권한이 있는 위원회에 보내야 한다.

④ 피청구인은 제1항 본문에 따라 답변서를 보낼 때에는 청구인의 수만큼 답변서 부본을 함께 보내되, 답변서에는 다음 각 호의 사항을 명확하게 적어야 한다.

1. 처분이나 부작위의 근거와 이유

2. 심판청구의 취지와 이유에 대응하는 답변

3. 제2항에 해당하는 경우에는 처분의 상대방의 이름·주소·연락처와 제2항의 의무 이행 여부

⑤ 제2항과 제3항의 경우에 피청구인은 송부 사실을 지체 없이 청구인에게 알려야 한다.

⑥ 중앙행정심판위원회에서 심리·재결하는 사건인 경우 피청구인은 제1항에 따라 위원회에 심판청구서 또는 답변서를 보낼 때에는 소관 중앙행정기관의 장에게도 그 심판청구·답변의 내용을 알려야 한다.

(628) 제57조(서류의 송달) 이 법에 따른 서류의 송달에 관하여는 「민사소송법」 중 송달에 관한 규정을 준용한다.

제56조(주소 등 송달장소 변경의 신고의무) 당사자, 대리인, 참가인 등은 주소나 사무소 또는 송달장소를 바꾸면 그 사실을 바로 위원회에 서면으로 또는 전자정보처리조직을 통하여 신고하여야 한다. 제54조제2항에 따른 전자우편주소 등을 바꾼 경우에도 또한 같다.

(629) 제26조(위원회의 심판청구서 등의 접수·처리) ① 위원회는 제23조제1항에 따라 심판청구서를 받으면 지체 없이 피청구인에게 심판청구서 부본을 보내야 한다.

② 위원회는 제24조제1항 본문에 따라 피청구인으로부터 답변서가 제출되면 답변서 부본을 청구인에게 송달하여야 한다.

(630) 제33조(주장의 보충) ① 당사자는 심판청구서·보정서·답변서·참가신청서 등에서 주장한 사실을 보충하고 다른 당사자의 주장을 다시 반박하기 위하여 필요하면 위원회에 보충서면을 제출할 수 있다. 이 경우 다른 당사자의 수만큼 보충서면 부본을 함께 제출하여야 한다.

② 위원회는 필요하다고 인정하면 보충서면의 제출기한을 정할 수 있다.

③ 위원회는 제1항에 따라 보충서면을 받으면 지체 없이 다른 당사자에게 그 부본을 송달하여야 한다.

(631) 제34조(증거서류 등의 제출) ① 당사자는 심판청구서·보정서·답변서·참가신청서·보충서면 등에 덧붙여 그 주장을 뒷받침하는 증거서류나 증거물을 제출할 수 있다.

② 제1항의 증거서류에는 다른 당사자의 수만큼 증거서류 부본을 함께 제출하여야 한다.

③ 위원회는 당사자가 제출한 증거서류의 부본을 지체 없이 다른 당사자에게 송달하여야 한다.

(632) 제35조(자료의 제출 요구 등) ① 위원회는 사건 심리에 필요하면 관계 행정기관이 보관 중인 관련 문서, 장부, 그 밖에 필요한 자료를 제출할 것을 요구할 수 있다.

② 위원회는 필요하다고 인정하면 사건과 관련된 법령을 주관하는 행정기관이나 그 밖의 관계 행정기관의 장 또는 그 소속 공무원에게 위원회 회의에 참석하여 의견을 진술할 것을 요구하거나 의견서를 제출할 것을 요구할 수 있다.

③ 관계 행정기관의 장은 특별한 사정이 없으면 제1항과 제2항에 따른 위원회의 요구에 따라야 한다.

④ 중앙행정심판위원회에서 심리·재결하는 심판청구의 경우 소관 중앙행정기관의 장은 의견서를 제출하거나 위원회에 출석하여 의견을 진술할 수 있다.

(633) 제36조(증거조사) ① 위원회는 사건을 심리하기 위하여 필요하면 직권으로 또는 당사자의 신청에 의하여 다음 각 호의 방법에 따라 증거조사를 할 수 있다.

1. 당사자나 관계인(관계 행정기관 소속 공무원을 포함한다. 이하 같다)을 위원회의 회의에 출석하게 하여 신문(訊問)하는 방법

2. 당사자나 관계인이 가지고 있는 문서·장부·물건 또는 그 밖의 증거자료의 제출을 요구하고 영치(領置)하는 방법

3. 특별한 학식과 경험을 가진 제3자에게 감정을 요구하는 방법

4. 당사자 또는 관계인의 주소·거소·사업장이나 그 밖의 필요한 장소에 출입하여 당사자 또는 관계인에게 질문하거나 서류·물건 등을 조사·검증하는 방법

② 위원회는 필요하면 위원회가 소속된 행정청의 직원이나 다른 행정기관에 촉탁하여 제1항의 증거조사를 하게 할 수 있다.

③ 제1항에 따른 증거조사를 수행하는 사람은 그 신분을 나타내는 증표를 지니고 이를 당사자나 관계인에게 내보여야 한다.

④ 제1항에 따른 당사자 등은 위원회의 조사나 요구 등에 성실하게 협조하여야 한다.

(634) 제38조(심리기일의 지정과 변경) ① 심리기일은 위원회가 직권으로 지정한다.

② 심리기일의 변경은 직권으로 또는 당사자의 신청에 의하여 한다.

③ 위원회는 심리기일이 변경되면 지체 없이 그 사실과 사유를 당사자에게 알려야 한다.

④ 심리기일의 통지나 심리기일 변경의 통지는 서면으로 하거나 심판청구서에 적힌 전화, 휴대전화를 이용한 문자전송, 팩시밀리 또는 전자우편 등 간편한 통지 방법(이하 "간이통지방법"이라 한다)으로 할 수 있다.

(635) 제37조(절차의 병합 또는 분리) 위원회는 필요하면 관련되는 심판청구를 병합하여 심리하거나 병합된 관련 청구를 분리하여 심리할 수 있다.

(636) 제42조(심판청구 등의 취하) ① 청구인은 심판청구에 대하여 제7조제6항 또는 제8조제7항에 따른 의결이 있을 때까지 서면으로 심판청구를 취하할 수 있다.

② 참가인은 심판청구에 대하여 제7조제6항 또는 제8조제7항에 따른 의결이 있을 때까지 서면으로 참가신청을 취하할 수 있다.

③ 제1항 또는 제2항에 따른 취하서에는 청구인이나 참가인이 서명하거나 날인하여야 한다.

④ 청구인 또는 참가인은 취하서를 피청구인 또는 위원회에 제출하여야 한다. 이 경우 제23조제2항부터 제4항까지의 규정을 준용한다.

⑤ 피청구인 또는 위원회는 계속 중인 사건에 대하여 제1항 또는 제2항에 따른 취하서를 받으면 지체 없이 다른 관계 기관, 청구인, 참가인에게 취하 사실을 알려야 한다.

(637) 제32조(보정) ① 위원회는 심판청구가 적법하지 아니하나 보정(補正)할 수 있다고 인정하면 기간을 정하여 청구인에게 보정할 것을 요구할 수 있다. 다만, 경미한 사항은 직권으로 보정할 수 있다.

② 청구인은 제1항의 요구를 받으면 서면으로 보정하여야 한다. 이 경우 다른 당사자의 수만큼 보정서 부본을 함께 제출하여야 한다.

③ 위원회는 제2항에 따라 제출된 보정서 부본을 지체 없이 다른 당사자에게 송달하여야 한다.

④ 제1항에 따른 보정을 한 경우에는 처음부터 적법하게 행정심판이 청구된 것으로 본다.

⑤ 제1항에 따른 보정기간은 제45조에 따른 재결 기간에 산입하지 아니한다.

(638) 제45조(재결 기간) ① 재결은 제23조에 따라 피청구인 또는 위원회가 심판청구서를 받은 날부터 60일 이내에 하여야 한다. 다만, 부득이한 사정이 있는 경우에는 위원장이 직권으로 30일을 연장할 수 있다.

② 위원장은 제1항 단서에 따라 재결 기간을 연장할 경우에는 재결 기간이 끝나기 7일 전까지 당사자에게 알려야 한다.

(639) 제47조(재결의 범위) ① 위원회는 심판청구의 대상이 되는 처분 또는 부작위 외의 사항에 대하여는 재결하지 못한다.

② 위원회는 심판청구의 대상이 되는 처분보다 청구인에게 불리한 재결을 하지 못한다.

(640) 제46조(재결의 방식) ① 재결은 서면으로 한다.

② 제1항에 따른 재결서에는 다음 각 호의 사항이 포함되어야 한다.

1. 사건번호와 사건명
2. 당사자·대표자 또는 대리인의 이름과 주소
3. 주문
4. 청구의 취지
5. 이유
6. 재결한 날짜

③ 재결서에 적는 이유에는 주문 내용이 정당하다는 것을 인정할 수 있는 정도의 판단을 표시하여야 한다.

(641) 제48조(재결의 송달과 효력 발생) ① 위원회는 지체 없이 당사자에게 재결서의 정본을 송달하여야 한다. 이 경우 중앙행정심판위원회는 재결 결과를 소관 중앙행정기관의 장에게도 알려야 한다.

② 재결은 청구인에게 제1항 전단에 따라 송달되었을 때에 그 효력이 생긴다.

③ 위원회는 재결서의 등본을 지체 없이 참가인에게 송달하여야 한다.

④ 처분의 상대방이 아닌 제3자가 심판청구를 한 경우 위원회는 재결서의 등본을 지체 없이 피청구인을 거쳐 처분의 상대방에게 송달하여야 한다.

사항 색인

ㄴ

ㄷ

ㅅ

ㅈ

ㅊ

ㅌ

ㅍ

ㅎ

저자약력

정 승 윤

현 부산대학교 법학전문대학원 교수
변호사시험 공법기록형 출제 및 채점위원
사법시험 2차 행정법 출제 및 채점위원
각종 공무원시험 출제위원 등

학 력

- 서울대학교 법과대학 졸업
- 부산대학교 일반대학원 석사 졸업
- 부산대학교 일반대학원 박사 수료

경 력

- 사법시협 제35회 합격
- 사법연수원 제25기 수료
- 부산 지방 · 고등검찰청 공익법무관 (국가소송, 행정소송 담당)
- 서울지방검찰청 남부지청, 광주지방검찰청 순천지청, 부산지방검찰청 검사
- 부산지방변호사회 소속 변호사
  (부산지방국세청, 부산경남본부세관, 부산시청, 부산상공회의소 등 고문 · 자문변호사)
- 진실 · 화해를 위한 과거사 정리위원회 상임위원(인권침해사건 담당 제3소위 위원장)
- 보호관찰심사위원, 항고심사위원, 형사조정위원, 관세과세전적부심사위원
- 부산고등검찰청 보통징계위원, 부산범죄피해자지원센터 이사
- 부산대학교 홍보실장, 법률상담소장, 부산대학교병원 인사위원
- 한국산업기술평가관리원 이사
- 국회공직자윤리위원회 위원, 국민대통합위원회 통합가치분과 자문위원
- 부산광역시 시설관리공단 청렴위원
- 부산지방노동위원회 심판공익위원 등

논문 및 저서

- 무죄확정판결과 국가배상책임
- 인감증명과 국가배상책임
- 입법부작위와 국가배상책임
- 국가배상법상 위법 개념에 대한 소고
- 국가배상법상 위법과 고의 · 과실에 관한 대법원 판례 분석 · 비평
- 기성회비의 법적 성격에 관한 소고
- 행정소송실무강좌 Ⅰ-Ⅳ (단행본 4권)
- 행정소송법 (디엔비)
- 공법기록형 공법소송실무 (박영사)

행정쟁송법

초판인쇄 2017년 2월 15일
초판발행 2017년 2월 25일

지은이 정승윤
펴낸이 안상준

편 집 전은정
기획/마케팅 박세기
표지디자인 조아라
제 작 우인도·고철민

펴낸곳 BOOK STEALER
서울특별시 마포구 월드컵북로 400, 5층 2호(상암동, 문화콘텐츠센터)
등록 2014. 2. 12. 제2015-000165호
전 화 02)733-6771
f a x 02)736-4818
e-mail pys@pybook.co.kr
homepage www.pybook.co.kr
ISBN 979-11-88040-03-2 93360

정 가 38,000원